中国社会科学论坛文集
CHINESE ACADEMY OF SOCIAL SCIENCES FORUM

中国近代社会史研究集刊（第七辑）
中国社会科学院近代史研究所社会史研究中心　主办

社会文化与近代中国社会转型

郭　莹　唐仕春　主编

中国社会科学出版社

图书在版编目（CIP）数据

社会文化与近代中国社会转型／郭莹，唐仕春主编．—北京：中国社会科学出版社，2016.7
ISBN 978-7-5161-7385-5

Ⅰ.①社… Ⅱ.①郭…②唐… Ⅲ.①社会史—中国—近代—文集 ②文化史—中国—近代—文集 Ⅳ.①K250.7-53

中国版本图书馆 CIP 数据核字（2015）第 299582 号

出 版 人	赵剑英
责任编辑	吴丽平
责任校对	贺少雅
责任印制	李寡寡

出　　版	中国社会科学出版社
社　　址	北京鼓楼西大街甲 158 号
邮　　编	100720
网　　址	http://www.csspw.cn
发 行 部	010-84083685
门 市 部	010-84029450
经　　销	新华书店及其他书店

印刷装订	北京君升印刷有限公司
版　　次	2016 年 7 月第 1 版
印　　次	2016 年 7 月第 1 次印刷

开　　本	710×1000　1/16
印　　张	52
字　　数	852 千字
定　　价	168.00 元

凡购买中国社会科学出版社图书，如有质量问题请与本社营销中心联系调换
电话：010-84083683
版权所有　侵权必究

编辑委员会

顾　　问：刘志琴
主　　任：汪朝光
委　　员：李长莉　唐仕春　吕文浩
　　　　　李俊领

执行编辑：唐仕春

目　录

序　社会文化史探索之路 …………………………………… 李长莉(1)

社会文化史理论反思

中国社会文化史:25年回顾与展望 …………………………… 李长莉(3)
突出成绩与发展瓶颈:20年来的中国近代社会文化史研究 …… 左玉河(26)
从本土资源建树社会文化史理论 ……………………………… 刘志琴(45)
生活质量:社会文化史研究的新维度 ………………………… 梁景和(57)
社会史与新文化史关系刍议 …………………………………… 张俊峰(76)

文人与商人

文人新解
　　——晚期中华帝国的社会变化 …… [意]Paolo Santangelo(史华罗)(95)
乡村士子朱峙三在晚清民初的求职心路
　　——以《朱峙三日记(1893—1919)》为中心 ………… 雷　平(121)
黄炎培的地缘交往网络 ………………………………………… 张立程(137)
山西商人曹润堂与清末蒙旗垦务 ……………………………… 付海晏(164)
清代上海土布庄与沙船航运业 …………………………… [日]松浦章(181)

社群与社团

近代医疗卫生社团与中国公共卫生观念变迁 ………………… 范铁权(197)

辛亥革命与东亚同文会 ……………………………… [日]马场毅（214）
针对1930年代到1940年代初期在上海朝鲜人团体的考察
　　——以当时的日方资料为中心 ……………… [日]武井义和（228）
近代上海犹太人社会生活的几个问题
　　——居住、婚姻和丧亡 ………………………………… 王　健（253）
抗战时期中国的民间团体和国际关系
　　——"世界和平联合"中国分会的事例研究 …… [日]土田哲夫（277）
陈伯达眼中的四大家族 ………………………………… [美]宋平明（299）
论保定商会的职能与性质 ……………………… 杨学新　史　佳（314）

秩序与治理

光绪三十四年汉口摊贩骚乱事件述评 ……………………… 周积明（325）
北洋时期基层纠纷解决的制度构建 ………………………… 唐仕春（346）
"党规"与"国法"：国民党民众组训体系中的
　　社团制度分析 ………………………………………… 魏文享（366）
"蒙古青年"与内蒙古自治运动 ……………………………… 田　宓（390）

城市空间与社会生活

八大胡同与北京城的空间结构
　　——以清代民国时期北京的妓院为中心 ……… [日]熊远报（423）
民国时期城市住宅改良的尝试
　　——以20世纪二三十年代广州模范住宅区为例 ……… 李淑苹（450）
民国时期汉剧观众探析 ……………………………………… 郑维维（461）
20世纪二三十年代北平交际舞的散播与社会
　　风尚嬗变 ……………………………… 肖红松　陈娜娜（471）
1950年代北京市的劳动竞赛
　　——以单位为中心的考察 ………………………………… 李　葳（484）

乡村政治与社会生活

羊楼洞雷氏家族与羊楼洞茶叶社会 …………………… 李灵玢（501）
鄂东南农村宗族复兴与乡土秩序调研报告 …………… 郭　莹（514）
厉行节约：抗战时期中共对浪费现象之改造
　　——以1940年代初期的华北抗日根据地为考察中心 …… 把增强（533）
中国农村计划生育的普及——围绕生殖的
　　技术与权力 ……………………………………… ［日］小滨正子（542）

女性与婚姻

论江南乡村女巫的近代境遇 …………………………… 小　田（565）
清末《大公报》"兴女学"话语的审视 …………………… 李巧敏（595）
民国初期女子殉夫现象探析 ……………… 刘长林　李瑞瑞（610）
20世纪二三十年代女性自杀问题初探 ………………… 邵　雍（633）
拯救与抵制
　　——1930年代的杭州废娼与社会反应 …… 罗衍军　刘　平（648）
多样的妇女节
　　——以上海的纪念活动为例（1924—1937） ………… 任祖凤（666）
20世纪二三十年代天津贫民婚嫁状况初探 …………… 付燕鸿（677）
从离婚诉讼案看民国时期婚姻观念的演进 …………… 朱汉国（696）
新中国成立前夜的妇女角色定位论争 ………………… 吕文浩（713）

宗教与民间信仰

乡绅与庙产
　　——以湖北碑刻中所见清代庙产纠纷为中心 …… 刘　元　李晓溪（729）
晚清州县官对教案的处理及其矛盾心理
　　——以两湖地区为例 ……………………………… 刘彦波（741）

清末北京士人心中的义和团形象
——以义和团焚烧之术为中心 ………………… 尹媛萍(752)
太虚的佛教革新与武汉社会 …………………… 卢文芸(766)
近代北京的四大门信仰三题 …………………… 李俊领(786)
海关报告社会类史料的内容、特点与价值探析 ……… 张　宁(801)
构建"本土化"的中国社会文化史
——第五届中国近代社会史国际学术研讨会综述 ……… 雷　平(810)

序　社会文化史探索之路

李长莉

（中国社会科学院近代史研究所）

2013年8月24—26日，"中国社会科学论坛"暨第五届中国近代社会史国际学术研讨会在湖北襄阳召开，会议主题为"社会文化与近代中国社会转型"。这次会议由中国社会科学院近代史研究所社会史研究中心与湖北大学中国思想文化研究所、首都师范大学近现代社会文化研究中心共同主办，来自海内外学者约百人参加交流与讨论。这本论集就是选自这次会议部分论文的结集。

社会文化史是一个新兴学科（或称"新文化史"、"新社会史"等），在中国史学界从20世纪八九十年代开始兴起，迄今二十余年间持续发展，已日趋走向成熟。从最初少数探索者起步、开拓、摸索，到逐渐有更多学者涉入这一领域进行多方面的探索，特别是近十年来，有越来越多的学者，特别是一批批年轻研究者加入这一领域，研究成果日益增多，研究队伍日益壮大，研究领域日益拓展，研究论题日益增多，呈现生机勃勃、方兴未艾的繁荣景象。

社会文化史新学科从无到有、从小到大、从最初处于边缘而默默无闻，到今天的兴旺发展，离不开先驱学者的呼吁倡导和集结队伍。特别是学科开创初期，更需要研究团队的集中攻关合作，中国在社会文化史领域就有几个较早形成研究团队并长期开拓的研究基地。笔者所在的中国社会科学院近代史研究所文化史研究室（2013年改称"社会史研究室"，2005年成立了社会史研究中心），自20世纪80年代末、90年代初起，在当时的室主任刘志琴先生率领下，较早开始社会文化史研究的开拓。我们从社会文化史学科概念、理论方法等基础理论建设，以及资料梳理和基础研究开始，白手起家，逐渐摸索，如刘志琴先生所言，是"草鞋没样，边打边像"。我们这个团队二十多年来沿着社会文化史这一主攻方向持续不懈地长期探索，在资料梳理、学科建设和专题研究方面，都做出了一些基础性、开拓性的成果。在周积明、郭莹率领下的湖北大学中国思想文化研究所，以及梁景和率领下的首都师范大学近现代社会文化研究中心，也是长期在社会文化史领域倡导与开拓的两个重镇，他们皆以"社会文化史"为旗帜，有一个团队和基地，长期进行研究探索，取得了系列研究成果，形成了一定特色，培养出一批批人才。此外，在各地高等院校和研究机构，分散着更多在这一领域耕耘的研究者。如今，社会文化史已经是一个研究者广泛分布于各地史学机构、研究队伍日益扩大的热门领域，形成了青年人日益增多、老中青三代金字塔形学术梯队。如今，经过多年不懈努力，社会文化史学科日益成熟，兴旺发展，在史学界也逐渐被认可，成为一个引人注目的新兴学科领域。近年每年基本都有十余部研究专著出版，发表论文百余篇，已经成为史学领域里一个方兴未艾的新分支，而且研究领域还在不断拓展，不断出现新论题，研究成果也呈日益深入趋势。

社会文化史作为一个交叉学科，横跨社会史与文化史，与传统史学不同的最大特点是研究视角和理论方法有所不同。可以说社会文化史的创生，就是对传统史学从研究视角和理论方法创新开始的，也正是由于这种研究视角和理论方法的创新，才使得社会文化史研究对传统史学有所补充，有所拓展，更加丰富和扩展了人们的历史认识。在社会文化史发展二十多年来，有不少研究者一直保持着经常从理论方法上进行反省，在不同时期，曾有多位学者发表过文章，对社会文化史研究状况进行追踪，反省学科发展特别是理论方法上的问题与缺失，思考改进与深化的进路，推动了学科的不断调整与发展。在社会文化史创兴发展的二十多年间，我们三家较早专注于社会文化史并在此领域长期探索的研究团队，经常交流，多有合作。近年我们在交流中共同感到，有必要举办一次全国性的对于我国社会文化史学科总结、反省与展望的会议，以聚合全国各地研究社会文化史领域的研究者，并邀请一些海外相关学者参与，共同对中国社会文化史二十多年来的发展作一会诊。因此我们三家决定合办这次会议，这就是此次会议的缘起。

这次会议也是第五届"中国近代社会史国际学术研讨会"，这是延续自2005年以来由中国社会科学院近代史研究所社会史研究中心发起、联合全国各兄弟高校及研究机构举办的系列会议。这一中国近代社会史大型系列研讨会每两年举办一次，第一届是2005年在山东青岛举办的，主题为"近代中国的城市·乡村·民间文化"；第二届是2007年在新疆乌鲁木齐举办的，主题为"晚清以降的经济与社会"；第三届是2009年在贵州贵阳举办的，主题为"近代中国社会控制与社会流动"；第四届是2011年在江苏苏州举办的，主题为"近代中国的社会保障与区域社会"；这次会议是第五届。近十年来连续举办的这五届研讨会，每次都有来自海内外的学者逾百人参加，已经形成中国近代社会史领域研究者定期交流最新成果的常设平台。每次会议之后，我们都选编会议论文结集出版，以"中国近代社会史研究集刊"作为系列名称，迄今已经出版了六辑，本次会议的论集应当算是第七辑。这个集刊系列既是历次会议发表论文的精华汇集，也是展示中国近代社会史十年来研究成果和发展历程的一个窗口。

这次会议共提交了70余篇论文，在会上作了交流，大致可分为两类。第一类是关于社会文化史学科发展的综述、回顾、反省、展望及学科理论方法讨论的文章。这类文章中既有对25年来学科发展历程的整体性综述与反省，也有对近几年最新研究动态的跟踪与反省；既有对学科发展成绩的总结，也有对存在问题与缺失的分析，还有对未来发展进路的展望与预测。这部分论文虽然不多，但撰写者多为在这一领域耕耘多年的中老年学者，他们以丰富的研究实践经验，高屋建瓴，对学科的发展历程进行反省，提供了不少新思考和启示。第二类是关于社会文化史与中国社会转型的专题研究论文。这方面论文数量较多，作者以中青年一代为主，反映了社会文化史领域的最新研究成果。涉及社会群体、城市与乡村社会、性别与婚姻、革命与社会、宗教与社会等多个领域，其中既有年轻研究者充满创新的新选题和新观点，也有来自日本、意大利的海外学者，从外在视角对中国社会文化史问题的观察与评论，这些都给与会者带来新的启发。通过这次会议交流，大家对社会文化史学科发展增加了共识和认同，对学科发展现状有了更多了解，对未来发展也有了新的思考。

这本论集，就是作为这次会议大家交流和思考的见证，也是作为中国社会文化史学科发展走过25年发展至今的成果巡礼，现在呈现出来给同好参考，也作为中国社会文化史学科发展进程中的一个里程碑和新起点。祝愿这一新兴学科以此为新起点，调整航向，继续前行，开拓更为宽广的学术发展大道，也为当今中国社会的改革与发展进步，贡献更多、更高水平的知识产品及理论创新成果。这本论集记录的是社会文化史领域研究者以往二十多年间的探索之路，我们会以此为新起点，开辟更为广阔而光明的新前途。

今年适值社会文化史学科的最早倡导者刘志琴先生八十华诞，她年虽耄耋，但仍有一颗童心，且思维敏捷、活力无限，她不仅积极参加此次会议以及历次社会史年会，而且发表了充满创新精神、代表学术前沿的真知灼见。二十多年来，她一直活跃在社会文化史研究的前沿，是这一领域的排头兵！她乐见社会文化史学科从无到有、从边缘向兴旺的发展，满怀欣慰，也充满期待。我们这本论集，也可说是对她在这一领域开拓的一个总结与纪念。

湖北大学中国思想文化研究所研究团队在周积明和郭莹教授的率领下，多年来在社会文化史领域开拓研究，取得了系列研究成果。又积极承办此次会议，为此次会议的筹备付出了辛苦劳动，我们所有参会者都对他们深表谢意。首都师范大学中国近现代社会文化研究中心在梁景和教授率领下，不断开辟社会文化史新领域，近年来特别在1949年后社会文化史领域做出了系列创新成果，对已经举办了五届的中国近代社会史国际会议都一直给予积极协助，可谓是多年并肩作战的战友。这本论集也可说是我们中国社会科学院近代史研究所社会史研究中心与上述两个研究团队协同作战、并肩开拓的一个见证，我们对他们深表感谢！

这本论集由湖北大学的郭莹教授与中国社会科学院近代史研究所社会史研究中心的唐仕春副研究员负责编选，他们为这一论集的编辑出版付出了辛劳，我们也对他们深表谢意。

中国社会科学院近代史研究所研究员

社会史研究中心主任

李长莉

2014年8月30日于北京

社会文化史理论反思

中国社会文化史:25 年回顾与展望

李长莉

(中国社会科学院近代史研究所)

"社会文化史"作为一门新兴交叉学科,在中国史学界自从 1988 年最早提出学科概念,至今已经过去了 25 年。回顾其兴起与发展历程,反省研究实践的探索轨迹,清理缺失与盲点,有利于我们把握学科发展的脉络与方向,诊断症结与瓶颈,以调整研究方向,使学科发展进一步推向深入。

"社会文化史"是以已有史学理论方法反省为起点而兴起的,因而这一学科发展至今的 20 多年间,不乏学者从不同角度经常性与阶段性的回顾与反省,迄今这类综述性文章已有多篇,[①] 其他有关社会史、文化史的综述回顾等文章中也有涉及。这些或从时段或以专题等不同角度进行的回顾、综述、反省文章,勾画了这一学科发展的轨迹,以及这一领域学者们的思考探索历程,这些思考与探索,或多或少、或显或隐地对这一学科的发展,特别对于年轻后辈的研究学术产生了一定影响。诚然,不同学者由于有不同的角度,他们反省的内容和侧重点有所不同,可能有些观点也有较大差异,但彼此参酌,相互补充,相互映照,也会对学者们具有"兼听则明"之益,会对学科发展有所帮助。本文拟对二十多年社会文化史

---

① 2010 年以前的文章大多收入梁景和主编《中国社会文化史的理论与实践》(社会科学文献出版社 2010 年版)论集中。此外还有一些社会史方面的综述文章也有所涉及。近年还有李长莉:《交叉视角与史学范式——中国"社会文化史"的反思与展望》,《学术月刊》2010 年第 4 期;李长莉、毕苑、李俊领:《"中国近代社会与文化史"2009—2011 年度研究综述》,《河北学刊》2012 年第 3 期;李长莉、唐仕春、李俊领:《2011—2012 年中国近代社会与文化史研究》,《河北学刊》2013 年第 2 期。

总体发展状况进行概括性回顾与反省，力图提出一些综合性、趋向性的个人之见。

"社会文化史"是社会史与文化史相结合的新兴史学流派，其兴起与发展有多条路径，学者们从不同路径进行探索与开拓，汇聚成社会文化史（或称"新社会史"、"新文化史"）大方向，可谓殊途同归。依循不同路径进行探索的学者，在对这一新兴史学流派进行回顾与反省时，也会有不同的角度和侧重。在此笔者依循个人视角与探索路向，提出一些个人见解，供同道进行交流与讨论。

笔者将1988年作为"社会文化史"学科概念最初提出的起点，迄今共25年的学科发展历程，综括而言，大致可分为前十年"兴起奠基期"、继十年"发展兴盛期"、近五年"深化扩散期"三个时期。"社会文化史"是以理论方法创新为突出特征而形成的新兴学科，从理论方法而言属于史学普遍意义的史学理论范畴，研究实践则是以中国近代为主要领域而兴起发展的，因此本文也以"中国近代社会文化史"为主体内容，对这三个时期的发展概况及特点作一简要回顾，并在此基础上提出学科发展面临的问题与瓶颈，以及对未来进路的展望。

一 20世纪80年代末—90年代末约十年——兴起奠基期

这一时期"社会文化史"新学科逐渐兴起到基本成形，主要反映在以下三个方面的成就，分述如下。

（一）提出了"社会文化史"学科概念，并形成了基本理论与方法。

"社会文化史"是社会史与文化史相结合的新兴交叉学科。社会史与文化史相交叉的研究领域，如风俗史等，早就有人开始进行研究，也有一些研究成果。[①] 但一般成果比较宏观、综合，运用一般性的史学理论方法，没有自觉的学科交叉意识及学科特色的理论方法。明确标明"社会文化史"为一种新的史学研究路向或学科概念，是在20世纪80年代，随

---

① 早期著作如张亮采的《中国风俗史》（商务印书馆1911年版）；陈东原的《中国妇女生活史》（商务印书馆1928年版）等。后来还有一些社会风俗史的研究成果。

着改革开放、思想解放而发生史学变革,文化史和社会史相继复兴的基础上,在80年代末、90年代初提出来的。

较早明确提出文化史与社会史相结合作为一种研究路向,是刘志琴1988年发表的《复兴社会史三议》《社会史的复兴与史学变革——兼论社会史和文化史的共生共荣》两篇文章。① 前文首次论述了文化史与社会史之间的连带关系,指出:"以研究人为主体的社会史的最高宗旨,是研究社会文化特质的形成、变易和流向的变迁史。从这个意义上说,社会史实际上是文化的社会史,文化史则是社会的文化史。"在这篇文章中,她虽然还没有明确提出"社会文化史"这一学科概念,但提出了社会史与文化史相结合、相交织的"社会文化"及"社会的文化史"这一新研究思路,并将"社会文化形态和特质"作为研究重心。这一基本思路的提出,可以说标志着"社会文化史"这一新学科方向的最初形成。此后20世纪90年代初又有学者明确提出了"社会文化史"学科概念,并对其研究内容、理论方法等作了比较完整的界说。② 此后十余年间,一些学者在社会文化史理论方法上作了一些探索,③ 达成了一些基本共识。下面以笔者的理解加以归纳如下:

1. "社会文化史"学科概念的内涵与定义。有人认为可称为一个新学科,有人认为是一种新研究视角和新方法。虽然学者们说法不尽一致,但对于社会文化史是社会史和文化史相结合的交叉学科或交叉视角,应当打通社会史与文化史,综合运用两种学科的方法进行研究这一点取得了基本共识。依笔者之见,社会文化史是社会史与文化史相结合的交叉学科,以其新的研究视角和研究方法而与社会史、文化史有所区别。就这一意义而言,"社会文化史"可算一种新学科或"准学科"。社会文化史学科定义可有广义和狭义两种表述。广义而言,主要指其研究范围,即社会文化史是研究以往社会发展过程中各种社会文化交织现象的历史。狭义而言,主要指其研究视角或研究方法,即社会文化史是研究以往社会发展过程中

---

① 史薇:《复兴社会史三议》,《天津社会科学》1988年第1期;刘志琴:《社会史的复兴与史学变革——兼论社会史和文化史的共生共荣》,《史学理论》1988年第3期。"史薇"为刘志琴笔名。

② 李长莉:《社会文化史:历史研究的新角度》,载赵清主编《社会问题的历史考察》,成都出版社1992年版。

③ 其中大部分相关文章后来收入梁景和主编《中国社会文化史的理论与实践》论集中。

社会生活与文化观念互动关系的历史，是用社会的视角来研究历史上的文化问题，或用文化的视角来研究历史上的社会现象。

2."社会文化史"的研究对象和内容。广义而言，凡属社会与文化交织领域如社会生活、习俗风尚、礼仪信仰、大众文化、民众意识、社会心理等，以及它们之间的相互关系都属此研究范围。狭义而言，强调社会与文化的交叉视角，重心在于二者的联系与互动，即社会生活、大众文化与观念的联系，大众文化与精英文化的互动等。总体取向是关注民间与民众，"目光向下"。就研究范围而言，"社会文化史"与社会史和文化史有较多重合，至于具体的研究论题可能有所偏重，故此，"社会文化史"也被称为"新社会史"或"新文化史"。"社会史"和"文化史"是指研究对象的重合，而"新"则是强调理论方法的创新与不同。

3."社会文化史"的研究方法。由于研究对象的复杂性和互渗性，在主要运用社会史和文化史相结合方法的基础上，根据研究内容的需要，综合而灵活地借鉴社会学、文化人类学等其他人文社会学科的任何方法进行研究。因而社会文化史的研究方法具有鲜明的综合性、交叉性、多样性特点。最为突出的是注重交叉性视角，体现在社会与文化相结合、微观与宏观相结合、大众文化与精英文化相结合、具体与抽象相结合、生活与观念相结合等。

4."社会文化史"研究所依据的主要史料。与以往历史研究的"政治取向"以官方档案、政书等为主体史料不同，由于社会文化史目光向下，以民间社会为关注重心，因而民间史料是其史料主体，如报刊读物、家谱族谱、日记笔记、私人文集、戏剧唱本、蒙学读物、民间善书、神话传说、民谚俚语、野史小说以及实地调查、口述资料等，即使利用一些官方资料，也主要是从中搜求与民间有关的记载，特别是方志、判案记录及社会调查报告等。这是由社会文化史主要关注民间社会这一特点所决定的。

综上所述，关于社会文化史的理论与方法，在初创时期经过十余年的讨论和积累，虽然在各个问题上都存在着诸多不同的表述，但也已初步形成了一些基本共识。如果大而化之作一概括的话，依笔者之见，社会文化史学科可以定义为：它是一门社会史和文化史相结合的新兴交叉学科，是综合运用社会学、文化学、文化人类学、社会心理学等人文社会科学方法，研究社会生活、大众文化与思想观念相互关系变迁历史的史学分支学科。关于社会文化史与其他专史之间的关系，还有一点基本共识，即社会文化史作为一种交叉视角和跨学科方法，与社会史和文化史等专史有交叉和重叠，学科界线比较模糊，是一种开放性、边界模糊的新兴学科和研究路向。社会文化史与社会史、文化史的区别，与其说是研究对象，毋宁说是研究视角和方法，是一种研究视角上的新拓展。

关于社会文化史的内涵定义及基本理论方法，在这一时期经过十余年的讨论取得基本共识，学科理论基本形成，此后对于学科理论的探讨趋于淡化。其原因一是各路学者开始将主要精力转入研究实践，另一原因是，进入20世纪90年代以后，西方社会文化史理论方法及研究成果被陆续介绍进来，特别是其理论方法具有相对成熟、理论概括性强等优势，与我国本土理论方法渐趋合流。关于这点，下节将有进一步论述。

除了这些自觉探索社会文化史学科理论方法的学者之外，还有一些学者没有太多关注参与理论方法问题的讨论，而是在自己的研究实践中，进行社会史与文化史相结合的探索，并做出了一些研究成果。他们虽然比较分散，但也是较早自觉或不自觉地进行社会文化史探索的先行者。

（二）出现了一批具有学科色彩的基础性研究论著

如前所述，从社会与文化相结合的视角考察一些历史论题，其实早就有人有所尝试，只是以往没有明确的新学科意识，研究者或是由于研究内容属于社会与文化史交叉领域，因研究内容的需要而涉及社会史与文化史领域，如风俗史、社会生活史即是典型一例。或是有一定的社会史与文化史相结合的自觉，如社会心态史研究。在"社会文化史"作为一种新学科方向提出后，一些学者开始有意识地从社会文化史交叉学科的视角，运用这一新研究方法进行研究，开始积累研究成果。这类研究方向更为明确，社会文化史的新学科特色也更突出一些。

据一份以中国近代社会史为范围所收集的从1988年至2000年论著目录统计，① 这13年间，具有社会与文化相交叉意义的论题，共出版著作27部，其中位列前面的是：社会生活8部，社会风俗7部，社会意识、社会心态7部，其他是社会文化、市民文化、女性与社会各1—2部。论文数量总

---

① 闵杰：《中国社会史主要书目（近代部分）》、《中国社会史论文索引（近代部分）》。载常建华等《新时期中国社会史研究概述》，天津古籍出版社2009年版。

计172篇，年均13篇，论题按篇数多少为：社会风俗70篇，大众文化（市民文化、民间文化）31篇，社会意识（社会心态、社会观念）29篇，公共领域（公民社会、市民社会）16篇，社会生活12篇，其他如民间社会与社会控制、女性与社会、社会词语等都在5篇以下。可见这一时期论著比较集中的论题领域第一是社会风俗（这是旧领域），第二是社会心态与意识，第三是大众文化（市民文化、民间文化），这三类论著分别都在30篇（部）以上。这只是就社会史范围下的观察所得，如再加以文化史范围下观察，还会有些偏于文化方面的论著进入视野，如社会观念、知识词语等。可见，这一时期已经有一批社会文化史色彩的研究成果出现。

综观这些初期的中国近代社会文化史研究成果，可归纳出以下几个特点：

1. 出现一些社会文化史方面的专史著作。这些研究大多是沿着社会史或文化思想史前行，有的是旧领域的新成果，有的是有意识地对旧方法进行改造或创新，自觉地将社会与文化结合研究而进入新领域。这些成果既可属于原领域，如果从社会文化史角度看，也可划入新领域，因而也是社会文化史研究的基础性成果。

如社会风俗史是社会文化相结合的一个重要研究领域。这一时期较早有严昌洪的《西俗东渐记——中国近代社会风俗的演变》（湖南出版社1991年版）和《中国近代社会风俗史》（浙江人民出版社1992年版）二书，对中国近代社会风俗，特别是西方文明影响及社会变迁所引起的社会风俗的变迁作了比较系统、综合性的论述，是有关中国近代社会风俗史的开拓之作。此后关于中国近现代社会风俗史的著作还有李少兵的《民国时期的西式风俗文化》（北京师范大学出版社1994年版）、梁景和的《近代中国陋俗文化嬗变研究》（首都师范大学出版社1998年版），分别对西式风俗和陋俗文化作了系统研究。

社会心态也是比较能体现社会文化交叉视角的领域。如乐正《近代上海人社会心态（1860—1910）》（上海人民出版社1991年版）一书，运用城市史与心态学相结合的方法，对清末时期上海社会生活的变化对上海人社会心态的影响作了比较深入的研究。还有周晓虹《传统与变迁：江浙农民的社会心理及其近代以来的嬗变》（生活·读书·新知三联书店1998年版）一书，对江浙农民群体的社会心理作了专门研究。

社会生活是社会文化史的一个重心领域。这时期有忻平《从上海发现历史——现代化进程中的上海人及其社会生活》（上海人民出版社1996年版）一书，从人口结构、社会结构、上海人社会人格、生活方式、社会和文化生活及价值观等多方面，对于1927—1937年十年间的上海社会作了全面论述，作者自称是"全息社会生活史"。这是较早的近代社会生活史专著。

社会与思想互动史，是指把以往的思想史和社会史打通，结合一些社会史方法，对于精英思想作更深入、基础更广阔的研究。如，杨念群：《儒学地域化的近代形态——三大知识群体互动的比较研究》（生活·读书·新知三联书店1997年版）一书，从地域文化与知识群体的关联性角度，对于江浙、湖湘和岭南知识群体的各自特点及互动关系进行了比较及深入探讨，由此提出中国历史上"知识类型"的内在演化形态，及其知识分子、社会情境的互动关系。罗志田的论集《权势转移——近代中国的思想、社会与学术》（湖北人民出版社1999年版），从思想与社会互动的角度，探讨了近代知识分子思想学术与社会生存状况变迁的相互关系。

2. 出现社会文化史色彩的新概念。这一时期的研究成果，起初是旧有领域研究"自然长入"社会文化史新路向，如风俗史、社会生活史等，且大多沿用旧有的概念、框架、词语及分析工具，一般没有新学科特色的新概念、新理论和新词语，因而对于新学科基本处于一种非自觉状态。但自20世纪90年代中期开始，研究论著中出现了一组明显具有社会文化史色彩的新概念，即"公共领域"及"公共空间""公民社会""市民社会"等概念群。自1995开始，在此后六年间集中发表了15篇运用这些概念进行研究的专题论文。① 这组相互关联的概念群，是从西方社会理论中引入的，显然相关学者认为这些概念对于解释中国近代社会文化比较有效，因而加以借鉴、运用与讨论。这一现象也可说是中国史学界开始引入西方当代社会理论来研究中国近代社会史实践的一个发端。此后"公共领域"和"公民社会"等论题仍然受到学界的持续关注，其意涵和应用也有所演化和拓展，成为社会文化史研究中一个比较有代表性的概念组。

---

① 如，杨念群：《近代中国研究中的"市民社会"——方法及限度》（《二十一世纪》1995年第32期）；王笛：《晚清长江上游地区公共领域的发展》（《历史研究》1996年第1期）；马敏：《历史中被忽略的一页——20世纪苏州的"市民社会"》（《东方》1996年第4期）；熊月之：《张园：晚清上海的一个公共空间研究》（《档案与史学》1996年第6期）；熊月之：《晚清上海私园开放与公共空间的拓展》（《学术月刊》1998年第8期）等。

3. 出现综合性学科通史著作。一个学科的成形，往往以综合性学科通史的出现为一个标志。这一时期具有代表性的社会文化综合通史性著作是刘志琴主编，李长莉、闵杰、罗检秋执笔编写的三卷本《近代中国社会文化变迁录》（浙江人民出版社1998年版）。这套书明确以"社会文化变迁（史）录"为标题，是综合性、基础性、开拓性的近代社会文化通史著作，对1840年至1921年80余年间社会生活、习俗风尚、大众文化、社会思潮等进行了系统梳理，描绘了这一时期整体社会文化面貌变迁轨迹。该书以编年体和纪事本末体相结合的形式撰写，重在挖掘基础史料，梳理近代社会文化史主体内容和主要流脉，可称之为中国近代社会文化史的奠基之作和开拓之作。

（三）出现一批学科基地，形成基本研究队伍

新学科的成长发展，需要有一批研究基地和一定规模的研究队伍作为"孵化器"和发展平台。20世纪80年代末开始，一些社会文化史相关的研究基地先后建起。如在北京地区，首先是以刘志琴为首的中国社会科学院近代史研究所文化室，在80年代末90年代初，率先提出以"社会文化史"作为该团队新的主攻方向，开始进行从基础做起的系列研究计划，成为国内第一个标明以"社会文化史"为学科方向的研究基地。此外，以首都师范大学梁景和为首，中国人民大学清史所以黄兴涛、杨念群为首，也开始陆续进行社会文化史研究。几乎在同一时期，以中山大学和厦门大学为主的一些学者，主要借鉴文化人类学方法进行华南地区历史研究，后称为"历史人类学"，也被称为"华南学派"，是与社会文化史相近的新史学流派，其特点是注重运用人类学田野考察方法，形成富有特色的新史学流派。在湖北武汉方面，华中师范大学严昌洪、马敏、朱英等也引入社会文化史研究方法，湖北大学以周积明、郭莹为首的中国思想文化史研究所也提出向社会文化史方向趋进。进入21世纪以后，山西大学以行龙为首的区域总体社会史，上海社会科学院以熊月之为首及华东师范大学、上海师范大学等上海城市史研究群相继异军突起，还有南开大学的社会史研究群、苏州大学的城镇研究群等，都先后形成具有社会文化史（或新社会史、新文化史）新趋向而又各具特色的研究基地。此外，更有分散在各地的学者纷纷开始自觉或不自觉地进行社会文化史研究，研究队伍日益扩大。这十余年间研究基地和研究队伍的扩展，为社会文化史的发

展兴盛奠定了基础。

自1988年以后的十余年间，社会文化史学科理论方法的提出与形成，一批相关领域的专史和综合史著作的出版，以及一些研究基地和研究团队先后形成，可以说是中国社会文化史学科的兴起与奠基期。这一时期虽然有了较为基本的理论方法共识，但从研究成果来看还处于初创期，研究专著数量有限，有些如风俗史、生活史等，基本上是原有专史"长入"社会文化史领域，属于与社会史重合性成果。具有社会文化史新学科自觉的专题论文虽开始出现，但研究专著尚不太多。20世纪90年代中期以后，随着社会文化史的学科理论建设和研究实践逐渐展开，吸引了越来越多的研究者，特别是年轻研究者的兴趣，研究成果逐渐增多，使这一新学科日渐发展，也日益得到学术界的关注，并作为社会史的一个分支学科而得到认可。[①] 这些都标志着社会文化史这一新学科基本成形。

二 21世纪最初十年——发展兴盛期

在21世纪头十年，社会文化史研究进入了兴盛发展时期，研究论著持续增多，逐渐成为一个新兴热门领域。在此期间社会文化史的发展具有以下两个特点：

（一）自觉运用社会文化史交叉视角进行研究的专题论著增多，并出现具有学科特色的热点领域和新概念群

进入21世纪后，社会文化史新视角被越来越多研究者认同和吸收，更多的学者开始自觉地以这种新视角来进行研究，研究论著开始成批量出现，并稳步持续发展。笔者曾根据《近代史研究》附载的历年论著目录，统计2003—2007年五年间国内发表中国近代史论文和出版著作，论题明确具有社会与文化双重意涵与交叉视角，因而可列为较严格意义上"社

[①] 这反映在后来一些学术综述性论著中对于"社会文化史"的介绍和定位。如常建华《中国社会史研究十年》（《历史研究》1997年第1期）一文中，将"社会文化研究"与"社会生活研究"和"区域社会研究"并列为1986年至1996年十年间中国社会史研究兴旺发展的三个研究领域。另外，邹兆辰、江湄、邓京力合著的《新时期中国史学思潮》（当代中国出版社2001年版）一书中，也在论述"当代中国社会史的实践"一章中，以"社会文化史悄然兴起"为题作了专门评述。

会文化史"取向的研究成果,这五年间共有专著78部,论文346篇。专题论文是最直接、快速反映研究状况的指标,论文发表的数量,可在一定程度上反映研究者关注和投入的程度。社会文化史方面的专题论文每年50—80余篇,在其所属的社会与思想文化两大类合计每年发表论文300—400篇,社会文化史平均每年70篇的论文数量,稳占约20%的份量。可以说社会文化史作为一种介于社会史与文化史之间的交叉学科,具有了一定的学术空间和生命力,形成了一个具有一定特征的分支研究领域。

这些研究论著的论题都具有一定的社会文化交叉学科色彩。现将这些成果的论题分布情况,依总数多少排列如下:

论题	论文（篇）	专著（部）
1. 社会（日常）生活	43	23
2. 习俗风尚、礼仪、信仰	50	11
3. 大众文化、传播、公共舆论	53	4
4. 社会认同、社会角色	41	13
5. 公共领域、公共空间	32	6
6. 社会心理、心态	31	
7. 文化建构与想象	24	1
8. 休闲（娱乐）文化	14	5
9. 生活与伦理、社会与观念	14	3
10. 物质文化、消费文化	13	1
11. 社会语言、名词、话语概念	11	1
12. 地域社会与文化	7	8
13. 慈善救济及医疗文化	5	
14. 表象、象征	3	
15. 社会与文化	2	
16. 社会记忆、集体记忆	1	1
17. 身体文化	1	1

从这些论著的论题分布情况可以看到以下几个特点:

1. 出现热点论题

这些论著出现一些比较集中的论题,如生活史、风俗信仰、大众文化

(传播)、社会认同、公共领域(公共空间)等论题,总数都在40篇(部)以上,平均每年8篇(部)以上。其中有些是与传统旧领域重合的,如风俗史、大众文化史。有的虽然是旧领域,但是一直被忽视而如今则上升为热点领域,如生活史,在这一时期论著数量升至第一位,可见其得到研究者集中关注而成为热点。这些论题无论新旧,也大多有自觉的社会文化交叉视角的色彩,因而多具有一定新意。

2. 出现新领域

除了上述这些旧有领域之外,还出现了更多具有社会文化学科特色的新研究领域和论题,如:公共领域(公共舆论、公共空间)、话语分析、概念史、文化建构史、表象史、记忆史、身份认同史、身体史、休闲文化史、物质文化史、区域社会文化史等。这些新领域和新论题,都有一套相应的有一定新意的理论方法,可以说是学术研究中层理论的创新性发展。

3. 出现新词汇

词汇是进行学术研究、逻辑分析的最小概念单位,也是进行史学研究的分析工具,具有一定学科色彩的学科性词汇,是一个学科用以分析、解释、建构研究对象的基本工具。这一时期的大量论著中,可以看到一些不同于传统史学词汇而具有社会文化交叉特色的新词汇,并被广泛地运用。如公共领域、公共空间、公共舆论、语境、话语、文化建构、文化想象、历史记忆、表象、现场等。这一系列新词汇的出现及广泛应用,标志着社会文化史学科特色更为突出,理论方法更具创新性。同时也与传统史学形成更大反差,进而出现扩散渗入效应。

在此提请注意的是,这些论著虽然是运用社会文化交叉视角进行研究,但从大的视域来看,有些与社会史和文化史有重叠,就如同"社会文化史"又被称为"新社会史"和"新文化史"一样,很难在其间做出严格清晰的学科区分。

(二) 与西方社会文化史合流

这一时期另一个突出特点,就是与西方社会文化史合流。[①] 如果从国际史学界范围来看,社会史与文化史交叉视角的"社会文化史"(或称为

[①] 关于我国学界与西方社会文化史合流,以及两者的异同,笔者曾在《交叉视角与史学范式——中国"社会文化史"的反思与展望》(《学术月刊》2010年第4期)一文中有所论述。

"新文化史""新社会史"),作为新的研究路径和理论方法,最早出现于西方。据西方社会文化史的代表人物、英国剑桥大学教授彼得·伯克(Peter Burke)在2000年发表的一篇专文介绍,自20世纪70—80年代以来,西方历史学家发生了"文化转向","社会文化史"(或称"新文化史")在欧美史学界兴起。即打通社会史与文化史,将文化分析引入社会史研究,目光向下,面向民众。这场新运动肇始于法国,八九十年代波及欧洲和北美。伯克认为,欧美"社会文化史"已有研究成果主要论题有七类,即:物质文化史、身体史、表象史、社会记忆史、政治文化史、语言社会史、行为社会史。关于欧美"新社会文化史"的研究方法及撰述模式,伯克认为有五个特别值得注意的特征,即:文化建构、语言学转向、历史人类学、微观史学及叙述史的回归。①

由此可见,西方"社会文化史"兴起比我国早约十年,其研究成果及理论方法到90年代后开始被陆续引介进来,我国史学界也开始借鉴、吸收这些理论方法,引入运用一些新的学科概念和理论进行研究,前述90年代后期出现的"公共领域"讨论就是典型一例。进入21世纪后,有越来越多的研究者,特别是年轻学者,借鉴这些西方社会文化史理论方法进行研究,同时又在研究实践中有一些适应本土的改造和变异,国内外社会文化史逐渐合流。

由伯克所列举的西方社会文化史主要论题和研究方法特征,与前述我国2003—2007年论著论题状况相比较就可看出,有许多是相同或相近的,基本上是我国学者引入借鉴西方理论而出现的成果。主要表现在三个方面:

第一,一些新研究领域如概念史、记忆史、个人史、身体史等,基本上是从西方引入的。

第二,一些新的分析理论,如"公共领域"理论、"国家—社会—个人"理论、"市民社会"理论、"文化建构"理论、"社会文化资本"理论等,引自西方也有一定效用。但有些西方理论并不适合分析中国社会,如有人运用近代"民族国家"理论分析前近代中国民族关系,对中国民族历史产生曲解。

第三,一些作为分析工具的概念词汇,如前述公共空间、语境、话语、建构、文化想象、历史记忆、表象、现场等,大多是从西方译介引入

---

① [英]彼得·伯克:《西方新社会文化史》,刘华译,《历史教学问题》2000年第4期。

被接受应用的。

这些西方社会文化史理论方法的引进与应用，近年更出现日益扩展的趋势，这些具有学科特色的新概念、新词语，在社会文化史论著中应用日益普遍，近乎成为社会文化史新派论著的一个鲜明标志。我国学界之所以如此热衷吸收西方社会文化史理论方法，究其原因大致有二：

一是西方社会文化史理论源自法国年鉴学派及西方文化人类学、社会理论等交汇流变，具有深厚的哲学传统和史学理论基础优势，因此社会文化史理论作为西方理论的分支发展，无论是理论体系、概念工具，还是研究方法，都更加成熟、规范与适用，我国学者引为己用，自然相对便利，这是学术发展的自然规律。

二是我国近代以来处于从传统社会向现代社会的转型期，西方社会文化史理论大多基于对西方社会现代化过程的研究得来，与我国近代社会发展阶段相近，因而具有较强的对应性。同时，社会文化史以关注民间社会的视角研究近代社会文化交叉领域，而我国原有史学理论方法对于这一新领域的研究分析力和解释力较弱，借助这些西方已有的社会文化史理论方法则分析和解释更为有效，特别是一些概括性和建构性的中层理论，如"公共领域""公民社会"等概念，"文化建构""语言分析"等方法，"记忆史""表象史"等领域，对于中国近代社会文化相关领域的研究都更为有效和适用，因而被我国学者拿来应用，就是顺理成章的事了。

当然，作为由西方人研究西方社会而形成的理论方法，移入我国会有一定的"水土不服"效应，一些理论概念可能与我国实际社会文化状况显得隔膜不适，我们更需要的是真正由研究我国社会文化状况而产生出的既是"地方性"又具"普遍性"的本土社会文化理论，但这需要一个过程，而首先吸收、逐渐消化西方理论即是最为便捷的一条路径。回顾我国学界借鉴应用西方社会文化史理论方法的过程，也因应我国实际而出现一些"本土化"的改造与变异。首先是我国学者在借鉴西方理论方法时，并非全盘接收，而是适应本土需要有所选择。如西方因"后现代"取向而强调凸显"个人主体性"和"边缘价值"的理论，我国学者由于面临我国文化传统及"现代化转型中"的时代课题，认为并不适合我国现在的国情，因而并没有太多借鉴，而是仍然大多延续中国知识分子关注"群体本位""社会主流""人民大众"的价值取向，并且由于传统与现代的连续性而更加关注"民间社会"，这一"群体本位"特征凸显了与西方社会文化史的差异。还有一些理论方法，在我国学界应用过程中，因本土的特性而产生一定的变异，如较早引入的"公共领域"理论，后来在学者们的应用中，其内涵、理论方法、概念群等都曾有一定的本土化变异，这是一个值得研究的论题，在此不再展开。可以乐观地预见，我国学者久已呼唤的"本土理论"，最有可能是在西方理论与我国实际相结合的深入研究中经再度创造而产生。

三 2009 年以来近五年——深化扩散期

关于 2009 年至 2012 年中国近代社会文化史方面的研究概况，已有专文进行了梳理，① 在此不再详述。总体而言，近五年社会文化史向着各个领域的分支路向深化发展，特别是一些集中的热点领域向纵深发展，同时社会文化交叉视角的理论方法出现扩散化趋势。下面仅归纳近五年社会文化史发展的一些特点：

（一）热点领域的研究成果出现系列化、规模化、国际化发展态势

如"社会生活史"原是旧研究领域，较早进入社会文化史研究视野，到 20 世纪 90 年代以后上升为社会文化史的热点论题，同时也加入了"公共领域（公共空间、公共生活）""物质文化史""休闲文化史""个人史""微观史""区域史"等社会文化史新理论元素。经过二十余年的积累，近五年进入成熟期和收获期，不仅研究成果层见叠出，呈"涌出"状态，成果系列化、精细化、规模化。

"上海城市生活史"系列研究成果就是一个典型例子。近年来，以上海社会科学院熊月之为首，上海社会科学院、上海师范大学、华东师范大学、上海大学、复旦大学等史学者群体为主，集中老、中、青三代，对上海城市生活史进行了会战式集中研究，组织出版"上海城市生活史丛书"（上海辞书出版社），在 2009—2011 年短短三年间，共推出了两批共 25 部有关上海城市生活史的专题研究著作。这些著作大部分是属于近代时段，

---

① 可参见李长莉、毕苑、李俊领《"中国近代社会与文化史" 2009—2011 年度研究综述》，《河北学刊》2012 年第 3 期；李长莉、唐仕春、李俊领《2011—2012 年中国近代社会与文化史研究》，《河北学刊》2013 年第 2 期。

涉及的专题丰富多样，有都市生活、饭店与菜场、同乡组织、政商互动、房荒、舞厅、照相、公共空间等，还有买办、文人、学生、报人、律师、工人、职员、闸北居民、女性自杀，以及日侨、犹太人、俄侨等社会阶层和群体生活史。这批"上海城市生活史丛书"，将这一领域的研究推向了相当精细、深入及成系列、成规模的水平。

值得注意的是，上海城市文化与生活史也成为近年海外学者的一个研究热点，一批成果被翻译出版，甚至一些海外学者在学术交流和参与度上，在研究成果的发表与出版上，与上海史研究群已融为一体，使上海城市文化与生活史研究呈现"国际化"特征。海外学者更多地体现了西方社会文化史的研究特点，如美国学者张英进主编的论集《民国时期的上海电影与城市文化》，①汇集了多位美国学者有关上海电影与城市文化生活的论文，分为三个部分：一、电影罗曼史：茶馆、影院、观众；二、性的想象：舞女、影星、娼妓；三、身份的建构：民族主义、都市主义、泛亚洲主义。这些论文运用电影研究与都市文化史相结合的方法，从不同角度讨论了民国时期上海的电影文化和城市文化特质，展示了上海的摩登消费方式和独特市井现象，标明电影是民国时期重要的新兴文化力量。此外，华东师范大学"上海史研究中心"组织翻译出版了一批西方社会文化史研究成果，促进了我国学界与西方社会文化史的进一步交汇合流，彰显了上海史学者"海派"的开放性特点。

社会生活史研究走向成熟的另一个标志，是在专题研究积累的基础上，出现综合性、全面性、系统性的通史著作。《中国近代社会生活史》②即是第一部中国近代社会生活通史，应当是这种标志的体现。该书以人们的物质生活、社会生活、文化生活诸方面的近代变迁为主线，比较全面地展现1840—1949年百余年间社会生活变迁的整体景观。

（二）有学科特色的热点论题推动一些新研究路向的发展

"仪式节庆"是近年引起诸多关注的新论题。仪式节庆作为国家礼仪制度，是向社会大众传达一定的政治或文化意义，有的也是历史记忆的固

---

① 英文版出版于1999年，北京大学出版社2011年出版中文版。
② 李长莉、闵杰、罗检秋、左玉河、马勇：《中国近代社会生活史》，中国社会科学出版社2015年版。

化形式，是塑造大众文化、民众习俗、民众观念的一种社会管理方式。近年这一论题渐受到研究者关注，一些学者运用文化建构、历史记忆与政治文化等新理论方法，对近代以来的仪式节庆及其意涵的变迁进行研究，出现了一批颇具新意的成果。

2011年由于适逢辛亥革命一百周年，人们反省在这百年间辛亥革命的记忆，以及在民国节庆、纪念等方面的文化建构，形成一个研究热点，有多篇论文对这一专题进行研究。① 此外，还有学者对近代政治变动中其他礼仪节庆的变化进行考察。如对抗战时期民族扫墓节与民族精神建构的研究，② 对苏区节庆文化的研究，③ 对中共根据地与解放区红色礼俗的研究等。④

除了由热点论题推进一些研究路向深化之外，一些研究方法的应用也得到新的开拓。如通过关键词语的建构与传播，考察中国近代文化观念变迁和知识传播过程，这种"词语分析法"是近年兴起的一种新研究方法，海内外都有一些新研究成果。⑤

"图像史"也是近年兴起的热门领域。图像是直观、全息的信息载体。中国近代有十分丰富的图像资源，尤其是社会生活、大众文化等方面的图像资料堪称海量。而许多民众生活、社会文化现象，图像往往比抽象的文字具有更强的展现力，因而对社会文化史研究具有更加重要的意义。当今电脑网络技术的飞速发展，为图像的收集和利用提供了便利。因此，近年来越来越多的社会文化史研究者利用图像展开或辅助研究，图像社会文化史的出版物如雨后春笋般出现，使社会文化史又辟出一条新路。

---

① 如，朱英：《近代中国民间社会对辛亥革命的认知与纪念》（《天津社会科学》2012年第1期）；王楠、陈蕴茜：《烈士祠与民国时期辛亥革命记忆》（《民国档案》2011年第3期）；刘伟、潘大礼：《革命纪念：南京国民政府时期国民党的辛亥记忆》（《华中师范大学学报》2011年第3期）；陈蕴茜：《地方展览与辛亥革命记忆塑造（1927～1949）》（《江海学刊》2011年第4期）等。
② 郭辉：《抗战时期民族扫墓节与民族精神的建构》，《史学月刊》2012年第4期。
③ 樊宾：《论苏区的节庆文化及其特点》，《江西社会科学》2012年第1期。
④ 李俊领：《民国时期中共根据地与解放区的红色礼俗》，《阜阳师范学院学报》（社会科学版）2011年第6期。
⑤ ［德］郎宓榭、阿梅龙编著：《新词语新概念：西学译介与晚清汉语词汇之变迁》（山东画报出版社2012年版）；黄兴涛：《近代中国"黄色"词义变异考析》（《历史研究》2010年第6期）。

（三）研究路径向分化与综合双向延伸发展，学科影响弥散性扩展

近年社会文化史的研究路径出现几个趋向：

1. 分化。伴随研究的深化，研究领域进一步分解，出现更多分支路向，并有持续性发展。如在原有的"社会文化史""历史人类学""区域史"之外，又有"城市社会文化史""概念史""文化建构史""生活方式史""身体史""图像史"等更加细化的分支，成果不断增多。

2. 综合化。与细化分化相反的另一趋向，是综合化的总体史成果也有增多。有代表性的是以行龙为首的山西大学社会史研究中心倡导的"区域总体史"，已经取得了富有特色的系列成果。随后不少地方学者也开始研究本地域的总体史，成果不断涌现。特别是近年城市史研究成为一个热门领域，而城市史研究往往具有综合化的总体史特征。2012年年底分散于全国的一些城市史研究者联合成立"中国城市史研究会"，并于2013年6月举办了第一届全国性城市史年会，还创办了会刊《城市史研究》，标志着分散于各地的城市史研究者进一步加强协调与合作，适应我国城镇化改革的现实需要，必将推动我国城市史研究得到进一步发展。

3. "时段后延"。近年社会文化史拓展的另一趋向，是出现由近代史向当代史延伸的"时段后延"现象。相对于政治的断裂性，社会文化则更具连续性，因而，一些研究近代社会文化史的学者，沿着近代以来社会文化变迁的轨迹而延伸到了1949年后的当代阶段。如首都师范大学中国近现代社会文化研究中心，研究范围由近代向1949年后扩展，组织人员对1949年早期婚姻家庭变迁进行口述史研究，取得了系列成果。又如山西大学对1949年后集体化时代的研究等，都反映了这种"时段后延"趋向。

4. 学科交融。近年社会文化史与其他学科领域相互交融的趋势日益显著，彼此界线更加模糊。社会文化史作为一种交叉学科，其研究成果与相近学科，如作为母学科的社会史与文化史，往往具有较多重叠性，甚至可说其本身就具有双重性。如社会生活史，从其内容来说，同属于社会史领域，如果更多地运用社会与文化交叉视角、多元联系的观点、关注民间社会，以及运用公共领域、词语分析、符号象征等方法进行研究，也可说是社会文化史。与此同时，社会文化史交叉视角及研究方法，也被其他领域一些研究者吸收，引入到其研究中去。如一些政治史研究论著，也从社会文化交叉视角,运用公共领域、词语分析、文化建构等理论方法进行研究,做出一些具有新意的研究成果。如王奇生的民国政治史著作《革命与反革命:社会文化视野下的民国政治》(社会科学文献出版社 2010 年版)一书,就比较典型地反映了这种政治史引入社会文化视角的探索。这反映了社会文化史理论方法的优势,及其影响的扩散,日益向其他研究领域渗入的趋向。

四 学术贡献与问题反省

回顾中国社会文化史 25 年间从兴起到发展日渐成熟的历程,有对史学革新与推进的学术贡献,也存在局限与发展瓶颈,由这些回顾与反省,我们方可更清晰地展望未来发展进路。

(一) 学术贡献

纵观社会文化史在中国 25 年的兴起发展历程,可以看到,这一新兴交叉学科成为历史学中一个以理论方法创新为主要特征、具有鲜明特色的新学科路向。这一学科的发展对于历史学创新具有以下意义:

1. 理论方法创新,开辟史学新生长点。以往的学科分野是以研究领域和对象不同而区分,是一种平面式、领地式划分,是有限资源的分割。而社会文化史研究路向,主要是研究视角与理论方法上的创新,开辟了观察和解释历史的新角度、新路径。社会史与文化史的交叉,打破了传统学科以研究内容相区分的隔阂,打通了社会生活与文化观念、社会状况与精神世界的关联,并形成了一系列具有学科特色的新概念、新理论,为新的研究视角提供了更加有效的分析工具。这种理论方法创新,丰富了历史学,开辟了一条史学革新之路,推动史学由"描述性研究"向更加深入的"解释性研究"趋进,成为史学深入发展的一个生长点。其丰富多彩的研究成果,也展现了史学研究的新风貌和现代生命力。这是社会文化史的主要学术价值。

2. 推动中国近代史研究超越"革命史范式"及"现代化范式",走向"本土现代性"。以往"革命史范式"偏重革命运动主线,对社会整体转型有所忽略。"现代化范式"强调现代与传统的断裂,以西方现代化为评判中国社会发展的标尺。虽然这两种范式对中国社会近代变革的某些层面有一定解释力，但相对于丰富的中国社会近代转型而言，又都有一些层面的忽略和盲点。而社会文化史强调回归本土，关注民间，贴近国情，以社会与文化相结合的内在立体考察为主要路向，重在考察民间社会的动向、社会文化生态、上层与下层的互动、传统与现代的内在联系、个人—社会—国家的互动关联等取向，使史学立足中国本土国情，为探索中国社会近代转型特征及独特发展道路，提供了一个更加有效的研究路向。这是社会文化史的主要现实意义。

3. 关注民间社会，挖掘内在社会文化资源。民间社会是民族文化的母体，是民族之根与民族之魂的栖息处，是民族生命力的本源所在。民间社会蕴藏着中华民族数千年历史文化积淀下来的丰富宝藏和民族生存密码。尽管近代一百多年来，社会表层经过了多次天翻地覆的变动，民族特征已几近消失，但在民间社会，却蕴藏着支撑中华民族数千年顽强生命力的生存密码，因而也是解开中国近代社会转型特征与中国独特道路的锁钥所在。这些文化密码就蕴藏在民间社会之中，蕴藏在亿万平凡民众的生活方式和心灵世界之中。社会文化史的关注重心从政治舞台走向民间社会，正是走向这个民族文化宝库去挖掘内在社会文化资源，以探索中华民族走向现代化独特发展道路的根源，寻求在全球化冲击下民族生存与复兴之路，寻求人类和平共生之路。当今中国正面临社会转型的困惑与阵痛，急需适应我国发展的本土社会发展理论，社会文化史关注民间社会、挖掘本土社会文化资源的研究路向，可能就是一个有效的途径。这是社会文化史的主要理论意义。

（二）反省问题与瓶颈

社会文化史经20多年的发展至今，也面临着一些质疑，存在着一些局限与问题，遭遇到发展瓶颈。在此稍作梳理与回应：

1. "非学科"。自从社会文化史开始兴起直到今天，一直有质疑"社会文化史"是否是一个独立"学科"的声音，特别是一些同类方法进行研究的学者，更产生一种身处"学科"内外的困惑，或是"学派"划分的疑虑。对"社会文化史"是否为"学科"，行内学者在最初阶段也曾有过讨论，后来则趋于沉寂，也可以说形成了某种默契。笔者认为，行内学者虽然对此也有不同看法，但也有一定的基本共识，即社会文化史是跨社会史与文化史的交叉视角，与原有学科的区别主要不在研究领域这一传统的学科区分,而在于研究视角和理论方法的独具特色,因而与相关学科如社会史和文化史有一定的重叠性,边界并不清晰。"社会文化史"是否是个独立学科的名目并不重要,也可称为新视角、新学派,或是"准学科",重要的是自觉地以新理论方法,沿着新研究路向,推动历史研究的革新和深化。特别是在当今史学分支日益细化,在各学科交界的边缘处日益分化出更多新支流的情况下,传统意义上的学科区分日益显得难以界定。因此,不必偏执于学科名目之有无,而更需注重这种视角和理论方法的有效性。依笔者之见,如果有一定的"学科"意识,可能更有利于自觉地沿着这一新路向走史学创新和深化之路。就这一意义而言,标示"社会文化史"为一新学科,并非出于另立门户、自树帮派之意,而只是希望强化研究者的自觉创新意识,更好地凝聚同道同好的学术追求,以推动这一史学新路的进一步开拓。本文将社会文化史作为一个"新学科"加以梳理,就是出于这一考虑。

2. "碎片化"。① 指不少社会文化史研究者选择的论题细小琐碎、缺乏联系的现象。笔者曾对此有过专文讨论,② 在此不必过多重复,只想提请注意的是,由于社会文化史主要研究对象是民间社会、大众生活,因而需要进行具体而微的微观研究,这就导致与微观研究发展而来的"碎片化"有一定的伴生关系。我们需要警惕这个"陷阱",以联系论、网络论、整体论、建构论及选择"中观问题"等方法进行矫正,使微观研究的"碎片",通过这些方法而连结为宏观研究的"珠串"和"网络",如此才能避免跌入"碎片化"的泥沼。

3. "描述性"。伴随社会文化史研究的兴起,在历史书写方式上也出现"叙事史"(或称为"讲故事")、"描述性"特征,这也是社会文化关注民间社会的一种伴生物。如果只是"描述史实",则社会文化史因论题细小而与其他学科相比更无深度。这里涉及与传统史学"实证"方法的关系问题,对此笔者在前述文章中有过讨论。③ 诚然,叙述历史事实、回归历史现场、还原历史原貌,是社会文化史研究的第一步,但若仅停留于

---

① 《近代史研究》2012年第4、5两期,连续刊登《中国近代史研究中的"碎片化"问题笔谈》共13篇。
② 李长莉:《"碎片化":新兴史学与方法论困境》,《近代史研究》2012年第5期。
③ 同上。

此，则并不是真正意义上的社会文化史研究。因为"描述性研究"是所有史学的基本书写方式，社会文化史更重要的特色是在此基础上的"解释性研究"，而且是具有一定新路向和理论方法的"意义阐释"。社会文化史与其他学科不同的一个特色，是其"解释工具"有所不同，因而我们需要建构和运用这些"解释工具"进行研究。要借鉴已有的理论方法，以及不断吸收其他学科的理论方法，以不断调整和补充社会文化史学科的"解释工具"——即理论方法。选择研究论题时，可以本着"从解释着眼、从描述入手"的路径。通过这种路径展开研究，或可改变"描述性研究多而解释性研究少"的缺失。

4."无意义"。由于社会文化史研究论题往往具体而微，因而常常受到"意义稀薄""价值缺失"的质疑，甚至有的研究被讥为是"自娱自乐""猎奇""把玩"等。对此社会文化史研究者只有用能够被认可的真正具有学术和社会价值的研究成果予以回应。据笔者观察，大多数社会文化史研究者，是秉承着中国知识分子"经世"传统，以高度的社会责任感和学术创新意识进入这一领域的。但是如果在研究实践中缺乏问题意识，缺乏时代眼光，缺乏理论素养，缺乏社会关怀，缺乏对民族和人类命运的思考，就有可能在不自觉中使自己的研究走上"意义稀薄""价值缺失"因而被边缘化的歧路。这是需要我们加以警惕的。因此，笔者以为，在中国近代社会文化史研究实践中，虽然具体论题可能具体而微，但需紧紧扣住近代社会文化转型这一时代变革的主线，在与这一主线的联系中来把握和分析具体的社会文化事象，这可能是一条避免"价值缺失"的可行路径。

结语 未来进路展望

通过上述回顾中国社会文化史走过20多年的来路，可以看到当下社会文化史学科所处的方位与面临问题，由此再向前展望前进方向，可以有以下一些期待：

首先，时代呼唤社会文化史的理论创新成果。当今我国正处于从经济转型向社会文化转型的关键阶段，即社会改革进入"深水区"。所谓"深水"，就是广阔深邃的社会文化大海。20世纪80年代开始的前三十年向市场经济的转变，如今遭遇到社会、文化、政治领域的失调与不适，造成社会结构重组、社会矛盾增多、价值观念混乱、伦理道德失范、社会秩序失序等一系列问题,使社会发展遭遇瓶颈,需要寻求如何解决这些问题、突破瓶颈、实现社会长治久安发展的路径。实际上,这也是近代一百多年来中国社会从传统向现代社会转型的延续。社会文化史的研究视角,就是沉入社会文化这一"深水区"里探索航程的一种路向,是回归"民间社会"挖掘本土社会文化资源来熔铸社会发展智慧的一条路径。当今社会的种种问题,大多都可从近代社会文化变迁中寻找到其源头,或有相似的路径。因此,我们从当今时代需要出发,就有无数可供研究的论题,有广阔的有待开拓的学术空间。可以期待,未来这一学科路向还会有更多、更具有问题意识和时代价值的成果问世。

其次,中国社会文化史经过20多年的发展,已经有了比较丰厚的学术积累,研究成果数量已蔚为大观,形成一些相对成熟的研究领域,研究队伍已日益壮大,理论方法不断丰富提高,研究路径更加分化多元。特别是在全国已经形成了多处研究基地和研究团队,更多具有新知识素养的年轻一代加入这一领域,还有更多分散于各处的学者自觉或不自觉地吸收借鉴社会文化交叉视角和理论方法进行不同的研究,这些都使得社会文化史形成弥散化扩展趋势。

展望未来中国社会文化史发展的进路,笔者以为,一些历史与现实关联度较高的论题,可能会成为今后一段时期社会文化史的热门论题。具体而言,以下几个可能会是今后一段时期社会文化史较受关注的"关键论题":

1. "民间社会"。与此相关的论题有市民社会、公民社会、民间文化、大众文化,以及公共领域、公共空间、公共生活等概念群。传统中国社会是一个以民间社会为重心的"半自治化"社会,但自从清末以来开始近代化社会转型,国家逐渐强化对民间社会的渗入和控制,直至数十年后,民间社会的独立性几近消失,其后果在造成国家控制社会力量无限增强的同时,民间社会所承载的民族社会文化资源也丧失殆尽。而伴随市场经济和城镇化快速发展,民间社会又开始恢复,市民公共生活领域出现大块空白,同时民间社会缺乏自组织、自管理机制,这也是造成当今社会上下失调、政民矛盾的一个重要原因。因而现在有"重建民间社会"的必要,也需探索中国近代"民间社会"的结构、功能,及其近代变迁的机制与得失,这些探索也会对因应当今所谓"新市民运动"等社会问题,提供一些历史经验。

2. "社会治理"。这是社会文化史的一个重要理论"个人—社会—国家互动"理论所指向的一个核心问题,也是当今我国"创新社会管理"要解决的核心问题,近代社会转型过程中围绕这一中心有各个层面的论题,这些会成为研究者关注的重点。

3. "生活方式"。与此相关的论题有社会生活、日常生活等。生活方式是亿万民众一切物质活动和精神活动的基础,无论上下,各类人物,概莫能外。生活方式也是形成民众感情、行为方式、道德伦理、社会规则、法律礼俗、社会观念的基础和土壤。以往我们过于注重意识形态的作用,随着社会和时代的变化,生活方式对社会文化的影响力日益彰显,也是我们重建当今社会文明和精神文明的基础。

4. "价值系统"。近代百余年来,中国人的价值系统经过了几次伤筋动骨性的颠覆和重构,当今更处于价值混乱与道德失范的困境,如何重建民族价值系统,是一个急迫的课题。社会文化史学者从蕴藏着丰富的民族社会文化资源的民间社会入手,或可为今天的价值重建提供一些历史资源。

笔者以为,上述几个"关键论题",有可能会成为社会文化史学者为中国社会发展理论创新做出贡献的生长点。

突出成绩与发展瓶颈:20年来的中国近代社会文化史研究

左玉河

(中国社会科学院近代史研究所)

社会文化史是一门新兴交叉学科,也可以说是一种新的研究视角。自从20世纪80年代末刘志琴先生提出"社会文化史"概念以来,社会文化史研究取得许多丰硕成果,呈现着方兴未艾之势。在社会文化史提出并兴起20年后的今天,有必要对其发展历程、主要成就及面临的问题进行认真检视,以确定社会文化史研究再出发的基点。

一 文化热与国学热:文化史研究的复兴

改革开放以来中国学术界最引人注目的现象之一,是文化史研究的复兴。文化史的复兴是由思想解放运动直接引发的。人们从思想解放和现代化建设的需要出发对文化问题进行反省,对中国传统文化、近代以来的新文化及西方文化的关系进行思考,由此在20世纪80年代初出现了一股强大的"文化热"。正是在这种文化反思热潮引发下,中国近代文化史研究开始重新起步。

1982年10月在成都召开"中国近代科学落后原因"学术讨论会,提出从文化传统探索近代中国科学落后原因的命题。同年12月,由中国社会科学院近代史研究所文化史研究室与复旦大学历史系共同发起的"中国文化史研究学者座谈会",呼吁大力开展中国文化史研究以填补这一巨大空白,决定主办1949年以来第一份文化史研究刊物《中国文化》研集刊。随后,刘志琴在《光明日报》上发表《关于文化史研究的初步设想》,① 在1949年以后首次公开提出了开展文化史研究的倡议。此后,中国文化史研究蓬勃开展起来,逐渐成为学术界的热门学科。

80年代兴起的"文化热"突出了中国传统文化与现代化的问题。传统文化与现代化的关系、近代以来中西文化关系等问题,成为当时学术研究的热点,出版了一些比较重要的文化史著作,如姜义华等编《港台及海外学者论近代中国文化》(重庆出版社1987年版)、龚书铎的《中国近代文化探索》(北京师范大学出版社1988年版)、中华近代文化史丛书编委会编的《中国近代文化问题》(中华书局1989年版)、冯天瑜主编的《东方的黎明:中国文化走向近代的历程》(巴蜀书社1988年版)、张岱年、程宜山的《中国文化与文化论争》(中国人民大学出版社1990年版)等,发表了许多有关中国近代文化史的论文。据不完全统计,从1983年到1989年共发表学术论著达600多篇。这些论著关注的论题,主要集中于两个方面:

一是重新认识中国文化近代化历程中的敏感问题,如对洋务运动及其思潮的重新认识,如对"中体西用"论的重新评价,如对五四精神的重新审视等。学术界从文化近代化进程的角度,肯定了洋务思潮对传统文化的冲击作用,肯定了"中体西用"论对减弱学习西方的阻力、便于吸收西学以实现中国文化自我更新的积极作用,重新反省了五四民主与科学精神,肯定了其思想启蒙价值。

二是传统文化特性及其与现代化的关系成为研究热点,提出了多种新见解。既有力图从传统文化中发掘具有现代意义的因素,以谋求现代化的"儒学复兴"说,也有认为在西方文化冲击下,作为文化核心的观念形态必须重建的"文化重建"说;既有认为在抨击传统中有害因素的同时,可以适当地对传统的符号和价值系统进行重新解释与建构的"创造性的转化"说,还有主张以多元开放的心态,建立以中国为本位的"中西文化互为体用"说等。由于近代中国社会变迁的激烈与反复,使得传统文化走向现代化的争议经常出现弘扬传统与彻底否定传统的两极对峙,在这两极之间又存在众说纷纭的歧见和程度不同的折中,从而使讨论具有更为复杂纷繁的内容。

---

① 刘志琴:《关于文化史研究的初步设想》,《光明日报》1983年9月28日。

进入90年代以后,"文化热"有所退潮,随之兴起了所谓"国学热",中国近代文化史研究的领域逐步拓宽并逐渐向纵深发展。学术界对近代中国文化保守主义、近代知识分子、社会风俗风尚、中西文化关系等领域的研究逐渐深化,并出版了许多有特点的研究成果。

知识分子是文化传承的载体,知识分子的近代化与传统文化的近代化有紧密的联系。钟叔河的《走向世界——近代知识分子考察西方的历史》(中华书局1985年版),通过多侧面的研究,再现了早年出国的人们在认识、介绍世界方面所经受的误解、屈辱、痛苦和走过的坎坷道路。吴廷嘉的《中国近代知识分子》(人民出版社1987年版),王金铻的《中国现代知识分子的历史轨迹》(吉林教育出版社1989年版),对近代知识分子成长的历程及命运作了宏观阐述,李长莉的《先觉者的悲剧——洋务知识分子研究》(学林出版社1993年版)则对洋务知识分子的产生及特性作了分析,对他们致力于引进西方科技文化而又受到旧体制的约束和传统士人的排斥的悲剧命运作了揭示,认为其悲剧反映了中国文化推陈出新的艰难历程。许纪霖的《智者的尊严:知识分子与近代文化》(学林出版社1991年版)、《中国知识分子十论》(复旦大学出版社2003年版),则通过对近代若干重要人物的分析,揭示了知识分子群体对中国近代文化发展的深刻影响。章开沅的《离异与回归——传统文化与近代化关系试析》(湖南人民出版社1988年版),则通过对开创新制度的近代思想先驱的分析,揭示了他们对于传统文化所存在的离异与回归两种倾向,深化了人们对近代知识分子特性的认识。

由于1949年以后极"左"思潮的影响,有些在近代文化史上起过重要作用的人物成为批判的对象,评论有失公允。耿云志的《胡适思想论稿》(四川人民出版社1985年版)是第一部突破胡适研究禁区的学术著作。此后,从文化近代化的视角重新评价近代人物成为研究的热点,像郭嵩焘、章太炎、辜鸿铭、康有为、梁启超、梁漱溟、瞿秋白、张东荪、曾国藩、李鸿章、杜亚泉、陈序经等都引起了学术界的研究兴趣,并发表了众多的学术论文,出版了不少研究论著。其中比较重要者,有马勇的《梁漱溟文化理论研究》(上海人民出版社1991年版)、易新鼎的《梁启超和中国学术思想史》(中州古籍出版社1992年版)、郑师渠的《晚清国粹派文化思想研究》(北京师范大学出版社1993年版)、耿云志、崔志海的《梁启超》(广东人民出版社1994年版)、姜义华的《章太炎评传》

（百花洲文艺出版社1995年版）、左玉河的《张东荪文化思想研究》（中国社会科学出版社1998年版）、高力克的《杜亚泉思想研究》（浙江人民出版社1998年版）、刘集林的《陈序经文化思想研究》（天津人民出版社2003年版）等，对深化中国近代文化史研究有重要作用。

"体用之争"是贯穿中国近代文化史的重要问题，当时把中国文化与西方文化称为"中学"与"西学"，对于二者的关系在较长时期内有所谓"中学为体，西学为用"的说法。丁伟志、陈崧的《中西体用之间》（中国社会科学出版社1995年版），对中学和西学的冲突和交融及其文化观的萌生、形成、嬗变、分解进行了详细考察，对鸦片战争到辛亥革命前的"中西体用"思潮作了细致的梳理和深刻的阐发，是专门研究中西文化观念演进问题的力作。

此外，社会风俗、宗教、教育、科技、新闻、出版等近代文化的诸多领域也进入了研究者的视野，并出现了众多的研究成果。严昌洪的《西俗东渐记——中国近代社会风俗的演变》（湖南出版社1991年版）和《中国近代社会风俗史》（浙江人民出版社1992年版）两书，对中国近代社会风俗，特别是西方文化影响及社会变迁所引起的社会风俗的变迁作了综合性论述，是有关中国近代风俗文化史的开拓之作。此后关于近代风俗史的著作，还有李少兵的《民国时期的西式风俗文化》（北京师范大学出版社1994年版）、岳庆平的《中华民国习俗史》（人民出版社1994年版）、梁景和的《近代中国陋俗文化嬗变研究》（首都师范大学出版社1998年版）及李少兵、左玉河等人撰写的《民国百姓生活文化丛书》（包括《衣食住行》《婚丧嫁娶》《节日节庆》三卷，中国文史出版社2005年版）等。继顾长声的《传教士与近代中国》（上海人民出版社1981年版）后，杨天宏的《基督教与近代中国》（四川人民出版社1994年版）、顾卫民的《基督教与近代中国社会》（上海人民出版社1996年版）及陶飞亚的《边缘的历史：基督教与近代中国》（上海古籍出版社2005年版）等，是中国近代基督教史研究的重要成果。至于近代教育史、新闻报刊史、出版史及藏书史方面的研究，更有多种著作问世。关于上海、天津、武汉等城市史及江浙、湖湘、岭南、燕赵等地域文化史研究也开始起步，出版了像忻平的《从上海发现历史——现代化进程中的上海人及其社会生活》（上海人民出版社1996年版）、李长莉的《晚清上海社会的变迁——生活与伦理的近代化》（天津人民出版社2002年版）

等重要研究著作。专门文化史领域的拓展,成为80年代"文化热"之后中国近代文化史研究日趋深入的重要标志。

正是在各文化专门史研究深入的基础上,全面反映近代文化发展风貌的综合性文化通史著作陆续出现。其中比较重要者,有史全生主编的《中华民国文化史》(3卷本,吉林文史出版社1990年版)、马勇的《近代中国文化诸问题》(上海人民出版社1992年版)、龚书铎主编的《中国近代文化概论》(中华书局1997年版)、郑师渠主编的《中国文化通史》(10卷本,中央党校出版社1999年版)和汪林茂的《晚清文化史》(人民出版社2005年版)等。其中由史革新主编的《中国文化通史》(晚清卷)和黄兴涛主编《中国文化通史》(民国卷),吸收了国内学术界10多位专家共同研究,在体例、观点上有了较大的新突破,成为中国近代文化史研究领域较有权威、影响较大的通史性著作。

近代中国社会处于转型期,文化也同样处于转型的过程中。在近代文化问题的研究中,尽管有不少论著有所涉及,但真正系统地研究中国近代文化转型问题,是中国社会科学院2000年立项、由耿云志主持的《近代中国文化转型研究》课题。经过7年多的努力,该课题成果以《近代中国文化转型研究》系列由四川人民出版社于2008年出版。这套著作分为9卷:《近代中国文化转型研究导论》(耿云志著)、《社会结构变迁与近代文化转型》(郑大华等著)、《中国人的生活方式:从传统到近代》(李长莉著)、《西学东渐:迎拒与选择》(邹小站著)、《西学的中介:清末民初的中日文化交流》(郑匡民著)、《近代中国思维方式演变的趋势》(王中江著)、《人的发现与人的解放:近代中国价值观的嬗变》(宋惠昌著)、《中国近代学术体制之创建》(左玉河著)、《中国近代科学与科学体制化》(张剑著)。这套著作紧紧扣住近代文化转型的主题,从多学科、多视角、多层面比较立体地展现出近代中国文化转型的进程,比较清晰地勾勒出近代文化转型的基本轨迹,既显现其总体演变的轨迹,又显现出若干具体领域文化转型的轨迹,并提出了许多新见解,如社会公共文化空间形成的意义、近代学术体制化的趋势、政治与文化互动的复杂关系等,为中国近代文化史研究提供了新的起点。

二　方兴未艾：社会文化史的兴起

20世纪90年代以后中国文化史发展的新趋势，是社会文化史研究的勃然兴起。文化史主要研究社会的精神领域，社会史主要研究社会生活领域，二者各有侧重，又互相补充，成为新时期历史学复兴的两翼。但随着文化史和社会史的持续发展，逐渐显露出一些问题。如文化史往往只注意精神层面，特别是精英思想层面的研究，而忽视大众观念及与社会生活之间的联系；而社会史又多注重社会结构和具体社会问题的描述而或显空泛，或显细碎，缺乏对人这一社会主体的关注及与观念领域的联系。所以，一些学者开始思考文化史与社会史相互结合、相互补充的可能。首先提出文化史与社会史相结合问题者，是中国社会科学院近代史研究所的刘志琴。她在1988年发表《复兴社会史三议》[①]一文，首次论述了文化史与社会史之间的连带关系，首次提出了社会史与文化史相交织的"社会文化"及"社会的文化史"这一概念。

此后，在刘志琴领导下的中国社会科学院近代史研究所文化研究室，开始明确提出以社会史和文化史相结合的"中国近代社会文化史"为以后一个长时期的主攻方向，并组织编撰多卷本的《近代中国社会文化变迁录》。经过十余年的讨论，学术界初步形成了一些基本共识，并对社会文化史作了基本的界定：它是一门社会史和文化史相结合的新兴交叉学科，是要综合运用历史学、社会学、文化学、文化人类学、社会心理学等人文社会科学方法，研究社会生活、大众文化与思想观念相互关系变迁历史的史学分支学科。

"社会文化史"在中国大陆学术界的兴起，并不是孤立的现象，而是国际史学发展的趋势。法国年鉴学派明确批判传统史学重上层、重叙事的弊病，提倡总体史、社会史，表明了关注下层平民及注重分析综合的方法论取向。欧美学术界新兴起的"新文化史"学派同样强调思想史与社会史的结合，出现了以"社会与思想互动"为特征的观念史、语境论研究方法，英国学者彼得·伯克致力于民众态度和价值观念研究的"新文化

[①] 史薇（刘志琴）：《复兴社会史三议》，《天津社会科学》1988年第1期。

史"路向、① 美国学者艾尔曼致力于打通思想史与社会史的"新文化史"路向、② 德国学者罗梅君讨论北京民俗所反映的中国社会现代化变迁的研究路向，③ 与中国大陆兴起的"社会文化史"路向是一致的。这种关注社会与观念的互动、民众生活与观念的互动，可以视为国际史学界致力于史学深入发展中不约而同选择的一个重要路径。

"社会文化史"概念提出后，社会文化史的学科理论建设和研究实践逐渐展开，并取得了一系列研究成果，吸引了越来越多研究者，特别是年轻研究者的兴趣，使这个新学科迅猛发展。刘志琴主编的三卷本《近代中国社会文化变迁录》（浙江人民出版社1998年版），是中国近代社会文化史学科的基础之作。它以大众文化、生活方式和社会风尚的变迁为研究对象，探索百年来人民大众在剧烈的社会变革中，生活方式、风俗习惯、关注热点和价值观念的演变和时尚。该著提出世俗理性、精英文化的社会化、贴近社会下层看历史以及上层文化与下层文化相互渗透等若干重要问题，引起学术界的广泛兴趣。随后，长期无人问津或受人冷落的中国近代社会文化史研究领域，如近代科技文化、民间宗教、民间意识与观念、文化心态、公共空间领域、新词语与观念变迁等等，均受到学术界的广泛关注并出现了许多研究成果。

三 成绩突出：社会文化史研究的主要趋向

首先，对近代市民社会与公共空间的关注。近代中国市民社会问题，是90年代以后学术界关注的热点，一些学者运用西方"市民社会"和"公共空间"理论，对中国近代社会变迁进行分析，提出了一些具有创见的观点。学术界对中国市民社会研究主要有两种途径：一是从中西文化比较角度出发，在掌握市民社会有关理论及西方学者关于近代中国市民社会研究成果的基础上，辨析近代中西市民社会和公共领域的差异，概括近代中国市民社会的状况和特点，循此途径从事研究的学者可称之为"文化

---

① 其代表作《历史学与社会理论》和《制造路易十四》的中译本，分别由上海人民出版社2001年、商务印书馆2007年出版。

② 其代表作《从理学到朴学》《经学、政治与宗族——中华帝国晚期常州今文学派研究》的中译本，分别由江苏人民出版社1995年、1998年出版。

③ 其代表作《北京的生育婚姻和丧葬》的中译本，由中华书局2001年出版。

派",以萧功秦、杨念群等人为代表;二是运用公共领域和市民社会理论框架对中国近代史作实证研究和探讨,主要在商会史研究的基础上,论证具有中国特色的近代中国"公共领域"或"市民社会",依此途径从事研究的学者可称之为"商会派",以马敏、朱英等人为代表。尽管两派差异较大,但都认为近代中国的市民社会与国家之间是一种良性互动关系,与强调国家与社会二元对立的欧洲近代市民社会有着根本区别。

关于中国公共领域的研究,是学术界关注的另一热点。许纪霖从中国政治合法性的历史演变研究入手,以上海为例分析了近代中国公共领域形成的思想本土渊源、历史形态和舆论功能,并通过与哈贝马斯的公共领域观念的比较,探讨近代中国的公共领域的普世性和特殊性。[①] 祝兴平则将公共媒介作为观察文化和意识形态系统的重要窗口,对近代中国大众传播媒介的大众化、世俗化、社会化的发展方向作了揭示;[②] 张敏将学会、报纸作为公共领域的重要角色,对辛亥革命前十年间上海报刊市场作了较系统的考察。[③] 罗福惠以梁启超、章太炎、谭嗣同为中心,对其在学会背景下进行的学术文化活动的内容、特点作了考察。[④] 学术界开始将过去所忽略的公园这一"场所"与公共空间联系起来进行研究,力图揭示近代中国社会史中的现代性因素。史明正的《从御花园到大众公园:20世纪初期北京城区空间的变迁》和熊月之的《晚清上海私园开放与公共空间的拓展》较早开始研究公园与城市空间及公共空间发展的问题,以后陆续有学者撰文论述广州、成都公园的兴起和对社会生活的影响以及公园里的社会冲突。李德英选择近代传统城市成都为例,以城市公园这种新兴的公共空间为载体,通过对围绕公园的开辟、管理以及以公园为舞台而产生的社会冲突现象的观察与讨论,探讨近代城市公共空间与社会变迁的互动关系。[⑤] 陈蕴茜主要考察了清末民国时期公园作为近代旅游娱乐空间的变化,尝试从一个新的视角揭示近代中国社会由传统走向现代的本质特征,认为公园的兴起与发展直接映像出中国近代旅游娱乐空间在场所意义及文

---

① 许纪霖:《近代中国的公共领域:形态、功能与自我理解》,《史林》2003年第2期。
② 祝兴平:《近代媒介与文化转型》,《湖北师范学院学报》2002年第2期。
③ 张敏:《略论辛亥时期的上海报刊市场》,《史林》2003年第2期。
④ 罗福惠:《梁启超、章太炎、谭嗣同与近代文化社团》,《华中师范大学学报》2004年第5期。
⑤ 李德英:《公园里的社会冲突——以近代成都城市公园为例》,《史林》2003年第1期。

化内涵层面的拓展。① 她还全面考察近代西式公园的引入与华人公园的发展，透视殖民主义与民族主义的撞击及中国民族国家通过公园建设在日常生活层面的民族主义建构。② 戴海斌对北京的中央公园与民初北京社会作了考察后认为，中央公园不仅仅是一个放松身心的休闲场所，更是集娱乐、教育、商业、文化和政治多种内容于一身的社会公共空间，在这个空间里流淌着市民日常生活的细流，也孕育了社会变迁的种子。③

其次，文化心态史研究的开端。把社会心理确认为社会存在的一种反映方式，可以启迪史学研究者通过社会风尚的演变，考察人们在日常生活和相互交往中形成的普遍意识，以便更准确地描述历史的场景。受法国年鉴学派的影响，近代社会心态史逐渐为研究者注意，并出现了众多研究成果，如乐正的《近代上海人社会心态》（上海人民出版社1991年版）、周晓虹《传统与变迁：江浙农民的社会心理及其近代以来的嬗变》（生活·读书·新知三联书店1998年版）、王跃《变迁中的心态：五四时期社会心理变迁》（湖南教育出版社2000年版）、韩进廉《无奈的追寻：清代文人心理透视》（河北大学出版社2001年版）等。义和团教民的信仰状态，同样可以折射出19世纪末民众的社会观念及复杂心态。程啸等人讨论了1900年中国基层社会天主教教民的信仰状态及其文化含义有其独特的学术价值。作者认为，只有将考察的视野从文本解析下沉到普通信徒的心态和行动领域时，才可能更深切地把握他们那种鲜活的跳动着的文化脉搏。这种由灵魂意识、神功崇拜和身体观念所表达的信仰状态，具有基督教教义和中国乡土文化诸要素交错互动的特色。④ 赵泉民通过考察晚清知识分子对义和团运动的态度，揭示了他们对义和团运动的心态：惧乱、媚外的敌视心理；中立裁判者的心态；同情赞赏之态度。⑤ 郑永华用社会心理学的方法对辛亥时期会党的社会心态进行分析，认为会党的社会心态有这样

---

① 陈蕴茜：《论清末民国旅游娱乐空间的变化——以公园为中心的考察》，《史林》2004年第5期。

② 陈蕴茜：《日常生活中殖民主义与民族主义的冲突——以中国近代公园为中心的考察》，《南京大学学报》2005年第5期。

③ 戴海斌：《中央公园与民初北京社会》，《北京社会科学》2005年第2期。

④ 程啸、谈火生：《灵魂与肉体：1900年极端情境下乡土教民的信仰状态》，《文史哲》2003年第1期。

⑤ 赵泉民：《试析晚清新知识分子对义和团运动的心理》，《华东师范大学学报》2000年第3期。

几个特点：寻求新领导成为多数会党的共识；联合起来共同革命受到会众的欢呼；民主共和得到了会党先进分子的认可；会党反教排外心态的变化明显。① 白纯通过考察台湾光复后的民众心态变化，揭示了"二二八"起义爆发的深层原因。② 孔祥吉依据北洋水师营务处总办罗丰禄的数十封家书，分析了北洋水师上层人物在中国交战时的精神状态和内心活动，认为当时弥漫于北洋上下的畏惧、自私、不负责任的心理状态，是导致清廷在与日军较量中惨败的重要原因。③ 这样的研究思路，给人以耳目一新之感。居阅时在《论社会心态对北洋历史进程的影响》④一文中指出，北洋时期的社会心态主要有"接受""回归"和"再选择"三种主流表现，这三种心态在北洋时期建立民国、复辟倒退和维护革命成果的三大主题中，与政治、经济、文化等因素一起构成推动历史运动的合力，共同影响着北洋历史的进程。

社会心态是人类群体、民族、团体及个人受一定社会环境影响在意识行为上的反映和表现，其表现形式较政治、经济难以把握，也容易为人们忽视。黄庆林对近代知识分子的社会心态作了分析，认为在近代中国这样一个由传统向近代转型的特殊社会环境下，知识分子所展现出的与现实社会的隔膜，造就了他们的文化失落感，在历经洋务运动、戊戌变法、辛亥革命等诸多努力后仍未能改变其屈辱命运之时，信仰破灭或遁入空门，或自杀以求解脱；具有强烈忧患意识的先知先觉者与麻木不仁的普通大众有极深的思想隔阂。近代知识分子的文化失落心态，反映出社会转型时期思想界的纷繁芜杂和社会急剧变动对于知识分子的深刻影响。⑤ 傅以君对抗日战争胜利后民众社会心态的作用和影响作了认真剖析，认为战后向往和平、渴望民主是民众普遍的社会心态，国民党由于没有利用好自身的优势，政治举措忤逆了民众对和平民主的要求和渴望，终被浩浩荡荡的民主自由的时代潮流吞没，共产党则由于始终代表着人民的利益，因而理所当然地得到人民的支持。国统区民众对南京政府由拥护到失望再到反抗的心态变化，反映了国民党逐渐失去人心，失去广大民众的支持，预示着南京

---

① 郑永华：《辛亥时期会党社会心态之变化》，《清史研究》2000年第1期。
② 白纯：《台湾光复后的民众心态与"二二八"事件》，《民国档案》2000年第3期。
③ 孔祥吉：《甲午战争中北洋水师上层人物的心态》，《近代史研究》2000年第6期。
④ 居阅时：《论社会心态对北洋历史进程的影响》，《史学月刊》2002年第4期。
⑤ 黄庆林：《近代中国知识分子的文化失落心态》，《山西师范大学学报》2005年第4期。

国民党政府的崩溃已不可避免。①

再次,近代民众社会观念史研究的兴起。伴随着近代中国社会的剧烈变动,民众社会观念也发生了嬗变,社会观念史研究近年来呈现出新的气象。方维规对近代中国的"文明""文化"观念进行了追踪式考察,揭示了西方观念输入中国而为中国人接受的复杂历程,是近代观念史研究中一个较为成功的例子。②刘慧娟对中国近代"国家"观念的形成作了考察,认为近代"国家"观念的形成,大致经过了传统国家观念的打破及近代新国家观念的萌芽、近代各种国家观念及其主流的产生、近代国家观念的基本确立三个阶段。③蔡永明则通过考察近代中国"外交"观念的演变,认为随着中西交往的日益频繁,洋务思想家的外交观念也发生了变化;这些思想家通过对主权观念的认识、对使节制度的建言、对交涉之道的探讨以及对国际外交准则的分析,提出了一套较为系统的"外交"理念,形成了他们的近代式的"外交"观念;这种新式"外交"观念的形成,推动了晚清外交观念的近代化。④李华兴等人的《中国近代国家观念转型的思考》、⑤梅琼林等人的《地图与近代国家观念的形成》,⑥从西方文化传播对中国文化观念变异的影响入手,探寻文化传播对近代中国"国家""民族"观念形成的作用。他们认为,西方文化传播所带来的影响,不仅在于掀起了向西方科学知识、政治制度学习、借鉴的热潮,更在于这种学习、借鉴在潜移默化地改变着延续了几千年的封建传统观念,政治观念上由"朝代国家"到"民族国家"的演进,为中国的近代化历程乃至其后的现代化历程准备了思想观念层次的变革基础。

"谶谣"是一种利用隐晦而通俗的语言形式表述预言的神秘性谣歌。董丛林认为,太平天国时期的谶谣主要是围绕清朝与太平天国争斗事体者。这与当时战乱之下社会动荡、人心惶惑、迷信氛围浓烈的环境密不可分。⑦与太平天国时期相似,清末新政期间各地"讹言繁兴"并逐步汇合

---

① 傅以君:《论社会心态对战后国共斗争的影响》,《南昌大学学报》2005年第6期。
② 方维规:《论近现代中国"文明"、"文化"观的嬗变》,《史林》1999年第4期。
③ 刘慧娟:《论中国近代国家观念的形成》,《宝鸡文理学院学报》2000年第1期。
④ 蔡永明:《论晚清洋务思想家的近代外交观》,《厦门大学学报》2000年第4期。
⑤ 李华兴、张元隆:《中国近代国家观念转型的思考》,《安徽大学学报》2005年第1期。
⑥ 梅琼林、曾茜:《地图与近代国家观念的形成》,《重庆大学学报》2005年第1期。
⑦ 董丛林:《有关太平天国的谶谣现象解析》,《安徽史学》2003年第1期。

为强大的反对新政的社会舆论,最终以暴力形式表现出来。黄珍德认为,这种社会现象的出现与普通民众的社会心理有着相当大的联系。由于当时社会的急剧变动、普通群众的落后意识和清末新政给普通民众带来沉重的捐税负担,趋利避害的社会心理驱使普通民众视清末新政为"病民之政",因而不断信谣传谣,乃至掀起反对新政的武装斗争,冲击了新政的深入开展。① 金普森等人以1933—1935年的"国货年"运动为中心,试图探究国货运动与经济发展的关联性,分析社会崇洋观念对国货运动的重大影响。作者认为,以上海为中心的国货年运动未获预期效益,民众的崇洋心态是构成了民族产品市场的重大阻力之一;而此种心态的形成,与洋货物美价廉的路径依赖式影响、上层社会的消费示范作用以及消费风尚借商品广告和人员流动而广泛蔓延密切相关。② 西医东渐对近代中国各社会阶层产生了微妙的心理冲击。统治者历经矛盾与反复,最终产生认同感并完成了医疗体制上的变革;知识分子群体从救国保种的高度,积极倡行发展西医;中医界则以平和的心态研究和比照西医,寻求中国医学的发展路径;普通民众对西医的态度从畏疑、迷惑发展到接受和信赖,表现出空前的热情。③ 中国朝野的社会文化观念为什么会发生如此大的变化?董丛林以清末大儒吴汝纶医药观的变化为例作了探讨。他认为,吴汝纶的医药观明显地表现为对西医西药的笃信、热衷乃至迷信,对中医中药的非信、排拒乃至诋毁,呈现出极端化、绝对化、情绪化的偏执;这种医药观典型地表现为是西而非中、褒西而贬中、扬西而抑中,以及情绪化、绝对化、极端化的情状。④ 丁贤勇从江南近代社会变迁的角度,对轮船、火车、汽车等新式交通工具对人们时间意识的影响作了初步探索。他指出,新式交通改变了人们生活中的时间节奏,使分钟观念走进人们的生活,"时间就是金钱"成为新的时间价值观念,人们逐渐走出原先那种日出而作、日落而息的生活图式,开始步入近代快节奏的现代生活世界。⑤

最后,近代新词语研究的兴盛。清末民初之际,伴随着西学东渐力度

---

① 黄珍德:《论清末新政时期的谣言》,《华南师范大学学报》2004年第1期。
② 金普森、周石峰:《"国货年"运动与社会崇洋观念》,《党史研究与教学》2004年第4期。
③ 郝先中:《晚清中国对西洋医学的社会认同》,《学术月刊》2005年第5期。
④ 董丛林:《吴汝纶医药观的文化表现及成因简论》,《安徽史学》2005年第4期。
⑤ 丁贤勇:《新式交通与生活中的时间:以近代江南为例》,《史林》2005年第4期。

的剧增，作为西学表征的新词语以汹涌之势进入中国。近代中国的新名词问题，长期以来是语言学的研究范畴。但近年来史学界开始关注这一领域，并将新名词与新思想联系起来考察。黄兴涛从新名词与思维方式、价值观念变革的关系入手，尝试着揭示近代中国新名词形成、传播之丰富微妙的思想史意义。他认为，数以万计的双音节以上新名词的出现和活跃，词汇的概念意义、规范"界说"的社会认同与实践，以及与之相随的新式词典的编撰和流行，增强了汉语语言表达的准确性，有效地增进了中国人思维的严密性和逻辑性；大量出现的近代新名词提供了众多新的"概念工具"和"思想资源"，极大地扩展了中国人的思想空间、运思的广度和深度，为构筑中西会通的新思想体系奠定了重要的思想基础。① 冯天瑜对清末民初中国人对新语入华的反应作了初步考察，认为近代中国话语世界呈现两极状态：一方面是人们普遍使用"大半由日本过渡输入"的新名词，另一方面则是"由日本贩入之新名词"构成一种强势的话语霸权，冲击着传统的话语系统，激起部分国人的反感与抗拒，在或迎或拒的表象之下，新名词逐渐渗入汉语词汇系统，并归化为其有机组成部分。② 李怡对"世界"一词作了词源学上的考证，并对该词在留日学生中接受情况及传入中国的情况作了考察，说明了晚清从日本传入的关键词语与关键思想兴起与变化的互动关系。③ 与此相似，清末"国民"与"奴隶"这组词汇的内涵也发生转化，并迅速流行起来。郭双林等人考察了"国民"与"奴隶"二词的渊源及其在清末从古典意义向近代意义的转化过程，分析了当时围绕"国民奴隶"与"奴隶"根性问题的讨论情况，并探讨了二词内涵在当时转化与流行的原因及对近代中国社会变迁的积极意义。④ 刘学照就清末上海报刊舆论、话语转换与辛亥革命的关系作了论述，认为20世纪初的上海革命舆论中出现并传播前所未见的新话题和新话语，如时代、革命主义、帝国主义、民族主义、民族帝国主义、民族建国主义、专制主义、君主专制、专制民贼、排满革命、种族革命、共和主义、民权革命、平等主义、平均人权、人道主义、自由主义、社会主义、

---

① 黄兴涛：《近代中国新名词的思想史意义发微》，《开放时代》2003年第4期。
② 冯天瑜：《清末民初国人对新语入华的反应》，《江西社会科学》2004年第8期。
③ 李怡：《关于"世界"的学说》，《徐州师范大学学报》2003年第4期。
④ 郭双林、龙国存：《"国民"与"奴隶"——对清末社会变迁过程中一组中坚概念的历史考察》，《中国文化研究》2003年第1期。

共产主义、马克思主义、国粹主义、国学、君学、国粹、欧化、共和、祖国等,这些新话语的传播、连接、辐射,开阔了人们的眼界,改变着人们的观念,孕育着全国的政治气候,推动了武昌起义的到来。①

现代释义的"封建"话语,是解读中国近现代百年历史文化发展轨迹的"关键词"之一。薛恒从历史语言考察和语言解释学的角度,对这一概念在中国近代的提出、兴起和含义变化的过程进行探讨,以揭示在这一过程中因其意义处境化而与马克思主义原生语义的错离和其中的原因,客观地评价这种表述所起的历史作用和存在的理论得失。他认为,"封建"话语在中国近代从历史语言的边缘走向中心,与当时的社会变革息息相关;它与其说是一个学理话语,不如说是一个社会政治话语;它在服务现实需要的同时又接受现实反馈,带来了处境化的变异,其具体内容已经难以栖身于原来的理论架构中。② 章清从近代中国思想演进的脉络探讨"自由"观念,认为中文世界对于"自由"的阐述较为突出其负面意义,所以在晚清中国各种"主义"大行其道之际,"自由"却难以成为"主义","自由主义"只能让位于"民族主义"或者"国家主义"。③ 徐时仪从语义学和传播学角度出发,考辨"民主"的成词及其词义,探讨西学新词对于中国思想文化和社会发展的影响。在他看来,"民主"由古典转换成现代新词,经过了5种词义变化现象,这个过程可以帮助了解中国近现代一些重要观念的起源和演变,揭示其中蕴含的关涉思维方式、价值观念等的思想文化意义。④ 刘集林对晚清"留学"一词进行词源考察,认为经过"出洋肄业""游学"到"留学"的发展,表现出近代人学习西方文化逐步深化的一个侧面。⑤ 柯继铭分析清季十年思想中的"民"意识,认为"民"在思想界的地位出现了前所未有的提升,但是现实中对于"民"的怀疑却又十分深重,思想言论中"民"的形象呈现理想和现实割裂的名实不符状态。在另一篇文章中,他认为上层社会的"保国"方式遭到质疑,从"民"的指谓变化反映出清季十年对不同群体的认知呈现

---

① 刘学照:《上海舆论、话语转换与辛亥革命》,《历史教学研究》2002年第2期。
② 薛恒:《中国近代"封建"话语的兴起及其指义处境化》,《江海学刊》2003年第2期。
③ 章清:《"国家"与"个人"之间——略论晚清中国对"自由"的阐述》,《史林》2007年第3期。
④ 徐时仪:《"民主"的成词及其词义内涵考》,《上海师范大学学报》2007年第4期。
⑤ 刘集林:《从"出洋"、"游学"到"留学"》,《广东社会科学》2007年第6期。

出中下层趋向。① 侯旭东则从思想史的角度,对近代中国流行的"专制"词语及其"中国古代专制说"产生、传播的历史及其后果加以分析,指出"中国古代专制说"并非科学研究的结果,而是西方人对东方的偏见,这种未经充分论证的说法的流行,严重妨碍着学术界对帝制中国统治机制的研究。②

总之,这些研究的基本路向,打通社会史与文化史,探索将二者结合起来进行交叉研究,基本上是从社会史与文化史相结合的交叉视角,以文化视角透视历史上的社会现象,或用社会学的方法研究历史上的文化问题。研究重点集中于社会与文化相互重合、相互渗透、相互交叉的领域:社会生活(日常生活、生活方式)、习俗风尚、礼仪信仰、大众文化(大众传播、公共舆论)、民众意识(社会观念)、社会心理(心态)、集体记忆、社会语言(公共话语、知识)、文化建构与想象、公共领域(公共空间)、休闲(娱乐)文化、身体文化、物质文化、区域社会文化等。

四 理论探讨:着力揭示社会现象背后的文化内涵

社会文化史是一门新兴学科,又是一门交叉学科,学术界在摸索中逐渐积累经验。刘志琴先生给社会文化史所划定的范围是大众生活、生活方式、社会时尚三个部分。这个研究范围,显然与过去研究的传统文化史不一样。过去研究的文化史比较关注知识精英的文化观念、文化思想。而社会文化史关注的是社会民众的文化观念和文化意识。它关注的是大众的日常生活方式、社会生活和社会时尚。过去那些上不了台面的东西,逐渐进入研究者的视野。社会文化史关注的对象,是衣食住行、婚丧嫁娶、娱乐休闲、宗教信仰、节日节庆等等,生活方式和社会时尚的变化体现在里边。可见,社会文化史的研究对象是非常丰富的,有着广阔的研究空间,用刘志琴的话说就是"青史有待垦天荒"。

我个人倾向于这样的认识:凡是从文化史的视角来研究历史上的社会

---

① 柯继铭:《理想与现实:清季十年思想中的"民"意识》,《中国社会科学》2007 年第 1 期;《走向中下层:清季十年对不同社会群体的认知与"民"的指谓变化》,《社会科学研究》2007 年第 2 期。

② 侯旭东:《中国古代专制说的知识考古》,《近代史研究》2008 年第 4 期。

问题，用社会学的方法来研究文化问题者，都可称为社会文化史。概括就是，对社会生活的文化学提炼和抽象；对文化现象的社会学考察和探究。

社会文化研究的对象确定下来后，应该如何进行研究呢？当然有很多种研究方法。其中最基本的研究方法，就是把日常生活中衣食住行、婚丧嫁娶这些社会生活变化的情况给描绘出来，呈现出来。如民众的服装，从清代长袍马褂到民国时期中山装、旗袍的流行，包括日常生活中各种军服、礼服、制服的形成，可以看出服饰的变化。吃、住、交通等等，也是如此。目前的社会文化史研究，很大程度上处于这种社会生活描述的层面上，呈现出人们生活的方方面面，这在过去是没有的，是应该给予充分肯定的，但这还远远不够，恐怕还不能称为社会文化史，恐怕还不是理想中的社会文化史研究。因为这最多给大家增加一些常识性的社会生活知识，仅仅属于表层的社会现象描述，充其量也是浅层的表象研究。

社会文化史研究一定要从"生活"层面上升到"文化"层面，而不能仅仅局限于描述社会"生活"现象的低浅层面。社会文化史研究的重点，是关注于这些生活现象背后所孕育的"文化"含义，就是既要研究社会生活，还要研究背后隐藏的社会观念，特别关注社会生活与观念之间的互动。

以服装变迁为例，服装最原始的含义是保暖，再后来赋予社会文明的含义，体现出社会的等级，我们称之为"衣冠文明"。服装成为一种文化符号，而文化符号所赋予的内涵是非常大的，它首先体现的是一种礼制，是一种尊贵卑贱的等级制度，与儒家文化强调的等级秩序观念有关。近代以来，服装从长袍马褂到礼服西服时装的变化，首先体现出来的是传统等级制度的隐退及自由平等观念的呈现，其次体现出服装逐步趋于便捷化、多元化、休闲化。当然，并不是说人们不再赋予服装以政治性的内涵，只是其内涵有所变化。以中山装为例，孙中山在设计这套服装时是否赋予其政治含义姑且不论，但当其流行之时，国民党人赋予它一些所谓的政治符号，如三民主义、五权宪法等。南京国民政府制定的《服装条例》规定中山装为一种正常礼服，教师和公务员参加正式社会活动时要穿。可见，服装本身包含有政治或文化的含义在内，服装本身的变化体现出人们思想观念的变化。如果不从文化或政治的角度审视服装的变化，不揭示服装变化背后隐含的政治和文化内涵，是难以深刻领悟社会生活变化的深层问题的。而对这种生活现象背后文化内涵的揭示，正是社会文化史研究所要追寻和重点关注的，也是与一般意义上的社会史和文化史研究的区别所在。

社会文化史的价值，就是通过对下层民众衣食住行等社会表象的分析，揭示出一般民众的思想观念和意识。从具体社会生活面相上所呈现出来的观念变化，或许更具有说服力。在此，不妨以"头发"所体现出来的文化观念的变化，来说明社会文化史研究的特点和长处。传统中国男人的头发都挽成发髻的，没有剃头之说，因为"身之发肤，受之父母"，是不能损伤的，这是孝道的表现。但清兵入关后，要求剃掉前面部分，后边要扎成辫子。中原汉族文化与满族习俗差异很大，在汉人看来，挽起发髻才是文明的表征，而剃头则是野蛮的表现，头发也是中原文明优于满族的标志。剃头不仅意味着汉人对满族的屈服，而且暗示着文明对野蛮的屈服。所以，上至士大夫下至老百姓，对清朝的剃发之举都加以抵制，以致出现了"留头不留发，留发不留头"，很多人因不愿剃发而被砍了头。清末西洋文明进来之后，男人留辫子被认为是一种野蛮、不文明的表现，因此留学在外的学生们觉得留辫子是一种耻辱，于是纷纷剪发。同时，由于清初汉人围绕着剃发问题而做过流血牺牲，剪掉发辫便隐含着反清之意。故在清末之时，留发被认为是忠于清政府的表现，而断发代表着反清、叛逆，故革命志士纷纷断发。民初一律要剪发，一是要与西方文明接轨，趋于文明，二是不再效忠于清政府。因此，在此时剪发成为大趋势，拒绝剪发而留辫子，便被视为效忠遗清之举，留辫者多是忠于前清的遗老遗少，被视为落后、保守的象征。民初以后，头发花样就多了，其包含的政治内涵仍然存在，它仍然作为政治符号的表征而演变着。五四运动和随后掀起的国民革命中，女青年剪掉辫子改成短发，成为倾向革命、与旧观念决裂的象征，成为一追求进步的时髦之举。也正因为如此，大革命失败后，国民党反动派在江浙、两湖地区镇压共产党人和革命群众时，对留短发的女青年格外关注，将其视为"赤化"的青年而捕去，有些女青年就因为追时髦剪短发而被抓，有些甚至被杀掉。

可见，头发在近代革命风潮中曾被赋予丰富的政治内涵。举这样的例子，是想说明：社会文化研究第一个层面要把社会生活的表象呈现出来，第二个层面是要揭示这些社会生活现象背后隐藏的"文化"内涵；既要关注社会生活，更要揭示生活背后隐含的文化观念。

对近代中国社会文化的具体面相研究可以用具体的方法进行研究，并有一定的适用性，也可以揭示其较为丰富的内涵，但从总体上说，社会文化史研究要形成一套区别于社会史和文化史,并有相当有效性的方法,还是很困难的。况且,在研究中会发现,越往深处研究,就越觉得会导致碎片化问题,会出现这样的困惑:到底近代以来整体上的社会生活变化是什么?到底民众的社会观念是怎样的变化?你或许会陷入"只见树木不见森林"的困境中。这或许也是我的困惑所在。

五 突破瓶颈:社会文化史研究的问题与展望

处于兴起阶段的近代社会文化史研究存在四方面的问题:一是资料分散,收集困难;二是缺乏必要的研究理论和方法,学科理论与方法尚不成熟,还没有形成像西方"新文化史"学派那样的清晰理路;三是缺乏深入专精的高水平著作,尚未形成公认的研究典范;四是研究者缺乏必要的社会学和文化学知识训练。

尽管社会文化史研究已经尝试了20年,呈现出方兴未艾之势,但不可否认的事实是:目前的社会文化史研究缺乏必要的研究理论和方法,缺乏深入专精的高水平著作(典范之作),面临着发展的"瓶颈"问题。从提倡到现在20年间,我们确实进行了很多探索,也出了一些有影响力的成果,如梁景和关于陋俗的研究,李长莉关于上海伦理观念变化的研究等。但是总觉得还不完全是按社会文化史的路子、理论、方法来研究。缺乏众人认可的体现着社会文化史独特理论与方法的典范之作,缺乏中国自己的文本解释体系。什么是典范之作?就是这个题目从选题到运用资料,到采用的方法,再到得出的结论,都能得到大家的认可。如何尽快产生中国社会文化史的典范之作?首先需要在理论方法上进行创新,大胆地运用西方新文化史的理论方法进行尝试,做出几篇成熟的论文,推出能够体现出中国社会文化史方法的系统著作。

近代社会文化史将成为学术界研究的热点之一,近代民众生活史和观念史、近代社会民众文化史将会引起学术界的广泛关注,将是史学新观念和新方法的一个生长点。随着社会文化史的兴起,多学科、跨学科的研究将会加强,思想史与社会史、思想史与政治史、思想史与文化史的结合研究将进一步受到重视。近代社会文化史研究要想取得突破性的进展,必须尽快解决两方面问题:一是收集、整理近代中国零散在各处的史料,尽快出版一套供研究使用的《近代中国社会文化史资料选辑》;二是尽快摸索出中国社会文化史研究的理论和方法,为研究者提供必要的理论和方法指导。只有具有扎实的史料资料功底,又受过系统理论方法训练的研究者,才有可能在本领域中取得一流的成绩。

从本土资源建树社会文化史理论

刘志琴

(中国社会科学院近代史研究所)

一 走上人文学科前沿的社会文化史

史学在人文学科中是历史最悠久、知识最密集的学科。它广涉人类生存、发展的广阔领域，既有物质的、制度的内容，又包括非物质的精神活动和风俗民情。改革开放后，随着文化史和社会史的复兴，史学研究突破既定的框架，表现出生气勃勃的活力，以丰富的题材和多向度的视角，刷新了史学的风貌，史书从干燥无味的说教，变为生动具体的叙事。

文化史本是历史学和文化学交叉的综合性学科，它是在近代中国形成的新兴的学术领域，兼有与社会史共生、共荣的特点，又各有特定的研究对象和知识系统。伴随现代学术的积累和开发，各门专业之间经常交叉，到一定程度发展出边缘学科乃是现代科学发展常有的现象。在法学与哲学之间兴起的法哲学，对法学的发展是具有革命意义的建构；从语言学与哲学交叉中产生的语言哲学，被认为是对思维和存在关系的一种突破。尽管这些新兴学科还很稚嫩，有的也存在学术分歧，但毫无疑义的是，它以跨学科的长处，提出新的见解，愈来愈引起学术界的重视。近年来在国外兴起大文化史的概念，国内有社会文化史的兴旺，不同国别有相似的学科出现，说明社会文化本身乃是人类社会共有的现象。社会文化融通物质生活、社会习俗和精神气象，从上层和下层、观念与生活的互动中，揭示社会和文化的特质，这对历史悠久、积累深厚的中国文化传统来说，更具有本土特色和发展优势。

在当前的社会文化史著述中，普遍存在叙述烦琐、细碎的现象，有的按词条堆砌材料，进行简单的描述。社会文化史研究的对象大都是具体的细节，但这不等于研究的碎化和支离，能不能对零散、割裂的资料进行统合研究，关键在于是否有理论的支点，这是建构学科大厦的重要支柱，有了理论来搭桥架屋，那些零散的砖石、瓦块才能成为有机的整体。

西方人类学、新社会史、大文化史、民俗学等最新理论和方法的引进，对正在发展的中国社会文化史研究起了重要作用。杜赞奇的《文化、权力与国家》、周锡瑞的《义和团运动的起源》、孔飞力的《叫魂：1768年中国妖术大恐慌》等著作中译本的出版，在学术界有热烈的反响，也有人尝试借鉴其研究方法，并取得丰硕的成果。一般来说，作为人文学科，有它普遍的法则，可以在不同的国家、民族中发挥作用，然而，基于西方文化背景形成的学术话语，未必完全符合中国的国情。如在西方民俗学中把渔猎民族的神职人员都叫萨满，可在中国，这一名称特指通古斯族的神职，用西方的萨满信仰来分析满族的萨满信仰，就会发生错位。中国自古以来的礼俗观念和礼治，在西方也很难找到相应的词汇。

一门学科的建构首先要有科学的概念，而概念的形成并非一蹴而就，有时通行已久的概念，也会经受新形势的挑战，当前哲学界关于有无中国哲学的争论，就源于哲学概念的不确定性。一个概念会关系一门学科的盛衰，这是新学科尤需重视的经验。

哲学史本是外来学科，"哲学"一词也是古希腊的用语，并非中国固有的词汇，19世纪末由传教士引进，成为西学的话语之一。而对"哲学"概念做出最早解释的是王国维，说"夫哲学者，犹中国所谓理学云尔"；又说"哲学为中国固有之学"[①]，将西来的哲学等同中国的理学。这说明中国学者最初是参照中国传统思想来认识哲学的。五四新文化运动的领军人物胡适，其《中国哲学史大纲》成为中国思想史研究的开山之作，可这部著作在金岳霖看来，"难免有一种奇怪的印象，有的时候简直觉得那本书的作者是一个研究中国思想的美国人"。[②] 胡适不仅把中国哲学史写成西方化的哲学史，其笔下的哲学史与思想史也难分难解，此种套用西方哲学概念和框架写就的中国哲学史，对中国学人来说，既不生疏，也不熟

[①] 佛雏校辑：《王国维哲学美学论文辑佚》，华东师范大学出版社1993年版，第1页。
[②] 金岳霖：《审查报告二》，冯友兰《中国哲学史》附录，中华书局1981年版。

悉。许多哲学概念，如感性与理性，个别与一般，存在与本体，假设与实验，唯物与唯心，等等，是中国传统典籍从未应用的语词，在观感上是陌生的，在内容上却依然相识，因为阐述的对象和内容仍是四书五经、诸子百家。所以这一新型的学说对中国人是不生不熟，从这方面说，中国哲学史从一诞生就成了夹生饭，这也势必带来不良的后果。

用西方哲学的观念和方法解释中国思想家的思想，这一思路主导中国思想史研究，造成思想史与哲学史的边界长期混淆不清，直到近几年才有将这两者相区别的自觉。试看现代著名的思想史或哲学史的著作，如胡适的《中国哲学史大纲》、冯友兰的《中国哲学史新编》、侯外庐的《中国思想通史》、钱穆的《中国思想史》、任继愈的《中国哲学史》、杨荣国的《中国思想史》等等，诸多著作是哲学史又似思想史，是思想史又似哲学史。这两者所以很难区分，是因为思想史用以分析对象的概念、阐述的体例和框架与哲学史大同小异，学术词语极其相似，所以这两者既有分别而又分别不清，这已成为当今中国哲学史的通病。

一门学科发展一个世纪，竟然遭遇是否具有合法性的诘难，哲学面临如此重大的困境，自然也成为思想史的困惑，因此提出为中国哲学寻根、中国思想的根在哪里的问题。呼声最高的是贴近生活，建立中国的理论体系。汤一介提出，从中国典籍中发掘解释系统，创建不同于西方的解释学；李泽厚将生活提高到新高度，认为生活是历史的本体；黄玉顺则把传统儒学归结为生活儒学；葛兆光认为思想史应扩大到一般知识和民间信仰的范畴。[①] 从当代哲学的自省中，可以看到生活研究对中国思想形成的重要价值。

20世纪西方文化哲学的一个重要倾向，是将日常生活提高到理性层次来思考。胡塞尔对"生活世界"的回归，维特根斯坦对"生活形式"的剖析，海德格尔有关"日常共在"的观念等等，表明一代哲人均把注意力转向日常生活的研究。从物质生活到精神生活，将人类文化的外显形式与深层的价值内核结合起来考察，体现了人文社会科学研究深化的趋势。

---

① 汤一介：《创建中国解释学问题》，《学术界》2001年第4期；李泽厚：《历史本体论》，生活·读书·新知三联书店2002年版；黄玉顺：《复归生活重建儒学》，《人文杂志》2005年第6期；葛兆光：《什么是思想史——"中国哲学"问题再思考》，世纪中国网，2004年4月。

社会文化史既以研究生活为本，责无旁贷地要担当从生活中建构中国文化观念的系统、建立自己的学科理论的重任，这一领域的研究成果必将丰富甚至改写中国哲学史和思想史，社会文化史也因此走向人文学科的前沿。

二 从生活日用中提升中国理念

社会文化史以生活方式、社会风俗和民间文化为研究对象。其研究的内容与社会史、民俗史和文化史有交叉，不同的是它不是单个研究，而是对这三者进行统合考察，对生活现象做出文化解析和社会考察；从一事一物的发展和上层与下层的互动中，引出深度的阐释和思考。似文化史，可不是精英文化史；似社会史，但并非单纯描述社会现象；有思想史内涵，却迥异于传统的观念史。简而言之，可称之为富有思想性的社会生活史。这样一种研究思路，最能展现中国传统社会、文化思想的本土特色。社会文化史在中国有丰富而深厚的历史资源，足以创生不同于西方文化的中国理论。

生活包含物质的、非物质的文化遗产，内容广泛、丰富。以生活为本，具有人类性，不分民族、国别，无论中外古今，也不论文明发展的先进和落后，凡是有人类生存的地方，都要对人类自身的来源、生存和发展作出自己的解释，这是一个族群生存发展必须具有的人生态度和对世界的认识。

首先要认识什么是中国特色的生活观念。

生活，是人类生存的基本需求。不同国家、种族和地区的人们，都需要吃饱穿暖，而对生活的理解却各有不同。生活作为研究的对象，是一个古老的命题。但生活是源于人的创造，还是神的恩赐，在中西文化中各有不同的解释。西方文化通常把生活来源追溯为上帝的恩赐，而在中国人的心目中，生活原料的创造者不是上帝和神仙，而是中华民族的祖先黄帝。古籍记载，从黄帝开始才有了衣服、旃冕、房车和播种耕作，蒸谷为饭，采药为医。传说中燧人氏取火，有巢氏筑屋，伏羲氏养牲畜，神农氏种谷，受到后代尊崇的先人们，无一不是在衣食住行中建功立业。

所以黄帝受到中国人的崇拜，不仅因为他是中华民族的祖先，还因为他教民农耕、熟食、建房、造车，是缔造中国人生活方式的始祖。由他发明的"饮食"成为儒家文化的核心思想——礼的本源。《礼记·礼运篇》说:"夫礼之初,始诸饮食,其燔黍捭豚,污尊而抔饮,蒉桴而土鼓,犹若可以致其敬于鬼神。"爆粟粒,烤小猪,挖土坑盛酒,用手掬饮,再用草槌敲地取乐,这大约就是先民视为美食美酒的盛事,用自己最得意的生活方式,祭祀鬼神,表示对祖先和神灵的崇拜和祈祷,这就开始了礼仪的行为。据王国维考证,在食器中盛放玉,是礼字的原初形态,此种食器也就成为至尊至荣的礼器。所谓礼之初始诸饮食,揭示了文化现象是从人类生存的最基本的物质生活中发生的,这是中华民族顺应自然生态的创造,也表现了日用器物与观念形态不可分解的因缘。

"生活",在中国是古老的用语,它的原义只是生命的延续。《尚书》云:"流谓徙之远方;放使生活。"《孟子》说:"自作其灾孽,不可得而生活也。"东汉应劭的《风俗通义》记载,秦始皇释放燕国的人质太子丹,使他"可得生活"。在古人眼中,给犯人流放、释放人质回国,或诅咒对手不得活命,都称之为"生活",这是让人活下去或不让人活,使生命继续存在或不存在,因此"生活"与"活命"是同一意义。

活着,是人类来到世界的第一需要,活着才能实现生命存在的意义。为了活着,首先要有供应身体成长的生活资料,古人对此统称为"日用器物""服食器用"或"百姓日用"。在《尚书》《诗经》中就已提出日用器物的概念,有关"服""食""器用"的用词,出现在《论语》中有111次,《孟子》中218次,两者相加高达329次。[①] 以如此高的频率出现在儒家的经典著作中,充分表明早在先秦,百姓日用之学就已经成为儒家的经典之教。嗣后的诸子百家没有不对器用进行论述的。到明后期,在理学中出现泰州学派,王艮认为:"圣人经世,只是家常事。"[②] 李贽提出:"穿衣吃饭即是人伦物理。"[③] 将日用之学提到新的高度,促使这一学说发展到极点,以芸芸众生穿衣吃饭的欲望,突破以天理克制人欲的禁锢,萌生早期启蒙思潮。

日用之学发生、发展的过程,也是伦理观念不断渗透到日用器物的过

[①] 笔者据杨伯峻《论语译注·论语词典》(中华书局1962年版)和《孟子译注·孟子词典》(中华书局1963年版)统计。

[②] 袁承业:《王心斋先生遗集》卷1"语录",《王心斋全集》,江苏教育出版社2001年版,第5页。

[③] 李贽:《答邓石阳》,《焚书续焚书》,中华书局1975年版,第4页。

程。日用器物本是人类劳动的产品，按照人们的意愿，用自然界的原料加工成适合人们使用的器物，以改善和提高生活水平，这是社会文明和生产者聪明才智的表现。就这些成品本身而言，乃是无知无识的客观存在，古代思想家却给这无知无识的存在物赋以"道"的含义，"道"是什么？是伦理化的观念，"形而上者谓之道，形而下者谓之器"，这句出自《易经》的名言，在该书的注疏中释为："道是无体之名，形是有质之称。凡有从无而生，形由道而立，是先道而后形，是道在形之上，形在道之下。故自形外已上者谓之道也，自形内而下者谓之器也。形虽处道器两畔之际，形在器，不在道也。既有形质，可为器用，故云'而下者谓之器'也。"① 王夫之对此补充说："无其器则无其道。"② 就是说器由道而生，无道不成器，故道在形之上，器为形之下，这上下之别，是因为道为器物之本源，但是无器也就没有道的存身之处，所以这道和器虽有形上和形下之分，两者却密不可分，道是器的内涵，器是道的外在形式，器有粗细之别，道也有深浅之分，两者相依共存。所以这"器"在常人看来是家常日用，在圣人看来却是"道"之所寓，即器即道是成圣的体验。一方面是圣人的眼光下移到家常事，另一方面是将日用事物伦理化，从这里可以理解朱熹所谓"盖衣食动作只是物，物之理乃道也。将物便唤做道，则不可。且如这椅子有四只脚，可以坐，此椅之理也。若除去一只脚，坐不得，便失其椅之理矣。'形而上为道，形而下为器。'说这形而下之器之中，便有那形而上之道。若便将形而下之器作形而上之道，则不可。且如这个扇子，此物也，便有个扇子底道理。扇子是如此做，合当如此用，此便是形而上之理。天地中间，上是天，下是地，中间有许多日月星辰，山川草木，人物禽兽，此皆形而下之器也。然这形而下之器之中，便各自有个道理，此便是形而上之道。所谓格物，便是要就这形而下之器，穷得那形而上之道理而已，如何便将形而下之器作形而上之道理得！饥而食，渴而饮，日出而作，日入而息，其所以饮食作息者，皆道之所在也。"③ 从日用器物中体认天理人情的无所不在，由此得出"格物致知"的知识论。

---

① （魏）王弼、（晋）韩康伯注，（唐）孔颖达疏，陆德明音义：《周易注疏》卷11，"系辞上"，上海古籍出版社1989年版，第263页。
② 王夫之：《周易外传》卷5 "系辞上·传第十二章"，中华书局1977年版，第203页。
③ 《朱子语类》第4册卷62 "中庸一"，中华书局1986年版，第1496—1497页。

人们不仅从文本的传授和阅读中接受伦理教育，也从日常生活消费与物质用品中接受伦理教化，对不识字的"愚夫愚妇"来说，后者更是接受教诲的主要渠道，这就是百姓日用之学的价值所在。

对物的伦理化还形成中国思想史的一系列概念。从先秦儒学、汉代经学、魏晋玄学到宋明理学，历代的鸿儒硕学无不善于从日常生活中阐扬哲理，并从具体的器物层面，上升到抽象的理念。在中国思想史中覆盖面最广的两个概念是"礼"和"法"。"礼"的字形据王国维考证是"盛玉以奉神人之器"①；"法"在甲骨文中又作"彝"字，② 此乃米、丝和豕的字形组合，是祭品也是食品，所以这"礼"和"法"的原生态，都是从生活日用中发源。至于道和器、理和欲、义和利、形上和形下等常用概念，都不是脱离物质生活的独立存在，每个概念都有与之相匹配的对应物。其实质是将伦理观念寓入日用器物之中，将有形可见的器物内化为理性的东西，使之秩序化、信仰化。在这内化的过程中，器物已超越它的使用价值，成为人们沟信道体的媒介。因此形上有外在的形下表现，形下有内在的形上寓义，道器有分，而又无分，促使人们达到道器合一，即道即器的境界。对事物的认识是直接从器物一步登天，跃上形而上学，从形下到形上依凭对生活的感悟，而无需逻辑推理。概念的形成不是依靠逻辑思辨，而是基于人人可以感受的生活经验，所以生活日用在中国，是思想观念之源，从概念的发生学来考察，中国哲学的长处不在思辨的形上学，而是经验的形上学，这是中国人的思维方式。

生活与观念本是人类分别在物质生活和精神生活领域的行为和反映，生活是感官的满足和享受，观念是理性的思考和选择；在认知方面也有感性认识和理性认识的差异。这两者各有相应的范畴，并不等同。把伦理观念融入生活日用之中，使日用器物伦理化，这就可能把矛和盾置于相互冲突的境地。试想，伦理是道德精神、价值观，这是稳定的不易变动的因素；器物乃是人的享用物，它随着社会经济的发展和生活需求的增长不断更新，这是易变的不稳定的因素。这两者共生、共处引出发展中的悖论，即：一方面是生活日用承载伦理说教，扩大了教化的领域；另一方面又造成生活日用对伦理规范的冲击。明末的中国早期启蒙思潮，就是在生活欲

---

① 王国维：《观堂集林·释礼》，中华书局1959年版，第291页。
② 参见詹鄞鑫《释甲骨文"彝"字》，《北京大学学报》1986年第2期。

望不断追新求异、越礼逾制的浪潮中催生的。百姓日用之学的本意是在生活领域加强封建伦理教育，它的发展又对封建伦理起了削弱的作用，最后成为顾此失彼的双刃剑，其根源就在于对"物"的伦理化。

中国人对"物"构成世界的理解，与西方迥然不同。例如五行说，《尚书·洪范》曰："五行，一曰水，二曰火，三曰木，四曰金，五曰土。水曰润下，火曰炎上，木曰曲直，金曰从革，土爱稼穑。"这金、木、水、火、土五种物质，是中国人对世界生成的看法。若论对单个元素的看重，与古希腊相似，泰勒斯提出"水"、赫拉克利特提出"火"，等等，都是有关世界本原的看法。但中国并不像古希腊那样，从单个物质追究世界的本源，而是讲究金、木、水、火、土的关系。这五行即这五种元素相生相克，木克土，土克水，水克火，火克金，金克木；金（铁）能砍木，木能扎进土，土可堵水，水可灭火，火可熔金。一物制一物，绕行一周是个连锁的圆。相反则是，水生木，木生火，火生土，土生金，金生水。木有赖水而生；木燃烧生火；火烧成灰土；土中有矿生金；金熔化成液体生水。一物生一物，也是一个连锁的圆。如此相反相成，周而复始，都是一环套一环，环环相扣，这反映在历史观上就是循环史观，天下大事，分久必合，合久必分。虽然在漫长的历史发展中也有柳宗元的《封建论》表现出进化史观，但循环史观长期占据正统的地位。每逢改朝换代，都要改正朔，易服色，以示崇尚的不同，要的就是一物克一物，以示今朝胜前朝。从自然代谢推向人事兴亡，自然观与历史观合而为一。对天、对人、对物、对世界的认识充分伦理化，是中国思想史的重要特征。

三 礼俗互动是中国社会文化史的特色

在中国人心目中，大至天道运行，小如日用器物，深到修身养性，无不以伦理为本位，修身、齐家、治国、平天下概以伦理为出发点和归宿。伦理在中国，内化为修己之道，外化为治人之政，已超出一般意识形态的范畴，形成一系列的社会制度，即礼治秩序，这是礼俗社会的实质。

礼俗本于生活，但礼和俗并不是一回事。古人所谓礼始诸饮食，本于婚，揭示了这一文化形态是从饮食男女的生活习惯中起源的。礼的雏形，成形于氏族社会的祭祖仪式。商代人将其神化。祭祖的重点是祭君主的祖先，只有君主的祖先才能聆听上天的意旨统治人间，并按照与君主血缘的亲疏远近，界定尊卑贵贱的等级关系，使得原始的礼注进阶级统治的内容。周代形成系统的典章制度，以嫡长制为中心确立宗法制和分封制，用以维护贵族内部各阶层的特权，包括爵位、权力和衣食住行、日用器物的享用。"礼者，别尊卑，定万物，是礼之法制行矣。"（孔颖达疏《礼记·乐记》）礼和权力、财产的分配和日用消费结合在一起，展开法制的、经济的、文化的全面联系。春秋战国经过"礼崩乐坏"的震荡和孔子、荀子的再造，建构了系统的礼教学说，强调人不学礼，无以立身处世，因此要"道之以德，齐之以礼"。设立以礼为中心的六艺之教，教育及诲人概以礼为重要内容，使得法定权利与知识教育、道德修养融为一体。

礼制是王朝钦定的器物分配制度。历代王朝都以"会典""典章""律例"或"车服制""舆服制""丧服制"等各式条文，规范和统御人们的物质生活。所以，礼在中国不仅是道德信仰和思想观念，也是日用消费品分配的准则和人际交往的规范。日用器物对消费者来说兼有物质待遇和精神待遇双重价值。早在先秦时期，荀子就为这种分配方式提供了理念："德必称位，位必称禄，禄必称用。"（《荀子·王制》）有德才有位，有位才有禄，以物可以观位，以德又可量物，道德表现、社会地位与财禄器用相应相称。权力通过日用器物的等级分配，物化为各个阶层生活方式的差异，这是社会模式，也是文化模式，正如司马迁所说，礼能"宰制万物，役使群众"①。管天、管物也管人，这是意识形态与社会生活高度契合的形态。

对于"风俗"，中外文化有不同的认识和阐释。古人称之为"风俗"的，今人称之为"民俗"，这一字之差，表现了中国风俗的特色。"风"，出于《尚书·说命下》："咸仰朕德，时乃风。"后世解释为"风，教也"。"俗"，郑玄在《周礼注》中释为"土地所生，习也"。所以风俗在汉语的语义中，带有对"俗"进行教化的寓意。这才有所谓："道德仁义，非礼不成；教训成俗，非礼不备。"（《礼记·曲礼》）突出以礼治俗的统治思想，受到历代帝王的重视。为政必先究风俗，观风俗，知得失，这是历代君主恪守的祖训，帝王不仅要亲自过问风俗民情，委派官吏考察民风民俗，在制定国策时作为重要参照，并由史官载入史册，为后世的治国理政留下治理风俗的经验。

---

① 《史记》第4册，卷23，"礼书第一"，中华书局1997年版，第296页。

现代民俗学使用的"民俗"话语，是西方在19世纪形成的一个新概念，与中国的"风俗"观不尽相同。民俗虽然在各个民族中都有漫长的历史，但在近代以前并没有形成一门独立的学问，直到18、19世纪之交，民族主义的兴起激发了人们对民族生存状态的兴趣，才引起对风俗习惯和信仰仪式的关注。1864年英国的古生物学家汤姆生创造出"民俗"（Folklore）这一由民众（Folk）和知识（Lore）组成的新词语，随后才有民俗学的诞生。即使如此，仍然有人视其为不登大雅之堂，打入另册，如在日本称为"土俗学"，在美国与"赝品学"同义，这类名称在不同程度上表示这是又俗又土的学问，是专指下层的、民间的习惯。若从研究的内容来说，确实如此，但从学科来说，以土俗和赝品相称，反映了鄙视下层文化的精英观念和殖民意识，这与中国重视风俗的传统很不相同。概念不能取代内容，但概念却能影响资料的取舍和阐述。

所以，礼与俗，无论就其社会功能还是文化属性来说，分处于国家与民间的不同层次。孔子说"礼失而求诸野"，"礼从宜，使从俗"。有生活才有规范生活的礼，所以俗先于礼，礼本于俗。俗一旦形成为礼，上升为典章制度和道德准则，就具有规范化的功能和强制性的力量，要求对俗进行教化和整合。所以礼虽然起源于俗，却高踞于俗之上，成为国家制度和意识形态的主流，其涵盖面之广，几乎成为中国文化的同义语，而在西方思想史中根本找不到与"礼"相似的语词，这是有别于西方，从中国社会土壤中形成的特有概念，理应成为本土社会文化史的重要概念。

柳诒徵早在20世纪40年代就指出，以礼俗治国"博言之，即以天然之秩序（即天理）为立国之根本也"。在世界上并不乏遵循天然秩序生活的民族，但在中国"礼俗之界，至难划分"。① 这是中国特色。与此同时，社会学家费孝通经过社会调查，写成《乡土中国》一书，提出中国基层社会本于礼治秩序，乡土中国是礼俗社会的见解。值得注意的是，古代思想家经常运用礼、智、仁、义、诚、信、和、中庸等概念，其中的礼，不仅是思想观念和道德准则，也是制度的实体，更是唯一经过现代社会学家论证的，具有涵盖社会上下、贯穿精神和物质、得到全国各地最大范围认同的价值观念。这是中华文化历史悠久、覆盖面最广、传承力最顽强的重要原因。

---

① 柳诒徵：《中国礼俗发凡史》，《学原》第1卷第1册，学原社1947年版。

从礼俗互动的视角考察中国人的衣食住行，有助于深入认识中国的国情和民性。例如中国人传统的住房多以平面建筑为主，为什么很少向高层发展？地理环境、建筑材料固然有影响，更重要的原因在于社会制度的制约和社会观念的崇尚，缘于礼制以尊卑贵贱的等级限定民居的高度，即使拥有钱财，也不能随意建高层。不向高处发展，就横向发展，因此形成一进或多进的深宅大院。

中国人崇尚金木水火土五行学说，土是承载负重的大地，木能建构空间，土和木是建筑平房的最佳材料，却不宜造高楼，所以中国的民居沿着地平线延伸，平稳舒缓、布局均衡。每所住宅由东西南北四向构成四合院，正房、偏房、厢房、穿廊，主次分明，充分体现一家之中长幼有序、上下有分、内外有别的规则。宅院中最大、最好的为正房，由一家之长居住，子女儿孙分别居于附属的厢房或耳房。居室由面积的大小、方向的阴阳，表现权威性和仆从性。一家之主，往往是一夫多妻，原配居正房，小妾住偏房，因此古人常以"正室"称呼大夫人，用"偏房"称呼小妾，以正和偏表示不同的身份，用居室标志地位的高低。这比一般性的描述多了一份居家伦理。所以中国人的衣食住行、婚丧节庆，不论形制、仪式和内容，莫不体现出礼制的主导作用。

再以饮食为例，随处可见饮食烹调与伦理政治相通的倾向，普普通通的日用器物，一旦注以伦理政治的观念，立即神圣不可侵犯，鼎就是突出的一例。

鼎，自古以来被认为是国家的重器，其实是只饭锅。它鼓腹，比其他容器能盛放更多的食物；两耳，便于提携移动；三足鼎立，方便置火燃烧。炊具和餐具合一，比当时的筳、釜、镬、豆、簋等食器具有更大的实用价值。所以古人认为是"调和五味之宝器"。用宝器供奉祖先和神灵，施行祭祀的重大礼仪，这就不同凡响，因而被尊为礼器。传说黄帝铸造了三只鼎，以此象征天地人；夏禹收罗全国的金属，铸成九个大鼎，作为传国之宝。周灭商后，移九鼎于镐京，举行隆重的定鼎仪式，自此，定鼎喻为国家政权的奠基，鼎也就成为权力的象征。鼎有了这样特殊的价值，就不能再为普通人所拥有，因此又有列鼎制度。天子可以有九鼎，诸侯七鼎，大夫五鼎，士三鼎。士、大夫、诸侯、天子，权力愈大拥有的鼎数就愈多。调和鼎鼐这一本来纯属烹饪的术语，在古代亦可作为宰相治理国政的代称。春秋时晏婴对齐景公谈论君臣关系时，以和羹来比喻。孙子论兵学是烹饪之学，《淮南子》论治学以烹饪为例证，老子的"治大国若烹小鲜"传诵千古。这些都是古代著名的政治家，他们不厌其详地从烹调方法论及国家大事，是治国理政高度权术化的表现，也是伦理政治对生活强力渗透的结果。诸如此类在服饰文化中更有充分的体现，这里不一一列举。

总之，在传统中国，衣食住行，百姓日用，无不具有伦理的意义，有的已成为政治伦理的符号，这种生活方式在世界上也属独一无二。从这里可以理解任继愈先生为什么强调，外国人学汉学要从认识中国人的生活方式开始。

贴近生活日用，从礼俗互动中认识中国人的生活和思想，撰写具有本土特色的社会文化史，是建设这一学科的重要使命。

生活质量:社会文化史研究的新维度

梁景和

(首都师范大学历史学院)

社会文化史发展至今,希冀把生活质量作为其研究的一个新维度,这是社会文化史研究的新理念之一。为什么要从史学角度来研究生活质量,主要研究哪些内容和问题,怎样进行研究,这是本文拟探索的主旨。

一 概念与价值

欧美国家在20世纪50年代末开始把生活质量作为多学科的研究领域与研究视角。[1] 20世纪80年代以后,中国的社会学、心理学、经济学、医学等学科也开始探讨生活质量问题,但至今为止历史学对此却鲜有研究。如果从史学角度来研究生活质量,可以开辟社会文化史研究的新维度。所谓生活质量是指人们客观生活的实际状况以及对生活的满意程度和幸福感受程度。[2] 这里既包含客观生活质量,即社会生活条件的实际状况,也包含主观生活质量,即生活满意度和主观幸福感。

研究生活质量有其重要的意义和价值。肯定和确立提高生活质量是人类社会的目的和欲求,是人类整体生活和人类个体生活的目的和欲求。生

---

[1] 美国经济学家加尔布雷斯于1958年在其所著《富裕社会》一书中首次提出"生活质量"这一学术概念。

[2] 这个概念界定虽然与其他人文社会科学的界定没有本质的差异,但史学的研究方法和问题意识与其他人文社会科学比较则有自己的独到之处。

活质量既反映在社会生活条件方面，也反映在人们的主观幸福感上，幸福感是人类生活永恒美好的追求，正如休谟所说："一切人类努力的伟大目标在于获得幸福。"①"对幸福生活之向往和追求，可以说是不同时代、不同经济和文化背景下人们的共同欲求。从这一意义上说，幸福似乎可以成为一种普遍主义的价值理想。"② 研究生活质量的意义和价值还在于要探寻生活质量在不同历史阶段的基本概念或界定；设计并确定生活质量这一崭新学术研究领域在不同时代的基本框架体系；探讨不同时代不同需求层次的人③对生活质量认识、理解和判断的合理性、差异性和谬误性及其造成此种现象的历史、文化和社会等的基本缘由；研讨客观生活质量与主观生活质量的联系与相互作用所产生各种功能的基本根据；探求不同时期人类个体主观生活质量复杂性形成的基本原因；探索不同时代生活质量的主观满意度和幸福感表现出的层次相同以及"处于相同物质生活水平的人们，对其自身生活的评价和满意度可以大相径庭；反之，生活满意度相同的人，其实际物质生活水平可以相距甚远"④的基本因由；研究实现人的全面自由发展目标与提高人们生活质量要求的两者间内在的基本逻辑等等。对上述问题的探究均具有重要的意义和价值。

当我们了解了生活质量的研究概念和研究价值之后，还可以进一步认识和理解它的学术承续。从宏观史学发展脉络看，历史学早期从关注"事件的历史"出发，主要是探讨政治的历史，研究政治军事和政权更迭的所谓大的历史事件；次之开始进一步关注社会的历史，主要探讨社会经济和社会生活的历史状态；渐次又进一步关注历史主体的内在观念和心理的历史，去研讨人的内心世界和情感感受。从西方兰克以前的政治史，到年鉴学派的经济社会史，再到后来的观念心态史、新文化史以及从中国的王朝史、清末的新史学，再到后来的社会史、社会文化史，大致基本反映了这样的一个学术历程。历史科学发展的这种脉络的客观性，是历史发展到某一阶段的客观需要决定的，就如中国的王朝史它主要是在王朝时代为

---

① 杨适等译：《人性的高贵与卑劣——休谟散文集》，上海三联书店1988年版，第81页。
② 王露璐：《幸福是什么——从亚里士多德与密尔的幸福观谈起》，《光明日报》2007年11月13日。
③ 按马斯洛的理论，人的需求有5个层次，即生理需求、安全需求、友爱与归属需求、自尊需求和自我实现需求。
④ 冯立天主编：《中国人口生活质量研究》，北京经济学院出版社1992年版，第107页。

王朝的统治需要服务的；西方的新社会史也是为有益于民众群体和个体的生活改观服务的；中国社会史的复兴同样是为改造中国社会的实际问题服务的。而今天从社会文化史的角度研究生活质量是中国刻下社会注重群体与个体的生存状态，改善生活条件，提高生活满意度和增强主观幸福感的客观需要决定的。学术发展脉络承续的客观性是历史发展的客观需要决定的。

二 内容与问题

生活质量是社会文化史研究的新维度，它的研究内容，有初期起步与未来发展这一过程的前后变化，所以应当遵循先窄后宽、先易后难、先分解后综合的几个原则来进行。

首先，我们应当关注人类日常生活的第一主题。刚刚开始从生活质量的领域来研究社会文化史时，先要考虑的问题就是从庞博的社会生活中先选择什么样的具体内容来着手研究，社会生活的内容太广太繁，而且随着时代的发展，又会不断地添加新的内容。然而社会生活无论怎样庞杂多样，其中贯穿人类社会过往时代的基本范畴却是几种相对恒常的具体内容，那就是衣食住行、婚姻家庭、两性伦理、休闲娱乐、生老病死等，这些基本的内容和范畴就是人类生活的第一主题。① 这些最为基本的生活内容贯穿于长时段的历史阶段中，它们的现状以及发展变化恰恰与人们的生活质量息息相关，所以研究生活质量首先可以从人类日常生活的第一主题做起，即从这些社会生活的基本内容和基本范畴做起。虽然日常生活的第一主题，我们仅用上面的几句话就囊括了，但它的具体内容还是相当的广博，所以我们研究的内容就不可能是单一狭隘的。比如衣食住行中的"食"就可以涵括极其丰富的内容，包括食品原料、食品生产、饮食器具、饮食风尚、菜系品种、饮食思想、美食养生、食疗保健、茶酒饮料等；再如家庭一项就可涵盖家庭形式、家庭规模、家庭结构、家庭文化、家庭关系、家庭功能、家庭类别、个体家庭等；再比如生老病死中的"生"也涵括极其宽广的内容，包括人生仪礼、教育成长、强

---

① 参见梁景和、王峥《中国近代早期国人眼中的欧美生活·结语》，《首都师范大学学报》2012年第1期。

身健体、求职就业、养家糊口、日常消费、友情社交、理想追求等。以上所举，说明仅是日常生活的第一主题就有着无限丰富的研究内容，从中选取任何一项，都可以把它作为生活质量研究的一个起点。日常生活的第一主题以往有着丰富的研究，如果转换一下视角，运用生活质量的维度再去思考这一主题，可能会发现很多有学术价值的新问题。

其次，我们研究的内容再向前伸展，可能会显得更为开阔和宏观，即我们也可以从政治、经济、文化、社会、环境等宏大的范畴去探索生活质量问题。诸如各个层次的政治管理、中央和地方的机构组织、军队、法律、监狱，这些政治因素的实施和运行对于不同阶层、不同类型的群体和个体的生活质量会有直接或间接的影响；诸如不同的经济制度、政策和经济措施、手段，不同的经济行政权力，生产力水平，中外贸易的发展，各类企业的发展壮大无疑对于不同阶层、不同类型的群体和个体的生活质量会有直接或间接的影响；诸如文化教育政策的发展变迁，社会信仰和社会思潮的变革，民族国家所宣扬的价值观、世界观和人生观对于不同阶层、不同类型的群体和个体的生活质量会有直接或间接的影响；诸如社会城乡的管理和调控，社会的保障和疏导，市政设施的建设和完善无疑对于不同阶层、不同类型的群体和个体的生活质量会有直接或间接的影响；诸如环境的污染和恶化及其美化和治理，对于不同阶层、不同类型的群体和个体的生活质量会有直接或间接的影响。综上所述，即便我们以宏观的政治、经济、文化、社会、环境作为视角同样可以研究人们的生活质量问题。诸如历代国家统治集团面对天灾、人祸、瘟疫、疾病所采取的一系列社会救济的荒政保障，与民众的生活现实与生活质量紧密相连；明清以来苏州的碑刻[①]中有关于赋役管理、商业管理、宗族管理、寺观管理、环境管理、市政管理的碑文，这些社会管理的功效，与民众的生活现实与生活质量紧密相连；革命家王稼祥曾给他的堂弟王柳华写信说："可怜我们受环境的压迫，婚姻不得自由，求学不得自由，择业不得自由，而且一盼前途，就觉茫茫毫无把握，不知自己的生活怎样才可解决。唉！这样的环境，难道不能或不应当把他打碎吗？不过这不是局部问题，乃是政治问题，政治改良，环境自不求自善。柳华，'人是政治的动物'，我们应当负改革中国

---

① 参见王国平、唐力行主编《明清以来苏州社会史碑刻集》，苏州大学出版社1998年版。

政治的责"①，从这样一封家书中，我们可以看到参加革命，改革政治，同样也与民众的日常生活与生活质量紧密相连。当然，这样研究的范畴与上述第一点不同，它更显开阔性和宏观性。

最后，我们要对生活质量涉及的诸多内容进行一种综合全面地研究，这是一种复杂研究，即便如此，这样的研究同样可以对于不同阶层、不同类型的群体和个体生活质量的优劣高低做出基本的梳理、判断和评价，这就是进行这种复杂研究的价值所在。

上面研究内容所设置的三个梯度，只不过是研究生活质量初始阶段的一个一般性原则，按照这样的一个梯度，有助于我们研究的起步，但这并非绝对呆板硬性的研究秩序，根据研究队伍的状况以及研究者的兴趣、积累和能力，完全可以打破这样的原则秩序，提倡研究内容的宽窄、难易、分解综合的交叉、互动和提升。

那么，我们对生活质量研究的内容有了一个基本的理解和把握之后，我们再进一步思考研究生活质量的问题意识，能否做出这样的判断，研究生活质量的主要问题意识在于：探讨特定历史时期人们对生活质量的认识和理解；研究特定历史阶段的生活方式、物质发展以及特定时代生活质量的标准认同；探究特定历史阶段特定人群具体生活的实际状况以及客观生活质量和主观生活质量的实际状态；研讨为什么在特定的历史阶段，特定的人群会追求那样的生活质量，会去那样生活，会有那样的生活态度和生活向往，是什么样的"社会存在、文化传统、历史经验等因素"②决定的，只要对上述的问题意识有了诠释和回答，我们的研究才能彰显出它的应有价值。

三 研究的方法

研究生活质量所采用的方法随其研究内容以及问题意识的不同而有所不同，且随着研究的展开和不断发展以及研究成果和研究经验的积累，还

---

① 中共中央文献研究室编：《老一代革命家家书选》，中央文献出版社、生活·读书·新知三联书店1990年版，第10—11页。

② 王露璐：《幸福是什么——从亚里士多德与密尔的幸福观谈起》，《光明日报》2007年11月13日。

会不断创造新的研究方法。目前，我们首先可以关注如下一些研究方法。

1. 宏观微观的研究方法。关于生活质量，既可以宏观研究，又可以微观研究。① 宏观研究和微观研究主要关涉时间、空间、人群等相关概念。诸如既可以研究一个长时段的生活质量，也可以研究短时期的生活质量；既可以研究大区域的生活质量，也可以研究小区域的生活质量；既可以研究多群体的生活质量，也可以研究单一群体或个体的生活质量。关注不同时段、不同地域、不同人群、不同个体、不同问题的研究，有助于进行宏观与微观的研究，有助于研究的理论化以及细化和具体化。这种研究有着丰富的史料能够开启我们的思考，比如在地方志中有记载浙江人订婚习俗的，反映了浙江人富贵与平常之家的不同生活："订婚之始，谓之缠红。富厚之家，聘物恒用金饰，如手镯如意耳环戒指之类，加以绒线制成五色盆景，光艳夺目。满盛盘中，谓之花果缠红。平常人家，则无如是之财力，或用小纹银一锭，鎏金如意一事，取一定如意之意，或用鎏金八吉一对，镀金手镯一副，取有吉局之意。"② 民国时期河南安阳的衣着习俗，可见不同阶级之间的差异："境内习尚，认俭朴为美德，以装饰为浮夸。除资产阶级、官僚家庭以洋布为衣料，间或着绫罗锦缎外，余则均以自织之棉布加以颜色裁为服裳，一袭成就，间季浣濯，直至破烂而后已。"③ 民国时期河北元氏县士商与农民使用不同的交通工具，"凡出行，近时无论士商，必脚踏自行车，故自行车之销路，有一日千里之势。惟农民出门，多步行"。④ 20世纪20年代的上海"以乘汽车为豪，每至礼拜日，必有许多少年男女，同乘一车，疾驰于南京路、静安寺路、福州路"。⑤ 这些地方志资料从宏观视角反映了具体领域的不同人群的社会生活和生活质量。我们再看民间歌谣中的史料，如反映明末农民苦难生活的歌谣：

---

① 宏观和微观都是相对概念，宏观是相对微观而言，微观是相对宏观而言，所以这里舍弃了中观的概念。

② 胡朴安：《中华全国风俗志》下篇卷四，《浙江·海宁风俗记》，中州古籍出版社1990年版，第27页。

③ 丁士良、赵放主编：《中国地方志民俗资料汇编》（中南卷·上），北京图书馆出版社1991年版，第102页。

④ 丁士良、赵放主编：《中国地方志民俗资料汇编》（华北卷），北京图书馆出版社1991年版，第127页。

⑤ 胡朴安：《中华全国风俗志》下篇卷三，《江苏·上海风俗琐记》，中州古籍出版社1990年版，第139页。

"官府征粮纵虎差,豪家索债如狼豺,草根木叶权充腹,儿女呱呱相向哭,壮者抗,弱者死,朝廷加派犹不止。"① 民国时期有反映农民怨苛税的歌谣:"钟庄田,真是难,大人小孩真可怜!慌慌忙忙一整年,这种税,那样捐,不管旱,不管淹,辛苦度日好心酸,两眼不住泪涟涟。告青天,少要钱,让俺老少活几年。"② 如反映官僚权贵享乐富贵的生活:"三年清知府,十万雪花银"③ "出外做官,回家享福" "千里做官,为的吃穿",④ 这些也从宏观视角反映了具体领域的不同人群的社会生活和生活质量。清末竹枝词也是如此,带有宏观普遍性的风土民情和社会生活的记载,如富家女子从南京去上海的情景:"火车当日达吴淞,女伴邀游兴致浓。今日司空都见惯,沪宁来去也从容。"⑤ 市民流行穿西装的情景:"西装旧服广搜罗,如帽如衣各式多。工厂匠人争选买,为他装束便摩挲。"⑥ 此外,丰富的文艺作品,无论是小说、戏曲、诗词等也能为我们提供从宏观视角研究生活质量的珍贵资料,以小说为例,陈寅恪认为,小说可以证史,小说虽"个性不真实,而通性真实"。⑦ 这通性之真实就是宏观之真实。⑧ 如傅桂禄编辑的三卷本小说《中国蛮婚陋俗名作选粹》就是很好的例证,三卷本《商人妇》《活鬼》和《节妇》所收集的作品反映了中国社会典妻当妻、童养婚、人鬼恋、冥婚、老夫少妻等一幕幕的人间悲剧,是"旧中国蛮陋婚俗的缩影与概括",⑨ 反映了一部分人群的婚姻生活质量。通过多方史料的相互印证,小说是可以反映社会生活的"通性之真实"的。综上所述,说明运用大量的史料是能够帮助我们从宏观的视角来研究生活质量问题的。那么从微观的角度同样如此。日记、书信、传

---

① 张守常辑:《中国近世谣谚》,北京出版社1998年版,第74页。
② 同上书,第844页。
③ 同上书,第855页。
④ 同上书,第859页。
⑤ 朱文炳:《海上竹枝词》,载顾炳权编著《上海洋场竹枝词》,上海书店出版社1996年版,第203页。
⑥ 颐安主人:《沪江商业市景词》,载顾炳权编著《上海洋场竹枝词》,上海书店出版社1996年版,第167页。
⑦ 石泉:《先师寅恪先生治学思路与方法之追忆(补充二则)》,《陈寅恪与二十世纪中国学术》,浙江人民出版社2000年版,第157页。
⑧ 齐世荣先生有专文论述小说的史料价值,《谈小说的史料价值》,《首都师范大学学报》2010年第5期。
⑨ 参见傅桂禄编《商人妇》《活鬼》《节妇》的内容简介,群众出版社1994年版。

记、回忆录等文献中就蕴藏着大量丰富的材料,例如《历代日记丛钞》是对国家图书馆所藏五百多种宋、元、明、清以及民国年间的日记进行的影印出版,这其中不乏对生活质量进行微观研究的珍贵资料。诸如王闿运的《湘绮楼日记》对"家常琐事,柴米油盐,无不一一记载",① 反映了一个家庭的物质生活水平。丰子恺在《法味》一文中提及他的老师李叔同曾经说过:"我从二十岁至二十六岁之间的五六年,是平生最幸福的时候。此后就是不断的悲哀与忧愁,直到出家。"② 李叔同的这段话,为我们研究他个人一生的生活质量和主观幸福感提供了一个大致的线索。共和国成立初期,毛泽东成为国家的领袖,他的一些亲朋故友要来京见他,并希望解决工作或生活上的问题。处理这类亲情方面的事情,有诸多难处。毛泽东在给亲属的信中,做了多方面的解释和抚慰工作,并要求亲友"不要来京",或寄钱暂时解决一下亲友的生活困难,③ 从这些书信里能够感觉到毛泽东当年的心理感受。

2. 综合分解的研究方法。研究生活质量,既可以把客观生活质量与主观生活质量两者结合起来进行综合研究,也可以把客观生活质量与主观生活质量两者分开进行分解研究。综合研究既关注客观生活质量与主观生活质量两者的互动和影响,也关注影响生活质量的诸多因素如物质生活、精神生活、政治生活、社会生活、环境生活、劳动生活、公民素质等多方面的相互制约、共同作用的综合结果,比如当代社会"居民收入增加、消费水平提高,但环境污染严重,社会保障程度很低,社会秩序恶化,则不能说生活质量好。所以,生活质量不仅表现在生活的某个或某几个方面,更重要的是物质、精神生活等各方面的综合"。④ 比如清代具体的饮食生活,宫廷、贵族、民间的饮食生活中的风尚、饮食品种、品种质量、饮食器具以及饮食的养生思想是不同的,这种具体的饮食物质生活与饮食

---

① 王钟翰:《〈历代日记丛钞〉序》,俞冰编:《历代日记丛钞提要》,学苑出版社2006年版。
② 丰子恺:《法味》,杨耀文选编:《文化名家谈佛录——一日佛门》,京华出版社2005年版,第49页。
③ 参见毛泽东给杨开智、文南松、毛泽连、毛远悌、毛宇居的信,中共中央文献研究室编《老一代革命家家书选》,中央文献出版社、生活·读书·新知三联书店1990年版。
④ 王海敏、陈钰芬:《我国各地区城镇居民生活质量的综合评估》,《商业经济与管理》2004年第8期。

观念和饮食诉求的多方面综合才反映了不同人群的总体性的饮食生活质量。① 再如民国时期的居住生活，官僚权贵们居住的高级官邸、富商们居住的豪华别墅、中产阶级居住的单元公寓、穷苦贫民居住的棚户区和茅草屋，这些物质的居住条件与居住者的宗教信仰、日常生活观念与生活目标要求的结合，构成各类人等的综合性居住生活质量。譬如中国末代的皇后和皇妃们，她们衣食住行的物质生活条件优越，但是她们悲惨的精神生活和婚姻生活，能说她们人生的生活质量高吗，显然不能。溥仪说，"长时期受着冷淡的婉容，她的经历也许是现代新中国的青年最不能理解的。……我后来时常想到，她如果在天津时能象文秀那样和我离了婚，很可能不会有那样的结局。"② 这段话道出了婉容一生的悲惨生活。可见优裕的物质生活未必一定就会生活幸福。而分解研究既包括对客观生活质量的研究，也包括对主观生活质量的研究，两种研究是分别进行的。其中客观生活质量的研究，主要是研究社会条件发展的程度和水平，社会的政治、经济、文化、环境等大范畴和大背景在具体的衣着、饮食、居住、交通、教育、就业、娱乐、医疗、健康、保险、养老等诸多方面为人们的物质生活和精神生活提供了什么，它反映了社会整体的发展状态和发展水平，诸如近代国人的娱乐生活，各类人等如何看戏剧电影，如何听书阅报，如何游乐购物，如何去酒馆茶馆，如何琴棋书画，如何跳舞打牌，如何进行体育活动，如何交往游历，这都能对人们的客观生活质量做出探索和评价。再比如近代以来交通工具的变迁，从传统的轿子到人力车、畜力车、西洋马车、自行车、机动车、火车、轮船、飞机等，近代交通工具的不断变化，同样也可以观察到各类群体客观生活质量的改善或提高。从餐饮地点也可看出不同人等的饮食生活质量，近代上海，"在饭摊、露天食堂、饭店楼下就餐的多是工人、黄包车夫、苦力等"，③ 而"只有穿长衫的人才上楼吃"。④ 的确，在哪儿吃，"吃的是什么菜，我就可以说出你是什么人"。⑤ 晚清民国上海闸北棚户区居民的住宿是茅草棚，"以污泥为

---

① 参见徐海荣主编《中国饮食史》卷五，华夏出版社1999年版。
② 长春市政协文史资料研究委员会编：《末代皇后和皇妃》，吉林人民出版社1984年版，第2页。
③ 唐艳香、褚晓琦：《近代上海饭店与菜场》，上海辞书出版社2008年版，第200页。
④ 陈存仁：《银元时代生活史》，上海人民出版社2000年版，第79页。
⑤ [法] 图珊·萨玛：《布尔乔亚饮食史》，管筱明译，花城出版社2007年版，第15页。

墙，稻草为顶。而一行一行排列的距离，又极狭窄，普通不满两公尺，所以常常有一经着火，瞬息延烧千百余户的！在他们每一家的住宅里；都只有一进门就是外房也是工房的食喝于斯生死于斯的一大间，父母子媳六七口住在一个处所，煨水烧饭也在这一个地方，有时还得划出一小块地方来养猪，而他们的大小便也就在这喂猪的桐里了"，① 这类人群悲惨的居住生活，一目了然。相反，梁实秋在上海和青岛做教授时的物质生活质量是很好的，"那时当教授收入较高，实秋兼职又多，所以家庭经济情况逐渐好转，俨然成为上海滩上的中产阶级了"。② 1928 年梁实秋在上海从"爱文义路的一楼一底中迁出，移居赫德路安庆坊，是二楼二底，宽绰了一倍"。1929 年"又搬到爱多亚路 1014 弄，是一栋三层楼的房子，有了阳台、壁炉、浴室、卫生设备等等，而且处于弄堂深处，非常清静"。梁实秋很喜欢青岛，1930 年又到青岛大学任教授，他在"鱼山路 4 号租到一栋房子，楼上四间楼下四间。那里距离汇泉海滩很近，约十几分钟就可以走到"。③ 可见梁实秋那些年优裕的居住生活条件。而主观生活质量则注重生活满意度和主观幸福感的研究，这种心灵的感受至关重要，无论客观生活条件如何，内心的生活价值观左右着个体的主观生活感受，诸如有人崇尚"金钱未为贵、安乐值钱多""贫穷自在、富贵多忧""生死有命、富贵在天""命里有时终须有、命里无时莫强求"的人生理念，那么不管客观生活条件如何，因为他有着知足常乐的心态，所以他的主观感受或曰他的生活满意度和主观幸福感就不与他的客观生活条件成正比了。钱钟书说："'永远快乐'这句话，不但渺茫得不能实现，并且荒谬得不能成立"，④ 这与民间的"人无千日好，花无百日红"有相似的意蕴，是对主观生活感受的辩证态度。快乐幸福完全是精神层面的东西，所以它有相对的独立性。甚至面对病魔和灾难，人们都可以调整心态，坦然面对，所以钱钟书又说："于是，烧了房子，有庆贺的人；一箪食，一瓢饮，有不改其乐得人；千灾百毒，有谈笑自若的人。所以我们前面说，

---

① 陈问路：《大上海的劳工生活状况之透视》，中华全国总工会中国工人运动史研究室编：《中国工运史料》（第二十七期），工人出版社 1985 年版，第 130 页。
② 鲁西奇：《梁实秋传》，中央民族大学出版社 1996 年版，第 107 页。
③ 同上书，第 107—109 页。
④ 钱钟书：《论快乐》，《钱钟书集·写在人生边上》，生活·读书·新知三联书店 2002 年版，第 20 页。

人生虽不快乐,而仍能乐观。"① 而主观幸福感尤其与婚姻恋爱关系密切,由于与有真爱的恋人结婚而感到幸福,而与没有真爱的人结婚或与有真爱的恋人不能结婚就都会给人带来内心极度的痛苦。林语堂曾经热恋一位至交的妹妹C,C生得其美无比,因C的父亲在一个名望之家为C物色了一名金龟婿,故林语堂与C俩人的婚事无望,林语堂自述,"我知道不能娶C小姐时,真是痛苦万分。我回家时,面带凄苦状,姐姐们都明白。夜静更深,母亲手提灯笼到我屋里,问我心里有什么事如此难过。我立刻哭得瘫软下来,哭得好可怜。"② 人世间这样的婚姻悲剧数不胜数。

3. 理论命题的研究方法。这种方法主要包括两个方面,其一是理论预设方法。所谓理论预设是指已经被社会和人们基本认可的理论,它是在社会发展过程中,人们对生活实践有了切身的感受,进而对社会生活有了切实的认识和理解,并形成被人们普遍接受的理论观点。比如客观物质生活相同的人们,其中主观幸福感却是截然不同的;相反,主观幸福感相同的人,其客观物质生活条件却是截然不同的。这些理论观点都是人们在社会生活实践中观察和感受到的生活真实,进而被总结、被概括、被提升,最终被人们所认同。而理论预设的研究方法是指,我们要依据这样的一些被公认的理论观点进行历史现象的研究,用历史的事实来印证这些理论观点的客观实在性,故而用这种理论预设的方法也可以研究人们的生活质量问题。清末民初剪辫子,客观事实相同,但给一些人带来了心情的兴奋和愉悦,也给一些人带来了极大的失落和痛苦;晚清以来,婚姻自由逐渐流行于社会,同是一个婚姻自由,给多少开放的年轻人带来了情感的愉悦和幸福,也给多少传统守旧的父母们带来了精神的创痛和苦楚;民国时期丧礼的改革,多少家庭因繁文缛节的革除而感到生活压力的减轻,也有多少人因不能接受新式丧礼观而痛楚不堪。如对上述问题进行研究,就可以回答客观物质生活条件相同的人们,而主观幸福感却是不同的这样的理论预设。相反,清末留美幼童,出国时穿一身华丽的长袍马褂,头戴一顶瓜皮帽,幼童们会感到那样的喜悦和快乐,而到了美国不久,他们改穿一身休

---

① 钱钟书:《论快乐》,《钱钟书集·写在人生边上》,生活·读书·新知三联书店2002年版,第21—22页。

② 《林语堂自传》,河北人民出版社1991年版,第70页。

闲服、又穿上运动鞋,他们仍然感到那样的洒脱和心怡,虽然内心的感受相同,但客观的装束已完全中西两异了。革命烈士陈铁军和周文雍在刑场婚礼上的感受与很多夫妻在婚礼上的感受,应当说是有着某种共同之处的,虽然他们的境遇完全不同,陈周面临的是死亡,而很多夫妻面临的是新的生活。类似的研究同样可以证明主观幸福感相同的人,其客观物质条件和生活境遇却是截然不同的这样的理论预设。其二是命题预设方法。所谓命题预设是指古往今来人们在社会实践生活的基础上总结出来的具有一定真理性并让人耳熟能详的一些概念,这些概念真实地反映了社会生活的实际和本质,甚或成为人们能够深刻认识社会生活的路径和方法,这些概念还朗朗上口,便于传播。我们可以根据这样的命题去研究历史上的社会生活,去研究人们的生活质量,即运用真实的历史材料再去验证既往的命题,一方面给命题以历史的解释,同时也是对特定历史时期、历史地域和历史人群生活质量的研究。"朱门酒肉臭,路有冻死骨"[①] 这一命题叙述了富贵人家门前飘出酒肉的味道,穷人们却在街头因冻饿而死,说明了一个社会财富不均,贫穷差距大,穷人缺少保障的社会历史现象,也是典型的研究社会生活质量的命题。还有"富家一席酒,贫家半年粮"[②] "欲求生富贵,需下死功夫"等类似的命题,也能够进行社会生活和生活质量的研究。还有些命题,如"三年讨饭,不愿做官"[③] "有子万事足,无官一身轻"[④] 以及民间的"老婆孩子热炕头"这样的命题反映了一部分人的生活观念和追求的生活样式,并以此为生活乐事。曾国藩就希望自己的后代以耕读为要,不谋大官,他说"凡人都望子孙为大官,余不愿为大官,但愿为读书明理之君子"。[⑤] 由于曾国藩追求这种以读书为要的生活理念,他的后人大多从事科学技术和文化教育工作而少谋官位。梁启超也认为做官不如做学问,他本人晚年也弃官从学,对其后代亦如此要求。1916年他给女儿梁思顺的信中谈及女婿周希哲做官一事,认为"作官实易损人

---

① 杜甫:《自京赴奉先县咏怀五百字》。
② 张守常辑:《中国近世谣谚》,北京出版社1998年版,第703页。
③ 同上书,第852页。
④ 同上书,第657页。
⑤ 曾国藩:《字谕纪鸿儿》,张海雷等编译:《曾国藩家书》(上册),中国华侨出版社1994年版,第332页。

格，易习于懒惰于巧滑，终非安身立命之所"。① 1921年7月22日他给梁思顺的信中又说："希哲具有实业上之才能，若再做数年官，恐将经商机会耽搁，深为可惜。"② 正是由于梁启超这样的人生理念和家风，他教育的子女有一代建筑宗师梁思成、有考古学家梁思永、有图书馆专家梁思庄、有经济学家梁思达、有火箭专家梁思礼。③ 但也有与之相反的生活理念和命题，以传统的"学而优则仕"为代表，百姓中有"升官发财""穷不跟富斗，富不跟官斗""有权话真语，无权语不真"这样的生活民谚，以反映人们对"官"优越性的认同。以上所谈的理论命题的研究方法在一定程度上带有演绎法的特征。

4. 史料提炼的研究方法。这是与上述的理论命题相对应的研究方法，它没有事先的理论命题的概念预设，完全是通过对原始史料的阅读和诠释，进而研究生活质量问题。清代徐珂的《清稗类钞》，是从近人文集、笔记、札记、报章中广搜博采的关于清代掌故遗闻的汇编。全书分服饰、饮食、舟车、婚姻、疾病、廉俭、赌博、奴婢、盗贼、娼妓、丧祭等近百个种类，此书内容广博，特别是关于下层社会、民情风俗、日常生活的资料非常丰富，此书自身就具有史料提炼的特点，可谓是研究生活质量的重要史料。晚清出版的《点石斋画报》以图文并茂的形式反映了晚清社会诸多的社会生活和民俗事象，是当时各阶层人群思想观念和日常生活的表述，与此相应，清末与民国时期大量的画报和摄影作品也都在一定程度上显示了各阶层民众的生活状态，为我们的研究提供了可资选择的大量史料。史料提炼是最为基本的研究方法，只要我们爬梳原始资料就能进行研究。比如我们通过对不同时代家训家规的研究，可以发现一个时代的家训家规反映了那个时代人们带有普遍性的家庭观念和生活观念，也可以对某个家庭的家训家规进行研究，把握具有这个家庭特点的家庭观念和生活观念，这一切都有助于我们研究一般家庭和特定家庭的生活理念、生活感受和生活质量。清末民初出版的《香艳丛书》，内容以"涉及女性活动的篇目为选取标准，广泛搜集汉、唐、宋、元、明、清各代的野史笔记、小说辞赋、传记谱录、民俗方志和鉴赏游戏等方面的著述三百二十余种，几乎

---

① 丁文江、赵丰田编：《梁启超年谱长编》，上海人民出版社1983年版，第796页。
② 同上书，第931页。
③ 参见丁宇、刘景云编著《梁启超教子满门俊秀》，中华工商联合出版社2002年版。

反映了社会生活的各个层次","该丛书对于我国历史、文化、人物和风土民情的研究，提供了丰富的资料"，① 这套丛书可以为我们研究中国女性的社会生活和生活质量提取有关的历史资料。胡文楷编著的《历代妇女著作考》是一部对历代妇女史著、诗词、文集的比较全面的辑录和介绍，"凡见于正史艺文志者，各省通志府州县志者，藏书目录题跋者，诗文词总集及诗话笔记者，一一采录"，②"自汉魏六朝，以迄近代，凡得四千余人"。③ 以本书作为线索，爬梳相关的史料，特别是对一些诗词的解读，可从女性的视角探索相关社会生活及其生活质量的问题。20世纪30年代编纂成书的《清代燕都梨园史料》，是张次溪以毕生之力，广搜博采，"对当时的戏曲演出活动、班子沿革、名优传略，以致梨园的轶闻掌故，搜罗备细"④ 的一部清代有关戏曲的著述，书中记述了处于卑微社会地位的优伶们的身世际遇，这部书对于探讨和研究清代戏曲演员的社会生活及生活质量有重要的启示作用，并为搜寻新资料有指引的作用。中国电影家协会和电影史研究部编纂的多卷本《中国电影家列传》在20世纪80年代由中国电影出版社出版。《列传》全面介绍了"在中国电影发展史上作出贡献的编、导、演、摄、录、美、技术、音乐、评论家、事业家等约七百人（包括港台的著名电影艺术家）"。⑤ 本书"对电影家的生活经历、成长道路、艺术风格、创作特色、成就经验、失败教训等诸方面进行简略叙述和分析评价"，"我们可以看到他们在逆境中怎样磨炼意志，向困难搏斗，苦学技艺的顽强倔劲，最后在艺术创作中迸发出耀眼的火花"。⑥ 这套书既是史料又是线索，可以帮助我们在此基础上或再开辟新的史料资源，来进一步探讨电影家们的社会生活、生活经验、生活感悟和生活质量。此外，我们还可以通过大量移民和人口迁徙的史料中探寻这类人群的生活现状。以上阐述的史料提炼的研究方法就是通过对诸多史料的爬梳、查阅和提炼，去研究各个时代各类人等的日常生活及其生活质量，这种方法在一定程度上类似于归纳法。

---

① 《〈香艳丛书〉影印说明》，《香艳丛书》，上海书店1991年版。
② 胡文楷编著：《历代妇女著作考自序》，上海古籍出版社1985年版。
③ 同上。
④ 张次溪编纂：《清代燕都梨园史料》出版前言，中国戏剧出版社1988年版。
⑤ 《中国电影家列传》第一集"内容说明"，中国电影出版社1982年版。
⑥ 同上书，"前言"。

5. 相互比较的研究方法。所谓相互比较的研究方法就是在两项或多项具有相同主题的事象中，选择在某个相同的领域进行比较，进而凸显参与比较事象的各自特征，以反映某一事象的日常生活的实际状况。就一般情况而言，这种比较有不同阶层之间的比较，有相似人群之间的比较，有不同地域之间的比较，有自身纵向发展变化的不同比较，有不同问题意识之间的比较，有不同生活观念之间的比较，可谓多重的划分。就具体的生活观念和生活领域就可以进行比较研究，如在为人处事的观念上，有人认同人而无信不需礼之，有人认同宽宏大量与人为善；有人认同酒大伤身，有人却认同一醉方休；有人认同财大气粗，有人却认同贫穷自在；有人认同助人为乐，有人却认同闲事不管；有人认同忠言逆耳利于行，有人却认同话不投机半句多，这些观念影响日常生活，也影响日常生活的生活质量，通过比较可以探讨人们的不同心态以及制约这种心态的多重因子。相似的人群与相似的生活也可以比较，如妻子与小妾的生活比较；奴隶与婢女的生活比较；优伶与娼妓的生活比较；乞丐与盗贼的生活比较；流氓与土匪的生活比较；缠足与留辫的生活比较；赌博与吸毒的生活比较；风水与迷信的生活比较；典当与租赁的生活比较，等等，不一而足。这样的比较，能够把不同人群的社会生活和生活质量反映出来。甚至可以进行个体生活细节的比较，诸如胡适为了母亲的感受与旧式包办的妻子终生为伴，胡适在给胡近仁的信中说："吾之就此婚事，全为吾母起见，故从不曾挑剔为难（若不为此，吾决不就此婚。此意但可为足下道，不足为外人言也）。今既婚矣，吾力求迁就，以博吾母欢心。吾之所以极力表示闺房之爱者，亦正欲吾母欢喜耳，岂意反以此令堂上介意乎！"① 而顾维钧对父母包办的旧式婚姻采取协议离婚的方式，"协议规定，我们两人各执一份，另两份送双方父母。我们以一种十分友好的方式脱离了关系"。② 我们对两者的婚姻选择还不能做出褒贬是非的评判，需要比较研究，这是非常有价值的比较研究课题，它涉及个体的生活感受和婚姻生活质量。说到婚姻，能够比较的太多太多，仅就重要的历史人物而言，就能随即举出一些，如康有为与梁启超的婚姻、孙中山与蒋介石的婚姻、李大钊与陈独秀的婚姻、鲁迅与郭沫若的婚姻、徐志摩与郁达夫的婚姻等等，都可以进行

---

① 耿云志、宋广波编：《胡适书信选》，外语教学与研究出版社2012年版，第56页。
② 天津编译中心编：《顾维钧回忆录缩编》上册，中华书局1997年版，第9页。

比较。而且通过对官绅政要、名流贤达、文人墨客、商贾军阀、市井平民的婚姻比较，还能够对不同类型的婚姻以及婚姻生活做出深入的分析，从中引发更加深刻的思考。可见，比较的范围和内容非常之广。资产阶级革命家陈天华和杨毓麟都选择了跳海自尽，两人均留有绝命书，那么通过对两人绝命书的比较，可以感受到两人投海前的内心世界。杨毓麟在绝命书中说自己"脑炎大发，因前患脑弱，贫服磷硫药液太多，此时狂乱炽勃，不可自耐。欲趁便船归国，昨晚离厄北淀来利物浦。今晨到车站，然脑迸乱不可制，愤而求死，将以海波为葬地"。① 可见杨毓麟投海亡命是因为他无法忍受病魔的折磨，"愤不乐生，恨而死之"。② 临终前的痛苦可想而知。而陈天华是在日本颁布"取缔规则"，引起留日学生总罢课并欲全体回国，而被日本媒体诋为"乌合之众""放纵卑劣"的情景下，对此一污蔑极为愤慨，欲以一死来唤醒留日学生忧国忧民之情怀，他在绝命书中说："鄙人心痛此言，欲我同胞时时勿忘此语，力除此四字，而做此四字之反面：'坚忍奉公，力学爱国。'恐同胞之不见听而或忘之，故以身投东海，为诸君之纪念。"③ 陈天华跳海前与杨毓麟的内心感受不同，陈天华是怀着爱国救国之渴望而投海自戕的，《绝命辞》通篇政治理念的阐述都能够反映这一点。相互比较的研究方法，要有明确的比较主旨，即问题意识要显明清晰，比较的内容要具体明了，对比较的双方或多方，要依靠史料分别进行全面细致的探索，从而找出异同，并对此进行深入的原因分析。

6. 感受想象的研究方法。这是关注被研究者的主观感受并敢于大胆假设和想象的一种方法。研究生活质量问题，在关注社会生活与思想观念的基础上，进一步关注和研究群体或者个体的主观感受是至关重要的，主观感受的问题应当引起我们高度的重视。我们知道，感受与观念有不同之处，观念的主要特点是指人们对主客观事物的一种认识、判断、理解和评价，而感受则是客观事物作用于人的心灵之后，受其影响而产生的一种身心的反应和感觉，本文谈的感受还不是指那种一时的短暂的心灵波动，而是一种比较稳定、比较深刻的主观体验或体会，"比如，责任感、幸福

---

① 《致怀中叔祖书》，饶怀民编：《杨毓麟集》，岳麓书社2001年版，第390页。
② 《致某某二君书》，饶怀民编：《杨毓麟集》，岳麓书社2001年版，第390页。
③ 《绝命辞》，《陈天华集》，湖南人民出版社2008年版，第231页。

感、荣誉感、骄傲感、廉耻感等，都较深刻地反映出个人意识或群体意识"。① 那么，这种感受为什么会是长时段的，为什么会是稳定和深刻的，它无可避免地要影响到人们的主观生活质量，从这个意义上讲，我们所谓的感受由于与生活质量有着紧密的联系，所以它是可以成为社会文化史的研究对象的。从主观感受的视角去研究生活质量，就是从生活满意度和主观幸福感去进行研究。生活满意度和主观幸福感与客观生活质量有关，同时也与个体的世界观、人生观、价值观的趋向有关，与个体经济收入和生活状态的历史、现状和理想有关，与个体的期望值有关，② 与个体的社会关系诸如婚姻关系、家庭关系、朋友关系是否和谐等有关，与个体视野的宽隘及与他人生存状态的比对有关，正如"自己优于别人，就感到幸福；低于他人，就感到不幸。许多研究发现，向上比较会降低主观幸福感，向下比较会提高主观幸福感"，③ 就是这个道理。可见通过研究主观感受来研究主观生活质量是有意义的。研究主观感受要敢于大胆假设和想象，这种假设和想象不是无根据的胡思乱想，是根据掌握的现有材料，根据研究者的知识结构、学识、经验和历史感悟，根据被广泛认同的理论和方法，去分析推理，去探寻被研究者内心感觉的奥秘，进而比较准确地把握被研究者的内心感受，再对其主观生活质量有一个基本的判断。有根据的假设和想象作为一种史学方法是被认同的。胡适说："治史者可以作大胆的假设，然而决不可作无证据的概论也。"④ 彼得·伯克说："无论历史学的未来如何，都不应该回到想象力的贫乏中去。"⑤ 20 世纪 20 年代《申报》老报人雷瑾回忆报馆的住宿条件："当时申报房屋本甚敝旧。……若吾辈起居办事之室，方广不逾寻丈，光线甚暗。而寝处饮食便溺，悉在其中。冬则寒风砭骨，夏则炽热如炉。最难堪者臭虫生殖之繁，到处蠕蠕，大堪

---

① 沙莲香：《社会心理学》，中国人民大学出版社 1987 年版，第 185 页。
② 期望值理论认为，期望值与实际成就之间的差异与 SWB（主观幸福感）相关，高期望值与个人实际差距过大会使人丧失信心和勇气，期望值过低则会使人厌烦。参见吴明霞《30 年来西方关于主观幸福感的理论发展》，《心理学动态》2000 年第 4 期。
③ 苗元江、余嘉元：《幸福感：生活质量研究的新视角》，《新视野》2003 年第 4 期。
④ 耿云志、宋广波编：《胡适书信选》，外语教学与研究出版社 2012 年版，第 269 页。
⑤ [英] 彼得·伯克：《什么是文化史》，蔡玉辉译，杨豫校，北京大学出版社 2009 年版，第 149 页。

惊异，往往终夜被扰，不能睡眠。"① 在这样恶劣的住宿条件下生活，我们可以想象得到这些报人当时内心的屈辱感受。20世纪40年代，文学家朱自清在生活困难的情况下，还拒绝领取"美援"面粉，他在1948年6月18日的日记中写道："我在《拒绝"美援"和"美援"面粉的宣言》上签了名，这意味着每月使家中损失六百万法币，对全家生活影响颇大；但下午认真思索的结果，坚信我的签名之举是正确的。因为我们既然反对美国扶植日本的政策，就应采取直接的行动，就不应逃避个人的责任。"② 我们按照逻辑想象一下，当时朱自清一家的生活是困难的，他的签名行动无疑对家庭生活是雪上加霜，但为了国家和民族的利益和尊严，虽然加重了自家生活的艰难，但作为一名敢于承担责任的中国学者，相信他内心的感受是欣慰和坦然的，这符合一位爱国知识分子的良知。

四 余论

生活质量作为社会文化史研究的一个新维度，是新提出来的一种研究理念和设想，还需要通过研究的实践去验证。所以上述谈的几种研究方法也只是一个最初的探索，也需要在研究实践中不断修正、补充和发展。上述几种研究方法之间存在着内在的辩证联系，是你中有我、我中有你的关系，在运用上可能是多维交叉同步进行的。这种辩证关系不但是我们研究生活质量的一种思维方式，同样也是我们研究生活质量的一种研究方法。因为如何看待和评价生活质量的本身并不是一个平面的简单问题，它本身具有错综的复杂性，生活质量的优劣高低是会发展变化或是彼此相互生发的。比如眼下的逆境和困苦而经过人们的奋力打拼，也许会给未来带来希望和光明，这叫作苦尽甘来；相反，贪图享乐到了忘乎所以，其中必然潜藏着极大的祸患，这叫作乐极生悲。生于忧患、死于安乐的民间谚语，以及把病魔称赞为"教人学会休息的女教师"，③ 这些都反映着人们对生活质量的辩证思考。我们对生活质量的理解和认识要具有这样的辩证分析态

---

① 雷瑾：《申报馆之过去状况》，申报五十周年纪念《最近之五十年》，转引自王敏《上海报人社会生活》，上海辞书出版社2008年版，第238页。
② 《朱自清全集》（第10卷），江苏教育出版社1997年版，第511页。
③ 钱钟书：《论快乐》，《钱钟书集·写在人生边上》，生活·读书·新知三联书店2002年版，第22页。

度,因为历史与现实生活的事实本身就是如此。拙文只想表达一个粗浅的想法:希望把生活质量作为社会文化史研究的一个新维度。望能抛砖引玉,期待有同好者深入探索。

社会史与新文化史关系刍议

张俊峰

(山西大学中国社会史研究中心)

引言 社会史研究"过时"了吗?

不一定仅仅因为新史学是新的,它便必定是值得仰慕的;不一定因为旧史学仅仅是旧的,它便必定是应被鄙弃的。
——Himmelfarb·G., *The New History and the Old*, Cambridge, Mass, 1987

开始讨论这个题目时,我首先想到的是新与旧的问题。我们知道新旧总是相对的,新旧转换、新旧交替很是常见。对于社会史与新文化史的关系,本文开头援引的这句话基本上可以代表我个人的态度。不管我们愿不愿意、接不接受,新文化史以及大量冠以新文化史名义的论著、译著现在已是纷至沓来,令人眼花缭乱,真有一种"乱花渐欲迷人眼"的感觉。十余年前,也就是1999年,我刚刚接触到"社会史"的时候,我的老师告诉我说社会史是一门新学科,80年代初期刚刚复兴,当时学术界还在就社会史的学科性质发生激烈的争论,后来诞生了专史说、范式说、通史说等几大代表性的观点。在那个时候,我知道社会史是一门新史学,是一个新事物,是对以往专注于革命史范式下"政治史"的一种反动。中国的社会史研究受到法国年鉴学派的深刻影响,她的兴起大大拓宽了史学研究的领域和范围,选题呈现多样化,总体史的追求、自下而上的视角和多学科的研究方法,是社会史的基本特征。

三十年来社会史之所以日益从边缘走向中心，似乎得益于社会史本身还是一门问题史学，即从当今社会存在的诸多现实问题出发，回到历史情境中去寻求解决问题的良方和启示。因为在所谓"现代化"的旗帜下，中国社会何去何从，是亦步亦趋地学习西方，还是尊重自身的传统和文化，寻求一种具有中国特色的社会发展道路？我始终认为，现在的中国和历史的中国，只有时代的不同，所面对的和需要处理的问题则有很多相似、相关的地方。我们当然可以借鉴西方经验，但也不能忽略自身的传统和文化。现在的问题是，我们老认为西方人传过来的东西都是好的，都是先进的，是方向，是潮流，而对老祖宗几千年流传下来的东西熟视无睹，不以为然，自轻自贱，这是不可取的。时下，无论是在历史人类学还是在区域社会史名义下深入开展的社会史研究，依然散发着诱人的魅力。至今我依然笃信，中国社会史研究有自己独特的学术路径，也相信中国社会史研究依然还很年轻，也很有生命力，应该还有很长的路要走。在刚刚结束的第14届中国社会史学术年会上，面对一些善意的指责和批评，与会者大多数在"社会史是改革开放三十年来历史学领域成就最为显著的"这一点上存在共识。

　　但是最近以来，当我们翻阅与新文化史有关的著作时，却陡然发现，自己做了十来年的社会史，自己本以为是"新史学"的社会史，现在却早已成为新文化史反动的对象。社会史是对政治史的反动，这其中的原因我们当然都很清楚不过。新文化史对社会史的反动，这令我有些意外，社会史究竟怎么了，为什么会走向如此境地？我们还要不要和怎样从事社会史的研究呢？必须搞清楚的是，新文化史与社会史相比，究竟存在哪些方面的差异？在哪些方面超越了社会史，社会史是不是需要彻底放弃呢？

　　近年来国内介绍、评论和翻译西方新文化史的论著为数不少。其中，大陆学界主要是上海的一批中青年学者如陈恒、周兵、张仲民等人为代表，台湾学者则以卢建荣、李孝悌、蒋竹山等人为表率，通过大量的译介、评论和亲身实践，共同推动着西方新文化史学术思潮在中国学界的流播与发展。通过这些知识群体的力荐，我们知道欧美史学界的新文化史研究已风行将近30年，目前也正处于重新省思的关键时刻。① 而这30年，

---

① 蒋竹山：《"文化转向"的转向或超越？——介绍四本论欧美新文化史的著作》，《新史学》第四辑《新文化史》，大象出版社2005年版，第241—252页。

在中国恰恰又是社会史复兴的 30 年。那么，是否可以将此视为是中国史学与国际史学之间的发展差距呢？中国的社会史研究究竟是一个必须要经历的学术发展阶段还是可以跨越现阶段、直接接轨国际史学发展大趋势的呢？新文化史是否是中国社会史发展的必由之路呢？这些问题值得我们深思。

一 从追随到挣脱：欧美新文化史的学术源流与发展脉络

为便于把握新文化史在国际国内的总体发展特点，笔者欲将时下的"新文化史热"细分为欧美学界、中国台湾学界和中国大陆学界三个方面来加以理解。首先来看新文化史在欧美学界的发展动向。在我看来，对于国际范围内的新文化史潮流，可以分别从法国和美国史学的转向来加以认识。

众所周知，当代中国的社会史研究深受法国年鉴学派的影响，自 20 世纪 80 年代复兴以来，年鉴史学所倡导的总体史、长时段和多学科互涉的治史风格，为国内学界所推崇。然而我们也了解到，年鉴史学在 20 世纪 60、70 年代，即发展到第三代的时候，其内部已经出现了一种变化，即在布罗代尔时代处于史学边缘的心态史和其他形式的文化史，一夜之间"从地窖到顶楼"，年鉴史家的学术路子从"经济社会结构"走向了"文化上层建筑"。新一代年鉴史家对来自法国国外的观念持更为开放的态度，他们通过各种方式，努力综合年鉴派传统与美国的学术潮流——心理史、新经济史、民间文化史、象征人类学等等。[①] 20 世纪 70 年代，出于对计量研究法在文化史研究（尤其是宗教实践史、书籍史与识字率史）中有效性的质疑，年鉴史学出现了三大新趋势，即人类学的转向、政治的回归与叙事的复兴。彼得·伯克曾评论说这种新趋势既是对布罗代尔的反动，也是对年鉴传统中一贯主张的社会史与结构史支配地位的全面反动。[②] 需要注意的是，如果我们在此意义上去审视中国社会史的学术发展

---

① ［英］彼得·伯克：《法国史学革命：年鉴学派，1929—1989》，刘永华译，北京大学出版社 2006 年版，第 61 页。

② 同上书，第 74 页。

路径，可以看到在 90 年代至今，年鉴史学的这三大趋势与中国社会史研究的发展有着惊人的一致。在此意义上，不能不说，我们的社会史研究正在步法国年鉴史学的后尘。

反过来再看年鉴学派的进一步发展。到了第四代当家人物罗杰·夏蒂埃那里，已经开始从上层文化/下层文化、生产/消费、真实/虚构三方面，去定义新文化史与传统思想史、社会史的区别，他指出当代史学的特色就是"从文化的社会史到社会的文化史"的转换，过去将文化视为社会经济生活产物的说法是完全错误的，应当把年鉴派早期史家所假定的"客观结构"视为文化"构筑"或"建构"之物。① 由是，年鉴新史家们开启了他们称为"表象史"的研究热。所谓表象史，即对自我、民族及他人的形象、想象及感知的历史，这与美国新文化史倡导者林亨特所说的"新文化史"在概念上是一致的。故而彼得·伯克会说"无论在美国还是法国，对集体表象的研究都是新文化史的中心"。② 1989 年夏蒂埃在《年鉴》杂志发表《作为表象的世界》一文，可视为其倡导表象史研究的宣言书。行文至此，我们不禁要问，对于当前中国社会史的发展而言，这种转型是否也是我们的一个必由之路和必然选择呢？

再来看美国新文化史学的发展动向。直至 20 世纪 70 年代，受法国年鉴史学的影响，社会史在美国史学界还占有相当重要的地位。但是在 20 世纪 80 年代，随着格尔茨、布迪厄和福柯等人的著作问世，一个对历史学、人类学、社会学与文学批评都有深远影响的"文化转向"逐渐酝酿成形，于是从 20 世纪 80 年代开始，新文化史逐渐取代社会史成为美国史学的显学。③ 我们知道，社会史的学术取向是将研究中心移向下层，通过研究所谓的整体历史和长期结构来把握社会的真实。而新文化史家却不相信有一个先验的、客观的真实被动地待在那里等着人们去发现，于是"论述""叙述""再现"等观念，便成为新文化史研究中重要的方法论问题。由于不相信研究者可以经由科学的律则和普遍性的范畴去发现历史

---

① ［英］彼得·伯克：《法国史学革命：年鉴学派，1929—1989》，刘永华译，费雷、夏蒂埃、雷维尔：《超越年鉴派》（代译序），第 9—16 页。

② ［英］彼得·伯克：《西方新社会文化史》，刘华译，《历史教学问题》2000 年第 4 期，第 25 页。

③ Victoria E. Bonnell, Lynn Hunt, ed., *Beyond the Culture Turn: New Direction in the Study of society and Culture*, University of California Press, 1999, pp. 3 – 5.

的真理，文化史家转而对文化、族群、人物、时空的差异性或独特性付出更多的关注。① 不少知名的史学家放弃了过去对长期趋势或宏大历史图像的研究，而开始对个别区域，小的村落或独特的个人历史进行细微的描述，微观史学、日常生活史由此亦成为研究者的新宠。

通过比较欧美学界社会史的"文化转向"，我们不难发现新文化史之新，究其实质，乃是一个治史观念的彻底革新，她试图要改变甚至颠覆的是我们对人类社会历史的一种整体认知，试图用新的视野、新的观念和新的范式来重新书写和表达人类社会的历史，并不仅仅是开拓新的学术领域那样简单。关于新文化史与社会史的区别，有不少学者已作了相当精辟的区分，在此谨择要胪列，以便讨论。

西班牙学者米格尔·卡夫雷拉在一部名为《后社会史初探》的新著中，开篇第一章就讲述"背景：从社会史到新文化史"这个问题，他分析说："新文化史学者想要拯救个体，使之摆脱遭贬斥的命运，摆脱社会史将其归入结构之下的安排，授予行动者在塑造社会实践中扮演某种积极主动的角色，并以人类能动性作为历史考察的出发点。……要避免社会结构淹没了主体。"② 面对这些挑衅，有社会史学者宣称，"社会史学科向文化、情感和符号领域的开放，充其量不过是对前一阶段盛行的社会经济研究的一种补充"。③ 当然，这种"互补性"的论调也只是代表了一种看法。

有台湾新文化史鼓手之称的卢建荣对新文化史与社会史的关系亦有比较明确的区分，他认为："新文化史所挑起的这波新史学运动，与前一波社会史学相同的是，都注目于下层社会，但不同的是，社会史侧重人的行动，是具体可见事物，新文化史则强调人行动背后的文化逻辑或文化密码。"④ 他进一步将新文化史家的学术性格概括为五点：第一，在扩大史料范围上，他们大加利用文艺作品，充实其中人事情节赖以重建人们行动

---

① 参见李孝悌编《中国的城市生活》，《序——明清文化史研究的一些新课题》，新星出版社 2006 年版，第 2 页。
② ［西］米格尔·卡夫雷拉：《后社会史初探》，［美］玛丽·麦克马洪（英译），李康（中译），北京大学出版社 2008 年版，第 14 页。
③ 例见埃里克·J. 霍布斯鲍姆对于斯通文章的回应，Eric J. Hobsbawn, "the Revival o Narrative: Some Comments", *Past and Present*, 86 [1980]，第 3—8 页。
④ 卢建荣：《新文化史的学术性格及其在台湾的发展》，《新史学》第四辑《新文化史》，大象出版社 2005 年版，第 155 页。

所自来的文化;第二,在认知论上,他们将历史之"实"带向文学之"虚"的路途上;第三,在分析工具上,他们仰仗人类学、心理学以及符号学的一些概念;第四,在历史书写的对象上,弱势的下层社会及其日常生活光景逐渐成为历史聚光灯照到的地方;第五,擅长利用叙事技巧说故事。①

相比之下,张仲民对新文化史研究内容的概括则更为具体和感性,"新文化史之所以被名之为新,其研究范式之新固然无疑,但其新的最主要体现之处还是在于研究内容。一些诸如气味、情绪、梦、垃圾、屎、疼痛、姿态、眼泪、食物、盐、煤、火、声音、镜子、内衣、乳房、厕所、房屋、戒指、发型、服饰等过去不入历史研究者法眼的课题,也为我们司空见惯的物事,现在都已经成为新文化史家的研究对象;至于一些政治、经济类的老命题在新视野下也被重新检视,以另具新义的政治文化史、消费文化史等名目再现于读者眼前"。②通过这种具体的阐述,我们能够领略到,新文化史的研究对象比起社会史来说更为宽泛、多元,甚至是无所不包。在社会史兴起之初,学界曾讥讽社会史是个杂物筐,无所不包。然而,与今日的新文化史研究相比,社会史则有"小巫见大巫"之嫌。那么,随之而来的"碎片化"问题和泛"文化"主义的倾向恐怕也是新文化史研究中需要慎重对待的。

二 西化还是本土化:台湾学界的新文化史研究进展及其特点

与欧美史学界相比,新文化史在中国台湾地区和大陆的发展则要相对迟缓一些,但也有着各自鲜明的特点。先看台湾的新文化史研究。依照笔者有限的阅读体会,感觉台湾的新文化史似乎有两股"互不统属"的力量在共同推动着。一是以台湾"中研院"史语所李孝悌为首,以史语所、近史所一批致力于明清史研究的中青年学组成的学术共同体,包括邱仲麟、巫仁恕、陈熙远等在内,也有一些与他们有密切交往的台湾和海外学

---

① 卢建荣:《新文化史的学术性格及其在台湾的发展》,《新史学》第四辑《新文化史》,大象出版社2005年版,第155页。

② 张仲民:《新文化史与中国研究》,《复旦学报》2008年第1期。

者,如王鸿泰、冯客、柯必德等。这个团体近年来相当活跃,与中国大陆社会史学界、明清史学界往来比较密切。他们的成果主要体现在由李孝悌主编的论文集《中国的城市生活》一书中,在台湾和大陆学界影响较为显著。另一个是以台湾中国文化大学卢建荣为首的一批所谓的"边缘学门"的学术团体,包括蒲慕州、熊秉真、张瑞德、沈松侨、叶汉明、祝平一、江正宽7位青壮史家。这个团体中的学者除了选取各自感兴趣的角度以新文化史的方式研究中国历史,依托麦田、立绪等民间出版机构译介评论国外新文化史研究动态外,还出版了由卢建荣主编的两部标志性的论文集,即《台湾新文化史:文化与权力》和《中国新文化史:性别、政治与集体心态》。不过,与前一个团体相比,这个团体的学者大多有海外留学经历,受欧美史学风气影响较深,与大陆学界的交往则要疏离很多,因而其学术主张在大陆学界并未能有效推广。[①]

以上是对台湾新文化史学术力量的一个简要梳理,我们接着来讨论台湾新文化史的内在学术进程和旨趣所在。按照李孝悌的说法,"台湾的文化史研究,大约从1990年代开始萌芽。其中虽然可以看到年鉴学派,马克思主义和后现代思潮的影响,但在最初的阶段,对再现、叙述等观念的理论意涵,并不像前述西方史学家那样有深刻的省思,和历史社会学的关系也不紧密。此外,由于台湾的文化史家不像西方的同行那样,对社会史的理论预设,因为有清楚的掌握从而产生强烈的批判,所以从来不曾把社会史研究作为一个对立的领域,并进而推衍、建立新文化史的理论框架和课题。我们甚至可以说,台湾的新文化史研究其实是从社会史的研究延伸而出的"。[②] 我认为这段话是对台湾新文化史兴起的学术背景及其与西方新文化史不同特点的一个准确评价,尤其是新文化史与之前较热的社会史的关系,应该说是代表了中西方学术发展的不同路径。"从社会史中延伸而出的新文化史"可以视为是台湾和大陆学界当前研究的一个共同特征。

再就具体研究内容和旨趣而言,李孝悌的"明清的社会与生活"学术共同体则围绕日常生活中的衣、食、住、行、娱乐、旅游、节庆、欲

[①] 需要申明的是,除了这些学人以外,台湾学界应该还有很多从事新文化史,包括医疗、疾病、生态、环境史的学者,比如蒋竹三等,此处有关的分类一定有不妥当甚至是疏漏错讹之处,尚请高明指教。

[②] 李孝悌编:《中国的城市生活》,《序——明清文化史研究的一些新课题》,新星出版社2006年版,第3页。

望、品味、文物、街道、建筑等课题进行广泛的探索,认为通过"这些实证性的研究,除了提供许多新鲜有趣的视野,使我们对明清文化的了解有更丰富、多元的理解,也让我们建立了一些解释框架,再转过来协助我们去重新看待史料"。① 如果我们将这些研究内容和前述欧美新文化史研究相比的话,至少从形式上也没有多少差别和高下之分,反而给人以"各美其美,美美与共"的感觉。事实上,似乎李孝悌本人也并不承认他们所做的研究是直接受欧美新文化史热的启发。他在前引书序言中有一段辩白非常值得注意:

> "明清的社会与生活"的主题计划在提出时,有一部分受到 Braudel 对日常生活的研究及所谓的"total history"的观念的影响,觉得我们过去对明清社会的研究,还有不少需要补白的地方。但我们对西方新文化史研究的其他理论背景并没有更深入地了解,也完全不知道 Lynn Hunt 等人也以"社会与文化史研究"为名,进行了十几年的集体研究,并出版了一系列的丛书。②

这段话意在撇清他们的研究思路与美国"新文化史"之间的关系,至少说明他们这一群体当时还是在年鉴史学影响下结合中国历史实际进行的深入研究,并非刻意地去模仿与追随西方,甘做西方学术的附庸,因而有助于提升台湾新史学之独立性,流露出一股浓厚的"本土化"意味。

相比之下,卢建荣则是在大张旗鼓地"鼓吹"西方新文化史的学术理念,他本人对于新文化史在台湾的发展现状相当不满,甚至用"藏身核心中的边缘"来形容新文化史在台湾流播的境遇。在"新文化史的学术性格及其在台湾的发展"这篇极具挑衅性的长文中,他用"下探民隐的尝试""由下而上的历史""脱离关注阶级的学术策略"三个题目纵论西方新文化史的学术旨趣,在引荐和移植西方新文化史思潮这一点上可谓是不遗余力。但是在赞美西方新文化史成就的同时,他又发表了一些针对

---

① 李孝悌编:《中国的城市生活》,《序——明清文化史研究的一些新课题》,新星出版社2006年版,第4—5页。

② 同上书,第4页。

台湾新文化史研究现状的激烈言辞，说台湾的新文化史是由边缘人物提倡的，与过去权力核心者主导新学形成了强烈对照，言语间透出一种愤懑和不满的情绪。① 这种激烈的言辞当然会引发很大争议。2002 年在台湾清华大学召开的"人文社会学术的文化转向"学术会议上，台湾清华大学经济系赖建诚在评价卢建荣"边缘学门的奋战"时，曾有一个客观公允的评价，他将中国学界历来对待西方新史学的态度比作"花式滑水"，认为我们"不要急着转向，反而是要心平气和地，在更长的时间里，把西洋学说消化到大脑内，把自己的知识体质做较根本的打底，不要练三年太极拳，就'转向'去练外丹功，三年不到又'转向'去练这个功那个功。转来转去弄得样样通、样样松"。② 笔者对此深以为然。在我看来，是否可以将李孝悌所代表的是新文化史看作是台湾学者的"本土化"学术自觉，而将卢建荣所主导的新文化史看作是台湾学者的"西化"学术思想？必须强调的是，二者在如何对待西方"新文化史"的态度上存在着差异和分化的。孰是孰非，如何取舍，我们必须要明确。

三　从脱胎到分化：中国大陆新文化史研究进展及其特点

　　大陆学界的新文化史研究有着多种称谓，或曰社会文化史，或曰新史学，或笼统地称为新文化史。称谓不同，其学术旨趣亦大有区别。总体而言，大致可分为两支。

　　一是以中国社会科学院刘志琴、李长莉，首都师范大学梁景和等为代表的学术团体，他们虽然高举"社会文化史"的大旗，却并未将社会文化史作为社会史的对立面而与之分庭抗礼，在一定程度上还是从属于社会史，有时候甚至是将其作为社会史的一个分支学科和分支领域来对待的。刘志琴在该领域的理论贡献较著。早在 1993 年，她就撰文呼吁从社会史领域考察中国文化的历史个性，主张开展中国礼俗文化的研究，③ 近来又

---

　　① 卢建荣：《新文化史的学术性格及其在台湾的发展》，《新史学》第四辑，《新文化史》，大象出版社 2005 年版，第 149—155 页。
　　② http://www.hss.nthu.edu.tw/~econ/teachers/lai/essay/review.htm.
　　③ 刘志琴：《从社会史领域考察中国文化的历史个性》，《传统文化与现代》1993 年第 5 期。

积极主张研究中国人的休闲生活,注重考察中国人的生活意识。① 她的代表作《近代中国社会文化变迁录》以大众文化、生活方式和社会风尚的变迁为研究对象,提出世俗理性、精英文化的社会化,贴近社会下层看历史,以及上层文化与下层文化相互渗透等问题,可视为该领域的基础之作。在她看来,社会文化史是从文化史和社会史交叉的边缘而萌生的新的研究领域。在此基础上,李长莉进一步对社会文化史给出了确切定义,认为它是一门社会史和文化史相结合的新兴交叉学科,是要综合运用历史学、社会学、文化学、文化人类学、社会心理学等人文社会科学方法,研究社会生活、大众文化与思想观念相互关系变迁历史的史学分支学科。② 二者之间既有区别也有联系。从探讨人类社会生活来说,它与社会史的研究对象是重合的,均探讨社会组织、制度、教育、法律、风俗习惯、文化传播方式、娱乐消闲方式等内容。二者的区别在于,前者更注重社会结构与运动的客观性,而后者则主要研究历史上人们的社会生活方式与思想观念之间的相互关系,关注的是隐蔽在人们社会行为后面的精神因素。二者各有侧重,又互相补充,成为新时期历史学复兴的两翼。她强调,关注社会与观念的互动、民众生活与观念的互动是社会文化史的重要取向。梁景和提出社会文化史的三个关注,关注大众文化与精英文化的互动,关注社会生活与观念形态的互动,关注日常生活与国家意识的互动。③ 应该说,这一学术旨趣和定位,与社会史比较而言,并无太大的区别,甚至可将其视为是中国文化史研究者的一种社会史转向,与西方学界的"文化转向"是大有出入的。

此外,在刘永华主编的《中国社会文化史读本》一书后记中,也提出了他个人对"社会文化史"的一种理解,即"社会文化史不同于社会史、文化史的地方,就在于这种方法强调在具体的研究实践中,应结合社会史分析和文化史诠释。也就是说,在分析社会现象时,不能忽视相关人群对这些现象的理解或这些现象之于当事人的意义,唯有如此,社会史分析才不致死板僵硬;在诠释文化现象时,不能忽视这些现象背后的社会关

---

① 刘志琴:《中国人生活意识的觉醒》,《河北学刊》2012 年第 3 期。
② 李长莉:《社会文化史的兴起》,《天津师范大学学报》2003 年第 4 期。
③ 梁景和在第 14 届中国社会史年会开幕式上的主题发言。

系和权力关系,唯有如此,文化史诠释才不致空泛、玄虚"。① 这种观点与霍布斯鲍姆所言社会史与文化史的"互补说"是颇为相似的。② 我们发现,在刘永华主编的这部社会文化史读本中,所收录的文章多数是活跃在当前中国社会史领域的学者,尤其是"华南学派"的历史人类学研究居多,只是在延伸阅读中提及杨念群、黄兴涛和常建华等人的论著。把握这一点,有助于我们更好地领会在部分学者心目中"社会文化史"的某种特定印象和学术旨趣及其认同。在他看来,"中国社会文化史研究的论题,并不限于国家认同、神明信仰、宗教仪式和历史记忆,举凡对时间、空间的认知和想象,对气味、景观的感知,对社会空间的营造,对书籍的阅读,对身体的建构,乃至信息的传播与交流、社会性别的表述、习俗的承传、现代性的体验、物质文化及地方戏曲,都可进行社会文化史分析"。③ 颇有意味的是,我们在本节重点分析的两个高举社会文化史、新史学旗帜的学者群体并未进入其定义的"社会文化史"圈子,这多少反映了国内学界对新文化史认识和理解上的多元性、差异性和混杂状态。

第二个分支是以杨念群、孙江、黄兴涛等人力倡的"新社会史""新史学",走出了一条与国内盛行的社会史、社会文化史研究风格迥异的治史路径。他们人数少而精,却可称得上是一个真正"标新立异"的学术群体。就当前发展现状而言,尽管他们倡导的"新史学"从表面上看应者寥寥,甚至有点曲高和寡、势单力孤的意味,尚未占据国内学术主流。但在笔者看来,如果按照西方新文化史的标准来衡量的话,我们完全可以将其视为与国际史学新趋势相对接的一种积极尝试和探索。对于中国史学的发展来说,具有启发性和引领性,意义非凡。

这一学术群体在近十年来做了不少工作,并经历了一个从新社会史到新史学的转变。早在 2001 年,杨念群就主编了《空间·记忆·社会转型:"新社会史"研究论文精选集》,首次打出了"新社会史"的旗号,以区别于当时国内声势浩大的历史人类学和区域社会史。按照杨念群的理解,所谓"新社会史",既不是一个范式转换的概念,也不是一个简单的类分范围的概念,而应是与本土语境相契合的中层理论的建构范畴,寻求以更

---

① 刘永华主编:《中国社会文化史读本》,北京大学出版社 2011 年版,编后记。
② 其实,现在中国很多从事社会文化史的学者大多持有这种观点,比如李长莉等。
③ 刘永华主编:《中国社会文化史读本》,北京大学出版社 2011 年版,第 429 页。

微观的单位深描诠释基层社会文化的可能性。① 此后，杨念群的重要合作者之一孙江指出，建设中国新社会史的关键，必须以清算自身的旧历史即放弃结构的整体史的叙述和正面回答后现代的挑战为起点，从而建立起一套本土化的中国社会史/中国历史叙述。② 在明确了新社会史的学术定位后，孙江、王笛、杨念群等人又策划并创办了以《新社会史》为名的学术丛刊，自2004年、2005年、2006年分别以"事件·记忆·叙述""时间·空间·书写""身体、心性、权力"为主题出版了3辑。自2007年开始，鉴于"新社会史"这一名称本身的狭隘性，不能涵盖他们对历史学的整体思考，遂更名为《新史学》，至今已连续出版至第6辑，主题分别是"感觉·图像·叙事""概念·文本·方法""文化史研究的再出发""再生产的近代知识""清史研究的新境"和"历史的生态学解释"。其中，黄兴涛的研究一般被视为是最"新文化史"式的，近年来他的代表作《她字的历史》和对近代新名词、新概念的知识考古学探讨，显示出一种新文化史的本土化气象，尽管他也坦诚受到新文化史很大的触动，不过他还强调说，"就个人而言，我从未经历过什么'文化转向'，文化史之于我，始终只是一个专门方向、一种研究视角而已，它的必要性和重要性，从来没有超过'社会史'，也丝毫不优越于'经济史'和'政治史'。如果说有什么不同的话，那就是性之所近，'文化史'好像更为有趣，对我更有吸引力罢了"。③ 在我看来，黄兴涛的这种从文化史研究本身出发推进的新文化史研究与该团队中其他先社会史而后新史学的研究者来说，还是有所区别的。

总体而言，尽管中国史学界的新文化史、新史学在发展路径上与欧美存在一定的差异，但是他们的这种治史风格却是与欧美风行的新文化史、新史学的追求具有很多相似的地方，甚至很有点像卢建荣所言"西洋学术文化要在本地植根，最高明的做法就是经过创造性地转化，变成以新文化史研究中国历史的作品"。④ 杨念群、夏明方、黄兴涛等人以中国人民

---

① 杨念群主编：《空间·记忆·社会转型："新社会史"研究论文精选集》，上海人民出版社2001年版，第55—56页。
② 孙江主编：《事件·记忆·叙述》，浙江人民出版社2004年版，第21—23页。
③ 黄兴涛：《文化史的追寻》，中国人民大学出版社2011年版。
④ 卢建荣：《新文化史的学术性格及其在台湾的发展》，《新史学》第四辑《新文化史》，大象出版社2005年版，第153页。

大学清史所为基地,联合美日学界同道,在新史学大旗下所做的上述努力,确实已经取得了很大的成就,其研究无论是角度、内容还是观点都给人以耳目一新的感觉,极大地冲击和刺激了我们的感官和神经。尽管这些新史学的倡导者们一再强调他们与西方的区别,比如杨念群就提出要"更注意避免西方理论的无限钳制,主张在培养学术嗅觉的基础上建立真正具有本土风格的'问题意识',试图逃脱过于专门化的训练给历史感觉带来的伤害,同时也强调要恢复中国史学优秀的叙事传统"。① 这也是他们创办《新史学》杂志的一种总体学术追求。尽管如此,仍无法避免受后现代主义、语言学转向、历史叙事学的影响而造成的一种"概念移植"的不良印象。这种治史方式和学术追求,对于当前中国社会史、文化史的发展而言,究竟是好是坏,尚待进一步的观察和实践,目前还很难下定论。

四 结语:中国社会史如何回应新文化史的冲击?

不久前在山西大学举办的"改革开放以来的中国社会史研究"暨第十四届中国社会史学术年会上,有学者抛出"改革开放三十年中国社会史研究毫无进展"的激烈言辞,成为一枚重磅炸弹,引起会上会下众多学者的深刻反思。要说三十年来中国社会史研究毫无进展,这的确是有违事实的悖论,中国社会史研究在复兴的三十年中,所焕发的活力和生命力,这是世人有目共睹的事实,毋庸争辩。笔者揣度这样一个发问的深意在于我们如何看待社会史的未来,社会史研究究竟何去何从,中国社会史研究如何回应包括新文化史在内的史学新潮流的冲击呢?

面对新文化史、新史学的冲击,当前中国的社会史研究已经进入一个深刻反思的年代。反思的目的并不是要否定社会史学科本身,而是为了社会史乃至于中国史学更长远的发展。时下,面对包括新文化在内的新史学的冲击,中国社会史研究至少在以下四个方面进行了反思、总结和回应。

一是针对社会史学科本身缺乏理论建构意识的反思与回应。对一个学科的发展而言,理论建构是非常重要的。应当说,理论创新的缺乏,是社

---

① 杨念群:《中国历史学如何回应时代思潮》,载行龙主编《中国社会史研究的理论与方法》(社会史研究第1辑),北京大学出版社2011年版,第11页。

会史研究被学界看轻的一个根本原因。中国历史学的传统是长于考证,长于过程分析,拙于理论提炼。时下很多研究者将自己的研究限定和满足于做细致的过程分析,而将理论概括和提升的工作交给了社会学、人类学等社会科学家。即便有一些理论性的探讨,也大多建立在一种对西方中国学研究理论的"冲击—回应"这一限度上,缺乏一种自觉的理论创新。现在的社会史学界已有不少学者指出应重视和加强社会史学科的理论建设。如田居俭先生在社会史第 14 届年会上就指出,"这些年社会史研究者在实践中积累和创造了许多新鲜经验,需要提升到理论层面上给予总结,形成中国特色的社会史理论,再回头指导中国社会史研究实践"。夏明方则提出社会史发展过程中,既要处理好与年鉴学派的关系,也要处理好与马克思主义的关系,"我们现在要重回马克思的时代,这个马克思是一个批判的分析性的马克思,不是教条式的马克思"。因此,在社会史理论建构和如何创建有中国风格的社会史本土化理论方面,还有着很大的学术增长空间。

  二是社会史研究如何回应碎片化的问难。碎片化是当前中国社会史发展中受指责最多的一个问题。不可否认社会史研究存在碎片化的倾向,但是这种"碎片化"的存在应与学者自身的学术视野和素养有关,并非社会史学科本身存在的问题,真正的社会史研究基本上不存在"碎片化"。我们常常说,历史学研究就像警察破案。线索是有,但不连贯,很分散。需要你将分散的碎片合理地连接起来。时下社会史学界反思和回应碎片化的文章不少,多数人认为,碎片本身不但不可怕,而且很珍贵,史学研究就是要将碎片连接成整体,进行历史解释才会有趣。行龙撰文指出,社会史研究的碎化或碎片化,主要还是批评其研究对象和选题的琐碎,这种碎化现象与社会史学科的特性密切相关,一定程度上也可以说是研究过程中自然而然的现象。如果有个"有似绳索贯穿钱物"的东西把一地的碎片再串通提起,这样的碎片化倒也不是不可以接受的。碎片化本身并不可怕,可怕的是碎而不通,碎而不精。①

  三是社会史研究如何在现有基础上开辟新的学术增长点。在这一点上,我认为当前中国的社会史研究仍然焕发着极大的潜力和生命力。我们

---

① 行龙:《中国社会史研究向何处去》,行龙主编《中国社会史研究的理论与方法》(社会史研究第 1 辑),北京大学出版社 2011 年版,第 40—50 页。

知道，在近年来的社会史研究中，区域社会史、历史人类学仍然大行其道。在这一旗帜下，研究者又开辟出很多新领域、新视角、新方法指导下的专门研究。就新领域而言，既有生态环境史、日常生活史、水利社会史、医疗疾病史、性别社会史，还有重提政治史、新革命史，将社会史研究引入现当代的建言和亲身实践。即便是在社会史研究的传统领域，即宗族和宗教问题上，也有很多新的转变，比如科大卫"告别华南"转向华北和山西的做法就颇引人注目。宗族研究已经不再是华南区域社会的唯一专利，研究者更感兴趣于去追问在华北地区宗族的具体表现和区域差异的问题。对于宗教社会史的研究，也同样如此，研究者开始将视角投放到宗教因素在具体区域社会的历史发展进程中真正发挥的功能和作用。就新视角而言，也有很多创新性的研究。比如对非汉人社会的研究，如果说以往的历史研究在对象上比较注重于汉人社会的大历史的话，现在则发生了转变，即从历史上弱势的群体，从少数民族的立场来重新描绘中国历史，这一点或许是受到人类学的某种影响，但是却焕发出新的活力，因为中华民族的历史并不仅仅是汉民族的历史，而是五十六个民族的历史，这样的话，历史研究的路径就更宽泛和多元了。应当说，这种视角的变化只是众多变化中的一种，也有研究者提出社会史既要做普通大众的历史，也不能完全摒弃精英的社会史。许纪霖教授近年来就主张以社会史的方法，研究精英阶层和精英人物的历史，建立一种精英的社会史研究。[①] 就新方法而言，对史料的辨伪并细究真伪背后的意识形态、真实意图、利益取舍等亦成为社会史研究的一个新的增长点。比如钞晓鸿对关中水册的辨伪分析，钱杭对湘湖水利文献的辨伪分析，都为研究者揭示了一个史料背后的真实历史过程，得出了与以往不同甚至是完全相反的结论。这必将成为今后社会史研究的一个重要内容和新的增长点，为我们提供了一个具有典型意义的研究案例。应当说，社会史研究过程中出现的上述变化，当与时下的新文化史、新史学思潮的冲击和影响有很多的关系。这也正是社会史学科的自觉反思和主动应对，但并不以全面转向和自我否定作为最后的结果。

最后，我想就如何处理好社会史与新文化史的关系再谈一点个人的看

[①] 许纪霖：《精英的社会史如何可能——从社会史角度研究近代中国的知识人社会》，载行龙主编《中国社会史研究的理论与方法》（社会史研究第 1 辑），北京大学出版社 2011 年版，第 13 页。

法。在我看来，新文化史作为一种新的史学研究范式，确实带来了很多新鲜的东西，很多灵感，很有启发性，还有很多新颖的观念和理念值得学习。但是在中国现阶段，社会史也好、文化史也罢，包括新兴的生态环境史、医疗疾病史、女性史、概念·文本·叙事的所谓"后现代史学"等，都是新史学的重要组成部分。相互之间并无高下之分，所谓的新与旧都是相对意义上的。就其现阶段的发展而言，中国的新文化史是在社会史机体上延伸出来的，并不是对社会史的一种彻底代替和取缔。这种发展路径完全不同于新文化史研究在西方的兴起。目前，中国的社会文化史、新文化史仍无法取代社会史独大的地位，充其量只是社会史大旗下的一个分支而非与社会史分庭抗礼的所谓"新史学"，并非中国史学的全部，社会史一支独大的局面还要维持相当长的一段时间。

在社会史与新文化史的关系问题上，我认为应遵从三不原则，"不故步自封，不人云亦云，不无动于衷"。我的观点是，社会史研究刚刚走过三十年，社会史年会开了14届。社会史在中国刚刚走过三十年，古人云三十而立，我们正值壮年，正是要开花结果，建功立业的时候，我们不能这山望着那山高，像猴子掰玉米，掰一个扔一个，那样我们永远也无法完成一个学术资本的"原始积累"过程。社会史在现在的中国，仍然有很大的发展空间，仍然有很长的一段路要走，指望中国历史学研究一夜暴富，实现跨越式发展，只能是无法实现的"妄想"。中国的历史学，需要走一条踏踏实实的实证史学之路。唯其如此，才能真正发挥中国学者自身的优势和特长，在国际史学界拥有自己的一席之地。

文人与商人

文人新解
——晚期中华帝国的社会变化

[意] Paolo Santangelo（史华罗）[*]

（意大利那不勒斯东方大学）

孙砚文　译[**]

　　许多论文已经阐述了明朝中期至清朝中期中国社会巨大的社会和经济变化，许多研究也涉及在同一时期知识分子的世界的变化。[①] 这些论述描绘了明朝最后几十年经济的发展如何影响了社会秩序和社会分层。所有的资料一致显示，从一个有序的社会，尤其是洪武改革之后，到一个更复杂，有竞争力的社会的转变进程中，工业和商业的重要性越来越显著。例如，16 世纪以来，根据张懋（1437—1522 年）的说法，在兰溪市（浙江）的商业中心，市场和生产的快速发展已经深深影响了当地的风土人情。虽然农业和织造仍在很多家庭中存在，但孝顺父母、相互尊敬、和谐和廉耻等传统美德却在逐渐颓废中；相应地，奸猾之人欺骗老实人，城市本地人欺负农民，富人欺压穷人，权贵统治弱势，多数统治少数。其他资料也表明当时混乱的社会流动性，以及那个时期的评价

---

　　[*] 作者简介：Paolo Santangelo（史华罗），意大利那不勒斯东方大学中国历史学教授，意大利汉学学会、欧洲汉学学会理事，1992 年以来兼任《明清研究》杂志主编，主要从事中国明清时代的社会—文化史研究。

　　[**] 译者：孙砚文，中国社会科学出版社国际合作与出版部编辑。

　　[①] 参看中国人民大学中国历史教研室《中国资本主义萌芽问题讨论集》，三联出版社 1957 年版；南京大学历史系明清研究室《明清资本主义萌芽研究论文集》，上海人民出版社 1981 年版；南京大学历史系明清研究室《中国资本主义萌芽问题论文集》，江苏人民出版社 1983 年版。

和社会条件所带来的变化，至少许多卓著绅士这么认为。此外，从理论角度上也能看出有利于商业和商人阶级的言论越来越多。例如赵南星（1550—1628年）和张又渠（晚明时期），把商业活动与农民和工匠的作用进行比较来肯定他们的同等价值。同时代的李贽（1527—1602年）也写道：

> 商贾亦何鄙之有？挟数万之赀，经风涛之险，受辱于关吏，忍诟于市易，辛勤万状，所挟者重，所得者末。然必交结于卿大夫之门，然后可以收其利而远其害，安能傲然而坐于公卿大夫之上哉！①

在冯梦龙（1574—1646年）的一个故事中，一个大官说，农民、手工业者和商人，虽然卑鄙，但并没有在各自的工作中有所懈怠："农工商贾虽然贱，各务营生不辞倦。从来劳苦皆习成，习成劳苦筋力健。春风得力总繁华，不论桃花与菜花。自古成人不自在，若贪安享岂成家！"②张岱（1597—1689年？）介绍了一些创造了财富，并已经取得较高地位的工匠的例子③，何心隐（1517—1579年）也鼓励这种社会变动。④

纵观16世纪，总的印象是等级秩序的崩溃，虽然，如同日本历史学家岸本美绪（Kishimoto Miō）指出的，事实上17世纪中国东南部已经演变成一个新而且复杂的社会结构。然而，与欧洲不同的是，在中国市场进程并没有导致商人阶级和统治者之间的严重矛盾，反而使得它们之间的差异越来越小。新的城市社会的特点是印刷文本的广泛流通以及越来越多的读者，如此一来，文化不再是精英现象。在其兼收并蓄的开放中社会克服了士绅和商人、男人和女人、道德和休闲文本、公共和私人生活之间的传统边界。有关文化变迁遵循经济和社会变革，在17世纪被反映在新的生

---

① 李贽：《焚书·又与焦弱侯》卷2，《李贽文集》，张建业主编，社会科学文献出版社2000版，第45页；或《焚书》，中华书局1975年版，第49页。
② 《醒世恒言》（1627），人民文学出版社1986年版，第344页。
③ 张岱：《陶庵梦忆》（1794），（台北）开明书店1978年版，第63页。
④ 何心隐：《何心隐集》，中华书局1960年版，第53—54页。

活方式上①。按照儒家的重农思想，早期的特点是"好且简单的习俗"，淳厚风俗；这意味着财富和一些社会团体的相对均衡。在那些所谓理想化的"旧时代"，农业被认为比贸易更重要，每个人都不得不满足于自己的工作和地位，这也同样能够通过服饰的差异明确地表现出来，妇女应该专注于家庭活动和编织，节俭是必须遵循的，对于大家族和普通家庭都一样。

当然也存在资料可信度的问题，因为一些因素可以影响"过去时间的称赞者"的态度。此外，这样的描述那一时期可能显得过度的理想化或过于简单化。然而，值得注意的是，不仅是正式和官方文件，甚至一些私人著作也同样反映出社会的深刻变化：过去一直处于良好的秩序，并尊重道德和社会规范。其后随着消费的增加，当地经济不再是自给自足状态，而工商业变得越来越重要。类似于我们看到的发生在现代的"消费社会"，在一些城市某些地区寻欢作乐和欲望的自由满足获得了越来越多的认可，炫耀奢华、竞相比拼取代了之前的节俭，史料记载了在那些能够配备最精致的宴会和穿着最华丽的服饰的富庶人家中所发生的变化：何良俊记得他年轻时参加的宴会中，四到六个宾客仅准备五个主菜和五个小菜，而且这样的"豪华"宴会即使在显赫之家每年也不超过一次或两次。然而到了16世纪下半时期，甚至普通百姓也可举办数十场宴会，而在富庶人家仅午餐就可能有数百道菜。何良俊哀叹，如此的奢华，即使孔子重生于他的时代恐怕也无法恢复当初的节俭②。何良俊还记述了身份卑微的人在获得某种头衔从而登上社会的阶梯后，穿着被认为是上层的服饰的情景，显示了服装有表达社会差异的功能③。另一个例子是市场的发展以及新的设计对女性时尚也起到极大的推动作用，刺激着发型和服装上的频繁变化。色彩变得更加浓艳，服饰更加紧贴，鞋子也更加高跟，有时也会有些古怪。顾起元（1565—1628年）发现，在南京16世纪末女性时尚每隔

---

① 参见 Ho Wai-kam, "Late Ming Literati: Social and Cultural Ambience"，在 Li Chu-tsing and James C. Y. Watt，编者，*The Chinese Scholar's Studio: Artistic Life in the Late Ming Period*, London, Thames and Hudson 1987, pp. 23 - 36; Paolo Santangelo, "Ming China, Economy and Society: Some Pictures from Jiangnan", in *Macau During the Ming Dynasty*, ed. by Luis Filipe Barreto, Lisboa: Centro Científico e Cultural de Macau, I. P., 2009.

② 何良俊：《四友斋从说》（1579），中华书局1959年版，第314页。

③ 同上。

十年一变，而在接下来的一个世纪这种变化缩短到每两年或三年。即使男性也有几种类型的头饰、木屐鞋配合各种季节①。

生活方式的任意改变，不仅更替了服装、运输、住宅上的特点，甚至在传统道德和社会层面上引起扰乱②。王阳明学派质疑朱熹秩序的正统性，并开辟各种基于新的价值阶梯的自身修养的新途径。一些受王阳明学派对新儒家正统批评影响的思想家，倾向于从规则和行为惯例中解放自己的个性，并拒绝原则和欲望之间的意识形态分歧。总的来说，这种态度并不是对政治秩序反叛感的表达，而是替代道德—审美选择的个别类型，对自我更深的发掘。在明朝末年，针对古代（唐）的学术诗风的塑造，公安派的文人们，以袁宏道（1568—1610年）为首提出了新的语言和风格：他们根据时代强调文学的变化，个体个性的流行和在模仿中性灵的表达，以及在诗歌的水平上戏剧的价值。17世纪被认为是自传体著作的黄金时期并不是偶然的，开发了新儒家的修身养性的道德文本和每日记录、传记、游记和小品散文。③ 顾炎武（1613—1682年）、黄宗羲（1610—1695年）和王夫之（1619—1692年）——横跨明末清初的三大思想家——在传统基础上发展了他们的思维系统，又同时在政治和社会领域中提出了新的解决方案：明朝的崩溃和清朝入侵成为对帝国历史和它的命运的反思之际。有一些思想家注重经世致用，反对形而上学和教条的猜想。认为历史是连续的变动，带领许多思想家集中注意于当代事件。例子是复社的兴复古学运动：复社没有意图恢复古老机关，而是重新考虑过去的教训以创造性地应付当代问题和发现新的解答。所有这些答复在中国传统范围被详尽

---

① 《阅世编》，j. 8.，内装。参见 Chang Chun-shu and Chang Shelly Hsueh-lun, *Crisis and Transformation in Seventeenth-Century China*, *Culture and Modernity in Li Yu's World*, Ann Arbor, University of Michigan Press 1992, pp. 149, 154 - 55.

② 参见（万历）《大明会典》"礼部"。

③ 参见 Wu Pei-yi, *The Confucian's Progress. Autobiographical Writings in Traditional China*, Princeton: Princeton U. P., 1990, W. T. de Bary, "Neo-Confucian Cultivation and the Seven-teenth-Century 'Enlightenment,'" in *The Unfolding of Neo-Confucianism*, ed. W. T. de Bary（New York: Columbia University Press, 1975）, pp. 178 - 88, Rodney L. Taylor, "Neo-Confucianism, Sagehood and the Religious Dimension," *Journal of Chinese Philosophy* 2, no. 4（1975）: 389 - 415, and Rodney L. Taylor, "The Centered Self: Religious Autobiography in the Neo-Confucian Tradition", *History of Religions*, 17, 3 - 4, 1978, pp. 266 - 283. 也见 Greenbaum Jamie, *Chen Jiru*（1558-1639）: *the background to development and subsequent uses of literary personae*, Leiden-Boston: Brill, 2007. 参见（万历）《大明会典》"礼部"。

阐述，并且没有受到任何西方思想体系的影响。因此，本文的重点是探讨明末清初文人士大夫对社会巨大变革的反应和态度。城市化、白银流入、交流的加速以及人员流动向新儒家的规则和正统观点提出了新的挑战。欧洲中世纪末，面对发生在意大利和荷兰类似的变革，知识分子阐述了新的文化潮流，如人文主义和文艺复兴，以及新的文学形式的出现。在中国，我们可以看到在哲学（阳明学派），在文学（公安派和自传体著作的繁荣），在世界观和人生观（"情教"即对情的崇拜，新自我观）和在政治学（顾炎武、黄宗羲和王夫之）诸领域都出现了新的理性回答。笔者将分析两组例证以助于理解士大夫们的反应。他们表现出知识界对正统道德体系的不满，以及他们部分拒绝难以充分反映所处现实的主流意识形态，其通过寻求表达真实和真正情感的新话语，通过将疯狂愚蠢与智慧相提并论，去寻找新价值、新美学，同时强调自我的作用，试图不在金钱和官僚权力的基础上去塑造新的精英层。

笔者现在思考如何从文学作品中推断出中国文人的一些新观念，而不是研究哲学理论和道德体系。我研究当时的知识分子阶层的心理结构，这里指的是"心灵和身体世界"的各种认知和实践方面的复杂系统，它反映了人们进行分类和判断的共同方式：自我的认知，责任感，健康与疾病的概念，信仰以及价值观的阶梯，尤其是内在现实的意象和表现，思想状态和感觉，从而调节社会主体的切身认知感，即"集体无意识"。这些观念和图像由社会的大多数成员所共享，并且属于能指的结构化体系，其关系的内部网络被用来解读"地图"其他关系的结构。这个传统文化符号、价值观、习俗和当地传统的遗产是相当稳定的，但当受到巨大变化的挑战时，时间久了就将有所改变，部分因素就可能会被新的元素取代。因此，我在文学作品和通俗文学中寻找这种新的答案，因为它们在心态和态度上更直接地反映新趋势。此外，文学作品是反映心态的历史的珍贵资源，因为文学作品常有"非礼"的情感表达，而不被官方文化模式所认可，并且通常从非艺术语言中被删除。因此，文学资料成为了解一个时期其隐藏的方面的重要历史资源，拓宽意识的认知领域。

在研究具体情况之前，值得一提的是，在欧洲文化中，激情与理性/理智/道理对比，人罪与上帝恩宠对比；而在中国文化中，二元论在平衡的和谐与过量的紊乱之间是相当感知的：

```
(欧洲)   <激情><理性/理智/道理
         人罪><上帝恩宠
(中国)   中和><紊乱,过度
```

事实上,那些存在于各个方面见解的差别远远超过我们所预期的。刚性道德准则和动态的社会变化之间的较量或妥协进程影响了情绪的认知元素,无论是在抑制个人的激情或是促进"道德情感"方面。在正统价值与倾向于各自的利益和对欲望的财富和称心的实用妥协之间的种种矛盾是许多辩论的焦点,①情感体验本身是个人的、主观的、独特的以及不可重复的体验(Erlebnis)往往成为一种通过"社会分享"(social sharing)和"追想"(recalling)的语言。②价值观冲突、强烈的恐惧和禁忌、集体无意识也可以通过分析文学作品被发觉,尤其是那些包含梦境、幻觉或其他条件的描述。

在这里,我打算探讨两种不同的情况。第一种涉及由冯梦龙(1574—1646)编辑的苏州民歌集中所使用的新情感语言。它的"边缘性"提出了新的爱情话语和概念。第二种是从某些词句的使用到一个意味着新的自我评价的总趋势:疯狂和愚蠢成为一种审美区别的符号,追寻一种不墨守成规的行为。

日常生活可能远离正统:感觉世界和"无道德"的智慧

按照一些所谓泰州学派的思想家如王艮(1483—1541)以及李贽的

---

① 参见笔者 Sentimental Education in Chinese History. An Interdisciplinary Textual Research in Ming and Qing Sources, Leiden: Brill, 2003, 翻译成中文为《中国历史中的情感文化——对明清文献的跨学科文本研究》, 商务印书馆2003年版。

② "社会分享"(social sharing)就是需要强而有力的口头沟通和验证并以各种方式表达(忏悔, 礼仪, 寻求他人的安慰, 沟通, 通过艺术和写作交流)。Rimé Bernard, "Le partage social des émotions", 在 B. Rimé et K. Scherer, eds., Les Emotions, Genève, Delachaux et Niestlé, 1987; Rimé B., Philippot P., Boca S., Mesquita B., "Long-Lasting Cognitive and Social Consequences of Emotion: Social Sharing and Rumination", European Review of Social Psychology, 3 1992.

观点，人自身首先是由各种自然需求组成，身体的以及自私的自然倾向被认为是自我完善的动机。然而这个概念却与西方思想家们的思想大不一样："我"没有被看作为与其他"我"作战的生存（如托马斯·霍布斯则认为），而是被看作自我完美的社会物。因此，王阳明学派的一些思想家的道德"相对主义"可以在佛教和道教的框架中来理解，强调了心中态度的重要性①。何心隐恰如其分地定义了"人的感情和气质"，并且拒绝情绪是自私或利己的，但是他认为情绪本是人类的本性（"性而味的一部分，性而色，性而声，性而安逸，性也。"）。他重申孟子的训诫，主要考虑人的欲望值的满意度；② 他继续发展"育欲"的概念，这意味着人的需求的满足得以自我实现的意欲得到人们的普遍认可。③ 而李贽认为所谓私欲不仅不是邪恶，而且刺激社会的公好，私就是人心，人有私是必然的，人性就是人人都有自私的欲望，都有趋利避害之心，李贽重视"私"的价值，"私"的合理性，以私作为心的内涵。关于这个问题他写道：

> 圣人之学，无为而成者也。然今之言无为者，不过曰无心焉耳。夫既谓之心矣，农无心则田必芜，工无心则器必窳，学者无心则业必废。无心安可得也！解者又曰："所谓无心者，无私心耳，非真无心也"。夫私者人之心也，人必有私而后其心乃见，若无私则无心矣。如服田者私有秋之获而后治田必力，居家者私积仓之获而后治家必力，为学者私进取之获而后举业之治也必力。故官人而不私以禄，则虽召之必不来矣。④

如好货，如好色，如勤学，如进取，如多积金宝，如多买田宅为子孙谋，博求风水为儿孙福荫，凡世间一切治生产业等事，皆其所共好而共习，共知而共言者。⑤

---

① 参见李贽《焚书》"增补"，中华书局1975年版，第259页。
② 参见 *Mencius*, 1b, 5.
③ 参见何心隐《爨桐集》，转引自容肇祖《明代思想史》，上海开明书店1941年版，第229页；何心隐《何心隐集》，中华书局1960年版，第40—41、72页，转引自姜国柱和朱葵菊《中国历史上的人性论》，中国社会科学出版社1989年版，第277页。
④ 参见《德业儒臣后论》"藏书"，第544页。
⑤ 参见《焚书·书答·答邓明府》，第40页。

> 穿衣吃饭即是人伦物理；除却穿衣吃饭，无伦物矣。世间种种皆衣与饭类耳，故举衣与饭而世间种种自然在其中，非衣饭之外更有所谓种种绝与百姓不相同者也。①

这种公然蔑视新儒家正统的学术氛围更蔓延到许多文学作品之中。《山歌》无疑是明末江南社会评判以及表达爱的最具有价值的代表性文学形式，著名作家冯梦龙编撰了一部民歌集。争论由公安派引发，以袁宏道（1568—1610年）为首，强调文学根据时代的变化，个人个性的流行和"创意敏感"表达的模仿，对俗文学如叙事和戏剧大加推崇，对俗文学中的民间歌谣有更大的关注。②《山歌》在这样的背景下形成，通过这种创新的手法——主要苏州方言为主——冯梦龙旨在通过流行歌曲的力量振兴诗歌。这部合集对于了解江南社会的变迁特点以及文学领域的生动性具有非常重大的意义。歌曲主要涉及百姓生活：女性，娼妓居多，船夫，农民，猎人，渔民和划手等等。《山歌》的精神是远离正统的道德正如朱熹主张所理解和注释的诗经。《山歌》的语言往往是庸俗的，充满粗俗用语或隐讳的双重含义，并包含较多性欲以及色情的影射。

与同一时期很多其他作品相比较，山歌被视为"一种边缘"的文学形式。这种边缘化本身却是有意义的，因为它可以帮助我们了解一些不符合正统和官方的社会的趋势和方面。隐喻和象征性性暗示是日常生活中最常见的形式，灵感来自于劳作工具，如水轮、主轴、轧机、游戏以及休闲项目，如纸牌、骰子、围棋，常见的物品如灯笼、大门、厅、动物，又或是鱼、蚕、鸡、垂柳、花卉等自然事物。以下是《山歌》中的几个例子：

情哥郎好像狂风吹到阿奴前	6：141
结识私情像投壶	6：148
姐儿生来像香筒	6：152
结识私情像荷包	6：153
结识私情像毡条	6：154

---

① 参见《焚书·书答·答邓石阳》，第4页。
② 钟林斌：《公安派研究》，辽宁大学出版社2001年版。

续表

结识私情好像鞋子能	6：156
结识私情像夜壶	6：164
结识私情好像钟子能	6：172
结识私情像流星	6：176
结识私情好像雨伞能	6：177
姐儿胸前有介两个肉馒头	6：181
郎撑船，姐摇船	6：192C
郎听姐儿借个星	7：201
姐儿生来像个绰板能	7：212

冯梦龙的这些通过隐喻的修辞来表达的"世俗化"的爱是在寻找一种新的语言来真正表达真实的情感。事实上这种语言造就了爱情的物像化的形象。人类的感情和感觉正是通过这些日常事物显露出来，以此表现出那些常见的事情和物像，必要的和平常的事务，比如工作、休闲或饮食：爱的激情，吸引力和孤独，仇恨，嫉妒，对流言和社会制裁的畏惧，快乐和悲伤。这些象征运用遍及整个诗歌集，委婉语，隐喻和平行结构的运用，大多暗示着欲望。同音异义的表达——通过半谐音表示不同的拼法和意义——常常被用来创建双关语，语言中带有淫秽的笑话和表现。因此，在这些歌曲中表达爱的形式与其他文学作品是大不相同的。相对于人们心目中的"佳人才子"，社会规则几乎忽略了肯定色情和审美的方面。又或是相对于汤显祖的能够战胜死亡的爱，这里所表现的主要是具体而直接的激情：对爱的最简单的诠释可以概括为"爱如同食物"，具体而且很快就能消耗完，而其短暂和耀眼通过"爱就像火"和"心爱的人就像是一朵花"就能表现出来。冯梦龙自己在他的短篇小说和"情史"中提出爱的表达是不同于这种《山歌》的爱，但它并不与他们相矛盾，如果我们考虑到山歌的主要目的：由老百姓真实的语言所表达的"真情"实感，它与崇尚情的目的是一致的。值得留意的是，例如李惠仪（Waiyee Li）对"高、低措词"的运用区别所论，在《牡丹亭》七到十场可以为证。根据她的观点，表达情的高雅与庸俗的语言的相互作用反映了明末对爱情的现象的辩论，涉及性、感性、多愁善感和哲学思考：

一个粗俗、低措词的吸收或专有,到由各种各样的感伤、浪漫、哲学修辞制成的织品,都成为"真情"的标记。真诚性在这上下文是第一位而无罪,因为作者(或人物)自觉地横断界限并且包含经验对面。在体会两个通过提炼和粗俗,头脑的生活和物理存在,真诚性的要求合并壮观和奇异风格。①

提供爱体现在最简单的要素,身体的欲望起着重要的作用,除了有关娼妓遭遇的情况,大部分歌曲呈现了强烈的激情。这种激情不能被低视为不带感情的欲望,借用在 17 世纪的小说"绣屏演义"中的表达,绣屏缘,"情未至而欲先之"②。

从意识形态的观点来看,如果我们站在官方立场,拒绝承认欲望在道义上的合法性,只要他们没有融入社会礼制所规范的最基本的"五伦"关系,歌曲中所表达的所有感情都是颠覆性的。但在这本民歌集中,英雄和自私的激情,欲望和淫荡的思想,真诚与背叛的集合,所有的都在极大的宽容程度被允许并被接受。妇女往往是歌曲的主角,她们突破了传统女性美德的藩篱,如贞洁和服从,为女性的愿望、需求和希望找到了简单表达的手段。"山歌"的目的就在于用简单、直接真实的语言来描述和表达在爱情中那些本质的、平凡而琐碎的要素。令人惊讶的是,寻找新的语言来表达真实的和本质的情感导致一个明显简化的现象,一个"反浪漫的浪漫主义":刻意避免任何升华减少日常需求的爱,但给大众提供既英雄的又愤世嫉俗的,或是既迷人的而又短暂的情境。爱变成超越道德和社会规则的普遍需要。我们可以借用朱光潜《谈修养》中的一句话,它是替一件极尘俗的事情,挂上一个极高尚的幌子,"金玉其外,败絮其中"③。歌曲描述了这种爱的本质部分,败絮。因此,如果山歌是中国文学复杂框架中的"边缘"的作品,那么它在以新的方式表达情感的代码,并把它们最为直接地传输给读者大众方面的作用并不能算边缘。方言的地方主义

---

① Li Waiyee, "Languages of Love and Parameters of Culture in Peony Pavilion and The Story of the Stone", in Halvor Eifring, ed., *Love and Emotions in Traditional Chinese Literature*, Brill, Leiden, 2004 (pp. 237 – 270), p. 249.
② 《绣屏缘》,电子版请参见 http://open-lit.com/listbook.php?cid=6&gbid=541&start=0。
③ 朱光潜:《谈修养》,《朱光潜全集》,重庆开明书店 1942 年版,安徽教育出版社 1988 年再版,第 109—111 页。

其实是一种给苏州大都会文化发言权以及使它的模棱两可的"浮世"成为整个国家知识界的范本之一的手段。如果与大多数其他官方的或是民间的资料进行比较,在后儒家社会,它在对激情和欲望的表现上给人们提供了一个不寻常的角度。

歌词的反对常识世界的"破坏性"无论是在内容或是解释性语言上都是显而易见的。它揭示了某些陈词滥调的平庸,它迫使读者重新考虑那些无可争议的信念、性别差异以及家庭:例如,一个妖艳的女子是不是比一个温顺的女子更诱人取决于男人在爱这方面的主动性,而女人是被动胆小的,所以女人比男人更忠诚,即严厉的母亲能够控制自己女儿的行为,年轻人比他们的父母更荒淫,等等。因此,歌曲向大家提出质疑:女人是不是真的只能有一个丈夫,就像天空只有一个?一个男人可以有一个以上的妾室而不是其他什么方式?甚至于婚姻的根本只是传宗接代?歌曲从社会讽刺到批判性的自我反思,有时取笑某个人的坚定信念,在那种坚定不移的道德主义下过于严厉的评判他人,而没有考虑到一个人可能已经循规蹈矩的情况。如果我们考虑那些隐藏在歌曲中的比拟以及暗讽,我们注意来自双重意思和隐喻的欢闹非常宽容对性道德的违反,同时对官方机构和正教加以讽刺。幽默因子是基于双重含义以及对性欲的暗示,也有对信仰、制度的攻击或否认。我们可以歌曲4:99A号来理解幽默的形式及涵义,在这里,除了对爱情的数量的笑话,主要的一点是道德信仰的"世俗化"和肉体的爱的"神圣化":罗汉和菩萨跟人一样行为,一位贪欲的女生被描述为"马郎妇"(民间传说中观音的化身之一,又称"锁骨菩萨"),她幻化成一个迷人的少女勾引男子并与他们发生性关系,但在他们私会结束之后却使得这些人失去所有的淫荡的欲望。①

| 人人骂我×千人, |
| 仔细算来只×得五百个人, |
| 尔不见东家一个囡儿×子一千人了得佛做, |
| 小阿奴奴一尊罗汉稳丢丁。 |
| 南无黄金琐子骨菩萨。 |

---

① 见《马郎妇》。

或者我们可以参考冯梦龙对另一首歌曲的评论（5：112），一个对自我欺骗的讽刺的杰作，其中妻子比任何其他女人都要受到赞赏。这是对人类状况难得的记录之一，表达了向往自由与恐惧孤独之间的徘徊犹豫：一个人放弃自由和放荡的生活是取决于健康的可能性，而不是因为道德意识的转变又或是对妻子深深的爱：

○ 亲老婆
天上星多月弗多，
雪白样雄鸡当弗得个鹅，
煮粥煮饭还是自家田里个米，
有病还须亲老婆。
忽然道学，还是无病的日子多。

在其他情况下，喜剧效果来自对男女通常层次结构的颠覆，比如有七个丈夫的寡妇（5：133），又或是夫妇俩进庙烧香，而妻子却在为她的秘密情人而祈祷（1：40）。

在性事方面，及时行乐的原则在个人层面似乎比任何道德信仰或儒家严格的性别隔离更被接受，然而崇尚妇女的贞节以及对欲望的告诫普遍存在于社会。女性的智慧和决心是最为普遍的话题，聪明的女儿违背父母的意愿私会情郎，狡猾的女子能够瞒着丈夫和姘头约会。很容易为违背道德的行为找到理由。所有的违背道德的行为必须秘密地进行似乎是唯一的告诫："当面分开背后联"（山歌，6：163）；"窃盗无油暗里偷"（山歌，2：68B）。① 对性的乐趣的敌意在细微的社会管控之下是显而易见的，具体体现在父母对女儿的看管的严格程度，以及邻居的耳朵和眼睛的无所不在，又或是"有闲人搬来我里个听"②，以及恶风声：③ "外头咦话捉奸情，/歪嘴油瓶吃子个口弗好"（1：29），或是"弱者奉乡邻，强者骂乡邻，皆私情姐之为也"（山歌，1：29A）。

这里体现出了关于价值阶梯、情感的表达和爱的豪言壮语有趣的新观

---

① 见《山歌》，6：141。

② 见《山歌》，7：208，"私情起意未曾曾，咦有闲人搬来我里个听……"

③ 见《山歌》6：155；4：111。

念。通过歌曲所呈现的人物，不考虑是否有必要谴责自己的感情，而是只担心自己的行为的实际效果，即，在实现欲望的同时避免他们所犯的违背道德行为的负面影响，如社会制裁和无时不刻的注视以及邻居的闲言碎语。即使是当一个女人依然告诫她的情人要谨慎的时候，她并没有因为败坏道德的行为或违反了儒家规则的行为而感到羞耻：这样的女主人公纯粹只关心社会礼仪和面子。而山歌在描述人们的弱点的时候表示同情和容忍：

姐儿心上自有第一个人，
等得来时是次身，
无子馄饨面也好，
捉渠权时点景且风云。
点景时第一个人何在。（山歌，1：14）.

我们可以通过歌曲再现苏州环境、物质文化、劳作以及休闲活动的一些日常生活场景。我们无法判断歌曲中具体描绘的是哪一部分人，因为大家知道这样的歌曲并不是直接而普遍的呈现：即使原来他们是通过农民和其他工人被传唱，但大部分歌曲被重新加工，并在文学圈内被撰写。因此，我们可以说这些生动的画面与其呈现了风靡一时的一种理想化表现，不如说是只不过反映了知识分子的环境，从中歌曲由口头转变为书面形式。所有的讽刺、价值观、文体、内容所体现的行为和道德与正统、官方的道德标准都是相去甚远的，并体现了它与儒家思想一贯的分离。

对"愚蠢"的赞扬

"愚蠢"这个概念的各种各样的含义在英语和中国都能找到，相关的术语以及概念涵盖了"大脑智力和理解力的缺乏或迟缓"，部分或全部智力缺陷，以及"缺乏判断力和智慧"，过多的感情投入，愚昧和疯狂导致的不正常判断两层意思。换句话说，谁拥有这样的缺陷是不符合"常规"，因而是被社会所不能理解的。这两个层面都是比较明显的，相互连续的，并揭示价值的重要信息，以及个性的新的形式，如非常规性格。①
在"昏明"这对语词中，智力缺陷被等同于浊和迟钝，疯狂一直被视为
一种疾病或是偏离常规的举动。② 因此，这些属性一般用作贬低术语，无
论是关于智力能力或正常的认知，还是评价能力或行为举止。

然而相同的术语，"审美"与"文学"的"愚蠢"，开始被用于中国
中古时期的少数罕见的个例，一些被赋予一种特殊的美感的人。"愚蠢的
行为"，被用于描述一些既不杀人也不暴力，而是宣泄过分的激情，不寻
常的信念，以及对现实的异常感知因而有悖社会习俗或常理之人或行为。
如"痴""狂"和"癖"这些术语，后来在表现积极个性的激情和执着
上受到了重用。所谓的痴人即痴迷之人，可以极端地把他所执着的事情作
为生活的唯一目标。一个人可以成为"情痴"或是"书痴"，或其他痴
迷，如石痴，或花痴，就如当时一些文学作品的主人公。比如我们可以看
"爱花"的描写，它变得越来越流行，无论是文人墨客还是普通百姓之
中，尤其是在明朝时期。在冯梦龙的短篇小说"灌园叟晚逢仙女"（《醒
世恒言》第四卷）中，一位名秋先的人，由于他对花无节制的激情而忽
略他原本的农活，没有履行基于农业活动的社会规则。张岱在《陶庵梦
忆》中描述了一个狂热的爱花之人金乳生，如何对待他不计其数的花卉
以及与害虫的斗争。③ 张大复（1554—1630 年）则颂扬了一个高官王锡
爵（1534—1611 年）个性中意想不到的方面，王锡爵的勇气和严谨的原
则是众所周知的。对比他个性中的严厉的一面，他的天真和纯真从他对菊
花的钟爱中流露出来。这种现象一部分表现为所谓的"对情的狂热"或
"狂热的激情"，这是明末发展的重要的思想和文学运动，旨在重新审视
传统的审美观念并为"激情"和"欲望"恢复名誉。

---

① 见笔者"Preface" in Frances Weightman, *The Quest for the Childlike in Seventeenth-Century Chinese Fiction. Fantasy, Naivety, and Folly*, Lampeter: The Edwin Mellen Press, 2008. 也可参见 *Materials for an Anatomy of Personality in Late Imperial China*, Leiden: Brill, 2010, pp. 323–380.

② 参见 V. W-y Ng 1990. The volume demonstrates how madness was recognised as an illness - the medical classic *Huangdi neijing* describes two major kinds of madness, "癫"和"狂", the former for overabundance of yin, and the latter for an excess of yang - until in the last dynasty it became a criminal deviance.

③ 见《陶庵梦忆》和《西湖梦寻》，上海古籍出版社 1982 年版。

```
情 = = = = = = >│痴
              │情种/风流/冤家
       │狂/疯/癫
       │癖/嗜/凝
         │呆/蠢/愚
         │奇人
```

　　许多明清文学作品，此种颂扬在绝对意义上拒绝与现实妥协，例如为了痴情，功能障碍，世俗的无能，天真或无法触及到社会。它们回忆"童心"和"赤子之心"，冯梦龙的文集中三次以"童痴"为标题并不是偶然的，童痴三弄，即"挂枝儿""山歌"以及"笑府"。冯梦龙所用的"童痴"这个术语以及回顾李贽的"童心"，象征地结合了愚蠢和稚气的概念，拒绝道德规范（道理）冠以的"美名"，因为那将破坏原有真正的童心。疯狂可以被视为对普通结构基础的挑战，而事实上"痴"在这里有一个叛逆的含义，即反对行为规则和正统。

　　这一文学潮流的影响同时也是一个新感性的表达并被保留在接下来的清朝。"狂"有很多种不同的含义。"狂"指任何情绪的过量，主要表现在爱的方面，它也用于强调一种情绪的反应过度，尤其是当它与另一个特定的术语结合，如"惊""喜""野性"或"悲伤"。有时狂也可译为"暴力""奔放"或"傲慢"。例如在《红楼梦》中写道："无故寻愁觅恨，有时似傻如狂"。① 这些术语可以根据上下文或词语合成表现为，如疯狂、癫狂、狂妄、狂躁、轻狂、狂烈或狂乱。因此，接下来的例子中的术语词可以翻译为"轻狂"：蒲松龄（1640—1715年）的《聊斋志异》："生渐入室。女起，厉色曰：'狂郎入闼将何为！'"在另一段中，这个词的意思是介乎"疯狂"和"轻狂"之间的，具有一点点"大胆"的意思，另一个故事的主角，一个古怪而且不拘小节的人，因此他不惧鬼神："近临之，对烛如仙；渐拥诸怀。女笑曰：'狂生不畏鬼耶？将祸尔死！'"② 同一术语在医学上可以用其本意"疯和野"，但同时也有"过度

---

① 《红楼梦》（程甲本，1791），中华书局1998年版，3：52。
② 蒲松龄：《聊斋志异》，张友鹤辑校，《聊斋志异会校会注会评本》，上海古籍出版社1978年版，"花姑子"和"章阿端"。

热衷于某事",与"癖"是同义,"迷恋","上瘾",就像"酒狂"。①

正如 Judith Zeitlin 提出,"癖"被赋予强烈的情感意识,在很宽的范围内的隐含意义,在十六七世纪痴迷的概念已经真真正正深深渗透到了文人生活的各个方面。如谢肇淛(1567—1624)强调人之嗜好故自迥异,而且列出了一些历史实例。例如,谢肇淛认为那些受士绅赞赏的活动,如乐好游涉山水以及喜未闻见新书自天性不足为病。他把以上偏好与其他的加以区别,近于癖矣而未害也,就像蓄鹅,作驴鸣,看斗牛或是好石。然后还有一些处世大觉妨碍的,像是好洁、好忌讳或是好鬼。最后还列出了逐臭、嗜足纨、嗜臭虫、蚯蚓以及嗜女人月水。② 其他的癖好还有癖嗜琴、钱癖或是断袖之癖。着迷于书、画、金石、书法、石头、花朵、乐器茶以及适量的酒,他认为是可接受和正派的。

在蒲松龄所写的一个故事中我们可以感受到石头收藏家邢云飞与他的石头之间所体现的最具有诗意的关系。③ 在《古今谭概》的章节中呈现了各种走火入魔,冯梦龙引用袁宏道的说法,解释为新的个人主义精神。通过引用一些迷恋花或石头的著名事例,袁宏道认为这种态度基本上是为了表达对自己的爱:"陶之菊,林之梅,米之石,非爱菊梅与石也。皆吾爱吾也。"④ 正如 Judith Zeitlin 所指出的那样,强调癖和痴迷是为了更深入地了解自身,并肯定爱自己的天然合理性。⑤

此外,虽然从字面上"呆""蠢"和"愚",指缺乏理解或对现实的不正常感知,以及意味着否定或轻视的评价,事实上,他们的用途是多方面的,根据不同情况,音调以及对象的情绪状况。冯梦龙在他的《古今谭概》中介绍了一些有关这种"浪漫"趋势的例子,其中"疯狂"和"愚蠢"是区分的标志:一整章(第三章)专门讲痴,另一章(第四章)讲的是愚、蠢、呆、糊涂的状态,是关于癖。这些性格特征给读者大众提供了娱乐和消遣。他们似乎认为区分那些承担了这些具体特点的人与

---

① 《红楼梦》,38:563。

② 参见《五杂俎》,7:33b—34a,《续修四库全书》卷1130"子部·杂家类",第481—482页;《笔记小说大观》,台北新星书局1978年版,第3726—3727页。

③ 见聊斋故事"石清虚";8:30。

④ 张万钧《古今笑史》,天津古籍出版社1995年版。

⑤ Zeitlin, *Historian of the Strange: Pu Songling and the Chinese classical tale*, Stanford: Stanford University Press, 1993, p.70.

"普通人"是至关重要的,审美的怪癖的时尚是很宽广的。冯梦龙批评当代趋向假装是"愚"或者"狂",并从假装的愚蠢和言不由衷的状态中区分出"真正的愚蠢":"惟不自谓痴乃真痴……"。显而易见,这种状态不仅是文学创作的产物,而且至少在文学界可以得到高度的赞赏。在那些真正的"情痴"看来,就像谢肇淛所说,"死生亦大矣而人之所好有甚于生者"。① 张岱认为强烈的激情和狂热(癖),虽然被视为瑕疵和缺陷(疵),却是"真正的个性"(真气)的标志,是好的友谊的证明"。② 李贽思想以及正统对他的强烈反应说明了事实上"狂士"成为高层家庭出生的年轻人的一种榜样,那些不满意自己的生活现状的人,包括无论是不屑于把做官作为自己追求的事业或是在科举考试中失利者。因此,宋朝诗人柳永被冯梦龙描绘成一个"被著名高等妓女哀悼的英雄",没有野心,远离政治的尔虞我诈,宁愿与妓女——忠实与仁慈的典范——为伴的浪漫生活。③ 唐寅和虑楠的描写可比较与柳永的不符合传统规范的行为。④

《板桥杂记》中的邹公履,无锡人士,故作疯癫,灯红酒绿下,挥霍无度,终日沉迷于男色,佩戴红色丝绸头巾,身着纸制服饰和高底鞋。⑤ 江南的精致杂色生活的另一种典型人物是张魁(字修我)。他因他的精致品味(音乐、戏剧、花、香、茶和特制美食)而在苏州家喻户晓,他看淡财富,不在乎他的同性恋情以及他无序的生活。但尽管有这样的丑闻和怪异行为,"时人共非笑之,弗顾也"。⑥

蒲松龄也颠覆了智慧与愚蠢之间的关系。在《花姑子》的故事中他讲道:憨者慧之极,怼者情之至也(5:613)。此外,在他对"阿宝"的评论中,蒲松龄解释道"性痴则其志凝:故书痴者文必工,艺痴者技必良;世之落拓而无成者,皆自谓不痴者也。且如粉花荡产,卢雉倾家,顾痴人事哉!以是知慧黠而过,乃是真痴;彼孙子何痴乎!"⑦ "凝"是

---

① 《五杂俎》,第3734页。
② 《陶庵梦忆》"祁止祥癖"。
③ 冯梦龙:《古今小说》,台北世界局1991年版。
④ 《警世通言》(1624),台北世界书局1991年版。《醒世恒言》,明天启丁卯金阊叶敬池刊本,来自《内阁文库》,台北世界书局1983年重印。
⑤ "无锡邹公履游平康,头戴红纱巾,身着纸衣,齿高跟屦,伴狂沉湎,挥斥千黄金不顾……"《板桥杂记》,见《丛书集成》,上海商务1939年版,第19页。
⑥ 《板桥杂记》,第18页。
⑦ 参见《聊斋志异》"阿宝",第238页。

"固定"和"癖"的同义词。蒲松龄从而把这三类加以区分：普通人，即没有任何特别之处的平庸之辈；那些渴求不竭的激情，由此导致非循规蹈矩或好或坏的生活，一些被欲望或赌博，野心或贪婪这些毁灭性的愚蠢所淹没的人（真正的愚蠢伴随着极端的狡猾）；最后一类是真正的智者，它们在愚蠢的刺激下成就伟大的事业。蒲松龄的作品提供了不少这种类型的例子：如"阿宝"中的人物，因为他的幼稚而被同伴以及自己心爱的女人所嘲笑。女孩开玩笑答应嫁给他只要他切断一根手指，他立刻如女孩所说这么做了。作者在这里没有描述主角的内心反应，但从故事叙述的结果中显而易见。在另一个故事中，乔大年为他爱的女人准备好割下自己一块肉，① 还有人喝毒药，或宁愿折寿以满足他们心中所好。然而，那些来自于这个"病"的痛苦者不单是滑稽之人，或戏剧中荒谬的人物，而是自始至终作为正面英雄、圣人和无辜者出现并拥有纯净心脏和灵魂，如此矛盾的存在。

在《婴宁》中，所有人都认为年轻的狐女太傻，因为她总是很容易笑，没有任何理由，但到了最后表明她拥有非凡的智慧、美德和善良。② 所以，愚蠢是一种非循规蹈矩的态度，远离虚伪、别有用心和自私。那些这种愚蠢的受害者，如书呆子，通常对现实、日常生活或是女性以及他们的心理没有意识。蒲松龄在他对香玉的评注中似乎呼应了冯梦龙的"情史类略"："情之至者，鬼神可通，花以鬼从，而人以魂寄，非其结于情者深耶？一去而两殉之，即非坚贞，亦为情死矣"。在这里，"浪漫"的激情的想法更进了一步，而且它清楚地与儒家美德贞洁形成了对比。这种"疯狂"因此受到了积极评判，尽管这个词语最初是疾病、紊乱、过量和不必要的繁琐的负面涵义。③

在聊斋故事中来自这样的心理状态的挑战不是针对儒家的美德——因为事实上这些美德往往是被传颂的——而是反对控制和虚伪，傲慢和腐败，以及一些性别成规。这是介乎于正常和反常之间，客观和主观之间，控制和欲望自由之间的戏剧。

某些人物，比如《儒林外史》中的杜少卿，被认为是"不同""奇

---

① 参见《聊斋志异》"连城"，3：362—367。
② 参见《聊斋志异》"婴宁"，2：159。
③ 参见《聊斋志异》"香玉"，11：1555。

人""不俗",因为他们对功名富贵无动于衷,自由地从事艺术或其他的喜好。杜少卿是非常规类型中的一个特例,他拒绝传统观念和指斥当代文人的野心,然而,尽管他的思想如此这般不墨守成规,他的生活方式却是正统的、诚实和慷慨的典范,他极度恪守孝道,慷慨大方,热情好客,他对朋友和客人的宽宏大量使得他被认为是一个"非等闲"之人。① 因此,由于他的自由的天性和慷慨使得他挥霍了大部分财富并变得贫穷。他过多的仁慈让他成为"自古以来最古怪的人"。他的堂兄弟杜慎卿相反被描述为风雅而浪漫,赋有侠义精神,有才华,柔弱的,一个可以称之为善意的,但在经济事务上相当谨慎的人。杜慎卿评价杜少卿说"我这兄弟有个毛病:但凡说是见过他家太老爷的,就是一条狗也是敬重"。② 孝道是最重要的儒家美德,所以杜少卿是"正统的怪人"。

这种"浪漫"的语言再次盛行于清朝一部最有名的小说《红楼梦》。该书在第一首诗中作者就自称"愚蠢":③

> 满纸荒唐言,
> 一把辛酸泪!
> 都云作者痴……

当曹雪芹(? 1715—1763)以形而上学的分类方法,根据宇宙能量的影响来区分不同种类的人,这种分类让人想起了蒲松龄的区分:大多数人接受正反(阳阴)两方面的影响,不会因为他们的平庸而有很大的不同。在他循乎自然的形而上学的框架中,他不把自己局限在简单对比阳阴,而是着眼于在一个广泛的范围中论述,使他能够解释人的性格差异的原因:

> 天地生人,除大仁大恶,余者皆无大异。若大仁者则应运而生,大恶者则应劫而生,运生世治,劫生世危。尧、舜、禹、汤、文、武、周、召、孔、孟、董、韩、周、程、朱、张,皆应运而生者;蚩

---

① 吴敬梓:《儒林外史》,岳麓书社1997年版,第540页。
② 《儒林外史》,31:382。
③ 《红楼梦》,1:3。

尤、共工、桀、纣、始皇、王莽、曹操、桓温、安禄山、秦桧等，皆应劫而生者。大仁者修治天下，大恶者扰乱天下。清明灵秀，天地之正气，仁者之所秉也；残忍乖僻，天地之邪气，恶者之所秉也。今当祚永运隆之日，太平无为之世，清明灵秀之气所秉者，上自朝廷，下至草野，比比皆是。所余之秀气，漫无所归，遂为甘露、为和风，洽然溉及四海；彼残忍乖邪之气，不能荡溢于光天化日之下，遂凝结充塞于深沟大壑之中，偶因风荡，或被云摧，略有摇动感发之意，一丝半缕，误而逸出者，值灵秀之气适过，正不容邪，邪复妒正，两不相下，如风水雷电，地中既遇，既不能消，又不能让，必致搏击掀发后始尽。故其气亦必赋人，发泄一尽始散，使男女偶秉此气而生者，在上则不能为仁人为君子，下亦不能为大凶大恶。置之于万万人之中，其聪俊灵秀之气，则在万万人之上；其乖僻邪谬不近人情之态，又在万万人之下。若生于公侯富贵之家，则为情痴情种；若生于诗书清贫之族，则为逸士高人；纵再偶生于薄祚寒门，断不至为走卒健仆，甘遭庸人驱制驾驭，必为奇优名娼。如前代之许由、陶潜、阮籍、嵇康、刘伶、王谢二族、顾虎头、陈后主、唐明皇、宋徽宗、刘庭芝、温飞卿、米南宫、石曼卿、柳耆卿、秦少游，近日倪云林、唐伯虎、祝枝山，再如李龟年、黄幡绰、敬新磨、卓文君、红拂、薛涛、崔莺、朝云之流，此皆易地则同之人也。

在良好的能量占主导地位的时期，和平与秩序主导着整个国家，邪恶的力量无法侵蚀大环境的辉煌。曹雪芹继而开始描述宇宙中各种元素对人的性格和生活的影响。那些出生时就充满正能量的男人和女人即成为大仁，而那些在负能量的影响下诞生的人则成为大恶。然而，这些是在极端的情况下。对于大众而言，既不是伟大的先贤，也非罪大恶极，根据好坏能源的无数种组合会有无数的可能性。其中，一些不寻常的人虽在负能量的影响下出生，但通过良好的能量占主导地位的环境将成为非凡之人并从普通和平庸的大众中脱颖而出。他们会表现得比常人更加优越和更加智慧，但与此同时，也将展示极端的激情。①

值得一提的是，有两个词在爱的修辞和对情更普遍的崇拜上非常重

---

① 《红楼梦》，第二章。

要。第五章中,通过主角宝玉的梦、痴情和意淫,他们强烈的情感和有争议的指责都被提及。警幻警告宝玉说:

> 如尔则天分中生成一段痴情,吾辈推之为"意淫"。惟"意淫"二字,可心会而不可口传,可神通而不能语达。汝今独得此二字,在闺阁中固可为良友,然于世道中未免迂阔怪诡,百口嘲谤,万目睚眦。①

也许宝玉最令人费解的一个方面就是他长不大的灵魂,在那里他怀有他的审美和多情的性格,因而他拒绝长大,因为大人的世界对于他意味着男人和女人,以及愤世嫉俗、野心和贪婪。此外,宝玉古怪的个性,标示出了他所谓的"意淫",所以常人无法理解,表现为各种形式的行为,如"吃胭脂""无故寻愁觅恨""平等对待丫鬟"以及"对物说话"。这些都有违性别角色、社会分层状态以及行为习惯。考虑到他对这些渴望的盲目依赖,被称之为癖性。②宝玉的自发的、无拘无束的天性部分是由于他的特殊性造成,但这种"古怪性"还涉及社会角色(安分守理)。书中写道:"视姊妹兄弟皆出一意,并无亲疏远近之别。"③后来在小说中:"宝玉终是个不能安分守理的人,一味的随心所欲,因此发了癖性。"④他的不当行为同时涉及他被动的和积极的性格:对待他的事业和社会地位,以及家人的未来,他是冷漠的。⑤根据心理学家的说法,那些拥有长不大个性的人,会延伸他们的童年到成年以避免责任,并且迷恋青春、快乐、冒险,甚至是高风险活动。这一切都可以解释为他一出生就被赋予的病态的敏感。因此,宝玉是"况自天性所禀,一片愚拙偏僻"。⑥

宝玉对爱的敏感和秉性对他来说是一种无法卸下的负担,也是他的独特性。这种负担使他远离了成人的社会、他们的责任、社会规则和义务。大多数人因此不理解他以及他的行为。他的多愁善感和他对女性世界的依

---

① 《红楼梦》,5:92。
② 《红楼梦》,9:155。
③ 《红楼梦》,5:81。
④ 《红楼梦》,9:155。
⑤ 《红楼梦》,36:428,435—36。
⑥ 《红楼梦》,5:81。

恋是他的"古怪性"的精髓，并让他超越传统的价值观和正统的规则，从而遵循自己的节奏，超越了引导人选择的道德与经济。他的孤立进一步恶化是由于他面临着在社会中确定自己的困难，以及他缺乏自我认知，被大家认为无用。① 他并不觉得为了官僚生涯、家族或宗族的利益而负有任何义务继续，而且他看待性别角色十分含糊暧昧，导致在多个场合混淆他的性别身份。"古今不肖无双"（《红楼梦》，3：52）的他也因此是最理想和成功地继承了明末"愚"的概念。

我们可以总结像宝玉这样非常规的具有象征性的性格的五个主要方面：

第一，厌恶任何形式的官方仪式和公约，并偏爱新的替代方式。然而某些仪式，宝玉既了解并也参与，因为他们被认为是美观和真实有效的，就像葬花。②

第二，在对宝玉的描述中，他的异常敏感性很清晰地被刻画，小说里充满了他过度敏感性的例子。这方面可以在其他文学人物中看出。因此，"愚蠢"，可能同时具有情绪（"非常情绪化"或并不总是赞赏）和非正统的影响，并且可以用其他术语表达（如情，或多情）。③

第三，与他的急性和异常感性相反，宝玉显示出一种不切实际和天真的心态。"呆"以及相关的同义词可以用来定义他这方面的个性。④ 所有人都认为宝玉愚蠢的笨，性情乖僻，因为他的反应总是异于旁人。⑤

第四，意识与别人不同。宝玉认为他周围那些持有世俗的功名利禄观

---

① 《红楼梦》，1：2："却说那女娲氏炼石补天之时，于大荒山无稽崖炼成高十二丈、见方二十四丈大的顽石三万六千五百零一块，那娲皇只用了三万六千五百块，单单剩下一块未用，弃在青埂峰下"；又8：141"这就是大荒山中青埂峰下的那块顽石幻相"。

② 《红楼梦》，第二十三章，"那宝玉素日本就懒与士大夫诸男人接谈，又最厌峨冠礼服贺吊往还等事……"（《红楼梦》，36：523）；"袭人深知宝玉性情古怪，听见奉承吉利话，又厌虚而不实"（《红楼梦》，36：529）。关于"非常规和自发性的修辞"，参见 Wai-yee Li, "The rhetoric of spontaneity in Late-Ming Literature", *Ming Studies*, 35, 1995, pp. 32 – 49。

③ 例如："且又是个多情的，若果聚合了，倒是件美事"（《红楼梦》，4：71）。"深于情者"，见沈复《浮生六记》（1809），人民文学出版社1980年版，第8页；《聊斋志异》，12：1639。

④ 《红楼梦》，56：860。

⑤ 例如，这一个笑道："怪道有人说他们家宝玉是相貌好，里头胡涂，中看不中吃的，果然竟有些呆气。他自己烫了手，倒问别人疼不疼，这可不是呆子？"那个又笑道："我前一回来，听见他家里许多人抱怨，千真万真的有些呆气（《红楼梦》，35：518）。

念的人是"禄蠹""俗人"。他最终拒绝了仕途和家庭。

第五,他被其他人怀疑和蔑视。宝玉和他古怪的性格是众人调侃的对象:他的行为不能被世人所理解,我们经常可以找到"怪癖"和"取笑的对象"(术语:怪物和笑具)这两个属性的关联:①"然于世道中未免迂阔怪诡,百口嘲谤,万目睚眦"(《红楼梦》,5:93)。即使是那些爱他的人,如宝钗,也幽默地称呼他为"无事忙"或"富贵闲人"。事实上,如果我们考虑对宝玉性格的刻画,我们可以发现他被认为是愚,但矛盾的是,他同时间又被描述为一个非常聪明的家伙:"宝玉 …… 天分高明、性情颖慧"(《红楼梦》5:87),或是"聪明灵慧"(红楼梦,5:88)。②

宝玉的价值观显然不符合他当时的社会:我在上面列出的前四条所指的价值观既不符合官方秩序又不符合人们的习惯。对于主角重要的特性对于别人来说就是轻浮和无用的,反之亦然。③ 所以大多数人无法理解他,嘲笑他,认为他愚蠢、笨。所使用的各种同义词(糊涂,呆气,呆子,呆头呆脑,顽劣,异常,淘气,憨顽,迂阔)都假设为缺乏"社会智力"。宝玉的行为很难理解,因此它一方面引起人们的嘲笑(笑道,嘲他),另一方面挑起他们的抱怨,甚至恶意的猜疑(嫌疑)。所有这些对宝玉的负面评价(疯了,傻了,稀奇古怪的),一方面表达了不同个性、不同的价值观的人事是不可能相互沟通和理解的。另一方面,却是呈现了一个与正统和完善的社会等级制度价值相比较具有对立原则的不同的个性模式。因此,我们绝不能轻视他的失败无论是在仕途上或他的家庭生活。如汤显祖、曹雪芹、蒲松龄、袁宏道(1568—1610)、张岱、吴从先、张潮等这些作家都是批评顺从并欣赏"怪癖"的。袁宏道提出徐文长传,作为新趋势的范本:"放浪曲蘖。恣情山水",并直接在诗词中描述他所有的经历。吴从仙在《小窗自纪》中写道:

> 生平卖不尽是痴,生平医不尽是癖,汤太史云:人不可无癖,袁

---

① 参见《警世通言》,18:619、621、624、629。
② 《红楼梦》,88:1336. See my *Materials for an Anatomy of Personality in Late Imperial China*, Leiden: Brill, 2010, pp. 368–75。
③ 《红楼梦》,90:1358。

> 石公云：人不可无痴，则痴正不必卖，癖正不必医也。①

"愚蠢"成为一种内涵寓意用来表现深入地参与某个充满激情的状态，尤其是在爱—激情的情况下，有的学者甚至使用"痴"作为笔名。②"狂士"或"痴人"经常作为风流的同义词被使用于一个浪漫的，正直的和优雅的角色。冯梦龙描述自己年轻时就正是"情痴"：

> 余少负情痴，遇朋侪必倾赤相与。吉凶同患……。③

这些术语运用的转变，从诽谤属性到自我区分属性，表达出了一种改变——至少在一部分知识精英中。这无疑是一种文学时尚流行，在语言和行为上的一种常规表示。我们知道，文学中的人物和情节故事往往是极端特殊的情况。然而这一趋势也表达和传播了一种新的敏感性，涉及所谓的"情教"，并表现在同一时期具有异常行为和精致品味的与众不同的人，可以通过对美食或其他东西是否专业的评判来展现，譬如：沉浸于游历好山好水，品味上等名茶好酒，欣赏淑女，热衷于收集古董和所有奇珍异宝。"疯狂"和"愚蠢"最终归结于一种古怪的心态，并着重强调侧重于可能由具体的"狂热"所表现的强烈的爱的激情，收集和品味具有文化和审美价值的事物。这种欣赏上的差别而非因循守旧的趋势也可以理解为对个人和个性一个新的关注的标志，从而给文人的身份危机及其在政治生活上的边缘化以回应。这种边缘化的感觉随着明朝后期巨大的经济变革而产生，并在之后的王朝继续延续。这明显是产生这一现象的众多因素之一。

严格的公开考试系统以及由经济发展所带来的新的社会流动的可能性促成了不稳定的扩散感，加之各种哲学体系结合道德努力以及自律与民间道德和宗教性的元素，在此期间对命运的最不同的概念被进行阐述并不是

---

① 吴从先：《小窗自纪》，"人不可无癖，人不可无痴"，中华书局 2008 年版；或《四库存目丛书》"子部"卷 253；电子版 http：//www.yuncheng.com/reader/#20050/7003100/2。

② 参见［日］八本章好《聊斋志异の痴について》，*Geibun kenkyū*, 48, 1986, p. 94，他写了一篇关于《聊斋志异的痴人群象：及其与明末清初的思潮关联》，收录在辜美高和王枝忠编辑《国际聊斋论文集》，北京师范学院出版社 1992 年版，第 1—6 页。

③ 参见《情痴》。

偶然的。最典型的是袁黄（1633—1606年）的想法，符合平民的在社会爬升的野心。除此之外，一些非常重要的情绪关系到社会和政治结构。对于许多文人和有抱负的人，从政为官是他们一生的主要目的。它往往成为了持续一生的执着，并成为持续焦虑、沮丧、希望、喜悦和绝望的源泉。这种态度表现在许多叙事作品中，直接或间接与科举考试有关，在寓言诗中，文人的犯愁被升华成被抛弃和不理的妻子的哭泣和叹息。这种文学与政治，以及感情的暧昧替代之间的纽带，斯蒂芬·欧文敏锐地称之为情感力量（emotional power）：

> 中国传统文学和文明无法被理解，除非掌握政府和公共服务对人们生活和想象的行使的特有的情感力量。权力的表达有时很直接，有时它仅仅很含蓄，它在酒醉漠不关心的庆祝后 或者在撤退喜悦后潜伏，并且它控制提升的请求。①

越来越多的官员家属投身到商业，商人家庭成员开始弃商从官。财富和权力的争夺变得越来越激烈。② 同时代的人视这些变化为时代的道德和社会颓废的症状。归有光（1506—1571年）写道，"在古代——四个主要的社会阶层分工明确，但随后文人、农民和商人之间状态的区别就崩溃了"。③ 许多知识分子指责"新贵"忽略社会规范的行为。比如李邦华（1574—1644年），谴责首都的众多居民的奢华，他们往往保持超越他们经济能力的生活标准，特别是在婚丧嫁娶这样的仪式上；他还批评妓女和戏子与普通百姓混在一起，即使是穷困潦倒之人也会在头上佩戴黄金珍

---

① Stephen Owen, *Traditional Chinese Poetry and Poetics. Omen of the World*, Madison 1985, p. 252. On this topic see also Yang Shuhui, *Appropriation and Representation. Feng Menglong and the Chinese Vernacular Story*, Ann Arbor, University of Michigan Press, 1998.
② 参见方以智《货殖论》，《浮山文集前编》（1671），3：3a, 6b（《续修四库全书》，1398：203-204）；参见 W. Peterson's translation (Peterson, W. tr., *Bitter Gourd, Fang I-chih and the Impetuos for Intellectual Change*, New Haven and London, Yale UP, 1979), pp. 76-77。
③ "古者四民异业，至于后世士与农商常相混"，见归有光《震川先生集》，上海古籍出版社1981年版，13：319. Cf. also Ho Ping-ti, *The Ladder of Success in Imperial China, Aspects of Social Mobility*, 1368-1911, New York 1962, p. 72.

珠，普通女人也打扮得如同富家千金。① 《苏州府志》亦有关于苏州社会不同层次的豪华、浪费和挥霍行为的类似记载。② 这可能是许多文人对白银流通的不信任③，由于对正在进行的重大社会经济转型的不确定感，而批评其对社会和谐的负面影响。④

而那些想把自己与那些虚伪、循规蹈矩的"道学先生"，以及看不起新贵们的低级趣味的人拉开距离的学者们，则以称赞这种迷恋和非常规的态度行为为一个区分的标志，而不是谴责这种狂热并视之为轻浮和愚蠢的（在字面意义上）。

这种倾向，关注的对象起初在诗人和新道教传统思想家的圈子内，随着晚唐以及宋朝鉴赏与收藏的发展变得更为广泛时尚。然而到了十六七世纪，随着"颂扬痴迷和愚蠢"，这种狂热和过激行为不仅变得有价值，而且也成为一种自我表达的方式。上述言论似乎对应知识分子试图对另一个精英阐述一个质量的新范围，不同于新兴阶层的财富新贵、商户和金融交易商，或是传统高官以及那些已经在高等考试中成功的人。所不同的是基于他们的精致品味和复杂的行为，以及他们对传统职业的不屑一顾。

系统地回顾像愚蠢—聪明，愚蠢的—明智的，正常—不正常的或理智—疯狂这样的术语的通常含义，这些作家不仅挑战了正统的意识形态和价值观的层次结构，公认的"常识"，性别和社会传统的陈规，同时也更深层次地质疑语言和意象里的概念和逻辑次序，以及自我意识。

除了笔者集中阐述的这两个例子，还可以找到许多其他例证：他们展示了各种争论让我们明白中华帝国晚期的文人是如何知悉时代和社会的变化，以及他们做出何种反应，试图去超过既定的惯例和新儒家的正统观念：尽管思想的总体结构尚未受到影响，但价值的阶梯和概念体系受到了挑战，人们开始寻找区别个性新的元素，道德规则被更深入地进行讨论。

---

① 参考李邦华（1574—1644）《李中文公文集》，6：54b，转引自 Albert Chan *The Glory and the Fall of the Ming Dynasty*, Norman: University of Oklahoma press, 1982, p. 314。
② 参考光绪《苏州府志》（1883），"风俗"，台北成文出版社 1970 年版，第 30—34 页。
③ 例如，当时三位最有名的思想家：顾炎武、黄宗羲和王夫之。
④ 参考 W. Peterson 1979，第 78—80 页。

乡村士子朱峙三在晚清民初的求职心路
——以《朱峙三日记(1893—1919)》为中心

雷 平

（湖北大学中国思想文化史研究所）

在历史研究中，重大事件和重要人物易引起关注，"渐进而又细微的演变则往往为人们所忽视"①。作为历史亲历者的普通士人，他们本身大多尚未意识到所经历事件的"伟大意义"，在顺时序展开的历史流程中，他们的认知具有偶然性、片段性和变化性的特征。但唯其如此，作为亲历者，普通人和小人物以他们喜怒哀乐的脉动，丰富多彩地讲述了历史的生动性和趣味性。

在20世纪中国社会的发展中，辛亥革命是一重大转型界标点，其意义不仅在于推翻了延续2000多年的皇权专制制度，还在于全面开启了中国政治、经济和社会意识的转型。学界关于辛亥革命的意义、重要历史人物及其促发的社会转型的研究可谓丰硕。然而，边缘人物和下层士子作为一个庞大的群体，他们在辛亥前后历史剧变中的焦虑、彷徨与调适，往往因文献缺乏而不被关注，成为"沉默的大多数"②。近年来，随着史学视野的下移，边缘人士和下层士子渐渐引起学者的关注。湖北士子朱峙三就在这样的背景下进入研究者的视野。然而，既往研究较为关注科举停废对

---

① 章开沅：《关于〈朱峙三日记〉的说明》，第2页，《朱峙三日记（1893—1919）》，华中师范大学出版社2011年版。
② 王小波：《沉默的大多数》，《东方》1996年第4期。王小波有特定所指，这里系借用，未必合王氏原义。

于乡村士子的影响①，对于辛亥革命这一重大事件在下层士子生活与职业中的影响揭示尚不充分。本文以《朱峙三日记1893—1919)》为中心，通过梳理辛亥革命前后朱峙三的求职心路，来更好地认识底层士人经历重大社会转型的调适过程。

一 备"科举"抑或进学堂：立足于谋生的决策

朱峙三（1886—1967），原名鼎元，又名继昌，字峙三，亦名峙山，湖北省鄂城县人（今鄂州）。光绪十九年（1893），朱峙三开始在家乡私塾读书，二十七年（1901）抱着"观光"的态度参加武昌县试头场，在此期间读书基本上围绕科举科目而进行，作文也以八股考试的破题、承题等为练习。二十六年（1899）年七月的日记甚至说《礼记》中"凡与场屋无关者不读"②。

为了应对科举，朱峙三刻苦攻读，甚至"自拟策试论题"进行练习和准备。光绪二十八年（1902）八月，当得知县中有人士参加完省试回来时，他随即前往"问科场试题诸事"。九月，朱峙三的父亲以七百文为他买了一册省试闱墨。为应对科举的变化，朱峙三也开始"离八股、学论义"。③尤其值得注意的是，朱峙三的读书范围已不限于传统的经典，为适应科举考试策论部分西学比重加强的趋势，他托袁夏生借阅《中国魂》《新民丛报》《政艺通报》，尤其是对前两种杂志，更是"一一阅读，习其文体，是为科举利器"，当时中举者，"多仿其文体"。④

但是，晚清官场滥用保举以至于贿赂公行，科场之途拥堵不堪，终身困于科屋者也不计其数。朱峙三的塾师程松就困于科场，多次应省试而不中。故此，身为乡村医生的父亲在朱峙三略通文字之后，即期望他能子承父业，弃学从医，获取谋生技能。在光绪二十八年（1902）正月初四的日记中，朱峙三记载"今日父亲向予云，今年不读书，须学医"。但是朱峙三本人却"不愿学医"，友朋辈的许叔文兄弟也劝"仍宜读书"，理由

---

① 关晓红：《科举停废与近代乡村士子——以刘大鹏、朱峙三日记为视角的比较考察》，《历史研究》2005年第5期。
② 《朱峙三日记（1893—1919）》，第54页。
③ 同上书，第101页。
④ 同上书，第103页。

是"学医虽尊贵,但劳苦耳"。而且他的母亲也不赞成学医。但父亲仍然坚持,并检出《医方集解》《医学心悟》《王叔和脉诀》交给朱峙三阅读,但朱本人却觉得"无兴趣"。最后,由于阅读医书无进步,父亲也看出朱峙三实在不愿学医,只好嘱咐他"自修作文","以后寻师搭会"。①

其实,朱峙三对科举考试的弊端早就有比较清晰的认识,径言"科举为误人之政策"②,说自己"不愿学医,不能不读书以求出路。科举本非善政,然贫贱之士,小而言之,进学后开贺,可获贺礼者三百余串。中举则倍之矣"。③可见,朱峙三对科举的预期并非一般人想象中的做官和济世,而是将其作为谋生的一种手段。可惜的是,在第一次府试中,朱峙三名落孙山。他在落第后的日记中说:"予家人口多,又贫乏,父亲屡欲予学医传代,予终不愿。今年过完,明年如不进学,则决意学医。"这时各地已经在盛传将废科举,兴办新学堂,朱峙三在日记写道:

> 闻近来盛传废科举,专办学堂,各省已开自强、将弁,文普通、武普通两中学。省师范,道、府师范,三简易科,一年毕业。毕业后即派充小学教员,月可得三十元之薪水,必须秀才可考。④

这里透露出朱峙三对于科举制度的考虑其实与能否进入新学堂密切相关。当他听说县城内东渡日本的留学生写信劝人出洋时,"自恨未入学不能受族众之款出洋"。⑤朱峙三对此耿耿于怀,反映了他参加科举考试的目的其实也不限于出仕为官。

为了谋生,朱峙三在科举和学堂之间不断地取舍。庚子事变后,清政府开始推行新政,举措之一就是要求各地创办新式学堂。朝廷虽迭次提倡学堂、废科举,但两者"仍然并重"⑥。他的老师程松于光绪二十九年(1903)创办民立小学。这年正月,朱峙三考入民立学堂。但是当听说县考在即,父亲立即催促他准备考试、多作文。考前几天朱峙三在家备考,

---

① 《朱峙三日记(1893—1919)》,第96、97页。
② 同上书,第121页。
③ 同上书,第115页。
④ 同上书,第120页。
⑤ 同上书,第125页。
⑥ 同上。

温习功课。在县试甄别试中取得第八名的成绩后，朱峙三更是从五月初一起，即"不往学堂读书，在家准备府试"。有意思的是，这次考试的题牌之二反映的正是兴学与科举的两难：

> 问科举进身易，学堂进身难，有科举则学生不能专心，科举可废不？近日游学日本学生，上海学生，猖狂流荡，不率教，不勤学，学生果可恃与？然则主持学务者，若不废除科举，恐无自强之时。如不惩学生，益重自由之弊，将何道之从。①

光绪三十年（1904），朱峙三终于"进学"，即成为俗称的秀才。县内乡邻、亲友皆来祝贺，朱家甚至分街道写请酒帖约三百份。最后，共收到城内贺礼"一百三十一串二百文"，但是各种开支就已费去五十余串，朱峙三自嘲"予本贫家，乃为此打抽丰之陋俗，可笑也"。② 八月，他又回到乡下办酒席，得贺礼"一百二十串文"。③ 这些经历也证实了朱峙三先前关于进学得贺礼的预期。

朱峙三虽然身处内地，但对风起云涌的革命潮流也有主动的了解，由于受到革命排满思想的影响，本来对科举也没有较高的预期。1903年开始，他已经读过《扬州十日记》以及革命性杂志如《新广东》《浙江潮》《江苏》《湖北学生界》《新湖南》，排满思想日益强烈。这样一种情绪可能也影响了他通过科举考试走仕途的兴趣。因此，当最终听到科举制被废除的时候，朱峙三竟然在日记中只留下了一段极为平静的话：

> 前日报载有上谕，立即停止科举，各省学政改为专考察学堂事宜，今日科举已成为历史上陈迹矣，许多醉心科举之人，有痛苦者矣。④

显然，这里所谓的痛苦的"醉心科举之人"是不包括朱峙三本人的。

---

① 《朱峙三日记（1893—1919）》，第113页。
② 同上书，第151页。
③ 同上书，第153页。
④ 同上书，第169页。

其实，在科举制正式废除之前，朱峙三已经进入了县师范学校学习，有了比较好的退路。在六月的时候，友人劝说朱峙三"止于县师范毕业将来无出路也"。① 闻听此言，朱峙三深以为然，不久就与朋友一起到省城探听学堂有无招生事。到这年十月，朱峙三已经开始与父亲商议在速成的县师范毕业之后如何就小学、得薪水帮家用的问题。正是因为有这样一些铺垫，科举在朱峙三的生活中只是选择之一，并非如范进式的即是全部寄托，所以当科举废除时，朱峙三也并未表现出有太多的阵痛之感。

1906年，朱峙三参与筹办县市初等小学三堂事。后听说省城的两湖师范学堂不日招考，即打算前往报考。他和父母商议认为"此学堂不考，以后即无机会"。母亲甚至提出"与大姊纺线填借款"以助朱峙三"求学上进"②。出于这样的考虑，朱峙三投考两湖师范学堂并被录取。可是正式开学时间却又一再推迟，朱峙三屡次感觉"令人烦劳无已"。入学后，朱峙三又因不能挣钱为家中减轻债务却还要家中支付旅差费而深感内疚。母亲则劝说如不就学，则终身为童子师耳。③

由于家中有欠债，朱峙三曾托人谋事，并准备辞去学堂肄业。为了补贴家用，他在朋友介绍下开始充中西报访员，作论说，"每篇可得洋二元"。但当时学堂章程规定"学生未毕业不准充报馆访事及主笔人，违者即开除并索赔学膳费"。因此，朱峙三作论说的事情秘不示人，署名"素秋"，"每星期作文一篇，可得洋二元。又兼访事，约得一二元。从此可月得十元至十五元之数，较之在县充小学教员薪水多矣"④。1906年的暑假回家，朱峙三因有节余报馆薪水十四元助家用，感觉"不似去年窘困矣"。此后的几年，他一边在两湖师范学堂求学，一边继续为报馆作论说，由于能补家用，所以他感觉能够"安然求学矣"⑤。

朱峙三在两湖师范学堂收益有三：其一，学习了经学、文学、算学、地理、习字、图画等课程，这些课程丰富了朱峙三的知识结构，也为他日后从事新式教育工作打下了坚实的基础；其二，结识了不少同学和友人，为日后的求职和就业积累了较为丰厚的人脉；其三，朱峙三在两湖师范学

---

① 《朱峙三日记（1893—1919）》，第167页。

② 同上书，第181页。

③ 同上书，第205页。

④ 同上书，第217页。

⑤ 同上书，第219页。

堂就读期间，读了关于文字狱的诸书以及《太平天国战史》，排满思想日益强烈，同学中有排满思想的人也有不少，大家私下里都在传阅革命书籍。光绪三十四年（1908），湖广总督到学堂演说，大力申斥《民报》和《天讨》。朱峙三则回忆"去冬先阅此书，专骂满奴"。这一年，他还阅读了康有为的《欧洲十一国游记》，并在日记中称反对他阅读革命杂志的塾师程松"迂矣"。当得知清政府下旨各省查禁革命书刊，并开列书单的消息后，朱峙三大胆预测"禁令一出，私购者尤多，学生好奇，愈禁而愈买矣"。① 由于1908年"革命暗潮甚烈"，朱峙三在日记中说"或者清败亡之征欤"。② 其实，这一年的革命思潮相比前几年已处于低潮，而生在内地的朱峙三反而有败亡之言语，其间透出的革命思潮在民间传播的信息尤其值得关注。从1908年开始至辛亥革命爆发的当年，朱峙三日记中频频出现记载革命的言论。但他本人无意参加革命，最大的愿望仍然是"毕业后就教习养家"。③ 由于毕业时间要到暑假之后，而这一段时间无中小学添聘新教员，必须另谋出路。朱峙三还托请在川汉铁路总局文书科任职的黄桂棻帮忙谋事。

辛亥革命爆发时，朱峙三因病返回家乡，此时他刚从两湖师范学堂毕业。革命发生时，他关心革命，但主要考虑的是"只愁何日太平，俾予就事有地，使家中老幼得温饱耳"。④

二 由观望而步入仕途：朱峙三的书记官生涯

武昌首义之后，湖北省城权力结构发生变化。原先处于地下状态的革命派成为实权派。朱峙三在两湖师范学堂时的同学牟鸿勋、任素、蔡良村则成为"具有权力"的人，"两湖仁、义、理化同学当部长者三人"。朱峙三虽身居鄂城，但是对武昌的形势十分关注。程润生之弟回县告知张肖鹄在内务部充总务科长，"颇有大权"，部长也是同学，宜速往省城谋事，但父母以朱峙三大病初愈、最忌劳心为辞。其中真实的原因恐怕还在此时

---

① 《朱峙三日记（1893—1919）》，第236页。
② 同上书，第233页。
③ 同上书，第291页。
④ 同上书，第299页。

政局未定，不便贸然行事。在获知"湘、桂、粤、川、皖俱已独立，满廷恐慌万分之时"，朱峙三随即发出"满运终矣"的感慨，自思"吾侪尚困守县中何益？"当塾师程松劝说朱峙三因为在前清已经"入学"，不能效革命党"大逆不道"时，朱峙三反问："吾师未看过《扬州十日》、《嘉定屠城记》，乃如此说法。满汉界线严，朝廷二百余年视汉人为奴隶，此与元朝何异？"① 这一时期，同学之间也在相互打听，如吴鸣岐自省城来，声称已住过招贤馆，请新政府登记录用，邀请朱峙三到省城；而朱纯愚则来信问"武昌各部有无同学得志者"；冬月初六，友人石云衢、镜卿、傅幼虚等俱欲到省城投效，因为"省城早设招贤馆记名候用，凡从前未加入革命者，谓之投效"②。老师辈的前清鄂城教谕彭烈五嘱咐朱峙三"宜早到新政府去办事"，而彭的至戚李缄三则恐彭离间朱峙三离开鄂城。朱峙三本人的愿望则是"满人何日消灭，俾吾辈早到省得就一事以养亲，还各处积债"。

朱峙三居留鄂城家乡，起初因县中多是非，不出门，在家养病。但由于他进过学，又是两湖师范学堂毕业生，在地方上也算是一人物。鄂城县内办理城防事务的书记官袁夏生是朱峙三的旧友，时常就团练事务与他通讯息。不久，朱峙三的同学张肖鹄以省城委员身份来鄂城调停城防司令与县知事的矛盾，向朱峙三讲述省城事务，并陈述先前曾邀请朱峙三就任《民国公报》事，但现在主笔已另有他人，朱峙三只能办图画报附张事务，支薪为"月二十元，并无好处"。张肖鹄此行还向朱峙三传达了这样的消息："如就知事，此时去似嫌迟矣"，"设非从前参加革命开会之人，难望就独立知事云云"。③

此时朱峙三尚在观望中。新年元旦之际，县署筹备过新年，谓之阳历"中华民国元年"。参与新年筹备事务者，县署中的涂恺臣、李聘堂、夏乃卿等人在朱峙三看来是"藉此出风头，亦可鄙矣"；至于从省城来的学生军，有系武昌城原来"为小贸或提篮卖物之小流氓"，尚有卖花生米的"唇缺之人"，足见招学生军事流品之杂④。朱峙三这段时间主要在家中清

---

① 《朱峙三日记（1893—1919）》，第 301 页。
② 同上书，第 305、306 页。
③ 同上书，第 307 页。
④ 同上书，第 309 页。

理藏书，追忆留存武昌而遗失的图书。但是很快，朋友程稚松剪去辫子，准备前往省城谋事。这年腊月，由于年关逼近，百债待还，不胜忧郁，感到守株待兔不是办法，朱峙三终于下定决心准备前往省城就事，并自行剪去发辫。当程松师劝阻朱峙三勿往省城时，朱以谋生要紧回拒。

初入武昌城，朱峙三见到"城郭犹是，但人民增多一二倍，长街行人拥挤不堪，与八月十五以前大异"。他认识到这是因为"新政府成立，谋事者不拘资格，商务又繁荣"，并称"此真新气象耶"①。在武昌，朱峙三谋事主要是请托同学。张肖鹄建议朱峙三暂就报馆主笔，但是朱以病后不耐作文拒之。《大汉报》主笔曾心如是朱峙三的熟友，建议他谋取知事。朱峙三则答知事不容易做，愿意谋书记官兼审查官。这一时期到省谋事的人很多，月余不得要领者大有人在。有意思的是，革命之后武昌场内逐渐形成了一套特殊的话语方式，朱峙三记叙了人们见面时的情形：

> 近时流行语，如曰"在革"，系老同志，前参加共进会者。曰"满政"，称清政府也。曰"推到"即倾覆之义。指已做过官吏者为"满奴"，或曰"官僚派"。曰"遭打击"，曰"讨论问题"等等新名词。②

这套话语方式表明当时的谋事与是否参加革命，以及参加革命的迟早有至关重要的关系。显然，如果成为"老同志"，就职和谋事机会肯定会多一些。所以，朱峙三在连日访友不见成效的情况下，深悔"九月底未到省，失机会"。幸好有张肖鹄的运作，朱峙三终于获得黄安书记官一职。他告诉友人说："书记官可代知事，薪水之半总在一百串文以上，胜于省城就二十元之事，且可补知事缺。"这一职务"原提案须法政学堂毕业生，后改为通融，各学堂兼用，知事、书记官资格颇宽"。③

朱峙三得书记官，对整个家族来说是一件大事，父亲"心慰无已"，

---

① 《朱峙三日记（1893—1919）》，第311页。
② 同上书，第312页。
③ 同上书，第313页。

请拖事者也不少。在任命尚未正式行文之前,朱峙三已答应带袁夏生至黄安任科员。当曾心如询问是否要先在省城拜会黄安同乡会时,朱峙三则称:"国体俱变,何必先访问乡绅",且自己兼司法,"到县后不能与士绅接近,致滋物议"。① 此时的朱峙三可谓踌躇满志。

到任之后,朱峙三发现黄安县署中多本邑已入学、在省住过学堂之人。知事傅端屏由旅省同乡张国恩、董用威、王书华等人公举,故署中除知事带来的庶务、监印等十人外,"无一非张梅先、董必武所荐者"。财政董采臣系董必武之父,有文名,八股文极佳,但对财政情形则"不甚熟"。②

朱峙三以前并无处理案牍经验,更何况还要兼理刑法讼案,责任重大。县署中没有刑幕夫子,他只得翻阅旧卷及民间所递状纸、前刑幕批判,细心体察。一段时间之后,公务渐熟,他就觉得"旧日刑名夫子无甚妙术也"。③ 他还命人整理民刑案卷分类,自认"本非素习公事者,以司谳关系,不能不研究"。④ 此时的朱峙三勤于公务,批阅文牍,审理案件,不久就获得了较好的声誉。当时的革命政府也在努力革新政务,如下令各省停止刑讯。但审讯案件,则根据省令暂用前清律。县知事傅端屏也倾心公务,早结诉讼,每案一堂即结,省钱而乡间感恩不浅,朱峙三甚为佩服而且与他配合很好。他们俩实行分工合作:朱处理机要文件,重要案件则由傅处理。

朱峙三判案坚持原则,拒绝说情。当秦姓乡绅前来套近乎说官司时,朱峙三则予以婉言拒绝。他与袁夏生外出,遇熟人亦不多说话。这里朱峙三遵守的是清例:"公署人员,刑、钱、席幕友不与本地绅耆接谈也。"⑤ 当身为议员的同学父亲来叙感情时,朱峙三仍然婉拒司法说情。他自述心志说:

> 予为审判官,办理司法小心万分,恐民有冤屈,损阴德也。从前衙门积弊深,况予住县城内,尤深悉我县衙门积习。今日司谳在手,

---

① 《朱峙三日记(1893—1919)》,第 314 页。
② 同上书,第 323 页。
③ 同上书,第 324 页。
④ 同上书,第 339 页。
⑤ 同上书,第 332 页。

可以时时积善修行。①

然而，好景不长，知事傅端屏所拟司法章程受到部驳，又因人事纠葛遭人登报公开诋毁。虽然临时参议会呈文到省城为之洗刷得以化解。但是事情仍然没有结束，在当地黄安人的不断控告下，内务司准备撤换傅。而傅本人则因被控告干脆不理政事，日日与从江夏所带来诸人在土地祠侧小房中为竹战戏。与此同时，新政府开始实行政治体制改革。四月，书记官薪水改革，黄安因为是中县，书记官薪水为六十串，相较以前减少十串。五月，司法体制实行改革，省垣司法司已派审检书记官等来黄安筹备司法独立，以后书记官不再兼司法事务。不久，报载书记官改为秘书，受知事节制。此时，朱峙三已经萌生去意。他写道：

> 民国初立，一切仿日本，知事设书记官为之副，不过曰不兼司法矣。予屡思入学界为份内事，不愿做此官也。②

在傅端屏不理政事的时间里，朱峙三代理政事，甚为辛苦。当傅被正式免职后，县议会袁议长因傅拒绝保举其侄子为警察署长而发难，竟欲与傅端屏算账。朱峙三认为傅端屏无大劣迹，遂请学界有权力者出面化解危机。因为"知事怕议会，议会怕地方各界与之为难"。③ 新任知事褚近午系日本法政毕业资格，朱峙三与他相处尚好，但起初向他汇报政事，但每"到紧要政事，则留意，未详告也"。④ 傅端屏走后，黄安议会出面清算账项，朱峙三深感不平，计划等家中外债还清，十二月即辞职谋教育界事。与此同时，他给家中写信，催促趁自己尚在位，赶紧为其外甥儿女订婚，因世俗眼浅，"不趁此时，难选好人家矣"。⑤ 父亲在获知朱峙三的去意后，写信劝说："各县绅权太重，卑劣者参入议会，贤者难安其位，汝事宜耐守候机缘，万不可轻举辞职。"⑥ 不久之后，新任知事褚近午也为黄

---

① 《朱峙三日记（1893—1919）》，第343页。
② 同上书，第347页。
③ 同上书，第354页。
④ 同上书，第356页。
⑤ 同上书，第349页。
⑥ 同上书，第358页。

安人控告。省城各司则于此时开始裁撤人员，书记官则传言将要改为第一科长。民国二年三月，褚近午被罢免，新任知事为曹履贞。朱峙三认为曹素无能力，非知事才，决不去拜访。虽此后朱峙三一度帮办司法事，但是终究与曹知事相处不融洽。终于，因朱峙三在曹外出视察期间回家省亲，两人生出巨大裂痕，渐至不可调和。朱峙三感慨"作官渐渐小，有何意味？"且曹知事并非真正礼遇自己，而两帮审亦与曹知事不和，朱峙三居中两难，遂坚定了离去之意。当主意拿定之后，朱峙三迅速办理好辞呈，并强调要经办之人印结注明"并无经手未完之事"。朱峙三搬离署衙之后，学界中为朱抱不平，迭请议长主持清算曹知事账目，"并以曹自批讼牍之不通者列入控曹资料"①。朱峙三在黄安任职一年七个月之后正式离开。这一年多的时间里，黄安知事二易其人，足见此时政局多变。

朱峙三当初想离开政界后转入教育界，但教育界又何尝平静？曾诚斋在信中叙述老少派争权，好友易泮香也来信说"学界有新旧派之分"②，主事者"排斥新人，专用老派"③。友人秋舫也来信劝阻朱峙三"切勿弃现职就学界事"。④ 在一个政局变幻莫测的时代里，朱峙三作为一个在谋生和谋事之间不断挣扎的底层士子，经历了太多的犹豫、兴奋与悔恨，当离开黄安到省城之后，在为《群报》所拟论说中，他开始使用本名峙山，而第一篇论说的题目就是《改良湖北县政》，这恐怕也与他前面的经历有莫大的关系。

三 困惑与调适：游走在政学两界

在朱峙三出任书记官时，算得上是官场中人，所以很少看到他对时局的直接批评和个人的牢骚。但是经历过黄安政务之后，由于求职接连不顺，朱峙三对于时局，特别是对于依靠革命而崛起的新派人物批评开始多了起来。

朱峙三原本计划辞去黄安书记官后在省城可以得三事，即师范功课八

---

① 《朱峙三日记（1893—1919）》，第393页。
② 同上书，第361页。
③ 同上书，第344页。
④ 同上书，第359页。

点、《公报》画报主笔及江汉公校教职，预计可得月薪五十元。① 然而，等真正到省城后却仅有管饭而不付薪酬的师范及《群报》论说事，不能顾家。江汉公校事情因主事者不力，"肖鹄每以公款与张械章至汉宿娼，花费不少，致校中正常经费不足"。朱峙三感慨："现时谋事只论奔走，不问品学，世风愈下可慨也！"②

第一师范久久不能正式开课，原因在"黄州府人饶汉祥、夏寿康、阮毓崧结成一气以轧人"。阮、饶调停，要校长郭炯堂由国民党跳入共和党，以此为条件则不换校长。朱峙三甚为气愤，言辞激烈地批评说："如此世界、如此政局，哪可说正气耶。"③ 教育研究会主办苏成章亦挪用公款，未向会员支付薪水。朱峙三认为苏与张肖鹄一样，徒"隳信用而已。"

由于谋事不顺，朱峙三在家与父亲商议，"想与人合贸做药店"。此时朱峙三刚刚依靠做书记官所得薪水偿还了债务，自思"恃笔墨生活，东西奔走，致向人说许多好话以消予之正气，真非予所愿也"。④ 如果拿这段话和当年父亲劝他学医而自己不愿意来进行对比，朱峙三的转变可谓巨大。1913年11月12号，朱峙三在写给父亲的家信中说：

> 学界事不可靠，以后非经理生意不可，许（引者按：指友人许价人）愿意做药铺生意甚好，或山货店亦佳。政学界时时变动有风潮，不如商业永久。……儿愿在家经理生意，不愿在外奔驰。⑤

在同月21号的信中，朱峙三继续向父亲提议"明年做生意"。在"学界事争者多，又无薪水"的困难时刻，通过同学阮次扶的帮忙，朱峙三谋得了黄陂、黄安与麻城三县禁烟委员事务，虽然只是一份临时性的差事，但是每月可得一百二十串薪水，出发时即可先支两月薪水，还能带一名差使，可以随各县调用卫兵，也算得上是一份美差。但是朱仍然很清醒，感慨"设阮次扶非熟人有感情者，不得此差，何如在家经商安然无

---

① 《朱峙三日记（1893—1919）》，第379页。
② 同上书，第398页。
③ 同上书，第399页。
④ 同上书，第403页。
⑤ 同上书，第404页。

求矣"。在向父亲的陈述中,朱峙三也强调"虽得短差,差毕仍须谋事"。①

正式清查烟苗之前,朱峙三已向各县知事发函,请出示鸣锣,"警愚民免种烟苗至于死刑也"。在麻城巡查时,朱峙三拜访知事王苊臣,得知此人曾充江苏军队书记官,不通公事,因与来麻城边界剿匪的第二师师长王占元为至戚,"乃荐此缺"。又前一年腊月与朱峙三有过交往的看守所长朱耀先已被裁回省,于是朱峙三感慨"朝令夕改,此民国新政欤?"②对于在"如此繁剧之地"的麻城任用王这样的知事,朱峙三认为"宁非笑话"。

查禁烟馆,实非易事。一般烟馆背后都有官员或有势力者的支持。故此,每查禁一处烟馆,说情者即闻讯而至。朱峙三也有自知之明:

> 中国事要彻底办,须有权力能调兵拘人,送县坐牢,乃有效力。盖从前县府派人查烟得钱,具结了事已成习惯。予则以重者交县办理,此次如不严肃,恐后来查者云委员未到也。③

朱峙三还委派警士卫兵赴各村查禁烟馆,这本为"开彼等索需之端",因不能亲自前往,他特意叮嘱"不准需索,取具户长切结而已"。被委派至朱峙三身边临时当差的熊腾要求同往北乡查禁烟土也得到应允。朱峙三解释说:

> 古云作官自己清廉,不可使吏太苦,亦近人情者。禁烟为现时要政,犯者应受到惩罚,拟就案情小者罚少数以赏兵役,亦人情也。④

这件小事表明朱峙三已经非常熟悉官场潜规则。在巡查中还有个小插曲,朱峙三曾到正办生日宴席的大绅周君家打抽丰。当主人问朱"是革命中人抑科举中人得官者耶",朱峙三以清代秀才告之。主人则益加敬

---

① 《朱峙三日记(1893—1919)》,第407、408页。
② 同上书,第415页。
③ 同上书,第417页。
④ 同上书,第421页。

礼,原本以为"系革命得官者"。① 足见革命党人虽得势,但在一般人眼中难免有暴发户的意味。

差事结束回到省城后,朱峙三得知湖北政权已归皖人,评论说"此由鄂人自相倾轧""鄂人无团结性、祸由自取"。② 行政署对于此次朱峙三办差的断语是"仰候有相当位置,再予录用"。在皖人当政的时政之下,这其实只是一纸空文。他本想到南京去投靠扬子盘师,但杨师回信说"苏省人才太多,每一机关成立,必有千百人谋事"。③ 由于无事可做,朱峙三只好应朋友请托写中堂、横批等,得润资以备家用。在这种生存境遇之中,朱峙三不觉怀念起久已废除的科举制来。在二十九岁生日那天,他在日记中写道:

> 予今年二十九岁初度,设清代科举不停,予取科名或已早作官吏。则乙巳、丙午间似不赞成革清代命也。孙大总统上李鸿章书如见用,戊戌政变如实行立宪,宣统朝摄政王能真行立宪政体,亦不致有民国名词也。伤哉!④

很难想象这段话出自一个在辛亥革命前就已经有很深的排满思想的士子之口。显然,正是民国初年政治的无序和混乱造成了朱峙三的这一想法。他曾努力适应和追赶新的时势,但是"民国法令、名称变态如此之速,可哂也"⑤。为了生活,朱峙三曾先后就任鄂城寒溪中学教职和大冶中学教职。但当听说"中学毕业办行政事务满两年者,可由各县知事送检证件,到行政公署保免,可充县佐"时,立即托人查找核实条例,在得到确切的信息之后,迅速检出文凭及黄安之证件送县公署。后因父亲去世,心烦意乱,觉得县佐"无甚意味也",此事方才告免。1915 年,朱峙三曾经人保免至北京考知事一次,可惜落选。此后几年,朱峙三一直任职于学校,以舌耕养家,随着薪水不断提高,其心境也渐趋平和。

---

① 《朱峙三日记(1893—1919)》,第 418 页。
② 同上书,第 428 页。
③ 同上书,第 430 页。
④ 同上书,第 433 页。
⑤ 同上书,第 438 页。

四 结语

　　日记是一种私密性的文献。使用日记，"可以按年按日排纂出各个阶段、不同阶层的人对历史事件的看法、心态的变化、思想资源的流动等等问题，使得我们可以不局限于探讨思想家的言论，而能从一个新的广度与纵深来探讨思想、文化史"①。日记并非完全的信史，但正如桑兵教授指出，日记研究的价值和意义主要体现在"能够从具体细微处显现随着时势变化因人而异的心路历程，丰富历史的细节，减少概念化的误判"。②

　　《朱峙三日记》记录了在晚清民初的社会转型中一个普通乡村士子的种种社会观察与认知，保留了面对社会巨大变革时底层大众的焦虑、彷徨的心理状态。新、旧之间因时、因势呈现出交替与博弈的态势，理想与信念在谋生与谋职的现实中表现出乖戾的情形。现实中有形的皇帝虽然不在了，可是在皇权社会中形成的种种惯例、习俗却还在发生作用。在咸与革命的变局中，权力重新洗牌，难免会泥沙俱下、鱼龙混杂，所以会出现朱峙三眼中"为小贸或提篮卖物之小流氓"充学生军的情形，湖北省城中新、旧势力之争加上地方派系之斗更是使政令朝夕不同。朱峙三虽没有直接参加革命，但绝非守旧之人，他努力调整自己的角色，积极适应变革后的社会现实。可是，现实中的种种不顺却时常困扰着他：新派人物获取权力后的蜕化、民国政制的随意更改、地方势力在新制名义下的派系争斗，这一切不同程度地影响着朱峙三的求职之路，也使他不时陷入迷茫与彷徨。这些鲜活的历史细节正是综合衡量辛亥革命社会影响时应该考虑的内容。

　　在以往的宏观叙事中，研究者阐释辛亥革命的意义往往多从国家和社会的视角进行立意，强调其在制度层面的革新意义。然而，辛亥革命造成的中国社会系统的全面转型与震荡，并非只能从观念层面进行解说。作为历史亲历者的普通士人，朱峙三们掌握的信息资源有限，对事情发展全部过程的认识也比较欠缺，换句话说，他们本身只是历史发展过程中的一个

---

　　① 王汎森：《中国近代思想文化史研究的若干思考》，《新史学》14.4（2003），第177页。
　　② 桑兵：《走进新时代：进入民国之共和元年——日记所见亲历者的心路历程》，《华中师范大学学报》2012年第1期，第69页。

"小颗粒",认识到的历史进程也只是一个小截断面。但就是无数个这样的"小颗粒"共同铸成了波澜壮阔的历史进程,无数个小截断面连缀起繁复而宏丰的历史知识体系。作为亲历者,朱峙三在辛亥革命前后的职业谋划,生动地反映了普通民众在重大历史变迁时代的疑虑、彷徨与调适。《朱峙三日记》讲述的是"老百姓自己的故事",这正是眼光向下的社会史应该研究和关注的对象。

黄炎培的地缘交往网络

张立程

(浙江大学)

黄炎培是中国近代著名的社会活动家,他在长达八十余年的社会交往中,地缘交往网络是十分重要的基础性网络。学界对黄炎培的社会交往已有若干研究[①],但探讨其地缘交往网络的专文尚未见到。本文拟以黄炎培的地缘交往网络为重点,通过对黄炎培与上海当地的地方名流们交往脉络深入剖析,对黄炎培地缘网络的形成过程、网络成员的彼此联系等问题进行解答,以推动黄炎培社会交往网络的研究。

一 川沙兴学——黄炎培地缘网络的初建

地缘,是传统农业社会里人际交往的重要基础型纽带。地缘是血缘在空间上的投影。作为一个接受了儒家传统教育的读书人,黄炎培的乡土观念一向十分浓厚,他特别重视同乡关系,很早便注意建构地缘交往网络。1901年在他因南洋公学墨水瓶事件被迫辍学返回川沙后,便以士大夫"天下兴亡,匹夫有责"的使命感自居,自觉地开展教育救国的实践。当时的川沙县,近代教育事业极为落后,整个川沙厅辖境内还没有传播新知的新式学堂,只有一个"观澜书院"。1902年,黄炎培与张访梅、陆逸如等川沙士人联名上书川沙厅,要求将观澜书院改办川沙小学堂。黄炎培并将呈请直接递到南京两江总督衙门,时任两江总督的张之洞,对地方教育

[①] 主要有张立程《黄炎培社交网络研究》,中国社会科学院近代史研究所2013届博士后出站报告;许纪霖、倪华斌:《方圆之间——黄炎培》,上海教育出版社1998年。

改革的推动不遗余力，黄炎培等人的呈请正合彼意，顺利得到了官府的批准。黄炎培、张志鹤被聘为总理和副办。1903年，川沙小学堂正式招收学生70多人，经费由原"观澜书院"的田产作为办学基金。新式教育的推广事业注定不会一帆风顺，来自社会方方面面的怀疑、攻讦使川沙小学堂的发展步履维艰。为了减少办学阻力，川沙小学堂开办章程中明确规定总理、副办都不支薪水，自备膳食。黄炎培积极筹措资金，他以同乡的名义拜访了长居上海的川沙巨商杨斯盛先生，"把国家前途的观点和兴学的必要"，系统地讲演给杨斯盛，他慷慨地捐银三百元，使得川沙小学堂能够维持正常运转。川沙小学堂开设国文、算术、英语、音乐、体育、美术等新学课程，黄炎培、张志鹤、黄洪培等五六位教师，亲自授课，每人"各授课每日三小时"。① 黄炎培为办好这所学校，在课程设置以及教学方法方面开始了许多重大的改革与尝试。他开设体操课，规定学生每天都要做体操，并言传身教，坚持和学生一起积极锻炼，他在授课时，一反传统灌输式的教学方法，代之以启发学生思维的各种生动灵活的方法，丰富了学生的课堂生活。课余，学校经常在城墙边举行分组速算竞赛，每周在校内举行公开演说，来锻炼和培养学生的口头表达及逻辑思维能力。

在不懈的努力下，川沙小学堂的办学成果斐然，川沙城内的许多居民无不以送子女入川沙小学堂为荣。通过办学，黄炎培与川沙、浦东当地各界的交往、联系开始逐渐密切。黄炎培办学，看重的是办学过程，他的根本目的在于传播"救国"新知，启迪民智。他的视野并不局限在学校内，为了"救国"，他必定会推动学校与外界的社会联系，将教育的功能拓宽到学校以外，在社会上产生更加深远的影响。因此，黄炎培努力使演讲会从学校一步步扩大到各县的大集镇。② 他与川沙的张志鹤、陆逸如、南汇的马亦昂、顾冰一，上海的杨月如、穆恕斋、瞿绍伊等人，在各处演讲的过程中，因志同道合而使彼此的关系不断升温，已经初步结成了地域网络。编织这个网络的黄炎培，在因努力办学而逐渐获得社会声誉的同时，也潜伏着网络被撕裂的危机。1903年6月18日，黄炎培、张访梅等人应南汇县新昌镇青年的邀请，在那里发表演说。演讲的盛况空前，百里以内，舟车云集，十分轰动。然而，黄炎培等人演说内容被当地痞棍密告，

---

① 黄炎培：《八十年来》，中国文史出版社1982年版，第38页。
② 田正平、周志毅：《黄炎培教育思想研究》，辽宁教育出版社1997年版，第18页。

诬称他们毁谤皇太后、皇上。6月23日，南汇知县戴运寅拘捕了黄炎培、顾次英、张志鹤及张尚思四人，并在县衙照壁贴出了告示，一面电禀两江总督、江苏巡抚请示惩办。然而，江督、苏抚的电令两相歧异，戴运寅无法决断，只能再次电请指示。正当督抚会衔于26日午时三刻就地正法的电令尚未到达之时，杨斯盛与上海总牧师步惠廉及美籍律师佑尼干伸出援手，四位青年最终得救脱险。当晚，黄炎培等四人乘坐西伯利亚号轮船，离开上海出走日本。黄炎培的地缘网络至此暂时告一段落。"新场党狱"案对黄炎培的人生产生了重要的影响，在日本避难期间，黄炎培在开阔视野的同时，也在内心深处对这场磨难进行了反思，促使他更加注重避免与人交往时发生正面冲突，但却始终不放弃自己的主张，逐渐形成了外圆内方的处世风格。黄炎培日后性格上的巨大转变，在这次新场风波中，可见端倪。在日本避难半年后，黄炎培与张志鹤、顾次英等人回到家乡。

回到国内的黄炎培，发现在他离乡避难的半年里，浦东兴学的风气已经十分盛行。地方的风气已经开通，黄炎培很快便重新在教育界崭露出头角，先前因远走日本而暂时中辍的地缘网络，此时也已在他回归后得到修复并有进一步地扩大。

黄炎培先在朋友杨白民的邀请下，到上海的一所城东女校任教，随即又应在日本新结识的友人刘季平的邀请，受聘到上海丽泽书院任教。黄炎培川沙兴学，主要得到了来自川沙巨富杨斯盛的鼎力支持，他将自己兴办学校的宏愿发扬光大，1904年由他出资，聘请黄炎培、张志鹤首先创办了广明小学。1905年，杨斯盛继而提出了一个更为宏大的计划，打算在浦东六里桥办一所浦东小学，同时筹办一所中学，并在广明小学内开办一所广明师范讲习所，以培养中小学师资，满足兴学热潮中社会对师资的需求。这一宏大兴学计划的实施，是黄炎培在具体筹划。

在黄炎培与杨斯盛的筹划下，1906年占地60亩的浦东中学正式开工兴建。黄炎培事必躬亲，负责浦东中学的校舍设计草图，杨斯盛则亲自监督施工，建起了可以容纳千人以上的大礼堂，礼堂的东西两面各建一座框子形的教学楼，较小的一座是浦东小学的教学楼，较大的一座则是浦东中学教学楼，每座教学楼上下各有几十个教室。教学楼后面是两个餐厅，再往后面，会看到两块露天操场。大礼堂的前面是一座很大的运动场，配备了各种运动器具，方便师生进行体育锻炼。浦东中学校内设施一应俱全，还配备了中西医负责师生的医疗卫生。在20世纪初年的浦东川沙，创办这样规模的一所中学，花费十分巨大。杨斯盛对黄炎培等青年后进孜孜办学的感动，不惜代价，倾力支持。他将历年积攒的白银 12 万两用作开办经费，在临终前，还特意将几代人苦心经营所积攒的家产 12 万两白银再次捐献出来，用作浦东中学发展的基金。他委托黄炎培全权负责学校的管理工作，高水平的各科教师，均由黄炎培严格选聘。开学那天，杨斯盛在典礼仪式上发表了演讲，对学生提出"勤、朴、诚"这人生修养的三大要点。学校建成后，当地官府多次催促他上报办学费用，以便上奏清廷，以资奖励，他不以为意，从不申请。浦东中学的教职员工，对杨斯盛的慷慨善举均十分感激。黄炎培作为校长，每月主动申请仅支薪水 40 元（远低于 100 元的标准），教职员工也都尽职尽责，努力工作，很快就使浦东中学在当地的各学堂中脱颖而出。

黄炎培在浦东中学坚持德、智、体三育并重，更注重对学生的全面教育，以促其全面均衡发展。浦东中学的校规十分严格，注重对学生的教育、训练及日常管理。浦东中学的学生全部住校，每月放假一天，其余时间，即使在周末、假日，也都在学校修习功课、参加运动。浦东中学的课程设置，有着与一般中学通常的相同科目外，还有异于常规的显著特点。校内开设了德、法、英、日等多门外语，还设立了经济学、商业概况、银行学、珠算、打字、书法等课目，并且在校内开设了画室与木工室等，突出实践与技能的职业教育内容。

浦东中学对武术、体操等体育教学尤为注重。浦东中学每年都会举办全校体育大会，由学生分别演练拳舞、大刀舞、单刀舞、双刀舞、棍舞、凳舞、铁杠、平台、云梯、天桥等武术、体育项目，吸引了众多媒体前来报道。1907 年的《申报》曾特地报道了浦东中学体育大会的盛况。由于办学颇具特色，办学成绩斐然，学生课业扎实，知识全面，受到社会的普遍欢迎，浦东中学在江浙一带声誉卓著，形成了"北南开、南浦东"这样的声誉，吸引着全国各地的各界人士前来参观。就连江苏提学使毛庆藩在听闻浦东中学的大名后，也曾兴之所至，前来巡察。经过参观，他对黄炎培在浦东中学的办学成绩感到十分满意。

为使浦东中学成为实践教育救国理念的试验田，黄炎培不忘自己的责任，将爱国主义、民族主义的思想，来潜移默化地唤醒民众。他与部分师生，每周定时"各肩小黑板，分向附近各村落，召集男女老幼，从识字中间，讲到国家情况，国民责任，教得六里桥一代人心兴奋起来"。① 这种做法，使浦东中学师生深入了解社会现实，不但接触了民众，也启迪了民智，产生了显著的社会影响，扩大了他的地缘网络，但另一方面，也给他带来了麻烦。有人暗中向两江总督端方密告，重提新场党狱旧事，诬称黄炎培在浦东中学天天对学生讲排满革命，禀请对他拘捕审讯。提学使毛庆藩于是将黄炎培招至家中，细细盘问。毛庆藩其实早已对黄炎培另眼看待。他对黄氏办学的成果一直青睐有加，在问话中，当得知黄炎培的月薪仅40元，远低于当时中学校长的月薪标准后，他对黄炎培亲近之感更加浓厚。他对自己的子侄辈声称，黄炎培就是他们的榜样。并在事后特意发了一道洋洋三千余言的公文，对黄炎培百般维护。公文明确声称：今后如再有人根据旧案，控告黄炎培革命，从此立案不准，以免冤枉拖累好人。

有了提学使的这道公文，黄炎培得以在清末政局动荡的多事之秋，顺利开展其教育救国的实践。

1907年1月，浦东中学正式招生开学，杨斯盛担任学校董事长，浦东同乡会的主要骨干李平书、黄炎培、秦锡田、张志鹤等担任了校董，并由黄炎培担任总理（校长）。在筹建之初，黄炎培设想打破中国式的传统教育模式，开创培养社会实用人才的实践教学。在办学上，黄炎培既明确"为国育才"和"德智体"并重的指导思想，又有一系列十分严格的管理要求与措施。因此，浦东中学完全按照当时上海一流学校的教学计划和设施来设计。

在浦东中学的创建与办学过程中，浦东同人会的成员，特别是穆藕初、李平书等各位董事给予了资金上的大力支持，聘请了一批学有专长的教师，外语教师大多由外国人担任。浦东中学当时以完备的设施、一流的教师、优良的校风在中国学界获得诸多赞誉。浦东中学的学生来自全国各地，为国家培养了众多的栋梁之材。许多后来在中国近现代历史上留下显赫声名的人士，如范文澜、潘序伦、钱昌照、王淦昌、闻一多、董纯才、李一氓、蒋经国、蒋纬国等名字都可以在当时的学生名单中找到。

浦东中学的办学成功，倾注了黄炎培、杨斯盛等人的一片心血。杨斯盛一生积累有财产约白银40万两，其中用于浦东中学的就达30万两，他在重病中对黄炎培讲："我对于校务，没有其他憾事，只恨不能全免诸生

---

① 黄炎培：《八十年来》，中国文史出版社1982年版，第46页。

的学费。"可见他对浦东中学的关爱。幼年时曾在浦东生活过一年的著名学者胡适对杨斯盛这一义举十分崇拜,称之为"中国第一伟人",撰写了《中国第一伟人杨斯盛传》,还为浦东中学写下了"种瓜得瓜,种豆得豆"的题词。杨斯盛逝世后,北洋政府于1917年批准在浦东中学校园内立杨斯盛铜像。1936年,浦东大厦建成时,黄炎培特意推动浦东同乡会通过了将杨斯盛遗像悬挂于浦东同乡会会所大厅内的建议,这一切都说明,杨斯盛在浦东地方教育事业中所占有的独特地位。

黄炎培自1903年创办川沙小学堂开始,便对推广川沙、浦东的教育事业极为重视,他日后在上海推广职业教育,发展农村改革事业,浦东、川沙是他时常考虑并重点关注的地区。在日记中,不时能见到他与浦东教育界人士往来的活动记载,1926年至1935年间,共计17次,详见下表①:

时间	内容	页码	备注
1926年11月9日	晨八时,偕夏湛初(承枫)、章伯寅(慰斋)两视学、伯初赴川。过甲子学校,观园景。过龚镇明强(陆士藩)、大湾培德商业(凤来仪)、小湾振新(陈明之)备小学。午后一时到城。三时开会。晚,仲文邀宴于商会。宿初级中学(徐辅周)。	《日记》第2卷第280页	
1926年11月10日	晨八时,坐小车赴农场。观农童校(教员郭辅虞、农场职员杨占元)。至蔡家路,观德新(校长张思维)、懿光(李二我),旧名大魁。饭后坐校车至川沙站,四时上车返沪。	《日记》第2卷第280页	
1927年1月16日	夜,与川沙北境教员张思贤(平)、施润、陶炎、潘星五、徐胥涛、宋久揆、黄汉奎、顾尔、沈则张、杨鉴汀、范家唐、沈泉清、王境明谈话,勉以三事:求知识、尽责任、培信用。宿教育局。	《日记》第2卷第286页	
1930年9月3日	洪哥偕陆叔昂、张仲渠、陆容庵来,商川沙校事。	《日记》第3卷第261页	

---

① 据《黄炎培日记》第2至5卷相关内容编制。

续表

时间	内容	页码	备注
1930年9月28日	秦凤翔、陆叔昂来,共商川沙小学经费问题。十一时始散。	《日记》第3卷第262页	
1932年6月4日	访周佛海,谈川沙教育。	《日记》第4卷第86页	
1932年11月6日	午后二时,坐上川公司所放汽船赴川沙,五时至。李子韩县长偕多人迎于埠头,至公立小学开会。教局长熊犨高致词,余报告卅年前事实及此行感想,继以伯初、冰畦,末学生致词。	《日记》第4卷第127页	
1932年11月7日	晨访子韩。至教育局,多人索书。赠公小诸生:随学随做,从实地试行所学。应做的事从自己做起,不应做的事从自己戒起。处处先公利后私利,才可以结团体,兴国家。	《日记》第4卷第128页	
1933年3月12日	崔雁宾来,为浦东向苏农校追欠款,邀往法庭作证事。	《日记》第4卷第161页	
1933年3月16日	赴苏,为浦东中学向苏农校追欠款三千圆,于吴县地方法院庭上传余作证。	《日记》第4卷第162页	
1933年3月22日	讯潘继卿,为浦校事。	《日记》第4卷第163页	
1933年4月14日	讯廖南才,为浦校事。	《日记》第4卷第170页	
1933年5月23日	草《川沙公立小学校史最初一叶》。	《日记》第4卷182页	
1933年5月30日	《川沙公立小学校史最初之一叶》脱稿。		
1933年6月29日	川沙公立小学立校三十周年、观澜书院百年纪念会,偕问渔赴川沙参与,余讲"我即川沙,川沙即我,人人须如此存心"。	《日记》第4卷192页	
1933年8月19日	共李子韩、伯初、叔昂、仰渠等商川沙教科长问题。	《日记》第4卷206页	

续表

时间	内容	页码	备注
1934年1月7日	未明起身，赴川沙。集全县校长、教员、民教馆长，共问渔提出复兴民族教育：自治治群；自养养人；自卫卫国。组织设计委员会。	《日记》第4卷第244页	
1935年6月1日	浦东同乡会商决杨洁女学案。到者南汇教育局代表李鸿龄、季偶凡、顾梅岑、冰畦、沈子坚及余，十余年纠纷从此解决。	《日记》第5卷第57页	

从上表可以看出，黄炎培在20世纪二三十年代，十分热心浦东地方公共事务。他时常回川沙参观、考察当地学校，在视察中，与校长、教师进行座谈，勉励他们尽职尽责，开启民智、培养新德，培养学生的社会责任感。同时，黄炎培以其积累的社会资本，着力解决川沙当地文化教育事业发展所面临的棘手难题。1930年，川沙小学堂经费遇到困难，黄炎培除与川沙教育界人士黄洪培、陆叔昂、张仰渠、陆容庵、秦凤翔等一道商议解决外，还与李子韩县长、张伯初、陆叔昂、张仰渠等教育界人士为教育科长人选交换意见。1932年11月，川沙公立小学为在次年举办成立三十周年大会召开筹备会议，黄炎培特意赶回川沙参加，他回顾了自己三十年前的办学经历，即席发表了参加大会的感想。会后，他亲撰《川沙公立小学校史最初之一叶》。1933年6月29日，川沙公立小学立校三十周年、观澜书院百年纪念会，黄炎培偕职教社主任江问渔赴川沙亲自参与盛会，并在大会上发表了演说，讲述"我即川沙，川沙即我，人人须如此存心"的观点，得到了与会川沙各界人士的热烈响应。①"九一八"事变后，黄炎培的精力主要放在了发动民众参加日渐兴起的抗日救亡运动上，他在浦东川沙各地四处奔走，多方呼吁。1934年1月7日，他与职教社江问渔一道赴川沙，集合全县校长、教员、民教馆长，提出复兴民族教育的计划，以"自治治群，自养养人，自卫卫国"为宗旨，并与川沙教育界人士共同组织设计委员会。②

此外，黄炎培还为浦东地区最高学府——浦东中学的发展倾注了

---

① 1933年6月29日，《黄炎培日记》第4卷，华文出版社2008年版，第192页。
② 1934年1月7日，《黄炎培日记》第4卷，华文出版社2008年版，第244页。

不少心血。尽管他在1910年以后就不再担任浦东中学的校长，但依然难舍对浦东中学的深厚感情。他多次利用自己庞大的社会交往网络积累起来的社会资本，帮助浦东中学排除各种障碍。1932年浦东中学与江苏农校产生经费纠纷，两所学校最终闹上法庭，黄炎培毅然接受浦东中学校方的邀请，前往吴县法庭，为浦东中学追索江苏农校欠款一案出庭作证。他还相继电询潘继卿、廖南才，询问浦东中学此案进展及最终结果。①

川沙兴学的过程，是黄炎培地缘网络的编织建构阶段，一方面，通过办学实践，浦东中学培养了一大批学有专长的毕业生，在社会各界产生较大的反响，另一方面，通过兴办浦东中学，黄炎培也与川沙乃至浦东各县的政、教、工商等界人士有了十分频繁的交往，他的地缘网络已经发展到了相当规模。这为他日后从事各项社会活动打下了坚实的基础。

二　浦东同人会——地缘网络的壮大

在传统社会中，血缘是第一位的，血缘是身份社会的基础，② 由血缘关系发散出去而形成的地缘关系，则是稳定的农业社会中另一重要社会交往网络。基于地域认同而联结起来的同乡关系，在黄炎培的社交网络中，占据着基础性的地位。黄炎培之所以能够在清末民初的浦东地区享有非常高的声誉，尽管与其通过兴学活动而编织建构了地缘网络有着直接关系，但更重要的是，伴随着他的社会活动足迹从浦东向浦西——上海的扩展，这一地缘网络的范围呈现出进一步扩展的态势，这与黄炎培通过加入并主导浦东同人会这一当时浦东人的同乡组织密切相关。在地理上，浦东虽然与上海仅一江之隔，但浦东各县与浦西的上海之间在近代以前并未有太多的联系。1843年上海开埠后，随着上海租界的兴起发展，上海的经济开始崛起。一批批来自南汇、川沙、宝山、奉贤、金山、松江等浦东各县的人们，在上海各行各业中谋生、奋斗，到外滩建筑工地上当工人、到杨树

---

① 1933年3月16日，《黄炎培日记》第4卷，华文出版社2008年版，第162页。
② 费孝通：《血缘与地缘》，《乡土中国　生育制度》，北京大学出版社1998年版，第74页。

浦纱厂做女工、到十六铺卖土产、到老城厢开饭馆。在谋生创业的过程中，有不少人定居在浦西，也有人白天到浦西工作，晚上则回浦东，往来奔波于两地之间，在上海形成了一个流动的"浦东人"群体，很自然地便以地缘关系为纽带，结成了各种地域性的组织。浦东同人会就是这样一个地缘纽带的产物。

1905年，上海著名士绅、浦东高桥人李平书发起创建了浦东同乡组织——浦东同人会。李平书，原名安曾，1854年出生于宝山高桥镇，30岁时改名钟珏，字平书，号瑟斋，60岁别号且顽。早年丧父，家境贫寒，14岁时就在花行、豆麦行当学徒。1873年考入上海龙门书院读书。不久便以优贡入仕，先后在广东陆丰、新宁、遂溪等地任知县，因办事干练，颇得上司赏识。因1898年支持民众抗议法国侵占广州湾，遭革职处分。1905年在上海创立城厢内外总工程局，承办上海城厢内外所有马路、电灯及警察等地方公共事务。1908年开始，担任上海城厢内外自治公所总董。在李平书的主持下，上海地方自治机构为城市的发展，做了许多有意义的事，如兴办市政工程，扩充自来水厂、电厂等公用事业，举办警政以维持地方社会治安，支持地方教育事业的发展，设立并资助了一批新式小学堂等等。在市政工程方面，上海地方自治机构在清末共投资51.7万余元，筑造了大小道路170条，疏浚河道10条，修筑码头驳岸18处。这些基础工程的完成，使上海"市政之日进"。李平书也因此获得了社会各界对他的推崇，享有较高的社会声誉。

浦东同人会在清末上海地方自治运动中，同样为浦东地区的开发发挥了十分重要的作用。同人会依靠广大会员，积极筹划开发浦东的各项举措。会长李平书是开发浦东交通事业的首创者。1843年上海开埠后，经过几十年的建设，浦西地区的交通设施有了较大的改观，火车、汽车、电车等现代化的交通工具相继出现并发展，但浦东由于黄浦江的阻隔，交通条件依然十分落后。1900年之前，浦东只有一些独轮车，俗称"江北小车"，承担着浦东浦西客货往来运输的重任，不利于浦东人的出行。1909年，李平书筹划在浦东地区开建一条沪金铁路，从浦东杨家渡开始，东至川沙钦公塘，沿塘一路向南，到南汇县境内后折入奉贤境内，最终到达金山县境内的白沙湾。这一计划如能实现，浦东的交通状况会有较大的改观，然而，由于资金、技术、当地政府等各方面因素的制约，这一工程未能付诸实施。

随着浦东人经济实力的进一步壮大,改变家乡落后面貌、开发家乡的愿望日益迫切。黄炎培与浦东同人会的联系很早。他1905年自日本回国后便与李平书相识。同为浦东人的同乡关系拉近了彼此之间的关系。清末,李平书在上海的事业顺风顺水,极具规模。黄炎培在上海开展的诸多社会活动,当然与李平书的鼎力支持分不开。随着两人的相识相知,黄炎培与李平书这位前辈、同乡的情谊也在增加。1927年12月9日李平书病故,黄炎培在1928年1月3日,"吊李平书世伯,见孝子孟章孙"。① 他还题写了"慈悲二字,平生大业根苗,维我公福寿全归,奈弥天水火,载道疮痍,地下焉能长瞑目?桑海卅年,父执几人泉壤,使小子公私进泪,念晓日茶楼,春江簧舍,劫余何忍数从头?"② 的挽联,来缅怀这位政界前辈、社会名流。

在接任浦东同人会会长后,黄炎培开始积极筹划浦东交通事业的建设。1921年1月15日,黄炎培召集浦东同乡,"也是园议浦东上川筑路事"。③ 4天之后,1月19日夜,黄炎培等便"发起交通公司"④,商议筹建上川交通股份有限公司,拟定资金40万元,穆藕初兄弟等浦东同乡对上川交通公司大力支持,踊跃认股,资金很快筹足。1922年10月份工程开工,市总商会、浦东同人会的李平书、叶惠钧、黄炎培、王一亭等名流亲自执铲为工程破土开工,很快便铺设铁轨。黄炎培亲自起草了《上川交通股份有限公司章程草案》,并为之作序。他感念"自筹备以来,顾君兰洲主任工程,凌君云洲主任测量,上川两县同志,群策群力,于材未尝外求,而于事引为己责",他决心"奔走追逐诸同志之后,张目以盼筑路之告成功而已"。⑤ 根据《上川交通股份有限公司章程》的规定,黄炎培被聘为董事,主要负责与铁路所经过之处社会各界协调筑路相关的事宜。1929年9月9日,他为上川公司被征收护路捐20%,与上海市税务局的

---

① 1927年12月9日,《黄炎培日记》第3卷,华文出版社2008年版,第41页。
② 1928年1月3日,《黄炎培日记》第3卷,华文出版社2008年版,第45页。
③ 1921年1月15日,《黄炎培日记》第2卷,华文出版社2008年版,第96页。
④ 1921年1月19日,《黄炎培日记》第2卷,华文出版社2008年版,第96页。
⑤ 《〈上川交通股份有限公司章程草案〉序言》,《川沙县志》,上海人民出版社1990年版,见 http://www.shtong.gov.cn/node2/node4/node2250/chuansha/node47838/node47851/node61466/userobject1ai34358.html。

张咏霓商议。① 1926年1月，铁路延伸到川沙，7月竣工，增设大湾、小湾、暮紫桥、川沙站，每日行驶22个班次。全线长21公里，有机车4台，客车8辆。

上川铁路建成后，往来两地间的浦东人川流不息，为上川交通股份有限公司带来了稳定的客流，很快实现盈利，也带动了川沙等地的经济发展。将上川铁路延长到南汇也很快提上了议事日程。1934年2月，黄炎培参加"上川公司会餐，为与南江（疑为'汇'字）县政府订约延长路线事"，②上川公司很快便与南汇县政府签订了延长铁路的协议。5月，铁路延伸至钦公塘。上川铁路开通后，职员工作十分尽责，有员工积劳成疾而病逝。1935年6月4日，黄炎培专程返回川沙，参加上川公司为已故职员陈吉人、凤纯初竖立的纪念碑举行的开幕典礼，特意发表了演说。③ 1936年，黄炎培在7月1日"代表上川招公用局长徐君陶（佩璜）、科长张登义、技正萧贺昌……商路线合约事"④。上川路又延伸到祝桥镇。这样，上川铁路的总里数最终达到了35.35公里，沿线设庆宁寺、金价桥、新陆、邵家弄、曹家路、龚家6个站头，用福特机车、黑油机车和油电车拖带客车行驶。沪金铁路的开通，连通了浦东浦西，乘客每日达千人以上，就连上海租界的外国人也三五成群、结伴乘车远足乡间郊游。

差不多同一时期，浦东同人会常务理事、著名实业家穆藕初，偕同其胞兄穆恕再等筹筑了上南铁路，从周家渡开出，到南汇周浦镇中止，于1925年建成通车。上川、上南两条铁路的相继建成通车，为浦东的农产品，以及毛巾、袜子等手工业品运销浦西，带来了极大的方便，成为浦东农村联结浦西的交通纽带，为浦东地区的经济发展，起了积极的促进作用。而这一切，都离不开黄炎培及浦东同人会的鼎力支持。

除了兴建上南、上川铁路外，黄炎培与浦东同人会的同仁还筹划在黄浦江上架设大桥，进一步便利浦东浦西民众的出行。1922年12月，穆恕再初步拟订了大桥建设方案，桥址选在南市董家渡附近，桥长500米，环

---

① 1929年9月9日，《黄炎培日记》第3卷，华文出版社2008年版，第178页。
② 1934年2月，《黄炎培日记》第4卷，华文出版社2008年版，第256页。
③ 1935年6月4日，《黄炎培日记》第5卷，华文出版社2008年版，第58页。
④ 1936年7月1日，《黄炎培日记》第5卷，华文出版社2008年版，第182页。

以十洞，中间有新式的转轮，定时启闭，以便大货轮通过，为一座可以启闭的活动式桥，因此，被称为转桥。12月20日，《申报》刊登了《浦东新村浦东转桥浦大股份有限公司》启事及招股简章，公司由穆恕再、穆藕初、李平书、黄炎培、王一亭等50多名社会名流发起。当时报纸称"穆藕初、穆湘瑶经营浦东，不遗余力。数年来增设工厂、学校甚多，自通行长途汽车后，营业益见发达，鉴于中隔黄浦江，终欠便利，现发起于浦南江面建一座铁桥，筹建价款50万元，闻已在进行，期于明年开工。"① 此项设想，尽管终因集资困难而未能实现，但黄炎培、穆氏兄弟等浦东人士开发家乡的热忱可见一斑。

黄炎培在利用其地缘网络推动浦东交通开发建设方面所起的作用，从其《日记》中可以看出，他经常与浦东电气公司、上川交通股份有限公司董事会成员的例会，为这些企业的发展提出富有建设性的意见。

浦东同人会所开展的工作是多方面的，除发展交通外，同乡会还在救济贫苦同乡、创办浦东医院、援助浦东地方教育事业、兴修水利和海塘工程等公益事业方面做了大量的工作，对于促进浦东地区的经济、社会等各项事业的发展，维护当地民众的利益，都起到了一定的作用。

1926年10月24日，黄炎培应川沙县政府邀请，考察横沙海堤建筑施工情况。在三天的时间里，他马不停蹄，从小湾到白龙港上船，抵达横沙后，在沙务局与当地官员及教育界人士进行了沟通，结识了许星八（家骏）、沙务局征租员兼警佐徐用先（昭莹）、沙务局助理员徐达初、薛成德堂收租员黄字勉、养心校长顾子宽、教员施鹤洲、洪化教员沈敬一（大同毕业生）。与他同行的是王希玉、曹伯权、华汉梁、（冠时）、董开章、陆思受（培祉）等保坍会工程师。10月25日，黄炎培一行向"横沙西南前行，从板洪漕西南至牛角尖临海处，折而东行，至南新镇保坍工程事务所。饭后，沿海坍岸处向东转北行，直过淡水洪，从东北角高墩沙，沿堤转而西行，至高墩沙仓房，折而南行，至养心小学"。② 在一整天的时间里，他们不间断地"行三十里，自西南转东南，转东北至西北，折

---

① 1922年12月20日第五版，《申报》。
② 1926年10月25日，《黄炎培日记》第2卷，华文出版社2008年版，第279页。

而南至中央"。① 考察过横沙海堤情况后，黄炎培留下了《横沙筑堤槿保坍祭海若作》的诗篇：

    不知东海几扬尘，眼底沧桑小劫新。
    高岸岂胜陵谷恨，横流谁舍撬檩身。
    桃源世外愁无地，短褐芦中问有人。
    此意天教劳者获，秋阳皎若告明神。②

  10月26日，参加了祭海神并行筑堤槿开工的仪式后，黄炎培还在横沙的养心学校发表了演说。次日，他为横沙沙务局绘制了地图后，结束了考察横沙的旅程，"绕高墩沙北诸沙间折至吴淞上岸"。③

  浦东同人会在北洋政府时期的浦东开发过程中发挥了重要的作用，在上海社会各界中具有举足轻重的地位，成为旧上海四大民间团体之一。黄炎培也因担任浦东同人会会长，推动浦东地区的开发，从而结识了越来越多的浦东人士，地缘网络的范围也跨过了浦东一隅，向江对岸的浦西扩展。

三　浦东同乡会——黄炎培地缘网络的全盛

  1927年4月，南京国民政府成立后，浦东同人会这种传统同乡组织在国民党政权统治下受到严密控制。然而，由于在协调国家与地方之间的巨大作用，南京国民政府无法视而不见浦东同人会这类同乡组织。于是，"同乡团体在南京政府期间经历了'公共重现'，这种'重现'在新国家机器的限制和约束下是适度的。在这些约束之下，同乡团体在20世纪30年代作为民众公共团体而出现，在表达公共舆论和社会动员方面有重要影响。尽管可以公开批评的领域已经十分狭小，但他们依然起着引人注目的作用，批评政府对人民的失职，变相地保留了他们过去

---

 ① 1926年10月25日，《黄炎培日记》第2卷，华文出版社2008年版，第279页。
 ② 1926年10月26日，《黄炎培日记》第2卷，华文出版社2008年版，第279页。
 ③ 同上。

在国家和社会之间充当调停者的角色"。① 顾德曼的研究，显然概括了浦东同人会在南京国民政府时期所发挥的特殊作用。1931年，由浦东籍"海上闻人"杜月笙发起，浦东同人会改组成新的浦东同乡会组织。由于有杜月笙的扶持，在黄炎培的地缘网络中，浦东同乡会的地位越来越重要。下表是浦东同人会改组为浦东同乡会后，黄炎培社会活动的相关记载。

序号	时间	内容	出处
1	1931年7月23日	杜月笙等发起浦东同乡会，在华安八楼会餐，被推继藕初为主席。	《日记》第4卷第12页
2	1931年7月29日	夜，浦东同乡会筹备会华安聚餐。	《日记》第4卷第13页
3	1931年8月4日	夜，浦东同乡会筹备委员会。	《日记》第4卷第15页
4	1931年8月12日	草《浦东同乡会宣言》。夜，浦东同乡会筹备会通过宣言。	《日记》第4卷第15页
5	1931年8月13日	午后至浦东同乡会。	《日记》第4卷第17页
6	1931年8月21日	洪哥商定浦东同乡会征求分队长名单，交与诗屏十一幅。	《日记》第4卷第19页
7	1931年8月30日	夜，浦东同乡会征求大会，会餐于大西洋。	
8	1931年8月31日	伯初、久余来整理浦东征求文件。	《日记》第4卷第21页
9	1931年9月11日	夜，浦东同乡会聚餐。	《日记》第4卷第24页
10	1931年9月14日	浦东同乡会聚餐，商筑塘抢险事，黄伯樵、沈君怡两局长均到。	《日记》第4卷第24页
11	1931年9月26日	晚至浦东同乡会聚餐会。	《日记》第4卷第27页
12	1931年10月4日	浦东公所大西洋会餐。	《日记》第4卷第29页
13	1931年10月9日	浦东同乡会征求会员，结束聚餐。	《日记》第4卷第30页
14	1932年1月3日	午后三时，浦东同乡会成立会。	《日记》第4卷第51页
15	1932年1月15日	四时，浦东同乡会理监事就职礼，接开谈话会。	《日记》第4卷第55页

---

① [美]顾德曼：《家乡、城市和国家——上海的地缘网络与认同，1853—1937》，上海古籍出版社2004年版，第202页。

续表

序号	时间	内容	出处
16	1932年8月11日	浦东同乡会聚餐，集款救东北。	《日记》第4卷第105页
17	1932年8月13日	史宅东北会议。交浦东同乡会五千元票于子桥将军。	《日记》第4卷第106页
18	1932年12月25日	浦东同乡会聚餐，会商购地事。	《日记》第4卷第140页
19	1932年12月29日	午后，回协会。途次，撰浦东同乡会大会序言。	《日记》第4卷第141页
20	1933年1月6日	到华安浦东同乡会理事会。	《日记》第4卷第144页
21	1933年1月8日	三时，浦东同乡会大会，余演讲时局现况与武力自卫。	《日记》第4卷第145页
22	1933年3月3日	华安开浦东同乡会募建会所设计委员会。	《日记》第4卷第159页
23	1933年3月11日	到浦东同乡会。浦东同乡诸君来，商建筑募款事。	《日记》第4卷第164页
24	1933年3月14日	偕藕初等访月笙，为浦东同乡会募建会所事。 晚九时，浦东同乡会商建会所事。	《日记》第4卷第164页
25	1933年3月20日	共伯初、赵钜生商浦东同乡会建筑。	《日记》第4卷第164页
26	1933年3月22日	伯初招川沙同乡大观楼餐，募得同乡会所建筑费三万元。	《日记》第4卷第164页
27	1933年3月23日	五时，浦东同乡会理事会。	《日记》第4卷第164页
28	1933年3月24日	偕伯初、颂芳、增涛访沈德福、张竹溪、陶让卿、吴俊季，皆为浦东同乡会建筑募款事。	《日记》第4卷第164页
29	1933年4月1日	枕边为浦东同乡会拟三口语： 一、凡吾浦东人要团结得紧； 二、凡吾浦东人要吃得来苦； 三、凡吾浦东人要看准了跑头向前跑得快。	《日记》第4卷第166页

续表

序号	时间	内容	出处
30	1933年4月11日	草浦东同乡会建筑会的募捐启。	《日记》第4卷第170页
31	1933年4月14日	草上海浦东同乡会募金购地建筑会所宣言脱稿。夜,浦东同乡诸君来,聚谈募金事。	《日记》第4卷第170页
32	1933年4月30日	夜,浦东同乡会募金大会,余所撰宣言已在各报上发表。	《日记》第4卷第175页
33	1933年5月10日	浦东同乡会,会商募捐事。	《日记》第4卷第178页
34	1933年5月17日	午后,偕伯初、伯威、颂芳历访张效良、丁唐耀、文耀、蔡伯良、包显庭等,为浦东同乡募款事。	《日记》第4卷第180页
35	1933年5月24日	浦东同乡会为建筑捐第二次集会。	《日记》第4卷第182页
36	1933年5月26日	夜,浦东电气公司董事会通过捐五千元于浦东同乡会建筑会所。	《日记》第4卷第186页
37	1933年5月31日	伯初、子坚等来商浦东同乡会募捐事。	《日记》第4卷第186页
38	1933年6月8日	夜,藕初、伯初来商同乡会事。	《日记》第4卷第186页
39	1933年6月9日	共伯初、藕初商浦东同乡会募捐事。	《日记》第4卷第187页
40	1933年6月11日	偕信卿访魏文瀚为募捐事。	《日记》第4卷第187页
41	1933年6月14日	伯初、藕初、崧甫等来协会,商募捐事。	《日记》第4卷第188页
42	1933年6月15日	藕初、伯初、志文、效良等商浦东同乡会所建筑图样。	《日记》第4卷第188页
43	1933年6月16日	续审查浦会建筑图样。	《日记》第4卷第188页
44	1933年6月21日	夜,浦东同乡会招庄达卿(智焕)、薛次莘、金丹畦及李君回建筑师,商决各建筑师所送会所图样。	《日记》第4卷第191页
45	1933年8月3日	伯初、藕初来谈浦东同乡会事。	《日记》第4卷第202页
46	1933年9月4日	夜,浦东同乡会为会所图样事会议。	《日记》第4卷第209页
47	1933年9月9日	浦东同乡会开会研究屋图样。	《日记》第4卷第210页
48	1933年9月19日	午,浦东同乡会招建筑顾问等,商决会所建筑图样。	《日记》第4卷第213页
49	1934年3月1日	访月笙,商定同乡会建筑事。	《日记》第4卷第258页

续表

序号	时间	内容	出处
50	1934年3月27日	藕初、效良等来，商定浦东同乡会建筑计划。	《日记》第4卷第264页
51	1934年5月13日	午，浦东同乡会。同人会为顾文生当选公共租界地皮委员会委员，假萃秀堂聚餐祝勉。	《日记》第4卷第276页
52	1934年5月24日	浦东同乡会理事会，和解七团孔、王两姓筑路争执事。	《日记》第4卷第279页
53	1934年3月17日	午后二时半，浦东同乡会讨论轮渡事。	《日记》第4卷第262页
54	1934年6月1日	到月笙家。商董家渡渡船问题，浦东同乡会会所问题。	《日记》第4卷第281页
55	1935年2月13日	谭伯项、周岩民（辛）、藕初、伯初共商轮渡事。	《日记》第5卷第21页
56	1935年2月15日	藕初、伯初、绍伊、志文、企文、子馨来，共商董家渡航渡事。	《日记》第5卷第21页
57	1935年5月28日	谭伯英来。谈董家渡轮渡事。	《日记》第5卷第56页
58	1934年6月8日	夜，同乡会调解王、孔争路事。	《日记》第4卷第283页
59	1934年8月16日	杜公馆会商浦东同乡会建筑事。	《日记》第4卷第300页
60	1934年8月17日	草《浦东同乡会会所立础续捐收款启》。	《日记》第4卷第301页
61	1934年8月18日	《为政府厉行烟禁敬告吾乡父老兄弟》文脱稿。	《日记》第4卷第301页
62	1934年9月5日	晚，浦东同乡会为募捐收款大宴会，演说。	《日记》第4卷第306页
63	1934年9月10日	分寄浦东同乡会募捐启于敬武、立颜、守璞、致远、伯文。藕初等多人来，商浦东同乡会建筑募捐事。	《日记》第4卷第307页
64	1934年9月13日	到同乡会。共陆志干、顾伯威、孔咏棠谈。访张文彬于国民银行，皆为募款事。	《日记》第4卷第308页
65	1935年2月17日	午后，浦东同乡会第四届大会，演说。	《日记》第5卷第22页

续表

序号	时间	内容	出处
66	1935年3月14日	五时，浦东同乡会新职员就职宣誓，余为主席。	《日记》第5卷第29页
67	1935年3月29日	访月笙。会商浦东同乡会建筑事。	《日记》第5卷第33页
68	1935年5月14日	十一时到杜家，商浦东同乡会建筑费。	《日记》第5卷第52页
69	1935年5月24日	十一时，到月笙家，商建筑费事。访叶鸿英法藏寺，为顾馨一托调停债务。	《日记》第5卷第55页
70	1935年11月14日	夜，浦东同乡会，为新会所落成纪念，募捐聚餐，余讲乡人向四川开发计划。见真武台隔壁南洋归来顾廷桢。	《日记》第5卷第179页
71	1936年8月10日	浦东同乡会为募捐，偕藕初、岳泉、顾道生招餐大西洋。	《日记》第5卷第191页
72	1936年10月19日	草《浦东同乡会大厦落成献言》。	《日记》卷5第211页
73	1936年10月20日	十一时共月笙、藕初等商毅厅纪念事。	《日记》第5卷第211页
74	1936年11月4日	张继光来，为张效良之子起飏（寿庚）捐同乡会二万圆，纪念其父建毅厅。	《日记》第5卷第215页
75	1936年11月日	浦东同乡会摄影。落成礼筹备委员会。	《日记》第5卷第216页
76	1936年11月21日	今日浦东同乡会新建大厦（福熙路成都路口东）落成，授钥启门行典礼，余以常务理事资格致谢词，一谢来宾，二谢捐金者，三谢劳工，末提出浦东人自勉语：一、我浦东人要不断地求增进知识和能力；二、我浦东人要脚踏实地干本分内事；三、我浦东人要放弃私见和私利，大家团结起来，为大众服务，为国家服务，为全人类服务；四、我浦东人要努力前进，发挥日新又新的精神。	《日记》第5卷第220页

续表

序号	时间	内容	出处
77	1936年12月5日	沪东西农村合作事业促进会成立，余为浦东同乡会代表演说：①须使农民直接得益；②勿抱狭隘的区域观念；③须始终一致。	《日记》第5卷第225页
78	1936年12月11日	浦东同乡会诊疗所委员会。	《日记》第5卷第227页

  从上表罗列的事实可见，黄炎培在新改组的浦东同乡会成立后，刻意加强与地缘网络内成员的互动，推动着浦东同乡会在凝聚人心、经济开发、赈济救灾、修撰史志等各种社会活动的进展。

  1931年7月23日，杜月笙发起召开浦东同乡会筹备会，黄炎培"被推继藕初为主席"①。8月，由黄炎培、杜月笙、穆藕初、王一亭、吕岳泉等浦东社会名流发起，浦东同人会欲改组成立新的浦东同乡会。在黄、杜等人的宣传、倡导下，当时入会者近两万人，其规模在上海同乡组织中，仅次于宁波旅沪同乡会。浦东同乡会成立由黄炎培起草成立宣言，并集体制订了章程。《章程》宣称："本会议联络情谊，交换知识，对于旅沪同乡力谋互助，对于本乡事业共图建设为宗旨。"②宣言明确指出："请看黄浦江中林立之帆船，所悬者，何国之国徽？浦东沿江撑天大厦，经营工商业于中者，何国之人乎？洋商购地，遍于浦东矣。"故而竭力呼吁："凡力，聚则厚，分则薄。思想以集中而有归宿，行为以组织而有效能，图谋建设家乡，力拒外力，诚是同乡会及其前身同人会组成之日起一贯的主张。"③浦东同乡会的具体工作包括：一、发展生产事业；二、筹办互助事业；三、促进文化事业；四、调解纠纷事项；五、举办慈善事业；六、策励会员储蓄；七、改良风俗事业；八、督促自治建设；九、职业介绍事项；十、扶助善良昭雪冤抑；十一、其他有益于本乡地方或本会会员之事项。④

---

① 1931年7月23日，《黄炎培日记》第4卷，华文出版社2008年版，第12页。
② 《浦东同乡会章程》，上海档案馆藏档案：《浦东同乡会》，档号：Q117。
③ 《浦东同乡会成立宣言》，上海档案馆藏档案：《浦东同乡会》，档号：Q117。
④ 裘争平：《浦东同乡会——百年前的同乡团体》，《上海文博论丛》2006年第4期，第80页。

由于浦东同乡会成员众多，1932年1月3日开成立大会时，没有合适的会场，于是"自建宽大会所"便成为成立大会上第一个议题。会长杜月笙提出这个会所要具备三个基本条件：第一，占地三亩左右；第二，至少可以容纳一千人；第三，交通要便利。要同时满足这些条件，在寸土寸金的上海市要找到一块合适的地皮十分困难。黄炎培作为同乡会的常务理事，对会所选址十分重视。他四处寻找、来回奔波，最终在一年之后，选定了爱多亚路（今延安中路）和福熙路（今金陵西路）交界处的一块土地，面积有二亩八分多，价格为228840元。会址选定后，浦东同乡会立即成立了专门机构，用以筹集购地和建楼的巨额资金。为鼓励同乡会员们踊跃捐款，同乡会决定：凡捐百元以上者，题名；千元以上者，悬像于壁；满五千元者，以其名名室；满万元者，以其名名堂；三万元以上者，以其名名厅。会长杜月笙在会场当即表示："吾请视捐募最多之某厅，倍其数以献。"大会当即通过决议，决定用杜月笙的捐款，在同乡会大楼正中建一个最大的厅——"杜厅"。

1934年10月6日，会所举行奠基典礼，12月25日终于正式开工。几经周折，到1936年11月，八层楼高的现代派建筑——"浦东大厦"，终于以崭新的面貌展现在世人面前。11月4日，"张继光来，为张效良之子起飏（寿庚）捐同乡会二万圆，纪念其父建毅厅"。① 据日记所载，黄炎培参加浦东同乡会活动共有78次，黄炎培与理监事商议筹建会所共计35次，募捐筹款、招标设计图样、选定建筑施工单位等等，无处不见黄炎培的身影。他还为浦东同乡会会所——浦东大厦的落成起草了宣言。11月21日，浦东大厦落成典礼举行，"仪式开始后，上海名流虞洽卿和王晓籁面对拥挤的人群，发表讲话。仪式之后的招待会一直持续到第二天下午3时。总共有2万多名宾客参观了新建筑。祝贺题词的名单是政治和经济界的精英名录，其中有孔祥熙、张群、张嘉璈、潘公展、林森和孙科"。② 黄炎培以常务理事资格致谢词，"一谢来宾，二谢捐金者，三谢劳工"，他还借机向在场的浦东同乡号召、勉励浦东同乡会会员能够保持团结、努力前进、脚踏实地地为社会、为国家多做贡献，提出了浦东人四条

---

① 1936年11月4日，《黄炎培日记》第5卷，华文出版社2008年版，第215页。
② [美]顾德曼：《家乡、城市和国家——上海的地缘网络与认同，1853—1937》，上海古籍出版社2004年版，第202—203页。

自勉语,具体内容是:一、我浦东人要不断地求增进知识和能力;二、我浦东人要脚踏实地干本分内事;三、我浦东人要放弃私见和私利,大家团结起来,为大众服务,为国家服务,为全人类服务;四、我浦东人要努力前进,发挥日新又新的精神。① 大厦除同乡会办公用房外,多余房屋出租,当时大楼底层沿马路开设了浦东银行分行和五洲大药房支店,后部开设了"四姐妹饭店",里面还有舞厅、咖啡馆,亦可出租作喜庆礼堂使用。二楼是办公室及弹子房、舞厅、咖啡室。三至八楼有医师诊所、律师事务所、大学同学会、会计师公会、厂商办事处等;还设有职业学校、汽车学校、英文夜校等,大楼里面还有小型戏馆,演出沪剧、话剧、滑稽戏等,几乎可以称之为近代上海的城市文化的集中地。②

浦东同乡会的重要职能,还体现在发起组织浦东救灾赈济活动中。1933年9月2日,上海遭受了突发性的台风灾害,其中川沙、南汇等五县受灾最为严重,"灾民达12268人"。③ 灾后第二天,黄炎培便与张志鹤、杜月笙等浦东同人会的理事、监事一道,商议筹款救灾的相关事宜。赈灾首要任务就是筹款,黄炎培等人倡议成立川沙、南汇、崇明、宝山、启东五县水灾救济会,川沙县先后获得各界捐赠的救灾款90841元(含川沙县"三沙筹赈会"募款22669元)。救济会采取以工代赈或购买衣服、大米、药品等必备物资的方法救济灾民。④ 从1933年9月5日到1934年8月27日,在日记中,黄炎培记录了其出席的赈灾活动共19次。主要内容有:

9月5日,黄炎培阅报,得知"横沙风潮淹没人畜甚多",他当即"讯川沙李县长"。⑤

9月7日夜,他在参加会餐时,就与浦东同人"商横沙风潮灾事"。⑥

第二天,浦东同乡会议川南风潮灾事,决定为川沙风潮灾难募捐。9月13日,黄炎培起草了《川南风潮灾募捐振济宣言》,发动上海社会各

---

① 1936年11月21日,《黄炎培日记》第5卷,华文出版社2008年版,第220页。
② 裘争平:《浦东同乡会——百年前的同乡团体》,《上海文博论丛》2006年第4期,第80页。
③ 《川沙县志》第22卷,上海人民出版社1990年版。
④ 同上。
⑤ 1933年9月5日,《黄炎培日记》第4卷,华文出版社2008年版,第209页。
⑥ 1933年9月7日,《黄炎培日记》第4卷,华文出版社2008年版,第210页。

界为浦东风潮募捐赈济。

9月19日，浦东再次遭受飓风灾害，各县大雨滂沱，百姓财物淹没在汪洋之中。

9月22日，黄炎培与川沙县长李子韩前往浦东同乡会，并在会长杜月笙家中，众人最后商定成立救灾组织。次日，黄炎培起草了《上海浦东风潮大涝灾募金救济启事》。

9月26日下午四时，黄炎培出席了上海浦东风潮大涝灾校济会成立会。①

10月5日，黄炎培赴川沙、南汇、崇明、宝山、启东五县水灾会，为水灾会起草向财政部请求赈济款项的呈文。

11月7日发布五县水灾会通告，并对提出赈济款项的财务要求，"办账须以公平切实为总标准"。②

11月22日，募捐而来的赈济款汇总后，与川沙县长李子韩商定分配赈济款的办法。③

1934年1月7日，他亲赴川沙，与三沙水灾会商议分配赈济款。④

1月11日，与黄洪培、叔昂、季惕凡及朱景熹商议川沙风灾义赈事宜。⑤

3月5日，他与侯城、张志鹤商议川宝赈款支配问题。⑥ 在近一年的时间里，由黄炎培倡议、浦东同乡会议决组建的五县水灾会，募集大量赈济款项，在各县政府的配合下，在浦东五县开展了卓有成效的灾后赈济工作，为浦东灾后的重建做出了巨大的贡献。

1934年8月27日，川、南、崇、宝、启五县水灾救济会召开末次会议，结束了其救灾赈济的使命后自动撤销。⑦

修撰《川沙县志》，是黄炎培利用地缘网络资源中发展川沙文化事业的另一件大事。修志在中国历史上有着悠久的传统，也是自宋代以后地方

---

① 1933年10月5日，《黄炎培日记》第4卷，华文出版社2008年版，第214页。
② 1933年11月7日，《黄炎培日记》第4卷，华文出版社2008年版，第226页。
③ 1933年11月22日，《黄炎培日记》第4卷，华文出版社2008年版，第230页。
④ 1934年1月7日，《黄炎培日记》第4卷，华文出版社2008年版，第244页。
⑤ 1934年1月1日，《黄炎培日记》第4卷，华文出版社2008年版，第245页。
⑥ 1934年3月5日，《黄炎培日记》第4卷，华文出版社2008年版，第262页。
⑦ 1934年8月27日，《黄炎培日记》第4卷，华文出版社2008年版，第303页。

文化事业繁荣的象征。随着川沙的经济日渐繁荣，黄炎培早有为川沙修志的夙愿。1914年，他就向川沙县政府提出修志的倡议。1916年6月29日，他特意"为修县志事，返川沙"，① 黄炎培对家乡的一片赤诚，感动了川沙县当局，川沙各界人士积极响应。此后十余年间，黄炎培随时注意搜集资料，为修撰志稿做准备。日记中所载，1928年9月，他开始整理、挑选川沙歌谣，② 1929年4月，他起草《民国十七年之川沙农民》一文，③ 5月5日，又录入《川沙农村状况》一文。④ 经过充分酝酿，在与川沙当地政、商、文教各界研讨、商谈之后，川沙县的修志工作正式启动。1930年2月16日，黄炎培与川沙同乡顾伯初、增涛返回川沙，参加川沙修志会议。时任川沙县长的阮开基亲自主持会议，担任会议主席。修志工作启动后，黄炎培担任总纂，季侗凡、朱景熹承担资料整理工作。为修好这部川沙有史以来第一部县志，黄炎培倾注了大量心血。他时常与如陆蘅汀、陆叔昂、乔梓、张伯初及黄洪培等川沙人士，"商县志事"。⑤ 而他在1934至1936年的三年间，亲自整理、撰写、审阅并修改《舆地志》《艺文志》《风俗志》《川沙方言述》《川沙大事年表》《人物志》《慈善志》等各篇文稿。其余参与修撰县志的川沙名流张伯初、陆叔昂、陆蘅汀等也倾力相助。为顺利完成此项工作，县政府特意把真武台庙庵作为修志的工作场所。自1935年12月25日至30日，黄炎培在这里连续工作了七天，最终完成了《川沙大事表》《川沙大事记》等文稿。到1936年1月4日，历经三年之久的修志工作最终告一段落。黄炎培"偕洪哥（黄洪培）回川沙，修志同人相见欢甚"。⑥ 次日午刻，黄炎培"招川沙县长、各科长、父老兄弟，集真武台连城别墅会餐，展览志稿"，他"即席报告修纂经过，并对于川沙与未来之、观察、大致如导言"。⑦《川沙县志》的修纂，是川沙县历史社会发展的重大标志，黄炎培凭借其川沙地缘网络所积累的社会资本，将网络中的川沙人士紧密联系在一起，服务于修撰县志

---

① 1916年6月29日，《黄炎培日记》第1卷，华文出版社2008年版，第247页。
② 1928年9月，《黄炎培日记》第3卷，华文出版社2008年版，第100页。
③ 1929年4月，《黄炎培日记》第3卷，华文出版社2008年版，第150页。
④ 1929年5月5日，《黄炎培日记》第3卷，华文出版社2008年版，第100—101页。
⑤ 1931年7月17日，《黄炎培日记》第4卷，华文出版社2008年版，第11页。
⑥ 1936年1月7日，《黄炎培日记》第5卷，华文出版社2008年版，第106页。
⑦ 1936年1月5日，《黄炎培日记》第5卷，华文出版社2008年版，第106页。

这个目标，其间虽经历重重困难，但每一个网络中人，都能够在网络编织者黄炎培的协调下，共同为修志做出贡献，最终使这项浩繁的工程在三年内如期完成。修志工作是黄炎培地缘网络的一次尝试，通过这次尝试，黄炎培能够有效地整合、驱动网络中的每一位成员的能量，为了共同的目标（修志）而努力，织网者（黄炎培）与在网者（杜月笙等成员）之间的互动，则强化着这一地缘网络，结点（联系）越多，这张网的韧性也就越强。

四　黄炎培的战时地缘网络

1937年7月，全面抗战开始后，随着上海的陷落，黄炎培离开了立足数十年的上海，赶赴武汉、重庆，为抗战建国的目标而奔走，其地缘网络虽受战火波及，但并未完全破灭。他与网络内部分成员的联系依然随着他的足迹而保持。譬如，他与浦东中学的校友之间的联系并未断绝。抗战期间，浦东中学校友会曾于1940年1月26日，在重庆举行聚会，黄炎培也应邀参加。他们在朝天门嘉陵码头上船，"下水至郭家沱第50兵工厂"，"步行上山半燕熙台"。原定参加者有32人，实际到会的有17人，战事如此紧张的时刻，还会有这么多的校友前来参加，实属不易。"料不到廿五年、卅年，卅五年前同事、同学于今相见"，让黄炎培生出"同学少年多不践"，"夫有令威化鹤归辽之感"。[①] 浦东中学毕业生爱国敬业，深受社会好评，许多人积极加入空军，参加抗战，献出了自己宝贵的生命，黄炎培于聚会时获知此类信息后，十分欣慰，"听范学文报告，空军中浦校同学殉国者不少，滑翔机失事殒命之桂人韩超亦浦校同学，现在服务者亦不少，余心大感动"。[②]

1942年12月27日，黄炎培应邀参加了在渝浦东中学校友的聚会，他被广大校友推举为理事会理事（其余六人为庞松舟、濮孟九、江钧、沈勉复、吴豹军、王云鹤）。王艮仲报告浦东中学已在日军的炮火中被毁后，在重庆的浦东中学校友会决定设置母校复兴设计委员会，黄炎培积极参与筹划浦东中学的复校计划，被推为委员（其余为庞松舟、王艮仲、

---

① 1940年1月26日，《黄炎培日记》第7卷，华文出版社2008年版，第60页。
② 1943年1月2日，《黄炎培日记》第8卷，华文出版社2008年版，第54页。

江星初、沈勉复、吴豹军、潘序伦、石孝先、许元起），作为委员会召集人，为复兴计划付诸实施付出了诸多努力。

随后，浦东中学复校设计委员会请王艮仲负责起草复校计划及相关预算，暂定由王艮仲出任校长，并即席发起了复校经费募捐。石孝先捐出三十万元，黄炎培特意捐出"王纠思夫人纪念金一万元，均充复校经费"。

1943年1月24日，黄炎培主持复兴母校设计委员会，通过了复校计划大纲，并决定先筹集开办费30万元，一年经常费50万元。黄炎培受各委员推举，与"庞松舟、沈勉后、王艮仲、江星初，与校董会主席杜月笙、董事李孤帆及前上海教育局长潘公展，会商校董补充人选及一切进行问题"。1月31日，黄炎培与庞松舟同车到交通银行，与庞松舟、王艮仲与杜月笙共商浦东中学复校事，杜月笙决定辞去董事长一职，另组校董会。黄炎培在2月7日的理监事会上，与理监事一道讨论通过了浦东中学校董会名单：庞松舟、王艮仲、濮孟九、江星初、钱乙藜（昌照）、唐雄伯（英，昆明市工务处长）、祝尧人（世康，原名廷谟）、潘公弼（保同）、李孤帆（平）、王志莘、陈石珍。透过这份名单，十一位浦东政、商、学各界人士，均属于黄炎培地缘网络中的重要成员，与黄炎培长期保持着密切的关系。

黄炎培还与逃难的江苏籍人士往来频繁。他于1940年6月8日，为江苏旅渝同乡草电慰问苏父老，在电文中，他这样写道："诸公撑柱危邦，昌明大义。或林泉养晦，密赞嘉谟，或孤岛潜身，高歌正气，不其无恙，犹切传经。于菟有家，早拼纾难……等身滞后方，心悬故土，眼中乡国。愧包胥复楚之未能，劫后遗黎，更鳌纬忧周之欲绝……尚有致省当局、烈士家属二电，问渔起草。同时，电唁殉国者马玉仁、王雪琴（萧县县长）、朱爱周（赣榆县长）、冯迈樱等家属。"①

黄炎培在战时，还多次向江苏、上海籍的人士发表演说，鼓励同乡为争取抗战胜利各尽所能，又如1941年6月1日，午后三时，江苏同乡会江苏学会借省训练团开会，黄炎培演说：《爱乡救乡之意义与其方法》，主要观点是"爱乡先爱国，爱江苏同乡同时爱四川同胞，杜掌如主席"。②日记载：7月6日夜，浦东同乡陆根泉、朱月亭招外大观新村六号，同座

---

① 1940年6月8日，《黄炎培日记》第6卷，华文出版社2008年版，第293页。
② 1941年6月1日，《黄炎培日记》第7卷，华文出版社2008年版，第110页。

王缉君、徐炳璋、徐炳华、陈君毅,余讲浦东精神:(一)爱国爱群;(二)勤俭诚实;(三)常求进步。[①]

尽管战火肆虐,黄炎培数十年建构经营的地缘网络已随着其被迫离开而遭到破坏,但颠沛流离的流亡生活并未使这张网络完全消失,相反,由于国民政府在重庆、成都等后方的经营,流离失所的江苏、上海各界人士逐渐汇聚在这里,共同为争取抗战胜利而努力工作。黄炎培也在与这些本省、本县、本乡、本土人士所组成的同乡团体的接触中,逐渐恢复着既有的地缘网络,而维系这一网络的,则是战胜暴敌、建设国家的共同信念。

五 结语

综观黄炎培的地缘网络,经历了建构、维系、恢复的过程。在地缘网络中,浦东、上海、江苏各界人士是他重要的依靠力量,也是他社会交往中重要的人际网络。正因为他与这个网络内的每一个人都存在着这样那样的联系,或因为早年共事而相知,或因为共谋川沙或浦东发展而结识,或因志趣相投而有往来,一旦网络的编织者黄炎培做出某种决定,必定会本能地驱动网络内的成员,使每位成员各自的能量汇聚起来,推动其目标的最终实现。黄炎培与地缘网络内每一位成员的交往,使网络的编织者黄炎培积累了雄厚的社会资本,从而建构起了一个布迪厄所说的"场域"。在这个"场域"内,黄炎培充分利用社会资本,在为浦东川沙地方公共事业的发展服务的同时,网络规模也随之不断扩大,而黄炎培与网络成员的联系更加紧密。随着地缘网络的不断扩大,社会资本的进一步积累,黄炎培在地方事务中显得更加游刃有余,而他本人也日益成为联结国家政权与基层社会之间的中介,发挥着越来越大的"润滑剂"作用,这基本上还是传统地缘关系在民国时期的延续。

---

① 1941年7月6日,《黄炎培日记》第7卷,华文出版社2008年版,第124页。

山西商人曹润堂与清末蒙旗垦务

付海晏

(华中师范大学中国近代史研究所)

在蒙旗垦务研究中,笔者偶阅山西太谷商人曹润堂墓志铭两则,内中均提及曹润堂曾襄助贻谷办理垦务:

《曹公柘庵墓志铭(代)》云:

壬寅,垦务大臣贻将军縠奏调君襄垦事,君请命于母而行,时公私扫地赤立,将军彷徨无所为计,君为之驰驱经年,款乃渐集,然将军忮人也,妒公司多商股,已且无所渔利,稍稍与君为异同。君不能堪,然犹时以良言相匡饬。将军卒不能用,君乃废然引去。越数年,垦事大坏,朝廷遣重臣临边勘验,逮将军下刑部狱。凡以垦案见保荐者,悉与注销。惟君先以龃龉去,人服其高。①

《曹润堂墓志铭》云:

壬寅秋,垦务大臣贻将军縠奏调君襄垦事,君请命于母而行。时公私扫地赤立,将军彷徨无所为计,君冲寒塞外者类月,创设西蒙公司,复返里集款至十余万金,事乃举。既而,将军以公司多商股,稍稍与君为异同。君乃废然引避。越数年,司其事者皆获严遣,惟君先以龃龉去,人服其先见。②

---

① 郭允叔:《曹公柘庵墓志铭(代)》,郑裕浮编:《郭允叔(象升)文钞》上册,近代中国史料丛刊续编第四辑,(台北)文海出版社1984年版,第73—74页。
② 山西省政协《晋商史料全览》编辑委员会、晋中市政协《晋商史料全览·晋中卷》编辑委员会:《晋商史料全览·晋中卷》,山西省人民出版社2006年版,第807—808页。

上述两则史料，同为曹氏墓志铭，然则前文直言乃郭允叔代他人所作，后文乃"候选知县、霍州学正前太谷县教谕、介休曹子勤"所撰，石碑则系曹润堂子曹中注所立。① 由此，笔者以为郭允叔文乃是代曹子勤所作，在曹子勤略做修改后交付曹润堂后人。

细读两文，虽部分文字、细节有所出入，然大意则同：曹润堂襄助贻谷办理西盟垦务，筹款有方，不料因贻谷贪墨而最终引退。② 在检阅有关垦务档案、《垦务调查汇册》《贻谷奏稿》《蒙垦续供》等史料后，本文发现曹润堂与贻谷以及蒙旗垦务关系极大，其中原委、经过及结果并非上述两则墓志铭所云那么简单，正是曹润堂创设垦务公司之提议帮助贻谷迅速打开蒙旗垦务的局面，然后垦务公司之设置，也成为后来垦务参案贻谷被革职拿问的一个重要罪状。因此，梳理与辨析曹润堂与蒙旗垦务公司的关系，无论是推动蒙旗垦务研究的深入拓展，还是对加强贻谷垦务参案的研究均具有重要的意义与价值。③

---

① 山西省政协《晋商史料全览》编辑委员会、晋中市政协《晋商史料全览·晋中卷》编辑委员会：《晋商史料全览·晋中卷》，山西省人民出版社2006年版，第809页。
② 贻谷原名晋昌，字蔼人。满洲镶黄旗，乌雅氏，出生于咸丰六年丙辰（1856）年十一月十四日生，卒于1926年。光绪十八年进士，后投入荣禄门下，历任翰林院编修、詹事府少詹事、国子监司业、兵部左侍郎，1901年奉命督办蒙旗垦务，后任绥远将军。1908年因归化副都统文哲珲之弹劾，清廷派鹿传霖查办，以巧立公司、擅杀台吉等罪将其革职拿办，到1911年初被发配川边。民国以后，经岑春煊之请，贻谷被平反。贻谷的出生及家世，可参见顾廷龙主编《清代朱卷集成》（77）（台北成文出版社1992年版）第27—40页有关记载。有关贻谷垦务参案的研究，笔者另有长文《清末贻谷垦务参案研究》。
③ 目前学界关于蒙旗垦务的研究成果已有不少，如［日］安斋库治的《清末绥远的开垦》（载内蒙古大学蒙古史研究室编《蒙古史研究参考资料》第6辑，1963年10月，第26—33页）、邢亦尘的《关于蒙垦分期问题的思考》（《内蒙古社会科学》1989年第3期）、内蒙古档案局、内蒙古档案馆编辑的《内蒙古垦务研究（第一辑）》（内蒙古人民出版社1990年版）、马永山的《关于清末蒙地开发的两个问题》（《内蒙古民族大学学报》1991年第2期）、宝玉的《清末绥远垦务》（载《内蒙古史志资料选编》第一辑）以及《清末政府对西盟蒙旗土地的开垦政策》（载中国第一历史档案馆编《明清档案与历史研究》下册，中华书局1988年版）、李晓霞和呼格吉勒的《清末新政与归化城土默特地区的垦务》（《内蒙古大学报》1998年第1期）、刘毅政（《丹丕尔抗垦起义始末》（《内蒙古师大学报》1995年第2期）、吴春梅的《贻谷与内蒙古垦务》（《民族研究》2000年第4期）、李玉伟的《略论清末绥远地区的蒙垦》（《内蒙古社会科学》2001年第3期）、王建革的《清末河套地区的水利制度与社会适应》（《近代史研究》2001年第6期）、

一 蒙旗开垦之舆论与西路垦务公司创设之背景

清制，蒙旗不准私自开垦，但由于生计困难，有清历代汉人入蒙开垦、蒙人私开私垦之举不断。① 出于"防边实蒙，实蒙在垦"的考虑，晚清诸多疆臣以及有识之士多次进言主张放垦蒙旗。对此，山西巡抚岑春煊在奏文中曾有介绍："同治九年，前库伦大臣张廷岳有'蒙兵不足恃'之奏；光绪六年，前司经局洗马张之洞有'练蒙兵'之奏；十一年，查办土默特争地大臣绍祺有'蒙古有租乃能练兵'之奏；十二年，前伊犁领队大臣长庚有'缠金屯田'之奏。"② 上述岑春煊所提只是部分，光绪二十三年，山西巡抚胡聘之请开乌拉特三湖湾地方屯垦，既得谕旨，然理藩院以蒙盟呈有碍游牧格其议。③ 二十四年，黑龙江城副都统寿山、国子司业黄思永等均曾主张开垦伊克昭、乌兰察布等盟牧地，察哈尔都统祥麟因言"欲蒙地无私垦，必严科罪，欲蒙员无私放，必惩奸商"④。

赵云田的《清末新政期间的"筹蒙改制"》（《民族研究》2002年第5期）、赵之恒的《清末内蒙古西部地区的放垦及其对生态环境的影响》（《内蒙古师范大学学报》2004年第4期）、张文平的《岑春煊与清末内蒙古垦务》（《内蒙古文物考古》2005年第1期）、张淑利的《"禁留地"的开垦及晋、陕、宁、绥间的边界纠纷》（《阴山学刊》2005年第1期）、陶继波的《晚清河套地商研究》（《内蒙古社会科学》2005年第3期）、铁山博的《清末"移民实边"政策初探——以伊克昭盟杭锦旗为一个例子》（《第二届明清史国际学术讨论会论文集》，天津人民出版社1998年版，第704—721页）、包格日勒图的《清末内モンゴルの官办开垦における垦务局と垦务公司の役割について：西盟垦务局と西路公司を中心に》（富士ゼロックス小林节太郎纪念基金编，バヤシセツタロウキネ，2009年4月），等等。然而前述成果对曹润堂参与垦务一事基本并无涉及。在曹润堂的个人研究成果中，程素仁、程雪云《太谷曹氏家族》（书海出版社2003年版）、晋何的《清末太谷诗人曹润堂》（中共晋中地委史志办公室：《晋中史志资料》1986年第2期）根据《曹润堂墓志铭》"集款至十余万金"之语认为曹氏曾于光绪二十八年筹资十万白银开设西盟垦务公司，实则与史事不符。

① 李辅斌的《清代直隶山西口外地区农垦述略》（《中国历史地理论丛》1994年第1期）、珠飒的《清代汉族移民进入内蒙古地区的原因》[《内蒙古大学学报（人文社会科学版）》2005年第3期] 等文对此有初步的研究。此外，《清史稿》志以及藩部等类中均有不少史料对此有所反映。

② 《奏为恳用晋边蒙地屯垦以恤藩属而弥隐患折》（光绪二十七年四月二十日），内蒙古自治区档案馆：《清末内蒙古垦务档案汇编》，内蒙古人民出版社1999年版，第1页。

③ 《清史稿》列传307，藩部三。

④ 《清史稿》卷120，志95。

在一片主张开垦蒙旗的呼声①中，光绪二十七年四月、十一月，山西巡抚岑春煊两次上奏清廷，提出放垦内蒙古西部盟旗的土地，最终使得清廷决定开垦蒙旗。②

晚期疆臣主张蒙旗开垦的首要原因乃是练蒙兵以拱卫清廷，岑春煊等人强调俄罗斯为边防大患，而现实却是俄人之势日盛而蒙古之众日就贫弱。如何解决呢？岑春煊曾云："边臣皆知蒙兵宜练，而苦于无饷。蒙长皆欲自练其兵而苦于无力。是则欲练蒙兵，非筹练费不可，欲筹练费，非开蒙地不可。"③

其次，在岑春煊等人看来，蒙地地利是保障垦务成功的必要前提："今蒙地接晋边者，东则为察哈尔右翼四旗，西则为伊克昭、乌兰察布二盟十三旗，田地饶沃，水草丰衍。乌拉特、鄂尔多斯两部，依阻大河，形势雄盛，灌溉之利，甲于天下。臣谘之寮属，考之案牍，准噶尔有招垦救灾之案，达拉特有兴屯收租之议，是蒙之便于开地可知。"④

其三，蒙旗开垦能开辟巨额筹款之由。光绪十二年，山西巡抚刚毅曾奏云达拉特旗昔岁收租银十万，近所收租钱不及三千串。一旦开垦，则利源大增。⑤ 光绪二十五年，黑龙江将军恩泽称若开垦札赉特旗荒地，"计荒价一半可得银四、五十万两"。⑥ 岑春煊则称"今以鄂尔多斯、近晋各旗论之，既放一半，亦可得三、四倍"。⑦

"开蒙部之地为民耕之地，而竭蒙地之租练蒙部之兵，边实兵强，防密盗靖"，正是岑春煊等人勾画出的方案促使清廷改变蒙旗私放私垦的现象，决定由朝廷放垦以利国是。光绪二十七年十一月二十六日（1902年1

---

① 清末不仅仅满汉大臣请开蒙垦，蒙古诸多王公亦极为赞同。详情可参见包淑梅的《清末蒙古王公与满汉大臣新政筹蒙奏议对比研究》（内蒙古大学专门史2004年硕士论文）。

② 山西历代巡抚乃是极为积极者。一则是山西人到蒙开垦者极多。二则，西盟各旗受到山西巡抚节制。晚清山西省归绥道所辖各厅（又称山西省口外七厅）实际管辖范围为整个乌兰察布盟、伊克昭盟、归化城土默特、察哈尔右翼地区的汉民和蒙汉交涉。

③ 《奏为恳用晋边蒙地屯垦以恤藩属而弥隐患折》（光绪二十七年四月二十日），内蒙古自治区档案馆：《清末内蒙古垦务档案汇编》，第1页。

④ 同上。

⑤ 《清史稿》列传307，藩部三。

⑥ 《岑春煊奏为筹议晋省兴利必以开垦蒙地为先折》（光绪二十七年十一月二十六日），中国第一历史档案馆编：《光绪朝朱批奏折》第93辑，"农业·屯垦耕作"，中华书局1996年版，第435页。

⑦ 同上书，第435页。

月5日），慈禧太后和光绪皇帝在从西安返京途中，批准岑春煊开垦蒙旗的建议，以晋边西北乌兰察布伊克昭二盟蒙古十三旗荒地甚多，土脉膏腴，"自应及时开垦，以实边储，于旗民生计，均有裨益。着派贻谷驰赴晋边督办垦务。即将应办事宜。会同该将军巡抚随时筹议具奏"。①

光绪二十八年正月十八日，贻谷正式赴晋边督办垦务，二月十八抵达山西太原，四月十八抵达归化、五月十三日抵达张家口，分别与山西巡抚岑春煊、绥远将军信格、察哈尔将军奎顺等悉心筹议办法，最后于绥远城设督办蒙旗垦务总局，后又设丰宁垦务局、张家口垦务局办理察哈尔右翼、左翼垦务；后设西盟垦务总局，分管乌、伊二盟之垦务；设绥远城八旗牧场垦务局，专理大青山后山八旗牧场垦务。②

二　曹润堂与西路垦务公司之创设

以今人后世之明可知，贻谷督办垦务事业之关键实际上乃是创设东西路垦务公司③，以公司与垦务局相辅而行，公司之创设大大推进了垦务之开展，同时由于垦务公司运作中之诸多弊端使得贻谷最终被弹劾。据史事而论，这一建议实则乃山西商人曹润堂首创。

曹润堂，山西太谷北洸村人，名培德，润堂系字，以字行，别字柘庵，生咸丰三年，卒于宣统元年（1853—1909）。④润堂出身太谷巨商家庭，以"资雄于并晋间"⑤。先祖曹三喜等人苦心经营，至道光、咸丰年

---

①　《德宗景皇帝实录（七）》卷490，光绪二十七年十一月下，中华书局1987年版，第483页。有史料云慈禧在义和团事变后仓皇出京，由宣化出大同，经察哈尔地，"见土地膏腴，宜耕稼，忆聘之言，思用其策"。贻谷被视为"拳乱"的罪魁之一，但是由于受到荣禄的庇护，得以身免。但是，由于舆论哗然，贻谷不自安，在探得慈禧有推动蒙旗垦务的意思后，在请求荣禄之后遂得以被任命督办蒙旗垦务钦差大臣。参见天涯恨恨生《贻案始末记》（宣统三年六月，石印本）第5页。

②　贻谷行程与初办垦务概况系本文据贻谷《垦务奏议》光绪二十八年正月至八月等折整理。

③　吴春梅在前文注意到贻谷以类似于近代公司的组织形式，创办了东路、西路垦务公司，采用官督商办的形式，共筹集白银12万两，其中山西商务会以6万两作为官股，并由该绅董筹集6万两作为商股（第66页）。实则与史事较有出入，以西路垦务公司为例，实则官商合办并非官督商办。至于股份问题，官股亦并非商务局所出，商股最初定由曹润堂认领招股，实际最后曹氏招股仅仅3万余两，可详参见后文。

④　郭允叔：《曹公柘庵墓志铭》，《郭允叔（象升）文钞》上册，第74页。

⑤　同上书，第73页。

间，达到全盛时期，拥有商号几十处，遍布全国，甚至远及莫斯科、西伯利亚。其经营项目有票庄、账庄等。

光绪十五年（1889），润堂中举。① "颇欲得一官以自效于世"，自谓非为俸禄，而图报国，闻国家大事抵掌而谈，同辈咸叹服。② 然又感科场坎坷，有"不重才华重门第，吾曹读书真失计"之慨。③

因家世既饶，而族人"起家积贮者尤众"。培德最终以经商为主业，而族人委其总揽全族商业诸事，培德亦"持其族政以终于家"。④ 经培德苦心经营，曹氏商业日益扩大，所有"锦"字商号，如锦丰泰、锦生润、锦丰焕、锦丰典、锦泉汇、锦泉兴、锦泉和、锦泉涌、锦元懋、锦隆德、锦泰亨等，皆为其一手创立。光绪时曹氏资本多达六七百万两。⑤ 培德经商以求富国，曾有诗云"喜逐陶朱求富国，漫从罗马觅奇书"。在其主持家政时期，支持族人办理开矿、票号以及收复矿权。二十四年，族侄曹中裕曾与福公司义商罗沙第议定借款开矿。⑥

光绪二十五年正月二十二日，山西巡抚胡聘之奏请曹润堂襄办晋省商务局事务，胡氏云因曹中裕病故，局中只有一员负责，亟待派员襄理，而曹氏为请假在籍内阁中书，"历练精明，熟悉商务""令入局襄办一切，商务可期"，结果朱批"所请著不准行"。⑦ 庚子事变后，山西财政困窘，润堂率先捐资，先以中书加捐至知府，指分直隶试用，后保道员，加盐运使衔。⑧

---

① 郭允叔：《曹公柘庵墓志铭》，《郭允叔（象升）文钞》上册，第73页；又见《太谷县志》卷2，"选举"，民国二十年。
② 李毓棠：《木石庵诗·序》，《太谷县志》卷八，《著述》。
③ 曹润堂：《复选木石庵诗钞》卷下，太谷曹氏，民国十年，页码不著。
④ 郭允叔：《曹公柘庵墓志铭》，第73页。
⑤ 徐珂编撰：《清稗类钞·农商类》第5册，中华书局1984年版，第2307页。
⑥ 《山西巡抚宝棻为晋绅请奖的奏折》（光绪三十四年七月初八日），转引自黄鉴晖主编《山西票号史料》（增订本），山西经济出版社2002年版，第335页。
⑦ 《奏为委令曹润堂襄理普省商务局事务事》（光绪二十五年正月二十二日），清史工程档案号03-5372-014，缩微号405-3566，录副奏片。
⑧ 郭允叔：《曹公柘庵墓志铭》，《郭允叔（象升）文钞》上册，第73页。光绪三十年，山西总商会成立，曹氏曾任总办，三十三年，正太铁路通车，同蒲路线不经谷境，太谷商务影响甚巨，为太谷商务计，建议铺设榆太支路，惜未为时人所用。曹培德志趣广泛，诗文在晚清颇有声誉，所著有《木石庵诗》《木石庵文录》《木石庵随笔》《文贞先生年谱》，参见民国《太谷县志》卷八，"著述"。

润堂经商多次到内蒙，于屯田垦务多有建言。二十七年，时有三湖湾开荒之议，知府吴书年两次函邀润堂参与垦务，润堂有诗曾曰："拟向龙冈学楚狂，荐书连日劝行装。雪镕麦陇春泥滑，烟锁松压塔笔藏。课士多方才自见，屯田无术地全荒，此生屡被浮名误，一事无成鬓已霜。"① 二十八年二月，当贻谷为督办垦务到太原时，曹润堂曾与山西巡抚岑春煊一道陪同贻谷游览晋祠，并有诗云："山光不断水盈堤，大帅旌旗望眼迷，十里绿杨春试马，一犁红雨燕御泥，国无荒地勤耕种，民有余闲习鼓鼙，莫道此行徒选胜，采风问俗过桥西。"② 正是在此时，曹润堂联合同乡武洋③禀文贻谷请开垦务公司。④

曹润堂与武洋创设垦务公司的具体建议如何，由于资料缺乏无法得悉详情，但是从后来贻谷据此上奏的结果来看的确受到贻谷高度重视与赞赏，贻谷称曹武二人"好义急公，深勘嘉许"。⑤ 在收到禀文后，贻谷在太原与山西巡抚岑春煊"往复熟筹"认为必须创办垦务公司才能有益于垦务大业。⑥ 光绪二十八年八月初十日（1902年9月11日），据曹润堂武洋二人之禀请，贻谷奏请设立垦务公司，其大旨如下。

其一，创设原因。贻谷在奏折中明言经过数月以来的博访周咨，垦务亟待妥筹良法。他指出："晋直盟旗各地宜于树艺，且生计在耕而不在牧"，且"向来私放私开从未能施行官垦以至蒙员受贿，授柄地商，地商

---

① 曹润堂：《吴书年太守两次以函相招因车装就道即日书怀》，《复选木石庵诗钞》卷下，太谷曹氏，民国十年，页码不著。

② 曹润堂：《抚军偕星使游览晋祠时在立夏前二日也》，《复选木石庵诗钞》卷下。

③ 山西太谷绅商，时捐资为"分省四川候补直隶州知州"。

④ 贻谷：《蒙垦陈述供状》，京华印书局，出版时间、页码未著。另外贻谷有云："查西路公司与东路办法迥不相同，该绅自去年二月具奏后"，参见《咨行晋绅转饬曹绅润堂如商股但足六万毋庸再行推广由》（光绪二十九年三月廿二日），内蒙古自治区档案馆：《清末内蒙古垦务档案汇编》，第1035页。

⑤ 贻谷：《奏为设立垦务公司并拟调派各员经理情形折》（光绪二十八年八月初十日），《垦务奏议》，台北：文海出版社1974年版，近代中国史料丛刊续编第十一辑第102册，第48页。

⑥ 岑春煊曾致函荣禄提到贻谷到晋后，晋商乐意成立垦务公司，承领荒地："垦蒙一事，固涠安边，利民富国，百世之利，断然可知。历抚臣屡议兴办，皆不竟功，良由事者不得其人，以至蒙旗阻扰，坐失大利。此次得吾师主持于内，鼐兄擘画于外，此诚千载一时之良会也。晋中绅商闻鼐兄持节来晋办垦务，颇有议集股设立公司，承领荒地者。上既得人，下复有款，此事之成，跂足可待。"岑春煊：《岑春煊函荣禄》（日期未详），杜春和等整理：《荣禄存札》，齐鲁书社1986年版，第153页。

包揽假手地户,攘取官地,据为己有"。① 以察哈尔左右翼为例,贻谷指出已开垦地亩中交纳押荒升科者不过十之一二。贻谷认为在蒙地久为私垦所占的现实背景下,为实蒙防边,不如开垦可兴蒙古利源,又可清私垦积弊。② 如何开垦呢,贻谷强调由垦局零星散放,"纷扰实多",应当采纳曹氏建议设立公司预为筹划。贻谷强调成立垦务公司有利于垦务大局,其好处在于:"公司既立有事有统宗,有以简驱繁之权,无户总地商之弊。"③

贻谷奏设成立垦务公司的出发点是为了除垦务弊端,另外帮助伊克昭盟达拉特旗解决赔教款项亦是现实动因。因伊克昭盟达拉特旗在1900年义和团运动有"仇教"之举,光绪二十七年,蒙教两造立定草约确认该旗赔款37万两,该旗交给地亩租、现款、粮石等银18万两,尚欠银19万两。④ 教堂欲得银,蒙旗欲抵地,久未结。⑤ 为解决现款赔付问题,该旗在四成地界⑥内先后凑足二千顷由绥远城将军钟泰招商代放,得价付赔。因"边方苦乏富商,招徕无术",钟泰与贻谷商议言明每亩按价银七钱算,共计银十四万两,归股商承领缴价以付赔款。⑦ 实际上也就是通过成立官商合股之垦务公司,"赔教之款,即由公司指拨,所报之地即归公司转放"。⑧ 对于此点,贻谷后来的供稿中指出:"按西路垦务公司之设系官商合办,重在赎地,为西垦入手之基。"⑨

---

① 贻谷:《奏为设立垦务公司并拟调派各员经理情形折》(光绪二十八年八月初十日),《垦务奏议》,第48页。
② 贻谷:《蒙垦陈述事略》,京华印书局1911年版,第2页。
③ 贻谷:《奏为设立垦务公司并拟调派各员经理情形折》(光绪二十八年八月初十日),《垦务奏议》,第48页。
④ 《奏为伊克昭盟达拉特旗教案应赔各款折》(光绪二十八年十一月初八日),内蒙古自治区档案馆:《清末内蒙古垦务档案汇编》,第934页。
⑤ 《清史稿》列传307,藩部三。
⑥ "四成地在河北(亦称河西),初因黄河改道涸出此地,达拉特旗与领盟土默特旗相争,经钦差绍勘断以六成归土默特,四成归达拉特,是以土默特有名六成粮地者,达拉特旗有名四成地者。参见"说明四成地及四成补地之名称",西北垦务调查局编:《西北调查垦务汇册(全)》,据清宣统二年石印本影印,台北:成文出版社1968年版,第283页。
⑦ 西北垦务调查局编:《西北调查垦务汇册(全)》,第254页。
⑧ 冯曦:《绥远垦务辑要》,全国图书馆文献缩微复制中心2002年版,《内蒙古史志》35,第315页。
⑨ 贻谷:《蒙垦续供》,近代中国史料丛刊续编第104册,台北:文海出版社1977年版,第96页。

其二，公司组建方法。垦务公司如何组建？贻谷提出应当采取招股。贻谷指出近来各省办理路矿及公益局厂事务，"率多招集股本，设立公司"，若借鉴此法办理垦务则大有裨益，原因在于："人情于利之所在罔不争趋，以蒙地多膏腴，边地富商久所讯羡，一经公司招致入股，必多巨款，无难邃集。"①

垦务公司的股份如何招集呢？在与岑春煊商榷后，贻谷同意曹润堂二人所请，施行官商合股成立垦务公司。贻谷在奏折中提出东西两路垦务公司股本各十二万两，其中官商合股各半。西路公司之官股，贻谷建议先由山西商务局剩存项下拨给，商股六万两则由曹润堂等人自行筹集，"计成本官商各半，先行试办"。至于赢利，在根据章程官商各半，"总使官商均沾利益，不至畸重畸轻"。②

其三，公司如何运作呢？对此，贻谷在随后的奏折中有所明言，贻谷认为垦务公司与垦务局"相辅而行"，凡垦局所到之处，则公司亦随之。贻谷指出除去私垦越垦等有纠葛之地仍由垦局办理外，其余各旗隶属于晋、直各垦局之生熟地一经垦局丈明即可拨给公司承领并由公司交纳押荒银，土地则归公司佃与农人开垦。③

其四，公司之经理人员。由于垦务公司系曹润堂等人首先创议，且润堂等人"家道殷实，乡望素孚"，故贻谷奏请派曹润堂、武洋承办，同时令曹润堂之侄曹中成以及户部主事姚世仪二人会同办理。④清廷"如所请行"⑤。二十八年九月初一日，光绪帝朱批曰"着照所请该部知道钦此"⑥。

在清廷同意成立垦务公司之后，官商各自开始了筹集股份的过程。官

---

① 贻谷：《奏为设立垦务公司并拟调派各员经理情形折》（光绪二十八年八月初十日），《垦务奏议》，第48页。
② 同上书，第49页。
③ 贻谷：《奏为东路垦务公司办有成效折》（光绪三十年四月十三日），《垦务奏议》，第226页。
④ 贻谷：《奏为设立垦务公司并拟调派各员经理情形折》（光绪二十八年八月初十日），《垦务奏议》，第49页。
⑤ 《德宗景皇帝实录（七）》卷504，光绪二十八年八月，中华书局1987年版，第660页。
⑥ 贻谷：《奏为设立垦务公司并拟调派各员经理情形折》（光绪二十八年八月初十日），《垦务奏议》，第49页。

股的筹集看来极为顺利。在同年冬间，山西巡抚赵尔巽①由山西藩库陆续拨解银十一万两给贻谷作为垦务经费，贻谷从中划拨六万两存于存义公、大德通、合盛元三家商号，作为西路公司官股本。② 至于六万两商股，则由曹润堂认招。在清廷同意开办垦务公司之后，光绪二十八年九月，曹润堂赴归化与贻谷面议开办公司之事。随后，曹氏回晋太谷设局招股。在招股宣传上，宣称先办达特拉地即四成地，次办后套三湖湾等地，即绥远亦归承办，每股100两，官商各股共计1200股。③ 时清廷规定各省绅商设立公司必须有现款股本呈验④，二十八年十月初二日，贻谷令曹润堂"速即补齐"商本六万两。⑤ 由于一时未能招集六万两商股，故曹润堂先向商号裕盛厚借银六万两以"存备拨用"⑥。十一月初七日，在如数呈验六万两商股后，贻谷饬令曹润堂迅速应行回晋招股抵补，招股完成后应迅即返回公司，"不得稍延时日，致误事机"。⑦

从相关资料来看，曹润堂招集商股的情况并不乐观，也因此迟迟未能返回绥远垦务总局。二十九年三月廿二日，贻谷咨行护理山西巡抚吴廷斌转饬曹润堂，如果招集商股六万两后不需再招，"免致股本愈多，股息愈

---

① 光绪二十八年十一月赵尔巽由山西布政使护理山西巡抚，到二十九年初调任湖南巡抚，山西布政使吴护理山西巡抚。

② 甘鹏云：《归绥垦务调查记》（内页书名为《调查归绥垦务报告书》），卷五《垦务公司始末调查记》，"西路公司始末"，全国图书馆文献缩微复制中心2002年版，《内蒙古史志》35，第381页。在所收十一万两中，内有一万两系城平银，实收到"晋款库平银十万玖千九百七十二两，除六万两作为西路公司官股本外，其余库平银四万九千九百七十二两仍存行辕，而行辕先有由晋省另拨太谷平遥罚款库平银两五万两，共计九万九千九百七十二两，名曰垦务经费，其后由此项存款内拨银五万两与东路公司作为官股本"。

③ 《西路垦务公司股票》（光绪二十九年六月初一日），内蒙古自治区档案馆：《清末内蒙古垦务档案汇编》，第1042页。

④ 西北垦务调查局编：《西北调查垦务汇册（全）》，第253页。

⑤ 《贻谷札饬收支处由购粮款内拨给西路公司官本银六万两将拨收款日期具报由》（光绪二十八年十月初二日），内蒙古自治区档案馆：《清末内蒙古垦务档案汇编》，第1032页。

⑥ 甘鹏云：《归绥垦务调查记》，第381页。包格日勒图在统计西路垦务局设立资金时，曾视此六万两为山西商人股份，没有分析曹润堂实际招集晋商股份的努力，参见《清末内モンゴルの官办开垦における垦务局と垦务公司の役割について：西盟垦务局と西路公司を中心に》（富士ゼロックス小林节太郎记念基金，バヤシセッタロウキネ）第6页。

⑦ 《札饬曹守回省招股抵补认借商股银两由》（光绪二十八年十一月初七日），《清末内蒙古垦务档案汇编》，第1033页。

难应付"，并请吴氏就近传询曹润堂"从长计议"。① 二十九年五月初四，贻谷札派润堂为垦务公司正总办，其侄儿曹中成与贻谷心腹姚世仪为副总办。② 同年闰五月十六日，贻谷以西路垦务招佃、修渠等紧要事务殷繁，总办曹润堂由于集股未回，而公司事务又刻不容缓，因此贻谷调派垦务总局会办候补知府周克昌与曹润堂共同担任西路公司总办，并令曹周二人"和衷共济"。③ 闰五月二十日，曹润堂、周克昌二总办联名向贻谷申报即日起启用"奏办蒙旗西路垦务公司关防"④。贻谷任命官商各一员共任西路公司总办，目的是希望二人共同负责，以符合官商合办之意旨，但是很快周克昌"赴调川省"任职，而曹润堂因母丁艰未能赴绥远办理公司事宜。不得已，七月十七日，贻谷遂任会办李云庆为总办。⑤

为何曹润堂、武洋不能赴绥远参与西路垦务公司之经营呢？一方面由于曹氏身负招集商股之重任，另外一方面亦有客观原因，即曹润堂因母亲病逝丁忧已经将所有公司一切事宜均令武洋"暂行代办"，而武氏拟定秋季葬父，二人均未能赴绥。故二十九年七月初十日，山西巡抚向贻谷咨复曹润堂、武洋不能赴绥的原因俱系实在情形。⑥

二十九年八月初四日，贻谷同时札饬曹润堂、武洋称既然二人各有事故不能到绥远办理垦务，因此要求将曹润堂等人所招集之股份与贻谷自己另外招集之股份分别结清，"以免混淆"，同时命令二人将"在省经手支用暨所设分局开支各款着结至八月底止，逐一开列分报本大臣及山西抚部院以便查核"。⑦ 接到此札后，二人禀复："遵查太谷所设分局自三月初一

---

① 《咨行晋绅转饬曹绅润堂如商股但足六万毋庸再行推广由》（光绪二十九年三月廿二日），《清末内蒙古垦务档案汇编》，第1035页。

② 《札派曹守润堂等充西路垦务公司正副总办等差由》（光绪二十九年五月初四），《清末内蒙古垦务档案汇编》，第1040页。

③ 《札派周守克昌充西路垦务公司总办差使由》（光绪二十九年五月十六日），《清末内蒙古垦务档案汇编》，第1041页。

④ 《申报开用西路垦务公司关防日期由》（光绪二十九年闰五月二十日），《清末内蒙古垦务档案汇编》，第1042页。

⑤ 《札委西路公司会办李主事充该公司总办由》（光绪二十九年七月初十日），《清末内蒙古垦务档案汇编》，第1043页。

⑥ 《札西路垦务公司由》（光绪二十九年十月十二日），《清末内蒙古垦务档案汇编》，第1043页。

⑦ 同上书，第1044页。

日起至八月底止，一切动支各款计银陆百贰拾壹两零。"① 奉到结清股份之命令时，曹润堂招集之股份到底有多少呢？实际上只有 383 股，每股 100 两，共计本库平银 38300 两。② 由此可见前述墓志铭所云润堂籍贯十万余两殊非事实，实际上远远不如贻谷以及垦务人员等所招集之商股多，光绪二十九年，贻谷自集股本 22200 两，后来贻谷及垦务人员续集股本 54800 两，共计 77000 两，在西路垦务公司前截被结算后，贻谷等人之股均被移入后截垦务公司的股本中。③

三 贻谷见利而撤商股

曹润堂等人创议成立垦务公司，其针对者只是西盟而言，即伊克昭、乌兰察布盟两盟杭锦旗、达特拉等十三旗，贻谷受此启发，决议在东盟即察哈尔左右两翼创办东路垦务公司。在奏请成立垦务公司的奏折中，贻谷明言自二十八年二月禀请之后，曹润堂等人以西盟垦务公司未能成立而于垦务一事"观望不前"。在贻谷看来，曹氏所陈系仅就西盟而言，而"东西事同一律"，因此贻谷主张同时在包头、张家口两地各成立西路、东路垦务公司，"招集股份，凡入股者即准核照荒价领地承垦，原入股本将来应分余利，均按该公司初立章程，官商各半，总使官商均沾利益，不至畸重畸轻"。④ 然而由于蒙地膏腴，垦务有利，对曹润堂之招集商股，贻谷由最初的积极支持态度渐次转为消极，最后在垦务公司大获其利的情况下干脆将晋商股本裁撤！

二十九年三月廿二日，贻谷曾咨文吴廷斌请其转饬曹润堂在招集好六万两商股后不需再招。在咨文中，贻谷表达了对曹润堂招集商股进展的不

---

① 《札西路垦务公司由》（光绪二十九年十月十二日），《清末内蒙古垦务档案汇编》，第 1044 页。

② 《股本简明表》，西北垦务调查局编：《西北调查垦务汇册（全）》，第 270 页。在这些股本中，曹润堂自己认股 200 两，曹氏家族三多堂认股 800 两，常家世德堂认股 200 两，参见《前截公司杂项股本另行详列表》，西北垦务调查局编：《垦务调查汇册》（全），第 320 页。曹氏家族以及山西晋商以富著称，为何不能及时完成招股的任务，这是有待回答的重要问题之一。

③ 《股本简明表》，西北垦务调查局编：《西北调查垦务汇册（全）》，第 270 页；甘鹏云：《归绥垦务调查记》，第 382 页。

④ 贻谷：《奏为设立垦务公司并拟调派各员经理情形折》（光绪二十八年八月初十日），《垦务奏议》，第 49 页。

满，认为曹氏不善经理，在贻谷看来，曹氏疏漏之处有二：

其一，曹润堂办理垦务未能"统盘筹算"。贻谷坦称，对于曹润堂设立公司集股承办之禀请，其与前任山西巡抚岑春煊均表赞同。为实现"以袪除积习秉大公，惩官局之弊端，示商民之诚信"的开办目的，当事者应当"统策始终，力求实际"，而曹润堂"以禀牍批准之日即为公司开办之日"未免不符实际，因而贻谷认为曹氏"所办一切事宜多未统盘筹算"。①

其二，曹氏在招集商股方面未能"迅集"且于经费方面又未能"撙节"。从二十八年九月曹润堂回晋招集商股到二十九年三月，曹氏仍未能招集完六万两商股，对此贻谷大为不满。并且，对曹氏招股中的花费，贻谷则认为太过"浩繁"。对此贻谷曾有罗列：自二十八年二月禀请创设公司到当年十月已经花费一千余两之多；自十月到二十九年三月，曹氏请人帮助集股，所花"车马津贴等费及在京刊刻股章刷印股票各项必须之款，约计当在三千内外"；此外曹氏又在太谷设立分局招股，花费又增。因此，贻谷认为垦务公司尚未开办所动用款项即已如此浩繁，"若值畅办之时员役加多，所费更属不赀"。②

贻谷强调其于垦务是"悉心筹划"，既"不诿难于人，亦不坐视其弊也"。③ 正是基于上述考虑，贻谷令吴氏转饬曹润堂商股招集完毕后毋须再招，以免股息无处可开。

事实如何呢？贻谷为何令曹氏不得扩招商股，根本原因在于在筹办东西路垦务公司的过程中，贻谷等人发现垦务大开获利之源泉。奉命查办贻谷垦务弊案的鹿传霖曾有奏折认为贻谷通过开设垦务公司无须本钱而自能获利。按照垦务公司章程规定，凡入股者核照荒价领地。垦地由公司缴纳押荒银，然后任其转售他人。以东路垦务公司为例，上等垦地押荒银为每亩八钱，鹿氏指出该公司非上地不领，"以千顷计地价坐得八万，一反手

---

① 《咨行晋绅转饬曹绅润堂如商股但足六万毋庸再行推广由》（光绪二十九年三月廿二日），《清末内蒙古垦务档案汇编》，第1035页。

② 同上。在后来垦务局的调查证实了贻谷的担心，曹润堂在太谷招股所用经费、在归化筹办公司所用经费、招股用去"余平三项共库平银四千四百二十二两余"。《前揭公司开支经费表》，西北垦务调查局编：《西北调查垦务汇册（全）》，第304页。

③ 《咨行晋绅转饬曹绅润堂如商股但足六万毋庸再行推广由》（光绪二十九年三月廿二日），《清末内蒙古垦务档案汇编》，第1035页。

间即赚银五万矣！东西两公司共领地二万顷，是蒙古报效之地价钱全为公司所蚀"。① 更令人吃惊的是东路垦务公司并非"先缴押荒然后领地转售"，而是先收到所售垦地地价然后再缴押荒银，"是真不费一钱而坐致巨万矣！"②

正是如此，在曹润堂回晋招集商股的同时，贻谷亦自招商股，二十九年当贻谷招集到22200两后，随即饬令曹润堂无论是否集足六万两，"速行截至招集"。据后来调查者言，其原因是："盖斯时东垦获利，正可朋分以充私股矣。故毋须商股也。"③ 在此时，曹润堂已经招集商股383股，除部分用于太谷分局开支外，其余均上交西路垦务公司收讫。

光绪三十年（1904）十一月二十日，贻谷谕令将晋商383股一律退还，并陆续拨还晋省官本银六万两。④ 三十一年（1905）春，贻谷发布《退晋商商股公启》，下令撤退曹润堂所招集之晋商商股：

> 公司招集股本为联商获利起见，不意西盟垦务春遭匪乱，夏被水灾，睹此情形不独得利恐难，或且致亏商本亦不可知。本大臣创办此举无时不引为疚心。查曹绅经招各股历时甚久，所费甚多，始得三万八千三百两，集款之难，概可想见，且众商股本皆系数世经营积铢累寸，重一言之信故倾孤注之资，各股款既如此艰难，该公司宜如何保护，晋省从前官招商股往往以事无成效重累商家。本大臣招股之时，即引为前鉴，以信示之，并以身担之，以谓纵不获利，断不使受亏耳。今西垦兵水两灾，虽出自意外，倘使嗣后机更不顺手，何以重信而对众商。维今之计，只得从权将众商股本一律清还，其应得之息亦按股付给完璧以归，俾免后累，庶公家以后招股尚可以通商情而开风气，即本大臣鳃鳃之虑亦得以稍安也，此启。⑤

---

① 《鹿传霖奏查垦务大臣被参各款折》（光绪三十四年三月二十六日），台北故宫博物院编：《宫中档光绪朝奏折》第25辑，台北：故宫博物院1975年版，第486页。
② 同上。
③ 西北垦务调查局编：《西北调查垦务汇册（全）》，第254页。
④ 贻谷：《蒙垦续供》，第77页。
⑤ 西北垦务调查局编：《西北调查垦务汇册（全）》，第259—260页。

贻谷指出退晋商股本的原因有二：一是西盟垦务遭受匪乱与水灾，公司获利恐难，甚至商本亦有亏本可能；二则晋商股本"皆系数世经营积铢累寸"，系曹润堂历经艰险所招集而得，公司应当善为保护，以免"事无成效重累商家"。如何善为保护呢，那就是撤退商股，同时按股付给应得五厘股息。在贻谷看来，虽然"得利较微"，但是商本则毫无所损，"此实本大臣维持商业之苦心也"。① 同年六月初七日，西路公司副总办姚世伊禀报贻谷已经完成撤退商股的工作："会同原经手招股之曹绅润堂传知各股商逐一发给。"除股本外，还有二年股息总计库平银 2315 余两。②

光绪三十四年当贻谷被下狱调查时，对于撤退晋商股本，贻谷则又提出了另外的原因："嗣因经理晋商股银之曹润堂请假回籍，其侄公司副总办旋又病殁，晋商股本急待归还，是以三十年底饬讲曹绅所招之股三万八千余两筹撤发还，均按股给予年息。"③

贻谷撤退商股的真正原因是否真的如前所述系由于西路垦务公司赢利难以预期、曹润堂等晋商急待归还股本、贻谷本人体恤商艰呢？实则不然，贻谷所言只是托词。据西路公司册报可知，自二十九年开办起至三十一年底为止，该公司净得利益库平银十四万两！④ 此前晋商股本被撤退看似保本并获得股息，实则并没有享受到西路垦务公司结算后的余利花红，按照贻谷垦务案发生后所成立的垦务调查局的调查，这些余利花红最后是被贻谷等人瓜分："无论公司人员非公司人员，皆由贻前大臣为之标分，有亲笔字条称分红各垦员曰诸同事。"⑤ 在撤退晋商股本后，贻谷等人迅速将西路垦务公司结算，并重新集股另外筹设后截西路垦务公司。由于斯时东路垦务公司正大获其利⑥，只有将晋商股本撤退后，贻谷等人方可将东路垦务公司私人股份所得利银"搀入冒领地股本"，这样"既分东利，又取西赢，辗转滋生获利无"。⑦

---

① 西北垦务调查局编：《西北调查垦务汇册（全）》，第 260 页。
② 同上。
③ 贻谷：《蒙垦续供》，第 96 页。
④ 同上书，第 77 页。
⑤ 西北垦务调查局编：《西北调查垦务汇册（全）》，第 249 页。
⑥ 光绪三十年四月，贻谷自认东路垦务公司自二十八年开办到二十九年两年间净余利银有 15.2388 万余两。除去花红、公积等费，官商各股实在应得利银有 9.7528 万两余。参见《垦务奏议》，第 227 页。
⑦ 甘鹏云：《归绥垦务调查记》，第 383 页。

润堂曾有诗云："屯田有志空怀策，报国无人共请缨。"① 当其请缨创设公司以开垦蒙旗的建议被贻谷采纳并付诸实践时，垦务公司之进程与结果则远非其所能预料者。尽管曹润堂未能招够所认之6万商股，然则其所招收之38300两商股在代替偿还达特拉旗教款、成立西路垦务公司的过程中仍然起到了重要的作用。尽管贻谷在公司成立之初强调官商合办，但是当发现垦务获利甚大时，曹氏所招集之商股最后却被以保护商本的名义撤退。按照西路公司成立时官商各半的约定，公司股本总计十二万两，在撤退润堂所照收之商股后，其余商股77000元均为贻谷以及各垦员之自招。② 而这也突破了官商股本各六万两之初定规定，最后的结果则是贻谷等人进而将前截西路公司结算并私分余利。③

不过，对曹润堂而言，幸运的是当光绪三十四年贻谷因垦务弊案而下狱，垦务官员多受株累之时，曹润堂虽然曾创议成立西路垦务公司并被贻谷奏请委派为总办，但是曹氏并没有受到任何牵连，因为调查者知道曹氏仅负则招集商本，"绝不与闻公司之事"，并且由于所招商股旋即被撤退，"一切禀牍并不会衔列名，后之谋利分红筹办后截则更非其所知"。④

清季以来的垦务实业中，蒙旗垦务实可谓影响最大者。其放垦之由，实出于"实蒙防边"之虑，通过开垦蒙旗土地，既可清私垦积弊又可兴蒙古利源。⑤ 蒙旗垦务如何得以开垦呢，垦务公司之创设以及实践，实则功不可没。以公司开办垦务，改官垦之不足，时乃曹润堂、贻谷等人之大创举，以其成效与影响而论，纵向比较则在贻谷督办垦务之后，蒙旗垦务在清季则"毫无进展"，继任诸将军不过调查垦款，催收旧欠而已⑥；横向比较，蒙旗垦务则远胜于张謇创办之通海垦牧公司。⑦ 然则，通过本文关于曹润堂与西路垦务公司关系的梳理，可以发现即便采取了公司这一新

---

① 曹润堂：《复选木石庵诗钞》卷下，太谷曹氏，民国十年。
② 甘鹏云：《归绥垦务调查记》，第382页。
③ 在垦务案发生后，贻谷并不认可垦务局的调查，认为自己只有经手之股，并无自己的股份。关键是在西路前截垦务公司股本的变化，提出了另外的解释："鉴于东公司之得利也，曾奏明以后商股任撤，多入官股，此亦裨益公家之意也。"贻谷：《蒙垦陈述事略》，第3—4页。
④ 西北垦务调查局编：《西北调查垦务汇册（全）》，第250页。
⑤ 贻谷：《蒙垦陈述事略》，第2页。
⑥ 黄奋生：《蒙藏新志》，中华书局1938年版，第854页。
⑦ 冯曦：《绥远垦务辑要》，全国图书馆文献缩微复制中心2002年版，第315页。

式办垦机构，官夺商利的现象仍不能禁绝，实乃近代官商合股公司命运之缩影。更为重要的是，在鹿传霖查办贻谷垦务参案中，创办垦务公司反而被视为巧设，是贻谷以及随员牟取私利、贪污蒙旗押荒的重要措施，而这也是贻谷的四大罪之首。① 本文的研究表明，垦务公司是在山西商人曹润堂等人提议之下创办的，尽管贻谷后来图利将晋商股本撤退，但不能说垦务公司是巧设，然而贻谷等人在后来垦务公司的运作中，将并未按照清廷商部规定注册公司，将垦务局委员兼为垦务公司人员，由此成为酿成弊案，也成为垦务参案中的一大关键。此外，有必要加强蒙旗垦务中的人物研究。通过对曹润堂的研究，本文以为或可以人物为中心，由此拓展垦务研究的深度与广度，其中贻谷就是一个极好的个案。对于蒙旗垦务，贻谷自认办理极难，"强者梗阻，弱者观望，宽之侮至，蹙之变生，敷衍则辜恩，清厘则府怨"。② 毁之者云其"败坏边局、蒙民怨恨"，誉者赞其"垦放逾十万顷，东西二千余里。绝塞大漠，蔚成村落，众皆称之"。③ 最后因垦务弊案坐狱，被视为晚清一重大贪污案，然贻谷一概否认清廷所定各罪，个中缘由、经过实值得进一步探讨，唯有如此，蒙旗垦务的原生态历史方能得以进一步展现。④

---

① 《鹿传霖奏查垦务大臣被参各款折》（光绪三十四年三月二十六日），台北故宫博物院编：《宫中档光绪朝奏折》第 25 辑，第 485—487 页。
② 贻谷：《蒙垦陈述事略》，京华印书局 1911 年版，第 2 页。
③ 《清史稿》列传 240。
④ 关于贻谷案，已有研究主要依据《蒙垦续供》《贻谷奏稿》等史料，在史料拓展方面亟应加强，如对贻谷书札、蒙垦档案史料以及时人笔记等重视不够，故研究亦有深入之必要与可能。桑兵教授在研究清季名伶田际云与维新运动的关系时，曾提到清季报刊曾以为田际云与贻谷案大有关涉，参见桑兵《天地人生大舞台——京剧名伶田际云与清季的维新革命》（《学术月刊》2006 年第 5 期，第 117 页）。

清代上海土布庄与沙船航运业

[日] 松浦章

(日本关西大学)

一　绪言

在清末的上海县，通过沿海贸易流通起来的商品被冠以南货和北货的称呼。① 具体的称呼，在同治年代的《上海县志》卷一风俗类里有以下记载：

> 由南载往花布之类曰南货。由北载来饼豆之类曰北货。②

由此可知，从南方运送过来的棉花类货物被称为南货；从北面运送过来的豆饼类货物被称为北货。南货的代表是在长江三角洲地区生产的棉花，北货的代表是以在东北地区和山东半岛生产的大豆为原料，从中榨取食用油之后的油粕凝固而成的豆饼类。位于上海近郊宝山县的《宝山县志》③ 卷六"实业志·女工"里有如下记载：

> 各市乡所织土布均用刷线，真如、罗店所产多供本地衣被之用，故扣密而布尤佳，大场、刘行多运销外省，故出品较逊高桥之套布。

---

① 松浦章：《清代帆船沿海航运史の研究》，关西大学出版部2010年版，第38—45页。
② 《江苏省　上海县志》（一）（全8册），中国方志丛书·华中地方·第169号，成文出版社1975年版。
③ 民国十年（1921）铅印本。

由沙船载往牛庄、营口为土货大宗。自沙船衰落，土布之利益为日人所攘，产额亦因而缩减。①

由上文可知，在上海近郊的市镇里生产的棉布被称作土布，这些土布通过沙船运往东北沿海的牛庄和营口等地区。可见，上海近郊的乡村妇女的日常劳作生产出来的木棉布被称为土布。

经营这类棉布的商铺的商号名和商标名，在道光年间的《邑关关牌簿》里有详细的记载。本文对《邑关关牌簿》进行全面分析的同时，也对《邑关关牌簿》里出现的沙船业主的关系进行阐述。

二　上海近郊的棉花生产

上海近郊生产的棉花布有很多种类。在同治的《上海县志》卷八"物产·服用之属·布类"里有如下记载：

> 棉花布，邑产不一类，而大要不外扣布、希布、高丽布三种而已。密而狭者为小布，亦谓之扣布；幅阔尖细者出三林塘，曰标布。纬文棱起而疏者为高丽布，文侧理者为斜文布，文方胜者为正文布，亦曰斗文布。以紫花织成者为紫花布，此种虽有而不甚多，至宝山、真如界所产则紫花尚矣。②

由此可知，上海县近郊有很多棉花布生产地。民国时期的《崇明县志》附编卷一"实业"里有以下记载：

> 邑物产，棉为大宗，土布擅名。海上自机纱，洋布畅行，而棉利外溢，土布市落。③

---

① 《江苏省　宝山县续志》（二）（全6册），中国方志丛书·华中地方·第172号，成文出版社1975年版，第399页。

② 《江苏省　上海县志》（二）（全8册），中国方志丛书·华中地方·第169号，成文出版社1975年版，第622页。

③ 《江苏省　崇明县志》（四）（全4册），中国方志丛书·华中地方·第168号，成文出版社1975年版，第1571页。

由上文可知，位于长江口的崇明岛上种植着棉花。这些棉花织成布以后被运往全国各地。

那么进行木棉布生产者为何人？民国时期位于上海县附近的青浦县《青浦县续志》卷二"土产"里有以下记载：

> 木棉布东北乡妇女皆以做布为生，自洋布洋纱盛行，土布低落。

也就是说，进行木棉布生产的是上海附近的青浦县妇女。另外，之前列举的民国《宝山续县志》卷六"实业志·工业·女工"里也有如下记载：

> 女工　邑境产棉，故普通女工多习纺织，从前恃以营生者有纱经、土布二种，以纺成之，纱扎为布，经行销各处，罗店最盛。土布则宽狭长短稀密，各处间有不同。……由沙船载往牛庄、营口为土货大宗。①

由上文可知，上海宝山县当地产的棉花被妇女们纺织成棉布，这些本地产的棉布被称作土布。生产出来的棉布从上海近郊通过沙船被运往东北沿海港口，比如牛庄、营口等地。

20世纪初期全国有名的棉花如下文所示。在上海的报纸《中外日报》里我们可以找到一则可作为参考的文章。根据在《中外日报》第3176号，光绪三十三年四月二十八日，1907年（明治40）六月八号的《调查录》中登载的《全国布疋调查》，全中国流行的棉布如下所示：

> 吾国布疋之失败，达于极点，已非一日，业此者虽尚能支持强立，然流行区之日小，早彰彰在人耳目，试观今日，市间攘攘，所服者为何者乎，执笔者亦不忍终言矣。欲救万一，惟筹改革，是以特联同志数人，竭力调查，参以论断，聊尽一己之义务，敢告匡时之君子，兹所得之情形如下。（所录者，均系可药救者，其他腐败不堪之流，皆摈不录、以免累赘）

---

① 《江苏省　宝山县续志》（二）（全6册），中国方志丛书·华中地方·第172号，第399页。

布名	出产	最前之销路	略前之销路	现在之销路
大宣布	杭州	各地及全省	全省已勉强	渐绝仿
柳条布	嘉兴绍兴	南五省	江浙	浙江
柳条布	浦东	本省（江苏省）	推至浙江	忽绝
斗纹布	潮州	各处乡村	各处乡村	颇旺
雪青布	嘉兴	本处	本处	渐旺
紫花布	未详	山东及各地	全国	已微
棋子布	盛泽	江浙	浙江	渐绝
湖北粗布		全国	全国	全国
甬布	宁波	南五省	全国	颇旺
杭仿甬布	杭州	本处	全省	南五省

  右十种，系挑剔数次所得者，吾国若能色色改良，求精不懈，并扩充推广之，已足敷全国应用，然其计划颇杂，执笔者不敢略有躲闪以期尽善，惟篇幅过长阅者幸勿嫌其烦杂，盖布疋问题为全国商业所关者也。

  这里登出的棉布大部分是在长江三角洲附近生产，然后在全国范围内流通的。

  上海近郊生产的通过沙船运往东北的土布在东北是什么评价呢？在天津的《国闻报》第32号、1897年11月26日、光绪二十三年十一月初三日的《营口新闻》里刊登的文章可以作为参考：

  南货减价〇奉省现银甚少，各铺户全赖借贷，放期以资接济，现因各大宪禁止放期，两处省会人心虚怯，所有南货运至营口者，具不能畅，为销售以致花布、糖、纸等，莫不落价，船商人等亏耗血本既不待言，而各项税捐亦因之日形减色，闻各货如大尺布照上海来本每件须亏银六两，海笺纸照福建来本每块须亏银三钱零，红糖照闽粤本每百斤、须亏银五钱，洋棉纱线由上海运至营口，每件亦亏银七两零，此外各物无不减价，行商坐贾均欷懋迁之道，将日穷而不可为也。

  由上文可知，清末东北海港营口里，南货的代表物为花布、糖、纸。

棉布的代表大尺布是从上海、笺纸是从福建、砂糖是从福建和广东生产和运送来的。

关于上海近郊生产的棉布，《申报》第9171号、1898年10月25日《侍御士佳请禁落地布捐折》中有以下记载：

> 奏为江苏落地布捐，病民已甚，请立予禁革，以维小民生计恭折，仰祈圣鉴事。窃维民生本计耕织为先，耕农一业近今无甚变迁，目下所最为变迁者莫如纺织。自道光年间洋布流入中国，土布之利阴为所夺，幸尚无多。近则机器纺织，已移至通商口岸矣，浸假而移至内地矣。查土布以人力、妇女终日拮据焚膏继晷，必竭数日之力，手工九易，方成匹布，洋布以机力关捩一开运行，不息累万盈千可立而待，现在江苏等省新设机厂，已不下数十处，而继开者方未有已。此项机厂，皆华洋大贾，坐享其利，夫以土布，则成于贫女而作工又难，机布则成于富商而作工又易，平情而论自必薄征土布以恤贫民之不足，厚征机布以分富户之有余，此古今之常理，亦中外之通义也。①

上海近郊生产的棉布绝大部分来自劳动妇女之手。鸦片战争后签订的《南京条约》使得包括上海在内的五大港口对外开放，不仅外国进口棉布流入了市场，棉布制造工厂也纷纷建立，传统妇女的纺织工作渐渐消失。

就这样上海近郊的棉布制造从传统的个体手工业发展起来。劳动妇女生产的棉布，自然而然地由专门的棉布商贩集中买下，然后运往全国各地进行销售。当时的棉布商贩的店名还保存了下来。下文对记载有这些店名的《邑关关牌簿》进行阐述。

三 关于《邑关关牌簿》

根据徐新吾主编的《江南土布史》第三章附录《上海土布商百年来的兴替变化》②，道光二十四年上海绮藻堂布业公所的《关庄牌簿》里，记载有上海土布商号周益大、郁森盛、唐恒美、林大成、倪德成、德大号

---

① 《申报》第60册，上海书店1985年版，第393页。
② 徐新吾主编：《江南土布史》，上海社会科学院出版社1992年版，第321—323页。

等85户的名单。这正是上海成为商业港口的第二年,也是土布商号们开始在上海集中起来的时候。① 但道光二十四年（1844）上海绮藻堂布业公所的《关庄牌簿》介绍较为简略,名簿的详细却不为人知。

《邑关庄牌簿》② 可以查到上海土布商号名簿的资料,现在保存在上海市档案馆,并且以电子资料的形式公开。2012年9月笔者在上海市档案馆阅览了《邑关庄牌簿》。下面对《邑关庄牌簿》全文进行介绍。

《邑关庄牌簿》开头对其产生有所记载,并在其后罗列80余商号名:

> 窃惟阖邑布业,首重招牌,关广售布凭牌名以定价值,由来久矣。而业中近有无耻之徒,弊生影射,睹各号牌子价昂者亦低布混冲,假冒牌名而牟利,致使牌子遭其卖低侵害不已,甚至一家而叠冒数名,狡计百出,牌名上二字音画俱同,又改取字形仿佛者以为混计,如改瞿为翟,改李为季者,无如欲盖弥彰,万商切齿,为此邀集同人于绮藻堂公议,将各号牌名开列于簿,其中间有重叠,或紫白套不同,或南壮路互异,或同名异记,显然不符均出无心,且各创已久,无庸更改,但自议之后,各号增添牌子,及新创业者均须去簿查阅,毋得同名,瓜李名避,倘不遵议,委系有心影射,当鸣鼓共攻,或即事出无心,亦显违成,议从重议罚用以充公,各毋狥情,以□永久。所有各号牌名,开列于后。自道光五年十一月,重整规条公议,凭号挨月收捐以济公用,另□得月楼图章为凭,前有绮藻堂印废弃不用矣。
>
> 前十一年正月,邀集同业于得月楼,重整牌名簿。
>
> 各宝号新增者,请登于上庶无混淆特白。
>
> 道光二十六年丙午秋日,重新抄立前后广庄牌簿,并将各号尊名排立于左,以便全业查览。
>
> 于甲辰年（道光二十四年）春王月,各号集楼前公阅。
>
> 注明。

此《邑关庄牌簿》写成的时间为道光二十六年（1846）秋,而由上文可知,因为仿冒各大棉布庄的假冒产品的存在,为明确正规棉布庄名号和商

---

① 徐新吾主编：《江南土布史》,上海社会科学院出版社1992年版,第321页。
② 上海市档案馆所藏,登记号码：S231-1-3,全154页。

品名、排除假冒产品，同业者联合起来写成商号名和商品名的牌号簿。这就是《同业牌号簿》① 由来。

上海市档案馆所藏《邑关庄牌簿》

光绪十五年（1879）上海绮藻堂布业公所的《同业牌号簿》里面有以下这些商号：

　　　　林大成、倪德成、德大号、王永盛、协美号、萃昌号、顺昌号。

与其相比，《邑关庄牌簿》里有89个商号和1200多个商标。这里的商号指的都是各个棉布庄的商号。而89个商号的来历则与江户时代从长崎输入日本的缩缅（一种日本特殊织法的丝绸）有关。

在《明安调方记》的《缩缅印》的三套绉纱里有如下记载：

　　　　泰来号　咸须字号　钱干记号　二益号　钱咸须号　同德字号
　　　　长盛号　德隆字号②

这些字号都是原缩缅贩卖商的商号。从而可知，《邑关庄牌簿》的89个名称是棉布庄的商号名。此89个商号所使用的1200多个商标中，有很多

---

① 徐新吾主编：《江南土布史》，第321页。
② 《明安调方记》，《长崎县史　史料编第四》，吉川弘文馆1965年版，第495页。

都是由"记"所表示。以下对"记"进行说明。

文化十三年十二月有一艘叫做永茂船的长崎贸易船,漂流到了伊豆半岛的下田。里面运送的贸易品中有17件都记载有"记"。当时负责永茂船处理的朝川善庵,就此对乘员进行了问询:

自己货物谓之公司物、何义。

乘员说:

俱有某记、嘉会公司、栗记□□□秋记之类。①

回答为:某记是乘员个人所有的东西。

可知,《邑关庄牌簿》里的某记是各个生产户的意思。

以上可以推断,《邑关庄牌簿》里面详细记载的是89个商号的货物生产户的商标名。

以下为《邑关庄牌簿》里记载的商号,各个商号拥有的商标合计为1288个。

《邑关庄牌簿》的89个商号里,能明确知道和沙船航运业有关的是这3个商号:元号的郁森盛,6号的王永盛和26号的德大号。

道光二十四年(1844)的《邑关庄牌簿》里,上海棉布庄的名簿里有记载的商号中,郁森盛和王永盛就像刚才介绍的那样,在道光年间以上海南市为据点的沙船商号中极有实力。

郁森盛、王永盛和德大号拥有很多沙船,以在长江口以北沿海地区的活跃航运活动而被广为所知。② 郁森盛是和清朝政府的海运输业有关的沙船业实力商人。③

---

① 松浦章编:《文化十二年豆州漂着南京永茂船资料—江户时代漂着唐船资料集九—》,关西大学出版部2011年版,第120页。

② 松浦章:《清代上海沙船航运业史の研究》,关西大学出版部2004年版,第153—188页。

③ 《户部漕运全书》卷七十四,采买搭运部分里,道光二十七年《商人郁森盛等认办米八万石》和八万石的米谷输送有关。

《邑关庄牌簿》里的商号商标一览

番号	商号名	商票数	番号	商号名	商票数	番号	商号名	商票数
1	郁森盛	64	31	信大号	22	61	蒯巨盛 口朱信昌	15
2	唐恒美	19	32	裘隆泰	42	62	允成号	12
3	林大成	39	33	苏天盛		63	冯咸昌	8
4	倪德成	35	34	孙永茂		64	大源行	4
5	奕昌号	32	35	干大号			同昌号	4
6	王永盛	22	36	宝生号		65	景茂号	11
7	周阜昌	41	37	徐隆盛		66	隆昌号	
8	林敦大	25	38	和顺号	3	67	仁和号	14
9	协美号	27	39	吴恒昌	12	68	万成号	6
10	沈仁记	29	40	李同泰	11		唐隆昌号	1
11	沈裕记	25	41	万顺号	6	69	天和号	31
12	郁文记号	31	42	正昌号	15	70	恒隆号	6
13	万丰号	4	43	吴全泰	4	71	恒升号	2
14	黄奕美	13	44	汪天成	7	72	黄豫号	38
15	协泰号	4	45	大和号	8	73	张隆茂号	8
16	元和号	20	46	鼎美号	24	74	任春号	15
17	余元复	22	47	潘源昌	15	75	葛响记	11
18	马协和	33	48	高协春	7	76	元成号	2
19	陈协成	24	49	汇昌号	21	77	邵瑞昌号	8
20	程义成	13	50	周益文	20	78	萃昌号	20
21	信茂号	1	51	怡春号	4	79	严大生	7
22	顺昌好	29	52	谢长兴	2	80	永昌号	10
23	义昌号	12	53	慎太号	30	81	元泰号	16
24	大源号	6	54	三和号	2	82	庆隆号	10
25	陈大盛	6	55	豫大号	31	83	万丰号	7
26	廿六德大号	20	56	福升号	9	84	赵昌盛	4
27	益泰号	4	57	宝康号	30		朱信昌	8
28	张永茂	5	58	同吉号	16		万成隆	1
29	钱大成	38		单信号	14	合计	89商号 1288商标	
30	咸丰号	4	60	张慎成	7			

元号的郁森盛特别之处在于，其持有六十多个商标：

> 森盛馥号、奎盛尧号、隆泰福记、福盛泉记、亨泰福记、正上泉记、德盛记、正盛记、全盛福记、长盛记、义盛耀记、恒春誉记、文盛桂记、祥福隆记、祥泰馥记、万有泉记、万同泰记、万年仁记、万泰恒记（紫套）、万大馥记、万福泉记、万全泰记、万宝耕记（大白生套）、万春怡记、万通裕记、万新悙记、万裕源记、万亨源记、万康泰记、泉上泰记、祥元源记、（大白生套）祥亨灏记、祥利绳记、祥祯福记（南套）、隆生福记（壮套）、景来隆记、源利耀记、裕记、壬顺、宝春、升记、春记、天记、益隆、祥茂、庆泰、长生、泰原泉记、泰来亨记、泰昌万记（清水）、吉祥、迎祥、祥安怡记、祥庆怡记、祥康怡记、祥凝泰记（南套）、祥慎泰记（壮套）、祥裕泰记、祥臻泰记、祥丰怡记、祥益怡记、祥吉怡记、进春、庆未、捷盛、葆盛。

以上63个商标都为郁森盛所拥有，在《邑关庄牌簿》中数量排名第一。而六号的王永盛有22个商标，德大号有20个。

> 永盛昴记、元盛仁记、永大禹记、亨盛义记、奕盛礼记、干盛智记、全茂信记、祥盛太记、义发原记、义德桐记、怡盛和记、隆盛承记、恒盛达记、淳盛达记、鼎顺应记、祥发瑞记、万和春记（白生）、德润广记、广润德记、贯记、通记、正大宗记。

以上22个商标是王永盛的棉布商标。当然这些商标的棉花被运往东北沿海的各个港口。

以下对《邑关庄牌簿》里的德大号进行阐述。德大号也积极开展沙船航运。这可以从反映20世纪初期沙船活动的上海报纸《中外日报》的文章中可见一斑。根据《中外日报》，从1901年三月二十七日到1902年二月十四日为止的一年间，进入上海南市码头的德大号沙船有：

> 夏福顺、金永和、金魁顺、金吉兴、金义泰、金元宝、金合顺、

金茂福、金全顺、金长顺、金万利、周干顺、朱源泰、朱长兴、朱长顺、朱长利、徐义顺、徐广兴、陈安顺、陈恒顺、陈合顺、陈信顺、陈宝顺、陈同顺、陈隆顺、陈和顺、陈怡顺、陈馥顺、郑福兴、唐万顺、陆同顺、陆广顺①。

以上 32 艘沙船进行了 47 次航行。绝大部分是从上海黄浦江岸的南市到江苏东北部沿海的青口的航行。光绪六年四月壬子（十五日）的奏文中有如下相关记载：

> 伏查江苏海州赣榆县之青口镇地方，外通大洋，照例止准赣榆一县黄豆运往浏河粜卖，其豆饼及一切南北杂货，概不准由青口出入。②

由上可知，青口镇是江苏海州赣榆县的重要海港，是江苏东北部物资流通的起点。

以下是德大号下属棉布生产户的商标：

> 德大容记、东升耀记、益美宗记、德昌云记、鼎新和记、元升义记、有大俊记、庆大佳记、成大凤记、震大泉记、怡大恒记、仁记号、和昌仁记、合昌仁记、利昌永记、久昌永记、广元庆记、和顺信记、宏盛仁记、义昶镇记、永昶晓记。

以上 21 户商标的棉花制造出来后，被运送到江苏省青口进行贩卖。对德大号的经营来说，这些棉布的生意占了很大的比重。

从这些报纸的文章中可以推断出，在以沿海航运运输上海棉花布销往东北的路径中，沙船发挥了很大的作用。以往笔者曾提及的汪宽也的祥泰布号也使用了很多的沙船。③ 根据在 1912 年时年仅 15 岁，在祥泰布号里

---

① 松浦章：《清代上海沙船航运业史の研究》，第 215—217 页。
② 《光绪东华录》第一册（全五册），中华书局 1984 年版，第 901 页。
③ 松浦章：《徽商汪宽也と上海棉布》，《关西大学博物馆纪要》第 7 号，2001 年 3 月，第 21—31 页。

工作的周茂生的口述，在他刚来工作时祥泰布号就已经有 60 多年的历史了。开业时的成本虽然只有 80 万钱，折合 500 银元，但在周茂生工作时已经成长为棉布业里最大的企业了。祥泰布号在职员工 120 多名，光绪二十二年、二十三年（1896、1897 年）的营业额达到了 150 万到 160 万两，年间贩卖的棉布额为 400 万匹。但是日俄战争以后，祥泰布号业绩方慢慢衰退。①

四 小结

综上所述，明清时代以上海为中心的地区里生产的衣料棉布，达到了当时世界的最高水准。这些在上海被叫作土布的新衣料，满足了很多人的穿着需要，一部分被销往中国的东北部，而其中大部分是通过上海的沙船被运往东北地方的。

上海县制造棉布的商号有 89 个，这些商号的棉布商标达到了 1288 个。各个商号下面的经销户有着他们自己的商标，可推断仅上海的商号下的棉布生产户就有 1000 户以上。这些在上海近郊生产出的木棉布通过沙船被销往东北沿海和山东半岛。

《国闻报》第 471 号、1899 年 2 月 26 日、光绪二十五年正月十七日的《营口新闻》里对渤海湾东北的海港营口的棉布流通情况有如下记载：

> 布货滞锁〇大尺布产自江南通州海门厅，去年布客由上海运到者计数二万余件，冬季锁路大滞，存货颇多。窃思辽阳、沈阳、吉林、长春、双城、宾州、呼兰、绥化各府厅州等城镇向锁此布，近闻积货甚属寥寥，一经天时和暖，各路商贩定当争先就道矣。

可知在东北受欢迎的大尺布产地为江南通州，以及从海门厅等上海运来的货物。绝大部分都是通过沙船运来的。在光绪二十四年（1898），这些棉布达到两万件。上海棉布在营口上陆，然后被运往东北各地。销路有辽

---

① 徐新吾主编：《江南土布史》，第 254—255 页。

阳、沈阳、吉林、长春、双城、宾州、呼兰、绥化等城镇。

上海产的棉布通过沙船运输销往东北,扩大了市场占有率。《邑关庄牌簿》记载着棉布制造的具体商号和商标,可以说是珍贵的史料。

社群与社团

近代医疗卫生社团与中国公共卫生观念变迁

范铁权

（河北大学历史学院）

公共卫生（Public Health），是以预防医学的观念、理论和技能为基础，针对预防疾病，促进人类健康而采取的社会性实践，具体包括环境卫生、疾病防治、卫生保健等方面。早在1920年，美国耶鲁大学Winslow教授就曾指出："公共卫生是防治疾病、延长寿命、改善身体健康和机能的科学和实践。公共卫生通过有组织的社会努力改善环境卫生，控制地区性的疾病，教育人们关于个人卫生的知识，组织医护力量对疾病做出早期诊断和预防治疗，并建立一套社会体制，保障社会中的每一个成员都能够享有维持身体健康的生活水准。"[①] 在公共卫生的建设方面，西方国家走在了前面。

中国的公共卫生建设，客观上由西方传教士拉开帷幕，进入20世纪后才成为历届政府职任之所在。政府之外，医疗卫生社团在公共卫生建设中亦担当了重要角色。关于中国公共卫生之研究，前人取得了丰硕成果，涉及疫病防治、公共卫生体系创建诸方面，但目前之研究或侧重对政府行为的缕析，或集中于某一地区或城市的公共卫生。至于从民间组织入手，着力于医疗卫生社团的知识传播及其效果之研究，尚不多见。有鉴于此，笔者在前人研究的基础上，借助大量报刊及相关资料，尝试梳理医疗卫生社团与中国公共卫生观念变迁之关系。

---

① 范春主编：《公共卫生学》，厦门大学出版社2009年版，第1页。

一

近代医学社团的创办，始于戊戌维新时期。在变法过程中诞生了几个医学社团，如1897年上海的医学善会、1897年上海的医学会、1898年苏州的医学会等，维持时间较短，开展活动不多。20世纪初，各地相继出现了一些医药卫生团体，影响较大的有中华药学会、绍兴医药研究社、中西医学研究会等。进入民国后，医卫社团之诞生如雨后春笋，其中既有综合性社团，也有专门性社团；既有西医社团，亦有中医社团，还有的社团兼顾中西。西医社团当中，影响最大的是综合性社团——中华医学会。中医社团当中，神州医药总会、中医改进研究会、医界春秋社等影响较大，专门性社团中又以中华麻疯救济会、中国防痨协会颇具典型性。诸医卫社团纷纷创办刊物，作为其知识传播的平台，如中西医学研究会的《中西医学报》、中华医学会的《中华医学杂志》、壬寅医学社的《医学周刊》、中华卫生教育会的《卫生》季刊以及中华麻疯救济会的《麻疯季刊》、中国防痨协会的《防痨》杂志等。《医界春秋》（上海医界春秋创办）、《医学杂志》（山西中医改进研究社创办）、《神州医药学报》（神州医药总会创办）、《医事公论》（中国医事改进社创办）等中医刊物，也在建构公共卫生知识方面做出了自己的贡献。

（一）"公共卫生"之内涵

围绕"公共卫生"之定义，《医学周刊》登载了贾魁、李廷安的同名文章《甚么是"公共卫生"》，从不同角度进行了阐释。贾魁指出，"到底甚么叫作'公共卫生'呢？……简而言之，他是拿科学医学所找到的原理来大规模的去预防疾病的发生，积极的来提高民众的康健"[①]。李廷安说，公共卫生系一种独立的科学及技术，主要致力于下列各项："（一）借有组织的社会，致力于环境卫生，以防病而延寿，并促进公民之健康与能率；（二）管理公共传染病症；（三）组织医事及看护机关，施行早期诊断及预防治疗；（四）引导社会服务机关，使人人咸能达到适当的生活

---

① 贾魁：《甚么是"公共卫生？"》，《医学周刊集》1928年第1卷，第48页。

标准,以维持个人的健康。"① 杨济时撰文指出:"这个整个的公共疾病问题,应当有一种机关来照料他,这就是所谓公共卫生。"在他看来,公共卫生就是"保护人民的生命财产""谋人民健康的幸福"②。进而,叶惠博在《释卫生》一文中将公共卫生分为地方卫生和职业卫生,地方卫生又细分为城市卫生和村落卫生,职业卫生细分为学校卫生、军事卫生、工业卫生和商业卫生。③ 在调查北京公共卫生事业的基础上,金宝善将中国的公共卫生分为卫生、保健、防疫、统计四大项十二部分,主张"先行择要举办,以期次要推广"④。

关于公共卫生的功能,载于《中国卫生杂志》的《公共卫生与人类幸福》一文将其归结为两方面:(一)改良社会卫生状况,以预防疾病,减少死亡;(二)提高民众健康程度,以增进其生活力,充裕社会经济。换言之,公共卫生就是为人类谋幸福的工具。⑤ 载于该刊的另一篇文章也指出,公共卫生与国家强盛、人民健康、社会富庶关系密切,其功能有四:延长人民寿命、减少疾病痛苦、促进国际地位、增加社会幸福。⑥ 张维也强调,公共卫生的目的在于民族复兴,因为"公共卫生的进步和发达,一定是民族复兴的征象,而欲民族复兴,公共卫生之不可忽视,可想而知"⑦。不难看出,时人视野下的公共卫生之功能不外乎:其一,促进国家富强和民族复兴;其二,净化社会环境,改良社会卫生状况;其三,救民于疾疫,提高全民健康水平。

(二)介绍西方的公共卫生

诸医卫社团利用自己的刊物介绍外国的公共卫生。江涛声《苏联公共卫生的实质》一文从公共卫生现状、工人卫生保障、妇婴卫生保障等

---

① 李廷安:《甚么是"公共卫生?"》,《医学周刊集》1928年第1卷,第50页。
② 杨济时:《公共卫生谈》,《医学周刊集》1929年第2卷,第85页。
③ 叶惠博:《释卫生》,《光华卫生报》1918年第1期,第18页。
④ 金宝善:《北京之公共卫生》,《中华医学杂志》1926年第12卷第3期,第253—261页。
⑤ 兰安生:《公共卫生与人类幸福》,朱季清译,《中国卫生杂志》1931年第2年合集,第42—44页。
⑥ 遂初:《公共卫生概要》,《中国卫生杂志》1931年第2年合集,第17—18页。
⑦ 张维:《公共卫生与民族复兴》,《中华医学杂志》1934年第20卷第7期,第978页。

方面对苏联的公共卫生事业进行了阐述。① 方石珊对澳大利亚、比利时、巴西、加拿大等国的花柳病预防设施做了详细介绍,其中澳大利亚"设立花柳病诊疗机关之外,全国所有医院均须另加花柳病门诊部夜间开诊",比利时设立"花柳病预防协会",加拿大设立"花柳病施疗所",法兰西设立"血清检查所",德意志设立"花柳病预防事务所及治疗顾问处",英吉利设立"社会卫生会"与"免费治疗所",美国设立"社会卫生协会"②。陶善敏撰文对美国公共卫生试验所的设施、设备进行细致介绍,"冀主持卫生行政者有所采纳焉"③。朱季青撰文介绍了美国公共卫生学会,阐述了它在推动公共卫生事业发展的具体举措。文章认为,美国设立卫生行政机关时:(1)重用技术的专门人员;(2)注重卫生学术的研究;(3)以学术研究的结果,作各项卫生设施的根据;(4)尽量与公共卫生学术团体合作,参与各项学术会议;(5)尊重公共卫生学术界的意见。④ 西方公共卫生之繁荣,离不开以推进公共卫生为己任的卫生组织,《国际联盟疟疾委员会之工作》《国际热带病学会》《远东热带病学会》等文章介绍了国外的公共卫生组织。

(三) 普及公共卫生常识

鉴于国民卫生观念淡薄,医疗卫生社团注重普及公共卫生常识。毛子震在《打针》一文中把打针分为两类,对打针的情形进行具体分析,使读者对打针的种类和作用一目了然。周梦白《这药怎样吃?怎样用?》一文从内服药与外服药的分别、内服药的吃法、吃药的时间、外服药的种类、外用药的用法五方面逐一详解药的吃法和用法,增长了国人的用药常识⑤。针对国人患病后"求神祷鬼、乱投药剂、查验方",沙古山《有病不可乱投医》一文予以批评。在他看来,医生的选择是一个先决问题,应按照下列

---

① 江涛声:《苏联公共卫生的实质》,《中华医学杂志》1934年第20卷第11期,第1395—1414页。
② 《欧美各国花柳病预防设施》,《中华医学杂志》1928年第14卷第5期。
③ 陶善敏:《公共卫生试验所之性质及设施》,《中华医学杂志》1931年第17卷第5期,第462页。
④ 朱季青:《参加美国公共学会拉杂谈》,《医学周刊集》1933年第6卷,第91—93页。
⑤ 周梦白:《这药怎样吃?怎样用?》,《通俗医事月刊》1919年第1卷第3期,第28—35页。

方针："（一）查其是否确由医校毕业的；（二）毕业后有没有实地研究过；（三）一向研究的是哪一科；（四）向来诊治的病人仔细不仔细。"①

环境卫生之良否，直接关系到人们的身体健康。在《理发馆的卫生》一文中刘雨三指出，理发用具可直接传播病毒，必须进行卫生消毒。在他看来，"照这样方法，才算真正卫生改良理发馆哪"②。陈志潜《北京市民应强迫改良自来水》、贾猷先《市民对于饮水问题应有的常识》等文章，对饮水常识进行详细解读。围绕食品卫生，《中华医学杂志》刊登了伍连德《卫生餐法》、侯祥川《中国之饮食与健康问题》等多篇文章。在《卫生餐法》一文中伍连德指出，国人"对于食法尤缺卫生，吾国相沿习惯，或匙或箸均直接往返于公众食物盘碗之中，最为恶习，家常便食尚属无妨，若与宾朋生客聚宴，何能详悉座中之有无疾病，苟患痨病、花柳、疔毒、喉症、口疮、烂牙、头骨流脓等恶，立可传染"。如何解决这一不良习惯？文章认为，"桌上铺以白布，座中亦甚洁净"，同时"餐具必个人分认，随食随换"③。

（四）传染病常识的建构

近代中国时疫频发，而大多国人对于传染病及其病理认知甚少。鉴于此，诸医卫社团利用自己的"喉舌"大力普及传染病常识，涉及鼠疫、霍乱、天花、肺痨、麻疯等。伍连德《中国之鼠疫病史》一文对鼠疫的来源、蔓延、防疫与治疫进行了详细介绍④，王吉民《中国历代医学之发明》一文则从发病机理、流行特征和临床症状等方面对鼠疫常识予以阐释。⑤ 在《霍乱预防法》一文中，丁福保提出了八种预防霍乱之法，并附霍乱之调养法，"以备卫生家之采择焉"⑥。林子扬在《虎列拉》一文中对霍乱发生原因、经过及后果进行剖析，并提出了针对性的举措。王吉民

---

① 沙古山：《有病不可乱投医》，《医事月刊》1923 年第 1 期，第 1—4 页。
② 刘雨三：《理发馆的卫生》，《通俗医事月刊》1919 年第 3 期，第 27 页。
③ 伍连德：《卫生餐法》，《中华医学杂志》1915 年第 1 卷第 1 期，第 30—31 页。
④ 伍连德：《中国之鼠疫病史》，《中华医学杂志》1936 年第 22 卷第 11 期，第 1039—1055 页。
⑤ 王吉民：《中国历代医学之发明》，《中华医学杂志》1928 年第 14 卷第 6 期，第 133、135 页。
⑥ 丁福保：《霍乱预防法》，《中西医学报》1911 年第 17 期，第 1—4 页。

撰文介绍了天花在国外的史实、天花传入中国的历史与天花不同释名的原因。在《天花》一文中，李廷安则从病源、病状、传染、种痘等九个方面入手阐述天花常识，内容颇为详尽。① 凌颂和《患痘须知九条》、丁福保《种牛痘法一夕谈》、王完白《种痘新说》、孙祖烈《牛痘浅说》等文章从不同角度介绍了种痘知识。

肺结核于传统中国流行猖獗，民间有"谈痨色变，十痨九死"之说。《防痨》杂志在推广肺结核知识方面起到了重要作用，该刊创刊号即登载了张君俊《从"民族复兴运动"说到"防痨运动"》、汤书年《痨病之预防》、丁福保《治肺痨之新疗法》等多篇文章。张君俊撰文指出，防治肺痨应从两方面着手，积极方面：一、普及全国预防痨病教育；二、设立预防院；三、设立夏令儿童健康营；消极方面：一、设立模范疗养院；二、设立免费诊所；三、隔离痨病人。② 在麻疯知识的建构方面，《麻疯季刊》登载了大量文章，如李俊昌《中国的麻疯问题》、邬志坚《铲除中国麻疯之刍议》、王吉民《中国麻疯之简史》、王昭宪《怎样预防麻疯》等。《中华医学杂志》《医事公论》等刊物也登载文章普及麻疯病的基本常识。

医学社团对传染病知识的构建，还包括痢疾、流行性感冒、猩红热、白喉、花柳病等，限于篇幅不再一一述及。以报刊为主要阵地，诸医卫社团登载了许多有关公共卫生的文章，多角度、多层面的知识建构，为时人重塑公共卫生提供了极为丰富的素材和想象的空间。

二

民众公共卫生观念之改变，并非朝夕之功。如何迅捷、有效改变民众的公共卫生观念？诸医卫社团在途径与策略上可谓大动脑筋。

（一）途径的多元化
1. 发行刊物，编译书籍

如前文所述，医疗卫生社团发行刊物，作为其舆论阵地。《中华医学

---

① 李廷安：《天花》，《医学周刊集》1928 年第 1 期，第 124—125 页。
② 张君俊：《从"民族复兴运动"说到"防痨运动"》，《防痨》1934 年第 1 卷第 1 期，第 5—6 页。

杂志》有中、英文两个版本，"华文论说多通俗性质之著述，英文论说多科学研究之论文"①，前者之目的"在使本志与各国国家医学杂志相配，为医学进步之广播机关；在使全国医界声气相通，泯除此疆彼界"；后者的主要发行对象不在国内，其目的"在与各国交换，俾各国明了中国在近代医学上之贡献"②。为集中传播卫生知识，《中华医学杂志》开辟了"结核专号""热带病学专号""眼科专号""医史专号"，壬寅医学社的《医学周刊》也开设了"拒毒运动""花柳病""疥病"等专题栏目，《医事公论》自1933年第2期起开设"国民卫生常识讲坛"专栏等。

在书籍方面，截至1937年4月中华医学会出版60种医学书籍，或介绍国内外最新的医学研究成果，或普及医疗卫生知识，还有为医学院校编纂的教科书。中华卫生教育会也大量印刷卫生书籍和小册子，如《霍乱》《疟疾》《婴孩卫生》《眼睛卫生》《灭蝇》等。中华麻疯救济会出版的卫生书籍，如《麻疯小册》《麻疯须知》《麻疯的病象诊断和治疗》《为什么吾们要救济麻疯》《麻疯与罪恶》《铲除中国麻疯之计划》等③。《麻疯小册》在发出赠送告示后，短短4个月就发出了552册，索书信函来自国内20个省份，以江苏（包括上海）、广东、福建最多。④《防痨》杂志连载结核病著作数十部，成为读者了解结核病常识的重要途径。自1934年1月5日起，中国防痨协会广为赠送丁福保《肺病指南》《肺病预防法》《肺病疗养法》三书，"举凡痨病之预防、疗养以及患者应有之常识，无不具备"，截至10月10日共赠出1700余本，"国人患病之众，由此可见一斑"⑤。

2. 卫生演讲

卫生讲演少受场地设备所限，且易推广。1920年，中华医学会第三届大会举行了三次卫生演讲会。尔后，几乎每届大会均有公共卫生会议或演讲会。1924年2月10日的卫生演讲会上，王吉民作"杭州公众卫生之经验"、胡宣明作"中国学校卫生之问题"等报告，到会百余人，反响极

---

① 俞凤宾：《近年会务成绩之回顾》，《中华医学杂志》1922年第8卷第1期，第1—6页。
② 林宗扬、李涛：《中华医学杂志社报告》，《中华医学杂志》1934年第20卷第4期，第597—600页。
③ 《麻疯季刊》1930年第4卷第4期。
④ 《分发〈麻疯〉小册总计》，《麻疯季刊》1927年第1卷第2期，第50页。
⑤ 《本会赠书经过》，《防痨》1934年第1期，第20页。

为强烈。

中华麻疯救济会总干事邬志坚足迹遍及华南、西南、华东、华北以及华中流域。每到一地,举行救济麻疯的公开演讲。在湖南衡阳,他在当地戏院作公开演讲八次,参加者不下八千余人,"激起全城之救济麻疯热"①。在中华麻疯救济会的本部上海,邬志坚曾应邀到沪江大学、上海扶轮社、国立上海医学院、新民中学、沪江商学院等处演讲。中国防痨协会总干事张君俊任期内曾到复旦、光华、交通等大学及中国科学社演讲,继任总干事童星门先后在青华中小学、民福学校等地轮流演讲。该会还邀请李廷安、颜福庆、尤济华、汤书年、赖斗岩等卫生专家,于每星期六晚到福音广播台讲演,"对痨病之预防,学理,疗养及应有之认识,阐发极为详尽,市民热烈欢迎,佥谓对症下药,诚病者之福音焉"②。应沪西公社邀请,张君俊于1934年6月20日前往该处演讲"防痨","听众约三四百人,颇为踊跃"。同一天,邓青山前往浦东劳工新村青年会演讲,讲题仍为"防痨",听众亦多③。

3. 卫生展览

卫生展览以卫生标本、模型、挂图、照片、幻灯等媒介供民众观览,旨在使其得到具体而直观的印象。1924年,中华医学会第五届大会在南京东南大学举行,期间举办了医药卫生展览,陈列了20多家的展览品,包括特效药品、用具、药材、书籍等,"台之上更有兀然突立的建设,动人心目的图画陈列其上,这三大部的陈列品旁,均有题目印于板上,以醒眉目,所陈彩图,色各不同,尤觉鲜艳可观,更用纸条,上粘于图画,下接于说明,有一条垂及眼的模型,旁写'用模型以免说明'","凡展览品的最引人注目者,观者最多,伫立良久"④。

为普及麻疯知识,中华麻疯救济会向山东齐鲁大学广智院定制全套的麻疯模型,共计12组38件,陈列在上海虹口皮肤病医院。这些模型"举凡病态、传染、医治、预防等等,无不维肖维妙,颇为传真",对观者构

---

① 《邬总干事报告本会一年来工作概况》,《麻疯季刊》1934年第4卷第1—2期,第20—21页。
② 《会务消息》,《防痨》1934年第1卷第3期,第166页。
③ 《本会在上海市第十三届卫生运动大会之工作报告》,《防痨》1934年第1期,第21—22页。
④ 《南京的卫生展览》,《卫生》1924年第1卷第1期,第40页。

成巨大的心灵震撼。① 1933 年 6 月 1—3 日，中华麻疯救济会获邀参加上海市卫生、教育两局组织的上海市健康教育展览会。展览会设立麻疯专部，陈列麻疯模型 85 件，其中尤以麻疯病人之头部模型最具特色。此外，还展出麻疯教育画 15 幅，全国各地麻疯院照片 8 幅，"观之，不啻身历其境"②。1935 年 10 月 5 日，中国防痨协会在四川路青年会举办防痨展览会，展出有关结核病各项统计、标语、图表、漫画、模型等百余件，"凡世界各国痨病死亡率之比较，诸国各地之痨病死亡数，成人儿童之痨病死亡数，吾国因痨病死亡所受之损失，应有尽有，是日到会参观者不下五六百人"③。次年底，中国防痨协会又联合五洲大药房举办防痨展览会，展览内容包括各国痨病死亡率统计表、中国各部痨病死亡比较表、卫生机关、痨病标本、人体模型、防痨书籍等。开幕以来，平均每日参观者 30 余人。④

4. 征文比赛

1916 年 9 月，中华卫生教育会举办首届"全国卫生论文竞赛"，题为"中国目前卫生情况如何更进一步发展"。组委会收到 51 篇论文，经评审圣约翰大学杨德宝为最优等，林步基为优等，北京协和医学校吴葆光为一等。⑤ 1919 年，中华卫生教育会又举办了第二届竞赛，参赛题目有"什么使人生病""个人卫生""家庭卫生""卫生作为导致国家兴亡的一种因素""国家卫生和国家福利之关系"等，共有 61 篇论文进入决赛。最终，吴约翰、欧阳青、沈晨珊分获大学组、中学组、小学组的第一名。⑥ 1925 年的征文比赛规则登载于《卫生》第 2 卷第 2 期上，题为《我家乡的卫生和医药设备的实况及其改良方法》。此次征文参与者众多，最终燕京大学的刘景双获得大学部一等奖，文章登载在《卫生》第 3 卷第 2 期，就其家乡法库（位于奉天省中部）医药卫生状况之不良提出了具体解决办法。二等奖的张漪、郑精忠的同名文章登载在该刊第 3 期上。

---

① 《本会新制麻疯模型》，《麻疯季刊》1931 年第 5 卷第 2 期，第 36 页。
② 《本会参加上海市健康展览会》，《麻疯季刊》1933 年第 7 卷第 2 期，第 37—38 页。
③ 《会务消息》，《防痨》1935 年第 1 卷第 11 期，第 619—620 页。
④ 《上海市防痨展览会》，《申报》1936 年 12 月 23 日。
⑤ 《卫生教育联合会征文纪事》，《环球》1917 年第 2 卷第 2 期，第 14 页。
⑥ 张大庆：《中国近代疾病社会史（1912—1937）》，山东教育出版社 2006 年版，第 131—132 页。

中华麻疯救济会举行铲除麻疯有奖论文活动。第一次是在1930年，题为"铲除中国麻疯之方案"，共发出987件公函，结果仅收到21篇文章。邬志坚颇为感叹，由此而"知道吾国人士——连向为社会运动领袖之学生在内——对于吾国一个绝大的社会问题，尚无相当的认识和研究"①。第二次征文在1933年，题目为："一、麻疯为公众卫生问题；二、文化与麻疯；三，我国救济麻疯运动与各国之比较；四、吾乡之麻疯状况及应救济之方法。"参赛者由四题中任选一题。此次征文筹备、宣传较为充分，投稿者极为踊跃，陕西、云南等边远省份也有应征，经评审盛彤笙、黄杏标、黄广生、方于幄、文郁章5人分获第一至五等奖②。获奖作品之材料多来自作者亲身经历与观察，观点亦多有独到之处。

5. 举办儿童健康营

为增加儿童对防疫的认识、养成良好卫生习惯，中国防痨协会联合教育局、卫生局等五团体筹备夏令儿童健康营，定名为"上海市夏令儿童健康营"。健康营采取自愿报名原则，"除了有传染病的不予收录外，其余都是一视同仁"。首届儿童健康营1934年7月6日开营，男女儿童60人报名加入，为期一个半月。中国防痨协会干事李兆璋为营长，营地地址位于吴淞国立同济大学中学部。第二届儿童健康营于1935年7月2日开营，主办单位除中国防痨协会外，还有上海市教育局、市卫生局、中华慈幼协会，参办团体包括晨报社、中西药房、儿童书局等。③淞沪卫生事务所所长李宜果为营长，南市卫生事务所学校卫生主任租张琪和中国防痨协会干事李兆璋为副营长。参加儿童共计180人，是第一届的三倍之多。第三届儿童健康营于1936年7月5日开营，共有50多个团体参加，营址位于淞沪镇车站国立同济大学中学部，参加儿童共计220人。④ 健康营内设施齐全，学习方面有图书馆、健康教育挂图、卫生图解、画报、小说等，娱乐方面有教学玩具、收音机、钢琴、桌上高尔夫、乒乓球、飞机等。营内日常生活分为身心检查、卫生习惯和教育活动三项。科目包括升旗、日光浴、大肌肉活动、假期作业、常识、音乐、夏令卫生、姿势矫正操、野

---

① 志：《征文感言》，《麻疯季刊》1931年第5卷第3期，第1—2页。
② 《铲除麻疯悬奖征文揭晓》，《麻疯季刊》1934年第8卷第3期，第54页。
③ 《第二届夏令营儿童健康营的消息》，《防痨》1934年第1卷第8期。
④ 《上海市第三儿童健康营简章》，《防痨》1935年第2卷第6期。

外生活、团体游戏、爱国思想教育等。每周六放映有关卫生教育、健康教育的电影，周日出外旅行，把教育融入各项户外活动中，养成儿童健全的体魄及团体生活的习惯。①

此外，放映卫生电影也是传播卫生知识的一个途径。成立于1933年9月的北平结核病医学社，借民众演讲会之际放映《痨菌自叙》，"内中清洁清白动人，如表演痨菌如何染人，肺结核之如何作成，抵抗力如何控制痨菌，因何而失控制痨菌能力，痨病治疗方法，及其他关于结核事件，均已提及"②。该影片曾6次放映，无论是医界、非医界人士皆颇为赞赏。中国防痨协会也曾在多个场合放映《痨病自叙》《吐痰之害》《再生花》等卫生影片，普及痨病常识。

（二）建构策略

民众公共卫生观念的彻底改变并非易事。为达至最佳效果，诸医卫社团尝试了多种策略的运用，具体如下：

其一，文艺形式的采用。中华卫生教育会在建构卫生常识时注重采用寓言、小说、戏剧等形式。《卫生》季刊第1卷第2期登载了题为《鲁莽的舟子》的"卫生寓言"，结尾寓意深长："清气，运动，合宜食物，正当习惯，娱乐及养性，均系生命的根源，若有人等闲视之，以为与生命无关，不足轻重呢；就请他们记着鲁莽的舟子吧。"③ 中国麻疯救济会的《麻疯季刊》登载了《韦尔伯和披达》《丁老八和他的儿子》《一个印度麻疯人的自述》《好心有好报》等文学作品。《韦尔伯和披达》讲述了一个小孩、一只猪和一个麻疯病人的故事，文章结尾号召读者，"如欲试养披达或要晓得麻疯人及其子女——健全的子女——的可怜的故事的，或想救济他们，为人群谋幸福的，请即函知本会，当以'铜猪的用法'和其他印刷品奉寄"。译文之后，还附有《你愿豢养这只猪猡吗?》。此文发出后，在广大读者中间引发了强烈反响，纷纷来信要求领养"铜猪"，以这一特殊的形式为麻疯病人提供捐助，其中包括许多小学生。比喻、暗喻等修辞手法，也为一些卫生宣传者所采用。范守渊在《请勿乱抛炸弹》一

---

① 《第二届儿童健康营的消息》，《防痨》1934年第1卷第8期。
② 《北平结核病医学社第一次年报》，《防痨》1935年第1卷第5期，第289页。
③ 《鲁莽的舟子》，《卫生》1924年第1卷第2期，第12页。

文中将"肺痨病人的痰"比作"伤人致命的炸弹","中国人的随地吐痰,是名闻世界的,中国人口中的掷蛋本领,可以就是世界的冠军,中国痨病人数的如此普遍,便多靠我们这许多同胞的口中随地抛掷所造成的成绩"①。

其二,醒目直观的图片标语。图片和标语是比较生动的宣传形式,张贴于公共场所、交通枢纽,可吸引广大民众关注。中国防痨协会在交通要道、公众场所、火车电车、公共汽车上,张贴防痨标语,主要有:"(一)吐痰应在痰盂手帕或纸上(二)吐痰无异杀人(三)吐痰能传播痨病(四)痰内充满痨菌(五)禁止在马路上及公共场所随地吐痰。"中华卫生教育会用许多图片来展示怎样的行为是卫生的,怎样的行为容易传播疾病。他们用一副描绘一位老人抱着他的孙子时打喷嚏的图片,为公众展示这样的行为容易向儿童传播疾病;在另外一幅图片上,一个小孩正在吃饭,他的桌子上有一只巨大的苍蝇,图片上标有"勿使苍蝇近小孩的食物",形象生动。

其三,"戏剧化"的表演。中华卫生教育会会员裴德(W. W. Peter)在很多场合以"中国的负担"为主题做讲座。讲座中掺杂有"戏剧化"的表演。一个人弯着腰背着一个很大的包袱走到讲台上,裴德解释说:"这是中国,看他的腰有多弯,背有多弓!我们怎样才能减轻他的负担呢?"然后他解开这个人背上的包袱,从中取出一个盒子,上面写着"天花";他又取出另一个盒子,上面写着"霍乱"。这个人的腰稍微直起了一点儿,然后裴德又取出"鼠疫"和代表其他一些疾病的几个盒子,这人几乎可以站直了,他走到讲台幕后。然后有人将这些代表疾病的盒子垒在一起,裴德告诉观众:"那就是中国的巨大负担。你们可以减轻这个负担,但这取决于你们。……中国现在背负这样的包袱,并不代表他会一直这样";"你们想看到中国丢掉这些疾病的负担之后的样子吗?"讲台上的帷幕撤下,刚才那个"中国"又一次出现在观众面前,这时他身体健壮,气宇轩昂,背上的包袱很小。他走到那些盒子垒成的台子上,一面中国的国旗在他头顶升起,讲座结束。② 裴德用这一形象生动的讲座,吸引观众

---

① 范守渊:《请勿乱抛炸弹》,《防痨月刊》1936年第2卷第2期,第45—46页。
② 转引自史如松、张大庆《中国:启蒙运动——卫生教育会的贡献》,《医学与哲学》2010年第5期,第74页。

对卫生和疾病预防知识的兴趣。

其四，患者的"现身说法"。《麻疯季刊》创刊号登载了患者钟英《一个麻疯病人的呻吟》一文，对麻疯病给他带来的伤害进行了细致刻画："我的脑袋中，除了睡觉以外，都是痛苦和忧伤的感想，觉旧日快愉的精神，已变做烦闷而懊伤的情感了。这种痛苦的生活，实无异日处于地狱之中。呜呼惨矣！"①《防痨》登载了路尔钰《一个肺结核患者的呼声》一文，介绍了自己的家庭因缺乏防痨知识而导致肺结核蔓延，由此带来了极大痛苦。作者呼吁，"从我们这一家联想到一族，假如我们充实学校教育中的防痨知识，假如我们充实家庭教育中的防痨知识，肺结核菌消灭可待！"②来自这些患者的"现身说法"，极易博得广大读者对患者的同情及对该疾病的高度重视。

其五，建构卫生与种族、国家间的关联。清末民国时期，疫疠的连年流行，外人关于华人"不卫生""病夫""东亚病夫"中国形象的定位，促发了国人民族主义的高涨和现代民族国家建构意识的积蓄和弥漫，政治、社会精英逐渐在观念上建构起了卫生与种族、国家间的关联。在知识传播中，诸医卫社团将卫生运动与民族复兴联系起来，将发展国家之卫生与一雪"东亚病夫"之耻结合在一起。伍连德在《公共卫生与民族复兴》一文中指出，"各国均谓中国为最不清洁之国，相传成为话柄"，又"谓传染病起于中国，闻之不胜忧愤"，无怪乎近代中国被讥笑为"东方病夫"或"东亚病夫"③。褚民谊在《医药评论》"发刊词"中也写道："夫人孰不欲康健，孰愿甘为病夫。外人谓我为东亚病夫，吾岂真为东亚病夫哉，亦惟不知康健之道而已。……爰有医药评论之组织，窃愿本其所学，尽量贡献，使不知者可以知，知之则能行，行之而有效，获享人生真正之幸福，使国人皆能享此真正之幸福，则东亚病夫之名词，自无存在之余地。"《防痨》之"发刊词"大声疾呼："吾国朝野人士，倘能振刷精神，谋新舍旧，采用预防法律，提倡公众卫生，务令未罹结核者，不至传染，既罹结核者，不至陷于重症，则死者必日减少，病夫之耻可湔矣，奈何因

---

① 钟英：《一个麻疯病人的呻吟》，《麻疯季刊》1927年第1卷第1期，第6—7页。
② 路尔钰：《一个肺结核患者的呼声》，《防痨月刊》1936年第2卷第9期，第51—53页。
③ 伍连德：《公共卫生与民族复兴》，《科学画报》1934年第2卷第4期，第121页。

循遗误，自甘暴弃，而不急起图救乎。"① 诸医卫社团将公共卫生与国家富强、民族复兴紧密联系在一起，极易引起广大读者的共鸣。

三

1928年卫生部成立后，颁布《污物扫除条例》《卫生运动大会施行大纲》以及与之配套的《卫生运动宣传纲要》等，指导各地卫生运动的开展。各社团组织亦参与期间。

1. 参与政府的卫生运动

1928年4月，首届上海特别市卫生运动大会开幕。仪式结束后游行，游行队伍中就有中华卫生教育会的卫生模型队。上海医师公会也参加了卫生运动，并提供经费支持。大会设置展览会场，很多展品由中华卫生教育会、中华民国拒毒会、中华护士会等提供。② 第二届卫生运动大会于同年12月举行，中华卫生教育会、中华医学会、中华护士会、上海医师公会等团体参加。③ 各地在开展卫生运动时，卫生行政部门也会邀请医卫团体参加。广州卫生运动大会召开前，市卫生局、青年会干事和医生护士等纷纷致电、致信中华卫生教育会，希望得到指导。中华卫生教育会委派宓爱华、金昌世参与筹备工作。此次大会以"提倡市民对于儿童学校和社会卫生的兴趣"为目的，设立了孕妇卫生室、饮食卫生室、症病传染预防室、书册室等九室，其中书册室出售中华卫生教育会出版的各种书籍，吸引了很多观众。④ 开幕当晚安排了专家演讲，宓爱华演讲"什么叫做卫生"，金昌世演讲"卫生与国家富强的关系"，"金君本能用国语而不能用广东话，特于事前习练数小时，竟能演讲一刻钟之久，奋发动听，大为感动"。中华卫生教育会还为宁波、厦门、安徽屯溪、广州等地的卫生运动予以指导，其中厦门的卫生运动大会以"消灭全城，防免瘟疫，减灭鼠类"为目的，中华卫生教育会、神州医学会厦门分会等16个机关团体参与其间，内容包括卫生游行、卫生展览及表演、演讲及电影、出版物、防

---

① 《发刊词》，《防痨》1934年第1期创刊号，第1页。
② 《上海特别市卫生运动大会报告书》，《卫生月刊》1928年第1卷第5期。
③ 《第二届卫生运动大会报告书》，《卫生月刊》1928年第1卷第12期，第1—13页。
④ 宓爱华：《华南运动卫生志》，《卫生月刊》1928年1卷第3期，第13—18页。

疫注射等①。

2. 卫生运动周

卫生运动周是中华卫生教育会向公众开展卫生教育的主要方式，其手段包括公共讲座、展览和海报、幻灯片、电影等。1917年2月，中华卫生教育会在湖州发起公共卫生教育活动。活动持续6天，分讲座和展览两部分。还开设了妇女专场，向妇女讲授妇幼保健、育婴等方面的常识。在城市的不同地区，中华卫生教育会晚上用幻灯片传授环境卫生、天花接种、传染病等知识。在中华卫生教育会的努力下，上海、长沙、南京、汉口、杭州等地均举办了为期一周的卫生运动。在厦门，1917年12月17日胡宣明于城内及附近的村庄举行的卫生运动持续一周之久。运动以演讲和电影放映为主要形式，演讲题目涉及个人卫生、公共卫生、婴孩卫生、家庭卫生等。每晚放映有关蝇、蚊、细菌等影片，"聚而观者一万三千人"，"最重要的一点，就是在几千个聪明活泼的学校儿童的脑筋里，播下了卫生的种子"。值得一提的是，厦门卫生运动结束后，陈嘉庚"请我们到他的村中去，举行卫生运动。我们带了一部分的展览品去，用简明的语言，讲乡村卫生，学校卫生，家庭卫生及婴孩卫生，那些农人，听得津津有味"，参加此次卫生运动者达三千人。②

3. 劝止吐痰运动

1935年3月18日，举办劝止吐痰运动在中国防痨协会第十二次常务理事会上讨论通过。为办好此次运动，中国防痨协会专门成立了上海市各界劝止吐痰运动筹备会，制定了具体计划。劝止吐痰运动在3月30日如期举行。第1日为学生日，五百余人出席。各代表演说后，放映《痨病自述》，全市学校均于当日分别集合，举行仪式，由校长报告劝止吐痰运动之意义，演说防痨常识，"俾学生有所警惕而觉悟也"。第2为日工友日。市总工会督率各工会、工友总动员，除印发"告工友书"外，分别派员往各大工厂向工人进行宣传。第3日为商民日，市商会发表宣言，并通饬各商号于橱窗内张贴劝导、告诫之标语宣言，各工会同时分别进行集会演讲。同时，在公馆、马路、北火车站暨南京路永安公司先施公司等处张贴"公共场所不准吐痰"等横跨马路大幅标语，以唤起市民之注意。

---

① 宓爱华：《厦门卫生运动大会大纲》，《卫生月刊》1928年第1卷第7期。
② 胡宣明：《卫生教育会的事业》，《卫生》1924年第1卷第1期，第15页。

第 4 日为各团体日，全市各民众团体联合总动员，进行扩大宣传。工商学术各民众团体于华界、租界各处分头演讲，"并制就关于劝止吐痰之醒目标语，图书刊物多种分发，并日夜轮流开映《痨病自叙》教育影片，俾民众普遍传晓"。劝止吐痰运动引起了社会各界的广泛关注，《新闻报》《新夜报》等媒体进行了报道。还有单位专门来函，索要此次运动的宣言、标语，作为宣传之用。① 次年，中国防痨协会又举行了劝止吐痰防痨运动周，以"劝止随地吐痰，预防痨病传播"为宗旨。②

总之，在公共卫生知识的构建过程中，考虑到民众的接受能力与认知程度的差别，诸医卫社团尝试多途径、多策略的运用，以唤起他们对公共卫生的关注和积极参与。

结　语

经过医疗卫生社团多年的知识传播，公共卫生在一定程度上得到了民众的认可。时人有言："二十年前，'卫生'两个字是非常新的一个名词，但近年来则不然，卫生两个字，已经在社会里普遍的应用了。好像'卫生粥店'啦，'卫生理发馆'啦，'卫生浴室'啦，都拿卫生两个字，作为标榜，吸引顾客。可见卫生二字已经深入民间，而且人民也很欢迎它。"③ 胡定安撰文总结道："曩者民众昧于传染病之蔓延，不知所谓预防，今日旅行之际，亦知受注射针预防之必要。钟爱小儿，亦早为种痘，惟尚知其然而不知所以然也。盖微生物之如何作祟，如何有毒，常不明其底蕴，不过能谋消极的预防。……可见人民脑海中，已具有卫生意义之痕迹矣。"④

受各种因素制约，医疗卫生社团的努力并非尽善尽美，亦存在着历史局限：首先，民国时期医卫社团林立，但大多各自为政，因缺少稳定的经费支持，其发展可谓步履蹒跚。随着一系列限制、压制中医制度与法规的陆续出台，中医社团与西医社团、政府之间的矛盾愈演愈烈；其次，民国

---

① 《本会举办劝止吐痰运动记》，《防痨》1935 年第 1 卷第 6 期，第 338—345 页。
② 《防痨协会举办劝止吐痰运动周》，《申报》1936 年 6 月 15 日。
③ 王世伟：《"卫生"之真意与"卫生运动"之真正目标》，《卫生月刊》1935 年第 5 卷第 7 期，第 357 页。
④ 《医药评论》1930 年第 25 期，第 3—4 页。

社会动荡，公共卫生建设对民众来说多少有些脱离实际。正如钟惠澜所言，中国"财政支绌，民不聊生，一箪食，一豆羹，尚不可得，况公共卫生哉？"① 再次，民众公共卫生观念的彻底改变，绝非短期之功。黄造雄指出，"就以往各界之卫生运动论，其成效究何若，街道之不整洁如故，污秽之物，到处遗弃，粪便随地皆是，臭气熏蒸，蝇蚋蕃生，死水迭见，岂历届卫生运动之不力欤？非也。盖市民狃于积习，绝不注意卫生之过耳。"② 孥庵感叹道："我也曾为着看到这次运动的高潮而特到马路上去观察，然而观察的结果，人们还是如像从前一样的'痰''吐'自若，电车中，马路上，到处是点滴的浓汁似的痰痕。"③ 令人啼笑皆非的是，在某次卫生运动中，"人民不明白这次运动的性质，参预时大半报着看马戏的观念，当举行乡村运动时，一个农夫问我道：'先生，什么时候变戏法啊'？"④ 民众卫生观念的彻底改变，可谓任重而道远。

---

① 钟惠澜：《论中国急宜发展公共卫生》，《中国卫生杂志》1931年第2年合集，第24页。
② 黄造雄：《对本市第十五届卫生运动之贡献》，《卫生月刊》1936年第6卷第8期，第379—380页。
③ 孥庵：《肺痨与教育》，《麻疯季刊》1936年第2卷第5期，第33页。
④ 胡宣明：《卫生教育会的事业》，《卫生》1924年第1卷第1期，第15页。

辛亥革命与东亚同文会

[日] 马场毅

(日本爱知大学)

1898 年成立的东亚同文会（会长近卫笃磨、干事长陆褐南）是东亚会和同文会的合并，其纲领包括"保全中国""协助中国及朝鲜之改进""探讨中国及朝鲜时事"和"唤起国论"。合并过程中，梁启超等中国改革派人士加入成为会友。在与中国内部的政治党派划清界限的同时，该会与张之洞、刘坤一等清朝洋务派高官关系密切，并在宗旨书中明确表示维持清朝体制。这一点并不是拥有较多中国改革运动支持者的东亚会的想法，而是同文会的想法。该会与清朝的关系相当密切。

从 1905 年前后清末改革到 1916 年袁世凯帝制时期，这样一个明确表示支持维持清朝体制的东亚同文会，在使清朝灭亡的辛亥革命发生前后，对清朝和中华民国有着怎样的认识，本论文将进行分析。同时也将分析在此期间东亚同文书院倡导的"保全中国＝保全中国领土"理念的变化过程。

关于这个问题，先行研究里有翟新的《辛亥革命与对共和国家的初期认识》。① 这是一篇利用东亚同文会公布的大量第一手资料的论文。尤其是作为外国人的作者需要精读对日本人来说都难解的拟古文，对此我十分敬佩。另外该书明确了东亚同文书院在认识上的基本框架，应该说是做此研究者的必读之作，本篇论文也是深受其益。但就翟新在资料上的引用方法和理解上有值得商榷的部分，而这部分直接涉及对东亚同文会的评

---

① 翟新：《辛亥革命与对共和国家的初期认识》，《东亚同文会与中国——近代日本的对外理念及实践》，（东京）庆应义塾大学出版会 2001 年版。

价。另外本文也会具体阐述与翟新有所不同的评价。而且翟新在最近的研究中没有提到以下两个应当提及的内容：一个是辛亥革命时期任参谋本部第2部长的宇都宫太郎日记的出版，另一个是樱井良树以该资料为基础的研究①，该研究确认了辛亥革命时期，宇都宫太郎的中国分裂南北论与根津一的关系。本文将对辛亥革命时期中国分裂南北论与东亚同文会的关系进行阐述。

一 关于清朝的改革

（一）对教育改革的支持

1905年9月清朝废除科举，12月设置了全国性教育行政机构的学部，进一步推进了教育改革。东亚同文会对此积极支援并给予了高度评价。1905年12月根津一在给予"科举之废止实乃英明之举"②评价的同时，"教育方面，于武昌、南京设立大量学校设施：高等学堂、师范学堂、中学堂、小学堂、武讲学堂，勿论此外的农学堂、工艺学堂、政法学堂、外国语学堂等各专门学堂也正在设立之中，新学流行之势沛然"。

教育改革从1901年光绪新政后开始，清朝命各省将书院改组为学堂，又在1904年公布了由张之洞起草的《奏定学堂章程》，该章程模仿了日本的学校制度，由此向近代学校制度的确立迈出了实质性的一步。③

东亚同文会向这些教育机构派遣了教习支持，例如1902年10月开设的南京三江师范学堂，两江总督张之洞请东亚同文会会长近卫笃磨推荐负责运作学堂的日本教习，为此，东亚同文书院教头菊池谦二郎总教习和其他10名教习被派到中国。东亚同文会还赠送了理科教材、器具、动植物标本及参考图书等给三江师范学堂。但1905年10月，总教习菊池谦二郎独断专行的运作使他和其他日本教习的对立表面化，东亚同文会紧急派遣根津一干事长到南京，试图消解双方的不和。但事态不仅并未就此平息，

---

① 宇都宫太郎关连资料研究会编：《日本陆军与亚洲政策 陆军大将宇都宫太郎日记》1，东京，岩波书店2007年版，樱井良树：《辛亥革命与日本政治的变化》，东京，岩波书店2009年版。
② 《本会记事》，《东亚同文会报告》第74回，1906年1月。
③ 阿部洋：《中国近代教育与明治日本》，东京，福村出版1990年版，第31—34、39—40页。

还最终上升为两国间的外交问题，1906年1月日本永泷上海总领事与周馥两江总督会见，为此协商善后策。两江总督提出了和解方案，但教习方强硬派拒绝接受，3月省学务当局解雇了包括菊池在内的所有教习终了此事。之后也出现东京高师教授松元孝次郎与教习对立，菊池、松元事件降低了日本教习在中国的名声，成为日后日本教习衰退的原因之一。①

其他东亚同文会会员中岛真雄（后成为东亚同文会评议员）与陈宝琛等一起，聘请日清贸易研究所毕业的冈田谦次郎做总教习，并从福州东文学堂开设第二年的1899年起提供年辅助金。1903年省政府改组为全闽师范学堂，1906年5月春季大会上，根津一干事长将其定为东亚同文会辅助学堂。②

到1906年东亚同文书院第3届毕业生为止，有19名教习被中国各地陆军学堂、商业学堂、高等学堂、师范学堂、实业学堂、法政学堂、警察学堂、医学堂聘用。③

（二）从纲领上删除"保全中国论"

东亚同文会在1909年12月秋季大会上，删掉了中国人反感的以日本为盟主的中国保全论等纲领。当时删除的纲领是"保全中国""协助中国及朝鲜之改进""探讨中国及朝鲜时事"和"唤起国论"。就删除的理由，根津一干事长做了以下解释："保全中国之言乃中国人最为反感之辞句，实为遮掩内心鄙视中国之方针，有居高临下之施舍之感，而非出于友邻互助之意，协助中国及朝鲜之改进，从'中国'二字而言也好，'助其改进'也好，此种言辞，于国际于感情皆令人不悦。"④ 但此处删除的纲领，其含义是以日本为盟主的保全，这种想法此后实际上还存在于东亚同文会指导者的意识之中，"保全中国"的理念也被维持下去。

1908年中国人的日本留学已明显减少，加上日本教习的衰退，这大概是东亚同文会开始对中国采取这种和睦态度的原因。其外因，有美国宣

---

① 阿部洋：《中国近代教育与明治日本》，第211—220页。
② 阿部洋：《中国近代教育与明治日本》，第144—146页；《本会记事》，《东亚同文会报告》第79回，1906年6月，第90页。
③ 大学史编纂委员会编《东亚同文书院大学史——创立八十周年纪念志》，以下简称《东亚同文书院大学史》，东京，沪友会1982年版，第410页。
④ 《会报》，《东亚同文会报告》第121回，1909年12月，第83—84页。

教士对教育事业的开展，以及以义和团赔款为基础的留学生教育的开展。从内在因素来说，中国方面已经完成了教习自给的体制，而日本教习互相抗争、部分教习的素质问题降低了教习名声，另外，日本政府发出管制留学生条例，日本的留学生教育是中等水平的普通教育，加上速成教育造成留学生质量低下，接收留学生的私立学校条件欠缺却仍在营利。这些都是可以列举的内因。①

（三）支持宪政改革

1905年7月，清朝向日本和欧美派遣宪政视察团，并于1906年承诺9年后实施立宪制。

对此，东亚同文会根津一在1907年，认为作为中央代议政体一院制的资政院"诸事已备，时机一到定会实行"，"各省已设相当于地方议会制度的咨议局，正在全力实行之中"，表明了对清朝实现立宪改革的关心和期待。②

1908年8月清朝公布《钦定宪法大纲》，上谕9年后实施宪政。此后光绪帝和西太后死后，小川平吉干事于11月到大连、奉天、北京、汉口旅行，做了以下记录：北京大官也未见有夺政之势，"一致根据发布的宪法着手改革并已获成果，可谓举国力改清国政治状态"。此外还说直隶省开设咨议局的准备也在进行，中央也在准备开设资政院，高度评价了清朝走向宪政的步伐。③

（四）对宪政改革未来的描绘与对革命派的评价

1910年12月根津一干事长在东亚同文会的秋季大会上做了报告。据此报告，已失去权威的清朝迫于立宪派压力，不得不缩短预备立宪，他认为清朝应将政治实权交给汉族，只求位于掌握统治权的当权者地位即可。从他的意见可以体会到清朝权威的丧失已经到了根津一能要求清朝放手政治实权的程度。这个想法为他在辛亥革命后预测革命成功埋下伏笔。在此

---

① 阿部洋：《中国近代教育和明治日本》，第113—124、222—228页。
② 《本会记事》，《东亚同文会报告》第97回，1907年12月，第74—75页。
③ 小川平吉氏谈：《清国旅行座谈》，《东亚同文会报告》第109回，1908年12月，第1、3—4页。

之上，他还谈到将来实行宪政后，汉族将分裂为以康有为的保皇派为代表的"渐进党"、以革命派为中心的"急进党"及"国粹党"三部分，尤其是"渐进党"与"急进党"之间的政治争斗会很激烈，"急进党"也就是现在的"革命党"，和三合会、哥老会、白莲会、在理教等革命秘密结社也有关系。所以也有可能会发生内乱，或者在内地边陲出现豪杰，有无赖之徒、投资者一起的话，建立国家的人可能也有。并提到因政治斗争，孙文等掀起"大内乱"的可能性。如此对中国乐观或悲观的看法，他强调东亚同文会有立策应对的必要性。① 如上所述，作为清朝宪政改革后的问题，他提出了汉族内部"渐进党"与"急进党"的对立，以及如果激化，"革命党"会引起议会外的斗争以致发生内乱的危险，表现出对革命派的警戒。

但此后东亚同文会否定了这三个党派出现的可能性，从东亚同文会的论说看，对将来政党的分析，"康有为等稳健革新想法"的"渐进党"，"孙文黄兴等奉行过激民主主义"的"急进党"，代替"国粹党"出现的，是"失意的汉学家及满汉官吏等"组成的"保守党"，在中国历来就有党争传统，有人认为政党引起的纠葛会成为宪政实施的障碍，但因主义主张不同而产生三党的可能性并没有，康有为的势力已经衰退，孙文等与康有为比"其势更劣，盲动不足以自力成大事"，否定了三党共存的可能性，同时认为孙文等引起内乱、革命成功的可能性也很低。也就是说认为清朝会自上而下实行立宪改革，由此产生的中央资政院、省咨议局会发展为未来议会。②

但事实是1911年5月，清朝以提前实行责任内阁制为借口，废除军机处并建立起以清朝皇族和贵族的亲贵内阁，引起了支持清政府的汉人官僚和立宪派的背离。

对于亲贵内阁的成立，同月根津一干事长在东亚同文会春季大会上未谈到中国国内的反应，也未对其成立做任何评价或评论，他认为从外交的视点客观分析来看，中国对日本持敌对或反对态度的可能性应该没有。曾在美国留学的梁敦彦外务大臣在中国可能会亲美："可以推测中国在最大

---

① 《会报》，《东亚同文会支那调查报告书》第1卷第13号，1910年12月，第61页。
② 《支那立宪政治的前途》，《东亚同文会支那调查报告书》第2卷第1号，1911年1月，第5—6页。

程度上可能走亲美路线"。① 翟新以此资料指出根津认为亲贵内阁不是"亲美"的,并将不"亲美"这一点作为东亚同文会对亲贵内阁予以评价的重要理由。② 实际上该资料的内容是根津认为亲贵内阁可能会"亲美"。

与民族资本的权利回收和民营化正相反,清朝试图通过四国银行团从国外借款,使川汉、粤汉铁路国有化。这个举动助长了立宪派的背离。6月,在长江上游的四川省,以被期待将来发展成省议会的咨议局为中心,立宪派建立了保路同志会以反对清朝铁路国有化。9月,四川省立宪派及曾与其对立的革命派以及哥老会一起结成10几万人的保路同志军攻打成都,此后在四川各地与清军交战,四川省陷入内乱状态。

1910年12月,不是像东亚同文会根津一所预想的宪政实施后,立宪派与革命派之间议会政治争斗,其结果使革命派与哥老会联合,发生内乱,而是在宪政实施前,清朝推进立宪改革的地方基地的咨议局变为反清的基地,因铁路国有化造成清朝与立宪派、革命派和哥老会对立,出现内乱。

二 辛亥革命开始后

(一) 武昌起义后的分裂南北论

1911年10月,受革命派影响的新军在长江中游的武昌蜂起后,东亚同文会派干事大原武庆前往处于水深火热之中的武昌。根据"与国一致,尽忠报国"的想法,长江南方的重要城市成都、重庆、云南各1人,湖南1人,南昌兼九江1人,南京兼芜湖、镇江各1人,上海兼苏州、杭州东亚同文书院教员担任,宁波兼温州1人,福州委托当地,广东继续委派上任通信员等,均派遣了调查员。这些调查员除在各地收集信息外,担负着"于当地与革命党首领接触,或商业会议所的头目其他有权利者接触以保证维持日中间通商",革命动乱期间与革命派联系、维持日中之间的贸易、"与咨议局重要议员、其他地方实力派交往打下基础……基础打好的地方由本部派人前往并以扬子江以南地区,建立一真正共和国,为日后北上尽力,为中国全局、为日本国大作为",将陆续独立于清朝的南方各

---

① 《会报》,《东亚同文会支那调查报告书》第2卷第12号,1911年6月。
② 翟新:《辛亥革命与对共和国家初期的认识》,第186—187页。

省统一，以及进行北方的工作。但北方袁世凯与南方革命，日本政府派之间达成合议，1912年宣统帝溥仪退位，之后袁世凯继承临时大总统职，"统一民国"成立后，判断不再需要上述工作，4月后命派遣员暂时回京。①

另一方面，辛亥革命爆发后，日本政府反对革命派想维持清朝立宪制。但当时日本军的参谋本部内担任对外情报的第二部长宇都宫太郎，除按日本政府的方针援助清朝防止其被颠覆以外，还暗地里帮助革命派，主张选择适当时机进行调停，使中国分裂为清国和革命派的支配国两部分，日本与这两国均保持特殊关系，解决满洲问题的所谓"保全中国论"（避免被列强分割确保日本的影响）。为支持革命派，日本政府派遣了现役或预备、后备、退役军人，10月派丸山丰、木村恒夫上尉到武昌、长沙，以个人名义并改名帮助革命军。11月为在南清一带与革命派联系，派井户川辰三中校前去。华南方面，为酿成独立机运，11月派两名军人到福州，次年1月派1名军人到云南，1名军人到广西，3月到云南、贵州。此外，为做孙文的工作派了大陆浪人池亨吉，推荐高岛鞆做善邻会（后述）会长，该会是根津一为唤起国论和援助革命派所组织，宇都宫此前就与根津有密切交往。对清朝方面则在前一年10月，为控制和搜集信息，派坂西利八郎到袁世凯处。②

上面提到的根津一在辛亥革命爆发后，向各地派人支援革命派的举动应该和宇都宫太郎有关。③

宇都宫参与的还有第1次满蒙运动。当时南北双方妥协，清朝宣统帝退位，袁世凯就任临时大总统解除了南北对立。就在这之前，满蒙运动计划出兵以分裂满蒙来维持清朝统治。东亚同文会的川岛浪速评议员在袁世凯政权成立的1912年8月，认为4亿中国人如一盘散沙，有着建立不起一个坚固的团结体的"亡国性格"，无论什么政体都没有希望实现统一，

---

① 《会报》，《东亚同文会支那调查报告书》第2卷第24号，1911年12月，第45页，《会报》，《支那》第3卷第10号，1912年5月，第90—91页。

② 樱井良树：《辛亥革命与日本政治的变动》，第88—92页。

③ 1911年11月5日宇都宫太郎访问东亚同文会时，提到包括分裂中国南北的"个人见解"根津一所同意的。另外12月6日根津一访问参谋本部，请宇都宫太郎给派遣的赴清人员拨款。（宇都宫太郎关系资料研究会编：《日本陆军与亚洲政策 陆军大将宇都宫太郎日记》1，第493、505页）

最终会被世界列国分割，从而转向开展满蒙独立运动。具体内容由特务机关多贺宗之少佐等军人与川岛浪速实施，所需资金由参谋本部和三菱财阀的岩崎久弥提供。1912年1月正式运营，但2月12日宣统帝溥仪退位、中国统一，2月20日内阁会议决定严正中立，第1次满蒙运动中止。

有关这个时期的分裂南北论，东亚同文会评议员宗方小太郎于1911年11月21日，偕同宇都宫派来的井户川辰三及本庄繁等驻在武官，拜访了革命派宋教仁，建议中国采用联邦制但被拒绝后，又在11月至12月间提出分裂南北方案："北方各地如山东、河南、山西、陕西、甘肃、直隶六省和蒙古、满洲、伊犁、西藏依然为清廷所有，其余则割让与革命军"，并进言海军军令部以此承认革命军政府，要求以日本为首进行列国干涉性仲裁。此后宣统帝溥仪1912年2月退位，宗方与宗社党联手，而宗社党正是以恭亲王为中心为复辟帝制建立的帝制党。①

（二）对辛亥革的态度

1. 对辛亥革命的肯定

对辛亥革命的爆发，东亚同文会首脑的反应是什么呢？首先根津一在武昌起义后的10月15日湖北的反乱，对以哥老会和三合会为两翼的革命党来说是绝好的机会，光绪帝死后清朝税租的横征暴敛造成民力枯竭、前一年18省洪水带来饥民等，可谓天时，四川、湖北对革命党来说是地利，加上人和，对武昌起义给予了积极的评价。② 并于10月21日表示"革命军处于有利地位"，这恐怕是根据当地情报得出的结论。③

如此，根津有关前一年对革命派影响力的过低评价发生了很大转变。不仅如此，12月他还和东亚同文会评议员，也是孙文支持者的头山满、河野广中、杉田定一一同，为唤起国论和支援革命派组织了善邻会。④

---

① （宗方）报告362号《革命党领袖宋教仁的意见》1911年11月21日（神谷正男编：《宗方小太郎文书》东京，原书房1975年版），第259—260页；冯正宝：《宗方小太郎评传——大陆浪人之历史责任一》，熊本出版文化会馆1997年版，第242—243页。
② 根津一氏谈：《革命军之壮势》，《东京日日新闻》，1911年10月15日。
③ 《名士之中国动乱观》，《东京日日新闻》，1911年10月21日。
④ 东亚同文书院沪友同窗会编著：《山洲根津先生传》，东京，根津先生传记编纂部，1930年版，第139、331—332页。

根津认为"革命军不会伤害外国的感情和利益",列国不应干涉。① 革命党力量强大后,如清朝要求外国出兵镇压,日本应取清朝与革命军之间的中间立场,出兵会被4亿汉人所恨,"东亚百年之计毁于一旦"。②

日本不应出兵被4亿中国人所恨,应坚持中立的主张,前面提到的派到武昌成为革命军幕僚的干事大原武庆也说过。③ 革命派的支持者干事小川平吉在武昌起义后组织了有邻会,想帮助革命派,并反对日本干涉革命。④

但是这些行为也如前所述,根津一与宇都宫太郎联手分裂中国南北,为的是革命军不被清朝所镇压,有着支持革命军的一面。

2. 否定的评价

但东亚同文会的首脑部对这种支持革命派、反对日本干涉的意见并不一致。东亚同文会评议员,也是作为公使与袁世凯或英国交涉时首席代表的伊集院彦吉认为:"中国发展程度低,创立共和国家的革命终究不能成功,革命初期应以列国军事干预维持清廷为策。"伊集院的主张,是基于中国政局在日本的指导和援助下向立宪君主制方向转移符合日本国家利益的想法。⑤ 伊集院也有遵循日本在武昌起义后维持清朝的立宪君主制的方针的一面。袁世凯和革命派在南北和议开始后,日本政府主张立宪君主制的立场,和主张共和制的英国以及与英国气脉相同的袁世凯和革命派都是对立的。日本政府最终放弃了维持清朝立宪君主制的方针,靠近同盟国英国的举动是1911年12月26日以后的事。⑥

与孙文交友已久,也是孙文期望能得到革命支持的宗方小太郎评议员,在武昌起义后1911年10月完全否定了辛亥革命的意义:"世人视中国之革命扰乱为汉民族的觉醒奋起,期盼出现崭新的国家,此乃大错。"另外,对孙文等尝试的共和制也认为"从根本上无视五千年来的国情,

---

① 根津一氏谈:《北京之危》,《东京日日新闻》,1911年11月8日。
② 根津一氏:《我邦之对清政策(二)》,《东京日日新闻》,1911年10月20日。
③ 大原武庆氏:《我邦之对清政策(四)》,《东京日日新闻》,1911年10月24日,东亚同文会编:《对支回忆录》下卷,东京,对支功劳者传记编纂会1936年版(本论文使用版本为原书房复制版,1968年),第799页。
④ 小川平吉文书研究会编:《小川平吉有关文书》1,东京,みすず书房1973年版,第582—584页。
⑤ 翟新:《辛亥革命与对共和国家初期的认识》,第191—192页。
⑥ 俞辛焞:《辛亥革命时期中日外交史研究》,东京,东方书店2002年版,第70页。

摒弃了所有风俗伦理传统",不予肯定,并主张维持清朝统治下的立宪君主制。① 如前所述,此后宗方开始倡导分裂南北以及复清论。

但在东亚同文会里,上述根津、大原、小川等支持革命派赞成共和制的意见为主流,而且孙文在辞去大总统后即1913年2月来日之际,东亚同文会在华族会馆举行了盛大的欢迎会。

但1913年7月第二次革命开始,东亚同文会不再支持孙文的革命党,开始与袁世凯派和孙文派保持距离。如根津一8月在《支那》的论说中分析现状,认为袁世凯应该为实现和平南北妥协的同时,客观分析北方(袁世凯派)、南方(孙文派)的军力、财力,并没有表示支持某一方的态度。② 争夺上海江南机器局的战斗中,7月29日,黄浦江袁世凯方面军军舰炮轰并烧毁了东亚同文书院开学以来上海高昌庙桂墅里校舍,③ 对东亚同文会来说也许再建校舍才是最关心的事。

(三) 满蒙独立运动与再论中国保全论

以川岛浪速为代表的满蒙独立运动以外,也出现了重视建立满蒙利权的动作。东亚同文会评议员、众议院议员的井出三郎、田锅安之助、中西正树、川岛浪速等,在第1次满蒙运动被日本政府中止后的1913年1月7日聚集于东京赤坂三会堂,为向政府提交建立满蒙的利权的意见书召开了建议会。④

1月9日东亚同文会发电报给伊集院公使、有吉上海总领事"东亚同文会以保全中国大义为一贯宗旨"。⑤ 该行为的背后是东亚同文会方面看到"正月9日,东京都二三报上,见闻有本会力谋策划满蒙独立云云之狂策报道"。1月10日,东亚同文会发出"敬告":"实乃无稽之谈,本会始终以保全中国为唯一主义主张。"⑥ 11日下午召开评议员会,做出同文会依旧"以保全中国为主义"及"应以第一期大总统任职承认中华民

---

① 冯正宝:《宗方小太郎评传——大陆浪人之历史责任》,第239页。
② 根津一:《支那时局概观》,《支那》第4卷第15号,1913年8月。
③ 大学史编纂委员会编:《东亚同文书院大学史》,第105—107页。
④ 《满蒙问题与有志》,《东京朝日新闻》,1913年1月9日。
⑤ 《东亚同文会之宣告》,《东京朝日新闻》,1913年1月11日。
⑥ 东亚同文会:《敬告》,《支那》第4卷第2号,1913年1月。

国"的决议，对日中两国关系做出声明。①

也就是说再次确认了1909年12月从纲领上删掉的保全中国，并明确了不认同部分会员主张的满蒙独立论。

（四）日中同盟论和21条要求

1. 日中同盟论

孙文来日期间《支那》报倡导日中同盟论，认为自清末以来，欧美列强势力长及东亚，如日本成为强国站在中国和欧美之间，即使欧美也不能擅自将中国殖民地化。但列强视中华民国之基础尚未坚固，正在寻找机会，同是黄色人种的日中两国的同盟是当务之急。② 还在介绍孙文的论说中"两国之亲善提携，进而民族之联合同盟是当今之急务"。③ 但此阶段日中同盟的内容并未明确。

第一次世界大战开始，列强对中国的压力减小，没有了被割据危机的情况下，东亚同文会一边坚持"保全中国"，即保全中国领土，一边转为扩大在中国的政治、经济权益。关于上述日中同盟的具体内容，1914年9月以后，继根津一之后的干事长小川平吉的主张如下：

> 日中两国同盟，保全中国固有领土，有侵犯者时日本与中国共同防卫。中国不得在政治经济等其他方面擅自出让，日本对同盟者的中国给予以下援助："陆海军之训练，外交、财政、教育、产业、司法及交通等行政各部招聘日本人，毅然实行内政大改革"。将南满洲及内蒙古作为日中两国共同统治区域，暂时继承德国在胶州湾及山东铁路的权利，铺设贯通福建省的铁路以接连长江等。④

这与21条，即使战前日本和中国关系恶化，并在中国引起大规模排

---

① 《同文会之决议》，《东京朝日新闻》1913年1月12日。
② 西岛函南：《大种族团体之竞争与日中同盟》，《支那》第4卷第3号，1913年2月，第2—3页。
③ 山口升：《孙逸仙氏》，《支那》第4卷第3号，1913年2月，第24页。
④ 小川平吉1914年9月以来向实力派及同仁志士论说，12月誊写。小川平吉：《对支外交东洋和平根本方策》，小川平吉文书研究会编：《小川平吉有关文书》2，东京，みすず书房，1973年版，第83—84、86页。

日运动的日本政府之要求有众多相同之处。清末光绪新政时期，清朝为改革内政向日本派遣了很多留学生，还有自费留学生去日本的学校学习，其中也包括军人。中国在学校教育中也招募了众多日本人教习。但此时中国已经开始自己培养这样的人才并着手改革内政。小川的主张应该说是对中国方面变化的错误判断。

2. 21 条要求

东亚同文会从这种认识出发，对日本政府强加给袁世凯政府的 21 条要求，在日中交涉期间的 1915 年 4 月，机关刊物的论说中表示：日本"以保全中国领土为是，遵守门户开放，机会均等主义"，这个要求"完全妥当，很难找到批评之处"，表示全面赞成。① 但从中国方面看，日本无疑是以"保全中国领土"为借口不返还青岛，并借机扩大权益。

对此，根津一在 21 条交涉中，于 1914 年 11 月至次年 2 月 3 次陈书给加藤高明外相时局意见书，其中对从德国攻下的青岛，"撤掉从登陆口龙口到青岛的兵站线路，以释日本侵略中国之疑念"，并提出有条件地将包括青岛在内地胶州湾归还中国，关东州或至少将旅顺归还中国，劝英国将威海卫归还中国，作为条件向中国提出向各国开放满洲及内蒙古的让步案。② 因为根津一有向外务大臣陈过书的背景，并没有否定 21 条交涉本身。

根津是东亚同文会初期高举的"保全中国领土"理念的忠实遵循者，根津认为中国反对交涉的运动"当然是受排斥日货运动的一个有形损害，其根本原因是对日反感之无形损害，根津警告世人不能无视其将来会给两国关系带来的恶劣影响"。③

（五）帝制问题

东亚同文会表明反对袁世凯复辟帝制是在 1915 年 10 月。④ 这一年 8 月，杨度等组织筹安会，开始宣传中国不适合共和制适合帝制。日本政府也于 10 月正式决定了反对袁世凯帝制的方针。东亚同文会的反对声明与

---

① 《日支交涉》，《支那》第 6 卷第 8 号，1915 年 4 月。
② 根津一：《根津院长时局意见书三篇》，《东亚同文会史》，第 256—260 页。
③ 翟新：《辛亥革命与对共和国家初期的认识》，第 205 页。
④ 《支那之帝制运动》，《支那》第 6 卷第 19 号，1915 年 10 月。

日本政府的方针同出一辙。

　　12月参政院推举袁世凯登基,称1916年为"洪宪元年"。对此,东亚同文会在12月15日的论说中,10月日英法俄"担忧国体变更将引内乱,冀望国体变更计划延期",提出望能遵循此劝告,这支持了日本政府的方针。①

　　另一方面,以前支持袁世凯的进步党梁启超、蔡锷等组织护国军讨伐袁世凯,开始了第三次革命。1916年1月,东亚同文会,如上述劝告,已爆发内乱袁世凯应延期复辟但未行之,日本在对中国的问题上"有维持东亚和平之大任","不论英法俄之态度如何,断然要求袁政府中止帝制,若不听从,我邦将断然采取合时局之手段",② 要求中止帝制与为此的强硬手段,东亚同文会与日本政府内部的强硬论步调一致。

结　语

　　最后我想简单概括一下。东亚同文会在清末支持清朝的教育改革也支持了立宪改革,为此对革命派的影响力给予了很低的评价。但辛亥革命发生前,面对教育改革问题上出现的美国的参与、日本人教习和日本留学生的减少,从纲领上删掉了中国人反感的"保全中国领土",想缓和与中国的关系。

　　武昌起义后,东亚同文会向各地派遣调查员,他们在搜集信息的同时还担负着动乱期与革命派的联系和维持日中贸易及南方各省的统一任务。这些与当时日军参谋本部宇都宫太郎分裂南北的动向有关。对辛亥革命的评价上,高度评价革命派影响的同时,反对日本出兵,在东亚同文会中出现了支援革命派的人,武昌起义后和日本政府持相同意见想维持清朝立宪的人,认为无论形成什么政体都没有统一中国而走向满蒙独立运动的人。因前者意见在东亚同文会占多数,1913年2月为来到日本的孙文举行了盛大的欢迎会。但第二次革命爆发后,不再积极支援孙文的活动。

　　部分会员主张满蒙独立运动,东亚同文会再次确认了"保全中国领土"并表示反对。但孙文来日时出现日中同盟论,一边将"保全中国领

---

① 《帝制问题》,《支那》第6卷第24号,1915年12月,第2页。
② 《当中止帝制》,《支那》第7卷第2号,1916年1月,第4页。

土"作为国策，一边主张扩大在中国的政治、经济权益，在 21 条要求问题上采取了坚决支持日本政府的态度。另一方面，根津一主张把包括青岛在内的胶州湾归还中国，想进一步推进"保全中国领土"。在袁世凯的帝制运动问题上，东亚同文会与日本政府保持一致态度，表明反对甚至要求采取强硬手段。

针对1930年代到1940年代初期在上海朝鲜人团体的考察

——以当时的日方资料为中心

[日] 武井义和

(日本爱知大学)

引 言

  本文主要就1933年到1941年由居住在上海的朝鲜人所组成的"上海朝鲜人亲友会""朝鲜人会""上海居留朝鲜人会"所进行的考察。作为当时上海朝鲜社会研究的一部分,从这些团体的成员和活动内容的变化来把这些团体和朝鲜人社会情况连接起来做一个分析,并对这些团体的定义做一个新的解释。

  在相关研究中,中国学者指出在上海的朝鲜人社会是在1920年初期形成,当时带有相当浓厚的政治色彩。它的起因是1919年开始的"三一独立运动",主要是为了反抗日本殖民地的统治。许多独立运动家开始聚集在上海,在法租界成立了韩国临时政府,1918年由在此居留朝鲜人所组成的上海高丽侨民亲睦会,接受在韩国临时政府的领导,将原来的组织名称改为"大韩侨民团"。① 1932年4月,独立运动家尹奉吉在虹口公园

---

① 孙科志:《上海韩人社会性质的变迁》,复旦大学韩国研究中心、大韩民国临时政府旧址管理处编:《二十七年血与火的战斗——纪念韩国临时政府成立80周年论文集》,北京人民教育出版社1998年版,第135页;孙科志:《上海韩人社会史研究》,学苑出版社2004年版,第88、90页。

(现在的鲁迅公园)制造了爆炸恐怖事件,本来对朝鲜人的独立运动保持着宽大态度的法租界当局态度开始变硬,再加上驻上海的日本总领事馆的警察也对这些运动家进行取缔,得到法租界警察的协助,总计逮捕了12名独立运动家,逼迫韩国临时政府和很多独立运动家不得不撤离上海。①1920年代初已形成的朝鲜人社会面临这种情况时,在进入1930年代之后开始产生了变化,也就是为了找工作而来上海的人变多了,亲日的朝鲜人也有所增加,这些原因导致了中日战争爆发后变成完全的亲日朝鲜人社会。②

关于这个问题,日本相关研究指出1932年在上海的韩国临时政府撤退后,驻上海日本领事馆开始强化取缔独立运动,此外在法租界形成的朝鲜人社会也半强迫地被编入上海日本人社会。③ 而韩国学者指出1932年到1945年在上海的朝鲜人脱离了韩国临时政府的影响被编入日本的统治体制,置于上海居留朝鲜人会一方面是自治团体,另一方面是日本帝国主义培养的亲日团体。④

以上这些研究,认为1930年代出现的朝鲜人团体"上海朝鲜人亲友会""朝鲜人会""上海居留朝鲜人会"的研究是重要的。特别是这三个团体中有最长历史的"上海居留朝鲜人会",如上面所说韩国学者已经研究,但中国学者也说明:"上海居留朝鲜人会"的活动是以亲日活动为中心的,日本占领上海后,它成为上海唯一的管理朝鲜人事务的组织,亲日活动的同时,也为在上海朝鲜人提供了诸多的便利。⑤ 这些研究指出"上海居留朝鲜人会"是自治团体,是担任有关朝鲜侨民事务的团体,可是也指出亲日团体特征。

不过,既往研究以"上海居留朝鲜人会"为中心,没有详细考察从

---

① [日]金正明编:《朝鲜独立运动》第2卷,东京,原书房1967年版,第496—500页;[日]《外务省警察史》第45卷,东京,不二出版社2000年版,第317—318页。

② 孙科志:《上海韩人社会性质的变迁》,第140—141页;孙科志:《上海韩人社会史研究》,第90页、第92页。

③ 孙安石:《李光洙と吕运亨—上海の朝鲜人群像》,日本上海史研究会编:《上海人物志》,东京,东方书店1997年版,第78页。[日]高纲博文:《外务省警察から见た上海の朝鲜人コミュニティ》,东京《历史学研究》第860号,2009年11月,第58页。

④ [韩]金光载:《上海居留朝鲜人会(1933~1941)研究》,《한국근현대사연구》(韩国近现代史研究)第35号,2005年秋天版,第143页。

⑤ 孙科志:《上海韩人社会史研究》,第79、80页。

"上海居留朝鲜人亲友会"的成立经过。"朝鲜人会"到"上海居留朝鲜人会"的变化也导致了团体性格以及对于朝鲜人的影响力的变化。而且，关于亲日活动的内容虽然可以借由日本这边的资料来进行解释，这些团体的研究还不是很足够。

本文主要研究1930年代以后在朝鲜人社会中的这些团体的实际状态。还有，主要研究时期是"上海朝鲜人亲友会"成立的1933年到"上海居留朝鲜人会"被由日本人所组成的"上海居留民团"合并消灭的1941年为止，有一部分言及前后的时期。

本文所使用的主要资料是日本外务省资料、朝鲜总督府资料、朝鲜银行资料、上海居留民团资料。由于目前韩语、中文资料比日文资料少，同时笔者还想整理日文资料上出现的各种的记述考察。所以，本文还只是就目前的考察结果来做一个基本的介绍。

引用资料中所使用的"支那""鲜人"等的单字，为了维持历史性所以使用原文。

一　"上海朝鲜人亲友会"、"朝鲜人会"

（一）关于"上海朝鲜人亲友会"的成立时期

如同前文所说，1920年代初期时"朝鲜人会"原本是带有浓厚的政治色彩的独立运动集团。不过，进入1930年代以后性质不同的朝鲜人团体"上海朝鲜人亲友会"成立，所以造成了"朝鲜人会"也开始转变。

根据朝鲜银行所载的统计资料来看，这个团体的生成是在1931年3月因为感受到东北韩侨被压迫的不满，所以住在公共租界的朝鲜人集合起来。这个团体的成立宗旨是亲日和同族相爱。① 可是依据《上海居留民团三十五周年纪念志》上的记载是，1933年7月居住在虹口地区的朝鲜人举着"我们是帝国的臣民，我们要回报皇恩"在虹口地区的日本基督教青年会（YMCA。以下随时用英文或是汉字表示）2楼设置了办公室开始

---

① ［日］朝鲜银行上海支店：《上海に于ける朝鲜人の概况》，朝鲜银行京城总裁席调查课编：《内地、支那各地在住の半岛人の活动状况に关する调书》，京城（现首尔）1942年版，第106页。

了他们的团体活动。① 另一方面，再根据东京刑事地方法院检察官栗谷四郎在1935年所提出的报告中也指出，1933年7月柳寅发在日本人YMCA里面设立了"上海朝鲜人亲友会"。②

虹口地区是位于公共租界里的旧美租界的日本人居住地区，而相邻的越界筑路地区也住着很多日本人。③ 有记载指出"上海朝鲜人亲友会"是在那边成立，不过成立的年度不同。到底哪个年度才是正确的？依日本外务省的记录在1931年3月有一个叫作同友会的组织在虹口地区设立，有可能被误认为是这个组织，不过这个组织在短时期就解散了。④ 原本的会员虽然也有加入"上海朝鲜人亲友会"，不过关于同友会的活动内容还是一个谜，所以不能轻易地把这两个组织混为一谈。基本上这两个组织是独立的，所以亲友会的成立时期是1933年，这才是正确的。

（二）组织的构造和活动内容

"上海朝鲜人亲友会"成立纲领为"我们是为了谋求亲友和团结而成立，为了启发知识和改善生活而努力"。⑤ 主要中心人物如下：

会长：柳寅发
副会长：李昌夏
总务委员：金宇镇、韩尚辉
教育委员：吴秉亿、李容鲁

---

① ［日］上海居留民团编：《上海居留民团三十五周年纪念志》，上海1942年版，第1000—1001页。
② ［日］栗谷四郎：《不逞鲜人団体の新党树立运动の概况并金九一派の动静》，社会问题资料研究会编：《思想情势视察报告集》，东京，东洋文化社1976年版，第23页。
③ 关于虹口地区以及在虹口地区形成的日本人社会状况的记录在以下的图书可以看出：熊之月主编，罗苏文、宋钻友：《上海通史》第9卷，上海人民出版社1999年版，第361—366页；上海市虹口区志编纂委员会编：《虹口区志》，上海社会科学院出版社1999年版，第165—177页；陈祖恩：《寻访东洋人》，上海社会科学院出版社2007年版，第98—116页；陈祖恩：《上海日侨社会生活史（1868—1945）》，上海辞书出版社2009年版，第65—98页；［日］高桥孝助、古厩忠夫编：《上海史》，东京，东方书店1995年版，第121—123页；［日］高纲博文：《国际都市上海のなかの日本人》，东京，研文出版社2009年版，第33—37页。
④ ［日］《外务省执务报告东亚局》第6卷，东京，クレス出版社1993年翻印版，第359页。
⑤ ［日］上海居留民团编：《上海居留民团三十五周年纪念志》，第1001页。

社会委员：金昌洙、李圣尚

调查委员：朴正淳、金鹤天

宣传委员：姜麟九、许承福

法租界区长：金鹤天

吴淞路区长：金景洙

北四川路区长：姜麟九

杨树浦区长：朴凤云①

可是成立后没多久，柳寅发受到独立运动家的枪击所以活动被迫中止，其他的同志们在12月30日重新组成了朝鲜人会。里面的主要成员也进行重选。主要人物是如下：

顾问：柳寅总

会长：李昌夏

总务：金昌洙

庶务干事：韩尚辉、林成一

财务干事：河汉益、李建宰

教育部干事：许承福、朴熙淳

连谊部干事：金宇镇、李圣昌

调查部干事：朴日硕、金鹤天

社交部干事：方福伊、邓元吉②

之后1934年7月再进行一次重选，关于李昌夏的开除以及会费不缴等让这个集团的营运产生了问题，最后拜托在日本总领事馆上班的李甲宁帮忙，最后这个团体解散。在1935年以李甲宁为首重新成立了"上海朝鲜人居留民会"。③

如上可知"上海朝鲜人亲友会"、"朝鲜人会"的营运都不是很顺利，特别是在亲友会的成立期间它的活动可以说是全部中止。在这么困

---

① ［日］上海居留民团编：《上海居留民团三十五周年纪念志》，第1001页。
② 同上书，第1001—1002页。
③ ［日］上海居留民团编：《上海居留民团三十五周年纪念志》，第1002页。

难的情况下，这个团体最主要的活动是建设幼儿园。关于它的理由可以找到在受到枪击之前柳寅发和独立运动家朴昌世的对话中可知："亲友会最大的目的是在提高朝鲜人的社会地位，所以必须从小孩的教育着手，如果能为你们带来任何利益的时候将会随时通知你们。"① 结果在改组成立"朝鲜人会"时，和日本基督教青年会的交涉之下以"日语部"的名义在1934年6月青年会会馆内开设了幼儿园，第一次的招生约有20人。②

可是，柳寅发为什么要向相反立场的朴昌世去说明成立目的？关于这点，"上海朝鲜人亲友会"、"朝鲜人会"的主要成员是关键。因为在1920年代到1930年代初这个组织内部的主要成员里与独立运动、民族运动、共产主义运动相关联。如柳寅发本人也在1926年加入了同年成立的支持韩国临时政府的恐怖组织丙寅义勇队，会长李昌夏到1932年8月为止一方面在火车公司当查票人员，另一方面又是怀有共产主义思想的人。金宇镇在1919年是韩国临时政府的议员，在1923年时是高丽共产党员。还有李容鲁在1933年3月时独立运动家养成组织"兴士团"的远东分会的成员。其他如金昌洙在1922年1月时是高丽共产党员，在1928年中国本部韩人青年同盟的上海支部当支部委员和政治文化部委员，1935年12月加入反日主义，当时的住所是在汉口。姜麟九也是在1935年12月因保持反日思想的关系成为日本方面的黑名单人物。③ 所以，"上海朝鲜人亲友会"和"朝鲜人会"里的有几个主要成员参加过独立运动或是民族运动、共产主义运动，再加上，金昌洙和姜麟九在"朝鲜人会"解散后"民族排日主义者""排日思想者"的纪录保持联系，可能他们在上班期

---

① ［日］《外务省警察史》第46卷，东京，不二出版社2001年版，第21—22页。
② ［日］日本外务省记录：石射猪太郎上海总领事呈广田弘毅外务大臣的报告《上海朝鲜人会ノ其ノ后ノ情况ニ关スル件》（1934年7月23日），日本亚洲历史资料中心www. jacar. go. jp, ef. B04012233700。
③ ［日］《外务省警察史》第45卷，东京，不二出版社2000年版，第121、127、144、157、160—161、181、220页。《外务省警察史》第46卷，东京，不二出版社2001年版，第3、144页。《外务省警察史》第47卷，东京，不二出版社2001年版，第37、50页。日本外务省记录：《中国ニ于ケル劳动争议关系杂纂（罢业怠业ヲ含ム）上海ノ部》，机密第1084号·1932年8月31日「共同租界「バス」会社从业员ノ罢业卜鲜人查票骚首问题ニ关スル件」。［日］太田耐造：《昭和十年以降に于ける中 华民国在留不逞鲜人团体の情况》，社会问题资料研究会编：《思想情势视察报告集》，第249—250页。

间也带有反日思想。

　　这些人要加入"上海朝鲜人亲友会"或是"朝鲜人会"的动机，以目前的资料没有办法得到确切的答案，不过能看作和1920年初期成立的"韩国临时政府—大韩侨民团"的社会构造瓦解有很大的关联性。还有从亲友会的宗旨和柳寅发针对小孩的教育等的言论来看，1930年代初期社会状况有很大的变化是可以猜测出来的，作为过去参加过独立运动和民族运动、共产主义运动的他们而言，借由小孩的教育来改善朝鲜人的生活问题是关键。由此来看，在"上海朝鲜人亲友会"和"朝鲜人会"的阶段，其作为"亲日团体"的性格极其贫弱。

（三）"上海朝鲜人亲友会"、"朝鲜人会"的影响力

　　对于在上海的朝鲜人而言，"上海朝鲜人亲友会"或是"朝鲜人会"有多大的影响，如何让他们加入会员？资料虽然不是很完整，不过"朝鲜人会"会员的人数约50人，年费缴纳也不是很稳定，所以应该没有多大的影响力。关于这个观点从当时"朝鲜人会"的状况来做确认。表1是1925年到1936年为止的朝鲜人人口数和日本人人口数的统计表。

　　从上海各地区的人口分布来看，在1920年代法租界的人口当中朝鲜人是最多的。一方面是到1932年为止韩国临时政府和独立运动家组织在这个地区活动有关。① 另一方面与进入1930年代之后住在公共租界和中国街的朝鲜人有所增加有关。随着住在公共租界和中国街的朝鲜人增加，原本是日本人居住的虹口地区以及相邻的越界筑路地区，可以推测朝鲜人口数也渐渐增加。还有在1932年之前人口有所减少的，可是在那之后有所增加也是一个很大的特色。最大的原因在于是在朝鲜没有办法生活下去所以迁往上海。例如，依据上海日本领事馆1930年10月的调查，朝鲜人来上海的理由是"携带资本而来的人很少，大多是在朝鲜内事业失败，

---

　　① 依据驻上海日本领事馆在1930年的报告，其中指出，法租界不在日本警察的管辖范围之内，再加上是组成韩国临时政府的独立运动家的主要据点，所以没有办法实际调查户口数。[日]《外务省警察史》第42卷，东京，不二出版社2000年版，第202页。

表1　上海居留朝鲜人、日本人居住地区人口一览（1925—1936年）

年	民族	公共租界			法租界			附近中国街/中国街			合计
		男性	女性	计	男性	女性	计	男性	女性	合计	
1925年（12月末）	日本人	7647	6568	14215	94	85	179	2783	2296	5079	19473
	朝鲜人	168	85	253	342	172	514	15	13	28	795
1926年（12月末）	日本人	7782	6659	14441	101	93	194	3284	2638	5921	20557
	朝鲜人	177	94	271	353	181	534	23	19	42	847
1927年（12月末）	日本人	10722	7748	18470	318	234	552	3985	2869	6584	25876
	朝鲜人	41	12	53	341	190	531	76	44	120	704
1928年（12月末）	日本人	11905	7947	19852	154	113	267	4237	2162	6399	26518
	朝鲜人	24	19	43	291	132	423	143	43	156	652
1929年（12月末）	日本人	11605	8247	19852	133	150	283	4137	2262	6399	26534
	朝鲜人	24	29	53	261	144	405	123	53	176	634
1930年（12月末）	日本人	10008	8599	18607	178	214	392	2826	2357	5183	24182
	朝鲜人	241	103	344	453	63	516	62	15	77	937
1931年（12月末）	日本人	10327	8799	19126	142	176	318	2618	2137	4791	24235
	朝鲜人	235	33	268	425	72	497	57	34	91	856
1932年（12月末）	日本人	12330	9569	21899	193	171	364	2483	1978	4461	26724
	朝鲜人	238	121	359	563	145	708	82	57	139	1206
1933年（12月末）	日本人	12194	9513	21707	216	190	406	2703	2085	4778	26901
	朝鲜人	226	137	363	613	179	792	144	93	237	1392
1934年（12月末）	日本人	12096	9472	21568	207	184	391	2719	2133	4852	26811
	朝鲜人	252	312	564	452	149	601	235	184	419	1584
1935年（12月末）	日本人	9860	9032	18892	170	183	353	2621	2003	4624	23869
	朝鲜人	211	233	444	479	506	985	153	141	294	1723
1936年（12月末）	日本人	9749	9034	18783	288	203	491	2527	1810	4337	23611
	朝鲜人	241	250	491	480	511	991	163	152	315	1797

资料来源：［日］日本外务省亚洲局：《支那在留本邦人及外国人人口统计表》，1925—1931年版、日本外务省亚洲局：《满洲国及中华民国在留本邦人及外国人人口统计表》，1932—1936年版。

或是没有办法生活下去的人等",① 另外既往研究也指出在1930年代之后人口增加是因为发生世界恐慌,为了生活来上海找工作的人变多了。②

中日战争爆发之前的1937年针对在上海的朝鲜人所做的日方调查报告书指出:为了生活下去,很多朝鲜人移居到公共租界或是中国街。主要分布在法租界的中央区和公共租界的虹口地区。法租界主要是民族主义者、无政府主义、共产主义和附和那些思想的人,反而"公共租界则是和那些抱着危险思想没有任何关系的人如商人、店员、娼妇、舞女、女招待等"。③

可是,事实上就算是为了生活才移居上海,被日本总领事馆遣送回朝鲜的人数,从1931年到1936年(除1935年)共有249人。其中失业55人,为了找工作而来可是没有办法生活下去的有50人,包括因为生病所以没有办法继续生活下去21人。经济上的理由被遣送回去的占了半数。④上面的人数是通过日本领事馆遣送,事实上应该是还有更多人存在的。另外就算可以在上海生活,可是"拥有1000元以上资本的经营者只有20人,其他的人大多是被雇用的、舞女、女招待、娼妇,和其他国家的人相比生活情况非常不好",⑤ 从上面可以看得出来,中日战争爆发前很多的朝鲜人生活困难。

从朝鲜人的社会情况来看,成员50多人,从表1也可推测只有一小部分人住在公共租界和中国街。年费交不出来是因为生活非常困难,从组织章程来看没有办法确定这些规定,不过这是因为组织上的章程本来就多多少少存在着问题。从这么多角度来看,"上海朝鲜人亲友会"、"朝鲜人会"对于在上海的朝鲜人的影响力是少之又少,要增加朝鲜人入会的可能性更是少之又少。

---

① [日]《外务省警察史》第42卷,第202页。
② 孙科志:《上海韩人社会史研究》,第108页。孙先生用朝鲜总督府警务局在1934年所编辑的《国外二于ケル容疑朝鲜人名簿》指出。
③ [日]大阪地方裁判所检察三木今二:《上海及南京地方に于ける朝鲜人の一般状况と最近の不逞朝鲜人の思想运动》,社会问题资料研究会编:《思想情势视察报告集》第3卷,东京,东洋文化社1977年版,第1页。
④ [日]《外务省警察史》第42卷,第243页、第313页。《外务省警察史》第43卷,东京,不二出版社2001年版,第28页、第46页、第66页。
⑤ [日]大阪地方裁判所检察三木今二:《上海及南京地方に于ける朝鲜人の一般状况と最近の不逞朝鲜人の思想运动》,第2页。

二 "上海居留朝鲜人会"的成立和中日战争爆发前的情况

（一）组织构造

1935年3月"朝鲜人会"解散，重新成立了"上海朝鲜人居留民会"的理由已经在上面做出了说明。"朝鲜人会"的活动不是很顺利所以才向当时在上海日本总领事馆上班的李甲宁寻求帮助。之后12月又将名称改为"上海居留朝鲜人会"，到1941年解散为止一直使用这个组织名称。所以下面的文章全部统一使用"上海居留朝鲜人会"来说明。

首先来看组织构造。1935年当时的中心人物如下所记：

> 会长：李甲宁
> 总务：李圣昌
> 记录：韩尚辉、金应镇、李昌夏
> 参事：申秉均（议长）、白利淳、金圣珠、朴日硕、金观教、李相佑、河稳益、邓元吉、金滋炼、金小登九、朴正淳
> 评审议员：上田领事、佐伯副领事、青柳领事、田岛署长、一杉事务官、岛津岬、古屋孙次郎①

虽然李昌夏、韩尚辉、李圣昌、朴正淳、朴日硕等在当时的"上海朝鲜人亲友会"和"朝鲜人会"里面也是主要的中心人物，不过从新加入的成员里选出来的干部人数也很多。可以看得出来主要的干部做了很大的变更。不可轻视的是评审议员里有日本人的存在。这是当时的"上海朝鲜人亲友会"和"朝鲜人会"里面没有的现象。上田领事、佐伯副领事、青柳领事、田岛署长是日本领事馆相关人物，一杉事务官是朝鲜总督府相关人物，岛津岬是在上海日本人基督教青年会的会长，古屋孙次郎是上海中日协会的牧师，② 很明显可以看出这个团体和日本总领事馆为中心的日方官民的关系。

---

① ［日］上海居留民团编：《上海居留民团三十五周年纪念志》，第1006页。
② 同上书，第1004、1006页。

还有，这个团体新制定的"上海居留朝鲜人会规则"（以下简称规则）第 11 条里记载着评审议员会的权限，当会长或是参事们有不正当行为时评审议员会可以要求退任，另外参事的半数是由评审议员会来指定，剩下的半数是由会员们投票选出后应该得到评审议员会的同意。还有第 25 条里记载着如果要修改规则或是制定新的规则条款的时候，必须经由评审议员会的同意才可以。① 从上面这些条款可以看得出来评审议员会有很大的人事权限。也就是说日本人的存在感比起"上海朝鲜人亲友会"或是"朝鲜人会"的时候还要大，举例来说因为有上田领事和佐伯副领事的"努力"，在东京的原田积善会每年都捐款 3000 日元而且得到日本政府的补助金。② 另外日本外务省也每年捐款 6000 日元，上海居留民团和朝鲜总督府也每年捐款 600 日元。③ 因为有这些日本评审议员的"努力"所以才可以拿到这么多的补助款。只是在团体的日常事务上他们的管辖范围是什么还是一个谜。

另一方面如果有会员违反这个规则的时候，必须向相关机关报告并请示处分的方法，④ 从这点可以看这个团体没有权限去单独处分违反规则的会员，换言，这表示团体的权限很弱。

（二）主要的活动内容

"上海居留朝鲜人会"的目的是什么？在规则里记载着住在江苏省、浙江省（包含上海特别市、公共租界、法租界、南京特别市）的朝鲜人有义务要加入这个团体，团体的目的是增加住在这两个地区的朝鲜人间的互助和促进共同的福利，为了达成以下目的：（1）经营幼儿园和其他的教育机关；（2）提供并经营免费住宿所；（3）经营职业介绍所；（4）人事的协商和解决纷争；（5）关于智能启发和提高兴趣的事业；（6）其他关于福利的事业。⑤ 从以上的目的和活动内容可以知道这个团体一边召集朝鲜人加入会员，另一方面在维护朝鲜人利益，这可以说是这个团体的特色。可是另一

---

① ［日］上海居留民团编：《上海居留民团三十五周年纪念志》，第 1004、1006 页。
② 同上书，第 1006—1007 页。
③ ［日］朝鲜总督府官房外务部编：《中华民国在留朝鲜人概况》，京城（现首尔）1939 年版，第 56 页。
④ ［日］上海居留民团编：《上海居留民团三十五周年纪念志》，第 1003—1004 页。
⑤ 同上书，第 1003 页。

方面会员有以下义务：（1）居住登记、迁移登记、退去申请、雇用佣人登记、报出生、报死亡、营业登记、其他所有的申请都要通过这个团体转向上级长官提出；（2）家里有4岁以上的小孩都必须让小孩进入团体经营或指定的幼儿园以及小学接受教育。这类义务也是会员必须遵守的。①

那么，具体的活动内容以劝善为目标，所以（1）建立幼儿园；（2）开设免费住宿所；（3）开设职业介绍所；（4）人事的商量、讲国语（国语是指日文），结果造成了"原本在法租界和旧英租界的灰色分子偷偷地移居到虹口地区，让他们的小孩上这边的幼儿园或是小学，当初的目的可以说是终于有一些成果出来了"。②关于教育这个问题，和"上海居留朝鲜人"会成立的1935年，由怀有反日思想的朝鲜人在法租界里所经营的带有强烈的民族特色小学"仁成学校"因受到日本总领事馆的压力，导致封锁。③所以没有地方让小孩上学，不得不让小孩去上幼儿园或是日本人学校的朝鲜人也是可能有的。只是透过这个"劝善"的口号有多少的灰色分子移住到虹口地区，以目前日方的资料没有办法确定。

还有日方的资料记载着"上海居留朝鲜人会"因受到在原田积善会、日本外务省和上海居留民团，以及朝鲜总督府的补助金的协助，为了保护指导在上海的朝鲜人经营幼儿园、职业介绍所、免费住宿所，展开"社会福利事业"。④关于这点没有明确的证据，但是日方可能偷偷通过这些手段来管理并统治在上海的朝鲜人的意图是不可否定的。可是换个角度来看的话，上面的这些活动都是和朝鲜人的生活有极大的关联性，比起"上海朝鲜人亲友会"或是"朝鲜人会"营运的时候更能让人了解到居留民组织的特色。不管怎么说在中日战争爆发的时候，这个团体的总会员人数是260人，⑤借由上面的活动会员人数持续增加中。

表2呈现从1937年的统计资料来看这个团体的具体活动情况。必须要注意的是，当年7月份中日战争爆发，8月份战争蔓延到上海。所以在战争爆发前的免费住宿所的使用者和申请书类和其他相比数字非常突出所以可以猜测这是上海居留朝鲜人会的主要事务。幼儿园的入园人数约20

---

① ［日］上海居留民团编：《上海居留民团三十五周年纪念志》，第1003页。
② 同上书，第1007页。
③ ［日］朝鲜银行上海支店：《上海に于ける朝鲜人の概况》，第104页。
④ ［日］朝鲜总督府官房外务部编：《中华民国在留朝鲜人概况》，第56页。
⑤ ［日］朝鲜银行上海支店：《上海に于ける朝鲜人の概况概况》，第108页。

人，虽然人数很多可是战争爆发后并没有增减。还有日本人学校"民团小学"的入学人数从1月到5月份为止总共是26人。从这里可以知道这个团体中会员有让小孩上学的义务。可是从6月份之后的人数变0的原因不明。

表2　　　　1937年度"上海居留朝鲜人会"的事业一览
（1937年1月—1937年12月）

业务/月	1月	2月	3月	4月	5月	6月	7月	8月	9月	10月	11月	12月	合计
免费住宿所利用人数	66	67	73	106	73	60	51	—	—	—	—	—	491
职业介绍所利用人数	3	2	5	7	4	2	6	235	252	75	42	10	643
纷争调停和取缔风纪	2	3	5	6	3	2	3	5	6	2	2	1	40
病倒路边治疗人数	—	2	1	1	1	1	—	2	1	—	—	—	10
路边死亡人的后事	—	—	—	—	—	—	—	2	1	1	—	—	4
极度贫困者补助和旅费补贴	—	1	1	1	—	—	2	12	4	2	1	1	25
遣送者	—	1	—	1	2	2	5	695	4	2	1	1	677
民团小学入学人数	1	2	19	2	2	—	—	—	—	—	—	—	26
幼儿园入园人数	24	24	24	20	20	20	20	20	20	20	20	20	—
人身保护者人数	2	5	3	2	10	2	4	12	12	8	11	9	86
各项申请书类件数	176	159	133	209	188	206	71	35	35	25	30	26	1286

资料来源：［日］《外务省执务报告东亚局》第6卷，东京，クレス出版社1993年版，第299页。

说明：①"—"表示原书上无记载。②"各项申请书类件数"并非直接提交上海日本总领事馆，而是经由上海居留朝鲜人会提交的各项申请文件。

话说回来，战争也影响到"上海居留朝鲜人会"的活动。第一，战争前几乎没有遣送者，而在8月份增加到600人左右（表的数字和合计数不一致，照着原文），战争前特别贫户的补助和旅费补贴的人数一样在8月份时增加到12人。这些数字意味着必须要避难和救助的人增加，保护这些人也是上海居留朝鲜人会的日常事务。第二，和上面的变化相反，职业介绍所的人数在8月和9月激增，想要在上海找工作的人相对增加，这个团体也负责这个工作。不过进入10月后又突然减少，这意味着渐渐稳定下来，可是和战前相比还是比较高一些。1937年9月到1938年12月为止的朝鲜人为了经营如商业、艺妓、娼妓、餐厅等而移住到华中地区的人约有2100人。① 从这样的统计看来在战火还没有结束的上海地区有一定的朝鲜人移住。所以职业介绍所的利用人数增加也是可以用来佐证朝鲜人移居这一现象。

只是关于战争后"上海居留朝鲜人会"的活动情形，下面将说明，也就是以前就有在做的社会福利事业再加上战争时对日本的援助活动。既往研究称"上海居留朝鲜人会"是亲日团体也是这个原因。可是另一方面，战争中的社会福利事业，"上海居留朝鲜人会"进行的活动比战前多，所以这个团体的实际活动范围和内容可以说是产生了多角化。关于这点将在下章进行说明。

三 中日战争爆发后的"上海居留朝鲜人会"

（一）"上海居留朝鲜人会"的人口和职业

战争爆发后在"朝鲜人会"产生的重大的变化之一是人口的激增。1937年末因为受到战争的影响和前年同一个时间相比人口少了714人，总计是1083人（男491人，女592人），在1938年10月增加到3138人（男1423人，女1715人），1941年1月1日有5211人（男3087人，女2124人），同年7月有5140人（男3096人，女2044人），1942年1月1日有5198人（男3025人，女2173人），1942年10月有5332人（男

---

① ［日］朝鲜总督府警务局编：《最近に于ける朝鲜治安状况昭和13年》，巌南堂书店1978年翻印版，第154—155页。

3045人，女2287人）的变化，① 战争激化后大约增加3—4倍的人口。移居到上海的不只是朝鲜半岛，连东北地区或华北地区也有相当多的人移住过来，② 人口移动的情形非常明显。流入到上海的人口，在上一章也简单说明了，这类人口移动，是战争激化之前就居住在这，他们和受到战争的影响而移居的人混合在一起，所以和1930年初期相比人口移动的现象非常频繁。

移居到上海的人住在哪些地区？表3是战争时的一部分人口统计。主要是日本总领事馆所管辖的上海市内和周边，从表3也可以看出朝鲜人大多是住在以租界为中心的上海市街和附近的中国街。另外到1930年后期，原本住在法租界的朝鲜人和其他地区比较相对减少。相反的原来比较多日本人所居住的虹口地区和周边的中国街闸北，还有杨树浦有很多朝鲜人移住进来，所以战争期间朝鲜人和日本人混居在同一个地区的倾向增加，而且几乎是在战争激化之时移住进来。

表3 上海日本总领事馆管辖范围内的日本人和朝鲜人居住地区人口一览

（单位：人）

发表时期	民族	性别	地区							合计
			公共旧英租界	法租界	闸北	虹口	杨树浦	新市街	其他地区	
1941年 (1/1现在)	日本人	男性	960	123	23246	8532	5625	528	2503	40486
		女性	885	134	16886	6308	3844	354	1129	29540
		合计	1845	257	40132	14840	9469	882	3632	70026
	朝鲜人	男性	207	371	1669	390	343	13	94	3087
		女性	186	192	1156	287	213	4	86	2124
		合计	393	563	2825	677	556	17	180	5211

---

① [日]《外务省警察史》第43卷，第104—105页。[日] 朝鲜总督府官房外务部编：《中华民国在留朝鲜人概况》，第14—15页。[日] 日本外务省东亚局第三课：《中华民国在留本邦人及第三国人人口概计表》，1941年1月1日、1941年7月1日、1942年1月1日。[日] 日本大东亚省总务局调查课：《中华民国在留本邦人及第三国人人口概计表》，1942年10月1日。

② [日] 朝鲜总督府官房外务部编：《中华民国在留朝鲜人概况》，第57页。

续表

发表时期	民族	性别	地区							合计
			公共旧英租界	法租界	闸北	虹口	杨树浦	新市街	其他地区	
1941年 (7/1现在)	日本人	男性	463	199	23167	9028	5933	1176	2531	46034
		女性	507	55	17901	6566	4448	973	1139	33804
		合计	970	254	41608	15594	9981	2149	3670	79838
	朝鲜人	男性	174	378	1589	383	435	12	125	3096
		女性	151	196	940	278	341	2	136	2044
		合计	325	534	2529	661	776	14	261	5140
1942年 (1/1现在)	日本人	男性	463	186	23651	9725	6317	2201	3849	46392
		女性	507	131	18519	7331	4953	1780	2255	35476
		合计	970	317	42170	17056	11270	3981	6104	81868
	朝鲜人	男性	174	221	1418	413	594	6	199	3025
		女性	151	222	919	295	399	5	182	2173
		合计	325	443	2337	708	993	11	381	5198
1942年 (10/1现在)	日本人	男性	958	375	23960	11595	7453	2388	3331	502060
		女性	946	277	19268	8724	5761	1933	1611	38520
		合计	1904	652	43228	20319	12214	4321	4942	88580
	朝鲜人	男性	71	332	1072	709	676	4	181	3045
		女性	66	278	870	445	455	13	160	2287
		合计	137	610	1942	1154	1131	17	341	5332

资料来源：[日]日本外务省东亚局第三课：《中华民国在留本邦人及第三国人人口概计表》，1941年1月1日、1941年7月1日、1942年1月1日。[日]日本大东亚省总务局调查课：《中华民国在留本邦人及第三国人人口概计表》，1942年10月1日。

说明：关于在江湾镇、吴淞镇、浦东、沪西、南市、真如镇、大场镇、刘行镇、鼓行镇的居住人，作者将他们重新编成"其他的地区"。

朝鲜人人口增加的最大原因在于他们意识到随着战局变化有了更大商机这一点。上述也已介绍了许多朝鲜人在1937年9月到1938年12月之间移居到华中，有一位叫玄永燮的人从1939年2月到3月为了视察如何从朝鲜去中国，据他所说从釜山到上海的船上"开往中国的船坐满了人，约20人围在一起谈论，据说有五六个人去当女招待的样子，女招待的女性死了老公，带了4个小孩，表情孤寂。跑到战前线的人说着汉口的情形,发战争财的话题不停"。①

那么,战争在工作和经济上到底带给在上海的朝鲜人什么样的影响,当时在日方资料上记载着:"日本势力急速在上海发展的关系,朝鲜人也取得惊人的经济发展。特别是积极从事商业、贸易方面……他们在巩固相当稳固的经济地位",还有战争开始后"有一些小资本家渐渐从朝鲜来到,并和上海当地的工商业者共同合作一起包运输、杂货、饭店、餐厅等,而且也开始了内陆的贸易商机,加速经济的发展"。②像上面所说战争前居住在上海的人和战争时来的人让这边的商业活动变得相当活泼。再加上以上海为据点扩张到南京、苏州、杭州的人也很多。如上所述1938年的朝鲜人人口里约有20%的人口和居住在内陆的统计人口重复。③

表4是1938年当时住在上海的朝鲜人所经营的特殊企业的一览表,"特殊企业"和一般企业到底哪里不同,从经营"慰安所"的负责人那边可以确认,"特殊企业"看来是和战争有很紧密关系的负责人和公司的总称。表旁边的○是指中日战争后进入的人或是靠着战争发财的人,虽然只是一小部分不过可以证明,发战争财的朝鲜人确实是存在的。④还有从职业统计来看,1938年560人的从业者里的主要职业有倒酒小姐206人、舞女89人、公司职员38人、店员36人、杂货食粮商32人、司机28人、贸易商23人、咖啡厅6人,但是不知为什么表4里写明慰安所的经营者们不记载,不过可以看出来表4将服务业和从商的人特别指出来说明。⑤再加上1940年11月的统计不是以人数而是用户数,有工作的1910户里面,倒酒小姐有527户最多。第二多的是店员515户,银行员381户,工人44户,中介38户,经营杂货和从商、餐厅、咖啡厅的人非常的多。另外慰安所有12户,其他和日本军有密切的职业关系的人也很多。⑥既往研究指出特别是餐厅、饭店、咖啡厅、慰安所、倒酒小姐、杂货商人等行

---

① [日]玄永燮:《上海からハルピンまで大陆半岛人の动き》,绿旗联盟编:《绿旗》,京城(现首尔)1939年7月号,第48页。
② [日]朝鲜总督府官房外务部编:《中华民国在留朝鲜人概况》,第45页。
③ [日]朝鲜总督府官房外务部编:《中华民国在留朝鲜人概况》,第15、16页。
④ [日]朝鲜总督府官房外务部编:《中华民国在留朝鲜人概况》,第27—28页。
⑤ 同上。
⑥ [日]李甲宁:《上海朝鲜人の实情》,《三千里》第13卷4号,京城(现首尔)1941年版,第120—121页。

业是和日本军的需求有直接关系的职业,① 所以会理解靠着这个战争发财的朝鲜人很多。

表4　　　　　　　　在上海朝鲜人所经营的特殊企业一览

	营业类别	商号	资本额（日元）	经营人
○	钢铁业	三河兴业株式会社	400,000	奉在龙
	制药业	三德洋行	80,000	金亨植
	贸易	半岛贸易公司	50,000	张半彻
○	精密机器修理生产石灰	东海洋行	30,000	孙昌植
○	钢笔业	文集工艺厂	20,000	金守仁
○	舞厅	极东ダンスホール	20,000	宋世浩
○	咖啡厅	ベピー	20,000	赵东铉
○	杂货粮食商	同信洋行	50,000	白利淳
	杂货粮食商	德泰昌	20,000	金河钟
	杂货粮食商		30,000	桂春建
○	贸易	九龙公司	30,000	金尚用
○	贸易		20,000	金仁甲
○	贸易		200,000	崔永沢
○	贸易	韩永贸易公司	30,000	韩奎永
○	贸易		30,000	李泰铉
○	贸易		30,000	安俊生
○	慰安所		30,000	朴日硕
○	慰安所		20,000	金一准
○	慰安所		20,000	李昌祚
○	慰安所		20,000	李相佑
○	慰安所		20,000	李致云
○	贸易	金华洋行	30,000	金昌华
	进口杂货	林盛公司	30,000	林承业

资料来源：[日] 朝鲜总督府官房外务部：《中华民国在留朝鲜人概况》，1939 年版，第 27—28 页。

说明：①依据资料作者编成。②省略了朝鲜半岛内部的原籍。③空白栏表示原书上无记载。

---

① [日] 宫本正明：《战时下における朝鲜人の中国大陆进出》，东京《青丘学术论集》第 23 集，2005 年版，第 70—71 页。

(二)"上海居留朝鲜人会"的活动

1. 战时对日本的协助活动

中日战争一爆发"上海居留朝鲜人会"就开始进行对日本的协助活动。比如说,在"八·一三"前,李甲宁在上海日本人社会中成立的"时局委员会"参加,以备避难民的收容保护。另一方面,上海居留朝鲜人会准备识别的背章和身份证件,以便警惕住在法租界的思想上"有问题"的朝鲜人进入虹口地区当间谍。还有同会组成自卫团防备独立运动家装成避难民潜入。"八·一三"开始后,李甲宁动员"上海居留朝鲜人会"的干部以下避难民中的青壮年 140 人做了土袋 3000 个。还在靠近战场的地方杨树浦也承担了从事机场建设,因人手不够,"上海居留朝鲜人会"每天派遣会员五六十人,计动员 650 人。但是每每遭遇中国军战斗机的攻击,会员 6 人负重伤。不但男性而且朝鲜女性也被动员了。她们担任支持后方活动,如 1937 年 10 月至 12 月接受军方的委托,会员家庭里的女性计 1200 人用军方提供的油纸和白布制造 2500 个绷带三角布。①

如上述,在 1937 年末期朝鲜人 1083 人(男 491 人、女 592 人),所以从上面的活动可以看出来,当时所有的"上海居留朝鲜人会"的成员都被叫去帮忙。另外"上海居留朝鲜人会"在战争结束后也持续进行对日战时协助活动。比如 1938 年 5 月、由李甲宁发起"上海朝鲜人会存钱会"成立,共有 40 人参加。以节俭、储蓄报国为目标,最后到当年的 10 月底总共存了 2488 日元。另外,1938 年展开后援运动,总共捐了 225 日元为国防捐款。1940 年 2 月收集了 1.1232 万日元和 936 元捐给忠魂表彰会等。② 另外,依上海居留朝鲜人会的 1939 年度计划书里,参拜上海神社,扩大幼儿园小孩的教育运动如日文、日本的习惯,还有夜间学校等。③ 日本化教育和当时已在朝鲜半岛展开的皇民化运动也反映在计划书里面。再加上,在上海的日本人社会渐渐过渡到战时体制的关系,在 1940 年时召集 15 岁到 40 岁的男性成立了锻炼组织的上海青年团,然后

---

① [日] 朝鲜总督府官房外务部编:《中华民国在留朝鲜人概况》,第 66—72 页。
② [日] 朝鲜总督府官房外务部编:《中华民国在留朝鲜人概况》,第 69 页。[日] 李甲宁:《上海朝鲜人の实情》,第 125—126 页。
③ [日] 朝鲜总督府官房外务部编:《中华民国在留朝鲜人概况》,第 75 页。

同年9月"上海居留朝鲜人会"的成员以李甲宁为首共召集了148人结成"鸡林青年团",之后加入了上海青年团。① 整体来看,在战争激化后"上海居留朝鲜人会"所进行的一连串运动,随着战争的发展是以这个团体的会员为中心向外展开的自主活动。

关于"上海居留朝鲜人会"的会员数,有交会费的只有在中日战争爆发时260人而已,但在那之后会员的人数增加到1938年10月的413人、1939年10月的643人、1940年10月的1695人。② 这意味着会员不限定是战前居留在上海的人,战争后移住来的朝鲜人也加入了这个团体。他们的工作是什么,从资料上看不出来。不过1938年10月这个会的会员资产记录表中,1万日元以下有373人(1000日元以下157人,1000日元以上165人,5000日元以上51人)占了绝大部分,1万日元以上有15人,3万日元以上有8人,5万日元以上有3人,10万日元以上2人,20万日元以上有1人,③ 有钱人的入会呈现增加的趋势。

还有,从1938年"上海居留朝鲜人会"的主要干部来看:

会长:李甲宁
总务:崔锡熙
主事:金龙河
会计:李时洪
参事会议长:申秉均
会员:金亨植、金圣洙、孙昌植、李圣昌、李相佑、白利淳、朴日硕、金滋炼、李建宰。④

上面的组织成员和表4里的人有部分一致。比如说,金亨植经营三德洋行拥有资本金额8万日元。孙昌植经营东海洋行拥有资本金额3万日元,李相佑经营慰安所拥有资本金额2万日元,白利淳经营杂粮商拥有资

---

① 关于"上海青年团"的成立与组织内容,请参照[日]上海居留民团编《上海居留民团 三十五周年纪念志》,第1215—1230页。还有结成"鸡林青年团"的事,请参照[日]李甲宁:《上海朝鲜人の实情》,第126页。
② [日]朝鲜银行上海支店:《上海に于ける朝鲜人の概况》,第108页。
③ [日]朝鲜总督府官房外务部编:《中华民国在留朝鲜人概况》,第27页。
④ [日]《支那在留邦人人名录》,上海,金风社1938年版。

本金额 5 万日元，朴日硕经营慰安所拥有资本金额 3 万日元。从表 4 中也可看得出来除了金亨植之外，孙昌植、李相佑、白利淳、朴日硕的财产都是战争时累积而来的。①

进入 1930 年代之后日本在上海的势力逐渐增强，移住到上海的亲日朝鲜人也增加，他们打着亲日团体的目标，一边从商一边开展亲日活动。根据既往研究，② 光是这一点看来中日战争爆发后的时候，关于上海居留朝鲜人会的研究，不能只看成员的增加或是组织内部的人员变动，也必须考虑到战争时靠着战争发财的事实，因为这些因素是形成战争时他们进行对日战时协助活动的最大理由。

2. 社会福利事业

另外一方面，战时对日协助活动和社会福利事业也同时进行着。表 5 是 1940 年 4 月到 1941 年 3 月的活动情形一览。幼儿园的入园人数、各类申请文件和 1937 年相比数量有很多增加，开战后的人口增加和会员增加也是成正比。可是表 5 里没有"民团小学"的入学人数，关于这点原因不明。

表 5 1940 年度年上海居留朝鲜人会的事业一览
（1940 年 4 月—1941 年 3 月）

业务/月	4月	5月	6月	7月	8月	9月	10月	11月	12月	1月	2月	3月	合计
免费住宿使用者	94	83	62	76	54	120	163	114	171	162	100	141	1340
职业介绍人数	15	11	7	10	20	12	8	15	8	3	9	5	123
纷争调停数	—	2	—	—	1	1	3	—	1	—	—	—	8
病倒路边治疗人数	3	—	1	—	—	—	3	—	2	—	3	—	14

---

① ［日］朝鲜总督府官房外务部编：《中华民国在留朝鲜人概况》，第 27—28 页。
② 孙科志：《上海韩人社会史研究》，第 104 页。

续表

业务/月	4月	5月	6月	7月	8月	9月	10月	11月	12月	1月	2月	3月	合计
死在路边的葬仪	2	—	—	1	—	1	—	1	1	1	2	3	12
旅费补助者人数	—	1	1	2	—	1	—	1	—	—	—	—	6
极度贫困者补助和遣送回国人数	2	4	1	2	2	4	4	2	2	2	4	4	33
各类申请文件件数	828	831	721	799	608	640	626	653	701	502	435	519	7863
幼儿园入园人数	115	120	121	121	121	110	142	153	153	153	153	61	—

资料来源：[日]上海居留民团编：《上海居留民团三十五周年纪念志》，第1008页。

说明：说明：①"—"表示原书上无记载。②"各项申请书类件数"并非直接提交上海日本总领事馆，而是经由上海居留朝鲜人会提交的各项申请文件。

值得注意的是，免费住宿所的使用人数1年里增加到1340人，职业介绍人数也增加到123人，只低于各类申请文件的人数，可以说是1940年的主要活动。还有死在路边的人的葬礼、病倒在路边的人的医疗、旅费补助、没钱人补助、遣送回国等的活动也持续进行着。虽然人数不是很多，不过这些活动确实是存在的，以这特殊的背景之下，战时"上海居留朝鲜人会"所隐藏的经济基础问题是不能轻视的。

在上文也提到了，不少的上海朝鲜人借着中日战争发财。不过也有当时日方的一个机关指出，1938年本来就没有很多资本的小企业家们，就算想要借钱来扩大规模也求助无门，所以他们也只能一直维持着小企业的状态。他们的资本扩大只不过是自然现象刚好当时也爆发中日战争而已。①

结果就是小企业家的资本虽然不是很稳定，顺着当时的情势而扩大

---

① [日]朝鲜总督府官房外务部编：《中华民国在留朝鲜人概况》，第45页。还有关于朝鲜人的经济问题，不只限于上海，华北地区也发生一样的事情。请参照[日]宫本正明《战时下における朝鲜人の中国大陆进出》，第70—71页。

资金的人相当多。再加上1941年在日本军占领地区开始的各种经济统制，如实施经济封锁，维持军票价值的政策之下展开的金融、经济、贸易、企业的管制，限制批准新营业，小资本的朝鲜人所受的影响最严重。因此沦落"不正业"的人也渐渐变多了。① 也就是说，随着战争的激化从中累积钱财的朝鲜人是有的，不过被当时的情势压迫没有办法经营下去的人只能沦落到"不正业"，证明朝鲜人的经济发展基础和危机是并存的。

综合以上各点来看，"上海居留朝鲜人会"以援助日方所以被称作亲日团体这点很重要，但另一方面在对朝鲜人的社会福利活动上也是不容轻视的。1940年在朝鲜发行的《三千里》杂志上，记者问了李甲宁"上海居留朝鲜人会的主要活动是什么？"他回答"大多尽力着救济事业，如免费住宿所的提供、职业介绍、贫民同胞救济事业、开幼儿园、其他争执、人事问题、没钱回国的同胞的旅费援助等等…"同时也接着说明"而将实行国语普及，体育协会的事业，将来想要成立朝鲜人存钱会、不动产协会、金融协会、消费者协会等的组织也在计划里面"。② 他明言"上海居留朝鲜人会"是救助、帮助有关朝鲜人的生活的团体，反而关于"国语普及"没有被重视。从这点看来，李甲宁认为"上海居留朝鲜人会"的目的之一是解决有关朝鲜人的生活。并对于上海居留朝鲜人会本身看来，在战时进行对日协助活动，但同时也为维护朝鲜人的社会福利事业。

可是，以"内鲜一体"和促进朝鲜人皇民化的大原则来看，解散朝鲜人的民族团体，从新成立一开始就是日本人和朝鲜人的团体的方向性来看，呼应殖民地朝鲜的皇民化政策推展，最后在1941年春天"上海居留朝鲜人会"被上海居留民团吸收消灭。③ 之后关于朝鲜人所有的事务全部都上海居留民团社会课证明股担任，如申请、人事等等。④

---

① [日] 朝鲜银行上海支店：《上海に于ける朝鲜人の概况》，第103—104页。
② [韩]《上海의（的）近况과（与）在留朝鲜人生活相　李甲宁氏와（与）本志记者와의（的）对谈录》，京城（现首尔）《三千里》第12卷8号，1940年版，第77页。
③ [日] 朝鲜银行上海支店：《上海に于ける朝鲜人の概况》，第108页。[日] 上海居留民团编：《上海居留民团三十五周年纪念志》，第1008页。
④ [日] 上海居留民团编：《上海居留民团三十五周年纪念志》，第999页。

结　论

　　综合以上的章节，本文是针对"上海朝鲜人亲友会"、"朝鲜人会"、"上海居留朝鲜人会"，试着来说明这三个团体的实际情况。单纯从这三个团体的组织构造和活动内容来看，没有办法把他们都称为是亲日团体，必须将"上海朝鲜人亲友会"、"朝鲜人会"和"上海居留朝鲜人会"区分开来说明。关于"上海朝鲜人亲友会"、"朝鲜人会"，因为它们的几个主要成员是从1920年代到1930年代初时参加独立运动或是民族运动、共产主义运动的人，还有在1930年代初时由于1920年代初形成出来的整个社会的构造有了很大的变化，所以与其称为它们亲日团体，倒不如说这些团体的目的是在教育和改善朝鲜人的生活问题。只是因为组织很弱小，再加上中日战争开战之前在上海朝鲜人里面没有钱的人很多，就算让那些人加入会员也没有起多大作用，所以到1935年为止这些团体影响不大。

　　相比之下在"朝鲜人会"之后成立的"上海居留朝鲜人会"，它的特征是有日方官民参与的。成立后，这个团体制定规则，更加促进了团体的组织化。而且还收到日本方面给的补助金，所以可以从事社会福利事业。虽然没有明确的证据，但日方可能偷偷通过这些手段来管理并统治在上海的朝鲜人的意图是没有办法否定的。可是这样的福利事业和朝鲜人的生活有极大的关联性，比起"上海朝鲜亲友会"或是"朝鲜人会"营运的时候更能让人了解到居留民组织的特色，可以推测到因为这样的活动原因所以到中日战争开战之前共有260人会员入会。资料虽然不是很完整，"上海居留朝鲜人会"有鼓励朝鲜人小孩进入幼儿园或是民团小学，但是在中日战争之前是不是有进行亲日活动，以目前的资料来看没有办法做出一个肯定的答案。倒不如说它是因为在中日战争爆发后展开战时对日协助活动，所以从这时才明显出现了亲日活动和亲日的性格。关于这点在既往研究也已明确地指出来了。换句话说，"上海朝鲜人亲友会"、"朝鲜人会"和"上海居留朝鲜人会"除了要分开来说明，在1937年时的转换点时，还必须再加上实际的亲日活动以说明这些团体的特色。

　　话说回来，"上海居留朝鲜人会"在开战后的动向，会员增加，同时也展开了两种活动：战争期间明显地出现对日协助活动和从战争爆发前一直就进行的社会福利事业。看来这两种活动清晰地反映了朝鲜人社会的诸种形象，还有把很多朝鲜人带入到这个团体。首先战争期间的对日协助是团体自发动员会员来参加，并且当时的日本人社会的战时体制化做相呼应。产生这种现象的背景在战争时的人口增加，还有既往研究也有提到，借着战争发战争财，累积资金的朝鲜人呈现增加的倾向。再进一步来讲，这也是既往研究所提出来的，中日战争后上海朝鲜人倾向亲日，"上海居留朝鲜人会"成为亲日团体的理由。

只是若从战争前"上海居留朝鲜人会"的社会福利事业，在战争爆发后也一直持续的情形，这个团体不能单纯被叫作亲日集团。因为对朝鲜人而言，社会福利事业所带来的意义非常重大。虽然在战争时发战争财的朝鲜人也是有的，不过因为不少的人经济基础脆弱，面临由于日方所开展的强制性经济统制而沦落的危机。也就是说，朝鲜人一边享受着经济发展，可是又必须担心伴随而来的危险，这时"上海居留朝鲜人会"的救助同胞的目的发挥了很大的功能。所以推测通过这种活动在战时入会的会员也是有的。

如上，在1930年代成立的这三个团体的组织构造、影响力、活动内容、会员的规模、亲日的情形都是不一样的。还有以上这几点也和朝鲜人社会的变迁有很大的关联性。

近代上海犹太人社会生活的几个问题
——居住、婚姻和丧亡

王 健

(上海社会科学院历史所)

一 近代来沪犹太人的三次移民高潮

在19世纪的全球犹太移民大潮中,有两条线路特别引人注目。一是东欧犹太人向西移民美国及新大陆,二是中东地区的塞法迪犹太人逐渐东移,由巴格达等地先移往英属印度,然后又扩散到东南亚的马来亚、爪哇、新加坡、缅甸和菲律宾等地,1842年鸦片战争前后,随着英国殖民势力的扩张进入中国。

1843年上海开埠后,上海独一无二的经济区位优势自然逃不过犹太商人的精明眼光。1844年,大卫·沙逊派次子伊莱亚斯·大卫·沙逊(Elias David Sassoon)前往上海,将该地作为日后拓展对华贸易的基地之一。1845年,沙逊洋行(后又称老沙逊洋行)(David Sassoon and Sons & Co.)在上海设立分行,由此揭开了近代犹太人在沪历史的序幕。1850年的上海外国居民名册时有3名"老沙逊洋行助理",他们分别是E. 亚伯拉罕(E. Abraham)、M·S. 摩西(M·S. Moses)和J. 鲁本(J. Ruben)。[①]其中,E. 亚伯拉罕和M·S. 摩西是上海犹太社区领袖,上海犹太社区协会(Shanghai Jewish Communal Association,SJCA)主席D·E·J. 亚伯拉罕(D·E·J. Abraham)的父亲和曾岳父。他们三人可能是上海最早的犹

---

① 《北华捷报》(North China Herald) 1850年8月3日。

太居民。

　　1934年，上海犹太拉比孟德尔·布朗（Rev. Mendel Brown）通过对以色列公墓残存碑文的研究，解读了上海犹太社区早期发展的一些线索。为安葬伊萨克·鲁本（Isaac Ruben）的儿子，25岁的约瑟夫·拉哈米姆（Joseph Rahamim），上海犹太社区于1863年举行了第一次犹太葬礼。1868年，老沙逊洋行老板以莱亚斯·大卫·沙逊之子约瑟夫（Joseph）在上海逝世，年仅17岁。除老沙逊洋行的职员外，从墓碑看，还有一些在其他洋行谋职的英国塞法迪犹太人。如1872年逝世的，24岁的伦敦青年爱德华·以莱亚斯（Edward Elias），1873年逝世的伦敦伊斯林顿的雅各布布·戴维斯（Jacob Davis）家中的29岁儿子亚力山大（Alexander）和1879年去世的24岁的伦敦人伊曼纽尔·拉扎勒斯（Emanuel Lazarus）。亚力山大和伊曼纽尔·拉扎勒斯都是英国洋行在上海的雇员。最早的女性墓碑是西姆哈（Simha）。她是1862年来沪担任老沙逊洋行助理的拉菲尔·希德卡·拉菲尔（Raphael Sidka Raphael）的妻子，1875年病故，年仅24岁。他们的女儿是后任上海锡安主义协会（Shanghai Zionist Association）主席的R·E·托依格夫人（Mrs. R. E. Toeg）。[①]

　　到1874年，新、老沙逊洋行共雇有20多位塞法迪犹太人，他们构成了当时上海犹太社区的核心。[②] 更为重要的是，到19世纪80年代，一些沙逊洋行的塞法迪犹太雇员开始在上海建立自己独立的公司，从而进一步促进了上海犹太社区的发展。如1880年B·D.本杰明创建了平治门洋行（B·D. Benjamin Company）、1881年R.S.拉菲尔创办了立发洋行（R. S. Raphael Company）、1882年R·J.所罗门建立了荣康洋行（R·J·Solomon Company）、1882年R·E.托依格创办了都易洋行公司（R·J·Toeg Company）、1884年A·E·J.亚伯拉罕成立了华丰洋行（A. E. J. Abraham Company）、1886年伊萨克·埃兹拉创办了新康洋行（Isacc Ezra Company）、1887年摩西和伊莱亚斯合伙建立了美利洋行（Moses & Elias Company）、1887年D·H.西拉斯成立了沙利士洋行（D. H. Silas Company）、1890年

[①] 《以色列信使报》（Israel's Messenger）1936年12月4日。

[②] 乔那森·高斯坦（Jonathan Goldstein）编：《中国的犹太人》（The Jews of China），纽约1999年版，第217页。参见魏白蒂《上海犹太人社区述要》，载林克主编《上海研究论丛》（第八辑），上海社会科学院出版社1993年版，第330页。

D. E. J. 亚伯拉罕建立了益丰洋行（D. E. J. Abraham Company），它们大多是批发商和经纪行。随着新、老沙逊洋行雇员的增加和追寻财富的犹太商人的涌入，上海塞法迪犹太社团人数持续地增长。根据雅各布布·B. 亚伯拉罕·D. 苏德（Jacob B. Abraham. D. Sudea）的估计，1895年，约有175个巴格达犹太人在中国，他们几乎都经营从印度进口鸦片与棉花的业务。① 我们估计这些人中绝大多数生活在上海，加上他们的家属，到1900年前，上海塞法迪犹太社团不会超过800人。

早在19世纪末，就有不少俄罗斯和其他阿什肯纳兹犹太人定居上海经商。如1887年来沪经商的俄罗斯犹太人D. 哈莫维奇（D. Haimovitch）开办了海利洋行（D. Haimovitch Company），从事茶叶贸易，前后在上海生活了50多年，直至1937年去世。1897年中东铁路修筑后，吸引了部分俄罗斯犹太人来华。虽然绝大多数定居在东北地区，但也有一小部分人因种种原因继续南下来到了上海。到1902年，在上海定居的俄罗斯犹太人约25户，百余人左右。

此外，在上海还有不少来自欧美其他国家的阿什肯纳兹犹太人。1904年8月28日，上海阿什肯纳兹犹太人在位于熙华德路（今长治路）上海犹太学校举行会议，讨论建立自己独立犹太会堂事宜。从当时会议的出席名单看，就有许多非俄罗斯的阿什肯纳兹犹太人，如M. 迪特里希（M. Dietrich）、I. 斯坦贝克（I. Steinbeck）、H. 福克斯（H. Foox）、M. 珀尔曼（M. Perlmann）、N. 帕德里奇克（N. Padrinchik）、I. 塔特尔曼（I. Tuttelman）、R. 利珀斯（R. Leipers）、M. 席勒（M. Shiller）、I. 特南鲍姆（I. Tennenbaum）、R·M. 诺布尔斯顿（R. M. Noblston）、A. 维内曼（A. Venermann）、W. 利奥波德（W. Leopold）、S. 多尔夫曼（S. Dorfman）、E. 维德高伯（E. Vidgob）、M. W. 蒂夫伯格（M. W. Tieffenberg）、E·F. 泽勒梅耶（E. F. Zellermeyer）、M. 罗森伯格（M. Rosenberg）、Y. 罗森伯格（Y. Rosenberg）、A. 科亨（A. Cohen）、A. 施瓦茨伯格（A. Schwartzberg）、H. 丹伯格（H. Dannberg）、B. 维内曼（B. Venermann）等，而且担任主席和秘书的M. 迪特里希和H. 福克斯都不是俄罗斯犹太人。② M. 迪特里希

---

① 雅各布布·B. 亚伯拉罕·D. 苏德，载于冯·莫伦道夫《犹太人在中国》，第331页。转引自熊月之等《上海的外国人1842—1949》，上海古籍出版社2003年版，第248页。

② 《以色列信使报》（Israel's Messenger），1904年9月9日。

是1836年生于加里西亚的奥地利犹太人,1892年来上海经商,并积极参与上海阿什肯纳兹犹太社团事务。他是摩西会堂(Ohel Moishe Synagogue)的创始人并一直担任会堂委员会主席。H. 福克斯是法国犹太人,曾经担任茂新洋行(Spunt & Company)天津办事处经理,后移居上海。

俄国1905年和1917年的两次革命期间,来华俄罗斯犹太人逐渐增多,其中有一部分经东北南迁上海。同时,还有不少俄罗斯犹太人经海参崴直接由海路抵达上海。因此,上海的俄罗斯犹太人不断增加,占据了上海阿什肯纳兹犹太人相当大的比重,并逐渐成为核心。据统计,1924年,上海俄罗斯犹太人已增至800—1000人。[①]

然而,俄罗斯犹太人大规模南下移居上海还是在20世纪30年代。从20年代末起,上面提到的哈尔滨乃至整个东北犹太社区的社会和经济生活遭到一系列外部冲击,逐渐由盛转衰。大批哈尔滨及周边地区的俄罗斯犹太人大量南下上海。经考察,30年代东北地区俄罗斯犹太人南迁上海的路线主要有三条:一是由哈尔滨沿中东铁路到海参崴,然后坐船经海路直抵上海;二是由哈尔滨乘火车或汽车经长春、沈阳至大连,再坐船由海路抵达上海;三是先由哈尔滨到天津,然后乘火车沿津浦线经南京到达上海。[②] 这次俄罗斯犹太人南下上海延续的时间较长,人数很多。到20世纪30年代中期,上海俄罗斯(阿什肯纳兹)犹太人已达4000人,远远超过了塞法迪犹太人,成为上海最大的犹太社团。

从1933年到1941年,德国纳粹统治下的中欧犹太人远涉重洋避居上海,总数几达3万,除去其中数千人经上海去了第三国,至1941年12月太平洋战争爆发,仍有25000名左右欧洲犹太难民生活在上海。上海犹太社区由此迅速扩大为远东最大的犹太社区。"二战"期间大批欧洲犹太难民避居上海,有着深刻的历史背景。首先,在上海不存在土生土长的反犹活动,犹太社区发展良好。20世纪30年代,上海犹太社区总人数近5000多人,并拥有自己的社区协会等社团组织,一些犹太家族经济实力雄厚,

---

[①] 戴维·克兰茨勒:《上海犹太难民社区》,许步曾译,上海三联书店1991年版,第29页。

[②] 上海档案馆档存:U1—3—303。

影响颇大。其次，上海当时正处于一种特殊状况。1937年"八一三"事变后，日本军队占领了上海大部分地区及其周围地带，使上海的公共租界和法租界成了日军占领区内的一个"孤岛"，只能通过海路与外部世界联系。在这种情况下，中国政府无法在上海地区继续行使自己的职权，而日本占领军当局一时也还来不及在上海建立起地方傀儡政权，使上海在对外事务方面处于一种十分特殊的状况，成了当时世界上唯一无须办通常的入境手续就可进入的大城市。特别是从1937年秋到1939年秋近两年时间里，外国人进入上海不仅不需要签证，而且不需要经济担保，不需要预先找到工作并出具警方提供的品行证明，这对那些被关过集中营，以"非法"途径逃离欧洲，来到上海时身无分文的犹太难民来说无疑是一个天赐良机。其三，也是当时的国际环境使然。由于遍及全球的经济危机和迫在眉睫的战争威胁，使得各国都采取了严格限制移民入境的政策。这导致欧洲的犹太难民越来越难以找到逃生之处。就是在这样一种"上天无路，入地无门"的情况下，面临死亡威胁的欧洲犹太人不得不亡命东方大都市上海。

二　上海犹太人居住区域的形成

犹太人抵达上海以后，就要寻找落脚居住之所。早期塞法迪犹商及其雇员主要集中在当时的英国租界外滩附近，后随着租界扩展和商业发展而逐渐迁移到公共租界西区。从1904年9月9日《以色列信使报》新年贺词栏目，我们可以发现当时一些塞法迪犹太人的住址。如B·N.埃兹拉夫妇住在武昌路6号、H.福克斯夫妇居住在杨树浦路6号、E·A.哈同住在南苏州路29号、J·N.约瑟夫兄弟居住在南京路10号、I·A.列维夫妇住在昆山路16号、梅耶·夏布斯（Myer Shibbeth）居住在昆山路10号、E.所罗门夫妇住在南京路24号、S·J.所罗门一家住在昆山路17号。通过整理《以色列信使报》的信息，20世纪初一些上海犹太人，主要是塞法迪犹太人的住址情况大致如下：

表1　　　　　　　　　　　早期部分上海犹太人住址

户主	住址	《以色列信使报》的刊登时间
B・N. 埃兹拉	武昌路6号	1904年9月9日
H. 福克斯	杨树浦路6号	同上
E・A. 哈同	南苏州路29号	同上
J・N. 约瑟夫	南京路10号	同上
I・A. 列维	昆山路16号	同上
梅耶・夏布斯（Myer Shibbeth）	昆山路10号	同上
E. 所罗门	南京路24号	同上
S・J. 所罗门	昆山路17号	同上
E. 约拿（E. Jonah）	密勒路（今峨眉路）3号	1905年9月22日
D・M. 大卫（D. M. David）	北京路16号A	1905年12月15日
J・I. 雅各布布（J. I. Jacob）	天潼路14号	同上
M・A. 索福（M. A. Sopher）	北苏州路21号	1906年3月9日
I. 汉德尔曼（I. Handelman）	圆明园路5号	1906年3月23日
M. 迪特里希	北苏州路5号	1906年11月2日
Y. 科佩尔曼（Y. Koppelman）	小沙渡路（今西康路）1号	1907年1月25日
J. 德尔博格（J. Delbourgo）	赫司克尔路（今中州路）34号	同上
F. 埃兹拉（F. Ezra）	北苏州路24号	1907年5月31日
S. 莫萨（S. Moosa）	蓬路（今塘沽路）48号	1907年9月6日
S. 戈德曼（S. Goldman）	（老）靶子路（今武胜路）23号	1907年11月15日
I・R. 米切尔（I・R. Michael）	四川路121号	1908年1月10日
E・I. 埃兹拉	北苏州路26号	1908年2月7日
S・E. 亚伯拉罕	蓬路（今塘沽路）18号	1908年3月20日
D・M. 大卫	涌泉路（今南京西路）152号	1908年5月1日
R・M. 本杰明（R. M. Benjiamin）	昆山路10号	1908年5月15日
W・M. 卡茨（W. M. Katz）	涌泉路（今南京西路）164号	同上
H. 金斯伯格（H. Ginsberg）	卡德路（今石门二路）28号	1908年7月10日
E・F. 泽勒梅耶（E・F. Zellermayer）	百老汇路（今大名路）4号	1908年9月18日
M. 梅耶（M. Meyer）	赫司克尔路（今中州路）32号	1908年11月27日
N・A. 科亨（N. A. Cohen）	密勒路（今峨眉路）16号	1909年1月22日
A. 利昂（A. Leon）	（老）靶子路（今武胜路）80号	1909年3月19日

续表

户主	住址	《以色列信使报》的刊登时间
R·H. 伊莱亚斯（R. H. Elias）	西摩路（今陕西北路）8号	1909年4月30日
I·A. 列维	（老）靶子路（今武胜路）106号	1909年10月21日
S·P. 科亨（S·P Cohen）	乍浦路184号	1909年11月10日
T. 托勒达诺（T. Toledano）	卡德路（今石门二路）22号	同上
S. 齐默曼（S. Zimmerman）	西摩路（今陕西北路）36号	1909年11月26日

从这些抽样意义的居住分布我们可以看到，早期上海犹太人中，塞法迪犹太人主要分两类：有钱的商人主要居住在外滩附近的公共租界。如哈同、J·N. 约瑟夫兄弟、D·M. 大卫等，但多数雇员，甚至一些高级职员，仍然居住在靠近外滩的虹口等地。这主要是因为虹口地区的房产价格和其他生活必需品的价格要远低于外滩地区，同时离工作的洋行距离又相对较近。由于当时的阿什肯纳兹犹太人多为商人，经济条件较好，因此居住区集中在公共租界内。

从20世纪20年代左右起，随着塞法迪犹太人的经商成功和大批俄罗斯（阿什肯纳兹）犹太人移居上海，特别是30年代末40年代初大批欧洲犹太难民的涌入，上海犹太人的居住区域发生了显著的变化。首先，塞法迪犹太人开始逐渐从虹口等地向公共租界西区和法租界高级住宅区聚居。如E·I. 埃兹拉夫妇由九江路14号迁往霞飞路（今淮海中路）445号、M·A. 索福夫妇由北苏州路21号迁往霞飞路（今淮海中路）455号、I·A. 列维夫妇由（老）靶子路（今武胜路）106号搬到更高级的小沙渡路（今西康路）11号。1922年《以色列信使报》"社交和私人信息"栏目就时有塞法迪犹太人乔迁西区新居的报道。如6月2日，称J·J犹大夫妇和D·H. 塞拉斯夫妇分别搬入新建的愚园路和小沙渡路（今西康路）新宅。7月7日又刊登了J. 所罗门夫妇和D·H. 本杰明夫妇分别迁入位于西摩路（今陕西北路）和愚园路30号新宅的消息。12月1日，又有J·E. 萨蒙（J. E. Salmon）和E. 萨蒙（E. Salmon）两兄弟搬到西摩路（今陕西北路）25a号、S. 加登（S. Gatton）夫妇迁入杜美路（今东湖路）9号的消息。仅从1920—1925年《以色列信使报》中披露的其他塞法迪犹太人的住址看，到20年代中期，绝大多数已经居住在公共租界西区和法租界。1926年《以色列信使报》称，从虹口到西区的搬迁速度保持在每隔一月一到两户的速度。随着时间的流逝，涌泉路（今南京西路）中心地带的犹太人口很可能将超过北区。① 这样，在20世纪20—30年代，在上海公共租界西区摩西路上一线形成了上海塞法迪犹太人的居住和活动中心，有拉希尔犹太会堂（又称西摩路会堂）、上海犹太学校、上海犹太乡村俱乐部和犹太人聚居地太平村。以下是1920—1925年部分上海塞法迪犹太人的住址表：

表2　　　　　　　1920—1925年部分上海塞法迪犹太人住址

户主	住址	《以色列信使报》的刊登时间
A. 萨菲勒（A. Saphiere）	极司菲尔德路（今万航渡路）94号	1920年4月7日
I·B. 科亨	熙华德路（今长治路）10a	1920年12月17日
J·I. 雅各布布	昆山路16号	同上
E·S. 嘉道理	仁记路（今滇池路）8号	1922年2月10日
A. 索福	霞飞路（今淮海中路）520号	同上
S·E. 尼西姆	霞飞路（今淮海中路）488号	同上
N·E·B. 埃兹拉女士	爱文义路（北京西路）52号	同上
A. 科亨	辣斐德路（复兴中路）604号	同上
S·J. 所罗门	仁记路（今滇池路）9号	同上
R·E. 托依格女士	西摩路（今陕西北路）6号	同上
N·E·B. 埃兹拉	江西路72号	同上
M·H. 亚伯拉罕	同孚路（今石门一路）11号	同上
S·P. 科亨	北苏州路31号	1922年12月1日
R·H. 雷蒙德女士（Mrs. R. H. Raymond）	西摩路（今陕西北路）30a号	同上
S. 摩萨夫妇	爱文义路（北京西路）110号	1923年5月4日

---

① 《以色列信使报》1926年6月4日。

续表

户主	住址	《以色列信使报》的刊登时间
A·E. 摩西夫妇	南洋路（今南阳路）8号	1924年2月8日
E·S. 嘉道理	大西路（今延安西路）6号	1924年7月4日
J·R. 伊莱亚斯	西摩路（今陕西北路）8号	1924年11月1日
S·A. 哈同	涌泉路（今南京西路）177号	1925年1月9日
I·A. 列维	小沙渡路（今西康路）11号	1925年6月5日
A. 托依格	大西路（今延安西路）48号	1925年7月31日
M. 梅耶斯（M. Myers）	愚园路318号	1925年10月9日
R·A. 贝拉哈（R. A. Beraha）	熙华德路（今长治路）25J	1925年11月6日

其次，阿什肯纳兹犹太人仍然大量居住在公共租界和法租界内，特别是20世纪20、30年代大批俄罗斯犹太人进入上海后，由于俄犹与上海俄侨一样，深受法国文化的影响，因此大多选择在法租界霞飞路（今淮海中路）一带居住。当时就有人说："法租界早就应该改称俄租界，霞飞路应改称涅瓦街。"① 1930年4月24日，法租界进行户口普查，在上海俄侨聚居中心的法租界，共有俄侨3879人，亚美尼亚、爱沙尼亚、拉脱维亚和立陶宛侨民共157人，居法租界外侨人数（12335人）之首位。② 其中，就有相当比例的俄罗斯犹太人和来自其他国家的阿什肯纳兹犹太人。

再次，"二战"期间的欧洲犹太难民起初主要居住在公共租界房租和生活费用较低的虹口地区，因为那里地处公共租界和华界的交叉地带，经过战乱后市面萧条，物价一般比上海其他地区低30%，房租则比公共租界和法租界低75%。③ 除少数难民自行租屋居住外，大多数难民都住进了临时租用或搭建的难民收容所，一般30—50人挤在一间房里，最拥挤的有100—200人住一间的。当然，也有少部分条件好一些，如自己开业的

---

① 转引自汪之成《上海俄侨史》，上海三联书店1993年版，第80页。
② 《申报》1928年11月1日。
③ 金斯伯格（A. Gingsbourg）：《上海犹太难民》（Jewish Refugees in Shanghai），《密勒氏评论报》（The China Weekly Review）1940年，上海，第7页。

专业医师，或有亲朋接济的犹太难民居住在公共租界和法租界。但到了1942年，情况发生了变化。同年6月，纳粹德国盖世太保驻日本首席代表约瑟夫·梅辛格（Josef Meisinger）上校抵达上海，向日本当局提出了"最后解决上海犹太人"的计划（"Final Solution in Shanghai"），即所谓的"梅辛格计划"。虽然最后因上海犹太社团通过各种关系影响日本当局，千方百计地加以阻止，而日本政府也出于种种原因没有亦步亦趋地追随德国，使得这一计划胎死腹中。但是，日本当局还是于1943年2月采取了一个近似于建立集中营的措施，搞了个"无国籍难民隔离区"。2月18日，上海报纸和电台都宣布了上海日本当局的《关于无国籍难民之居住及营业之布告》：

  1. 依据军事上之必要，自本日起，凡居住于上海地区内之无国籍难民，其居住及营业地区，以下列地区为限：公共租界内兆丰路（今高阳路）、茂海路（今海门路）及邓脱路（今丹徒路）一线以东，杨树浦河（今杨树浦港）以西，东熙华德路（今东长治路）、茂海路及汇山路（今霍山路）一线以北，公共租界之界线（引者注：指公共租界北界）以南。

  2. 目前在前项所指定地区以外居住或营业中之无国籍难民，应自本布告公布之日起至昭和18年（中华民国32年）5月18日止，将其住所或营业所迁移至前项所指定地域内。目前在前项所指定地区以外之无国籍难民，其居住或营业上所需要之房屋、商铺及其他设备，如拟买卖、转让或租借者，应先得当局之许可。

  3. 除无国籍难民外，其他人等非得许可，概不准迁移至第1项所开地域内。

  4. 凡违反本布告或有妨碍本布告之实施者，决予严惩不贷。

上海方面大日本陆军最高指挥官
昭和18年（中华民国32年）
2月18日①

---

① 《新闻报》1943年2月18日。

虽然布告中未用"犹太人"或"隔离区"的字样，但从与布告同时发表的一篇报纸文章将"无国籍难民"一词定义为"1937年以来由德国（包括以前的奥地利和捷克）、匈牙利和以前波兰、拉脱维亚、立陶宛、爱沙尼亚等国来上海避难至今无国籍者"来看，指的主要就是来自德、奥等国的欧洲犹太难民。23日晚，主管搬迁事务的日本官员久保田在犹太总会召集了上海阿什肯纳兹犹太社区负责人开会。会上久保田辩解说，发布这一公告并不反映日本人民的反犹情绪，而是因为上海的住房与食品供应问题严重，必须对几千名无国籍者进行某种控制，并呼吁俄国犹太人与他们合作。实际上，久保田的讲话是一份最后通牒，威胁犹太人如不与日本当局合作就会受到"严惩"。于是，绝大多数欧洲犹太难民被强迫迁入"隔离区"。据欧洲难民联合会（ERU）1944年11月的统计，住在"隔离区"内的难民共14245名，其中15岁以下的1171名。这些人中间，来自德国的8114名，奥地利的3942名，波兰的1248名，捷克斯洛伐克的236名。[①]

三 上海犹太人的婚姻与婚礼

犹太婚姻是犹太男女的家庭结合。从犹太教的历史观点看，婚姻是人最自然的状态，把它视为上帝在造物时所创造的社会群合。因此，犹太教鼓励婚姻，《塔木德》把不婚作为一种反自然的状态。上海犹太人也非常重视婚姻和婚礼，将它看作是巩固社区联系的纽带，促进犹太社区发展的重要方面。

上海犹太人的婚姻生活有下列主要特点：一是由于上海犹太人的人数相对有限，社区规模比较小，因此上海犹太人的婚姻半径不大，主要是在本地犹太家族及其在中国其他城市或国外亲属之间通婚。例如，根据《以色列信使报》上刊登的1904年至1909年14场婚姻的情况来看，早期婚姻半径绝大多数仅限于本地犹太家庭之间联姻，另外有少量是与国外亲属结婚，这在塞法迪犹太家庭中表现得更为明显和突出。

---

① 前引克兰茨勒书，第377页。

264　社群与社团

表3　　　　　　　　　1904—1909年部分上海犹太婚姻情况

结婚时间	新郎	新郎居住地	新娘	新娘居住地	婚礼地点	其他
1904年10月4日	亚伯拉罕·戈德曼（Abraham Goldman）	日本长崎	约瑟芬·哈莫维奇（Josephine Haimovitch, M. 哈莫维奇的最小女儿）	上海	埃尔会堂	
1905年3月5日	N·S.列维	上海	拉希尔·埃兹拉（伊萨克·埃兹拉的长女）	上海	埃尔会堂	赴日本度蜜月
1905年10月11日	约瑟夫·德尔博格（Joseph Delbourgo）	上海	伊丽萨白·施瓦茨（Elizabeth Schwartz）	上海	英国总领事馆和舍里特·以色列会堂	
1905年10月29日	所罗门·P.柯亨	印度孟买	阿齐扎（Aziza, A·E.亚伯拉罕夫妇的女儿）	上海	S·J.所罗门位于昆山路17号寓所	移居印度孟买
1906年11月25日	E.约拿	上海	格特鲁德·所罗门（Gertrude Solomon, S·J.所罗门的二女儿）	上海	舍里特·以色列会堂	S·J.所罗门在位于昆山路17号寓所庆宴
1906年12月20日	阿尔弗雷德·列昂（Alfred Leon）	上海	伯萨（Bertha）	上海	埃尔会堂	德尔博格夫妇在赫司克尔路（今中州路）34号寓所庆宴

续表

结婚时间	新郎	新郎居住地	新娘	新娘居住地	婚礼地点	其他
1907年3月10日	爱德华·埃兹拉（伊萨克·埃兹拉的儿子）	上海	莫泽勒·索福（Mozelle Sopher, M. A. 索福女儿）	上海	埃尔会堂	在西摩路（今陕西北路）R·E.托伊格夫妇寓所庆宴
1907年5月26日	弗里德里克·埃兹拉（Frederick Ezra）	上海	拉希尔（S. R. 明尼的姐妹，爱德华·埃兹拉的表姐妹）	上海	埃尔会堂	在北苏州路24号新婚夫妇寓所庆宴
1907年6月23日	利奥波德·赖辛（Leopold Ryssion）	上海	萨莉·格林伯格（Sally Greenburg, H. M. 格林伯格的三女儿）	上海	摩西会堂	在四川北路20a庆宴
1907年11月7日	E. F. 泽拉梅耶（E. F. Zellermayer）	上海	温加滕（Weingarten）	上海	百老汇路4号	摩西会堂哈赞A.莱特斯主持婚礼
1908年9月	J. 阿龙（J. Aaron）	上海	佛洛拉·埃兹拉（Flora Ezra）	上海	舍里特·以色列会堂	
1909年2月17日	A. 本杰明	上海	莫泽勒·柯亨（Mozelle Cohen）	印度孟买	赫司克尔路（今中州路）32号	
1909年7月4日	Th. A. 柯尼希（Th. A. Konig）	上海	伊娃·坎默林（Eva Kammerling）	上海	埃尔会堂	在四川北路2号庆宴
1909年8月1日	莫里斯·西蒙斯（Maurice Simmons）	上海	多拉·斯邦特（Dora Spunt, A. B. 罗森菲尔德的姐妹）	上海	埃尔会堂	7月29日在英国总领馆举行了世俗婚礼

而到了 20 世纪 20 年代，由于本地犹太人口大量增加，本地犹太家庭联姻更加普遍，这从 1920 年至 1929 年《以色利信使报》上有关婚姻报道的资料整理中我们可以清楚地看到。

表 4　　　　　　1920—1929 年部分上海犹太婚姻情况

结婚时间	新郎	新郎居住地	新娘	新娘居住地	婚礼地点	其他
1920 年 3 月 14 日						
1924 年 3 月 2 日	马克斯·弗里曼（Max Freedman, W. 弗里曼的儿子）	西贡	凯特·雷蒙德（Kitty Raymond, R. H. 雷蒙德夫妇女儿）	香港	拉希尔会堂	前往西贡安家
1924 年 3 月 30 日	马克斯·乔克（Max Chalk）	上海	罗扎·米兹拉希（Roza Mizrahi）	上海	拉希尔会堂	
1924 年 4 月 2 日	J·H·伊齐基尔（J·H. Ezekiel，伊莱沙·伊齐基尔的二儿子）	上海	汉纳·亚伯拉罕（Hannah Abraham, S. E. 亚伯拉罕夫妇的女儿）	上海	苏州路 28 号新郎住所	伊利亚胡·伊萨克哈赞主持
1924 年 6 月 10 日	内奥米·威德勒（Naoum Widler E·D. 威德勒夫人的次子）	上海	内西·里德斯基（Nessy Lidsky, S. Z. 里德斯基的独生女）	上海	摩西会堂	5 月 31 日在英国总领馆举行世俗婚礼

续表

结婚时间	新郎	新郎居住地	新娘	新娘居住地	婚礼地点	其他
1924年7月7日	E·M. 约瑟夫	上海	弗洛拉·索福（Flora Sopher, S. M. 索福夫妇的最小女儿，哈纳·索福德妹妹）	上海	拉希尔会堂	西摩路（今陕西北路）164号犹太乡村总会举行庆宴
1925年2月25日	莫里斯·E. 丹古尔（Maurice E. Dangoor, 埃兹拉·丹古尔夫妇之子）	上海	希比尔·摩西（Sybil Moses, A. E. 摩西夫妇的女儿）	上海	拉希尔会堂	去汉口度蜜月
1925年4月17日	D. 列维	斯特拉斯堡	H. 布朗纳（H. Bronner）	斯特拉斯堡	L. 布卢姆霞飞路（今淮海中路）897号寓所	
1928年2月15日	P. 戈尔詹廷 P.（Gerzenhtien）	上海	普里达·波洛奈斯基（Preda Polonetzky）	上海	摩西会堂	

只是到了30年代以后，上海犹太人的婚姻半径才逐渐扩大。这里面有两方面的原因，一是大批欧洲犹太难民涌入了上海。二是哈尔滨、天津、汉口等地的犹太社区日趋成熟。如1939年5月21日，来自德国罗斯托克的德国难民理查德德·塞缪尔（Richard Samuel）与艾格尼斯·梅耶

森小姐（Miss Agnes Meyerson）在上海结婚。① 这是上海德国犹太难民中的第一场婚礼。1941年1月，来自柏林的岗特·马斯科沃斯基（Gunter Maschkowski）与本地已故D·J.大卫夫妇的女儿基蒂·大卫（Kitty David）订婚。② 同年9月，来自波兰布雷斯劳的拉比K.索贝（Rabbi K. Sober）与居住在英国利兹的希尔迪·沃劳尔小姐（Miss. Hildi Wohlaure）订婚。③

上海犹太人婚姻生活的第二个特点是族内婚制仍然占绝对多数。犹太民族确实有族内婚制的传统，但是到了现代已经有越来越多的族际婚姻。而且有学者指出，那些居住在犹太人较少地区的犹太人，其族外通婚率比起那些居住于其他地区的犹太人的族外通婚率要高得多。④ 但是在近代上海，虽然整个犹太社区人口比较有限，20世纪初大约仅1000人左右，最高峰时也不过3万—4万人，但犹太人依然保持着很高的族内婚。这主要是一些宗教观念上的原因。如伊·贝蒂·格列宾希科夫回忆道，"在上海，我的好几个女朋友都和美国大兵结婚了，我去参加他们的婚礼。有一场婚礼，我还做了新娘的女傧相。作为正统的犹太教徒，新娘的父母不愿意去参加婚礼，因为新郎不是犹太教徒，他们和自己的女儿断绝了关系，拒绝参加婚礼。"⑤ 当然，也有一些族外通婚，其中还有不少与中国人的联姻。其中，最著名的就是塞法迪犹太富商哈同与中国女子罗迦陵的婚姻。1886年秋，哈同与中国女子罗迦陵结为夫妻。罗迦陵1863年生于上海九亩地（今露香园路、大境路一带），其生父是法国人路易（一说犹太人），母亲是中国的沈氏。结婚后，罗迦陵"出嫁从夫"，取名俪穗·哈同。又如，1946年，上海著名犹太画家白绿黑迎娶了一位中国妻子郑迪秀，从此两人恩爱相伴，厮守了30年。

上海犹太人婚姻生活的第三个特点就是婚姻质量较高，婚姻关系稳定，离婚率极低。有些夫妻相濡以沫几十年，迎来了金婚和银婚。例如

---

① 《以色列信使报》1939年6月9日。
② 《以色列信使报》1941年1月24日。
③ 《以色列信使报》1941年9月19日。
④ Lieberson, Stanley, &Waters, Mary C 1988 From Many Strands: Ethnic and Racial Groups in Contemporary America Russel Sage Foundation/ New York pp206.
⑤ 伊·贝蒂·格列宾希科夫：《我曾经叫莎拉》，李康勤译，汉语大词典出版社2005年版，第126页。

1899年1月24日，当时在沙逊洋行工作的埃兹拉迎娶新娘。由于上海犹太社区还是一个很小的社区，犹太家庭屈指可数，因此，他们的婚姻被视为整个社区的一件大事。25年后，1924年3月，E·M.埃兹拉夫妇邀亲朋好友到他们寓所庆祝银婚纪念，与会者纷纷向他们表示祝贺并赠送礼物。其中有一件礼物是M.梅耶送的一根银仗，上面镌刻有《圣经》的一段文字，即"你手里要拿这仗，好行神迹"。梅耶还当众朗读了这段文字，让来宾们深受感动，留下了深刻的印象。① 当然，上海犹太人中也有离婚现象，但是极为个别。例如，1936年11月16日，江苏省高级法院第三分院接受了弗雷达·齐默曼（Freda Zimmerman）夫人状告其丈夫莫里斯·齐默曼（Morris Zimmerman）虐待的离婚请求。②

犹太婚姻一般要经过这么几个过程。首先是婚前协议。男女结婚协议由订婚行为加以缔结。订婚行为被确定为男女双方允诺结婚，以及说明与行将到来的婚配有关的条件。上海犹太人也非常重视订婚，一般都会在《以色列信使报》等地方媒体刊登订婚启示。其次就是结婚仪式。就上海犹太人的婚礼仪式而言，最普遍的就是在某个犹太会堂举行正式婚礼，邀请拉比、哈赞主持，如果没有拉比或哈赞，也可请社区主席或社区中德高望重者主持。上海塞法迪犹太人主要前往埃尔会堂、舍里特·以色列或拉希尔会堂举办婚礼，而俄罗斯（阿什肯纳兹）犹太人则基本在摩西会堂或新会堂举行（在没有独立会堂时也在塞法迪犹太人的会堂举行）。犹太会堂婚礼结束后，通常会举行一个招待会。下面，我们通过介绍几场婚礼来看一下上海犹太人的婚仪和风俗。

1905年3月5日，N·S.列维和拉希尔·埃兹拉，已故伊萨克·埃兹拉的长女，在埃尔会堂举行了一场婚礼。婚仪布置中一个最引人注目的特色就是在读经台上覆盖了一面锡安主义运动的旗帜，因为新娘是上海锡安主义协会的会员。由于缺少拉比，新郎的朋友主持了婚礼。

婚礼开始后，新娘由其长兄，上海锡安主义运动领导人爱德华·I.埃兹拉交到新郎手中。有六位女傧相陪伴新娘，她们是新娘的三个妹妹S.埃兹拉、M.埃兹拉和F.埃兹拉。另外三个是M.索福小姐、R.索福小姐和N.托依格小姐。D.托依格担任侍童。婚礼华盖由R.亚伯拉罕、

---

① 《以色列信使报》1924年3月7日。
② 《以色列信使报》1936年12月4日。

E. I. 埃兹拉（新郎的弟弟）、D. M. 葛培和爱德华·尼西姆四人扛举。

婚礼结束后，在 R. E. 托依格夫妇的家中举行了结婚庆宴，新郎新娘的亲朋好友悉数参加。①

1907 年 3 月 10 日，爱德华·I. 埃兹拉和莫泽勒·索福（Mozelle Sopher）的婚礼在埃尔会堂举行。爱德华·埃兹拉是已故伊萨克·埃兹拉的儿子，莫泽勒·索福是 M. A. 索福的女儿，他们都是土生土长的上海犹太人。

埃尔会堂里，各种各样的鲜花和嫩竹从门廊一直装饰到礼拜堂，楼梯和内墙用红白相间的布包裹着。两边还有锡安主义旗帜和中国、英国国旗。在约柜和大卫星上方，也装饰有鲜花和翠竹。

当新娘到达时，她靠在父亲的手臂上，而新郎则已在围栏中急切等待。新婚夫妇双方家庭的密友，D·E·J. 亚伯拉罕和新郎的亲属主持了婚礼。婚礼华盖由 A. 索福，R·D. 亚伯拉罕，E·I. 埃兹拉和 I. 埃兹拉（新郎的兄弟）扛举。D. 索福担任侍童。

新娘身穿文艺复兴风格蕾丝镶边的衣服显得格外迷人，七个女傧相围在她身边。其中包括她的二个妹妹拉希尔·索福和吕蓓卡·索福，塞莉小姐（Miss Sallie），新郎的两个妹妹，M. 埃兹拉和 F. 埃兹拉，N. 托依格小姐和 F. 伊莱亚斯小姐。

新娘的母亲索福太太也身穿昂贵的丝绸服装，头戴造型迷人的棕色绳绒帽，帽上插着羽毛和玫瑰花，感觉就是天底下最快乐的母亲。

埃尔会堂里挤满了来参加婚礼的亲朋好友，雅克·布卢门菲尔德，M. 梅耶和新郎的弟弟弗里德里克·埃兹拉在门口充当引导，使来宾有序地进入会堂。

会堂婚礼结束后，在西摩路（今陕西北路）R. E. 托依格的家中举办了盛大的婚庆晚宴。塞缪尔·H. 肖洛克（Samuel H. Shorrock）代表大家祝新郎新娘身体健康，新郎也发表了言词优美的答词。礼物丰富多彩，令人羡慕不已。其中最引人注目的是一个由上海洋药公所赠送的纯银台布和一只装饰钟。新娘就读过的上海女子公立学校女生赠送了一幅非常漂亮的画。婚礼结束后，新婚夫妇将前往汉口欢度蜜月。②

---

① 《以色列信使报》1905 年 3 月 10 日。
② 《以色列信使报》1907 年 3 月 22 日。

在上海犹太人的婚礼中，也有一些特例。有些新婚夫妇，主要是一些英籍犹太人。他们除了在犹太会堂举行正式婚礼外，还会提前在英国总领事馆由领事主持举行一个较小规模的世俗婚礼。如 1924 年 5 月 31 日，内奥米·威德勒和内西·里德斯基就在英国驻上海总领事馆举行婚礼，并请巴尔敦总领事主持。接着，6 月 10 日，他们在摩西会堂又举行了一场犹太婚礼。还有一些犹太人甚至不去会堂，就在家里请拉比或哈赞来主持婚礼。例如，1924 年 4 月 2 日，E. 亚伯拉罕夫妇的女儿汉纳·亚伯拉罕小姐与伊莱沙·伊齐基尔（Mr. and Mrs. Elisha Ezekiel）夫妇的二儿子 J·H. 伊齐基尔先就在新郎位于苏州路 28 号的住宅举行婚礼，哈赞以利亚胡·伊萨克主持了仪式。最浪漫的是 1925 年 12 月 26 日，上海著名犹商、业广地产有限公司总经理莫里斯·本杰明与著名美国犹太妇女罗斯·蔡斯（Rose Chase）在前往香港的杰斐逊总统号驶离上海一天后，在甲板上举行了婚礼，由船长尼科斯（Capt. Nichols）主持。①

四　上海犹太人的死亡和葬礼

上海犹太人死后，家属一般会在《以色列信使报》或其他地方报纸上发表一个讣告，简单介绍一下死者的生卒年份、死亡原因和简单生平。如 1925 年 3 月 6 日出版的《以色列信使报》刊登了雅克·布卢姆菲尔德去世的讣告称："我们遗憾地宣布，雅克·布卢姆菲尔德先生上月 11 日因患慢性疾病在倍开尔路（今惠民路）15 号住所去世，享年 61 岁。他出生于罗马尼亚的加拉茨，20 年前来到中国，作为专家代表总部设在曼切斯特从事布匹贸易的大商行。他是一位热情的锡安主义者和热心的犹太人，曾任上海锡安主义协会主席，并做出了巨大的贡献。他遗有遗孀、三个女儿和一个儿子。"也有讣告连葬礼消息也一并公告。如 1925 年 5 月 1 日，《以色列信使报》发表了的埃兹拉·约瑟夫夫人去世的讣告称，埃兹拉夫人于 4 月 12 日在公济医院逝世，葬礼在倍开尔路（今惠民路）公墓举行。

从上海犹太人死亡原因的统计分析来看，绝大多数属于正常死亡或者因病长期医治无效死亡，但也存在着一些非正常死亡。如 1919 年 2 月 15

---

① 《以色列信使报》1926 年 1 月 8 日。

日凌晨,劳拉·莫卡塔·嘉道理夫人(Mrs. Laura Mocatta Kadoorie)在涌泉路(今南京西路)寓所因火灾烟呛窒息身亡。① 1926年10月3日,曾经非常富有的西昂·汉纳尼亚(Sion Hanania)死于西摩路(今陕西北路)和涌泉路(今南京西路)拐角处的家中。据其仆人说,当他推开主人住宅时,突然发现主人在卧室大门的横梁上自尽。② 1930年7月1日在一次河滨度假郊游中,S·P. 科亨夫妇的儿子,青年犹太人文学团体的名誉秘书,受雇于安利洋行的爱德华·P. 科亨(Edward P. Cohen)溺死生身亡,年仅20岁。③ 1930年11月4日,年仅30岁的爱德华·明尼(Edward Minny)在第二届秋季赛马会上从其坐骑上跌落而在乡村医院逝世。④ 1932年4月22日,先宁洋行雇员尼斯科夫洛索夫在家中自杀窒息而亡。⑤ 1935年10月11日,中国著名药剂师之一M·I. 佩利沃斯基(Dr. M. I. Perevosky)因血液中毒在公济医院逝世,享年54岁。在上海期间他曾一度经营蓝色医院。⑥ 1939年4月24日上午8点,人们发现约尔·罗森菲尔德(Joel Rosenfeld)在博物院路(今虎丘路)131号334房间的办公室里腹部中弹身亡。他身边有一支扳机上绑有绳子的步枪,并留下了几封信,所有信件都说明他是因严重的财政困难而自杀的。⑦ 1939年11月17日,在美国证券公司工作,并深受上海各界人士欢迎的G·M. 皮萨莱夫斯基因在虹桥骑马时坠落而死亡,享年39岁。⑧ 此外,上海犹太人中也有一定的婴儿夭折现象,如1925年7月,S·I. 雅各布布夫妇的女儿就不幸夭折。

犹太人丧葬仪式主要由社区的圣葬社负责操办。上海最早的犹太公墓是1862年由沙逊家族捐资兴建的"以色列公墓"。由于其建在南京路马霍路(今黄陂北路)西口,故一般又称为"马霍山坟地"。公墓占地约2亩,呈长方形,有300多个墓穴。如前所述,上海的第一次犹太葬礼举行

---

① 《以色列信使报》1919年3月14日。
② 《以色列信使报》1926年11月5日。
③ 《以色列信使报》1930年8月1日。
④ 《以色列信使报》1930年12月1日。
⑤ 《以色列信使报》1932年5月1日。
⑥ 《以色列信使报》1935年11月1日。
⑦ 《以色列信使报》1939年5月5日。
⑧ 《以色列信使报》1939年12月8日。

于1863年,是为安葬伊萨克·鲁本的儿子,25岁的约瑟夫·拉哈米姆而举行的。上海塞法迪圣葬社社长是C. S. 葛培。到了1919年,马霍山坟地的墓穴已基本用完。当年3月嘉道理夫人在此举行葬礼后,上海犹太人普遍认为她很可能是在这老公墓举行葬礼的最后一人。紧接着,由上海犹太宗教公会购地兴建的上海第二座犹太公墓——倍开尔路(今惠民路)公墓于1919年3月启用,第一位入葬的是一位阿什肯纳兹犹太人。① 1922年,上海俄罗斯犹太人建立了自己的犹太圣葬社,并会同塞法迪犹太人圣葬社,一起负责管理倍开尔路(今惠民路)公墓,并共同为上海犹太人办理丧葬事宜。1926年7月,俄罗斯(阿什肯纳兹)犹太圣葬社在摩西会堂召开年会,审计了1925—1926年度的财务执行情况,并选举产生了新的委员会,由H. 坎默林任主席、W. 科亨任副主席、A. 费恩(A. Fein)任名誉司库,H. 福克斯任名誉秘书。会议一致选举M. 阿许根那齐拉比为荣誉主席。会议还感谢塞法迪犹太圣葬社多年来所给予的合作。与会者围绕在犹太墓地举行的葬礼上摆放募捐箱的习俗展开了讨论。有些建议应对此进行修改,而另外一些人则强烈地要求保持不变,最后只能请阿许根那齐拉比裁决。阿许根那齐拉比认为,葬礼上应该摆放募捐箱,而且应放置在墓地的显著位置,而参加葬礼的自愿捐款应用于在死者坟上树立墓碑。②

"二战"期间欧洲犹太难民大量涌入上海后,为处理难民的丧葬事务,中欧犹太协会于1940年8月建立了圣葬社,由弗里德里希·格卢克施特恩负责,深受难民们的欢迎,入社人数高达1800人。同年9月,圣裔社在哥伦比亚路(今番禺路)购地,建立了第一座犹太难民公墓。后来,又在周家嘴路购地建立了第二座公墓。一般而言,1919年后,上海犹太人主要在倍开尔路(今惠民路)公墓举行葬礼,1940年后,欧洲犹太难民主要在哥伦比亚路(今番禺路)公墓和公墓入葬。但是,一些有身份的塞法迪犹太人死后仍在马霍山坟地举行葬礼。如1924年10月21日,J·R. 伊莱亚斯的葬礼就在马霍山坟地举行。他不仅是上海早期犹太开拓者,1884年就来到上海并在新康洋行任职,而且还是当时上海犹太

---

① 《以色列信使报》1919年3月14日。
② 《以色列信使报》1926年8月6日。

社区著名的割礼施行者"莫赫尔"。① 又如，1938 年 5 月 23 日，新沙逊洋行创办者大卫·伊莱亚斯·沙逊的最后一位儿子 D·E. 沙逊在马霍山坟地入葬。鲁本·伊齐基尔·嘉道理和查尔斯·沙逊·葛培死后也分别于 1941 年 5 月 5 日和 1941 年 10 月 8 日在马霍山坟地举行了葬礼。

葬礼被认为是象征人生终结的一个礼仪。犹太人的葬礼尊重一切从简、迅速下葬的习俗。但一般不准在安息日、赎罪日和犹太节日举行。根据这一习俗，上海犹太人的葬礼一般安排在死者死后 1、2 天后在犹太公墓举行。从一些讣告透露的信息中，我们就可以清楚地看到这一点。如 1906 年 10 月 26 日，摩西会堂委员会主席 M. 迪特利奇的夫人施安德·迪特利奇（Schendel Dietrich）在北苏州路 5 号的家中去世，当天下午就举行了葬礼。② 1907 年 2 月 17 日，R·J. 所罗门夫人因患肺炎，医治无效在维多利亚医院病逝。次日下午，她在马霍山坟地入葬。③ 1923 年 2 月 27 日，茂新洋行合伙人鲁本·斯邦特因病在斐恒医院去世，2 月 28 日在倍开尔公墓举行了葬礼。④ 1908 年 4 月 30 日，上海德律风有限公司职员拉赫明·摩西·本杰明因心脏病突发去世。他的葬礼于 5 月 1 日下午在昆山路 10 号举行。⑤ 但在某些特殊情况下，死亡时间与葬礼时间相隔较久。如曾任摩西会堂委员会名誉司库和主席 H. 芬克尔斯坦（H. Finkelstein）1920 年 7 月 20 日在青岛出差时突然病逝，他的葬礼于 7 月 25 日在上海举行。⑥

葬礼一般由拉比或哈赞主持，葬礼上不举行任何献祭，不摆放任何贡品，只举行祈祷和诵读《卡迪什》活动。以 H. 芬克尔斯坦葬礼为例，约瑟夫·迈耶担任领唱人，送葬队伍中包括 H. 芬克尔斯坦的遗孀和女儿，护柩者是托帕斯（Topas）、诺贝尔斯顿（Nobleston）、凯默琳，斯通（Stone）、阿洛诺夫斯基、先宁、费恩和林钦斯基（Lischinsky）。摩西会堂、上海希伯来救济会、卡迪玛、卡茨夫妇、B. A. 托帕斯、R. S. 泼利亚克、D 阿洛诺夫斯基、M. S. 霍尔茨曼（M. S. Holzman）、来泰洋行

---

① 《以色列信使报》1924 年 11 月 1 日。
② 《以色列信使报》1906 年 11 月 2 日。
③ 《以色列信使报》1907 年 2 月 22 日。
④ 《以色列信使报》1923 年 3 月 6 日。
⑤ 《以色列信使报》1908 年 5 月 15 日。
⑥ 《以色列信使报》1920 年 9 月 10 日。

(F. Large and Co.)、利昂·弗里德曼（Leon Friedman）、C. R. 格林伯格、A. L. 泽林斯基（Mr. and Mrs. A. L. Zellensky）、C. 汉茨（C. Hanzer）、H. 马科夫妇（Mr. and Mrs. H. Marco）、先宁洋行、V. 克雷尔夫妇（Mr and Mrs. V. Krell）及全家、O. 兰道夫妇和詹姆斯·B. 卡茨等献了花圈。T. 托莱达诺（T. Toledano）发表了讲话，西伯利亚锡安主义中央局（Central Bureau of the Zionist Association of Siberia）成员茨宾（Tsibin）致辞。最后，约瑟夫·梅耶宣布葬礼结束。① 又如，大卫·摩西·大卫葬礼于1926年3月14日举行，送葬者从已故大卫先生的住处走到倍开尔路（今惠民路）犹太墓地。参加葬礼的人很多。抬棺者有：D. E. J. 亚伯拉罕、R. D. 亚伯拉罕、D. H. 本杰明、M. 梅耶等人。主持葬礼的哈赞以利亚胡·伊萨克发表讲话赞扬已故者为整个社团所做的出色工作。已故大卫先生的至交 M. 梅耶先生也在墓边发表讲话。②

有时，葬礼结束后还会举行纪念仪式。如新康洋行老板爱德华·伊萨克·埃兹拉1921年12月15日去世。葬礼非常隆重，棺柩上覆盖鲜花，埃兹拉的家属和送葬者一起唱着悲哀的圣歌，从霞飞路（今淮海中路）慢慢地护送往倍开尔（今惠民路）公墓。12月22日，纪念仪式在拉希尔会堂举行，众多上海犹太社区成员参加了纪念会。莫迪凯·利科夫哈赞（Mordecai Recoff）唱完晚祷圣歌后，全体站立，赫希尔拉比诵读了《圣歌：90和39》和为死者的特别祈祷。随后，赫希尔拉比发表了激动人心的布道。③ 又如，1922年10月25日，沙逊·雅各布布·所罗门去世。所罗门是上海救援中国犹太人协会的名誉秘书，也是舍里特·以色列会堂的创立者之一，还担任了中国犹太民族基金会名誉司库。在拉希尔会堂和上海犹太学校的建立过程中，他也发挥了很大的作用。另外，他还是希伯来学问最深的上海犹太人之一。所以他的去世是上海犹太社区的一大损失。同日，所罗门的葬礼举行，社区领袖人物都出席了葬礼，可见他深受社区的热爱和尊敬。送葬者中有他的遗孀和两个女儿。赫希尔拉比在庄重肃穆的气氛中发表了感人的讲话，在场的人们都流下了眼泪。整个葬礼仪式安排都由犹太圣葬社负责人以利亚胡·伊萨克哈赞主持。同月29日，纪念

---

① 《以色列信使报》1920年9月10日。
② 《以色列信使报》1926年4月2日。
③ 《以色列信使报》1922年1月13日。

仪式在拉希尔会堂举行，赫希尔拉比发表了纪念讲话。①

最为特殊的是塞拉斯·阿隆·哈同的葬礼。1931年6月22日的《字林西报》就有评述："早晨，举行了佛教仪式，而洁净仪式则在近9点时完成。随后，在阿哈龙会堂哈赞 S. E. 亚伯拉罕的主持下，拉希尔会堂哈赞以利亚胡·伊萨克宣读了葬礼祷文。参加葬礼的犹太人当然不会注意到，葬礼融合了佛教殡仪而成为一个'混合'葬礼。"

根据中国习俗，举行追悼仪式的日期定于亡者逝后第35天。葬礼当天，在爱俪园入口搭建了两座大型拱门，每座拱门高达50英尺并饰以大量的白色丝物。仪式在花园内举行，在主入口的外面树立了一座大型白色牌楼而在侧门上则悬挂了两只书有"哈同府"字样中国汉字的白色灯笼。葬礼聘用了100多名僧侣和道士，参加葬礼的人数众多，包括犹太人、基督徒、佛教徒、袄教徒、日本人、印度教徒、穆斯林和上海各界知名人士约2000名。进入爱俪园后，吊唁者在引导员的引导下在签到簿上签名，接着，沿通道前行数步后，就会听到一支中国古典乐队演奏的哀乐，然后再从那里径直步入按中国风格覆以白布的大厅，哈同的灵柩就放置在厅内正中。离开大厅后，吊唁者每人领取一支约一尺长已点燃的香烛，将其带到墓边并由引导员收集放置在哈同墓前。拉希尔会堂哈赞伊莱亚斯·伊萨克（Elias Issac）在墓边宣读了祷文。他用希伯莱语赞扬了哈同的美德和善行，并指出哈同的逝世不仅是上海犹太社团的重大损失，也是整个上海重大损失。随后，举行了正统犹太人葬礼，哈同的养子们宣读了卡迪什（Kadish）。②

---

① 《以色列信使报》1922年11月3日。
② 《以色列信使报》1931年7月3日。

抗战时期中国的民间团体和国际关系
——"世界和平联合"中国分会的事例研究

[日] 土田哲夫

(日本中央大学)

序 论

以欧洲地区为中心被组织起来的国际性和平运动的民间组织"世界和平联合"(Rassemblement Universel pour la paix, International Peace Campaign),它自1936年成立以来,除了致力于拥护国际联盟、反对德意法西斯主义等活动以外,还时刻关注着中日战争的进展状况,积极开展了援华运动。该组织运用各种渠道与中国国内取得联系,促成了中国分会的成立,并对其后的发展状况产生了影响。在中国,当时正处于中日战争的危机局势与国内特殊的政治局面下,参与筹建中国分会的成员们,在给本国的分会定名之际,苦心舍去母体"世界和平联合"名称中的"和平"字样,而取名为"国际反侵略运动大会中国分会",以强调反侵略运动对中国之重要性与必要性。

本人曾就"世界和平联合"组织的活动与中日战争的关系等做过研究,并发表了一些文章[①]。关于其中国分会的研究,于学界至今为止几乎

---

① 土田哲夫:《国际平和运动、コミンテルン、日中战争》,《现代中国研究》(大阪)第20号,2007年3月;同《国际和平运动与中国抗战——"国际和平联合"(RUP/IPC)简析》,王建朗、栾景河主编:《近代中国、东亚与世界》上卷,中国社会科学出版社2008年版,第351—364页。

还是一片空白①。因此，乃感到对此持有特殊国际背景的中国民间团体做具体的研究，阐明近代中国民间组织和国际社会的关系之必要性。然而，为统一起见，下文即将"国际反侵略运动大会中国分会"称为"世界和平联合"中国分会。

在论述的过程中，本文将焦点对准以下各问题而展开具体地分析与探讨。即，国际组织"世界和平联合"是如何将影响力扩大到中国，并在中国扎根下来的？其中国分会的组织者为何人？分会名称的变化又意味着什么？中国分会与国民党政府的关系如何？中国分会在组织特征上与本部有何种不同？再者，两者在抗战时期各自又扮演了何种角色？等等。

一 "世界和平联合"的成立与中国

1. "世界和平联合"的成立及其初期的活动情况

论及"世界和平联合"中国分会，必先了解以维护世界和平为宗旨的其母体"世界和平联合"的情况。那么，"世界和平联合"是在什么情形下得以成立的呢？概而言之，20世纪30年代德、意、日对外侵略、法西斯主义抬头、西班牙内战等战争威胁的不断加剧；国际联盟机能的衰弱；为扭转此种局势，和平主义者的高昂情绪与强烈的使命感的出现；国际合作的形成等，即为促使其成立的时代背景。

1936年3月，于伦敦的薛西尔（Robert Cecil）宅中，英、法两国的和平活动家们召开会议，决定成立新的国际和平组织——"世界和平联合"，并起草通过四个基本和平原则。中译文原文即：

一、确认条约之尊严；

二、运用国际协定，以减缩及限制军备，并取缔军火制造及贩卖之牟利；

三、运用集体安全及互助的组织，增强国际联盟之力量，以避免及制止战争；

---

① 法国的 Mazuy 曾提及世界和平联合的法国组织，但其论述甚为简短。Cf. Rachel Mazuy, "Le Rassemblement Universel pour la Paix（1935 – 1939）: une organisation de masse?" *Matériaux pour l'histoire de notre temps*, Vol. 30, No. 30, 1993, pp. 40 – 44. 另外，在中国的史学界也只有沈庆林《中国抗战时期的国际援助》（上海人民出版社2000年版）中有些许简单的记述，并不存在其他较详细的专著。

四、就国联组织内,组织有效的机构,以调整足以引起战争之国际事态①。

此外还决定,本组织应由赞同以上四个基本原则的各种社会团体、国际团体共同组成。在各个国家设置分会,并在日内瓦设总部——国际委员会。会长由英国的薛西尔与法国的果特(Pierre Cot)两人担任。薛西尔是一位保守党政治家,国际联盟规约的起草人之一,长期担任英国国际联盟同志会的会长,并开展了和平运动。果特为一名激进社会党党员,"世界和平联合"成立后不久就任法国人民阵线内阁的空军部部长。另设两名副会长:一位是英国劳动党党员、国际法学家诺尔白克(Philip Noel-Baker),另一位是法国牧师 Jules Jézéquel。设在日内瓦的国际委员会,包含理事会、执行委员会与秘书处等机构。掌管该组织日常工作的是秘书长窦理卫(Louis Dolivet)。他是一位出生于罗马尼亚、后移居法国的共产党员,当时组织了一个反战反法西斯的组织。由以上干部人员的身上也可看出,该组织继承了以英国为中心的、温和的、拥护国际联盟的和平主义运动,以及以法国为中心的、较为激进的、人民阵线型的反法西斯运动这两个思想潮流,也可以视之为一个国际性的和平统一阵线组织的尝试②。

在"国际和平联合"的创始期,共产党的影响力似乎颇为强大,此外还有社会民主主义者、国际联盟支持者、教会人士、纯粹和平主义者等参加③。而维持该组织总部(总会)活动的经费,则由各国来分担。具体为:(1)各执行部国(分会),即英美法俄,每月各出 100 镑,其他各国每月 10 镑;(2)各参加国依其本国和平投票之人数,每人各出铜圆一枚。④

"世界和平联合"成立后的首次公开活动是,1936 年 9 月在布鲁塞尔召开了国际和平大会。据当时的报道,世界 35 个国家的代表及 40 个国际团体的代表,总计 4000 余名参加这个大会,以充分显示了祈愿和平的国

---

① Viscount Cecil(Lord Robert Cecil), *A Great Experiment: an Autobiography*, New York: Oxford University Press, 1941, pp. 284-285. 中译文引自《国际反侵略运动大会伦敦大会各国代表讲演实录》,汉口:国际反侵略运动大会中国分会编译、出版,1938 年版。

② 关于其详细情况,参看土田哲夫:前引《国际和平运动与中国抗战》。

③ Mazuy, *op. cit.*

④ 陈铭枢:《反侵略的国际和平运动大会之意义及经过》,《新华日报》(汉口),1938 年 1 月 17 日。

际舆论之意向,当时影响很大①。会议结束后,不少代表还奔赴日内瓦,在国际联盟总会的特别会议上宣传其和平主张。

至于"世界和平联合"的组织力量,于1939年欧洲开战前,各国的分会组织已发展到41个。具体如次:欧洲21个、美洲11个、亚洲5个、其他地区4个(即苏联、澳大利亚、埃及和南非联邦)。加入该组织的国际团体有35个,如:世界国联同志会、国际合作社同盟、世界作家护卫文化协会、国际法学会、国际和平事务局、世界反战与反法西斯委员会、国际妇女参政同盟、世界曾参欧战军人大同盟、万国邮电工人秘书处等②。

在各国的分会中,工会力量强大的法国、英国、瑞典等国的组织活动尤其活跃。法国的"世界和平联合"分会包容了共产党、社会党、激进社会党等各派政治势力,以及工会、和平团体、宗教团体等诸社会团体,积极地展开了诸种活动,实际上还承担着国际委员会的工作。

(2) 中国与"世界和平联合"的初期关系

自创立以来大约一年半的时期内,"世界和平联合"与中国之间的关系均由参与抗日救国运动的左翼人物建立起来的。在布鲁塞尔举行世界和平大会之际,就有14名中国代表参加,具体为代表团主席陶行知,秘书王礼锡,成员陈铭枢、胡秋原、钱俊瑞,以及旅欧华侨、留学生代表等等③。代表团成员的身份较复杂,但其中大部分为与当时的国民党政府相对立,积极参与抗日救国运动的左翼活动家。同时他们也积极参与了"世界和平联合"的各种活动,陈铭枢担任该组织理事会理事,陶行知、王礼锡等人则为该组织执行委员会委员④。

除了他们的活动外,"世界和平联合"本身也派遣代表达德(William Dodd,美国人)赴华宣传该组织的宗旨,请求中国参加此项运动。达德抵华后,访问了孔祥熙(财政部部长)、冯玉祥等党政要人。据《中央日

---

① 《世界和平大会在比京开幕》,《救国时报》(巴黎)1936年9月5日。
② 张闳仁:《国际反侵略运动大会简史》[重庆]:国际反侵略运动大会中国分会1939年版,第76—77页。
③ 《救国时报》1936年9月25日。
④ 《陶行知全集》,四川教育出版社,1991—98年,第4卷,第206—207页;张闳仁前引书,第115—116页。

报》的报道，林森（国民政府主席）、孙科（立法院院长）等发起的"世界和平会"，1936年11月15日在上海青年会开筹备会，决定明年开成立大会①。此条记载也反映了此时期的活动情况。又据该组织的正史记载，"结果由马相伯领导，邹韬奋、李公朴、吴耀宗等发起成立中国分会临时委员会，以吴耀宗为秘书，通信处暂设上海博物院路一三一号基督教青年会。"② 然而，这个临时分会仅止于形式上，并没有进行具体的活动。

二 抗日战争爆发与中国分会的成立

(1) "世界和平联合"的援华活动

"世界和平联合"作为于欧洲和平运动潮流中诞生的国际组织，初期主要针对欧洲重大的战争与和平问题，致力于开展例如反对意大利干涉西班牙内战、救济西班牙难民、反对姑息德国对捷克斯洛伐克的侵略等活动。

但于1937年7月中国全面抗战开始后，"世界和平联合"也开始展开谴责日本侵略、积极支持中国抗战的活动。9月13—14日，"世界和平联合"在日内瓦举行了第六届理事会，就中国问题通过了以下的决议："应使中国政府之要求得到效果，应按照国联约章第十七条要求日本遵守国联约章之各项规定，应予中国以财政或其他援助以抵抗侵略，应求取一切必要的协作以动员必不可少的集体行动来消灭侵略。"③

同时期，欧美各国的工人团体、左翼团体的活动极为积极，不仅反日援华的集会、宣传活动不断扩大，而且于英、法及澳大利亚诸国，由工人团体发起了抵制日货、拒绝为日本船装卸货物等实际行动④。这些工人团体与左翼团体，皆加盟于"世界和平联合"或与之保持着协作关系，而促进了后者做出决定，实施援华制日的措施。

1937年11月以后，在主要成员英、法两国分会的主导下，"世界和

---

① 《中央日报》1936年11月16日。
② 张闵仁前引书，第115页。
③ 《世界和平大会第六次理事会议纪略》，《救国时报》1937年10月5日。
④ 当时在《中央日报》《救国时报》中皆有详细的报道。关于英国的援华运动，详见下列的回忆录：Arthur Clegg, *Aid China 1937 – 1939, A Memoir of a Forgotten Campaign*. Beijing: New World Press, 1989.

平联合"发起运动,呼吁世界舆论支持中国抗战,促使各国政府实行对日经济制裁政策。同月17日、24日,英国分会和法国分会分别做出了开展抵制日货的游行活动之决定,又号召其他各国的分会效仿之①。也是同月18日,会长薛西尔荣获诺贝尔和平奖后,在接受记者采访时说:"布鲁塞尔九国公约会议应向日本发出停止战争的最后警告,若由英、美、苏等少数的国家来推行有效的对日经济制裁政策,即能促使日本无法维持其战争经济等。"②

12月15日,"世界和平联合"执行委员会召开特别会议。全会一致通过了以下的决议:动员抵制日货,援助中国,要求各国政府实施对日经济制裁,自明年(1938年)1月1日起号召43国的分会、4亿名会员实行抵制日货活动等。为此,设立特别的组织委员会来进行世界性的宣传活动,向中国派遣使节团调查非战斗人员的受灾情况,决定施行更有效的援华方案等③。为此,"世界和平联合"又决定于1938年2月在伦敦开一个"反日援华特别会议"。

(2) 中国分会的正式成立

由"世界和平联合"主导的积极援助中国抗战的活动,对中国而言是非常重要且有用的。然而,应承担起与之联系的中国临时分会实际上却处于一种名存实亡的状态。成立正式的中国分会就被提上了日程。驻欧国民党中央监察委员李石曾,国际联盟职员、时任宣传部驻欧特种宣传委员会负责人吴秀峰,与"世界和平联合"总会干部等一同建议,改组原有的中国临时分会,使其适应现有的国际环境。1937年底,他们电请朱家骅(中国国际联盟同志会总干事)、陈铭枢,要求改组、扩大中国分会。与此同时,他们代表总会的意向,为支持中国分会的改组、扩大工作,1938年1月底还派遣其代表巴特立(V. Bartlett,英国记者)和留法华人袁冠新前往中国④。

---

① 《世界和平总会决议明年一月一日起总动员抵制日货》,《救国时报》1937年12月25日。

② *The New York Times*,1937年11月19日。

③ 《世界和平总会决议明年一月一日起总动员抵制日货》,《救国时报》1937年12月25日;*The New York Times*,1938年1月2日。

④ 张闵仁前引书,第116页。

虽然朱家骅没有做出反应，而陈铭枢、救国会人士与共产党人等做出了积极的反应。1938年1月以后，汉口《新华日报》连载了有关"世界和平联合"的反日援华运动的消息，并为中国分会组织的形成做了宣传①。陈铭枢亦在该报上发表文章，介绍了参加布鲁塞尔大会以来之中国与"世界和平联合"的关系。他强调说："国际和平会对我国曾尽相当援助，然我国对此和平会义务，则尽力不多。中国对大会月费曾由中国驻欧代表垫付五月。但正式分会及和平投票均未实行，而最近会费及和平铜元并未交付。现大会决于下月十一日在伦敦举行世界援助中国及反日抵货运动特别会议……吾人亟应（一）在政府领导下组织并扩大中国分会组织。（二）推派代表出席及用其他方法乘此时机扩大国际宣传。（三）进行拥护政府抗战到底之投票及反日和平铜元运动，向全世界表示我四万万五千万人均为拥护和平而斗争。"②

以上各种努力的结果，1938年1月23日，于汉口市商会召开了"世界和平联合"中国分会（当时中方称"国际反侵略运动大会中国分会"）的成立大会。"计到会团体数十个，人数在500以上"，"为近来武汉空前之盛况"。由陈铭枢主持会议，诱导全体议事的顺利进行。于右任（监察院院长）、邵力子（中央宣传部部长）、陈公博（代汪精卫）、宋斐如（代冯玉祥）、沈钧儒、钟可托（基督教会代表）等人也参加了大会，并做了演讲。会议讨论通过了中国分会的《简章》以及对伦敦大会的提案等。还定下名誉主席团、理事会名单、出席伦敦大会代表团的名单等。然后在掌声中一致通过慰劳蒋委员长及前线战士书，最后全体高唱《义勇军进行曲》《打回老家去》等抗战歌曲后散会③。

至于分会的名称，于此有必要探讨其命名的过程。于汉口成立大会召开之前，在中国其总会"世界和平联合"（RUP/IPC），或被译为"世界和平协会"，或被译为"国际和平运动大会"等，译名未定④。至大会召开的当天，代表们基于多方面的考虑而将"世界和平联合"改译为"国际反侵略运动大会"，而中国分会的名称也就成为"国际反侵略运动大会

---

① 《新华日报》1938年1月16日至21日消息。
② 陈铭枢：《反侵略的国际和平运动大会之意义及经过》，《新华日报》1938年1月17日。
③ 《反侵略运动中国分会成立纪事》，《新华日报》1938年1月24日。
④ 中国第二历史档案馆编：《冯玉祥日记》第五册，江苏古籍出版社1992年版，第350、352页（1938年1月21日，同月23日各条）。

中国分会"了。至于改译的缘由，引用出席大会的中央宣传部部长邵力子的言语为证，即"着重指出将'和平运动'译名改为'反侵略运动'之意义，为借此表示我国抗战到底之决心，并以之避免少数别有用心之曲解。继谓：我们所需求的和平，绝不是在损害国家人格损失独立精神之下的屈辱的和平，而是荣誉的和平，正义的和平"。①

中国分会的简章中将该会的"宗旨"定为："本会以在国际反侵略运动大会拥护国联，遵守盟约，缩减军备及反对侵略战争四大原则之下，团结同胞，反抗侵略，争取中国自由平等，保障世界和平为宗旨。"② 由此来看，中国分会简章所记的"四大原则"与"世界和平联合"总会的四大原则（见第一章第一节）有所不同：前者删除了总会第一条原则"确认条约之尊严"，而代之以"遵守盟约"；前者的第三、第四条原则尚可认为是总会的原则的摘要；但又删除了总会第四条原则"就国联组织内，组织有效的机构，以调整足以引起战争之国际事态"，而加入了"反对侵略战争"的言语。由此可见，中国分会的四大原则即是其本国立场的反映，即中国对"不平等条约"的不承认，对国际法的绝对性、国际纠纷之司法解决的不信任，与抗日到底等立场的公开表示。另一方面，通过此种总会名称的改译、四大原则的修订等，也可以看出，中国分会并非是绝对和平主义的团体，而是一个拥护抗战的国民外交团体。

（3）中国分会的组织与领导体制

中国分会的组织带有统一战线的性质，从其名誉主席团与理事会的成员构成上也可反映出来。成立大会上当选为名誉主席团的成员为宋庆龄、陈诚、冯玉祥、陈友仁、陈绍禹、张静江、宋子文、宋美龄、阎锡山、颜惠庆、李烈钧、胡适等77名人士。当选为理事的成员为朱家骅、陈立夫、黄少谷、张冲、章乃器、周恩来、郭沫若、董必武、邵力子等150名人士（含会后增补者）。③ 由此不难看出，领导该会的主要人物涵盖了国共两党的党、政、军的要人以及社会各界名人等。

---

① 《新华日报》1938年1月24日。
② 《新华日报》1938年1月26日。
③ 《反侵略运动中国分会成立纪事》，《新华日报》1938年1月24日；中国第二历史档案馆编：《中华民国史档案资料汇编》第5辑第2编，政治（三），江苏古籍出版社1998年版，第500—502页。

名誉主席团虽是近似于挂牌，而理事会按照该组织的规程每年举行一次，在执行会务方面常务理事（17至23名）则起着更为重要的作用。以下列举第一届常务理事会委员名单（23名）：邵力子、邓飞黄、杭立武、钟可托、谢维麟、曾虚白、钱俊瑞、吴开先、刘百闵、徐蔚南、李荐廷、胡秋原、范予遂、张志让、陈独真、邓颖超、陈逸云、王亚明、周鲠生、丁文安、方治、陶希圣、梁寒操（此三人未曾出席）①。其会务执行情况由此也可窥视一斑。

　　担任中国分会首届主席的邵力子，时任中央宣传部部长。副主席为邓飞黄、杭立武（留英，后任教育部部长）两人。主席之下设总务部、宣传部、组织部、财务部四部，各置正副部长。同时由邓飞黄统管执行工作。②值得一提的是，邵力子在抗战时期为亲苏共派，妻子傅学文为共产党员。邓飞黄是国民党干部，曾加入"改组派"，抗战时期连任国民参政会参政员，第六届中央执行委员，后于1949年参加湖南起义，其胞弟为共产党员邓立群。可见，无论邵力子还是邓飞黄皆可认为是国民党内的左派人物。

　　中国分会成立后刚刚两星期，就对管理部门进行了改组。在2月8日召开的常务理事会上，宋子文被选为主席，邵力子为副主席，而邓飞黄、杭立武则变成正副秘书长③。之后，4月15日召开了第四次常务理事会，将总务、组织两部合并为执行部，财政部、宣传部分别改组为财务委员会、宣传委员会。常务理事会执行部主任由郑彦棻担任，邓飞黄则同时辞职。另外，主席也改称为会长④。据该会的正史资料记载，这是"因接受总会干部人员之要求……吁请宋子文先生出而领导"⑤而做的大规模改组。虽然很难说设置于日内瓦的"世界和平联合"总部的领导人精通中国的情势，而执行部的窦理卫与驻欧的李石曾、吴秀峰关系密切，他们为使中国分会能发展成一个广泛的统一战线组织，而力荐身为国民政府中枢、拥有财力、在国际上又具有很高知名度的宋子文为会长。可以想象因

---

① 《中华民国史档案资料汇编》第5辑第2编，政治（三），第501页；《国际反侵略运动大会中国分会常务理事会会议录汇编》[重庆]：1939年版，第6—20页。
② 《国际反侵略运动大会中国分会常务理事会会议录汇编》，第6—8页。
③ 同上书，第10—12页。
④ 同上书，第12—13页。
⑤ 张闳仁前引书，第116页。

战时中外交通、通信的延缓、耽搁，上文所述总会的意图传达到中国国内花了相当长的时间。而在这之前中国分会已经先被设立起来。待接到总会之传达后，中国方面有关人员才临时施行改组，重新改选了会长及执行部机构、领导人等。

事实上，取代邵而担选会长的宋子文是极其繁忙的人物，而将该组织之日常业务委托于郑彦棻。宋本人就连该会的大会、常任理事会也从不出席，只在大会召开之际送去致辞，平时负担该会的管理经费等。在宋子文留下的有关中国分会的文件资料中，多数为经费支出方面的文件，还有该会每年召开大会之际寄送致辞等文件。与从未出席过中国分会会议的宋子文成鲜明对比的是，邵力子则从不间断地参加了各次常任理事会与大会，被称为会长。

身任执行部主任的郑彦棻（1902—1990 年）为广东人，留学法国并在巴黎大学取得博士（统计学）学位，原为国际联盟职员。1935 年归国后历任中山大学教授、法学院院长等。抗战开始后受宋子文的委托担任全国经济委员会专门委员从事研究调查国际情势、开展国际宣传等工作。此时被委于该会执行部的重任。当初，郑作为国际联盟卫生部部长拉希曼（Rudwig Rajchman）访中的同行，有幸结识了宋子文①。因此机缘郑作为宋子文的代理，从执行部中排挤了左派势力，仅仅数月就重新调整了中国分会的组织机构，之后统括了整个组织的业务工作②。

1940 年 8 月郑彦棻赴任广东省政府（省主席为李汉魂）委员兼秘书长后，由尹葆宇代行主任之职③。尹葆宇为留美博士，归国后历任中央大学教授（国际政治学）等职，后转入外交部任职④。

综上而知，担任中国分会的干部多为拥有海外留学经验又具有高学历的人物。另一方面，该分会执行部职员的年龄、接受教育的情况等又如何呢？以 1938 年为例，试分析如下：

执行部主要干部（部主任、代主任、各处主任）有五名，皆为男性。其年龄均在 32—39 岁之间，平均年龄则为 35 岁，且都留学于美英法各国

---

① 苏锡文主编《郑彦棻先生年谱初稿》，（台北）传记文学出版社 1991 年版。
② 郑彦棻：《往事忆述》，（台北）传记文学杂志社 1972 年版，第 65 页。
③ 苏锡文主编：《郑彦棻先生年谱初稿》，第 56 页。
④ 徐友春主编：《民国人物大辞典》，河北人民出版社 1991 年版，第 140 页。

的名牌大学，取得了博士学位或拥有各校研究员的经历等。该执行部下设秘书、干事共7名，其年龄均在27岁到32岁之间，平均年龄则为28.6岁。在性别与学历方面，男性5名，女性2名，皆为国内大学的毕业生。之下还设有助理干事3名、书记1名、服务员3名等。合计职员共19名（除去赴粤任职的郑彦棻主任，实际应为18名）。①

细看组成"世界和平联合"的成员，是以团体会员为主的。欧洲各国工会、教会组织、妇女团体、青年团体等社会组织发达，乃为其主要原因；而中国分会"则因其全国性之民众团体尚未普遍组成，故除团体会员外，兼重个人会员之征求②"。在汉口时，其个人会员数约为六七千③。此为与欧洲迥异的中国国内情势影响了中国分会的成员构成状况。

上述具体分析了武汉时期中国分会的组织与领导体制的概况。其迁到重庆后的变迁，将在后文里讨论。

三 中国分会的活动及其效应

（1）响应伦敦援华大会

1938年2月12—13日，"世界和平联合"于伦敦举行了"反日援华特别会议"，21个国家、25个国际团体的代表共计800余名参加了此大会。大会会场中四处贴满了"拯救中国，拯救和平""人民能制止战争"等标语④。"世界和平联合"秘书处为本会议准备了长篇的《对于抵制日本之说帖》，详细论述了日本对中国的侵略情况、中国的抵抗运动以及全世界的抵日活动等内容，随后指出日本战争经济的对外高度依存之特征，并提出对日实施国际经济制裁，以制止日本侵略的方案。在会议最后一天所通过的大会宣言中，严厉批判了日本的暴行；敦促国际联盟所属的各个团体尽力援助中国；并要求各国政府断绝与日本合作，停止其军事供给，

---

① 《国际反侵略运动大会中国分会职员一览表》（1938年），《中华民国史档案资料汇编》第5辑第2编，政治（三），第512—513页。

② 国际反侵略运动大会中国分会编：《两年来之国际反侵略运动中国分会》，新蜀报社1940年版，第17页。

③ 同上书，第36页。

④ 国际反侵略运动大会中国分会编译：《国际反侵略运动大会伦敦大会各国代表讲演实录》，汉口，同分会1938年版，第1—2页。

不予以财政上的便利而削弱其国外购买力。①

与1936年布鲁塞尔大会相比较,伦敦大会虽然规模小,得到西方国家的报道也相当少。但是,一个民间和平团体,为了支援中国而热心召开国际会议,提出具体的国际性对日经济制裁的方案,可以说这是援助中国抗战之可贵的行动。

因此,于中国无论政府要人还是民间人士皆对此次大会寄予极高的期待,共派遣了14名代表赴会,如李石曾(首席代表)、郭泰祺(驻英大使)、顾维钧(驻法大使)等。中国政府还通过政府要人的广播讲话、电报等手段,向大会传达了中国所寄予的期待与愿望②。由国民党中央党部通令全国各党部召开响应国际反日运动大会③,在武汉等地还动员民众举行支持伦敦大会的各种集会,大力宣传国际上对中国抗战的支持情况。

在民间,最先着手响应伦敦大会的是由陈铭枢主持的中国国民外交协会。1938年1月18日,中国国民外交协会致电香港的宋庆龄与蔡元培,敦请出席伦敦大会④。1月20日,由该会联合国联同志会、中华海员工会、汉口市商会及男女青年会等团体在青年会召开个团体联席会议,以谋响应。即决定了由外交协会起草发通电,由外交协会负责筹款,举行宣传周等⑤。

稍后,中国分会也于2月2日召开的常务理事会上讨论响应伦敦大会的计划。会议决定:大会前举行国际反日运动周,彻底肃清敌货;招待中外记者,并公开征求会员;与国民外交协会协作举行反侵略运动宣传周;在2月11日召开武汉各界响应国际反日运动大会,于伦敦大会当天请蒋介石、汪精卫向世界作广播演讲;请武汉及各地报纸于11日发行大会特刊,并请各领袖寄文⑥。

此处的国际宣传周是指,伦敦大会召开前的2月6日至大会结束的

---

① 包华国等译:《国际反侵略运动大会对日本经济制裁方案》,汉口:国际反侵略运动大会中国分会1938年版。
② 《国际反侵略运动大会伦敦大会各代表讲演实录》,第55—63页。
③ 《国际反侵略运动大会中国分会常务理事会会议录汇编》,第8—10页。
④ 《新华日报》1938年1月19日。中国分会成立大会亦选举出宋庆龄和蔡元培为赴伦敦大会的代表(《新华日报》1938年1月24日),然而宋、蔡皆未能出席该大会。
⑤ 《昨各团体联席会响应伦敦反日援华大会》,《新华日报》1938年1月21日。
⑥ 《国际反侵略运动大会中国分会常务理事会会议录汇编》,第8—10页。

13 日为止大约一周的宣传运动。事先将宣传内容分类，按以下的日期顺序举行反侵略、坚持抗战的示威游行、宣传活动等。第一日，宗教日；第二日，妇女日；第三日，青年日；第四日，农工日；第五日，商人日；第六日，难民伤兵日；第七日，文化日；第八日，儿童日①。

伦敦大会的前一天 2 月 11 日，中国分会按预定计划召开了"武汉各界响应国际反日运动大会"。据报道，"代表一千余人，党政名流讲演，情绪激昂"。邵力子副主席亦作了讲演②。12 日在伦敦大会召开的当天，除了蒋介石以外，本会正副会长宋子文、邵力子也连名向大会致电表示祝贺。中国分会还致电要求伦敦大会，"请于大会时，请求决议，各国民众团体举行'中国周'，尽量揭露暴日侵华暴状，实行抵制日货，以为我国抗战声援，至祷"。③ 此外，又于伦敦大会结束后，中国分会即编译、发行了两本介绍本次大会内容的小册子，以加强效果、扩大中国民众对国际援助的认识。④

（2）响应巴黎大会

此间，意大利轰炸阿比西尼亚、德意两国轰炸西班牙城市和日本对中国城市的轰炸等行为，在世界上引起了巨大的反响。受此影响，1938 年 7 月 23—24 日，"世界和平联合"于巴黎召开了"世界反对轰炸不设防城市和恢复和平大会"，共有 30 个国家、1100 名代表参加了大会。其中著名的代表有，国际联盟秘书长爱文诺（Joseph Avenol）、英国阿什顿司教（Bishop G. Ashton）、法国前总理布鲁姆（Léon Blum）、挪威国会议长韩布洛（C. J. Hambro）等。在本次会议的开幕式上，会长薛西尔与果特，对向阿比西尼亚、西班牙和中国的不设防城市进行惨无人道的轰炸行为表示极为愤慨，强烈谴责了"杀戮无防备的一般市民"之恶劣行为⑤。

中国方面，除中国分会驻欧代表李石曾出席发言外，蒋介石、宋子文、邵力子等也致电巴黎大会，极力谴责日军滥炸，希望大会能完成使

---

① 详细参考：《新华日报》1938 年 2 月 6 日—14 日。
② 《新华日报》1938 年 2 月 12 日。
③ 《世界反侵略大会开幕盛况》，《新华日报》1938 年 2 月 13 日。
④ 张闵仁前引书，第 123 页。
⑤ "Bombing Parley Opened in France", *The New York Times*, 1938 年 7 月 24 日。

命，保卫平民之安全，促进世界之和平与秩序①。对于巴黎大会，中国分会在国内予以热烈的宣传和拥护。除了制定响应大会宣传大纲，于会前通告全国作一致的响应外，还在大会开幕这一天，于武汉召集了盛大的响应大会。到会者共有二千余人。如分会副会长邵力子、理事吴玉章、政治部第三厅厅长郭沫若、汉口市市长吴国桢、妇女界代表陈逸云等皆做了演讲。据说，武汉之外的其他城市，曾根据中国分会的宣传大纲举行大会，就有46个，由中国分会转译到巴黎大会的国内各种民众团体之电文，就有109个②。

响应以上的运动，同时期欧美及印度的一百多名市长应广州市市长曾养甫之呼吁，也开始抗议日本对中国无防备都市进行轰炸之暴行。以美国纽约市市长为首的60位市长将之付与行动，发表了抗议声明，并提交到巴黎会议③。动员各国市长参加抗议活动，其中中国分会执行部主任郑彦棻也做出了努力。由郑彦棻向广州市市长曾养甫建议，让其通电吁请各国的市长，而获得国际上热烈的响应，最终发展成一项强有力的国际民间的运动④。

（3）开展宣传、联络工作

上述响应伦敦、巴黎两大会的各种活动，同时对刚正式成立不久的"世界和平联合"中国分会而言，也是对外宣传的一个好机会。在整个运动过程中，中国分会无论国民党政府要人或是民间人士皆同样重视，让其召开集会举行各种演讲，并及时将伦敦、巴黎会议的意义，两会支持中国、对日制裁的提案，以及两会参加者的演说等资料大量提供给国内诸报刊，并编撰成小册子公开发行。同时期的《中央日报》《新华日报》上刊登了不少有关反侵略运动的消息。其中一部分就是由中国分会干部执笔的，或是他们发表的演说内容等。另外，中国分会还将日内瓦总部发行的中文通信《国际和平促进会通讯》（后改称《国际反侵略运动大会通讯》）上刊登的消息提供给国内的报社，获得了好评。此通信以"世界和

---

① 《中央日报》1938年7月23日。
② 张闵仁前引书，第124页；《新华日报》1938年7月24日。
③ 《国际反侵略运动大会通讯》，第28号，1938年9月12日；"Mayor Voices Horror Over Bombings in China", *The New York Times*, 1938年7月19日。
④ 苏锡文主编：《郑彦棻先生年谱初稿》，第49页。

平联合电信社"（Agence télégraphique R. U. P.）的名义油印、公开发行的。事实上被认为是吴秀峰根据"世界和平联合"组织的正式通讯（法文）编译而成的。像这样为报社、杂志社提供消息，发行小册子，发表演说（含广播演讲）等，便成为中国分会对外宣传的主要方式。

1938 年 9 月《反侵略》周刊（后改为半月刊）发行后，"世界和平联合"中国分会开始拥有自己的定期的宣传媒介。中国分会发行的出版物如表 1 所示。在出版的宣传刊物中，除了文字媒体以外也积极导入漫画来增强表达效果。

表 1　　　　　　　　　　　中国分会的出版物

期刊	《反侵略》周刊→半月刊，第 1 卷第 1 期—第 4 卷第 3 期（1938.9—42.2） 《反侵略通讯》旬刊、第 1—64 期（1939—41 年）；同周刊，广东支会，第 1—58 期（1941—42 年）
图书	包华国等译：《国际反侵略运动大会对日本经济制裁方案》［汉口］：中国分会，1938 年 5 月（反侵略运动丛书 1） 《国际反侵略运动大会伦敦大会各国代表讲演实录》［汉口］：1938 年 9 月（反侵略运动丛书 2） 张闵仁：《国际反侵略运动大会简史》中国分会，1939 年 9 月（反侵略运动丛书 3） 包华国：《国际联盟新论》［重庆］：中国分会，1940 年 分会执行部编：《第二次常年大会特刊》［重庆］：1939 年 5 月（反侵略运动专刊 1） 《两年来之国际反侵略运动大会中国分会》［重庆］：1940 年 1 月（反侵略运动专刊 2） 《反侵略运动地方组织须知》［衡阳］：1939 年；［重庆］：1939 年 7 月增订 2 版（反侵略运动小册 1） 《国际反侵略运动大会中国分会常务理事会议录汇编》［重庆］：1939 年（反侵略运动小册 2） 尹葆宇等：《欧洲局势与东亚问题》［重庆］：1939 年 5 月（国际反侵略运动大会中国分会国际问题座谈会纪录 第 1 种） 谢康：《列强远东政策与中国反侵略外交》［桂林］：国际反侵略运动大会中国分会广西支会，1941 年（反侵略小丛书） 山丁等：《亚洲殖民地反侵略运动》［桂林］：国际反侵略运动大会中国分会广西支会，1941 年（反侵略小丛书 4）

资料来源：由作者制作而成。

召开国际问题座谈会也是中国分会的活动方式之一,将座谈会上专家们的报告内容、讨论结果等记录下来,再于《反侵略》周刊上发表等。1939年5月以后发行小册子式的系列丛书《国际问题座谈会纪录》也是一个例子。该丛书第1辑的作者尹葆宇,于1938年秋受参谋本部的委托出国考察,接着代表中国分会出席了世界青年大会。之后又于美国各地做巡回演讲。

　　在对外联络、宣传工作方面,当"世界和平联合"于1938年2月、4月、6月先后派遣英国记者巴特立、法国记者色斯(Piere Scize)以及美国记者毛那(Edgar Mowrer)等人赴中国视察时,中国分会积极地召开了欢迎会,进行宣传,并协助他们在中国采访报道。他们所做的中国抗战报道及报告,在促使各国的舆论转向支持中国过程中发挥了很大的作用[1]。中国分会同样将这些文章译成中文提供给国内各报刊,以扩大宣传。此外,国际联盟前任卫生部部长拉西曼、国际学生联合会代表团等来访中国时,中国分会亦发挥了同样的作用。每当诸如伦敦、巴黎大会的召开等各类事件、事情发生时,中国分会都及时发信、联络总会及欧美各国的领导人,呼吁采取严厉的对日制裁、对中援助的行动。平时还及时收集有关战争灾害的照片资料等,随时提供给"世界和平联合"总部。

　　除上文所述的编撰中文小册子以外,为扩大宣传效果中国分会还将本国的抗战情况编撰成英文、法文小册子。例如1938年编写的《八百壮士及其他战时特写》(英文版)、《蒋委员长重要抗战言论集》(法文版),皆寄欧付印[2]。

　　在与总会联络方面,于1938年2月,由宋子文致电李石曾、吴秀峰(日内瓦)、袁冠新(巴黎)、王礼锡(伦敦)、陶行知(纽约)为驻外常务代表,以李石曾为代表团主席[3],负责对外联系工作。

---

[1] 郑彦棻:《半年来的中国分会》,《反侵略周刊》第1卷第1期,1938年9月1日;前引包华国等译:《国际反侵略运动大会对日本经济制裁方案》之插图说明。
[2] 张岗仁前引书,第129页。
[3] 同上书,第118—119页。

四 战火纷飞中的中国分会

（1）欧洲开战与"世界和平联合"的衰落

大约至1938年夏季为止，"世界和平联合"积极且有活力地展开了各种活动。然而同年夏秋以后，在欧洲情势遽变的过程中，该组织也日渐趋于衰退。1938年3月德奥合并、1939年3月捷克斯洛伐克的瓦解等所显示出的纳粹德国的势力扩张活动；1939年1月巴塞罗那（Barcelona）沦陷、同年4月宣告内战结束等所显示出的西班牙内战叛军获胜的局面；以及1938年9月签订慕尼黑协定所显示出的英法对德实施绥靖政策的事实等。于这些欧洲遽变的现实中，围绕加强军备、对德绥靖外交的是非问题，各国的舆论产生分歧，"世界和平联合"以既往的主张——通过严守国际条约、促进裁军、拥护国际联盟等来维护平和——集结各方人士便成为一件困难之事。

1939年1月28日，"世界和平联合"在伦敦召开了大会。于中国正好是"一·二八事件"两周年的纪念日，中国方面与去年的伦敦、巴黎大会召开之际同样，对本次大会寄予很大的期待，响应此次大会而举行了各种集会。《中央日报》刊登出许多有关的消息。蒋介石及中国分会的代表向大会致电，邵力子还发表了广播演讲①。然而伦敦大会却被一种对欧洲情势遽变的无奈与悲观的气氛所笼罩，而期待美国能发挥强制力量努力维持和平局面。下一届的大会虽然预定在美国召开，然而却没能实现。伦敦大会也成为"世界和平联合"召集的最后一次大会。

1939年8月23日苏德签订互不侵犯条约以后，欧洲共产势力脱离了"世界和平联合"组织，致使其和平运动日趋衰退。同年9月1日第二次世界大战爆发，1940年德军称霸欧洲（6月22日法国投降），"世界和平联合"总会及欧洲各国组织便相继消失，其领袖们也不得不四处避难。

---

① 《中央日报》1939年1月27—31日的各条消息。另，于会后一月余，会长薛西尔、果特寄给蒋介石的回电也得到该报的报道。即"远承敬贺，欣感无已，敝会决加倍努力，俾得以有效方法，抵制日本货品，停止与日通商，并当设法在财政上援助贵国之英雄奋斗也"。《中央日报》1939年3月16日。

"世界和平联合"秘书长窦理卫和吴秀峰脱险离欧赴美后①,在纽约与其他从欧洲来美的人士一起组织了"自由世界协会"(Free World Association),并于1942年发行了《自由世界》(The Free World)杂志。李石曾、吴秀峰也在编辑和筹款方面给予了很大的帮助。②

(2) 中国分会迁移重庆后的发展与转型

1938年10月,中国分会工作人员从武汉撤退,经由衡阳、桂林、贵阳等地,1939年1月,辗转到重庆重新展开活动③。此时因欧洲情势的遽变,"世界和平联合"母体已经明显地衰退,第二次世界大战爆发后就迎来了其末期。而中国正处于抗战的第二阶段,中国分会是如何维持其组织的存在与展开活动的呢?

1939年2月10日,于重庆间隔7个月未开的常务理事会召开,就重建分会组织问题进行了讨论,议决了召开常年大会,"重新登记旧会员及征求新会员"等方针④。此次会议距前次大会已一年多,理事等干部的改选便成了必要。以下就重庆时期中国分会召开常年大会以及各种活动的概况展开论述。

同年5月21日,中国分会举行第二届常年大会,号召扩大国际性的援华制日运动,决议向蒋委员长表示敬意,宋子文、邵力子再次被选为正副会长⑤。汪精卫从重庆出逃后,中日两国之间的"和平运动"被开展起来。而中国分会在其常年大会的宣言中写到:"要加紧砥砺和平的武器,摧毁侵略者武器的和平",明确表明其拥护抗战、反对对日和平交涉的立场⑥。

第二届常年大会后,接着中国分会又分别于1941年11月2日、1943

---

① 他们赴美时,宋子文曾应李石曾(时在欧洲)之请,提供了巨额资金。1941年1月4日,李石曾来电,VICHY [维希] 发来;1941年3月18日,李石曾来电。宋子文档案(T. V. Soong Papers), Hoover Institution, Stanford University, Box 42 Folder 2.
② 《自由世界协会将在美州成立 国际友人拥护我政府》,《中央日报》1941年7月11日;杨恺龄《民国李石曾先生煜瀛年谱》,(台北)商务印书馆1980年版,第98—99页。
③ 张闿仁前引书,第127页。
④ 《国际反侵略运动大会中国分会常务理事会会议录汇编》,第16—18页。
⑤ 《反侵略中国分会吁请,扩大援华制日运动》,《中央日报》1939年5月23日。
⑥ 《中央日报》1939年5月24日。

年 1 月 23 日召开了第三届、第四届常年大会（后者亦称"五周年纪念大会"）①。蒋介石给每届大会都送去训词，分会方面也向蒋委员长表示敬意，表示服从党国体制、抗战领袖的指导②。

1939 年至 1941 年之间，中国分会的组织、宣传活动非常活跃。《中央日报》频繁地报道了其活动状况。该组织本身在出版定期刊物，如半月刊杂志《反侵略》、旬刊杂志《反侵略通讯》等的同时，还发行了多数宣传书物、小册子等（参照表 1）。

于地方上，中国分会为扩大其活动设置了不少地方组织。武汉时期其地方组织只存在广东支会、四川省宜宾区会等③，而迁移到重庆后，仅省级的分会组织就成立了广东（曲江）、广西（桂林）、衡阳、贵州、兰州、西安、辽吉黑热各"支会"等④，"支会"以下又设有"区会"，其下又设有"通讯处"等，形成一套较完整的组织机构⑤。并发行《反侵略运动地方组织须知》⑥等小册子，以之为成立各地方组织、管理各组织的指南。

如此，与欧洲母体衰退呈相反情形的中国分会的发展，除了具有与国内抗日战争、反日运动同步的活动经历外，其积极募集会员、扩大组织力量也是重要的因素之一。

于武汉时期，中国分会的个人会员多达 6000 余人⑦。当初，分会以下并不存在支会等地方小组织，大部分会员都集中在武汉。因此缘故，武汉失陷后中国分会就丧失了大量的会员。待迁移重庆后，在 1939 年 2 月 10 日召开的常务理事会上，通过了征集新会员的方针。经其实施各种宣传、扩大组织等努力的结果，至 3 月份为止合计个人及团体会员的人数多达十万人以上（明确为各团体成员的人数）⑧。

就加盟中国分会的团体会员来看，却停留于中华职业教育社、中苏文

---

① 《中央日报》1941 年 11 月 2 日、同报 1943 年 1 月 24 日。
② 《中央日报》1939 年 5 月 22 日；国民政府档案《社会团体请颁训词》，台湾"国史馆"藏，典藏号 001011243002。
③ 张闵仁前引书，第 122 页。
④ 《两年来之国际反侵略运动大会中国分会》，重庆：同会 1940 年版，第 99—115 页。
⑤ 《反侵略会常务委员会之决议》，《中央日报》1939 年 8 月 3 日。
⑥ 《反侵略运动地方组织须知》，重庆：同会 1939 年 7 月增订 2 版。
⑦ 张闵仁前引书，第 122 页。
⑧ 《反侵略中国分会应征会员已达十万人》，《中央日报》1939 年 3 月 11 日。

化协会、中华全国文艺界抗敌协会、中国经济学会等九个团体。同年 4 月 5 日，中国分会向国民政府教育部请愿，"拟请贵部通令各文化机关踊跃参加，以增强反侵略运动力量"。当时的教育部部长陈立夫批准了此要求，通令各文化机关执行此宗旨①。而另一方面，由此也可以看到中国分会是借助国民党政府命令各团体加盟的方式来扩大自身的组织的。毕竟它开了不良之先例。

1939 年 8 月，中国分会发起较为野心的"百万会员运动"。分会方面认为，"〔世界和平联合〕总会共有会员逾四万万五千万人，而英法等国之分会，亦各有会员一二千万人不等。乃以具有四万万五千万人口之我国……参加本会之会员，仅有二十余万，未免相形见绌"，于今年内展开以征求 100 万会员为目标的运动②。具体办法为，各团体会员、个人会员须介绍 5 名入会，各地方支会至少争取到 15 个以上的团体会员。至于扩大组织的手段，定为：甲，普遍之宣传；乙，登报征求；丙，招待各界团体及团体会员；丁，呈请中央社会部介绍等。③

为此，中国分会向国民党中央社会部请愿，"恳请函咨中央各院会处及各省市党部转令所属工作人员加入本会"。国民党社会部许可了此请求，将之报告给行政院，由行政院向教育部下达训令，要求其管下的各团体、职员加盟中国分会④。遵照此令，1939 年 12 月 7 日教育部向其直辖的各机关、学校通达了上述命令。各机关、学校也纷纷做出"奉令加入"，"遵即饬属参加"，"全体员生一致参加"等回答。⑤

再据中国分会的正式文献，可知国内各界对"百万会员运动""颇能热烈响应"，至 1939 年底，直接加入该分会的成员有，126 个团体（人数

---

① 《中国分会致教育部函》，1939 年 4 月 5 日；《教育部高等教育司致各文化机关司函》，1939 年 5 月 3 日缮写，教育部档案《国际反侵略大会中国分会》，国史馆藏，196/280。

② 《行政院训令令教育部》，吕字第 13524 号，1939 年 10 月 28 日发，教育部档案《国际反侵略大会中国分会》，国史馆藏，196/280。

③ 1939 年 9 月 8 日，中国分会组织委员会通过。《两年来之国际反侵略运动中国分会》，第 38 页。

④ 《行政院训令令教育部》，吕字第 13524 号，1939 年 10 月 28 日发，教育部档案《国际反侵略大会中国分会》，国史馆藏，196/280。

⑤ 教育部致直辖各机关学校代电稿，事由：电仰转知所属工作人员参加反侵略运动会，1939 年 12 月 7 日封发，发文第 31449 号，教育部档案《国际反侵略大会中国分会》，国史馆藏，196/280。

1196，485名），8219名个人会员，此处并不含各地小分会、区会的入会者。① 如此，合计120万余人的"百万会员"目标便得以达成。于"世界和平联合"的衰退过程中，中国分会单独得以扩大、发展的事实应值得注目。事实上，此种现象只是一种依赖某种事实——政府当局强令各团体参加，而得以实现的形式的扩大而已，并不能反映出中国分会的实际能力，同时也意味着中国分会将日渐变成国民党政权下的、受政府所控制的御用团体。

1942年以后情况大为变化。从新闻报道来看，能显示中国分会活动的资料剧减，该会发行的杂志等也被停刊。1943年1月23日与2月15日分别召开的第四届常年大会，及"国际反侵略运动中国分会暨自由世界协会中国分会理监事联席会议"②，此即该分会的最后一次活动。太平洋战争的爆发，促使中国正式与美英结为同盟国。在"世界和平联合"逐渐衰退的过程中，中国分会的国民外交便逐渐丧失其重要性，国民党政府及其要人或停止支付或减少支付给中国分会的经费，这也是促成该分会之活动停止的最大原因③。

结　语

诞生于欧洲的"世界和平联合"，作为一个国际性和平运动的组织，本着拥护国际联盟及其集团安全保障功能、促进裁军、以和平手段解决国际纠纷等原则，在抗战期间积极展开支持中国、制裁日本的活动，而受到中国各界的欢迎。"世界和平联合"中国分会，作为海外运动团体派生的分会被组织起来，它与欧洲的母体同样，具有包容左右两派势力的统一战线组织之特征，而在中国扎根、发展的过程中其组织特征又发生了很大变化。

中国分会与其母体的国际组织在特征上出现了相异之处，从其名称变化的这一点上最明显地反映出来。从1936年布鲁塞尔大会至1938年1月中国分会成立大会前夕为止，"世界和平联合"及其中国临时组织的名称

---

① 《两年来之国际反侵略运动中国分会》，第38、46页。
② 《中央日报》1943年2月16日。
③ 财政部档案：《国际反侵略大会总分会补助费》，国史馆藏，256/292。

都冠有'和平'二字，以示忠实于组织宗旨'和平'之意愿。而至正式的中国分会成立之际，在其成立大会上公开宣称此分会的名称为"国际反侵略运动大会中国分会"，有意将母体的"世界和平联合"改译成"国际反侵略运动大会"，以强调拥护反侵略的抗日"战争"，反对对日"和平"的主张。中国分会并且在其"简章"中，修改了"世界和平联合"所严守的四大原则之一部分的内容。就母体欧洲组织普遍追求和平的特质，中国分会则明示出重视本国的主权完整、拥护抗战的立场。

再者于组织结构上，以各国职业团体、宗教团体、和平团体、国际团体等为中心而组成的"世界和平联合"，名副其实为一个国际民间组织。而中国分会自成立之始就与国民党政府关系密切，其干部多为党政要职的兼任，无论在组织上还是在财政上对党国都有很强的依赖性。因此，不可否定该分会带着中国独自的、近似政府御用团体的特征。

抗战时期，中国国民党政府不仅运用正式的（政府之间）外交途径，还兼用宣传、民间活动等非正式的外交手段（国民外交），以实现其促成欧美各国支持中国、制裁日本的目标。"世界和平联合"的活动正好符合中国政府的此种战略。因此，国民党政府于积极支持中国分会的同时，又尽力让其发展成一个追随国策的团体，而对其加以统制。

虽然"世界和平联合"的存在、活动期间并非很长，其间各国、各地区市民社会之间的联系却得以加强，为解决共同的课题而促使不同地区的市民发挥了各自的作用。这为跨越国界的全球市民社会的形成，提供了贵重的经验。"世界和平联合"中国分会不但非常广泛地集结了国内各方人士，还精力充沛地与主张"反侵略"，即反轴心国之世界各国的民间进行交流联系，推广宣传效果。一部分中国分会的干部即为国际活动家，与"世界和平联合"领袖关系密切，在后继团体"自由和平协会"的成立过程中也发挥了很大的作用。

陈伯达眼中的四大家族

[美] 宋平明

(美国德克萨斯大学奥斯汀校区历史系)

抗日战争结束不久,国民党在国共尚在谈判的同时就展开了对中共在军事方面的攻势。为了配合其在军事方面的攻势,国民党调动其所有的宣传力量,开动其所有宣传机器,向中共发起了强大的宣传攻势。而中共方面,面对国民党方面的强大的宣传攻势,也调整宣传方向和策略,展开了针锋相对的宣传斗争,以宣传中共的路线、方针和政策以及中共军队所取得的伟大胜利,并全面揭露国民党发动内战的非正义性,系统教育国统区的人民和中间阶层和党派,为夺取全国胜利奠定舆论基础。

在这场国共宣传大战中,陈伯达为中共赢得胜利做出了重大的贡献。1946年11月,陈伯达在《解放日报》发表《中国四大家族》一文。在这篇文章中,陈伯达明确提出了"四大家族"的概念,简明梳理了四大家族的历史,深入揭露了四大家族在腐败、贪婪和反动,进而揭示了国民党政府必然失败的命运。值得一提的是,毛泽东对陈伯达《中国四大家族》的写作有很大影响。陈伯达回忆说,他写《中国四大家族》这本书的时候曾经多次就教于毛泽东。他说:"书中写及的'正如毛泽东同志所说','毛泽东同志指出'很多时候是毛主席跟我谈话时的见解。"① 而且,陈伯达写完之后,还把书稿交给毛泽东审阅,毛泽东也提出了一些自己的一些意见。因此,《中国四大家族》是在毛泽东的亲自关注下完成的,也必然反映着毛泽东的思想和观点。故而陈伯达对四大家族的批判也

---

① 叶永烈:《陈伯达传》,作家出版社1996年版,第164页。

可以看作是毛泽东对四大家族的批判，可以认为是代表着中共对四大家族的批判。

一 陈伯达是四大家族概念的首创者

可以说，陈伯达是第一个提出四大家族概念的人。① 陈伯达在写作《中国四大家族》的时候，第一次将蒋介石、宋子文、孔祥熙以及陈立夫和陈果夫两兄弟并称为"中国四大家族"。从阶级斗争的立场出发，陈伯达指出四大家族的阶级基础是大地主和大资产阶级。在陈伯达看来，蒋宋孔陈四大家族在中国的统治是在大地主大买办的经济基础上形成起来的，他们是"彻头彻尾地为外国帝国主义和封建地主阶级、买办资产阶级服务，极端极致地对人民进行封建买办的血腥掠夺"。② 陈伯达进而指出，那些帝国主义者、大买办和大地主为了维持他们在中国的统治，妄图使四亿五千万中国人民永远成为他们的奴隶，就积极扶持蒋宋孔陈四大家族作为他们在中国统治的集中代表，在中国建立了代表着大地主大买办大官僚利益的国民政府。在陈伯达看来，蒋宋孔陈四大家族依靠帝国主义垄断资本的支持和援助，凭借国内大地主大官僚的支持，垄断了中国的金融业、商业、工业、农业以及新闻出版等行业各方面的财产和资源。陈伯达进而指出，蒋宋孔陈四大家族在中国统治的特点是"经济的统治和政治的统治实行赤裸裸的、直接的合而为一"③。蒋宋孔陈四大家族通过控制中国四大银行系统——中央银行、中国银行、交通银行和中国农民银行——来达到对于中国的经济上的控制，来"操纵半殖民地半封建的旧中国的经济"④。同时，这四大家族几乎直接控制了国民政府和国民党的"军务、党务、特务、政务、财务"⑤ 等政治权力，从而将经济的垄断和政治的垄断合二为一，形成了国民党的一党专政制度，形成了封建买办的法西斯独

---

① 李少兵、王莉：《20 世纪 40 年代以来中国大陆"四大家族官僚资本"问题研究》，《史学月刊》2005 年第 3 期；唐林玉：《从二陈看四大家族的内涵》，《湖北电视广播大学学报》2007 年第 9 期。
② 陈伯达：《中国四大家族》，人民出版社 1964 年版，第 1 页。
③ 同上书，第 4 页。
④ 同上。
⑤ 同上。

裁制度。

陈伯达对于四大家族做出如此的解释并进行如此的阶级划分，在当时有着非常现实的政治斗争的意义。陈伯达将四大家族和广大民众划分为两个截然对立的阶级，四大家族是统治阶级和剥削阶级，而广大民众是被统治阶级和被剥削阶级，从而能激起广大民众对于四大家族的仇恨和愤怒，激起广大民众的革命热情。现在看来，陈伯达的这种提法在当时更多的是政治斗争的需要，是为了激起广大民众对以蒋介石为首的国民政府的仇恨而创造的概念，现在大陆学界已经有不认可这种提法的声音。[①] 但是从当时国共双方政治军事斗争的实际需要来看，陈伯达的这种划分和提出四大家族的概念无疑是成功的。

陈伯达提出四大家族的概念之后不久，毛泽东也开始使用这个概念和说法。在1947年12月，毛泽东在《目前形势和我们的任务》中指出："蒋宋孔陈四大家族在他们当权的二十年中垄断了全国的经济命脉；这个垄断资本和国家政权结合在一起，成为国家垄断资本主义；它同帝国主义、本国地主阶级以及旧式富农结合，成为'买办的封建的国家垄断资本主义'"。[②] 自此，四大家族的概念和内涵便基本确定下来，从新中国成立到改革开放初期，大陆学界对于四大家族的研究一直没有突破陈伯达和毛泽东所界定的范围。

二 四大家族的兴起

（一）四大家族的出身和起家

陈伯达简明回顾了蒋宋孔陈四大家族各自的出身和起家的背景。陈伯达指出，蒋介石原本出身于盐商家庭且又在上海的证券交易所当过经纪人，孔祥熙本人就是山西票号商人，他"自己原先也做过不少的生意"[③]，宋子文和陈果夫都经营过交易所的生意，而且陈果夫还曾经是蒋介石在上海交易所的同事。可以说，陈伯达对蒋宋孔陈四大家族的出身和背景的描

---

① 李少兵、王莉：《20世纪40年代以来中国大陆"四大家族官僚资本"问题研究》，《史学月刊》2005年第3期。
② 毛泽东：《目前形势和我们的任务》，《毛泽东选集》（第四卷），人民出版社1991年版。
③ 陈伯达：《中国四大家族》，人民出版社1964年版，第7页。

述是基本符合历史事实的。但是，陈伯达认为，如果蒋宋孔陈四大家族仅仅凭借上述的背景无法成为显赫的四大家族的。蒋宋孔陈四大家族的真正发迹和起家是在1927年"四一二反革命政变"之后。陈伯达指出："一直到一九二七年国共分家之前，他们也都还没有什么了不起的财富。这四大家族成为真正财阀的家族，乃是在'四一二'清党的血腥苦迭打之后。"① 在1927年"四一二反革命政变"之后，蒋介石在南京建立了国民党一党专政的国民政府，取代北洋军阀成为"大买办、大地主反共、反人民、反民主的新政治代表"②，在江浙财阀和帝国主义的支持下，建立了"封建买办法西斯军事独裁的新朝代"。与此同时，蒋介石依靠"封建买办法西斯军事独裁的新朝代"的政权力量，将和他有姻亲关系和特殊关系的孔家、宋家以及陈家兄弟联合起来，逐步形成了垄断独占的封建买办金融势力，经过十年内战和八年抗战，最终形成蒋宋孔陈四大家族。

"经济变成政治，政治又变成经济"③，经济与政治互为作用。在陈伯达看来，蒋介石凭借江浙财阀和帝国主义的支持而取得国家政权，然后又凭借取得的国家政权形成了垄断国家财富的四大家族。陈伯达指出："以蒋介石为首的四大家族，完全是直接由蒋介石军事集团的刺刀和枪杆在保护封建买办的财产制度的反革命内战中造成起来的"，"是封建的、买办的、而又是军事的金融资本，也即是现在大家所说的最集中的官僚资本。"④

关于蒋宋孔陈四大家族的内部分工，陈伯达认为，在蒋宋孔陈四大家族中，蒋介石是"军事统帅和金融统帅，又是行政首领"⑤，宋家和孔家直接掌握中国的财政大权，而陈果夫和陈立夫兄弟则掌管着国民党的党务工作，并且陈氏兄弟利用CC系的力量也分得部分财政大权。这一说法一经提出，沿用至今，形成了后来流行几十年的"蒋家天下陈家党，宋家姐妹孔家财"的说法。

---

① 陈伯达：《中国四大家族》，人民出版社1964年版，第8页。
② 同上。
③ 同上书，第9页。
④ 同上。
⑤ 同上书，第10页。

（二）四大家族敛财的手段

陈伯达认为四大家族敛财的手段主要凭借两个手段：其一，不断发动内战，在内战中敛聚财富；其二，凭借各种的买办活动，特别是军火的买办活动，从中谋取暴利。

其一，四大家族依靠其所垄断的政治和军事的力量，不断在国内发动内战，并通过战争获取巨额财富和利润。陈伯达指出，蒋介石的国民政府是历史上最好战的政府，国民政府自1927年以来，一直到西安事变，整整十年，"对人民作战，对一切异己作战"[①]，从来没有间断过。而战争所需的巨额军费都是由中国人民所承担的。蒋介石通过增加赋税，发行公债，国外借款等手段来筹集军费。陈伯达指出，四大家族在筹集军费方面简直是"一箭双雕：一方面既得了内战的军费，一方面又增加了自己的财富"。[②] 以发行公债为例。在发行公债的过程中，四大家族能从各个环节都能有所收益：他们为了稳固自己的政权和统治地位而发动内战向四大家族自己控制的银行财团借款，而所借的款项又都花在了自己的身上，还钱时再由国民政府出面向自己家族控制的银行还钱。陈伯达指出："借时是主要由四大家族得利益，用时又是主要由四大家族得利益，还是仍是主要由四大家族得利益。"[③] 在借款、用款以及还款的各个环节，四大家族都能谋得利益。

其二，四大家族还通过从事大量的各种买办活动，特别是军火买办活动来谋取巨额的财富。在近代中国，由于中国半殖民地半封建的社会性质，封建制度和买办制度是紧密结合在一起的。而四大家族在通过反动内战来敛聚财富的同时，还不断"结合一切样式的外国反动派"，从事各种买办活动，特别是军火买办活动，而四大家族就成为近代中国最大的军火买办。陈伯达指出，蒋介石要反动内战，就需要大量的军火，因此军火生意就成为国民政府的"大宗国际贸易"，而"这种大宗国际贸易的回扣或其他种种利益，主要地或大部地是由四大买办家族所垄断，那是不会有什

[①] 陈伯达：《中国四大家族》，人民出版社1964年版，第11页。
[②] 同上。
[③] 同上书，第13页。

么疑问的"。①

因此,陈伯达指出,以蒋介石为首的蒋宋孔陈四大家族依靠不断发动反革命内战和从事大宗的买办活动而敛聚财富,初步形成了中国垄断的官僚资本体系。进而,四大家族通过对中国各个行业的垄断,不断集中和垄断更多的财富,最终形成垄断的官僚资本体系。

三 四大家族对于中国各行业的垄断

陈伯达从金融、工商、农业以及文教领域等各个方面系统阐述了四大家族在中国各行各业形成垄断的历史过程。

(一) 四大家族对于金融业的垄断

陈伯达认为,四大家族垄断体系的形成是以金融业为先导的。南京国民政府成立以后,蒋介石于1928年11月在上海成立中央银行,中央银行的2000万资本是"蒋介石政府发金融公债拨给的"②,由宋子文和孔祥熙依次任第一任和第二任总裁。中央银行享有经营国库、发行兑换券、发行货币以及和经营国债等各项权力,是国民政府的"国家银行"。陈伯达指出,这个所谓的"国家银行","不过是蒋介石及其一伙的封建买办金融寡头的私家银行,所谓经理'国库',也不过是经营蒋介石一伙的家库"。③ 同时,四大家族利用其手中的政治手段,通过加入"官股"等经济手段,在中国银行和交通银行中渗透进自己的势力和影响。另外,1933年成立的鄂豫皖赣四省农民银行本身就是蒋介石特许设立的,并于1935年改为中国农民银行。中国农民银行先是孔祥熙做董事长,后来蒋介石做董事长,随后又依次由孔祥熙和陈果夫担任董事长。这四大银行和1930年成立的邮政储金汇业局以及1935年成立的中央信托局合称为"四行二局",是四大家族控制的垄断官僚资本金融中心。此后,四大家族不断扩张他们在金融界的势力和影响,迅速集中全国的财富。

当然,控制"四行二局"只是四大家族垄断和独占中国金融业的第

---

① 陈伯达:《中国四大家族》,人民出版社1964年版,第16页。
② 同上书,第18页。
③ 同上。

一步。在控制了银行系统之后,四大家族通过"法币"政策来进一步残酷地搜刮人民财富,加强其在金融业的垄断地位。陈伯达指出:"法币政策是四大封建买办家族进一步地完成其金融独占的很重要的而且有决定意义的步骤。"① 陈伯达认为,国民政府所发行的法币,仅仅是以四大家族为代表的大地主大买办的统治阶级剥削人民,特别是剥削农民一种工具而已,而且也是他们从事反革命内战,残害中国人民的需要。

在抗日战争期间,四大家族凭借其控制的"四行二局"等垄断金融机构,依靠其手中的政治权力和军事力量,大发国难财和战争财,垄断了更多的财富。陈伯达指出,四大家族控制垄断的金融体系所控制的财富是非常庞大的,虽然很难测算具体的数字,但是仍旧可以根据某些公开的数据,测算出某些个别的方面。比如,在抗战开始之后,四大银行的存款数额在四年之内增加六倍,占到中国全部银行存款总数的80%—90%,而在1936年,四大银行的存款数额占全国银行存款总数的59%。② 从这一数字的变化来看,四大银行确实垄断了全国的大部分财富。并且,抗战期间,国民政府不断超额发行法币,造成了无限制的通货膨胀,而无限制的通货膨胀则使得大部分国民的财富不断被转移至四大家族手中,因此"四大家族的肚皮就日益胀大,而蒋政府统治下的人民的收入和生活,就极其可怕地恶化下来,并空前大量成批地破产"。③

在抗日战争胜利之后,四大家族在美国的支持下,大肆抢夺胜利果实,将日伪多年来通过各种手段敛聚的财富以接收的名义占为己有。陈伯达指出:四大家族的"四行二局劫收了敌伪的各种金融机构以及敌伪所掠夺中国人民的金银财宝"④,并且以1法币对200法币对敌占区人民进行了一次大洗劫。经过一番接收、接管和洗劫,四大家族所控制的国有银行的财富迅速膨胀。在内战开始之后,国民政府控制的金融机构又大量发行法币,导致法币急剧贬值,更加洗劫了人民的财富。

综上,在陈伯达看来,以蒋介石为首的四大家族,是中国历史上亘古未有的金融寡头,其基本特点就是带有封建的色彩、买办的色彩以及军事

---

① 陈伯达:《中国四大家族》,人民出版社1964年版,第28页。
② 同上书,第33页。
③ 同上书,第34页。
④ 同上书,第37页。

的色彩,依靠政治和军事强力进行财富的积累,其手段包括"强制、劫夺、欺骗、敲诈"等,逐步形成了对于中国金融体系的垄断和独占,是中国半封建半殖民地社会性质的特有产物。

(二) 四大家族对于商业的垄断

四大家族在初步形成了对于中国金融业的垄断之后,也逐步开始凭借其政治和军事的强制力量来形成在商业上的独占。陈伯达指出,四大家族纷纷从事各自的商业买办活动,逐步形成了在各个领域的独占。比如,宋子文在全国形成了极大规模的商业垄断,他组织了庞大的商业托拉斯,如他在1936年开始经营的中国棉业公司,独占了全国的花、纱以及布匹生意,还有他1937年成立的华南米业公司是运输国外大米的垄断商业机构。[1]

在抗日战争期间,四大家族更是借着其在金融业形成的垄断地位逐步垄断了中国的商业。抗战期间,中国的银行家比较热衷于商业投机。陈伯达指出,抗战期间商业投机的领头人便是"四大家族和他们所属的四行二局"[2],这些国家银行在战时的商业放款总数达到80%左右,有的年份甚至更多,而工矿业放款仅有10%左右[3]。陈伯达指出,蒋宋孔陈四大家族利用既有的金融垄断和独占,凭借自己手中所掌握的军事政治力量,逐步在商业方面形成了四大家族的垄断和独占。陈伯达认为,"四大家族的商业独占活动因此更直接表现为军事的商业独占的性质"。[4] 而且,四大家族进而依靠专卖制度来垄断中国的商业经营。陈伯达指出,四大家族在抗战时期所形成的商业垄断是"中国有史以来剥削阶级最集中的公开商业独占"[5]。四大家族凭借形成的商业垄断,依靠专卖制度,对中国的农民、手工业者以及民族工业疯狂掠夺和压榨,实行贱买贵卖,从而形成了空前的商业利润。陈伯达指出,这种疯狂的掠夺和压榨,"对于农工业的生产,给了极可怕的绞杀。凡是四大家族的管制所及,该项生产就无例外地马上要受绞杀"。[6] 从而极大遏制和绞杀了国统区的工农业的生产和

---

[1] 陈伯达:《中国四大家族》,人民出版社1964年版,第48页。
[2] 同上书,第50页。
[3] 同上。
[4] 同上书,第51页。
[5] 同上。
[6] 同上书,第60页。

消费。

抗战胜利后,四大家族依靠美国的支持,接收了日本帝国主义在日占区所劫掠的一切商业财产。而且不仅如此。陈伯达指出,"四大家族及其系统下的人物不但公开的以暴力霸占了日寇所已掠夺集中起来的物资,以作为他们的商业'胜利财',而且继续直接掠夺日寇还没有掠夺到手的沦陷区民间保存的物资,以作为他们的商业的'胜利财'"。① 四大家族在掠夺了日占区的财富之后,将其在国统区所形成一系列的垄断手段也运用到"收复区",从而形成在全国范围的商业垄断和独占。蒋介石为了发动内战,需要美国的支持,因此蒋介石的四大家族根据和美国所签订的一系列条约和协定,使得美货在中国大行其道,从而使得中国的民族产品受到致命打击,"四大家族当了美国货的总买办"。② 美货的大行其道使得中国民族工商业陷入绝境,也加速了国统区经济和社会的崩溃。

(三) 四大家族对于工业的垄断

陈伯达认为,四大家族利用他们对金融业的垄断,凭借其政治军事权力,也逐步开始垄断了中国的工业。在陈伯达看来,南京国民政府所发起的"'国民经济建设纲领及工作计划',实质上就是四大家族独占全国工业的计划"。③ 他认为,四大家族对于工业的垄断,完全不是为了促进民族工业的发展,而是为了扼杀民族工业的发展。

抗战期间,四大家族乘机凭借手中的军事政治权力,通过吞并民族工业以及疯狂掠夺农民和小手工业者的基础之上加强了对于工业的垄断和独占。陈伯达指出,四大家族在其垄断的各个类型的工厂中,"对于工人们实行半封建的、原始的剥削,以获得大量利润"。④ 陈伯达指出,四大家族对于中国工业的垄断,因为是通过暴力掠夺和利用外资所达到的,而且又是凭借其控制的军事政治权力实现的,是历史的倒退,所以这种垄断具有"封建、买办和军事的性质"⑤。

抗战胜利以后,四大家族对于日占区的工业采取了和对于日占区的金

---

① 陈伯达:《中国四大家族》,人民出版社1964年版,第66页。
② 同上书,第69页。
③ 同上书,第79页。
④ 同上书,第83页。
⑤ 同上书,第87页。

融业以及商业一样的手段进行接收。陈伯达指出,"象金融及商业的独占一样,四大家族因此就大大地扩大了在工业的独占"。"以四大家族系统为主的'官营'企业的资本已约占全部产业资本总额的80%以上。"① 四大家族对工业的垄断随着抗战的胜利而得到了强化和扩大。不仅如此,四大家族所控制的各个垄断工业,无论是轻工业还是重工业,美国资本大都有所参与或主导,从而使中国的工业体系为美国资本服务。陈伯达指出,"四大买办家族的独占工业是和美国帝国主义者合作,是由美国帝国主义者'总其成',让美国帝国主义者来大量地榨取'中国的廉价劳动力'"。② 在陈伯达看来,四大家族通过和美国的合作,将会使得中国完全变成美国的殖民地,使得中国成为"美国之工业边界"③。

在四大家族垄断了中国工业的情况下,中国的民族工业遭受了致命打击,处于濒于崩溃和破产的边缘。陈伯达认为,四大家族的工业垄断,使中国民族工业山穷水尽,而随着美国资本的大量注入,使得中国的民族工业几乎濒于死亡。因此,"民族工业在四大封建买办家族的独裁统治下,完全没有出路,这是肯定的、不能够幸免的命运"。④ 四大家族对于中国工业的垄断,使得中国的工业生产力严重倒退,这是历史的倒退和反动。

(四) 四大家族对于农业的垄断

近代中国的社会性质是半封建半殖民地的社会,陈伯达认为,四大家族在中国统治的基础是半封建或封建的、半殖民地或殖民地的中国的落后的农业经济。所以,四大家族在形成对于中国金融业以及工商业垄断的同时,必然也会形成对于中国农业的垄断。

陈伯达指出,以蒋介石为首的四大家族在中国的统治地位形成之后,中国佃农的数量便大幅度增加了,四大家族变成了"全国性的、最大的封建奴隶主"⑤。在四大家族的罪恶统治之下,中国的土地的集中变得更加疯狂,对于农民和佃农的剥削也更加疯狂。新地主不断代替旧地主,土地不断大量集中,四大家族所垄断的金融资本不断投机土地,这些新地主

---

① 陈伯达:《中国四大家族》,人民出版社1964年版,第88页。
② 同上书,第91页。
③ 同上书,第93页。
④ 同上书,第98页。
⑤ 同上书,第104页。

依靠垄断的政治权力进行土地兼并，从而"成为四大家族这个新的封建买办统治的重要的社会支柱，并使四大家族的统治成为民国以来最黑暗的封建王朝"。①

陈伯达认为，四大家族不仅是全国最大的地主，而且也是全国最大的高利贷债主。因为，中国的农民由于遭受了四大家族疯狂的压榨，日常生活和农业生产无以为继，只好借贷以维持生计。而四大家族所控制的银行系统所提供的农业贷款却带有严重的高利贷性质，从而形成了对于农民新的压榨和剥削。陈伯达指出："四大家族的农贷，一方面是要从金融方面集中吸吮农民的血液，另方面又是要从金融方面扶植自己在农村统治的社会支柱。"② 在陈伯达看来，四大家族对于中国农业垄断和独占的结果就是导致了中国农业生产力的急剧下降，农村劳动力大量减少，农业灾荒频繁发生，农村饥民遍地，而这就是"四大家族肆无忌惮的劫掠的结果，反映了蒋介石统治区农村的悲惨图景"。③

必须指出的是，陈伯达揭露四大家族对于中国农业的垄断的目的是要号召国统区的农民起来推翻蒋介石为首的四大家族的统治，为中共夺得全国的政权奠定群众基础。因此，陈伯达指出，中国农民奋斗的真正道路就是要从四大家族的封建买办的统治下解放出来，就是要"从帝国主义和封建主义的压迫下解放出来"④。这里，陈伯达将经济问题引向了政治问题，通过政治问题来解决经济问题，最终达到了丑化敌人和美化自己的政治宣传目的。

（五） 四大家族在新闻和出版及其他领域的垄断

陈伯达指出，四大家族在形成对于中国金融业、工商业以及农业等行业的垄断的同时，也在新闻出版行业等宣传领域形成了垄断。南京国民政府成立后，建立了以中央通讯社为中心的新闻网络。到1936年，国统区共有报刊1763家，其中国民党党政军报刊占了大约三分之二。⑤ 1936年，国民党成立了广播事业指导委员会，用来控制全国的广播事业，控制着全

---

① 陈伯达：《中国四大家族》，人民出版社1964年版，第106页。
② 同上书，第114页。
③ 同上书，第117页。
④ 同上书，第118页。
⑤ 郑师渠：《中国文化通史》（民国卷），北京师范大学出版社2009年版，第473页。

国官营以及民营的近 70 座电台。① 国民党实行严格的新闻检查制度，对中国的新闻从业人员和相关报刊实施严格的审查。同时，国民党还控制了很多出版机关，比如正中书局、中国文化服务社、大东书局等等，并实行严格的图书审查制度，从而形成对全国出版行业的垄断。陈伯达认为，国民党所控制的中央通讯社的所刊发的新闻"绝大多数不是新闻，乃是根据四大家族命令而闭门造出的一堆谎话，利用新闻的物质独占传播出去，并由政治的力量强制报纸注销来"。② 在陈伯达看来，国民党的中央社是可以和德国纳粹戈培尔的海通社以及日本的同盟社相提并论的法西斯通讯社。所以，在陈伯达看来，四大家族对于新闻出版等文化事业的垄断，绞杀了中国自由文化的发展。但是，觉醒了的中国人民必然冲破这种垄断，从而开辟中国文化事业的新篇章。

但是，不得不承认的是，出于政治宣传和丑化敌人等政治宣传的目的，陈伯达将国民政府在新闻出版行业的垄断和独占描写得过于夸张，过分渲染了国民政府在这方面的垄断程度，某些方面纯粹是为了政治宣传的需要，而忽视某些历史真实。可以说，这一点延续了"一个强调使用目的的新传统，亦即不惜牺牲历史表达的客观性，利用历史服务于现实政治"。③ 比如，在抗战时期，中共就能在国统区合法地发行《新华日报》。不仅如此，很多民主党派也能在国统区发行相关的刊物，比如中国青年党机关报《新中国日报》在 1938 年 6 月在汉口刊行，武汉沦陷后迁移至成都继续出版。④ 因此，陈伯达对于四大家族在新闻出版行业的垄断的批判，从宣传的角度来说是起到了极好的作用，但却忽视或掩盖了一些历史事实。

因此，陈伯达认为，四大家族在中国各个行业都形成了垄断，控制和敛聚了巨大的财富。陈伯达认为四大家族在各方面所敛聚的财产以及在国外的存款和产业大约有 200 亿美元左右。⑤ 而为了打破这种垄断，陈伯达号召中国人民起来用革命的手段，推翻四大家族在中国的统治，"消灭四

---

① 郑师渠：《中国文化通史》（民国卷），北京师范大学出版社 2009 年版，第 473 页。
② 陈伯达：《中国四大家族》，人民出版社 1964 年版，第 119 页。
③ [美] 李怀印：《重构近代中国——中国历史写作的想象与真实》，岁有生、王传奇译，中华书局 2013 年版，第 19 页。
④ 郑师渠：《中国文化通史》（民国卷），北京师范大学出版社 2009 年版，第 475 页。
⑤ 陈伯达：《中国四大家族》，人民出版社 1964 年版，第 125 页。

大封建买办家族的官僚资本独占制度,把四大家族独占的财产变为人民公有的财产,而利用这种财产作为创造人民自己幸福生活的物质条件"。①

四 陈伯达批判四大家族的历史作用和历史局限

(一) 陈伯达批判四大家族的历史作用

陈伯达引用了当时大量的数据和材料,分析了中国四大家族的发家和兴起,详细阐述了四大家族在中国各行业的垄断,以及四大家族靠着这些垄断所积累的庞大的物质财富,从而揭露国民政府的反动和反人民的本质,并号召中国人民团结起来打倒四大家族的反动统治,在国共意识形态宣传大战中起到了巨大的打击敌人的作用。

陈伯达在这本书的题记里说得非常明白,他之所以写作《中国四大家族》就是为了揭露以蒋介石为首的四大家族的反动本质,揭穿他们是如何盗窃中国人民的财富的。他说:"本书写作的目的,是在于根据一切无可争辩的事实,揭穿以蒋介石为首的蒋宋孔陈四大家族如何窃盗我们中国这个国家为他们的私产(化公为私),如何以'国家'、'政府'等名义,无情地掠夺人民的所有(假公济私),成为中国有史以来、并为历代帝王所望尘莫及的、以吸血为生活的最大富翁。"②

可以说,陈伯达的《中国四大家族》这本著作,达到了陈伯达预先设想的宣传目的。李新在1962年版的《中国新民主主义革命时期通史(第四卷)》中对于陈伯达所写的《中国四大家族》有过很高的评价:

> 《中国四大家族》从经济方面揭露了以蒋介石为首的国民党反动派的本质,它根据无可争辩的事实深刻地揭露了四大家族在经济上的垄断,乃是其发动内战、实行法西斯统治、出卖国家主权的根源。四大家族是靠打内战和掠夺、屠杀中国人民而起家致富的。③

---

① 陈伯达:《中国四大家族》,人民出版社1964年版,第127页。
② 同上书,第1页。
③ 转引自叶永烈《陈伯达传》,作家出版社1996年版,167—168页。

陈伯达的《中国四大家族》出版后，影响力巨大，一再加印，版本众多，对于解放战争的胜利起到了很大的宣传作用。正如张希贤所说："陈伯达《中国四大家族》一书，以大量的资料、详实的分析，揭开了中国四大家族丑恶的面目，对第三次国内革命战争起了很大的宣传教育作用。"① 甚至"可以说，《中国四大家族》是陈伯达在当时投出的一把最为锋利的匕首"。②

（二）陈伯达批判四大家族的历史局限

当然，必须指出的是，陈伯达对于四大家族的批判也有很大的局限性，主要体现在两个方面，其一：四大家族的内涵混淆不清；其二，引用的很多数据也不甚严谨。

其一，陈伯达的关于四大家族官僚资本的内涵是完全不清晰的。从以上分析，可以看出，陈伯达混淆了国民政府的国营资本和国家资本以及国民政府官僚私人资本的界线，将国民政府的国家资产大都算成了四大家族的私产。陈伯达对四大家族的批判，也模糊政治问题和经济问题的界线，将经济问题当作政治问题批判，从而达到相应的政治斗争目的。

其二，陈伯达对四大家族的批判在某些数据的引用上可能有很多不严谨的地方。比如，四大家族真的敛聚了如此多的财富吗？唐林玉曾经撰文指出："'二陈'自国民党大陆政权溃败之后，台、美生活是相当穷困潦倒的，甚至需要别人的资助。"③ 至于宋子文在美国的财产似乎也没有那么多。据刘永锋撰文，1971年宋子文在美国逝世之后，留下的非固定资产仅有一百多万美元，加上房产等资产，其在美国的资产不过七八百万美元。④ 2003年宋美龄辞世后，其遗产只有10万多美元。⑤ 1998年，台湾一桥出版社重新出版了陈伯达的《中国四大家族》，在这本书的台湾版的

---

① 张希贤：《陈布雷与陈伯达——历史转折点的两个"秀才"》，中共党史出版社2012年版，第284页。
② 同上书，第284页。
③ 唐林玉：《从"二陈"看"四大家族"之内涵》，《湖北广播电视大学学报》2007年第9期。
④ 刘永锋：《宋子文：一个被炒作出来的首富》，《各界》2012年第8期。
⑤ 李少兵、王莉：《20世纪40年代以来中国大陆"四大家族官僚资本"问题研究》，《史学月刊》2005年第3期。

导读中，也指出陈伯达在这本书中引用的资料需要考证的。出版者指出：陈伯达的《中国四大家族》起到了极大的宣传作用，"尽管他引用的资料必须有所考证，但作为宣传品，这是一本绝佳的小册子"。[①] 所以，陈伯达的《中国四大家族》在数据的引用上有不严谨的地方。

虽然有着诸多历史局限，但是从当时国共的斗争来看，陈伯达对四大家族的批判起到了极大的宣传作用，起到了丑化国民党而美化共产党的双重作用，是一个极好的宣传作品。可以说，陈伯达首创的四大家族的概念并对其形象的塑造和刻画是成功的，形成了一套独特的描述蒋介石为首的四大家族的话语体系和语言系统。从此，在中国一提到四大家族这个词汇，就会立即给人以贪婪、腐化、卖国、掠夺以及垄断等等印象，四大家族的形象延续了数十年，直至改革开放之后才有所改观。

---

① 陈晓农：《陈伯达最后口述回忆》，阳光环球出版香港有限公司2005年版，第76页。

论保定商会的职能与性质

杨学新 史 佳

(河北大学历史学院)

  清末民初是保定社会发展史上的重要时期,一方面,清末"新政"的实施使省城保定的政治、军事、文化教育的地位进一步增强,由"八都之首"进而成为北洋的重要政治、经济和教育文化中心,随之而来的是大量消费人群的增加与商业的兴盛;另一方面,辛亥革命后,保定"多所变更,并与二年移省城于天津,先是裁县留府,旋又废府复县制,旧制尽废,昔日大都会遂为寻常县治矣"。[①] 省会的变迁使保定的政治地位受到了一定的削弱,但其军事地位反而得到进一步增强,进而发展成为北洋军阀的大本营,使人民多次蒙受战火的荼毒,经济和商业的发展受到了很大的损失。1907 年 5 月 15 日建立的保定商会(全称"保定商务总会"),以"图谋工商业及对外贸易之发展,增进工商业公共之福利"[②] 为宗旨,在满足人们形式多样的消费需求和恢复保定经济,促进社会发展中都发挥了重要作用。本文以保定商会档案为基础,就保定商会在清末民初保定社会发展中的职能和性质进行分析和梳理。

一 创办新式工商业 满足人们生活需要

  保定为直隶首府历时 200 余年,又久为府、县的政治中心,可以说是省、府、县三级署衙所在地,达官显贵及其属眷多居于此;袁世凯为发展

---

  ① 金良骥等修,姚寿昌纂:《清苑县志》卷一,建置·城池,1934 年铅印本。
  ② 保定商会档案 160 宗 359 卷,保定档案馆藏。

北洋军阀势力，在保定编练新军，建立多所陆军军事学堂，常驻保定的兵力保持在两镇（师）以上，是全国最大的新式陆军培养和训练基地；保定学校林立，学生数量众多，被誉为我国北方著名的"学生城"，加之南来北往的流动人口，形成了一个巨大消费市场。为满足人们日常消费需要，在保定商会的推动和当地绅商的积极努力下，保定新兴工商业在各个行业得到了较快的发展。据统计，1907—1927年的20年间，保定新兴工业企业计有20余家，资本在5万元以上的就有10家，如：保定电灯股份有限公司、庆兴蛋厂、干义面粉两合公司、礼和三星面粉厂、干丰织布厂、聚和纺织工厂等，它们多集中在电业、面粉业、纺织业等与人们日常生活消费息息相关的行业，其中尤以1919年兴办的保定第一家机粉加工厂——干义面粉两合公司和1921年创建的保定电灯股份有限公司最具规模。

伴随着新式工业的发展，保定的商业不仅在传统商业方面有所发展，如当铺、酱菜店、药店等不断扩大规模，形成专业性市场，还建立了许多新式商业。如：交通银行保定办事处1908年在东大街成立。1922年，保定商会号召商民集资于直隶总督府东侧建成马号市场，商业店铺达500余家，其中有隆昌的绸缎、玉麟的布、凌云的帽子、亚力的袜子、士宝斋的鞋等，还有文德堂的传书、本立斋和正大山房的文具，更有妇女常用的针线、梳篦、化妆品等日用百货一应俱全。马号市场与天华市场（西街）、济善商场（新县署西）、第一楼市场（西大街）、西市场（济善商场西）和普育市场（城隍庙内）①共同形成了一个近代化、综合性的商业中心。到1929年，保定商号达1116家，在全省130个县中居12位，②涉及估衣业、茶业、典当业、洋货业、粮业、五金业等40个行业，满足了广大消费群体的需要。

不仅如此，保定商会还努力在产品质量和品牌上下功夫。主要措施之一，就是在保定城内兴建商品陈列馆，认为"筹办商品陈列馆实为现今地方要事"，③并在四棵树一地修筑围墙建馆，以推动工商业提高产品质

---

① 金良骥等修，姚寿昌纂：《清苑县志》卷一，地理·市集，1934年铅印本。
② 河北省实业厅视察处编：《民国十八年份河北省工商统计》，天津德泰中外印书馆1931年5月刊行，第281—287页。
③ 保定商会档案160宗425卷，保定档案馆藏。

量。1911年保定府工艺局（今体育场附近）生产的玻璃器皿在南洋赛会上获金奖。① 保定习艺所生产的线带、衣料及被面获金质奖；保定工艺局生产的丝、棉织被面、褥面获银质奖。② 商业的发展依靠工业实力的增强，工业的进步则体现商业的需求。保定商会经过十余年的苦心经营，工商业逐渐兴盛起来。1922年4月在直隶省工业观摩会上，保定庆兴蛋厂的蛋黄、蛋白获农产制造类超等奖，保定保阳春的罐头十锦酱菜获食品类超等奖，保定干义面粉公司的面粉、保定槐茂酱园的甜酱获食品类优等奖，保定民强第一针织厂的牡丹牌坤袜织绒衣获织染类优等奖，保定育婴堂附设工厂的格布花边获织染类一等奖，保定育德中学附属工厂生产的水车获机械类一等奖。③

同时，保定商会还积极促进保定工商业产品出口国外，如：玻璃器具、线带、贴纸手工制品、各色布等。1919年庆兴蛋厂实现半机械化生产后，蛋黄粉、蛋片、蛋清年产750余吨，产品出口欧美国家，1927出口量最大，换取外汇50万美元。④ 特别是刘建卿与他人合伙开办的布云工厂出产的羽毛球拍出口欧美，⑤ 还曾在巴拿马国际博览会上获金奖，为保定赢得了美誉。

二 稳定金融市场 繁荣地方经济

1911年，"自八月间鄂晋变起，市面尤形危迫"。⑥ 保定作为直隶省会，银根紧缺，金融恐慌。为繁荣商业，恢复经济，10月14日，保定商会代表银钱业及工商业筹办银行，"此项银行系为维持市面，与营利者不同。定名保定银行"。⑦ 除政府支持外，其余部分由保定商会筹措，银行职员也基本由商会成员组成，公举产生掌管事务员，总理一切事宜。然

---

① 保定市地方志编纂委员会编：《保定市志》第二册，方志出版社1999年版，第367页。
② 同上书，第339页。
③ 天津市档案馆与天津市社会科学院历史研究所合编：《天津商会档案汇编（1912～1928）》第二册，天津人民出版社1992年版，第3068—3101页。
④ 保定市地方志编纂委员会编：《保定市志》第二册，方志出版社1999年版，第433页。
⑤ 同上书，第423页。
⑥ 保定商会档案160宗227卷，保定档案馆藏。
⑦ 同上。

而，1912年2月12日由于清帝的退位，其支持筹备的"保定银行"也随之停办。原直隶省先行拨付的14500两白银剔除筹备期间各项开支，剩下不足10000两白银。① 保定商会将筹备期间所花费用详细开列名单，连同剩余白银一同移交给中国银行。"保定银行"虽然历史很短暂，半路即夭折，但它的创办为商会与金融的联合做出了有益的尝试。

1912年3月1日发生在京津保地区的"壬子兵变"使保定商业损失惨重，"乱兵莠民焚掠城内外，商业扫地殆尽"，② 省垣商民损失数目，计受灾居民达4043户，"商号损失五百一十三万七千五百八十七元"。③ 事后，保定商民希望尽快恢复市面，但缺少资金，又无处借贷，工商业处于举步维艰的境况。保定商会经过努力斡旋，终于在1916年初，得省纺纱厂息款项下银圆万元，且无需抵押并免缴利息，但需两年还清。为此，保定商会承请保定道尹许元震，"查明承借商号均属殷实可靠，按准借之数妥为分配，兹据各该商号书立借据，取具环保。承借商号分配数目敝会担负完全责任"，④ 表示愿为各商家进行担保。

1918年1月借款到期，保定商会鉴于商家受损严重，商户无力按期偿还借款，特恳请当局"准予展限二年，以恤商艰"。⑤ 在保定商会的力争下，终于使借款延期了一年。转眼一年期限已到，各商户仍无力偿清。而政府严令"旧历正月初十日以前一律缴清，不准借词延拖"。⑥ 保定商会再次与政府协商，最终议定分为三次还清欠款。"首次于五月节前还款三千元，再于八月节前归还四千元，剩余三千元于旧历十一月底一律缴清，仍由商会担保。"⑦ 1919年11月26日，由保定商会担保所借省纺纱厂息款一万元按之前议定日期如数还清。

与此同时，保定商会还为一些商户做有抵押和缴纳利息的借款担保。如，1913年，直隶省事务所致函保定商会，声称"查此案前经饬行直隶

---

① 《历史文化名城——保定》编委会编：《历史文化名城——保定》，书目文献出版社1989年版，第241页。
② 金良骥等修，姚寿昌纂：《清苑县志》卷五，金石（下），1934年铅印本。
③ 天津市档案馆与天津市社会科学院历史研究所合编：《天津商会档案汇编（1903～1911）》下册，天津人民出版社1989年版，第2518—2519页。
④ 保定商会档案160宗227卷，保定档案馆藏。
⑤ 保定商会档案160宗425卷，保定档案馆藏。
⑥ 保定商会档案160宗227卷，保定档案馆藏。
⑦ 同上。

省银行，如果抵押品确实可靠，应准借数万元暂资挹注在案"。① 为此，保定商会积极出面担保，各商户也纷纷抵押幸存的房产和商品以向直隶省银行借款。"隆泰兴以铺房一所，住房两所共计三所各计若干间约值两万余吊。指此房作押借银洋伍仟圆""恒隆号自有铺房两所计叁拾余间约值一万伍仟余吊，指此房作押借用银洋伍仟元"。② 此外，还有本立源、聚成斋、信和酱园、公记号、庆昌本、丰和祥、安怀堂等50余家商号，借款数额从几十元到几千元不等。这一措施为保定商业的复兴提供了资金保障。

战乱也引起了金融市场的混乱。如，保定曾设有平市官钱局，该局系北平总局在保定设立的分局，发行铜圆票约数万枚，后来由于兵祸，导致官钱局停办，但遗留在市面的铜圆票无法收回。此铜圆票如不能及时收回，将会引发保定金融市场的动荡。1917年，保定商会"设法收回嗣后不复有铜元票矣"，③ 从而稳定了当时的金融市场。

三　调解内部纠纷　维护市场秩序

随着工商业的发展，经营中不可避免地会出现很多矛盾和纠纷。为此，保定商会审时度势，及时进行了有效的协调和化解。如，1910年10月，保定德善书局翻印教科书、侵害上海商务印书馆版权一案。上海商务印书馆在同德善书局屡次商讨不成的情况下欲将其告上法庭，对簿公堂，以求保护自身权益。保定商会在了解事件经过后，一方面协调上海商务印书馆，一方面令德善书局将书籍、图版全部销毁，并立字据保证永不再犯，另处罚款200元。既保护了商务印书馆的版权，补偿了损失，又让保定德善书局免受官司之苦，使双方矛盾得到了化解。

1911年5月，束鹿县辛集镇商务分会的漆商王发生在保定唐家胡同三皇牌楼路东义盛和车铺"寄存之漆货一桶，净重八十七斤，又包漆五十九斤十二两，筒上有万合亨字号，每包有戳记为证"。④ 而取货时由于

---

① 保定商会档案160宗322卷，保定档案馆藏。
② 保定商会档案160宗346卷，保定档案馆藏。
③ 金良骥等修，姚寿昌纂：《清苑县志》附记，1934年铅印本。
④ 保定商会档案160宗324卷，保定档案馆藏。

车铺被保定商会查封,以至货物不能取走。辛集商会致函保定商会,请查明事件,尽快返还王发生的货物,以保护商户利益不受损害。保定商会在查明王发生的货物与车铺违法并无关系后,及时发还漆商王发生所失货物,维护了商人的权益,保证了商户的利益。

贩卖干鲜果品的利润较大,在保定城经营此业的商人也很多,正如清苑县商民裴春林所讲的,"干鲜果品一项产自山野僻乡,聚售京省之地,富家食用最多……故干鲜果品店居为奇货而本钱无多,获利甚巨"。[①] 因而,保定城形成了经营此生意的专门市场。到1916年,保定干鲜果品行业形成了以万顺和、万庆恒两家为首,具有行业特色的干鲜果品行。在行业内部,它们包办干鲜捐税,按五分抽收,"每年应交实习工厂银洋九百六十元及商会、县公署各二百元,清苑学校银洋一百元,共合一年应交各处银洋一千四百六十元,均按四季季末分交"。[②]

随着干鲜果品商家的增加,政府每年都假借商会会员之名提出加捐。干鲜果品商户认为,加捐是有人想谋私渔利,意在害商,"旧有款抽尚不到半数,何况再有加增。商行本系微末之行,担任此项巨款犹在努力筹办。如再有加增,商行均有倒闭之虑"。[③] 于是,保定商会针对"奸商相率效尤层层剥利,何所底?洞开破坏之门,永无安业之日"[④] 的状况,经过商议后,决定采取以进为守的方法,向清苑县行政公署主动提出"加捐银洋五百元,仍然按季交清。同时言明,嗣后倘再有增捐破坏者,仰赖垂情驳斥,恳请政府保护,避免他人扰害"。[⑤] 由于保定商会的坚持与干鲜果品行商的努力,这次政府的加捐目的没有实现。

1923年,商户"万顺和"与"万庆恒"在干鲜果品行的投标中没有获得包捐权,而被政府的代言人——干鲜果品商吴文翰"不计捐额多寡,竟加倍增价投标"[⑥] 所揽获包办,并在原来捐数的基础上再多认捐一千元,仍分四季交清。鉴于此,保定商会代表干鲜果品行各商户从中进行调和,提出商会会员自行运货不受包捐人干涉,其包捐人只收外商货捐。尽

---

① 保定商会档案160宗279卷,保定档案馆藏。
② 同上。
③ 同上。
④ 同上。
⑤ 同上。
⑥ 同上。

管政府答应了这个条件，然而包捐人吴文翰，不遵县谕仍勒索收行捐，强霸货物，以致干鲜果品行"被逼无奈相率暂停营业听候贵公署处理"。①保定商会表示："查此案干鲜果行始终让步，对于贵公署堂谕未敢抗违，而包捐人吴文翰得步进步，沟壑难填，若不从速解决诚恐酿出重大风潮，于双方均有不便。"② 干鲜果品行的举动与保定商会坚定的态度，使县署不得不取消了吴文翰的包捐权。

保定商会通过调解各商户间的种种经济纠纷，保护了当事人和行业的合法权益，维护了市场秩序，赢得广大商民的信赖，促进了工商业的发展。

四 资助慈善 乐善好施

民国初年，保定成为北洋军阀的大本营，驻军大量增加，致使战乱持续不断。如，1912年的"壬子兵变"，1920年的"直皖战争"，1922、1924年的两次"直奉战争"，使人们蒙受战火的荼毒。鉴于此，保定商会积极开展慈善救助活动，一方面，他们派人创建救助机构；另一方面，他们千方百计筹措资金予以资助。其中尤对育婴堂和全节堂的资助颇具典型，资助经费分定期和不定期两种。定期的有：保定商会将芦纲公所每年的"特捐银洋叁百元"③资助育婴堂与全节堂的日常花销。不定期的有：1917年保定商会收到督军署军务科分发的慰劳洋四十七元八分一厘，"公议捐助育婴、全节两堂"。④ 1920年8月，商会处理刘焕然私运的商米一案，对其做出了商米全数充公并处以罚款三百元的决定，所罚三百元悉数捐助全节堂、育婴堂。这些资助经费保证了"两堂"的正常运行。

育婴堂附设普济医院"开支概系捐款，经常施西药乏歇，持久维艰"。⑤ 1917年1月，保定商会为解决该院资金匮乏致使西药短缺的问题，促使普济医院与清苑施医院合并，并定名为普济施医院。通过这一举措，解决了育婴堂附设普济医院缺医少药的问题，方便了患者就医。

---

① 保定商会档案160宗279卷，保定档案馆藏。
② 同上。
③ 保定商会档案161宗495卷，保定档案馆藏。
④ 同上。
⑤ 保定商会档案161宗497卷，保定档案馆藏。

此外，1928年育婴堂和全节堂建立的马号商场因火灾被毁，保定商会牵头商民捐资，使马号市场得以重建和扩建，从而推动了保定商业的复兴，促进了保定社会的发展。

总之，保定商会通过这些措施和办法，为清末民初保定经济的复兴与繁荣做出了积极的努力，有力地促进了近代保定社会的发展。

秩序与治理

光绪三十四年汉口摊贩骚乱事件述评

周积明

(湖北大学中国思想文化史研究所)

光绪三十四年四月十四日、十五日，汉口发生摊贩骚乱商家闭市事件，并酿成中日交涉事端。这次事件引起中外高度关注，《申报》《时报》《大公报》《竞业旬报》《现世史》《通问报》《大同报》《汉口中西报》《衡报》均有报道。《申报》以及武汉的《汉口中西报》不仅报道尤详，而且对事件有诸多评论。关于这次事件，已有两篇专论论文，一篇是三峡大学胡俊修、李美佳的《近代中国城市的底层民生与市政冲突——1908年汉口摊户风潮探析》，① 一篇是华中师范大学郭坤杰的硕士论文《辛亥革命前十年湖北民变问题研究》(2012)，其中第四章"民变个案研究"，对"汉口摊贩罢市事件"有专门论述。两篇文章于此问题的研究皆有贡献，但于事件之原委皆未能详加厘清。在使用资料上，前者所引用资料仅局限武汉报刊，且对事件后的舆论未加关注；后者仅引用《申报》资料，对武汉地方重要报刊《汉口中西报》的报道和评论竟然未加挖掘。皮明庥、吴光耀所编纂之《辛亥武昌首义史事》对这次事件虽有记载，但囿于体例，事件叙述未详，且在事件发生时间上有较大失误。本文综合视野内的晚清近代报刊资料，于此事件之原委重加叙述，尤其关注事件后舆论界对这次事件的检讨。②

---

① 胡俊修、李美佳：《近代中国城市的底层民生与市政冲突——1908年汉口摊户风潮探析》，《湖北社会科学》2011年第1期。

② 本文承蒙本所刘元博士，博士生马建强、李超等辛勤搜集资料，专此鸣谢。

一　事件始末

汉口一地，本为"九省总会通衢"，"湘皖之穀米、煤炭，四川之茶、烟、药材，北部诸省之兽皮、杂物，上海之丝线、海味、人参、樟脑，无时不于此仰鼻焉"。咸丰十一年（1861）汉口开埠后，商务更加发达。人多将汉口与上海并提，称："中国巨埠苏则上海，鄂则汉口，一为海舶之聚点，一为江舶之聚点，商务之繁甲于天下。美利坚之纽约、英吉利之伦敦，何以过是。""求之全世界中，舍沪上无能出于右者。"

作为长江中游的中心城市，汉口聚集了大量人口，不仅"白皙人种，翩翩并集"，而且"内地之人，多以此间觅食最易，至趋之者如归市"。至光辛之际，"武汉三镇之居民号称百万"。①适应百万市民日常生活需要的摊贩也应运而生。陈夔龙在《梦蕉亭杂记》中记述道："该镇背湖枕江，一线长堤廿余里，廛市云集。惟限于地势，凡细民无力居肆者，咸于肆旁设摊交易，不下千余家，均借此谋生活，由来久矣。"《汉口中西报》报道："汉口之摊民，比屋皆是，多于武昌，不啻数十倍。"②汉口摊民如此众多，除了百万居民有其生活需求外，也与清政府的政策有关，晚清，"零摊细贩，例不抽捐。又汉口铺面之租金重，摊贩资本微细，租重则力且不任。行摊贩之贸易，则二者均免，而收利无穷"。③但是，此时的汉口，"街衢宽者不过丈余窄者，仅容并肩。而曲里狭巷更无论矣"。街道逼窄，摊贩无序，遂成为晚清汉口日常生活中寻常可见之景象。光绪三十四年四月的汉口摊贩事件就是在这个背景下发生。

1. 赵督辞行，汉口警局乘机整顿清道，逼迁摊户

光绪三十四年二月初四庚申（1908年3月6日），清廷下旨，调湖广总督赵尔巽为四川总督。四月初，赵尔巽处理完交接手续，拟往汉口"拜答各国领事官"。"适巡警道冯观察启钧锐于市政，早欲将镇中摊市一律肃清。……遽闻某制军来镇拜军，将计就计，传谕阓镇一律拆摊清道，

---

①　灵铃：《武汉民食篇下》，《汉口中西报》第1805号，辛亥五月二十一日。
②　凤传：《第一箴：汉口街市者摊民之领土乎警察之领土乎》，《汉口中西报》戊申五月十三日，第744号。
③　同上。

以备大府贲临。"四月十一日,"汉口警察因奉巡警道命令切实整顿清道事宜","传谕沿街肉、鱼、小菜、熟食以及各项杂货等摊,概行撤去"。① 十二日晨,巡警道冯启钧又"因赵制台起程往川到汉时,须登陆往各处辞行,深恐街道狭窄,马车不能行驶","由电话传谕警察一局、二局、四局,迅将各货摊驱逐一时"。② "凡卖熟食、鱼肉、菜蔬、京广杂货者,概令迁于大火路、桥口、存仁巷、静室庵四处交易,以便让宽街道。"又"饬所有铺户摘去碍路招牌","命令商人货物、器具、招牌、挂灯等件不准横竖街中"。③

对于当局之街市整顿令,摊贩甚为抵触。《申报》记述说:"各小贩以警局所指定之地过于偏僻,无异绝其生路。"④ 《鄂省致军机处请代奏电》亦承认:"摆摊者多系贫民,人数甚众,一经迁摊,并无他处市亭可资买卖,既恐顿失生计,且疑警局借此夺其利权。群情不愿迁让。"为此,"警察武断官力","由专局正巡官率领区员哨弁等,逐段驱逐。勒令立刻迁徙"。⑤ 巡警"持有巨斧等件,如摊户收歇稍迟,即用大斧捣毁或用锯断招牌","击人毁物无所不至"。摊民"慑于警威之迫压,嗫声忍泣,不敢反唇。一相稽,钦依钦遵,俯首而听撤摊之裁判"。⑥ 但其暴力"已惹起多数摊民之恶感"。⑦ 商家也遭遇同样命运,"前数日警局曾谕各店撤去吊牌、横牌,商界甚不愿意,迟迟未撤,警局即派多人代为拆下,锯作数段,并科以重罚,各商大愤,几酿暴动"。⑧ 由于各摊户最初接到的命令是"暂时收摊,以便于车马往来","待督宪拜客之后即可复摊","摊商以为暂时拆卸,不得不遵",尚未走向对抗。及至赵制台拜客结束

---

① 《时报》戊申四月十九日。
② 《汉口小贩捣毁警局详情》,《申报》,第12678号,戊申年四月十九日(1908年5月18日)
③ 《日本各报论汉口人民之暴动及对日本人之状态》,《汉口中西报》戊申八月初八日,第739号。
④ 《申报》第12678号,1908年5月18日(戊申年四月十九日)。
⑤ 《时报》戊申四月十九日。
⑥ 《摊民胜乎警察胜乎》,《汉口中西报》,戊申年五月十四日,第745号。
⑦ 同上。
⑧ 《汉口闭市开市情形纪详》,《申报》第12680号,1908年5月20日(戊申四月二十一日)

返回江轮,"各小贩重理旧业,忽被巡警干涉,谓系永久禁止,群情大愤"。①

2. 涵万茶楼集议,插香请愿,摊民骚动

四月十三日,"摊户先在涵万茶楼聚众集议"。②并订立次日跪香请愿之合同。"合同中有此次要求长官,不许一人暴动,不许抢劫铺户,倘被公家拿获一人,大众须将此人抢出。如杀一人,即须往劫法场"。③是日涵万茶楼,上下三层,摊户竟将茶座占满。合同成立后,始各散去。④

四月十四日下午,摊户"聚集数千人","头插香枝,分赴巡警局汉关道署、夏口厅署、都司署及武昌鄂督署,要求弛禁"。⑤恰逢赵尔巽"是日仍复拜客","易舆而骑,正驰驱市中,众商遮拦马首呈诉"。赵尔巽"一见众商拦阻,勒回马头,拼命狂奔,竟驾扁舟而逸。众商见其飞奔示怯,一时人声鼎沸,相率穷追"。⑥"桑观察拟往送次帅,甫出头门,即被围困,进退不得,舆遭挤坏","夏口厅汉防营及本汛都司闻信驰至弹压,谕令暂退于长沙会馆隙地静候示下,关道始得出署"。⑦冯巡道出面安抚摊户,谓:"此事系由警局误会,今制台已去,毋庸让宽街道,尔等各安生业,照常贸易,勿得聚众滋事。"⑧但各小贩"愈聚愈多","至八、九千人"。⑨"至夜间九句钟时,已途为之塞。各店铺见势不佳,相率闭门。"⑩忽然,聚集之众"呼哨分途而去",⑪骚乱发生。

据《时报》报道:最先受到冲击的是二局,其原因在于"二局委员何守贤操切从事,临时勒驱货摊,更有武弁金开山用斧示威(均在二局地段),至动众怒"。⑫三局巡官方仁元平素"结怨于痞棍已深",再加此

---

① 《申报》第12680号,1908年5月18日(戊申年四月十九日)。
② 《汉口罢市善后记五续》,《汉口中西报》戊申年四月二十三日。
③ 《汉口罢市善后记再续》,《汉口中西报》四月二十日。
④ 同上。
⑤ 《摊民胜乎警察胜乎》,《汉口中西报》戊申年五月十四日,第745号。
⑥ 陈夔龙:《梦蕉亭杂记》,中华书局2007年版,第103—105页。
⑦ 《时报》戊申四月十九日。
⑧ 《汉口罢市善后记再续》,《汉口中西报》四月二十日。
⑨ 《时报》戊申四月十九日。《汉口中西报》谓"聚集万余人"。(《汉口罢市善后记再续》,《汉口中西报》四月二十日。)
⑩ 《汉口罢市善后记再续》,《汉口中西报》四月二十日。
⑪ 《时报》戊申四月十九日。
⑫ 《时报》戊申五月初五日。

次逼迁,"各摊怀恨,特苦无事机可乘,不能滋闹耳"。"今既适逢其会","正可借此闹至三局"。"三区分局本驻扎甘露寺,该局巡丁不善弭乱,反将滋事之人带至分局,以致群相鼓噪,破扉而入"。① 骚乱中摊民"遗火烧毁寺屋一所",甘露寺初等小学堂也被"纵火烧毁"。② "因火,墙倒,压毙女子二人。"③ 随即,骚乱扩展到一、四分局,摊民"将警察各专局、分区全行捣毁"。④ "无论何处,凡物具上有'警察'字样者,均被摊民打毁"。⑤ "站岗警勇遇之即驱,抛砖掷瓦",⑥ "头破血流,断筋折骨者比比皆是"。一时之间,巡勇望风而逃,"沿途竟不见警局员弁一人","惟留受伤者数名,躺卧局中呻吟不绝",⑦ 当局遂紧急出动营兵,"负枪齐至",但骚乱之摊民,"弹压不散","直至两点钟时始渐平静"。

在摊民骚乱过程中,大量无业游民参与其中。《汉口中西报》曾载文称:武汉流氓青皮之多,甲于他埠。其原因有二,其一,"武汉为华洋通商之枢纽,万方杂处良莠不齐","内地之人,多以此间觅食最易,至趋之者如归市。然武汉虽称繁盛,安能容此多人,故流落之人多不免失身而为匪"。其二,"本埠执一业以资糊口者,其庸值自较内地为优。繁华之地,糜费既大,失足尤易,而又耳濡目染,引诱至多。一经身败名裂,无所得食,即降而与匪人为伍。此二等人其初不过狗偷鼠窃而已,既而胆渐大心渐粗,则几乎无所不为矣。小之遇事生风,大之则行凶肆劫"。其时之"莠民之桀骜不驯者","咸自立名号,各分党类。有首领、有徒众(若所谓大摆队、小摆队、铁摆队、襄阳邦、咸宁邦等,皆其尤著者也),其所作为,若讹诈,若逼威,若行凶,若抢劫,无非干法犯纪,以为地方之祸患、商民之苦累而已"。⑧ 陈夔龙在《梦蕉亭杂记》也记叙道:"镇中无业游民最多,所谓大拢队、二拢队者,不下千余人。"当摊民骚动,

---

① 《时报》戊申五月初五日。
② 《时报》戊申四月十九日,五月初五日。
③ 《汉口中西报》四月二十三日。
④ 《汉口罢市善后记再续》,《汉口中西报》四月二十日,第721号。
⑤ 同上。
⑥ 《时报》戊申四月十九日。
⑦ 《汉口闭市开市情形纪详》《申报》第12680号,1908年5月20日(戊申年四月二十一日)。
⑧ 《近日武汉抢劫之多》,《汉口中西报》辛亥六月初九日,第1830号。

这些无业游民趁机"附和滋事，焚烧抢掠，纷扰昕夕"。① 据《汉口中西报》报道，"有一李姓住宅，其家殷实，子某留学德国，家中只有孀母少妻以及佣工男妇，是夕闻火起，突见嗮台翻下四人（系相近邻居），云尔家无人。我等特来帮忙代搬。妇女寡闻浅见，见其人又系邻居，因令搬出衣箱（房契、契据等件约计万金），匪等心犹不足。又至该处李鸿钧家，家中只有妇女，二人匪等又云帮忙，李妇不允。匪等抢夺衣箱一口"。地痞流氓的推波助澜，大大加剧了骚乱的破坏性。

3. 商家罢市

十五日，摊民骚乱发展为商家停市。据《申报》等报道，罢市原因有三：

其一，因恐事态发展而闭市。《申报》报道说："次早，忽谣言大起，云：'官场将严拿首要，共有数百人之多，拟一一处之死刑。'汉镇大小各商闻之，恐如此办理，势必激变，遂于九点钟时一律罢市，以避凶锋。"②

其二，摊民痞棍威胁商家罢市。《申报》报道："十五日上午，各铺店已开门交易，九句钟时，突来流痞及小贩数千人，勒令各店闭门，有不及取下招牌及闭门稍迟者，悉被打毁。""所有沿街卖熟食之店铺、米铺均被抢掠一空，卖菜蔬之小贩一入街市，即被众人将担掀倒，沿江挑水夫亦一律罢业。"③《时报》报道："乱民男妇老少数万人，声称各店铺如欲开市，须每日照数各给铜元一枚，以致全镇罢市。"④ 又报道："（摊民）将沿街熟食等物抢食一空，各项铺店有不闭门不取牌者，概行打毁。"⑤ 东京《时事新闻》也报道：无业游民"迫令各商店关门闭户，对官衙与警察署行示威恐吓手段……商家有不从者即敢破毁其器具以迫吓之"。⑥

其三，商家对巡警仇恨。商家之罢业虽有无业流民逼迫之情节，但正如《申报》所分析，"此次商民甘受小贩逼迫一律闭市，实因平日嫉视巡

---

① 陈夔龙：《梦蕉亭杂记》，中华书局2007年版，第103—105页。
② 《申报》第12678号，1908年5月18日（戊申年四月十九日）。
③ 《汉口小贩闹事续闻》，《申报》第12679号，1908年5月19日（戊申年四月二十日）。
④ 《时报》戊申四月二十日。
⑤ 《时报》戊申四月二十一日。
⑥ 《日本各报论汉口人民之暴动及对日本人之状态》，《汉口中西报》戊申八月初八日，第739号。

警所致。前数日警局曾谕各店撤去吊牌、横牌，商界甚不愿意，迟迟未撤，警局即派多人代为拆下，锯作数段，并科以重罚，各商大愤，几酿暴动。十五日四官殿以上各店铺，虽因小贩滋闹，恐遭抢劫，亦因官场有严办多人之说，遂不待小贩强迫，即一律闭门。于是痞匪乘隙蠭至各街，勒令各店停市，其时附和者愈多，各店铺伙闭门大呼声如雷。"①

据《时报》报道："乱民于十五日除胁令各铺店不准开市，及阻拦贩菜挑水者停止贸易外，并胁令堡保马路之人力车全数停歇。"据《申报》报道："城马路局是日亦被车夫打毁，人力车现均停驶，要求酌减捐钱。"②

"当各店铺闭门之时，华界内各日本人所开行店不肯关闭。""龙王庙河街有日本洋货店一、二泰信等数家启门挂牌，乱民蜂拥而至"，"泰信洋行日人因出手枪抵御"，"立毙数名"。③ 其结果，泰信洋行以及日人店铺回春药房、河西药铺均遭打毁，并有店伙二人身受重伤。"其余若前田洋行、一二洋行、东益洋行亦略有损伤。"④

骚乱中，警局官员亦受冲击。首当其冲者是主持此次清道迁摊的冯启钧。"十五日十时冯巡道由武圣庙赴三局弹压，众小贩竟将冯拦住，围之数匝，欲行野蛮手段，幸铁路营勇闻警赶到，始得护送，至营晚七句钟，复由省中各营保护出险。""河街邱家巷清佳茶楼系冯巡道之产"，"宏厂华丽，成本甚巨"。"是日有小贩数百人，前往捣毁殆尽"，以致茶楼"成一片断椽碎瓦之场，一切器具无丝毫完全者"。⑤ 摊民又至江岸，"用砖石抛击渡江轮船（亦冯巡道之产），并扬言渡江拆其公馆，冯闻信大惧，立即发电令其眷属暂移两广会馆，以避凶锋"。"二局专办何守贤大令系市侩出身，平素好以官派凌人，又喜刑杖小窃，十五日之变，何正在街行

---

① 《汉口闭市开市情形纪详》，《申报》第12680号，1908年5月20日（戊申年四月二十一日）。

② 同上。

③ 《汉口小贩闹事续闻》，《申报》第12679号，1908年5月19日（戊申年四月二十日）；《时报》戊申四月二十日。

④ 《汉口闭市开市情形纪详》，《申报》第12680号，1908年5月20日（戊申年四月二十一日）。

⑤ 《时报》戊申二十一日。

走,被众痞将其衣裤剥下,备极凌辱。"①"(三局)总务科长瞿世玖太守临场弹压,并遭围困,将舆打毁,头亦受伤。巡缉营哨弁闻信,率领数十人驰往,将瞿救出,乱民穷执追逐。"②"督捕营哨弁徐升乘坐肩舆,路经大夹街,突遇摊户人众,喝令从速下轿,弁知人众难喻,遂即下轿,众将轿拆毁扬长而去。"③"武昌按察司法科长李令继奉委至汉查探情形,乱民误为冯道,瓦石交下,肩舆立毁,几遭不测。李大声分辨,群始知讹而散。"④

但摊民并非对警官与警员一律以暴力对待。十五日晚,虽汉口全镇骚乱,"惟警察二局一段分棚未毁坏,推其原因,尽由该棚什长张占胜及各勇平日办事认真,且对待该段居民,终守和平主义,故众摊户拥至此假时,有一喝令将其棚折毁者,即同声扬言曰:'此棚什长,待人忠厚和平,不可波及'。"⑤"区员严参军光祖平日深明警章,不事浮躁,故摊民敬服",其所管区域也"未至殃及"。⑥ 可见摊民于情绪愤激之中,还是有良莠之别。

4. 善后与余波

摊贩骚动与商家闭市引起当局极大震动。驻汉各国领事"调各泊汉兵舰军士登岸,驻扎于华洋交界之各口,以防滋扰"。⑦ 新任鄂督陈夔龙紧急调动"张统制彪、王协台得胜、黎协统元洪等,督带二十九标、四十二标以及各营均赴镇弹压"。"一面檄调襄河、长江各水师炮船,分扎各码头,以期镇慑"。⑧ 并发布告示抚慰商贩,其词曰:"照得小贸营生并非不准摆设。昨因车马往来暂令一律移挪,嗣后照常生理,勿听匪人谣惑。为此谆谆告诫毋得再踏前辙。"⑨ 又于十六日晨传见冯巡道,表示:"此次各警局驱逐货摊,并未先行禀明,擅自行强激变,并与日商构成交

---

① 《汉口闭市开市情形纪详》,《申报》第12680号,1908年5月20日(戊申年四月二十一日)。
② 《时报》戊申四月二十三日。
③ 《摊警交争琐闻二》,《汉口中西报》四月十七日,第718号。
④ 《时报》戊申四月二十三日。
⑤ 《摊警交争琐闻六》,《汉口中西报》四月十七日,第718号。
⑥ 《汉口罢市善后记再续》,《汉口中西报》四月二十日,第721号。
⑦ 《时报》戊申四月二十日。
⑧ 《时报》戊申四月二十日。
⑨ 《汉口中西报》戊申四月十七日"新闻",第718号。

涉，殊属非是。嗣后一切警章务须慎重，将事禀候，核准施行。又以警察三局辄出'永远不准摆摊'条示，酿成此变，亟应量加惩创。特拟就告示，明揭警局擅逐货摊罪状，令小贩各安生理。"①

省城军队"分驻沿街"后，骚乱者始匿迹，"惟各商店仍不肯开门，冯巡道知挟有锯牌之怨，特用红笺印就四字浅语，下列衔名，倩商会派人分送各商店，略谓'过街横牌，永远撤去；檐下直牌，亦宜收进。有关公益，深合警章，至为感佩，专帖鸣谢。'云云。各商店接帖，均大声谓"，"你对冯矮子说（冯身材短小故有此诨号），'如欲我辈开市，须他亲自前来。'遂仍闭市如故。夏口厅金司马闻信，不得已于十六日黎明，冒雨步行至各店劝谕，始开市贸易，各摊亦照常摆设"。②但是，"摊户又异常恃横大街，货摊竟摆在街心"。③"十五日后城马路人力车一律停歇，十六日均已照常开行，至十句钟又一律停歇，或云要减捐钱。"④

汉口摊贩事件发生后，商会态度至为重要，陈夔龙在发布安民告示的同时，专门派员致函商会总协理，"嘱其传集各帮商董，劝谕开市"。商会因此发布"告白"：劝告商家"应各仰体宪恩，遵照安业，摆摊者仍旧摆摊，开铺者照常开铺，万勿听信谣言，滋生事端。至省宪派兵弹压，系恐不法匪徒从中生事，转碍商民生意，是以特来保护，并无他故，尤望勿稍惊疑，是为至要"。⑤十五日晚，"商会各帮议董数十人连夜沿街开导，声称新制军手谕，命尔等各安业，照旧设摊，不得再滋事端"。⑥商会要员也积极活动调停。"刘君选青为商界最有名誉之员，于汉口摊户滋闹之后，急望和平了结。至于各洋行索赔情事，虽不敢赞一词，亦商会中人关切最要之事，特于二十二日午前由汉渡江，至巡警道公署拜会。"⑦十八日，汉口绅商又与官府齐集沈家庙商议善后事宜。⑧鉴于此次事件发生，

---

① 《汉口闭市开市情形纪详》，《申报》第12680号，1908年5月20日（戊申年四月二十一日）。

② 同上。

③ 《汉口罢市风潮余闻》，《申报》第12683号，1908年5月23日（戊申年四月二十四日）。

④ 《摊警交争琐闻四》，《汉口中西报》四月十七日。

⑤ 《商会纪事·商会告白二则》，《汉口中西报》六月二十四日，第785号。

⑥ 《时报》戊申四月二十日。

⑦ 《汉口罢市善后记五续》，《汉口中西报》四月二十三日，第724号。

⑧ 《汉口罢市善后记再续》，《汉口中西报》四月二十日，第721号。

"警察照顾不暇,商界生命财产危险",汉口商会开会,"拟由商界捐款招募团防兵丁二百八十名,弁目九名,驻扎商会之内,以保卫市面,借助巡警之所不逮"。①

由于在此次事件中,华界日商受损,虽然日报自称"且查其对日本人暴动之原因,因日本人先开枪拔刀击伤该地暴动人,致该地人与日本人大生冲突。是该地人之对于日本人冲突为日本人所自取也"。"该地暴动人之目的不在日本商人,而在清国官吏。我日本政府可不必问也"。② 但此事已酿成外交事务,"日领事已告关宪拟调兵轮来汉以资保护"。经"汉关道与日领议妥,赔偿银三万二千四百六十六两"。③

随着事态逐渐平息,当局进一步采取措施稳定局面。

其一,抓捕"从中煽惑之匪徒",首犯屠夫熊狗子、程阶奔、金二德等,被查获归案。

其二,惩处肇事过失之官员与属员。巡道冯启钧之"饬迁货摊",虽"系为保卫地方治安起见,警章本无不合,惟既未别筹小民贸易场所,事先亦未据禀报,遽行出示勒迁,办理未免草率","先行记大过三次"。"夏口厅同知金世和甫于四月十三日到任,惟究属疏于防范","一并记大过三次,以示薄惩"。江汉关道桑宝,因"于本管地方商民情形"未有觉察,"致酿事端,亦难辞咎",记大过二次。此外,警局三局大令方灌青因"办理不善,先行撤委"。"不知警章,自行其是",带头持锯斧逼迁的清道股股员金开山也被撤去差使。

其三,在"令仍照旧摆摊贸易"的同时,继续谋划迁摊扩宽街道之方案,令"夏口厅相地建设菜廊、货廊,一仿武昌省城办法,一边克日迁移各项货摊"。④

其四,加强对市面之严控。据《汉口中西报》报道:"汉口滋事风潮已息,但浮言四起。""江督两次电文,谓有革命党多人潜入长江内地。"⑤ 汉口警局因此加强戒备。杯弓蛇影之际,因摊户十五日事变前,"先在涵

---

① 《商界组织团防之计划》,《汉口中西报》六月二十二日,第783号。
② 《日本各报论汉口人民之暴动及对日本人之状态》,《汉口中西报》戊申八月初八日,第739号。
③ 《汉口日商赔款实数》,《汉口中西报》戊申六月一日,第762号。
④ 《督宪谕饬关厅择地建廊》,《汉口中西报》戊申四月十七日。
⑤ 《汉口罢市善后记八续》,《汉口中西报》四月二十七日。

万茶楼聚众集议","致酿重案","当道拟即严禁茶馆聚众结会,如知情不报,定即严究。"①

但是,此时的汉口,仍余波未平。虽然这次摊贩骚动,"众情汹汹,几有万众一心之势",但"官场以为,此事如无首倡之人,其团体断不能如此坚固"。四月十八日,"由缉捕营勇拿获摊户二人,解赴夏口厅提讯,究系何人为首"。"及闻该营勇拿人,登时又围聚二百余人,蜂拥至厅署门首探询,幸八大行商首闻风,驶往道署,再三陈说,谓此时万不可拿办一人,公家即无严办之意,亦不可打草惊蛇,以致复行惹起暴动。""厅宪随即将所拿摊户一概释放。"六月二十日,《汉口中西报》又以《警政棘手之一斑》为题报道:"自摊民滋事之后","各店铺所认缴房捐亦抗不完纳。虽经出示催缴。遵者寥寥闻。冯巡道已托商会代为劝谕各商照缴,以免警务中辍"。由此可见此次骚乱在摊商中影响深远。

二 报界评述

汉口摊贩事件发生后,国内媒体予以广泛关注,并加评论,其间颇可见当时之社会思潮。

光绪三十四年四月,刘师培在所主持的《衡报》第三号、第四号上先后发表《汉口罢市记》与《汉口暴动论》。刘师培主无政府主义,其所创办之《衡报》,以"颠覆人治,提倡共产;提倡非军备主义及总同盟罢工;记录民生疾苦;联络世界劳动团体及直接行动派之民党"为宗旨,故对汉口摊民事件高度关注和评价。《汉口罢市记》报道:"(汉口)小商数千人于14日同盟罢业,击退兵警,破坏官厅、警局,致中国界内各商店一律罢市。"记者评论说:"此实中国劳民之最大示威运动也。……此举殆中国社会革命之先声矣。惟望中国劳民踵此而兴反抗官吏、资本家以实行劳民大革命,则共产无政府之施行非远矣。"《汉口暴动论》称赞汉口暴动,是由劳民发端的"平民革命",其进步之证有三:"一曰罢市发端于小商,而大商受其牵掣,乃小商为主动,而大商为被动者也";"二曰罢市后小商行示威运动,与兵警为敌";"三曰罢市以后小商牵制大商店,与富民为敌"。作者满怀憧憬的展望,汉口为北方铁路发端之地、扬

---

① 《汉口罢市善后记五续》,《汉口中西报》四月二十三日。

子江船路中心之地、工业最发达之地、中国适中之地，汉口实行"总同盟罢工"，"必可蔓延于湖北全省"，"无政府共产之社会，可由汉口而推行于全国"。为此，文章建议每年的 5 月 14 日为中国劳民革命纪念日。

《申报》对于汉口发生的事态密切关注，每日均有相关报道。其中间有评论，表明了作者的立场。戊申年四月二十日的《申报》以《汉口小贩》为题，发表简短却意味深长的评论："汉口警察取缔街道货摊，迁诸巷庵，固文明事业也。然而取缔之未得其道，警局捣毁矣。此其故何也？曰：以野蛮人而欲行文明事业也。"① 四天后，该报又发表"酉阳"所撰《论军界之无教育》，文章称："军界之性质有二。一为战兵，一为警兵。""战兵者，用之于两国竞争，以杀敌主义保守本国人民之身命财产。""其性质纯乎对外者也。""警兵者，整齐社会之秩序，保护地方之治安。其所监察与裁判者，两方面皆为平民。即下流社会亦不失平民资格。警兵对之，有和平，无激烈，盖其性质纯乎对内者也。"文章进而分析兵与国民的关系说："顾兵所办之事，皆国民之事，国民不能人人而办之，乃出其资财，养兵以代办之。兵受国民之养育，担国民之责任，视国民如主人，非有此权力。可以陵轹主人也。"巡士属于警兵类，本是"受国民之养育，担国民之责任，视国民如主人"，但"巡士之待平民，呵斥谩骂，遇有拘解，任意鞭笞，此为警界普通之恶习矣"。由此引来"积怨深怒"，"观汉口小贩打毁警局之事。可以知矣"。作者感叹说："夫武勇者，战兵之原质也。但当用以对外，不当用以对内。在外者，吾之敌。在内者，吾之同胞。同胞而以敌待之，是自杀也。监察者，警兵之本职也。但当用对内手段，不当用对外手段。对外者，目的在杀，杀之外无余事。对内者。如治家然，主增长而不主破坏；如卫生然，用调息而不用克伐。破坏克伐，则亦自杀也。"遗憾的是"巡警皆未知也，则以无教育故"。②

《汉口中西报》是晚清汉口最重要的报刊，该报创办于光绪三十二年丙午四月初一日（1906 年 5 月 23 日），虽经"辛亥燹于兵，癸亥毁于火，辛未淹于水"等磨难，但该报坚持屹立，先后出版发行 30 余年，发行量超过万号，在湖北首屈一指，在全国仅次于《申报》《新闻报》《大公报》《时报》《时事新报》，居第六位。

---

① 《汉口小贩》，《申报》戊申年四月二十日，第 12679 号，1908 年 5 月 19 日。
② 《论军界之无教育》，《申报》第 12683 号，1908 年 5 月 23 日（戊申年四月二十四日）。

《汉口中西报》之办报，以"超然于党政之外，不受党政津贴"①为原则，"以监督政府、乡导国民为天职"，自称"本报对于国事无往不尽其忠告之诚，对于人民无往不尽其提撕之力"，②"苦心孤诣，力求改良，本其至公无私之心，以尽代表国民之责，于所记载之事件，无非教育、军事、财政、外交各要政，实事求是，缕陈其正当解决之方法，以贡献于当道"。③此次摊贩骚乱闭市的事件发生后，《汉口中西报》作为汉上的最重要报刊，对事件密切关注，一直跟踪报道事态的进展。事件平息后，该报又连续发表《汉口四月十五日摊警交讧史谳》（凤俦）、《第一谳汉口街市者摊民之领土乎警察之领土乎》（凤俦）、《摊民胜乎警察胜乎》（凤俦）、《论本埠两次暴动事》（幸楼）、《定谳》（凤）、《书前任督宪赵次帅自宜昌致汉口商会电后》（钝根）等评论文章，对汉口摊贩事件加以评说，概要而言，其意见如下：

其一，批评政府无视民意与国民权利，行事操切，把利民之事办成厉民之事，从而激起事变。署名"钝根"的作者在四月二十日的《汉口中西报》上发表《书前任督宪赵次帅自宜昌致汉口商会电后》，文章指出："值此民权伸张时代，在欧美立宪各国，其人民之于官吏视之若公仆，彼为官吏者，稍稍不慎，或有违法举动，国人必聚众抗之，况取夺其生命乎？此则不特商人也，即下等社会之工人，其对待本管官吏亦若是而已。由是观之，则吾之摊户，虽资本不充，仅能售卖蔬果鱼肉，顾其交易有无，犹是商人，讵可因其交易之微而遂驱之若牛马，逐之若奴隶也。"④"幸楼"于五月十九日发表《论本埠两次暴动事》，对事件回顾说："本埠以街道逼仄之故，不便摆设货摊。当道者选择地另辟市场，而先令各摊户迁设于街道较宽之处，以重卫生而便行旅，其本意固为保民起见也。然众摊户则见各巡警雷厉风行，严行驱逐，以为从此小本营生者必难以苟且旦夕，于是始而拜香，继而暴动，终至毁局罢市之祸，公私之损失，所不暇计矣。"作者告诫说："吾国当此专制、立宪过渡之时代，国民权利之思

---

① 王粹轩：《汉口中西报万号纪念献词》，《汉口中西报万号纪念刊》，汉口中西报社1936年版，第2页。
② 幸楼：《汉口中西报新岁祝词》，《汉口中西报》第965号/己酉正月初七日/新闻第二页论说）。
③ 《本报出版第一千号纪念文》/汉口中西报第1000号/己酉二月十三日。
④ 钝根：《书前任督宪赵次帅自宜昌致汉口商会电后》，《汉口中西报》四月二十日。

想日益发达,即下至贩夫、牧竖,亦未可谓其蚩鄙无识"。"囊者民气柔懦,且皆以身家性命为重,故虽施以专制之淫威,亦能忍受曲从,而不至起而反抗","今则非其时矣,无业失养之多,既莫不有蠢然思动之意"。"故官吏之措施稍邻于强迫",则"明明为保民之事,而民反以为厉民以自恣;明明为利民之事,而民以为剥民以自肥"。"其始虽怵于严令,而莫谁敢何,其继必为暴动,而不可收拾。""即如机枪、炸弹之有触斯发。"① 作者总结说:汉口摊贩事件的发生,"其初意本欲为民造福,然行之过于操切,遂使善政同于弊政,而良民变成莠民"。② 因此,当道者"不能不改变其向日之方针","凡布一政、下一令,必综其始终本末,而熟审所布之政果能无拂戾乎群情与否,所下之令果能不妨害乎公益与否,而后可以推行尽利","勿令一切保民利民之政,悉为小民藏怒蓄怨之资也"。③

其二,为摊民的骚乱行动辩护。署名"钝根"在《书前任督宪赵次帅自宜昌致汉口商会电后》中说,"十五日全镇罢市,以一万三千一朝失业之摊户,加以游手好闲青皮光蛋及群不逞之徒,从而和之,其数不下数万","此数万人中,苟有一人焉,激而出其暴动,或抢劫之手段,因而发难,则吾最繁盛最荣华之汉口,不崇朝而糜烂无疑矣"。"此万三千人,至不得已迫而出于跪香跪请求也,犹是纯良之举动也。既而跪亦无望矣,于是,始逼勒全镇罢市,以为要挟。""夫至于全镇罢市,竟未闻妄伤一人,妄劫一物,则是始终坚持文明对待之法。"作者指出,有人认为,"其捣警局、毁警灯,毁日本货店为抗官劫物之据,不知是皆警局或有以激之。"(彼)既毁日本货店,何独不劫一物邪?"文章又引述记者采访所见:"以记者所闻,是日颇有不逞之徒,欲恃众行劫,乃反为众摊户挟持而止。"作者因此诘问:"前日之事,始终未至暴动者,谁之力邪?孰谓吾民无程度哉?"④

其三,批评摊民因私益而占领街道损害公益。署名"凤俦"之记者一连发表《汉口四月十五日摊警交讧史谶》《第一谶:汉口街市者摊民之

---

① 幸楼:《论本埠两次暴动事》,《汉口中西报》戊申五月十九日。第750号。
② 同上。
③ 同上。
④ 钝根:《书前任督宪赵次帅自宜昌致汉口商会电后》,《汉口中西报》四月二十日,第721号。

领土乎警察之领土乎》《第二谳：摊民胜乎警察胜乎》三篇文章，而其论之主调是批评摊民因私损公，缺乏公民品质。文章首先分析"街"一字之字形，谓："'街'之为字，拼彳、亍为'行'，以与'圭'三合而成字，非只谐声，且兼转注，则其名义实主于行旅之交通，担任商业之经行，而不担任商业之寄顿。"如果"一任货摊之敷设，而街市之面积，遂割其过半，以为摊民之领土"。其结果是"左不可彳，右不可亍，而中间之抑塞者，演为秽累；清洁之装置①，乃一变而为纳垢藏污之渊薮"。记者质问曰："汉口何负于摊户，而令其街市堕劫于野蛮之地，致外人比之古代之监狱，名誉扫地，吾为汉口呼冤。"②作者强调："街市者，人人公共之街市，所当利益均沾。"因此，"货摊之敷设，尤非街市之道德心所乐纵容也"。而摊户之暴动，更不可谓为"民气之伸张"。作者分辩说："夫民气之伸张，国家所恃以为进步也。至于散香聚众撤局殴巡，则为叫嚣。""人不知其叫嚣也，以为临市一呼，则官方震恐，还而媚我，尤而效之，其风愈炽。设也不幸，酿为民变，官力之下，继以兵力，首则就僇，从则投荒。四方闻风，且又破胆，刀俎鱼肉，听官处分。是反对之出于野蛮，胜负皆为民气之蟊贼矣。"作者进一步检讨："吾国历史之遗传性，国民怯于公战，勇于私斗，无公民之价值，又仓卒发大难，乘兴取快于一时，兴尽则靡，无以持久。"作者反对政府对摊民"务为姑息，以矜宽大"，以为"政府之职责在保民，保民者当规久远，不可苟为法律之宽大，苟为法律之宽大，则其势必且放弃其法律。而积重者，难为返"。③

其四，力挺警察维护公共秩序。《汉口中西报》作者阐述其观点：第一，"警察者，生于法律，法律上许有街市之警察权也。比于其警察权，而汉口街市者，尤警察之领土也。故改良街市者，持完备的警察主义，则有警察，即不得更有摊民，二者不相共和也"。④第二，"若夫警察，尤为宪政之机关，宪政不能无警察，犹人身之不能无耳目。然警察之在今日，

---

① 作者谓，"古人以'圭'示清洁之意"，故有此言。
② 《第一谳：汉口街市者摊民之领土乎警察之领土乎》，《汉口中西报》戊申五月十三日，第744号。
③ 《汉口四月十五日摊警交讧史谳》，《汉口中西报》戊申五月十二日，第743号。
④ 《第一谳：汉口街市者摊民之领土乎警察之领土乎》，《汉口中西报》戊申五月十三日，第744号。

人民尤未喻于利也，未喻其利而遽见其害，则因于偏执而成为意见"。"即仇警一事，其生宪政之阻碍已为实多，阻碍多则政府立宪之期望愈薄，而实行愈缓，中国之前途，尚堪设想耶？"① 第三，"虽撤摊之取缔，病于操切，然其实则不失为取缔之正当也。""平心而论，摊之罪实浮于警，不能为诸摊宽也。"②

其五，为善后献策。四月十八日《汉口中西报》发表"时评"，提出善后事宜二则：一，概免追究。该文以为："各户聚众跪香，请命官厅等署以及商会"，均为"安分良民之所为"，"固无罪也"。"其后毁局者、殴勇者，大都市井无赖，乘机一逞，今若辈如鸟兽散矣，又乌从而指名之？是宜遵守督宪示谕，免于深究"。其二，徐谋处置。该文指出："汉口地窄人稠，货摊占据两旁，浸占浸广。积留秽浊则有碍于卫生；妨害康庄则有碍于行路。驱之诚哉是也。惟事须求两全。不特各摊现在生机不可使失，即彼取求于市者，亦宜各为之计。"为此，作者建议："通镇可废之庙宇，已入官之房屋，大可改作市场。容有不敷不便，又宜谋之商会诸董，筹积公款，择其相当之地，逐段建筑。场成，则令迁入。量纳其租，以归公款。有余更可作为摊户公积。"③

四月十九日，《汉口中西报》又发表"时评"，作者将自己的意见概括为两句话："警章不可不行，民生不可不计。"④

由于日商在这次汉口摊民事件中受到冲击，日本报刊对于此次事件十分关注，多有报道。《汉口中西报》刊载《日本各报论汉口人民之暴动及对日本人之状态》，文中多引述日人对这次事件的评述："《都新闻》有云，汉口暴动为我日本现时国民所未有。此等暴徒之养成，不得不归咎于地方官宪与绅商，彼等官宪与地方绅商，平时不以小民生计为虑，亦不闻设何等方法以教导之，及有事时，以兵镇压，甚非计也。《读卖新闻》有云，就汉口暴动一事观之，即可见汉口人民程度尚浅，与夫警察之腐败也。"⑤

---

① 凤俦：《汉口四月十五日摊警交讧史谳》(《汉口中西报》戊申五月十二日，第742号)。
② 凤：《定谳》，《汉口中西报》戊申五月二十日，第751号。
③ 《汉口中西报》戊申四月十八日。第719号。
④ 同上。
⑤ 《日本各报论汉口人民之暴动及对日本人之状态》《汉口中西报》戊申八月初八号来稿栏目，739号。

值得注意的是，日人并非全然站在日本的利益上说话。"《东京时事新闻》有云：据汉口领事所报告……查其对日本人暴动之原因，因日本人先开枪，拔刀击伤该地暴动人，致该地人与日本人大生冲突，是该地人之对于日本人冲突，为日本人所自取也。"① 六月三十日，《东京时事新报》载驻北京公使归国时与马关士绅的谈话，其间亦涉及汉口事件。该公使言："此次汉口人民之蠢动，虽为该地人民之顽固所致，然对于我日本人毫无恶感。其所以与日本人有冲突者，实因我日本人先发空铳以激发之，此诚为我日本人之过失也。"②

三　思考与分析

汉口摊贩事件以及事件后媒体的评论，包含有丰富的信息，值得我们深入思考。

第一，事件性质。

汉口摊贩事件系"晚清民变"之重要事件之一。这次摊贩事件就其性质而言，实具有二重性。

审视汉口摊贩事件的起因，实际上是一起因城市扩宽街道、警方暴力逼迁而引起的公共事件。如果考虑到当时的武汉，"街衢宽者不过丈余窄者，仅容并肩"。"正街则非常狭隘，汗气蒸腾、屎积尿流，满巷如一。""轻风乍拂，尘埃蔽天，小雨初经，污泥没踝"，"一切文明市政之装置，若电车、若马路、若货车轨道，皆不足以相附丽"。对摊贩重加安置，改良街道，应该是城市市政建设的合理内容。③

但是，汉口市政清理街道虽然具有合法性，却又显示了权力的傲慢。其一，在未对摊民进行任何妥善安置的情况下强行清街，全然无视摊民的利益，陈夔龙检讨这件事的失误说："冯启钧锐于市政，早欲将镇中摊市一律肃清。而又未曾预择广漠之场，为移此就彼之计。"在未有任何后续准备的情况之下，冯巡道利用赵尔巽来镇拜军的机会，将计就计，拆摊清

---

① 《日本各报论汉口人民之暴动及对日本人之状态》《汉口中西报》戊申八月初八号来稿栏目，739号。
② 《关于汉口交涉之重要信件》，《汉口中西报》五月初九日，第739号。
③ 凤：《附汉口街市改良意见书》，《汉口中西报》戊申五月二十一号，第752号。

道。先称是"暂时拆卸",待制军离去后,又贸然宣布"摊经拆去不准再设,另各择地谋生",这一举措当然"大拂商情",激起"群情大愤"。其二,在逼迁过程中滥用武力。持锯斧强拆,这是激起暴动的又一直接原因,因此,汉口摊民之反抗,并非要夺回街市的"领土权"或者说对街道的"主权",而是对权力傲慢和野蛮的抗议抗争,这是此次汉口摊民暴动性质的另一面。

第二,摊民。

值得注意的是摊民在这次事件中的表现。首先,他们因争自身的利益初而请愿,继而暴动,正如《汉口中西报》所言,其时"国民权利之思想日益发达,即下至贩夫、牧竖,亦未可谓其蚩鄙无识"。这是一个历史性的进步。其次,摊民之请愿和暴动具有一定的组织性,事变前摊民聚集在涵万茶楼订立合同,约定"此次要求长官,不许一人暴动,不许抢劫铺户,倘被公家拿获一人,大众须将此人抢出。如杀一人,即须往劫法场"。①虽然事情一旦发生后,就不以最初酝酿者的意志为转移,但摊民的初衷,是可见的。据《汉口中西报》记者报道,"以记者所闻,是日颇有不逞之徒,欲恃众行劫,乃反为众摊户挟持而止"。可见,乘乱抢劫,大多是青皮痞棍所为,而大多摊民是努力恪守事先约定:"不许一人暴动,不许抢劫铺户。"即使是打毁日人商铺,也未抢劫财产。合同商定:"倘被公家拿获一人,大众须将此人抢出。如杀一人,即须往劫法场",此说尤具有传统社会小农和手工业者抱团起事的色彩。事实上,汉口摊民也是这样做的。事件平息后,"缉捕营勇拿获摊户二人","及闻该营勇拿人,登时又围聚二百余人",蜂拥至厅署门首探询,从而迫使"厅宪随即将所拿摊户一概释放"。其三,气势可观,《汉口中西报》描述当时情景:"多数摊民,挺于鹿之走险,乃联合为大队之团体,破釜沉舟,以与警察相撑拒。一鼓而三局焚、四局破,全镇震动,撼揿有声,草木皆兵,巡勇削迹。"②恢复摆摊营业后,"摊户又异常恃横大街,货摊竟摆在街心"。③刘师培称这次汉口摊贩暴动,是"劳民之最大示威运动",是否为"最大"尚待考证,但其声势与气势均可谓为奇观。

---

① 《汉口罢市善后记再续》,《汉口中西报》四月二十日,第721号。
② 《摊民胜乎警察胜乎》,《汉口中西报》,戊申年五月十四日,第745号。
③ 《申报》第12683号,1908年5月23日(戊申年四月二十四日)。

第三，当局。

此次事变，对于湖北地方当政者来说，可谓极为严重：警局被毁，警员被殴伤，其中伤势严重者，如巡士罗景云，"头脑竟被劈去左边，腰间亦有重伤。朱玉辉之头面则削去一半，二指亦劈断"。① 最后两人均不治身死，其间还有商家罢市、"波及日商"、日常秩序混乱失控等情节。鄂督因此向军机处表示：摊民"聚众哄闹，酿成毁局、罢市、捣毁洋商货物案情，其中煽惑主使之人，必非善类，若不惩一儆百，殊不足以遏刁风，已督饬文武严拿此案首要，务获讯明惩办"。② 但并未见大规模的抓捕行动。目前，据报刊资料所见，仅抓捕三人，其中，"除被认定为首犯的屠夫熊狗子被转解省垣究办"，另外两名被捕摊民，迫于摊民再次聚集的压力，也因商会之劝说，最后也仅仅是薄惩，逐回原籍。事件发生后，鄂督即出安民告示，"亟宜安静，自爱市亭现既未成，货摊照旧准摆，慎勿轻信棍徒聚众，无端扰害，倘再生事造谣"，但"各商店仍不肯开门"，"夏口厅金司马闻信，不得已于十六日黎明，冒雨步行至各店劝谕，始开市贸易，各摊亦照常摆设"。③ 比较有意思的是冯启钧，当此之际，虽"知挟有锯牌之怨"，仍坚持商家开门、清理店面。不过，不再采用锯斧，而是"特用红笺印就四字，浅语下列衔名，倩商会派人分送各商店，略谓：过街横牌永远撤去；檐下直牌亦宜收进。有关公益，深合警章，至为感佩，专帖鸣谢云云"。④ 如果，以革命史的眼光来看湖北官方的这一系列软措施，可能会得出"官方权威失坠"的结论，但是，我们能否换一种思维，把这一系列举措视为当时的政治常态。换言之，晚清政治，究竟是否那么专制，那么严控，也许还有重新考虑的空间。

第四，媒体。

在各家媒体中，《申报》和《汉口中西报》的态度最有可比性。首先，两家都肯定汉口警方清理街市的举措。《申报》称："汉口警察取缔街道货摊，迁诸巷庵，固文明事业也。"《汉口中西报》更认为，街市的

---

① 《汉口闭市开市情形纪详》，《申报》第12680号，1908年5月20日（戊申年四月二十一日）。

② 《鄂省致军机处请代奏电（为汉口小贩滋闹事）》，《申报》第12688号，1908年5月26日（戊申年四月二十七日）。

③ 《汉口中西报》，戊申四月十七日新闻第四版。

④ 《汉口闭市开市情形纪详》，《申报》第12680号，1908年5月20日。

功能"主于行旅之交通，担任商业之经行，而不担任商业之寄顿"，摊贩把街市面积割去一半，"以为摊民之领土"，并把街道变成秽累、藏污纳垢之地，绝非文明都市应有之事，因此，该报强烈主张"改良街市"，"展宽街道"，"文明国固如是也"。① 但是，对待警察，两报的态度颇有差异。《申报》谴责警察是"野蛮人"，用"对外手段"来对待"吾之同胞"，"呵斥谩骂，遇有拘解，任意鞭笞"。② 《汉口中西报》虽然也认为"撤摊之取缔，病于操切，然其实则不失为取缔之正当也"。更强调街市的领土权在警察不在摊民，强调"宪政不能无警察，犹人身之不能无耳目"。③ 这一立场，应与《汉口中西报》身处事件漩涡，对社会失序有极大的紧张感有关。

对待摊民，《汉口中西报》的态度是两方面，一方面，为摊民之骚乱辩护，一再指出，摊民之举是迫不得已，是受警方操切行为之激发，其"跪香、跪请求也，犹是纯良之举动"。既而跪亦无望矣，于是，"始逼勒全镇罢市，以为要挟"。而摊民的种种要求，实体现了从专制向立宪过渡时期的国民权利意识；另一方面，又谴责摊民占领街道，视街市为自己"血统专袭"之领土，"令街市堕劫于野蛮之地"。在批评摊民占领街道的话语中，《汉口中西报》又表现出知识阶层对摊民的蔑视。《汉口四月十五日摊警交讧史谶》一文言，有人谈论汉口摊民骚乱的原因，以为"设有市场以为归宿，如武昌办法，必不止于此"。记者回答："虽设市场，令有归宿，不至于歇业，有害生计"，摊民仍然会交讧、闹事。因其"维新之观念终薄于其守旧观念"。这是其"历史之遗传性"。④ "吾国历史之遗传性，国民怯于公战，勇于私斗，无公民之价值。"⑤ 《汉口中西报》对待摊民的复杂态度，融合了对底层社会的同情与蔑视，也源自《汉口中西报》身处汉口，对街市畅通、社会秩序有迫切的需要。《论本埠两次暴动事》不无焦虑地说："本埠为中国第一之通商场，无赖之子，不逞之徒，更什百倍于他埠"，"即此民气之嚣然不靖，宽假之则不免后此之效

---

① 愚：《论汉口之将来》，汉口中西报戊申六月十三日。
② 《论军界之无教育》，《申报》第12683号，1908年5月23日（戊申年四月二十四日）。
③ 凤侣：《汉口四月十五日摊警交讧史谶》，《汉口中西报》戊申五月十二日，第742号。
④ 《第一谶：汉口街市者摊民之领土乎警察之领土乎》，《汉口中西报》戊申五月十三日，第744号。
⑤ 《汉口四月十五日摊警交讧史谶》，《汉口中西报》戊申五月十二日，第743号。

尤，重惩之则愈益当前之忿怒，而以群情之恐慌，遂致商务之暗损"。又说："民气嚣张，动不秩叙，苟坐视其如是云云，如是云云，而不为正常之取缔，又岂中国前途之幸福？"①

  本文依据光绪三十四年汉口摊民事件前后的报刊资料，对这一事件进行了全面的清理。由于无法听到当时下层摊民的声音，因此，本篇文章具有先天缺陷。而报刊关于这一事件的报道，既有其客观真实的一面，也必然会有"虚构的真实"，而对这一面的揭示，尚有待更进一步的资料发掘。

---

① 幸楼：《论本埠两次暴动事》，《汉口中西报》戊申五月十九日，第750号。

北洋时期基层纠纷解决的制度构建

唐仕春

（中国社会科学院近代史研究所）

一百多年前，中西法律文化的大碰撞中，随着西方近代政治学说及制度传入中国，以三权分立为参照物，中国的刑名往往被理解为司法，司法与行政不分则被当作中国传统政治制度的特点。在此大潮里，"中国法制朝何处去"的问题也摆在了中国面前，尤其是司法与行政应不应分立、能不能分立、如何分立便成了一个始终挥之不去，却又难以解决的问题。

基层司法制度是整个国家法律制度的基础，它涉及的地区最广、涉及的对象和案件数最多。司法与行政分不分的问题只有在基层司法中得到解决，才算是真正解决了。清末司法改革中，筹设法院计划刚刚起步，还没有向广大的州县推进，清政府就灭亡了。因此，要讨论近代司法制度在基层的变迁，目光更多应该转到北洋时期。

一些法制通史类论著都或多或少介绍了北洋时期司法制度的几个主要方面，如司法机关、法官和诉讼制度等。[①] 一些专题研究则深化了相关课题的研究。近代法制史论著津津乐道的一个话题是司法独立、司法现代化。公丕祥、郭志祥、韩秀桃、李峻等众多学者都以司法独立、法制现代

[①] 参见钱实甫《北洋政府时期的政治制度》，中华书局1984版；余明侠主编：《中华民国法制史》，中国矿业大学出版社1994年版；朱勇主编：《中国法制通史》第九卷（清末·中华民国），法律出版社1999年版；张晋藩主编：《中国司法制度史》，人民法院出版社2004年版；曾宪义主编：《中国法制史》，北京大学出版社、高等教育出版社2001年版。

化为题展开研究。① 徐小群以江苏为切入点对 1901—1937 年中国的司法改革进行分析，讨论了进行司法现代化的努力。② 李超对民初法院改组和法院体系的变迁有较全面的描述；吴永明对法院设置的数目进行了一些考证；欧阳湘以广东为个案对近代中国法院普设进行了考察。③ 魏光奇研究了 20 世纪上半期的县制，其中部分内容涉及司法制度。④ 张勤探讨了民初奉天省的司法变革。⑤ 韩秀桃和刘昕杰对民国县级行政兼理司法制度进行了分析。⑥ 基层审判领域也有学者开始关注。李雯瑾以江苏省句容县审判材料为例研究了民初的县知事审判。⑦ 尹伟琴以浙江龙泉祭田纠纷司法档案为例讨论了民国时期基层法院判决依据的多样性。⑧

随着北洋时期司法领域史实一点点地重建，司法状况的粗略轮廓正在形成之中。北洋时期中国司法制度正处于新旧、中西碰撞融合过程中，基层司法制度多元并存。在全国尚未建立起统一司法制度的情况下，尤有必要深究在国家权力结构中如何设置各类司法制度，特别是处理司法与行政的关系，然而现有论著对此研究仍十分薄弱。本文尝试分析地方精英是如何认识北洋时期各类基层司法制度，并讨论司法独立理念、共和观念、收回法权、政治分立、司法经费、司法人才、诉讼状况等因素如何推动或制约这些制度的出台、推行和运作，最后围绕社会史方法在法制史中的运用

---

① 参见公丕祥《中国的法制现代化》，中国政法大学出版社 2004 年版；郭志祥：《清末和民国时期的司法独立研究》，《环球法律评论》2002 年春、夏季号；韩秀桃：《司法独立与近代中国》，清华大学出版社 2003 年版；夏锦文、秦策：《民国时期司法独立的矛盾分析》，《南京社会科学》1999 年第 5 期；李峻：《论北洋政府时期的司法独立》，《南京社会科学》2000 年第 10 期。

② Xiaoqun Xu, *Trial of modernity: judicial reform in early twentieth-century China*, 1901-1937, Stanford University Press, 2008.

③ 李超：《清末民初的审判独立研究》，法律出版社 2009 年版；吴永明：《理念、制度与实践：中国司法现代化变革研究（1912—1928）》，法律出版社 2005 年版；欧阳湘：《近代中国法院普设研究——以广东为个案的历史考察》，知识产权出版社 2007 年版。

④ 魏光奇：《官治与自治——20 世纪上半期的中国县制》，商务印书馆 2000 年版。

⑤ 参见张勤《清末民初奉天省的司法变革》，《辽宁大学学报》（哲学社会科学版）2008 年第 3 期。

⑥ 参见韩秀桃《司法独立与近代中国》，清华大学出版社 2003 年版；刘昕杰：《民法典如何实现：民国新繁县司法实践中的权利与习惯》，中国政法大学出版社 2011 年版。

⑦ 参见李雯瑾《清末民初的县知事审判研究——以江苏省句容县审判材料为例》，硕士学位论文，中国政法大学法律史专业，2009 年。

⑧ 参见尹伟琴《论民国时期基层法院判决依据的多样性——以浙江龙泉祭田纠纷司法档案为例》，《浙江社会科学》2010 年第 5 期。

略作探讨。

一　北洋时期各类基层司法制度的定位

　　北洋时期先后存在数种基层司法制度。由于普设法院不能一蹴而就，各类司法机关或相继或并存，其数量上极不平衡。清末在京师、省城和一些商埠筹设新式法院九十来处，也有一些县进行分科治事改革；1913年，有半数县从传统旧制改设审检所；1914年春，审检所和初级审判厅被全部裁并，不到40所地方厅在省城和少数中心城市得以保留，每省除了一两处新收法院，其余各县推行县知事兼理司法制度；20世纪20年代前期，各县陆续增设司法公署达40多处，地方分庭20来处，地方厅共60来处。清末建立第一所专门的新式审判机关之后20年里，设有新式审判机关的地方多数时间不足100处，占全国县数的比例不足5%。审检所数目虽不少，但昙花一现；县司法公署是1922年才出现，其数目也不多。北洋时期的绝大多数时间里，全国92%以上的县都是县知事兼理司法。[①]无论地域上，还是时间上，县知事兼理司法都是绝对的主体，新式审判机关不过是漂浮在汪洋大海中的数叶轻舟。

　　北洋时期基层司法制度不仅有古今之别、新旧之分，亦含中西之辨。虽然，一百年前的人们也许根本就没有受到所谓"现代化范式"的支配，虽然，何为西方都还仅仅是一模糊的概念，当清末中国引入西方司法制度后，司法独立便成为一个参照、一个标杆。时人是如何看待各种基层司法制度中的西方意蕴？他们是如何定位各种基层司法制度在西方司法独立坐标中的位置？主体不同、视角不同，大约会横看成岭侧成峰。地方志的编撰者多为该县基层司法制度近距离的观察者，甚至还是亲历者、实践者，他们的视角较为全面、仔细、深入，这是不可或缺的一种基本视角。聆听基层的声音对理解这些问题不无裨益。

　　首先，对民初分科治事的定位。

　　《分宜县志》认为，县知事下设立司法课等，"司法始具雏形"；与此同时，它也意识到，法权仍操于县知事。[②]《赤溪县志》指出，1913年，

[①] 参见唐仕春《北洋时期的基层司法》，社会科学文献出版社2013年版。
[②] 参见民国（1940年）《分宜县志》卷十《职官志·司法》，第19页。

该县行政、司法分立，行政设县知事一员，司法设专审员一员，监狱一员。①

其次，对审检所的定位。

审检所的建立划分了司法与行政的权限。山东《德平县续志》指出，经清季倡言三权，而立法、司法、行政之说起，但以一县范围而论，兵农政刑仍萃于知县一身，无所谓司法机关；民国肇兴，县设帮审员，于是乎知事有兼事司法名义。②《镇东县志》《临江县志》《开原县志》《锦西县志》等认为，各县设立审检所是实行"司法与行政分权"；③"司法权限自此确定"；④"司法与行政始分权"；⑤"司法厘然划分"。⑥

司法与行政分立，司法独立是一个过程，审检所的建立是其起始阶段。福建的正和、建瓯等县志认为，1913年间奉司法部令各县设立审检所隐含司法独立之意；正和、建瓯等县审检所由司法筹备处委任帮审员专司审判，县知事兼任检察职权，"稍具地方审检厅之雏形焉"。⑦《铁岭县续志》认为，设立审检所"始具独立之雏形"。⑧《义县志》《岫岩县志》《怀德县志》指出，此为"司法独立之始"；⑨"司法独立之先导"；⑩"司法独立之权舆"。⑪

审检所的建立被认为是在培植司法独立的根基。宽甸等县成立了审检所，《宽甸县志略》认为，"异时宽邑司法有达完全独立之一日，当以斯为滥觞"；⑫山东《阳信县志》认为，"十五年来唯县立审检所，植司法独立之基"。⑬

---

① 参见民国（1920年）《赤溪县志》卷五《职官表·文职》，第5—10页。
② 参见民国（1935年）《德平县续志》卷三《政治志·司法》，第9—11页。
③ 民国（1927年）《镇东县志》卷三《司法》，第26—27页。
④ 民国（1935年）《临江县志》卷四《政治志》，第37—39页。
⑤ 民国（1931年）《开原县志》卷五《政治·行政司法》，第12—21页。
⑥ 民国（1929年）《锦西县志》卷四《政治·行政·县行政公署》，第1—6页。
⑦ 民国（1919年）《政和县志》卷十九《刑法》，第1—5页；民国（1929年）《建瓯县志》卷十六《刑法》，第1—7页。
⑧ 民国（1933年）《铁岭县续志》卷五《司法志》，第1—4页。
⑨ 民国（1930年）《义县志》中卷（四），《职官志·义县司法官》，第76—78页。
⑩ 民国（1928年）《岫岩县志》卷二《政治志·政行》，第2页。
⑪ 民国（1929年）《怀德县志》卷六《司法》，第63—66页。
⑫ 民国（1915年）《宽甸县志略》，《司法表》，第1页。
⑬ 民国（1926年）《阳信县志》卷四《司法》，第4页。

也有县志指出，各县添设帮审一员，审理词讼，名为司法独立，其实仍依傍行政。①

第三，对县知事兼理司法的定位。

县知事兼理司法被认为是行政与司法的混合。山东《阳信县志》指出，实行县知事兼理司法后，"由县署划分权限，批示、呈状归司法科员，法庭裁判归承审，虽略符初审之义，而独立精神完全为行政方面所侵夺，距司法改良之径途尚远"。②

全国不少县是裁撤审检所后实行县知事兼理司法，故县知事兼理司法常被拿来与审检所进行比较。

直隶《盐山新志》指出，1913年派法政学生于各县为帮审员，意在独立；1914年秋改为承审员，承审者一受成于县知事，"知事仍兼理审判、检察，与昔日之州县殆无殊异"，而不复"独立之谓"。③《隆化县志》也认为设审检所，意谋司法分立，以县知事兼理司法，"于是司法、行政又混合矣"。④ 山东《莱阳县志》指出，1912年仿欧美三权分立之制，各县设审检所；1913年裁审检所，设承审员，承审员审理案件须秉承县知事意旨，轻微者可自行拟结，稍重大须县知事负责署名，于是，"行政、司法复合一矣"。⑤

也有一些县志对县知事兼理司法提出了不同的看法。

《拜泉县志》认为，县知事兼理司法与帮审员办理司法并无大的歧异，诉讼程序、审理手续均仍含有审判独立之性质，"此司法独立之预备，实于县知事兼理司法时代植其基矣"。⑥ 河南《阳武县志》也认为，民初裁典史设管狱，革差役雇政警，民刑诉讼派有承审专员，"是为司法独立之始"。⑦

第四，对司法公署的定位。

司法公署的设立使司法与行政权限划分清晰。东北的《宁安县志》

---

① 参见民国（1934年）《冠县志》卷二《建置志·县法院》，第49—52页。
② 民国（1926年）《阳信县志》卷四《司法》，第4页。
③ 民国（1916年）《盐山新志》卷十《法制略·新政》，第6—9页。
④ 民国（1919年）《隆化县志》卷六《司法》，第10页。
⑤ 民国（1935年）《莱阳县志》卷二《政治志·司法》，第61—64页。
⑥ 民国（1920年）《拜泉县志》，《经政志》，页码不清。
⑦ 民国（1936年）《阳武县志》卷二《司法志》，第74页。

等指出，1923年设立司法公署办理审判，县知事则执行检察事务，与县署行政"界划始厘然各别矣"。① 《岫岩县志》认为，1913年春，审检所成立，此为"司法独立之先导"；1925年，县司法公署成立，县公署改称县行政公署，"行政、司法厘然划清矣"。② 《开原县志》指出，1913年成立审检所，司法与行政始分权；1914年，裁审检所，县知事仍兼司法；1923年，添设司法公署，设监督审判官，审判官权限除行政清乡案件归县知事处理，其民刑词讼均归该署审判厅，添设检察员，受县知事指挥，此"司法、行政分立之始"。③

司法公署的设立被认为具有司法独立精神，是司法独立时代的来临。

《怀德县志》指出，光绪末叶，变法图强乃分司法行政之权限，于是各省先设司法筹备处，继设提法、审检各机关，"始具司法独立之雏形"；民国建立，励行法治，1913年，各县设立审检所，由省高等审检厅委帮审员专理诉讼，为"司法独立之权舆"；1914年，县知事兼理司法聊为补苴之计，究有混合之嫌；1925年，司法公署成立以县知事兼检察官，虽有监理司法之名，而审判权则纯属于监督审判官及审判官，于是"渐有司法独立之精神矣"。④

《临江县志》认为，光绪之季，变法立宪，行政司法始分蹊径，各省设立筹备处及审判检察各厅，司法独立始具端倪；民国肇建，励行新法，各县设立审检所，司法权限自此确定；1925年，成立司法公署，以县知事兼检察官，而审判权仍属司法监督，"司法独立之精神因而圆满"。⑤

《集宁县志》认为，该县所设司法公署，保障民权，尊重人道，具有独立精神。⑥ 《绥中县志》《农安县志》认为，该县组织司法公署，颁发章程，划分审判、检察两部，设审判官、检察员、书记官、检验吏，此为

---

① 民国（1924年）《宁安县志》卷二《司法》，第1—4页。
② 民国（1928年）《岫岩县志》卷二《政治志·政行》，第2页。
③ 民国（1931年）《开原县志》卷五《政治·行政司法》，第12—21页。
④ 民国（1929年）《怀德县志》卷六《司法》，第63—66页。
⑤ 民国（1935年）《临江县志》卷四《政治志》，第37—39页。
⑥ 民国（1924年）《集宁县志》卷一《司法》，第22页。

"司法独立告成之时代也";① 又为 "司法独立时期"。②

第五，对地方分庭和地方厅的定位。

地方分庭和地方厅都被视为正式法院，其成立往往被认为司法与行政权限划分清楚，实现了司法独立。

《抚顺县志》指出，1923年司法公署成立，仍附属于县署，审判部分归监督审判官主持，检察部分仍由县知事兼理；1924年改司法公署为沈阳地方审检厅抚顺分庭，设监督推事、监督检察官综理一切司法行政事宜，至是"司法乃脱离行政而独立"。③《铁岭县续志》认为，县署内添设审检所，"司法尚未独立"；1917年，铁岭地方审判厅、检察厅成立，"司法俨然独立矣，而司法与行政俨然划清矣"。设立审判检察两厅乃与行政分离，"而司法真正独立矣"。④《西丰县志》指出，该县司法机关的变迁由"司法半独立之司法公署，更进而为完全独立之司法分庭"。⑤《东丰县志》指出，1923年司法公署成立，"司法始有专司，县知事不再兼理"；1924年司法公署改组为地方分庭，分检察审判为两部，各有职权不相牵掣，"司法完全独立"。⑥

民初的分科治事，尤其是昙花一现的审检所，多被认为是行政与司法分权的开始，培植了司法独立的根基。司法公署多被认为使司法与行政权限划分清晰，具有司法独立精神。当然，一些在裁司法公署之后设有地方分庭的县会认为司法公署尚未使司法完全独立。设有地方分庭或地方厅通常被认为已经实现了司法独立。他们判断司法独立的标准是什么呢？最主要的是司法与行政在组织和人员上划清界限，包括由专门的司法人员执行司法权、司法机关从行政机关分离出来、司法人员由司法机关的人员担任而不由行政机关的人员担任。审检所与司法公署中，审判权专属于帮审员、监督审判官及审判官；有的审检所或司法公署还是在县行政公署之外另建的司法机关，它们往往被划入司法独立的范畴。县知事是行政官，在

---

① 民国（1929年）《绥中县志》卷六《司法组织及成立》，第28—29页。
② 民国（1927年）《农安县志》卷三《司法》，第65—68页。
③ 民国（钞本）《抚顺县志》卷二《政治志·司法》，第35—38页。
④ 民国（1933年）《铁岭县续志》卷一《政治》，第5—7页；卷五《司法志》，第1—4页。
⑤ 民国（1938年）《西丰县志》卷十三《行政》，第1—4页。
⑥ 民国（1931年）《东丰县志》卷二《政治志·司法》，第1—7页。

审检所与司法公署中兼掌检察权,司法与行政人员没有完全分开,审检所或司法公署便被当作司法独立过程的起点,或是中间阶段。地方厅掌审判权,它已经从县署分离出来,县署的知事等人不担任审判官、检察官,审判官、检察官来自司法系统,因此,地方厅的建立被当作司法独立的标志。尤其是,在县知事兼理司法的汪洋大海里,寻觅到司法公署已属难能可贵,发现地方厅时,以为那就是追寻的终点,并宣布至此司法独立已经实现,似不无道理。的确,在县行政公署之外另建地方审判厅,由审判厅中的人员行使审判权,使法院自成系统,司法独立具备了组织基础,然而地方审判厅的建立就是司法独立的终点吗?至少,如何划分审判权与行政权,怎样实现法院的审判独立,以及如何保障审判人员独立行使审判权,都还有不少路要走。

审检所、司法公署、地方分庭或地方厅等被认为是行进在司法独立之路的某个阶段,唯独县知事兼理司法多被认为与司法独立无涉。清末司法改革倡言司法独立,北洋时期司法独立之论仍不绝于耳,然而中国的绝大部分地区仍实行县知事兼理司法制度。尽管县知事兼理司法制度已吸收了西方近代司法制度的某些内容,仍未突破旧有设官分职框架,依旧沿着设官分职的路径前行。县知事兼理司法被纳入设官分职,与其出现的时机有一定关系。1914年推行县知事兼理司法之时,恰逢裁撤审检所和初级审判厅。审检所和初级审判厅是走向司法独立,取而代之的县知事兼理司法往往被认为是反其道而行之,是回归传统的设官分职。[①]

二 影响北洋时期基层司法与行政分离的因素

北洋时期司法与行政纠结于分与不分之间:在行政公署之外建立了少量新式法院,它们朝着司法独立迈进;绝大多数县仍由知事兼理司法,沿着设官分职的轨迹行进。那么,到底有哪些因素左右着司法与行政的分离呢?

[①] 其实,县知事兼理司法制度下的承审员距离司法公署中审判官原本一步之遥。随着县知事兼理司法制度下承审员与县知事司法权限的明晰,以及承审员执行审判权时独立性增强,承审员距离司法公署中审判官越来越近,县知事兼理司法未尝不可由设官分职成为司法独立坐标系的某个点。

关于近代中国司法独立的论著论述司法不够独立的原因时通常都会从经济、政治、文化等方面列举、总结不利于司法独立的若干因素。问题是，相同的经济、政治、文化条件下，基层司法既朝司法独立迈进，又沿着设官分职的轨迹行进。于是，我们不仅要质疑：这些条件的存在，一定不能产生司法独立吗？这些因素不存在了，一定就能促使司法独立吗？法制的演进离不开一定时空，它必须在具体的社会情境中进行，因此受到各种社会因素的推动和制约；社会因素对法制变迁的影响也不是单向度的，同一背景下历史往往存在多种可能性。不同的时段，不同的事件中，影响司法与行政分离的因素各自有不同的地位和作用，形成不同的组合模式。

首先，司法独立、共和等观念在司法与行政分离中的牵引力并不强大。

人们通常认为，三权分立、司法独立、共和、宪政等观念在启动司法与行政分离中起着重要的作用。《兴城县志》《辽中县志》《冠县志》《开阳县志稿》《香河县志》等都指出，清末筹备立宪倡言三权分立，始有司法独立之议，于是省会商埠各地逐渐成立审检各厅。① 《建瓯县志》《阳信县志》等认为，民国肇造，以司法为立国大本，乃独树一帜不受任何方面之监督，分司法、民政为两途，县公署只理民政事务，诉讼案件概归法院办理；"司法、行政分立已成全国公认不移之铁案"。② 西方三权分立观念引入后也会发现旧制弊端。《满城县志略》便指出，"自三权鼎立之说盛行而行政兼司法群诟为不合学理，司法独立期于实行也久矣"。③

正是以司法独立、共和、宪政等观念为参照，中国才着手筹设新式司法系统，以推进司法与行政之分立，西方政治、法律观念对中国启动法制改革的作用不言而喻。然而在进一步推进基层司法制度建设的过程中，其作用又如何呢？北洋时期基层司法制度建设中的大事如1914年审判厅大裁并和1916年县司法改革重启最能反映共和等观念的作用。

---

① 参见民国（1927年）《兴城县志》卷六《司法》，第1—7页；民国（1930年）《辽中县志》三编卷十五《司法志》，第9—10页；民国（1934年）《冠县志》卷二《建置志·县法院》，第49—52页；民国（1940年）《开阳县志稿》第3章《政治·司法》，第64—65页；民国（1936年）《香河县志》卷四《行政·组织》，第1—3页。

② 民国（1929年）《建瓯县志》卷十六《刑法》，第1—7页；民国（1926年）《阳信县志》卷四《司法》，第4页。

③ 民国（1931年）《满城县志略》卷五《县政·机关组织》，第1—3页。

总结北洋时期司法与行政不分的原因，首先会想到袁世凯。袁世凯背离民主共和理想，走向帝制的过程中恰巧出台了县知事兼理司法，发生了审检所的裁撤和基层审判厅的大裁并，于是两件事似乎具有了因果关系，前者似乎导致了后者。问题是：清朝末年，正是袁世凯在未必有什么民主共和理想的情况下最先在天津建立了基层审判机关；北洋时期，袁世凯走向独裁、走向帝制过程中，司法权尚没有足够的力量成为制约大总统的一权，何况司法权对大总统的制约主要不是在地方，一个省多几个基层审判厅对他独裁与否根本构不成太大的威胁；若袁世凯等背离共和、走向独裁而裁撤审判厅，为什么没有全部裁撤，而是继续让大理院、高等审判厅和一些地方审判厅继续存在。看来，袁世凯是否有共和思想对其设厅或裁厅的影响并不大。

然而，北洋时期司法与行政分离在袁世凯当政时期发生转折，袁世凯等并非没有施加影响。1914年裁撤审判厅过程中，在处理一些有关司法机关存废的公务中袁世凯对维持审判厅的行动采取消极态度，对裁撤审判厅的举动予以积极支持，实际上纵容或推动了裁撤审判厅。① 政治家无疑应当负起建设国家的责任，但不可能担负所有责任，把司法与行政不分的全部或主要原因都集中在他们身上，并加以背离共和、走向独裁的名义，必将遮蔽许多其他因素。

如果认为袁世凯是妨碍设置审判厅的罪魁祸首，那么，他去世后，这个障碍已除，设审判厅会有大的起色吗？1916年，再造共和的氛围里，重启了县司法机关改革，提出筹设司法公署与地方分庭，的确可以看到共和再造推动司法与行政分离的迹象。然而启而不动数年，② 说明共和观念在筹设法院中的推动力也许并不如人们想象的那样强大。

其次，收回法权对司法与行政分离的外在压力不足。

收回领事裁判权往往被当作近代中国筹设法院的动因。《连山县志》指出，清季多交涉，于是进行司法改革，省府县乡都准备设裁判机关。③《拜泉县志》认为，国家屡拟筹设各级审检厅以为收回领事裁判权基础。④

---

① 参见唐仕春《一九一四年审判厅大裁并之源流》，《历史研究》2012年第3期。
② 参见唐仕春《北洋时期的基层司法》。
③ 参见民国（1928年）《连山县志》卷六《司法·司法沿革》，第1—2页。
④ 参见民国（1920年）《拜泉县志》，《经政志》，页码不清。

《平潭县志》指出,"近因华盛顿会议于取消领事裁判权之先共设一委员会调查我国司法情形,改良之论复喧于耳"。① 《阳信县志》认为,"外人借口中国司法之不良致领事裁判权不能取消,会审公廨不能收回,屡酿交涉辱及国体"。②

收回法权对中国法制改革产生影响有几个高潮性事件,在清末是中美商约与中国近代司法改革的启动,北洋时期则是巴黎和会与华盛顿会议对中国法制改革的推动。

1919年4月,中国代表团向巴黎和会提出了《中国希望条件》的说帖。它提出了7项希望,其中第四条即为废止领事裁判权,这就是《中国提出巴黎和会请求撤销领事裁判权案》。该案指出,中国将在5年内(1919—1924年)颁布刑法、民法、商法及民事诉讼法、刑事诉讼法5种法典,各旧府治所在地(实际上是外国人普通居住之地)成立地方审判厅,要求各国届时撤废领事裁判权。③ 1919年5月14日,巴黎和会主席、法国总理克里孟梭答复中国代表团,充分承认《中国希望条件》所提问题的重要,但强调此提案非因欧战而产生,故不在和会权限范围之内,此问题要留待万国联合会行政部(国际联盟)能行使职权时请其注意。④ 由于拒绝讨论该说帖,因此,收回领事裁判权在巴黎和会上没有取得什么实质性成果。

为了配合巴黎和会上收回法权,中国司法界提出一个20年司法改革计划,即1919年司法部与财政部提出的"添设厅监分年筹备计划"。"添设厅监分年筹备计划"的第一期自1920年度起至1924年度止,筹设各省旧道治高等分厅暨旧府治地方审判厅。1920年如期成立者有直隶的万全地方厅和第一高等分厅、黑龙江的呼兰地方厅、甘肃的第三高等分厅。其余各省多以该年度预算案未能成立,经费无所出,虽筹备有案,而开办无期。⑤ 之后各年情况与1920年差不多,多数省份不能按计划设厅,但每年都有新的厅监陆续成立。

---

① 民国(1923年)《平潭县志》卷十九《刑法志》,第1页。
② 民国(1926年)《阳信县志》卷四《司法》,第4页。
③ 《中国提出巴黎和会请求撤销领事裁判权案》,《司法公报》第118期,1920年3月,第91—102页。
④ 《中国提出巴黎和会请求撤销领事裁判权案》。
⑤ 参见《司法部九年份办事情形报告》,《司法公报》第161期,第1页。

王宠惠在华盛顿会议上指出，领事裁判权的存在对中外人士造成了五个方面的不便，并向与会各国代表介绍了中国自晚清以来改良法律和司法的显著成效。王宠惠的建议得到了会议主席许士等人的响应。[①] 1921年12月10日远东委员会会议通过《关于在中国之领事裁判权议决案》，同意以中国司法制度改良为撤废领事裁判权的先决条件，并决定在华盛顿会议闭会之后3个月内成立一个专门委员会，以调查中国司法现状，根据调查结果再由各国政府裁决中国是否具备废除领事裁判权的条件。

中国对华盛顿会议关于中国领事裁判权的决议充满了期待，并采取了一些实际行动以改变国内法制状况：改善了法院设施，对国内司法状况进行了调查，开始筹设县司法公署。外力对设各县司法公署推动最大，然而1922—1926年总共设立的司法公署也不过四十几处。另外，这期间还增设了一些地方厅及其分庭。总的来看，县知事兼理司法的县在减少，不过到1926年全国92%的县仍由县知事兼理司法。因此，收回法权作为一种外在的诱因多少少能推动中国法制改良，其推动力并不够强大。

第三，诉讼需求对司法与行政分离的推动力不足。

传统旧制下知县集诸多事务于一身，清末民初这种状况进一步加强。《昌图县志》注意到，民国肇兴，知事之事务纷繁，诚非昔比，民刑各事知事司之，而教育、巡警、保卫团、自治、外交暨地方一切新政均总集于知事之一身，人纵万能，精神亦将不继。[②]《连山县志》指出，"狱者，万人之命也，虽有贤智仁勇之才，非一其心力以从事于斯，恶能胜任而愉快"。[③]《讷河县志》记载，自讷河厅同知始，因行政事繁，对审理民刑案件不能每案亲听，于是呈准设置帮审员，帮审司法民刑各案。[④] 岫岩县知事因词讼繁多于1925年禀请设立司法公署。[⑤]

县知事事务繁多，精力有限，如果诉讼繁多，则需要专门司法人员或机构处理诉讼。

诉讼规模、效率与上诉等反映了诉讼需求。大部分地区的诉讼规模不大、结案率较高、案件标的小，案件可能并不复杂而且容易审理。地方厅

---

① 许士（Charles Evans Hughes）时任美国国务卿。
② 民国（1916年）《昌图县志》第6编《志政事·分科》，第54页。
③ 民国（1928年）《连山县志》卷六《司法·司法沿革》，第1—2页。
④ 民国（油印本）《讷河县志》卷四《吏治志·司法》，第81—95页。
⑤ 民国（1928年）《岫岩县志》卷二《政治志·司法》，第75—76页。

刑事案件的上诉率并不高，而且各县上诉案件数量并不是特别多，反映当事人对原判决与决定接受程度并不低。① 即便司法制度不做根本性改革，仍能围绕当时的诉讼需求比较正常地运转。因此，仅添承审员助县知事处理诉讼的县知事兼理司法制度应运而生，并长期存在。

改革传统旧制的弊端可以通过设官分职来解决，而不一定非得走向司法独立。不过，司法独立未尝不能作为解决诉讼需求的一种选择。一些地区诉讼规模已经较大，诉讼需求导致处理诉讼的人员和机关膨胀，从而产生从行政衙门分离出去的要求。上级审判机关对各县的上诉案件，以及覆判案件的处理看，各县原判或原决定错误率并不低。② 改革县司法制度，提高司法人员的素质以减少处理案件的错误成为不得不面对的问题。恰好新式法院上诉案件的撤销率低于各县，各县司法制度向法院制度演变也具备一定理由。故建立新式法院，推行新式司法制度的努力也从未间断。

第四，经费匮乏直接影响司法与行政分离的进展。

清末北洋时期法院未能遍设，甚至停办已设法院，各地多认为其主要原因在于经费支绌。《威县志》《建阳县志》《泰宁县志》《建瓯县志》《辽中县志》《兴城县志》《大田县志》《绥化县志》《双城县志》等均认为，因财政困难，法院未能遍设；清末设有地方、初级审检厅也因款项支绌而停办。③《拜泉县志》《连山县志》《龙岩县志》《霞浦县志》等指出，经费困难不仅是不能遍设法院而改设审检所的原因，它也导致裁撤审检所。④《来宾县志》《政和县志》《建瓯县志》《平潭县志》《临江县志》《开阳县志》等均认为，因财政问题未能办理法院，仍以县地方行政官兼

---

① 参见唐仕春《北洋时期的基层司法》。
② 同上。
③ 参见民国（1929年）《威县志》卷八《政事志下》，第1—2页；民国（1929年）《建阳县志》卷七《刑法志》，第64—65页；民国（1929年）《建瓯县志》卷十六《刑法》，第1—7页；民国（1942年）《泰宁县志》卷二十二《刑法》，第1页；民国（1930年）《辽中县志》三编卷十五《司法志》，第9—10页；民国（1927年）《兴城县志》卷六《司法》，第1—7页；民国（1931年）《大田县志》卷五《刑法志》，第48页；民国（1920年）《绥化县志》卷三《司法略》，第12—15页；民国（1926年）《双城县志》卷三《职官志》，第38—52页。
④ 参见民国（1928年）《连山县志》卷六《司法·司法沿革》，第1—2页；民国（1920年）《拜泉县志》，《经政志》，页码不清；民国（1920年）《龙岩县志》卷十九《刑法志》，第1—2页；民国（1929年）《霞浦县志》卷二十《司法》，第1页。

理司法事务。①

基层司法制度的变迁受财政困难的影响最直接、普遍。无论是清末民初筹设法院计划的变通、稳健，还是停止许世英普设法院计划、裁撤审检所和审判厅；无论是1917年提出设地方分庭和司法公署又随即停顿，还是巴黎和会与华盛顿会议对国内司法改革推动力不大，其背后无一不是财政因素在发生影响。

民初，司法经费所占比例非常小，总数也很少。1914—1919年财政部或国务院核定的司法费总数在缓慢增长，1919年之后一直未变。用这些司法经费维持已设法院尚且困难，遑论继续大规模地筹设法院。中央政府所分配司法经费比例低、数额少，致使法院不能普设，行政系统之外另建司法系统进展缓慢。

不过，财政困难并非所有时候都是影响司法制度建设的充分理由，如1914年政治会议上便指出，通过裁厅节省经费的理由并不充分；比较审检所与县知事兼理司法制度的人员与经费可知，裁撤审检所而实行县知事兼理司法可以节省经费的理由也难以成立。

司法经费不仅影响到司法机关的筹设，还可能影响司法机关的运作。没有司法经费，司法活动就难以开展。司法经费的获取要么由国家财政支付，要么如清代通过非正式制度的渠道取之于诉讼者。北洋时期基层司法经费一部分由地方行政机关筹措，一部分仰仗司法收入作为补充。通过这两种方式获得司法经费从而勉强维持了司法活动，使司法一息尚存。然而这又可能使司法独立掉进新的陷阱。中央财政无能力负责筹集司法经费，只好交由地方筹措，很可能使地方司法机关受制于地方行政机关；仰仗司法收入以补充司法经费之不足，司法中征收各项费用的初衷发生改变，筹集司法经费成了主要目标，很可能走到司法改良的反面，使司法成为筹钱工具，从根本上影响司法独立。

第五，司法人才不足影响司法与行政不分。

北洋时期，裁撤审判厅、审检厅，延迟法院普设，推行县知事兼理司

---

① 参见民国（1936年）《来宾县志》下篇，《县之政典五·狱讼》，第92—96页；民国（1919年）《政和县志》卷十九《刑法》，第1—5页；民国（1929年）《建瓯县志》卷十六《刑法》，第1—7页；民国（1923年）《平潭县志》卷十九《刑法志》，第1页；民国（1935年）《临江县志》卷四《政治志》，第37—39页；民国（1927年）《兴城县志》卷六《司法》，第1—7页；民国（1940年）《开阳县志稿》第3章《政治·司法》，第64—65页。

法往往以人才缺乏为由。时人多以为财政困难与人才缺乏导致法院不能遍设。《南宫县志》《满城县志略》《青县志》《香河县志》《兴义县志》等也认为，自光绪末筹备立法时首以司法独立为标志，卒以经费支绌、人才缺乏之故，各县缩手不敢轻视筹设初级审判厅，而仍由县长兼理司法；有的还指出，由于帮审员经验幼稚、知识不足，改为承审员，并裁撤审检所。①

清末筹建府厅州县城治各级审判厅时法政毕业生在数量上无论如何都不够满足筹设审判厅所需。许世英推行司法计划仍会遇到司法人才缺乏的问题，但因司法人才不足而完全停止筹设法院，裁撤审检所，其理由并不充分。通过审检所和法政教育等途径会培养越来越多的司法人才，并逐渐满足法院需要。许世英的司法计划可以调整，不至于没等开始普设法院就停止该计划。1919年，司法部与财政部提出"添设厅监分年筹备"的司法改革计划时，法政毕业生在数量上已经多于筹设法院所需法官数。② 因法政毕业生自身的素质以及择业去向多样化，司法人才缺乏问题还是存在，但已经不是阻碍实施该计划的最主要因素。如果国民政府时期司法人才不足仍被当作司法与行政不分的理由，则更应该反省法政教育和法官的选拔和保障机制，以及如何采取措施吸引司法人才投身司法领域。

第六，诉讼习惯对司法与行政分离的影响。

清末民初，人们尊信行政官，而不信新式司法机关之事时有发生："法院初立，信仰弗深，就已设法厅之地而论，一般人民仍尊信行政官吏，检察厅执行逮捕搜查之职诸多窒碍"；③"人民习惯多信用县知事，不信用专审员"。④ 诉讼习惯能否改变呢？

近年，用法律文化解释中国法制的性质及变迁颇为盛行。法律文化可以从两个方面发生作用：首先传统法政合一的观念及实践仍然左右着政治

---

① 参见民国（1936年）《南宫县志》卷十一《法制志·新政篇·司法》，第1—2页；民国（1931年）《满城县志略》卷五《县政·机关组织》，第1—3页；民国（1931年）《青县志》卷七《经制志三·时政篇·司法》，第2—3页；民国（1936年）《香河县志》卷四《行政·组织》，第1—3页；民国（1948年）《兴义县志》第6章《政治·司法》，第75—77页。

② 参见唐仕春《清末民初所需司法人员数与法政毕业生数之比较》，《近代中国的社会保障与区域社会》（论文集），社会科学文献出版社2013年版。

③ 《覆四川民政长检察厅执行职务暂依据法院编制法第一百二条酌量办理电（附原电）》，《司法公报》第1年第2期，1912年11月，第67—68页。

④ 《司法会议议决案附司法会议纪实》（1916年），第112—113页。

家及法律人,使之难以跳出既有思想及行为的窠臼;其次新式审判机关没有获得民众的认同,民众习惯于到行政机关寻求解决纠纷,而行政机关也习惯于受理诉讼案件。用法律文化解释司法与行政不分容易导致宿命论。既然政治家、法律人和民众都受传统法律文化的影响,习惯于司法与行政不分,如果这种影响又根深蒂固、不易改变,那么,司法与行政不分岂不成了我们国家、我们民族的宿命?

其实,传统司法体制是可以改变的:北洋时期建立了大理院、各省高等审判厅和一部分地方审判厅,在司法组织建制方面实现了司法与行政的分离。每年各省地方厅通常比未设法院各县新收第一审案件数要多,① 固然是因为法院设在经济繁盛之处,纠纷增多,但仍可见民众的习惯和传统法律观念是可以改变的,甚至可以形成到法院解决纠纷的新习惯。问题的关键在于国家设不设法院,让不让行政机关受理案件。如果设立了法院,又不允许行政机关受理诉讼案件,民众到法院寻求纠纷的解决将变成新的习惯。把诉讼习惯作为新式司法机关不能建立的原因是没有说服力的。至于在文化心理上,行政机关是否仍把司法机关作为自己的一个部门看待,或是司法机关是否仍将自己归于行政机关,甚至司法机关或司法人员是否按照中国法律文化的精神处理案件,旧有习惯或许会对此产生持续影响。

第七,政治分立对司法与行政分离的妨碍。

北洋时期,绝大多数年份里有近90%的省区与北京政府没有中断司法关系,政治分立造成司法系统断裂的范围并不大。② 中央政府无论对各地司法官员的任免奖惩,还是对诉讼事务的督饬,抑或在审级管辖方面都有比较畅通的渠道。至少在形式上,政治分立对司法与行政分离的妨碍并不算大。如果中央政府能够提供足够的司法经费与司法人才,各县普设法院并非没有可能。如果中央政府要地方政府自筹司法经费,则各地拖延、抵制普设法院也未为可知。法院系统上下畅通,司法权的地方化仍然可能存在。

北洋时期基层司法与行政分离经历了种种不能承受之重:军阀混战不仅耗费无数的资源,造成无力办司法,而且动荡的政治环境下政治家考虑

---

① 参见唐仕春《北洋时期基层诉讼的规模与效率》,《中国社会科学院近代史所青年学术论坛2011年卷》,社会科学文献出版社2012年版。

② 参见唐仕春《北洋时期的政治分立与司法统一》,《近代史研究》2013年第4期。

更多的是军事、财政等问题，不能把更多的经费与精力投入到司法制度建设；中央政府司法经费不足，靠地方政府筹集司法经费，靠司法收入补助司法经费，最终导致司法不能独立于行政，不能独立、公正地解决纠纷；司法人才不足也是导致法院不能普设、司法质量不高的重要因素。人们的诉讼需求没有形成促使司法制度改革的强大内在动力，共和观念与收回法权等对司法与行政分离的推动力也极其有限。北洋时期司法改革的内在需求不足，而外在重压又往往迫使时人不能自由地抉择，司法与行政的分离蹒跚而行，造成了仅在少数地方设立新式法院，大部分地区由县知事兼理司法的局面。

面对现实沉重的压力，人们往往无力去追寻中国司法的理想图景。北洋时期人们在为县知事兼理司法制度下承审员的权限与权利而努力，在为添设审检所、司法公署、地方分庭而奋斗，连设立正式法院都是奢望，多以为有了法院便实现了司法与行政的分立，实现了司法独立。随着历史车轮的滚动，北洋时期基层司法建设所面临的那些沉重压力可能逐渐减轻甚至消失，人们将获得更多抉择的自由。当北洋时期普设法院的追求实现之后，宣称追求司法独立的历史已经终结可能为时尚早，也许应该反思司法与行政分立将走向何方。

清末直至北洋时期，关于西方三权分立制度是否适宜于中国，时有争议。对移植西方司法制度有一些质疑之声，正如《南宫县志》所称，三权之理论虽充分，"征诸事实其窒碍亦殊多端"。[①] 另一方面，司法独立逐渐成为不得不喊的口号，通常号称追求司法独立即意味着"政治正确"。1912年中央司法会议、1914年政治会议、1916年全国司法会议上构建基层司法制度时，多次强调选择什么样的司法制度是事实问题，而不是法律问题，西方近代司法制度往往被认为具有毋庸置疑的正当性。无论西方近代的司法制度如何好，如何适合于西方或别的国家，但并不能证明其一定适合于中国。北洋时期的司法实践显示新式法院的上诉案件撤销率低是其优点，结案率略低是其弱点，尚需更充分的证据证明司法与行政分立的优越性。

清末启动司法改革直至北洋时期结束的近20年时间里，中国不过在5%的县建立了新式法院，这也不能断定西方司法制度一定不适合中国。

---

① 民国（1936年）《南宫县志》卷十一《法制志·新政篇·司法》，第1—2页。

按照西方司法制度办理司法需要另建司法机关，司法机关的设立与运作则需要大量司法经费与司法人才等资源。没有资源，或者资源不够就办不了司法。法院不普设，甚至裁撤部分法院，可能并不是制度冲突造成的，而是诸如司法经费与司法人才这些外在的事实因素决定了其生死。若有足够的司法经费和司法人才，多建立些法院未尝不可能。从各县原判决错误率高于地方厅看，司法专业化对于纠纷的解决可能优于县知事审判案件。即使各地尚无积极变革的诉求，若能由政府提供更为优质的司法服务，何乐而不为呢？司法制度的命运并非由其本身来决定，而为社会事实所决定。司法制度的建构过程中司法制度本身长期置身事外，如何真正检验西方司法制度能否在中国落地生根，抑或设计更好的司法制度？

北洋时期，司法与行政分立的正当性未经证明，其是否具有不正当性也未能证明。北洋时期法制建设留给后世继续思考的一个重要问题是中国司法制度的理想图景是什么，司法与行政应不应分立。县知事为什么愿意设官分职，为什么不愿放弃司法权？司法对其是一种负担，还是有效工具？司法系统为什么要提倡司法与行政的分立，又为什么要依附于行政而不愿意彻底分权？当事人愿不愿司法与行政分立，司法独立对他们有什么好处，有什么不利？

三　结论

本文从社会史的视角探讨了法律文化、司法制度在北洋时期的变迁。

现有思考中国法律文化近代转型的进路多从逻辑上论证中国司法制度是否与西方近代司法制度相符。或是过于强调中国的独特性、自洽性，与西方的不可通约性，结果中国司法只能是多元法文化中的一元，无须也不能改变其自身的文化基因而发生根本性变革。或是强调中国与西方共通性，中国也具备移植甚至生长出西方近代似司法制度的土壤和机制，西方的各种因素不过是打断、延缓或是加速了其进程而已。北洋时期司法与行政分立正当性未经证明，其是否具有不正当性也未能证明。应搁置各种理论预设，更重要的是进入具体的社会情景，考察中西司法制度发生碰撞后二者如何相互作用并形成新制度。近代中国法律制度的命运常常并非由法律本身来决定，而为社会因素所左右。仅仅研究法律本身无法解释法律文化、司法制度在近代中国的变迁。社会史的视角、方法有助于法律史研究。在政治、法律史等传统史学领域展开社会史的研究大有可为。

法律文化研究需要目光向下，观察基层社会。只有将目光向下，才能发现基层司法建设中的复杂性和丰富面相。分析北洋时期的司法制度，如果不讨论基层司法，那么观察到的全部是大理院和高等审判厅这样的新式审判机关。迄今为止，学术界讨论民国时期的司法专业化、司法独立、国民党司法党化、陕甘宁边区大众化司法时仅仅聚焦于少数新式法院，往往忽略了未设审判厅各县，其结论的片面之处可以想见，解释力也必然受限。只有目光下移到基层，才能发现设新式法院之处原来如此之少，未设法院之处却如此之多；只有这样，一个真实的、多样性的中国才能完整展现。① 不仅如此，基层司法制度涉及1800余县，无论是涉案人员还是案件数，都远远超过大理院和高等审判厅，只有研究基层司法的实践才能把握中国法制建设进程的大局。北洋时期基层司法制度除了新式法院和县知事兼理司法，还曾出现审检所、司法公署等。面对如此复杂的基层司法制度，探讨其兴衰成败时也不能简单地罗列某类因素而作为中国司法独立，抑或司法不独立的原因，而应该看到各种因素所产生影响的多样性、复杂性。

不仅研究对象应下移至基层，而且须从基层的视角观察法律文化转型。本文分析了地方志编撰者对各类基层司法制度的定位，以及他们对司法独立的看法。他们多认为司法独立的标志是新式法院的建立。近代西方政治、法律学说中的司法独立绝非仅仅以新式法院的建立为标志，当时中国法学家眼中的司法独立也与地方志编撰者的看法存在一些错位。地方志编撰者能代表一部分基层的声音，反映了众声喧哗里对司法独立理解的多样性。基层还有广大无声的民众，限于资料，我们暂时对他们心中的司法独立尚难以准确猜度，未来是否应该倾听他们的声音？是否应该听他们讲述司法与行政是否应该分立，司法是否应该独立？

中国近代社会史的兴起很大程度上是走出制度史、政治史等传统史学，而开辟社会史新领域。除了走出去，一些制度史、政治史研究中也可以采用社会史的视角。为了克服社会史研究碎片化等弊端，一些从事社会

---

① 近代史研究中往往关注"新"，以为"新"是了解中国的钥匙。殊不知，这把钥匙能打开的门内往往只是能看到中国微不足道的一角。同样，眼里只有"旧"中国，也无法理解今天的"新"何以至此。结合新旧两个世界才能多了解一点中国。

史研究的学者强调社会史要与制度史、政治史对话。对话的立场多从社会史出发，在社会史的研究中寻找与制度史、政治史的关联。这是两种不同的研究路径：即制度史（政治史）的社会史化与社会史的制度史（政治史）化。前者的研究对象侧重于制度（政治）；后者的研究对象侧重于社会。前者目前研究对象主要在上层，故需目光向下，并聆听基层的、大众的声音；后者目前研究对象主要在基层，故需目光向上，并了解来自上层的、精英的声音。研究者的兴趣、研究条件不同会选择不同的研究路径，不同的研究路径侧重点有所不同，不过都应有一个共同的取向：既关注国家、制度等对社会产生的影响，又探讨社会对国家、制度产生的影响。不同路径的互动中历史的脉络将越来越清晰，整体感将越来越强烈。

"党规"与"国法":国民党民众组训体系中的社团制度分析[*]

魏文享

(华中师范大学中国近代史研究所)

在近代中国政党之发展进程中,政党如何与民众建立密切的党民关系,使其主义与政策为民众接受是一重大考验。民初之政党以议院为政治运作场域,其成员多为官、绅、商、学类社会精英,工农大众并未正式进入政党民意建构的视野。[①] 但对革命式政党来说,是否能够得到民众支持并领导民众运动,直接关系到政党的群众基础与革命力量的成长。在国民革命中,国、共两党都试图掌握民众运动之主导权,较为有效的路径即是以党组织来推动工会、农民协会、商民协会的组建进而动员民众参与革命。但基于国共两党理念及组织能力的差异,民众运动在事实上主要为共产党所主导,国民党的精英分子则多脱离工农。国民党右派视此为重大威胁,进而与共产党决裂。在南京建政之后,国民党"痛定思痛",对其中得失进行了深刻反省。

立于执政党地位,国民党不再热衷于"运动"民众,转而推行民众"组训"。组训强调在国民党的领导下,对民众进行组织与训练,其目的是秩序建设而不是革命破坏。依国民党的制度设计,组训由国民党

---

[*] 基金项目:教育部2010年新世纪人才计划支持项目"南京国民政府时期的民众组训与社会控制"(NCET-10-0429);教育部人文社会科学重点研究基地重大项目"近代工商同业公会与行业市场秩序"(10JJD770025)。

① 民初的政党发展状况请参见张玉法:《民国初年的政党》,中央研究院近代史研究所,1985年。

领导，通过社会行政、党团组织、社会团体、民众教育等多种渠道协同共进。民众团体的组织体系被整顿重建并被赋予思想、政治及业务训练的重要任务，是连接国民党与民众关系宏图大计之重要一环。以民众团体为依托的组训体系以一系列党内规章和国家法令为基础，由拟订过程和内容出发，可了解国民党及政府的意旨及民众团体在训政体制中的角色安排。至于这一组训体系是否能够切实将党的主义与政策贯彻到民众中去，厚植党的民意基础，则不可仅凭目标与政策加以妄断。

民众团体亦称人民团体。按国民党的分类，包括职业团体和社会团体，政党并不在其列。学界对南京国民政府时期民众团体的关注，大致从党治史、社团史和群体史三个方面考察较多。党治史主要是从国民党基层组织和党部运作的层面讨论民众训练、党团组建、党民关系等问题。[①] 社团史涉及较广，在制度层面讨论社团立法、政府与社团关系、社团自治等问题，在实体层面如商民协会、商会、同业公会、农会、工会、教育会、自由职业者公会等各类职业团体均有极其丰富的研究。不少研究重视从国家与社会关系、国民党与民众关系、政府与市场关系等来解读社会团体多重角色。[②] 至于商人、教师、工人、记者、会计师、律师等群体的研究，

---

① 代表论著请参见王奇生《党员、党权与党争：1924—1949年中国国民党的组织形态》，上海书店出版社2003年版；田湘波：《中国国民党党政体制剖析（1927—1937）》，湖南人民出版社2006年版；魏文享：《农会组织与国民党党农关系的重建（1927—1949）》，《江汉论坛》2008年第6期；徐秀丽：《中国国民党党团述论（1924—1949）》，《历史研究》2012年第1期；朱海嘉：《战时国民党对民众团体的管控政策研究——以重庆市党政联席会议为中心的考察》，《近代史学刊》2010年第7辑；秦佳：《国民党民众运动研究1924—1937》，硕士学位论文，辽宁大学，2010年。

② 代表论著请参见杨焕鹏《国民政府时期国家对人民团体的管制——以浙江省为中心》，《东方论坛》2004年第5期；徐秀丽：《南京政府建立后的政治国家与民间组织的关系》，《绍兴文理学院学报》2009年第5期；宫炳成：《南京国民政府的社团政策与民众运动控制（1927—1937）》，博士学位论文，吉林大学，2012年；陈志波：《南京国民政府社团立法研究（1927—1937）》，硕士学位论文，广西师范大学，2005年。关于农会的研究参见魏文享：《国民党、农民与农会：近代中国农会组织研究》，中国社会科学出版社2009年版。关于同业公会的研究参见魏文享《中间组织：近代工商同业公会研究》，华中师范大学出版社2007年版。关于商会、同业公会的研究概况请参见冯筱才《中国商会史研究之回顾与反思》，《历史研究》2001年第5期；魏文享：《近代工商同业公会研究之回顾》，《近代史研究》2003年第5期；魏文享：《回归行业与市场：近代工商同业公会研究的新进展》，《中国经济史研究》2013年第4期。

也多将职业团体或职业公会作为群体与阶层整合的重要标志。① 可以看到，民众团体的研究并非限于内部的组织与制度，团体作为社会阶层与结构的连接要素，也是透视近代社会的重要节点。现有研究已经充分揭示了不同类型职业团体的组织与职能状况，但基于团体对国家、政党、团体与民众关系的解读仍在一定程度上存在立场、关照不全的现象，容易放大或缩小社会团体的受控或自治程度。本文拟从国民党及政府如何将社团纳入组训体系出发，将社团置于党规与国法的交互制度空间来加以考察，讨论时段自1927年国民党建立政权至1940年社会部由中央党部改隶行政院为止。

一 从"民众运动"到"民众组训"

晚清民初，社会进化，人群聚合，现代性的学会、社团应时而兴。较之传统之会、社，新式社团之结社标准不限于地缘、血缘或信仰，更多是因共同利益及公共事务目标而组建，并得到政府之法律认同。② 早期商人、士绅及自由职业者鉴于中外竞争及同业发展之需要，推动政府颁布法规，建立了商会、同业公会、农会、职业公会等组织，其预设职责并非是在政治上连接民众，而是通官商、兴农学、维同业，参与者多为士绅商人，因此学界多将此类组织归于"资产阶级"性质的新式商人社团之列。③ 到20世纪20年代初，中国的职业团体已经较为普遍设立起来，团体不仅成为相应职群的集体代言者，也是职业制度的重要组成部分。在政府、政党及一些政治家、社会人士的眼中，职业团体已经具有民意的象征意义，各派政治力量已认识到职业团体所蕴含的社会能量。

职业团体的普遍设立为政党将之纳入民众运动奠定根基。但国、共两党重视以职业团体来发动民众还另有理论与实践来源。在理论上，国共两

---

① 徐小群：《民国时期的国家与社会——自由职业团体在上海的兴起（1912—1937）》，新星出版社2007年版；朱英、魏文享主编：《近代中国自由职业者群体与社会变迁》，北京大学出版社2009年版。自由职业者公会的研究综述请参见尹倩《中国近代自由职业群体研究述评》，《近代史研究》2007年第6期。

② 徐秀丽对学界关于中国传统社团与现代社团的区别有所归纳（《中国传统社会的社团及其与现代社团的区别》，《文史哲》2009年第2期）。

③ 朱英：《辛亥时期的新式商人社团》，中国人民大学出版社1991年版。

党均"以俄为师",俄国革命走的正是工农革命的路径。共产党在初成立时即注重以工会、农民协会来发动民众,孙中山提出"联俄、联共、扶助农工"三大政策也表明接受了这一民众运动方式。国民革命时期民众运动的重心是动员底层工人、农民及中小商人,工会、农民协会发展极为迅速。农民协会不是晚清时期的士绅型农会,而是在以中共领导组建的以贫农为主体的农民组织。至于原本势力庞大的商会被认为是"资产阶级"组织,革命性不够。① 此时尚具"革命"精神的国民党在1926年又组建以中小商人、店员、摊贩为会员的商民协会,试图以此取代商会,但受到上海总商会为代表的全国各地商会抵制。在农民运动、商民运动中,国民党并非一无所成②,但民众运动的主导权为共产党所掌控则属无疑。换而言之,国民党并非没有意识到民众运动的威力,而是心有余而力不逮,难以将自身组织与民众动员紧密结合。

国民党在民众运动中体会到严重的挫败感。在"清党"的过程中,也在思考民众政策的走向。在"要不要民众"的问题上,以蒋介石、胡汉民为首的主流派和以汪精卫、陈公博为首的改组派发生争论。改组派以为国民党应继续致力于民众运动,主流派以为应重订新方略。③ 胡汉民在《国民党民众运动的理论》中指责说:"这几年来,在民众运动当中奋斗的,表面上都是一个国民党,而暗地里冒国民党招牌做非国民党工作的,却有一个共产党或不仅是共产党。"今后的民众运动应是在国民党的领导之下,"只能以一个党一个信仰为力量的总发动机"。④ 在1928年春的国民党二届四中全会上,党内高层就民众运动方向展开争论。王乐平等主张党应以民众为基础,设立民众运动委员会,继续"革命";李石曾等元老则认为民众运动是在野党动员民众夺取政权的方法。蒋介石、陈果夫、丁惟汾三人提出《改组中央党部案》调和两派主张,以"妨碍本党代表国

---

① 在20世纪20年代的革命浪潮中,商会被国共两党定位为"反革命"的资产阶级团体。参见朱英《"革命"与"反革命":1920年代中国商会存废纷争》,《河南大学学报》2012年第5期。

② 梁尚贤:《国民党与广东农民运动》,广东人民出版社2004年版;冯筱才:《北伐前后的商民运动(1924—1930)》,台北:台湾商务印书馆2004年版。

③ 王奇生:《党员、党权与党争:1924—1949年中国国民党的组织形态》,上海书店出版社2003年版,第107页。

④ 胡汉民:《国民党民众运动的理论》,《中央半月刊》1927年第5、6期。

民之利益，易受共产党利用"为理由，建议裁撤中央党部下属农民、工人、商人、青年、妇女五部，设立民众训练委员会。① 会议最终通过这一提案，裁撤五部，设立组织、宣传、训练三部及民众训练委员会，实现由民众运动向民众组训的转向。在1928年5月正式成立的民众训练委员会直属于中央执行委员会，为民众训练之党内最高领导机构。在中央党部还设有中央训练部，掌管党义教育、党员训练、民众训育及童子军训育等事务。训练部的部长先后由戴季陶、马超俊担任。在层级上，民众训练委员会较训练部为高，中央党部下的训练部、组织部、宣传部的部长均为其当然委员。

  国民党所忌惮的是革命式的民众动员，易于超出掌控。由"运动"改为"训练"，是强调在国民党的主义和组织引导之下，训练民众为党治的基础。1928年6月，民训会颁布《民众团体登记条例》，要求一切民众团体重新登记立案。1928年8月，国民党二届五中全会通过《民众运动案》，称"人民在法律范围内，有组织团体之自由，但必须受党部之指导与政府之监督；政府应从速制定各种法律，以便实行"。② 如此，将民众之集会结社权置于党的监督之下，政府则应从国家立法的角度来制定民众团体法规，党政联动，落实组训规划。在国民党中央拟订的训练计划大纲中，可以全面了解国民党关于党、民众团体及民众运动的决策思路。1928年6月，国民党中央常会通过了《国民党中央民众训练计划大纲》，要求"认识民众运动过去的错误，以免再蹈以往各自为政之覆辙"。大纲还强调"党是民众运动之参谋部和领导者"，"政府应透过党以取得民众的拥护"，"政府应根据党的决议，公布并执行法律，以保护民众的利益及范围民众的行动"。在具体纲领中，还分列了不同界别民众的组织与建设方针，职业团体处于重要的地位。在农会方面，要求"健全农会的组织，使成为领导农民参与政治的机关，并为农业发达的指导机关"；关于工人方面，要求"制定劳工法、工厂法、工会法、劳资争议处理法"，"统一产业及职业之组织，打破地方主义和行帮陋规"；关于商人方面，要求"制定商会法、商店法、店员服务法，保持商人店员独立之组织"，关于

---

  ① 荣孟源：《中国国民党历次代表大会及中央全会资料》（上），光明日报出版社1985年版，第519页。
  ② 同上书，第534页。

青年、妇女、侨民也提出相应政策。① 国民党将组建农会、工会、商会等民众团体视为整合各阶层的重要方略，也是推进党治的组织渠道。

职业团体在民众组训中更受重视。大纲要求对不同阶层的民众，应使其分别组织团体，"民众组织，应采取产业界别主义，但因特殊情形，亦得设职业组织"。民众组织要形成纵横体系，相互联络，相互同盟。产业界别主义也是国民党整顿民众团体的基本组织原则。通过团体，要对民众实施思想、组织及行动的训练，"养成民众服从团体决议的精神"。各级党部要加强与民众团体的联系，"民众团体中的党部或党团对于该团体中努力而有能力的分子，应随时接洽，加以深切的训练并介绍其入党"。②

民众团体组织系统的建立从整理开始。1928年6月，民众训练委员会将拟订的整理委员会组织条例提交国民党中执委常务会议讨论通过。③条例要求，各地党部应设立民众团体整理委员会。此时所列团体还是以农民协会、工会、商民协会、青年联合会、妇女联合会为主，各级团体如有同性质并在同一区域，应由整理委员会合并整理之。团体种类后来有所变化，但是同一性质在同一区域只能设立一个团体的规定在以后都保留下来。这一规定使法定团体在区域范围内居于垄断地位，国家亦因此掌握对民众团体合法性的审定权。整理和注册是同步存在的，团体只有在党部指导之下经过整顿和成立，才能够获得注册资格。至于其条件，需要通过党部和政府的审查与甄别。

二 党、团体与民众：组训体系的党内建构

依据孙中山建国大纲所定军政、训政、宪政三时期理论，在取得政权后即为训政时期。1928年10月，国民党第二届中执委常务会通过《训政纲领》，规定在训政时期由国民党领导国民行使政权，付托国民党中央执委会执行。治权之行政、立法、司法、考试、监察五项，付托于国民政府

---

① 《国民党的民众运动与工农学各界的斗争》，《中华民国档案史料汇编》第5辑第1编政治，江苏古籍出版社1994年版，第10—15页。
② 同上书，第16—20页。
③ 台北"中国国民党党史馆"：2.3/85，《中国国民党中执委第144次常委会会议记录》，1928年6月7日。

执行。国民政府须受国民党中执会指导监督。① 按孙中山之原义,国民党需训练民众学习应用政权作为宪政的基础,但此时蒋介石等重视的是国民党的"受托"领导之权。蒋甚至期望将党的垄断上升为个人的独裁,以此国民党内的西山会议派、改组派及阎、冯反蒋势力讽刺蒋介石是"遂致训政之名,个人独裁其实"②。

兹后,各派政治力量围绕国民会议又进行激烈博弈,最终蒋取得国民会议的主导权,通过党政代表及职业团体代表制的方法构造民意,在国民会议上通过了《中华民国训政时期约法》。约法确认国民党作为"训政者"的执政地位,但在此过程中可以发现,训政也被用为排除国民党外的反对力量。民众组训方针是训政精神的体现。在确立了党部通过团体来贯彻主义、指导民众的新"群众路线"后,国民党所要做的,就是整理民众团体,建立新的民众运动组织系统。国民党对此进行了系统的考虑与设计。

这一设计方案,集中体现在1928年10月国民党中央民众训练部制定的《民众团体组织原则及系统》中。方案强调,"过去民众运动的错误,其原因在于共产党的领导错误,决不是在民众团体组织原则及组织系统"。纠正错误最为重要的地方,就是要将民众团体由共产党的领导改为由国民党来领导。在训政开始后,"民众团体除向帝国主义在中国的势力仍取破坏的态度外,其使命应趋重于建设工作"。因为中国民众团体还是在"幼稚时期","不独要党来领导并且要党来组织",党还是民众团体的"核心"③。方案还提到要学习共产党通过党员在民众团体中发挥作用的经验,"本党也必用同一方式,才可以从民众团体中把他们(共产党)排斥肃清"④。国民党希望学习共产党的民众运动经验,让党员及党团在民众团体中发挥引导作用,实现国民党的领导。

---

① 《训政纲领》(1928),《训政法规方案汇编》,1931年1月"中国国民党中央训练部"印行。

② 《约法宣言》,见荣孟源《中国国民党历次代表大会及中央全会资料》(上),光明日报出版社1985年版,第846页。

③ 《民众团体组织原则及系统》,《中华民国档案史料汇编》第5辑第1编政治,《国民党的民众运动与工农学各界的斗争》,第4—10页。

④ 《国民党的民众运动与工农学各界的斗争》,《中华民国档案史料汇编》第5辑第1编政治,第16页。

值得特别注意的是方案中对民众团体的分类及组建方式。团体基本上是按产业主义和职业界别进行分类，大体区别了农人组织、工人组织、商人组织、店员组织、妇女组织等类型。在农人组织方面，强调要取消原来中共领导农民协会的阶级斗争的方法，把农民和地主都纳入到组织中来，新的农人组织是农会。在工人组织方面，要改变以前单纯重视产业工人的问题，对产业工人、学徒、店员、手工业主都要分别组织团体。在商人组织方面，此时还存在商会与商民协会之争。方案以为，商民协会属中小商人组织，商会属大商人组织，不应混合一处。国民党试图以商民协会取代商会，商会对此激烈反对，经过反复交涉抗争，最后国民政府仍承认商会的合法性，取消了商民协会。妇女组织属社会团体，不属职业团体之列。① 这一方案划定了民众团体组织整顿和重建的基本格局，在民众团体的总称之下，区分有不同的职业及界别组织，职业团体居于主要地位。

到1929年3月，在国民党的三全大会上，潘公展、王延松、陈德征、陈布雷、姚大海、赵丕廣、陈希曾、刘文岛、余井塘、李敬斋等15人又提出训政时期民众团体组织原则及组织系统之纲领案，认为原定民众团体的组织原则及系统及各项条例在理论和事实上都有"扞格难行之点"。这可能是说里面革命痕迹过浓，而党治精神并不为错。提案强调，"本党既负领导民众参加国民革命之责任，则在党治下民众团体之严密组织又为刻不容缓之事"。因此，要求代表大会议决加以公布，"使各地民众团体之组织得实施整理而趋于健全，绝对受党之指导，以完成国民革命之工作，党国前途所系甚大"。②

在民众组织体系完备的同时，国民党中央还拟订了民众团体的训练纲要、指导纲要等系列文件。1928年10月，国民党中央民众训练部拟订《民众团体三民主义训练纲要》，再次确定民众训练须以三民主义为政治主旨，将党的主义扩展为社会的意识形态。纲要认为，"民众训练是党对民众之一种指导作用，故三民主义训练应由党透过民众团体以实施，由党

---

① 《民众团体组织原则及系统》，《中华民国档案史料汇编》第5辑第1编政治，《国民党的民众运动与工农学各界的斗争》，第4—10页。
② 中国国民党党史馆：会3.1/33，《确定训政时期民众，团体组织原则及组织系统之纲领案》1929年3月。

在民众团体开会选举及会外运动中发挥之"。① 民众团体被纳入国民党的政治教育范畴。在三届二中全会上，中央训练部制定了《人民团体组织方案》作为指导民众团体的根本方法。方案规定人民团体除地方自治团体外分为职业团体与社会团体两种，党对团体有扶植、指导与制裁之权。国民党还制订方案对民众训练的方法与内容加以补充。1930年3月，国民党三届三中全会通过《民众训练方案》，该方案由国民政府训令行政院全国推行。训练包括组织、思想和行为的训练。② 党部指导民众训练的方式也有规可循。1933年2月，国民党对《指导民众运动方案》进行修订，次年又颁布《区党部区分部指导民众运动办法》。③

适应时势需要，国民党也在调整党内的民众组训领导体制。在中央，由民训会及训练部指导民众团体。在省级，民众团体事务则由省党部主管，在地方则由市县区党部主管。到1929年3月，中央民众训练委员会撤销，其组织与训练事务分别并入中央组织部与训练部办理，训练部由戴季陶担任部长，训练部下设立民众训练处。到1931年12月，中央训练部改组为中央民众运动指导委员会，仍直隶于中央执行委员会，张知本、陈公博先后担任主任委员。委员会下设有农人、工人、商人、青年、妇女、特种社团等各科，设事分科更为全面细致。到1935年11月，该会复回中央民众训练部，负责民众组织指导之责，部长为周佛海。由最初的中央训练部和民众训练委员会并立，到后来合归训练部，民众组训的组织与权力逐步集中。到1938年3月，在武汉举行的国民党临时全国代表大会决定将训练部改组为社会部，民众训练事务仍属掌管，而社会事务更为广泛。④ 此时社会部仍属中央执行委员会，但由训练部改为社会部，其实意味着国民党已经将民众组训与社会管理相结合。至1940年社会部由中央党部改隶行政院，其中更牵涉到以党训政的体制问题。

---

① 《民众团体三民主义训练纲要》，《中华民国档案史料汇编》第5辑第1编政治，《国民党的民众运动与工农学各界的斗争》，第21页。值得注意的是，国民党在推行党化教育同时，也有公民教育的内容，在学校中公民教育仍有一定空间。

② 《民众运动方案》，《中华民国档案史料汇编》第5辑第1编政治，《国民党的民众运动与工农学各界的斗争》，第40—44页。

③ 《指导民众运动方案》（1933年2月修正），蔡鸿源主编：《民国法规集成》（69），黄山书社1999年版，第432页；《区党部区分部指导民众运动办法》（1933年6月），蔡鸿源主编：《民国法规集成》（69），第439页。

④ 陈长河：《国民政府社会部组织概况》，《民国档案》1991年第2期。

国民党除通过党政体制来指导会务，还希望通过党团方式来引导民众团体的政治与业务方向。① 在1928年中央训练部制定的《中国国民党党团党员训练实施纲领》中，明确要求通过党团来扩大党的势力，使非党团体接受并实行党的主张，指挥并监督非党团体的活动，防止反动势力在非党团体中的滋长。纲领列举的对象则包括农人、工人、商人、学生团体，会计师、律师、工程师、新闻记者公会等自由职业者团体，还包括学术、宗教、教育、妇女类团体，其余军政警医机关及侨团组织，概莫能外。② 在人民团体中，党员应如何发挥作用？1931年11月，国民党中央执行委员会组织委员会"鉴于各人民团体中缺乏党的领导，易为反动者所乘，特拟就人民团体中党员组织工作通则"。《人民团体中党员组织工作通则》要求，人民团体中之本党党员应受当地最高党部之指导在其隶属之团体中秘密组织干事会实行党的运用。③ 民众团体中的党团政策一直受到重视。1938年7月，新成立的中央社会部又拟订新的民众团体组织党团通则，提交中常会讨论通过。通则要求民众团体中有党员三人以上者得由指导之党部呈准上级党部组织党团，每一民众团体中只准设立一个党团。党团的任务是加强本党对民众团体的领导；贯彻上级党部一切决议及指示；策动民众团体之各项活动；督导所属民众团体中之党员工作；监视其他党派在民众团体中之活动；防止反动派对于民众运动之阴谋。④ 党团是以秘密形式运作，但其政治目标是显而易见的。

在训政体制下，国民党通过党内颁布系列规章，确立了民众组训的政治方针及训练办法，职业团体和社会团体被赋予组织与训练民众的重任，从国民党到民众团体再到民众的组训路径由此形成。国民党期待以此来建立与稳定党治秩序，巩固党民关系。不过，这一政治意图能否切实贯彻下去，党的组训对社团的自治行为有何种影响，还受到党的组织能力及具体时境的限制。

---

① 关于国民党党团的研究参见徐秀丽《中国国民党党团述论（1924—1949）》，《历史研究》2012年第1期。

② 《中国国民党党团党员训练实施纲领》，台北"中国国民党党史馆"藏：一般档案327/26，1928年。

③ 台北"中国国民党党史馆"：会4.3\66，《人民团体中党员组织工作通则》，1931年11月。

④ 台北"中国国民党党史馆"：立5.3/85，《中央社会部呈送民众团体组织党团通则草案》，1938年7月。

三 训政体制下的社团立法与政府管理

依照训政时期的党政体制，国民党总揽政权，治权由国民政府在中政会之指导下行使。国民党关于民众团体组训的设计，也需要由国民政府通过财政及行政资源来加以推行。政府的社团政策主要通过立法和部门管理来实践。

在1928年颁布的《中央民众训练大纲》中，对政府立法与民众组训的关系就有所说明。政府应透过党以取得民众的拥护，政府亦应根据党的决议，公布并执行法律，以"保护民众的利益及范围民众的行动"[①] 政府立法要体现国民党作为执政党的主义与政策。同时，国民党虽然主要关注的是民众团体在组训方面的政治功能，但也注意到民众团体的专业职能。团体本为不同行业、阶层民众的集体理性行为，会员之结社意愿和专业需求是不可缺少的组织基础。政府身担社会建设之责，对于民众团体的专业职能相对较为看重。

党规与国法的政策效力是有区别的。民众训练委员会或民训部所颁发的规章还属于党内法规，其实施范围限于党内，须以国家法令的形式加以颁发，才可通行于全国。在党内，国民党代表大会、中执委、民众训练委员会均可颁发规章。在国家层面，国民政府、行政院、立法院则是主要的立法机构。大多法规是由立法院拟订，但是以国民政府、行政院之名义发布。值得注意的是中央政治会议，"中政会"对中执会负责，但其职责不在党务，而是"党政之间的联系机关，亦即中央党部与国民政府沟通之枢纽"[②]。在全面抗战之前，中政会在事实上掌控着最高立法权，不过中政会并不直接颁行法律，其决议要成为国法，还要经过立法院的程序表决、国民政府公布才能实现由党的决议向国家立法的转变。[③] 政府立法机

---

① 《国民党的民众运动与工农学各界的斗争》，《中华民国档案史料汇编》第5辑第1编政治，第12页。
② 荣孟源主编：《中国国民党历次代表大会及中央全会资料》（下），第9页。
③ 关于国民党训政的运作体制，学界有较多研究，田湘波在《1949年以来国内外关于中国国民党党治理论和制度的研究》（《二十一世纪》网络版2003年4月号）中有较全面的总结。新近的代表成果参见田湘波《中国国民党党政体制剖析：1927—1937》，湖南人民出版社2006年版；卞琳：《南京国民政府训政前期立法体制研究》，法律出版社2012年版。

构有时直接将党内规章发布为法律,有的则以党内规章为依据,"据以制定各种法律及条例以为人民团体组织之准绳"①。在立法中,国民政府也注意到法律的连续性,不少职业团体立法都继承了北京政府时期的相关法规,只是在其中加入了一些资格限制类的"政治"条款。

国民政府所制订的民众团体立法可分为两个部分:其一是普适性的程序及管理类法规。1929年10月,立法院通过《人民团体设立程序案》,12月由国民政府公布,要求按照国民党中央通过的《人民团体组织方案》规定的程序来设立职业团体及社会团体。②国民党制定的《人民团体组织方案》《民众训练方案》也经由国民政府颁发成为国家法令,规定党部和政府均有对人民团体的解散处分之权,政府办理之前须知照当地党部。③在一般性法规中,值得注意的是1929年5月国民政府公布的《民法总则》,其中对法人和社团都有细致阐述,"法人于法令限制内有享受权利负担义务之能力","以公益为目的之社团于登记前应得主管官署之许可"④。在法律角度,社团成立需以政府许可为前提。

其二是专项性的立法,是针对不同类型的职业团体和社会团体制定相应的团体法。在职业团体方面,包括农会法、工会法、商会法及相应的施行细则。在商人团体方面,1929年8月,南京国民政府重新颁布《商会法》和《工商同业公会法》,并以新法为依据对原有商会、同业公会进行改组整顿。各地会馆、公所改组为同业公会,同业公会加入商会的比例都大为增加。商会的企业会员减少,公会会员成为主体。⑤在工人团体方面,1929年10月21日立法院颁布《工会法》,1930年6月6日立法院颁布《工会法施行法》。1931年4月,还颁行了《海员工会组织规则》《民船船员工会组织规则》等。各省市相应成立总工会,包括职业工会、特种工会、产业工会在内的工会组织不断增多。在农会方面,1930年12月30日,国民政府正式颁布了《农会法》。农会此时纳地主与普通小农于一

---

① 《人民团体方案制定之经过》,《内政年鉴二》,商务印书馆1936年版,第637页。
② 立法院秘书处:《立法专刊》第2辑,民智书局1930年版,第188页。
③ 《国民政府检送训政时期民众训练方案的训令》,《中华民国档案史料汇编》第5辑第1编政治:《国民党的民众运动与工农学各界的斗争》,第43页。
④ 《民法总则》,《民众运动法规方案汇编》附录,第14页。
⑤ 《工商同业公会法》,《国民政府公报》1929年8月17日。

体,以避免阶级对立,是农民的法定职业团体。① 在自由职业团体方面,则是以条例的形式,如《会计师条例》《教育会法》等。在社会团体方面,1930年1月国民党第三届中执委第67次常务会议同时通过了《学生团体组织原则》《学生自治会组织大纲》《妇女团体组织原则》《妇女团体组织大纲》《文化团体组织原则》《文化团体组织大纲》。② 因为组织体系与功能界别相对应,职业团体也因此具有了一定的民意代表性。

国民政府密集颁布团体立法,意味着国家在通过行政及法律手段,培育有利于政府统治的社会团体类型。此种培育是具有选择性的,政党类的、革命式、秘密会社式的团体并没有包括在内。1934年1月中国民权保障同盟北平分会试图成立时就遭北平之党部否决。③ 普适立法和专项立法使民众团体获得了政治与法律上的合法性,但同时也需要接受国民党党部及政府的督导和甄别。经过整顿的职业与社会团体的政治职能受到控制,经济与社会建设方面的专业职能得到保持。据1931年9月国民党中央统计处的统计,职业团体类的农会、工会、商会、同业公会、自由职业团体均有明显增长,尤以农、工、商会居多。在自由职业者团体部分,包括会计师、律师、医师、记者、工程师等群体,在总体上从业者有限,公会主要是在一些大中城市才有成立,并不十分普遍。社会团体部分,数量与会员不等。

表1　　　　　　　　全国人民团体统计（1931年9月）

	农会	工会	商会	同业公会	学生自治会	妇女团体	教育会	慈善团体	文化团体	自由职业团体	其他人民团体	总计
团体	563	766	491	1993	166	50	508	20	36	37	111	4714
会员	1533280	364012	94378	91111	28797	3442	87430	2765	6287	5558	18599	2235679

资料来源:台北"中国国民党党史馆":435—214,《中国国民党中央党务状况统计简表》,中央统计处制,1931年9月。统计共计17省市截止1931年9月15日止。原表合计数字有误,已据单项数字理正。

---

① 《农会法》,《中华民国史档案资料汇编》第五辑第一编政治,第477页。
② 中央民众运动指导委员会:《民众运动法规方案汇编》,1935年订正再版,第448、544、561页。
③ 《北平市党部否认民权同盟:通知军警机关勿予备案》,《申报》1933年2月5日。

政府屡加严令，各地各界别民众团体的组建仍进度不一，其原因既有社会经济发展程度地区差异，也有职业及行业结社意愿的差异。如同业公会系按行业成立，开始并没有强制要求同业均须加入公会，但一些同业为避免公会约束，不愿入会，造成会内会外的规则差异。同业公会因此呈请政府要求强制入会，政府初始并不同意，后来也发现如此不利于公会组织之发展，要求公会将业规上报政府审查通过后，可强制同业入会。① 农会因为普通农民的结社意识不强，也不愿缴纳会费，发展更为缓慢。自由职业公会的情况稍有不同，会计师公会和律师公会在一开始成立之时，就强调如不加入公会，即不能执业。因此，所有从业者均加入所在地的同业公会。

经过国民党和政府的努力，再加上职业团体的确为各行业利益维护所需要，到1935年，全国的职业与社会团体都有明显增长。根据国民党中央统计处的统计，与立法初期相比，不论职业团体还是社会团体，团体和会员数量都有显著增加。团体总数达到47798个，会员数量达到520余万人。② 特别是职业团体方面，农会、工会和商会成为团体和会员人数规模较大的社会组织。社会团体方面，学生自治会、文化、慈善及公益团体也有成倍增长。可以说，通过政府的立法推进，国民党所设计的民众团体系统基本建立起来。

立法不仅规定了民众团体的组织及注册程序，推动组织扩展，还规范了团体的治理结构和运行规则。各团体通常都设立会员大会、理事会、监事会等机构，以选举的方式来推选会内领导，以会议方式来议决会务。诸如经费来源、会员权利与义务、会员规则等，也多通过章程加以限定。各类团体类型数量众多，国家立法和会内章程基本使组织的结构与运作趋于标准化。除此类程序化的条款外，更重要的是国家立法对政府与社团关系、社团的职能取向、社团的法律地位等基本问题进行了设定。

在国家与社团关系方面，事实上已经形成党部、政府对社团的双重管理体制。社团的成立需要获得党部的许可，并在党部指导之下开展会务。社团成立同样要符合相关界别团体法规的要求，并呈报主管官署批准备案。

---

① 朱英、魏文享：《行业习惯与国家法令——1931年业规问题的讨论》，《历史研究》2004年第6期。

② 《全国人民团体统计》，中国国民党中央执行委员会民众运动指导委员会1935年印行，第2—3页。

党部主要是管理社团的会务,社团的主管机构则是政府官署,根据业务多是由部门具体负责督导。《工会法》第四条规定工会之主管监督机构为其所在地之省县政府。① 《工商同业公会法》规定公会预算及年度主要会务活动须呈报主管官署备案。② 文化团体会务由党部主管,但依宗旨主管官署在中央为教育部、内政部,在地方为教育及民政部门,其会务应受各主管官署之指挥。③ 政府的业务管理主要包括业务指导、工作审核、派员监督和人员训练等几种方式。④ 因界别行业不同,涉及的具体事务差别较大。商会、同业公会主要是工商业经济发展及市场秩序事务较多,诸如价格变动、市场供给、经济政策、市场调查等类,商人团体都需与政府经济管理部门加以交涉,以争取较好的行业发展环境。农会的业务主要涉及改良农业、改进农民智识等事务,具体承担较多的是农种改良、推行农贷、二五减租等。至于工会,职责主要是团体协约、职业介绍、劳资纠纷处理等类事务。

在评判职业及社会团体的自治空间时,其法律地位不可忽视。在早期的商会性质的研究中,有学者从其阶级属性来强调其为资产阶级团体,有学者从与政府关系角度强调其官督商办特性,也有学者从法律属性来强调其社团法人性质,这三种判断并不是基于同一标准,但都涉及商会与政府关系。单纯的性质判断未足充分阐释团体在训政体制下的制度空间,更为重要的问题应是据此探析团体自治权空间及其法定权利与义务。《商会法》第二条规定商会属于法人。在1930年《农会法》中,第二款明确规定"农会为法人"⑤。在工人团体方面,《工会法》中也确立工会的法人和非营利地位。在自由职业者团体方面,会计师公会、律师公会、医师公会、教育公会均具法人资格。在社会团体方面,团体之组织未如职业团体之系统,慈善救济及文化团体都具有法人属性。司法院关于商会法人属性的解释可供参考。第一,商会者私法人也,以所规定法律性质为标准,而区别为公法人与私法人,如县市或乡镇自治团体,规定于公法,称公法人;其他职

---

① 《工会法》,《民众运动法规方案汇编》,1935年订正再版,第150页。
② 《工商同业公会法》,《国民政府公报》1929年8月17日,第422页。
③ 《文化团体组织大纲实行细则》,中央民众运动指导委员会:《民众运动法规方案汇编》,1935年订正再版,第562页。
④ 魏文享:《制约、规范与授权——试认南京国民政府对同业公会的管理》,《华中师范大学学报》2004年第2期。
⑤ 蔡鸿源主编:《民国法规集成》第41册,黄山书社1999年版,第33页。

业团体同社会团体（宗教慈善类）均为私法人。第二，商会者社团法人也。凡捐助财产供一定目的之用而成立之团体如善堂、善会等称财团法人；商会则以代表会员为组织基础，为自然人工集合体系社团法人。第三，商会者，公益法人也，以发展工商业及增进公共利益为宗旨。① 商会系属社团性的、公益性的私法人。关于商人团体的司法解释对理解同类职业团体的法律地位具有参考作用。作为社团法人，团体可以收取会员会费作为运行费用，需要服务于会员公益，可以作为民事主体履行法定权利与义务。在会内也拥有选举领导人处理行业事务的权利。但对社团法人地位的理解显然不能过于机械。职业及社会团体既具有社团法人的地位，同时也要服从于训政时期党政体制的管理；既要维护会员及行业利益，同时也要协助国民政府实施经济建设与社会管理。

在政府立法及管理之中，仍然具有政治甄别与政治控制的条款，重点是两个方面。其一是会员资格。在职业团体中，《农会法》《商会法》《工会法》都列有会员禁止条款。其内容大同小异，强调褫夺公权尚未复权者、有反革命行为经判决确定者、禁治产者均不能为会员，自然也不能担任领导及职员。② 社会团体中，如妇女会禁止有违反三民主义之言论与行动者、褫夺公权者、有不良之嗜好者、营不正当职业者入会。③ 文化团体规定违背三民主义之言论或行动，褫夺公权，患精神病者，嗜好赌博或吸食鸦片者禁止入会。④ 限制条款明确将行为能力与政治资格并列。在1927年8月国民政府财政部颁布的《会计师注册章程》中，还曾在第三条第二项规定会计师限于国民党员，直接将政党标准强加为入职资格。⑤ 此法一出，遭到全国各地会计师公会的强烈反对。会计师潘序伦呈书要求撤销此项条款，后经国民党中央议决，"任用会计师不必以党员为限"⑥。其二是解散及禁止条

---

① 工商部工商访问局编：《商会法、工商同业公会法诠释》，1930年3月印行，第19页。
② 《农会法》，中国第二历史档案馆：《中华民国史档案资料汇编》第五辑第一编政治，第477、101页。
③ 《妇女会组织大纲》，中央民众运动指导委员会：《民众运动法规方案汇编》，1935年订正再版，第543页。
④ 《文化团体组织大纲》，中央民众运动指导委员会：《民众运动法规方案汇编》，1935年订正再版，第561页。
⑤ 《会计师注册章程》，《中华民国会计师公会年报》1929年第2期。
⑥ 台北"中国国民党党史馆"：汉1558.1，《会计师潘序伦呈中央党部函》，1927年10月2日。

款，政府掌握团体的成立及解散大权。《工会法》规定：工会如存立之基本要件不具备者，违反法规情节重大者，破坏安宁秩序或妨害公益者，得由主官官署解散之。① 《文化团体组织大纲》规定，文化团体不得于三民主义及法律规定范围之外为政治运动。② 诸如反革命行为、不得违反三民主义等条款，并非法律上所列的公民条款，而是明显的政治限定，其目的在于将政治上的反对者排除在团体之外，同时避免团体进行政治上的反对活动。

政府立法在相当程度上贯彻了国民党发展民众团体的旨意。通过社团立法和管理，职业及社会团体获得政治及法律上的合法性，并形成了较为完整的组织体系。立法也强调党部和政府对团体的督导和甄别，政府作为主管官署掌握着社团合法性的授予及褫夺大权。国民政府担负治权重责，立法的重点也是在职业及社会团体的专业职能，特别是协助政府施政的功用。虽然在国民党组训体系的设计中，强调组织、思想、行为与业务训练四者合一，但在实践中团体是否能够达到这一目标则受到诸多因素的影响。

四　秩序建构下的社团绩效与制度调适

按照国民党的理想设计，经过改组与整顿的民众团体在全国普遍设立，在党部和地方官署之督导下，既可组训民众、贯彻党义，也可以辅助政府，协行社会建设，其政治和专业职能均能在训政允许范围内展开。

就抗战前的实践情况看，民众团体的组织体系已基本建立起来。这不仅体现在规模的扩张上，国民党在此改组注册过程中还对职员及会员有所甄别，试图对一些团体的人事与运作产生影响。较具代表性的事件是上海市商会改组事件。在1929年3月的国民党三大上，市党部代表潘公展等提出解散各地各级商会，避免各级商会由"商棍操纵把持"，"危害党国"，试图以市党部领导下的商民协会取而代之。③ 此举遭到全国商会及工商界的强烈反对。1929年5月，上海依国民党中央之决议组建了商人团体整理委员会。商整会的组织大纲规定，商整会"服从中国国民党当地最高党部之指

---

① 《工会法》，中央民众运动指导委员会：《民众运动法规方案汇编》，1935年订正再版，第159页。

② 《文化团体组织大纲》，中央民众运动指导委员会：《民众运动法规方案汇编》，1935年订正再版，第561页。

③ 《上海代表向三全大会之提案》，《申报》1929年3月22日第9版。

导及受主管行政机关之管辖"①。1930年6月,合并改组后的市商会成立,所选举的执委和监委中,如王延松、骆清华等都属国民党在上海工商界的骨干分子,新商会的组成具有浓重的党化色彩,因此还遭到上海各业同业公会的质疑。朱英、李达嘉、冯筱才、白华山的研究都揭示出,在上海商会的领导权更迭中,外部势力和内部派系纠葛使其呈现出复杂态势,而商会存废之争及其改组可以说是党派势力介入商会的典型事件。②有论者以为这表明商会的民间独立性荡然无存,但如从国民党的立场看,从准备解散商会到最后不得不与民意妥协,承认商会的组织传统,并不能说是商会的完全失败。同时,党部和政府力量的介入并不能通过直接任命达成,仍需要通过商会的内部选举来实现。政治力量的干预更多是以隐性的方式进行的,在不同地区、团体中的影响程度并不能划一看待。选举过程充满着复杂变量,在表面的民主多数原则背后,实际上隐含着实力、政治、利益、派系等诸多因素的博弈。

党规与国法之设定下,职业及社会团体的政治职能与专业职能有所分际。在政治上,要求团体服从三民主义,不得为政治运动,避免其成为政治反对者。但是,职业团体作为职业群体的集体代言者,也参与到民族运动、公共事务及社会公益等类活动中。在国民会议、国民大会、参政会等代表的选举中,职业团体也在争取本行业的选举权利。职业团体的民意代表性为国民党及政府所允许,此类选举是以职业代表、党派代表和地区代表混合制,职业代表在其中占有相当比例。且在国民党各地党部之主导下,不少职业代表实际上为党政官员充任。③ 职业及社会团体的专业职能空间相对较大,一方面职业团体对于业务多可自主决策,并可向政府提出建议与要求。另一方面,团体也要接受政府委托事务,特别是农工商及自由职业者团体,在经济发展及职业惩戒方面都担任重要角色。在税收政策、行业政策等方面,政府与团体间既有合作,也有冲突。团体通常以请愿、呈书、

---

① 《上海特别市商人团体整理委员会组织大纲》,《工商半月刊》第1卷第11期,1929年6月。

② 李达嘉:《上海商会领导层更迭的再思考》,《"中央研究院"近代史研究所集刊》第49期,2005年;朱英:《商民运动研究》,北京大学出版社2011年版;白华山:《上海政商互动研究》,上海辞书出版社2009年版,第48—59页。

③ 魏文享:《职业团体与职业代表制下的民意建构——1931年国民会议为中心》,《近代史研究》2011年第3期。

舆论等方式向政府表达意愿，甚少以激烈对抗方式进行。政府通常以接见、解释、舆论等方式加以回应，有时在决策中也会邀请团体代表。根据舆情及实际情形，也会对政策有相应调整。如同业公会与政府间存在着频繁的互动，同业公会较少采用司法诉讼、街头运动等方式来进行意见表达，呈请上书是成本较低的方式。① 不过，抗议或建议能否有效，并不是取决于团体，而是取决于政府是否认同，是否重视舆情的压力。职业及社会团体在政策的形成过程中，仍缺乏参与决策的制度渠道。在团体自治与政府调控的动态平衡之中，政府掌握着更多的主动权。

在国民党及政府推行的政治运动及民众训练中，民众团体有所参与。如在识字运动中，农会有其组织优势，也通过设立民众补习学校、书报阅览室、农间学校等方式来提高农民的知识素质。1935年11月，江苏江宁县农会就组织农民识字班。② 南京市农会成立了农村教育促进会，以各区农会会员为会员，设立了组织、宣传、调查、训育机构来推进农民教育，其经费主要由会员自行负担。③ 1934年起，国民政府开始推动新生活运动，其组织工作主要由各地新生活运动促进会主导，但在贯彻过程中，职业及社会团体也被纳入其中。在南昌新生活运动促进总会第一期工作计划大纲中，会馆、同乡会、商会及同业公会、工会、妇女会各级职业团体及社会团体也有分担职责。④ 1935年10月3日，新生活运动促进总会第43次干事会议决定由南昌市商会、总工会分别举办各业店员及各业工人厉行新生活演讲会。⑤ 团体参与国民党及政府推进的组训活动在各地均较常见，其参与程度不一，难以一一列举，由此亦可了解职业及社会团体的确承担着由国民党及政府赋予的一些政治及公共职责。

国民党强调通过党团方式在职业及社会团体的职员、会员之中发展党员，引导团体发展方向。据少数地区的统计来看，成绩并不理想。以1930

---

① 樊卫国：《论民国上海同业公会的"政治行为"》，"中国近代民间组织与国家"学术研讨会，中国近代史论坛第三期提交论文，2013年9月。
② 《江宁县农会扫除文盲，组织识字班训练农民》，《中央日报》1935年11月23日，第8版。
③ 中国第二历史档案馆：11—3146，《南京市农会农村教育促进会简章》。
④ 新生活运动促进总会编：《民国二十三年新生活运动总报告》，沈云龙主编《近代中国史料丛刊三编》第53辑，台北文海出版社，第181页。
⑤ 新生活运动促进总会编：《民国二十四年全国新生活运动》（上），沈云龙主编《近代中国史料丛刊三编》第53辑，台北文海出版社，第171页。

年3月底浙江省的统计为例,全省共有国民党党员12717人,在各职业及民众团体中的党员合计仅461人。①再看上海市的统计,全市国民党员共计6263人,各职业及社会团体中的党员仅371人。其中,农民协会中党员15人,工会中178人,商民协会中47人,交通业工会18人,学联会6人,妇女会5人,慈善团体11人,学术团体8人,保卫团31人,其他团体52人。②据1934年1月国民党四届四中全会的组织报告,一些重要城市之人民团体有不少已经成立干事会以资运用,党团发展有所进展。③但到抗战前期,国民党党员的数量虽有增长,但主要集中于知识界、军界和政界,整体成长仍较缓慢。王奇生分析,其原因主要是党组织软弱涣散,党与民众相疏离,民众对党失去信仰。④据1941年9月底的统计,各省各类型人民团体数量共有25341个,党团总数仅为1220个,所占此例过低。⑤为何党团组织不力、作用有限?徐秀丽分析,除党纪松懈、信仰乏力外,大部分党团以制止共产党为唯一目的,"制止反动""消灭反动",在民众训练方面缺乏针对性。党团又在团体中又多是以秘密方式活动,难以发挥动员作用。⑥

国民党中央对民众组训的成绩显然不满意。1936年初,中央民众训练部呈报中常会的文件中说,"查过去各种人民团体虽受党部之指导及政府机关之监督,然以管理方法未臻严密,指导监督难期完善,际此非常时期,亟应积极整顿,使各种人民团体悉受党的编制"。⑦民众团体之组训作用未得显著发挥,党政督导难脱其责。到1937年抗战爆发,国家亟须动员民众来支持抗战,协助政府稳定社会及经济秩序。在1938年3月底召开的国民党临全代表大会上制订的《抗战建国纲领》中,提出要"组织农工商学各

---

① 台北"中国国民党党史馆":435—203,中央统计处制《浙江省党员专长学历职业统计详表》,1930年3月。此时农会还未完全开始组建,商民协会还未改组与商会合并。

② 台北"中国国民党党史馆":435—213,中央统计处制《上海市党员专长学历职业统计详表》,截止1930年2月底。

③ 李云汉主编:《中国国民党党务发展史料:组织工作》上册,台北"中国国民党党史委员会"1993年,第463页。

④ 王奇生:《党员、党权与党争:1924—1949年中国国民党的组织形态》,上海书店出版社2003年版,第255页。

⑤ 《国内各级党部组织及其党员数量》,《中央党务公报》第4卷第4期,1942年2月16日。

⑥ 徐秀丽:《中国国民党党团述论》,《历史研究》2012年第1期。

⑦ 《拟订全国人民团体任用书记办法及全国人民团体书记检定条例》,《中央民训练部公报》1936年第3期,第81页。

职业团体，改善而充实之"。与此相应，国民党及政府适时进行制度及政策调适。

首先是修改职业及社会团体法规，强化组织体系。在 1938 年 10 月，国民政府颁布《战时民众团体整理办法》，要求对民众团体进行考核、调整及改组，协助战争动员。① 1939 年 6 月，颁布《非常时期人民团体组织纲要》，要求职业团体的会员入会及下级团体加入上级团体，均以强制为原则，退会应有限制。② 1940 年 8 月颁布的《非常时期职业团体会员强制入会与限制退会办法》，再次重申了强制入会和限制退会原则。

针对党部及党团组织不力的问题，国民党制订一系列政策来强化党对团体的领导。1940 年 8 月，国民党中常会通过了《非常时期党政机关督导人民团体办法》。③ 国民党还尝试对团体的人事、财务加强干预。1936 年初，中央民众训练部就提出向全国民众团体派遣书记，以监督和推动团体的组训工作。在致中常会的公文中说，"为求达此种目的，拟先从统制人民团体重要工作人员着手，而以检定之方法出之"。④ 到 1940 年 2 月，国民党中常会正式制订了《职业团体书记派遣办法》，并于同年 10 月由行政院公布。⑤ 民众团体的经费本来独立，以会员会费为来源。党部也出台职业团体会费补助办法，视表现好坏予以资助。不过数量极少，补助金额也极其有限，并未改变团体经费独立的情况。国民党中央还同步开展对全国人民团体的干部及会员训练，尤其以干部训练为重，希望以此带推动团体会务。据统计，1941 年训练的职业团体干部计有 2192 人，1942 年有 3111 人，1943 年有 10280 人。⑥ 1943 年 12 月社会部颁布《人民团体会员训练办法》，以期推动会员的训练。⑦

---

① 《战时民众团体整理办法》，《中央党务公报》第 1 卷第 7 期，1939 年 8 月。
② 《非常时期人民团体组织纲要》，《中央党务公报》第 2 卷第 39 期，1940 年 10 月。
③ 秦孝仪：《非常时期党政机关督导人民团体办法》，《革命文献》第 97 辑，《抗战建国史料：社会建设二》，"中国国民党中央委员会"党史委员会 1983 年，第 275 页。
④ 《拟订全国人民团体任用书记办法及全国人民团体书记检定条例》，《中央民众训练部公报》1936 年第 3 期，第 81 页。
⑤ 秦孝仪：《革命文献》第 97 辑，《抗战建国史料：社会建设二》，"中国国民党中央委员会"党史委员会 1983 年，第 279 页。
⑥ 中国第二历史档案馆：11—2—28，《历年全国人民团体干部及会员训练人数》。
⑦ 秦孝仪：《革命文献》第 97 辑，《抗战建国史料：社会建设二》，"中国国民党中央委员会党史委员会"，1983 年，第 360 页。

民众团体的组织体制也发生重大变化。在抗战之前，民众团体由中央民众训练部领导。虽几经调整，但始终以"民众训练"为中心。到1938年，民众训练部更名为"社会部"①。名变背后是事权增多及管理整合，但此时社会部仍隶属于国民党中央党部。到1940年，社会部由中央党部改隶于行政院。这意味着原本属于党部的民众团体及民众组训事务转由政府负责。由原来的党政分际、各有侧重到此时改由政府主导，不能不说是民众组训领导体制的一大转变。至其转变之因，可由过程探知。1939年11月时，蒋介石在国民党六中全会第四次大会上训示："党应透过政府实现其主义政策"，并要求合作事业划归社会部主管，社会部可改隶行政院②。后孔祥熙、陈果夫、何应钦等7人组成的党政军行政机构调整委员会建言：社会部改隶行政院，同时将合作、救济事业及养老兹幼等一切社会工作均划归该部管理，但民众团体及训练仍属党部管辖。居正则认为社会建设本为党之职责，反对将社会部改隶行政院。后经中央常会决议改隶定案，其根本原因在于，"欲将使党之社会政策，借政府功令以实施，社会事业，假政府力量以建立，以是之故，本部改隶后之执掌事项，按诸本党政策及各国社会行政之趋势"。按规划，新立社会部执掌范围包括"人民团体之组织训练指导与监督"，还有社会救济、社会福利、社会运动及合作事业。所设部门为社会部社会组织司，督导农、工、商、青年、妇女团体、特种团体的组织训练及指导监督③。1940年11月，国民党中央执行委员会六中全会正式决议将社会部改隶于行政院，垂直管理原属行政院内政部民政司、地方社会局的社会公益类事及党部的民众组训、社会团体业务。社会部改隶是在当时国民党与政府"政强党弱"格局下的实用之举，将事权合一，以政府之行政力量推动组训能力，试图避免此前党部重于组训、政府重于业务的分际格局。

在抗战爆发后，国民党和政府亟须提高民众动员能力，也更深切认识到民众组训的重要性与不足。因此，既改组民众团体的管理体制，也密集颁布新的民众团体法规予以调适。社会部将民众团体纳入到社会行政、社

---

① 台北"中国国民党党史馆"：271\283，中央社会部之成立及决议改隶行政院之经过。
② 秦孝仪：《中央社会部改隶行政院之经过》，《革命文献》第97辑，《抗战建国史料：社会建设二》，"中国国民党中央委员会党史"委员会1983年，第1页。
③ 《社会部关于改隶后划分执掌上总裁之意见书》，秦孝仪：《革命文献》第97辑，《抗战建国史料：社会建设二》，"中国国民党中央委员会党史"委员会1983年，第3页。

会工作的管理体制之中，应可称是在观念及管理上的积极进步。① 不过观其改进路径，仍是在强化对于民众团体的组织及督导，对于会员及民众本身的利益缺乏关注。

五 小结：党治秩序下的制度困境

近代职业及社会团体本是因应职业分化、群体结社及社会发展而产生，初时并非为与政党连接。及至国共两党推进"国民"革命，职业团体及群众的人民力量被"发现"。国民党南京建政后，以国家力量推动职业及社会团体向党化方向发展，试图以此训练民众，巩固党群关系，稳定党治秩序。在国民党内，以党规为路线，以党部为主导，将民众团体纳入民众组训体系之内。在国民政府，以社团立法为基础，以政府督导为管理主体，将民众团体纳入政府施政体系之中。在党政协同推进下，民众团体组训体系因而成立，特别是职业团体，因其覆盖农工商等主要职群，其社会角色举足轻重。在党规与国法之下，民众团体获得政治及法律合法性，但同时也要接受政治甄别，不得进行反对性的政治运动。诸多政治性政党及民间秘密结社也因此被排斥在体制之外。

在训政体制下，国民党重点推动民众团体发动民众组训，政府主要以民众团体协同施政。在制度范围之内，职业及社会团体也获得一定自治空间，在职业发展与社会经济建设方面发挥作用，是各职群自组织的重要依托。国民党及政府对社团的双重督导体制看起来组织严密、分工清晰，但实施成果不佳，国民党中央对此极不满意。如从制度与实践之中加以分析，可以发现表面严密的组织体系背后还存在诸多问题。首先是国民党的治党能力与组训目标间存在落差。国民党期望通过党部指导、党团运作等方式来推动组训，但党组织发展不良，在职业团体之中力量欠缺。其次是党政之间存在分际，以党训政难以基层得到落实。党部重在政治训练，政府重视专业职能，而且在不少地区党部与政府理念不合。再者社团法人的自治权与党政督导之间也存在矛盾。依法人属性，团体在人事、经费、会务等方面具有相对自主权，党政部门在政治甄别之外，还试图对选举、经费进

---

① 彭秀良：《守望与开新：近代中国的社会工作》，河北教育出版社2010年版；魏文享：《1942年全国第一次社会行政会议述论》，《中国经济与社会史评论》2012年卷。

行干预，不少从业者并不认同，党化较为明显的社团反而受到会员批评，拉远了与普通会员的距离。

不论是政治组训还是协行施政，党部和政府在很大程度上都是以自身目标作为主要出发点。政府虽然在立法中强调社团的专业职能，但在实践中更注重职业团体在施政方面的辅助作用，缺乏从普通会员角度的政策考虑。重视团体，但忽视各职业群体及会员之主体性。职业团体努力表达自身意见，沟通政府，但团体的意见是否能够采纳，取决于政府的裁定，团体并无参与决策的稳定制度渠道。各职业及社会团体在执行政府法令和会员的利益表达之间，不易平衡。在会员的角度，职业及社会团体参与政治组训的意识并不强。因此，即使依赖于党政部门的强制督导，其组训成效依然寥寥。在职业团体与会员之间，团体的凝聚力也受诸多因素影响。如商会过度为大商人掌控，农会脱离普通自耕农及贫雇农，工会只专注于压制劳资纠纷，其作为职业团体的组织力也会与之俱降。将民众团体引入组训体制固无不可，但国民党如本身治党不力、治国无方，无疑使民众丧失对其主义与政策的信仰及信心。在此情势之下，组织与制度即使不断更张，也易陷入形式窠臼，且造成愈强化管制，组训愈趋无力的困境之中。从另一个角度讲，组训实践不力反而使职业及社会团体的自治空间得到一定程度维系。

"蒙古青年"与内蒙古自治运动

田 宓

(内蒙古大学内蒙古近现代史研究所)

1936年2月21日,经过一番兵戎相向,一支千余人的队伍脱离了"百灵庙内蒙古自治政务委员会"(简称"百灵庙蒙政会"),向绥远省武川县境内进发。这一由"内蒙古自治运动"衍生出来的事件,后来被人们称作"百灵庙事变"。事件甫一发生,便震动全国,引起广泛关注。在事变组织者致南京军政当局的电文中提到:此次"离庙"之人"均系南京、北平各大学及军事学校毕业之内蒙青年",多为"西蒙青年"。① 也就是说,在"百灵庙事变"中,一个自称"内蒙青年""西蒙青年"的学生群体是绝对的主角。某一特定群体用"内蒙青年""西蒙青年",作为身份标签,并非从来有之,而是晚清以来出现的新事物。

"青年学生群体"一直是中国近代史研究中的一个重要议题,相关成果十分丰富。五四运动等学运学潮较早为学界关注,并历来受到重视。研究者对学运学潮的成因、发展历程、影响因素、性质、特点等多方面进行了

---

* 本文是"中华人民共和国香港特别行政区大学教育资助委员会卓越学科领域计划(第五轮)'中国社会的历史人类学研究'的阶段性成果"。在写作过程中得到程美宝教授的指导;文章曾于2013年1月、2013年8月分别在中山大学明清史读书会、"社会文化与近代中国社会转型"——第五届中国近代社会史国际学术研讨会上宣读,申斌、杨培娜、毛帅、黄素娟、胡永恒、雷平、何晓明、小田、张宁等诸位师友提出宝贵意见;白莹、张宁、娜荷芽、贾翠霞、朝鲁孟惠赠资料;赖惠敏、史洪智、周鑫、贺喜帮助核查信息;在此深表谢忱。

① 树华辑:《一月间边疆东方大事记·蒙政会职员离百灵庙》,《新亚细亚》第11卷第3期,1936年3月1日,第135页。

探讨。① 桑兵、罗志田、关晓红等从晚清以降学制变革对读书人以及社会结构的影响角度出发，考察了学堂学生与社会变迁、科举废除和学生出路及其人才选拔之关系等内容。② 王奇生、丛小平等关注了青年学生与中国国民党、中国共产党的联系问题。③ 马建标提出应重视"青年学生群体"的身份意识、集体认同及其与政治转向之间的关联。④ 检视前人成果，可发现学界对"青年学生群体"的认识经历了一些变化，其中比较重要的转变，是从把这一群体当成一个不言而喻的客观存在，到逐渐注重其历史建构过程。不过，以往讨论对于晚清以降来自蒙古、新疆、甘肃、西藏等广大边疆地区的"少数民族"学子较少涉及。⑤ 就内蒙古地区而言，郝维民、白拉都格其等对中国共产党如何动员并组织蒙古青年学生进行革命做了深入解析。Christophere P. Atwood 注意到蒙古青年学生在内蒙古革命运动中扮演了重要角色。⑥ 常宝指出新式教育对"蒙古地方精英"的"流动模式"产生深刻影响。⑦ 前人著述为进一步研究奠定了基础，在此之上，将蒙古青年学生置于历史的内在脉络之中，进行更为细致的分析，不但能了解其复杂面相，也可透过这一群体，理解社会变迁之驳杂情态。有鉴于此，本文尝试在

---

① 如，陈廷湘《政局动荡与学潮起落——九一八事变后学生运动的样态及成因》，《历史研究》2011 年第 1 期，第 67 页。

② 桑兵：《晚清学堂学生与社会变迁》，学林出版社 1995 年版；罗志田：《科举制的废除与四民社会的解体——一个内地乡绅眼中的近代社会变迁》，《权势转移：近代中国的思想、社会与学术》，湖北人民出版社 1999 年版，第 161 页；关晓红：《科举停废与近代乡村士子——以刘大鹏、朱峙三日记为视角的比较考察》，《历史研究》2005 年第 5 期，第 84 页；罗志田：《科举制废除在乡村中的社会后果》，《中国社会科学》2006 年第 1 期，第 191 页。

③ 王奇生：《党员、党权与党争：1924—1949 年中国国民党的组织形态》，华文出版社 2010 年版，第 28—38 页；丛小平：《通向乡村革命的桥梁：三十年代地方师范学校与中国共产主义的转型》，《二十一世纪》2006 年 8 月号，总第 96 期，第 38 页。

④ 马建标：《学生与国家：五四学生的集体认同及政治转向》，《近代史研究》2010 年第 3 期，第 37 页。

⑤ 关于"少数民族"一词的产生与使用，参见杨思机《"少数民族"概念的产生与早期演变——从 1905 年到 1937 年》，《民族研究》2011 年第 3 期，第 1 页。

⑥ 郝维民、其其格：《李大钊与内蒙古革命》，《近代史研究》1981 年第 4 期，第 52 页；白拉都格其：《关于近代内蒙古民族运动研究的几个问题》，《内蒙古社会科学》1997 年第 6 期，第 64 页；Christopher P. Atwood, *Young Mongols and Vigilantes in Inner Monggolia's Interregnum Decades, 1911 - 1931*, (Leiden; Boston; Köln; Brill, 2002)。

⑦ 常宝：《漂泊的精英——社会史视角下的清末民国内蒙古社会与蒙古族精英》，社会科学文献出版社 2012 年版，第 136—170 页。

晚清民国国体变更、制度因革的背景下，探讨"蒙古青年"的建构过程和集体命运，希冀对内蒙古以及中国社会的近代转型得出更加完整的认识。

一　从八旗到蒙旗——"蒙古青年"的形塑

清代的蒙古人分隶于八旗与盟旗两种不同的社会组织。蒙古八旗是清廷以较早归附的蒙古人为基础建立的，旗制与满洲八旗、汉军八旗相同。入关以后，蒙古八旗部分驻守京师，部分驻防全国各要地。清廷在较晚归附的蒙古各部之中，实施盟旗制度。盟旗以蒙古各部的驻牧地为基本单位设立。清朝中叶以后，一些历史文献的编撰者依据归附时间的先后，将盟旗制度之下的蒙古各部区分为"内扎萨克蒙古""外扎萨克蒙古"，又称之为"内蒙古""外蒙古"。① 晚清民国时期，一般认为内蒙古包括六盟二十四部四十九旗，外蒙古包括喀尔喀四部八十六旗。② 同时，又将内蒙古分为两个部分，一为"东蒙"，一为"西蒙"。关于"东蒙"与"西蒙"的主要范围有两种说法，一说东蒙包括哲里木盟、卓索图盟与昭乌达盟，西蒙包括锡林郭勒盟、乌兰察布盟和伊克昭盟。另一说，将锡林郭勒盟归入东蒙，其余与前者相同，这一说法比较常见。③

清廷对八旗蒙古的进学、科举和任官等有特定的制度安排。就进学而言，直至清末学堂开办之前，朝廷设置的各类蒙古教育机构主要针对八旗蒙古。在国子监设有蒙古学馆，咸安宫内设蒙古学、唐古忒学、托忒学三学。京师、驻防蒙古八旗均设义学、官学等。于科举而论，清初科举考试分满、汉两榜，满洲八旗、蒙古八旗属满榜，汉军八旗属汉榜，康熙九年

---

① 《清朝通志》第27卷，"地理略四·疆域四"，《文渊阁四库全书》第644册，台北：商务印书馆1986年版，第290、291页；祁韵士、包文汉整理：《清朝藩部要略稿本》第1卷，"内蒙古要略一"，第3卷，"外蒙古喀尔喀部要略一"，黑龙江教育出版社1997年版，第1、40页。

② 《清史稿》第9册第77卷，"志五十二·地理二十四·内蒙古"，第78卷，"志五十三·地理二十五·外蒙古"，中华书局1976年版，第2395、2421页。

③ 《白瑞关于为整顿内蒙盟旗交行政院的呈文及行政院的复函和内蒙驻京团体联合宣言》(1929年2月23日)，中国第二历史档案馆藏，国民政府行政院档案，441/3；《察哈尔蒙旗行政分类表解·中华民国管辖区域系统表》(1929年8月，日期不详)，中国第二历史档案馆藏，蒙藏委员会档案，439/54。(本文以下引用的国民政府行政院档案、蒙藏院档案、蒙藏委员会档案，均为中国第二历史档案馆档案复印件，存于内蒙古大学蒙古历史学系资料室，不一一注明)。

（1670）将满、汉两榜合二为一。然而，八旗子弟在科举考试上仍有一些特殊政策。"翻译科"即清廷为八旗子弟所专设。在任官方面，清代内外文官之缺分为6种：宗室缺、满洲缺、蒙古缺、汉军缺、内务府包衣缺、汉缺。其中蒙古缺即由八旗蒙古充任。外官不设蒙古缺，但八旗蒙古得用满洲缺和汉缺。①

以上制度设计使八旗蒙古子弟可以沿着一定的渠道，实现社会地位的提升和生活条件的改善。尤其是对于家境贫寒者，其重要性不言而喻，"八旗应秀才试者人最少，或不及额。盖八旗官生、笔帖式皆可入闱，又免岁考之烦。故应小试者多寒家，其学业谫陋，或反出监生下"。② 也就是说，寒家子弟可从"小试"开始，逐级应考，最终获取功名、跻身仕途，从而改变命运。托浑布的例子反映了一个八旗蒙古的奋斗之路。托浑布于嘉庆四年（1799），出生在北京一个八旗蒙古家庭，幼时家境贫寒、勤奋好学。嘉庆二十三年（1818），参加顺天府考试，一举中第，不久赴湖南省龙山县任知县，此后仕途顺利，官至山东巡抚，曾参与平定台湾动乱和备战鸦片战争等历史事件。他汉文造诣颇深，留有《瑞榴堂诗集》。③ 托浑布身故之后，追述其生平的《行述》中写道："伏念府君服官四省，由县令至开府，先后二十余年。自以承恩高厚，力图报称，不遑节劳。"④ 字里行间"忠君勤政"的形象跃然纸上。与托浑布有类似经历的八旗蒙古，大有人在。《近代中国蒙古族人物传》收录的著名蒙古族人物152个，其中绝大部分是八旗蒙古，出身寒微者不乏其人。⑤ 可以说，有清一代，八旗蒙古在政治、社会、文化生活中都有着非常活跃的表现，而这正与统治者对其特定的制度安排相辅相成。

辛亥革命，清朝崩解，八旗制度失去了存在的基础，八旗蒙古曾享有

---

① 以上内容参见张永江《清代八旗蒙古官学》，《民族研究》1990年第6期，第96页；张永江《论清代八旗蒙古子弟的普通学校教育》，《烟台师范学院学报》1995年第3期，第24页；张永江《八旗蒙古与清代的武科及翻译科考试》，《内蒙古社会科学》1990年第1期，第74页；张永江《八旗蒙古科举初探》，《内蒙古社会科学》1989年第4期，第75页；朱金甫、张书才主编《清代典章制度辞典》，中国人民大学出版社2011年版，第193、727、750页。

② 震钧：《天咫偶闻》第3卷，"东城"，北京古籍出版社1982年版，第65页。

③ 博尔济吉特·白莹：《追溯：一个成吉思汗后裔的寻根经历》，澳大利亚堪培拉中华文化协会出版2009年版，第95—155页。

④ 国家图书馆分馆编：《中华历史人物别传集》第47册，线装书局2003年版，第35页。

⑤ 张瑞萍主编：《近代中国蒙古族人物传》，内蒙古大学出版社1992年版。

的许多特殊政策，也随之消失。比如咸安宫三学原是专为八旗蒙古子弟而设，民国以后，咸安宫三学裁撤，其中蒙古学学额取消，托忒学与唐古忒学学额则需申请另议。① 其后，关于蒙古人的甄试章程中，也不再提及八旗蒙古，"谨案查四年十一月三十日呈准之蒙人甄试章程专指内外蒙古各旗，京八旗蒙古无此权利"。② 凡此种种，使八旗蒙古的境遇发生了转变。上述托浑布的长孙宝棻，曾任山西巡抚等职，清末动荡之际，"宝棻死保清廷，派兵镇压革命党"，其与清朝共存亡的心迹可见一斑。③ 与宝棻同辈的还有另外三兄弟，也是朝廷官员，民国之后，四人闭门在家。宝棻兄弟的后代虽有继续活动于京城者，但鲜在政府部门供职。据白熙瑞长子白耀堃回忆："民国以后至父亲长大之前，家中没有人为政府工作，全靠卖'家底儿'过日子。"④ 总之，宝棻等在人民国后的不仕之举，可能是其以"遗民"自居的表现，但也带着某些被时代拒斥的无奈。

概言之，有清一代，借由制度架构上的安排，八旗蒙古逐渐与清朝统治者紧密嵌合。随着清帝国解体，八旗蒙古淡出人们的视线。与八旗蒙古形成鲜明对比的是，晚清尤其是民国之后，蒙旗蒙古在蒙古事务中越来越活跃。⑤ 蒙旗蒙古逐渐走到舞台的中心，与晚清以来学制等一系列制度变革有很大关系。

在晚清学制变革之前，对于蒙旗教育，清政府似未做明确规定。私塾是蒙古人接受教育的主要途径。在科尔沁右翼前扎萨克图郡王旗，"已往事实，扎萨克府向有公塾一所，学生十余人。各旗小康之家延师教授子弟者，约十余处，学生不满百人，皆学习蒙文，无通汉文汉语者"。⑥ 喇嘛寺庙也是蒙古人获得知识的重要渠道，在锡林郭勒盟，"惟喇嘛习经须识蒙字，故大庙中常有蒙师教授，大家世族欲识字者，多附学焉，亦志在知

---

① 《蒙藏院〈通例上·签注三〉》（1918年5月16日），蒙藏院档案，440/5。
② 《蒙藏院〈通例上·签注一〉》（1918年5月12日），蒙藏院档案，440/5。
③ 博尔济吉特·白莹：《追溯：一个成吉思汗后裔的寻根经历》，第22页。
④ 同上。
⑤ 清末以后，除"盟旗"之外，"蒙旗"的说法十分常见，其中缘由，一时难查，留待以后详考。在本文中，根据具体语境穿插使用这两个称谓。
⑥ 程厚、郭文田：《哲里木盟十旗调查报告书·科尔沁右翼前扎萨克图郡王旗调查书》上册，内蒙古图书馆编：《内蒙古历史文献丛书》之一，远方出版社2007年版，第223页。

字义，能书写而已，若道德伦理，声光化电则未〔谓〕之梦想"。① 此外，也有少数蒙旗设有官学，归化城土默特便是其中之一。雍正十三年（1735），归化城土默特在文庙设立官学，招收蒙古孩童。②

迄至清末，蒙旗蒙古很少有人参加科举考试。以教育较为发达的归化城土默特为例，虽自雍正十三年（1735）该地已设立了官学，但直到光绪九年（1883），时任山西巡抚的张之洞才奏请设立归化城土默特翻译学额："查土默特笔帖式，闻向有准考翻译乡试之说。但此处蒙古亦概未赴考……似应于归化城厅一处设土默特翻译学额二名。"然而，对于是否应在该地设立学额，礼部的态度似乎有所保留，"亦应自下届岁试为始，由归化城副都统查明该处如实有翻译精通者，准其一体考试……如报考人数不敷，即行停止"。事实上，终清一代，也没有土默特蒙古投考翻译科，反而有蒙古文童报考汉文考试，此事经报礼部，准其"与汉文一体赴考"。其后，巴文峒、奎杰二人"以文理优长，取入厅学"。③ 归化城土默特尚且如此，其他蒙旗的状况可想而知。

在任官方面，蒙旗蒙古实际上通过科举制度之外的另外一套规则进入清帝国的行政体系之中。蒙旗蒙古的任职情况依身份不同而有所区别。蒙古各汗、王、贝勒、贝子、公、扎萨克、台吉、塔布囊等王公贵族通过袭职的方式获得职衔，还按例来京值班，有的能在御前当差。④ 但对于大多数有志向学而社会地位又相对较低的蒙古子弟来说，并非人人都有可以承袭的世职，也很少有机会进京当差。他们于本旗接受一定教育之后，可在旗内行政系统中谋得职位，然后通过个人努力，升至佐领、参领等职。以都格尔札布为例，咸丰六年（1856），他出生于归化城土默特右翼五甲美岱召村，18岁入归化城土默特官学学习。毕业后，被土默特旗务衙署录用为"笔帖式"，光绪二十一年（1895）升为骁骑校，不久担任公中佐

---

① 吴禄贞：《东四盟蒙古实纪》，内蒙古图书馆编：《内蒙古历史文献丛书》之四，远方出版社2008年版，第190页。

② 咸丰《归绥识略》第12卷，"官学"，绥远通志馆编纂：《绥远通志稿》之附册，内蒙古人民出版社2007年版，第104页。

③ 光绪《土默特志》第8册第4卷，"法守"（附"学校考"），《中国方志丛书》之塞北地方第16号，台北：成文出版社1968年版，第63—68页。

④ 《理藩院则例》第16卷，"朝觐"，故宫博物院编：《故宫珍本丛刊》第299册，海南出版社2000年版，第342—359页。

领，光绪二十六年（1900）补授土默特右翼六甲参领，此后逐渐成为土默特政坛上的重要人物。①

晚清学堂教育的兴办使蒙旗蒙古的生活轨迹发生了变化。清末新政，朝廷在全国开办学堂教育，令蒙古地方"一体兴学"，而京城一些蒙古学堂的建立，使蒙旗蒙古有了更多走出本旗、进入大城市的机会。1907年，"满蒙文高等学堂"创立，"俾旗籍子弟中学毕业者，升入此科。其举贡生监，素娴满文、蒙文者，亦准其附入肄习。即汉民子弟经中学毕业有志于满蒙文者，并准一体甄录入学"。② 1909 年，理藩部设立"蒙文学堂"，定额80名，"由八旗高等学堂内学生考取，蒙古旗佐学生四十名，其他四十名，由本部行走司员笔政等拣选"。③ 可见，"满蒙文高等学堂"和"蒙文学堂"似均未将蒙旗蒙古纳入招生之列。时任翰林院侍讲的阿联奏请令蒙旗贵族子弟留学京师学堂："及此年班蒙古王公在京之时，拟请饬下理藩部妥商蒙古王公，令择聪颖子弟来京游学于学部奏设之满蒙文高等学堂或理藩部所设之蒙文馆内，为之特设一班，以宏造就而广皇仁。"④ 阿联的奏请有无获准一时难查，但这一动议至少表明，吸纳蒙旗贵族子弟在大城市的学堂中接受教育，已经引起了一些官员的注意。1909 年，成立"贵胄法政学堂"，蒙古王公子弟可入内学习，"凡宗室、蒙古王公、满汉世爵及其子弟曾习汉文者，皆令入学"。⑤ "贵胄法政学堂"中除有正班学额 160 名之外，又有附班学额 80 名，专收蒙旗学生。⑥ 同年，在驻

---

① 土默特左旗《土默特志》编纂委员会编：《土默特志》上卷，"人物志"，内蒙古人民出版社 1997 年版，第 1095 页。归化城土默特的佐领分为公中和世管，公中佐领是依凭才干擢拔者，世管佐领则为世袭之职，见同书第 342 页。另，在归化城土默特只有都统、副都统和辅国公可循例来京朝觐。见《大清会典事例》第 984 卷，"理藩院·朝觐"，《续修四库全书》编纂委员会编：《续修四库全书》第 811 册，上海古籍出版社 2002 年版，第 751 页。

② 《学部奏筹设满蒙文高等学堂折》，《东方杂志》第 4 卷第 9 期，1907 年 9 月，第 203 页。

③ 《海内外学务·理藩部奏设蒙文学堂之先声》，《华商联合报》1909 年第 2 期，第 9 页。

④ 《奏议·翰林院侍讲阿联奏请将蒙古子弟留学京师特设一班片》，《四川教育官报》第 8 期，1909 年 9 月，第 12 页（栏页）。

⑤ 《贵胄法政学堂为咨取学生名册克期开学事致内务府咨文》（1909 年 6 月 3 日），转引自中国第一历史档案馆《清末筹办贵胄法政学堂史料选载》，《历史档案》1987 年第 4 期，第 46 页。

⑥ 《奏为变通办理贵胄正班学生学额事》（1910 年），中国第一历史档案馆藏，军机处录副奏折，03/7572/042。

京王公那彦图、博迪苏等人筹划下，于京师创办"殖边学堂"，学堂规定，"不分京、外、满、蒙、汉，凡年在十八岁以上，三十二岁以下，考取汉文清顺，身体强健之人，如能满文、蒙文，尤为出色"。① 也就是说，对于蒙古生源，不再限于王公贵族，平民百姓也在招收之列。"满蒙文高等学堂"与"殖边学堂"后合并为"筹边高等学校"，"专收内地学生研究边务"。② 从只招收八旗子弟和汉人，到招收蒙古王公子弟，再到招收平民蒙旗蒙古，学堂的这些变化为更多并无显赫出身的蒙旗蒙古子弟进京学习提供了可能。归化城土默特右旗水涧沟门乡后湾村的云亨，就于1910年考入北京"殖边学堂"。③ 此外，一些思想开明的蒙旗王公也主动将旗中子弟送入大城市的学堂，喀喇沁亲王曾派员护送本旗蒙古男女学生共5名赴沪就学。④

民国时期，执政者旨在通过振兴蒙藏教育，开通民智，培养国民意识，维系国家的统一。有鉴于此，陆续在北京等大城市开设了各种新式蒙藏教育机构，这为蒙旗蒙古提供了落脚之地。其中，北京蒙藏学校是设立较早、影响较大的一所。1912年，蒙藏事务局总裁贡桑诺尔布与蒙籍议员多人提请国会，在清代咸安宫三学和理藩部蒙古学基础上改建蒙藏学校，获得允准。在教育部1913年公布的《蒙藏学校章程》中提到：

> 第三条，本学校收学生本不分种族，惟因西北闭塞，而办此学，故重在多收蒙藏青海学生。第四条，本学校收初入学之学生，其学额划作二十分计算：内外各蒙古占二十分之十，西藏占二十分之三，青

---

① 《京外章奏·理藩部代奏蒙藩王公等创建殖边学堂折》，《学部官报》第78期，1909年2月20日，第4页（栏页）。

② 《蒙藏事务局关于合并咸安官〔宫〕学，托忒学等四校，扩充改名为蒙藏学堂的呈文和蒙藏学校的章程规则以及咨送边省的学生名册·筹边高等学校归并本校一节实属窒碍良多请局酌核办理由》（1914年4月16日），蒙藏院档案，440/30。

③ 土夫：《民主革命先行者——云亨》，包头市政协文史资料委员会编：《包头文史资料选编（包头人物专辑之二）》第13辑，包头市第一印刷厂1991年版，第20页。

④ 《别录·蒙古亲王派员护送蒙籍男女学生至沪求学》，《四川教育官报》第5期，1908年6月，第1页（栏页）。

海及其左近各回部占二十分之二,其余二十分之五,专收汉满两族学生。①

上述规定反映如下两个问题:其一,因清代咸安宫三学、理藩部蒙古学是为八旗子弟而设,直到清末,其学生来源仍以八旗子弟为主。② 而蒙藏学校章程则明确提出招生范围不再限于八旗,内外蒙古、西藏、青海及其左近各回部、汉、满学生均可入学。蒙藏学校开办之后,通过报章宣传入校学习的好处,以使章程涉及范围内有志求学之士可以周知消息,及时入学。③ 从1922年、1925年、1926年的学生名册看,蒙藏学校的学生已基本以蒙旗蒙古为主。④

其二,在学额的分配上,"蒙、藏、回、汉、满"各占一定比例,但"重在多收蒙藏青海学生"。民国建立后,政府提倡"五族共和",从规章看,贡桑诺尔布等人显然比较熟悉这套话语表述。不过,偏重"蒙、藏、回"则有意无意间反映了对清代制度的某种延续。清代咸安宫三学以及理藩部蒙古学均隶属于理藩部。民国肇建,理藩部改为蒙藏事务局,由咸安宫三学和理藩部蒙古学改立的蒙藏学校仍由蒙藏事务局管理。清代理藩部主要管理蒙古、西藏、回部事宜。最初,民国蒙藏事务局亦沿旧制,1912年12月拟改蒙藏事务局为蒙藏局,在制定《修正蒙藏局官制案》时,提出将"蒙藏事务局直隶于国务总理,管理蒙藏事务",修正为"蒙藏事务局事务二字拟删,又管理蒙藏事务,拟改为管理蒙藏及回部土司一切行政事宜"。⑤ 在此新旧交替之际,贡桑诺尔布等人依然认

---

① 《专件·蒙藏学校章程》(教育部核定),《西北杂志》第4期,1913年2月,第1页(文页)。
② 《蒙藏学校民国四学年度至民国十四学年度毕业生·四年度第一学期毕业生册表》(1916年5月9日),台北"国史馆"藏,"教育部",019000000776A。
③ 《要闻·求学注意》,《蒙文白话报》第12号,1913年12月,第39页(栏页);《论蒙回藏宜速遣子弟来内地读书》,《论说·藏文白话报》第10号,1913年10月,第1页(栏页)。
④ 《蒙藏学校民国四学年度至民国十四学年度毕业生·蒙藏院咨送蒙藏学校法律专科毕业生成绩表备案由》(1922年6月26日)、《蒙藏学校民国四学年度至民国十四学年度毕业生·蒙藏院咨送蒙藏专校政治经济预科毕业生一览表由》(1925年6月15日)、《蒙藏学校民国四学年度至民国十四学年度毕业生·蒙藏院咨送蒙藏专科毕业生表由》(1926年7月6日),台北"国史馆"藏,"教育部",019000000776A。
⑤ 《蒙藏事务局拟议改定名称、修正官制草案及说明书·修正蒙藏局官制案》(1912年12月27日),蒙藏院档案,440/9。

为蒙藏事务方为要务，正在筹设的蒙藏学校也应"以教育蒙藏子弟为主旨，系招集蒙藏子弟，研求内地之科学，预备升入他种学校"。① 其后，随着当政者对"五族共和"看法的转变，以及一些"西南夷族"人士的争取，"苗夷"等逐渐进入到政府关注的视线。② 优待蒙藏学生的政策，后来也适用于"苗夷"。③ 但是直到1937年，在南京成立的蒙藏学校中仅有3名"苗夷"学生就读，因人数太少，"苗夷"学生还向同胞发出号召，呼吁他们来京"造究高深学问"，完成"夷苗青年所负的时代使命"。④

南京国民政府成立后，又在一些大学中设立蒙藏班或为蒙藏学生规定录取名额。中央大学增设蒙藏班⑤，蒙藏委员会附设蒙藏政治训练班⑥，中央政治学校设有蒙藏班（后改为蒙藏学校）⑦，中央军官学校也向蒙古学生招生⑧，陆军大学有招收蒙古学生名额⑨，北京大学也面向蒙古、西藏、西康、新疆、青海、宁夏、甘肃等地学生推出了优待办法。⑩ 此外，"如各部会设立之警官、军需、航空等学校及陆军交通等大学，对于蒙藏

---

① 《蒙藏事务局关于合并咸安官〔宫〕学、托忒学等四校，扩充改名为蒙藏学堂的呈文和蒙藏学校的章程规则以及咨送边省的学生名册·筹边高等学校归并本校一节实属窒碍良多请局酌核办理由》（1914年4月16日），蒙藏院档案，440/30。

② 参见彭武麟《南京临时政府时期的近代国家转型与民族关系之建构——以"五族共和"为中心》，《民族研究》2009年第3期，第76页；杨思机《以行政区域统驭国内民族——抗战前国民党对少数民族的基本策略》，《民族研究》2012年第3期，第65页。

③ 《公牍·教育部训令知照苗夷学生来中央或各省求学者得比照修正待遇蒙藏学生章程办理》，《同济旬刊》第112期，1936年11月1日，第1页。

④ 田兆勋：《论著·欢迎夷苗青年升学蒙藏学校》，《新夷族》第1卷第2期，1937年1月20日，第39、40页。另，与"蒙古青年"一样，"夷苗青年""夷苗民族"等也是晚近才出现的名词，因不是本文讨论的主题，故不展开。

⑤ 《蒙藏时间·蒙藏简讯·中大增设蒙藏特班》，《蒙藏旬刊》第2期，1931年9月30日，第24页。

⑥ 《本会成立以来的工作概况与蒙藏工作报告·第四次全国代表大会蒙藏工作报告》（1931年9月17日），蒙藏委员会档案，439/1。

⑦ 《蒙藏时间·中央注重西北要政·中政校附蒙藏学校》，《蒙藏旬刊》第43期，1933年3月10日，第15页。

⑧ 《蒙藏要闻·军校绥远新生来京》，《蒙藏周报》第75期，1931年7月4日，第7页。

⑨ 《本处文牍·本处函各盟部公署陆军大学校招收第十期学生蒙古每盟部准送一名请查照办理文》，《蒙古旬刊》第36期，1931年10月10日，第2页（栏页）。

⑩ 《中外要闻·边疆·北大优待边疆学生》，《西陲宣化使公署月刊》第1卷第3期，1936年1月，第46页。

学生亦为规定名额，或酌量从宽录取"。① 总之，大城市新式蒙藏教育机构的建立以及新式学校面向蒙藏学生招生，为蒙古学生读书提供了诸多选择。

不仅如此，1929年教育部和蒙藏委员会还制定了《待遇蒙藏学生章程》和《保送蒙藏学生办法》，对蒙藏学生就学给予优惠条件。② 如就学费便规定："凡经蒙藏委员会或其驻平办事处介绍之蒙藏学生，在公立学校应免全部学费，在私立学校应酌量减免。"③ 因贪图蒙藏学生的待遇，很多非蒙藏籍贯者冒籍投考，"乃查近来该校每届招生时，即发生真假籍贯纠纷，原因乃系投机份子希图蒙藏学生之待遇，故不惜腼腆前来冒籍投考，蒙藏委员会虽再三通令严厉取缔，但其中仍有冒籍情事"。④ 由于蒙古各盟旗官署、西藏各地方官署、蒙藏各级学校以及与蒙藏相连之沿边各省县政府都有保送蒙藏学生之资格，这为"请托通融"大开方便之门，冒籍之事非但不能禁止，反而愈演愈烈，对此，学校也没有更好的解决办法。⑤ 以致人们不禁喟叹："援例投考国内各大学之蒙籍学生，十之七八都是假冒蒙籍之汉人子弟！"⑥ 对于汉人冒籍问题，张建军曾撰文讨论，认为冒籍现象的存在，使政府优待蒙古学生的政策有所减损。⑦ 如果从较长的历史时段着眼，尽管有冒籍现象存在，但是晚清尤其是民国以来，学制的一系列变化仍然为蒙古学子提供了更多在大城市读书的机会，这对内蒙古社会产生了深远影响。

经由学制等方面的制度变革，清末以来，在北京、上海、南京、天津

---

① 《本会成立以来的工作概况与蒙藏工作报告·第四次全国代表大会蒙藏工作报告》（1931年9月17日），蒙藏委员会档案，439/1。

② 同上。

③ 《专载·会呈行政院·附修正待遇蒙藏学生章程》，《蒙藏月报》第1卷第5期，1934年8月25日，第48页。

④ 彭玉元：《最近之康藏·蒙藏学校开除大批冒籍西康学生》，《康藏前锋》第3卷第8、9期合刊，1936年5月，第77页。

⑤ 柳惜青：《边疆学生升考专科大学的困难问题》，《西北论衡》第5卷第6期，1937年6月15日，第5、7页。

⑥ 云中伧父：《〈优待边疆学生办法〉下的流弊》，《新蒙》第4卷第6期，1948年4月7日，第4页。

⑦ 张建军：《南京国民政府对蒙古族学生的保送升学政策及其变动》，《纪念〈教育史研究〉创刊二十周年论文集（3）》，"《教育史研究》创刊二十周年暨中国教育史研究六十年学术研讨会"论文，北京，2009年，第893页。

等大城市中逐渐聚集了一批来自蒙旗的蒙古学子，这些蒙古学子的来源和分布有两点值得注意。

其一，在外读书的蒙旗学子中，尤以归化城土默特、察哈尔、卓索图盟、昭乌达盟、哲里木盟的蒙古人居多①，这与内蒙古各地的汉化程度有关。汉化较深地区的学生在语言风俗上与汉人差别小，在以汉人为主的大城市生活不会有太大障碍，反之，则很难适应。即使在教育尚称发达的察哈尔，也不乏蒙古人因语言不通而不愿升学的情况，"蒙旗小学毕业之学生，年龄尚多幼稚，对于国文汉语，未曾熟习。若来内地升学，诸多隔膜，且程度较低，未能与内地学生竞争，每致落选。因而每年小学毕业者，虽有百余人，来内地升学者殊不多见。即在省垣师范毕业者，亦因学识较差，苦无服务之机会，是以蒙民多不愿升学"。② 由此可知，其他汉化较浅地区，蒙古赴外求学当存窒碍。汉化程度较深的地区，新式教育发展明显更快，"大概在进入于半农半牧或农业社会之各盟旗，如哲、卓、昭、察哈尔等盟，及归化城土默特部，已有新教育之雏形，且发展颇快。其仍需〔濡〕滞于游牧社会之各盟旗，如锡、乌、伊等盟设立学校之旗，为数极少，各旗之所谓教育，仍类似十年前之私塾性质耳"。③ 因此，归化城土默特、察哈尔、卓索图盟、昭乌达盟、哲里木盟等地外出读书的蒙古学子相对较多。需要指出的是，上述几个地方在汉化程度上仍可细分，比如在语言上，民国以后，归化城土默特蒙古几乎已经不谙蒙语，而卓索图盟、昭乌达盟、哲里木盟很多蒙古人则熟操蒙语。这些差别为以后他们彼此之间出现龃龉埋下伏笔。

其二，外出读书的蒙古学子中平民子弟占据相当大比例。如，特木尔巴根，1901年出生于卓索图盟喀喇沁右旗大牛群乡小庙子村的一个贫苦家庭，幼年曾就学私塾，1915年入本旗小学，1918年进入北京蒙藏学

---

① 黄奋生编《蒙藏新志》录有北平蒙藏学校1935年"北平蒙藏籍官费学生调查表"与"北平蒙藏籍自费学生调查表"两份，其中录有224名学生，大部分籍贯为归化城土默特、察哈尔、卓索图盟、昭乌达盟、哲里木盟。见黄奋生编《蒙藏新志》，中华书局1938年版，第607—616页。

② 赵伯陶：《察哈尔省蒙旗教育之过去、现在与将来》，《开发西北》第3卷第1、2期合刊，1935年2月15日，第16页。

③ 黄奋生编：《蒙藏新志》，第653页。

校。① 再如，乌兰夫，1906年出生于归化城土默特左旗塔布村一个普通农民家庭，幼时曾在私塾读书，1919年入土默特高等小学校，1923年赴北京蒙藏学校。② 1931年，卓索图盟在北平求学的学生向本旗请求津贴，在呈文中说："奈生等系属贫寒子弟，家道拮据不堪，学费实难供给。计自到平以来，学款既时寄时绝，生活问题，即日窘一日，虽至缩减衣食，尚不能维持日常需要，有时竟典质衣服，或告贷朋友，久之则债台高垒，无法偿还，每逢结算，辄遭窘辱，其中痛苦，忍气吞声，莫可如何。"③ 可见，这些留平学生家境贫寒者不在少数。值得注意的是，虽然晚清以降，蒙旗平民蒙古有了更多外出读书和就职的机会，但与蒙旗王公贵族比起来，出路依然相对狭窄，这使得蒙古平民学子变革社会的愿望更加强烈，并逐渐成为内蒙古政治运动的主要力量。

晚清以来的新式教育，使原本分居散处的蒙古学子聚集一处，新式教育的内容有利于"国家""国民""民族""革命"等观念的传播，也使当政者倡导的"民族平等""民族自治"等思想得以强化。在此情形下，这些有着类似生活经历的蒙古学子逐渐走到一起，开始用"蒙古青年"来定义自己的身份。他们成立同学会等社团，并创办各种刊物，以此凝聚认同、表达主张。1928年年底，蒙古留平学生在北京成立了"蒙古留平学生会"，创办刊物《蒙古留平同学会》，自第二期改为《蒙古》，后告停刊，1934年复刊，改名为《新蒙古月刊》。1930年年初，一些在北平的蒙古学生和蒙古人士组成"蒙古文化改进会"，出版《蒙古月刊》。④ 1930年6月，陈松山、王德恩、于国珍、周文翰、陈建荣、李汾等蒙古学生，成立了"蒙古青年励志会"，并于1931年创办《励志月刊》。1930年12月，一批在南京和北平的蒙古人，在北平成立"蒙古文化经济共进会"。⑤

---

① 胡达古拉：《特木尔巴根的一生》，内蒙古人民出版社2007年版，第1—16页。
② 乌兰夫革命史料编研室编：《乌兰夫回忆录》，中国党史资料出版社1989年版，第1—40页。
③ 《蒙藏地方通讯·卓盟留平学生呈请给津贴》，《蒙藏周报》第57期，1931年月？第10页。
④ 忒莫勒编著：《内蒙古旧报刊考录（1905—1949.9）》，远方出版社2010年版，第221、224页。
⑤ 《社会局、公安局关于蒙古青年励志会、文化经济共进会等创办月刊和呈请备案的批、公函》（1929年5月1日—1931年7月31日），北京市档案馆藏，北平市社会局档案，J002/002/00017。

1935年，"经蒙古青年贺耆寿、经天禄、任殿邦等之发起及政府之奖助"，在绥远成立了"绥远蒙古文化促进会"，并创办《醒蒙月刊》。① 借由这些社团和期刊，蒙古学子对"蒙旗民众"和"蒙古文化"进行想象和建构，并视振兴"蒙古文化"，唤醒"蒙旗民众"为己任。一如"蒙古青年励志会"成立时所宣称的："鉴于蒙古文化落伍，智识幼稚，诚有出刊宣传之必要，一方启迪蒙民智识，阐扬三民主义，以免被日俄之煽动蛊惑；再一方将蒙地各种情形贡献中央，以免不悉蒙古情形。"② 总之，在不断制造着异己对立物的同时，蒙旗学子们"蒙古青年"的身份意识不断加强，"蒙古青年"逐渐成为在大城市接受新式教育的蒙古学生群体的代名词，并被广泛运用。以《申报》为例，1916年，"蒙古青年"的说法第一次出现③，到20年代以后，"蒙古青年"一词已被《申报》频频使用。

二 出路何在——"蒙古青年"的就业困境

在外读书的"蒙古青年"渐受城市生活的浸染。在绥远地区，"自近五年来学生多远赴平津求学，讲恋爱，慕奢华，自由平等之口号，沸腾喧嚣，非但男学生洋服皮鞋，而女学［生］亦皆极其奢靡，并肩携手，诚大开绥远人之眼界"。④ 相较于平津京沪等繁华都市，蒙旗依然显得"闭塞""穷苦"，都市对这些来自蒙旗的学生有着巨大的吸引力，他们大部分将内地城市视为未来工作和生活的首选，想方设法觅得一席之地，"辄一出校，即从事活动，另觅枝栖，以图为留恋于内地之阶梯。

---

① 《绥远通志稿》第64卷，"会社"，绥远通志馆编纂：《绥远通志稿》第8册，第750页。
② 《社会局、公安局关于蒙古青年励志会、文化经济共进会等创办月刊和呈请备案的批、公函》（1929年5月1日—1931年7月31日），北京市档案馆藏，北平市社会局档案，J002/002/00017。
③ 原文为，"北京电：政府拟令陆军部、内务部派员会同考选蒙古青年供职北京或边界各区（二十三日）"。见《申报》1916年8月24日，《申报》第141册，上海书店1983年影印版，第906页。
④ 《调查·绥省社会与蒙旗近况》，《蒙藏旬刊》第48期，1933年4月30日，第9页。

未及即西其装革其履，一变而为翩翩少年"。① 又或"贪恋内地之安适，谋一无足轻重的位置，赚点有限的薪金，结一个摩登的女人，即了却一世"。②

尽管"蒙古青年"有在大城市求职的意愿，但实际情形并不乐观。青年学生失业是当时社会的一个普遍问题，有关学生失业的讨论充斥于各种报章，"学生之毕业于学校，而告业于社会者比比皆是"。③ 据时人观察：

> 自革命空气密〔弥〕漫全国，内蒙之明锐有志的青年多心向往。于是自动打破一切，负勇来内地求知，先后入黄埔军校、中央军校及京平之中央各教育机关肄业者，不下数十百人。但毕业之后，中央既不与以安插，又不能作有力量与有计划的派遣，因之十九赋闲散置，无所适从。④

人们将"蒙古青年"的"赋闲散置""无所适从"，归结为中央未能给予必要安置。实际上，对于蒙古青年的出路问题，执政当局并非全无作为。辛亥革命后，以孙中山等为首的革命人士逐渐放弃了"排满"的主张，提倡"五族共和""中华民族"等观念。在这种情况下，清廷对待蒙古的许多政策被视为"羁縻愚弄"，新政权为彰示"民族平等"，对其进行修改。1912年制定的《优待满蒙回藏各族条件》第六条规定："从前营业居住等限制一律蠲除，各州县听其入籍。"同年拟定的《待遇蒙古条例》第九条又说："蒙古人通晓汉文并合法定资格者，得任用京外文武各

---

① 安：《勖中政班蒙藏班毕业同学》，《康藏前锋》第1卷第10、11期合刊，1934年7月15日，第2页。
② 儒：《欢送蒙藏班第二期蒙古毕业同学》，《蒙古前途》第25期，1935年9月1日，第17页。
③ 旭平：《职业教育之研究》，《康藏前锋》第1卷第8期，1934年4月15日，第44页；关于当时学生失业的状况，参见叶文心《民国时期大学校园文化（1919—1937）》，中国人民大学出版社2012年版，第127—133页。
④ 刘巨源：《解决内蒙自治之途径》，《康藏前锋》第1卷第2期，1933年10月1日，第10页。

职。"① 1915年，制定了《蒙人服官内地办法》，1918年又颁布了具体章程。② 南京国民政府成立之后，对中央党政机关和地方政府参用蒙藏人员也屡有规定。③ 这些章程的制定意味着，在理论上，不论是王公贵族还是平民子弟，都可以向本旗以外的行政系统流动。

不过，上述举措是否得到有效施行，实堪怀疑。以北京为例，蒙古学子如果想在中央各机关工作，进入蒙藏院（前身为蒙藏事务局，后改为蒙藏委员会）最为顺理成章，但是蒙藏院长期为王公贵族把持，对出身平民之家的"蒙古青年"颇多排斥，"民国肇造，设立蒙藏院总裁制十七稔来，其权限不为不大，其待遇蒙族不为不优，惟均系王公执政。蒙人之有志青年革命份子皆弃而弗用，蒙人之隐痛未除，蒙政之修明无望。方今革命成功绝不能再使吾蒙向隅，重受压迫之苦"。④ 如果连主管蒙藏事务的机构都无法容纳，那么平民出身的"蒙古青年"在其他中央机关谋得职位更非易事。在地方上的热河、察哈尔、绥远等省府之内，职员更以汉人为主，蒙古人很少能参与其内，"自沿边各特别区省设县后，各省县政府及所属各项机关均已组织成立，惟以民族间语言文字之不同，及各该地方历史习惯互异，所有各该省县政府及其他机关中，绝少参用蒙藏人员，以致蒙藏民众对于各该省县之感想，即日益冷淡疏远，而各该省县对于蒙藏地方之设施，亦不免有扞格不入之苦"。⑤ 因"蒙古青年"就业问题长期得不到解决，国民党党员王大川曾发出诘问："而参加实际工作，负实际责任的，不仅满族无份，即蒙、回、藏诸族又何尝有？难道除了汉

---

① 《关于宣统被逐出宫蒙古王公忧虑变更条例和优待条例的榜示上书以及蒙藏院的答复·奉大总统令优待蒙、回、藏各条例》（1912年10月28日），蒙藏院档案，440/15。

② 《本院修改蒙藏则例"驻京年班"和关于顶戴服色的品秩以及蒙人服官内地办法暨章程的通则·蒙人服官内地办法暨章程的通则》（1918年5月16日），蒙藏院档案，440/12；卓索图盟喀尔喀郡王旗人吴鹤龄便是依据《蒙人服官内地办法》，"送京以备试用"。见《蒙藏事务局关于合并咸安官〔宫〕学，托忒学等四校，扩充改名为蒙藏学堂的呈文和蒙藏学校的章程规则以及咨送边省的学生名册·喀尔喀旗旗员吴鹤龄学识优长据情咨请甄试由（附履历）》（1918年7月29日），蒙藏院档案，440/30。

③ 《本会成立以来的工作概况与蒙藏工作报告·第四次全国代表大会蒙藏工作报告》（1931年9月17日）、《本会成立以来的工作概况与蒙藏工作报告·编送国民党五届三中全会蒙藏工作报告》（1931年1月20日），蒙藏委员会档案，439/1。

④ 《白瑞关于为整顿内蒙盟旗交行政院的呈文及行政院的复函和内蒙驻京团体联合宣言》（1929年2月23日），国民政府行政院档案，441/3。

⑤ 黄奋生编：《蒙藏新志》，第514页。

族以外，就没有配参加实际工作和担任实际责任的吗？"①

综上可知，"蒙古青年"，尤其是平民出身的"蒙古青年"，很难在大城市找到称心如意的工作。

他们只好另觅前程，"遂不得不转向关外故乡找寻政治出路"。② 然而，蒙旗能够提供的职位也十分有限，究其原因，主要有如下几点：

其一，"蒙古青年"往往被视为替代蒙古"封建势力"的新力量。③"蒙古青年"在内地受革命思想熏陶，往往不满意于王公制度，欲取而代之，"嗣后有一九二五年内蒙平民革命党之产生；一九二八年呼伦贝尔之革命运动，以及北伐成功国府奠都南京后，内蒙青年派废除内蒙旧有政治组织、王公贵族阶级之运动"。④ 是故，"蒙古青年"并不为王公所喜。一份"察哈尔省八旗职员考核简明表"录有对各旗总管、参领等主要官员的考评，其中就有"学浅守旧，嫉青年、有怨言"之类的评语。⑤ 有些王公甚至对"蒙古青年"抱有很大的敌意，"即对于由平津京沪各学校毕业之蒙古青年，每视如仇敌。准噶尔旗协理奇子俊家中父子循环惨杀，兄弟继续报复，即系新旧思想冲突之真相，亦即蒙古王公不愿革新政治，唤醒蒙民实例也"。⑥ 换言之，除非遇到开明王公，否则在内地接受新式教育的"蒙古青年"，在蒙旗并不一定受到欢迎。

其二，即便可以在蒙旗获得一官半职，情况也未见理想。部分"蒙古青年"能够在蒙旗谋得职位，如北平蒙藏学校毕业生"小部份〔分〕由政府派往蒙藏服务，大部份〔分〕则自行回籍活动。蒙籍学生回蒙者，多应军官考试，及格后，充任佐领、参领等军职"。⑦ 不过，在外就读的学生以平民出身为主，而蒙旗行政却多为王公贵族把持，因此平民子弟时

---

① 《王大川为请注意满族在国家之地位等情函件》（约1948年左右，月份日期不详），蒙藏委员会档案，439/4（2）。
② 余汉华：《内蒙古自治运动总检讨》，《边事研究》第3卷第4期，1936年3月15日，第44页。
③ 心：《时事述评·评内蒙自治运动》，《新青海》第1卷第12期，1933年12月，第5页。
④ 黄奋生编：《内蒙盟旗自治运动纪实》，上海中华书局1935年版，第53页。
⑤ 《察哈尔蒙旗行政分类表解·察哈尔省八旗职员考核简明表》，（1929年8月，日期不详），蒙藏委员会档案，439/54。
⑥ 陈健夫编：《内蒙自治史料辑要》，南京拔提书店1934年版，第29页。
⑦ 《一月间大事记·北平蒙藏学校》，《蒙藏月报》第2卷第1期，1934年10月25日，第37页。

时受到掣肘。归化城土默特旗政府就存在着贵族和平民之争，"该府分贵族与平民两派。总管荣祥之亲友，都是贵族，自然位高权重……平民派多属科员、雇员、办事员等。此等下层职员，因无势力、无权柄、无地位，看不惯倨傲轩〔鲜〕腆之作风，故两派或以公，或以私，时生摩擦"。① 荣祥是前述都格尔札布之第四子。民国建立后，都格尔札布先后任归化城副都统、财政科长、煤炭租税局长等职，是土默特十二参领中最有影响者。② 如果说都格尔札布出身并不显贵，那么凭借个人能力，他已然使其家族的社会地位得以提升。其子荣祥于20年代就开始在土默特旗府任职，1934年担任土默特旗总管。荣祥在仕途上平步青云，一方面得益于"塞外文豪"的才名，另一方面则与都格尔扎布的影响不无关系。③ 据此，可以预见，在旗权为少数"贵族"把控之下，平民出身的"蒙古青年"很难有出头之日。

其三，晚清以来，蒙旗权力有所衰落，难以为"蒙古青年"提供适当的位置。光绪二十五年（1899），归化城土默特左翼三甲世管佐领福克津阿因病出缺，但其子时至1916年仍未承袭。参领卜瑞玑在论及此事缘由时称："查前清定制，每承袭佐领，必须赴京引见，往返需日，资费甚巨，该世管佐领福克津阿物故，时其子吉雅年方及岁，自应承袭，惟家道贫寒，无俸无饷，以致未能即时承袭。"④ 这在一定程度上表明，晚清时期归化城土默特地区的"佐领"一职已经不一定能为任职者带来更好的生活，更高的地位。民国以后状况并不见好转。归化城土默特旗，在清代参领、佐领、骁骑校等职位编制有百数十人，迨至民国，"一切政治改组更绪，所有前此之各参佐领官现充录用者仅数十名，余则散处消遣，失业闲游，困苦颠连，一无所恃，哀鸣遍野，十年于兹"。⑤ 在旗政府内则是"一切行政均缺乏积极性，对于蒙民之生计，如农工商业均无什么计划，

---

① 《土默特特别旗调查报告》（1947年，月份日期不详），蒙藏委员会档案，439/122。
② 土默特左旗《土默特志》编纂委员会编：《土默特志》上卷，"人物志"，第1095—1096页。
③ 忒莫勒：《荣祥先生略传》，呼和浩特市民族事务委员会编：《民族古籍与蒙古文化》第1—2期，2001年版，第284页。
④ 《查明世管佐领福克津阿遗缺久未承袭缘由咨院核办由》（1916年8月24日），蒙藏院档案，440/37（二）。
⑤ 《佐领刚仁阿等呈请提倡整顿旗务数端缘由恳请核准训示由》（1921年9月22日），内蒙古自治区呼和浩特市土默特左旗档案馆藏，土默特旗档案，79/1921/811。

只是听其自生自灭，如生计股，仅办一点过约事情。本年旗府之重大工作乃登记蒙民户口，颁发蒙民身份证而已"。① 直到1948年左右，在绥远省伊克昭、乌兰察布两盟，"盟旗政府之组织现仍为王公封建制度，旗政府除事官一人轮流值班外，内部极不健全，几等虚设"。② 可以说，这样衰败的蒙旗行政机构，很难为满怀理想、欲一展抱负的"蒙古青年"提供适当的位置。

其四，成为蒙旗各类学校的教员，是"蒙古青年"的出路之一。不过，蒙旗教员的收入十分微薄。民国以后，在政府倡导蒙藏教育的举措下，虽然地方教育得到一定发展，然而私塾仍在蒙旗教育中扮演重要角色。③ 到1928年，昭乌达盟所属蒙旗教育大部分仍以私塾为主。④ 1931年，有人在谈到绥远省蒙旗教育时指出，除"土默特向称教育发达之境""准噶尔旗奇子俊所办之小学成绩尚佳"外，"至其他则皆不足道"。⑤

蒙旗教育不振与经费不足不无关系。清末倡导蒙旗兴学，其教育经费多由地方筹措，宣统三年（1911），清廷颁布《蒙藏回地方兴学章程》，其中规定"蒙古兴学经费，应由各该将军、大臣督饬盟长扎萨克转行各旗筹措；其无盟长扎萨克地方，即由将军、大臣督饬各旗筹措"。⑥ 一些材料表明，至迟在1939年，中央曾颁布补助蒙旗学校经费办法，但落实情况值得怀疑。1941年政府补助伊克昭盟郡王旗小学2900元，台吉召小学500元，不过，"各旗政府对历年所收拨发之教育补助费，既不立专账登记，又不指定专人负责保管，各校多有不能如期领到"。1942年上述两

---

① 《土默特特别旗调查报告》（1947年，月份日期不详），蒙藏委员会档案，439/122。
② 《军令部代电请重行改拟边疆各盟旗地方自治方案又绥远省政府代电陈本省蒙政实际问题》（约1948年左右，月份日期不详），蒙藏委员会档案，439/4（二）。
③ 关晓红指出私塾教育在晚清民国时期一直以合法或半合法的地位存在。这一情况在蒙旗地区也同样存在。参见关晓红《科举停废与近代乡村士子——以刘大鹏、朱峙三日记为视角的比较考察》，《历史研究》2005年第5期，第84页。
④ 《昭盟各蒙旗疆域、经济、人口、文化、山脉、河流等呈文》（1928年2月8日），蒙藏院档案，440/26。
⑤ 《蒙藏地方通讯·蒙旗教育不振之原因》，《蒙藏周报》第65期，1931年3月23日，第7页。
⑥ 《蒙藏回地方兴学章程》（1911年，月份日期不详），中国第一历史档案馆藏，理藩院全宗，蒙旗类，第301卷；转引自《内蒙古教育志》编委会编《内蒙古教育史志资料》第2辑，内蒙古大学出版社1995年版，第119页。

所学校均因"食粮缺乏",未能开学。①直到1947年,蒙旗教育经费仍多以地方自筹为主,在归化城土默特地区,除文庙街中小学有一定经费(教职员薪俸不包括在内)外,"其他如各乡村小学经费,系由各督导处主任负责,为教员向蒙民筹点粮食糊口,旗府无小学教育经费预算"。②因为经费不能得到持续有效保障,蒙旗学校经常处于时办时停的状态。土默特旗公立第一中学校,曾一度因"经费支绌,宣告停课"。③土默特旗的中小学校虽勉力维持,"但以经费奇拙,校舍既是因陋就简,设备更不足称"。④

在这种情况下,蒙旗教员的薪金不可能太高,归化城土默特地区此鸟老鸟村的教员即"待遇甚廉"。⑤因收入菲薄,归化城土默特的教员"亦往往有兼营别业者。是故土旗小学教育之苦窳,实不堪一睹也"。⑥该旗教育在蒙旗中已属办理完备者,至于其他蒙旗小学,"校舍之陋,设备之差(甚至连课桌椅均无力购买,以泥土垒成应用),以及经常费之穷(每校每月只一二十万经常费),教员待遇之薄(每人每月七八万元至十余万元),学生衣食之苦(食难果腹,衣不蔽体),有非内地人士所能想象者"。⑦综上,成为蒙旗教员显然不是"蒙古青年"的理想选择。

实际上,"蒙古青年"的就业问题始终未能得到有效解决。直至抗日战争结束,乌兰夫等人筹建内蒙古自治联合政府之时,国民党方面的一些

---

① 《教育部函准绥远蒙旗照原案继续补助》(1939年,月份日期不详),内蒙古档案馆档案,419/11/8;《绥境蒙政会三十年度经办边教部分收支状况报告表》(1941年,月份日期不详),内蒙古档案馆档案,419/84/34;《视察伊克昭盟教育总报告》(1942年10月31日),内蒙古档案馆档案,419/261(2)/43;转引自《内蒙古教育史志资料》第2辑,第165、166、190、192页。

② 《土默特特别旗调查报告》(1947年,月份日期不详),蒙藏委员会档案,439/122。

③ 编者:《蒙事纪要·土默特旗中学校积极筹备复课》,《蒙古前途》第23、24期合刊,1935年7月1日,第60页。

④ 《土默特特别旗调查报告》(1947年,月份日期不详),蒙藏委员会档案,439/122。

⑤ 李藻:《此鸟老鸟 村之社会的及经济的调查研究(续)》,《寒圃》第2期,1933年12月16日,第6页。

⑥ 《土默特特别旗调查报告》(1947年,月份日期不详),蒙藏委员会档案,439/122。

⑦ 《教育部视察戴麒视察绥察蒙旗地方教育及部办学校情况报告》(1947年9月,日期不详),国民政府教育部档案。转引自中国第二历史档案馆编《中华民国史档案资料汇编》第5辑第3编,"教育"(1),凤凰出版社2010年版,第506页。

官员，仍然把蒙旗失学失业之青年"生活无着，效力无门，彷徨歧路"，政府未能妥善安置，列为其加入中国共产党的主要原因。①

三 另辟他途——内蒙古自治运动中的"蒙古青年"

晚清民国时期，内蒙古局势错综复杂。当政者在内蒙古地区推行分省置县、土地放垦等政策，对一些内蒙古王公也未给予足够重视，引发他们的不满，其间又有俄国策动外蒙独立，日本占据"东北"等因素之刺激，使部分内蒙古王公产生了离心倾向。在十分复杂的历史背景下，以德王为首的蒙古人士，开展了"内蒙古自治运动"。

由德王发起的"内蒙古自治运动"，旨在为内蒙古盟旗从国民政府争取更大的权益。最初的动议是为了反对吴鹤龄。北伐成功之后，白云梯和吴鹤龄两派势力均自诩为内蒙古盟旗的代言人，当时又以吴鹤龄影响较大。但以德王为首一些蒙古人士，对两派并不认同，试图建立独立的组织。不过，在复杂的历史情势下，这一最初之动议逐渐演变成为谋求内蒙古未来出路的政治运动。1933年7月，德王联合各股支持力量，在百灵庙召开会议，向中央请求建立"内蒙古自治政府"。在多方博弈下，于翌年5月成立了隶属于行政院的"内蒙古自治政务委员会"，即"百灵庙蒙政会"。② 其后，德王以"百灵庙蒙政会"实际领导者的身份，周旋于中央、省府、日本等各方之间。

德王在实现其政治理想的过程中，十分注重借助"蒙古青年"的力量。而"蒙古青年"加入到"内蒙古自治运动"中来，也与德王的经历及性情不无关系。德王全名德穆楚克栋鲁普，1902年，生于锡林郭勒盟苏尼特右旗，是苏尼特右旗扎萨克那木济勒旺楚克的独子，于1908年袭

---

① 《蒙旗宣抚团团长白云梯关于蒙旗宣抚工作的总结·蒙旗宣抚团工作总报告》（1946年10月27日），蒙藏委员会档案，439/2。

② 关于"内蒙古自治运动"始末主要参见札奇斯钦《我所知道的德王和当时的内蒙古》（一），东京外国语大学アジア·アフリカ言语文化研究所昭和60年（1985年）版；札奇斯钦：《我所知道的德王和当时的内蒙古》（二），东京外国语大学アジア·アフリカ言语文化研究所平成5年（1993年）版；陶布新整理：《德穆楚克栋鲁普自述》，内蒙古自治区政协文史资料研究委员会编：《内蒙古文史资料》第13辑，内蒙古文史书店发行1984年版；此外，还有一些对"内蒙古自治运动"进行忆述以及研究的著作，不一一列举。

爵，1919 年，正式执掌旗权。年少时期的德王接受蒙、汉文教育，主要学习四书五经、《圣谕广训》等。① 与同时代的其他许多蒙旗王公相比，德王心态较为开放，乐于接受新鲜事物。德王曾在北京蒙藏院住过一段时间，据说在那个时候打下了汉文、蒙古与中国历史的基础，后来还专门聘请一位家庭教师，教授欧美各国的政治、经济、教育、军事、历史等知识。在他的王府中可以看到希特勒、墨索里尼的传略等欧美国家书籍。② 有记载说德王"是受过新教育的青年，精通蒙汉满英日五种文字，富有新的知识和思想，特具政治经验和能力"。③ 这一说法虽然带有夸饰成分，但也表明德王具有相对开明的心态。发起"内蒙古自治运动"之际，德王时年 33 岁，一些记载称其为有新思想之"蒙古青年"，"以青年派领袖自居"。④

为取得中央政府的重视与支持，从 20 年代开始，德王经常在南京、北平等地活动。值得注意的是，德王每到一处，经常探访当地的"蒙古青年"。1929 年，在沈阳与蒙古青年党党魁郭道甫（达斡尔人）会面。⑤ 1932 年，在南京，向高级教育班交涉招纳了正在受训的蒙古学生云继先；又到中央政治学校蒙藏班参观，同该校的"蒙古青年"有所接触。之后在北平，和旅平"蒙古青年"广泛联系，并招收了 20 余人，由云继先、于福赓、云敬圣带领，随其返归苏尼特右旗。⑥

如上所述，蒙旗学子外出求学日多，但是出路相对有限。当德王发起"内蒙古自治运动"，筹设"百灵庙蒙政会"之际，蒙古青年学生遂相率投奔而来。对于"内蒙古自治运动"以青年为主导的情形，时人已多有注意，"德王容纳蒙古青年，并许以政治上之地位。此辈青年以察绥为多，接近内地，求学机会甚易，所学既成，饱载新思想而归，对于所处环境，当然不能满足，又感于政府之漠视蒙事，本身出路太少，对同胞之同

---

① 札奇斯钦：《我所知道的德王和当时的内蒙古》（一），第 1—15 页。
② 张梵：《边疆研究·内蒙古与德王的遇合》，《边事研究》第 4 卷第 2 期，1936 年 7 月 20 日，第 43 页。
③ 赵殿诰：《内蒙自治问题之内在原因和外来背景》，《新亚细亚》第 7 卷第 1 期，1934 年 1 月 1 日，第 39 页。
④ 黄奋生编：《内蒙盟旗自治运动纪实》，第 69 页。
⑤ 卢明辉：《蒙古"自治运动"始末》，中华书局 1980 年版，第 8 页。
⑥ 陶布新整理：《德穆楚克栋鲁普自述》，第 5、6 页。

情心大炽，改造环境之意识更为坚决"。① 这一见解与参与此次运动之"内蒙青年"所持说法基本吻合，他们对加入"内蒙古自治运动"的缘由做出如下解释：

> 五、我们承认为中华民族一分子。六、我们此次不是分离运动而是内蒙各盟旗大联合。七、我们最感痛苦者，在地方受省政府之压迫，在南京受蒙藏委员会之排挤。八、我们青年大多数是热河卓索图盟的人，因为家亡了，不能回去，中央方面又不能予以安插，又不愿投日投俄，故不得已，作此运动。假使中央不能原谅，横加压迫，将来亦不能顾及许多了，从前蒙藏专门学校学生，现在外蒙及伪国服务者甚多。九、我们此次实在是政治改革运动，而非民族分离运动，但中央处理不当，亦有激起民族斗争之可能。十、我们觉得中央教育方针整个相反的。教科书所说的话与政府所做的事，完全不对。同时，一方面尽管造就人才，而并不注意他们将来的工作。十一、我们以为中央现在仅承前清一种羁縻政策而已。每年化〔花〕许多钱，养班禅、章嘉及其他消费，而不肯拿一文钱作盟旗之事业费。十二、我们从前要在蒙古地方办教育，政府不帮助，要在察省党部设盟旗科，中央党部不答应。我们在军政部领枪，军政部密令以后不准发七九枪给我们，凡此种种，我们都认为汉族有垄断的嫌疑。②

在"蒙古青年"的想法里，他们在南京蒙藏委员会、省政府、蒙旗都无适当之出路，是其投身"内蒙古自治运动"的主要原因。陈绍武的例子似可说明上述"蒙古青年"之经历。陈绍武是卓索图盟喀拉沁左旗人，就读于中央政治学校。③ 毕业之后，陈绍武等7人"由中央指派回籍作宣传联络等工作"。回籍以后，他们曾与中央有过书信往来。但是除了

---

① 余贻泽：《内蒙古自治运动之经过》，《新亚细亚》第7卷第2期，1934年2月1日，第29页。
② 《国民政府参事林竞内蒙青年关于治蒙意见》（1933年12月27日），国民政府行政院档案，441/8。
③ 黄奋生编：《内蒙盟旗自治运动纪实》，第71页。

措辞笼统的"宣传联络等工作"之外，似乎没有担任任何正式职务。① 陈绍武等曾在北京活动过一段时间，也未觅得理想的职位。② 后来陈绍武等相携投入德王帐下。在德王处，陈绍武颇受重视，参与很多重要事务，如曾与德王的舅舅补英达赖一起代表云、德二王抵京晋谒蒋介石等人。③ 有感于此，时人曾如是评论："故此次自治运动与其说青年为运动中之中坚份子，毋宁说失意青年为运动中之中坚份子，较为恰当。"④

在投奔德王的学生之中，来自卓索图盟、哲里木盟等东部盟旗的"蒙古青年"占很大比例。黄奋生记录下"内蒙古自治运动"中部分"蒙古青年"的情况：

> （一）陈绍武，二十五岁，卓盟喀拉沁左旗人，蒙文程度颇深，中央政治学校毕业，品学兼优，人亦老练；（二）关翼卿，年三十岁，哲盟达旗人，东北大学工科肄业，对建设事业深有把握；（三）韩凤林，年三十岁，哲盟达旗人，日本陆军士官学校毕业，返国后在锡盟训练蒙兵，颇有成绩；（四）丁我愚，年二十二岁，哲盟达旗人，东北大学预科毕业，国文优深，为德王之秘书长有年；（五）暴德彰，年二十五岁，卓盟喀拉沁左旗人，中央政治学校毕业，品学兼优；（六）白景畬，二十五岁，卓盟喀拉沁中旗人，蒙藏学校毕业生；（七）张秉智，三十岁，卓盟喀拉沁左旗人，中央政治学校毕业，曾充中央党部蒙藏科干事有年；（八）陈绍山，二十六岁，卓盟喀拉沁左旗人，民国大学毕业，学政治；（九）陈国藩，年三十岁，卓盟喀拉沁右旗人；（十）吴国璋；（十一）高以民，卓盟喀拉沁右旗人。⑤

---

① 《何玉书呈蒋中正中央政治学校附设蒙藏学校改组成立后之各项工作重点》（1933年，月份日期不详），台北，"国史馆"藏，"蒋中正总统文物"，002/080200/00142/017。
② 黄奋生编：《内蒙盟旗自治运动纪实》，第61页；陶布新：《百灵庙内蒙古自治运动始末》，内蒙古自治区政协文史资料研究委员会编：《内蒙古文史资料》第29辑，内蒙古文史书店1987年版，第5、6页。
③ 守真辑：《边事日记·十一月二十九日》，《天山》第1卷第3期，1934年12月15日，第105页。
④ 黄奋生编：《内蒙盟旗自治运动纪实》，第61页。
⑤ 同上书，第71页。

上述记载涉及的 11 人中，除吴国璋未注明籍贯外，其余均为卓索图盟人或哲里木盟人。这些在中央、省府和蒙旗均无出路的东部蒙旗青年，在德王处得到重用，"百灵庙蒙政会"成立之后，纷纷在各个部门任职，如陈绍武、丁我愚任德王秘书；白景畲任翻译科长；张秉智任文书科长；关翼卿任电台台长；韩凤林则在保安队履职。①

在"百灵庙蒙政会"，除了来自卓索图盟、哲里木盟等东部盟旗的"蒙古青年"，还有一群来自西部盟旗归化城土默特的"蒙古青年"，其中尤以云继先、朱实夫表现活跃。云继先和朱实夫均曾就读于北京蒙藏学校，后入黄埔军校。②在"百灵庙蒙政会"成立之后，德王任命云继先、朱实夫等为教官，组建蒙古干部学生队，把从北平罗致的蒙古青年学生一体编入受训。这一举措吸引了更多蒙古青年学生前来投奔，其中就有土默特高小的学生 30 余人加入学生队。③

"百灵庙蒙政会"成立后不久，德王还从各个蒙旗抽调蒙民，组成"保安教导队"，简称"保安队"。④德王拟将全蒙分为 60 组，轮流受训，每组训练周期为 6 个月，预计 20 年内，将全蒙青年蒙民，训练完成。⑤保安队蒙兵的训练和管理由学生队负责，"德王之学生队，及由军校派来之教导学员队，近来与各盟旗派来之蒙兵，每日三次教练，该蒙兵约有数百名，颇能耐苦，甚有进步"。⑥然而，保安队的训练并非一帆风顺。在训练过程中，教员与队员以及队员与队员之间逐渐发生了矛盾，矛盾的产生与彼此语言不通有很大关系。札奇斯钦在忆及这段往事时说：

---

① 札奇斯钦：《我所知道的德王和当时的内蒙古》（一），第 86、87 页，在此书中张秉智写作张秉志、关翼卿写作关翼青，均应为同一人。
② 云继先、朱实夫的生平参见《土默特志》上卷，"人物志"，第 1108—1109 页；经瑞霞：《朱实夫人狱》，土默特左旗政协文史资料研究委员会编：《土默特文史资料》第 2 辑，土默特左旗印刷厂（请核查）1987 年版，第 65 页。
③ 乌兰夫：《纪念百灵庙暴动五十周年》，《土默特文史资料》第 2 辑，第 3 页。
④ 《附载：蒙古自治政务委员会第二届大会提议案》，《蒙古前途》第 23、24 期合刊，1935 年 7 月 1 日，第 43 页。
⑤ 《边疆时事纪要·蒙政会工作紧张》，《康藏前锋》第 2 卷第 2 期，1934 年 10 月，第 49 页。
⑥ 《一旬间边事纪要·蒙政委会设稽查所》，《蒙藏旬刊》第 88 期，1934 年 8 月 10 日，第 4 页。

第一批都是来自锡林郭勒盟纯游牧地区的。他们是一点汉语都不懂的壮丁。继之而来的，则是其他各盟旗所选送的，其中以来自归化土默特旗的较多，他们是对蒙古自治相当的热中〔衷〕，可是由于多年汉化的结果已经不会讲蒙古语了。在他们之中，有曾受新式军事训练且任教官的朱实夫、云继先等。其他来自东部内蒙喀喇沁等地的教官，或是在保安处工作的白海风、阿尔弼济呼、哈斯巴根等也因方言不同，在训练上，时时与来自牧区的保安队员们弄得不甚愉快。队员们认为他们不是真正的蒙古人，而他们又认为这些士兵真是愚蠢无法言喻。①

由上可知，来自归化城土默特的教官与队员不懂蒙语，是产生矛盾的原因之一。归化城土默特地区汉化程度较深，民国时期，当地蒙古人已与汉人差别不大，"因该旗人民，无不熟操汉语，所读之书，亦汉书之故也"。② 保安队最早一批队员来自锡林郭勒盟，该盟汉化程度较浅。民国期间，与之比邻的察哈尔部"汉蒙杂居，蒙人多习汉语"，而锡林郭勒盟则是"寸土尺地均未开辟"，并无汉人居住。③ 由于蒙旗教育的发展状况往往与汉化程度深浅密切关联，故而可从蒙旗教育推知归化城土默特与锡林郭勒盟的汉化情况。当时土默特旗教育"为内蒙各旗冠"④，到1935年，土默特旗中小学校有9处。⑤ 同时期的锡林郭勒盟则"尚未设学，原因在风气锢闭，不易着手"。⑥ 由此，虽然同为蒙古，但是一个久受汉文化浸染，另一个则是"风气未开"，二者在对人对事的看法上，难免存在

---

① 札奇斯钦：《我所知道的德王和当时的内蒙古》（一），第93页；另，德王在自述中，也对此事做了类似叙述，见陶布新整理《德穆楚克栋鲁普自述》，第10页。
② 边衡：《绥境蒙政会自治区域现状之检讨》，《边事研究》第3卷第4期，1936年3月15日，第25页。
③ 《蒙藏时间·陈炳光谈慰问蒙旗经过》，《蒙藏旬刊》第51期，1933年6月10日，第23页。
④ 通讯部：《一月边讯·边疆各处之通讯·土默特旗教育调查》，《边事研究》第4卷第1期，1936年5月15日，第85页。
⑤ 梅辑：《调查通讯·近年蒙古各盟旗教育进展情况》，《边疆》第2卷第5期，1937年3月15日，第57页。
⑥ 赵伯陶：《察哈尔省蒙旗教育之过去、现在与未来》，《开发西北》第3卷第1、2期，1935年2月15日，第17页。

一定分歧。

矛盾产生的另一个原因在于来自东部盟旗的青年学生与来自锡林郭勒盟的蒙古壮丁之间的蒙古语方言不同。内蒙古各地的蒙古语方言在语音语法等方面存在很大差异。清格尔泰将内蒙古方言分为科尔沁、喀喇沁土默特、巴林、察哈尔（察锡乌）、鄂尔多斯、额济纳阿拉善六种土语，并认为内蒙古方言各个土语之间的关系，是从一端到另一端逐渐变化，随着地域的疏远，语言差别也增大。① 依照清格尔泰的划分，上述材料中锡盟的蒙古壮丁与东部盟旗的蒙古青年虽然所操均为蒙古语，但却属于不同的土语。彼此方言不同，加上在清代封禁制度下，蒙旗之间交流较少，因此，在接触过程中产生一些隔阂，当在情理之中。

此外，来自东部盟旗和归化城土默特地区的"蒙古青年"，因为语言不通，也存在一定的心理隔膜。由于汉化程度深浅不同，来自东部盟旗的"蒙古青年"大多谙熟蒙语，而归化城土默特的蒙古人则大都只能用汉语交流，"至会内开会议事，皆操蒙语，土默特蒙人大都已不谙蒙语，参加蒙会者均感困难"。② 语言上的区隔使双方在沟通中存在着无形的障碍。这一潜在的心理文化因素为"百灵庙蒙政会"的分崩离析留下伏线。

在对实际利益的争夺中，"百灵庙蒙政会"的内部矛盾不断激化。保安队"总队长"一职握有军权，为各方所重。因德王对来自东部盟旗的蒙古青年更为信赖，在保安队总队长的任命上，选择了来自哲里木盟、有日本留学背景的韩凤林。朱实夫退而求其次，想争取"总队附〔副〕"的位置，德王未予应允。这让之前一直负责保安队训练事宜的朱实夫、云继先等心生不满。③ 此事使德王与归化城土默特"蒙古青年"、东部盟旗与归化城土默特"蒙古青年"之间的裂痕越来越大，终至殊途。

同时，内蒙古局势复杂，各方势力竞相角逐。在此背景下，"蒙古青年"争夺有限的社会资源时，由于语言等文化背景不同而导致的身份认知差异，很容易外化为彼此之间政治诉求的分歧。百灵庙蒙政会成立后，其下辖的蒙旗与绥远省属下的县治多有重叠，界限不清，围绕着"省权"

---

① 清格尔泰：《中国蒙古语方言的划分（下）》，《民族语文》1979年第2期，第108页。关于蒙古语方言的划分，学界看法并不统一，但是各地语言存在差异，则是一般共识。

② 《一月间大事记·蒙政会成立后》，《蒙藏月报》第1卷第3期，1934年6月25日，第37页。

③ 陶布新整理：《德穆楚克栋鲁普自述》，第10页。

与"旗权",双方展开了长期的争夺,先后发生了"争税事件"和"西公旗事件",德王与绥远省主席傅作义的矛盾愈演愈烈。① 傅作义为削弱德王的力量,成立了"绥远省境内蒙古各盟旗地方自治政务委员会"(简称"绥境蒙政会"),并试图争取德王帐下的"蒙古青年",这引起了"百灵庙蒙政会"中一些来自绥远省境内归化城土默特地区的"蒙古青年"的注意。"九·一八"事变之后,"蒙疆"地区成为日本觊觎的目标之一。作为"百灵庙蒙政会"的实际掌权人物,德王是日本着力争取的对象。德王以及部分来自东部蒙旗的"蒙古青年"希望借助日本的力量制衡省权,而来自归化城土默特的"蒙古青年"则不愿接受日本的统治。一些归化城土默特籍的中国共产党员也在保安队内部进行抗日宣传和组织工作,并得到多数同乡队员的支持。② 总之,由于"绥境蒙政会"的建立、日本势力的介入以及中国共产党的动员,"百灵庙蒙政会"的内部矛盾日趋表面化。

在上述复杂的历史情势下,1936年2月21日,云继先、朱实夫等一批来自归化城土默特的"蒙古青年",发动了"百灵庙事变"。是夜,经过事先部署,他们分头行动,排除障碍,联合职员百余人,士兵数百人离开百灵庙。云继先、朱实夫等"离庙"之后,傅作义对该部提出安置办法,"(一)先行解散,并使其即日离开百灵庙;(二)解散后,择优良者改编训练;(三)对编余职员,另予安插"。③ 云继先等遵照傅作义安排,带领所随人员,驻扎在指定地点,后被编为"蒙旗保安总队"。不久队伍内部哗变,云继先身中两枪,最终不治身亡。④ 至此,这支队伍遂告解体。

"百灵庙事变"时,云继先等向南京军政当局发出电文,主要谈到以下三点内容:其一,强调此次离庙之人"均系南京、北平各大学及军事

---

① 关于"争税事件""西公旗事件",参见札奇斯钦《我所知道的德王和当时的内蒙古》(一),第94—97页;此外,在对"内蒙古自治运动"进行追忆和研究的著述中,或多或少提及两事,不逐一罗列。

② 陶布新:《百灵庙内蒙古自治运动始末》,《内蒙古文史资料》第29辑,第25页。

③ 《中外要闻·边疆·傅主席之三项办法》,《西陲宣化使公署月刊》第1卷第6期,1936年4月,第60页。

④ 《一月来边事辑要·绥察方面·荣继先蒙兵哗变、荣中两枪被击伤》,《边事研究》第4卷第5期,1936年10月20日,第98页。

学校毕业之内蒙青年"。其二，此次出走系"因德王情况不明，且消息隔绝，感受生命危险"，是谓"避祸"与"爱国"。其三，"绥境蒙政会"已经成立，云继先等多为"西蒙青年"，"不应再受旧蒙政会之指挥"。①过往研究多在中国共产党领导的抗日话语下，对"百灵庙事变"的始末进行阐释。②在充分肯定云继先等人抗日积极意义的同时，由上文的讨论不难发现，"百灵庙蒙政会"的内部矛盾，同样是"百灵庙事变"发生的重要缘由之一。从上述电文可知，"内蒙青年""西蒙青年"已经成为这些接受新式教育的蒙古人对自己自然而然的一个称呼。"内蒙青年""西蒙青年"名称背后隐含的正是蒙古人内部的差异性，不仅"蒙古青年"与未接受新式教育的"蒙古壮丁"之间有相当大的异质性，而且，"蒙古青年"也并非一个均质的整体，内部存在很大分化。来自不同地域的"蒙古青年"，在相互的接触与竞争之中，逐渐意识到彼此之间的差别，并以"西蒙青年"和"东蒙青年"来定义自己的身份。"东蒙青年""西蒙青年"的称呼，也渐渐被人们广为接受和运用，"旧蒙政会成立，完全为东蒙王公与东蒙青年所把持，自引起西蒙王公青年之不满，而西蒙王公青年对旧蒙政会之消极抵抗，其动机实原〔源〕于此，是为东西蒙之暗中斗争"。③可以说，上述这些深远的历史文化动因在很大程度上促使了"百灵庙事变"的发生。

结　语

本文通过对特定时空中一些具体人和事的考察，说明了"蒙古青年"不是一个不言而喻的客观存在，而是晚清以来不断被建构起来的一个概念。晚清民国时期，当政者实施的一系列兴学举措，使一批平民出身而有志向学的蒙古学子在大城市接受了新式教育。在新式教育和各种新思潮的影响下，这些有着类似生活经历的蒙古学子，逐渐走在一起，并自觉地进行身份建构。经由被创制与自我创制的双重作用，"蒙古青年"成了在大

---

① 树华辑：《一月间边疆东方大事记·蒙政会职员离百灵庙》，《新亚细亚》第11卷第3期，1936年3月1日，第135页。
② 如，郝维民主编《内蒙古革命史》，人民出版社2009年版，第211—214页。
③ 《蒙藏委员会关于绥远省境内内蒙古地区自治及绥境蒙政会各委员略述》（1936年3月，日期不详），蒙藏委员会档案，439/37。

城市接受新式教育的蒙古学生群体的代名词，被人们不假思索地应用于各种场合。

晚清民国时期，当政者和知识分子想象和创制了"国家""国民"之类的新概念。执政当局对蒙古青年学生的培养，目的是造就一批具有"国家意识"的"国民"，使其为"国家"政府服务，不过，实际产生的结果却是始料未及。新式学校的教育内容和各种新思潮使"蒙古青年"有了"国家"和"国民"的观念，也令"民族平等"与"民族自治"的思想深入其心。在这种情形之下，"蒙古青年"开始自觉地以本民族文化的启蒙者身份自居。然而，当时的执政者对边疆地区的治理往往力所不逮，体现在蒙古教育上，虽然培养了一批具有新思想、平民出身的"蒙古青年"，却在他们的出路问题上，未作有效安排。这些有较强变革社会愿望的"蒙古青年"从中央到地方均无适当出路，其活动逐渐超出了中央政府掌控的范围，在"内蒙古自治运动"和"百灵庙事变"等一系列重大历史事件中起到主导作用，成为内蒙古近代社会转型的主要政治力量之一。

"蒙古青年"这一概念还蕴含了另一个问题。根据柯娇燕的研究，从17世纪晚期到18世纪，清政府为维系自身的统治，通过一系列努力，试图建构和强化"蒙古"的身份认同。[①] 然而，在长期的历史进程中，蒙古各地的发展并不如理想中那样整齐划一，而是分别形成了各自鲜明的文化特质，具有相当大的异质性。这在语言和汉化问题上体现尤为明显，一是蒙古语的各地方言有所区别，二是各地的汉化程度深浅有别。加之晚清民国时期，内蒙古内外局势极其复杂，各方政治势力竞相角逐。在这一特定情境下，来自蒙古各处的"蒙古青年"对有限的社会资源竞争时，其基于文化背景不同而导致的身份认知差异，很容易外化为政治诉求上的分歧。由此，"蒙古青年"又派分出"西蒙青年"与"东蒙青年"两个概念。在这个意义上，本文所涉及的曾在内蒙古历史舞台上扮演重要角色的"蒙古青年"既是为时代所造就，也是深远的历史文化动因使然。

---

① Pamela Kyle Crossly, "Making Mongols", *Empire at the Margins: Culture Ethnicity and Frontier in Early Modern China.* Edited by Pamela Kyle Crossly, Helen F. Siu, and Donald S. Sutton, (Berkeley: University of California Press, 2006), pp. 58 – 82.

城市空间与社会生活

八大胡同与北京城的空间结构
——以清代民国时期北京的妓院为中心

[日] 熊远报

(日本早稻田大学理工学术院)

一 序论

在人类历史上，自有比较稳定的婚姻家庭制度及相关文化与道德约束以来，男性存在各种类型的婚外性活动，与专门提供卖淫服务的妓院妓女的性交涉是其中比较公共的一种形态。伴随着城市的成长，无论地球的东西南北，凡有一定规模的城市，几乎都有妓女和卖淫现象存在，尤其在工业、商业开始发达，城市规模扩大与流动人口增加的工业革命以后，妓女与妓院就成为城市不可或缺的"设施"，妓院成为与城市形影相随的存在。买春卖春无论是因合法而公开登场，还是因违法而暗藏地下，在世界各地普遍存在。直接将性作为商品的买卖，以及相关的间接领域与赌博、毒品等同样，成为当今世界主要国家与地区的重要地下或灰色产业，规模十分庞大，从业人员众多。① 在将近两个世纪的东西

---

① 在卖淫违法的中国，有人推测直接间接涉及性交易的从业人数不下千万。芝加哥大学城市社会学与国际政治学教授 Saskia Sassen 的 *Globalization and its Discontents* (The New Press, 1998) 一书关注债务、贫困、移民与女性人身买卖的关系。她在此书 2004 年出版日文版时，补序申论对抗全球化的地理力学的观点，这一补论列举各种数据，指出妇女卖身与卖淫的商业活动在 20 世纪后半叶的世界中广泛存在，其规模与利润非常惊人，她还特别提到日本 90 年代每年直接间接与性产业相关的领域经济规模在 400 亿美元左右。参照田渊太一、尹春志、原田太津男訳《グローバル空間の政治経済学——都市・移民・情報化》，岩波书店 2004 年版，第 6—22 页。

方世界就其废存争论不休,而且基于社会政策(如恶性性疾病传染对策和有效管理等)、刺激地方经济发展等多种目的,在当今世界的很多地方都存在或明确或隐晦的卖淫合法化诉求。因此,性买卖无论合法、公开与否,都作为特殊的"公共性商品"成为一个不能为世人忽视的社会问题。不同时代、地区的政府、社会团体并非无视这一问题的存在,也采取了各种相关措施、行动。①但是从学术角度讨论妓女与妓院这一敏感问题,与从事这一行业的经营者、从业者一样,需要勇气。尽管描写妓女与高级社交场所的文学作品《茶花女》早在19世纪已经蜚声世界,但西方历史学界对妓女卖淫与妓院等问题的严肃考察历史并不长。西方学者对这一问题的探讨主要受20世纪中期以后的第二次"女权主义"以及相关社会运动的刺激,同时也得到法国社会经济史学派的推动。②

妓女与妇女卖淫问题引起学术界的关注还有一个原因:它从很早开始已经不是一个国家或地区内的问题。妓女、妓院与卖淫问题在哥伦布新航路开辟之前,也许只是各个区域内的现象,但随着黑奴买卖以及与19世纪殖民扩张猖獗伴随的奴隶买卖,尤其强迫性的女性跨国性买卖以及为生计所迫的跨国性商业等逐渐成为一个世界性的现象。除了从军妓女、强制性"慰安妇"至今仍然是一个具有持续冲击性的国际政治问题外,20世纪中叶以来,一部分专门以女性为对象的所谓国际婚姻介绍、娱乐保健相

---

① 比如19世纪以后,东西方的一些政府基于通过妓院对妓女进行隔离,并严格实施身体检查与疾病管理,可以控制性病传播的认识,采取许可认定制的公娼制度。而强调妇女人权、净化道德、改善社会风气者则坚决主张废娼。参照 Judith R. Walkowitz 的 *Prostitution and Victorian Society: Women, Class, and the State* (Cambridge University Press 1980),小野沢あかね《近代日本社会と公娼制度》(吉川弘文館 2010年)等的研究。明清的律令中禁止官员与读书人的宿娼嫖妓,一旦宿娼嫖妓事件被发觉,会受到制裁。参照《大清律例通考校注》(中国政法大学出版社1992年)第220、961页。

② 参照藤目ゆき《性の歴史学》(不二出版1997年)序章、服藤早苗等《権力と身体》(明石書店2011年)序论、小野沢あかね《近代日本社会と公娼制度》。《娼妇》(*Les Filies De Noce: Misère sexuelle et prostitution*,法文 Aubier Montaigne1978年版,藤原书店1991年、日文初版,2010年新版)是法国年鉴学派大家阿兰·科尔宾(Alain Corbin)讨论法国19—20世纪娼妓史的力作,对其他地区的娼妓、妓院与社会经济、政治关系的研究影响很大。另外与阿兰·科尔宾《娼妇》几乎同时出版的 *Prostitution and Victorian Society: Women, Class, and the State* 是美国霍普金斯大学历史学教授 Judith R. Walkowitz 专门以妇女、社会等级与国家的关系为中心讨论维多利亚时代英国卖淫问题的著作。

关的工作斡旋等实际上是跨国性买卖的改头换面方式，另一方面，发达国家男性的跨国买春或集团"慰安"旅行也很流行。可以说在能够采取多国共同行动的全球化背景下，变相的女性人身买卖和跨国性交易不仅没有通过国际性条约、多国的共同行动得到控制，反而有以隐蔽形式愈演愈烈的趋势，妓女、妓院与作为商品的性买卖问题仍然是当今一个世界性课题。

二 妓女、妓院与城市

"八大胡同"作为一个含义并不完全确定的地名，在清代与民国时期，主要指北京外城前门大街西侧，以百顺胡同、韩家潭等胡同组成的一个居住区域。但这一地名却很容易让人联想传统北京的妓女、妓院与卖淫游乐。通常情况下，聚居的村落、有一定规模的城市，在其规划设计或自然形成之际，与人们"死""神"相关的主要宗教信仰设施、墓地，以及传染病医院、监狱等均会同日常居住区保持一定距离。妓院与女性卖淫作为对现有的家庭秩序和道德规范具有强烈冲击性、游离于日常生活之外的特殊存在，同样应与日常生活的世界有一定空间隔离。但清代民国时期的北京，民宅、商店犬牙交错的"八大胡同"为何成为一个妓女聚集、妓院集中的"欢乐街"？这在社会经济位置与城市的空间结构上具有何种意义？的确是一个引起人们关心的问题。

在中国的各种文献中，与妓女相关的资料为数不少。妓女、嫖客、妓院往往作为小说、戏曲的主要角色、重要素材和场景登场，与浪漫、背叛等爱情故事以及败家破产、浪子回头等人生教训等相嫁接。尽管各地域的城市均有妓女、妓院的存在，但明清以来，最为风流才子津津乐道的妓女和妓院主要在苏州、南京、扬州、广州和上海。与北京相关的历史人物中，如明末的陈圆圆与吴三桂、清末的赛金花与清末状元冯钧、八国联军总指挥德国人瓦德西，以及民国初年的蔡锷与小凤仙等的故事、事迹和传说给人以丰富的想象。自晚清中国被迫对外开放、谋求改革与自主近代化之后，妓女与妓院又成为新生传媒——各种报纸花边新闻的主角和士人茶饭之余的谈资。一些文人政客在文章、日记中，也直接、间接记载自己或他人与妓女们的交际、唱和。① 近代市政组织肇始，警察、卫生、社会、财政相关部局纷纷从社会秩序、治安纠纷、性病控制、边缘人群救助与矫正、赋税征收等立场，直接干预妓女与妓院这一领域，参与妓女与妓院的管理。与此同时，受过专门训练的社会学者、女权运动以及社会活动家等也从各自的立场关注妓女的存在与际遇，留下了不少社会观察与调查资料。② 20 世纪以来兴起的大众旅游以及逐渐开展的国际旅游业中，妓院已经开始作为一个城市的"风景线"或"景点"，成为吸引海内外游客了解城市的一个常设项目，在旅行指南中占一席之地。③ 无论作者出于何种目的，发行量越来越大的旅行指南书中比较详细地载入妓女、妓院的内容，导致相关信息的常识化、受众的大众化，其影响尤为深远。

尽管如此，研究中国妓女与妓院问题的难题还在于可以相信的第一手

---

① 有关明清时代中国青楼与妓女的研究成果不少，日本方面的研究有大木康《中国の游里空间——明清秦淮妓女の世界》（青土社 2001 年）、小川阳一《明代の游郭事情——风月机关》（汲古书院 2006 年版）等。中国学者中有多项研究，如王书奴《中国娼妓史》（1932 年，三联书店上海分店 1988 年再版）、刘半农等《赛金花本事》（星云堂书店 1934 年版）、陈寅恪《柳如是别传》（上海古籍出版社 1980 年版）、王鸿泰《青楼名妓与情艺生活——明清间的妓女与文人》（熊秉真等编《礼教与情欲》"中央研究院"近代史研究所 1999 年）、邵雍《中国近代妓女史》（上海人民出版社 2005 年版）等。清末以来的北京、上海以及大城市的各种新兴媒体经常有相关的报道。文人学者的私生活中，比较直接记载相关事情的有《龚自珍全集》、王韬《淞滨琐话》以及《吴虞日记》（四川人民出版社 1986 年版）等。

② 其中的重要资料被整理储存在档案馆中，已公开的资料不多。国内外的学者和观察家有各种相关的著述涉及北京的妓女，如 Sidney D. Gamble（甘博）：*Peking：A Social Survey*（New York George H. Doran, 1921），麦倩曾《北平娼妓调查》（《社会学界》第五卷，1931 年）。另外，当时在中国长期居住的外国人的北京生活经历、观察以及为新兴的旅行业编著的指南等书籍都涉及北京的八大胡同，其中一部分还依据了当时的官方档案资料。如 Robert W. Swallow（燕瑞博）：*Sidelights on Peking Life.*（China Booksellers Ltd, 1927），马芷庠《北京旅行指南》（经济新闻社 1935 年版）、安藤更生《北京案内记》（新民印书馆 1941 年版）、臼井武夫《北京追想》（东方书店 1981 年版）等。1948 年 8 月，北京大学的女生 50 余人持校长胡适的介绍信，在教师的率领下，访问百顺胡同、韩家潭一带十二家妓院，调查了一、二、三等妓院的妓女生活状况（参照北京市档案馆资料 J181 - 16 - 798 "北平市警察局行政科关于北京大学女生访问妓女生活的报告"），但未见其详细的报告。

③ 如大正 5 年（1916）出版的协川寿泉《北京名所案内》、大正 10 年（1921）丸山昏迷的《北京》、昭和 9 年（1934）村上知行的《北京 名胜与风俗》、昭和 16 年（1941）藤原钦尔的《北京观光案内》、1941 年安藤更生《北京案内记》以及 1935 年马芷庠《北平旅行指南》等中均有八大胡同关联的介绍。

资料缺乏。清末民国时期，虽然北京的妓女们粉墨登场，在报刊上刊登照片以广招徕。但是，妓女、妓院的所有者或经营者并没有留下多少与日常接客、经营相关的记录，亦即现职的妓女——当事人内侧的直接文献缺乏。民国时期的市政管理机构在妓女身体检查时，留下了一些罹患性病等的统计，但日常与妓女疾病医治相关的郎中、西医并没有留下妓女们身体状况的具体资料。① 1949年、1950年前后，作为铲除旧社会诸恶的一环，共产党新政权在封闭妓院、改造妓女时，从不同侧面记录了20世纪40年代末妓院、妓女的部分调查资料。②

在妓女内侧——第一手资料比较缺乏的情况下，如何重构作为城市设

---

① 上海因清末以来有大面积租界与包括医生在内的众多西方人士的存在，留下了不少与妓女和青楼相关的资料。参照 Christian Henriot（安克强）著 *Prostitution and Sexuality in Shanghai*: *A Social History*, *1849 – 1949*（Cambridge University Press, 2001），Gail B. Hershatter（贺萧）著 *Dangerous Pleasures*: *Prostitution and Modernity in Twentieth-Century Shanghai*（University of California Press, 2003）。与中国的妓女、妓院资料缺乏情况相反，日本自德川幕府时代在江户大兴土木，正式建设江户城开始，即设立了四周以人工深河相围，只留一门与外界相通的妓院特区吉原（旧吉原在今东京的日本桥附近，新吉原在今东京的浅草附近）。在礼教文化影响以及性神秘化传统淡薄的日本，相关人士留下了众多文献，与吉原妓院相关的书籍不下千种，其中不但有大量的文字资料，图像数量也非常庞大。涉及妓女、妓院的等级、内部结构、相关的服务设施、嫖客的社会身份与等级、服务的价格等大量信息。这些信息很多出自经常游乐其中、深入观察的男性之手，也有一部分文献来自妓女以及妓院的经营者。其中三岁时作为养女生活于吉原，成年后继承家业，经历过20世纪的关东大地震，见证了日本的侵略战争和东京空袭、战后为美军设置的慰安设施，以及1958年日本废娼过程的福田利子，以一个妓院经营者的角度，写了一本有关东京妓院的著作《吉原はこんな所でございました——廓の女たちの昭和史》（筑摩文库2010年），尽管她在很多方面略去了细节，但为理解日本的卖春机构提供了十分可贵的史料。另外也有不少受过教育的妓女留下了日记、手记、口述资料，在各类相关文献中，甚至还有专门对妓女进行全面教养的手册等［参照《近代民众の记录3娼妇》（新人物往来社1979年）、《近代庶民生活志13色街·游郭 I》（三一书房1992年版）］。

② 妓女的控诉、妓院老板的供述以及审判记录等有关妓院、妓女生活与经营的内部资料保存在各相关档案馆，主要部分尚未对外公开。相关部分散见于当时的新闻报道中，相对集中一点的资料，有北京市公安局编《北京封闭妓院纪实》（中国和平出版社1988年版）、杨洁曾、贺宛男《上海娼妓改造史话》（上海三联书店1988年版）等，也主要是非当事人的外侧资料。《近代中国娼妓史料》（河北人民出版社1997年版）中部分收录了各地妓女、妓院的资料，也包括一些妓女本人的口述。刘半农、商鸿逵《赛金花本事》（星云堂书店1934年版）虽为赛金花本人的口述整理，但因妓女活动的特殊性，相关口述部分内容的真实性值得怀疑，表述并非完全忠实于事实，部分表述与理解具有选择性和局限，而绝大部分的"事实"却未通过文字等方式保留下来。

施的历史悠久的妓女与妓院的基本面貌?① 其实是一个非常困难的课题。②

从结果上看,古今中外有一定规模的城市作为一个主体,即便有很多人或者市政主导者希望且采取了相应的限制乃至废止措施,妓女与妓院现象一直无法根除,妓女与妓院成为城市无法消除的"必要之恶"。一般人通常会认为妓女从事的是道德沦丧的丑业,视妓院为藏污纳垢的诸恶之源。但清代才子袁枚比较特立独行,他将妓女比喻为世间的"僧道",称"人世之有娼妓,犹人世之有僧道。仆不喜二氏家言,独不厌僧道"③。西方学者称"公娼为精液的排泄沟"④。他们从职业、生理欲望与性别的角度给娼妓或公娼以一个社会定位。按照这种逻辑,从社会功能角度看,娼妓与妓院实为城市的另一种"公共厕所",有其存在的合理性。妓女与妓院长期存续于古今中外城市这一事实的背后,如果我们不能从家庭、婚姻以及私有等制度上的缺陷寻找原因,那就只能归咎于城市政治、经济和社会生活相关的多样性窘状与制度的无能为力。妓院这种卖春机构对从业者、利用者、经营者、旁观者具有不同的意义,而且在不同的地域、国度、不同的时代,对其理解、态度、感觉不同。对经营者而言,它一直就是一架印钞机,对旁观者以及普通人,它可以是想象或集体妄想的对象。事实上它是一个天堂与地狱、乐园与苦海两种截然相反的状态与结果共存的混合体。我们暂且将道德、善恶放在一边,从学术的立场将妓女、妓院与政治、经济和社会运动连接起来,妓女与妓院的组织方式、人员构成、妓女的来源与出身、妓女的身份与领家、妓院老板之间的契约与隶属关系、妓女的日常生活与归宿,疾病传染与城市公共卫生、妓院经营方式、

---

① 在清代民国徽州农村也偶有游妓的萍踪与相关设施存在,但这并不是农村社会的常态,而是与大量商业利润回流促成一部分农村社会非常态消费的特殊事例。参照韩宁平、熊远报《20世纪徽州农村妇女调查》(早稻田大学《人文社会科学研究》46号,2006年3月)。

② 有关中国、特别是对上海19—20世纪的"危险的愉悦",即妓女与卖淫问题有一些很严肃的研究。参照 Christian Henriot、Gail B. Hershatter 著作。日本学术界对自江户时代至废娼之际的大都会以及各中小城市青楼、娼妓问题比较重视,对娼妓的社会身份、妓女内部组织与社会结合方式、妓院、嫖客与周边街区、行业间的关系,行政管理机构的许可与非认可,妓院的立地环境、殖民区域与妓院新设的形态等问题进行了深入研究。参照冢田孝《身分制社会と市民社会》(柏书房1992年)、吉田伸之《游廓社会》(冢田孝编《身分の周缘と近世社会4 都市の周缘に生きる》吉川弘文馆2006年)以及《都市史研究年报》第17の"游廓社会"专辑(山川出版社2010年版)等。

③ 《清稗类钞》,中华书局1986年版,第5190页。

④ 参照阿兰·科尔宾《娼妇》第一部第二章。

妓院的所在地以及与周边街区的社会经济关系、城市行政的控制与管理等的具体状态，就是探讨城市社会结构、社会群体、社会秩序的重要方面，而且妓女与妓院问题本身就是一个观察城市经济、社会变迁的重要视点。

通常情况下，作为个体的妓女会受到年龄、身体、社会压力以及具体状况的限制，从事卖淫这种特殊职业的时间不会太长，确实也存在由妓女向妓院老板等角色与地位的转变，妓院之间也存在以金钱为媒介的妓女流转和新旧更替现象，但与妓女所具有的流动性相比，妓院这种设施以及所在区域则不同，尽管存在某个妓院旋生旋灭的情况，但通常在某个特定区域，无论是作为设施的建筑还是经营方式、文化，乃至某个具体的妓院名称，都具有相当的稳定性。清代民国时期北京的妓女与妓院所关涉问题很多，在理解传统首都，探索巨大城市的社会生活、阶层、特殊群体，以及社会经济结构等方面，需要多方面的资料整理发掘与新的研究方法。

对于北京的妓女与妓院，近年有不少以猎奇为主要特征的出版物，这些著作当然也提供了理解妓女与妓院以及与社会的线索和一些思路。本文不希望通过一个个妓女们的生活细节和人生际遇来叙说故事，而主要是作为思考传统首都的社会经济结构、历史的连续性与变迁的一个环节，将妓女与妓院放在高大城墙和难以跨越的护城河环境下，探讨这一群体、专营女性卖淫机构的妓院与传统城市的空间关系。

三　八大胡同与北京的青楼

"八大胡同"位于前门大街西侧，主要指煤市街以西、五道庙以东、李铁拐斜街以南、西朱市口大街以北的区域。这一道路狭窄的区域有不少形状各异的胡同，住着众多城市居民。历史上的所谓"八大胡同"只是一个习惯上的称谓，以百顺胡同、胭脂胡同、韩家潭、陕西巷、石头胡同、王广福斜街、朱家胡同、李纱帽胡同为代表，包括清风巷、朱茅胡同、燕家胡同、火神庙、留守卫等，以及更接近正阳门大街的王皮胡同、蔡家胡同在内（图1、图2、图3）。八大胡同也被称为"八大埠"[①]，晚至20世纪前期，是北京的一个妓女与妓院集中的特殊区域。

---

① 陈宗藩《燕都丛考》，北京古籍出版社1991年版，第510页。

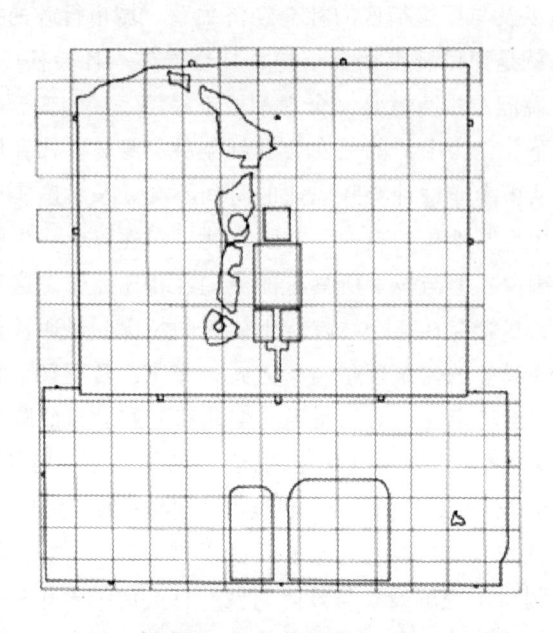

图 1　传统北京城与八大胡同位置关系

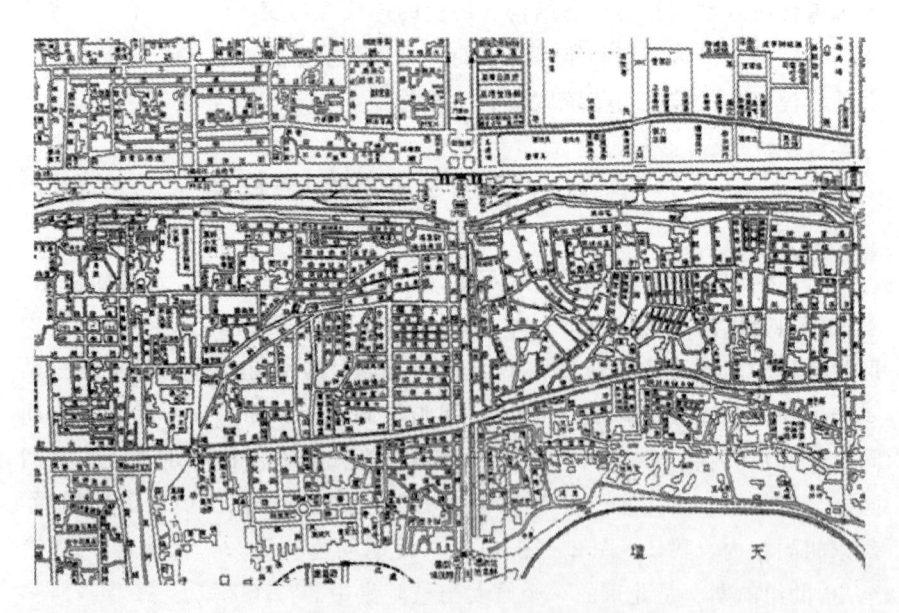

图 2　八大胡同与外城主要地区关系（据苏甲荣绘制《北平市全图》）

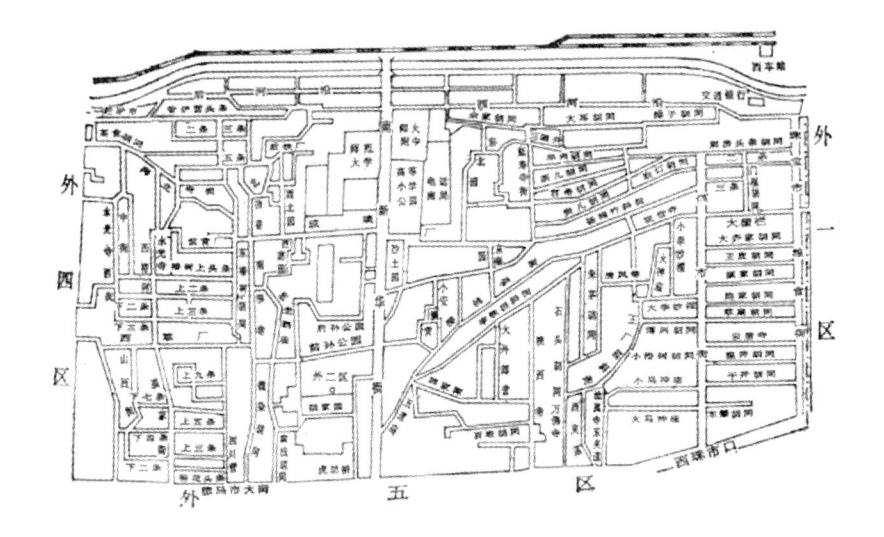

图 3　民国时期外二区与八大胡同（据陈宗藩《燕都丛考》外二区图）

在传统中国的国家体制中，存在一种具有惩罚性和继承性特征的娼妓制度——"乐户"，即官妓。"乐户"因惩罚而在制度上固化成一种社会身份或等级，是传统中国社会为数不多的"贱民"之一①。清朝也继承了这一传统，但在顺治时期下令废止了教坊女乐，至康熙年间，作为制度上的地方官妓也基本消失②，直至清末，清朝政府在制度上要求严厉惩处官吏以及具有科举资格者的宿娼嫖妓行为③，看上去与废除"乐户"相矛盾。而且我们仍然从清末民国时期北京市政当局法规中，发现有管理"乐户"的规则，但这里的"乐户"作为一个习惯性表述，可以理解为妓院或妓院经营者。亦即清代前期取消的只是官妓制度，而非取消或禁止妓院以及妓女。所以娼妓与官僚、文人的嫖妓行为在各都市依然存在就毫不

---

① 清末外城巡警总厅设置"济良所"，习惯上常将妓女结婚、组建家庭表述为"从良"。这种表述实际上保留着传统的良贱意识，亦即社会等级观念。在良贱意识逐渐淡薄的20世纪，所谓"从良"并不是社会身份或等级的转变，而是职业的变化，即脱离性买卖这种劳动状态。

② 《皇朝文献通考》"乐考上"。

③ 相关规定较多，除《大清律例》外，另有如道光《钦定兵部处分则例（八旗）》卷31"官员宿娼犯奸"条、《钦定八旗通志》旗分志卷30、乾隆四十六年七月"出城禁令"。

奇怪。清代史料中经常能见到高官、文人（具有科举身份者）嫖娼宿妓的踪迹，很多记述者往往对此津津乐道。① 甚至在野史中，还有清朝皇帝、皇室成员与贵族迷恋八大胡同妓院的记载。就北京而言，明至清中叶，妓女的具体状况因第一手资料缺乏不太明朗②，清末北京导入市政警察体系，制订了乐户、娼妓的管理规则和制度，将妓院和娼妓纳入市政的正式管理体系。经过必要的许可程序和身体疾病检查过程以及按规定缴纳费税后，妓女和妓院可以正常营业，在行政层面正式承认了非社会身份与等级制下的"公娼"制度③。这些规则和制度在民国以后被继承、发展和细化，相关的管理与对妓女与妓院的统计也进一步明确、制度化，因而留下了不少第一手资料。④

对北京公娼的统计，比较早的数据出现在民国以后，这些数据使得我们有了了解北京妓女与妓院面貌的基础。表1综合了以下数据：美国社会学家西德尼·D. 甘博（Sidney David Gamble）依据1917年至1919年间北京警察局的统计数据和调查；麦倩曾于1929年记录的北平娼妓调查的相关数据，以及1950年北京市政府《处北京市理妓女工作总结》的数据做成。⑤

表1　　　　　　　　民国时期北京公娼数量统计

时间	妓院数	妓女数	备注
1906	373		管理乐户规则的妓院的最高限额
1912	353	2996	
1913	366	3184	
1914	357	3330	

---

① 参照《清稗类钞》第11册，俞蛟《梦厂杂著》，文化艺术出版社1988年版，等等。
② 道光年间出版、同治七年被禁毁的小说《品花宝鉴》（又名《燕京评花录》，漓江出版社1994年版）对19世纪中期以前北京的妓院、妓女与社会上层、文人、官僚等游乐的群像作了细致的描写。作者陈森是长期旅居北京的南方人，所写内容有相当的生活基础。小说的主要舞台在外城，涉及不少妓院与妓女的场景。可见19世纪中叶以前，外城的妓院已经具有相当的规模。
③ 田涛等编《清末北京城市管理法规》，北京燕山出版社1996年版。
④ 北京市档案馆收藏了不少清末民国时期的相关档案。
⑤ *Peking: A Social Survey* 第10章，麦倩曾《北平娼妓调查》(《社会学界》第五卷，1931年)，北京市档案馆《北平解放》（中国档案出版社2009年版），第770—782页。

续表

时间	妓院数	妓女数	备注
1915	388	3490	
1916	391	3500	
1917	406	3887	
1919	377	3130	
1929	332	2752	
1949	224	1288	

表1并非20世纪前期的全部资料，但从相关数据来看，在清末，起初政府直接管理妓院，根据当时妓院的现状设定了北京各等级妓院的上限，总数不能超过373家。清末民国时期虽然对妓院的妓女人数没设定限制，但每家妓院的经营执照只能供十人使用，超过一名即按一张新执照（10人规模）缴纳相关费用，实际上抑制了每家妓院的规模。1946年北平市政府对妓院的数量也进行了相应规定：一等80户，二等60户，三等200户，四等40户，共380户。[①] 20世纪10年代，北京登记的妓女（公娼）和妓院有上升趋势，这一趋势在动荡的北洋政府时期有增加倾向。国民政府北伐成功、迁都南京之后，北京的妓女和妓院数量均下降，而且一直呈减少趋势。1937年"七七事变"，日本军队占领北京后，八大胡同的妓女与妓院和其他区域、业种一样，存在妓院废业、妓女逃出北京的现象[②]，但不久八大胡同的青楼与妓女复旧，与此前相比，妓楼、妓女等级、人数以及相关的登记、税收、卫生管理并无太大的变化。根据1941年北京市特别市外二区稽征所与警察局收发娼妓执照事务所的统计资料作表2。

---

① 参照田涛等编《清末北京城市管理法规》光绪三十二年"管理乐户规则"、1946年"北平市政府警察局管理乐户规则"（北京市档案馆J181-16-3126）。

② 参照马芷庠《北平旅行指南》1938年版，第5—6页，《近代中国娼妓史料》第330—398页。

表 2　　　　　　　1941 年北京妓院、妓女数量与所在地关系

项目	清吟小班	茶室	下处	小下处	备考
乐户数	27	36	166	34	263 户
妓女数	330	370	1567	330	2597 人
妓院等级与所在地关系	韩家潭：星辉阁、春艳院、满春院、明花院、留春院、环翠阁、美仙院 百顺胡同：莳花馆、美凤院、群芳、鑫雅阁、凤鸣院、明凤院、兰湘、鑫凤院 石头胡同：三福、莲湘、桂香班、云和、文华、天宝、久椿院、贵莲、云兰阁、金美园、四海	石头胡同 14 王广福斜街 10 小李纱帽胡同 2 朱茅胡同 8 清风巷 1 朱家胡同 1			

注：表 2 据安藤更生编《北京案内记》（新民印书馆 1941 年）第 306—320 页制作。

据表 2 可知，日本占领时期的妓女数量与此前变化不大，不仅如此，而且综观 20 世纪的前半世纪，从官方等的统计中，无论一等还是四等，每一妓院操业妓女平均人数均在 10 人左右。在首都迁至南京 20 年后的 1949 年，尽管并非完整统计，北京妓女与妓院的数量已不足 1917 年的三分之一，不足 1929 年的一半，只是 1941 年的一半。减少的原因相当复杂，迁都是其中的重要原因。但与市政当局的主动干预也有关系。1947 年 11 月，在回答财政局询问"本市妓女限制名额及停办登记"的理由时，北平市警察局解释"查本市妓女为数甚伙，性病传染与日俱增"，如按先进国家的成例和警察学的标准来计算妓女与流动人口的合适比例，北京的妓女应限制在 1200 人以内。不过，警察局仍然依据实际情况，暂定本市妓女最高名额为 2000 人，并对妓女登记执业和妓院营业执照的许可课以严格的身体条件为依据。① 此后警察当局在公布有关妓女的登记办法时，强调新申请入行的妓女审批除了身体等条件符合规范外，必须在 2000 人的名额限制内处理。② 当然，前门已经指出上述官方统计数据并非

---

① "北平市警察局关于限制北平市妓女名额的公函"（北京市档案馆 J181 - 016 - 01412）。
② 1946 年 10 月"北平市警察局训令"（北京市档案馆 J184 - 002 - 32036）。

完全真实，每家妓院的实际操业人数比登记要多。①

由此可见，市政当局相对严格的管理与数字规定对北京市登记在案的公娼和妓院数量有不小的影响。财政局询问警察局娼妓数目限制的目的不在于解决社会福利问题，而是关心财政税收。因登记在案的妓女与妓院按等级每月交纳一定的费用方可执业，限制妓女数量意味着减少财政收入和部门利益。表3虽无1920—1940年的资料，但安藤更生编《北京案内记》中记载的妓院和妓女的执照登记费用以及定期营业费用与此前相比并无太大变化。② 可以看出妓女与妓院所交纳的税费对当时市政的薄弱财政仍具有重要意义。

表3　　　　　民国初年来自妓女与妓院的财政收入（银圆）

时间	来自妓女	来自妓院	合计	备注
1912	64190	41642	105832	
1913	82739	51715	133454	
1914	84832	51060	135892	
1915	89212	54250	143462	
1916	87938	54465	142403	
1917	45750	42084	87834	本年因张勋复辟事件只收到9个月税费

注：本表依据甘博调查资料（Peking: A Social Survey 附录8）作成。

妓院与嫖客之间，因不同标准和喜好，对妓女各有品评，有所谓花魁或头牌之名，这实际上是延续清代的业内惯例。1940年春天，北京的好事者对本地妓女的才艺品貌进行长达一个多月的"花国佳人"选举投票活动，4月11日，当地小报报道了从2500余名妓女中评选的24名佳人，这24人的名次、艺名、所属妓院都被公之于众。③ 但是，这种民间的行动对妓女与妓院的等级具有多大的影响尚难说明。其实北京妓女、妓院的所谓等级，也并非完全由妓女的品貌、才艺等条件以及妓院设施、服务诸

---

① 1949年8月，共产党政权对北京的妓院、妓女问题做了比较详细的调查，一个一等妓院的伙计在回答调查时称"解放前每个妓院的妓女都在十几个人"也可以证实。参照"北平市第九区妓女调查总结报告"（北京市档案馆038-002-00001）。

② 安藤更生：《北京案内记》，第313页。

③ 同上书，第320—321页。

因素形成，另有市政当局为了便于管理，设定等次的要素。光绪三十二年八月，由巡警部批准、外城巡警总厅制定的《管理娼妓规则》中，将妓院与妓女分为四等：清吟小班（一等）、茶室（二等）、下处（三等）、小下处（四等）。在《管理乐户规则》中，对各等妓院的总数作了限定：一等78家、二等100家、三等172家、四等23家。① 北京这四个等级的妓女与妓院，自清末实施市政管理以来，按规定交纳营业税费等，违反条例和规则，其处罚也按妓女与妓院等级交纳不同的罚款。妓女的等级不同，不仅所交税金有差异，而且每月例行的身体检查费用也不一样，除四等免费外，其余各等身体检查费用以一等为最高。民国时期，一、二等妓院的每一妓院营业执照允许10人营业，妓院的执照费一等100元、二等50元、三等30元、四等免费，妓院每月的营业税一等32元、二等18元、三等10元、四等5元。② 妓女的等级也与对嫖客的服务收费挂钩，其具体状况留待今后探讨。

据麦倩曾20世纪20年代末的调查，1929年警察局娼妓执照事务所的统计，北京妓院共有332家注册营业，一等共有45家，其中韩家潭12家、百顺胡同11家、石头胡同9家、陕西巷7家、王广福斜街3家，即八大胡同区域就有42家。二等妓院60家，其中八大胡同区域的石头胡同13家、朱茅胡同12家、王广福斜街10家、小李纱帽胡同9家，其他如燕家胡同等14家，共58家。三等妓院193家，属八大胡同区域的蔡家胡同、王皮胡同、燕家胡同、博兴胡同等共71家。八大胡同地区在登记上无四等妓院，但一、二、三等妓院共171家，超过注册妓院总数的一半。由此可见，清末民国时期的公娼主要集中在八大胡同区域，而且妓院与妓女的一、二等几乎都集中在这一区域（图4）。基于这一事实，1946年重回北平的国民党市政当局出于多种因素考虑，明确对妓院设置地区进行限制，指定只能在外城警察分局的一、二、三、四、五以及东郊、西郊分管范围，而且具体限定到胡同，新设妓院必须在指定地点内。其中主要地区为外二分局管辖范围的王皮、蔡家、朱茅、博兴、小李纱帽、石头、百顺

---

① 见田涛等编《清末北京城市管理法规》。
② 麦倩曾《北平娼妓调查》。麦倩曾调查的20世纪20年代末的规定与甘博调查的20世纪10年代末的金额有区别，20年代末与此前十几年相比，增幅几近三分之一。参照 *Peking: A Social Survey* 附录8。

等胡同、王广福斜街、留守卫、青凤巷、庆云巷、庆福巷、火神庙夹道、陕西巷、韩家潭，这些地方即今所谓的八大胡同地区。①

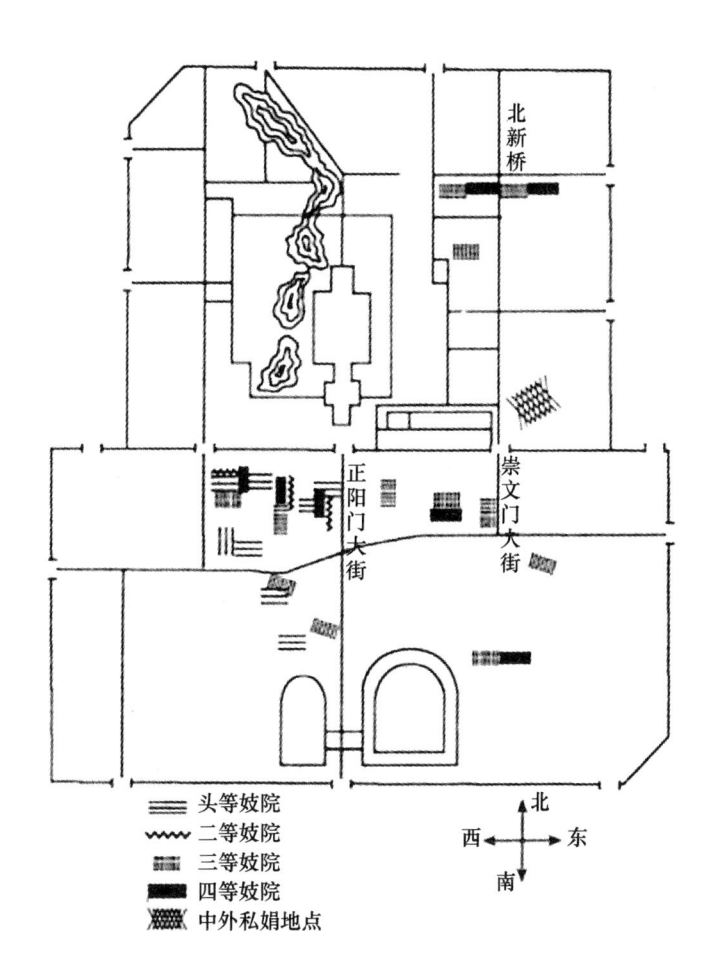

图 4　民国时期北京各等妓院分布图（据麦倩曾调查）

除了通过登记向相关行政机关交纳税费的"公娼"和注册营业的妓院外，北京在清末民国时期存在着众多"私娼"和"地下妓院"，这类

---

①　北平市政府令："北平市政府警察局管理乐户规则"（北京市档案馆 J181-016-03126）。

"私娼"和"地下妓院"应是市政正式实施管理之前的传统形式。这一类的妓女散居内外城各处,虽非居无定所,其活动则相对隐秘。尽管非注册妓女人数无法计算,但甘博在调查报告中推测为7000人左右。民国初年,一部分人活动在东城的胡同内,其中也包括不少生活无着的满族女性。麦倩曾20世纪20年代末所调查的私娼人数与甘博调查时期基本相同。这两份报告都指出20世纪10年代和20年代包括公娼与私妓在内,北京妓女约为一万人左右,这在世界各大城市妓女人数中属较高的数字。① 另外,自第二次鸦片战争特别是八国联军占领北京,欧美、日本各国在北京设置使馆、驻军之后,西方和日本、朝鲜的妓女也随之而来,她们主要活动在内城的外国驻军与使馆区周边。

在清末可以发现妓女在内城活动的踪迹②,但因为自满族建立清朝,因拱卫皇室、稳固政权的需要,在北京实施了满汉分住政策,将汉人等逐出内城,内城由满族、蒙古、汉军八旗的士兵及其家属分区而住(图5)。③

不仅如此,清朝政府还禁止在内城开设娱乐设施,甚至禁止在内城开设营业目的的旅店。乾隆二十一年,负责首都警备、治安的步兵统领衙门在给皇帝的报告中,以"城内开设店座,宵小匪徒易于藏匿"为理由,禁止在内城开设旅店,对违反者,不但治开店人之罪,而且要连带严惩失察步军校等官。④ 在两百多年中,包括内城的非汉族居住、禁止娱乐设施等在内的规定、成例在顺天府、都察院五城兵马司、步军统领衙门的复合治安体制管理下,究竟执行到何种程度,其实有不少疑点。不过,麦倩曾的

---

① 参照 Peking: A Social Survey 第10章,麦倩曾《北平娼妓调查》。
② 崇彝《道咸以来朝野杂记》(北京古籍出版社1982年版)第7页,指出内城好餐馆不多,但西城的同和居(西四牌楼附近)、万福楼(西华门外丁字街路南)因"距口袋诸巷(砖塔胡同)妓院近,故终日车马盈门"。《京都日报》宣统元年5月4日"暗娼宜抄"条称"西单牌楼安福胡同中间有处暗娼,听说掌柜的是个旗人,专引诱那溜儿的年青妇女上他那儿借地方卖奸,该管地面许不知道吧?"
③ 所谓"凡蒙古、汉人输诚先服者,亦各编为八旗,列在亲信。追定鼎燕京,统一四海……定两翼之位,列八旗之方,拱卫皇居,星罗棋布"(《钦定八旗通志》卷一旗分志)、乾隆十八年七月,特别是四十六年七月,皇帝对一部分八旗移居外城"或在前门外歌唱曲戏地方附近居住,任意花费银钱,流连取乐;或搬在污秽地方居住,贪恋娼妓,妄行无忌者"大为光火,严令禁止满、蒙、汉军八旗移住外城。同前卷30"出城禁令"。
④ 咸丰《金吾事例章程》卷3"京城内禁止开设店座"。

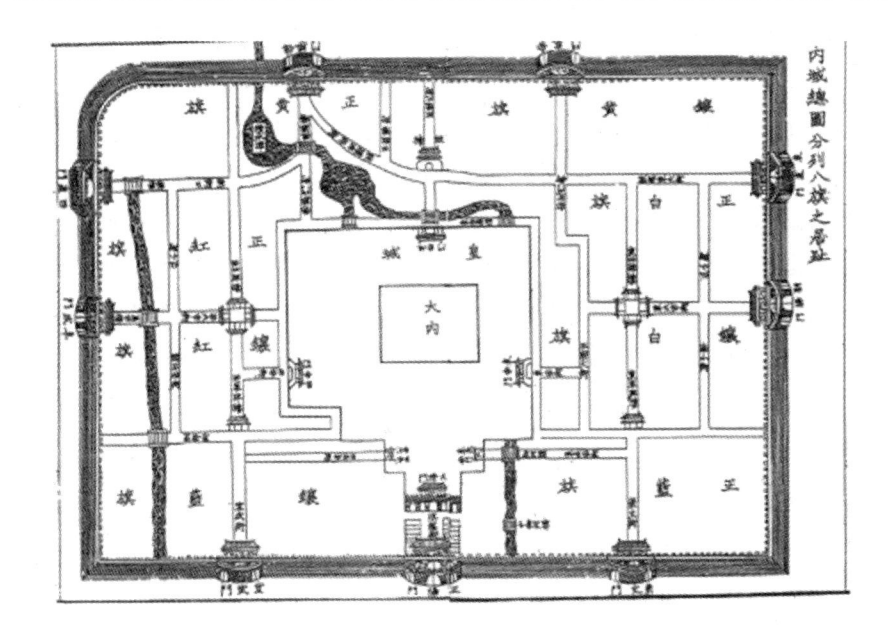

图 5 满蒙汉军八旗北京内城分布图

（据冈田尚友 19 世纪初《唐土名胜图会》，此图绘制者因未到过中国，中南海等的位置不正确。）

调查中，部分内城区域存在妓女与妓院，应主要是清末、民初出现的。①

四 特化的都城空间结构

在清代民国时期，如前所述，妓女与妓院主要在北京的外城，集中在"八大胡同"地区。北京的内城与外城间隔的城墙约 7 公里，正如图 2 和图 4 显示，八大胡同大体上处于这 7 公里的中间位置，在传统北京的旧城中，东北方向与前门直线相距不到 2 公里、距大栅栏不足 1 公里、距崇文门约 3 公里；东边与正阳门大街，东南与天桥地区，西北与琉璃厂等地区毗邻，直线相距均不足 1 公里；西北方向，直线距和平门（民国时期）约 1 公里、宣武门约 2 公里。这些以八大胡同地区为中心的空间数据，或者说

---

① 明代并无内外城居住民族区分和相关娱乐禁令，有一部分妓女与妓院在砖塔胡同—粉子胡同一带。

八大胡同在地理空间上的这种特征在清代民国时期具有什么特殊意义？

清代北京居民的日常生活中，受首都传统城市结构的直接影响，居民日常的主要时间被围在高大城墙的62平方公里之内，"宵禁"是一种常态，城墙不可逾越，翻墙将受严厉惩处。① 内城与外城之间亦如此。正如图5所显示的，清代北京城区域功能和特性区分明显。就内外城而言，虽然居住数十万人，但政权中枢满族为了自身的民族利益，将普通汉人全部逐出内城，包括朝廷大臣等高级官员在内的汉人等只能居住外城。内城与外城之间，以明代后期增筑北京城时原有的高大城墙与宽阔的护城河相隔。内城的主要职能限定在政治与军事方面，而外城在清代则实际成为为内城以及京城全体提供日常性社会生活服务的区域，其主要功能在居住、容纳外来与流动人口，提供在经济、商业以及各种社会性服务。② 在清代，只有正阳门、宣武门、崇文门三个城门连接内外城。这三个城门与北京的各城门同样，早晚依规定按时启闭，除紧急军务、大臣早朝日、皇帝、皇后参与重要祭祀、出巡以及朝廷要务等特殊情况例外启闭，在步兵统领管辖下，士兵严格盘查，一般官吏、居民通常情况下均不能违时通过，朝廷对满族官兵、朝廷官员城外留宿和居住城外还有严格禁令，当时的居民出行特别是在外城的游乐者非常敏感城门启闭这一因素。③ 民国时期，城门管理虽无清朝严格，但各城门依然在军警守卫下，早晚按时启闭，居民只能按规定出入。

在明了了上述基本情况之后，我们来看八大胡同在首都城市空间结构上的多种含义。

前门（正阳门）距天安门约1公里，清朝和民国时期，政府各主要办

---

① 参照道光《钦定兵部处分则例（八旗）》卷26"失察越城"条。

② 参照笔者的相关研究。《清代民国时期における北京の水壳买业と水道路》（《社会经济史学》66卷2号、2000年）、《十八・二十世纪における北京の生活给水と都市の外来劳働者》（《年报都市史研究12・传统都市の分节构造》山川出版社2004年）、《排泄物との格斗——十五世纪・二十世纪、北京における人畜の排泄物の处理システムの成立について——》（《明代中国の歴史的位相山根幸夫教授追悼记念论丛》汲古书院2007年）、《胡同と排泄物处理システム》（《传统都市》4、东京大学出版会2010年）、《北京の歙县会馆——明清时代徽州商人の北方据点を中心に》（《年报都市史研究19 传统都市论》2012年3月）。

③ 有关城门启闭拟留待日后专文探讨。对官员、旗员兵丁的规定，参照道光《钦定兵部处分则例（八旗）》卷16"官员城外过宿""旗员兵丁居住城外"条。有关居民的空间移动和对城门启闭时间的敏感，参照《品花宝鉴》。

事机构位于前门与天安门之间,这里是中国的政治心脏,是权力关系和政治幕后交易的主要舞台,第二次鸦片战争后,正阳门内侧东边地区被迫逐渐辟为外国驻军和使馆区。八大胡同的东北、东边的大栅栏和正阳门大街东西两侧是北京最为繁华的商业区,包括粮食、燃料、生鲜食品、珠宝、衣料、鞋帽、百货以及典当、钱庄等在内的商业、金融服务设施林立,每天流转着大量的金钱,吞吐大量商品,不仅面向北京市内外城居民,而且针对南来北往的商贩和行旅。西北方向的琉璃厂一带集中了中国最大的书籍和古董商店,是全国书籍、文具等文化商品的集散地。因政策的限制,从结果上看,导致各种娱乐设施基本上集中于外城东侧、西侧的中间,与内城亦即政治中枢相距不远的外城正阳门至天桥一带(图6)。同样主要因政策的限制与经营连续性的影响,娱乐消费以及空间移动面的便利,这一带还集中了大量容纳外地来的行旅和流动人口的旅馆、饭店(图7)。

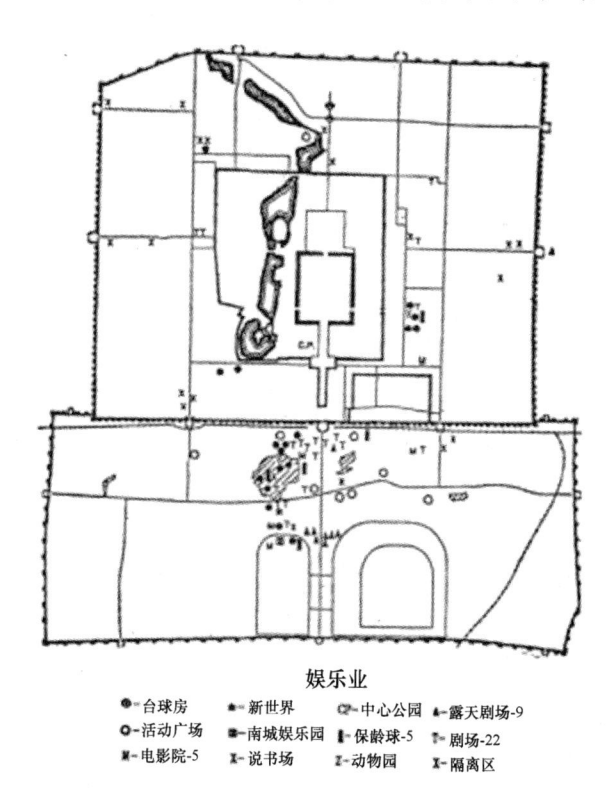

娱乐业

- ⬤ 台球房
- ▲ 新世界
- ◉ 中心公园
- ☆ 露天剧场-9
- ○ 活动广场
- ✕ 南城娱乐园
- ⊙ 保龄球-5
- ▽ 剧场-22
- ■ 电影院-5
- ✕ 说书场
- ⊖ 动物园
- ✕ 隔离区

图6 民国时期北京娱乐业的空间分布图

(据甘博 Peking: A Social Survey)

饭店旅馆

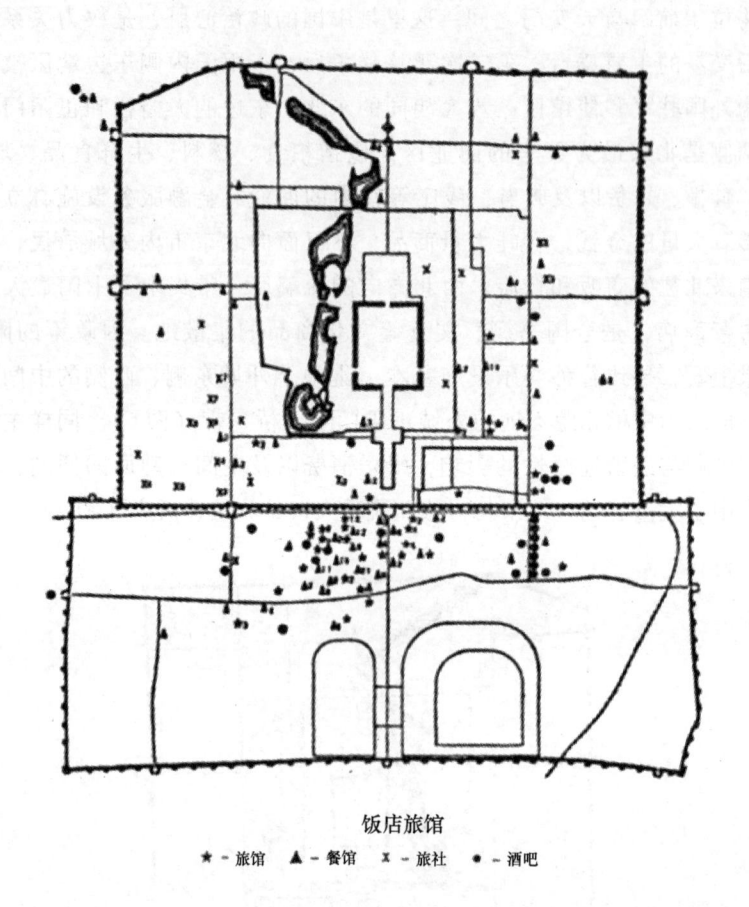

★ - 旅馆　▲ - 餐馆　x - 旅社　● - 酒吧

图 7　民国时期北京旅馆饭店分布图
（据甘博 Peking：A Social Survey）

而且因严格的满汉分地而居的政策，数百个规模不等的各地方会馆（北京办事处兼旅馆）主要集中在宣武门外大街西边至崇文门大街，前三门以南、东西珠市口大街以北的地区，宣武门西侧至前门以南，东西珠市口大街以北地区尤为集中。[①]

甘博以近代社会科学的方法，在众多协作者的配合下，做了非常详尽

[①] 参照侯仁之等编《宣南历史地图集》，学苑出版社 2008 年版；北京市档案馆编《北京会馆档案史料》，北京出版社 1997 年版。

的资料收集和细致的调查工作,所著部分资料来自官方档案、法规,部分出自现场调查,其中一部分资料具有不可替代的价值。前面我们利用的甘博如娱乐行业、饭店旅馆等几种分布图是基于当时状况绘制的。但甘博的调查离清朝被推翻不远,相关行业的细节尽管有不少变化,特别如银行、近代制造业等一部分为新社会情势下应运而生外,基本框架和布局与鸦片战争以来的北京并无大的区别。甘博还依据调查资料制作了北京的银行、工厂、市场分布图(图8),这张图包含了不少北京变化的新内容。

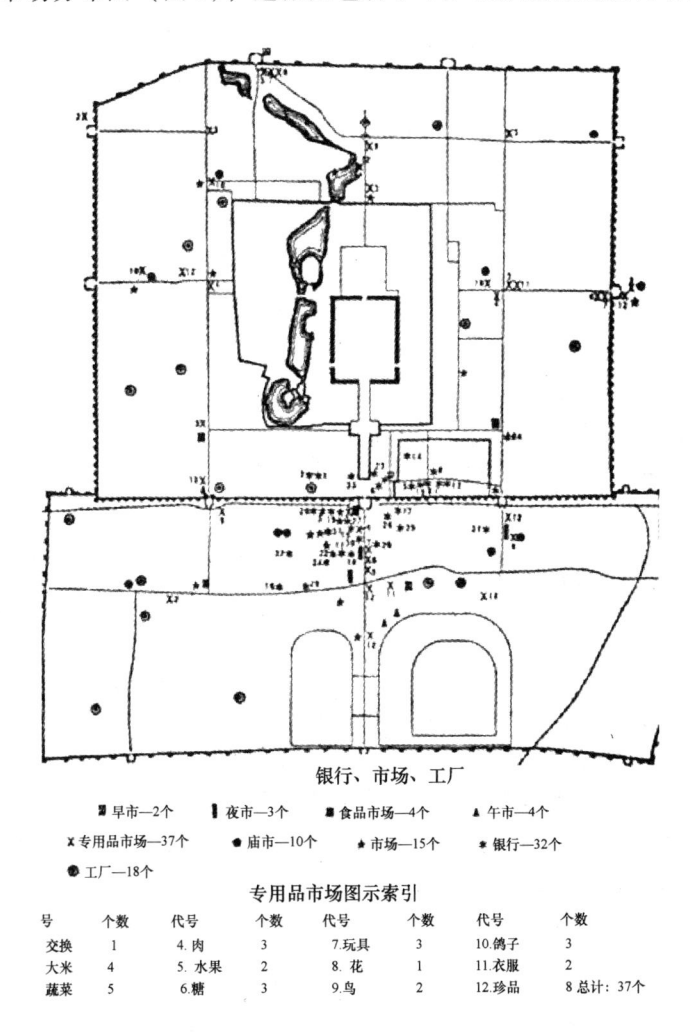

银行、市场、工厂

■ 早市—2个　■ 夜市—3个　■ 食品市场—4个　▲ 午市—4个
× 专用品市场—37个　● 庙市—10个　● 市场—15个　★ 银行—32个
● 工厂—18个

专用品市场图示索引

号	个数	代号	个数	代号	个数	代号	个数
交换	1	4.肉	3	7.玩具	3	10.鸽子	3
大米	4	5.水果	2	8.花	1	11.衣服	2
蔬菜	5	6.糖	3	9.鸟	2	12.珍品	8 总计:37个

图8　民国时期北京的市场、银行、工厂分布图

(据甘博 Peking: A Social Survey)

我们从这些图以及北京的外地会馆资料中，可以发现八大胡同在外城乃至整个北京城中的特殊位置：与北京城内的各主要区域距离很近，即便步行，所需时间不多，具有交通便利的条件；容纳流动人口的集中地（旅馆、饭店、会馆）；商业与娱乐设施集中，也是一个以华北地域乃至全国为市场的商业流通中心，不仅仅面向包括内城的北京居民提供各种日常生活必需品服务，而且面向南来北往的行商过旅，以及大批长期居住在外城的各地方在京人员；自清代以来，还是以钱庄、票号、典当、银行为主要形式的金融中心；由于这一区域集中了全国各地的会馆（地方的北京办事处），所以也是一个全国的政治、经济、文化的信息中心。这里的经济活动非常活跃，其中一部分业务均不局限于北京一地，而具有大地域，甚至全国性质。① 这里是一个充满各种商业机会、政治机会的特殊区域。但能否抓住机会，重点在于是否能够建立各种有效的社会"关系"网络，而构建人际关系网络则需要各种平台与媒介。

　　在讨论八大胡同的空间关系时，还必须重视另外一个因素。甘博的调查报告给我们提供了一份非常重要的人口学资料，而且他还依据这些资料作了细致的分析，将这份资料整理成当时北京的人口密度分布图以及人口男女性别比例图（图9、图10）。

　　由这两个分布图可知，前门至宣武门和崇文门的外城一带，为北京人口密度最高地区，这里的男女性别比例差最大。在整个北京的男女性别比中，男多女少，男性原本平均在62%以上，而这一地区则在1（女）比3（男）。如果考虑居住者流动人口数量很大这一因素，实际的男女性别比则更为悬殊。居住在北京的流动人口与外来人口主要是成年男性，这些成年男性中社会地位很高如曾国藩在翰林院庶吉士期间即将妻子接来北京同居者已属凤毛麟角②，绝大多数均为未婚或长期寡居。大量成年男性高密度居住在远离家乡的围城之中，长期处在生理与欲望的焦虑状况下，缺乏比较正式或隐秘的排解渠道。这种状态与潜在的需求本身也促成了性商品与娱乐市场的成长。

---

① 有一些地方会馆成为当地商人在北方地域经营活动的中心据点。参照拙论《北京の歙县会馆——明清时代徽州商人の北方拠点を中心に》。
② 参照曾国藩的日记与家书，《曾国藩全集》，岳麓书社1985年版。

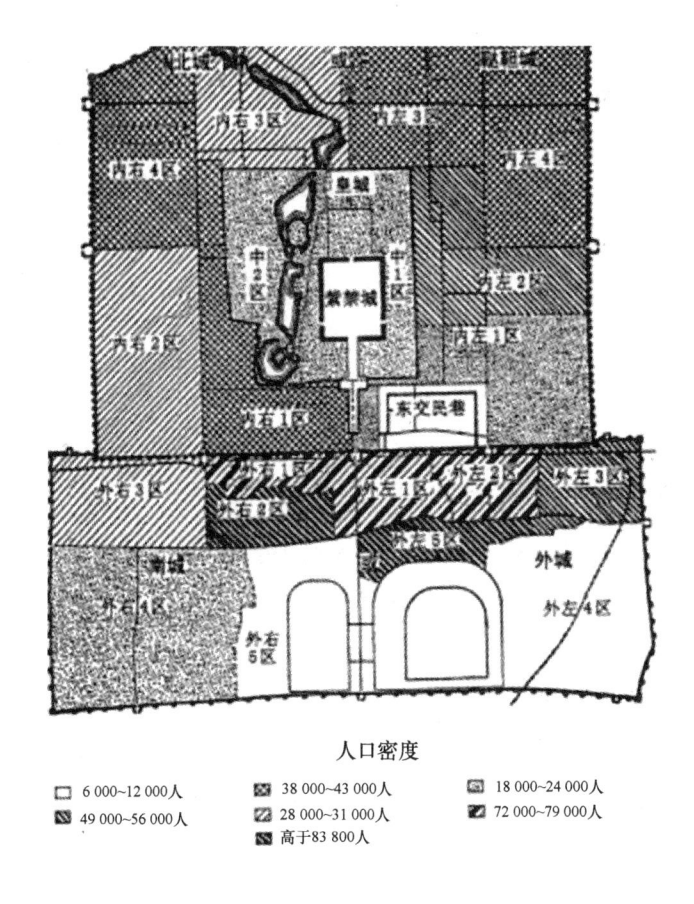

图 9　民国时期北京的人口密度分布
（据甘博 Peking：A Social Survey）

人口密度
- □ 6 000~12 000人
- ▨ 38 000~43 000人
- ▥ 18 000~24 000人
- ▧ 49 000~56 000人
- ▦ 28 000~31 000人
- ▩ 72 000~79 000人
- ■ 高于83 800人

五　结语

以上，以八大胡同为中心，就清代民国时期的北京妓女与妓院，尤其妓女与妓院在城市结构中的空间特征做了整理。晚清有些笔记和民国时期的论著认为八大胡同成为北京妓女的渊薮是在咸丰同治以后[①]，但从清朝满汉内外分居，将娱乐设施逐出内城等政策，前引《钦定八旗通志》乾隆十八年和四十六年的相关禁令，以及清末管理乐户和娼妓的法规由外城

---

① 参照王书奴《中国娼妓史》，三联书店上海分店1988年版，第六章以及所引相关笔记。

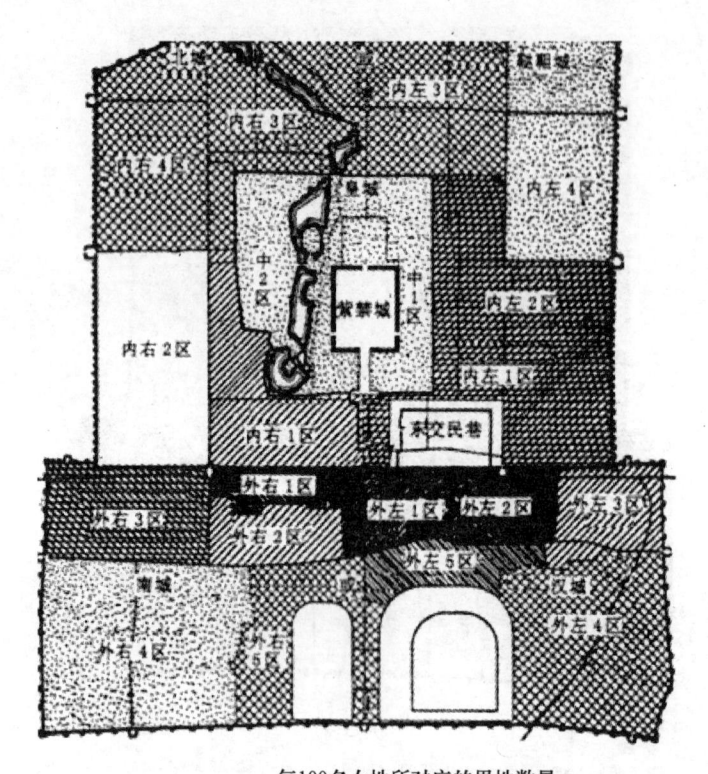

每100名女性所对应的男性数量

☐ 97　▨ 170～176　▨ 127～139　▨ 188～199
▨ 151～161　▨ 295　▨ 302～339

图 10　民国时期北京男女性别分布
（据甘博 Peking：A Social Survey）

巡警厅制定可知：清朝的娼妓主要集中在外城，较早时候就在离前门、宣武门不远，又处于商业、金融中心，兼以长居或流动外来人口众多的区域，即所谓八大胡同地区发展起来了。麦倩曾调查时期的内城出现娼妓，则主要是进入民国以后，出现很多满族家庭没落、生活陷入困境之后的现象。城门因每天必须按时启闭，而内城居民在经济上有比较稳定的保障，所以距城门的远近与内城居民的利用状况也直接相关，这里与主要的城门、商业区、茶馆、饭店、剧场直线距离很近，而且有很多会馆、饭店与旅馆，与流动人口毗邻而居，同顾客存在相互近水楼台的关系。与妓院一样，因清初政策被逐出内城的娱乐业，也必须以具有很高消费能力的内城居民为重要服务对象，不可能在空间上远离受启闭城门羁绊的顾客即"市场"。自清初开始，尤其历经18世纪繁荣期之后，各地艺人、戏班纷纷进京，在正阳门大街的东西两侧落脚，直至民国时期，很多演员都居住在陕西巷、韩家潭、百顺胡同周边及邻接地区，在天桥以北地区形成艺人、戏班杂居的状态，催生了当时偏好"相公"亦即实质上的男性性买卖之风。① 游艺、娱乐、餐饮、旅馆以及便利的购物、典质借贷设施交错、共集一地，在这里形成了一个以消费为中心的相关行业（产业）连锁，各种行业相辅相成的综合效果不仅扩大了不同目的顾客的多种消费行为，也推动了这一地区包括性买卖在内的多种娱乐行业的共同繁荣。

由以上的整理和说明，我们可以看出，八大胡同地区娼妓群集、妓院建筑在居住区域内鳞次栉比，相接大街小巷灯红酒绿、莺歌燕舞的局面主要形成于清朝前期，其形成是满汉分治、满汉分居政策引导的，集中在外城地区是政治主导，即人为干预的结果，这种政治主导主要通过将娱乐等服务设施驱逐出内城这一"被动"方式实现。光绪三十二年外城巡警总厅的"管理乐户规则"则在既有的妓院经营基础上明确划分范围，强调"乐户营业者以巡警厅圈出之地段并已经允许开设、在卫生局注册者为限，准顶开不准添开"。民国时期，尤其是光复后，国民党北平市政府则在管理条例上对性买卖区域进行"追认"，并且严格限制了妓院设置的空间范围。② 清末、民国时期的北京市政条例的制定者当然也有"净化社会道德"、尽量减少性买卖合法化对"公序良俗"影响的考虑，对妓院招揽顾客的广告形式、深夜噪音等有具体规定，明文禁止设置外部可一览无余的长廊以及过度的灯彩等。这些都受到明治维新以来日本、19世纪后期英法诸国的相关城市风俗营业管理条例的影响，尤其将妓院与妓女卖淫合

---

① 艺人和戏班的行会会馆，其他各色行业会馆也主要在这一带。朱一新《京师坊巷志稿》卷下"精忠庙"条称："庙祀岳忠武，康熙时建，有大学士刘统勋碑。……旁有喜神庙，伶人所祀也。有龚鼎孳、刘跃云二碑"（北京古籍出版社1982年版）。另外参照仁井田升1940年代的调查（佐伯有一·田仲一成·滨下武志等编《仁井田升博士辑北京工商ギルド数据集（1）—（6）》东京大学东洋文化研究所1975—1983年）。有关与"相公"、即与男性、包括当时的戏曲演员间的游乐与性交涉是19世纪中期小说《品花宝鉴》的主要内容。

② 参照"北平市政府令：北平市政府警察局管理乐户规则"（北京市档案馆J181-016-03126）。

法化的同时，严格检查妓女身体，控制疾病传播，与英法等国实施"公娼"制度与性病传染控制的经验、考虑有关。至于妓院和妓女集中在八大胡同区域，则如前面讨论过的，此区域是在空间上的便利性、市场需求等因素下自然成长起来的，它与其他娱乐设施相辅相成，也是这一区域各种娱乐设施的一部分。清朝灭亡后，这一区域因社会传统礼教因素的弱化和政府公开许可，相关限制更加宽松，妓院与妇女卖淫业有了比较大的发展。当然，还需要指出的是除了政策、市场和相关产业连锁要素外，我们不能忽视外城的土地和房产所有权与经营权的状况以及移转问题。但因明清交替后北京外城的所有权关系复杂，而且缺乏八大胡同地区的清代前期直接的不动产管理法律文书，这一问题留待今后进一步探讨。

妓女这一边缘社会群体、妓院这一特殊的服务设施只是北京各行各业与社会阶层的一个方面，我们并不否认妓女、妓院具有作为城市的"必要之恶"而存在的社会功能，但同时不能单纯将妓女与妓院理解为男性性压力的一种排泄设施或者城市的"公共厕所"。其实，妓女与妓院还具有多样性的社会功能，妓院与茶馆、饭店、剧场一样，是建立、维系人际关系中的重要社交场，一个便于利用、操纵的接待场所，妓女是建立人际关系网络的重要工具、媒介。否则我们就无法准确解释 20 世纪前期，所谓"两院一府（北京大学）"的众多名流、学者以及年轻学生与八大胡同区域的密切关系。① 我们不否认八大胡同的娱乐消费中，有很多避他人耳目、单纯满足性欲的个体私密行动，但同时存在着大量的"招待性""集团性"的行为，无论参与者是否直接有性交涉行为。从这一意义上说，八大胡同地区在传统城市北京具有不可替代的功能与作用——世人熟知的"公共性"社交区域。在传统中国的文化语境下，作为"生产力"的另一种方式的社交，"生产"不同形式的"社会资源"②，与这种社交相关的

---

① 北京大学文科学长陈独秀争风吃醋抓伤八大胡同妓女的事件闹得满城风雨，曾引起舆论的强烈批评。在既无律例限制，也无道德约束的北洋政府时期，连总统也在此设宴交际，八大胡同长时间成为政治上层"出将入相"的乐园，常常悠游其间的如北京大学教授吴虞等文化知识界人物，一般情况下并没有受到社会以及舆论的道德谴责，也反映了社会对利用风月之地的交际活动的宽容。

② 笔者曾以"联宗统谱"即血缘和拟制血缘关系的组织化、扩大化为例，探讨 16 世纪中期以来竞争加剧状态下"社会资源"的生产形式。参照《联宗统谱と祖先史の再构成——明清时代、徽州地域の宗族の展开と扩大を中心として——》（《中国——社会と文化》第 17 号、2002 年）。

设施、舞台与形式、媒介都属于广义社会经济活动的一个个环节，对其"投资"或消费也应视为广义"交易成本"的一部分。因此，仅将妇女卖淫和男性买春视为一个道德问题，我们就难以理解古今中外无法根除妓女与妓院这种特殊的社会经济现象了。本文曾经指出，进入 20 世纪后，八大胡同作为传统北京城的一个"景点"已成为一些旅行指南津津乐道的内容，但这只是编著者和出版社的个人行为或营销战略，与日益全球化的 20 世纪后期，因区域间、国家间的激烈竞争，以及基于区域、国家的经济发展，将公开或隐藏的"性工作"上升为国家、地方政府的经济战略工具不可同日而语。[①]

附记：本文是 2003 年以来笔者探讨传统北京城市景观、社会空间与经济结构问题的一个环节。相关调查研究受惠以下研究基金：丰田财团个人项目（2003—2004 年）、日本学术振兴会（基盘 C、2005—2008 年）、丰田财团重大项目（2006—2008 年）、日本学术振兴会（基盘 C、2009—2013 年）的资助，在此表示谢意。

[①] 与妓院等合法化诉求同质，最近有发达国家为与澳门等竞争，吸引各国游客、发展本国经济，探讨如何解除设置赌场的法律障碍，在国会成立议员专门委员会的现象。

民国时期城市住宅改良的尝试
——以 20 世纪二三十年代广州模范住宅区为例

李淑苹

（暨南大学历史学系）

民国时期，广州以其独特的地理位置和人文环境而领风气之先，不仅在中国政治变革中每每走在前列，而且在城市建设的诸多方面亦领先于同时期国内的其他城市。1927 年广州市政府正式提出并开始实施的旨在"拓展市区，改良住宅"的模范住宅区计划就是其中典型的例子。本文即拟以此为题，试图通过对广州模范住宅区相关问题的探讨，以窥民国时期城市住宅改良之一斑。

一

民国时期由市政当局介入城市住宅改良活动，并引入西方的田园都市理论加以实践，效仿欧美，建筑"科学""艺术"的新式住宅，广州当属首创。早在 1919 年孙中山的《实业计划》中就提出了将广州建成"花园城市"的设想。1921 年 2 月 15 日，广州正式建市，市政工作由此全面展开。针对广州市工商业蓬勃发展，城市人口急剧增加，旧有城区住宅拥挤混乱，而市郊许多荒地闲置的情况，在留学美国并对美国市政颇有研究的孙科市长主持下，广州市政府提出了整理市内外荒地和拓展住宅区的计划，决定在"郊外稍僻远之地，由市府择适宜地点，辟为新式住宅区"。[①]

[①]《工务局计划整理市内外荒地》，《广州市市政公报》第 404 期，1932 年，第 87 页。

并拟"先建模范住宅数十间,教市民以构造、卫生及防火、防湿、防冷、防暑等方法。不设其他茶楼酒肆、游戏场等,以免有碍居民卫生,并可渐次将商场住宅工厂等各分专区,以期适合现代生活"。① 而广州东郊岗陵起伏,地势较高,原为郊外坟场,属于官荒之地,故市政府责成工务局长程天固首先将东郊马棚岗、竹丝岗的坟茔迁葬他处,得土地数百亩。但未及开发成住宅区,1922年6月16日陈炯明叛变,土地即被陈炯明"将其交与广东银行,押借巨款,此地遂归私有"。② 1923年12月驱陈后的广州市政府划定了城市发展的权宜区域范围和拟定区域范围,其中权宜区域范围的东界为瘦狗岭,拟定区域范围的东界更远至黄埔对河之东圃墟及沿下车陂涌,北上至水土岗。市区范围的扩大,为市政建设的开展和居住空间的拓展提供了条件。因此,1924年市政府试图再次收回马棚竹丝两岗民房土地以开发住宅区,但因各种原因未能实现。另外,广州市政府还拟建市内观音山(越秀山)公园住宅区,并规定:每户所领之地,"限以三分之一作住居,三分之二作屋内花园建筑,高度不得过三层楼","形式宜优美,建筑费最低限度不得少过七千元"。③ 所有上述这些计划当时虽未实现,但为广州市政后继者提供了启发和借鉴。

1927年5月,曾被孙中山召至上海担任《建设》杂志编辑、对欧美各国市政管理及田园都市模式竭力鼓吹的林云陔出任广州市市政委员会委员长。6月8日,林云陔鉴于此前历任广州市政管理者对拓展、改良城市住宅的认识和规划,在第一零三次市行政会议上"倡建模范住宅区,以为全市住宅之模范"④,获一致通过。为了"策划周详,以期迅速实现此项计划"⑤,在7月14日第一零八次市行政会议上,广州市政当局下令由财政、土地、工务三局共同组成广州市模范住宅区筹备处。7月23日,筹备处召开第一次会议,初步确定了东郊地区模范住宅区"大要范围";推举伍希吕、黄仕强、许灼芳三人负责起草模范住宅区章程草案;并决定

---

① 李宗黄:《模范之广州市》,商务印书馆1929年版,第80页。
② 程天固:《广州市工务之实施计划》,广州市工务局1930年印,广东省中山图书馆藏,第38页。
③ 《工务局提议开辟观音山公园计划》,广州市档案馆藏,资料号:资/政/572/88/22。
④ 筹建广州市模范住宅区委员会:《筹建广州市模范住宅区一览》,1929年,广东省中山图书馆藏,第1页。
⑤ 《市政厅筹建模范住宅区》,《广州民国日报》1927年8月8日,第5版。

每周召开两次专门会议讨论模范住宅区事宜，"以副市长急于进行本案之美意"。① 筹备处第二次会议时，决定将模范住宅区建设分为六期进行，其中以马棚岗为第一期工程。8月13日筹备处第五次会议讨论通过了《筹建广州市模范住宅区章程草案》。随后，工务局又制定了模范住宅区马路所占面积表、建筑马路预算表、公共场所及应建物件预算表、拟建住户预算表和整体面积支配表等，对模范住宅区建设做了初步规划，其内容主要涉及以下几个方面。

第一，模范住宅区范围。由于广州市东郊为高爽开阔之地，除民田外，多荒岗坟地，自1921年广州市政厅成立后即将其作为拓展市区的主要方向。因此，筹备处第一次会议即议定模范住宅区位于广州市东郊，大致范围"东至浩东东路、仲元路、浩东南路；南至百子路；西至生财路、冠慈路、马棚路、公医院；西北至东沙马路以内全部，除执信中学地址外，皆为建筑模范住宅区域"②，总面积600余亩。为使模范住宅区建设有序进行，整个住宅区被分为六个地段，其中第一段东至冠慈路、执信路，西至公医院、马棚路，南至百子路，北至马棚路，面积约90亩。第二段东至浩东路、仲元路，西至执信路，南至百子路，北至竹丝南路，面积约126亩。第三段东至执信路，西至冠慈路，南至冠慈路，北至荫南路，面积约42亩。第四段东至仲元路，西至执信路，南至竹丝南路，北至竹丝北路，面积约125亩。第五段东至执信路，西至生才路，南至冠慈路、荫南路，北至东沙马路，面积约107亩。第六段东至浩东路、仲元路，西至执信路，南至竹丝北路，北至东沙马路，面积约122亩。

第二，土地处置。虽然划入模范住宅区域的土地多是1921年广州市政厅成立之初开辟的官荒地，但由于此处土地在1922年曾被陈炯明抵押给广东银行，因此很多地段已属私有。为便于模范住宅区范围内的土地统一规划，筹备会议提出"凡所有划入本模范住宅区内之土地，在筹备期间，似应停止其买卖，以便划一整理，兹拟暂定一年为停止买卖土地期限，如在期限内有买卖土地之必要时，只许由市政府收买，庶可统筹分期

---

① 筹建广州市模范住宅区委员会：《筹建广州市模范住宅区一览》1929年，广东省中山图书馆藏，第33页。
② 《筹建广州市模范住宅区案》，广州市档案馆藏，资料号：资/政/580/292。

分段预算计划诸端,而不致紊乱"。① 为了全面掌握土地所有情况,便于政府收用土地统一规划,《筹建广州市模范住宅区章程》规定"区内土地所有人于期内将契照缴交土地局核验"②,如"应开辟马路被收用者,由市政府给还地价","土地所有人务于一定期内携带已验契照前赴财政局领回应得地价即将契照缴销",逾期不缴验契照或收用土地后不缴销契照者,"该土地没收充公"。③

第三,马路建设。经筹备会议议定模范住宅区内须将39%的土地用作马路建设,住宅区范围内的马路分为五等。一等马路总宽150尺,其中两旁的行人路各占15尺,以9尺种树6尺筑路,马路中心以40尺种植花木作隔离带,余80尺为马路实际宽度;二等马路总宽80尺,其中两旁行人路与一等马路同,马路中心以10尺种植花木作隔离带,余下40尺为马路实际宽度;三等马路总宽60尺,其中两旁行人路各占12尺,7尺种树5尺筑路,马路中心以4尺种植花木以作隔离,实际宽度为32尺;四等马路总宽40尺,其中两旁行人路各占10尺,人行路边种树,马路中心不作隔离,实际宽度为20尺;五等马路实际宽度为24尺,不作隔离,不设两旁行人路。④ 所有马路的建筑材料,用2寸厚的散石填底,上面覆盖4寸厚沥青或水泥三合土;路上的沟渠按照地势的实际情况分为明式或暗式,沟渠的修筑材料一律使用水泥三合土。考虑到模范住宅区长期发展的要求,筹备处借鉴欧美的经验,要求在修建房屋的同时甚至之前先行修筑马路。

第四,住宅建筑和公共建筑。模范住宅区内的住宅按面积的大小分为四等,其中"甲等每户约六十华井;乙等每户约三十华井;丙等每户约二十五华井;丁等每户约十五华井"。⑤ 住宅区内除原有的九间新式住宅外,拟建甲等住宅63幢,乙等住宅267幢,丙等住宅130幢,丁等住宅44幢;每户地段之内只能以五分之二土地建筑住宅,其余五分之三留作

---

① 《三局筹备模范住宅情景》,《广州民国日报》1927年8月16日,第5版。
② 筹建广州市模范住宅区委员会:《筹建广州市模范住宅区一览》1929年,广东省中山图书馆藏,第22页。
③ 同上书,第23页。
④ 《规定模范住宅区马路》,《广州民国日报》1928年11月10日,第5版。
⑤ 筹建广州市模范住宅区委员会:《筹建广州市模范住宅区一览》1929年,广东省中山图书馆藏,第24页。

花园。《筹建广州市模范住宅区章程》明确规定:"区内宅地不得建筑教会房舍或礼拜堂等。"① 凡划入模范住宅区范围内的原有业主,如果原建住宅"系依照工务局新区取缔建筑而与模范区之开辟道路建筑等无阻碍者得暂予保留"。② 否则,"须于宅地划定布告后六个月内依照工务局之取缔建筑章程及核定建筑图则自行建筑"新式住宅,如不能按要求建筑新式住宅,则"由市政府将该土地收用给还地价"③,另行招投。对于新承领人,须在承领后6个月内动工兴建,如逾期不建,要课以建筑费十分之一的罚金;再逾期6个月仍不建造,则由市政府收回土地,给还地价,重新开投。除个人承建外,筹备处还计划"在区内由市政府建筑住宅若干间,出卖或出租,以资提倡区内住宅,除外国人及教会礼拜堂外,凡本国人民均得领用或租赁"。④ 此外,筹备处还计划由政府投资近30万元,在住宅区内修建公园、图书馆、礼堂、网球场、儿童游戏场、小学、市场、消防分所、警察分所、电话所、邮政局、水机房、公共厕所等公共建筑。

由政府开发土地,鼓励市民领地自行建造,同时建造高档住宅出租或出卖给市民,并对外国人和教堂加以限制,住宅按照政府的统一规划设计建造,有统一的标准和要求,住宅区内配备完善的公共设施,这在当时无疑是一创举。但是模范住宅区计划提出后未及实施,即由于1927年底广州政局发生巨大变化,当局无心顾及市政建设,私人投资购地建房的热情也大为降低,模范住宅区建筑计划也随之被搁置。

二

1928年3月,广州市模范住宅区筹备处重开会议,庚续前议,并提出对此前有关模范住宅区的各种章程计划的修改。4月26日筹备处第十次会议决定将广州市模范住宅区筹备处改为筹建广州市模范住宅区委员会,直接隶属于广州市政府,并推荐王觐慈、刘宪朋、周士毅、朱志和四人为常务委员,轮值处理有关模范住宅区建设的日常事务。模范住宅区委

---

① 筹建广州市模范住宅区委员会:《筹建广州市模范住宅区一览》1929年,广东省中山图书馆藏,第25页。
② 同上书,第20页。
③ 同上书,第23页。
④ 《模范住宅区马路住宅之规划》,《广州民国日报》1927年8月25日,第5版。

员会一方面根据形势的变化，重新修改章程，厘定法规，如规定甲等住户建筑费约 16200 元，乙等住户建筑费约 13000 元，丙等住户建筑费约 9300 元，丁等住户建筑费约 8900 元；区内建筑不得高逾三层；住宅必须安设水厕，其化粪池必须依照广州市工务局化粪池图则建造；住宅必须使用防火材料建造等等。另一方面呈请市政府通令财政、土地等七局"协助办理与模范住宅区有关系之一切事项，如建筑计划、土地处理、治安措施、卫生公用之设置等等"①，由此开始了模范住宅区计划的实施阶段。同时，模范住宅区委员会还在"模范住宅区所在地段竖立招牌，竖立模范住宅区所属地段界址及各马路界址；制定木牌将模范住宅区章程逐条书明其上，竖在区内地段之人所瞩目处"②，以期引起市民的关注。

5月，按照原筹备处分期建设计划，模范住宅区委员会议决仍"以马棚岗定为第一期模范住宅区"③，即原计划的第一段土地，面积约 90 亩。在呈报市政府批准后，模范住宅区委员会开始张贴布告，要求马棚岗地段内原有土地所有人限期到市财政局缴验契照，然后派测量员随同前往测量，竖立界至标识，以厘清区内地权，便于将公有土地和无主土地开投他人。至 6 月底，马棚岗地段内原有土地所有人已陆续携契报验，四至标识也已竖立。因此，模范住宅区委员会第十五次会议决定再行"办理第二期竹丝岗"模范住宅区④，即原计划的第四段土地，面积约 125 亩。由于美洲华侨杨廷霭、朱光成、李天保等人数年前已在竹丝岗购有土地，"正拟约同各归国华侨十余同志，建筑园林小舍"，得知市政府意向后便积极响应，并呈请"克日派工程人员详细按图测勘，对于已规定之马路线，用杉尾竖立标志，或开辟路牌，俾侨等得遵循早日兴工建筑，以为提倡"。⑤ 应华侨所请，市政府随即饬令工务局派员前往勘测。

为鼓励市民积极来此兴建新式住宅，模范住宅区委员会还制定了《模范住宅区奖励建筑办法》。办法规定："土地所有人能于马路完成后半年内兴工建筑住宅者，准免建筑费，并减半征收建筑附加费；在马路完成

---

① 《令七局协助模范住宅区一切事宜》，广州市档案馆藏，资料号：资/政/581/296/29。
② 《市厅筹建模范住宅区近讯》，《广州民国日报》1928 年 6 月 6 日，第 6 版。
③ 《模范住宅区在马棚岗开办》，广州市档案馆藏，资料号：资/政/581/294/33。
④ 筹建广州市模范住宅区委员会：《筹建广州市模范住宅区一览》1929 年，广东省中山图书馆藏，第 52 页。
⑤ 《归国华侨赞助筹建模范住宅区》，广州市档案馆藏，资料号：资/政/581/297/13。

一个月内兴工建筑住宅者，建筑费与附加费均准予豁免；能于建筑马路期内，同时建筑住宅者，除依照前条办理外，并得对于筑路费，以九成缴纳；同时规定依照前三条期限建筑后，到土地局登记上盖时，得减半征收登记费"。①

1928年12月，广州市第一个城市规划的专门机构——城市设计委员会成立，模范住宅区的各项建设事务遂划归其管理。其间，城市设计委员会针对原定马路用地所占面积过多、住宅用地反而太少的情况，重新规划了马路的线路，对住宅区内各项用地进行了调整，"定全区马路面积最少占全区总面积30%，但至多不得超过33%"②，从而增加了住宅用地。1929年12月城市设计委员会撤销，模范住宅区的建设事宜又转由广州市工务局具体负责。

然而，虽经政府极力筹划、敦促实行，但因马棚竹丝两岗的土地多属私有，由于地权关系，有关政令难以强制执行，政府统一规划并不容易。加之市政府对建设模范住宅区缺乏经验，主管部门和有关规定不断变动，致使有意购地兴建者不知所从。直到1930年4月10日，工务局才开投马棚岗、竹丝岗范围内的马路建筑工程，9月3日开始动工，12月竣工。随着马路的兴建，"模范住宅区中的公园、小学校、警察派出所也测量开筑"。③ 在马路和公共建筑已启动的情况下，为了加快住宅建设，工务局再次强调原有的"区内业主必于布告一个月内将契照及面积报告政府，逾期不报，则作为官产处理"。④ 土地经查验及测量后由市政府发给模范住宅区权利证，业主持证享有模范住宅区的一切权利。土地测量完竣后，由业主、工务局、土地局、财政局、总商会各派一名代表，组成估价委员会，将区内各地段的地价给予估定，作为以后买卖土地的标准。并规定以后土地买卖的价格不得超过估定价，如违反即将增价部分全数没收，作为模范住宅区公益费用。同时还特别规定，区内所有马路建筑面积及公共建筑面积由全区业主按地多少摊分割让，未有割让者须缴回应割面积的地价，被割过额的照价补回差额；建设马路和公共建筑物的费用由业主按其

---

① 《奖励建筑模范住宅办法》，广州市档案馆藏，资料号：资/政/581/302/11。
② 《城市设计会将设模范住宅筹建处》，《广州民国日报》1929年4月1日，第6版。
③ 《模范村渐具规模》，《广州民国日报》1930年1月23日，第1版。
④ 《土地、财政两局会同审查模范住宅区章程》，广州市档案馆藏，资料号：4/1/1/9/1/54。

所有地多少比例分担；马路兴工后限业主6个月内开始建筑住宅，业主不能自建的，经市政府批准后可招人建筑。此后，至马棚竹丝两岗购地建房的逐渐增加。但由于此两岗范围内公私土地犬牙交错，因此，新式住宅分布零落，没有形成区域规模，住宅式样也不统一。

鉴于马棚岗、竹丝岗两地因地权等问题使模范住宅区计划的实施至多阻碍，进展缓慢，1929年5月广州市政府再次将新开辟的整块官荒地——松岗划为模范住宅区进行建设。松岗住宅区位于原模范住宅区之东，范围在"安老院之南，广九铁路之北，东至自来水塔，西至仲恺公园"[①]，面积约100亩。与马棚岗、竹丝岗不同的是，作为新开辟的官荒地，市政府掌握全部土地所有权，减少了政府与原地主之间的地权纠葛，便于成片开发，统一规划统一建设。1930年9月，松岗住宅区内两条东西走向的主要马路竣工后，工务局即规划在马路两侧分别兴建甲乙丙三种住宅90幢，其中甲种住宅24幢，乙种住宅31幢，丙种住宅35幢；"甲种住宅在第一条马路，乙丙两种在第二条马路，甲乙两种均南向，丙种均北向"[②]；住宅建筑参考图例"悉照美国最新式住宅"[③]，而建筑费用比前则大为降低，"由二千五百元至五千元不等"[④]，以此吸引人们前往领地建筑。

为使松岗住宅区建设更符合"模范"之意，工务局专门制定了《东山松岗模范住宅区领地建筑规则》。规则除要求业主领地后须于5个月内建筑，如逾期不建则将执照取消，准由别人承领，所缴过之地价照九折发还外，还对住宅建筑作了更为具体统一的规定，如：区内不得建造木屋棚厂或临时建筑物以图敷衍，违者取消建筑执照，由别人承领，按九折发还所缴地价；住宅地段内之建筑物不得占过该地五分之二，其余五分之三须留作花圃之用；住宅地段内之建筑物须一律由人行路边缩入15尺；住宅地段内建筑物之每边须离开该段界址至少5尺；建筑物高度不得超过三层；住宅内均须有水厕及粪池；围墙均须含美术性，材料可用砖石、三合

---

① 程天固：《广州市工务之实施计划》，广州市工务局1930年印，广东省中山图书馆藏，第38页。
② 《松岗模范住宅区马路完成》，广州市档案馆藏，资料号：资/政/587/366/29。
③ 《开筑模范住宅区》，广州市档案馆藏，资料号：资/政/584/342/31。
④ 程天固：《广州市工务之实施计划》，广州市工务局1930年印，广东省中山图书馆藏，第39页。

土、铁枝、铁丝网或竹篱，高度不得超过5尺，如墙体用砖石或三合土，则上部须用栏杆，以能观望为度；住宅内之厨房所有炉灶均须设置烟囱，烟囱须突出屋顶瓦面之上。① 由此可见，松岗住宅区较之马棚竹丝两岗，住宅建筑更为整齐划一。

由于松岗住宅区离东山车站仅二里，交通便利，空气清新，加之"松岗警察派出所成立后，地方治安，颇为安宁"②，因此吸引了一批官员政要、归国华侨及留学生前来购地建房，"不过三年曾经之岗地已是楼宇栉比，居民日众，'松岗模范村'建成，直可与香港九龙塘并驾齐驱"。③区内不仅学校花园等公共设施完善，道路方正，且种植有108颗梅花树，每到花季，花影摇曳，芳香沁人，使住宅区因此更具特色。由是，1932年5月23日市行政会议上，刘纪文市长提议将东山松岗模范住宅区改名为"梅花村"，其名一直沿用至今。

随着官员政要的入住，梅花村的建设进一步受到市政当局的重视，区内设施不断得到完善。1932年10月工务局从福音路口起、沿中山公路旁水沟至东山水塔前，修建了两条三合土大渠，其中18寸渠长约1270尺，24寸渠长约350尺，并在福音村建筑暗渠800尺，同时修建进人井、横渠、小沙井，全部工程仅用一个半月即完竣，保证了住宅区内雨水和污水排泄通畅。梅花村内的马路原是山石路面，修建住宅时，大量的建材运输使路面严重受损，道路坑洼，于交通颇有影响，1933年工务局决定将此住宅区内的马路一律改为沥青路面。同时，"为点缀该村风景，及符名实起见，再加植梅树计共五百株"。④ 又因梅花村远离商业区，随着居民日众，原有墟市不敷使用，"且附近华洋杂处，观瞻所系"⑤，市政府又在梅花村附近建新式市场一所，面积429平方公尺，内设摊位39个，既免除了附近居民跋涉之劳、购食维艰之叹，又使得美化之住宅配以美化之市场，为新市区增色不少。梅花村遂成为广州最具代表性的模范住宅区。

---

① 《东山松岗模范住宅区领地建筑规则》，广州市档案馆藏，资料号：资/政/588/381/47。
② 《模范村渐具规模》，《广州民国日报》1930年1月23日，第1版。
③ 《扩大东山模范住宅区》，广州市档案馆藏，资料号：资/政/587/361/37。
④ 广州年鉴编纂委员会：《广州年鉴》（1933年）卷十一《工务》，广东省中山图书馆藏，第64页。
⑤ 同上书，第60页。

三

民国时期的广州不仅具有显赫的政治地位，而且在全国首创市制，效仿欧美注重市政建设。从1921年广州市政厅初有"模范住宅"之议到1927年广州市政府正式提出"模范住宅区计划"，虽经多次政局变动，但广州市政当局始终没有放弃对城市住宅改良的追求。1927年6月8日，广州市行政会议议决筹建模范住宅区时，天津、上海、南京、武汉等城市还处于北洋政权、南京政权及武汉政权三足鼎立的政治漩涡之中，时局尚未稳定，城市住宅建设更不可能。广州市的模范住宅区计划虽于1927年底一度搁置，但毕竟处于领先地位，且筹备略有经验，因此，"海外侨胞，国内人士，因闻本市有此项之建议，纷来询查概况者，大不乏人"①；南昌市工务局还特地致函广州市政府，称赞广州市模范住宅区章程"异常完美"，故"敬请惠寄一份以资借鉴"。② 由此可见，广州市模范住宅区的样板确实对其他城市的住宅建设起到了示范作用。

住宅建设作为市政建设的主要内容，代表着一个城市的整体面貌，它既体现着市政建设发展的程度，反过来又推动着市政建设的发展。1927年广州市政府提出模范住宅区计划的初衷在于"拓展市区，改良住宅"。经过几年开发，东郊马棚岗、竹丝岗、松岗等昔日的荒坟野岗一变而为高档新式住宅区，加上民国以后回穗华侨在东山龟岗、合群、新河浦等地兴建的西式洋房新村，使东郊成了新式的住宅专区，一度成为新广州一道亮丽的风景线。这不仅使广州权宜区域范围的东部得到较快的拓展，都市分区建设初见成效，而且局部地改善了广州城市居住条件，也在很大程度上改变了广州城市的空间布局和市容市貌。

同时，广州市模范住宅区的兴建在一定程度上满足了华侨回国投资的住房需求，进一步激发了华侨回穗投资房地产的热情。早在1915年，美洲华侨黄葵石等人就回广州组织了大业堂，集资在东山龟岗一带购买荒地18亩多，开辟马路，建筑新式洋房出售。由于获利较多，其他华侨接踵

---

① 筹建广州市模范住宅区委员会：《筹建广州市模范住宅区一览》1929年，广东省中山图书馆藏，第21页。

② 同上书，第84页。

而来，买地建房，从事房地产经营。1920年前后，合群置业公司在龟岗之南购得土地，修筑马路，建成新式洋房区。从1921年开始，华侨又在龟岗东南临近珠江边的新河浦一带兴建花园洋房。至1925年后，华侨再向龟岗之北的竹丝岗发展，其中美洲华侨杨廷霭等人组织的大华公司先行购得土地，欲"仿效美国家庭之小植牧"①，兴建园林式住宅。华侨在广州投资房地产业所获利润以及新式居所的建筑实践，对力图拓展市区改良城市住宅的广州市政管理者不无影响。反过来，广州市模范住宅区计划的出台对华侨回穗投资也产生了很大的吸引力。而此时又恰逢西方国家发生经济危机，从而进一步促使华侨回到国内，投资广州的经济建设。据不完全统计，1919—1937年的十数年间，投资广州企业的华侨有7720人，投资金额为118622496元，占近代华侨投资广州总人数的84.6%，投资额的81.73%，可见20世纪二三十年代是华侨投资广州的高峰期。华侨资本遍布工业、商业、金融业、服务业和交通运输各个行业，尤以房地产业为最，推动了广州经济的发展和市政建设的开展。

当然，模范住宅区建设也存在一些不足。如计划有余实施不足，当初筹备处制定的模范住宅区建筑计划，无论是马路、住宅还是公共建筑，最终都因为财政拮据而没有全部按计划完成。如1927年筹备处所划定的模范住宅区六个地段，实际上只完成了第一地段（马棚岗）和第四地段（竹丝岗）的建筑计划。同时，模范住宅区的兴建对于解决当时普通市民的居住困难毫无意义，因为几千元的地价加上几千元甚至上万元的建筑费，使普通市民对舒适的新式住所根本不敢奢望。所以东山一带新式住宅区的居民"多为中上阶级殷户"②，对阳光、空气、花园、绿地的享受成为官僚政要、富商巨贾们的一种专利，广州市内的人居矛盾并没有因此得到根本解决。

---

① 《归国华侨赞助筹建模范住宅区》，广州市档案馆藏，资料号：资/政/581/297/13。
② 《市设计委员会会议录》，广州市档案馆藏，资料号：4/01/1/278。

民国时期汉剧观众探析

郑维维

（湖北大学中国思想文化史研究所）

一 汉口的发展与汉剧的兴盛

汉剧的兴盛与汉口商业化发展分不开。近代以来，随着开埠通商，汉口华洋杂处，万商云集，商业贸易迅速增加。清末日本驻汉口总领事水野幸吉曾说："与武昌、汉阳鼎立之汉口，贸易年额一亿三千万两，凤超天津，近邻广东，今也位于清国要港之二，将进而摩上海之垒，使视察者艳称为东方芝加哥。"① 商旅往来增多，商业交往以及人际交往的需求大大增加，作为商业辅助性服务的消闲娱乐场所茶园、戏院、游艺场等兴起并剧增："1919年汉口新市场（后称民众乐园）建成后，年获巨利，惹人注目，于是群起效法，各种戏院、舞台及综合性娱乐场所相继成立。"② 娱乐场所的迅速增多，使戏曲娱乐业具有一定规模，并集中设于一定区域，形成一个庞大的休闲消费市场。

随着汉口城市化发展，人口数量急剧上升。从1888年到1913年的25年间，汉口人数增加五倍以上，据《汉口小志》统计，1913年为80万。城市人口的迅速增长，为文化娱乐提供了广阔的社会空间，为戏曲演出带来了潜在的巨大消费群体。作为一个典型的商业社会，人们的谋生方式较之农业社会灵活、自由，闲暇时间、可支配的闲钱也多了起来，自由消费

---

① ［日］水野幸吉：《汉口》，上海昌明公司1908年版，第1页。
② 武汉地方志编纂委员会主编：《武汉市志·文化志》，武汉大学出版社1998年版，第189页。

能力增加。民国时期，社会风气发生较大变化，人们"习俗益靡"，休闲生活丰富起来："本埠情况日渐繁华，大有一日千里之势，自春节以来，新市场老圃两处游人众多，以致红男绿女摩肩抚背，各游戏场颇行拥挤，皆冀以先观为快。"①

民初，汉剧其他三大流派相继衰落，著名演员陆续来汉搭班演出。此时，京剧尚未在汉口流行，楚剧（时称花鼓戏）也没有进城取得合法地位，而电影亦未兴盛，汉剧发展空间较好，占据了戏剧演出的绝对地位。此时汉口的茶园逐渐改扩为戏院，演出商业化。加上城市"有闲阶层"出现，及其对观剧的日常化诉求，观看汉剧演出成为普通民众的一种大众娱乐方式，戏院也因此成为城市公共空间的一种。戏曲活动"超出了一般民间文艺的意义，而同整个城市的社会生活联系在一起，成为市民生活的一种体现和重要组成部分"。② 同时，人们生活方式受到西人的影响，周末休息的休闲习惯形成。电灯应用后，汉口的夜生活丰富热闹起来，这为汉剧演出的繁盛提供了条件。

社会经济、人口以及人们生活方式和社会风气的变化，推动了汉剧的发展，也造就了汉口城市生活中的一个汉剧观众群体。

二 汉剧观众的构成

民国时期汉剧观众主要由工商界、政界人士及其家属和工人构成。民国以前，传统戏曲的演出，大抵是为了满足权贵、士绅等一小部分人的娱乐需求，戏曲消费的主体为社会上层。民国时期，随着近代汉口城市化的发展，社会风气随之发生较大变化，人们"习俗益靡"，茶园、戏院大量涌现。据徐焕斗《汉口小志》的统计，在20世纪20年代，汉口有茶馆416家，酒馆210家，戏园4个，乐户224个。③ 汉剧进入茶园、戏院进行商业化演出，标志着除权贵、士绅以外的城市"有闲阶层"的出现，及其对汉剧演出的日常化诉求。

随着戏院演出的日常化，汉剧观剧主体由权贵、士绅演变为市民阶

---

① 《第三游戏场将出现》，《国民新报》1923年3月1日。
② 张仲礼：《近代上海城市史研究》，上海人民出版社1990年版，第1088页。
③ 据《汉口小志》商业卷第124—125页统计。

层，打破了城市中演剧的私有化以及"贵族"观剧的垄断。观剧成为一种纯粹的娱乐活动，并与商业活动结合起来。从此，对汉剧演出起决定性作用的因素是经济利益。在此商品经济条件下，人们只要有钱就可以去茶园、戏院看戏，坐最好的位子，享受茶房提供的热茶、毛巾，但前提是花费一定费用。由此，观戏对观众的身份没有了限制，但对其经济状况却有了要求。能去戏院看戏的，都是有一定经济能力之人。1947年的《武汉日报》即指出这一点："地方戏的观众，多半是商人和工人，这些人都是今天社会上较有余资的。"①

在政府发起的戏剧义演中，其戏票除公开发售外，还向机关、各大商号、闻人派销。这些被派销对象，也即平日有经济能力的观戏消费群体：

> 近有本市公安局长陈希会氏与农工银行之副行长胡聘三于闻人桑稼轩，名票南铁生等诸人发起，邀请武汉各名票，以及现隶汉上各院出演之名伶，假本市法租界兴记大舞台演古筹资以辅助冬赈之用。……票价分十、六、五、三、二元者五种。即日将分途向机关、各大商号，各闻人处派销。②

被派销对象的家属尤其是女眷亦是汉剧观众的一大来源。在中国传统社会，妇女与外界隔绝，被禁锢在家庭里，她们的出入、交往等受到极大限制，完全是一种封闭的生活方式。19世纪末，资产阶级革命派宣传男女平等思想，辛亥革命和五四运动前后，女性解放形成社会思潮。至20世纪20年代初，五四运动的新思潮在湖北社会已有一定传播，原有道德体系受到冲击，女性解放、男女平等的观念传入。加之开埠和商业化的熏陶，汉口社会风俗、生活方式乃至道德观念发生变化，风气大开，对女性的道德约束放松，以往只有男性出入的公共娱乐场所也出现了妇女的身影：

> 汉有游女，余风未珍，烧香也、看会也、龙船也、游湖也、看戏

---

① 《今后戏剧的动向》，《武汉日报》1947年3月5日。
② 《伶票会串筹资助冬赈灾》，《戏世界》1934年1月30日。

与赏花也,地方稍有盛举,逐队成群、出头露面、谈笑无忌、饮啖自如。①

在这种风气之下,富商、文人的妻女这一有钱有闲的妇女群体能够追求较为开放的生活方式。由此,她们投身社会娱乐生活,对观戏表现出极大的热情,成为不可忽视的观众群体之一。

工人亦是观戏消费的主力军。每逢年节,汉口各游戏场往往挤满工人:

> 新市场门券售至二万张以上,老圃亦售一万之谱。其一般游客,大抵以各工厂作坊之工人为多,盖以汉口向例,逢节放假故也。②

三 戏价与工价、物价之比较

20世纪20年代前后,汉口汉剧演出的票价,大约在每人每场300—500文:

> 兹语该会艺员特订于夏历本月十六日起假满春茶园演戏五天之二十日止。除该会艺员外,凡属汉班名角,均得往尽义务、各尽所长,座客每位取剧资五百文。③
>
> 汉口汉剧公会义务戏,募款赈济北省灾孩,订期阴历十二月二十一、二十二、二十三等日夜满春戏院举行。……价定楼座五百文,正座四百文,茶座三百文。④

除了戏价,看戏还有其他支出:

---

① (清)徐焕斗:《汉口小志》"风俗",第74—75页。
② 《中秋节日之邀戏场》,《汉口中西报》1922年10月7日。
③ 《汉剧筹赈之定期》,《汉口中西报》1921年1月17日。
④ 《汉剧公会赈济北省灾孩》,《汉口中西报》1921年1月31日。

> 戏价之外，每人擦脸一次，铜元一枚，或二三枚。戏单二枚。茶钱四五枚，或一角。点心价值，固不一定，普通一碟多在二角左右。①

至20世纪20年代末，戏价为一元至三元不等：

> 楼上：前排包厢，十座，每间三十元。二排花厢，每间十座，整散均售，每间二十五元，每位二元五角。优待楼厅，每位二元。普通楼厅，每位一元。
> 楼下：大包厢，十座，每间三十六元。小包厢，五座，每间十八元。特座，每位三元，正座每位二元，后座每位一元。②

1929年，民乐园大舞台演剧筹款："请汉上名票友演剧筹款，票分楼上楼下，楼下包厢二元，正座二元，普通一元，楼上花楼三元，特等二元，普通一元。"③

20世纪30年代以后，票价有所下降，普通票价在两角至五角左右：

> 汉口市戏剧场业同业公会，假座老圃演剧筹赈……票价：门票一角，平剧五角，汉剧二角，楚剧二角。④
> 游黄鹤楼经共和，观花中侠之拿手《雷峰塔》。入场购票需花六毛大洋。⑤
> 特一区一元路、京汉舞台为王某组织。……座价分四角，二角五分，二角三等。⑥

1936年，答恕知的时代汉剧社开张，票价为二角至四角五分。

---

① ［日］辻听花：《菊谱翻新调——百年前日本人眼中的中国戏曲》，浙江古籍出版社2011年版，第126页。
② 《民乐园大舞台剧价一览表》，《汉口中山日报》1928年12月8日。
③ 《首义伤军，饥寒交迫》，《汉口中山日报》1929年1月9日。
④ 《汉口市戏剧场业同业公会演剧筹赈》，《武汉日报》1932年1月31日。
⑤ 《共和营业衰落之概况》，《戏世界》1934年6月21日。
⑥ 《吴天保京汉独角戏》，《戏世界》1934年7月16日。

那时一般戏院："票价特座多是五角……订为特厢每票随茶只四角五分，楼厢每票随茶只售二角五分，边座限于门票，不能再低，只好比照每张二角且以每场百张为限。"①

再来看同时期的工价和物价水平。

1915年前后，汉口木工、泥匠、石匠等的工钱：

> 一日200文以至300文，一般劳动者亦300文以内，而仆婢女工钱，男则一月二元（食于主人）至四元（自食），女则一元（食于主人或自食者），若雇用十二三岁之女孩，一月以800文之薄给已足。然被雇于外国人之仆婢工钱之比较又最不廉，在西洋人，普通月给以六元之八元，在日本人给以四元至六元，食料普通归仆婢自备。②

20世纪20年代汉口的物价水平：1921年春节期间，鸡蛋"每个售钱三十文"，猪肉"每斤售价四百文"。③ 1928年，盐价"产场定价每斤四百四十文"④；根据品种不同，米价每担"十元，十元零五角，十一元，十一元五角"⑤。

比较1920年前后的戏价与工资、物价水平，一场戏价（戏价不包括茶水、毛巾、瓜果等开支）大约是一名仆俾一天的工钱，可买鸡蛋10个、猪肉一斤、大米十斤。由此看来，20世纪20年代初的戏价，尚在人们可接受范围内。20世纪30年代后，票价有所下降，也使一般市民能够支付观戏支出。

从民初至抗战前，汉口商品经济发展，专业剧场、汉剧从业人员均日渐增多，且电影、楚剧等对汉剧的演出形成一定的冲击，汉剧票价下降，日趋平民化，一般民众较能承受观戏支出，也使得汉剧的火爆有了可能。

---

① 恕知：《我与吴天保》，《汉口导报》1947年4月3日。
② 徐焕斗：《汉口小志》，"商业"，第126页。
③ 《春节中之食品贵》，《国民新报》1921年2月13日。
④ 《盐价》，《汉口中山日报》1928年11月19日。
⑤ 《物价评定会昨日召集米商谈话》，《汉口中山日报》1928年12月20日。

四 看戏、捧戏、谈戏、品戏：汉剧戏迷情态

民初以来，汉口戏剧演出的观众结构演变对戏剧本身的发展也产生了重要的影响。在传统社会中文化艺术的鉴赏标准，基本是由社会上层的知识精英在建构和维护。但近代以来，市民社会发展，文化传播出现了开放性的趋势，传统知识精英在社会文化中的影响力逐渐式微。汉剧的日常化演出，使得一些普通观众根据自己的审美观念对其产生了文化认同，并出现了一群被称为"死忠臣"的汉剧戏迷，"灯前幻影认成真，热了当场看戏人"描述的就是这批戏迷观众。他们对汉剧演出内容、舞台表演等达到痴迷的境地，"钱运林……君对汉剧，兴趣最浓，故无时无刻不见其哼腔拍板中，几由癖成迷也"。① 有的"死忠臣"不仅自己痴迷汉剧，甚至还将对汉剧文化的认同感影响到家人：

> 黎时清，君为匹头布业之翘楚，嗜汉剧成癖，据说是遗传性，因为黎君之令尊大人，是一个老汉票，现在不但他是汉票，并且他的那位少爷，也能哼得几句汉调了，祖孙三代同染汉剧成癖，人称之曰"戏迷家庭"。②

戏迷看戏，还爱较真，演员唱错戏词了，台下的戏迷比台上的演员还着急，性急的，干脆冲着舞台上直嚷嚷"错了！错了！"重做工的戏，他们会在台下数着动作：

> 跷旦在《穆桂英下山》这出戏里，要把这三个动作（双飞燕、蹦子、飞脚）串起来用，并且规定必须连续用七十二次。这不仅需要功底过硬，而且要气力过人。旧社会的观众看这出戏时，都要一个一个的数，少一个都不行。③

---

① 《一日一汉票》，《汉口导报》1946 年 8 月 23 日。
② 《一日一汉票》，《汉口导报》1946 年 8 月 22 日。
③ 杨伯龙口述，蔡农整理：《对汉剧跷旦的点滴回忆》，载湖北省戏剧工作室编：武汉《戏剧研究资料》第 15 期，1986 年，第 141 页。

戏迷们对精彩的演出,少不得一个捧字,《斩李广》里,李广临刑前有一段自思自叹,再不能这样再不能那样,是一组全部用"再不能"开头的排比句。别人唱是师傅教了几句就唱几句,肖德保却经常即兴发挥,现编现加。后来形成一个规矩,看他的《斩李广》就是要听这几句"再不能"。越有戏迷在下面撩他,他就添加得越有劲,唱疯了的时候可以唱出六十多句"再不能"。汉上艺人何祚欢先生就此演绎道:

> 今天圆堂爆满带加座,戏迷子戏痞子戏疯子好像都鼓着劲,要把肖德保的灵气逗起来。据说前两个月有一次他唱到了七十句,今天起码要搞七十二句才对呀。所以到第二十句的时候就有人喊了声"二十!"引出个满堂彩。……往下逢十一个满堂彩,台上台下相互呼应,硬是把"再不能"送到了第七十六句上打住。①

戏迷们看戏,常常沉浸其中,一时把戏剧当成了现实,时而替古人担忧,时而义愤填膺,甚至拍案而起,上台打人。②

汉口人爱看戏,还爱谈戏,若能碰到志同道合者,则额外亲。

有个特别受观众欢迎的汉调"膛音三生"演员范三元。戏迷爱称范三哥。有一卖烧腊为业的戏迷,喜哼几句汉调,尤其倾倒于范三哥。顾客皆知其癖好,趁其切肉时,津津乐道范三哥拿手戏,唱腔如何圆润,演技如何独到,越说越好,他听得高兴,肉就越切越多。及至发觉超过斤两,他挥手一笑,叫人拿走了之。倘若有人在谈论中贬范,他则反感厌听,话少说,肉也少切,当你与他争辩时,他就说:"够了!够了!"不肯多给一点。③

戏迷不仅爱看戏、爱谈戏,还喜欢用"三句半"的形式品戏、评演员。

沙市当时有一位十杂演员名叫苏福田,他的表演很不错,就是报字不清。有一天他唱了一出《扎高围滩》后,不少戏迷就四处传扬他的三句

---

① 何祚欢:《失踪的儿子》,武汉出版社1997年版,第10—11页。
② 《看戏有时激动情感,上台打人太无理智》,《汉口导报》1948年3月13日。
③ 中国戏曲志编辑委员会编:《中国戏曲志》湖北卷,文化艺术出版社1993年版,第504页。

半:"十杂苏福田,身法本还园(很帅),唱戏不报字,讨嫌!"戏迷们看了余洪元学唱贺四的《六步审》后,三句半是:"老生余洪元,唱做都俱全,台步和身段,真园!"①

痴迷的戏迷,对汉剧艺人不仅有精神上的支持,亦有物质上的赞助。汉剧大师陈伯华初出道在乃园演出时,戏院附近有一个水果摊摊主李玉山,非常喜欢陈伯华演的戏。每天散场后,他都提一袋水果送到后台给陈伯华。陈伯华在乃园演出半年多,李玉山天天如此。后来,李得知陈伯华不在乃园唱戏后,他找到陈伯华,说她不在此唱戏,他也不摆摊了,愿意给陈伯华当跟班保护她,且不要她的钱。

如此痴迷汉剧的戏迷,一旦错过了精彩演出,遗憾自不必说。若是想看戏但买不到票,那真是急煞人也,也顾不上脸面与交情了。其时汉口的小报对此有生动报道:

> 前晚没有到美成去看吴天保的人,昨天看见报纸,失悔不迭,要是冬赈捐把他派掉了,不知失悔到什么程度?美成前天并没有挂"吴天保登台"的水牌,可是跑去看"薛仁贵"买票的人,却又买不着票,后来不知谁走漏风声,楼上的票由八千涨到一万五,楼下十一排以后,黑市卖到二十万,有些人四五点钟就到楼上坐等,预备补票。到了全部票已卖完,才挂出"吴天保客串哭祖庙"的牌,惹得买不着票的人,在门口大"通"(骂)一顿。②

戏剧评论家朱衣也在《汉口导报》撰文描述道:

> 八日,吴天保君应警学会之请,在民众乐园演庄王击鼓大战斗樾椒。是日晨,吴氏曾遣价送前座戏券一张,约余前往参观并附一信极诚挚,余立意前往,乃与友乐尔和商量,欲乐氏让出一张荣誉券,以便余及某友前往欣赏佳剧,乐氏婉言谢绝,余则需索更殷,一再纠缠,并出舍弟由□英携回之皮鞋胶底一双作交换,乐氏执意不肯,且再三鞠躬作揖,声言"吴天保一戏仅岂值三十万金乎?你我至交,

---

① 刘小中、郭贤栋:《湖北汉剧历史考察文集·荆河派》,内部印刷,1986年,第13页。
② 《买不着汉戏票站在门口通人,黑市票卖到十二万》,《汉口导报》1947年12月4日。

岂又可夺余之所好乎？"余始瞠目不敢对。①

看戏需要开销，但这也无法阻挡兜中无钱者对汉剧的痴迷，他们大部分是老人、小孩和一些小贩，希望不花钱看上一场戏。不花钱看戏，人称看白戏。竹枝词里形象地称看白戏的人为"贴对子"："把门汉子狠如黑，酒戏开场士客齐。丑煞旁人贴对子，眼中虽饱肚中饥。酒戏有人守门，其强入而靠壁者，谓之'贴对子'。"②他们选择在开台一段时间后到门口哀求挡手："时间都不早了，快要么台，欢迎我们一回嘛"③，为了不花钱看上一场戏，他们"打倒骂不怕，'受方''受周'满不在乎！"④

在现代娱乐方式兴起、成熟之前，戏曲是近代中国社会大众文化的重要组成部分，近代市民阶层构成的大众群体以及在商品经济下产生的休闲消费观念也是大众文化的建构因素之一。在民初商业化为主导的社会环境下，汉口社会结构、生活方式和文化观念等方面开始了从传统向近代的转变。汉剧演出日趋商业化，观戏消费的日趋平民化，使得汉剧受众更广，发展迅速。在汉口，人们观汉剧、评汉剧、捧汉剧、唱汉剧，围绕汉剧开展的娱乐生活，成为人们社会生活的重要组成部分。汉剧成为近代汉口的"流行歌"，在近代汉口大众娱乐文化中起着领军作用，塑造了汉口大众文化的一部分。

---

① 《朱衣谈戏》，《汉口导报》1948 年 1 月 12 日。
② 叶调元：《汉口竹枝词》，载徐明庭辑较《武汉竹枝词》，第 94—95 页。
③ 《闲话看白戏》，《汉口导报》1946 年 10 月 3 日。
④ 《闲话看白戏》，《汉口导报》1946 年 10 月 2 日。

20世纪二三十年代北平交际舞的散播与社会风尚嬗变

肖红松 陈娜娜

(北京师范大学历史学院 河北大学历史学院)

清末民初,交际舞自西方传入中国,逐渐发展成为一项重要的城市娱乐活动。这一问题已为不少社会文化学者所关注,诸多成果相继问世[①],但多聚焦于上海、天津等城市,对北平舞业的关注尚嫌不足。笔者以为对交际舞在北平的散播发展实有研究之必要。一则北平具有与津、沪等城市迥异的政治文化背景,该市交际舞业的发展亦有不同的轨迹。实际上,交际舞在进入京城后的很长时间内仅供上流社会消遣娱乐,直至国府迁都后北平的营业性舞场才逐渐兴起,舞者队伍扩大,交际舞业"迅速极盛",但也随之陷入舆论漩涡,招致北平市政府着手禁舞,该地舞业"盛极而衰"。二则,交际舞的散播牵动了北平社会风习的变迁,透过这一独特视角有助于我们了解20世纪二三十年代北平的社会风貌,深化对转型时期近代中国社会的认识。本文旨在厘清北平交际舞业的整体发展脉络,解读舞业参与者与关注者之心态及应对,借此揭示交际舞散播与北平社会风尚

---

① 主要成果参见马军《1948年:上海舞潮案——对一起民国女性集体暴力抗议事件的研究》,上海古籍出版社2005年版;《市政·舞厅——上海百年娱乐生活的一页》,上海辞书出版社2010年版;张艳:《激荡与融合:西方舞蹈在近代中国》,中国传媒大学出版社2011年版;左玉河:《跳舞与礼教:1927年天津禁舞风波》,《河北学刊》2005年第5期;唐小兵:《象牙塔与百乐门——民国上海的大学生"禁舞"事件考述》,《开放时代》2007年第3期;李从娜:《从〈北洋画报〉看民国时期都市交际舞业》,《中州学刊》2010年第1期;杨阳、万妮娜:《民国时期舞女性质探析——以上海舞女为中心》,《社会科学论坛》2011年第4期等。

嬗变之间的关系。限于笔者水平有限,敬请各位专家不吝赐教。

一　北平"舞业之盛"

　　在1858年《天津条约》签订之后,北京东江米巷及附近地区就成了西方各国使节及眷属、随员的聚居地,应娱乐社交之需而举办舞会是外国侨民延伸其西式生活习惯的自然之举,交际舞于北京社会的散播由此肇始。此外,斌椿、张德彝、郭嵩焘等曾在西方国家亲眼见识过交际舞的晚清官员们,通过文字或口述把相关见闻带回京城,为交际舞在北京上层社会的散播做了铺垫。1904年,清廷驻法外交官裕庚的女儿裕德龄、裕容龄为慈禧太后表演了交际舞,① 首次将交际舞带入宫廷。这时的交际舞仅在北京外侨、买办、少数皇族亲贵和涉外大臣的生活圈子中散播,几乎不为其他京城中人所知。民国初年,举办交际舞会开始成为北洋政府礼待外宾和与西方人联络感情的良方,每逢节日和重要宴会常有各种舞会举办,跳交际舞也逐渐成了上流人士的一种时髦娱乐。

　　1928年6月,国民政府迁往南京,各国使馆人员及大量政商权贵随之南迁,北平交际舞的受众大量流失,使得该地舞业一度陷入危局。然而面对国府南迁所带来的冲击,交际舞的参与者(舞场经营者、舞客、舞女)与关注者(媒体、政府)皆采取了有利于自身发展的应对措施,使"危局"变为"契机"。

　　其一,舞场经营者与媒体之间的互利互惠。国府南迁所致的交际舞受众的流失迫使舞场经营者降低"门槛",以招徕更多顾客。如,京城首屈一指的高级饭店——北京大饭店的广告:"本店每晚均有跳舞,每星期六晚备有特别晚宴并跳舞大会,不收入门券。"② 王府井交通大饭店舞场也以"不售门票,添设消夜"③ 为号召来吸引顾客。应该说,在舞场经营者打出"优惠"牌以维生意的过程中,报刊媒体是其所必需的宣传载体。与此同时,报刊除了能从舞场经营者那里获取广告费外,还能将有关舞场、舞女的消息作为吸引读者的噱头,以增其销量。于是,舞场经营者和

---

① 德龄:《清宫二年记》,顾秋心译,江苏教育出版社2006年版,第59—60页。
② 《北京大饭店》(广告),《星期三》1929年10月16日创刊号。
③ 《交通跳舞场今晚开幕》,北平《新晨报》1930年4月1日。

媒体之间相互扶持，共同促进了交际舞业盛势的到来。

其二，外侨消费实力犹存的同时，文人学者与青年学生渐成舞客中的新主体。国都南迁后，北平的外侨人数除1929年略降之外呈逐年上升的趋势，到1937年达5000余人。① 由此可推断，迁都后外侨仍是北平交际舞的主要参与者。因迁都而失去以往政治经济优势的北平更加注重维护其文化中心的地位，加大力度进行文教建设，这使得北平的文人学者、青年学生越聚越多。一方面，经过新文化运动洗礼的他们，易于接受交际舞等西式娱乐；另一方面，在20世纪二三十年代的北平，两性社交尚不发达，正值青少年时期的学生对接触异性有相当的诉求，而交际舞在满足诉求的同时又不似流连娼寮妓院那般显得不自爱。资料显示，有越来越多的青年学生活跃在北平各大舞场中，成为消费交际舞的新主力，但这也为交际舞业遭遇坎坷埋下了伏笔。

其三，舞女群体从无到有。1930年春，舞场营业者们为发展营业起见，开始雇佣舞女表演舞艺、陪客跳舞与交际应酬，以招揽更多有消费能力的男性舞客。② 北平舞女的来源有：外籍女青年——主要来自日本、朝鲜及俄国；外地女青年——主要来自上海、天津等"摩登"大都会；本市女青年——妓女、女招待及原属中上阶层但家世中落的女青年。舞女这一备受争议的群体在北平的出现并迅速扩大，既是北平舞业发展势盛的体现，又是刺激该地舞业繁盛的重要诱因。

其四，北平政府对营业性舞场的态度暧昧。营业性舞场初兴时期，北平市府出于繁荣市面和增加税收的考虑，并未对其予以严格管理。1931年5月，市府曾"通令各舞场限制时间至夜间二时为止，逾时不得延长"，但不久后又"体恤商艰"，准许将跳舞时间延长到夜里三时，且对星期六日的跳舞时间不加限制。③ 在北平舞业日盛一日的情况下，市府出台了《舞场捐征收章程》④，专门针对舞业征税。然而，该章程付诸实施后各舞场中拖欠捐税者屡见不鲜，市府却没有对拖欠者进行有效的惩治约束。北平官方对舞业的这种暧昧态度也助推了交际舞在北平社会的散播。

---

① 北平民社编：《北平指南》，北平民社1929年版，统计表第2页。
② 《交通舞场增聘妙女》，北平《新晨报》1930年4月21日。
③ 《跳舞夜内展至三时，星期日不限制》，北平《晨报》1931年5月11日。
④ 《舞场捐章程公布》，北平《晨报》1931年5月15日。

除迁都外，北平政局的另一变动值得关注。1930年春，商议恢复北平国都地位的扩大会议在北平酝酿，一度冷清的北平城复又冠盖云集。这多多少少刺激了各饭店开设跳舞场，招徕政商界人士。从1930年春到1931年5月，北平添设跳舞场的饭店已有三十余家，几呈"有饭店皆舞场"之势。① 此外，《舞蹈指南》等教授交际舞的书籍刊布以及"狐狸社"等专门教人习舞的社团在北平的出现，亦可作为当时北平舞业之盛的佐证。

各群体针对时局的反应使交际舞在北平的散播有了突破性的进展——从仅在高级饭店中附设舞场到"有饭店皆舞场"，舞场空间在迁都后的一两年之内发生爆发式扩张；从仅有上层社会人士参与到一般中产阶层乃至下层民众（主要指舞女）也参与其间，舞者队伍亦随舞场空间的扩张而呈现迅速扩充态势。

二 消费舞女与舞女消费

文人学者、青年学子、外侨、富商、政客是北平舞场的主要消费者，舞女是使这些消费者走进舞场的"金字招牌"。舞女们不仅可以吸引舞客把钱花在邀请舞女伴舞上，还可以带动舞客在舞场内进行各种消费，从而增加舞场的收益。舞客在舞场里的消费情况是对舞女在舞场营业中所扮演之角色的最好诠释。

对广大的男舞客而言，最吸引人的消费莫过于通过跳舞与姿容秀丽、身材曼妙之舞女产生肢体接触和情欲交流。满场的情欲电波和暧昧气息在撩人心弦的乐曲和令人目眩神迷的灯光下发酵、弥散，往往使舞客和看客们心荡神驰、沉醉不知归路。为制造令人意乱情迷的氛围，舞女使尽浑身解数——摩登的装扮，软软的腔调，动人的笑靥，流转的眼神，加上妩媚的舞姿，这一切都让男舞客们蠢蠢欲动，于是消费行为接踵而至。舞客到场跳舞，需以现金购买舞票，通常三张舞票售价一银圆，每与舞女合跳一支舞，就给舞女一张票。② 约三四分钟后一曲终了，舞客交给舞女的舞票

---

① 《平市百影（三）跳舞场上》，北平《导报》1930年11月14日；《北平舞女达五百余人》，北平《益世报》1931年5月1日。

② 《两年来上海之浪漫跳舞场（二）》，北平《晨报》1931年4月2日。

即被消费完毕。若舞客舞兴未尽，还想与舞女共舞，则需另交舞票。

舞女在吸引舞客邀其伴舞的同时，还会极尽交际本事哄得舞客消费酒水或其他餐饮。其中当数香槟酒价格最高，每瓶七元到数十元不等。舞客若要招舞女陪坐，需开香槟酒，同时奉上至少五元以上的舞票。① 报刊常以某舞客开香槟几瓶为噱头发布关于舞女的八卦消息，说明开香槟是一种彰显舞客身家阔绰、出手大方的举动，也是证明舞女本事、提高舞女身价的凭证。就舞场营业额而言，酒水进账往往与舞票收入持平或者远高于舞票收入之上。比如，开明露天舞场每夜可售舞票 400 余元、水酒 400 余元；白宫舞场每夜可卖出舞票 600 多张，价值 200 余元，水酒卖出 400 余元。② 必须指出的是，不管是酒水进账还是舞票收入，舞女均功不可没。

对于舞女的消费并不限于舞场内，还见于舞场之外。舞客之醉心于舞女，不仅在舞场内为其花费舞票、酒水，还会在舞场外请心仪之舞女吃饭或进行其他娱乐消遣活动，或送花篮、衣服、首饰等礼物，以讨其欢心。

除舞客对舞女的消费外，特别值得一提的是时人刊发舞女消息之报刊的消费。20世纪二三十年代的北京社会风气相对保守、男女社交亦不公开，在这样的社会氛围中舞女、女招待、女伶及妓女等特殊女性群体自然成为众人焦点。报纸杂志争相刊登有关消息以吸引读者眼球，增加发行量。就舞女的报道而言，有《北洋画报》《北平晚报》和《晨报》等。《北洋画报》常常将一些知名舞女的照片刊于报端，这些舞女均为姿色、体态、舞技绝佳的"红舞星"，这使得无钱进入舞场、与舞女共舞的男人可以通过观看舞女照片得到视觉上的享受。《北平晚报》的《广播无线电》专栏和《晨报》的《舞场消息》专栏，报道的大多是舞女生活的八卦新闻，没有作者署名，无人担负文责，舞女可以被任意书写塑造，读者的猎奇心理和娱乐消遣心理可以借此得到相当程度的满足。从受众群体的层面考虑，这些刊登舞女照片及消息的报刊的存在，使舞女的消费群体从有钱进入舞场的中上层人士扩展到了无钱进入舞场但尚能购阅报刊的人们。

无论是舞场内的伴舞和酒水消费，还是舞场外的消遣和礼物消费；无论是实际接触到舞女的直接消费，还是对以舞女为内容的报刊的消费，其

---

① 金羽人：《楼头观舞记》，《北洋画报》1933年8月8日。
② 《北平舞场调查》，《大公报》1931年7月23日。

本质是在男权社会和社交不甚公开的背景下，有消费能力的男性满足自身对女性之诉求的途径，大可归入情色消费。舞女群体的兴起以及围绕舞女群体的情色消费，揭示了20世纪二三十年代北平社会男女公开社交的一种特殊状态，也预示着北平交际舞业将受到风化方面的考验。

舞女在被消费的同时，也是北平社会的一股新的消费力量。如时文所述，"舞女乃一业，其收入以舞票为大宗。姿容秀丽之舞女，为一般舞客所欢迎者，彻宵达旦，无时或辍，每夜收入恒自二十元至三十元不等，此外月薪尚不计也。以舞女一夕之所入，实乡农半载年勤所不及，小学教员一月中所不能得者。……平庸之舞女，每夜收入恒在五元至十元间，每月计之，亦在二百元左右"。① 由此可知，舞女群体收入不菲，使其有实力成为社会消费主体之一。对舞女而言，姿色是其吸引舞客的重要砝码，因此她们需要花费重金来装扮自己。烫发染发，置办旗袍、洋装、皮大衣、高跟鞋、丝袜、丝手巾等服饰，购买口红、香水粉和各种首饰等，这些消费活动在舞女的日常支出与业余时间中占很大比重。舞女的摩登装束不仅是吸引舞客的重要资本，也是各报刊八卦专栏的绝好佐料，如"时昌舞星高素贞，近由上海购置水晶色之舞裳一件，异常鲜艳。闻近日舞蹈时服此衣，舞家极为欢迎"，② 又如舞女萧美真"常着一素色长袍，白缎鞋，服装益趋'少奶奶'化"③，等等。

在消费舞女和舞女消费之间透露着北平社会两性文化和消费文化的新动向。在市风保守、两性之间尚缺乏正常交往渠道的情况下，舞女因其既年轻貌美，又能与客搂抱跳舞、陪客欢乐而成为北平不少青壮年男子寄托情欲的对象，通过消费舞女，他们对异性的渴望得到了一定程度的满足。"北平旧日风气素称朴素，晚近虽为军政商界少数人之骄奢淫逸，有所传染，然一般社会尚多保持旧观"④，但舞女极尽所能诱惑舞客消费——买舞票、开香槟、购置衣饰相赠等，每一样都是钱花得越多越能彰显阔绰，越能博得舞女欢心。同时，对舞女自身而言，舞女这份职业使其有机会成为消费主体，为其追求华美衣饰和摩登生活提供了物质基础。总之，舞女

---

① 《北平舞女生活》，《大公报》1933年2月3日。
② 《舞场消息》，北平《晨报》1931年5月17日。
③ 《广播无线电》，《北平晚报》1935年1月21日。
④ 《大灾中北平跳舞场问题》，《大公报》1931年9月3日。

群体的迅速扩大，推动了北平社会的情色消费、奢华消费和摩登消费。享乐、奢华、摩登的风气通过消费舞女和舞女消费在故都渐渐蔓延。这种风气与北平传统而保守的气质发生冲撞，也将交际舞推进了舆论的漩涡中，加之时局的变化，禁舞被该市政府提上了日程。

三 日趋严峻的北平禁舞

交际舞这种男女相拥而舞的娱乐方式与"男女授受不亲"的中国传统伦理观念背道而驰，同时舞女群体的异军突起所带动的情色消费、奢华消费、摩登消费不仅有悖于北平古城的传统气质，而且有碍于政府对其"全国文教中心"形象的塑造。因此，历经短期顺境发展的北平交际舞业在1931年冬就遭遇了市府的第一条禁令，随后的局势日趋严峻，该市舞业盛势快速转衰。

鉴于营业性舞厅和舞女对北平社会风化和青年学子的不良影响，政教名流们对发展得如火如荼的交际舞业大呼禁止。1930年5月，北京大学女子学院院长刘半农颁布《禁止女生入公共跳舞场布告》，严禁本校学生去公共舞场跳舞。1931年7月，中央监察委员张继在北平市长周大文的就职典礼上，呼吁禁舞以维持风化。① 此外，自然灾害和时局变化也是北平官方禁舞的促动因素。1931年6—8月间的全国性大水灾和9月的"九·一八"事变促使河北省党务整理委员会呈请中央"禁止全国营业跳舞场以励风气"，并请北平市政府"查照转饬所属禁止"。② 应该是出于对以上因素的综合考虑，北平市府积极回应了河北所发出的禁舞号召，于11月18日发布命令，查禁该市的华商舞场。③

对此，北平各华商舞场的经营者首先采取缓兵之计——通过该市旅店同业公会向政府呈请"展期禁止三个月，以示体恤"④。此法未果后，他

---

① 《北平市长周大文昨宣言》，《北平白话报》1931年7月1日。
② 《令社会局准内政部咨为奉谕禁止全国营业跳舞场请饬属禁止等因仰核议具复由》，1931年10月23日，北平《市政公报》第119期，市府·命令。
③ 《函公安局奉令禁止舞场营业一案业经布告周知兹计期限已满函请协助查禁并希见复以凭呈覆由》，1931年12月19日，北平《市政公报》第131期，社会·文电。
④ 《批原具呈人北平旅店同业公会呈为舞场奉令停业带恳展期禁止三个月以示体恤请核准由》，1931年12月10日，北平《市政公报》第126期，市府·文电。

们又利用禁令本身的漏洞——只禁华商舞场而不禁洋商舞场——想方设法取得外商庇佑，以求照旧营业。华盛顿舞场经理于连仲向社会局呈报歇业后，将该舞场转交美国人贾克自行经营，当警员前去调查时，贾克称他已将于连仲辞退，该房屋是其从法国人手中租的，整个舞场已与华商无关，所以该舞场得以继续公开营业。大华、柠曼两家舞场虽表示愿意停止舞业，专做咖啡、酒馆生意，但经警员调查发现其所接待之客人均为英、美、法、意等国军人，跳舞营业仍暗中进行。原由华商经营的正昌舞场虽在禁令压力下一度停业，但它很快由正昌面包房的法国人克拉砸司自行接办，恢复跳舞。① 各舞场经营者的如此应对使北平当局陷入尴尬境地。市府对华商和洋商的双重标准，导致此次禁舞在官方的"踌躇莫决"② 中不了了之。

1933 年 7 月，青年会会员阿拉勒开亚曾致函北平市府，称"北平之中国舞女，现为一希腊人名亚尼者及公安局职员王绍亭（译音）所保护，亚为三星舞场之业主，王为高夫舞场之股东，置政府禁令于不顾，诱惑男女青年学生演成不法情事……"。③ 新任北平市长袁良便以此为由头，开展了一系列严厉的禁舞行动。他针对 1931 年禁舞令姑息洋商舞场的弊端，于 7 月 27 日发布新禁舞令，明确规定"所有外人开设舞场应自八月五日起不得再有雇用中国舞女伴舞情事……倘敢故违，定行依法究办，决不姑宽"。④ 29 日晚，市府派出警力在各舞场门前阻拦携中国女性的中国男舞客入场，此举引发舞客与官方之间的冲突——"刘瑞华事件"发生。当晚，协和医院大夫刘瑞华（系卫生部长刘瑞恒之弟）及其友偕夫人要到高夫舞场跳舞，被警察所拦阻。双方因言语不和发生冲突，警察将刘大夫打伤，并带往内一区审讯。经刘友人（前天津市长副官）和北平市第一区卫生事务所所长等人出面调停，此事和解。⑤ 这场风波过后，北平舞业

---

① 《令社会局遵令办理禁止本市舞场营业情形请核示由》，1932 年 2 月 25 日，北平《市政公报》第 136 期，市府·命令。

② 《如何禁绝跳舞？华洋商可一律待遇社会局踌躇莫决》，《北平晚报》1932 年 4 月 19 日。

③ 《训令社会公安局据阿拉勒开亚请对于三星高夫两舞场加以限制等情仰会同遵照迭令分别处理具报由》，1933 年 7 月 12 日，北平《市政公报》第 205 期。

④ 《布告本市舞场自八月五日起一律不许雇用中国舞女伴舞违者重惩仰各遵照由》，1933 年 7 月 29 日，北平《市政公报》第 209 期，文电·命令。

⑤ 《平市禁舞风波》，《北洋画报》1933 年第 20 卷第 967 期。

的参与者仍在寻找新禁令的漏洞，即中国男舞客偕其女性亲眷者、外国男舞客偕外国女性者、外国男舞客偕中国女性者都不在禁止的范围内。① 于是，在北平的中国舞女有的伪装成舞客的亲眷，有的则尽力结交外国人，仍操旧业。甚至有中国舞女更改国籍的传闻盛行一时。当然，也有中国舞女离平赴津，易地"货腰"；也有的堕入娼门，直接"卖肉"；还有的公然做起社会名流的小妾或情人。② 新的禁舞令收效不佳。

鉴于此，袁良在8月12日再下禁令，规定各舞场在解雇华籍舞女后，不得另雇西籍舞女替代；除1912年9月以前由外商开设的舞场仍准予营业外，不得再开设新舞场；准予营业的外商舞场也须做到"不售舞票、不雇舞女、仅有欧美人士自携眷属或伴侣于酒阑饭后借跳舞为消遣，如华人携伴跳舞即当劝阻"，不得转以跳舞为营业。③ 这条禁令不仅加大了禁舞的力度，而且明确了对外商经营舞场的处理办法，以示市府彻底禁舞之意。此令着实取得了一定成效：北平许多舞女远赴外地谋生——"红玫瑰、梁桂珍等三十五人赴香港；丁爱琴、赵凤舞等二十八人赴大连；王宝莲、李爱莲、张莉莉等五人赴天津，还有赴上海、广州者，共计七十人左右"④；营业性舞场数量大减，只有三星、中西、电报三家符合官方"准予照旧营业"的条件，且不得雇舞女、售舞票。

从1931年11月的禁舞令到1933年7、8月的禁舞令，官方禁舞的态度愈发明确、严厉，北平交际舞业的声势也逐渐转弱。尽管如此，仍有一些从业者心有不甘、精心应对。据报载，洋商舞场仍照常营业且生涯鼎盛，并有新兴者如雨后春笋般相继而起。⑤ 三星、高夫各处时常有失业舞女到场参观，寻客伴舞，暗营舞业。警察一再告诫，其不仅置若罔闻，还大张鼓乐，任意跳舞。⑥ 此外，进舞场消费的中国舞客大有人在，舞场经营者无视禁令中"如华人携伴跳舞即当劝阻"的要求。对此，北平市府再次强势出击，于11月18日派人赴各舞场突击检查，逮捕了大批中国舞

---

① 《北平舞女之出路》，天津《益世报》1933年8月16日。
② 同上。
③ 《市政府训令》，1933年8月12日，北平《市政公报》第210期，命令；《市府彻底禁舞》，《北平晚报》1933年8月14日。
④ 《平舞女各自西东》，天津《益世报》1933年8月16日。
⑤ 《禁舞后的舞场》，《北平晚报》1933年11月19日。
⑥ 《昨晚大捕舞女》，《北平晚报》1933年11月19日。

女和舞客。① 这一逮捕行动引起了广泛的社会关注，市长袁良对此如是回应：一方面，他对误捕的舞客和良家女子并未道歉；另一方面，他对被捕者中的妓女从轻发落，对舞女却严格处罚、绝不姑息，所捕高丽舞女亦不例外。②

当局在禁舞一事上如此强势的举措和态度一度引发舞客的强烈不满。在大捕舞女事件中被捕的一位舞客——北大英文系教授蒯淑萍女士因不堪无辜受辱，在各大报刊上刊登启事，斥责市长袁良此举践踏人权，警告其必须正式道歉，否则将诉诸法律手段予以解决。③ 如此直接针对市长且言辞激烈的启示引起了媒体和舆论界的高度关注，但对峙双方最终和解。和解内幕，我们不得而知，但可以确定的是风波平息后，北平媒体对舞业的报道频率大幅下降。至 1933 年底，原本热衷报道各种舞讯的《晨报》《北平晚报》等报刊鲜见舞业报道。通过对禁令的强化以及对政府强制力的使用，北平当局在相当程度上震慑住了舞场经营者，袁良政府的禁舞行动颇有成效。援引北平公安局对该市禁舞行动的总结来说，"本年（1933年）内各舞场均停止营业"④。

四　从交际舞业命运看北平社会风尚的嬗变

20 世纪二三十年的北平新旧势力并存，对于交际舞这一新式娱乐活动，有外侨、政商人士、青年学生和新派知识分子等趋洋趋新者乐在其中，也有守旧文人和政教名流呼吁禁止。纵观交际舞在北平的兴衰历程以及相关舆论的变化，可以看出北平社会风尚由传统、保守向现代、开放的转变。通过与津、沪舞业的横向比较，又能看出其社会风尚的变迁相当迟缓。

20 世纪二三十年代，北平舞女群体随营业性舞场的兴起而涌现。在消费舞女和舞女消费之间，北平社会中根深蒂固的传统礼教——"男女授受不亲"等观念受到冲击，纵情声色、奢靡浪费、追逐"摩登"的社

---

① 《昨晚大捕舞女》，《北平晚报》1933 年 11 月 19 日。
② 《处罚舞女办法》，《北平晚报》1933 年 11 月 22 日。
③ 《为禁舞事敬告袁良》，《北平晚报》1933 年 11 月 24 日。
④ 《市公安一年来施政之检讨》，《市政评论》第 3 卷第 1、2 期合刊，第 15—16 页。

会风气日渐蔓延。舞女因此成了卫道士们讽刺、批判的对象。有的说她们"光着胳膊露着腿，绝像一只毛羽未全的鸡"①；有的认为她们将金钱视为"高于一切的主宰者"②，是"从事银洋与肉体交易的人"③；有的视之为消磨青年意志，耗费青年资财，诱使青年荒废时光、精神、学业的祸水④；还有的认为跳舞与北平"全国文化中心"的形象不符，不利于吸引学子前来求学，进而导致该市教育业的衰落⑤。这些卫道者从不同角度针砭舞女，成为呼吁市府禁舞的主力。虽然当时也有人对舞女群体做出较客观的分析，对其抱以同情的态度或愿意为之宣传推广，但这种持中立或同情态度的人士尚在少数。总体而言，在舞女群体初兴并迅速扩大时，对其贬斥的声音要远过于中立同情的声音。

北平舆论的转变也值得关注。舞业初兴时，舞场营业者和报刊经营者在逐利观念的驱使下频繁刊发舞场广告、舞女消息、舞星玉照，与舞业相关的信息铺天盖地，甚嚣尘上。市府厉行禁舞后，这些宣传舞女的声音在权力的压制下迅速消尽。但随禁舞进程的深入，社会舆论对北平舞业的关注点悄然改变——从集中关注跳舞和舞女对社会风化的影响逐渐转变到对跳舞活动和禁舞行动的反思、争论。这场争论使时人对北平舞业和交际舞本身的认识渐趋深入和理性，这一点体现在舆论界对舞女的同情态度的增强以及对官方禁舞行为失当的指责上。舆论焦点的转换及其内容的理性化是交际舞在北平社会深入发展的体现，而公众对这一带有异质文化特征的新事物的接纳与合理认识也是北平社会风尚从传统、保守转向现代、开放的一种表征。

然而，与同期内交际舞在天津、上海等沿海开埠城市的发展情况相比，交际舞在北平的散播显示了该市社会风尚变迁行进迟缓。首先，就交际舞发展的整体情况而言，北平舞业比津、沪舞业起步晚、规模小、兴盛期短暂。有研究表明，上海首家营业性舞厅于20世纪初期就已出现⑥，

---

① 《最近之上海——披发鬼之发源地跑狗和跳舞》，北平《晨报》1931年8月9日。
② 华瑞：《诗人与舞女》，《现代小说》1929年，第3卷第1期。
③ 《夜的卖笑者》，《中国漫画》1935年第2期。
④ 黄泽华：《对北平跳舞盛行之感想》，《大公报》1931年7月6日。
⑤ 《大灾中北平跳舞场问题》，《大公报》1931年9月3日。
⑥ 马军：《市政·舞厅——上海百年娱乐生活的一页》，上海辞书出版社2010年版，第48页。

继上海之后，跳舞之风才在天津、北京等地开始流行。当1927年天津发生禁舞风波之时，北平舞业的兴盛时代尚未来临，北平舞女群体中还有相当部分聘自津、沪。从规模上讲，在公会组织方面，上海有专门的舞业公会作为舞业经营者和官方沟通的桥梁，而北平舞业则没有类似的同业组织，斡旋于舞场经营者和官方之间的是北平旅店同业公会；在宣传媒介方面，上海有《跳舞日报》《影舞日报》等集中报道各种舞讯的报刊，北平则没有如此针对舞业的专门刊物，仅在1931年的北平《晨报》上辟出《舞场消息》专栏，但很快随市府禁舞令的出台而撤销。从兴盛期的持续时间上讲，从20世纪20年代末北平舞业初兴到1933年底"各舞场均停止营业"①，历时仅四五年时间。尽管1931年河北省对国民党中央的禁舞呈请是针对全国的营业性跳舞场的，但在北平禁舞逐步强化之时，津沪舞业却繁盛依旧。换句话说，袁良政府禁舞的结果之一是北平的众舞女纷纷转赴津沪重操旧业。

另外，比较1931—1933年的北平禁舞与1927年的天津禁舞风波，发现两者间最大的不同在于有无官方力量的介入。1927年，天津福禄林饭店增设跳舞场，其他饭店亦尾随增设，跳舞之风充溢津门。当地名流以"伤风败俗"为由函请当局取缔，遭拒后又以"破坏礼教"为由提起诉讼，仍被驳回。同时，禁舞派和拥舞派还在报刊上开展了两个多月的辩论。②但此番禁舞风波终未取得实质性结果，津门舞风依旧强劲。相比之下，北平禁舞除了社会舆论的呼吁外，官方力量的强势介入是其成功的有力保证。禁舞令的一再强化、警力的动用以及市长的强硬态度使舞业参与者们最终屈服，北平舞业也只是昙花一现。官方力量介入的成功与否，原因多元，城市的底蕴和民风是其中之一，北平传统、保守的风气为官方力量的介入提供了适宜的土壤；官方力量对这种故有社会风气的维护又使交际舞这一具有异质文化特征的新事物在北平社会的散播阻碍重重。因此，尽管北平在西俗东渐的大背景下，呈现出新旧杂陈的社会面貌，但在从传统、保守到现代、开放的社会风尚变迁之路上，它的脚步必然迟缓。

---

① 《市公安一年来施政之检讨》，《市政评论》第3卷第1、2期合刊，第15—16页。
② 参见左玉河《跳舞与礼教：1927年天津禁舞风波》，《河北学刊》2005年第5期，第111—120页。

结　语

交际舞在西俗东渐的大背景下进入北京，又因时局变化而从"迅速极盛"到"盛极而衰"。在此过程中，交际舞业对奢靡、享乐、纵欲等不良风气的带动使市府明令禁舞。而伴随禁舞之深入所发生的社会舆论的转变则表明，民众对交际舞的认知逐步深入、理性。民众认识的深化是交际舞深入北平社会的体现，也体现了北平社会风尚由传统、保守向现代、开放的嬗变；然而，与同期的津、沪等城市交际舞业状况相比，北平舞业的曲折命运可以尽显这一时期北京社会风尚的嬗变相对缓慢。

纵观20世纪二三十年代交际舞在北平社会的发展历程，笔者以为交际舞这一有悖于中国传统"风化"的外来事物在文化底蕴深厚的北平社会频遇阻力，反映了在西方文化大量涌入、社会变革势不可挡的时代背景下，故都社会新旧观念激烈博弈，社会风尚发生有限、迟缓的转变，从根本上说，是北平特有的社会生态系统制约着该地社会风尚嬗变的深度与广度。

1950年代北京市的劳动竞赛
——以单位为中心的考察*

李 葳

（北京师范大学历史学院）

新中国成立后，为了巩固国家政权和经济建设的需要，全国范围内开展了劳动竞赛活动，内容涉及接管、增产节约、技术革新等。目前学界对劳动竞赛及典型推广问题的关注多在对不同时期政治动员模式的分析、对中央苏区劳动竞赛的研究、职工劳模评选表彰制度的梳理、对英模群体的研究[①]等，鲜见新中国成立后北京市单位劳动竞赛的研究。本文旨在利用掌握的资料探究两个问题：1950年代（"大跃进"运动前）北京地区劳动竞赛及典型推广的情况；劳动竞赛活动开展的理论原点及最终目标："劳动竞赛—典型推广—道德规范"。

一 劳动竞赛的主要内容

劳动竞赛的目的在于通过竞赛树立典型，供群众学习。这一制度可追

---

* 本文为朱汉国教授主持的国家社会科学基金重大招标项目"中国当代社会史"研究的阶段性成果（项目号10&ZD077）。

① 参见杨丽萍《新中国成立初期的政治动员及其效力——以上海为中心的考察》，《上海大学学报（社会科学版）》2008年第2期；蒋自饶、刘仲英：《中央苏区的劳动竞赛》，《江西社会科学》1991年第6期；张明润：《新制度下的新模范：1950年英模群体的特征及其时代意义》，《河南师范大学学报（哲学社会科学版）》2011年第1期；岳谦厚、刘威：《战时陕甘宁边区的劳动英模运动》，《安徽史学》2011年第1期；游正林：《我国职工劳模评选表彰制度初探》，《社会学研究》1997年第6期。

溯至先秦时期萌芽的旌表制度，即"历代王朝倡导封建礼教，为道德优秀的人树立如匾额、碑石、牌坊等物化标志对其进行彰显和标榜，以美化风俗、教化民众的一种制度"①。劳动竞赛也是苏联经济发展中的一项经常性的群众工作，苏联宪法规定，"国家依靠社会主义劳动竞赛，保证劳动产率的增长、生产效益和工作质量的提高一级国民经济蓬勃地按比例发展"。② 从20世纪20年代的劳动突击队竞赛、30年代的斯达汉诺夫竞赛运动，到50年代的技术革新竞赛运动，苏联模式为中国的革命和建设工作提供了借鉴。

早在20世纪30年代，中央苏区的一些厂矿企业就开展过劳动竞赛；在陕甘宁边区，中共中央和边区人民政府则把开展劳动竞赛当作领导生产运动的重要措施，并于1943年、1944年两次召开边区劳动英雄与模范工作者会议。在陕甘宁边区第一届劳动英雄大会上，毛泽东作了《组织起来》的讲话。该讲话中的精神被视为新中国成立后单位社会形成的重要的思想渊源。

新中国成立伊始，职工自发、单位组织的各种形式的劳动竞赛就陆续开展起来。1950年5月，在中华全国总工会召开的全国工会生产会议上，朱德代表中共中央向全国发出开展生产（劳动）竞赛的号召。7月，在中国电业工会第一次全国代表大会上，中共中央要求各级党组织通过工会组织生产（劳动）竞赛。下表简要统计了20世纪50年代北京市单位劳动竞赛的情况。

北京地区单位劳动竞赛简表

时间	竞赛	主要内容	范围
1949年1月	"献交器材"运动	发动职工协助军管会做好接管工作，并努力恢复与发展生产；并在"努力生产，支援前线"的口号下展开生产竞赛	石景山钢铁厂、石景山发电厂、长辛店铁路工厂、清河制呢厂、公共汽车公司等单位

---

① 秦永洲、韩帅：《中国旌表制度溯源》，《山东师范大学学报（人文社会科学版）》2007年第6期。

② 侯宝泉：《论苏联社会主义劳动竞赛》，《苏联东欧问题》1987年第5期。

续表

时间	竞赛	主要内容	范围
1950年6月	"提高质量、降低成本"竞赛运动	在民主管理的基础上开展提高质量成本的竞赛运动,实行奖励制度	全市
1951年10月	"爱国增产节约"竞赛	以增产节约为基本内容,订立和实现先进又切实可行的小组增产节约计划和保证实现的技术措施,突出了"算细账,找窍门,挖潜力"和推广先进经验	全市国营、地方国营厂矿企业与部分私营厂矿企业
1954年至1955年	"厂际劳动"竞赛	目的是保证全面完成国家计划	125个企业(包括41个国营企业、68个地方国营企业、4个合作社营企业、12个公私合营企业)和193个建筑工地
1955年	"厉行节约,反对浪费"劳动竞赛	经济核算,增强职工的节约观念和降低成本的观念	全市
1956年2月	先进生产者运动	工会协同行政组织技术辅导,举办先进经验学校、技术推广站、技术训练班,召开专业技术研究会或同工种生产会议,推广先进经验	全市
1956年	铸工同工种竞赛	技术观摩、交流和互助	第一机械、电业、煤矿、铁路、冶炼5个产业的25个单位
1957年1月	增产节约运动	在职工中广泛进行了"艰苦朴素、勤俭建国、勤俭办企业"的教育,发动职工协助行政,挖掘潜力,揭发各种浪费现象,分析原因,制订增产节约计划	全市

资料来源:北京市地方志编纂委员会:《北京志·人民团体志·工人组织志》,北京出版社2005年版,第392—400页。

从竞赛的内容来看，1950年代北京地区单位的劳动竞赛可分为节约资源竞赛、推进生产竞赛、技术革新竞赛等。从历史发展过程来看，初期的劳动竞赛带有自发的性质，"不可避免地是过分偏重于加强劳动强度的，它的突击性、盲目性很大，而组织性、计划性缺乏，所以在产品质量、产品成本、劳动保护和技术安全方面都表现出很大的缺点"。① 而正常的劳动竞赛则应当是有组织、有计划地进行的，应当着重于改进生产技术与劳动组织，推广先进经验，发掘生产潜力，以提高劳动生产率，提高产品数量和质量，降低产品成本，改善操作环境和技术安全。随着社会主义建设的开展，劳动竞赛的内容逐渐向提高生产率、技术革新方向发展。

二 劳动竞赛典型推广

开展劳动竞赛的目的是为了提高劳动生产率，促进生产发展。"总结与推广先进生产者的经验，就成为组织劳动竞赛的极重要的条件之一。"② 具体来看，劳动竞赛典型推广主要有以下几种形式：

1. 先进生产者运动

李富春在第一次全国工业会议上指出，"推广先进生产者与先进生产小组的经验，是开展生产竞赛的好方式。"③ 先进生产者运动实质上就是"在掌握技术、改进工作方法的基础上打破陈旧的定额、创造新的先进定额的运动，就是推广先进经验、组织广大职工群众向先进生产者看齐的运动"。④ 推广先进经验成为先进生产者运动的主要内容。在北京市委提出"各项工作都应订出可能的最高的指标和要求"后，许多单位都派人到兄弟厂学习先进经验。1956年，"石景山发电厂第一季度三次派人到上海、

---

① 《中华全国总工会关于在国营厂矿企业中进一步开展劳动竞赛的指示（一九五四年一月二十七日中华全国总工会第七届执行委员会第二次会议通过）》，载中共中央文献研究室编《建国以来重要文献选编（第五册）》，中央文献出版社1992年版，第66页。

② 同上书，第65页。

③ 《李富春在第一次全国工业会议上的结论》，载《建国以来重要文献选编（第二册）》，中央文献出版社1992年版，第318页。

④ 《中华全国总工会第七届执行委员会主席团第十次会议关于开展先进生产者运动的决议》，载《建国以来重要文献选编（第八册）》，中央文献出版社1994年版，第185页。

天津、唐山、抚顺、大同等地发电厂学习,并邀请上海、抚顺发电厂的先进生产者来厂表演传播了 46 项先进经验"。①

在树立先进典型的同时,开展生产竞赛。北京印钞厂在爱国增产节约运动中,树立了吴吉福"铺纸法"典型经验,组织开展了"车间、工段、班组、机台、个人之见的比、学、赶、帮、超的爱国增产节约竞赛运动"。在先进典型的带动下,全厂"不仅提前完成了产品转换任务,而且超额完成了全年生产计划,确保了国家货币发行的需要"。② 通过推广典型经验的先进生产者运动,使更多的人掌握先进、科学的工作方法,落后者向先进者学习。

2. 观摩会、展览会、座谈会等

技术操作观摩会。清河制呢厂为使先进带落后,落后赶先进,组织了技术操作观摩会。"在机织,组织了何宝林的操作表演。在精织,组织了范继先档四台车的观摩表演和座谈。在粗染、精纺,成立了先进生产者学校。"③ 利用相互观摩表演,取长补短的方法相互学习点滴经验。

先进经验展览会。1951 年 7 月 25 日,在劳动人民文化宫举办了先进生产经验展览会,"参加展览的共五十三个单位。展览品共四百三十件,其中发明创造五十件、技术改进一百廿七件、改进工具二百件、先进工作方法六十三件"。展览会开幕后,北京市总工会有计划地组织了职工参观,"截至八月十日观众共达一万七千人"④,并发动各级工会组织在参观后组织座谈、制订学习和推广这些先进经验的具体计划。1952 年举办先进经验展览会后组织全市性的座谈会四次。⑤ 举办展览会不但使同一工种的工人参观后直接学到先进经验,而且使相近工种的工人在技

---

① 《中共北京市委工业部关于北京市先进生产者运动情况的报告》(1956 年 6 月 12 日),载《北京市重要文献选编》1956 年卷,中国档案出版社 2003 年版,第 381 页。

② 北京印钞厂党史办编:《中国共产党北京印钞厂史料汇编 1949—1997》,内部资料,北京,1998 年,第 251 页。

③ 清河制呢厂厂史编委会编写:《北京清河制呢厂五十年》,北京出版社 1959 年版,第 89 页。

④ 《本部季度、月份工作总结,关于劳动竞赛、企业管理民主化、举办先进经验展览会等工作的报告及评模建议》,1951 年,北京市档案馆藏,资料号:101 - 001 - 00328。

⑤ 北京市地方志编纂委员会:《北京志·人民团体志·工人组织志》,北京出版社 2005 年版,第 394 页。

改进上受到启发。"工友们高兴地把展览会成为'技术学校'、'窍门课堂'。"① 不但直接鼓舞了合理化建议本人,而且也激励了其他职工的热情。

座谈会、报告会等。1959年10月,为庆祝新中国成立十周年,中共中央、国务院和全国总工会在北京召开了全国工业、交通、基本建设、财贸方面的社会主义建设先进集体和先进生产者代表大会,即群英会。根据市委指示,在群英会开会期间,市总工会及相关单位,邀请出席大会的代表到各单位做报告。"据16个产业和8个区的统计,共请了1234名英雄做报告、座谈和表演技术,学到了1118项先进技术经验。全市约有405814人听到了英雄们的报告;有7111人与英雄们举行了座谈;有417868人观摩了英雄们的技术表演。"② 通过面对面的表演观摩、手把手的教授,取长补短,互助进步。

3. 劳动模范事迹图片展览、报刊宣传

劳动模范事迹图片展览。1954年开始,北京市各公园增设文化宣传的内容,目的是逐渐达到文化公园的作用。中山公园、北海公园、天坛、颐和园、西郊公园等公园在室内外开设展览数处,展出劳动模范的事迹,"以宣传鼓励劳动人民的生产热情,同时劳动模范、战斗英雄的模范事迹也得以表扬"③。

与此同时,配合劳动竞赛典型推广活动,各种竞赛简报、先进事迹先进人物宣传类报道见诸报端。在1956年棉纺织厂厂际竞赛活动中,织布车间挡车工杜富经连续十五个月创造了不出次布的记录,著名诗人、作家臧克家到京棉一厂采访,将她的事迹发表在1956年5月7日的《北京日报》上,高度赞扬了杜富经的先进事迹,也极大地鼓舞了京棉一厂的全体职工。除了报道中国先进厂矿劳动竞赛的经验外,还大量报道了苏联、捷克斯洛伐克、阿尔巴尼亚、波兰、罗马尼亚、匈牙利、朝鲜等社会主义国家开展劳动竞赛活动的经验。据不完全统计,《人民日报》在1950年

---

① 《本部季度、月份工作总结,关于劳动竞赛、企业管理民主化、举办先进经验展览会等工作的报告及评模建议》,1951年,北京市档案馆藏,资料号:101-001-00328。
② 北京市地方志编纂委员会:《北京志·人民团体志·工人组织志》,北京出版社2005年版,第400页。
③ 《本委为首都各公园举办劳动模范战斗英雄事迹图片展览而召开的会议文件》,1954年,北京市档案馆藏,资料号:011-001-00146。

代对上述社会主义国家的新闻报道、专题报道有 41 篇，同期关于劳动竞赛的主题报道有 179 篇，达到四分之一弱的报道比例。

三 劳动竞赛典型推广的实际作用

毛泽东曾强调："任何工作任务，如果没有一般的普遍的号召，就不能动员广大的群众行动起来。"① 大量的劳动竞赛，加之各种宣传、推广工作，使得劳动竞赛成为 1950 年代单位人劳动生活中重要的组成部分，在促进生产、先进带动落后、完善企业管理、培养集体主义观念等方面发挥着历史作用。

1. 促进生产

劳动竞赛活动开展之后，各厂纷纷动员职工参加，1952 年的爱国增产节约竞赛，"参加竞赛的职工占职工总数的 95.3%。全市职工一年提出合理化建议 22438 件，被采纳 1629 件，为国家节约财富 155 万元。工业生产方面，除完成了比 1951 年提高 32% 的国家生产计划外，还超额完成增产节约计划 46.6%，为国家增产节约 11729 万元"。②

劳动竞赛的开展，促进了劳动生产率的提高和国家计划的超额完成。"如以一九五二年全市国营、地方国营、公私合营工业企业的劳动生产率为一百，则一九五三年为一百一十二点五，一九五四年为一百二十六点二。全市国营、地方国营、公私合营工业企业总产值一九五四年比一九五〇年增长了百分之三百七十一……一九五四年，全市国营、地方国营、公私合营工业企业在生产总值、劳动生产率、成本、利润等四项指标上都超额完成了国家计划，并比一九五三年有显著的提高。"③

工人们发挥积极性，在提高生产质量、降低成本等方面也做出了成绩。从 1953 年到 1955 年，清河制呢厂各个车间都一直不断地开展着竞

---

① 毛泽东：《关于领导方法的若干问题》（一九四三年六月一日），载《毛泽东选集》第 3 卷，人民出版社 1991 年版，第 897 页。
② 北京市地方志编纂委员会：《北京志·人民团体志·工人组织志》，北京出版社 2005 年版，第 395 页。
③ 《广泛深入地发动群众进一步开展劳动竞赛——王炯在北京市工会第二次代表大会上的工作报告》，载《新中国北京工会 50 年文献汇编 1950—2000》，北京，内部资料，1999 年，第 73 页。

赛，努力提高质量。梳纺车间的工人看了质量展览会后，明确了自己的责任，提出了"把住关口不让大肚纱①过关"的口号，积极想办法改进操作方法，结果"大肚纱"和"羽毛纱"从每天2000斤降低到200斤。经过三年的努力，到1955年，"主要产品已有70%以上达到了一等品标准"。②精纺和粗纺的工人们"把长期库存的回丝、回毛、废毛投入生产。头天是废料，第二天就变成了成品，这一变，给国家变出了六万一千元。粗纺工人学习了苏联先进经验，缩短了工艺过程，减少了半成品积压，一九五四年一年就节约出三万四千多元"。③

2. 先进带动落后

仅在1954年，根据158个国营、地方国营、公私合营厂矿企业的统计，就有"劳动模范一千八百八十二人，先进生产者七千四百八十五人，先进小组四百三十七个，先进工段二十一个，先进车间十一个，比一九五三年增加一倍以上"④。他们在生产上和工作上起了先进旗帜的作用，带动了广大职工前进。

清河制呢厂"为了把工人的干劲从拼体力引向改进技术，党总支积极组织和发动全厂职工学习先进经验。向大伙指出，推广先进经验是增产节约运动的关键，一定要抓住，只有抓住了它，才能事半功倍"。⑤"初建的纺织车间，工人大多数是生手，技术低，每人每天织不过10尺，只有韩茶仙进步的快（她原来在上海织过长毛绒），能够织到20尺，车间党支部便和工会、行政一起总结推广她的经验。"经过先进经验的推广，"第三季度，全工段工人除两人病假外，全部超额完成了20公尺的定额，平均达到24公尺多。而且绒面上的破洞、缺经、失毛等缺点减少了，质

---

① "大肚纱"指毛纺成品线中一根纱上一截粗一截细的纱线，是毛纺成品纱的外观疵点之一，呈枣核形。
② 清河制呢厂厂史编委会编写：《北京清河制呢厂五十年》，北京出版社1959年版，第83页。
③ 同上书，第84—85页。
④ 《广泛深入地发动群众进一步开展劳动竞赛——王炯在北京市工会第二次代表大会上的工作报告》，载《新中国北京工会50年文献汇编 1950—2000》，北京，内部资料，1999年，第73页。
⑤ 清河制呢厂厂史编委会编写：《北京清河制呢厂五十年》，北京出版社1959年版，第69页。

量有显著提高"。① 在劳动竞赛中，许多先进生产者像韩茶仙一样，通过自己的努力成为先进生产者，并帮助落后同志进步。

1956年，根据18个单位的统计，"1至5月份共评选出7681名先进生产者和565个先进单位"。在先进生产者队伍中，有很多人是由普通生产者转变的。"石景山发电厂第一季度159名先进生产者中，有35名是由普通生产者转变为先进的占19.1%。北京电报局报务员刘晓芬，过去工作不安心，差错多，运动中有了转变，2月份时还出了20个差错，4月份则完全消灭了差错，被评为先进生产者。"② 正如邮电工会总结材料中说到的："通过劳动竞赛的总结、评比，及时地传播先进经验和总结落后环节之所以落后的原因，实事求是地开展群众性的批评与自我批评"③，达到先进带动落后，共同提高的目的。

3. 完善企业管理和生产技术的改进

劳动竞赛的开展，一方面，完善了各种竞赛制度，如在爱国主义劳动竞赛期间，建立、健全并坚持各种爱国主义劳动竞赛的制度，负责制度、交班制度、奖励制度、检查制度等，"有了这些制度就可以使爱国主义劳动竞赛的坚持与巩固有了组织与物质的保证，而能持久下去"。④ 另一方面，也促进了各基层单位与生产相关制度的建立和完善。1953年增产节约运动中，"各厂矿企业在中央主管部门和地方工业局领导下，都抓紧了生产管理工作，推行了作业计划、技术管理和生产责任制"。

中华全国总工会号召开展技术革新运动后，北京市总工会开展了包括402名产业工会与工矿企业领导干部的代表团和142个各单位5.4万余名职工参观了"鞍钢技术革新展览会"。参观展览后，"干部和职工已普遍认识到把劳动竞赛推进一步的方向是注意生产技术和劳动组织的改进，必

---

① 清河制呢厂厂史编委会编写：《北京清河制呢厂五十年》，北京出版社1959年版，第88—89页。

② 《中共北京市委工业部关于北京市先进生产者运动情况的报告》（1956年6月12日），载《北京市重要文献选编》1956年卷，中国档案出版社2003年版，第382页。

③ 《本会年度工作计划总结集体合同劳动竞赛增产节约运动等情况报告》，1955年，北京市档案馆藏，资料号：079-001-00169。

④ 《普及与深入抗美援朝时事教育　开展与巩固爱国主义劳动竞赛》，《工人日报》1951年3月20日。

须克服过去拼体力,盲目突击,忽视安全和质量的现象"。①

中华全国总工会生产部董昕部长就全国职工开展的爱国主义劳动竞赛问题答新华社记者问,谈及爱国主义劳动竞赛的意义和成就也说道,"建立和健全了各种必要的合理的生产制度,改进了生产管理工作,使竞赛成果巩固下来"。②

4. 培养集体主义、劳动光荣观念

劳动竞赛提高了职工群众的劳动热情,培养了集体主义和整体观念。石景山钢铁厂的厂际竞赛条件提出后,"炼铁、炼焦和洗煤等车间互提保证,加强了联系合作,如洗煤车间工人说:'炼焦是为了炼铁,我们是为了炼焦,二灰份的降低主要还在我们,冬天来了我们应该更好地注意水份问题。'运输部装卸大队和车务段过去联系不够,有时吵嘴,现在互相体保证,加强了团结"。③ 整体观念的加强,给劳动竞赛的顺利发展打下了重要的思想基础。

劳动竞赛作为新中国成立初期历次政治动员运动的组成部分,提高了参与其中的单位人的政治觉悟和热情。1954 年通过的宪法第十六条为"劳动是中华人民共和国一切有劳动能力的公民的光荣的事情"。从此,"劳动光荣"的观念从宪法的高度被确立下来。经过历次劳动竞赛活动,"劳动光荣""爱岗敬业""主人翁精神"逐渐深入人心,成为每一个生活在新中国成立初期的单位人的意识中根深蒂固的思想。进而,提高了广大单位人对单位的心理认同。

四 劳动竞赛典型推广存在的问题

新中国成立初期,党和国家建设社会主义的初级阶段,探索与问题相

---

① 《本会全年工作计划、总结、关于国营企业劳动竞赛、技术革新、合理化建议等报告、意见及 1953 年度劳模名册和劳模大会告全市职工书》,1954 年,北京市档案馆藏,资料号:101 - 001 - 00421。

② 《全国总工会生产部董昕部长谈目前职工爱国主义劳动竞赛问题》,《人民日报》1951 年 5 月 4 日。

③ 《关于贯彻第二次全国工会基层工作会议、季度工作、国营企业劳动竞赛、贯彻劳动规则纲要及私营企业、增产节约运动和整顿劳动纪律等问题向市委的请示报告》,1954 年,北京市档案馆藏,资料号:101 - 001 - 00066。

伴而生。只重产量，忽视质量，不重成本；将劳动竞赛与生产任务对立起来、工作缺乏计划性；竞赛带有突击性，发生重大伤亡事故；形式主义、教条主义等问题也是大量存在的。

1. 只重产量，忽视质量，不重成本

针对产量、质量、成本之间的关系，彭真曾说道，"过去大家没管过工厂，缺乏经验，不懂什么财务计划、成本高低。在老解放区，是供给制，造成现在的供给观点，不管花钱多少，需要用就用。因此现在全国许多任务厂，只注意产量，好的单位注意了质量，一般未注意成本。……我们要三方面并重。也就是说，增产与节约并重。不增产、光节约，是保守的、没出息的；光增产，不节约，增产的东西都经漏洞漏掉了"。① 这个思想指导着增产节约运动的开展。

面对过高的增产计划，部分单位采取了一些不正常的方法来完成计划。石景山钢铁厂 1956 年"生铁增产计划比去年实际完成数提高了 5.5 万吨，任务很重，而他们赖以提高产量的一项重要技术措施（自熔性烧结矿）没有按期完成，因此，4、5 月份生产极为紧张，不得已采用了多加富矿、多加废铁的方法，勉强完成了计划"。② 这种不重成本，只为完成生产计划的行为大大损害了劳动竞赛的初衷和目的。

2. 将劳动竞赛与生产任务对立起来、与企业管理改进结合不够

部分单位将推广先进经验工作与生产任务对立起来。有的单位认为："在完成了生产任务的时候，才想的起推广先进经验。"有些厂矿竞赛与企业改进的结合还不够，"一种是只问生产管理不问竞赛；一种是单搞运动不注意改进管理。还有一种是企业管理缺乏总的部署，中心工作太多，或者根本没有中心。"③ 某些单位对开展劳动竞赛活动的重要性认识不够，活动开展不积极。"电信局部分二级基层干部对竞赛意义认识仍不足，将开展劳动竞赛与执行发电企业的方针任务对立起来，认为一九五二年的竞赛，单纯追求业务，发生了偏向，今年不应该再搞竞赛，不了解劳动竞赛

---

① 彭真：《在北京市劳模代表大会上的讲话》（1953 年 2 月 6 日），载《北京市重要文献选编》，中国档案出版社 2002 年版，第 65 页。

② 《中共北京市委工业部关于北京市先进生产者运动情况的报告》（1956 年 6 月 12 日），载《北京市重要文献选编》1956 年卷，中国档案出版社 2003 年版，第 382 页。

③ 《中共北京市委关于国营及地方国营厂矿增产节约运动的初步总结向华北局、中央的报告》（1953 年 10 月 27 日），载《北京市重要文献选编》，中国档案出版社 2002 年版，第 436 页。

是建设社会主义的基本方法。"①

开展技术革新运动时,"技术革新"的原意是指技术设备的革新,因此职工群众"纷纷钻研改进设备,有的从展览会上把鞍钢经验原封不动地搬来仿做,有的从形式上模仿王崇伦,创造'万能'工具,如'万能卡活胎'、'万能时刻表'等"。部分单位"片面地强调技术革新,因此就未能及时地强调提出学习技术,贯彻规程",其结果是"冲淡了改进企业管理这一中心环节"。② 1955 年,北京市总工会对北京农业机械厂开展的劳动竞赛进行调查,发现"该厂合理化建议工作中的主要问题是未能在建立厂级合理化建议专职机构的基础上进一步组织车间、职能部门认真贯彻合理化建议的施工和投入生产的责任制"。③ 对建筑企业开展劳动竞赛的调查,发现"各单位推广先进经验中的主要问题是没把推广先进经验和解决生产中的关键问题结合起来,在推广过程中缺乏具体的组织工作"。④ 类似的问题比比皆是。

3. 竞赛带有突击性,发生重大伤亡事故

个别单位工作盲目,缺乏计划性。"有的工厂,工作已开始了,材料还没准备好,蓝图还没画好。有的单位有窝工现象。有的单位工作前松后紧……"⑤ 突击竞赛的情况比较常见。这是由于解放后的工人群众有了初步政治觉悟,劳动态度开始转变,往往以加强劳动强度,来表现他们的劳动热情。其次"企业管理也处在改造发展过程中,计划还不周密,机构、制度不够健全,特别是工资制度不合理,还不能适应工人群众的高涨的热情"。⑥ 多数厂矿企业的劳动竞赛,还是停留在一般号召和挑战应战的水

---

① 《1953 年市政工会有关劳动竞赛工作总结及 2—4 季度工会计划》,1953 年,北京市档案馆藏,资料号:079 - 001 - 00161。

② 《本会全年工作计划、总结、关于国营企业劳动竞赛、技术革新、合理化建议等报告、意见及 1953 年度劳模名册和劳模大会告全市职工书》,1954 年,北京市档案馆藏,资料号:101 - 001 - 00421。

③ 《关于贯彻第二次全国工会基层工作会议、季度工作、国营企业劳动竞赛、贯彻劳动规则纲要及私营企业、增产节约运动和整顿劳动纪律等问题向市委的请示报告》,1954 年,北京市档案馆藏,资料号:101 - 001 - 00066。

④ 同上。

⑤ 彭真:《在北京市劳模代表大会上的讲话》(1953 年 2 月 6 日),载《北京市重要文献选编》,中国档案出版社 2002 年版,第 66 页。

⑥ 董昕:《怎样把劳动竞赛变为经常的工作方法为学会企业管理和加强工会工作而斗争!》,《人民日报》1951 年 4 月 21 日。

平上，缺乏深入细致的组织工作，缺乏切合实际的竞赛条件（生产计划）——明确的奋斗目标。"所以竞赛往往是'一阵风'，虎头蛇尾，没有持续力。"① 甚至有的企业"只是在'五一'劳动节或十月国庆节前后为了突击任务才发动一次竞赛"。②

另一个比较严重的问题是，有的单位用加班加点的方式赶任务。据1956年北京市机械厂等18个单位的统计，"第一季度……一般每人每月加班20小时左右"。因为生产上的强度加大，部分单位忽视了安全问题，伤亡事故增多。据29个单位统计，"1至4月份发生伤亡事故1753起，死11人，重伤26人"。③ 部分单位制订的生产计划高于实际生产能力，造成了重大伤亡事故。"京西矿务局城子矿的地下煤层发生了变化，采煤量减少，连续4个月未完成计划，为了要多采煤，4月份有一次竟将保险煤吃掉，造成塌顶事故，压死助理技术员一人。"④ 这些单位的做法严重违背了劳动竞赛的精神，造成了重大的损失。

4. 存在着一定形式主义、教条主义的情况

有的单位竞赛条件不够具体，甚至只罗列了一些政治口号，在讨论竞赛条件时，只是"'组长一念，群众一应'，'干部制订，群众通过'，起不了动员群众的作用"。有的生产会议开得不活跃，自上而下的布置多，自下而上的批评和讨论少，在组织合理化建议和推广先进经验方面时抓时放，缺乏组织和领导。"部分厂矿企业中宣传鼓励空泛无力，总结评比和奖励也不及时，少数单位光荣榜长期不换，进度表长期不画，红旗变成了黑旗。"⑤ 这种情况在一定程度上影响了劳动竞赛的进一步开展。

少数单位推广先进经验没有与企业自身的具体情况相结合，而是将外来经验拿来就用，导致失败。"石景山发电厂推行上海杨浦发电厂花万福的烧煤方法时没有学懂，误解为单纯是'薄煤层，低风压'，当时有的工

---

① 赖若愚：《把劳动竞赛向前推进一步》，《人民日报》1953年12月11日。
② 《使劳动竞赛成为广大职工的群众运动》，《人民日报》1955年5月29日。
③ 《中共北京市委工业部关于北京市先进生产者运动情况的报告》（1956年6月12日），载《北京市重要文献选编》1956年卷，中国档案出版社2003年版，第385页。
④ 同上书，第382页。
⑤ 《关于贯彻第二次全国工会基层工作会议、季度工作、国营企业劳动竞赛、贯彻劳动规则纲要及私营企业、增产节约运动和整顿劳动纪律等问题向市委的请示报告》，1954年，北京市档案馆藏，资料号：101-001-00066。

人不同意这种做法，领导上不但没有组织工人进行研究讨论，反而给他们扣上'保守思想'的帽子，因而在推行期间，走了许多弯路，影响了锅炉出力，提高了煤耗，有一次险些造成锅炉灭火。"①

上述这些问题无不阻碍了劳动竞赛活动的开展，对劳动竞赛目标的实现不可避免地起到了阻滞的作用。单位人在国家号召及生产实践中不断摸索，而单位则试图依靠激发劳动者的觉悟来完成生产计划与国家理想的实现。

五　结论

在劳动竞赛中，试图通过劳动者自身的觉悟来促进自身反省，主动向先进者学习，共同促进生产进步，是劳动竞赛活动开展的核心指导思想。在新中国成立初期的爱国增产节约运动中，中央即提出要依靠"广大职工的空前的觉悟程度和劳动积极性……动员和组织广大职工为实现这一目标（增产节约）而奋斗"。② 这种思想根源于新民主主义革命时期中国共产党对军队、对革命根据地企业的组织生产和动员，即"运用精神鼓励、政治动员和搞群众运动的方式来调动广大职工的生产积极性"。③

第一个五年计划实施后，社会主义建设如火如荼地开展起来。为了迅速地提高劳动生产率，中华全国总工会要求"全国工人阶级必须以共产主义的劳动态度来对待国家的建设事业"。并认为，"劳动竞赛是共产主义劳动态度的一种具体表现，同时它本身就是一种最好的共产主义教育"。因其能够"通过劳动竞赛，逐步地把落后者提高到先进者的水平，不断地消除生产中的落后环节，不断地提高劳动生产率"。④ 彼时党和国家的领导人在各种公开场合也发表过类似的看法：

---

① 《中共北京市委工业部关于北京市先进生产者运动情况的报告》（1956年6月12日），载《北京市重要文献选编》1956年卷，中国档案出版社2003年版，第388页。

② 《中共中央关于目前开展增产节约运动中应注意的问题的指示》（一九五二年七月八日），载《建国以来重要文献选编（第三册）》，中央文献出版社1992年版，第279页。

③ 游正林：《我国职工劳模评选表彰制度探析》，《社会学研究》1997年第6期。

④ 《中华全国总工会关于在国营厂矿企业中进一步开展劳动竞赛的指示（一九五四年一月二十七日中华全国总工会第七届执行委员会第二次会议通过）》，载《建国以来重要文献选编（第五册）》，中央文献出版社1992年版，第64～65页。

——企业中的劳动竞赛，标志着工人阶级政治觉悟的提高与新的劳动态度的建立。①

——要使劳动竞赛不断向前发展，就必须经常注意对于职工群众的思想教育，不断地提高职工群众的觉悟程度和组织程度。群众的劳动热情和劳动纪律，在很大程度上是决定于觉悟程度的高低的。②

——在社会主义社会里，仍然有先进和落后的矛盾，但是这种矛盾不是对抗性的矛盾。社会主义社会解决这种矛盾的基本方法，就是通过劳动群众的自觉的努力，通过教育和批评的方式，不断地把落后提高到先进的水平。千百万劳动者在先进生产者率领下为消除落后而斗争，就是社会主义社会不断前进的一种动力。③

由此，我们可以试图寻找到劳动竞赛活动开展的理论原点及最终目标——开展劳动竞赛，选出典型进行推广，进而要求广大单位人用劳动模范的标准依靠自身"觉悟"遵行。

从实施社会主义制度的国家范围考察，"劳动竞赛—典型推广—道德规范"模式几乎是该体制在劳动生产领域运行的普遍选择。"从实践中看，在古巴和中国（欧洲共产主义制度中程度要差一些），道德激励的普遍形式是竞争：争取勋章、锦旗、称号，如苏联的'劳动英雄'、古巴的五一锦旗或'游击队英雄'奖状，或中国的'劳动模范'称号。"④ 计划经济体制下，激发人的思想觉悟，通过精神奖励和道德规范归化人们的行为，从而起到发展生产、促进社会进步的目的。

劳动竞赛活动不仅彰显着新中国对"劳动价值"的肯定，而且在新中国国家建构的过程、集体主义工作伦理的构建过程中承载了不可或缺的历史作用。"劳动竞赛—典型推广—道德规范"模式至今仍影响着当代中国单位人的劳动生活。

---

① 《李富春在第一次全国工业会议上的结论》，载《建国以来重要文献选编（第二册）》，中央文献出版社1992年版，第318页。

② 赖若愚：《关于劳动竞赛的几个问题》，《人民日报》1955年6月7日。

③ 《在全国先进生产者代表会议上的祝词（一九五六年四月三十日）》，载《刘少奇选集》（下卷），人民出版社1985年版，第196页。

④ ［美］查尔斯·林德布洛姆：《政治与市场：世界的政治—经济制度》，王逸舟译，上海三联书店、上海人民出版社1994年版，第428页。

乡村政治与社会生活

羊楼洞雷氏家族与羊楼洞茶叶社会

李灵玢

(湖北大学中国思想文化研究所)

近半个世纪以来，新文化史学或者说社会文化史学的发展尤为引人瞩目。新文化史突破了传统史学中因果论和精英观的局限，把人重新放回到了历史的中心。正如卡莱尔所主张的，历史"不是抽象的概念，不是图表和公理，而是身着黄色外套和马裤，两颊红润，内心充满激情，有自己的语言习惯和个性特征，充满活力的人的历史"。[①] 正是在这样的历史观照下，一个长期以来未被重视的地方性特殊商人群体——羊楼洞商人才得以进入笔者的研究视域。由于历来不受重视，正史资料甚至于县志这类文献都对他们鲜有记载，而像族谱、家谱、碑刻、口述史等田野资料却正是了解这类非精英人物历史的主要载体。本文以羊楼洞最早参与茶贸并一直产生重大影响的本地茶商雷氏家族为研究对象，采用一系列历史人类学的方法来解读相关的文献材料，从社会和文化的角度去重构茶乡的这段历史。

一 羊楼洞得名由来

羊楼洞地处湖北南部与湖南、江西交界处，作为一个边陲小镇，其地势"群峰岮峨，众壑奔流"[②]，"四面环山，形如釜底"[③]，其地形状"如

---

① 何兆武主编：《历史理论与史学理论》，商务印书馆1999年版，第230页。
② 康熙《蒲圻县志》卷1《山川》，蒲圻张氏无倦斋写本。
③ 戴啸洲：《湖北羊楼峒之茶业》，《国际贸易导报》第5卷第5期。

仰盂"①，其地名的由来，据当地传说是因为其"四面多山，其形如洞，相传昔有牧者建楼于此，因而得名"②。然而这个地名来由的说法其实很牵强，更近情理的地名来由，或许还是应该从其地理位置和历史建制中去寻觅：宋代旧制，羁縻州辖行政单位之大者称县，小者为峒。所谓"羁縻州"，指虽在治内，但地处僻远，为蛮夷边民所居，而当局执政者视为未开化之区，仅仅维系不使脱落之地。羊楼洞僻处史称荆蛮的湖北偏远边界，在鄂湘赣三省交界群山环抱之中，历史上又曾隶属于兴国州，所以应当是羁縻州辖行政单位之小者，所以称"峒"，而"洞"当为其通俗的写法。

有意思的是地名中"羊楼"的来历。据羊楼洞当地大族《雷氏宗谱》的记载，洞乡"羊楼"的得名与其明代祖先雷景贤有密切的关系。该谱述其祖雷景贤公寄情山水田园，"凿池畜鱼以自乐……又于池上构楼饭（放）羊，羊极蕃庶，远近皆传称之。先时洞未有羊楼之名，有之自此始也。厥弟景祥迁夹山，楼池皆与兄埒，故彼地羊楼司，亦至今仍称焉"。③但是从上面我们已经知道，"峒"的地名来由源于宋代旧制，所以该谱所述"羊楼"于明代得名似乎太过晚近；且左近地名羊楼司之"司"来源于明代官府在当地设有巡检司，将其得名归因于其弟雷景祥"楼池皆与兄埒"则更显牵强，难以采信。始修于清代道光年间的《雷氏宗谱》似乎有意地要将当地传说中"相传昔有牧者建楼于此，因而得名"这一说法与自家的祖先牵扯到一起，甚至及于左近羊楼司的地名也要进行附会，这其中有没有什么更值得思索的意味在呢？

二 茶商雷氏的兴起

在羊楼洞田野考查中得知，当地有所谓"七姓八案"之说，雷氏在晚清及民初，是羊楼洞镇饶、黄、刘、游、邱、邓等诸姓中最为富有的一姓。

雷氏因茶崛起，当始于清乾隆年间的雷兴传。雷兴传，字中万，大约

---

① 道光《蒲圻县志》卷4《乡里》，道光十六年刻本，台北成文出版社1975年影印本。
② 陈启华：《湖北羊楼峒区之茶业》，《中国实业》第2卷第1期，1936年1月15日。
③ 《景贤祖传》，《雷氏宗谱·姻编·雷氏祖史概述》，民国甲子年合修初续。

生于乾隆二年（1737），死于嘉庆八年（1803）。他幼时家中并不富裕，父亲雷应琼（永文）家贫而向学，"酷爱诗书，家虽贫，勉开斋塾，延师课子侄，而雷氏书香自此一振"。① 雷兴传是贫家长子，他"自少英敏，尝从予（按指谱传作者程日阶）大父紫溪翁受业，吾乡李蓼滩孝廉见其文，雅称许焉"。② 虽然"学识过人，惜数奇不偶"，③ 并没有考取任何科举功名，所以"年逾三十始捐举子业，而从事诗古，兼及货殖，遂以富称"。④ 传中所谓"从事诗古，兼及货殖"，当然是弃儒经商的委婉说法。

雷兴传生意的伙伴，是从山西远道而来从事外贸边贸的茶叶商人。大体的做法，是山西茶商与雷兴传合伙，在茶季的开始借雷兴传在羊楼洞的房屋、生产生活用具以及在当地的人脉影响，收购农民种植于边角"畸零之地"的茶叶并加工为成茶。一季之后，按照所收购制作的成茶数量比提成，将被称为"租金"或"行佣"的现银作为固定资产投资的回报付给雷兴传，然后山西客商上路，将成茶经船运车载马驼一路向西北，运至内外蒙古、新疆及俄罗斯销售，到第二年茶季再次返回。这种业茶方式，同治《崇阳县志》有如下记载："茶，龙泉出产茶味美，见《方舆要览》。今四山俱种，山民借以为业。往年，茶皆山西商客买于蒲邑之羊楼洞，延及邑西沙坪。其制，采粗叶入锅，用火炒，置布袋揉成，收者贮用竹篓。稍粗者入甑蒸软，用稍细之叶洒面，压成茶砖，贮以竹箱，出西北口外卖之，名黑茶。"⑤《雷氏宗谱·清庵公传》亦有相似记载："盖羊楼洞本茶市也，自国初以来，晋人岁挟巨金来此采办。相高大之宅，托为居停主人焉。及秋，则计其收茶之值，以纳租金。盖二百余年矣。"⑥ 而晚清学者叶瑞廷在其《莼蒲随笔》中则记载为："闻自康熙年间，有山西估客购茶于邑西乡芙蓉山，洞人迎之，代收茶，取行佣。"⑦ 大约叶氏既距羊楼洞业茶之始有年，对所记"康熙年间"亦无把握，故很谨慎地使用了一个听闻的"闻"字。所记载较之实际，确实稍稍早了一些。

---

① 程世甲撰：《永文雷先生传》，民国甲子年合修初续崇义堂本《雷氏宗谱》，传上。
② 程日阶撰：《中万雷先生传》，民国甲子年合修初续崇义堂本《雷氏宗谱》，传上。
③ 程世甲撰：《永文雷先生传》，民国崇义堂本《雷氏宗谱》，传上。
④ 程日阶撰：《中万雷先生传》，《雷氏宗谱》，传上。
⑤ 同治五年《崇阳县志》卷4《物产》。
⑥ 游恺撰：《清庵公传》，民国甲子续修重订《雷氏宗谱》。
⑦ （清）叶瑞廷：《莼蒲随笔》卷4。

雷兴传30岁大约是乾隆三十二年（1767）开始业茶，至66岁去世，其业茶时间为36年，继承其事而较多见于族谱记载的，是其第四个儿子雷振祚。雷振祚（1757—1804），字东阳，生于乾隆二十二年（1757）。他经营其父雷兴传留下的家业可谓兢兢业业，这一点在其子雷炳蔚亲撰的《东阳公显迹记》中有真切的记述："见生齿增，虑粟无余，越陌度阡，场圃桑麻之属，益思有以广之；见知识开，虑物欲蔽，家塾外傅，志学有道之士，亟思有以就之；见日用繁，虑经费纳，坐贸生理，向已大开其源，今犹株守其一，非计也！堂构栋宇之启，因思扩而充之。触境而思，不一而足，业已淬志励精，务底于成。"① 文中"坐贸"以及在羊楼洞地方文献中常可见到的"坐商""坐贾"等等，是当时相对于其生意伙伴晋商南来北往"行商"经营方式的惯用说法。

雷振祚逝世后，最初继承其未竟之业的是其五个儿子中的长子雷允桢（国祥）和次子雷炳文（自立）。由于雷允桢早逝，雷炳文一人缺少帮手，于是又让第五子雷炳蔚参与经营。雷炳文在父兄去世之后主理家政："忠信素著，声气远通，一时巨贾争投，不间数千里外也。计先生（按指雷炳文）与季弟（雷炳蔚）任事二十年，拓美田数百亩，恢厦屋数百间。虽父兄贻谋有所凭借，而经营缔造，成若大局面，费心亦良苦矣。先生体敦庞，精神极强健，逾中年犹黎明即起，调理诸务。……家人团栾，内外丁屈指几十，间口角，苟有以析蠡语者，先生闻若仇，疾首蹙额，至废餐寝，必调停谐和始怿。……年五十一以疾终于寝。"② 雷氏家道在雷炳文主家政期间又得到很大发展，由于雷炳文的勤奋努力和威望，在事业不断发展的同时，还保持住了大家庭的团结和谐。

但是这种表面的和谐在雷炳文辞世后即被打破：

> 丙申夏（1836），次兄登仙录。家庭内一日无主而气象一变。因思丁口浩繁，不齐不可，欲齐不能，遂将一箸折而为五。远近田业五顷零五，家各受百亩零石。除作祀产，大小房屋八座半，五股寓七庄，座半分为住居。余赀无多，亦足敷用……③

---

① 雷炳蔚撰：《东阳公显迹记》，民国崇义堂本《雷氏宗谱》。
② 饶岐凤撰：《自立公传》，民国甲子年合修初续崇义堂本《雷氏宗谱》，传上。
③ 雷炳蔚撰：《东阳公显迹记》，民国崇义堂本《雷氏宗谱》。

从以上参与分家的财产看，雷兴传开创的家业中的雷振祚这一支，到雷炳文去世时已经发展到有房屋八座半，其中七座用于茶行行屋租给七家晋商经营茶业；另有五百多亩田地以及"足敷用"的现银，规模已相当可观。而雷兴传的其他儿子如雷观翘、雷班联等数支的茶贸事业，与此同时也获得了长足的发展。雷观翘一支经其子雷竹轩、其孙雷绥苦心的经营，甚至成为羊楼洞首富。① 正是当年雷炳蔚迫不得已而做出的五个兄弟分家单过的决定，由于明晰了财产责任，积极性与才能有了更大的发挥空间，这一门雷氏所属各支也都获得了更大发展。

见于雷氏族谱而经营茶业的子孙，有数十人之多。正因为如此，晚清由羊楼洞出身而官至清廷工部尚书的贺寿慈对于当时雷氏业茶之盛甚至有"远来商无不主雷氏，行业之盛甲一乡"的评价。② 这个评价大体为写实，直到今天，我们还能从中想见雷氏当年的经营盛况之一斑。

三 茶叶格局的变化

然而鸦片战争、汉口开埠，以及随后而来道光末年英国对于中国内地红茶的需求，改变了羊楼洞的茶业格局。叶瑞廷的《莼蒲随笔》记载了这种变化的缘起："红茶起自道光季年，江西估客收茶义宁州，因进峒，教以红茶做法。"③ 同治《崇阳县志》也有类似的记载："道光季年，粤商买茶，其制，采细茶，暴日中揉之，不用火炒，雨天用炭烘干，收者碎成末，贮以枫柳木箱，内包锡皮，往外洋卖之，名红茶。"④ 英国人最初通过赣粤商人到羊楼洞收购红茶，稍后又在汉口大规模与俄商竞购，这

---

① 《雷乐斋先生传》记载："（雷绥成）幼沉着坚定，志趣豁如，读书颖悟过人。稍长，丁家道中落，亲复老迈，先生（按指雷绥成）十七即料理家政，因之未能竟读而经纪。振作裕于早岁，遂以植艰难创业之基。先生世居羊楼洞，其地为临、崇、通茶业荟萃之区，每岁茶荈开市，中外诸巨商梯航辐辏于此，择衡宇恢宏，肆应周到者主焉，是曰茶行。先生父竹轩公经营斯业，闾阎栉比。未几，粤寇滋扰，悉毁于兵。迨寇焰纾，而家境顿即迥遭。先生力任艰巨，牵萝补屋，惨淡经营，不数年，鳞次屹若，瞬复旧观，而行业亦一日千里，昌盛甲全市。由此家道勃兴，累赀拓业，称一乡殷富巨擘。"贺兴华撰，民国甲子年合修初续崇义堂本《雷氏宗谱》，传上。
② 贺寿慈撰：《裔卿公传》，民国甲子年合修初续崇义堂本《雷氏宗谱》，传上。
③ （清）叶瑞廷：《莼蒲随笔》卷4。
④ 同治五年《崇阳县志》卷4《物产》。

种竞购更进一步改变了羊楼洞固有的茶叶经商模式。由于红茶交易打破了晋商通过把持运输环节对最终交易地的垄断,大批洞商不再满足于"坐贾"的微利经营,而加入到利益更为丰厚的对英茶贸的"行商"行列。《雷氏宗谱》也记录了这种变化:"先是,羊楼洞地方茶客廖廖,生意淡薄。自咸丰戊午(1858年)以来,圣泽诞敷,中外一体,准外洋各路通商,入境贸易,于是植茶之户日多,行茶之途日广。我境旗枪丰美,字号云屯……"①红茶贸易为洞商彰显自己的经营才能提供了更为广阔的空间。

在这场走出去的经商潮中,雷氏自然不甘落后。在最初的红茶经营者中,就有被20世纪20年代任湖北省实业厅厅长的谢石钦称赞为"当闭关时代,挟赀航海,作万里游,可谓商人中有特识者"的洞商雷元善(1814—1886)②:"(雷元善)少读书有大志,倜傥不群,壮迫于家累,不竟学,改事商业起其家。……当清咸丰初元,欧舶东渐,仅及海疆,内地画域自封,无通商足迹。公于此慷慨兴远游志,兄弟合资,倡为红茶业。居者任采购制作,公任运输粤东,出售洋商。先后留粤六年,获利巨万。是即吾华茶出洋之始,首其事者,公以外无几人矣。"③再如雷光藻,他是上述雷兴传的重孙、雷振祚的孙子。他受父亲之托,"含泪辍读,于是权子母,计赢绌,于近市设小肆以逐鱼盐布粟之利,暇复裹重赀,远贾于湖南、粤东之省,皆得当而归"。④与上述雷光藻大体同时经营红茶的还有其堂兄弟雷立南(受山),雷立南与其先祖一样,辞别儒学,"决意贸茶为业,往来粤东,颇获蝇头",后逢太平天国战乱,他于是"遍历上海、福建、湘潭诸市镇,以外贸为避乱计"⑤,应该也是洞茶输洋的先行者。再如咸丰年间经商的雷舒青,他在"屡试见遗"之后,感叹"所志不遂,功名念淡。适西洋各国与华通商,君采办红茶,客游东粤,而所亿多中,获利甚厚"。⑥也是将红茶直销广东的洞商。雷氏洞商中甚至出现了每茶季动辄出入百万两白银的大茶商雷预埈(1845—1903):"(他)少

---

① 游冯煦林撰:《受山公传》,《雷氏宗谱》。
② 谢石钦撰:《让溪公传》,民国甲子续修重订《雷氏宗谱》。
③ 同上。
④ 游恺撰:《清庵公传》,民国甲子续修重订《雷氏宗谱》。
⑤ 游冯煦林撰:《受山公传》,民国甲子续修重订《雷氏宗谱》,卷首姻篇。
⑥ 雷以箴撰:《舒青府君传》,民国甲子年合修初续崇义堂本《雷氏宗谱》,传上。

不屑为举子业，让两弟者读，而自请学贸。时中外通商约成矣，公承茶行世业，以故有宅第葺而新之，拓而崇宏之，主粤商之揽有欧洲人之运华茶出口者，其业日发展，而租入亦岁有增埤。既又纠同志，组为坐贾者二，一货业，一钱业，规模具矣。始绌于财力不可支，公复罄已有且称贷富室，盖厚资本为之基，人固信仰公一言者，故事易集也。由是岁无不倍利，事无不亿中，范围之所推及，而荆沙，而武汉，而长岳，皆驻置支部，便交通焉。其附近之羊楼司、聂市、沙坪、黄沙堰诸茶埠，则所在有茶庄，或独资，或合业，岁不止一埠，埠不止一庄，每茶市期，出入动以百万计。……"① 其经营规模，已不是当年其祖上雷兴传、雷振祚可望其项背。

四　茶叶社会的形成

在雷氏大获成功的同时，羊楼洞也出现了众多其他姓氏的茶商，其中也不乏非常成功的，例如亦曾为洞乡首富的黄尚基（光远）等等。② 在羊楼洞茶商们走出山乡，展现经营才能的同时，洞镇各业也由于茶业的景气而蒸蒸日上，同治《崇阳县志》曾记载羊楼洞茶区当时繁荣的情景："城乡茶市牙侩日增，同郡邻省相近州县，各处贩客云集，舟车肩挑，水陆如织，木工、锡工、竹工、漆工、筛茶之男工、拣茶之女工，日夜歌笑市中，声成雷，汗成雨。食指既多，加以贩客搬运，茶来米去，以致市中百物，一切昂贵。"③ 茶业的发达，带动了百业的兴盛。笔者在田野考查中读到的一篇名为《羊楼洞的店铺招牌文化》的民间文献，就历数了"郑

---

① 雷兆绂撰：《霁轩公家传》，《雷氏宗谱》。
② 《光远先生谈孺人合传》："公讳尚基，字光远。行三。世居南乡羊楼洞。余幼时见乡先辈谈及乡之富翁，辄首于公屈一指，曰公之栋宇，则云连也；公之田园，则雾列也；公之菽粟，则陈陈相因；钱钞，则累累如贯也。又曰公盖无地起楼台者。……公昆季五，析箸时，家徒四壁。偕德配谈孺人勤耕凿，习操作，寝劬食劳，夜以继日，虽严寒酷暑无少懈。不数年有起色。既而逐什一，权阜通，日积月累，渐就充裕，久之，实入则饶，得势益旺，每年子金新入，不下数千缗，取不禁，用不竭，而家道遂焕然日新。"贺子一撰，民国仁孝堂本《黄氏宗谱》。
③ 同治五年《崇阳县志》卷4《物产》。

祖昌匹头铺、徐福大匹头铺"等74家有名有姓的店铺。① 而雷氏亦有经营非茶业务而致富的，如雷祚源（海秋，1867—？），他"自幼经营，商贾贸易于蒲南之羊楼洞，开始营业组织粮食生意，领帖开行，颇称得手。由斯而推广扩充之，进而中外匹头，再进而银钱交易，鸿毛遇顺，亿则屡中。十余年间，勃然兴起，买田润屋，鼎鼎隆隆，规模固已宏远矣"。② 羊楼洞茶业的发展，更吸引了大量外来工人到羊楼洞工作，最高峰之时，小镇人口达到四五万之多。

清代中晚期羊楼洞社会的治理，主要依靠的仍然是羊楼洞本地家族世代积累的地方性权威。在羊楼洞业茶之初，晋商之所以要与当地洞商雷氏结盟经营茶叶，并不完全是由于他们要避免过多的固定资产投资所带来的负担，更是因为与本地洞商合作能够带来秩序和稳定。由于在购茶过程中，验茶评级称重等步骤，往往涉及双方利益，故常常发生争执。这时，作为本地主人的洞商就要利用其威信及在本地的影响力出面调停，并在纠纷冲突发生时，保卫茶客人身及茶庄财产的安全。

应该说，洞商对于这一份责任是胜任的。例如最早与外来商人合作而致富的洞商之祖雷兴传在羊楼洞就极有威信，"其居族里也，义正词严，莫不敬惮"③。他的孙子雷炳翰（墨林）"生平慷慨，面折人过。善饮酒，笑语声如洪钟。性朗达，虑事则中。为人决大疑，佥服其识。排难解纷，

---

① 游茂哲、游谟俊：《羊楼洞的店铺招牌文化》："这些店铺的名称是：郑祖昌匹头铺、徐福大匹头铺、协和祥匹头铺、熊和兴匹头铺、益大匹头铺、方茂泰匹头铺、陈恒发匹头铺、陈万兴小百货、罗义元小百货、游祥泰杂货铺、杨裕泰杂货铺、左和记杂货铺、贺福兴杂货铺、刘谦泰杂货铺、卢永泰杂货铺、游代云杂货铺、李云停杂货铺、游谦益糟坊、饶茂顺糟坊、沈福茂糟坊、彭德勋糟坊、万家训糟坊、涂家药铺、曾保和药铺、彭太和药铺、熊茂春药铺、杨振亚门诊、周聚成斋铺、杨春华斋铺、李义成肉铺、贺家乐肉铺、邓来发剃头铺、雷启发剃头铺、胡记剃头铺、胡记裁缝铺、王兴发豆腐铺、熊学保豆腐铺、饶永和豆腐铺、胡家饭铺、朱家饭铺、李同顺米行、陈炼记米行、黄驼子米行、杨裕泰米行、漆驼子餐馆、程炳生餐馆、潘家馆、卢家酱菜馆、汪家香铺、曾炳生香铺、饶明清丝烟铺、贺盛初丝烟铺、饶记丝烟铺、胡记丝烟铺、刘安光洋铁铺、周德元扎匠铺、启功水果行、吴家皮匠铺、黄记银匠铺、袁昌炳木匠铺、舒家铁匠铺、邓家铁匠铺、罗保山五金铺、宋家面铺、贺家线铺、谭家鞭铺、钟谦记小吃、三友茶社、刘氏茶庄、春生利茶行、雷敬福钟表店、吴辉记照相馆、李华记旅栈、饶记蚊香铺等。"见游谟俊主编《洞天福地——鄂南古镇羊楼洞》，香港华文出版社2008年版，第192—193页。

② 雷方豫撰：《海秋君暨德配张夫人六十双寿序》，民国甲子年合修初续崇义堂本《雷氏宗谱》，传下。

③ 程日阶撰：《中万雷先生传》，民国甲子年合修初续《雷氏宗谱》。

乡族仰焉。"雷兴传的另一个孙子雷炳蔚"居宅近市,每岁茶商辐辏,情伪滋生,有不了事,得公一言辄解。于时缙绅冠带之徒,闻公声名,咸请谒焉"。① 再如雷兴传另一房的孙子雷茂堂(苕亭,1801—1878),其为人"性朴诚,貌仅中人,外温而内肃,行事多不令俗人测。……虽与妇孺言,退然若恐伤者。人谓畏事也。然剧喜锄强扶弱,乡之东周姓有老茂才,其族怙势者强立数伪冢于其山,几兴大讼。茂才诉于公,公得情立命平之。有丁寡妇者,崇人也,业小生涯于市,年老子懦,恒为市痞所凌,诉于公,卒为之申之"。"通城有黎正权者,性狠恶,贸于洞,人皆畏如虎,尝违礼与邻争,反诉于公,公恶声斥之,忿恨而返。逾年,权从逆,率党来洞,公率家人远避,意其必挟宿恨也。及归,近居多被害,而公宅扃如故,反加封识云:'此正直老人家,毋妄扰。'先是,公好直言,诸子多婉劝之。至是,公笑曰:'作直人说直话,究如何?!'"② 传中有关黎正权服于雷茂堂正直,命太平军保护其房屋之事具有太重的传奇色彩,但若果真如此,则正说明雷氏洞商真正具有以家族世代乡土威权及以资产为基础的地位,以及连太平军都不得不有所顾忌的影响力。这种地位和能力其实就是一种权力,需要稳定的晋商与具有权力的本地洞商合作,才能够使其投资顺利地为他们带来利润。

由于与晋商合作业茶所获财富的优势,加上家族世代形成的乡土权威,本地洞商进而十分自然地在地方行使权力,建章立制。例如洞商雷立南(1812—1878),他曾久居广东贸茶,遍历上海、福建、湘潭诸市镇,广见世情,于1861年回到羊楼洞后,建立羊楼洞同益堂公所:"我境旗枪丰美,字号云屯,然新开码头,规矩章程不归划一。辛酉(1861年)冬,公(按指雷立南)束装回里,见行业日盛,茫无头绪,谓非长久计。遂约同人,合禀上宪批准,寻奉邑侯恩谕,立同益堂公所,兼修财神庙。公所定行规数十条,永远遵照无异。"③ 再如洞商雷元善,早年贸易红茶成功,"后以洪氏之变,蔓延遍天下,公归途遇劫掠几尽,不可复往。遂以余资起造茶屋,阅数年成,遗以为世业,后人赖之。时羊楼洞初辟为商场,漫无端绪,百事芬如,远来商多惮之。公慨然曰:'法不立不足以治

---

① 李霖藻撰:《雷文庵先生传》,民国甲子年合修初续《雷氏宗谱》。
② 游恺撰:《苕亭公传》,《雷氏宗谱》。
③ 游冯煦林撰:《受山公传》,《雷氏宗谱》。

事也.'日求乡缙绅父老,旁诹博采,手草规章,试行无忤,传布永久。今遵行者皆是也。"① 可见初建规章,是因为茶商中广见世面者如雷立南、雷元善等顺应商业需要,整顿漫无端绪百事棼如的混乱状况的结果。至今,羊楼洞《合帮公议碑》仍遗留有当年针对"往来货物车工推运紊乱"而加以整顿的文字,该碑内容如下:

合帮公议

  盖闻通商惠工,国家所以阜财用;而胪规定矩,地方所以安客商。缘我羊楼洞□□□□,往来货物,车工推运紊乱,幸有前任恩宪谕行客二帮,议立车局,整顿行规,□□□□头天地元黄,宇宙洪荒,日月盈昃辰,十三字轮转给筹,红黑茶箱出山脚力,照□□□□行费照客家箱名取用,各□有成规,数无异言。近来人心不古,渐至忘章,兹□□□□整旧规,即乡内乡外之□车,额例恪遵,切勿恃强,越规蹈矩,客箱发运之□□□□,乞客家宽宥,祈客念在□□□□□,不可苛取,□警后犯,从此各遵章□□□□□。

  所议旧规开列于后。

  计开:

  一议:红茶二五箱发张家嘴每□□□、红茶口箱发牛形嘴每□□□,红茶发夜珠桥力钱□□

  一议:黑茶西箱发张家嘴每车□□,黑茶东箱发牛形嘴每车□□行用条规:

红茶取用,二五箱每只六文。红茶口箱每只十二文。

  黑茶取用,西箱每只五□。东箱每只四□。二四箱属西口取用。二七、□箱□□□□□。斛箱每只取用三文。

  一议:远来采办花包、箱包,未来公□。

光绪十三年二月吉日②

---

① 谢石钦撰:《让溪公传》,《雷氏宗谱》。
② 羊楼洞碑刻:《合帮公议碑》,光绪十三年二月。

据碑刻所记，羊楼洞曾有"前任恩宪谕行客二帮，议立车局，整顿行规……行费照客家箱名取用，各□有成规，数无异言"。所以重新整顿，是由于其时"人心不古，渐至忘章"，因此有必要重新额定各类各项茶叶运输车费力资，并刻石备忘，要求所有有关人等"额例恪遵，切勿恃强越规蹈矩"。而其结果，则应该是使地方独轮车经营得到规范，进一步维护了洞商及洞镇居民与独轮车主要雇用者晋商等之间的商业伙伴关系。

然而陈旧的乡土治理也不可避免地会带来守旧观念的肆行以及治理手段的落后。例如，由于茶业是劳动密集型产业，采茶、拣茶等工种最适合女性，所以羊楼洞茶业兴盛时，有成千上万妇女走出家门集中于工厂栈房从事茶业生产，于是出现同治《崇阳县志》所记载的拣茶女工与男工们一起欢快劳作的情景："木工、锡工、竹工、漆工、筛茶之男工、拣茶之女工，日夜歌笑市中，声成雷，汗成雨。"① 这一情形，引起地方保守人士的不满："闻早年两湖之茶，均由造茶之人，发给女工携回家中，拣去茶梗茶苞及黄叶片，缴茶时验视最严。近今数年，皆在栈房雇用女工入拣，倘非年轻妆服鲜明，立即屏斥不用。此风一行，凡来作是工者，大都以拣茶为名，其中情弊，不堪闻问，是茶业之害，即根于此。"② 这种看法当然是十分阴暗且不合时宜的。又例如，为了抑制外来工人对于工作岗位的竞争，羊楼洞地方对独轮车推工的经营运行采取了垄断保护措施，只允许本地人承担运输。由于垄断价格，一个本地男人靠推车运茶足可以从容地养活一大家子。这当然保护了落后的生产力，并在相当程度上掩饰了当地天壤之隔的阶级分化。

五 地方文化的建构

清代中晚期，羊楼洞"茶叶社会"的治理，基本依循的是以宗法为核心的传统方式。这是因为在这一时期，羊楼洞的地方社会本质上仍然是以宗族自治为主要形式的礼俗自治社会，宗族在地方即使是像羊楼洞这样

---

① 同治五年《崇阳县志》卷4《物产》。
② 彭泽益：《中国近代手工业史资料》第2卷，生活·读书·新知三联书店1957年版，第101页。

高度商业化的区域社会结构中仍起着最为核心的作用。进入民国之后，政权加速切入地方，社会治理发生了很大变化，传统宗族治理在外力的不断侵扰下呈衰颓之势。但是笔者在羊楼洞实地考察中，仍然不止一次地听到当地耆老叙说民间俗谚："贺天子，雷公子，饶老子，邱痞子，邓婊子。"雷氏在人们心目中的形象，既接地气，亦以其文化内涵和富有，风度翩翩地超然于当地诸姓之上。这种地位和与其地位相称的权力已经形成一种习俗，在当地民众心目中潜滋暗长。这一点又是如何做到的呢？

在田野调查时，我读到一篇名为《古镇昔日喜庆雷万春将军寿诞》的民间文献：

> 每年正月上九日，全镇人民都情不自禁地说今日是雷万春将军八爹生日，大家无不盼望这一天，原来早经本镇首脑要户首安排各乡村定时筹措妥当。有人喊："你们看，将军八爹就出行了！"只听见鞭炮声不绝，锣鼓喧天，群众欢呼："八爹！"四人大抬轿缓缓行近，随后只见戏蚌壳、舞狮子、玩采莲船，哟喝歌声。小打叮当嘭嘭声，大家眉飞色舞，欢声笑语，喇叭、唢呐声，看那高举龙灯摇头摆尾，像游水蛟龙，一路随行至大德生、阜昌、聚兴顺、义兴、宏源川等茶厂直至湾上，至大德常高勘上，土地咀顺上街道到下街，沿途欢呼声不绝于耳，大家高喊洞天福地！洞天福地！情绪高昂，欢欣畅快，气氛笼罩着松峰山，北山，群山响应！①

上文记述的是清末旧时羊楼洞镇雷万春将军生日的庆典活动，文中大德生至大德常都是茶厂（主要为晋商茶厂）的名字，其中阜昌为俄商租用羊楼洞刘氏茶行行屋开办的茶砖厂。下面是另一篇署名雷焕成的民间文献《忆将军庙》，可以印证雷将军生日这个地方重要庆典的存在：

> "水有源，树有根"，我虽身居异乡，但我的心仍向往故乡，想念生我、养我的祖先。小时候，每逢正月二十五，父母牵着我，捧着祭品去将军庙祭祀远祖雷万春将军。走出下街头，到了庙场是个小广

---

① 沈烈山：《古镇昔日喜庆雷万春将军寿诞》，见游谟俊主编《洞天福地》，香港华文出版社2008年版，第192页。

场，前有一座古朴的戏台，台上唱着戏，台下人山人海，与戏台相望的是将军庙，庙宇雄浑壮观。走进庙里香烟缭绕，钟鼓齐鸣，祭祖的人流络绎不绝，十分热闹。庙堂正中供奉着将军的战骑，状如昂首嘶鸣，奋蹄欲飞，这些巧夺天工的民族艺术造型，至今记忆犹新。它不禁使我想起了当年将军英勇杀敌，壮烈殉国的酣战情景，将军是唐代的名将，他的英雄业绩为人敬仰，他的赤胆忠心卫国的崇高品德，激励着后世的雷氏子孙。①

从第二篇文章可知，唐代守卫睢阳的名将张巡的副将、忠义俱全的雷万春，就是这座庙所祭祀的雷将军，他被奉为羊楼洞雷氏族人的远祖。有意思的是从第一篇文章中传递的信息：原本是作为雷氏远祖来祭祀雷万春，在经过精心的设计之后，有了一个非常贴近于民俗的"将军八爹"的称呼，它在让人感到亲切的同时，也还隐隐提醒人们，这位伟大的、忠勇双全的雷将军，还是这个镇上某个族姓的远祖族亲；而经过镇首脑的"安排"，这个原本是家族祭祀的庆典竟已成为"全镇人民都情不自禁地盼望这一天"的大众民俗节日。

本文首节曾述及雷氏将当地地名与其祖先附会在一起有其深意，在这里还有必要再次追问，雷氏将当地地名附会其祖先与雷氏将其先祖雷万春的生日纪念精心策划为当地人民共同的节日之间又有什么联系？笔者的看法是：这两件材料的存在，说明雷氏家族在致富并富甲一方之后，曾至少在民俗节庆和谱系叙述两个方面做出过建构当地历史并确立最高权威的努力：从文化的层面精心构建地方创始主人的地位，显示祖先血统的优越和忠信传家，再加上业茶所获得的资财优势，这样建立起来地位、尊重和与之相应的权力更合于深入人心的礼俗。

---

① 雷焕庭：《忆将军庙》，载游谟俊主编《洞天福地》，香港华文出版社2008年版，第193页。

鄂东南农村宗族复兴与乡土秩序调研报告

郭 莹

(湖北大学中国思想文化史研究所)

宗族(家族)制度曾经作为中国农村社会内在机制而长期存在,绵延数千年。新中国成立后,宗族制度及宗族势力一度销声匿迹。然而,自改革开放以来,有资料显示,农村宗族的复兴及其活动在华中、华南、华东等广大地区都有不同程度的存在,是一个具有普遍性的问题。农村宗族的现状究竟如何?它在乡土秩序中起到什么样的作用?它与乡村基层政权是什么关系?它的复兴原因及其发展走向如何?这些问题无疑是当代农村社会和乡村建设中的重要问题。针对上述问题,本课题组以鄂东南地区麻城、通山、阳新、罗田四县市为中心展开调研,通过近三年的跟踪调查,深入访问四县市城区及下辖乡镇33个、行政村74个;调查宗族84个;查阅族谱43部;走访祠堂75座(含祖坟山8处)、寺庙32座(含教堂2所);访谈相关人士191人;拍摄照片3600张;录制音频75段;视频7段;共整理出24余万字的访谈材料。现将调研结果分析报告如下。①

一 当前农村宗族活动的主要方式

广泛的田野调查表明,鄂东南地区的宗族活动非常活跃。如通山县一个普通村民说:"农村的宗族活动很多、很普遍,基本每个村都有,已经形成了宗族活动的风气。"这些宗族活动主要表现在以下几个方面。

---

① 本调研报告的数据和所有引语均以课题组在鄂东南实地调查和访谈记录为据。

（一）续修族谱，联宗并派

宗族活动中尤以修谱为盛。据阳新县档案局负责人称，"阳新县现全县共有 427 个姓氏，156 个姓氏规模在 5000 人以上，而修了族谱的就有 100 多个姓"。通山县县政府的一名政府工作人员也说"现在修谱的现象非常普遍，也有规模非常大的，比如有一家修谱的，一个打印社打了半年"。通山县一家打印店的老板介绍，近两年他的店经营的主要业务就是承包附近村民修谱的打印工作。阳新县所调查的 14 个宗族都修有族谱。修族谱在宗族活动中的普遍，可见一斑。

鄂东南地区的大部分宗族，一般是 20 年或者 30 年重修一次族谱。1984 年 12 月 20 日，国家档案局、文化部、教育部曾联合下发一个通知。该通知认为"家谱是我国宝贵文化遗产中亟待发掘的一部分，蕴藏着大量有关人口学、社会学、民族学、民俗学、经济史、人物传记、宗族制度以及地方史的资料"，"对开展学术研究有重要价值，同时对海内外华人寻根认祖，增强民族凝聚力也有着重要意义"。为编辑《中国家谱综合目录》，通知要求各地收藏单位将其收藏的家谱和家谱目录，报送国家档案局。这个通知，在 20 世纪 80 年代中后期引发了一次全国性的"修谱热"。课题组此次到达鄂东南，恰好观察到 20 年之后又开始的新一轮重修族谱热，大部分宗族处于刚刚修缮完毕或正在重修过程中。

修谱，一般会经历从倡议到成立专门机构、筹款分工、文字编写、组织刻印、发谱的全过程。倡议者一般为族内德高望重的老人。例如通山县邓氏宗族，首先发出倡议的就是该族辈分较高的邓志琴老人，他参与编撰过《通山县县志》，现年 79 岁，在本族威望较高；罗田县大崎乡刘家庙村刘氏宗族修谱，是由退休的老书记牵头。为筹备修谱，各宗族大都会专门成立一个民间组织——谱局，作为修谱的中心机构。谱局一般设有主编 1 人和副主编多人，分别由各庄门推选。家谱撰写人一般由族内文化比较高、了解本族情况的老人来担任。如前面提到的邓志琴老人，就是邓氏谱局的主编；通山县洪岗镇茅田河村的王氏谱局的几位主编、副主编都是当地的退休教师或退休干部；通山县通羊镇柏树下焦氏谱局的主要撰稿人，是当地通羊镇某小学的退休校长；麻城市中馆驿镇家下湾村《林氏族谱》的主要撰稿人是一名退休的语文教师；麻城市白果镇《罗氏族谱》的主要撰稿人是当地退下来的镇党委书记；罗田县九资河镇罗家畈村《罗氏族谱》的主要撰稿人罗老先生以前是学堂的先生，现在也是罗田的文化名人。

最近几年的修谱活动，与以前相比，出现了一些新的特点：

首先是"联宗并派"，扩大修谱的范围。以前修谱都只记载一地一家的子孙繁衍状况，而近年来，很多姓氏在重修族谱的时候，开始大范围地联宗并派搜寻。各宗族的修谱者大都游历"全国"，遍访同姓，以期将全国同姓者都编入家谱，能"统一全国派行"，修成"全国大谱"。据通山县厦铺镇的曹××介绍，2005年曹氏续修家谱时，由大冶、黄石的宗亲发起了"修国谱"的运动，"但由于难度太大，江西的宗亲已经有了新的派系，还没用完，只能等都用完了再来合派"。虽然最终未能修成全国大谱，但他们仍然先后联系了7省61个县市，总共将11万男丁修入家谱，工程可谓浩大。通山县通羊镇柏树下村焦氏宗族2007年续修家谱，也联系了山西、安徽、江西、河南、湖南等多处族人，但因为各部分步调难以统一，只将鄂东南的族人修在一起，但是在发谱的当天，各地宗亲还是都赶来道贺。通山县通羊镇正在修谱的邓氏宗族的副主编称，邓小平同志曾为他们的族谱写过一个序言，其中写到要"统一思想、统一祖先、统一派行、统一行动"，他们也期望能按照邓小平同志的话将此次的《邓氏族谱》修成全国大谱，为此，他们不仅联系了全国的宗亲，还已经联系到现在中国台湾、澳门、美国的族人。在通山县厦铺镇花纹村，村民舒××介绍舒氏宗族正准备修"国谱"，全国只要姓舒的都要修在一起，具体的事由香港、台湾的宗亲统筹，他的哥哥是通山的负责人之一。罗田县的彭氏宗族于2006年3月在湖北红安县成立总部，开始筹划"大别山彭氏联宗并派"事宜，大范围寻找彭氏宗亲。罗田县胡氏宗族与设在江西九江的胡氏总部联系密切，正在积极筹备纂修"中华胡氏宗谱"。毛氏宗族也在罗田县设立了联络处，成立了"中国湖北、安徽、河南毛氏合修筹委会"，发出合修宗谱的邀请函，广泛联络安徽、江西、河南以及湖北各地的毛姓，为纂修"中国毛氏"族谱做准备。在罗田县河铺镇吴家河村朱氏宗祠的重修竣工庆典上，有来自安徽、江西、湖南以及湖北各地的朱氏宗亲前来参加庆典，在此次庆典上，成立了"世界朱氏联合会"，准备重修朱氏族谱。

其次是尽可能追溯同姓名人"祖先"。很多宗族在重修的族谱中，极尽可能地追溯历史及现代名人为"祖先"，把自己的宗族与国家领导人、名人联系起来。如罗田县的毛氏宗族推"毛遂""毛玠"为自己的祖先，并且把毛泽东等当代名人编进了毛氏谱系之中。罗田县的胡氏宗族则称胡氏联合会有胡耀邦的儿子参加，新修的族谱有胡锦涛总书记亲笔写的序言。前文提到的通山县邓氏宗族也称他们的族谱"有邓小平总设计师写的序言"。

其三是男女都可列入族谱。近年来新修的族谱，在入谱的规定上打破以前女性不上谱的规矩，只要是同一血缘的，女性也可以入谱。罗田县很多正在重修族谱的宗族表示，女儿可以上谱，如果出嫁，还可以简要介绍夫家的情况。在芳名榜中，考上大学的女孩和男孩一样，可以上谱表彰。

其四是在族谱编撰完成之后，一般要举行盛大的散谱仪式。以通山县柏树下村焦氏宗族为例，其散谱仪式场面盛大（课题组成员应邀参加了该仪式），分为如下步骤。（1）接谱游行：族谱修好后，谱局领导小组通知各庄门前来接谱。接谱当天，各庄门负责人分别带领族人开车敲锣打鼓来到指定地点，共有50多个村80多辆车浩浩荡荡开进了县城，其中有来自江西、湖南、安徽等远方的宗亲。10点钟，开始燃放鞭炮，由这80多辆车组成的车队绕着整个县城游街，气派非凡。此过程中，还请了警察维持秩序，一路上锣鼓声、鞭炮声不断，将气氛营造得非常热烈。游街完毕后，车队来到了散谱仪式举行的地点——新城大酒店。（2）宗亲献匾：11点30分，发谱仪式正式开始，燃放鞭炮，然后由江西、湖南的宗亲献匾致贺。（3）主修讲话：由焦氏谱局主修焦家凡（通山县通羊镇柏树下村支书、通山县人大代表）讲话。值得注意的是，焦氏宗族的此次修谱是由焦氏的8名村支书组织修成的。（4）宗亲代表致辞：来自安徽黄山、江西进贤、安徽合肥、湖南平江的宗亲代表以及通山县焦氏宗族的一位博士后一一致辞。（5）报告财务收支情况：由此次专修族谱的督修——焦文化先生汇报修谱活动财务收支情况。（6）发谱：发谱的顺序采取从老庄到小庄的顺序，由各庄门派1—2人上前接谱，有的庄门还准备了红绸，在接谱之前将红绸盖在谱箱上。（7）聚餐：12点30分，仪式结束，开始聚餐，聚餐的地点在酒店的二三两层，据现场观察，仅二楼，就有酒席四五十桌。聚餐结束后，各庄门又敲锣打鼓将族谱接回村中，在村中还会举行族谱安放仪式。在阳新县，也有很多宗族举行了隆重的散谱仪式。有些宗族在发谱的时候，要"抢彩头"，各支只能抢各支自己的族谱，谁先抢到则预示着本支的兴旺发达。同时还要大放鞭炮、大摆宴席以示隆重和喜庆，有时还会请戏班唱戏热闹场面。麻城市的很多宗族，在散谱仪式上，还会请来与本宗族有关的政界或商界的重要人物，为大会致辞或聘为名誉会长。其目的有二：一是这些人在社会上声望较高，能够在同姓宗亲中产生示范效应，凝聚人心，吸引更多的宗亲参加活动；二是这部分宗亲掌握着较丰富的经济资源和社会资源，可以为本组织的存在提供支持和保护。

其五是寻根探源。近些年来，鄂东南地区不少宗族在兴修祠堂和重修族谱的同时，发起了寻找宗亲的活动。其中比较典型的有通山县湄港村陈庄的陈氏宗族，2006 年，湄港村陈庄准备重建祠堂，为了寻找族人、募集资金，族人陈儒然先后在网上发布了《二百年的乡愁二百年的呼唤——通山北山庄思大公外迁后裔您在哪里》《二百年前一家亲如今我亲在何方——湖北通山陈氏宗亲寻访秦地族人》《百年离别愁血脉紧相联》等帖子，他在文中写到"游子虔诚寻根的苦心和诚心，深深地感动着我，我想到了唐朝诗人贺知章'少小离家老大回，乡音无改鬓毛衰'的诗句；我想到了台湾于右任老先生隔海相望的'乡愁'；我想到了小时候老辈人经常讲述的我的迁陕亲人，我想他们一定还记着南方湖北的老家，我要把他们一一找回来"。向远方的宗亲发出召唤。又如通山县通羊镇大树下陈庄年近六旬的陈公泉老人，千里寻宗亲，自掏腰包 1000 多元，历经各种波折，在陕鄂交界的郧西县找到了外迁的族人，欢迎他们回通山老家续谱，并表示家庭确实困难的族人，续谱人丁费由他负责。陈公泉老人说，有机会他还要去其他地方把迁出的族人找回来。通山县通羊镇柏树下村的焦氏宗族在 2007 年修谱之前，也组织了五人的代表团赴江西访问宗亲，寻根探源，而后辗转到山西，想要探访春秋时期的焦国旧址。后因焦国故地由于修三门峡大坝被水淹没，几个人才返程回乡。而在这次寻根过程中，每到一处当地的宗亲都给予了接待。与此同时外地也经常有人来鄂东南地区寻根，有来有往，络绎不绝。

（二）整修祠堂，重建家庙

祠堂是历史上宗族活动的主要场所，上谱、祭祀、开会、丧葬等宗族重大事务都离不开祠堂。1949 年以后，宗族活动一度沉寂，祠堂也不再神圣和重要了，多被用作食堂、粮仓，甚至是用作住房，不少祠堂遭到毁坏。20 世纪 80 年代以来，祠堂陆续得到修整，近年来更是整修祠堂成风。鄂东南四县中以阳新县此风最盛，我们在阳新调查的 14 个宗族中，每个宗族都建有祠堂，有些宗族除建有一个总祠之外，还建有多个支祠，几乎达到村村有总祠、组组有支祠的地步，如龙港镇河西村大小祠堂加起来竟有八个之多。此外，在阳新的公路和乡间小道上也随处可见祠堂。这些祠堂大多为近些年整修，且花费甚巨。如阳新县白沙镇黄塘村梁公铺的梁氏宗祠在康熙年间首次修建，已经有三百多年的历史，1992 年时曾进行过一次小修，2007 年进行大修，于年底完工，耗资 80 万元；阳新县浮屠镇周通村的周氏祠堂，于 2004 年开始动工，2007 年 10 月 28 日落成，历时三年，共花费 60 多万元。

通山县整修祠堂的风气也是比较盛的，通山县慈口乡慈口村的朱氏宗祠，是 20 世纪 80 年代全族人合力修建的，2000 年又重新进行翻修。慈口乡山口村的朱氏宗族则于 2004 年新建祠堂，耗资三四十万。慈口乡西拢村正在新建的徐氏祠堂，预计耗资 60 来万。通羊镇湄港陈氏宗族集资 60 余万，于 2005 年在旧祠的原址上重建祠堂。大畈镇白泥村的谭氏宗祠，于 2007 年修缮了祠堂的前半部分，耗资 80 多万，准备再次集资 100 多万，重修祠堂的后半部分。洪岗镇茅田河村的王氏宗族更是耗资巨大，正在修建的王氏宗祠预计花费 200 多万。

这些新近整修的祠堂，一般都规模较大，大多为一进三重，甚至有一进五重的，前有戏台，中有大厅，后有神龛，雕梁画栋，粉刷一新，而且越是靠后修建的祠堂，规模越大，花费越高。

还有很多宗族，虽未重修祠堂，但并非其不愿重修，而是受资金所限。据调查，几乎所有没有祠堂的宗族都有重建祠堂的计划或是梦想。如慈口乡石应村的徐氏宗族负责人说，群众都想重建祠堂，该族的徐德水老人早就将祠堂的图纸画好了，表达了该族重建祠堂的迫切心愿，但"家庭太贫困了，没有钱"。麻城市白果镇曾湾村刘家畈湾的罗文秀老人说，祠堂没有建起来"主要还是经济问题，没有 60 万块钱不能开始，50 万可以动工，修要修的气派，要占地 500 平方米"。

除整修祠堂之外，很多宗族还热衷于重建家庙。在罗田县九资河镇张家集村，就有彭氏、胡氏、刘氏 3 个宗族修建了家庙。其中，彭氏宗族的"文昌阁"还是在重建祠堂的时候一起修建的。罗田县胜利镇方家坳村寺庙、匡河乡九口塘村寺庙和北丰镇的"中太子庙"，也都是由当地宗族积极筹划、号召修建的家庙。其中，也有修建非常宏伟的，如"中太子庙"前后分为 3 个大殿，修饰华丽、雕梁刻柱、朱漆红墙。这些家庙，多数都是近几年在原来家庙的遗址上修建而成的。家庙修成之后，成为人们从事宗教活动的场所。

（三）祭祀活动、年节庆典

祭祀是宗族活动的重要内容，也是宗族凝聚力的表达方式。所谓慎终追远不忘本。祭祀与地方习俗有着密切联系，不同地区的祭祀时间、形式和礼仪不尽相同。一般来说，祭祀分族祭、墓祭和家祭。鄂东南地区的大部分宗族，这三种祭祀都有。

族祭，就是在春节期间全体男性族民集体祭祀祖先。阳新县的大部分宗族将族祭安排在除夕日，那天家家户户都要先备佳肴到祠堂烧香、点烛、放鞭炮、供祖宗，然后才合家团聚吃年饭。通山县的大部分宗族则将族祭安排在大年初一，那天早茶之后，全村的男性族民聚集到村中的祠堂（或祖堂、礼堂）前，然后各家开始燃放鞭炮，之后，再依次进去祭拜祖先。通山县厦铺镇花纹村的谢氏宗族有迎接祖公祖婆习俗：在正月里，一个房头会到另外一个房头去接祖公祖婆，用轿子抬出来之后，在各房巡游，巡游的时候前面有人拿着刀枪和伞，举着"肃静""回避"的牌子开道，巡游完毕之后，才将祖公祖婆安放在这一房的祖堂内，全体族民再来进行祭拜。

墓祭，是清明节或者重阳节的扫墓活动。清明节或重阳节那天，各宗族都会给祖先培坟墩、竖墓碑、修坟台。家家户户祭坟。远祖，则以合族或房头为单位，一起抬着三牲祭礼，一路鸣锣击鼓，燃放鞭炮，登上祖坟山举行公祭。近祖，则由一家一户在坟台上摆上酒饭菜肴，焚香顶礼祭拜。鄂东南地区的大部分宗族都非常重视清明节的扫墓活动，清明节这天，很多在外打工的人都会尽量赶回来祭祖。通山县大畈镇白泥村谭氏宗族的谭崇功就在访谈现场朗诵了一首他自己写的诗："清明时节雨纷纷，无数后人祭祖坟，若是能得先人忧，更无人间苦凡尘。"这首诗表达了对清明祭祀的重视。

家祭，即家庭中的祭祀。家祭都在家中的厅堂正中，设立神龛，供奉直系祖先的神主牌位。每逢朔望日和祖先的忌日，在香堂上放些食品，敬上香。家祭一般由家中的长者来主持。

除上述三种形式的祭祀之外，鄂东南地区各宗族还有一个更为隆重的祭拜活动，就是在祖宗生辰寿庆那天，祭祀先祖。这种祭拜，各宗族时间各不相同，但大多采取"三年一小祭、五年一大祭"的形式。通山县大畈镇白泥村的谭氏宗族，在2007年谭氏祠堂落成庆典的前一天，举行了谭氏仲仁公诞辰630周年的庆典，在这一天，从全国各地赶回来的谭氏男丁都到仲仁公墓前依次进行了祭拜。通山县通羊镇井湾的汪氏宗族，2007年召集了众多男丁，几十辆大车浩浩荡荡赶回江西武陵祭拜祖先。通山县洪港镇三贤村的梅氏宗族，在每年的十月初九都要举行大型的祭拜活动，祭拜他们的祖先——梅福公，祭拜采取每小庄轮1年、大庄轮2年的方式，5年一个轮回，2007年十月初九的祭祖活动，有来自武汉市、黄石市、大冶县和江西省的梅氏宗亲代表。2007年10月18日，通山县孔氏宗族举行了一次大型的祭孔盛典，这次祭孔有来自上海、福建、江西、武汉、阳新、通城等地的人，据说阳新的一位县长也参加了这次祭孔盛典。祭孔仪式在通山县孔庙举行，参加的人均为孔氏男丁，来了大约两三百人。当地孔氏族人对此次活动颇感自豪，据他们自己说，这样的活动会一直举行下去，采取三年一祭的方式，希望下次能比这次更隆重。罗田县匡河乡九口塘村在2007年9月举行的祭祖活动规模也很大，有来自安徽、湖北、河南等省的后人回来祭祖。

这些祭拜活动，一般会到始迁祖的坟前举行，为此，近些年很多宗族都集资修建始迁祖的坟墓。麻城市宋埠镇李胜村李胜湾的李氏宗族在其始迁祖的祖坟山上修建了仁荷陵园。麻城市鼓楼街道林河徐氏宗族重建了其一世祖的拜台。罗田县骆驼坳镇罗河湾村的徐氏宗族和匡河乡九口塘村的叶氏宗族也都重新修建了始迁祖的坟墓，其中叶氏祖坟是叶氏后代集资20万元修建。通山县厦铺镇的曹氏宗族在修"国谱"的同时，与山东曹县的曹氏宗亲联合为祖先修建了规模宏大的陵园，并为祖宗树碑立像，耗资巨大。通山县通羊镇湄港的陈氏宗族参与了江西宗亲修缮祖坟陵园的活动，从其宣传材料来看，其规模不亚于曹氏宗族的陵园。

鄂东南地区的宗族逢年过节还会组织一些庆典活动。一年一度的端午节龙船赛也是传统的宗族活动。鄂东南地区很多宗族的祠堂里面就安放有龙船。每年的端午节，只要天气好，很多宗族就会将自己的龙船抬下水，参加自发或由当地政府组织的龙船赛会。龙船是团结、奋斗、吉祥和胜利的象征，只要在龙船赛中博得彩头，则预示该宗族一定人丁兴旺、经济繁荣。通山县慈口乡石应村的徐德水老人就说"搞龙船比赛，就是要讲点志气，都想搞赢，不想输"。因此，每到龙船会，各宗族都要挑选身强力壮的男丁奋力搏击。80年代末开始，龙船比赛一般都是由政府组织，比赛先在各村、乡范围内进行，然后选拔出来的龙船队再参加县里面的比赛。通山县通羊镇井湾的汪氏宗族"每年端午节都参加通羊镇的龙舟比赛。……在端午节下河之前，要跟祖先说我们下河参加比赛了"。通山县慈口乡石应村的徐氏宗族也是"每年端午都要划船，十几个船，两支一划，三支一划，拼出输赢。我们这边每一房人都有一只船，五房就有五支。……赢了的就去参加县里面的比赛"。通山县通羊镇柏树下的焦氏宗祠中，至今还悬挂着焦家组织的龙舟队伍获得全县龙舟竞赛的男子组、女子组一等奖的锦旗。在门上还可以看到写有相约看龙船的通知。但是，有些宗族里面，划龙船这种活动已经逐年冷淡下来了，如通山县慈口乡下泉村的孔氏宗族已经没有再举行划龙船的活动，因为"人现在都在外面，没有人在家，怎么搞啊"。在通山县慈口乡慈口镇的朱氏宗祠中我们看到两条龙舟，全套的锣鼓旌旗。据老人说，这两年很多人出去打工，龙舟不会每年都赛了，改为赛三年休三年，但仍有很多人喜欢参与这样的活动。

此外，还有看族戏，这是部分族民农闲时期开展的一项宗族文化娱乐活动。族戏一般都是在祠堂内举行，逢重大庆典或各种节日的时候，族内都会请来戏班子前来唱戏。前面提到的通山县大畈镇白泥村的谭氏宗族，在落成庆典当天就请来戏班子唱戏，场面也颇为热闹。舞龙灯也是有些宗族开展的娱乐性活动，龙灯一般由某个宗族举办，到周围村庄或宗族去舞，每到一个村庄，要挨家挨户串门舞灯，象征吉祥，传播喜庆。每到一户或一村，村民便出点小钱，或放一挂爆竹迎接；如果是本族的女儿，还要买红布，放鞭炮，叫"披红"。

二　宗族组织现状

对鄂东南地区的调查显示，当地宗族组织都得到了一定程度的恢复。

（一）族长—"抻头人"—理事长

鄂东南地区各宗族一般都设有"宗族头人"或族长之类的宗族领导人，如在阳新县，我们所调查的每个宗族都设有族长。各地宗族头人的名称不尽一致，通常称为族长，也有的称为"抻头人"或者"理事长"。族长或"抻头人"是各宗族组织的核心人物。

怎样的人能担任宗族领导人？各地族民的回答大体一致："廉正奉公，不能有私心……要有能力"；"做事公正，有威望，有文化"；"能力强，能管事"。

宗族领导人由选举产生，一般有推选和普选两种形式。推选由族中长老集体推荐，普选则由全体宗族成员直接选举。选出的族长对宗族事务的管理工作属义务性质，没有报酬。据了解，各宗族在选举宗族领导时，并未强调以年纪、辈分作为选举的依据，主要看其是否具有奉献精神、是否廉明公正，但是多数宗族领导都是由退休干部、老村支书、退休教师等一些年纪大、辈分高、德高望重的人来担任。

以族长为核心的宗族组织的权力与职责尚未见制订成文规范，但也形成了一些习惯性规矩。主要有：①管理宗祠事务；②主持族人婚丧喜庆活动，如作为全族象征迎送客人等；③管理族谱，参与修总族谱、集资收钱，并负责每年新生族子的上谱事务；④决定是否修复祖宗房屋及祠堂，⑤召集或组织男丁拜祭祖坟等各种活动。这些事务大多都是道义性的，没有强制性的手段与权力。总的来说，现在族长的权力是大不如前的了。据通山县厦铺镇花纹村谢家祠堂的一位门长讲，解放前，在花纹村前面的大屋村，曾经有一位男子，作风上有些问题，就在他的脚上绑了两块大石头，然后把他丢入一个放红薯的窖里面，让他永世不得爬出。20世纪80年代，谢家祠堂也曾出现过将不听话的小孩拖到祠堂里面打屁股的事情，但90年代以后，这些事情都没有出现了。宗族领导也主动适应环境变化，将自己的职权范围予以收缩，仅限于发挥一些道义性与象征性的作用。不过，对诸如族内打架斗殴、夫妻吵架以及家庭内部纠纷等，也会出面进行劝解或批评，如通山县洪港镇茅田河村王氏宗族中有人不孝敬父亲，族中的几位族长、房长和一些有威望的老人，集体来到此人家中，对他进行一番训斥，也起到一定的作用。但此类事情族中领导所能做的也只是训斥而已，如果不听，也别无他法。

（二）宗族房支结构及辈分情况

鄂东南地区的宗族，大多都有一个比较完整的房支结构。以通山县大畈镇白泥村的谭氏宗族为例，此地谭氏宗族的始迁祖为隆六公，隆六公下派生出四房，四房之下又派分出若干小支，称为"门"，如大房下面就有六门。门之下就是家户了。从纵向结构看，房支结构一般是宗族—房—

门—家户。宗族设有族长,房设有房长,门设有门长,族内的事情都是由族长召集房长、门长商量解决。这表明,当代的宗族组织基本上复制了传统宗族的结构网络。

然而,当代宗族房支结构的内涵已在悄然发生变化。在传统宗族内部,房与房、门与门之间往往是不平等的结构,有大小、尊卑之分,并带有权利与义务的不对等性。如今,这种不平等结构已基本不存在,"大宗"与"小宗"、"长房"与"小房"之间至多只保留着排序上的意义,再无其他的不平等性内容。如通山县慈口乡石印村的徐氏宗族和西垅村的徐氏宗族,是同一宗族的两个房,这两房现在都自成体系,各自开展活动,管理族务,相互间是一种平等的关系,"长房"并不拥有特殊的权利。

在辈分问题上,鄂东南各宗族仍然沿袭传统,严格讲究辈分关系,尽量避免出现辈分混乱的事情。各宗族一般都明文规定"同族不婚",更不允许出现同族之内跨越辈分通婚的。1983年麻城县曾经出过一桩因同族之内跨越辈分通婚而导致的活埋惨案,就是这种传统沿袭的有力证明。那对男女同属当地陈氏宗族,两人的辈分在宗族内是还没有出五服的叔叔与侄女关系。两人同在当地某小学教书,产生感情,准备结婚,遭到本宗族强烈的反对,族中的族长、长辈纷纷出面干预。但这两人不顾家族反对,仍然自行结婚。觉得丢尽了脸面的女方家族成员遂将男女二人分别关押起来打骂,最后竟将女儿打到奄奄一息,抬到村外活埋了。此案当年震动一时,4名家族成员被判徒刑。而时至今日,当地人仍将这场悲剧归咎于那桩不光彩的婚姻,男当事人至今隐居外地,永不回乡。

(三) 宗族成员对宗族活动的态度

调查表明,宗族成员对宗族活动普遍持支持的态度。绝大部分人都认为宗族是中国传统文化的一部分,从事宗族活动并不是封建迷信,而是对传统文化的继承和发扬,加之国家对宗族活动并没有明文禁止,所以应该对宗族活动给予支持。

相比之下,老年群众更热衷于宗族事务。以在麻城市所采访的修谱、建堂筹委会为例,号召和参与修谱、建堂的人从年龄结构上来看都是老年人。如中馆驿镇林家寨村林家寨湾《胡氏宗谱》筹委会的理事长胡××(70岁);中馆驿镇陈家寨村彭家巷湾《彭氏宗谱》筹委会的理事长彭××（70岁）；宋埠镇长塘村板桥何湾《何氏宗谱》筹委会的理事长何××（65岁）；歧亭镇熊店村熊店湾《周氏宗谱》筹委会的理事长周××（79岁）；歧亭镇刘家庙村东颜家湾《颜氏宗谱》筹委会的理事长颜××（82岁）；白果镇曾湾村刘家畈湾《罗氏宗谱》筹委会理事长罗××（65岁）；盐田河镇东界岭乡雷氏祠村雷氏宗祠筹委会理事长雷××（70多岁）；盐田河镇南冲庙村余家湾余氏宗祠筹委会理事长余××（68岁）。而且理事会成员也基本上由老年人构成。

中年人和年轻人对宗族活动一般直接参与的不多，大多是以捐款出资的方式间接参与。这主要源于这一年龄层次的人大都外出打工，忙于生计，生活压力较大，无暇参加这种活动。对于这种现象，族中的年长者并不过于担心，他们认为"宗族活动是会一直传承下去的，只是现在年轻人没有意识到宗族的重要性，没有时间参加而已"，通山县通羊镇邓氏谱局的副主编就以自己为例现身说法：他在退休之前，一直对宗族活动没有兴趣，参与不多。退休之后，受族里人委托参加了编写族谱的工作，才发现了"祖宗文化的奥秘，修谱本身也是个宗族文化，加强族内之间的感情，把亲疏长少弄清楚。并且通过这个活动认识了不少人，从不清楚到清楚，感情拉深到距离拉近"。他认为"修谱是好事，能够统一派行，理顺伦理，是宗族文化的记载，也是一种人民的记载。家谱其实就是一个档案，没有迷信色彩，也没有宗派色彩，就是一个历史档案记载，应该一代一代地传承下去"。他现在已经成为宗族活动的支持者甚至是积极倡导者。

在对鄂东南地区宗族的调查过程中我们注意到，中青年群众中其实也不乏积极支持参与宗族活动的人。大部分祠堂的负责人都说现在年轻人对这些活动还是支持的，有些人还是比较热心的。如通山县通羊镇湄港陈庄一位二十来岁的女青年，一直在外打工，在族内修谱建堂之际，受其父亲委托，回来参与这些宗族活动，不计报酬的认真工作长达1年多的时间。前文提到的湄港陈庄的陈××，现年三十来岁，在咸宁市中国农业银行工作，尽管工作十分繁忙，但2006年宗族重建祠堂时，他积极参与祠堂重建工作，帮助寻找族人、募集资金。

三 宗族与乡土秩序

在中国传统社会,"从行政的观点来看,宗族制度的意义表现在以下方面:在帝国的统治下,行政机构的管理还没有渗透到乡村一级,而宗族特有的势力却维护着乡村的安宁和秩序"。根据实地考察,在当代鄂东南乡村,宗族不仅依然"是一种地方势力",而且发挥着特定的功能,宗族力量的对比及村民的宗族意识,对乡村治理有着明显影响。

(一) 宗族对村级选举的影响

村级选举的制度性框架是村民自治,即由农民自己选举当家人。在鄂东南农村社会,从村民代表选举开始,到确定村委会主任候选人,再到村干部的正式确立并行使职责,都可以观察到宗族力量的作用。

这种作用首先表现为选民的投票心理与倾向,以及候选人及其支持者将宗族或房支作为竞争的资源之一。在随机访谈中,村民对于干部的选举有两种不同的态度。一种观点认为,村子里的事情和所需要解决的问题都很简单,不需要有很高的管理水平和高学历的人,村民彼此能力的差别也不是很大。在这样的想法下,人们普遍愿意选同族中相对威信较高的人为干部。另一种观点则认为,选村干部要选愿意为老百姓做实事、有一定组织协调能力和高学历的人,不论他的姓氏是什么。而实际的情形是,在乡村基层组织选举时,同姓的人一般会推选同姓族人出任干部,村中某一姓氏的人多,该姓氏村干部也肯定多。

在鄂东南农村,由于同姓聚居的比例非常高,有的村子甚至100%都是同一个姓,所以在村级选举中,通常由大姓成员担任村委会主要干部,小姓顶多担任副职。小姓的人很难担任主要职务,否则无法服众。罗田县骆驼坳镇罗河湾村的徐氏老人坦言,全村95%以上的人口都姓徐,其他小的姓氏根本没有被提名的机会,因为他们不代表民意。在通山县各地的调查情况也是如此:南林桥镇罗陈村,有陈、吴、朱、鲁等多姓,其中陈是大姓,该村的村支书姓陈,且从1994年担任至今;大畈镇白泥村,共有1700多人,其中谭姓1200多人,王姓400多人,徐姓百来人,该村共有五名村干部:村支书兼村长谭××,两名副支书和两名村委中,谭姓占了四名,王姓占一名;慈口乡西陇村,有徐、朱两姓,其中徐姓1200多人，朱姓 400 来人，村委会由四人组成：村支书、副主任、文书均为徐姓，仅妇联主任为朱姓；慈口乡下泉村，共有 2200 多人，其中孔姓 1700 多人，邓姓 300 多人，朱姓 200 多人，村内有 4 位村干部，其中 3 个姓孔，1 个姓邓。课题组所调查的大部分村落都是这种情况。在洪港镇，由于王姓是该镇大姓，整个洪港镇 15 个村落中，就有 9 个村的村支书姓王。通山县洪港镇镇政府一位长期负责基层工作的干部说："一般的小姓在那个地方，他也知道自己的实力。农村有宗族势力，比如选举，你这个姓的人比较多，你这个支书姓王，家里亲戚多，你的优势比较大。"在通山县厦铺镇花纹村，我们问一位当地的小姓舒姓村民"会去当村干部吗"，他的回答是"没有机会，就是有机会，我们也不想去"。我们再问如果舒姓有个人非常有能力，且上面也支持，会去做吗？他的回答仍然是"不会，不愿意，在这里不管你做得再好，没有人服你"，"上面支持有什么用，只是一个人，下面群众有多少呢"。通山县厦铺镇曹氏宗族族人则明确表示，选村干部要考虑家族因素，"势力大好搞事些"。当然也偶有小姓主政的例子，如我们在路上采访的一位司机，是盘溪村人，该村邓为大姓，还有姓夏的、姓朱的，但 5 位村干部中，村支书为姓夏的，妇联主任也是夏家的媳妇，其他 3 位干部分别是姓邓的和姓朱的，为什么会有这种情况呢？这位司机解释说，"邓姓都是四分五裂，我们夏姓集中一些，要不然村支书怎么会是姓夏的人当，选村支书肯定要考虑这个因素"。在这里起作用的，仍然是宗族的因素。

由此可见，村民能否当上村干部，宗族的影响力不可低估。尽管宗族并未以公开的组织形式来竞选，但却深深影响着选民的投票心理与倾向，成为村级选举中首先考虑的因素。其次，才会考虑候选人是否具有公平、无私、品行与能力等因素。我们在调查中还发现，村民并没有把手中的选票看得很神圣，只要不涉及自己的切身利益，不过是走走形式罢了。在此种情形下，宗族的影响力就很容易发生作用。

另一方面，鄂东南地区的镇政府考虑到宗族关系在维护地方稳定和村委会实际工作中的重要作用，一般会对每个村的村干部配备上有所安排，这种安排可以通过操控海选而实现，以保证每个村子的大姓或是几个大姓都有候选人，尤其是保证在村委会中一定要有来自大姓的干部。麻城市地方志办一位主任表示，凡是在杂姓村中，即是由两个或两个以上的姓组成的村落，村委会的组成要综合考虑姓氏组合问题，每个大姓至少要有一个到两个村委会主要干部，且姓氏搭配要均衡。这样做的原因是为了村干部在日常管理中便于行使职能，用他们自己的话说就是"方便做工作"。

宗族力量的作用还表现在，在鄂东南各村，由于宗族和房族背景的不同，村干部所享有的权力份量便有所不同，并不完全取决于职位的制度安排。如在有关村内公共事务的决策上，来自大族大房的村干部尽管不一定居于主要干部的位置，但往往有着更大的发言权，来自小族小房的村干部总会自觉地规避或忍让。在村务的管理与执行上，来自大族大房的干部工作时往往会雷厉风行，胆子大，态度硬，也不怕得罪人；而来自小族或小房的干部则往往谨小慎微，不敢轻易得罪人，工作缩手缩脚。因此，在村民中常常能听到这样的说法：如果不让大姓大族的人来当村干部，就很难管好村。这是出于实际工作的需要，也是一种政治管理上的平衡策略。很多村务工作，可以通过宗族这根纽带顺利完成。

（二）宗族的功能及其在乡村治理中的作用

从鄂东南实地调查的情况看，宗族势力并未发展到左右村治的程度。在访谈中，绝大部分村民都认为村里的事情主要还是要依靠村干部来处理。关键时刻还是要听村干部，不能听族长的。但是，复兴的宗族势力仍然对村治起到一定作用，如村民所说，"村里的活动还是要靠宗族来支持的"，"村里和族里有互相依赖的情况"。其主要表现在如下方面。

其一，维护当地公共道德秩序。在这方面宗族显然比村委会的作用来得更大更实在。在农村，不孝敬父母、兄弟打架、夫妻不和、分家时财产分割争执的事情时有发生，在发生这些事情之后，人们多半都会先去寻求族中年长者、辈分高的人来进行调解。而相比之下，很少有人会去找村干部来调解，正所谓"清官难断家务事"，村干部很少有人愿意淌到这"浑水"中来。由同族中德高望重的长者出面做主，借助于宗族风习和"以长者为尊"的"人之常情"，形成一定的舆论压力，往往能最终达到和平解决息事宁人的目的。虽然这种调解方式并不具有法律的权威性，所以有些民事纠葛长期"扯不断线"。但由族里进行调解仍然是目前农村处理家务矛盾的普遍做法。除非"事情发展到非常严重的态势，村干部才会介入其中"。故从一定意义上来说，宗族具有稳定农村社会秩序的机制与功能。

其二，在一定程度上发挥着社会保障与互助的功能。目前，农村社会保障体系及其组织都还不成形，政府的保障是遥远而有限的，这些事情都为宗族组织发挥功能提供了空间。如农村养老问题，一般都是由自己的亲生子女来赡养。但没有后代的人由谁赡养呢？过继就成为传统宗族为无子夫妇提供后代的一种方式，这种方式一直延续至今，发挥了必不可少的赡养功能。正所谓"兄有子，弟不孤"。又如对困难户的帮助，宗族也能起到一定作用，如通山县通羊镇井湾的汪氏宗族，有一家人生活非常困难，男主人长期卧病在床，儿子常年患有精神病，于是宗族出面号召大家捐款，送这家的儿子去治病。虽然捐款数额不多，但毕竟也能稍缓一时的困苦。在通山县大畈镇谭氏宗族，因家庭贫困小孩读不起书的，族内各房头只需通知一下，族内的人"都要拢去帮忙"解决。谭氏宗族的孤寡老人，平日都是族人主动帮忙担水、做家事。通山县慈口乡下泉村的孔氏宗族族人也表示，尽管自己生活也不宽裕，但如果族内人有困难，"大困难还是要帮一下的"。在我们调查所到之处，族人自发自愿对族中困难户进行帮助的事情随处可见，十分普遍。这些事情都是村委会的力量难以做到的。

其三，对族人的保护功能。目前农村法治尚不健全，个人往往自行寻求保护办法。"私下了结"是当今许多农民处理纠纷的常用方式。所谓"私下了结"，轻则由家人进行协调处理，重则由宗族长者出面协商处理。遇有与他姓他族之人发生冲突之时，宗族往往以族人利益保护者出现，如若调处不成，则往往上升至族际间的纠纷，甚至以武力相搏。如2003年通山县茅田河村梅姓一个庄门的老人去世，安葬于坟山，该村大姓王姓认为梅姓所葬的地方侵犯了王姓祖公祖婆的坟，要求梅姓迁坟。梅氏宗族虽然是小族，但觉得在此问题上不能退让，于是联合了其他地方的梅姓族人，准备械斗。镇政府得知后派人来调解，给房头父老做工作，最后还是采取当地乡俗"上七下八，左五右六"，即要避开别人的坟地上七尺下八尺，左五尺右六尺，经双方认可得以解决。这也表明宗族关系在当下乡村民事纠纷与调解中依然有着特定的效力。

其四，凝聚族人，扩大本族社会资源。宗族通过修谱、建祠堂、寻宗亲等活动，不仅加强了同族人之间尤其是大批外出打工的中青年族人与本族的联系，而且寻访到一些在政界或商界混得有头有脸的族人，使本族光耀门楣，并在修谱建堂或其他事务上获得经济上或政治上的支持，从而起到凝聚族人、扩大本族社会资源的作用。

（三）宗族之间的关系

宗族之间的关系一直是影响地方稳定的重要因素。在调查中，我们发现自20世纪80年代以来，鄂东南地区常有宗族因为争夺土地或者祖坟山等问题发生冲突，严重的还会引发宗族间的大规模械斗。据通山县大畈镇白泥村的谭××老人讲，1988年到1989年之间，谭家因为与临近的王家争夺祖坟地，组织过一次械斗。当时通过家族内各房头的组织，临近几个村子的谭姓宗亲都赶来助战，人数达1000多人。由于力量悬殊，虽然两边都有人受伤，谭姓还是占了上风。之后谭××以村长的身份与邻村王姓打官司，名为解决茶山的产权问题，实则讨要祖坟地，最后以谭氏赢得官司告终。但谭××表示此后谭王两族关系一直不睦，"问题基本上没有解决，不可能谈拢，这是个历史遗留的问题……06年还打过架的"。20世纪90年代，通山县慈口乡石印村的徐氏家族与阳新县的杨氏家族因划分山界产生矛盾，组织过几千人的队伍与杨姓对峙。后来经由咸宁、黄石两个市出面调解才最终平息。在阳新县，所访谈宗族的大部分老人都表示参加过宗族间的械斗，当地矛盾的高峰期主要是红白喜事和清明祭祖扫墓时期。诸如"祖坟面积的争议""上辈的恩怨"和"争夺风水"等，都是引发宗族间纠纷的因素。宗族之间发生产权纠纷时，经常会有人到县档案局去查找关于该族族田山界等情况的资料，以之作为解决问题的凭证。

此外，部分村庄的"强势宗族垄断"现象值得关注。在强弱分殊下的宗族之间，弱族要想在村民选举中胜出是很困难的，相反，强族候选人往往能够很轻易地以高票当选，由此常常会出现一种"强族垄断"的态势。以通山县通羊镇井湾村为例，此地汪氏宗族为大姓，村中主要干部都是汪姓族人，熊氏宗族为小姓，熊姓族人认为汪姓都是"压在我们头上做事"，发生冲突时，"村干部也是帮着姓汪的"，汪姓建祠堂时，"村干部暗地里帮着搞了钱的"，"我们想修祠堂，他们也不给地我们"，等等。通山县厦铺镇花纹村的舒氏宗族向我们诉说，因为当地焦氏是大姓，他们是小姓而且后迁至此，所以经常被焦氏族人斥责"占了姓焦的人的土地"，还有诸如指责他们"迁到这个地方来，把风水破坏了，连累了焦姓人"此类的话。对于此类族际矛盾，因为两族势力相差较大，小族一般"都了解自己在当地的实力"，"能忍则忍"。然而一旦矛盾激化，小姓有时也会纠集其他地方的族人，与大族进行对抗。如前述2003年通山县茅田河村梅姓与王姓因坟山安葬发生冲突，小姓梅姓联合了其他地方的梅姓族人与大族王姓对抗，就是一例。

（四）村干部对宗族活动的态度

据实地考察，鄂东南的村干部们对宗族活动的态度可归为三种。

一是持既不支持也不反对的态度。如麻城市岐亭镇杏花村村委会李书记表示："我们不介入，也不反对。"通山县慈口乡西垅村村支书接受访谈时说，他对村中徐氏宗族修建祠堂仅代表政府提出了三点要求："第一，集资不能违反国家政策，只能是自愿，有钱的就出，没钱的不能勉强。第二，要保证祠堂的质量，不能是豆腐渣工程，影响安全。第三，要搞好团结，因为我这个村里不止一个姓徐的，还有姓朱的，不能因为修祠堂把村里的战斗力减低了，姓徐的、姓朱的还要像一家人一样要团结。"除此之外，不会过多干涉他们的宗族活动。

这种态度主要表现在村干部们对村里非本宗族的活动上。在罗田县骆驼坳镇彭家圈村，被问及对于彭氏修祠堂、建家庙是什么意见的时候，徐姓村长说："那与我们没有关系。那是彭姓自己的事情，我姓徐。我们既不支持也不反对，他们需要办手续我们还是帮着办。比如批用土地等。"

二是积极支持并公开参与本宗族的活动。大多数村干部都是本宗族活动的积极参与者。罗田县大崎乡刘家庙村的老书记，既是村里的书记，也是刘氏宗族修谱建庙的领头人。罗田县匡河乡九口塘村叶氏组长是本族宗族事务的积极参与者，他表示：参与修谱、修祠堂等宗族活动对村干部的工作没有影响，村里面的干部也很支持。通山县通羊镇井湾汪氏宗族的人说，"他们（村干部）不会反对，还比较支持，这建起来也是好事啊。村长（姓汪）还以村干部的名义给祠堂搞过钱"。通山县厦铺镇曹氏宗族"2005 年修谱时，村支书支持得很，因为这是整个家族的事情，他先开会，首先捐钱"。通山县慈口乡西陇村村支书也是徐氏宗族建祠堂的直接领导人。通山县焦氏宗族 2007 年续修族谱的活动，更是由焦氏的 8 名村支书倡议并组织的，该宗族在 2008 年 1 月 6 日举行规模盛大的散谱仪式，也是几位村支书坐镇指挥。焦氏族人都认为，"没有村干部，这些活动是组织不起来的"。

三是有一些村干部表面上不主动参与，但在实际上对本族活动予以支持。麻城市盐田河镇杨家冲村一位摩托车司机对我们说，"（村干部）没有直接出面,但会派他们的老人或是孩子来的"。通山县洪港镇镇政府长期负责基层事务的成主任接受访谈时说"村长支书啊,表面上不出面,实际上还是在干"。

当代农村宗族的复兴有其自身深刻的历史文化背景和现实社会基础,可以说农村宗族复兴是当代乡土秩序建构的一个难以绕过的历程,因而也就成为有关农村社会发展的重要问题。尽管宗族的存在从长远的历史来看,毕竟是要消亡的事物,但也可以预计,这个过程将会有很长一段时期。如何根据历史进程的脉搏,对这个传统社会组织加以引导,使它逐渐融合到现代社会体制之中,而不是漠视,或者消灭,是一个值得密切关注和认真探讨的问题。

厉行节约：抗战时期中共对浪费现象之改造

——以1940年代初期的华北抗日根据地为考察中心

把增强

（河北省社会科学院）

随着第二次世界大战及中国战场抗日战争的发展，迨至1940年代初期，国际、国内局势均出现了新变化，这种变化不仅是军事上的、政治上的，更要者是使中国的抗日战争与世界反法西斯战争融合在一起，同时也使得日本对中国的侵略更加惨无人道。在战争残酷性的背后则是中共抗日根据地在人力、物力与财力供应抗战上出现前所未有的新困难，并进而暴露出民力的有限性，即人民的生产力是有限的，不是取之不尽、用之不竭的。这也提醒当时之中共决策者，在每个根据地内，不仅要控制脱离生产的人数，减少财政支出，而且还要戒除浪费现象，厉行节约之风，最大限度地保持人力、物力与财力，供应长期抗战。本文即以1940年代初期的华北抗日根据地为中心，对其中存在的浪费现象以及中共对之所作的改造努力等基本史实作粗略解析，阐释节约之风在抗日根据地的推行及其对中共抗战的影响。

一 浪费现象之多维表征与思想改造

抗战时期，经济条件在决定战争胜负与中共根据地建设的条件中应该是第一位的，而物力与财力条件在经济条件中又应属首位。这是因为，如果没有或者没有足够的饭吃，没有或者没有足够的钱花，中共抗日根据地党、政、军、民的有生力量就不能保存，既不能自行生产，又不能购买必须之物资，抗战必将因之而受到极大影响。这在抗战最为艰窘的1940年代初期尤为明显。然而，就是在这样一个物力与财力捉襟见肘的阶段，华北抗日根据地的党、政、军各系统均在一定程度上仍然存在着林林总总的浪费现象。这些浪费现象，主要有三方面表现：一是因公招待中的超支浪费，比如晋冀鲁豫边区政府招待客人特别多，"边府本身每月招待费均超过"①。二是在衣物、公物与财务的使用与保管上没有节制而造成不必要的浪费。比如，晋冀鲁豫边区存在着"冒领衣被；夏天对冬衣保管不好，冬衣须多做很多；不爱护公物，随便破坏，随时领用；多领路费、菜金；打补针、吃补药没有限制；牲口死亡；卖草料；马粪归马之私人所有；牲畜装备经常换"②等现象，造成很多不该有的浪费和损失。三是公粮浪费。在对公粮的浪费中，一种是"拿粮票到村公所领了小米，自己想吃好的，于是用斤半小米换一斤白面，一天两顿，就得三斤小米，比规定超过一倍"；另一种是"拿上粮票买老百姓的麦子，一斤小米能买一斤四两麦子，一下子买上十多斤，老百姓拿上粮票到村公所顶了公粮"③。

此等浪费现象的存在，主要还是思想认识问题。首要而言，与党、政、军各界人士对于节约的重要性的认识不够密切相关。正是由于在节约认识上的欠缺，致使不少领导负责同志对于浪费现象抱熟视无睹、不闻不问的麻痹态度，不去积极了解与检查浪费，甚或虽对浪费做了一定了解与检查却大多是走过场，并未做到具体深入。对于这种状况，如不予以彻底纠正，浪费现象即无法遏止，这是影响到中共抗日根据地未来坚持与巩固的大问题。正是认识到这一点，中共以为欲杜绝浪费，实现节约之目的，必须从思想认识着手，改造人们的浪费习惯。1940年代初期，华北抗日根据地对于浪费现象的思想改造主要是从以下几个方面着手。

首先，号召人们从思想深处深刻认识节约的重要意义。在这方面，晋

---

① 晋冀鲁豫边区政府：《关于厉行节约的办法》（1942年2月11日），河北省档案馆藏档案，档案号：576-1-33-29。

② 同上。

③ 《信箱：买卖粮票就是贪污》，《抗战日报》1942年4月23日第3版。

冀鲁豫边区政府的做法较具代表性。具体有五：一是使人们从政治上了解节约运动之重大意义，"这个运动的成败是和争取抗战胜利密切联系着的，如果不厉行节约就无从积蓄力量、减轻人民负担，就不能顺利地准备战略反攻"，所以，"此次提倡节约决不是旧调重弹，而是严重的政治任务"。二是要求人们认识到，节约虽是大事，但须从小处着手，"从一针、一线、一张纸、一管笔、一个信封、一根火柴、一粒饭半丝半缕的打算盘，节省一个钱是一个钱，节省一粒米是一粒米"，大量的政治任务绝不是单从发号施令、讲演提倡中实现，而是从这些日常事务的细节上来完成。三是要求人们认识到，节约不是一个人、一个部门、一个机关的事，"必须动员起全体工作人员来参加和造成群众运动"，如此才能形成人人节约、人人省俭，以及"把公物公款看重、爱惜公物、爱惜公款胜过私物和私款"，"人人监督，自己不浪费也不让人浪费，对一切反节约的倾向作无情的斗争"。四是使人们认识到，从政治上了解节约是比较容易的，实现节约却是个艰苦的斗争过程。"一般人劝人节约，到了自己身上就唯恐不便利、不舒服，别人不应当浪费，自己却可以多领用物品、多领用公款。"因此说，"接受节约的号召是一件事，而真正去约束自己省吃俭用为别人作模范则是一件非常困难的事情"，这也表明，"在推动节约运动上，需要说服各方面，特别更要说服自己"。五是要使各级领导负责同志认识到，自己应作节约的模范，应作推动节约的第一人，"不要把节约看成是部署的事，自己要号召动员全体同志来节约，要推动督促各方面保证节约计划之百分之百的完成"，以达到预期节约的成绩。①

其次，要使节约成为社会公众耳濡目染的事情，从细微处灌输到人们的思想认识深处。在这方面，中共采取的有效做法是编写便于宣传且容易记住的节约公约，以使节约随处可见、随处可闻并广为流传。如为了使节约更加深入人心，晋西北各有关机关即共同商定了《晋西北节约公约》，详文如下：

　　财政开支，节约为要。计口领粮，不得浮报。
　　预算决算，按时作到。不报客饭，自带粮票。

---

① 晋冀鲁豫边区政府：《关于厉行节约的办法》（1942年2月11日），河北省档案馆藏档案，档案号：576-1-33-29。

服用土货，切实作到。人员调动，准时报告。
服装用品，随人介绍。被服领取，交旧换新。
变卖公物，定受处分。严惩贪污，浪费肃清。
禁止宴会，建筑均停。工作同志，一律遵行。
负责同志，检查认真。自觉遵守，违者严惩。①

该节约公约仅短短112个字，但却详述了有关节约的十余项内容：即财政开支原则——以节约为要；领取公粮的原则与注意事项——计口领粮，不得浮报；预决算的贯彻问题——预算决算，按时作到；出差中的客饭制度——不报客饭，自带粮票；日常饮食原则——服用土货，切实做到；日常穿着规制——服装用品，随人介绍；被服领取原则——交旧换新；办公用品与经费的使用原则及违反后的惩处——严禁变卖公物，严惩贪污浪费，严禁举行不必要的宴会，停止非急需的建筑；遵行范围——工作同志；检查责任人——负责同志。需要说明的是，该公约不仅以较少的字数包容了众多内容，且语言平实、便于理解，读起来亦朗朗上口，无论是识字者还是不识字者，均颇易记诵，的确不失为一个宣传节约的良策。

再者，要使各级领导负责同志从思想上认识到，节约并非漫无目的、毫无规制地眉毛胡子一把抓，而是大多都有一个中心，即围绕某一或某几个中心工作而展开。而且，时期不同，节约的中心不同；行业不同，节约的中心亦有所区别。在此仍需说明的是，由于粮食是坚持抗战的生命线，"谁掌握粮食，谁就能获得胜利"②，故在物力节约中，粮食节约始终是一个重要的核心问题。而且，随着抗日战争的不断推进以及中共抗日根据地群众生活的日渐艰苦，在努力生产扩大财源的同时，唯有节省粮食、纠正贪污浪费，方能有效渡过难关。正是基于以上认识，晋西北行政公署为节省公粮渡过难关特发出指示，要求所属各部从思想上进行检讨，对于浪费现象予以深刻剖析。如晋西北行政公署新政教导队总务科全体人员都坦白检讨自己过去的浪费事实。在检讨会中，"马夫同志们说，他们过去借口半斤粮不够吃而将粮食拿去换豆面，有时剩下粮票也不交给公家，口袋破

---

① 《贯彻制度厉行节约，行署发布节约办法，派专人分赴各地点验人数》，《抗战日报》1943年1月30日第2版。

② 《太岳区党委关于杜绝贪污浪费公粮的紧急决定》，《太岳日报》1943年8月第4版。

了不缝补，运输时抛撒很多食粮"；"伙夫同志们也说，他们平常不注意吃饭人数，多下米，剩下饭就糟蹋了"；"负责保管的同志也承认，过去不注意检查，粮食潮湿坏了或者老鼠吃了，都是很大的浪费"①。

二　浪费现象之清查

在思想认识有所提升之后，各地均将清查浪费尤其是清查粮食浪费作为实现节约的一个重要议题。为了使清查浪费工作更加有力，华北各抗日根据地不仅制定了相应的组织领导制度，还制定并采取了多种严查措施予以保障。

首先，为了更好地根除浪费，实现节约，各地均制定了一套严密的组织领导制度，并明确了在节约问题上的组织领导者、组织领导的内容。比如，晋冀鲁豫边区政府在下发的《关于节约的指示信》中就严令所属各地在节约问题上明确"谁负责组织领导""如何组织领导""检查汇报与总结"等问题。具体而言，在谁负责组织领导的问题上规定："各级政府首长是节约运动的倡导者、监督者，各级政府的秘书部门须担负起具体组织领导这一工作的任务"；在如何组织领导的问题上规定："接到指示后，各级政府（除了科）一方面动员布置本机关内部的节约工作，一方面传达布置下级政府的节约工作，要酌量实际情形，采用不同地区不同领导方式，在动员布置中发现问题，丰富节约工作的内容，并充实其具体办法，随时总结各地经验组织交流"；在检查汇报与总结问题上规定："本府检查专区深入到少数县，专署检查县深入到少数区，县检查区深入到少数村，区检查村"，"专署向本府，县向专署，每月报告一次；区向县，村向区，每半月报告一次"，"总结分三季，二月到五月，六月到十月，十一月到明年一月"②。又如，为克服当时及其后经济上的困难，中共晋绥分局机关对厉行节约规定有各种制度和办法，如"各部门预算要减少到最低限度，决算如不超过预算或能更多的节省，则分别予以奖励"③，

---

① 《新镇教导队检查粮食节约》，《抗战日报》1943年3月23日第2版。
② 晋冀鲁豫边区政府：《关于节约的指示信》（1942年2月11日），河北省档案馆藏档案，档案号：576-1-33-29。
③ 《分局厉行节约，机关勤务一律取消》，《抗战日报》1943年2月11日第2版。

等等。

其次，为了更好地遏制浪费尤其是在粮食上的浪费现象，各抗日根据地还采取了多种措施予以严查。比如，为了掌握晋察冀边区财粮预决算，认真节约，消除浪费，晋察冀军区司令部暨晋察冀边区行政委员会特共同决定组织晋察冀边区审计委员会，审计军政部门之财粮预决算，掌握军政部门之编制人数，检查各级军政部门浪费贪污事项等，并赋予审计委员会根据审计结果批准军政各部门编制人马数及预算、核发粮食及经费的权限。①

对于切实存在的粮食浪费问题，晋冀鲁豫抗日根据地太岳区党委特指示各单位采取上下级监督的方式进行内部自查，即"各级负责同志必须亲自严格查看自己单位公粮的贪污浪费情形"，并动员各支部每个党员积极"揭发集体与个人贪污浪费的事情"，对于问题特别严重的单位，还应进行"精细的彻底清查"②。为了使检查更加彻底，太岳区党委还设定了必须彻底检查与揭发的几种严重现象。一是检查是否存在粮食预决算支付与实有人数不符合、报空额现象。二是检查是否存在粮票制度执行不严格的现象，如不执行客饭制度，把粮票带回家去，出差未用完之粮票不交回，用粮票换吃白面及日用品，以及偷卖粮票，等等。三是检查是否存在干部下乡时不带粮票而开白条的现象。四是检查是否有用粮食换猪（或肉）、柴、菜、豆、豆腐、油盐和偷盗以作改善生活的现象，是否存在有每顿不计口下米的现象，以及是否存在有用剩饭、锅巴、小米喂猪的现象。五是检查是否存在不执行前次每人每日节省二两小米救济难民的决定，甚至有超吃的现象。六是检查是否存在有将粮食打埋伏（怕没收私自把粮食借给群众，将来还的也在内）用作生产资金开饭铺合作社的现象，是否有用公粮雇用编制以外人员生产，以及不依照制度规定将公粮多发给干部家属的现象。七是检查是否存在其他多种多样的贪污浪费的现象等。③

接到此指示后，太岳区各相关部门及时予以传达，并采取了相应措施

---

① 《彻底施行精兵简政，晋察冀成立审计委员会》，《解放日报》1942年8月29日第1版。
② 《太岳区党委关于杜绝贪污浪费公粮的紧急决定》，《太岳日报》1943年8月22日第4版。
③ 同上。

予以贯彻。如太岳区某政治部主任亲自传达了区党委关于杜绝公粮贪污浪费的决定，并决定从即日起，"以部、科、班为单位，分别开会讨论个人或集体贪污浪费粮食的现象"，由于"大家都下了决心来根绝贪污浪费现象，所以各部门都热烈进行了积极的揭发"，发现了贪污浪费现象多种：如保存粮票不交公家，拿粮票换白面煎饼，拿粮票换芝麻、西瓜、花生、豆腐、豆子、盐，拿粮票换斧头、瓢等用具，把粮票折价买书或作赔偿费，以及在反"扫荡"中丢掉粮票或把粮票送人，等等。这些现象被揭发出来后，太岳区某政治部随即对相关人员展开了教育工作，由于具有针对性，所以效果颇佳。①

在此需要说明的是，各地对于节约的深刻认识，并非徒然产生的，而是基于一个长久的思考。可以说，正是由于长期积累，再加之各抗日根据地行政公署的重视与督促，各级各部门才纷纷结合自身实际情况采取了卓有成效的应对浪费措施。以晋西北抗日根据地为例，长久以来，浪费现象都是其所直面的重要问题。由是之故，早在1940年晋西北行政公署成立之初，即颁布了一个《为发起节约生产运动，及展开反贪污浪费斗争，对军、政、民全体同志的号召》。在此号召以及晋西北行政公署的督促下，为节省经费开支、消灭浪费现象，抗大七分校专门组织经济审查团彻底清查各单位经济收支。为了使工作更加确实，抗大七分校还制定了详尽的实施方案，确定了审查中心、检查方式、审查团的组织构成、检查项目，等等。"审查中心为粮食问题。检查方式，采取由下而上由分而总的方式。审查团分调查与清算两组，调查组专门到群众中、政权中、送粮老乡中、学员中……清算组专门审查账目……集中研究，务求深入实际。其检查项目包括：粮站上的粮食来源、支出、衡量器具、粮秣员的生活、群众纪律及连队上的粮食支出、是否浪费、伙食、杂支、办公等"，并指示该校负责同志赋予审查团以特殊权力，即"如发现有贪污者，可不必等待命令，即可送交有关部门处理"②。

不仅如此，为了更加彻底地肃清粮食浪费现象，晋西北行政公署还指令所属各地严格执行公粮预决算制度，并专门刊发《厉行节约》社论，

---

① 《纵政王主任亲自领导，检查机关公粮，发现浪费现象多种》，《太岳日报》1943年8月22日第4版。

② 《消灭浪费节省开支，抗大组织经济审查团》，《抗战日报》1942年9月17日第1版。

晓谕晋西北人民给予支持和监督。

在对公粮预决算制度的阐述上，晋西北行政公署主要着眼于以下三点。一是阐明了公粮预决算制度的重要意义及有效做法，即公粮的预决算制度也就是财政政策上的统筹统支，"一方面，是保证抗战中军食的不断供给；另一方面，是保证有限度有计划向人民征收"，是"用一取一，且用得其当的办法"，因此不能只局限于在形式上执行，而应力求确实，"不能虚报一个人、一匹马，不能多用一升粮"。二是阐明了严格执行预决算制度与肃清浪费现象的关系："二者是使公粮支用正当合理的两个车轮，有机的联系着"，严格执行了预决算制度，就能防止浪费；没有浪费，预决算制度才能真正做到，因而二者不能偏废。三是要求各地严格执行公粮预决算制度，迅速认真清理旧欠粮食及现存粮食，并批驳了在执行公粮预决算制度上产生的思想误区，如"预决算制度是旧政权因不信任干部而采用的，我们新政权的干部都是为革命而工作的，用不着这些制度"①，等等。

在清查粮食浪费与厉行节约举措的阐述上，晋西北行政公署主要着眼于以下三点。一是从各级领导干部入手，要求各级领导机关与干部"正视困难，重视粮食问题在坚持抗战、建设根据地的重要性"，不要回避粮食浪费现象的严重性及其可能所带来的严重后果，"切实督促所属部队、机关、团体、学校、工厂等严格执行行政公署所规定的各种公粮制度，并负责检查其开支"。二是从每个普通的机关工作人员与部队战士入手，教育其了解"要知盘中餐，粒粒皆辛苦"的意义，养成爱惜公粮、节约粮食的好习惯，同时对当时存在的两种偏差认识给予批驳：即批驳了"认为财政、粮食问题要靠开源，节约顶不了大事"的片面看法；批驳了"得过且过，总以为吉人自有天相，天无绝人之路，置之死地而后生的盲目乐观"的自流侥幸心理。三是颁布了军区关于厉行节约、严禁粮食浪费的命令与行政公署每天每人节省二两粮食的决定，要求各地"不准用公粮喂猪、换菜，禁止酿酒、熬糖、做粉，在有菜时期不准打豆腐、生豆芽和用公粮做其他用途"，对公粮的保管与运输，"应周密系统的研究和接受过去的经验教训，确实负责，避免损失"②。以上种种，对于肃清粮

---

① 社论：《厉行节约》，《抗战日报》1942年11月28日第1、2版。
② 同上。

食浪费现象,切实做到厉行节约,起到了重要作用。

四 余论

节约之风从来都是和浪费现象相对而提的。什么时候节约之风提得响亮,那就说明浪费现象有急需改造之必要了。抗战时期中共对浪费现象的改造就典型体现了这一点。当然,1940年代初期还具有其他时期所不具备的重要特点,那就是当时为中共抗战最为艰难之时刻,无论是人力、物力,还是财力,均不堪重负。在这种情况下,中共统筹全局提出了在全党、全军、全根据地精兵简政的重大决策。而作为其中的一个重要方面,如何制止浪费之习、倡导节约之风,最大限度地为抗战提供财力和物力支持,就成为摆在中共政权面前的一个突出问题。很显然,中共针对浪费现象的多维表征,从彻底改造思想与从各环节清查浪费等细微处入手,显示了其高度的敏感性与临危不乱的成熟与睿智。当前,伴随着新一轮反腐浪潮的不断推进以及中共中央"关于改进工作作风、密切联系群众的八项规定"出台,倡导节约、反对浪费不仅再次走进中共最高领导层和决策层的视野,而且也径直飞向"寻常百姓家"。社会公众比以往任何时期都更加关注这一政策的执行力度。而面对这一政策,各地也屡有违者见诸报端,尤其是对于吃喝风的查禁也面临着一系列新的问题,诸如秘密转入私人会所、翻修高档机关食堂等"变通"之策,也为中共如何将该政策真正落到实处带来新挑战。很显然,在这种情况下,仅仅有政策和口号似的呼吁,没有思想上的深刻认识;仅仅靠有限的监察,而没有自律意识,上有政策、下有对策的循环怪圈就很难被打破。而这也是抗战时期中共改造浪费现象带给当今政府倡导勤俭节约的重要启示。

中国农村计划生育的普及——围绕生殖的技术与权力

[日] 小滨正子

(日本大学)

一 前言

20世纪末之前,全球第一的人口大国、中国在有效控制人口的出生率方面取得了成功。一般而论,国外的人们认为中国实现了出生率的下降,是1979年以后所推行的"一胎化政策"而带来的。但事实上,中国出生率急剧下降的情况早在20世纪70年代就出现过。从20世纪50年代后期开始,中国采取生育的控制即节制生育的政策,试图达到控制和计划生育的目的。计划生育的政策在此之后间断性地持续。20世纪70年代以后,随着全国性范围的计划生育运动的展开,人口的出生率相应出现了大幅度的下降。

关于中国的计划生育,已经有了不少包括中文、英文和日文的学术论文[1]。笔者认为,中国的计划生育最早是在1950年代后半期至1960年代

---

[1] 尤其在中国,有关计划生育的研究成果数量众多,大部分是从人口学角度分析各时期相对应的政策内容。我们可以从中了解该政策的相关内容。(国家人口和计划生育委员会编:《中国人口和计划生育史》,中国人口出版社2007年版,路迈、翟振武主编:《新中国人口六十年》(中国人口出版社2009年版)。在中国的研究中,朱楚珠、李树茁等人的研究独具特色,他们的研究着眼于女性的健康,评价了政策的功过(朱楚珠、李树茁:《计划生育对中国妇女的双面影响》,西安交通大学出版社1997年版)。此外,英文研究界也有不少关于"一胎化政策"的研究,其中 Shaping 从人口学角度阐明了计划生育政策开展的过程,Greenhaugh 对政策制定过程进行了研究,还有 White 的有关农村地区发动大众执行政策的研究。这些杰出的研究成果都不同

的上海实行,并且就此研究发表了若干论文。①笔者指出,此时,上海人口出生率曾急速下降,这是由于政府面对巨大的人口,不得不间断性地推进生育节制政策,同时妇女本身也为了承受工作和家庭的双重负担,对节育采取了主动的姿态。由于当时没有安全、保险且方便的节育方法,而男性又对节育不合作的社会性别结构限制之下,上海的女性无奈地采取对身体负担较重的方法节育。

本文将以一个较早开展计划生育的农村为例,进行研究。在1960年代,中国城市地区的人口出生率一度大幅下降,与此相比,农村地区人口急剧减少是在1970年代。当然,农村也因地区不同,计划生育进程大不一样。本文所聚焦的辽宁省大连地区 A 市 X 镇 Q 村是一个较早普及了计划生育、实现了人口出生率下降的乡镇。虽说该事例并不能一般化,但是可以视为典型,考察计划生育政策执行的相对"顺利"的地区具有的特点②。

本文将透过对 Q 村妇女采访的分析,探讨1970年代的村庄是如何普及计划生育的。笔者认为,农村妇女和其家庭既是政策实施的对象,也是生育行为的主体,她们是在什么样的条件下选择生还是不生,应该予以关注,出生率的减少也可以说是农村妇女主体性决断的结果。将1970年代与1980年代以后更严格地控制人口出生的政策加以对比,可以发现两者之间有连贯性但也有一定的变化。

程度地揭示了生育政策的真实情况(Thomas Scharping, *Birth Control in China 1949－2000*: *Population Policy and Demographic Development*, Routledge, 2003. Susan Greenhalgh, & Edwin Winckler, *Governing China's Population*: *From Leninist to Neoliberal Biopolitics*. Stanford: Stanford Univ. Press, 2005. Susan Greenhalgh, *Just One Child*: *Science and Policy in Deng's China*, Berkley and Los Angeles: University of California Press, 2008. Tyrene White, *China's Longest Campain*: *Bitth Planning in the People's Republic*, *1949－2005*、Cornell Univ. Press, 2006.)。在日本,若林敬子是最早多面性地研究了中国人口问题的学者,并注意到了"一胎化政策"(若林敬子:《中国の人口問題と社会の現実》,京都:ミネルヴァ書房2005年版)。

① [日]小滨正子:《从"非法堕胎"到"计划生育"——建国前后性和生殖之言论空间的变迁》,收入姜进、李德英主编《近代中国城市与大众文化》,新星出版社2008年版。小滨正子:《计划生育的开端——1950—1960年代的上海》,《"中央研究院"近代史研究所集刊》68,2010年。另,小滨正子《社会性别、技术条件与计划生育的开展:1950—60年代上海生育节制的普及》,收入姜进主编《上海:都市想象与日常生活的更张》,华东师范大学出版社2014年版。

② 本文的详细内容在小滨正子:《中国农村计划生育的普及——以1960—1970年代Q村为例》,《近代中国妇女史研究》2011年第19期。考虑采访对象的隐私权,本文中使用到采访田野的地名用Q村、A市等来表示。所以,地方志也只用《A志》等表示。

笔者同中国学者进行了联合研究,援引的口述史料来自该研究的实地考察。研究小组自 2007 年到 2008 年共 3 次去 Q 村,采访当地妇女。本文中的口述史料来自于当时的采访。采访的对象是 1920—1980 年代出生的当地妇女 36 名。我们听取了她们对自己的生殖—生育和节育经历的自述,属于半结构式采访调查。① 本文以其中 1970 年代前生育过孩子、自己出生在 1950—1955 年的 17 名访谈对象为中心,进行论述。受访人名字以 A－1 等编号记述。

二 计划生育政策的开展——以 1960—1970 年代的辽宁省为中心

中华人民共和国的人口政策有过几次大的转变。根据相关研究,各个时期可分为:①1949—1953 年鼓励生育时期;②1954—1958 年中期计划生育开始时期;③1958—1961 年因"大跃进"的中断时期;④1962—1970 年计划生育推进期;⑤1971—1978 年计划生育全面推进时期,⑥1979 年之后计划生育政策的强化时期,⑦1990 年代中期以后,强调再生产与保健相结合的计划生育,即计划生育政策改革期。② 本文主要研究 ④—⑤时期,通过文献资料考察该时期的中央政策变化,和以大连为中心的辽宁省的情况。

1955—1960 年,全国主要城市开始提倡节制生育,1957 年,旅大市节制生育工作委员会成立,一些农村也设置了节育门诊。1958 年 3 月辽宁省节制生育委员会成立,开始了有关工作。但不久,大跃进运动使得委员会的工作半途而废。③

大跃进以失败告终,1962 年起,全国计划生育工作重新开始。1962 年大连市卫生局发出"关于做好节育技术指导的通知"。1963 年 4 月,大连市计划生育委员会成立,重点对城市和人口稠密的农村地区开展工作,

---

① 访谈的内容已收录到小滨正子:《中华人民共和国における生殖コントロールの进展と女性たちの対応》(平成 18—20 年度科学研究费补助金研究成果报告书,东京,2009)。
② 参考国家人口和计划生育委员会《中国人口和计划生育史》;路遇、翟振武主编《新中国人口六十年》;若林敬子《中国の人口问题と社会の现实》等。但时期区分是笔者自己的。
③ 李学文:《大连市卫生志 1840—1985》,大连出版社 1991 年版,第 209 页;彭佩云主编:《中国计划生育全书》,中国人口出版社 1997 年版,第 1284 页。

在 1962—1965 期间,培养了三十万余人计划生育宣传骨干,并在具备条件的医疗机构,开设了节育门诊。① 因此,1962—1970 年之前,辽宁省计划生育的工作就有了一定进展,在全国范围内也是属于较早的。

1966 年"文化大革命"开始,1968 年大连市计划生育委员会被取消,有学者认为计划生育工作由此受到挫折而中断。② 但其实"文化大革命"期间,一部分工作仍然在进行。1968 年 9 月,在国务院设立了计划生育指导小组,在卫生部军管会业务组设立了计划生育办公室。由此,1980 年代成立专管部门之前,计划生育工作由卫生部主管。1969—1970 年,周恩来在经济规划会议上强调了计划生育的必要性。除此之外,"文化大革命"期间的农村在毛泽东的"六·二六"指示下,培养了大量"赤脚医生",这些赤脚医生也接受了有关计划生育和避孕药具使用方法的教育。③

1971 年国务院转批了"关于做好计划生育工作的报告"(51 号文件),启动了计划生育的全面推动(1971—1978)。随后,"一个不少,两个正好,三个多了",即倡导生育两个孩子为理想的人口政策正式开始。④ 1972—1974 年,计划生育工作逐渐强化。1972 年 1 月,全国计划生育工作会议召开,11 月在山东省召开了计划生育、妇幼卫生、节育技术经验交流会,强调了"计划生育不是私人的事,而是关系到全局的大事"。1973 年 7 月 16 日,国务院计划生育工作小组成立,同年起人口增加指标第一次被纳入国民经济发展计划。同年 12 月,全国计划生育工作汇报会强调了"晚、少、稀"的原则。晚,指的是晚婚;少,是指最多两个不超过两个孩子;稀,是指两胎间隔四年左右⑤。

在辽宁,1972 年因"文化大革命"而中断的旅大市计划生育办公室恢复了工作,1973 年大连市计划生育委员会恢复。1973 年 4 月辽宁省革

---

① 李学文:《大连市卫生志 1840—1985》,第 209—210 页;孙世菊编:《大连医药卫生与计划生育信息》,东北财经大学出版社 1993 年版,第 283 页;彭佩云主编:《中国计划生育全书》,中国人口出版社 1997 年版,第 1284 页。

② 彭佩云主编:《中国计划生育全书》,第 1284 页。

③ 史成礼编著:《中国计划生育活动史》,新疆人民出版社 1988 年版,第 155—158 页。

④ 同上书,第 160—161 页。

⑤ 当代中国的计划生育事业编辑委员会编:《当代中国的计划生育事业》,当代中国出版社 1992 年版,第 251 页。

命委员会规定了晚婚年龄农村为男 25 周岁，女 23 周岁（城市加 1 岁），打出了鲜明的推进计划生育的姿态。①

1974 年 12 月 29 日，毛泽东在国家计划委员会上指出，"人口非控制不行"。于是，1975 年开始了全国性的运动。② 正如后述，运动也波及 Q 村。1976—1977 年政治的动荡持续。然而，计划生育的工作尽管没有像 1975 年那样大规模地进行，但是不同程度的运动并没有间断。在大连，1976 年各市、县计划生育技术小分队巡回农村地区，实施节育手术和妇科疾病检查。在一些地区，基本上做到了"三项节育手术"不出人民公社，放环取环等小手术、妇科病的预防与治疗不出生产大队就可做到。另外，人民公社医疗机构三分之一的医务人员要组成小分队，节育手术送到炕上。各大队还配备一名女乡村医生来指导节育。该时期节育的基本要求为"二孩放环，三孩结扎"。大连地区 1978 年节育率高（实施节育措施的有生殖能力夫妇的比率）达 86.8%，节育措施深入普及，计划生育的主要形式已经是"预防为主"了③。A 市于 1976 年 10 月成立了县计划生育委员会，各人民公社都配备了计划生育助理，生产大队、生产队都要选出"大嫂"即妇女队长④。

20 世纪 70 年代末中国进入了计划生育政策强化期，所谓的"一胎化政策"时期。1978 年 10 月 29 日，中共中央批准了"国务院计划生育指导小组第一届全体会议报告"（69 号文件），鼓励"最好一个，最多二个"的独生子女政策。11 月，第一届全国人口理论科学讨论会提出了通过经济规律、经济手段（即罚款和奖金的手法）促进计划生育的建议。1979 年 1 月，全国第 6 届计划生育办公室汇报会上提出，1980 年人口自然增长率降到 1%以下，要求贯彻"最好一个，最多二个，间隔三年以上"的政策方针。之后，全国农村各人民公社设立了计划生育工作机构，配备了专职干部，全面开始了计划生育⑤。8 月 11 日，《人民日报》上发

---

① 李学文：《大连市卫生志 1840—1985》，第 210 页；孙世菊编：《大连医药卫生与计划生育信息》，第 283 页；彭佩云主编：《中国计划生育全书》，第 1284 页。
② 史成礼编：《中国计划生育活动史》，第 168—169 页，国家人口和计划生育委员会编：《中国人口和计划生育史》，第 107—108 页。
③ 李学文：《大连市卫生志 1840—1985》，第 212 页。
④ A 市地方志编纂委员会编：《A 志》，大连出版社 1994 年版，第 97 页。
⑤ 史成礼编：《中国计划生育活动史》，第 175—177 页。

表了国务院计划生育指导小组组长陈慕华副总理"为实现四个现代化，必须有计划地控制人口增长"，确定了通过计划生育，控制人口增长以实现现代化的国策①。

辽宁省革命委员会也于1979年6月打出"提倡生育一子女，最多两个，间隔4年以上"的方针，10月，大连市计划生育委员会升为市政府独立部门。1980年4月，省人民政府发表"要求只生育一个子女。特殊情况可以两胎。间隔4年"的《补充规定》，要求所有夫妻原则只生育一个②。

这段时期被认为是全国计划生育"最严格"的时期，一律只生一胎的要求在各地引起纷纷不满和混乱，促使中央不得不进行修改。1984年4月13日，中共中央批准了国家计划生育委员会党组"关于计划生育工作状况的汇报"（7号文件），放宽了政策的部分内容③。

为此，辽宁省根据中共辽宁省委（1985年）31号文件与"辽宁省计划生育条例"，允许一对夫妻原则上只生一胎，但第一胎是女婴的农村夫妇，可以在间隔4年的条件下生第二胎④。这样，从1985年起，辽宁省农村和全国许多地方的农村一样，如果第一胎是女孩的话允许生育第二胎，所谓的"一·五胎"的体制，一直延续到21世纪以后。

如上所述，计划生育在20世纪70年代全国范围内推进，并逐渐加强了推进的力度。虽然这一时期的计划生育没有定位为最重要的基本国策，但是许多相关的运动有重点地开展起来。

三 村庄概要、村里的医疗卫生与"赤脚医生"

（一）村的概要与人口

Q村位于辽宁省南部，隶属大连市的A市X镇，距离大连约150公里，距离A市中心大约50公里，汉族村庄。2008年人口2974人，90%

---

① 《为实现四个现代化，必须有计划地控制人口增长》，《人民日报》1979年8月11日。
② 孙世菊编：《大连医药卫生与计划生育信息》，第283页；彭佩云主编：《中国计划生育全书》，第1285页。
③ 史成礼编：《中国计划生育活动史》，第296—297页。
④ 孙世菊编：《大连医药卫生与计划生育信息》，第283—284页。

以上为农业户口①。Q 村既没有陡峭的山地也不靠海，地势相对平坦，以种植玉米和大豆为主要经济，也有部分牧羊业。但是同靠海而能够制盐和养殖海参的邻近地区相比，Q 村属于较贫穷的地区，农业收入占了 90%以上。

从村里到镇中心大约 8 里路（4 公里），5 分钟的车程，走路需要 40 分钟。X 镇由包括 Q 村在内的 8 个村落组成。以前属于一个人民公社，Q 村就是一个生产大队。1983 年人民公社废除后成为 X 乡，1985 年改成 X 镇。镇中心的道路两侧是林立的两层楼房的商店和镇政府办公楼，呈现一派热闹的乡镇面貌。X 镇，有传统的制盐历史，经济富裕。Q 村过去有不少人到大连或制盐场打工，挣钱弥补村内拮据的收入。从全国来看，Q 村是一个靠近大城市较近、相对比较富裕的地区当中的贫穷村。

关于计划生育，该地区在全国也属于贯彻得较彻底的地区。1973 年县的节育率为 62.9%。在 1982 年为 89%，到 1985 年达到了 90.4%。出生率方面，1982 年为 18.55‰，1985 年为 13.16‰，为此，该县 1983 年被评为大连市计划生育工作先进单位，1984 年被评为辽宁省先进单位，表彰了该县贯彻执行计划生育取得的优异成绩。整个大连市地区的计划生育率（政策指标内生育比率），在 1982 年之后保持 90% 以上，1984 年后保持在 99% 以上的高水平，计划外生育极少。1990 年大连市的出生率为 13.76‰，总和出生率（TFR）为 1.5 人，大大低于全国水平②。

（二）村里的医疗卫生与妇幼保健

20 世纪 70 年代的计划生育是与妇幼卫生工作相结合进行的。

在人民公社时代，村里曾经有过叫作红医站的医疗诊所，常驻有"赤脚医生"来照顾村民的健康。当时负责该村妇幼卫生保健工作的就是女"赤脚医生" J。J 是 1964 年从村里挑选出来，与 X 镇其他各村选拔的 7 名妇女一起，在 X 镇医院学习了两个月，又在 A 医院培训了 5 个月后成为农村接生员。3—4 年后到村红医站（红色医疗站）成为脱产"赤脚医生"③。根据地方志的纪录，1960 年全县各生产大队，即各个村子都建立

---

① 2008 年 7 月采访村干部。
② 孙世菊编：《大连医药卫生与计划生育信息》，第 284 页。
③ J：2007 年 9 月 2 日采访。

了保健室。1968年各生产大队共建立了412个合作医疗站,1969年配置了1411名赤脚医生①。J所工作的红医站应该就是地方志上的合作医疗站。

J从1964年到20世纪80年代为止,基本上一个人负责了村里的接生。听说阵痛来了,就奔赴产妇家庭,帮助分娩,难产的产妇被送到镇医院。日常生活中,她与村里妇女相处和交谈,进行产前产后健康检查,一方面也传授孕妇须知或养育婴儿的知识。赤脚医生的报酬是按照人民公社的工分支付的,接生器具等卫生材料也由县卫生局发放,同时还要定期进修和写汇报。所以,赤脚医生是国家医疗体制的基层组成部分,也是得到政府支持的一项制度。通过女赤脚医生从事接生,由于消毒等原因,产褥热和破伤风大大减少,为降低母婴死亡率起了有效的作用。

一直到20世纪70年代末期,计划生育属于医疗卫生部门的管辖。农村的计划生育工作就是在医疗系统和行政系统的妇女干部——生产大队(村)的妇女主任,加上下属的各生产队妇女队长(妇女大嫂)等女干部为中心开展起来②。产后的婴儿生存率提高,加上有一批与当地居民有密切联系的基层医疗工作人员,这两方面因素为计划生育的普及创造了条件。

(三) 受访妇女的简历和生育行为动向

本文将所涉及的采访对象Q村的妇女作一介绍。36人是在1924—1982年出生。年龄的分布为:20世纪20年代出生的有4人,30年代有5人,40年代有6人,50年代有5人,60年代有6人,70年代有5人,80年代有5人。

表1统计了36名妇女的出生时期和生了几个孩子,可以看到,20世纪30年代以前出生的妇女平均生4个以上孩子,20世纪40年代的生2.16人、50年代的生1.8人、60年代的生1.33人、70年代以后的生1人③,明显呈现减少的趋势。

表2是关于受访人孩子出生的年代与属于第几个孩子之间的对照。从

---

① A市地方志编纂委员会编:《A志》,第650、652页。
② 当代中国的计划生育事业编辑委员会编:《当代中国的计划生育事业》,第21页。
③ 但年轻妇女中有部分想再要一个。

中可知，20 世纪 60 年代出生的小孩中，属于第 3 胎、第 4 胎、第 5 胎的情况较多，20 世纪 70 年代之后减少，调查对象中，到了 20 世纪 80 年代以后生过第 3 胎的人无一例①。再具体加以分析，可以知道 20 世纪 70 年代出生的第 3、4、5 胎，都是生在 1972 年以前。这些人的母亲 1973 年以后生育三个孩子以上的，没有一例。中国 20 世纪 70 年代之后，出生率急剧降低。该村妇女的出生动向反映了全国的趋势。

表1　　　　　　　　Q 村妇女的生育时期和孩子数　　　　　（单位：人）

出生年代	人数	小孩总数	平均生育数
20 世纪 20 年代	4	17	4.25
20 世纪 30 年代	5	21	4.20
20 世纪 40 年代	6	13	2.16
20 世纪 50 年代	5	9	1.80
20 世纪 60 年代	6	8	1.33
20 世纪 70 年代	5	5	1
20 世纪 80 年代	5	5	1
合计	36	78	2.17

表2　　　　　　　　Q 村按年代分出生孩子的出生顺序　　　　　（单位：人）

年代	第一胎	第二胎	第三胎	第四胎	第五胎	合计
20 世纪 40 年代	3	2	0	0	0	5
20 世纪 50 年代	6	3	2	0	0	11
20 世纪 60 年代	4	5	7	7	1	24
20 世纪 70 年代	4	6	1	2	1	14
20 世纪 80 年代	7	3	0	0	0	10
20 世纪 90 年代	5	1	0	0	0	6
21 世纪 10 年代	7	1	0	0	0	0
合计	36	21	10	9	2	78

注：死产和夭折（生下数日即死亡的婴儿）不计在表内。

---

① 20 世纪 50 年代以前生第 4 胎、第 5 胎的现象应该很普遍，但这些妇女年龄很大，多不在世。

本文主要叙述的对象，17 名出生在 20 世纪 50 年代前期以前的妇女（其中出生在 50 年代的有 2 名）均在 20 世纪 70 年代之前就有了孩子。这些妇女学历普遍很低，尤其是 1937 年之前出生的 8 名都称自己是"文盲"或"没上过学"。其中 5 名在 50 年代以后上过识字班或"扫盲班"。1938 年以后到 20 世纪 50 年代前期出生的人全都上过小学，但不一定毕业。有 1 名小学教师专科学校毕业。17 名妇女看起来都是农村户口，不以务农为生的有小学民办教师 1 名、村赤脚医生 1 名和做裁缝的 1 名。还有 1 人年轻时在城市做工人，后来返乡务农。17 名妇女中有两名初婚丈夫在朝鲜战争中阵亡，十年后再婚。更年轻一代的妇女中经历过离婚的有 3 人（其中 2 人日后再婚），但是这 17 人中没有离婚的。

四　Q 村生育节制的普及

（一）生育节制的开始——20 世纪 60 年代避孕环普及

Q 村是如何通过生育节制的普及减少了人口的出生呢？正如前述，大连地区自 20 世纪 50 年代后半期开始逐渐普及了计划生育。但是采访中发现受访妇女在这个时期都没有采取节育措施。

受访妇女中最早尝试节育的时期，是 20 世纪 60 年代早期。具体来看一下当时的情况。

> B-9：我有老二（1962 年生）那功夫就上环了，不知道环怎么掉了，就有老三（1965 年生）了，俺家老婆婆就说养活个小姑娘，掉了她就不让我带了，这就有老四（1972 年生），我以为是个小姑娘，一看是个小小，生完老四就结扎了。在这大队带的环，在 X 镇也带过，不要钱。

Q 村在 20 世纪 60 年代前期，已经传播了相当多的避孕信息，且部分人开始使用避孕环（IUD＝宫内避孕具，以下按中国的称呼为"环"）进行了实践。可以认为这是得因于大跃进后，计划生育工作的重新恢复（④时期）。

到了 20 世纪 60 年代后期，Q 村有更多的妇女开始放环。赤脚医生 J 是在 1966—1967 年间大队妇女主任的宣传指导下到镇上放了环。不久以后，J接受培训，掌握了放环取环的技术，在村里以身作则地动员妇女。

> A-4：生完这些孩子之后，感觉再养的话累啊，丈夫也同意。这家没有老婆婆、老公公。那时候就计划生育了。J就告诉我，"计划生育了，大老婆你不想点办法"？我说"想什么办法？"她说"带环"，我说"妈呀，不遭罪"，她说"不遭罪，你带试一试"。39岁有俺家老四（1967年生），过了一岁，41岁带的，50岁摘的。一点病也没。她说"你不拿这个环"，我说"不拿，拿了不能养活孩子"。她说"不能，50岁你还能养活孩子，拿了得了，死了还得……"，我说"死了带走得了"，她说"死了还带个环，等我有工夫，给你拿了得了"，我说"好，不遭罪啊？"就在大队卫生所带了环，当时带环摘环都不要钱……

这名妇女原来没有节育的观念，直到J告诉她。她已经生了四个孩子，对避孕本身态度积极，但看得出一开始对装环还是心存不安。但是因为相信J，所以下了决心（她的最小的两个孩子都是J接生的）。闭经后，不敢轻易地将环取出，说明对怀孕还是非常警惕。

根据采访，20世纪70年代之前，B-2、A-5、A-1、B-8都带了环。在村妇女主任宣传动员下，她们到镇上医院放了环，有一些是听了J的话后，到村红医站或在J家装了环。费用是免费的。妇女们是欢迎节育的。

农村合作医疗制度培养了受过初步的现代化训练的人员，这些人从事了农村的接生工作，同时为村民传播了节制生育的想法和做法。避孕是一个涉及性的问题，环的安装和取出也需要专业知识和受过训练的人进行，节育普及的成功与否，关键也在于能否为妇女们创造一个愿意谈论这一敏感话题的环境。所以说，为自己接生过的、也是熟知的邻居、赤脚医生来介绍和实施节育措施的话，会使得农村妇女在心理上比较容易接受。

当时的中国农村个人是很难享受到现代化的避孕条件的，但其实，中国自上而下的政策，使得村里的妇女通过日常生活中经常接触到的妇女队长或女赤脚医生讲述节育的需要和节育手段，这种环境为普及节育发挥了很大的效力。当时妇女们初次听说节育，都根据自己的情况，积极地进行了尝试。

(二) 计划生育的全面开展——20 世纪 70 年代"绝育"的渗透

中国政府 1971 年打出全面推进计划生育的政策以后，自 1972 年开始，国家直接领导了计划生育工作（⑤时期）。

Q 村除了放环以外，从 1970 年左右起，尝试动员有几个孩子的夫妇接受永久不孕手术。永久不孕手术，有男性输精管结扎，也有女性输卵管结扎，中国称之为"绝育"手术。该村接受调查的妇女中，20 世纪 30 年代后期到 1950 年前期出生的 12 名妇女全部做过该手术。正如后述，首先通过放环避孕来调整怀胎的间隔，生完合理数量的孩子以后，就会被动员接受绝育手术。该村是如何做到"绝育"的普及的呢？

1972—1985 年期间，大连农村地区的五个县里，女性的输卵管结扎为 202069 件，男性输精管结扎为 1568 件，女性做手术占了压倒性多数，男性的手术比率不到 1%[①]。调查中的受访妇女，没有一例是丈夫接受手术的。总而言之，计划生育是在妇女承受更多的身体负担前提下取得进展的。

1. 手术的程序——村里的安排集体接受

我们听取了对手术时的情况的描述。

> A-2（1942 年生）：我 34 岁结扎……俺那妇女大嫂（妇女主任）一天到晚动员……一听到动员结扎的，我就说赶紧结。我就没等到他们动员……在村大队里，医生下来结扎的。医生就是 X 镇医院的。就在农家炕上，结扎几天，集体派人伺候，那时候就紧了，结扎一人给 40 块钱。……结扎之后没有什么后遗症，身体一直挺好，也没有什么妇科病。

首先是妇女主任的宣传动员。该村当时的妇女主任 D 对计划生育工作十分积极，是她说服大家接受手术。同意做手术的妇女成立小组。手术有直接去镇医院接受的，也有医疗队到村庄巡回医疗时进行的。妇女集体接受手术，手术后的几天，妇女们同住在事先安排好的家里受到照料，"集体伙食，吃点好吃的、有营养的东西"（B-2）。费用免费，甚至有时

---

① 李学文：《大连市卫生志 1840—1985》，第 21 页。

候能拿到奖金。由于输卵管的结扎是开腹手术,需要麻醉,村医生没有能力。在中国农村,大多数都是依靠巡回医疗队实施手术。各人民公社为了迎接医疗队,需要把妇女集中起来,安排场所等。"绝育"手术,从妇女角度看,不会自己随便接受手术,完全是遵照村妇女主任的要求和安排。故这是人民公社和大队体制框架中的制度性节育方法。对于干部和妇女主任的工作而言,必须按照医疗队的来访日程,组织好接受手术的妇女。

从当时中国农村所处的经济和交通环境来看,当时的节制生育普及的方法是一种合理的,动员农村妇女实际参与到节育中来具有一定的意义的。从妇女角度来看,选择不选择节育就等于听从不听从妇女主任的劝说,因为现实生活中别无其他的节育选择。

2. 妇女们的反映——"绝育"手术的评价高于"环"

A-6在早期就积极做了绝育手术,认为"感觉结扎好,因为我以前有妇女病,大概子宫有瘤。结完扎之后就好了",评价很高。据A-1所说,在后来做手术的人中也有人出过问题,但是受访的做了"绝育"手术的12人中,发生健康问题的没有一例。

与此相比,前面提到的避孕环的方法,虽然起到了一定的效果,但是技术上问题也出得比较多。有副作用的有好几人,最大的问题是环的脱落,放了环却怀孕的例子也不乏。17名妇女中,共12人装了环,但是6人日后还是怀了孕①,说明环的保险程度非常有限。"绝育"是一个又能保证避孕、副作用又比较小的方法,因而相对受到了农村妇女的欢迎。

3. 生了几个孩子就动员绝育呢?

妇女主任是怎样动员接受绝育手术的呢?有如下各种各样的情况。

最早接受绝育手术的是1970年的J。当时已有四子的她因为不愿意再生育,同意做了手术。同时期,A-5也被劝告说"生了四个那就多了",同意接受手术。但由于害怕开刀,故一直带环直到闭经为止。同样已有四子的B-7在1970年左右,响应了妇女主任D的动员,做了绝育。之后,有四个孩子的A-6也在1971—1972年响应了绝育运动的要求。根据采访调查,有四个子女的妇女基本上在1972年左右以前实施了绝育。

---

① IUD脱落多、带器妊娠率高是全国性问题。当代中国的计划生育事业编辑委员会编:《当代中国的计划生育事业》第248—249页有《各种宫内节育器(IUD)使用效果一览表》。相对来说,Q村采访妇女的带器妊娠率是比较高的。

从那个时期开始，有两个以上子女的夫妇，都被劝说接受手术。B-2 在第一胎生了之后放了环，以调整第二胎的间隔，到了 1972 年被动员说"两个孩子以上都做绝育啊"，就接受了劝告做了手术。

> B-2：生完第二个孩子（1972年生）的时候，已经施行计划生育了，就是动员不那么强烈，妇女坐一块，开会动员你，你同意了就计划，不同意就不计划，还是你自个自觉。那时候动员完，我自个就同意了，因为自个姊妹多啊，再个就是我那时候生活条件差点，孩子太多了就是一种累赘，我就不生那么多，那时候我自个就上 X 镇，去上环了，当时第一个孩子刚满月吧。上环以后，赶到又一期，他们都办的班，他们说"再生一个吧，头一个是小子，再生个丫头吧"，我也有这种想法，又给环取下来了，生的第二个。……那时候生第二个要有间隔，大概三、四岁吧，但不强制，是提倡，赶到结扎那时候，就是强制了。俺家老二五岁的时候，我做的绝育，不是说强制，人家就是统一，两个孩子以上都做绝育啊，也有很少不做的……

正如前述，20 世纪 70 年代大连地区的基本要求是，"有了两个就戴环，三个就绝育"，而该村动员妇女一个孩子就带环，有了两个就绝育，相对其他地域，计划生育实施的力度较大。当时只生两个孩子的情况越来越多，但如果一定要第三个的话，截止 20 世纪 70 年代末之前，还是可以的。当时虽然提倡"两个孩子以上都做绝育"，但并不是严格的规定，只是作为上级下达的要求，对村民产生了一定的影响。

后来，计划生育成为基本国策了，"要生也行"的情况不被允许。政策执行得最严格的时期，也就是不管头胎是男是女，只能生一个的 1980 年，C-13 怀上了第二个孩子，被罚了款，第二子满岁之前就做了绝育手术。此后，如果出现了违反计划生育规定的妊娠，一律实施人工流产。

4. 妇女主任的角色

该村大多数妇女都受到过村妇女主任 D 的动员。妇女主任工作在计划生育工作的基层，负责避孕措施的宣传和动员，该村妇女主任的 D 表现尤为积极热心。现已不在世，但村民们对她记忆犹新。

A-1：就在我结扎完了以后，就开始严了。妇女队长就开始宣传要带环，节育，越来越严，并开始强制了。有的还要个小的，像有的三个姑娘，四个姑娘的，要一个男孩，都跑啊。以前当妇女队长简单，就是领着干活。那个时候的妇女队长宣传计划生育太难。妇女队长是包干的。哎呀，那给人骂的啊，骂的不像样。

该主任是带着信念从事计划生育工作的。她本人的三个儿子中，长男生了男孩，老二和老三都只有两个女孩，当时是20世纪70年代，可以再生一个，但是她率先让两个儿媳妇做了绝育手术。如果找到需要做工作的对象后，她会顽强地、近乎固执地每天晚上都上门动员。另一方面，她对接受了手术的妇女又十分关怀照顾，也主动带头让亲属进行了绝育，这些模范行为使她受到县里的表彰。

该村之所以取得的"先进"成果，村民十分信赖的女"赤脚医生"，带着信念积极推进计划生育的妇女主任，这两名妇女起到了相当大的作用。在下一章，将考察妇女如何做出决定。

五　妇女们为什么并如何进行节育的——自愿与强制之间

20世纪60年代以前Q村没有人进行过现代化手段的节育。不想要孩子而怀孕了，过去可能采取过堕胎或溺婴的手段，而"有计划地生产"的观念和实践，是20世纪60年代自上而下开展的计划生育活动中得到普及的。

但必须提到的是，妇女在决定生还是不生时，并不只受到政策的左右，还会考虑到与工作、经济条件、家庭状况、身体健康之间的关系，喜爱不喜爱孩子也是一个因素。Q村的妇女们也是在听了妇女主任和"赤脚医生"的开导以后，开始思考，是继续生育还是采取措施预防生育。那么在决断的过程中，妇女们是怎样考虑问题的呢？

（一）养育子女的负担和贫穷

听了计划生育的宣传立刻实施节育的人，她们所列举的理由往往是贫穷，养育众多子女的负担。听了宣传后，有不少妇女迫不及待地开始了节育措施。这些人在此之前从来没有避孕的概念。自上而下的计划生育的政策，无疑为这些人的人生提示了一个"选择不生育"的权利。

(二) 政策指引和村民的立场

计划生育是根据"一个不少，两个正好，三个多了"的指导方针来建议动员村里妇女。被做了工作的妇女往往用"规定"（A-8），或"两个孩子都得结扎"（C-4）等的话劝导。正如前述，20世纪70年代的时候还不具有强制性的"提倡"，实在不愿意可以拒绝，但作为一种规范对村民有影响力，故要拒绝会感到有压力。如果已经有了孩子，觉得差不多了的人会积极响应。还有一些人没有想过要生几个孩子，这些人基本上也没有太多的抵触情绪，不愿意的人可以"跑""躲避"逃到底。

如果按照西方的人权观点，这种节育的"提倡"给个人带来了压力，会认为是国家对生殖行为这一私人决定权的侵犯。当然，村民们也有一些人对节育的"提倡"并不欢迎。但是，这种情绪是因为村民们感到这是上级的规定的关系，而并非是由于感到人权被侵犯，事实上对于"提倡"本身，村民们似乎没有特别的不满。

上级发出了"提倡"，同时也要求村干部和家属率先遵守规定。前面的B-2，由于丈夫是干部，认为"没有选择的余地"，但她也没有任何意见，同意了绝育。

民办教师A-2的情况如下。

> A-2：我自己决定的，俺家老头不在家，没问他……她（妇女主任）说"你不结扎不行，不结扎不让你教学了"……那时候我也不想生那么些，我身体不好，有两个孩子我都没多少命了，我想不生了，就这么回事，正好学校也不让生，我想就不生了，拉倒，结扎。

因为她本人也不希望再怀孕生育，所以积极接受了绝育的建议，可以说她是借着民办教师应该带头的理由，实现了自己的愿望。所以，妇女们面对上级的"倡议"，每一个人都根据自己的情况来应付，尽可能地实现自己的愿望。

在计划生育作为基本国策的时候，中共中央在1980年9月25日向共产党员与共产主义青年团员发了"公开信",要求带头只生一个孩子①。其实,在此以前,党和政府的干部已经被要求率先计划生育。当然,党和政府干部中也有背离政策而追求自己利益的人,但至少在Q村,妇女主任D是典型的"以身作则"的模范,没有任何人说闲话。

(三) 动员的严格性和"强制性"的问题

在初期,许多人虽然被动员去做手术,但不服从的情况也不少。"计划生育的动员越到后来越严格,后来强迫了",这是许多村民异口同声讲的话②。

因为该村的绝育手术的实施只是到20世纪80年代初期为止,所以这里提到的"强迫去做绝育"的情况,是20世纪70年代的事情。该时期正值计划生育作为基本国策之前的时期。一般的说法是,该时期的政策还不具有强制性,但是,该村的村民已经感受到了某些"强制性"。但与此同时,当时是"要生也行",所以,似乎并不存在绝对的强迫③。可以说,所谓的"强制"是指妇女主任D顽强地做劝说工作,甚至到了执拗的程度。而渐渐地,村民们越来越感到计划生育的推进带有了强制性。

计划生育实施地特别坚决的时期是在1975年。

> C-4:1975年的时候俺这儿计划生育可紧了,怎么叫先进,就是计划生育紧叫先进。公社来动员结扎,两个孩子的都得结扎,我就同意了……在村前面三队有那么一家结的扎,都是动员好的,妇女一批一批地去结扎……

正如前述,这年全国性的计划生育运动展开了。大连近郊的农村地区,1975年的手术数量是1978年前最多的一年④,反映了全国性运动波及该地,这种情况对于村民,就会有一个"计划生育可紧"的感受。这

---

① 史成礼编著:《中国计划生育活动史》,第201-203页。
② 前出A-1等。又,A-6说,"那些不愿意的后来也都去的,后来强制也去的"。
③ 20世纪80年代以后,有不少批判向"突击式"动员。但,好像在Q村一直没用过物理性强制力(就是暴力)。
④ 李学文:《大连市卫生志1840—1985》,第212页。

也是公社干部与妇女主任等三番五次地进行宣传、说服、动员带来的结果。假如计划生育的负责人派给的人数较多时，可能因为找不到合适的"工作对象"而千方百计地"严格劝说"。换言之，村民感觉到的"强制"，一方面是与国家政策的指标有关，但更多的是受到当地具体的不同情况的影响。所以，村民们讲的"强制"是当时的具体情况。换言之，是权力和人际关系中感到的强制性，也是流动的、相对的。村里的权力结构关系，如果是指村干部与村民之间的日常生活中建立起来的关系的话，这种感受到"强制性"的问题是无法避开的。

中国的计划生育政策，一贯强调"不强制而提倡"[①]。即企图通过现实中的权力关系，实现"说服"目的。当然，20世纪80年代，奖罚并用的方法采用后"说服"工作更趋严厉。但是，从动员工作基于干部与村民权力关系上的层面看，20世纪70年代与20世纪80年代之间，没有本质性的变化。

尽管如此，"权力关系"不局限于政府和村民之间。除此之外，实际生活中的人们被各种"权力关系"的人际网络包围。从妇女们的口述中可以了解到，决定生还是不生，不仅来自代表政府政策的干部，她们的家人亲友，也给她们施加压力。

（四）家庭成员之间的争议

围绕着计划生育问题，家庭之间也常常对立。

有了两个女孩的C-9，她本人也希望绝育，但丈夫非常想要一个男孩。

> C-9：那工夫非叫结扎，给俺家老头做工作，天天都来找他开会，我跟俺家老头说结了得了，他就不让，非得要这个小子，在人家眼前，没有这个小子就觉着少了点啥……我生完这个小子（1972年生）几十来天后，就去结扎了。

[①] 比如，"关于计划生育工作状况的汇报"（7号文件）（1984年4月13日中共中央批转）当中，有如下表现：可以在提倡自愿原则下……不搞"一刀切"……要彻底纠正"强迫命令不可避免"的错误看法，严禁采取野蛮做法和违法乱纪的行为（彭佩云主编：《中国计划生育全书》，第24—25页）。

除上述例子以外，B-9生了第二子后为了避孕而放了环，虽然没有得到婆婆的同意。后来避孕失败，又生了第三子，到怀第四子的时候想人流，但遭到婆婆的反对。第四子生了以后做了绝育。A-9的家庭中，只有婆婆不同意绝育，但她本人不顾婆婆反对，做了手术。像这样，妇女本身不愿意再生孩子，然而丈夫或婆婆等家属，也就是一家之长的人希望多生多得子，这样的情况有好几例。

笔者在其他地区进行的调查，情况也相同。当家庭对立的时候，本人想要而丈夫和公婆不让生的事例皆无，丈夫公婆要求生而本人不想再生育的例子占一定比率①。当然不乏相反的情况，总体而言，要承受生育和养育双重负担，妇女相对于丈夫和公婆，对有多子女往往态度消极。所以，尽管手术给身体带来负担，女方做绝育手术的例子仍然占绝对多数，就是正如上述，女方主动要求避孕的态度也是很大的因素。

以往的观点是，"计划生育政策与中国农民多子、重男轻女思想相矛盾，必然产生冲突"。那么这里的"农民"究竟指的是谁？是男性长辈家长的观念才代表"农民"呢，还是生育当事人——妇女的意向呢？所谓"中国农民多子愿望"，可能实际上并非生育之主体——农民妇女本人有此愿望，而是绝大部分地反映了丈夫与公婆即一家之长的观念②。妇女本身，大都对多次生育并不积极。可以说，当家庭内意见不一时，计划生育运动帮助了妇女实现自己的意愿。换言之，即妇女与政策同盟对抗父权制。

本来，生殖是各种关联势力对抗斗争的场所。在Q村，计划生育开始之后，有了政府认可的"少生子女"的新正统概念和具体手段。为此，农村妇女开始考虑生还是不生，她们对经济条件、养育子女的身体与时间的负担，家庭内意见不统一，政策方向等等各种因素考虑和斟酌，摸索合乎自己的生育策略。这种带有"强制性"——但还没有绝对性——的新规范压力之下，村民实现了自己的愿望。有的不想多生的妇女以新的正统

---

① 关于1950—1960年代上海情况，请参照小滨正子《计划生育的开端——1950—1960年代的上海》。湖南农村也同一倾向。

② 朱楚珠、李树茁等指出：充满着婆婆决定生育的"婆婆文化"的农村里，计划生育促进了妇女的生育决定权（朱楚珠、李树茁等：《计划生育对中国妇女的双面影响》，第45页）。

规范对抗父权制，实现了自己的愿望。有的生完自己希望的孩子后，便利用计划生育手段，而有的不愿意计划生育的就采取"逃跑""躲避"方式。这也是一个在当地的权力结构和人际关系当中，伺机斡旋做出决定的过程。

六 结语

在 Q 村，20 世纪 60 年代村里的妇女开始通过节育环避孕，20 世纪 70 年代对生殖年龄妇女普遍进行"绝育"普及计划生育，降低出生率。计划生育乃是以农村合作医疗体系及人民公社行政体系为基础，此外加上 Q 村有一个深受村民妇女信赖的女"赤脚医生"，以及热心计划生育工作的生产大队妇女主任，这些以女性工作人员为主的性别敏感的动员系统发挥了作用，故该村的计划生育取得了显著成果。

生育调节的主要手段之绝育，在该村响应了妇女主任的要求，以集体方式实施手术的方法开展的，故个人不会随便接受手术。费用是免费的。考虑到中国农村的当地条件，可以说农村妇女用这种方式把以前自己无法实现的生育控制变为现实。所以在 20 世纪 60、70 年代的 Q 村，计划生育在一定程度上受到了妇女们的欢迎。

计划生育通过基层干部的提倡，把"不多生子女"的新规范带到了农村。村民有欢迎的，也有"逃跑""躲避"者，但在具体有权力上下关系的人际中，政策逐步实行推广。有时候劝说工作太执拗，使得一些村民感到了"强制"。在"一对夫妻只生一个"为基本国策的 20 世纪 80 年代，政策也是通过"提倡"形式开展。因此，从这个意义上说，国家干预生殖的方法，20 世纪 70 年代和 20 世纪 80 年代存在着连贯性。

村民们也因为考虑到贫穷和养育的负担，愿意接受生育控制的手段。当家庭内意见不统一时，比起丈夫和婆婆，妇女本身对生育控制的态度更积极。因此这场运动中，政策和妇女结为同盟，一致抵抗传统的父权制多子观念，有效控制了生育。妇女不只是政策的被动接受者，而是在村落复杂的权力关系背景下，对政策或接受或拒绝。在这样的接受或拒绝的重复过程中，最终降低了 20 世纪 70 年代人口出生率。

女性与婚姻

论江南乡村女巫的近代境遇[*]

小 田

（苏州大学历史系）

江南"俗尚鬼神"，自古以来载诸典籍，昭彰于世，而"吴盖尤甚焉"[①]，巫觋因此享有一个十分有利的生存环境。这一环境至近代逐渐发生了变化，但巫风依旧："江浙风俗，人多信巫。凡有疾病之家，不先求医觅药，必延巫者视之"[②]，而"乡间之信奉师巫者尤多"。[③] 晚清咸丰年间在苏沪交界处的紫堤村，业巫者"率多妇女"[④]；清末上海县为巫者大体"以妇女为多"[⑤]；民国时浙江德清"女巫最烈"[⑥]，信奉女巫者亦以女性居多。嘉定乡民凡遇疾病，喜召巫觋，"妇女信者尤伙。

---

[*] 本文系国家社会科学基金项目"近代江南乡民日常生活研究"（11BZS073）的阶段性成果之一。

[①] 张国权：《读越巫感言》，《浦东中学校杂志》第2期，宣统元年（1910）十二月初五日，第6页。

[②] 《禁巫说》，《申报》第62册，1899年6月8日，上海书店1985年影印版，第293页。

[③] 《师巫宜禁》，《申报》第17册，1880年11月22日，上海书店1983年影印版，第577页。

[④] 沈葵撰，王孝俭等标点：清咸丰（上海）《紫堤村志》第2卷"风俗"，上海古籍出版社2008年版，第48页。

[⑤] 《县署示禁巫师》，《申报》第108册，1910年10月12日，上海书店1986年影印版，第666页。

[⑥] 吴翯皋、王任化修，程森纂：民国《德清县新志》第2卷"风俗"，上海书店1993年版，第822页。

巫则假托亡灵……邑中女巫居多,男觋甚少"。① 江南巫术与乡村女性的这种紧密联系,为我们观察村妇的日常生活开启了一扇独特的窗口。

历史上的女巫,以其分布地域之广、延续时间之长、角色之异端、行迹之诡秘、渗入生活之深、社会影响之微妙,早已引起许多学科,特别是人类学、民俗学和宗教学等学科的广泛关注②,同时也进入了史学视野。③既往研究成果所提供的案例及其相应的考察方法,有助于我们在近代社会史视野中认识江南乡村女巫的独特性。

与中外历史上的众多女巫相比,近代江南乡村女巫相对简单:她们

---

① 范钟湘修,陈传德、金念祖、黄世祚纂:民国《嘉定县续志》第5卷,"风俗",上海书店1991年版,第773—774页。按在江苏宝山,因为女巫占绝对多数,以致宝山民政长1912年10月间通令各市乡禁巫时径称巫觋为"女巫"。见《照会县议事会文(严禁女巫案改称巫觋)》,《宝山共和杂志》第5期,1912年12月,"文牍",第43页。

② 人类学从其创始人爱德华·B.泰勒(Edward B. Tylor)起就开始关注巫术,后来[英]弗雷泽(J. G. Frazer)的《金枝》(1890年初版,徐育新等译,大众文艺出版社1998年版)、[法]马塞尔·莫斯(Marcle Mauss)、昂利·于贝尔(Henri Hubert):《巫术的一般理论 献祭的性质与功能》(1903年初版,杨渝东等译,广西师范大学出版社2007年版)和[英]马林诺夫斯基(B. Malinowski)的《巫术科学宗教与神话》(1925年初版,李安宅编译,上海文艺出版社1987年影印版)等是巫术研究的经典著作,这些著作对女巫的社会史研究具有非常重要的方法论价值。在民俗学界,早在20世纪20年代就被介绍到中国来的英国民俗学家博尔尼(C. L. S. Burne)的《民俗学手册》(程德祺等译,1914年初版,上海文艺出版社1995年版)有专门章节介绍世界各地的巫术和巫师。中国民俗学者出版的巫觋方面的著作,如张紫晨的《中国巫术》(上海三联书店1990年版)和宋兆麟的《巫觋——人与鬼神之间》(学苑出版社2001年版)为我们展现了存在于中国各民族中的巫觋活动场景。关于宗教学对巫术的研究情况,张紫晨通过研读德、英和苏联等宗教学家的相关著作,发现其中"最重要的观点是巫术为人类宗教行为的最早形式,或前期形态"(《中国巫术》,第23页)。

③ 中国历史学者比较有学术分量的相关成果,体现在断代的巫觋研究上。张碧波的《巫觋·王者·文化人》(《学习与探索》2007年第1期)在中华文明探源的论题中涉及巫觋,认为他们与上古三代诸帝王共同创建了中华早期文明。陈玺的《隋唐时期巫蛊犯罪之法律惩禁》(《求索》2012年第7期)认为,隋唐时期宗室官僚笃迷魔胜的左道信仰,直接刺激了巫蛊犯罪的泛滥。李小红的《宋代社会中的巫觋研究》(光明日报出版社2010年版)以社会学的理论视角,分析了巫觋存在的合理性。陈高华的《元代的巫觋与巫术》(《浙江社会科学》2000年第2期)评述了元代社会对巫觋的态度和巫觋"颇大"的社会影响。

的名号说起来不少①，但大多不过是这个特殊行当的兼业者②；她们的行为看起来很活跃，其实不过是村妇日常生活的一部分，更准确地说，就是村妇们的信仰生活。只是这样的信仰生活太过传统而又颇为特殊，在近代文明世界里时常引起议论而多被否定，虽不断遭到政权的取缔又屡禁不止。如果仅就历届政府对巫觋的基本态度而言，近代江南巫觋的境遇与其他地区相比，并没有太大的差别；事实上，近代中国不少地方的巫觋一直在"有干例禁"的情势下存在着。③ 然而，在上海、宁波、杭州、苏州等近代化程度较高的大中城市影响下，江南地区的政权—知识精英的近代意识更加浓厚④，对于乡村女巫的传统身份自然格外关注，乡村女巫因此而有了与其他地方不同的境遇。江南乡村女

---

① 关于女巫名号：（1）泛称为"仙"。方鸿铠、陆炳麟修，黄炎培纂民国《川沙县志》第14卷"方俗志"（上海书店1991年版，第266页）云："巫觋有札仙、看仙、查仙等名"；沈葵《紫堤村志》云："为关仙者，其人率多妇女"，其中"关仙"，应该是"关亡之仙"之简称；阿洁《关亡术》（《申报》第227册，1926年9月17日，上海书店1983年影印版，第425页）载："慈溪东乡洪塘镇，有老妇某氏，以关亡为业，俗称为'肚里仙'"。（2）通称为"师娘"。光绪时人倪绳中《南汇县竹枝词》（见顾炳权编著：《上海历代竹枝词》，上海书店出版社2001年版，第349页）称：女巫曰"师娘"，而"师娘"之"师"应为"尸"之雅化而来。虬公编《苏州风俗谈》（出版社不详，1931年12月，上海图书馆藏，第52页）记载："苏人称新亡之鬼曰亡人，欲与亡人谈话，须请女巫（俗称尸娘）召鬼"。（3）俗称"看香头"。《吴俗信巫》（《申报》第21册，1882年10月4日，上海书店1983年影印版，第571页）说：吴俗称巫曰"师娘"，亦曰"看香头"。（4）与"师娘"不同的"××娘"之呼，似含有贬义。如乾隆《金山县志》第37卷"风俗"（常琬修、焦以敬纂：《中国方志丛书·华中地方》第405号，（台北）成文出版社有限公司1983年版，第730页）云：女巫曰师娘，"鄙之曰婆娘"；近代延续了此贬义，如陈华珍《苏俗三娘之罪恶》（《申报》第168册，1921年1月18日，上海书店1983年影印版，第288页）："女巫俗称巫娘，业此者多为无赖光棍。"

② 1930年李正明《卜巫星相调查报告》（《无锡市政》第4期，1930年1月1日，第113页）：无锡以卜巫星相为业者"不下千人，专以此为业者，不过五百余人，余均兼职。就第一区计之……卜巫者五人"。从当时无锡情况，可知巫者兼业居多。

③ 1932年2月，南京国民政府内政部拟定风俗调查纲要，颁发各省市转饬填报，当时明确填报存在巫觋活动的省份有江苏、湖南、河北、陕西、广东、广西、云南等；涉及江苏风俗时称："流俗迷信尚深，尤以妇女为最……病者求仙问卜，有所谓献菩萨、烧替身"等；涉及浙江风俗时称："迷信状况，与江苏大略相同，苏省之迷信行为，浙省亦随地可见。"参见内政部年鉴编纂委员会《内政年鉴》（礼俗篇），第六章"风俗"，商务印书馆1936年版，第46页。

④ 清末有人在上海报纸发文，将川沙与内地进行比较："川沙一厅，毗邻沪渎，非所称开通最早之区域也乎？而民间之顽固蛮悍，乃与内地无异。三吴文物之邦，犹且如此，则夫边垂〔陲〕瘠苦之地，民风之鄙陋，财力之竭蹶，不啻百倍吴会。"参见惜诵《川沙乱事感言》，《时报》1911年3月11日，第2版。

巫的近代境遇从一个侧面生动呈现了村妇生活的日常逻辑及其与外部世界的关系。

一　倍受民众崇奉的女巫

近代江南女巫的境遇从村妇们的积极崇奉中可见一斑。据《法华乡志》编纂者考察，明朝时里中女巫就串门穿户，行动活跃，至民国随着"民智渐开"，巫风似"稍戢"，但实际的变化则非常有限，里人依然"有疾病，延女巫"。①

女巫以仪式吸引乡人，其关键环节是灵魂附体。据记载，民国时在江南镇乡之间，"扬州人操这种职业的不少"，"有的提着雨伞包袱，高叫捉牙虫，但实际主要的副业，到〔倒〕是替人家关亡，就是替人家召请死去了的亡魂"，女巫一出场，一些好奇的"老太婆和女人们围了起来，请她作法，她于是一本正经的烧香化黄表纸，长锭，请鬼神，口中念念有词。不久，眼睛一翻，腹中一阵怪响，他〔她〕就和失去了知觉的疯子一般，带着拖得很长而带哭的声音唤叫起来了"。② 在杭州湾南岸的余姚蒋村，"当巫婆的多半是远地来的女人。被召的鬼魂来时，巫婆的耳朵就会连续抽搐三次。普通人是不能控制耳朵的肌肉的，巫婆的耳朵能够自己动，使得大家相信它〔她〕的确有鬼神附体。她说话时，压着喉咙像猫叫……"③ 这让人们觉得，女巫的身体似乎有着常人不具有的特异功能。法国人类学家莫斯称，这是世界各地巫觋的共性，女巫的这种不正常状态是一种不可名状但使其"巫术效果得以显验的力量的展示"：在很多社会中，"这种状态是被巫师制造并在仪典过程中以更猛烈的力量表达出来的。它们经常伴随着紧张的出神、歇斯底里的尖叫，乃至于全身僵硬般的惊厥。巫师常常自然而然地被诱引而陷入一种迷乱状态，不过更多的时候他是在伪装。在这个时候，他常常相信他已经被带离了这个世界，观看者

---

① 胡人凤续辑，许洪新标点：民国（上海）《法华乡志》第2卷"风俗"，上海社会科学院出版社2005年版，第28页。
② 洛神：《女三百六十行之十六：关亡的女人》，《海涛》第36期，1946年11月11日，第7页。
③ 蒋梦麟：《西潮》（1943），天津教育出版社2008年版，第15页。

似乎也是这样认为"。①

由此，女巫被赋予了一种神秘的力量，即所谓"灵力"。② 透过其中的诡秘，莫斯发现了其背后的力量支撑：巫师"之所以掌握了巫术力量，并不是因为他们具备的个体特异性，而是因为社会对待他们以及他们这类人的态度"。③ 换言之，村妇们对女巫寄予厚望，指望从女巫那里得到"不足为外人道"的信息。由此进入巫仪中的另一重要环节：口头仪式。女巫"至病者家，托为其亡灵之言"④，所托亡灵非神即鬼。家有病患，急求禳解的村妇希望从"亡灵之言"中知道病由。例如，19世纪80年代在苏州乡间，业巫者"家供一神，不知其为谁氏，大抵即'樟柳神'耳。凡遇人请之，必焚香拜于神前，而后出至病家，设香烛如式，略诘病由，或启视病者，端坐半晌，呵欠涕泪交作，即神至矣。嬉笑怒骂之声，历历如绘，所言皆病者触犯不祥，有鬼作祟等状……又一法即所谓'关亡'也。巫至病家，辄关病者之父母等人。至其声出自胸膈间，听之不详，忽歌忽哭，诸态并作。信者以为所言逼肖亡人口吻，并有生前未竟之事，旁人不知者。与其亲属问答，一一符合，然实则自相揣度，亦并未字句清楚也"。⑤

前者"看香头"，所托为"樟柳神"；后者"关亡"，所托为父母亡灵，自然为鬼。女巫"能视香烟所起，知某人为某鬼所祟"，指为病由，同时示以禳解之法："或贿，或祭，或超度"，"大抵多费冥镪、作道场而已，绝不闻劝病家延某医、服某方者"。⑥ 如此种种，"病家深信不疑"。⑦

丧家则常常期望通过"亡灵之言"了解亲人在另一世界的情状。民国末年江南乡间的一个场景具体呈现了这一过程。一个女巫喃喃作腔：

---

① ［法］马塞尔·莫斯、昂利·于贝尔：《巫术的一般理论 献祭的性质与功能》，杨渝东等译，广西师范大学出版社2007年版，第37页。
② 马林诺夫斯基称：这是"绝对为人类所有的单独特殊的力，自为一类的力，只有借着人类底巫术行为才会放出去，只有借着他底言他底仪式才会传动起来。"参见［英］马林诺夫斯基：《巫术科学宗教与神话》，李安宅编译，上海文艺出版社1987年影印版，第88页。
③ ［法］马塞尔·莫斯、昂利·于贝尔：《巫术的一般理论 献祭的性质与功能》，第37页。
④ 民国（上海）《紫堤村志》第2卷"风俗"，第48页。
⑤ 《师巫说》，《申报》第17册，1880年11月26日，上海书店1983年影印版，第593页。
⑥ 同上。
⑦ 《禁巫说》，《申报》第62册，1899年6月8日，上海书店1985年影印版，第293页。

"哎呀！那里来了一个瘦长男人呀！头戴小瓜皮帽，身穿蓝长袍子呀！手上拿了一把折扇呀！""那是你的家公呀！他两眼望着，可是你们看不见他。""他说他远在阴曹地府，好不凄凉呀！"围着的男男女女一听，有的眼睛早就红了。一个穿青衣裳的妇人哭唤着说："你问问他，可看见阿大吗？在阴间里要些什么东西？缺乏什么？"于是那个看香头的女人嘴唇和全身越发抖得起劲，白眼珠子直向上翻着，腹内更一阵怪响，声音也叫得特别大起来。"嘿[，]你两三年不化点纸钱给我用，我苦是苦透了呀！阿三在尖刀山活受罪，真正可怜。你该化点钱做点心缘替他超度超度才好。啊！你在家要好好做人家呀，我一阵阵流眼泪，向你们招手，可是你们看不见我，可怜的阿三娘呵！我要去了。烧点钱给我用啊！"孤寡的女人蓦然哭倒，旁边的女人好劝歹劝，女巫"又是一阵发抖后，打几个啊〔呵〕欠醒转来了。旁边的人都瞪着大眼奇异的望着她"。①

在浦东新丧之家，因轸念死者，欲知其死后在阴间之状况，即请来女巫探询，谓之"问仙"："先点香烛默祷一番，须臾，女巫作种种怪态，口中喃喃语，肖死者之口吻，述其苦况。妇女闻者，必泣下沾襟，信以为实。"②

亡灵向整个社群提出的诉求也会让村妇们慌忙不迭。四月初一是苏州甘露小镇例行佛会的日子，但在1936年，"佛会使每一个信女不安定，因为像前两个三月一样，有一个年青的村妇被菩萨上了身。就为了前两次佛会里菩萨上了她的身，像疯妇一样的癫狂，她替代了菩萨唱出了许多话来，结果就是现在忙着的全庙修葺一新。庙里当然有庙产的，善于管理的人当然知道庙产不够一点用，于是随缘乐助的黄簿子发出了几十本。听说菩萨灵验，信人多，已经写到许多了……"面对来自菩萨的旨意，"每一个信女的心被恐惧迫成了虔诚，谁也不会想到这村妇疯狂的作用"。③ 相反，女巫因为"疯狂"才让"信女"们感恩戴德。

---

① 洛神：《女三百六十行之十六：关亡的女人》，《海涛》第36期，1946年11月11日，第7页。

② 胡朴安：《中华全国风俗志》下编，河北人民出版社1986年版，第211页。按河北人民出版社古籍编辑室在该书的重印前言中说明："下编钞自近代的报刊、杂著……对于人们了解和研究中国近代社会大有裨益。"（第2页）

③ 十郎：《菩萨上了身》，茅盾主编：《中国的一日》（1936），上海书店1981年影印版，第4、31页。

在这里，女巫的力量之源是清楚的，"是大众舆论造就了巫师，并创造了他（她）所拥有的力量。是大众舆论使他（她）懂得了一切并且可以胜任一切。"① 所谓"愚人信鬼，故若辈得以施其伎俩也"。② 很明显，女巫的境遇与村妇的崇奉相互依存，这样的关系常常因为村妇的需要而得以强化。

在村妇们的积极崇奉下，女巫们的境遇自然较一般农家富裕。在19世纪80年代的江苏宝山县，西乡广福镇李甲之妻为巫，"一时四方来观者踵相接，且多执贽以讯之，故赚资颇巨，李即借为钱树子，不必拮据自给矣"。③ 浙江慈溪东乡洪塘镇老妇某氏为巫，村妇们信之綦笃，"故每日门庭如市，生涯殊不恶也"。④ 苏州女巫"既身兼鬼神，操纵一切，其营业之不恶可知矣"。⑤ 比如，20世纪初年在苏州娄门外某乡，有诨名"小师娘"者，"诡称上方山某神附体，为人卜休咎、治疾病。一时愚夫愚妇之登门求见者，踵趾相错，争舍香赀。不数年居然称小康焉"。⑥

即使到了20世纪30年代，世界资本主义经济危机来袭，"中国人谁都在嚷穷"的时候，平民百姓"对于迷信却向例是慷慨的……因此也有人是吃菩萨，着菩萨[，]靠了菩萨过一辈子，像有许多被菩萨上过身的村妇，现在都变成了女巫"。⑦ 女巫相对稳定的境遇正是得益于稳定的大众信仰。

二 晚清政权—知识精英对女巫的例禁

与民间社会对女巫的崇奉不同，在政权—知识精英那里，江南乡村女

---

① ［法］马塞尔·莫斯、昂利·于贝尔：《巫术的一般理论 献祭的性质与功能》，第52页。
② 《愚妇受愚》，《申报》第57册，1897年10月13日，上海书店1985年影印版，第262页。
③ 《沉巫又见》，《益闻录》第153期，1882年5月13日，第116页。
④ 阿洁：《关亡术》，《申报》第227册，1926年9月17日，上海书店1983年影印版，第425页。
⑤ 陈华珍：《苏俗三娘之罪恶》，《申报》第168册，1921年1月18日，上海书店1983年影印版，第288页。
⑥ 《麋台春眺》，《申报》第73册，1903年2月24日，上海书店1985年影印版，第284页。
⑦ 十郎：《菩萨上了身》，茅盾主编：《中国的一日》，第4、31页。

巫受到了完全不同的对待。进入近代，在知识阶层不懈的呼吁中，历届政府不断地向巫觋发出禁令，女巫的境遇着实有些不妙。

晚清地方政权延续了历朝对女巫例禁的一贯态度。在19世纪末，新任宁波知府都会重申前任的所谓"禁款十条"，"师巫邪术敛钱惑众"即在禁令之中。① 事实上，在相当长的历史时期内，巫觋一直经历着被打击的命运。在江南，巫觋所遭致的最大规模的打击莫过于江苏巡抚汤斌在康熙二十四年（1685）发动的禁毁"淫祠"运动。② 历史上"苏松淫祠有五通、五显、五方、贤圣诸名号，皆荒诞不经，而民间……祭妖邪巫觋，创为怪诞之说，愚夫愚妇为其所惑，牢不可破"，尤以苏州城西郊上方山的五通祠影响为最。汤斌将其"妖像"尽数查毁，但他深知"吴中师巫最黠而悍"，非常担心在他离任后"更议兴复"，遂"请赐特旨严禁，勒石山巅；令地方官加意巡察，有敢兴复淫祠者，作何治罪；其巫觋人等尽行责令改业，勿使邪说诳惑民听"。③ 然而，如此浩大的声势也未能遏制住江南巫风，"禁令稍弛，重又塑像立庙"。④ 因此，晚清官府始终保持对巫觋的压迫态势。

在晚清江南，地方政权采取的禁巫措施不可谓不特别。比如，通过夫家管束女巫。江苏宝山西乡广福镇有女巫某氏，1882年被王县令访闻。县令并不追究女巫本人，而提审其丈夫李某，严斥其不应纵妻惑众，如敢

---

① 宁波知府的历次禁令分别见《申报》的1885年4月18日（《申报》第26册，上海书店1983年影印版，第559页）、1885年11月24日（《申报》第27册，上海书店1983年影印版，第894页）、1894年1月11日（《申报》第46册，上海书店1984年影印版，第71页）、1895年10月31日（《申报》第51册，上海书店1985年影印版，第395页）以及1899年3月12日（《申报》第61册，上海书店1985年影印版，第391页）。其他江南地方政权如江苏省，据《师巫宜禁》（《申报》第17册，上海书店1983年影印版，第577页）文称，1880年苏州各乡瘟疫盛行，乡人"畏师巫之诡谲，谓不遵其教，即死者亦当受冥谴也"，此前此等女巫"经谭藩宪并高邑尊均出示严禁，刻下禁令稍弛，故若辈复得肆其伎俩也"。可见，1880年11月前江苏巡抚谭钧培曾有禁巫令。

② 关于巫觋与"五通"神的关系，《五通庙毁后重修》（《新东方杂志》7月号，1941年8月，第81页）称："专门说鬼话的私巫，认五通神为祖师，做个私巫，也得花费一些本钱，买些纸质元宝钱锱，虔诚恭敬的在香汛中，不远而来进香'买灵'，所谓'灵'就是每个私巫贴身佩挂的'樟柳人'，可算是说鬼话的'商标'了。"

③ 汤斌：《奏毁淫祠疏》，李光祚修：乾隆《长洲县志》第31卷"艺文一"，江苏古籍出版社1991年版，第380—381页。

④ 《五通庙毁后重修》，《新东方杂志》7月号，1941年8月，第81页。

蹈袭故辙，必干重究，于是，该巫一时闭户谢客，不敢作法。① 1908 年松江东乡车墩庄二十一图地方，有王姓女巫，"假托照天侯杨爷附身，惑众敛钱"，为县令访闻，派差往拿，女巫闻风而逃，其夫朱桂云被拘，后全家被驱逐出境。② 惩戒女巫的另一种方式是游街。清末在湖州乌程县瑶头乡，有女巫徐康氏，"积惯敛钱，尤能欺骗宦宅男妇迷信"，县署差役赴乡严禁，抛毁香案，谁知该巫竟反过来诬陷差役，经县令审明，该巫被"掌颊百下，荷以巨枷，游街示众"。③ 1910 年 9 月 21 日松江知府巡哨过金泽镇，焚劈三姑庙神像，拘较有名之各女巫惩办，以为众戒。松江跨塘桥金巫、华阳桥蒋巫，亦奉提案审讯，三日后各荷"芦席枷"，令差役押游四城各街示众。④ 游街固然侮辱了女巫的人格，但官方的用心更在于，在地方社会宣示女巫的违法性。

乡村女巫的违法性是毋庸置疑的。《大清律例》礼律祭祀类"禁止师巫邪术"条下即云："凡师巫假降邪神，书符咒水，扶鸾祷圣，自号端公、太保、师婆名色……煽惑人民，为首者绞，为从者各杖一百，流三千里。"⑤ 这一律条自清朝建立以来没有改变，也是晚清政府从事禁巫活动的法律依据。至 19 世纪 70 年代，呼吁禁巫者以此振振有词：康熙帝曾有圣谕曰"黜异端以崇正学"，雍正帝亦有圣谕广训曰"师巫邪术，邦有常刑"，以此"明乎巫为异端而律所必禁者也"。⑥

晚清知识精英对女巫社会危害性的揭露推动着晚清官方禁巫政策的施行；相关的揭露基本集中于两方面：其一，左道惑人。精英们认为，巫术算不上信仰，只是迷惑众生的旁门左道。如，1882 年松江一时流行疫症，

---

① 《沉巫又见》，《益闻录》第 153 期，1882 年 5 月 13 日，第 116 页。
② 《松江：驱逐女巫》，《申报》第 94 册，1908 年 6 月 11 日，上海书店 1986 年影印版，第 546 页。
③ 《妖巫游街示众》，1907 年 12 月，刘精民主编：《光绪老画刊——晚清社会的〈图画新闻〉》第 1 辑，中国文联出版社 2005 年版，第 105 页。
④ 《松江：女巫庙主之纷纷获戾》，《申报》第 108 册，1910 年 9 月 29 日，上海书店 1986 年影印版，第 454 页。
⑤ 姚雨芗原纂，胡仰山增辑：《大清律例会通新纂》第 15 卷"礼律·祭祀"，沈云龙主编：《近代中国史料丛刊三编》（214），（台北）文海出版社 1987 年影印版，第 1407 页。
⑥ 又：《宜禁黜邪巫论》，《万国公报》1878 年第 500 期，1878 年 8 月 3 日，第 695 页，薛瑜主编：《清末民初报刊丛编之四》（8），（台北）华文书局股份有限公司 1968 年影印版，第 5291 页。

甚有不及延医而卒然致毙者，于是群巫得计，暗布谣言，谓有某大王出世，收取人魂，须以牲酒哀祈，乃得免死。乡人深信其说，日登巫者之门求为解禳。对此，《益闻录》文称，对于时疫徒事"解禳"，"反置医药于不问，其误人性命，一至于此，有官守者，其亦设法禁止哉！"① 当时，若辈女巫除解禳诸法之外，又或托诸神道，妄开药方。有明事理者指出："今'看香头'者，行医本非所习，又何得以茫然无知者以肆其害人之毒耶？在信之者，误以为方由神授，当高出于时医万万，乃服之而愈者，竟百不及一，而因此增剧或且丧生者，所在多有……"②

其二，串通敛钱。精英们揭露，女巫惑人只是手段，其最终目的自然在钱。早在道光年间，松江蒲溪镇就有人注意到，女巫动辄令病家一同至松郡照天侯庙祷告，实则从中取利，名曰"分雪"。为此，女巫常常"信口胡说，或云病者星宿不利，用道士禳星；或云亡人讨荐度，用僧人超度。而彼又于僧道处分其余资。病家信以为真，竭力为之，费以几十金……诬世害人，莫此为甚，而无如习俗之终不悟也"。③ 1874年川沙自称"海曲狂徒"者拟有《川南杂咏》："觋巫幻术托神仙，浪说西天七宝莲。于意云何浑不解，我闻如是骗人钱。"④ 1886年发表在《申报》上的一篇文章，深入苏州乡间社群生活，缕析与女巫相关的利益链条："吴农偶有疾病，他务未遑，即召师娘……师娘一到，信口而谈，附神附鬼，举家钦服，旁观者亦啧啧叹其灵验，由是而请太保焉。彼所谓太保者，昂其声价，肆其要求，揣其家之肥瘠，而一席致数十席不等，锣鼓喧阗，若歌若唱，夜将半而送神。则向之操舟者，入市者，群聚而醵饮焉，谓之'吃利市'。利市吃矣，疾病仍然，则又曰：此师娘之不周到也；此太保之不虔恭也。互相论荐，别行延请，必视前此而加倍焉，且数倍焉而后止。幸而得痊，而一年之入，已无余矣。设或不起，则身后之事且无着焉。呜呼，不足之在吴农，此其至小者，而较之天时、地利、人力、厘卡诸说，尤为切近。"⑤ 作者着意揭示吴地农民生财不足的原因，认为与乡

---

① 《妄信巫觋》，《益闻录》第203期，1882年11月4日，第426页。
② 《禁巫说》，《申报》第62册，1899年6月8日，上海书店1985年影印版，第293页。
③ 顾传金辑，王孝俭等标点：《蒲溪小志》第1卷"风俗"，上海古籍出版社2008年版，第11—12页。
④ 海曲狂徒：《川南杂咏》（1874），载顾炳权编著《上海历代竹枝词》，第531页。
⑤ 《吴农说》，《申报》第28册，1886年1月13日，上海书店1983年影印版，第73页。

民生活关系"尤为切近"者当为"不信医而信巫"。①

惑人敛钱,巫术之邪者,是为邪术;从信仰或奉祀的角度,则为淫祀。对于政权—知识精英来说,淫祀会动摇乡里社会的统治秩序,因而必然被禁止。这是 20 世纪迷信批判兴盛以前,政权—知识精英对于民众文化及其生活方式的态度,因其"根本目的仍系于精英传统对下层民众思想及行为方式的系统改造"②,这一态度并未显示出多少现代性。在此思路下,晚清江南地方政权基本上把禁巫当作一项例行公事,时而的高压使得女巫们有所收敛,但风声过后又故态复萌。晚清江南乡村女巫的境遇并没有因为官方的打击和知识阶层的舆论压制发生根本的改变。

值得注意的是,与政权—知识精英的例禁态度不同,县以下乡里组织的禁巫态度则颇为消极。《大清律例》特别指出:"里长稽察之责,知师巫惑众……之事而不举者,笞四十。"③ 但从苏州的一则案例可以发现,这样的律条几乎变成官样文章。1882 年某日,苏州某乙赴郊村杏春桥一巫处祷问,结果,女巫所言绝无一验。乙怒诘之,巫不服,且出言甚倨,乙唤来地保欲将巫解官究办。地保与巫同里,有葭莩之谊,且常得其贿,遂反唇相讥:"此等事信者来,不信者去,未尝执途人而语之也。我又不为足下服役,不敢遵命。足下如力能送官,我见县主差票,然后拿禁师娘解县,未为晚也。"乙曰:"尔且暂为收管。"地保谓:"敝乡并无饭歇,我亦不敢私押。某师娘有田有屋,决不就逃也。"乙无计可施,连曰"可恶"而去。时人慨叹:"若某地保之与某师娘,可谓同恶相济者矣。"④ 同恶相济之谓是就官方律令而言,而生活于特定共同体之中的地保可以不顾远在天边的官方律令,却不能无视近在周边的人际关系,因为正是这样的关系,构成他的生活环境。女巫的近代境遇反映了其间的地方生活逻辑。

---

① 《吴农说》,《申报》第 28 册,1886 年 1 月 13 日,上海书店 1983 年影印版,第 73 页。
② 沈洁:《反对迷信与民间信仰的现代形态》,《社会科学》2008 年第 9 期,第 169 页。
③ 姚雨芗原纂,胡仰山增辑:《大清律例会通新纂》第 15 卷 "礼律·祭祀",沈云龙主编:《近代中国史料丛刊三编》(214),第 1408—1409 页。
④ 《吴俗信巫》,《申报》第 21 册,1882 年 10 月 4 日,上海书店 1983 年影印版,第 571 页。

三 清末民初制度转换中的女巫境遇

20世纪伊始,政府主导下的自上而下的政治和社会革新陆续展开。江南乡村女巫的境遇随清末民初的制度转换而有所变化。

1. 清末民初:政治风潮中的女巫

随着清末新政向底层社会的推进,地方自治受到朝野各方的青睐。在江南地方开展的自治事业中,有议员认为:"举办自治,在整顿风化,尤在驱除恶习。"① 女巫自然被列为打击的对象。

1910年7月江苏松江的华娄城议事会第一届议决案"请严禁妖巫案"称,本地"妖巫假托鬼神左道惑众,其弊不可胜言,应呈请地方官严密访拿,实行禁绝。凡男女巫家,有香堂者一概撤除,按例究办"。② 在川沙,1911年1月八团乡议员也提议"请禁女巫素党案":"川沙地方风气,虽稍觉开通,而习俗究未能破除迷信。良由乡间一般女巫,托名仙人,能通鬼语,妖言惑众,哄骗乡愚。复有吃长素党,非僧非道,代人祈祝,结伴念经,男女混杂,其诱人迷信,骗取钱财,实与女巫恶习相等。议决呈请监督出示严禁。"③ 此案通过1个多月后,川沙发生风潮。1000多名乡民砸毁了自治公所招牌,捣毁了乡董、议员的家宅和小学校舍,直到3月中旬,府、省派兵弹压,事态才得以平息。在这一事件中,一位"女巫"的"反抗"引人注目。

作为传统社会的例禁对象,女巫基本上处于被动挨打的地位,然而川沙的"女巫"开始了令人意外的"反抗"。其实,真正的反抗者是"素党"头目丁费氏。丁费氏是一个寡妇,常年吃素念佛,因为"结伴念经",周围聚集了一批女性信徒。守寡吃素的人并非女巫,对此,提出"请禁女巫素党案"的议员自然明白,但他们断称,此党"实与女巫恶习相等",必须取缔。议员之所以给丁费氏扣上"女巫"的恶名,主要跟俞

---

① 方鸿铠、陆炳麟修,黄炎培纂:民国《川沙县志》第19卷"议会志",上海书店1991年版,第364—365页。
② 《江苏·华娄城议事会第一届议决案(续)》,《申报》第107册,1910年7月12日,上海书店1986年影印版,第197页。
③ 方鸿铠、陆炳麟修,黄炎培纂:民国《川沙县志》第19卷"议会志",第364—365页。

公庙有关。当时,"庙旁有屋三间,为丁费氏敛财所造,乃吃素党聚会之处"。① 根据清末《城镇乡地方自治章程》第十四条规定:"自治公所,可酌就本地公产或庙宇为之。"② 因"俞公庙为不入祀典之私祀",自治公所看中庙侧房屋,欲"作议事会及乡董办事之处"。丁费氏便利用在川沙、南汇一带的影响力,动员信徒和乡民,纠集多种地方势力掀起风潮。③ 由此可以发现,"女巫"不过是自治公所借以清除"素党"的理由。实际上,女巫与政权的基本关系一如既往,她们所做的并不是对抗打击,而是尽量逃避打击。

在具体的历史条件下,女巫可能会不自觉地卷入政治浪潮中,如上述川沙事件。但总体来说,以个体行事的女巫既没有能力,也没有兴趣主动介入政治。1910年春,苏州香山自治公所被毁事件也从一个侧面反映了当时的状况:"地方自治分所,即在俞绅培元家,议定先从调查入手……调查将竣,本地乡民忽四散谣言,谓调查各户人口,系因造铁路需用数万人八字压入之故。追后又有一女巫,造言惑众,云某老爷上身告述,某日有阴兵过境,是以本地调查各户人名、八字将来入册,各人均去当阴兵云云。各乡民闻之大为惊惶,咸思将调查户口底册追回。上月三十日聚集数百人,至自治分所吵闹,欲索回调查底册。俞绅等再三开导,无如乡民中有无赖之人,附和其间,遂致用武,将分所捣毁,并将俞绅家器具打毁甚多,后遂四处逃散。"④

---

① 《川沙大闹自治之真相一》,《时报》1911年3月5日,第5版。
② 《城镇乡地方自治章程》(光绪三十四年十二月二十七日颁布),徐秀丽编:《中国近代乡村自治法规选编》,中华书局2004年版,第5页。
③ 当时的一些报纸因为不察女巫与"素党"的区别,在报道川沙事件时有时将丁费氏称为"女巫",如《时报》1911年3月5日的《川沙大闹自治之真相一》(第5版),《申报》1911年3月20日《川沙长人高昌九团八团自治公所公禀苏抚文》(《申报》第111册,上海书店1986年影印版,第317页)、1911年4月14日《川沙自治风潮训供之魔障》(《申报》第111册,上海书店1986年影印版,第709页)、1911年4月25日《浦东同人会公推姚人枏等调查川沙闹事情形报告书(续)》(《申报》第111册,上海书店1986年影印版,第893页)、1911年5月22日《筹办处顾问员杨廷栋调查川沙闹事情形禀报苏抚文》(《申报》第112册,上海书店1986年影印版,第377页)等。后世的部分研究者或许受到当时报道的影响,也将"素党"误作女巫,如美国学者蒲乐安的《川沙的织工和女巫》(刘平译,《中国社会经济史研究》1996年第1期,第68—76页)等。
④ 《苏州:香山自治公所被毁详情》,《申报》第105册,1910年4月16日,上海书店1986年影印版,第742页。

由此事件可以看出，女巫依托亡灵附体，造谣生事，令官方深为忌惮，其所受打击自然更为严厉。但是，女巫并无政治企图，只是发泄其作为一般村妇的不满，这种不满所针对的不仅是自治调查，可能也包括了平时官府对她们的例禁，女巫所关心的自然还是巫业"正事"。官方显然也清楚这其中的关系，所以在政治风潮中并没有特别关注女巫。正因之，民初地方政权在禁止女巫的提案中，重点提及的也是其社会危害性。1912年宝山县议事会提议"严禁女巫案"称："巫觋之事，盛行各处，此风由来已久，现在民国更新，此种恶习，亟应铲除净尽，应请行政长官，预先函致各市乡董，委派公正人员，秘密调查，所有自称男女巫仙之类，将其年岁籍贯住址详细查明，予限送至公所，汇编一册，再饬一图地保，明白调查呈报，然后再请行政长官，剀切晓谕，从此双方并进，方可革除恶习，而免人民之害，如若再犯，请巡警局查明拘罚。"①

值得注意的是，此前（1912年10月21日）宝山民政长所揭示的女巫危害性显然包括了政治方面："地方习惯，每有托术巫觋……或造作诞词，炫乱人心，妨害政务，殊于治安秩序影响非轻。"② 为了强调女巫的政治危害，民政长在随后的"照会县议事会文"中，侧重点发生了明显的变化："查愚民迷信，骤难破除，从禁革巫觋入手，系属根本之解决，按照现行违警律，凡无故布散谣言，及游荡不事正业者，均在禁止之例。又新刑律三百五十九条，散布流言，或以诈术损害他人，或其业务之信用者，处五等有期徒刑，拘役或一百圆以下罚金。此项巫觋既非正业，又多造作神鬼荒唐之言，骗财惑众，甚至扰及秩序，酿成意外之风潮，殊不得不预为防杜。"③

在民政长看来，女巫的"惑众"不仅仅是"骗财惑众"，更可注意的是"扰及秩序，酿成意外之风潮"，因此，他重申对于女巫的处置适用"散布谣言"之律。就这样，清末民初江南乡村女巫的境遇因为与政治风潮的干系而变得颇为微妙。

---

① 《照会县议事会文（严禁女巫案改称巫觋）》，《宝山共和杂志》第5期，1912年12月，"文牍"，第43页。

② 《示谕各市乡文（禁止巫觋造谣及阴阳学借词索费）》，《宝山共和杂志》第4期，1912年11月，"文牍"，第14页。

③ 《照会县议事会文（严禁女巫案改称巫觋）》，《宝山共和杂志》第5期，1912年12月，"文牍"，第43页。

2. 民初新政:"有碍风化"的女巫

政治风潮中乡村女巫的特殊境遇,与特定时期的社会历史条件相关联,一般情况下,女巫活跃于乡村日常生活中,因而政府方面也更多地将女巫行为视为一个社会问题。在南京临时政府蠲除"旧染污俗"的运动中,巫术成为目标。1913 年 8 月临时政府内务部通令所属,"协同各自治机关,将各庙所有刊列方单,及排印各板,立即销毁,以绝根株。至女巫左道以术为市,亦予一并查禁"。① 稍前,江苏省内务司就指出:"师巫为人新〔祈〕祷、问卜、禳星、宣卷等事,诳说妄语,诳惑良民,为害实非浅鲜",训令"各该地方巡警随时察禁",各县知事"剀切出示晓谕,严行禁止,并督饬巡警,认真稽查取缔,以正风俗而绝异端"。② 根据省令,上海县政府颁发《布告禁止迎神赛会太保女巫等迷信》,称:"巫觋之事,本系伪托,借以敛钱,乃乡间妇孺,动为所惑,甚至疾病不求医药,惟若辈之言是听,不徒损失赀财,抑且贻误性命,其流毒实非浅鲜,合亟剀切禁止,不准再有以上情事,倘敢玩违,一经查悉,定当严重处分,勿谓言之不预也。"③

表面上看,布告对女巫社会危害的措辞与旧政府并无大的不同,但此次禁巫对传统的革命性颇具现代意义,并在一些相关布告中被一再提醒:"民国成立,政令革新,欲期民智开通,首在破除迷信。"④ 破除迷信成为不容分说的理由。民国肇始,从西方舶来的科学主义"作为一种无须验证的自明性真理进入到创建现代民族国家的历史过程",成为批判旧的民间信仰的权威武器。⑤ 科学理性的崇拜在辛亥革命和五四新文化运动的迫切宣传中得到强化,构成巫术的对立面。

值得一提的是,在地方社会公开的禁巫理由往往不是"迷信"或者"与科学理性相悖",而是"有碍风化"。例如,1919 年 10 月浦东洋泾镇发生女巫参与的冥婚闹剧:"某肉庄主陈某之女,年方及笄,忽于今春病

---

① 内政部年鉴编纂委员会:《内政年鉴》(礼俗篇),第六章"风俗",第 67 页。
② 《以正风俗而绝异端》,《时报》1913 年 1 月 29 日,第 9 版。
③ 《布告禁止迎神赛会太保女巫等迷信》,《上海公报》第 1 期,1913 年 1 月 1 日,第 17 页。
④ 《示谕各市乡文(禁止巫觋造谣及阴阳学借词索费)》,《宝山共和杂志》第 4 期,1912 年 11 月,"文牍",第 14 页。
⑤ 沈洁:《反对迷信与民间信仰的现代形态》,《社会科学》2008 年第 9 期,第 170 页。

故。父母爱女情切,请女巫观亡。讵妖巫造作谣言,谓女被东泾庙城隍神赏识,魂灵已摄往庙中,须塑像嫁女入庙云云。陈某夫妇信以为真,特雇工造就木偶一座,置备全副纸扎妆奁,拟于日内迎赛入庙。"地方人士向治安驻所报告称:"今之学者,方倡偶像破坏,而社会不伦不类之偶像,反日见增多,究其实皆由妖巫等造谣惑众所致。此项谬举,实于地方风俗人心大有妨碍,请求饬警取缔禁止,以端风化而儆奸邪。"①

将女巫的危害归结为"有碍风化"并加以禁止,实际上是破除迷信的地方性话语,这一表达表面上很传统,其实给出的是现代意识形态的日常版本。这样两套逻辑话语就出现在 1919 年 9 月徐天荣等人的"呈淞沪警察厅上海县公署文"中:"比年以来,社会道德沦丧,廉耻荡然,年方及笄之黠女,及少年放荡之婺妇,咸妙想天开,假作颠狂,自言为神所护,久之竟以'仙人'自居,谓能招神驱鬼,为人治病。此女巫由来之情形也……于地方风化妨碍殊巨。若辈鬼蜮伎俩,颠倒众生,诚为社会进化之一大障碍……窃思当此国体共和,凡百维新以应世界潮流之趋势,光天化日之下,岂容若辈荼毒社会。"②

女巫所妨碍社会者,在民间可称为"地方风化",在精英阶层则是"社会进化""共和""维新""世界潮流"以及"科学"等,两者在各自的世界里通行,又常常会通于上下层社会的勾连中。这是西学东渐过程中通常的情形。明乎此,便不难理解江南乡村女巫的持续存在及其非常境遇。

四　南京国民政府社会建设中的女巫境遇

南京国民政府成立后,逐步展开各项社会革命和建设事业,涉及女巫的主要是"破除迷信运动"。这场运动由国民党地方党部发起,以江南地区为主战场,其动因很复杂,但"打击地方上那些妨害革新的既存封建势力,并把在这些势力影响下的农民引到合理的进步的道

---

① 《查禁嫁女入庙之谬举》,《申报》第 160 册,1919 年 10 月 10 日,上海书店 1983 年影印版,第 711 页。
② 《请禁巫觋之呈文》,《申报》第 160 册,1919 年 9 月 7 日,上海书店 1983 年影印版,第 115 页。

路上来"是运动的主要诉求①,装神弄鬼的女巫自然成为革命的对象。

长期以来,浙江富阳民众"每遇疾病,只知拜神祷佛,不解延医诊治,甚且求笺问方……每年病人因此丧命者不知凡几",1928年,富阳县党部呈请国民党中央党部并国民政府,"通令各省严行查禁,以除迷信而维生命"。转呈这份呈函的浙江省党部指出:"此等因袭的神权时代之思想,当此青天白日科学昌明之际,如仍任其留存,则所谓解除民众痛苦者岂非徒托空言。"② 从此类表达可见,经过五四新文化的洗礼,科学理性逐渐成为民国社会精英的基本价值。当时,分享科学话语的人们(包括政府政令的发布者),未必具有统一的理解方式,但对于巫术却众口一词:作为"无根之说"的迷信,巫术明显有悖于科学精神,应该从民间信仰的统一体中剥离出来,加以抛弃。③ 1928年11月在国民政府发布的《神祠存废标准》中,巫术被确认为"淫祀"而被排除在具有"崇拜价值者"之外:"巫觋之流,假托木石鱼鳖等类,惑人敛钱,触处皆是,甚至开堂收徒,夤缘为奸,实属有害社会,应由各地方行政长官,随时查考,如查有合于淫祠性质之神,一律从严取缔,以杜隐患。"④

事实上在该标准出台前两个月,南京国民政府内政部已经训令:巫觋"惑众敛财自应切实禁止,唯禁止之后,该项人民生计不无可虞,兹由本部拟定废除卜筮星相巫觋堪舆办法七项以资取缔"。⑤ 与以往取缔巫觋的布告不同,这份训令不仅要求"切实废除"巫觋,而且考虑到巫觋禁止后的生计问题,因此内政部同时拟定"废除卜筮星相巫觋堪舆办法"七项。革命与建设同时并进;两方面都别出新意。在对巫觋的"革命"方面,不是简单重申先前禁令,而更注意"革命"的方式方法。如第五条

---

① [日]三谷孝:《秘密结社与中国革命》,李恩民等译,中国社会科学出版社2002年版,第195页。
② 《国民党中央秘书处抄转浙江省富阳县党部呈请取缔寺庙药笺迷信活动函》(1928年8月8日),中国第二历史档案馆编:《中华民国史档案资料汇编》第5辑第1编"文化",江苏古籍出版社1994年版,第490—491页。
③ 沈洁:《反对迷信与民间信仰的现代形态》,《社会科学》2008年第9期,第171页。
④ 《神祠存废标准》(1928年11月),中国第二历史档案馆编:《中华民国史档案资料汇编》第5辑第1编"文化",第505页。
⑤ 《南京国民政府内政部训令》,《内政公报》第1卷第6期,1928年10月,第11页。

云:"各市县政府应督饬各公安局随时劝导人民破除迷信,并将妄信卜筮星相巫觋堪舆等之弊害,及人类前途幸福全靠自己努力之理由,编制浅近图说及歌词、布告等类,遍散民众,剀切劝导,以期由城市渐及于乡里,家喻户晓,根本禁除。"①

在"建设"方面更见用心。对于巫觋之类的社会陋习,不满足于一时的革命荡涤,更着眼于长远的社会生活建设;社会建设不流于口头的"剀切解说迷信之弊害",而以解决生计问题为基础,限期改业,"届满尚无正当职业者,应收入地方设立之工场,限期改习一业,其未设有工厂之地方,得令其担负相当工作,其确系老弱残废者,应收入地方救济院,或另筹相当办法"。② 1935 年 11 月,中国国民党"五大"《内政部工作报告》再次强调,取缔迷信后,巫觋的"生计不无可虑,近复由内政部通行各省市政府依照原办法,限制改业,及救济失业规定,妥慎办理,庶于改良风俗之中,兼寓顾全民生之意"。③

民国建立以来,经过政权—知识精英 20 多年的社会革命和建设,地方社会对巫术的态度发生了一些微妙的变化:"社会有了飞速的进步,'破除迷信'、'废除旧习惯'更是不遗余力地向民众宣传。"④ 因此,1937 年春,浦东洋泾镇发生由女巫主导的"城隍娶妻"事件时,"当地各公团均以太属迷信,群起非议。前浦东张分局长亦以当此科学昌明之秋,殊属违背时代潮流,曾训令洋泾警所蔡所长从严取缔,以为后起者戒。迭经蔡所长勒令庙主及城隍丈人,着将女像当众销毁。二人惶骇,现将新房内陈设之全新妆奁,尽行拆毁,搬移一空。至新娘塑像,最近亦突告失踪,一场趣剧,至此遂告闭幕。"⑤

---

① 《废除卜筮星相巫觋堪舆办法》(1928 年 9 月 22 日公布),内政部年鉴编纂委员会:《内政年鉴》(礼俗篇),附录二"礼俗法规",第 301 页。
② 《废除卜筮星相巫觋堪舆办法》(1928 年 9 月 22 日公布),内政部年鉴编纂委员会:《内政年鉴》(礼俗篇),附录二"礼俗法规",第 301 页。
③ 《中国国民党第五次全国代表大会内政部工作报告》(1935 年 11 月),秦孝仪:《革命文献》第 71 辑,(台北)中央文物供应社 1977 年版,第 288 页。
④ 岩:《城隍菩萨结婚》,《申报》第 351 册,1937 年 4 月 26 日,上海书店 1985 年影印版,第 625 页。
⑤ 《荒谬绝伦为城隍做媒》,《申报》第 352 册,1937 年 5 月 25 日,上海书店 1985 年影印版,第 586 页。

其实，浦东乡民只是将之视为"一场趣剧"①，但"当此科学昌明之秋"，人们仍认为其不应存在，这表明女巫存在的空间日益逼仄。

在20世纪30年代前后开展的乡村建设运动中，一些地方精英致力于改造不健康的民众生活方式和社会心理，受到人们的期待。1931年寓居苏州的张一麐和李根源等人受日本"新村主义"影响，在西部乡村成立"善人桥农村改进会"，从事乡村改进事业，立志"在实验中求得一个新的方面，把旧农村推引向新方向前进，使一切充满活力，而有健全的组织"。② 1932年夏苏州发生疫疠。善人桥附近的光福西华村，一村10余家，丧亡人数竟超20人以上。本来，"乡间厕所栉比，群蝇成阵"，极易致病，加之"乡俗一遇疾病，以延女巫送疫神为唯一治病妙法，而送疫神之祭品，主要者为半熟之猪头。神既送过，即取而大啖"。平时亦难免患病，何况疫疠时节。时人认为，"乡人愚陋，固属可笑可怜，第一班以改造农村自命之人物，对于此种重大问题，曾无一人向乡民作切要之实事演讲，第斤斤于三月读毕之千字课，教训农民，以为改良农村之唯一要具"。③ 从时人的抱怨不难发现，深入而具体的乡村建设对于巫风的改变是何等重要。实际上，善人桥改进会已经注意到类似的陋俗，并一直进行着相应的劝导工作。④ 按照乡村建设者的思路，乡村女巫只有通过改变自身的身份和观念，才能成为一个普通的村妇。

检讨南京国民政府的现代化实践，徐中约指出："国民政府在这头十年结束时的记录，表明了在金融、交通、工业发展和教育领域的一些进步。另一方面，国民政府却忽视了十分急需的社会和经济根本改革。"⑤ 事实上，就国家的现代化建设而言，全方位的改革当然更加有效，但不容

---

① 类如女巫托灵出庙会，其实也反映了乡人的集体娱乐心理，时人称："乡下人本来终年忙到头，苦到头，出会一次，城隍菩萨结婚等弄些花样出来玩玩，让大家开一次笑脸，原亦未可厚非，因为'知识浅薄'不是空口说白话可以'学富五车'起来的。"参见岩《城隍菩萨结婚》，《申报》1937年4月26日，《申报》第351册，上海书店1985年影印版，第625页。

② 王洁人、朱孟乐编：《善人桥真面目》，吴县善人桥农村改进委员会1935年印行，第104页，苏州地方志馆藏。

③ 朱戬：《随感录》，《申报》第295册，1932年8月29日，上海书店1984年影印版，第726页。

④ 参见小田《社区传统的近代命运》，《江苏社会科学》2002年第6期，第141—147页。

⑤ [美] 徐中约：《中国近代史：1600—2000，中国的奋斗》，计秋枫、朱庆葆译，世界图书出版社公司北京公司2008年版，第453页。

忽视的是，民国社会改革事业的滞后，确实给乡村女巫留下了很大的生存空间。因此，20世纪30年代之后，虽然整个社会尤其是政权—知识精英对乡村女巫的取缔和批判并没有停止，但女巫活动依旧。据1932年《德清县新志》记载："关仙请神……为明理者所不屑为，已悬为厉禁……彼盖假托淫昏之鬼，胡言乱道，愚者信以为真。"① 30年代中期之后，江南历经战乱和磨难，然而侵入日常生活的外部事件却未能中断乡村女巫的活动。如1947年上海《南汇县政》上的"严厉禁止巫觋敛钱案"，还要求县政府令饬保甲长，严禁巫觋敛钱，并严密调查，汇报乡镇公所，转函警察局严格执行，并责成各乡镇保甲长具结，以免阳奉阴违。②

由此可知，江南乡村女巫继续存在，但总体上，她们的境遇日趋穷蹙。

五　女巫在两个世界的不同境遇

事实上，江南乡村女巫的近代境遇一言难尽。这固然是因为，在近代中国社会，女巫的境遇随着历史进程而不断变化，但总体而言，政权—知识精英沿袭了前近代例禁巫觋的一贯做法，始终维持着对女巫的打击或否定态度，可以说，她们的境遇在近代没有根本性的变化，或者说基本是相似的。同时，人们又很容易发现江南乡村女巫的另一种境遇，即普通民众尤其是乡村妇女对女巫积极崇奉，女巫由此获得的境遇与在政权—知识精英那里迥然有别。这一不同其实是女巫在两个不同世界里获得的：一者传统小世界，一者文明大世界；前者体现为实际的生活共同体，后者体现为抽象的观念共同体；前者主要由底层民众主导，后者主要由政权—知识精英主宰。这样的两个世界是生活于近代的女巫—村妇必须同时面对的。因此，论及近代江南乡村女巫，不能忽视她们在两个世界的不同境遇。换言之，需要关注造成女巫不同境遇的两个世界，剖析两个世界的不同逻辑，特别是女巫—村妇生活世界的日常逻辑。

乡村女巫无法置身于文明大世界之外。晚清以降，从近代军事力量的

---

① 吴翯皋、王任化修，程森纂：民国《德清县新志》第2卷"风俗"，上海书店1993年版，第822页。
② 《严厉禁止巫觋敛钱案》，《南汇县政》第1卷第4期，1947年5月16日，第11页。

炫耀，到机器工业、科学技术的引进，而整体世界观念的渗透，而西洋生活方式的模仿，凡百近代文明的要素逐渐被政权—知识精英所认识、理解甚至接受，由此衍成一个与传统王朝时代不同的文明大世界意识，一个整体世界的观念。虽说它以抽象的观念形态出现，而与普通民众保持着相当大的隔离，然而，经由知识阶层的中介，伴随着国家政策的施行，文明大世界缓慢而坚定地作用于民众生活的小世界。在江南地区，19世纪50年代以降，近代医药卫生知识和服务通过西方传教士引入到民间社会，某些病家在求助于女巫和中医的同时，也将信将疑地开始接触西医和西药。1895年初，有传教士在镇江乡下传道时，遇见"身病猛疟"的乡民容某向其讨药，数日后容某病愈，但容某却这样解释病愈的原因："日前蒙君所赐之药，历服数次，心烦意乱，寝睡不安，因而不敢再食，后幸得巫觋为吾许愿，祈求于五王爷之前，始得化险为夷，转危为安，越日病魔若失。"传教士言明："治汝之疾者，实吾之药……万勿听巫觋之语。"又反复剖别，力辩其非，容某"乃百般推诿，大有格格不相入之势"。传教士们为此慨叹不已："巫觋之害，何其入人之深，而人之信巫觋者，又何其诚且笃也。"① 看起来，巫觋的影响至深至广，但同时，西方医药已经进入江南乡村，并以其实际的效验不断向民间社会显示其威力。晚清女巫—村妇们或者并不在意西方科技的渗入，也无法理解近代文明与传统巫术的对立关系，因为这一切在很大程度上是存在于另外一个文明大世界的逻辑，然而，晚清政权对女巫的不断例禁，以及西方医药比女巫还"神奇"的力量，小世界的人们切实感觉到了。女巫—村妇们身不由己地进入了近代，并受到文明大世界的左右。

在20世纪的最初十年，地方政权强化了对女巫的管束。官府不但禁止附灵女巫治病，更注意防止她们借此发酵民变；文明大世界发生的清末"新政"就这样变奏于地方生活。民国伊始，"皇帝不坐龙庭"，千年不变的女巫因为"有碍风化"的名声遭到前所未有的扫除；政治制度的变革让乡村女巫的境遇每况愈下，以致在20世纪30年代前后的社会建设中，女巫又一次成为"革命"的对象，并被示以"现代"出路。在这里，女巫—村妇们虽无法意识到民国政治制度变革的意义，但却实实在在地体会到变革所产生的深远影响。村妇们无由察觉禁巫令中的"有碍风化"所

---

① 陈春生：《论巫觋之害》，《中西教会报》第1卷第2期，1895年2月，第9—10页。

包含的近代意义，也无法理解精英所谓巫觋"锢蔽民智，为人类进化之障碍"①的断语，但文明大世界以持续而坚定的势头作用于她们的日常生活。她们被纳入了快速变迁的时代轨道。

总体上看，文明大世界对乡村女巫基本上持否定态度。乡村女巫之所以被否定，一种理论认为基于以下逻辑："女人有与男人不同的特性，这让她们具备了特别的力量……女人是有害影响的永久来源。"莫斯进一步说明了这种看法的社会根源："巫术问题就是社会所承认的个别价值的问题。这些价值当然并不是取决于物或人的内在性质，而是取决于全能的大众舆论的取向赋予他们的地位或等级。"②贴切地说，就是"男人社会"对女性的偏见。如20世纪30年代萧山的地方志作者直呼女巫为"狡民"。③类似的看法在社会结构的意义上可能包含对女性的偏见，但更多地也在社会变迁的意义上表达了近代文明大世界对一种落后共同体传统的愤激之情。而如此激烈的舆论导向和相应的禁巫措施，必然导致女巫的境遇日趋困窘。

在对巫觋的一片否定声中，另有论者指出：巫觋"贻害于社会者，尤指不胜屈，其致害之由，在科学家，统称之为迷信；实则此等心理，尚谈不到信仰，我尝见病患之家，并非迷信巫觋，不过以习俗所尚，聊复尔尔。他们说：'不可全信，不可不信'，这种迷离倘恍的态度，巫觋便乘隙进以蛊惑。"④

被社会精英们斥之为"迷信"的巫觋，在底层百姓那里，以为不过"习俗所尚"，而与所谓科学无涉。换言之，女巫真切生活在共同体之中，而这个世界有其自身特殊的逻辑：传统在其中占有极其重要的地位，此其一。

与许多信仰形态一样，"巫术乃是人类古已有之的根本产业……这项

---

① 《中国国民党第五次全国代表大会内政部工作报告》（1935年11月），秦孝仪：《革命文献》第71辑，第288页。
② ［法］马塞尔·莫斯、昂利·于贝尔：《巫术的一般理论 献祭的性质与功能》，第142页。
③ 彭延庆修，姚莹俊纂，张宗海续修，杨士龙续纂：民国《萧山县志稿》第1卷，"风俗"，上海书店1993年版，第275页。
④ 谦：《严禁巫风》，《兴华》第24卷第37期，1927年9月28日，第3页。

遗业要靠传统才见知于人"。① "见知于人"的传统在民间的表达就是俗。"南人信鬼,自古云然"②,"俗信巫鬼,重淫祀"③,"俗信鬼神,患病辄邀巫觋解祷"④,"俗信神鬼,病则多事祈祷"⑤云云,都在说明"俗"在巫术信仰中的力量。

在社会俗信体系中,女巫所担负的使命是特殊的。黄炎培先生回忆民国初年在上海川沙的童年生活时说,他常听到"从外方传到我乡来的"一句话:"病靠命";其实,"病家倒也不光是听天由命的。求仙拜佛,迎神问鬼,认为只有这些才是起死回生唯一的道路。于是各方响应,仙佛神鬼,应运而兴。"其中还涉及乡村女巫:"川沙城里我家同居的婶母,雇着一个女工友,病了。病中说出许多许多鬼话,鬼附她身了。要求摆起香案,大家叩头,求福得福,邻居病家来叩头求药,取一把香灰,调入白开水吞下,病就会好,于是门庭若市。这女工友坐香案旁,有时大叫大喊,有时喃喃絮话,旁人都莫名其妙。"⑥

这就是女巫存在的社会信仰基础:一切巫术简单地说都是"存在",古已有之的存在,"一切人生重要趣意而不为正常的理性努力所控制者……便以巫术为主要的伴随物了。"⑦ 女巫就这样以积极主动的态度来"控制"自然,这是一般女巫所具有的品质,但具体到实际的角色扮演,近代江南乡村女巫并不是以非常强势的自然控制者的身份出现在共同体之中的,而是与释道以及民间宗教从业者等互相合作,并附之以祭拜、祈求、祷告等颇为消极的方式为芸芸众生禳解灾患。于是在清道光年间的上海蒲溪小镇,患病用巫者,或至病革,其亲邻辄酿办牲醴、纸烛之属诣神庙聚拜,巫为祈祝,是名"保福"。⑧ 在晚清嘉兴的巫仪中,同样看不出女巫神奇的魔力:"供神马,煮猪首以祀,主人拈香拜跪,巫者唱神歌侑

---

① 马林诺夫斯基:《巫术科学宗教与神话》,第88页。
② 《吴农说》,《申报》第28册,1886年1月13日,上海书店1983年影印版,第73页。
③ 顾传金辑,王孝俭等标点:《蒲溪小志》第1卷,"风俗",第11页。
④ 姚裕廉、范炳垣修辑:民国《重辑张堰志》第1卷,"志区域",上海社会科学院出版社2005年版,第43页。
⑤ 倪绳中:《南汇县竹枝词》(光绪),载顾炳权编著《上海历代竹枝词》,第349页。
⑥ 黄炎培:《八十年来——黄炎培自述》,文汇出版社2000年版,第19、43页。
⑦ 马林诺夫斯基:《巫术科学宗教与神话》,第82页。
⑧ 顾传金辑,王孝俭等标点:《蒲溪小志》第1卷"风俗",第11页。

酒,祷毕缚草为船,鸣锣而送诸途,名曰'献猪头'。"① 不过一般情况下,正如在晚清上海县,女巫与和尚出现在前后相续的两个巫仪环节中:"鼓乐在家驱煞去,牲牢到庙乞神施。"② 而在同时期上海的周浦,女巫则是与道士合作:"病不延医,反听巫言,酬神送鬼……羽士伎术卑陋者,俗呼'毛道士'。"有竹枝词咏其事:"病家迎得女巫看,看出魔多神不安。连夜招寻毛道士,酬神送鬼闹登坛。"③

实际上,巫术与宗教的截然区别主要体现在学理上④,而两者的混融更体现在实际生活之中。"因为我们所称为'宗教'的信仰,实际上无论在哪里都包含着大量的巫术成分。"⑤ 这样的混融反映了中国民众信仰对象的庞杂性,而在另一方面,巫术更契合底层民众的认识特征。晚清有论者云:"后世巫风日甚……以为鬼神无形与声,赖巫觋以通之。致其祝辞,申其诚意,无损于人,有益于世,不若医者之有效有不效,得失尚参其半也。"⑥ 这里从巫与医的区别中注意到,巫觋与鬼神的一个明显不同是,它具"形与声",而"形与声"恰为民众所乐于接受,女巫以此获得了存在价值:"中国人对一切事物的看法都不脱人本位的色彩……寺庙祠堂里固然有神佛的塑像,也有祖宗的灵牌,但是这些偶像或木主虽然令人望之生畏,却不能走出神龛直接与生人交谈,除非在梦中出现。人们需要更具体更实际的表现,因此就有了巫婆。"⑦

其二,女巫既为共同体生活所必需,那么,她在这个传统小世界中的境遇就是基本确定的,也就是说,女巫的境遇与共同体信仰传统息息相关。事实上,与女巫境遇息息相通的,也更能为人所理解的是凡俗的经验

---

① 赵惟崤修,石中玉、吴受福纂:光绪《嘉兴县志》第16卷"风俗",上海书店1993年版,第345页。
② 秦荣光:《上海县竹枝词》(同治),载顾炳权编著:《上海历代竹枝词》,第219页。
③ 秦锡田:《周浦塘棹歌》(光绪),载顾炳权编著《上海历代竹枝词》,第365页。
④ 对于人类信仰所包含的宗教和巫术,有些思想家认为,巫术就是宗教的一部分,但弗雷泽在宗教与巫术之间进行了明确的区分。在他看来,宗教"是对被认为能够指导和控制自然与人生进程的超人力量的迎合和抚慰",而巫术则是通过"适当的仪式和咒语来巧妙地操纵"和"利用"某些超人力量。参见〔英〕弗雷泽《金枝》(1890),徐育新等译,大众文艺出版社1998年版,第48—49页。
⑤ 〔德〕韦伯:《宗教社会学》,刘援、王予文译,(台北)桂冠图书股份有限公司1993年版,第87页。
⑥ 《禁巫说》,《申报》第62册,1899年6月8日,上海书店1985年影印版,第293页。
⑦ 蒋梦麟:《西潮》(1943),第15页。

世界。包括巫术在内的庞杂信仰传统只要存在，则以奇异的信仰氛围，作用于群体心理，在共同体生活中发挥特定的功能。

这样的氛围是由"迷男崇女"与女巫共同造势而成的，女巫在其中获得特殊的魔力，从而受到人们的尊崇。如1910年9月，松江金泽镇三姑庙的三姑塑像被焚劈，据守祠庙的数名女巫亦已拘获，风声所布，松江知府觉得"迷信一关可以打破"了，不料金泽镇来人称，"陈三姑香火仍盛，虽土木偶已毁，尚多有望空膜拜者"。① 具象的木偶在庙里，可以焚劈，而心窍中的鬼魅却不易抹去。晚近之世，此种鬼魅不特寄居于村妇身上，"即衣冠中人，亦有喜扶乩求仙者。其于巫觋也，竟奉之如神明⋯⋯一任其附会造作。"②

乡村女巫们的"附会造作"不全是无功而终，连知识阶层也承认："病者事事允之，亦间有愈者。"③ 不过，他们认为，这不能归功于女巫，因为患者"病势轻微，原可不药而愈"。④ 这种解释应该是主要原因，但在病愈过程中的社会心理因素却被完全忽视了。对于疾病，传统中国人抱持着这样的心理：谋事在人，成事在天；求巫是人应该谋划之事。东汉王符《潜夫论》曰："凡人吉凶，以行为主，以命为决。行者，己之质也；命者，天之制也。在于己者，固可为也；在于天者，不可知也。巫觋祝请，亦其助也。"⑤ 值得注意的是，在江南乡村社会中，村妇们并没有将巫与医完全对立起来，乡人求巫之外常常还会另外寻医："旧俗对于疾病，每不能脱迷信观念，有所谓'外修里补'者（外修指祈祷鬼神，里补指医药）。"⑥ 近代苏州震泽的乡俗即如此："尚鬼信卜筮，好淫祀。疾

---

① 《松江：女巫庙主之纷纷获戾》，《申报》1910年9月29日，第1张后幅第4版。
② 《禁巫说》，《申报》第62册，1899年6月8日，上海书店1985年影印版，第293页。
③ 《师巫说》，《申报》第17册，1880年11月26日，上海书店1983年影印版，第593页。
④ 《禁巫说》，《申报》第62册，1899年6月8日，上海书店1985年影印版，第293页。
⑤ 王符：《潜夫论·巫列》，汪继培笺，彭铎校正：《潜夫论笺校正》，中华书局1985年版，第301页。
⑥ 陈华珍：《苏俗三娘之罪恶》，《申报》第168册，1921年1月18日，上海书店1983年影印版，第288页。按光绪《嘉兴县志》："吾里⋯⋯甚有专重巫祝而竟废医治者，可慨也。"从方志编纂者的叙述口气中可以看出，"专重巫祝而竟废医治"的情况可能会发生，但这是"可慨"的"甚至"行为，但在一般情况下，应该是巫祝和医治同时进行，至少不会完全"废医治"。

则先祷禳，而后医药。"① 在这里就医是作为应该谋划的人事来进行的。而在谋划就医时所遭遇的困难常常驱使人们转向谋划巫事："名医绝少，乡农信巫喜祷"；前清松江竹枝词道："方书药性记参苓，今日医无秦景明。云惨雨错秋祭鬼，村村巫鼓不停声。"② 这样一个过程构成江南村妇对于疾病态度的一般逻辑："俗信鬼神。有疾病，延女巫先祈祷，而后医药。药无效，辄委之命数。"③ 从20世纪20年代浙江定海地方志对这一过程比较详细的叙述中，不难窥见江南乡民的心理变化轨迹："婴儿病，多不延医服药，往往招女巫为针灸。不服乳，则染末药于指，按儿喉，杂以符咒。不愈，女巫曰'是野鬼为祟也'，或曰'受惊而离魂也'。乃设野祭，击古铜镜以招魂，以草或纸制船，实以冥铤，送鬼出户，烧化船艇，东西南北及远近各有定所。更不愈而死，曰是命也，无可奈何。"④

在整个过程中，女巫的禳解除了标准化的符咒和招魂，也包括了诊疗和祭祷等环节，所有这一切，都在向乡民表明，她在谋事，若谋事不成，则委诸天命，而乡民也愿意接受"这样的定命论"，因为"在中国的人民间，它常常持着深而广的支配力"。⑤ 从世俗经验的角度看，女巫几乎没有什么作为；女巫的作为主要体现在神圣世界中，其对世俗社会的作用指向共同体心理："除了让人们相信他（她）正在处理一切事务之外，他（她）什么都没有做，或者几乎什么都没有做"⑥，但是，只要存在相信，就会产生效力："如果你相信你的巫术的价值……你一定会更勇往直前。如果你在疾病的时候能靠巫术——常识的、术士的、精神疗治的，或其他江湖上专家的——而自信你总会康复，你的身体也可能会比较健康……所以，对于巫术效能的信念，是有它自然的根据。这种信念的用处在于它能增高做事的效率。可知巫术有一种功能的和经验的真实性，因为它老是产

---

① 龚希翼续修：民国《震泽镇志续稿》第2卷，王怡主编：《震泽镇志续稿》，广陵书社2009年版，"风俗"，第42页。
② 陈金浩：《松江衢歌》（乾隆），载顾炳权编著《上海历代竹枝词》，第12页。
③ 胡人凤续辑，许洪新标点：民国《法华乡志》第2卷"风俗"，第28页。
④ 陈训正、马瀛纂修：民国《定海县志》第5册，"方俗风俗"，上海书店1993年版，第582页。
⑤ 徐懋庸：《观绍兴戏有感》，《徐懋庸选集》第1卷，四川人民出版社1983年版，第48页。
⑥ [法]马塞尔·莫斯、昂利·于贝尔：《巫术的一般理论 献祭的性质与功能》，第166页。

生于个体解组及将要发生生理上错误态度的时候，巫术正满足着一种生理的需要。"①

女巫作用于共同体心理而产生的效验，在村妇们被告知其亲友在阴间的生活状况时，更加明显。苏州习俗，"丧没半载间，家人必为亡者行'关亡'数次"。②这些"关亡"跟疾病的医治无关："如果一个人怀念作古了的朋友或去世的亲戚，他可以请一位巫婆把鬼魂召了来……她说话时，压着喉咙像猫叫，因此她讲的话可以由听的人随意附会。如果巫婆在谈话中摸清了对方的心思，她的话也就说得更清楚点，往往使听的人心悦诚服。"③"关亡"本来就是为了满足心理需要，所以蒋梦麟先生说："真也好，假也好，这办法至少使活着的亲戚朋友心里得点安慰。五十年前，我自己就曾经透过巫婆与我故世的母亲谈过话，那种惊心动魄的经验至今还不能忘记。"④

以科学的眼光，女巫"关亡"的过程及其被襮都不过是虚幻，但它对共同体心理的作用却是实在的，由此也决定了女巫在共同体生活中的独特功能。当这种功能的独特性依据传统的魅力稳定存在，而囿于特定的社会历史条件又无法被取代时，它的必要性就大大加强了。这种必要性毋宁构成女巫获致优裕境遇的条件。

其三，与女巫境遇相关的传统小世界的另一逻辑是共同体关系，更具体地说，是村妇与女巫角色之间的内在关联。

如果说"大众舆论造就了巫师"，那么，女巫在某种程度上就是村妇造就的，或者说，对女巫最崇奉的是村妇。个中的缘由，赵世瑜先生指出："妇女比男子更热衷于宗教性的活动……当然是由于妇女的社会地位和所面临的社会压力与男子不同的缘故"，具体而言，村妇面临着"解决实际生活和家庭生活中遇到的困难"的压力："下层妇女则时时面临这样的问题，她们的求佛拜神就主要针对生子、祛病、免灾等等。所以当男性忙于实际的生产和养家活动的同时，女性则要为家庭的平安和顺利祈求神

---

① [英] 马林诺斯基：《文化论》，费孝通译，华夏出版社2002年版，第76页。按"马林诺斯基"即"马林诺夫斯基"。
② 陈华珍：《苏俗三娘之罪恶》，《申报》第168册，1921年1月18日，上海书店1983年影印版，第288页。
③ 蒋梦麟：《西潮》（1943），第15页。
④ 同上。

灵的保佑,除了家内和家外劳动的区别以外,这似乎成为男女两性的另一种家庭分工。"①

这让人关注到村妇所承担的所谓"家务":不仅仅是家庭衣食住行的日常操持,也不仅仅是对一家老小在正常状态下的侍奉和照料,还包括对家人患病时的帮助。而其中最大的压力莫过于病魔,而这又恰是女巫最可逞能之处。"巫术应用最广的地方,也许就在人们忧乐所系的康健上……巫术最发达的领域,文明人和野蛮人一般,是人们的康健。"② 在这种情况下,女巫自然成了救星。所以从某种意义上确实可以说:"巫术……是处于压力之下的社会需要的转化,由此,这种压力下的一系列集体心理现象的〔就〕得到了疏解。"③

主妇一旦寡居,因为缺乏生活安全感,承受的压力更大,但在巫仪上则可以尽情宣泄。例如20世纪30年代在浙江桐乡石门湾,丧夫失子的"定四娘娘"找来了"关魂婆":"(关魂婆)问:'要叫啥人?'定四娘娘说:'要叫我的儿子三三。'关魂婆打了三个呵欠,说:'来了一个灵官,长面孔……'定四娘娘说:'不是'。关魂婆又打呵欠,说:'来了一个灵官……'定四娘娘说:'是了,是我三三了。三三!你撇得我们好苦!'就一把鼻涕,一把眼泪地哭。"④

既然女巫能够给村妇提供发泄怨苦的机会,不少村妇甘坠其术:"巫尤善揣人心理,睹人服制,即能知其与亡者若何关系,惨呼亲爱,陈阴间苦痛。家人因哀痛亡者之心,有不惜输巨金,求其代为解禳。"⑤ 在江南乡村社会中,女巫与村妇,两种角色就这样相须甚殷,而使巫风炽盛。女巫的利好境遇便自不待言。

---

① 赵世瑜:《明清以来妇女的宗教活动、闲暇生活与女性亚文化》,郑振满、陈春声主编:《民间信仰与社会空间》,福建人民出版社2003年版,第173—174页。
② 马林诺斯基:《文化论》,第55—57页。
③ 〔法〕马塞尔·莫斯、昂利·于贝尔:《巫术的一般理论 献祭的性质与功能》,第148页。
④ 丰子恺:《王囡囡》,丰陈宝、丰一吟编:《丰子恺文集》(6),浙江文艺、浙江教育出版社1992年版,第691页。
⑤ 陈华珍:《苏俗三娘之罪恶》,《申报》第168册,1921年1月18日,上海书店1983年影印版,第288页。

六　结语

行文至此，当这一问题再次被提起：江南乡村女巫的近代境遇如何？我们意识到，这只是一个需要深究问题的基础。在特定时段的女巫境遇被缕析之后，可以理解，"境遇"即指近代两个世界对乡村女巫的不同态度；而共存于近代的两个世界有着怎样不同的逻辑？这需要我们深思。因为只有理解了它们之间的逻辑差异，近代女巫的零乱境遇才会显示出清晰的脉络；进而，女巫—村妇的诸多"怪异"行为才能获得合理的解释。

近代以来，文明大世界的人们为不断进步的时代所鼓舞，为科学理性的思潮所洗礼，传统小世界中的落后和迷信变得愈加难以理喻，不断加强的指责和取缔之声充斥于近代中国社会。这是近代以来"文明人"的普遍态度："初看来（女巫）这种活动既愚昧又无用，在我们文明人看来觉得神秘不堪"。① 人类学学者指出，破解这种神秘并不困难，那就是"功能主义"眼光："必须把该社区中社会的、文化的和心理的所有方面作为一个整体来处理，因为这些方面是如此错综复杂，以至不把所有方面考虑进来就不可能理解其中的一个方面。"②

在社会史视野中，这就是传统小世界的内在逻辑。理解了这种日常逻辑，女巫的"欺骗"、村妇的"愚昧"以及由此而来的种种女巫境遇也就可以明白了："我们面对的就不只是简单的欺骗问题……乍看上去，巫师似乎是在夸耀他本人的自由意志的威力，但是在大多数情况下，他无可避免地受到公共信仰的左右……巫师所信任的和大众所信任的无非是一枚硬币的两面。前者反映了后者，因为倘若没有大众的信任，巫师是不可能进行伪装的。巫师与其他人共享的正是这种信任，这意味着他手上的技巧和巫术中的失败都不会使巫术本身的真实性遭到任何怀疑……只要与整个群体的信仰相契合，他的信仰就是真诚的。巫术是被相信的，不是被理解的。"③

---

① ［英］马林诺斯基：《文化论》，第55页。
② ［英］马林诺斯基：《西太平洋的航海者》，"前言"，梁永佳、李绍明译，华夏出版社2002年，第2页。
③ ［法］马塞尔·莫斯、昂利·于贝尔：《巫术的一般理论　献祭的性质与功能》，第114—115页。

日常逻辑自然应该在日常世界里理解。这样说，绝不意味着我们意图以这样的逻辑为传统小世界及其女巫—村妇的行为进行辩护。毫无疑问，文明大世界的出现是社会变迁的必然结果，随着近代世界的一体化，它必然作用于传统小世界。当两个世界相遇时，彼此的错愕、误解和冲突在所难免，但有一点是可以肯定的：来自文明大世界的简单批判和一味取缔对传统小世界的文明化进程难济于事；打破传统的力量，不仅来自大世界的文明程度，也在于缩短两个世界的距离。

清末《大公报》"兴女学"话语的审视

李巧敏

（中国社会科学院研究生院）

女学是晚清女性解放史中的重要一环，女学的开办及意义成为历史学界研究的课题之一。相关研究已有大量成果①。但这些研究很少从"话语"的视角考察女学。所谓"话语"，实际上指的乃是一些非"实在"而有价值倾向性和权力支配性的说辞，它有"建构"知识和现实的能力。而话语分析就是探讨这些说辞产生后人们怎样多方面地理解它、赋予它怎样多重含混的意义，在层层叠叠的言说实践中，又体现了怎样复杂的社会权力关系和让人意想不到的历史内涵和政治后果，等等。② 话语分析以历史书写或历史阐述为研究切入点，强调事实背后的话语的力量，将历史书写和历史本身结合在一起进行交叉研究，增加分析问题的视角和层次，这无疑有助于进一步深化中国近代新文化史的研究。本文将在吸取前人研究成果的基础上，讨论"话语"在清末女学兴办动因中所起的作用。

《大公报》1902年6月17日创刊之际，正逢晚清社会风气大开之时。作为开社会风气之先的女学，成为此后《大公报》在一段时间内反复讨论的话题。据不完全统计，1902年到1908年前后，《大公报》刊登的有

---

① 由于成果数量众多，择其主要列举如下：罗苏文：《女性与近代中国社会》，上海人民出版社1996年版；杨永占：《清末女学的创办》，《历史档案》1992年第2期；梁景和：《近代女学演变的历史考察》，《辽宁师范大学学报》1993年第6期；阎文芬：《中国女子教育的近代化历程、特点及启示》，《华东师范大学学报》1996年第2期；孙兰英：《近代士大夫思维转型与女学》，《史学月刊》1998年第4期；何大进：《传教士与晚清教会女学》，《历史教学》2005年第7期。

② 黄兴涛：《"话语"分析与中国近代思想文化史研究》，《历史研究》2007年第2期。

关"兴女学"的文章不下一百篇，这些文章一部分出自该报主笔或编辑之手，但更大部分出自社会人士之手。来函、来稿、附件等栏目，集纳了社会不同阶层、身份的人士关于兴女学的声音。与此同时，《大公报》的主笔意识到当时民众文化程度普遍低下，尤其是妇女认读水平不高，为了扩大报纸受众群，使更多的人认识到女学的重要性和必要性，该报刊登的文章很大一部分采用白话文写作方式。这些宣传"兴女学"的报刊文章，虽然从整体来看，非常杂乱、重复甚至于拗口，但是在这种凌乱的表象下，其实能够梳理出这一时期《大公报》在言说"兴女学"时清晰可见的表达策略。因此本文试图通过考察《大公报》1902年到1908年前后关于"兴女学"的文章，来审视"公共话语"与"男性表述"对于女学的塑造以及"兴女学"话语背后所深藏的时代话语逻辑，以期对晚清女学的研究有所推进。

一　家庭层面下的兴女学

"男主外女主内"的传统社会格局使女性的大部分时间和空间局限于家庭，相夫教子成为女性的天职。《大公报》不少刊文中指出，女性接受了教育，可以减轻男性的家庭负担，使男性无后顾之忧，更好地接受教育和完成工作。

如在该报刚创刊不久发表的《讲女学堂是大有关系的》一文中称："倘若不识字，一定诸事不便，作不到好处，作女人的大了，自然要出嫁的，所嫁的丈夫，也出不去这四等人，妇人叫作内助，就是在家里帮助丈夫过日子，丈夫在外头作事，一切家务照管不过来，全凭着妇人照料，一切米面柴炭，醋酱油盐，看看发帖，记记账目，认得几个字，有多大方便。或者是丈夫出外经商，有时候来了一封家信，自家也不知道信上写的是什么，还得求一个认字的来念念，自己要回答一封信，也是不能动笔，还得向人低声下气，求人来写，有多大的不方便。"① 《大公报》这篇白话文形式的"兴女学"论说，概括了兴女学有助相夫的基本内容，并形成一种话语模式，在此后该报多篇"兴女学"论说文章中被反复提及。"凡商务中之历史、地理、经济规则以及书札笔算，均令习之，以为他日相夫

---
① 《讲女学堂是大有关系的》，《大公报》1902年6月24日。

教子之助，以为他日谋生营业之途。"① 另一文指出，兴女学不仅可以减轻男子的家庭负担，而且还可以激励、劝导男性。"果然有许多的女子，都通学问，自然那些男的，也不肯落后了。"② 女学的兴办对男性形成压力，激励男性奋发向学以免被女性超越。

有文章指出，夫妇之伦在家庭五伦之中关系最为亲密，夫妻同吃同住，相处时间最长。如果女性接受了教育，可以在床帏之间更好地劝导男性。"五伦之中夫妇其最最亲昵矣，虽强悍顽固之徒，父师朋友不能教诲，若内有读书明理之人时于夙兴夜寐之际开导，久之，未有不通晤者。盖凡人之性情，惟至亲爱者乃肯平情虚心以受其言，闺房议论尤易入男子脑筋中。惟女子无学，故男子心灵不开，智慧不进，酿成一顽钝无耻窒塞不通之中国，此男女极大之关系也。"③

另外，《大公报》"兴女学"议论中，女学有益"母教"也是一个重点话语。有文章指出，兴女学不仅有助于相夫，还涉及胎儿及下一代的强弱，这是对于女性"母亲"身份的一种关注。"盖女学进步既倡，一则孩童七岁以下，一切学问之理，立身处世之道，皆由母教定其始基，而善诱之，少成若性，及长而见识志趣迥乎不凡，入学校者无不成材，此造就人才之根原也。"④ 显然，女学兴否关乎母教，而母教关乎儿女的成长成才。这种借助母教来论述女学当兴的话语在《大公报》议论中一再得到重申。"大有关系的，是教养儿女，人的儿女，没长成的时候，整天的不离母亲，从小时候，常常听的话，最能记得住。比方他母亲是明白认字的，常常讲今比古，给儿女听，的［得］了工夫，教儿女认认字，孩子大了，入了学房，自然是容易的。"⑤ "大凡为人母的，要把这一个教字，看得重、用得当，才算不亏负作母亲的责任呢？诸位说说，作母亲的，既然有这样的责任，要不讲究女学，那为人母的她拿什么道理教导他的儿女呀？所以说女学比男学是一般的重大。女子们在自幼儿先没有把道德品行学问都受好了栽培，万万不能够尽者［这］母教的责任。"⑥ 为了进一步说明

---

① 《论中国宜开办商务女学堂》，《大公报》1905年9月22日。
② 《讲女学堂是大有关系的》，《大公报》1902年6月25日。
③ 《兴女学议》，《大公报》1902年8月12日。
④ 同上。
⑤ 《讲女学堂是大有关系的》，《大公报》1902年6月24日。
⑥ 《母教》，《大公报》1908年6月27日。

兴女学的必要性，很多文章把"母亲"这种身份上升到国家的高度，构建一个"国民之母"的形象。由此母教的质量也就关乎国家的强弱，而女学的兴衰又决定着母教质量的高下，从而在女学、母教、国家三者之间建立起一种层层递进的关系。"今打算强国，最注重最要紧的，就是国民家庭好教育。女子为国民之母，若是这女子们他先没受过好教育，他又怎能懂得教育他的儿女呢？"①"女子为国民之母，这句话原创自西人。我想一国之内，无论士农工商，以及那贵如公卿，贱如乞丐，大概无一个不在国民之内的罢。既然同是国民，这句'女子为国民之母'话也很郑重了，岂止郑重，要一细究女子的责任极重、关系极大。他那责任，不止出了阁帮着夫婿理料家务，支持门庭，凡是他的子女一切的教养，仰仗他的地方很多。总而言之，男孩子在未成丁之前，女孩子在未出嫁之前，一举一动皆是他该管束、该教训的事。众位想想，女子要是不明白事理的人，糊糊涂涂的管教子女，不是任意纵容，就是朝打暮骂，他还能够管教出好孩子吗？所以欧美各文明国讲究强国的法子，先由女子教育入手，女子有了好智识，不愁将来的国民没有家庭的好教育。究竟母教这一层，不但欧美如此，就连我们中国，上古的时候，也很注重这母教。当初孟母择邻才管教出孟子来，成为大贤，那足见那个时代注重女学了。其余那些贤母的事迹极多，我也不能一件一件的，全写出来作凭证。所以我们中国热心教育的人，无不提倡女学，稍微明白点时局的人无一个不赞成这女学。这件事要往大处说，关乎国家的强弱兴衰，要往小处说，也关乎风俗人心。"② 很明显的，女学的兴衰关乎母教的兴衰，而母教的兴衰关系到下一代的素质，进而连接到国家的强弱，这些言说逻辑基本遵循着近代从西方传入中国的社会达尔文主义③的大概脉络。

这种主要出于相夫教子的功用而提倡女学的话语，乃是"男尊女卑"

---

① 《女师范学堂的关系》，《大公报》1908年3月23日。
② 《国民之母》，《大公报》1908年9月22日。
③ 社会达尔文主义是将达尔文进化论中自然选择的思想应用于人类社会的一种社会理论。认为达尔文主义，特别是它的核心概念——生存竞争所造成的自然淘汰，在人类社会中也是一种普遍的现象。认为它在人类的进化、发展上起着重要的作用。这种思想常被利用来强调人种差别和阶级存在的合理性以及战争不可避免等。中国学者严复于1897年翻译了英国学者赫胥黎的天演论，"物竞天择，适者生存"的思想在中国社会引起强烈反响，成为"变法图强"及现代中国民族主义的理论基础之一。很多中国知识分子毫无保留地接受了社会达尔文主义，但他们中很少有人真正理解生物进化论。

"男主外女主内"传统观念的一个变种。过去无才的女性是好妻子、好母亲，现在受了教育、有知识的女性才是好妻子、好母亲。相夫教子的精神不变，变的只是相夫教子的方法现代化了。

二 社会层面下的兴女学

传统观念认为，女性的本分应是闭门在家，事夫奉姑，生养儿女，操持家务，而到男性活动的场所去抛头露面，混杂其间，则被认为是有悖妇道的越轨行为。《大公报》的作者和编者借助这种传统思路，声称兴女学能够杜绝女性这种抛头露面的行为。有文章指出：

> 中国的女学不兴，故此妇女们，多是糊糊涂涂，不懂得是非利害，真真可叹。别处的妇女，我暂且不说，单就天津妇女的情形，寻常极讲正派，站在门前，或是走在街上，要是有人多看他两眼，这就了不得拉［啦］，遇见不省事的妇女，就须小猴儿挨千刀的骂将出来。那知道要是有一个会场，这妇女们就好比疯了似的，梳洗打扮，弄的头光脚俏，满街上同男子一群里挤去，这时候也不怕男子了。请问你们梳洗打扮那么好，跟男子一处混杂去，是为得干什么？要说是为看会，那上会的没有好人，全是借着上会看妇女去，寻常要是有人多看你们两眼，你们就觉着了不得，怎么到这时候梳洗打扮好了，送到大众前头，给人家千人瞧万人看去，反倒不怕了呢？要说是看灯棚，咳，那灯棚又有什么出奇，无非多点些洋灯，多摆些个花盆，多挂几尺彩绸，多摆些个陈设，除此以外还有什么呢？这又何至于疯了似的，拥拥挤挤看去呢？我说这个话，并不是说妇女们闷在屋子里，一辈子不见人才算正理，是因为中国下流人，不知体面的太多，每逢到了会场，必出是非，一出是非，必是在妇女们多的地方。原来这些不知体面的人，每有会场必到，他们绝不是为看会逛灯去，实在是为看妇女去，俗语有一句话，"看灯看看灯人"，就可以知道其中的坏处了。再说其中还有极大的危险，你们还记得那年如意庵失火，烧死逛庙的妇女有多少，怎么还都不怕呢？历次会场，妇女们暗中遭人轻薄，吃哑巴亏的，不知有多少，怎么还都自取烦恼去呢？我劝妇女们，从此以后须要自顾体面，不必再看灯逛庙，没有好处，为男子

得,也权当论自己的妻女,不可教他们丢丑儿去,地面官也当立法维持风俗,顶好不准出会,再不然凡有会场灯棚,无论早晚,一概不准妇女往观。女多不识字,我盼望看我们报的,把这段白话讲给家里妇女们听听,再由自己家里妇女,学说给别家妇女们听听,互相传述,互相勉励,或者也有点益处。总而言之,要打算教妇女们全都明白是非利害,非普兴女学不可。①

由此可见,他们将女性的活动空间限定在家庭之内,一旦超出家庭的范围则意味着男女混杂相间,有伤风化,有悖于"男女之大防""男女授受不亲"的传统观念,说明他们并不质疑"男主外女主内"的社会性别分工,相反,他们加剧了这种性别限阈,暗含了他们强调男女有别,家庭成员之间就要各安其位、各尽其责的心理定式。女学能使女性认识到男女混杂相处的害处,重新审视自身的活动空间和职责所在。

另外,在《大公报》的文章看来,女学的兴办还涉及女德的培养。

中国于教育一道,向来最不讲究,故此民智异常的闭塞,全国的人多一半都像傻子,这说是男子。要说到女子,哎,简直的多一半像有知觉没有知识的动物。众位妇女听明了,不要说我们报馆骂人太狠,实在是我们中国妇女,明白事理的太少,不能说全像没有知识的动物,到底像这类的总占多一半。为何这个样?总因女教不兴,女教既不兴,故此国民没有家庭教育,造就很难,这是不讲究女学一件极大的害处。近来又因为几件事,看出不讲究女学的害处还不至此。妇女因为不学,不明白事理,还不算是大害,甚至于有行同畜类没有人心的。你们看天津出了一件伯母打死侄儿的案子,一切细情,我们报上全登过,天津合郡的人,也没有不知道的。你们看这凶媳,是何等的狠毒,寻常把侄儿凌辱的非常可怜,还嫌不解恨,还把他生生打死。到如今自己落得挨打嘴巴,站砖,交官媒锁押,将来还不知道定什么罪。假如他自幼读过书,明白事理,何至于作这个事,这不是女学不讲的坏处吗?还有凌辱儿媳妇的,更是数见不鲜了。或是因为儿媳妇貌丑,或是因为脚大,或是因为娘家应酬不周到,往往用尽了方

---

① 《奉劝天津的妇女》,《大公报》1904年8月28日。

法，折磨打骂，大姑子小姑子，也有帮着打骂的，无理吵闹，滥用非刑，天下最野蛮的事。没有再过乎这件事的了。这等人家多的很，要是女学大兴，何至于成了这种黑暗世界呢，再说继母凌辱女儿，妇人害死丈夫，凡此等等一切凶恶惨毒的事，出在妇女身上的，总比出在男子身上的多。故此俗语说"最狠妇人心"。究竟不是妇人的心生下来就狠，因为他自幼没受过教化，不明白事理，所以作的事，常出乎情理之外，要是国家着重女学，女子自幼全受过教化，虽不能说一个作恶事的也没有，到底以上所说一切野蛮黑暗的事，总可以不多见了。①

该报反复申说，女学能够起到教化女性、磨灭女性中恶的一面，重塑女性贤良的形象。

为了进一步说明兴女学对改造社会风气的重要性，《大公报》的文章把女学的兴否与社会文明程度、社会教化程度衔接起来。有文章指出："开智强国之策在乎广设大小学堂以立之基，尤宜广设女学以正其本，使通国之人耳目一新，无论男女皆奋然向学，有特立之志。父母以是教其儿女，兄弟以是勉其姊妹，夫妇以是互相策励。一家之中有妇女读书明理，则其子弟易受观感之力，发奋励学，一家如是，一国如是，文明之象可拭目俟之矣。"② "我国家果能大兴女学，尽脱却女子之羁绊，扫除世俗之谬解，行见国无愚蠢之妇女，家有庭训之良师，国民文明之进步必有异常勇猛者，不特中国之女界对于西洋文明国未遑多让，即全国之教化亦可从此而兴盛，其程度将达于最高点，岂不懿哉，岂不快哉。"③ 这些议论倡说，女性接受教育，一方面可以祛除女性本身的陋习，另一方面可以感染激励其家庭成员奋然向学，一家带动另一家，由此整个社会步入文明、教化境地。

女学本是社会风气开化的新产物，本应起到开风气、启民智，构建社会新秩序的作用，但在《大公报》的话语宣传中，强调的重点却在维护社会旧秩序、重塑女性传统形象。这种矛盾的表述方式，一方面是《大

---

① 《说中国不讲究女学的害处》，《大公报》1905年3月17日。
② 《兴女学议》，《大公报》1902年8月12日。
③ 《读碧城女史诗词有感》，《大公报》1904年5月11日。

公报》作者为宣传女学而采取的一种表达策略,以此向社会表明女学虽是新兴事物,但它并不悖于传统的社会秩序,相反能够使旧秩序得到强化和巩固,这样可以减轻初兴女学的压力,可以获得更多的共鸣和支持。另一方面,不可否认的是,在这些宣传女学的文章中,也不自觉地流露出宣传者本身关于女性的文化价值观,这种价值观本身亦是半新半旧、新旧杂陈。以这种价值观来宣传女学,其传统的教化也如影随形。男性话语的"兴女学"在试图解放女性开社会风气的同时,其实也在某种程度上起到了重塑女性传统形象,维持社会旧秩序的反向作用。

三 国家层面下的兴女学

当国家受到侵略、陷入民族危机的时候,人们普遍的社会心理是希望利用和发动社会上的一切力量来挽救危机、度过危机。甲午一役之后,国家创伤甚巨,爱国、强国思潮接踵而至,民族主义情绪高涨。在这种历史特定时刻,一切社会活动都围绕救亡图存展开,女学的开办也不例外。

《大公报》发表的第一篇关于女学的文章,起首便说:"现在中国许多人,也都明白学堂是立国的根本。"① 这好像是一个总纲,有意无意之间也有女学也不例外的含意。把女学提升到国家的高度,以兴国强国的名义来兴办女学是这一时期《大公报》一再重申的话语。如有文章指出:"女学之兴,有协力合群之效,有强国强种之益,有助于国家,无损于男子,固今世豁达之士每发其爱力,倾其热诚以提倡之。"② 又如:"试观五洲之国,女学昌,其国昌;女学衰,其国衰;女学无,终必灭之。"③《大公报》的文章不仅从正面说明兴女学有助于强国,而且采取反证的策略来进一步论证之。"吾华女学之不兴,其害可胜言哉!我国民何为不能速进于文明,我中国何为不能日趋于强盛,我黄人声价何为不能媲美于白人,君子曰:皆女学不兴之故也。"④ "中国女学之废由来久矣,国势日蹙,种族日衰,若再不图振兴,则女子尽为废材而国事愈不堪问矣。"⑤

---

① 《讲女学堂是大有关系的》,《大公报》1902年6月24日。
② 《提倡女学之宗旨》,《大公报》1904年5月20日。
③ 《书端中丞奏兴女学事》,《大公报》1905年11月30日。
④ 《兴女学宜用音标字说》,《大公报》1902年9月21日。
⑤ 《说女学》,《大公报》1903年5月28日。

"女学不兴使我国二万万女子沦为废材,无惑乎我国颓然弗昌也。"① 文章向读者传递这样一种声音,正是由于女学不兴才造成现在的中国文明退化,种族衰弱,国势不振,因此为了救国强国,必须要兴办女学。

为了进一步说明女学与国家的关系,《大公报》的文章一方面从传统内部寻找依据来论证二者的关系。如有文章指出,汉代刘向采百家言撰《列女传》,社会遂清平治化,"晋代风俗之荡,治化之丧,皆归其弊于女教之废"。由此可见女学之重要,是"中国所以转弱为强之道也"。② 该文不但认为中国自古就有女学,而且兴女学可以强国这种论断亦得到证明。另一方面有文章运用新兴的进化论来为女学张本。"时列强环峙,欺侮交乘,国家危机,非进化无以强国无以保种。然进化艰难,实因女学未讲之故也。女学不讲,女子不强,不进化,国家难强盛矣!"③ 兴女学有助于社会进化进而达到强国的目的。

另外,《大公报》的文章还援引西方的生利分利学说来论说兴女学对于强国富国的必要性。"大学之训曰,生之者众食之者寡,则材用足,即西人生利分利之算法也。中国人口号称四万万而女子居其半,皆不能生利自立而仰食于男人,其仰食于未尝读书明理之男人盖十有七八焉。夫未尝读书明理之男子谋业不易,习艺难精,谋生之道已苦难矣,而又为无业之妇女所累,虽习艺而不能精,虽向学而不能专,皇皇然以终岁经营之所得瞻其家人而不暇。即少年读书有志者,有室以后,无不志量卑鄙专营衣食。故二万万男子罕有造就艺学堪为世用。是妇女不学无业几使通国男子皆受妻孥耗食之累,每一人必兼养数人,食之者众生之者寡,国安得而不贫乎。夫财何以足,民皆有业则财足;国何以富,业无不盛则国富,使妇女人人有学有业,非特通国之学艺兴作,倍增其盛,而男子亦无家累失学之苦,人人可以学专门之业,造有用之才,立国之本在是非特生利分利之有余而已也。"④ 显然,女学关乎着女性职业,进而关乎着生利者的多寡,连接到立国的基础。其提倡兴办女学并不是以女子为本位,而是欲通过女学这种途径把女子变成有用之才,最大程度发挥她们的作用,以拯救处于

---

① 《开群女学校试办简章》,《大公报》1903年4月15日。
② 《论女学所以强国》,《大公报》1905年10月13日。
③ 《论进化宜兴女学》,《大公报》1904年6月19日。
④ 《兴女学议》,《大公报》1902年8月12日。

危机的民族。

《大公报》对女学的倡兴，既不是基于对女性本身权利的伸张，也不是出于对传统女性观念的反省，而首先是因为女学能使女性由传统认识上的"废才"转变为国家的生利者，有利于挽救民族危机，有利于强国富国。也就是说，当国家受到侵略、陷入民族危机的时候，对关于国力的两个重要指标——国富、国强的社会功利性计算，构成了兴女学的思想核心。在救亡压倒一切的民族危机语境下，使得女性在尚未成为"完全之国民"之时，便被匆匆卷入社会大潮之中。救亡图存在一定程度上成为女学兴办的催化剂。

四 公共话语下的兴女学

《大公报》在宣传"兴女学"的时候，并不是一味只关注和涉及这一种话语，而是诸多话语缠绕交织，如民族国家话语、道德话语、社会话语。这种多话语交织的表达策略一方面是由晚清特定的社会形势所决定，另一方面也是出于宣传效果的考虑。此外，"兴女学"成为《大公报》上被探讨话语的同时，也反过来建构起一套以"兴女学"为中心的多角度、多方参与的公共话语体系。

首先，通过梳理《大公报》1902年到1908年前后关于"兴女学"的文章，可以很清晰地发现，其在探讨兴女学的基础上，将女学与其他话题联系起来交叉论述，如女学与缠足的关系、女学与时政的关系、女学与商业的关系、女学与社会风气的关系等等。这种围绕"兴女学"展开的涉及晚清各种社会现象的话语表述方式，在有意或无意之间建构起一套以《大公报》为媒介的公共话语体系，"兴女学"的话语在某种程度上成为其他话语的载体。如在借兴女学而论述缠足的文章中指出，兴女学是解决缠足问题的根本方法，禁缠足是兴女学的起始点。"缠足与女学不两立者也，自缠足兴，则女学坏；女学废，则缠足工，二者有相为盛衰倚伏之势，如水火，如冰炭，终古不可合并，盖亦理由固然势所必至者已。今世抉缠足之弊者，连篇累牍，罄竹难书。""为今之爱国保种计，而欲强国力，先宏教育；欲宏教育，先兴女学；欲兴女学，先禁缠足。盖教育者强国之母也，女学者教育之基也。缠足者破坏女学之洪水猛兽也，女学如舟而缠足是无柁楫也，女学如车而缠足是无鞔轨也，女学如堂室而缠足是无栋梁与砥柱也，盖缠足一事于女学界有种种之阻力。"① 尽管兴女学与缠足二者在事实上并没有如此之强的逻辑关系，不过，重要的是借助于反复论说女学当兴的话语，《大公报》的编者和作者能够向外界传递出一种对于国家、对于社会各种事务的声音，形成许多多重论说、不同角度的议题，这些论说和议题又被读者反复阅读、思考、谈论甚至批评，从而构建起作者、编者和读者之间的公共话语体系。

其次，《大公报》众多宣传"兴女学"的话语，在某种程度上起到了整合各方面资源，最终汇合成关于兴女学的公共表达的力量。媒体在一定程度上是现实社会的映射，《大公报》上关于宣传兴女学的文章，在某种程度上是现实社会的一种有意的反映和放大式的聚焦。大概而言，《大公报》上涉及兴女学的话语可分为文人的呼吁、女学堂章程内容、开办女学的圣谕、清廷官员的奏折、著名人物的演讲，各地开办女学的新闻②等。在信息发布、流传不甚发达的晚清社会，这些发生在不同时间和地域的关于兴女学的分散的、断断续续的、彼此之间联系不甚密切的言论、行动和事件，借助《大公报》这个平台连接起来，并得到了强化和巩固，从而构建起一套连续的、完整的关于兴女学的公共话语。

但是，不能过于高估在兴女学这种话语体系塑造下男女之间的对等。从该话语体系建构出来的女性形象中可以得到很好的说明，这种主要出于相夫教子、知理明义的目的而提倡女学的话语，并没有摆脱传统社会"男尊女卑""男主外女主内"的社会关系格局，提倡生利强国在很大程度上是为了减轻男子的负担，使其无家庭的拖累，强化女性贤妻良母的传统形象。虽然当时报纸上也不时发出一些比较激进的声音，如1900年吕碧城发表长文《兴女学议》，指出兴办女学的目的在于改造国民性质，将女子培养成"完全之国民"。文中指出："凡立国者必保其固有之特性以为基本，所谓精神是也。故教育之道，亦必就其固有之特性而扩充之。然而察吾国女子之特性，固猥琐陋劣，汶汶汩汩，无一长之可取。其思想之

---

① 《论缠足与女学之关系》，《大公报》1905年11月19日。
② 各种类型列举一例进行说明，文人的呼吁：《讲女学堂是大有关系的》，1902年6月24日；女学堂章程内容：《天津试办女学章程》，1903年5月28日；开办女学的圣谕：《学部议覆女学堂章程原委》，1907年3月20日；清廷官员的奏折：《书端中丞奏兴女学事》，1905年11月30日；著名人物的演讲：《保姆讲习所演讲稿》，1907年3月27日；各地开办女学的新闻：《女学发达之难》，1908年3月12日。

锢蔽，器量之狭隘，才力之短绌，行为之贪鄙，几无一点可以副个人之天职。其灵敏坚忍、勤劳慈爱诸美德，皆汩没而不彰。呜呼，世或谓女子之特性固如是乎？殆数千年之政教风俗有以致之而养成此第二之天性耳。今欲复其天然之美质，则必先铲除其种种习染之劣点始。吾国女子之教育，为驱策服役而设，小之起于威仪容止，大之极于心身性命，充其量之所极，不过由个人而进为家族主义，绝无对群体之观念，故其所及也狭。欧美女子之教育为生存竞争而设，凡一切道德智识，无不使与男子受同等之学业，故其思想之发达，亦与男子齐驱竞进，是由个人主义而进为国家主义，故其所及也广，然当此时势，立此世界，有教育之责者，于此二种主义，孰去孰取乎？必有所了然矣。故以为今日女子之教育必授以世界普通知识使对于家不失为完全之个人，对于国不失为完全之国民而已。"① 她认为女学应授以女性全面知识，以祛除女性种种恶习，培养女性崭新的精神面貌，成为能够自立自强的国民。但是，这种声音并没有得到社会的认同，却招来许多非议。如《大公报》即刊文申论："一国有一国之性质，其文明程度不同者即男女之地位不同，西国男少女多皆有职业，故男女制防宽而以造就独立自活之人格为要；吾国女职乎内男职乎外，故男女之制防严而以造就贤母良妻为要政。故吾国女学当注重平凡主义力戒豪杰主义，东洋教育家每言天下不可无常识之人，若豪侠事迹最足扰少年之心，假使女子才入学堂略明科学，动举欧西一二女豪杰以自比儗，甚至于浮慕西风，如美国女权会之设以干预政权为事，不独骇俗，并且足为女学之阻。故今日女学之要义，在人人以学为寻常之事，不以为奇特之事，以普通之知识未〔为〕应有之知识不以为非常之知识。如此则学成之后为人妻则能相夫，为人母则能训子。"②《大公报》论者们以东西国国情不同为依据，来论证西方的女学理论不适合中国，中国女学应该以贤妻良母为目标。这种论证在《大公报》中一再被提及。③ 总而言之，这种建构出来的女性形象仍延续着传统女性的基本性质，仍是以男子为中心的传统观念的体现。

---

① 吕碧城：《兴女学议》，《大公报》1906年2月18日。
② 《端午帅莅江南女子公学行开学礼演说文》，《大公报》1908年5月27日。
③ 1907年发表的与此有关的文章仅列三篇参考。《女子教育平议》，《大公报》1907年7月8日；《速兴女学培植国民之母》，《大公报》1907年8月7日；《论某举人请都察院禁女学感言》，《大公报》1907年8月15日。

实践是检验话语的利器。只需看一下当时开办的各式各样女学堂的教育宗旨和科目就可以看出这种话语体系落实到现实层面的效果，从而进一步论证这种话语体系下男女之间的不对等。这样的例子不难找出。以学部奏定的《女子师范学堂章程》为例，现择其招生标准、科目、宗旨，兹录如下：

现派员于京城内外相度地方，惟有西安门内旃檀寺仁寿寺废址地界毗连局势宽敞最为适宜，拟请赏给该学堂应用统计建筑开办经费约需五万金，常年经费约需三万金，均由臣部设法筹拨，一面借地先行开办，拟设简易科两班，定额百名，除就近在京师招考外，并派员分赴各省招考合格学生，所招务取朴质稳重之人，不收儇巧佻薄之辈，令其住堂肄业。内外有别严立门禁，所以必使住堂者放假有定期，不使招摇过市沾染恶习。至学堂衣装式样定为一律以朴素为主，概行用布，不服罗绮，其钗珥亦须一律不准华丽，选择重要科目分门教授，先学简易师范科，毕业年限暂定为二年，以备各省开办女子小学充当教习之用。其入学年龄按照臣部前订四年师范章程增加五岁，凡年在二十岁以上三十岁以下，德性纯淑，文字清顺者均属合格，又定章各科教习皆以妇人充当亟应广为延访，但国文一科尤为主要，先当创办之初如国文程度较高之女教习一时实难，其人应由该堂精选年在六十以上品学俱优之男教习暂资教授，俟五年以后妇女中深通国文者渐多，此项国文教习即一律全用妇女充当以归划一而谨防闲。堂中建置应分别内堂外堂，外堂为各男职员所居，内堂为女职员及女学生所居，界限谨严，力求整肃，外堂设教务长、庶务长及教授国文年逾五十之男教习，务择老成端谨之人以充其选，内堂设实务长、内庶务长、各科教习正副监习均以妇女充当或即以女教习兼充监学，令其专任内堂者考查学业并管理出入休假起居饮食疾病调护等事，以上各职员均由该总理妥慎选择，务期遵照臣部奏定章程起发知识、保存礼教两不相妨为宗旨，不但语言行事力戒新奇，即一切服饰皆宜恪守中国旧式不得随意转移，并责成国文修身教习选取经史所载烈女嘉言懿行时时与之讲授以培根本，似此严定章程庶几有实而无流弊，惟此项简易科系为女学教习缺乏暂应。①

---

① 《学部奏遵议设立女子师范学堂折》，《大公报》1908年7月13日。

这份作为清廷实施女子教育、设立女子师范学堂的指导性文字，将现实中女学堂如何设立很具体地呈现出来，从中可以看出，其招生对象严定为身家清白的良家闺秀，并要具备一定的学业基础。且严别内外，学规甚严。其教育宗旨为启发知识和保存礼教并存。可见，晚清兴女学，除了采用学堂这种新的形式以外，其招生、科目和宗旨仍然留有许多传统女子教育的色彩。

因此，更准确地说，《大公报》"兴女学"的宣传是一种以男性为主导，缺乏女性参与的公共话语体系。在此话语体系下，这些议论更多的是站在男性的角度来看女学，女性只是作为男性的附属被关注，其兴女学的出发点在于强化男性对女性相夫教子传统角色的认定。宣传"兴女学"话语虽然如此，但还是对当时的社会产生很大影响。其一，女学的宣传在一定程度上冲击了歧视妇女的传统教条。在传统观念下，人们认为读书识字是男子科举入仕的途径，女子读书是无用的。女子识字后，不仅无益于衣食住行，反而会受书本中儿女之情的影响，有害于女子的德行。"女子通文识字而能明大义者，固为贤德，然不可多得。其他便喜看曲本小说，挑动邪心，甚至舞文弄法，做出无耻丑事，反不如不识字，守拙安分之为愈也。"① 所以倡兴女学必须摒弃"女子无才便是德"的陈腐之见。其二，女学的宣传激发女性的社会责任感。当国家处于生死存亡的危急时刻，中国人最先考虑的是个人应对国家、社会所负的责任。女子作为一笔可以动用的人力资源，进入社会人士的视野之中，他们认为通过女子教育，使妇女在家庭中作一个能够培养人才的"贤妻良母"，女性被塑造为培养新国民的"国民之母"。这种认识符合传统文化中"齐家治国平天下""家国一体"的观念，强调了女子的义务。渴望受尊重的女性也认同了这种观念。清末知名人士吴芝瑛在江苏竞志女校的演讲，希望女生"自立于竞争之时代，他日为贤妇为贤母，相夫教子，各尽其职分"②。在这些女性眼中，掌握了知识，做一个培养新国民的"贤妻良母"以实现救亡图存的义务，才能得到社会的承认和尊重。出于这种认识，清末的兴女学运动

---

① 石成金撰集：《传家宝二集》卷之四，家训钞第十五，转引自李长莉主编《晚清上海社会的变迁——生活与伦理的近代化》，天津人民出版社 2002 年版，第 459 页。

② 《无锡竞志女学校桐城吴芝瑛女士之演说》，《大公报》1906 年 11 月 26 日。

中就涌现了许多女性参与办学、助学的感人事迹。其三，女学的宣传调动进步人士的办学积极性。通过《大公报》众多文章对女学的宣传，人们认识到女学的开办是人才培养的根本，学堂教育必须有赖于家庭教育相结合，而家庭教育好，又在于有贤妻良母的辅导，才能收到事半功倍的效果，从而激发了一部分人创办女学堂的热情。

民国初期女子殉夫现象探析

刘长林　李瑞瑞

（上海大学历史系）

　　近代以来，西方文明不断冲击中国传统思想，其中受封建思想与文化影响至深的女子引起了社会的关注。起初，只有少数男性知识分子倡导妇女解放，并没有很多人响应。女子殉夫现象的曝光，为思想界进一步倡导妇女解放提供了鲜活素材。为什么民国时期还有女子殉夫？她们为什么要殉夫？此时女子殉夫较以往有什么不同？社会对殉夫持什么态度？以往学界对于殉夫现象的研究多集中于古代，对中国近代烈妇、烈女的研究也多集中于清末，关于民国时期殉夫现象的探讨并不多见。[①] 本文主要依据报

[①] 按照朝代研究顺序主要有位雪燕、徐适瑞：《从〈元史·列女传〉析元代妇女的贞节观》，《内蒙古师范大学学报》（哲社版）2007年第3期；段颖惠：《从〈明史·列女传〉析明代妇女的贞节观念》，《殷都学刊》2005年第109期；王晓崇：《徽州贞节牌坊与节烈女性》，《社会科学评论》2007年第3期；王传满：《明清节烈妇女研究综述》，《广播电视大学学报》（哲学社会科学版）2008年第2期；张涛：《被肯定的否定——从〈清史稿·列女传〉中的妇女自杀现象看清代妇女境遇》，《清史研究》2001年第3期。等等。可见，节烈女子已成为学界关注的研究对象，尤其是明清节烈女子。民国时期的有侯杰、陈晓曦：《事件·文本·解读——以民国时期"双烈女事件"为中心》，《近代史研究》2008年第3期；郑斌：《南皮张氏"双烈女"事件诸疑辩误》，《沧州师范专科学校学报》2010年第1期；郑斌：《为南开大学侯杰先生〈事件·文本·解读〉一文补瑕》，《沧州师范专科学校学报》2010年第2期。同时有篇从《褒奖条例》探析烈妇、烈女的文章。李宁：《民国时期褒扬文本中的女性形象分析》，《民国档案》2010年第2期。但总体来看，此时学界大多研究的是贞操观思想。郭运恒：《"解放了社会，也就解放了自己"——鲁迅、胡适论女性解放》，《郑州大学学报》（哲学社会科学版）2006年第5期；哈红玉、门忠民：《传统与现代："五四"时期贞操观的现代转型》，《甘肃社会科学》2012年第1期；陈文联：《"五四"思想界对封建贞操观的批判》，《南通师范学院学报》（哲学社会科学版）2001年第4期；梁景和：《论五四时期的"性伦"文化》，《文史哲》2005年第1期；梁景和：《五四时期思想界对"贞操观"的批判》，《首都师范大学学报》（社会科学版）1998年第2期；徐仲佳：《论〈新青年〉"贞操问题讨论"的现代性意义》，《德州学院学报》2006年第1期，等等。

刊上报道的殉夫新闻，试对民国初期社会上发生的女子殉夫现象进行一个初步的探析。

一　民国社会女子各类殉夫的原因

殉夫，古代社会风俗的一种。自从一夫一妻制确立后，贞操观念渐次形成，成为只要求女子单方面实行性禁锢的一种道德观。宋儒提出"饿死事小，失节事大"的妇女贞操观后，夫死守节成为妇女的义务及崇高的道德行为，随后发挥至极端，贞操观念宗教化，即变成夫死而妻以身殉，称为"殉夫""殉节"或"节烈"，自尽而死的女子称为"烈妇""烈女"。明清时期，烈妇、烈女现象更是达到高峰。虽然这种殉夫现象在民国初期显然减少，但也时有发生。由于当时正处于传统社会向现代社会转型期，这种现象的发生引起了时人的强烈关注。

在中国文化中，妻子被视为丈夫所有和使用的私有物，不许他人动用和占有；无论女子对丈夫的感情如何，都要为其保守贞操，不许与别人发生关系，即便是未婚夫妻也认同这种观念。大多未婚男女，在订婚后，几乎没有交际，感情深浅也不可知，但一旦未婚夫死，女子会为他守贞，或者殉死。如"武进通江市的曹松春之女"和"杭州吴某未婚妻王氏"，因守节之愿遭父母拒绝，一个"绝食五日后，又服毒，乃死"①，一个"夺剪直刺其喉，身亡"②。还有苏垣胥门内居民沈某的女儿，"许与某连长子为室，订于本月初三日成婚"，不料，未婚夫病重，"连长乃挽原媒至沈某家报丧，嘱沈女另行择配"。沈女得知消息后，"是夜，悬梁自尽"③。青春花季，却执意选择自杀，"这样的事情，未免太不值得啊"④。

在这类殉夫女子中，仰药自杀的陈烈女和抱木成亲后殉夫而死的唐天喜的儿媳潘女士在社会上引起了轰动。陈烈女，名宛珍，浙江绍兴县人，"以四书孝经列女传，均了解大义"，十七岁许配给沪绅王远甫的四儿子菁士。谁知菁士突患重病，不幸身亡。女听说后，"即忧虑减膳迨病剧"，

---

① 《烈女可风》，《申报》1915年8月9日第11版。
② 《未婚妇殉节惨闻》，《申报》1919年12月31日第14版。
③ 《烈女子殉夫》，《申报》1920年6月19日第14版。
④ 《吃人礼教之遗毒》，《民国日报》1921年10月18日第2版。

报道说她早有"殉夫之志，至是潜自仰药"，施救不及而终。① 这件事曝光后，引发了胡适对政府褒奖法律的批判。潘女士殉夫，更是同日被刊载在《申报》和《民国日报》两大报刊上。潘女士为山东蓬莱人，鲁军第五旅旅长潘鸿钧的长女，许配给前兖州镇守使唐天喜的三儿子炳中为室。可"去年十二月十八日，炳中以病夭折"。女士得知噩耗后，"复哀求过门成礼，矢志守贞"。"即于旧历正月二十三日，为之抱牌成礼。"原以为事情已经解决，可就在二十四日晚，"女乘人不备，即仰药自尽"，施救不及，"于二十五日天明气绝"②。这样的婚礼未举行夫死而殉夫的还有"谢贞烈女，南昌人也，字金氏。婚礼未成而夫死，女誓以身殉。父母劝之不可，素服往夫家临丧，遂以绝粒死"。③ 另一例发生在天津白塘口。农家女宁氏，在未婚夫张某死后，"愿守节以终"。但张母"终为贫累，多一食指，殊费踌躇，雅不欲家有寡媳，致增日给"。但宁氏竟"誓绝粒食，以殉夫死"。④ 足见，虽然民国社会、文化环境已经发生改变，但因思想文化在物质技术和制度文化的变迁中存在滞后性，女子终还以传统道德要求自己从一而终。在报道中，我们看不出未婚夫妇感情如何，看到的只有女子对男子的矢志不渝。

当然，女子殉未婚夫也确是出于深厚情意。如蒋景仙与未婚夫周郁乎，二人"每于星期休假，相约会晤，卿卿我我，情好弥笃"。不料，未婚夫因病去世，"景仙闻耗，一恸几绝，嗣以哀毁逾常，忽遭疾病，及至前日竟吞服金戒一只，以身殉夫"。蒋女士在遗书中说："良好姻缘，顿成泡影，不如殉夫地下，了却烦恼。"⑤ 这都说明了二人之间的情意之深。"爱情深了，生离尚且不能堪，何况死别？"⑥ 可见，男女双方至深的爱情，是女子殉夫的一个重要原因，特别是已婚女子，因夫妻情深，无法忍受与丈夫阴阳两隔而选择殉夫。如范裕祥的妻子张氏，就是在丈夫病逝后

---

① 《陈烈女殉夫事略》，《申报》1918年6月22日第11版。
② 《唐天喜媳殉夫》，《申报》1924年3月8日第11版。《又一死于礼教之女子》，《民国日报》1924年3月8日第8版。
③ 《挽金门谢贞烈女》，《申报》1913年8月1日。
④ 《烈女》，《申报》1940年5月20日第10版。
⑤ 《烈女殉失》，《申报》1929年4月20日第11版。
⑥ 胡适：《贞操问题》，《新青年》第5卷第1号，1918年7月14日。

痛不欲生，服毒自杀死的。① 还有凌锴女士，她是国会议员凌钺君的妹妹，十七岁的时候，嫁给同邑名族詹慎斋的长子钟山。家庭小康水平，两人爱情极笃，生有四子一女，都很年幼。可是，今年五月，钟山忽得肚痈症，医药无效，六月十日去世。凌锴十分地悲伤，在六月十三日夜，偷偷吞服磷寸而死。② 这种因爱情深而自杀的报道，到了民国二十九年（1941）还在报纸上出现。"北京崇文门喜鹊胡同路南义文线店后院住户郑开伯年三十七岁，现在高等师范学校充当教员，家仅夫妻二人，感情甚笃。郑忽于前月患病，在家静养。伊妻赵氏年将二十四岁，扶侍汤药，尽夜看护。讵料郑病已入膏肓，药医束手，赵氏除尽心扶侍外，自己已经绝食，又兼家内寒苦，郑于十四日早，因病身亡。赵氏痛夫情切，遂亦自缢身死。"③ 所以，"情"是女子最逃不开的枷锁，是殉夫最直面的原因，这也是当时社会赞扬女子殉夫，认为她们是烈妇、烈女的重要原因。

自古以来，传统教育要求女子做"贤妻良母"，但在社会表扬张氏、凌女士的忠贞之时，我们却注意到被她们所抛弃的年幼孩子，这让人们如何称其为"良母"，而且张氏同时不顾"龙锺迈父年逾七旬"，这又怎么算符合"孝"德呢？"贞、孝、节、烈"都为社会所推崇，但面对它们之间的矛盾，女子选择放弃做良母的责任，放弃尽孝的义务，这种行为给家人带来了极大的痛苦，如此却还得到社会的赞赏，为什么？在明清时期，这种行为被说成是"忠孝不能两全"，个人的私利必须要放在国家、君主的利益之后，可谓是忠为先、孝为后。④ 但在民国，这被认为是女子的死顺从了中国传统文化一直以来所尊崇的贞操观：性的纯洁和专一，也正是这个原因，女子在与丈夫感情破裂后，仍会自杀殉夫。就如《申报》上刊载的镇江东曹氏，就是典型的代表。曹氏的孩子已经三岁，可他的丈夫却又纳一妓为小妾。自这位小妾进门后，她的丈夫是"喜新厌故与妻反目"，奈何她又懦弱，忍气吞声度日。但就在前月，丈夫忽得重病，卧床不起。她就焚香祈祷，甚至祈求自己代替丈夫生病。最终，丈夫因服药无

---

① 《少妇殉夫》，《申报》1918年6月14日第11版。
② 《凌钺之妹为夫殉节》，《申报》1923年6月28日第18版。
③ 《少妇痴情殉夫绝食而死》，《民国日报》1941年1月18日第8版。
④ ［美］卢苇菁：《矢志不渝：明清时期的贞女现象》，江苏人民出版社2012年版，第116页。

效，去世。第二天，她就悬梁自尽了。① 从这一简短的报道中，我们不可能知道她殉夫的真实原因，但却给人留下了其对夫忠贞不二的印象。她不惜抛弃年幼的孩子身殉丈夫而去，而报道中却也并不见人们对她的这一行为有所谴责。而在李凤英事件中，我们看到了人们不同的态度。凤英在丈夫死后，本决意殉夫，但经"嗣经国货售品所总经理宋则久，新民意报编辑马千里，及东区署员穆子朴等先后到张宅解劝，终经青年会金太太收为义女，李凤英始肯改变前意，即于是日（六号）下午，送入东门外北洋女医院"。结果"人多啧之"。② 人们不认同这种节烈观，开始帮助有这种思想观念的女子重新找到幸福生活。

虽然近代女子接受教育的机会大大增加，但"无才是德"的观念在当时中下层社会阶级的头脑中仍根深蒂固，而且"性别隔离"就像种族隔离，维持着一种禁止男女接触的社会秩序。男女被规定在不同的区域内，而这一社会秩序最大的特点是剥夺了女性的正规教育权③。所以，即便是接受了近代教育熏陶的女子，终无法改变传统思想观念，走上殉夫的老路。知识女性殉夫新闻，未至民国就被刊载过：王女士殉夫殉学。王女士自幼接受文化洗礼，且以振兴女学为己任。可见，王女士是有知识、有思想的女子，可丈夫病逝后，她即随夫于地下。④ 到民国十三年，还有知识女性殉夫。据报道，于烈妇毕业于县立女校，二十五岁嫁于同邑张彭溃为继配，贤良淑德，对待前妻的四个子女"抚之如己出"，"事舅姑孝，毫无违逆之言"。丈夫生病了，"尽夜衣不解带者六十余日，剜臂肉燀汤"。可是丈夫还是不幸病逝了，于是她就服毒随夫而去了。⑤ 或许，于烈妇的死是出于对丈夫的爱，但女子自杀常因她们未受到充分的教育⑥，这不仅说明女子教育并未普及而且反映出女子教育中一定存有不尽人意的地方。据一个女中的学生曾经回忆说"我们学的课程中，有一门叫'修身课'，讲的是'列女传'，宣扬着像女人的手被男人碰一下就得斩断这

---

① 《烈妇殉夫》，《申报》1920年5月8日第18版。
② 《殉节遇救》，《申报》1921年4月16日第14版。
③ 侯艳兴：《隔离与潜规则：民国时期女性自杀与社会性别建构》，《安康学院学报》2012年第2期。
④ 《请奖殉夫殉学之女士》，《申报》1909年7月21日第18版。
⑤ 《块河机烈妇殉夫小志》，《申报》1924年7月11日第10版。
⑥ 吴至信：《八百件自杀案件分析》，《社会研究》1937年第3期。

样荒诞的贞操"。① 所以，民国女子深受传统贞操观念影响，需要在"传统女性"与"新女性"的矛盾中做出选择。因此，要想真正解放女子的思想，挽救女子的生命，必须大力改善女子教育，提倡"大学开放女禁""男女同校"，不仅使女子有机会接受正规的高等教育，学习科学知识，也要能使她们知道什么是真挚的恋爱，而非盲目狭隘的爱情，摒弃旧思想，建立新观念，成为真正的"新女性"，从而为女子自我解放创立良好的条件。

也有的女子殉夫是因经济困难所致。一些女子生活在本就清贫的家庭里，若又失去丈夫，丧失了唯一的经济依靠，女子就会顿感前途茫茫，无力存活。《申报》和《民国日报》都刊载过这样的自杀新闻。西乡侯家堡的一位农民，家里收成欠缺，一家四口，难以糊口。恰逢一日，儿子饥饿难耐，哭着要吃的。农民没有办法"乃将家中坛罐持向邻人，换米三升煮粥疗饥"。谁知，邻居突然又把米要回去了。"时小孩拼闹不已"，农民无计可施了，唯有一死，"乃竟潜至后园缢死树上"，结果"妻见夫已死，亦即殉夫自尽"。② 还有一位是萧山南门外后岸陈地方的农民孙燹斤，因所种之田，被水湮没，补种老秧后，又遭旱荒枯萎。家中人口又多（二男三女），米价又涨至十六元一石，"难以度活，遂于三十日夜间，悬梁自尽。及家人觉察，已气绝不救。妻子某氏颇贤淑，当时亦图殉节，二次经邻人劝解乃止"。③ 但谁知道她以后会不会因生活熬不下去而选择再次自杀呢？显然，这两则报道都表明女子是由于经济困难而自杀。对于自古信奉"男主外，女主内"传统观念的女子而言，大多女子没有文化，即使到了近代，也很少有工作机会，即使进了厂，她们的工资也较男工低得多，同时更得兼顾工作、家务，尤其是已婚妇女，生活状况尤为辛苦。如果又失去了丈夫的支撑，生活更难以为继，如此倒不如与夫共赴黄泉，成就节烈大业。主观情理上说，她们是自私的，只考虑自己，决然不顾儿女；但从客观环境看，面临着愈加沉重的生存压力，连男子们都走投无路，更何况是寡妇呢！可见，她的死又充满着多少的无可奈何。

---

① 王一知：《五四时代的一个女中》，《熔炉》1959年第5期。
② 《绝食自尽之惨闻》，《申报》1926年5月15日第10版。
③ 《饥荒米贵声中之自杀》，《申报》1926年9月1日第10版。

历来子女婚姻奉"父母之命、媒妁之言"而为,父母对子女的婚姻行使允诺大权,封建家庭势力始终操控着子女的婚姻,尤其女子婚姻不得自由。明清时期的女子往往是维护封建婚姻而自杀,但到了五四时期,女子往往是为了反对封建婚姻而自杀。① 如金陵南门豆腐巷的一女子,正是因为抗议族叔逼嫁而服毒自尽。丈夫病故后,族叔为谋夺田产,就逼迫女子再嫁。女子不愿意,逃至姑家,但族叔却一意强行,无奈至极,她就"觅烟土五钱,和酒吞服"。毒性发作时,泣谓姑曰:"见命薄不幸,猝遭大故,拟一死以殉。奈夫死未葬,是以苟延残喘耳。不意夫骨未寒,而又惨遭强逼势,难苟活矣。"② 可见,一方面女子还处在封建家族势力逼迫的水深火热之中,另一方面也反映了民国女性以死反抗不能自主的婚姻意识的觉醒,这些在寡妇郑欧氏身上也得到了体现。郑欧氏的丈夫已经离世三年,上无老,下无小,与郑某相识后期冀长久,但被族人郑兆声得知后,"率同氏兄欧阿名来甬追寻回家"。妇回家后,"固于旧习,以无颜见人","潜出投漕自尽了。"③ 抵不过家族势力,婚姻又无法自由,又害怕舆论,最终也只能一死。其实,在传统社会性别制度中占主导地位的不仅是男性,一些女性通过婚姻关系也在男权制度中构建以母性为中心的阴性制度,服务于传统的社会性别制度。④ 在这样一种阴性制度之中,婆婆实际上恰恰扮演了男权秩序实际维护者的角色⑤,李某就是这样的婆婆。她因痛失儿子,硬是逼迫儿媳守了寡。但"伊的守寡,是强迫,不是自愿的,也非真心的",于是暗怀珠胎,产期眼看近了,"伊想这事如果给人察觉,不但被人耻笑,还得丧失名节,对于己身,有莫大的害处,倒不如落得死了干净"。⑥ 虽然这两人皆是因由个人名誉问题而选择自杀,但是若没有族人与婆婆的阻挠,她们怎么会有如此的下场!

这种隐性压迫在不平等的婚姻制度中也尤为明显。近代以来,男子纳

---

① [美]卢苇菁:《矢志不渝:明清时期的贞女现象》,第11页。
② 《逼嫁服毒》,《申报》1919年1月6日第14版。
③ 《死于旧习惯的孀妇》,《民国日报》1924年4月4日第8版。
④ 高彦颐:《空间与家——论明末清初妇女的生活空间》,《近代中国妇女史研究》1995年第3期。
⑤ 侯艳兴:《20世纪二、三十年代上海女性自杀探析》,《妇女研究论丛》2006年第4期。
⑥ 《小孀妇怀孕自杀》,《民国日报》1924年3月26日第8版。

妾的习俗依然存在，纳妾制如同奴隶制，就是为了维护男子的财产继承权①，女子地位本就卑微，社会又讲究嫡庶有别，妾们在丈夫死后，假如又无孩子，失去了唯一的靠山，又摊上棘手的婆媳关系，庞杂的家庭关系，无法立足家中，就唯有一死了事。举例来说，刘氏庄靓，二十三岁嫁于刘烈卿为妾。夫妾之间感情甚笃，但刘氏却与儿媳情感不相合。不料，刘烈卿逝世了，她"感念日后生活，难免受奚落之苦"，于是吐服安眠药自尽了。②再如轰动杭州的烈妇殉夫案。"儿科医生李某，年老好色，畜妻妾四人，晨夕相伴，三妾均不育，惟大妇出一子。婆媳某氏。甚凶悍，视三妾如眼中钉，而对长妾为尤甚。"长妾本就因李某有病，抱有想死的念头。不料，李某却因误服安眠药去世。长妾感到"孤苦无助"，"自悲身世痛哭失声"，于是就吞食阿芙蓉殉夫而去。③在传统社会，不仅男子压迫女子，实际上女子也成了男权的捍卫者和维护者，自己压迫自己。从报道看，当时社会上多是婆婆虐待媳妇，有的甚至导致媳妇自杀。但在这两则消息中，我们看到了纵然姨太太熬成了婆，她们却也因嫡庶之别受到嫡儿媳的压迫，就如《红楼梦》中王熙凤与赵姨娘的关系。所以，妾制的存在导致家庭的庞大，关系的复杂，加剧了家庭成员间的矛盾，是导致自杀的重要原因。所以，要想解放妇女，建立合理的社会性别制度，实现婚姻的自由与平等是必然的要求。

民国初年，随着城市化的发展，尤其在沿海发达地区，如北京、上海、江苏等总有女子殉夫事件曝光。"查沪地于本年春夏之交，得贞烈之女子二人"，④镇江周氏殉夫，⑤天津李氏绝食自杀⑥，北京少妇绝食殉夫。⑦潘女士殉夫一事是在开封发生的，而选在上海的民国日报的附刊已先后刊载了三篇批评的文字。⑧这从侧面反映出大城市发生的女子殉夫事件，已经引起了社会广泛关注，借潘女士殉夫事件，引发城市市民的关注

---

① Roxane Witke, "Mao Tse-tung, Women and Suicide in the May Fourth Era", *The China Quarterly*, No. 31, July-September 1967.
② 《夫死后妾服毒殉夫》，《申报》1936 年 2 月 13 日第 13 版。
③ 《烈妇殉夫之真相梦辇》，《申报》1926 年 8 月 12 日第 17 版。
④ 《追悼范烈妇纪要》，《申报》1918 年 10 月 14 日。
⑤ 《镇江殉夫》，《申报》1920 年 12 月 11 日。
⑥ 《多情女殉夫续闻》，《民国日报》1921 年 4 月 3 日。
⑦ 《少妇痴情殉夫绝食而死》，《民国日报》1941 年 1 月 18 日。
⑧ 《介绍开封出版物对于潘女士殉夫之批评》，《民国日报·觉悟》1924 年 4 月 4 日。

与探讨女子婚姻与解放问题。总之，民国初期的女子殉夫，不再是仅仅由于固守传统的贞操观问题，也与从传统到现代的社会转型时期的经济、人际、环境等因素相关。

一 政府与民间的态度：表彰节烈

1. 时代的烙印：北洋政府颁布《褒奖条例》

自战国时期，贞操观念开始萌芽，守节被定为妇女应该恪守的道德教条，并出现政府褒奖节烈的行为和法规法律。《史记·货殖列传》记载过巴邑一位名叫清的寡妇，能守先人之业，用财自卫，不见侵犯。秦始皇"以为贞妇而客之，为筑女怀清台"。汉平帝时，还曾下令每乡推举一名贞妇，免除其赋税徭役①。前赵皇帝刘耀追谥陕县的自尽女子为"孝烈贞妇"②。地方官嘉女子美节，建门楼，题曰"贞义卫妇之阁"③。隋唐孟郊的《烈女操》说"贞妇贵拘夫"，《去妇》称"一女事一夫，安可再移天"。洪武元年，明太祖诏令"三十以前夫亡守志，五十以后不改节者，旌表门闾，除免本家差役"。还令巡方督学，岁上其事，着为条规，大者赐祠祀，次亦树坊表。武宗于正德六年，又下令为"贞烈妇女""立贞节碑，通将姓字年籍镌石，以垂永远"。④ 清朝，"镶红旗有受聘未婚之女，闻讣剪发成服，居夫墓侧，从容自缢，与寻常轻生者不同，奉旨照例旌表"。⑤ "民间贞女未婚闻讣，矢志守节，绝食自尽，照例旌表。"⑥ 足见，自古历朝历代对节烈都极为肯定，颁布法规条例进行表彰，更有学者编纂《列女传》收录节烈女子作为道德的典范。几千年来，人们一直经受中国传统贞操文化的熏陶，传统贞操观念凝结在人们的道德信仰和行为习惯中。到了民国，人们对待这一问题仍然深受这种思想传统与行为方式的影响。

北洋政府时期，袁世凯贪恋帝制，提倡尊孔复古，借助传统力量维持

---

① 《汉书·宣帝纪》《平帝纪》。
② 《晋书·列女传》。
③ 《南更·李义传》，《梁书·止足传》。
④ 张涛：《古代贞节观念的演变和发展》，《山东大学学报》1991年第2期。
⑤ 嘉庆朝《大清会典事例》，嘉庆二十三年刻本。
⑥ 同上。

社会秩序。对待女子殉夫问题，也就延承了历史的手段。1914年3月11日，袁世凯下令公布《褒扬条例》，第一条第2款规定"妇女节烈贞操可以风世者"得受本条例之褒扬，由政府官吏给予"匾额题字"，受褒人及其家族立牌坊，得自为之。① 1917年11月20日，冯国璋颁布《修正褒扬条例》，将"妇女节烈贞操可以风世者"列为呈请褒奖的九种行为之一。② 自古以来"没有一位立法者可以不顾社会奉行的道德价值、传统、舆论乃至于偏见等，来创设他所希望的法律"。③ 所以，北洋当局颁布《褒奖条例》和历朝历代目的一样，它们都是统治者用来维护和加强对社会统治的需要。不过，民国政府颁布褒扬法律还出于对社会坏风气蔓延的防范。新文化运动倡导女子解放，但当时一些信仰无政府主义思想的激进分子，信奉绝对自由，极力反对不自由的恋爱，打着追求精神上"志同道合"的伴侣旗号，随意寻找所谓"心灵相通"的一半，结果导致出现一些滥交朋友的现象。这也是当时的政府与一些保守人士要维护传统贞操观念的原因，而殉夫女子正好是他们可以利用的最好素材。新旧观念互相冲突，女子们顺应时代发展争当"新女性"，但又未能完全跳出封建思想的束缚，结果却常因贞操问题而自杀。1928年轰动上海的马振华自杀案就是反映新旧冲突下女子命运的典型事件。马女士在与未婚夫汪世昌发生性关系后，被汪怀疑不是处女，于是马竭力辩白，并于自杀前两天写一血书盟誓，以死明志，洗清被怀疑为"非处女"的耻辱。④ 可见，女子贞操不单被男子所看重，就是女子自己都照样无法释怀，不惜牺牲宝贵的生命也要证明自身的清白。还有贫苦的中下层的人，为了生存，完全违背了贞操观念，性行为失范和异化，出现了妇女自愿为娼或男子逼其为娼，租妻、共妻、婚外情等现象。⑤ 因此，政府出台褒奖条例，表彰烈妇、烈女，在一定程度上也是为了防止道德败坏之风蔓延，维护他们所期望的社会秩序及社会的健康发展。

---

① 《政府公报》第662号，1914年3月12日。
② 《政府公报》：修正"褒扬条例"，1917年11月20日。
③ ［法］皮佑：《皮佑选集》，商务印书馆1985年版，第29页。
④ 社会新闻社编辑：《马振华女士自杀记录》，上海，1928年。
⑤ 成淑君：《贞操与生存：民国时期天津贫民性行为失范现象探析》，《济南大学学报》2009年第5期。

2. 表彰节烈：维风化、正人心

女子殉夫发生后，无论是报道中的言辞，还是从后事的处理来看，大多人都持赞赏的态度。除因人们固守传统贞操观外，还因不满当时社会上流行的自由恋爱风气。有人说："晚近士女醉心自由，通都大邑富贵之家，几不知礼教为何物，羞耻为何事。"① 沿海城市"上海商埠尤为角逐之场，歌吹繁华，郑声遍地"，更是"不谓城厢内地贞节殉烈、成仁取义之事"。② 更甚的是"我国自欧化侵入后，夫妇之道沦入苦趣，'结婚为爱情之坟墓'一语，可概括一切智识阶级中人。故有心人已视此为畏途。盖与其受沸冰升降之痛苦，无宁枯寂恬淡为愈也"。③ 针对西方风气的影响，民间和政府都把烈妇、烈女看作"风俗人心之保障者"，认为其德行"足觇民风之淳古"④，作为"砭于人心世道"的"一针"，不无小补也。⑤ 因此，不仅官方颁布《褒奖条例》，民间也将她们作为"节烈"进行褒奖，认可这是高尚的德行。

这一时期，对于殉夫女子，人们首先是呈请政府褒奖。"妇诚足为巾帼之完人也，妇之志诚足悲矣，有权者苟可不表扬之哉？"⑥ 内务总长钱能训，亲自呈请大总统，为湖北江陵县烈妇邓刘氏与妾向氏、张氏同时殉夫拟请褒奖。⑦ 按照《例规：礼俗：大总统指令五则》，"司法部呈节妇孙节陶氏，矢志殉夫从容就义，恳予褒扬"。⑧ 随即提请官方题字赐匾。江苏齐省长提写的匾额说："崇迈世教。"又孙前总统亦赠匾额说："贞节可风。"前任湖北段巡按使题字说："矢志柏舟。"⑨ 有的还经袁总统特准，"亲书区额一方，颁发到镇，恭送粟主入节孝祠。每届祭期敬谨悬挂，以

---

① 《烈女可风》，《申报》1915 年 8 月 9 日第 11 版。
② 《烈妇殉夫之褒扬》，《申报》1918 年 10 月 10 日第 11 版。
③ 《记太仓盛烈妇蹈火殉夫事》，《申报》1928 年 6 月 3 日第 22 版。
④ 《青浦多烈女》，《申报》1912 年 6 月 16 日第 6 版。
⑤ 《烈女可风》，《申报》1915 年 8 月 9 日第 11 版。
⑥ 《逼嫁服毒》，《申报》1919 年 1 月 6 日第 14 版。
⑦ 《内务总长钱能训呈大总统为湖北江陵县烈妇邓刘氏与妾向氏张氏同时殉夫拟请特褒问》，《政府公报》1918 年第 1002 期。
⑧ 《例规：礼俗：大总统指令五则：司法部呈请节妇孙节陶氏矢志殉夫……（九月二日至九日）》，《内务公报》1921 年第 97 期。
⑨ 《女士贞节可风》，《申报》1918 年 4 月 18 日，第 11 版。

彰烈行而慰幽魂。"① 这些颁奖方式体现出了民国时代特性,以前由皇帝题字现由大总统代替,被奖励的女子可以得到一枚金质或银质奖章,徽章的带子为黄色,1917年改为白色。②

为烈妇写墓志铭是褒扬方式之一,也为维护传统礼教之人提供一个正式的说辞之处。如1923年徐炯为黄烈妇撰写了长达530字的墓表,首先抨击传入中国的外国思想为"邪说","子焉而不父其父,妻焉而不夫其夫,悍然横决敢于溃我数千年礼教之大防,自以为新奇,而不知曾夷狄禽兽之不若,似天理民彝几泯焉,无一线之存矣"。在他看来,幸而有黄烈妇这样德行崇高的女子,"人谁不死此,独死重于泰山如烈妇者,可谓横秋霜而贯白日矣。民国之所以存与夫人心之所以不敝繋,于是乎赖又可见天理民彝之终不可泯没,而一切惑世诬民之衰说终不可以曀斗牛之光芒也。文信国曰地维赖以立天柱赖以尊其烈妇之谓欤,其烈妇之谓欤表于阡,以谂夫世之隳名教而反易天常者"。③ 对黄烈妇的德行从立天地、存名教的角度给予了极其高度的肯定,表达了对当时社会风气的极端不满。

在处理死者的后事中,"挽联"是在治丧祭祀中起到了对死人哀悼、对活着的人慰勉的作用,其中多含有对死者生前事迹的褒扬。所以,人们纷纷为殉夫女子送挽联,以此表达对这些女子的赞赏之情。如一首采用挽歌形式的挽联,就表达了对死者行为的充分肯定:

> 尔干将莫邪精不灭人间最重是名节。谢家有女初长成,貌若春花肤若雪。……行看南国着夭桃,嫁到东都配英杰。那知一夜北风吹,吹倒人间少年哲。……美人黄土世所伤,冰霜有志终难夺。女曰我是金氏妇,那管生离与死别。甘为玉碎不瓦全,不得同牢愿同穴。……志节贞操不可折,天荒地老心如铁。……天地为之久低昂,莫辨从容与激烈。墓门草色日青青,化作啼鹃应啼血。④

也有挽联将女子因何而死,像讲故事一样,唱出了一首挽歌:

---

① 《庄烈赐入祠》,《申报》1915年3月16日,第7版。
② 《政府公报》1988:24/332。转引自[美]卢苇菁《矢志不渝:明清时期的贞女现象》,第261页。
③ 《黄烈妇墓表》,《大成会丛录》1923年第4期,第51—52页。
④ 《挽金门谢贞烈女并序》,《申报》1913年2月22日第10版。

计时刚半月，夫妻苦苦病魔缠，不同衾偏惊同穴。忆，深宵洒泪，焚香百叩，娇啼祷神灵，恩施一线。讵料医庸手毒，遽送入枉死城中，冤乎哉！欢会变分离，问无情的造化小儿，教谁来典这因缘簿？殉节擅千秋，奇特悠悠，魂魄共叹，新鬼犹是新人。想，前度抚尸泣血，几番昏绝，祝郎君盟记三生，何期义重心坚，竟决与相从地下，命矣！夫未亡今已逝，知解事有阎罗老子，凭他去做个洞天仙。①

这些文学化的语言通过对他们生前死后同甘苦、共命运的描述，感人肺腑，催人泪下，歌颂了烈女子的专一、纯洁，也寄予人们对她们的无限同情，同时也见证了这一时期，人们高度重视女子的贞操，认为女子对丈夫的"从一而终"是道德性的体现。

在对殉夫女子的所有褒奖仪式中，最引人关注的是为烈女子举行追悼会，颇有现代色彩，具有象征意义。如陈烈女殉夫后，社会为其举行了隆重的追悼大会。"午后三时陈烈女追悼会正式开幕。男女各界来宾约二千余人。"大会特别邀请女界有名人士发起，有"王太夫人（王一亭君之母）、魏太夫人（魏清涛君之母）、谈社英、盛竞存、许陆兆艮、徐沈仪彬、刘莲士、刘菊友、陈蕴贞、钱琪、许毓华、陈王慕青、张惠如、陈姜映清诸女士先后莅会"。大会"先由绍兴同乡会董徐干麟、许默斋二君宣告开会，推举徐沈仪彬女士（徐季龙君之夫人）为临时主席，嗣由主席报告开会宗旨。次由陈王慕青及陈姜映清两女士宣布陈烈女殉夫事迹"。然后"先由中国救济妇孺会女学生唱追悼歌，次由绍兴同乡女界代表许陆兆艮读祭文，济生会员代表致祭"。"次男女会员来宾行追悼礼（一鞠躬）。次由盛竞存、钱琪、张惠如诸女士及妇孺救济会女学生宋云士先后演说。次卢护军使代表军署秘书孙铎方君致奠（由钱琪女士代读诔文）。次来宾朱芑人、戈朋云、梁天柱、曹慕管、王与楫先后演说，大致皆谓陈烈女殉夫为难能可贵，于人心世道大有关系，并谓设追悼会之本意盖欲激励社会高洁之道德，初非提倡殉夫之风。而以戈君所言尤为沉痛，对于现在男女道德之败坏痛下缄砭。次由王氏家族代表朱王浣青女士（即王菁

---

① 《详纪孝感县烈女殉夫事》，《申报》1916年7月23日第7版。

士君之侄女）演说，陈氏家族代表聂诸英女士答谢。时已五时遂摄影散会。会场中有中国救济妇孺会西乐队及孤儿院西乐队到会奏乐。团体代表到者甚多，王陈二氏家族亦均到会。会场内外遍挂挽联诔铭多至数百帧，洵一时之盛会也。"① 仪式每一环节都经过慎重的安排，透露着追悼会的庄严性、权威性。社会不但为陈烈妇举行追悼会，同样还为范烈妇、傅烈妇准备了追悼仪式。"范雨祥之妻范张氏，于本年六月间夫故殉节。本邑士绅姚文枬等嘉其志行，除呈县请奖外，特于假篷来路南北报关公所开会追悼。"② "傅烈妇追悼会，已由各法团发起，发起人在市公所开筹备会，议定地址在新马路商团操场，订立日期，公推颜德身王蔚卿为筹备主任，所有费用，由发起人捐输二百余元。"③ 所以，追悼会不是社会为褒奖某个烈女子贞操德行而单独举行的仪式，它已经是一个普遍的褒扬方式了。再看出席追悼会的人物，令人诧异的是一些女界代表也来到了仪式现场，在当时妇女解放思潮已经有较大影响的情况下，她们在追悼会上的表现耐人寻味，至少表明他们是认同这些殉夫者所代表的德行品质，邀请她们是为了增加社会影响力，把她们作为一种宣传"美德"的力量。

但"自杀在一般社会条件下通常被认为是消极的不正当行为，中西历史上都对自杀者存在某种禁忌"。"然而，自杀事件一旦具备代表公众利益的社会性，社会团体又大都会为自杀者开追悼会，这显然与自杀行为的价值相关。"④ 为烈女子开追悼会不仅是为了褒奖其节烈可风，更是宣扬隐藏在这种行为下的社会意义。烈女殉夫"于人心世道大有关系"，直接把烈女个人的死上升到社会的层面，进一步道出设追悼会之本意，"盖欲激励社会高洁之道德"，"对于现在男女道德之败坏痛下缄砭"。这样，女子殉夫不仅代表了个人的荣誉，更具有了代表公众利益的社会价值。⑤ 所以，殉夫女子可看作是道德和礼教的崇高代表，关系到社会道德和风俗的纯正。而且殉夫的事迹也可用来教化人们的思想，改善社会的不良行为，从而达到整顿社会的目的，毋庸置疑，新女性团体亦是持有同样的愿

---

① 《陈烈女追悼大会详记》，《申报》1918年8月5日第10版。
② 《追悼范烈妇纪要》，《申报》1918年10月14日第10版。
③ 《追悼傅烈妇筹备会记》，《民国日报》1924年4月20日第7版。
④ 刘长林：《仪式与意义：1919—1928年间为自杀殉国者举办的追悼会》，《学术月刊》2011年。
⑤ 《陈烈女追悼大会详记》，《申报》1918年8月5日第10版。

望出席追悼会。所以,殉夫而死的烈妇、烈女在某种程度上是为社会和政府所利用,认为她们是道德和礼教的代表,借此事迹来维护传统的文化观,从而保障社会按照旧秩序正常发展。

殉夫而死者入祠也是一个象征。在这方面地方会馆组织发挥了重要作用。当时,上海通过征访局进行定期迎送褒扬栗木入祠,将她们的灵位放入祠堂,是对她们褒扬的一个重要环节与隆重的仪式。"以本县褒扬之忠义孝弟及节烈妇女之栗主。"由征访局将历届呈请受褒已故者请置主入祠,分别"入祀忠义孝弟祠","入祀节孝祠",又经由款产处上交致洒扫局,然后洒扫局进行置备,订定确切时间,规定由文庙明伦堂送位入忠义孝弟祠。① 为了通告入祠后裔,征访局"将褒扬姓氏宣示局前俾,各节裔得以就近探询",最后定期由洒扫局恭迎入祠。② 所以,在转型期的民国,同乡会是一个维护传统价值重要组织,在殉夫女子的后事处理中发挥着不容忽视的作用。

二 思想启蒙:女子殉夫与贞操问题讨论

20世纪初,新文化运动倡导妇女解放,提出了两性平等的新价值观,烈妇、烈女现象显得格格不入,政府和民间将殉夫自杀作为节烈行为褒奖,引起了新文化人的关注。针对女子殉夫的现象,引发了对女子贞操问题与殉夫现象的讨论。对于殉夫行为是否应该的问题,明清时期就曾引起了学者的争论,特别对于贞女而言。明清文人从礼、情感、经济上说,节妇与已故的丈夫的关系已经确定,而贞女与未婚夫关系与此完全不同,所以就引发了关于贞女行为是否具有意识形态的合法性的激烈争论。③ 但是到了民国,文化和经济语境都发生了变化,因此探讨的角度也发生了改变。

首先,他们将殉夫中的节、烈行为聚焦为女子贞操问题,提出了男女平等的贞操观。1918年胡适发表了《贞操问题》,从两性平等的角度,指

---

① 《征访局定期迎送褒扬栗木入祠》,《申报》1926年3月2日第14版。
② 《征访局通告入祠后裔》,《申报》1926年3月6日第13版。
③ [美]卢苇菁:《矢志不渝:明清时期的贞女现象》,秦立彦译,江苏人民出版社2012年版。

出"贞操是一个'人'对别一个'人'的一种态度"。"贞操不是个人的事，乃是人对人的事；不是一方面的事，乃是双方面的事。"① "若男子不能照样还敬，他就是不配受这种贞操的待遇"②，鲁迅在《我之节烈观》从男女平等角度，指出社会男子一夫多妻，女子节烈是不公平的现象。"男子决不能将自己不守的事，向女子特别要求"③。"人类问题，最重要的，就是夫妇；因为世界上种族相传，都从这夫妇而起；所以一夫一妇，本站在极平等的地位，夫妇之道，须先要把'夫纲'二字铲除，方可以平等主义来论断，可算中理！"所以，只有当夫妻地位平等了，女子殉夫才算合理。虽然"那些野蛮的愚氓往往硬把寡妇逼死，然后鼓乐喧天的祭奠，以为门户光辉！还有寡妇自己贪图'节烈'的美名，自戕生命！"但是"要知道世界上，法是从理上出来的，不顺人情，就不合公理；不合公理，就不可以为法"。足见，女子殉夫既不合理也不合法。"如果夫妇两人，死了一个，便要跟着死了，这就是放弃了做人的责任。"④ 在五四时期提出自由、平等观念的情况下，从男女平等角度看到贞操问题，就成了一个首要的角度。

贞操涉及与自由意志以及爱情、道德等方面的关系，胡适说："寡妇再嫁问题，这全是一个个人问题。"她们"有个人恩情上，体质上，家计上种种不同的理由，不可偏于一方面主张不近情理的守节"。周作人发表所译日本学者与谢野晶子的《贞操论》，指出"贞操只是一种趣味，一种信仰，一种洁癖。所以没有强迫他人的性质"。胡适、周作人都认为这是个人自由意志的问题，而不是道德问题，认为应该果断抛弃传统贞操观，因为"道德这事，原是因为辅助我们生活而制定的，到了不必要或反于生活有害的时候，便应渐次废去，或者改正。倘若人间为道德而生存，我们便永久作道德的奴隶，永久只能屈服在旧权威的底下。这样就同我们力求自由生活的心，正相反对。所以我们须得脱去所有压制，舍掉一切没用的旧思想，旧道德，才能使我们的生活，充实有意义"。⑤ 在自由与道德

---

① 胡适：《贞操问题》，《新青年》第5卷第1号，1918年7月14日。
② 同上。
③ 鲁迅：《我之节烈观》，《新青年》第5卷第2号，1918年8月15日。
④ 《闻妇女殉夫和未婚守节之谬》，《黟山青年》1924年3月第2期。
⑤ ［日］与谢野晶子：《贞操论》，周作人译，《新青年》第4卷第5号，1918年5月15日。

的问题上,自由更重要。如子英女士说"贞操当然是件好的事情,同时失节也不是一件坏的事情;反正,贞操不贞操让女子自己去作主。倘使强迫她守贞操,那是一件极不道德的事。因她有一时性欲冲动,是不能遏止的(男子亦然),那末,你阻止她就是不道德,并且失掉了她的自由——欲望"。① 还有香楠女士也认为"贞操本不是女子单方面的事情,乃是男女双方应具的美德,不过自从父系家庭确立以后,自然陷入男尊女卑,以致视贞操为女子必须有,而男子不必有的道德。这种观念显然是不对的,我们都当力加反对"。② 从女子婚姻自由的角度,有人尖锐地怒斥了"中国数千年来无数的贞节牌坊,仅仅是褒扬一个女子已有了丈夫夫死后'不嫁'的美德?罢了!"提倡男女平等、自由的婚姻观,认为"自然男子可以续娶,女子难道不可以再嫁吗?"若是"为爱情的专一,牺牲肉体的满足,不论在那一方面,乃是她或他个人的自由,也不必加上什么'贞节''不贞节'的名词"。所以"嫁不嫁与节不节是毫无关系的"。他们认同贞操绝不是单方面针对女子的、强制性的东西。贞操应是自由的,无强迫性的,是基于男女平等,双方共同遵守的一种信念。

在贞操与爱情的关系上,胡适认为殉死或是守节完全基于双方的爱情,如果没有爱情,就无贞操,那么烈女、烈女殉夫也就是无道理的。而且"烈妇殉夫问题、寡妇守节,最正当的理由是夫妇间的爱情。爱情深了,生离尚且不能堪,何况死别?再加以宗教的迷信,以为死后可以夫妇团圆。因此有许多妇人,夫死之后,情愿杀身从夫于地下。这个不属于贞操问题"。未婚女子殉夫或守节,这是"贞操问题之中,第一无道理的"。"夫妇之间若没有恩爱,即没有贞操可说。""依此看来,那未嫁的女子,对于她丈夫有何恩爱?既无恩爱,更有何贞操可守?"③"妇人殉夫虽然是出于真爱情,但'爱'并不见得非自杀不可,因为有许多地方,都可以表示爱的热忱,而自杀,到未见得是什么爱的表现。这种把性命送在古礼上终究不对,且太不值得。"④ 蓝志先却不同意与谢野晶子提出的"贞操不是道德"的观点。从爱情的角度针锋相对地指出,夫妇关系,爱情

---

① 《贞操问题——我的女子贞操观》,《民国日报》1928年7月13日,第2版。
② 《因贞操而起的自杀问题》,《民国日报》1928年6月28日第1版。
③ 胡适:《贞操问题》。
④ 《孝弟殉兄烈妇殉夫》,《吾友》1941年第1卷第44期。

虽是极重要的结合分子，却不是唯一的条件。贞操虽是对待的要求，却并不是以爱情有无为标准，也不能仅看做当事者两个人的自由态度。因为爱情是盲目而极易变化的。这中间须有一种强迫的制裁力。爱情之外，尚当有一种道德的制裁。"贞操即便是道德的制裁人格的义务中应当强迫遵守之一。破弃贞操是道德上一种极大罪恶，并且还毁损对手的人格，绝不可以轻恕的。"① 所以在他看来，贞操对于维持夫妻家庭生活的稳定是极其重要的。

当然，也有人倡导维护贞操，是从男女之间的忠诚角度讲的。他说："我们固然厌听封建先生唱'贞节'的老调，但两性间相互的忠实、尊敬与持重，无论从社会的立场，或个人的立场看起来，仍然是必需的！"② 还有人，就如他自己所说"您们别笑我说开倒车的话"。全因这种贞操是建立在男女双方平等基础上的贞操观。虽然从前女子的贞节"饿死事小，失节事大"，看得很重，男子的贞节"三妻四妾""寻花问柳"全没人理会，但现在男女平等，女子不能因为从前的男子不贞节，便跟他们不贞节。男子只可仿效女子固有道德，即如现在男子平等，我们不能说："从前女子不做生活，现在男子也要跟她们不做生活"，我们只能说："女子要跟男子做工"。进一步指出"破坏贞节的来源，经已认真，保守的方法，经已明了，那就性的纠纷，可以减少，社会可以安静，人生可以减少争执和烦恼。贞节虽然不值得提倡，难道奸淫值得提倡吗？所以因为法律起见，说句不合潮流，开倒车的话：'提倡普及的贞节！'"③ 乍看上去，这种观点不合时代要求，但从维护正常人伦秩序的角度，提倡贞操确也发挥着有利的作用，维护家庭秩序的稳定，防止交友泛滥、性行为失衡现象的泛滥。

其次，在贞操问题讨论过程中，还涉及节烈女子是否应该褒奖问题。胡适认为褒奖烈妇、烈女的行为令人发指，说出那种"猗欤盛哉"的全无心肝的话，实是贞操迷信的极端代表。对北洋政府的《褒奖条例》进行了抨击。他认为我们在这个文明时代，不应该提倡这种盲从的贞操，不值得法律的褒扬。法律褒扬无辜女子自杀以殉不曾见面的丈夫，是男子专

---

① 蓝志先：《贞操问题》，《新青年》第6卷，第4号。
② 《妇女与恋爱》，《民国日报·觉悟》，1930年12月12日第2版。
③ 《待我来提高贞节》，《民国日报》1928年6月18日第1版。

制时代的风俗,不该存在于现今的世界。从自由意志角度看,指出殉夫、守节都是由于个人恩爱问题,"夫妇之间爱情深了,恩谊厚了,无论谁生谁死,无论生时死后,都不忍把这爱情移于别人,这便是贞操"。若是由于迷信原因,法律就更不应该褒扬了。而且若用法律来褒扬殉夫的烈妇,有一些好名的妇人,便要借此博一个"青史留名";"是法律的褒扬反发生一种沽名钓誉,作伪不诚的行为了!"况且"诚意的贞操是完全自动的道德,不容有外部的干涉,不须有法律的提倡"①。无论如何,法律总不该正式褒扬妇人自杀殉夫的举动。

表彰节烈,无非是想通过倡导他们的美德提高整个社会的道德水平。针对一些人将中国的落后归于女子的观点,鲁迅又从国家的角度,反驳了社会上叫嚣"人心日下",提倡"女子节烈"的言论。指出政界军界学界商界等等里面,全是男人,并无不节烈的女子夹杂在内。而且"照着旧派说起来,女子又是'阴类',是主内的,是男子的附属品。然则治世救国,正须责成阳类,全仗外子,偏劳主动"。"至于水旱饥荒,便是专拜龙神,迎大王,滥伐森林,不修水利的祸祟,没有新知识的结果;更与女子无关。"所以怎么能把人心日下归咎在女子身上呢?况且节烈这事是"极难,极苦,不愿身受,然而不利自他,无益社会国家,于人生将来又毫无意义的行为,现在已经失了存在的生命和价值"。提倡女子节烈,"只要平心一想,便觉不像人间应有的事情,何况说是道德"②。提倡女子节烈绝不是挽救国家的正确方式。不能靠通过表彰女子节烈的方法提升人们的道德,及整个国家的实力。而且,这个社会的男子实行多妻主义,这是极其不平等的现象,所以"他们更是没有表彰节烈的资格"③。

然而,蓝志先质疑"贞操不容有外部干涉",他认为"贞操是自律的道德,不容有褒扬条例这样的荒诞东西,记者是十分赞同。但是把外部的制裁一概抹杀,却不尽然。……至于法律上消极的制裁,如有夫有妇奸罪,夫妇同居之义务,以及离婚之相当限制等等,却是不能没有的"。④ 据此,他认为不应全盘否定法律褒奖,虽不赞同法律褒奖贞操,但对于法

---

① 胡适:《贞操问题》。
② 鲁迅:《我之节烈观》。
③ 同上。
④ 蓝志先:《贞操问题》,《新青年》第6卷,第4号。

律打击道德败坏现象，维护贞操道德的积极作用却是肯定的。当然，"贞操"和"自杀"一定得纯粹化。"贞操是个男女二方对待的一种态度，诚意的贞操是完全自动的道德，决不能因外部的干涉和法律的提倡所能达到的。所以因这类诚意的贞操而自杀，是合于理性的；要是为名的贞操，以致沽誉的自杀，绝对是不应该的。"① 所以被增添了各种色彩的殉夫，都不应在社会出现，更不应该去褒奖。

与褒奖相联系的，是褒奖后能使人博得一个好名声，当时有人把女子殉夫作为光耀门庭的一种手段。而这个观念应该被摒弃。《民国日报·妇女评论》上刊发了一首诗歌，恰形象地反映了这一社会现象。名为"一个殉夫的烈妇"："做了一个月的新娘，几成终身的寡妇。伊底哥哥苦口婆心的劝伊：'与其做个终身的寡妇，不如索性做个千秋的烈妇。博得大总统底褒扬，增光你婆家和娘家的门户。'伊只是低着头，掩着脸，哭哭啼啼，总想不出一条好路。伊的哥哥捧了一碗芙蓉膏，强迫伊一口一口地吞下肚。医生赶开救，哥哥出来阻。伊临死的时候，还向着伊底老母声泪哭诉：'我底妈妈！怎忍见你底女儿受这样的痛苦！'只听得伊底老母回了那一句安慰语：'我底儿啊！忍一时的痛苦，将流芳于千古！'"② 足见，女子殉夫有时被额外地增添了另类的色彩。因此"欲使'贞操'和'自杀'纯粹化，不为沽名钓誉者所利用，我们须向社会宣传贞操是个男女二方对待的一种态度，诚意的贞操是完全自动的道德，决不能因外部的干涉和法律的提倡所能达到的。所以因这类诚意的贞操而自杀，是合于理性的；要是为名的贞操，以致沽誉的自杀，绝对是不应该的。"③

这里也是从男女平等的角度出发，论述了男女贞操观应平等，反对片面贞操观，同时也警诫人们不应沽名钓誉，应追求贞操与自杀的纯粹化。关于"妇女殉夫"和"未婚守节"这两个问题，戴梦捷在《闻妇女殉夫和未婚守节的谬》中更是直白地进行了阐释。她说："人类问题，最重要的，就是夫妇；因为世界上种族相传，都从这夫妇而起；所以一夫一妇，本站在极平等的地位，夫妇之道，须先要把'夫纲'二字铲除，方可以平等主义来论断，可算中理！"但"夫妇既然平等相亲相爱，是当然的

---

① 《因贞操而起的自杀问题》，《民国日报》1928年6月28日第1版。
② 《艺术：一个殉夫的烈妇（诗歌）》，《民国日报·妇女评论》1923年。
③ 《因贞操而起的自杀问题》。

事。如果夫妇两人，死了一个，便要跟着死了，这就是放弃了做人的责任。譬如丈夫死了，妇人哭到悲伤之处，也随丈夫死去，怎岂能赞叹他深明大义！""还有一种可恨的事：那些野蛮的愚氓往往硬把寡妇逼死，然后鼓乐喧天的祭奠，以为门户光辉！还有寡妇自己贪图"节烈"的美名，自戕生命！要知道世界上，法是从理上出来的，不顺人情，就不合公理；不合公理，就不可以为法，后这样妇人应该随夫死的道理，不知是何人传下来的！恨不能把古人拖来问问他是个什么理由才好！虽然爱情两字，是最宝贵，人必有爱情，才有专心；世人若没有爱情，社会的精神就散了；但是妇人殉夫虽然是出于真爱情，究竟不为那抚孤守节的爱情，似乎要深一点，倘然专慕虚名，把性命送在古礼上，那却不对了；且亦太不值得；这是叫做白白的送了一条性命，岂不好惨吗！"① 所以可见，作者是不赞同女子殉夫的，这不但不能反映男女平等的原则，而且也使得女子丢弃了做人的义务，而且若是为了名誉就更是不值得的事情。

力子《造成"烈妇"的一件东西》中就"宁河张烈妇殉夫小志"进行了剖析。他认为张烈妇本来是不想死的，因为她"本想送大人百年之后，即抚住孩们成人"。张烈妇不说她与丈夫的爱情怎么浓厚，非同生同死不可，所以要一同赴西，却说"太年轻，等何时方可出头"。所以"伊本可不死，也本不想死，而竟至于死的，是别有致伊于死地的一种东西存在着呢！""千百年来，死在这一件东西之下的已不知有多少'年轻'的女子了！"② 可见，在力子看来，无论女子殉夫是何种原因，实质上却是死于同一件东西。对于中华新报载的"烈妇张翼如殉夫节略"，力子首先认为标题不如改作"张翼如女士殉夫节略"的妥当。孀妇殉夫，无论其动机如何，总是一件残酷的事；即使死者的人格很是使人敬仰，我们也只能悼惜死者，决不应利用死者来奖诱生人步其后尘。"烈妇"这种称谓，在从前确含有奖诱一般妇女在夫死时应当殉节的意思，不应存且太无道理，因为社会上真有殉妇者，断不会称他为"烈夫"③，人们只会认为这个青年男子是消极的④。虽说张翼如决心殉夫，但仍是为社会习惯所压

---

① 《闻妇女殉夫和未婚守节的谬》，《黟山青年》1924 年 3 月。
② 《造成"烈妇"的一件东西》，《民国日报·妇女周报》第 47 期，1924 年 7 月 23 日。
③ 《随感录：张翼如殉夫与新闻时评》，《民国日报·妇女评论》1923 年第 75 期，第 3 页。
④ 《消极青年自杀殉妻》，《民国日报》1924 年 7 月 4 日第 8 版。

迫。翼如说，"青年守节，难关太多，不惟吃苦，且恐遗笑"，又说，"一身名节，屡世荣辱所关"，又说，"我而不死，吾太翁终身心劳矣"；这都可看出翼如所以决心殉夫，仍是为名节二字所驱使，仍是怕青年守节太难太苦，仍是想拿一己贞操博得全家荣誉，并非专从爱情出发。假使翼如为男子，而死者乃其妻，那就无论怎样"感情密切"，怕也未必"甘心一死"了。总之，"有行的强迫，人所易知；无形的强迫，人所难喻。而无形的强迫，其可怕远过于有形的强迫。这无形的强迫青年妇女于死地的是什么东西呢？"① 所以，要想拯救女子的生命，必须挖掘出掩埋在表象之下的本质东西，告诫社会决不应因慕名荣誉而选择自杀。

在贞操讨论中，还涉及如有看待个人与社会的责任问题。即用殉夫与自杀的方式能解决个人与社会的问题吗。不管是男子还是女子，"站在社会的立场上，则无论如何，似乎也不该自杀，因为自杀不过是个人自身问题的解决"，"然而整个的问题并没有因死得到解决，死不过是个人责任的逃避而已。而且死了以后，把问题解决的责任转给别人，这也不能说是一种卑鄙的办法。人类不能够单独的存在，而是整个群体的生活；生活和生产，是每个个体（即个人）的义务，他必需去为这个群体（社会）努力生活和生产，才算尽了个人的义务，才算忠于这个群体；才有权利在这个群体里生活。所以自杀的人，事实上便是这个社会的罪人。"② 所以，殉夫女子并不是伟大的人，只有成为一个独立的"人"，为社会做贡献、承担社会责任、履行社会义务才是有意义的。"现在是妇女朋友她们自己的独立和人性的时代，她们也是社会和国家组成的一员，因此，对社会和国家，她们也有了她们应尽的义务和应享的权利。'殉节'不是一个现代妇女的一种'美德'了，而是相反，是现代妇女的一种'恶德'！""'殉节'本是我们封建时代的所谓'妇德'，它实在是男性中心社会对弱小的妇女大众的一种残忍的'酷刑'。一个女人嫁给了男人，她就丧失了她的一切，非但她的肉身，而连她灵魂精神，亦不为她所有了。足见，女子殉夫不但是对其独立"人"格的否定，还有损于国家，有损于社会，这并不是她们的错误，这是旧时代的残余杀害了她们。殉夫是"旧时代的'恶迹'之一，我们的抗战，连同敌人一起，会扫除旧时代的残余的！中

---

① 《随感录：张翼如殉夫与新闻时评》，《民国日报·妇女评论》。
② 《孝弟殉兄烈妇殉夫》，《吾友》1941年第1卷第44期。

国的妇女大众们！起来吧！"① 这种对于贞操问题的讨论持续到马振华、阮玲玉、筱丹桂的自杀案中。所以，在20世纪的新时代，理想、情感都被赋予了新的意义，烈妇、烈女也被新的知识分子看作了儒家性别压迫的象征，是专制主义的产物，两性平等的年代，这种现象成了最不合理的事，是要彻底取缔的。

总之，在民国时期，女子殉夫现象引发的关于贞操问题的讨论，人们从尊重人性、自由意志与男女平等角度，批判了旧式贞操观，提出了新型男女平等的贞操观与性道德观，进而提出"社会要求人生幸福，是要在根本问题上着想。现在最要紧的就是改革女子教育，提倡女子职工，完全承认女子有独立自由权"。② 唤醒女性自由与平等意识的觉醒，推动了妇女解放、构建新型两性关系的历史进程，也在中国近代史上拥有着不可磨灭的意义。

---

① 《殉节》，《申报》1939年3月14日，第15版。
② 《女子解放问题》，《民国日报》1919年10月6日。

20世纪二三十年代女性自杀问题初探

邵 雍

(上海师范大学人文学院)

"自杀是一种重大的社会现象,在社会学上是一个重大的问题"①,自杀是出于当事人自己的意愿而采取结束自己生命的极端行动,在中国历史上妇女自杀屡见不鲜。进入20世纪二三十年代,妇女自杀的主体已经不是在封建伦理道德规范下的贞节烈女,而是自身权益受到伤害,思想苦闷找不到出路的女子。

1928年底,"上海的自杀热差不多是盛极一时了,据报纸上的统计在自杀者当中总有半数以上是为了性的苦闷和婚姻问题"。②而根据1930年上海市社会局发表的一月至七月自杀统计,妇女自杀数为675人,这表明"在这复杂的社会生活下,令人惊吓的惨痛的自杀现象,一天天地加多;而最不幸的,尤其是我们妇女界,更展露着特异剧增"③。到1934年,"年来中国社会上关于妇女自杀的新闻,继续不断的出现。在多少的自杀事件中,为婚姻而牺牲的妇女,实是占着最大多数"④。

因此选取二三十年代这一特定的时段来讨论妇女自杀问题在学术上是有一定代表性的。透过妇女自杀这一现象,人们可以加深对于民国社会复杂性的认识。

---

① 陈独秀:《自杀论——思想变动与青年自杀》,《陈独秀著作选》第二卷,上海人民出版社1993年版,第53页。
② 玉梅女士:《谁杀了他们俩?》,《大公报》1929年5月16日。
③ 善慰:《妇女的自杀现象原因之推究》,《民国日报》1930年10月3日。
④ 北蠡:《妇女自杀与婚姻问题》,《大公报》1934年8月26日。

一 关于妇女自杀的种类

（一）因不满现实政治而自杀

1923年6月12日晚十时许，寓上海法租界贝勒路义和里辛亥革命烈士方声涛之姊方君瑛忽在寓服吗啡自杀。经家人觉察，急送往中国红十字医院，但因服毒过多，抢救无效逝世，时年36岁。报载"女士之蓄谋自杀，实因政治日非，社会日恶所致。事前遗书一，致方声涛夫人，说明自杀原因，绝无他意"。方君瑛曾经参加过汪精卫北京谋刺摄政王事件，在黄花冈之役中运输军械，奔走甚力。光复时，亦参与军械。民国纪元，赴巴黎大学求学，得学位，旋为巴黎大学董事，1922年被任命为广州执信学校校长（未到任）。① 对于这起爱国激愤式的自杀，汪精卫闻讯手书挽联云："持躬茹危苦，救国历艰虞。圣病难瘳，终弃余生同敝屣。""风义相师友，深情如姊弟。归来已晚，空挥残泪读遗书。"② 因不满现实政治而自杀，有牺牲一人来警示众人、激励进步的积极作用。

（二）因失恋而自杀

1934年3月电影演员艾霞因失恋而自杀。两个月后张石川等发起召开"艾霞女士追悼会"。会场里，明星公司同人送的挽联写道：

> 文苑银坛永留佳作
> 香花匀酒共奠芳魂

郑正秋在会上演讲时说："艾霞的死，有人以为是她自己自杀，实在，她是被杀的，至于杀她的凶手，不是一个人、二个人，而是整个的社会整个的经济制度。"周剑云在演说中指出："艾霞的为人，是天真，坦白，率直，聪明……她不知道虚伪，她只知道以天真坦白对人……但现在社会，却全都是以虚伪对人，手段对人，所以她吃了多亏，许多人对她发生误解。""因为她是一个感情丰富的人，所以她总是以赤心天真待人，

---

① 《方声涛之姊突然自尽》，《民国日报》1923年6月15日。
② 《汪精卫痛哭方君瑛》，《民国日报》1923年6月15日。

但她的遭遇，却全都是欺骗。""至于她这次自杀的原因，第一因为艾霞是一个热情于恋爱的人，她的生活是偏重于恋爱的生活，所以她屡次所受的欺骗，结果遇见一个以真心待她，而不能和她结合的人，这也许是她自杀最大原因之一。""第二点，便是艾霞的思想，极愿意做一个革命的女性，但她的身体，她的环境，都不能容许她，她不得不感到失望。"① 不过对于她的死，舆论界也有不同的声音。任白戈在《申报·自由谈》发表署名文章说："最近，艾霞女士又于人们都在阖家欢聚的爆竹声中自杀了。""她是一位比较进步而曾经和社会奋斗过来的女子，万不料终于还是从艰险的人生长途上开了小差。""艾霞女士的自杀，主要的是为了失恋。"任在文中婉转地批评说："艾霞女士是会自己以为自己是很聪明的，至少她那种只有人向她买好的环境是不会使她相信她是不聪明的，自然她就两眼可以望着天空漫不经心地走着那些并非熟悉的路了。这样地走路往往才是会走到斜坡乃至悬崖上去终于将自己跌死。"认为艾霞是"一个可以说是新的当中那不曾也许是不肯吃苦的一个……因心无斗志而自杀"。②

（三）因不能自由结婚而自杀

1929年5月天津发生了一桩情死问题，死的是郭贵和彩云一双奴婢。他俩在自杀以前曾经逃亡北平，直到复返天津隐入山穷水尽的窘状不得已才双双情死。5月16日玉梅女士在报上发表文章说："仆婢在中国向来是被认作下贱的人，他们和他们主人之间有高不可攀的阶级间隔，他们的本分是牛马般的替主人们卖自己的劳力，他们的全部生活完全在主人家庭范围之内，他们在这个本分和范围之外的自由是完全在被剥夺之列。""在这样的苦痛状况当中，他们生活的任何方面当然都不会有美满的可能，尤其是他们的恋爱问题差不多总是被一般社会认为异常污秽而且不法的事。去年的黄陆事件一直到现在还不断听见人切齿痛骂陆根荣的大逆不道。如果陆根荣不是个仆役，而是个大学生或者是某公馆的花花公子，恐怕社会正要认为美事而玉成之不及呢？"文章认为：郭贵和彩云"他俩是因为社会的压迫而死，是因为他俩的恋爱得不到相当的满足而死，直接杀死他们的是经济和环境上障碍他俩爱情的东西，间接杀死他们的是这个社会"。

---

① 《香花刍酒奠芳魂　沪上艾霞追悼会》，《盛京时报》1934年5月4日。
② 任白戈：《两个自杀者》，《申报·自由谈》1934年3月1日。

玉梅女士指出"如果不是生在中国这样的社会当中，他俩不至于死；如果不是身为仆婢，他俩也不至于死。这个问题更深深的暴露了封建制度和这个社会的罪恶。现在感觉性的苦闷的人们和恋爱问题不能圆满解决的人们都应当向着这个社会来奋斗。"①

（四）因强迫结婚而自杀

1922年10月直隶清苑县张素梅在被迫结婚的第十夜吞食洋火自尽。张素梅的婚姻是他父母不顾她的意愿强行指定的。其丈夫郑金串"家累巨万，骡马成群……日惟与一群浪子玩耍，学成了一个花天酒地，吸鸦片烟的人"。而张素梅本人当时已经在天津师范学习了三年。突被其父召回，逼令与金串完婚。素梅要求等师范毕业在社会上能独立谋生活再说。但她的父母总不答应。父亲说："我虽然是你的父亲，既把你许配郑家，你就是郑家的人了，我实在做不了郑家的主。"她妈更是直截了当地说："郑家富比陶朱，于归后，断断缺不了你一碗饭吃，就是你念书卒业后，也不过是为着混一碗饭。况且你还念出什么出息来了么？"素梅说："若不允我读书的要求，我一定自缢寻死，决不到那赌嫖的丈夫家去。"她妈怒道："你说向哪里话，姻缘是神人注定的，已经许配谁，就终身从谁，难道说你还想亏郑家离婚么？你自己去想想吧。"数日后，郑家遣人将迎娶的日期送来，素梅绝食表示抵制，亦无效。迎娶之日，轿舆临门，素梅泣不入轿，其母及其姨母姑母等，强捉入轿内。素梅到郑家后，读书之心未已，仍以此臣求其翁姑，其公公郑经鉴说："先在改立学堂，什么中学，什么师范，闹的乱七八糟，更可恨的女子也要入校读书，讲什么解放、恋爱、胡说乱道，太无伦理了。"素梅见读书无望，加上丈夫之时常怒骂侮打，终日毫无乐趣，竟于结婚的第十夜吞食洋火自尽了。②

（五）因贞操问题而自杀

1934年5月初，孙佩蓉在天津新旅社内服毒自杀。孙佩蓉，年二十一岁，天津人，五龄丧母，十二岁父亡，身世飘零，自幼获外祖家之抚

---

① 玉梅女士：《谁杀了他们俩？》，《大公报·妇女与家庭》1929年5月16日。
② 民：《旧家庭害死了一个青年女子既有顽固的公婆，又遇糊涂的爹妈》，《晨报》1922年10月13日。

养，得以长成，外祖家为程姓，住河北堤头长香胡同，外祖父已故，外祖母张氏犹存，舅父程国泰，在河东地道外新市场内开设估衣店，对孙佩蓉爱护尤深。1933年5月间，经其姨母之撮合，嫁与南市福安大街和记米铺经理岳桐山为妻，在岳的原籍静海王家口与公婆一道居住。婚后伉俪融和，唯婆媳间不免有勃豀之斗，1934年2月间，岳将其妻接回天津，暂住米铺楼上，拟于觅得相当住房，再行迁居。自杀案发后，岳桐山在接受地方法院检察处检察官询问时称其妻自杀是因为"在过门后她已经不是处女，不过我是能原谅，也没声明，家里人均不知道，所以感情更深，她的死，是因为她舅父得知她不是处女，要追问并且要活埋她，我跪着央求了两次，所以她就不敢见面了"。但孙佩蓉外婆程张氏、舅父程国泰的陈述就大不一样了。程张氏称孙佩蓉自杀前几天说"她丈夫逼着她写一张字据，说她和姨兄王宝臣有奸"。程国泰说，我的外甥王宝臣借了岳桐山十块钱，前几天他向王宝臣要钱时，打了王宝臣一个嘴巴，并且诬陷王宝臣与死者有奸，我就找了媒人想把孙佩蓉接来盘问，"如若是实她太已污染我们了，非把她活埋不可，如若是假，我找岳桐山争论，为甚么血口喷人？"孙佩蓉在旅社服用西洋药毒自杀被茶房发现后赶紧请来监谷医院的大夫打针急救，终于不治。①

进入民国以后，社会舆论对女子贞操的看法有所变化。有人提出："贞操本不是女子单方面的事，乃是男女双方应具的美德。不过自从父系家庭确立以后，自然陷入男尊女卑，以致贞操为女子必须有，而男子不必有的道德。这种观念显然是不对的，我们都当力加反对。"认为"女子之因贞操而自杀者，大概可分二种：一，烈妇殉夫。二，贞女死节"。对于后一种"要自为名的贞操，以致沽誉的自杀，绝对是不应该的"。②

（六）因私自怀孕而自杀

天津河北西窑洼李某去世后，其妻被公公所逼只好守寡。但由于并非出自真心实意，因此有了外遇，而且还暗怀珠胎，眼看产期将近，"伊想这事如果给人察觉，不但被人耻笑，还得丧失名节，对于己身，有莫大害

---

① 《孙佩蓉自杀的原因　伶丁少女遂在吃人的体教下牺牲》，《大公报》1934年5月3日。
② 香楠：《因贞操而起的自杀问题》，《大公报·妇女与家庭》1928年7月5日。

处,倒不如落得死了干净",于是就殉夫自尽。①

(七) 因不孕分居而自杀

福建省惠安县旧时有"长住娘家"的习俗。妇女婚后头三天住夫家,第四天起会在娘家长住。只有到生育孩子后,才可以名正言顺在夫家定居。在此之前,仅有"年节"(除夕、七月半)如夫家差人去请,才可到夫家临时住上一、二天。这样导致已婚妇女十分寂寞痛苦。

1933年7月30日福建省惠安县北门外王孙乡四妇投井自杀。他们是黄少成妻年二十二岁,林福升妻年二十五岁,黄九英之媳年十六岁,黄文之媳年二十三岁。四妇夫均在家操农业,近日四妇均由娘家归夫家,三十日晚间四妇相约至一树下叹息良久。"翌晨有人于田陌间大井柱上系有巨索一条,拖而视之,则为一女尸,再呼人用力同拖,遂见四女尸累累系于一巨绳之上,一时死者家属咸奔至,痛哭收埋。"于此事之前一二日,有塘边乡水井中亦发现女尸三具,亦同系一索,投井自尽。该三妇娘家均在官篮乡,又同嫁于塘边乡,三妇中一年二十岁,一年十八岁,一年十六岁,是日三少妇同由娘家返夫家,竟相约同死。经查,以上七妇嫁后,均未生子。"惠安西北一带,风气闭塞,村女出嫁后,不数日回娘家,若届期未能生子,即长住母家不返,每年与其夫同居时间甚少,因之怨妇投水自尽之事,相沿成风。"县长张一鸣氏闻悉此事,已在8月1日发出布告,历行禁止恶俗,令已嫁而未生子之妇女,务各随夫度日。②

1934年6月惠安又有少女九人因婚厌世结盟自杀。此事肇因由于潘赞之女潘盛,1933年8月嫁双墟碑施文仲,嗣施流而为匪,潘女屡规不悛,且时被挞楚,遂萌厌世之念。适潘坦之女潘叶,父母为订婚陈春生作媳,而陈家已先有养媳,感前途非福。又有陈雪华之妹陈环,订婚王卓之子,嫁夫体质弱小。三女遂招联盟姊妹九人,结盟自杀,6月21日夜,齐集母家,各易乌云纱新衣袄,足着木屐,夜九时齐至北门外后宅潭,九人脱木屐排列潭边,然后以绳索互自贯缚成串,一齐投水,迨翌晨家人发觉,九女已同归离恨之天,九尸则联结不解。九女姓名如下:

---

① 《小孀妇怀孕自杀》,《民国日报》1924年3月26日。
② 《闽省惠安县陋俗杀人奇闻婚后无子连日逼死妇女七人》,《大公报》1933年8月12日。

潘盛　　十九岁，嫁施文仲；

潘叶　　十九岁，潘坦之女，许婚陈春生子未嫁；

潘徙　　十九岁，潘神求之妹，去年八月嫁胡连法，现怀孕五月；

潘芹　　十七岁，潘乌畏女，嫁邑庄姓；

潘松姑　十六岁，潘渊之女，去年8月嫁北门街何庆麟；

潘惯　　十五岁，番乌富女，未字人；

潘灶之女（名未详），十三岁，未字人；

陈环　　配王卓子，未嫁；

陈青水之女（名未详），十六岁，未字人。

九人中，固多因婚厌世者，未字人三女，中有年仅十三岁者，则完全为感情的加盟，"其互缚成阵，一为示其至死不悔，一即相约同死，一人投水，即惟有共死，无人得中途变志"。

惠安为泉属沿海县份，女子均大足，农工一切工作均女子任之，耕于野，负戴于道途，厦门石工及码头工即多惠安女子，男子反多居家，理家事，抚小孩。因此惠安女子经济生活均独立，亦为家庭之负担者，但在家庭中，夫权则仍极重，且有甚于他地，故女子之地位，仍极卑下。加上全县除惠北外又有一奇俗，即女子嫁后，仍须返住母家，年中仅年节日如除夕、七月半回夫家数日，余均住母家，夫妇暌隔，乃如天上织女一般，女子在痛苦与寂寞之余，乃多结盟姊妹，互相慰藉，互相诉苦，联盟自杀之风从之以起，中有髫年尚未味人生者，亦从而加盟自杀。数十年前结盟自杀者，有互缚至十余人投水，二十余年来此风渐杀，近年殆已无之。此次同死九人，为十四五年来所未有。6月25日国民党县党部就此案致函县政府：

> 迳启者，顷据报，本月二十一晚，本城北门发生妇女结盟投水自杀案，同死者至九人之多，实属骇人听闻，查本县除惠北外，凡女子出阁后，仅于年节之日如除夕七月半，得回夫家数日，余均在母家，以致夫妻隔别，姊妹联盟，而厌世自杀之案，遂层出不穷，此种恶俗，由来已久，长此不加革除，后患曷极，相应函请查照，务希严传本案死者之家长，加以彻底法办，一面出示晓谕严禁，务使夫妇实行

同居，共享家庭之幸福，并由家长严加教育，勿容越轨之行为，以重人命，而挽颓风，至级党便。①

1935年惠安再次发生七女集体自杀，死者年龄均在20岁左右。② 同年粤南也发生了九女集体自杀，据悉与当地的"自梳女"习俗有关。③

（八）因不孕而自杀

1922年8月26日吴以柚之妻余隐卿在四川达县因不孕而自杀。余隐卿是1917年与吴以柚结婚的，婚后夫妻感情很好。但吴以柚的母亲因为儿媳久不生育，一定要儿子娶妾，吴以柚夫妇都极力反对，因而受母亲的虐待，竟把余隐卿逼死了。事后吴以柚给报社寄去了他的十九天的日记作为投稿。日记说：

> 我的爱妻于八月二十六日午后七点为爱情牺牲性命了。人能殉情而死，是很可贵的，但是因去爱情的障碍不能而死，是可悲的。伤哉，隐卿服烟而亡；伤哉，隐卿为不生育而亡；伤哉，隐卿为我不娶妾而亡。家庭黑暗，惨无天日，男女之不平等何日能了。忍哉孟子之言曰，不孝有三无后为大这一句话不知杀了多少可怜的女子。……八月十日晨起，母亲命我曰："我与你娶一妾，名红桂，你可同行到京。"我那时答曰："这不可，不合乎人道主义，不适于民国法律，不合于爱情的精神。我此次回来，不是为我的未婚妾红桂。我的主义比我的性命还要贵几百倍，宁可牺牲性命不能牺牲主义。"她老人家听了大怒，打碗，打东西，觉得我不听就是该死，我的妇人尤其该死了。……从此我俩失了自由，痛苦已极。我常出家避难……十四日床上她对我曰："我不能生了，你能走，我不能走，恐我死了你还不知道。"二十与隐卿订生死同盟，她说我不收妾她就会死。……我说我"现在家说自由都没有了，他们为一妾把我俩的幸福自由都剥去了"。二十六隐卿死了，我晚间得信才回来，她已不能

---

① 《惠安少女九人结盟自杀详情》，《大公报》1934年7月1日。
② 《惠安妇女同盟自杀》，《申报》1935年9月21日。
③ 士均：《自梳女》，《北洋画报》1936年1月30日。

言，长卧地下。我写绝笔一纸去赴同穴之约，又被他们偷去了。我不食六日，哀痛欲绝。三十一抚哭，人事不省，母妹又把我救回。求生不能，求死不得。我现在抱主义，决心为僧。终日依灵而卧，不知作何了结。……我已无心世事，不愿多写字。①

（九）婆媳矛盾激化而自杀

1937年6月23日天津大直沽前发生男女二人自杀案。死者马俊兴，字秀生，年三十二岁，天津人，在日租界大和街十二号大东商行充当驻大孤买货员。1930年娶天津河北李公祠后仁田西里六十六号住户杨蚨联之女（现年三十五岁）为妻，过门后夫妇感情融洽，惟杨氏与乃婆邢氏，意见不投，同居一起，不时即兴勃豀。马每月收入四十元，交家二十五元度日，余十余元用作交际等费。但其母疑系另给杨氏，时行谩骂，态度暴戾。1936年3月马俊兴夫妇就因此一度同时自杀，因系服信石与安眠剂，经其院邻王蓉荪发觉救醒。事发后邢氏更变本加厉，明明是自己有小褂一件与当，竟诬杨氏窃回娘家，氏经述与乃夫，引起旧恨，再度生求死决心。二十三日中午夫妇二人以看电影为名出门，旋即以绝函投大东公司经理刘敦厚，论述家庭黑暗，表示永别辞意，乃感谢知遇之恩。案发后，经杨氏之弟杨世卿告发邢氏逼死人命，警察局乃饬侦缉士张恩荣将马邢氏捕获，带归警察局讯问经过，再定发落。②

（十）受丈夫家庭暴力而自杀

1936年3月7日早晨北平德胜门外西驹营沈氏服毒身死。起因是沈氏嫁给高焕之后，婆媳不和，时常争吵。6日丈夫高焕之将沈氏痛殴，沈氏不堪虐待自杀身亡后，北平地方法院检察官冯光煜等莅临现场，验得该尸委系带木棍伤，手指抓伤，服红矾毒过量身死。③

---

① 董：《请看这一封悲惨的信被虐待妻子脱尘世 受刺激丈夫入空门》，《晨报》1922年10月5日。
② 《海河双尸案详志家庭黑暗夫妻同自杀 女弟为姊声冤已成讼》，《益世报》1937年6月27日。
③ 《自杀风甚炽少妇被殴 服毒身死》，《大公报》1936年3月8日。

（十一）殉夫自杀

1924年3月山东蓬莱人潘女士在未婚夫死后抱木成亲后又殉夫自杀。潘为鲁军第五旅旅长潘鸿钧之长女，住济南，许于前兖州镇守使唐天喜的三儿子炳中为室。但因炳中久病，未能成婚。1923年"十二月十八日，炳中以病夭折"。潘女士知凶耗后，"复哀求过门成礼，矢志守贞"。"即于旧历正月二十三日，为之抱牌成礼。二十四日，潘女在谒墓当晚，"乘人不备，即仰药自尽"，"于二十五日天明气绝"①。

（十二）因婚变而自杀

1935年3月8日三时许，电影明星阮玲玉因婚变而自杀。阮玲玉现年二十六岁，原籍广东中山县人，伊父早年逝世，家境清寒，随生母久居沪滨，母以帮佣所得，供伊入崇德女校读书。十七岁时，即与张达民自由恋爱，在外同居。1930年联华电影公司崛起，笼络国内优秀电影从业员制映《野花闲花》，阮任主角，于是一鸣惊人，博得国内赞誉。张达民曾充太古轮船公司买办，后张阮感情不睦，协议离婚。阮复与茶业巨商唐季珊同居。本已无事，乃至最近，张忽具状特区第二法院控告阮玲玉侵占，复状法院控唐季珊、阮玲玉妨害家庭，而社会舆论对阮不无微言。阮以受诉讼刺戟，不欢者已多日，而心中时郁郁，即寝食亦为不安。6日深夜十一时阮在扬子馆店偕数男客同往欢舞。至7日夜阮回忆过去，辗转难寐，至8日清晨三时许，突起厌世之心，在私宅中乘丈夫唐季珊不备，暗服安神药片三瓶自杀。嗣经唐季珊发觉，立即车送北四川路福民医院等处急救，虽经各医生设法救护，终以回春乏术，药石无灵，延至六时三十八分，阮乃气绝，从此一缕芳魂竟归地下。②

（十三）因婚变导致生计无着而自杀

1932年5月29日夜半，南京周必由巷十四号发生一起异乡沦落之女学生郭秀芳服毒自尽案。死者郭秀芳芳龄十七，家住云南大理县西乡花

---

① 《唐天喜媳殉夫》，《申报》1924年3月8日。《又一死于礼教之女子》，《民国日报》1924年3月8日。

② 《电影明星阮玲玉自杀》，《大公报》1935年3月9日。

岗，父以贸易大理石为业，家道小康。秀芳十五岁时毕业于大理县之私立竞新女子高小，后随学友徐君衡北上南京就学。抵宁后郭秀芳不满拟君衡终日溺于浪漫，乃独自肄业于畲清女学。君衡与秀芳情感破裂后，不再供给学费，导致秀芳失学。一时间秀芳彷徨无依，悲愤交加，一病香榻。会有同乡洪家铭获悉秀芳困境后，出资助学。秀芳因感德而生恋爱，由恋爱遂告同居，终日温柔乡里，浪漫窟中，未免求过于供，与经济力量薄弱的洪家铭渐生龃龉后辄作情书，以寄情侣，导致家铭与秀芳绝交。之后秀芳竟然在周必由巷十四号构香巢以卖笑为生。一月以还，始悉皮肉生涯之痛苦。适值警察训练班招考新生，乃修书往报告其兄，谓将入警察女学，从此职业有依矣，并述若干希望，嘱兄转告双亲。不料未及一周，忽接兄电函，谓双亲垂老，终日倚纬，私逃出外，殊玷门楣，亟望克日速归，以慰双亲之慈念，兼了于归之大事，若再因循，徘徊歧路，则父母将不认为女，兄嫂亦不愿认其妹矣。秀芳读后，悲痛万分，肝肠寸断，生活无趣，归里无颜，遂萌厌世之念，乃于五月二十九夜半，闭门饮泣，服毒自尽。邻坊受惊动后撬门探看，抬秀芳至鼓楼医院抢救，延至30日下午五时，招魂无术，香消玉殒。①

（十四）因投资失败且受羞辱而自杀

1922年9月9日晚，上海《商报》馆女文员席上珍在上海福州路95号《商报》馆总经理办公室上吊自杀。席上珍生前曾在《商报》馆总经理汤节之的劝诱下拿出5000元（相当于席的250个月的薪酬）托汤代购股票。当席后悔向汤索要这笔钱款时，汤节之羞辱席上珍说，你的人就是我的人，你的钱就是我的钱，你把钱放在我这儿你还有什么不放心？你嫁给我吧。席上珍因不愿做汤的小妾，加之索款无望，才走上绝路。②但汤事后辩解声称已经将股票还给了席，不过又说："你即使不愿意，你何必如此？"看来汤节之羞辱席上珍确有其事。

（十五）因生活绝望而自杀

1922年10月20日上午，北京永定门外有一中年妇人，怀抱幼女投

---

① 《云南一女子赴京求学穷途末路沦落青楼痛身感飘零服毒自杀堪为意志薄弱女子之借镜》，《大公报》1932年6月7日。

② 《商报馆女书记缢毙之验讯——因索款不得而自尽》，《申报》1922年9月10日。

入护城河内,幸经拾粪人赵麻子撞见,便大嚷救人,看园子人李某捞救,当将该妇救活,而幼女则已淹毙矣。据该妇自称姓陈,住沙岗子,伊夫陈富,因穷弃家而去,至今不知生死,该妇见天气渐冷,不欲因饥寒而死,故投河自尽云。说罢痛哭不止,后经人再三开始送回家去,淹死之幼女即时掩埋。又南横街住户杨某,昨日在先农坛西水坑捞鱼虫,忽见一人投入河内,吓得喊叫不止,附近住户苏某下河救护,未至毙命,原来是一个十七八岁的女子。①

综上所述,20世纪二三十年代除了为数甚少的激愤爱国因素外,同居与分居、怀孕与不怀孕、守贞与失节都可能是导致女性自杀的因素,其实均可以归结为以婚姻为中心,婚前有没有正当的名分,婚后家庭生活如意还是不如意。其中大多数是希望破灭,自认前途渺茫,生活无趣,人生无味的绝望型自杀。这些妇女再也没有勇气与信心来面对社会现实,只好采取自杀这一极端手段来逃避纲常伦理的束缚以及世人的非议与轻视。

二 关于妇女自杀的原因分析

20世纪二三十年代的中国已经经历了辛亥革命、五四运动、国民革命的洗礼,中国传统的封建纲常遭到了前所未有的巨大冲击,在妇女问题上,新观点新看法逐渐被人们所接受。妇女解放的潮流已经开启。但必须承认,历史有着很强的惰性,一些旧思想、旧风俗绝不是靠一二次、三四次大革命运动就能彻底解决或改变的。以奴婢为例,1912年元旦孙中山在临时政府大总统就职宣言中明确宣布要废除的,结果直到1929年在天津这样的大城市中仍有保留。又如惠安女结盟自杀问题由来已久,1933年至1935年又接连爆出4人、9人、7人集体自杀案,震惊全国。20世纪二三十年代众多的妇女自杀案件表明新旧思想、文化尚在激烈斗争之中。

1930年10月3日善慰在《民国日报·闲话》发表《妇女的自杀现象原因之推究》,认为要推究这种原因,确得到以下的几种结果:

(一)城市妇女人口日渐众多之结果。在先我曾在此栏发表过一

---

① 《自杀的人竟有这么多 都是为生计问题》,《晨报》1922年10月22日。

篇妇女之离村现象,即表示着妇女之日益集中于都市,人口既然众多,则她们的地位自必一天天地下落,同时自杀案件之多少,与人口增加之多少约成正比例。所以现在妇女自杀的案件日多。

(二)妇女之意志脆弱。我们研究女子心理学,知道女子多属于神经质,情感易于浮动,意志确较脆弱,平常遭罹了一些失败的事件……她们确便感到非常的颓丧,以致愤激而向往着自杀之途。如前些时毛韵珂女公子毛剑佩之死要算属此类。

(三)妇女易招致不测之祸。这是一种相沿的而且将永不变迁的社会习性:凡姿容秀丽的女人,往往都会得到多人的钦仰,她在任何场合,都得能占有着优越地位。可是她们的环境,确不易于应付呢!……由于这原因所以为着一个美丽的女人,往往造成许多争斗的案件,但往往会把竞争的中心对象毁灭了……

(四)社会环境的约束。法律在有的时候,它是能负着保护人民的权利,但有时,法律却又不能保护人民了。风俗习惯在适当的时机,的确形成社会的安宁,但有时,所遗留下的风俗习惯,就变成挟制人的工具了。女子的解放,到现在呼声确是很高,但是实际的社会环境对于女子,依然陷她们于悲惨的境遇中。寡妇的再醮,舆论对于她,只会使她痛苦更甚的时候,只有自杀。

(五)经济未得解放。经济环境的不良,什么恶劣环境都必得罹逢现代的妇女,虽也有几个操得自己经济自主权……受过新思潮荡过的妇女,再受不住这压迫,然而实际的能力毫无,以致留于自杀;而劳动的妇女们,更受着比较男工尚严酷的剥削,加之以生理上的缺陷,也促使了她们入于自杀之途径。①

善慰以上对妇女自杀原因的分析观察细致,比较全面,不无道理,至于其中第五条更是说到点子上去了。

1934年8月26日北蠡在《大公报·妇女与家庭》发表《妇女自杀与婚姻问题》,堪称是一篇专论。北蠡在文中首先说明了文章的旨趣,他写道:"在此,我们并不是想对已经在时代车轮下牺牲了的妇女有所惋惜而哀悼之,而是借她们自杀的案件作为我们研究的课题给以现实的分析与理

---

① 善慰:《妇女的自杀现象原因之推究》,《民国日报·闲话》1930年10月3日。

解,及对于遭受同一苦难想自杀而未自杀的妇女以自新的觉醒,以期于苦闷悲痛中英勇而果敢的脱离自杀的苦海,这便是本文的最大意义了。"文章认为"婚姻问题,是男女双方达到性爱结合的一个桥栈。如果一个问题得不到正当解决的妇女,则有使她们陷于自杀的可能。中国妇女的婚姻生活,一方面被包办于'父母之命媒妁之言'的场合下,女子'嫁鸡随鸡嫁狗随狗',一生呻吟于礼教势力下半点由不得自己作主;而另一方则资本主义时代建筑在以金钱为出发点的自由恋爱,又支撑在一般新进的妇女中,使她们极端的个人主义化,不甘拘束于旧道德的传统观念之下妇女在这两种势力的冲突中,不时的扮演出自杀的惨剧来"。在一些父母的无理撮合的家庭中固然谈不到有什么爱情可言,丈夫因为讨厌妻而不满意妻,致使丈夫去寻花问柳,或者别有所欢,置发妻于不顾。"妻既得不着丈夫的欢心,于是在家庭里便成了一个最不幸的人,阎王似的婆母,闲话闲舌的大姑小姑,都视为眼中钉,由是便成了一个不贤不孝的媳妇了。……妇女们处在这样苦恼的地狱生活里,一向是抱定了'好女不嫁二夫'的主张,而且她们家庭的包围,社会的讽刺,怯懦的无知的她们,有什么方法摆脱呢?但是人终究是一个有理性的动物。虽然她们无知识怯懦,可是她们切身的不可隐讳的痛苦,一丝一毫她们也会感觉出来,到不能忍受的时候,于是只好出于自杀之一途。"作者进而提出:"即使自由恋爱的女子,真能得到爱情专一的伴侣,男女双方,志同道合,没有金钱的魔力的诱惑,由友谊的关系进而至恋爱的成熟、由恋爱的成熟而要求家长要结婚的时候,也会许遭到父母的驳斥,说不定正在迷恋结婚的她早已经父母受聘于人了。在这种'左右做人难'的她们,前进不能,后退不行,又怎能使她们不自杀呢?"①

北蠡以上的分析层次清晰,鞭辟入里,逻辑性强,有较大的说服力。但无论是北蠡还是善慰,他们的认识深度、见识高度都远不及十几年前的毛泽东等人。

中国早期的共产主义知识分子对女性自杀问题早有论述。1919年11月湖南长沙发生赵五贞自杀事件后,毛泽东就在长沙《大公报》发表多篇评论文章,认为"这事件背后,是婚姻制度的腐败,社会制度的黑暗,

---

① 北蠡:《妇女自杀与婚姻问题》,《大公报·妇女与家庭》1934年8月26日。

思想的不能独立，恋爱不能自由"。① 他向全社会青年呼吁："自己的婚姻，应由你们自己去办。"② 几乎与此同时，北京大学也发生了本科学生林德杨的投水自杀事件。陈独秀认为一些青年"在思潮剧变的时代，以前的一切信仰都失了威权，主观上自然会受悲观怀疑思想的暗示，心境深处起了人生价值上的根本疑问，转眼一看，四面八方都本来空虚、黑暗，本来没有奋斗、救济的价值，所以才自杀"。③ 因此他认为要从改造人生观与接触社会压迫两方面着手解决自杀现象。李大钊进一步认为："自杀个别的原因虽然不同，而时代之文明与社会制度的缺陷实在是他们的根本原因、共同原因。……若是婚姻制度没有弊病，不会有因失恋殉情而自杀的人。若是家庭制度有解放个性的精神，不会发生因家庭不和而自杀的人。……若是政治制度明良，不会有因愤世，或因不能自由执行职务而自杀的人。"李大钊希望青年"拿出自杀的决心，牺牲的精神反抗这颓废的时代文明，改造这缺陷的社会制度"④。瞿秋白则将自杀的原因分为两种纯粹主观方面与纯粹客观方面的，他主张"我们觉悟之后就要去奋斗，先要深信的确可以改良"。"自杀的动机，只是觉悟的第一步，并非就是觉悟，以后的乐趣还多得很"，"又何必自杀呢？"⑤ 总而言之，中国早期的共产主义知识分子对自杀的态度基本相同，是持反对立场的。对解决自杀这一社会问题的进路又是基本一致的，那就是要改造当今社会的制度。而这一伟大的社会实践从土地革命开始就真正付诸实施了，因此在共产党领导的革命根据地内"风景这边独好"，劳动妇女大多得到了政治上、经济上、社会上的解放，鲜有妇女自杀的发生，这与本文所述发生在上海、北平、天津、南京以及直隶清苑县、福建惠安县、四川达县等地的众多自杀案件形成了鲜明的对照。

---

① 《对赵女士自杀的批评》，长沙《大公报》1919年11月16日。
② 《婚姻问题敬告男女青年》，长沙《大公报》1919年11月16日。
③ 《自杀论——思想变动与青年自杀》，《陈独秀著作选》第二卷，上海人民出版社1993年版，第66页。
④ 《青年厌世自杀问题》，北京《晨报》1919年12月1日。
⑤ 《林德杨君为什么要自杀呢？》，北京《晨报》1919年12月3日。

拯救与抵制
——1930年代的杭州废娼与社会反应

罗衍军　刘　平

（聊城大学历史文化学院　复旦大学历史系）

隐秘、危险、愉悦与悲戚交织的娼妓，乃江湖社会"风"（诈骗）、"马"（娼妓）、"燕"（赌博）、"雀"（乞丐）四大行之一。① 娼妓与妓院，因为社会内容丰富多彩，容易成为文人骚客的书写对象，也是关心社会问题的学者着力探讨的领域。近年，随着社会史研究的不断深入，民国娼妓及其治理方面的研究渐受关注，并取得了一定进展。② 笔者亦曾撰文

---

① 刘平：《近代江湖文化研究论纲》，《文史哲》2004年第2期。
② 主要相关论著有武舟《中国妓女生活史》，湖南文艺出版社1990年版；单光鼐：《中国娼妓：过去和现在》，法律出版社1995年版；杨洁鲁、贺宛男编著：《上海娼妓改造史话》，上海三联书店1988年版；江沛：《20世纪上半叶天津娼业结构述论》，《近代史研究》2003年第2期；宋明军：《南京国民政府战前首都禁娼初探》，《民国档案》2004年第2期；徐昕：《法庭上的妓女：身体、空间与正义的生产》，《政法论坛》2009年第4期；张超：《民国娼妓问题研究》，武汉大学博士学位论文，2005年；［美］贺萧：《危险的愉悦：20世纪上海的娼妓问题与现代性》，韩敏中、盛宁译，江苏人民出版社2003年版（英文版1997年）；［法］安克强：《上海妓女：19—20世纪中国的卖淫与性》（袁燮铭、夏俊霞译），上海古籍出版社2004年版（法文版1992年，英文增订版1997年）；Elizabeth J. Remick, "Prostitution Taxes and Local State Building in Republican China", *Modern China*, Vol. 29, No. 1 (Jan. 2003), pp. 38–70; "Police-Run Brothels in Republican Kunming", *Modern China*, Vol. 33, No. 4 (Oct. 2007), pp. 423–453.

对近代娼妓治理、文化内涵进行考察。① 鉴于既往研究主要集中于娼妓状况与娼妓治理研究，本文拟以1930年代初期的杭州废娼运动前后的各方反应展开探讨。

一 杭州废娼运动之发生

1928年8月，国民党在南京召开二届五中全会，宣布结束军政，进入训政时期，军政民政并举，先前北洋时期议而不行、行而未果的废娼问题被重新提上议事日程。稍前，首都南京于4月1日举行各界卫生运动会第六次大会，济生会代表提议市政府取缔官私娼妓，以免梅毒传播。7月，市长何民魂拟于两月内废娼，但何氏旋即去职，继任市长刘纪文上任伊始，即于7月25日召开的第一次市政会议上通过决议，宣布取缔全城娼妓，开全国禁娼先河。② 稍后，废娼运动逐渐在江浙皖等省展开。

早在1927年5月，浙江省政府即公布"禁止娼妓，畀以相当之职业"和禁止娶妾、蓄养婢女和童养媳的政纲，③ 但并未真正实施，只是采取了取缔雏妓的行动，共取缔雏妓"不下数十人"。④ 在南京废娼运动影响下，1929年5、6月间，浦江县国民党员于炳文鼓动舆论，发起浙江废娼运动，并拟具废娼呈文，请省党部严禁娼妓，省党部转函民政厅设法严禁，民政厅复函照办，并通令各县市严予取缔。⑤ 杭州市长周象贤训令市

---

① 罗衍军：《民国时期的娼妓书写与治理——以杭州为中心，1927—1937》，《浙江社会科学》2008年第5期；罗衍军：《1945—1949年间的杭州娼妓概况与其治理》，《聊城大学学报》2008年第6期；刘平：《近代娼妓的信仰及其神灵》，载李长莉、左玉河主编《近代中国社会与民间文化》，社会科学文献出版社2006年版，以及《模拟·寄托·约束——近代娼妓文化中的仪式与禁忌》，《中国社会科学》（内部文稿）2008年第6期。
② 南京《市政报告》，1930年第1卷，第44页；并参见宋明军《南京国民政府战前首都禁娼初探》，《民国档案》2004年第2期。
③ 《浙江省最近政纲》（中国国民党中央执行委员会政治会议浙江分会制定，浙江省政府十六年五月二十七日公布），《浙江民政月刊》第1期，1927年11月，第9页。
④ 《周象贤致民政厅》，1929年10月9日，浙江省档案馆（以下简称浙档）：L046-1-485，第236页。
⑤ 于炳文呈文题为《为娼毒日盛，举陈废娼理由八端，请严予禁绝》，参见《周象贤致民政厅》，1929年10月9日，浙档：L046-1-485，第235页；于炳文在《今后的废娼运动》一文中亦提及此事，见《浙江省妇协工作汇刊·重要妇女消息》，1930年，浙江省图书馆藏，第4—5页。

公安局调查市区江干、拱宸桥两处公娼情形，以为娼妓治理之预备。① 此后，杭县县党部也以娼妓"费时失业，廉耻尽丧"为名，公函杭州市府，呼吁严禁，"期令废除，以正人心，而副众望"。②

当时杭州城北拱宸桥公娼虽经"迭颁命令"，但"非特不稍减少，且有增加之势"，有鉴于此，杭州市公安局于9月15日下令，该地公娼，无论长三、么二，均须将四寸照片一张和志愿书于5日内送交市局，以定取缔方针。③ 至9月下旬，公安局调查到的杭州公娼数目为："江干妓院21家，甲等9人，乙等50人；拱埠223家，甲等30人，乙等396人。"④ 市公安局据此拟定限制办法，"即以现有人数为限，各埠不准再开妓院，亦不准添招妓女，即妓女之因故停业或歇业者，亦再不准复业。拱埠妓女并有与院主订立营业期限，此次亦照约查明，载入册内，如该妓一至订约期满，亦即勒令停止营业，并由局每月派员检查一次，以杜顶替影戤等弊"，得到周象贤认可，⑤ 于是备文呈报省民政厅签核施行。11月13日，市公安局拟定限制取缔办法，呈请市府签核施行。⑥ 26日，《限制妓女取缔办法》公布，主要内容如下：

> 一、凡未满十六岁女子不准为娼。二、已领执照妓女，如有未成年者，即将执照吊销，不准营业。三、冒名顶替之妓女，吊销执照，不准营业。四、未成年女子，无论其为亲生女或养媳一律不准住院。五、凡为妓女非出自愿，有被领家虐待情形者，即送济良所择配。六、有花柳病者，勒令出院医治，不准营业。七、若怀孕至五个月者，应即停业另居候产，产后须满月方准返院，但包期适满者不在此限。八、凡妓女掉院所订新约，不得超过旧订，并须将旧院营业日数扣除计算（例如旧院自一月一日起包定六个月，至三月一日掉院，则新院包期不得定订逾四个月）。九、妓女人数以现有者为限，不准

---

① 《公安局废娼之筹备》，《杭州民国日报》1929年8月4日。
② 《市区废娼之先声：市政府调查详情，县代会决议废除》，《杭州民国日报》1929年8月19日。
③ 《禁娼先声：妓女照片连同愿书，送局查核》，《杭州民国日报》1929年9月16日。
④ 《取缔公娼：从限制入手，达废娼目的》，《杭州民国日报》1929年9月25日。
⑤ 《周象贤致民政厅》，1929年10月9日，浙档：L046－1－485，第237—238页。
⑥ 《废娼先声：公安局订办法》，《杭州民国日报》1929年11月14日。

再添。①

同日，市政府还核准公布《取缔妓女换照暨自做或拆帐之分期抽废办法》，主要内容有：

> 第一条，有左列事项之一者，不准换照，勒令停止营业：一、掉院所订新据，违背本局《限制妓女取缔办法》第八条者，是项办法业经呈候，市政府核示在案。二、涂改字据年月日或不详填地址门牌者，及做包帐而不添包期者。三、旧照遗失者。四、请领执照已满三次者。第二条，分期抽废：一、总核自做暨拆帐人数，分六期，平均抽废以五个月为一期。二、已抽废之妓女，应将营业执照缴销，停止营业。三、已抽废之妓女，如确无家可归者，酌送济良所。四、一二两等妓女各按人数分别抽废……。②

废娼法规的公布，标志着杭州禁娼运动的正式开始。根据公安局的"取缔妓女办法"，"清册"上载有江干与拱埠娼妓总数为493名，除去已停止营业和济良的妓女，实际数目约为300人，计划每五月为一期，分六期抽废，每次抽废约50名妓女。浙江省区救济院依此制订《废娼及安置妓女意见书》，准备将废娼"按时按批"嫁娶。嫁娶之前，在救济院济良所学习一些生存技能，在所时间为5个月。③ 城南江干废娼由"妇孺救济会"接纳，城北拱埠由济良所接纳。但直至1930年3月1日，杭市始行第一期抽废妓女。拱埠共有公娼332名。一等娼为35名，除掉包帐12名

---

① 《限制妓女取缔办法》，1929年11月26日，杭州市政府秘书处编辑室编：《杭州市政府现行法规汇刊》，长兴印刷所，1930年，第356页。

② 《取缔妓女换照暨自做或拆帐之分期抽废办法》，1929年11月26日，杭州市政府秘书处编辑室编：《杭州市政府现行法规汇刊》，（杭州）长兴印刷所1930年，第356—357页。其内容亦先行载于《废娼步骤：规定分期抽废法》（《杭州民国日报》1929年11月16日），其文并载云："并悉各妓女雇佣之大姐，每妓有三四人之多。现拟规定每妓雇用一人，其余一律取缔。"所谓拆帐，乃指妓女卖淫收入，有其和妓院老板分成的一种方式，妓女是自由身，行动较为自由，只要其结清帐目，即可离开妓院。自做乃是只妓女本人独立门户，卖淫行为完全由自己作主，收入归己。包帐，即妓女被包给妓院一定时限，到期如还清债款即离院。

③ 浙江省区救济院：《呈复民政厅拟将废除娼妓归济良所收容》，1929年12月21日，浙档：L046—1—223，第55—57页。

外，应抽废者23名，以六分之一计算，抽废4名；二等娼297名，除128名包帐外，应抽者169名，以六分之一计，抽废28名；另有一名一等娼，有意不到，停止其营业，故共计抽废33名。

按照规定，这些妓女应该被吊销执照，立即离开妓院。省救济院要求设定一个日期，再行将废妓送交济良所，但市公安局认为很难办到。同日，废娼32名被送往省救济院济良所收容，并由三区警署派员警卫。但仅仅过了一日，送来的废娼被拱埠三区警署带回22人。3日上午，也许由于警署无法容留废娼，又送回19名。① 民政厅在收到济良所关于此事的报告后答复说："抽废娼妓如经送入济良所以后，应否准令出所，须由所呈请，请院核办，不得由警署随意提解送回，以一事权。"② 就在同日，滞留于济良所的收容废妓，被妓院鸨龟带人来所全行抢去，抽废娼妓的行动刚开始即遭遇挫折。

二 娼妓："他者言说"的主角

无疑，娼妓属于废娼运动中的处置对象，但在杭州废娼运动前后，娼妓自身的声音难以彰显，虽有时人以娼妓的口吻言说自身悲苦，③ 但在众口喧嚣之时，当事人自身的思想意识往往隐而不彰，呈现在大众面前的乃是报刊、政府、妇女组织等所言说的娼妓形象。娼妓等社会边缘群体，在历史言说中只是以"他者历史"的面目出现，"街头拉客的妓女作为国家灾难的象征进入了历史记载……妓女以'嵌入'的方式被带进历史记载：她们嵌入了塑造她们的故事的人的历史，嵌入了他们的权力争斗之中"④；"有关娼妓问题的资料是那么完全彻底地嵌入了愉悦、改革和管理的话语

---

① 《杭州市公安局致浙江省区救济院》，1930年3月3日，浙档：L046—1—223，第58—63；《浙江省区救济院致杭州市公安局》，1930年3月3日，浙档：L046—1—223，第64—65页；《浙江省妇协工作汇刊·重要文件》，1930年，浙江省图书馆藏，第11页。
② 《民政厅致济良所》，1930年3月，浙档：L046—1—223，第47—50页。
③ 如《新民报》刊载的一篇短文，便以妓女的口吻叹息自身的酸痛凄苦，"藏着酸痛的心，去向客人谈笑。客人呀！只说我笑得真好，其实哪知我的心中难过。满腹忧愁，叫我向谁诉苦！"贻庆：《妓女的悲哀》，（兰溪）《新民报》1934年1月30日。
④ ［美］贺萧：《危险的愉悦：20世纪上海的娼妓问题与现代性》，韩敏中、盛宁译，江苏人民出版社2003年版（原版于1997年），第12页。

之中……在所有这些声音中，妓女本人的声音仍始终难以辨认"。① 福柯在考察"无名者"的生活时也曾指出："根本不可能重新捕捉它们处于'自由状态'时的本来面目……这些仿佛根本就不曾存在过的生命，只是因为与权力相撞击才有机会幸存下来，而这个权力本来只希望清除他们或至少抹消他们的痕迹。"② 要探究这些"没有历史"的人群被遮蔽的生命痕迹，就必须透过繁纷的"他者言说"，观察这些无名者的身影。

据时在杭州拱埠警署任职的硕唐永描述，除公娼外，杭州娼妓的主体部分乃是大量私娼，其人数在20世纪30年代初在5000人以上，占杭州娼妓总数的90%以上，主要集中于羊市街、吴山路等处，她们或租住他人房屋，或出入于新式旅馆、饭店、影戏院等场所，从事卖淫。③ 与清末至1927年间杭州报刊以冶游和猎奇为主的娼妓形象书写有着显著区别，这一时期的娼妓报道，建构起两种截然不同的娼妓形象：一种是因经济困窘、家庭变故等原因为娼，或是被人强迫卖入娼寮的弱女，她们倍受妓院业主的奴役和嫖客的蹂躏，急欲摆脱为娼生涯，这是大部分娼妓之形象；另一种是生性淫荡，持"多夫主义"态度，贪图金钱和生理享受的荡妇形象。舆论建构的双重娼妓形象，无疑有其内在张力性。

浙江居于南京国民政府统治的核心地带，新生的国民政府自认为是铲除旧时代残余、实现男女平等、建设现代化新社会的代表，娼妓问题属女权内容，"党国统一，急谋女权的发展，于是党政各机关，均有我妇女站立地位，男女一律平等待遇，即商学各界，亦男女并列"④；"谁也知道娼妓是社会的寄生阶级，不但耗蚀社会的经济，而且制造社会的罪恶。所以娼妓的废除，是刻不容缓的。尤其是在青天白日之下，更不容娼妓的存在"。⑤ 娼妓苦难的"他者言说"，表达了新政权对铲除丑陋、拯救娼妓与实现男女平权的期盼。

---

① ［美］贺萧：《危险的愉悦：20世纪上海的娼妓问题与现代性》，韩敏中、盛宁译，江苏人民出版社2003年版，第25页。
② ［法］福柯：《无名者的生活》，李猛译、王倪校，《社会理论论坛》总第6期，1999年，第61—62页。
③ 硕唐永：《杭州市娼妓之概况》，1932年春，浙档：L046—1—223。
④ 王薇：《我之妇女观》，《浙江省妇女协会工作汇刊·论文》，1930年，浙江省图书馆藏，第1页。
⑤ 于炳文：《今后的废娼运动》，《浙江省妇女协会工作汇刊·重要妇女消息》，1930年，浙江省图书馆藏，第4页。

但那些如硕唐永所描述的"闺女派""店员派""工厂派"等秘密性、自主性卖淫行为,① 显然是"苦难"书写所难以涵盖的。家庭变故、自然灾害、被人拐卖等固然是一些女性从事娼业的重要缘由,以为娼牟利和娼业本身对女性的诱惑,亦是部分女性为娼的重要缘由,周时贤对当时苏州乡下某村女性为娼的描述和里格尔(R. E. Riegel)对美国1800—1920年娼业的考察即表明了这一点。② 当时中国正处于由传统封闭社会向现代文明社会过渡的阶段,大量人口涌入城市经商、做工,推动了卖淫业的发展。而此时女性在法律保障、经济、人身等方面取得的进展及与社会现实环境之间的内在张力,亦是部分女性为娼(尤其是私娼)的重要原因。当时,妇女在社会职业、人身自主、婚姻、财产继承等方面的法律保障上都取得了相当进展。③ 女性获得了离开家庭、去都市寻找职业的自主权利。但法律在尊重女性自主权的基础上,既缩小了妇女遭受惩罚的范围,亦缩小了对她们的保护范围。④ 在当时城市工商业不景气,女工只能挣得比男性更微薄的工资,以及进城女性缺乏保护的情形下,卖淫便成为部分女性的抉择之一,"官方的压制和新的刑法典的采用,尤其是卖淫方式和这个市场供货环境的变化,使这种被奴役的状态逐渐消退,取而代之的是更多的由个人自己做主的妓女"。⑤

现代性的演进,竟使得娼妓问题凸显,这与国民政府和改革者心目中的女权形象大相径庭。同时,男性歧视压迫女性的行为仍相当普遍,"欺

---

① 硕唐永:《杭州市娼妓之概况》,1932年春,浙档:L046—1—223。
② 周时贤:《娼妓的造成》,《人言周刊》第1卷第45期,1934年12月22日,第939页;Robert E. Riegel, "Changing American Attitudes Toward Prostitution (1800 - 1920)", *Journal of the History of Ideas*, Vol. 29, No. 3 (Jul. -Sept. , 1968), pp. 437 - 452.
③ 秦缦章:《妇女在法律上之今昔观》一文介绍了新法律在保障女性人身自主、婚姻自由、遗产继承等方面的进展,载《浙江省妇女协会工作汇刊·论文》,1930年,浙江省图书馆藏,第3—5页。
④ [美]黄宗智:《法典、习俗与司法实践:清代与民国的比较》,张家炎译,上海书店出版社2003年版,第146—187页;Philip C. C. Huang, "Women's Choices Under the Law: Marriage, Divorce, and Illicit Sex in the Qing and the Republic", *Modern China*, Vol. 27, No. 1 (Jan, 2001), pp. 3 - 58. 元明清时代的相关法律规定及其现实中的运用情形,见 Matthew H. Sommer, "Sex, Law, and Society in Late Imperial China", *Ph. D. Dissertation*, *University of California*, Los Angeles, 1994.
⑤ [法]安克强:《上海妓女:19—20世纪中国的卖淫与性》,袁燮铭、夏俊霞译,上海古籍出版社2004年版,第400页。

骗利用，调笑侮辱，视妇女为玩物者，比比皆是"。① 而且，当20世纪前期的中国被日益整合进一个全球化的资本主义潮流，进而在城市家庭的性别关系产生巨大变化时，"父权制时代的遗迹仍然以高度关注保持妇女美德的形式凸显和延续着"，在男权民族主义者、改革者看来，妇女所代表的应是"现代性中的传统精神"，"男权民族主义者被对现代化的渴盼（同样包括妇女的生活方面）和保持对女性人身的控制二者间的张力所占据"。② 由此，当时杭州报刊对部分卖淫妇女冠以"荡妇"称呼，进行道德讨伐，甚至主张对女性的人身独立性加以限制，"杭州近年来私娼之多，为从前所没有的，我不敢说革新的社会有提倡之功；但是私娼的充斥，确是近年来为尤甚，军阀打倒了，在她们卖性的人的脑筋中，亦以为卖性亦可自由了"③；"那自由平等，在她们方面实有初步的进程，但是记得了自由，不要拿去乱用……要知道自由平等……不是很随便的，是很容易使人误会的。……天下多少罪恶，都假托了自由平等公开等名词产生了出来，这难道也可以算真正的解放吗？"④ 后来，不少官员和部分知识分子开始提倡"贤妻良母主义"，重弹"妇女回家"的调子。

下面，我们进一步通过"他者"描述，透视娼妓对他者"拯救"的因应。

当时杭州报刊登载了大量娼妓奋力脱离妓院，寻求救助和追求爱情的事迹。浙江省救济院济良所20世纪30年代的相关记录表明，"所女"既有被拐骗为娼或被妓院虐待等而投所寻求救助者，⑤ 亦有被抓获之暗娼，或因在妓院"滋事"而被妓院业主送入济良所者，⑥ 还有不愿为妓之妇女被送入济良所后，又坚持要回去重操妓业者，如某妓，"业经多次询问，而该女始终愿回拱埠，再行娼业，意甚坚决，有'如留养在此，情愿自

---

① 《浙江省妇女协会工作报告》，中国国民党浙江省执行委员会训练部编：《五年来之浙江民运概略》，浙省杭州印刷局1929年版，第30页。

② Prasenjit Duara. The Regime of Authenticity: Timelessness, Gender, and National History in Modern China, *History and Theory*, Vol. 37, No. 3 (Oct, 1998), pp. 298–299.

③ 陈行：《杭州的卖性生活者》，《妇女旬刊》总第282—284期合订本，1928年9月30日，第13页。

④ 云秋女士：《重男轻女和自由平等》，(杭州)《浙江潮》，1934年12月7日第2版。

⑤ 《济良所娼妓婢女等进所函》，1930—1945年，浙江省档案馆：L046—1—225，第23、26—28、46、134页。

⑥ 同上书，第1—3、125页。

尽'等语。且日夜啼哭，有碍所之秩序，如此情形，无法教养"。① 济良所等娼妓救助机构对被救助娼妓的管理，亦包含了对其人身自由的限制，被收容娼妓进入济良所，并不意味着她们获得了人身自由。除了回家、结婚、被收养等原因离所外，除非由职员带领外出，所女平常是不能离开济良所的，此种救助不但有"济良"之目的，亦蕴含"惩罚"之功能。一则档案记载，3名均为18岁的少女，不堪忍受管束，从杭州妇孺救济会结伴潜逃。② 济良所所女的主要出路乃是择配嫁人，在择配过程中，所女具有相当自主权，从济良所对所女嫁人后状况的介绍看，她们大多生活稳定，经济状况不错，③ 但亦有所女嫁人后因夫家不能容纳而逃回济良所，④ 或"不守妇道"，背夫潜逃，被公安局扣留而重新送入济良所者。⑤ 为济良所所女公开征婚、择配嫁人，无疑在改变民众对娼妓态度方面具有积极影响，但将作为"苦难"代表者的娼妓重新纳入男权家庭的束缚，又在相当程度上限制了她们的经济和人身自由。下面这则事例无疑在一定程度上反映了国家和个体女性在传统家庭和现代性二者抉择中的紧张关系：一农妇于杭州新市场酒菜馆营女招待之业，其夫知之，但因生活困窘，未加阻止。后因田事忙碌，其夫来杭令其归家，但该女贪恋都市繁华，拒不返归。其夫控于法院，得携妇返家，但船行经钱江时，该女跳江身亡。⑥

娼妓自身作为民国时期的失语阶层，显然"根本不可能重新捕捉它们处于'自由状态'时的本来面目"。⑦ 但经由"他者阐述"，我们亦可在一定程度上观察娼妓在摇曳光线下的模糊身影，并由此透视国民政府与

---

① 《济良所娼妓婢女等进所函》，1930—1945年，浙江省档案馆：L046—1—225，第67—89页。
② 《济良所呈报逃女吴某某等年籍单》，1936年2月，浙江省档案馆：L046—1—473，第232—238页。
③ 《最近三年内出所所女现状调查表》，1932年1月，浙江省档案馆：L046—1—223，第26—27页。
④ 同上书，第27页。
⑤ 《济良所娼妓婢女等进所函》，1930—1945年，浙江省档案馆：L046—1—225，第117—118页。
⑥ 《女招待投江自杀——迷恋都市繁华，不愿回乡种田》，《杭州民国日报》1929年8月14日第4版。
⑦ [法]福柯：《无名者的生活》，李猛译、王倪校，《社会理论论坛》总第6期，1999年，第61页。

社会精英对娼妓问题的现代性焦虑。民国时期妇女在法律地位、人身自由等方面的进步，与其时娼妓在分类、卖淫方式等方面的演变具有一定关联，正是在民国政府建设新社会、发展女权的过程中，娼妓问题凸显，新政权和社会精英以限制和废除娼业的方式来拯救妇女，展现国家和民族的现代意涵，但其治娼措施却在相当程度上限制了娼妓甚至一般妇女的经济、人身等自由，阻遏了现代男女平权进程，颇为吊诡。

三 救济中介：省妇协扮演的角色

在训政时期，国民党以党治国，在三民主义旗帜下，各级各类社会组织广泛出现，它们是我们观察当时社会的广角镜、多棱镜。浙江省妇女协会除了进行女权运动的宣传和组织以外，亦以中间联系人的角色进行妇女救援。在杭州废娼运动前后，省妇协致力于娼妓和其他被压迫妇女之救济。[①] 当时，凡来妇协请求救济者，统一交救济科调查，召集双方关系人先行调解，如调解不成，转用法律解决。一般遭受虐待的妾、婢、童养媳，以及无家可归者，则转送妇孺救济会留养。[②]

以妇女救济为例，某位妇女至省妇协控告丈夫欲将其卖到上海为娼之事，妇协调查属实，要求杭县地方法院将该丈夫传至法院讯办。[③] 在省妇协执行委员会的会议中，对丈夫逼妻为娼、老鸨虐妓等事项的讨论，乃是

---

① 浙江省妇女协会成立于1928年11月，主持人为吕云章，隶属浙江省党部，地址在省议会前。至1929年6月，浙江省已成立各县市妇协，会员总数为2604人，其中杭县妇协有会员874人，占总数的33.4%（中国国民党浙江省执行委员会训练部编：《五年来之浙江民运概略》，浙省杭州印刷局1929年版，第75—76、137页）。省妇协内分总务、组织、宣传、训练、救济5科，当时5科主任分别为王薇、任芝英、刘芸影、范爱伦、曹咏裳，见《浙江省妇协工作汇刊·图表》，1930年，浙江省图书馆藏，第1页）。

② 浙江省妇协：《呈浙江省执行委员会：为救济工作限于经费，无法进行，仰祈核示只遵由》，《浙江省妇协工作汇刊·重要文件》，1930年，浙江省图书馆藏，第11页。同文又云："但该会（妇孺救济会）因亦因于经费，以致房屋狭窄，未能多量收留。"浙江省妇孺救济会会址在候潮门外直街49号，但有关此会的资料甚为寥寥。

③ 浙江省妇协：《杭县地方法院检查处救字第四十一号：为马祥云诱妻作娼，有干刑法，函请侦查讯办由》，《浙江省妇协工作汇刊·重要文件》，1930年，浙江省图书馆藏，第19页。

会议的重要内容。① 下面几个具体事例，更能表明妇协确为妇女—娼妓救济之中介、推动者：

（1）一妇女因其夫在外工作，婆婆迫其为娼，请求援助，妇协招其夫来会处理，后其夫返家，带其同赴宁波居住。（2）一人因其妹被人贩诱卖为娼，来会呈告，妇协调查属实，将所有证函转送法院核办，人贩被发押法院。（3）一新昌县妇女被夫强迫为娼，省妇协令新昌县妇协查办，结果妇女与其夫均愿脱离关系。（4）一妇女因其女儿被人贩卖往上海为娼，赴妇协求助，妇协一面请律师代向地方法院起诉，一面致函上海妇协及巡捕房，请代为寻觅，最终女儿被从上海领回，人贩被拘。（5）一妇女呈告被其夫虐待和迫良为娼，经妇协调解，妇人由其夫具结领回，两人和好。②

民国建立，以民主、共和、男女平权标榜，但因局势动荡，女权不张。国民党新政权建立，尽管遇到了更为严重的内乱与外患，但它毕竟是一个信奉三民主义、充满活力的新政权，消除社会阴暗面、实现男女平权、建设现代化国家是它的努力目标。短短十年，便被后人赋予"黄金"冠词，并非虚言。通过浙江省妇协救济妇女、娼妓的努力，不难看出新政权建设新社会的追求。正是通过积极充当调解者的角色，妇协使一些落难妇女得到援助，免于为娼；使另一些被强迫为娼的女性脱离娼业。浙江省妇协在废娼运动和妇女救济中所发挥的作用值得肯定。

四 老鸨：直接利益者的抵制

从1929年11月26日杭州市政府发布《限制妓女取缔办法》，到次年3月1日拱埠举行第一期娼妓抽废，中间竟然相隔4个多月，这使得妓院老板能够运用各种方式来应对政府的废娼措施。当取缔办法公布之初，"一般鸨母，咸大起恐慌"，恐被抽中而遭受损失，遂将院中妓女转包至

---

① 《浙江省妇协执行委员会第二次会议录》（1929年11月19日）、《浙江省妇协第七次会议录》（1930年1月4日），《浙江省妇协工作汇刊·会议纪录》，1930年，浙江省图书馆藏，第3页、9页。

② 《浙江省妇协工作汇刊·重要实际救济工作》，1930年，浙江省图书馆藏，第28页、31页、32—33页、37页。

上海等地卖淫,并抬高妓女身价,包长其期限。同时加强对妓女的人身控制,"亦步亦趋,寸步不离",对潜逃的妓女,则派人抓回。虽有一些妓女能够逃出,得到救助,或者借机从良,但大多数仍被院主严格控制,并被转包他处。①

当第一次废娼抽签完成,警署将废妓送至济良所时,妓院业主们居然带人以暴力方式,将废妓强行抢去:

> (1930年3月)三日上午十时,复准三区警署戴署长将前提去之废妓运回十九名来所。鸨妇鬼奴跟踪来至职所者约百余人。……下午二时许(公安局俞科长来所,正在谈话时),所外突来鸨龟流氓约五百余人,任意哄闹。适公安局俞科长因公在所,亲出制止,仍属无效。移时即破门而入,致以废妓二十九人强被拉去。②

在省妇协的一份呈文中,亦描述了当时情形,并提出要市公安局严惩拱北三区警署:

> 窃据属会委员王薇、钱匡权报告略称:本月一日奉派前往拱埠,监察第一期抽废妓女。……不料昨日如期前往,突闻人声鼎沸,公安局俞科长声嘶力竭,谓娼妓全数被鸨母、龟奴劫去等语。
> 兹属会据此以该管区警所相距咫尺,事前既疏防务,临时又无警列场弹压,殊属非是。应速着三区署勒令限三日内将所逃之娼妓全数追回,依照原计划执行,并须以相当惩处……。③

---

① 《废娼声中恶鸨施狡计》《拱妓厄运:废娼令下,纷纷转包,鸨母残酷已极》《废娼声中拱端口新消息,恶鸨狡计多另行转包》,分别载《杭州民国日报》1929年12月14日、18日、1930年1月6日。

② 浙江省区救济院:《呈民政厅呈报济良所收容拱埠抽废妓女经过情形》,1930年3月6日,浙档:L046—1—223,第28—29页;在省区救济院两次向杭州警署的致函中,亦曾描述这一情形,并云当时济良所主任正在院里寻求帮助,忽接该所职员电话称该所守警历薄,所有抽废之妓忽然悉数冲出该所,济良所主任立即会所勘查等情。见《救济院致杭州市公安局》,1930年3月3日、1930年3月7日,浙档:L046—1—223,第64—65页、66页。

③ 《呈省执行委员会训练部:为呈请转函省政府令饬杭州市政府转市公安局严惩拱北三区署由》,《浙江省妇协工作汇刊·重要文件》,1930年,浙江省图书馆藏,第4—5页。

从起初将娼妓设法转包他处，至后来公然运用暴力手段对抗政府的废娼运动、强行掠走废妓，可以看到妓院业主对政府权威的公然藐视，这种情况与全国禁娼行动的不同步、政府废娼措施不力、警力不足、各方协调不畅等各种因素交织在一起，导致杭州废娼运动刚开始即遭遇挫折，"除少数另行从良外，余均操业如故，以其公娼抽作私娼，与抽废不符"。1930年7月，杭州公安局又准备举行第二次废娼抽签，但并未真正举行。①

五　商人：间接利益者的陈情

在政府和舆论将娼妓问题视为国家的耻辱和女性的苦难，并发动废娼运动之时，与现代化进程密切相连的商人，又是如何抉择的呢？

安克强在论及在20世纪20年代上海废娼运动中各方反应时指出，"事实上只有一个群体真正地表达了自己的想法，这个群体就是商人"，自身经济利益乃是商人关注娼妓问题时所着重考虑的因素。② 从其话语表达中，我们可以透视商人因对废娼运动的态度。

在杭州公布取缔妓女办法后，拱埠日租界准备在租界内建造房屋，收容废妓，③ 部分娼妓迁避日租界。有鉴于此，杭州商会城北区分会向市商会呈文，称对于政府废娼办法，"捧读之下，毋任恐惶"。他们指出，日人在杭开设租界，其目的在于进行经济侵略，"幸当时商场，准予开设妓院，故商业重心，亦移于此"，所以日人的计划才没有成功，此为"日人难以宣言之隐痛也"。若政府对娼妓取缔过严，日租界趁机开设妓院，则被抽妓女就会迁移到日租界重行淫业，未抽之妓女也会因为政府的取缔政策而迁至别处，这将给杭州商业带来沉重打击，"恐不数月而市面必受影响，而致萧条"。所以他们请杭州商会代为转呈市政府，希望从缓取缔娼妓或实行变通方法来维持拱埠商业。杭州商会在转呈市府时所加的文字，没有城北分会那么直接和明显，他们认为政府废除娼妓的政

---

① 《浙江省妇协执行委员会第二十四次会议录》，1930年7月12日，《浙江省妇协工作汇刊·会议纪录》，1930年，浙江省图书馆藏，第25页。
② [法]安克强：《上海妓女：19—20世纪中国的卖淫与性》，袁燮铭、夏俊霞译，上海古籍出版社，第335页。
③ 《拱埠日租界：将收容娼妓，拟在界内建市屋》，《杭州民国日报》1929年12月17日。

策是必要的，是整理风俗、保护人权和女权所必须的，但因废娼影响到商业发展，所以要对其实行变通，政府在保全国体之时，亦应体恤商艰。①

虽然市商会的表述比其城北分会来得要隐晦一些，但在他们关注国家尊严和社会道德的表面话语之下，自身经济利益无疑才是他们所真正要表达的东西。从硕唐永等人对杭州娼妓的描述中，我们可知娼业与杭州的旅馆、饭店、酒楼、茶馆等行业有着相当密切关系，这些商人对废娼运动的态度，在某种程度上正表明了其所经营的商业与娼妓业的利益关联。② 省妇协则从提高女权和救助下层民众的角度出发，反对拱埠商号的做法，"查国内被压迫人民，均应予切实之援助与解放，此实本党之使命。娼妓为被压迫民众之一，予以解放，自无待言。而杭州为东南文物之区，尤不应留此人群之污点。拱埠商民以保全少数人之权利，借故托辞，竟呈请从缓取缔，实为遗憾。应请贵政府实现党治精神，对于该项请求，驳斥不准"。③ 妇协并准备呈请省执委会转呈中央令饬外交部制止日租界收容娼妓的行为。④ 从后来抽废行动的举行来看，杭府并未同意拱埠商号的呈请。

与地方政府及女权运动者侧重于现代国家形象的维护、妇女地位提升的考虑不同的是，在振兴工商以及实现国家现代化的话语之下，商人着力于其切身利益的维护，而不是抽象的道德准则，对废娼运动的态度正形象表明了这一点。居于国民政府统治核心区域的江浙地方政权，其对于娼妓问题的态度，很大程度上代表了中央政府的态度，"脸面""形象"重要

---

① 《拱埠废娼：日租界将设妓院，商号请从缓取缔》，《杭州民国日报》1929年12月19日。

② 在抗战胜利后，杭州第八区公所商人请区公所呈送杭府的呈文中，则更明确指出妓院的开设与商业的关系，区公所亦认为公娼开禁与市面有"极大关切"（杭州市政府第八区公所：《请示》，1946年1月16日，浙江省杭州市档案馆：旧3—2—309，第50页）；从其时报刊的报道亦可透视旅馆、饭店等行业的经营与淫业的关联，"实际上本市各大旅舍天天客满，使正当旅客无从栖身之原因，每与娼妓繁荣有关"（《歌女舞女须佩证章，旅馆禁娼妓寄宿》，《东南日报》1945年11月3日）。

③ 浙江省妇协：《杭州市政府救字：为拱埠商民以"取缔娼妓，影响商业，呈请市府变更计划"，应予驳斥不准由》，《浙江省妇协工作汇刊·重要文件》，1930年，浙江省图书馆藏，第20页。

④ 《浙江省妇协执行委员会第五次会议录》，1929年12月21日，《浙江省妇协工作汇刊·会议纪录》，1930年，浙江省图书馆藏，第7页。

考虑，因此不以依赖管理娼妓业并从中吸纳资金来刺激地方政权建设，杭州市妓捐征收数额的微不足道便说明了这一点。① 虽然不能有效治理娼妓，但杭州市政府亦不会顺应部分商人的要求，对娼妓问题采取过于宽容的态度。

六 治理乏术：警方之态度

　　杭州市警察对娼妓治理的态度亦值得重视。由警方直接参与的娼妓治理行动，在打击拐卖女子为娼和解救被业主虐待之妓女等方面发挥了一定作用。② 但是，当时杭州警方除了警力不足、对妓院业主的暴力对抗应对乏力外，还存在以下问题：

　　一是对私娼卖淫治理乏术。据国民政府1928年7月28日公布、9月1日开始施行的《违警罚法》有关规定：暗娼卖淫或代为媒和及容留止宿和招暗娼止宿者，处十五日以下拘留，或十五元以下罚款。③ 拿南京禁娼来说，"南京的私娼之多，比较未禁娼以前，只有逐渐的增加，设或有时候被军警破获了，也不过是罚金。但是被罚的，能够获得一二个真的娼妓，也不过是增加军警的腰包罢了。这大概在嫖客方面，是因为不肯向人宣布，怕与自己的名誉有关，便以马虎了事；在娼妓方面，只要能够继续营业，虽然被罚掉几个钱，也有限得很。……军警获得了一个娼妓，便增加了他们的一笔收入……虽有禁娼之名，而无禁娼之实"。④ 杭州情形同样如此，警察对被抓获的暗娼大多只是拘留几天到十余天，或罚款数元，

---

　　① 杭州与广州妓捐征收数量的巨大差别即说明了这一点，在民国前期，广州同样存在着明显的禁娼呼声，但作为一个半独立的地方政权，广东政权出于以征收包括妓捐在内的各种捐税以维持和发展地方政权并与中央相抗衡的需要，政府从未实行禁娼措施，而是延续了对娼业征收重税的模式。1931年广州市征收的妓捐为470331.78元，占当年全市捐税总收入的10.92%；同年杭州市征收的妓捐为4998.20元，只占全市捐税总收入的0.50%。见《二十年度至二十四年度广州市财政统计图册》，1936年，广东省立中山图书馆藏，无页码；《民国十六年度至二十年度杭州市政府财政业务报告》，1932年，浙江大学历史系资料室藏，第111页。

　　② 如解救被鸨母虐待之妓女，送入济良所。见《妓女脱火坑：署长维持人道》，《杭州民国日报》1929年12月24日。

　　③ 上海世界书局编：《违警罚法释义》，世界书局1935年版，第66页。

　　④ 朱皓：《卖淫问题》，人生研究出版社1934年版，第133—134页。

一放了事,①被释私娼无业可就,仍旧从事卖淫。一部分公娼"变为暗娼,避免捐款",以致废娼之策非但不能遏制娼妓数目,反而使娼妓卖淫趋向隐蔽,公娼化为私娼,查处难度加大,"暗娼卖淫为警察查获者,报章日有记载,但未被查获者,必为数尚多"。②正如西方学者论述欧美19世纪娼妓治理时所指出的那样,治理娼妓的结果使娼妓卖淫更隐蔽,更依赖于皮条客、保护人。卖淫业从女性自身主导变为男性主导,使得一些皮条客、流氓、黑社会等成为娼妓的保护者。③

二是部分警察利用职权,敲诈无辜,亦有警察不遵法令招妓狎玩者,治娼变为纵娼。在南京某饭店住宿的一高级军官与其妻及一对新婚夫妇,均被警察当作卖淫行为盘查。④杭州亦有警察对法令置若罔闻,召集土娼狎玩。⑤肩负禁娼之责的警察自身尚且如此,遑论其他。

在各方不同反应之下的杭州废娼运动的结果又是如何呢?本来杭州废娼计划是用两年半的时间,每五个月为一期,分六期将公娼抽废完毕。但杭州在第一次公娼抽签行动中就遭遇妓院业主的暴力抗拒而失败,其后抽废行动再无下文。至于此后杭州是否宣布开放娼禁,笔者并未见及相关文献,但在1927—1937年间,杭州公娼制一直未予废止。如1936年,杭州市便为86名公娼核发了营业执照。⑥以私娼治理效果来看,至1934年时,据兰溪《新民报》报道,其时杭市私娼"成群结队,招摇过市,出入旅馆,更无顾忌,岗警视若无睹",市府重又要求"严予取缔"。⑦但仍难免陷入以前治理措施先紧后松的怪圈之中。

---

① 如对女子"多夫主义"的暗中卖淫行为"拘留五天"(《妇人水性杨花:多夫主义,争风吃醋》,《杭州民国日报》1929年7月1日),对在旅馆卖淫的土娼"拘留十天"(《拘获土娼,判罚十天》,《杭州民国日报》1929年9月25日)等。

② 建设委员会调查浙江经济所编:《杭州市经济调查·二》,1932年,(台北)传记文学出版社1971年影印,第957页。

③ Judith R. Walkowitz. "The Politics of Prostitution", Signs., Vol. 6, No. 1 (Autumn, 1980), p. 126.

④ 朱皓:《卖淫问题》,人生研究出版社1934年版,第131—132页。

⑤ 如硕唐永所云,"十九年冬间,在警界中之丁君,尝得召其中,授之茶役招来二妓,如不合意,可打回票,又名派司,只须给伊车资二角。一晚,酒酣耳热,此君作土娼之大征集,竟派司至十八名之多,可谓豪矣"。硕唐永:《杭州市娼妓之概况》,1932年春,浙档:L046—1—223,第9—10页。

⑥ 《浙江省会公安局民国二十五年年刊》,1937年,浙档:旧军警803,第205—206页。

⑦ 《杭市私娼充斥》,(兰溪)《新民报》1934年3月27日。

结　语

娼妓是人类社会的伴生物，各种社会性质的统治者都有加以限制、清除的意图，但是除了毛泽东时代的强力扫除之外，娼妓总是行走于人类文明的灯影之下，在现今中国，甚至一度成为诸多地方发展经济的代名词（繁荣娼盛），"扫黄"警笛隔些日子就会响起。南京国民政府十年，新政权抱着改造旧世界、建设新社会的良好愿望，试图清除种种社会恶俗。从本文所述内容来看，尽管收效不大，与预期难符，但毕竟没有使事态变得更糟，尤其要看到，如果不是强敌入侵，国运改变，如果假以时日，相关问题应该有一个更好的结局。

在杭州废娼运动前后，报刊、济良所、贫女习艺所等各方亦从各自立场出发加以回应。在国民党各级党部指导下，各级妇女协会与妇孺救济会的介入，济良所、贫女所对娼妓和贫困女性的救助，在改变妇女、娼妓困境、提高女权方面具有一定作用，表达了新政权力图展现自身现代化建设者、代表者的意图。但"现代性是个闪烁不定、不断退移远去的目标"，[①]在当时的现代化建设中，面对同一事件，当事各方的反应并不纯然与新政权意图契合，而是各有诉求。这种"改革"的努力与阻力，是一笔留给后世的有用遗产。

总体来说，社会舆论对娼妓多有歧视，视娼妓为被改造者和被拯救者，政府的废娼相当程度上是为了将娼妓这个"社会疾患的传染者"隔离开来并改造为"良人"，以净化社会和国家，而并非从娼妓自身所思所想出发，"没有把娼妓视为一个人，视为芸芸众生中的一员，站在娼妓的立场看问题"。[②] 从杭州废娼过程可以看到，新政权的娼妓治理措施在对娼妓提供救助的同时，又在一定程度上限制了包括娼妓在内的更广大女性的经济、人身自由。同时，外力救济对于庞大的娼妓数目而言，不过是杯水车薪，并且其救济出路乃是使娼妓回归家庭，无疑又使得这些女性重新

---

① ［美］贺萧：《危险的愉悦：20世纪上海的娼妓问题与现代性》，韩敏中、盛宁译，江苏人民出版社2003年版，第8页。

② 刘平：《近代娼妓的信仰及其神灵》，载李长莉、左玉河主编《近代中国社会与民间文化》，社会科学文献出版社2006年版，第469—482页。

受到男权的约束。对娼妓的主体私娼,救助机构更是较少顾及。正如李普金(Zwia Lipkin)所说,随娼妓治理而来的,反而是娼妓生存条件的恶化,① 这与娼妓救助的初衷是相背离的。

---

① Zwia Lipkin, *Keeping up Appearances: The Nanjing Municipal Government and the City's Elements de Classes, 1927 – 1937*, Ph. D dissertation, Stanford University, 2001, pp. 128 – 129.

多样的妇女节
——以上海的纪念活动为例(1924—1937)

任祖凤

(中国社会科学院研究生院)

1924年,三八国际妇女节由鲍罗廷夫人介绍传入中国,是年,当时的革命中心广州举行了盛大的纪念活动。作为妇女运动的纪念日,妇女节不同于传统节日,在三月八日这一天举行的主要是纪念性活动,其主旨在于纪念先觉者的奋斗精神,号召女同胞继续努力。自妇女节传入,迄今已有九十年的历史,其研究价值学界早有重视,妇女节代表的革命传统及政治、社会方面的功能意义受到较为集中的关注。虽然具体研究中视角各有不同,但一个比较明显的倾向是,研究者都将妇女作为一个群体加以考察。这固然有助于把握妇女节纪念活动所体现的群体凝聚力,而不同群体间的差异却无从展现。[①] 有鉴于此,笔者想借助不同妇女群体之间的差异这一视角来探讨妇女节究竟在怎样的历史情境下展开。具体研究内容包括三八节传入中国以后,是如何宣传纪念的? 都有哪些群体参与? 在传播过程中有无变化? 参与者和妇女大众又是如何看待这个节日?

为了达成研究目标,笔者选取上海作为考察对象。这是因为上海的女权运动素来发达,妇女团体之数冠于全国。就妇女节的纪念活动,国民党

---

① 认识到妇女间差异的重要性,性别理论代表人物朱迪思·巴特勒(Judith Butler)曾有说明:"基于共有的压迫,人们一直呼吁妇女们联合起来,走到一起,忘掉她们的其他差异……然而(妇女)这个范畴根本上的不稳定性"。(朱迪斯·巴特勒:《性别麻烦》,上海三联书店2009年版,第186页)

妇女组织、学生团体、社会其他社团皆参与其中，节日气氛远比其他地方热烈。对此进行研究，有助于加深对妇女节的认识。研究时段笔者选取1924—1937年，因为受抗战影响，妇女节纪念活动脱离了常规发展轨道，需另文探讨。

一　妇女节的集会纪念

民国时期妇女节的纪念活动主要包括集会和宣传两种。据学者研究，上海最早举行三八节纪念活动是在1921年3月8日，由上海共产主义小组发起，探讨妇女解放问题。① 该地首次公开纪念则发生在1924年。1924年3月8日，上海丝纱女工协会于晚七时特开庆祝大会，到会五十余人。② 不过作为当时的革命中心，广州的纪念活动尤其热烈，包括集会、演讲、游行等，上海尚不足与之相比。

1926年3月8日，国民党上海特别市妇女部第一次举行了妇女节纪念活动：首先由主席报告开会宗旨，并介绍妇女节的历史。其次讨论妇女应享有的权利，如择业自由、实行一夫一妻制度，结婚、离婚的绝对自由等。再次讲述妇女运动与国民革命的关系。最后举行游艺，节目有唱歌、舞蹈、国乐、新剧等。③

据上海市妇女部汇报："在上海第一次举办就有两千多人参加，其中妇女占一半以上，均能接受国民党理念，会后还有180名女性要求加入国民党，其中有四分之三为上海大学、景贤女校、景平女校等十八所学校的女学生。"④《申报》将此次纪念活动称为"女界同乐会"，在外界看来纪念会的游乐性质似乎更引人注意，可对于国民党方面来说，举办此纪念活动主要是向妇女宣传国民党的主义政策，且收到了相当效果。

1927年国民党清党以后，妇女节较前期有了两个方面的显著变化：

---

① 周蕾：《革命、仪式与性别——国际妇女节的传入与国民革命时期的国际妇女节》，《妇女研究论丛》2011年第2期。

② 中华全国妇女联合会妇女运动历史研究室编：《中国妇女运动历史资料（1921—1927）》，人民出版社1986年版，第206页。

③ 《女界昨开三八纪念会》，《申报》1926年3月9日，（4·14）。

④ 《中国国民党上海特别市党部妇女部报告（1926年1月至3月）》，收入林养志编《中国国民党党务发展史料——妇女部工作》，中国国民党史委员会1996年版，第74—75页。

一、国民党的妇女组织发生变动；二、其他妇女团体主动发起纪念活动。1928年国民党改组中央党部，取消农民、商人、青年、妇女等部，成立"民众训练委员会"专门掌管训练民众，以取代民众运动。同年颁布的《国民党中央民众训练计划大纲》中规定妇女在法律上、经济上、教育上、社会上一切地位与男子享同等之权利。① 在训政时期，国民党并没有成立一个独立组织训练妇女，而是交由妇女团体推行。

上海国民党的妇女团体大致经历了三个时期：1928年妇女协会成立，1931年改组为妇女救济会，1934年再次改组为妇女会。② 在历届国民党妇女团体发起的三八节纪念活动中，都有一些如三民主义、孙中山遗像、党旗等政治符号的出现。例如在宣传要点上，1929年3月8日，国民党上海市执委会宣传部发布《为国际妇女节告女同胞书》，宣称"被压迫的妇女求解放的唯一路径是信仰三民主义，拥护中国国民党，赞助政府实行训政的建设，铲除封建思想，切实敦品与力学"。③ 此后历届纪念大会的宣传要点都与此要求大体一致。

在仪式上，历届纪念会都严格遵照既定程序：首先全体起立唱党歌，向党旗、国旗及总理遗像行礼，由主席恭读总理遗嘱，并静默三分钟，随后由大会主席致辞，国民党上海市党部代表讲话，接着大会才开始。

另外纪念大会的内容还随着政治环境的变化而变化。例如1934年，国民政府发起国货运动，该年的三八节纪念活动也主要与提倡国货有关。当天妇女会邀请上海国货公司、中国国货公司、市商会国货商场三家联合举行妇女节大减价活动。下午二时举行妇女节联欢大会，强调提倡国货。④ 1936年，由于民族危机加深，妇女会除例行召开纪念大会外，还派员到上海市近郊和农村去宣传三八节与社会国家的关系，号召妇女们努力奋斗，争取国家和自身的解放。⑤ 由此可见国民党妇女会发起的纪念活动带有浓厚的政治色彩。

除了国民党的妇女组织，上海其他妇女团体如商务印书馆女工、暨大

---

① 中国第二历史档案馆编：《中华民国史档案资料汇编》第五辑第一编"政治"3，江苏古籍出版社1994年版，第12页。
② 谈社英：《中国妇女运动通史》，妇女共鸣社1936年版，第211页。
③ 《为国际妇女节告女同胞书》，上海《民国日报》1929年3月8日，(2·4)。
④ 《沪妇女界昨开联欢会》，《申报》1934年3月9日，(3·12)。
⑤ 《妇女界昨纪念三八节》，《申报》1936年3月9日，(2·8)。

女生、女青年励志社、中华妇女运动同盟会、中华妇女节制会等也发起纪念活动。例如1928年商务印书馆工会所属女工五百余人开会纪念三八节。会上介绍了三八节历史经过、妇女运动的由来以及现代妇女应负的责任等内容。①

1930年暨南大学女学生于该校致远堂举行纪念活动，邀请各界名人来校演讲。② 一些女生还在《申报》上发表纪念文章，其中表现出一种理想主义情绪，如暨大学生依据进化论得出妇女解放只是时间问题、努力与不努力的问题。复旦女生要求妇女立即改正过去的缺憾，随着先进的同志们，跑上解放的大道。③

1931年女青年励志社于复旦大学礼堂发起妇女节纪念活动，邀请名人演讲，市党部和社会局均有代表参加。在发表的纪念宣言中号召妇女同胞"继续三八节的精神、一致团结起来，从智识妇女起，进而至于全国妇女、更进而至于世界妇女"。④ 女青年励志社的会员多为受过高等教育的知识分子，所以她们的宣言中透露出一种责任，即由知识分子团结起来，带领广大劳动妇女求解放。

随着民族危机的加深，民间团体的纪念活动也带有浓厚政治色彩：例如1933年，日军进犯热河，华北危急。该年的妇女节纪念由中国女权运动同盟会、中华女子参政会、上海妇女救国会等团体联合发起，会上主要讨论的是对日作战问题而非妇女问题。⑤ 再如1936年中华妇女运动同盟会、中华妇女节制会、上海妇女救国会等团体联合举行纪念大会，号召妇女继续奋斗，求得自身解放和国家解放。⑥

以上讨论的是发起者，下面看看参与者的情况。由于每次纪念大会都是在封闭的场馆进行，空间容量有限，上海市各女校、各工厂不得不只派一定数目的代表参加。⑦ 当然妇女会也组织人员到近郊农村或通过广播向

---

① 《商工纪念"三八"》，上海《民国日报》1928年3月10日，(3·2)。
② 《三八妇女节》，《申报》1930年3月9日，(4·13)。
③ 《怎样纪念三八节》和《三八节我们应有的认识和努力》，《申报》1931年3月7日，(增刊11)。
④ 《今日国际妇女节》，《申报》1931年3月8日，(4·13)。
⑤ 《妇女团体昨纪念三八妇女节》，《申报》1933年3月9日，(3·12)。
⑥ 《妇女界昨纪念三八节》，《申报》1936年3月9日，(2·8)。
⑦ 例如《沪妇女界昨开联欢会》，《申报》1934年3月9日，(3·12)。

一般妇女阶层进行宣传，让后者也有机会接触这个新节日，但总体上来说，一般妇女阶层都是被动参与三八节的庆祝活动。

通过对历年妇女节的纪念活动考察可以看出，各妇女团体的侧重点有所不同：国民党的妇女组织重点在宣传政府的政策纲领；高校女学生及女青年励志社强调的是知识阶层在妇女运动中的领导作用，女学生还表现出一种理想主义情绪，商务女工会侧重向女工普及妇运知识，而一般妇女阶层只是被动"卷入"。虽然妇女节是作为全体妇女的节日，但在近代中国特殊的历史情境下，妇女解放运动与政治息息相关，故三八节的纪念活动不仅与妇女有关，而且带有浓厚的政治因素。一般妇女阶层的被动参与和浓厚的政治色彩，是妇女节与传统节日最大的不同之处。

二　妇女节的文字宣传与讨论

妇女节的庆祝活动，除集会外，文字宣传与讨论的地位、意义非常重要。从1924年开始，上海出版的国民党党媒《民国日报》就大力宣传妇女节。此外，《妇女杂志》《申报》和《良友》等报刊也对妇女节进行了报道。如1924年《妇女杂志》就评论妇女节是促醒妇女的一个方法，希望全国妇女年年在这一天共同举行示威运动。①《申报》也从1925年开始报道妇女节的纪念活动。《良友》画报在1927年印发了广州举行三八节纪念大会的两张照片。②《申报》和《良友》都是当时受欢迎的期刊，通过它们的宣传报道，妇女节也逐渐向社会传播开来。

1928年后其他期刊也纷纷加入宣传队伍，此外还有专门的三八特刊。妇女运动者和女学生在三八节这一天纷纷发表文章，回顾过去一年妇运所取得的成绩，规划将来的活动。其关注点表现在多方面，且分别评述于下。

第一，强调普及教育和普及职业。妇女运动领袖们大多重视教育和职业的问题，认为只有普及教育和职业，妇女才能真正独立，谋得真正解放。诸如以下观点常常见于报端："普及妇女教育和提倡妇女职业，实在

---

① 《国际妇女节》，《妇女杂志》第10卷第3期，1924年，第439—440页。
② 《三月八日妇女节之盛会》《妇女运动》，《良友》第14期，1927年，第30页。

是一件刻不容缓的当前急务"①；"欲谋求妇女彻底觉悟，须先解决妇女经济独立问题与普及教育问题"②。

第二，强调注重劳动妇女。1930年，上海女青年励志社在三八节宣言中明确提出，知识妇女要团结全国妇女。③ 当时的相关评论也认为，过去妇女运动的弱点在于只注重上层妇女，而忽略下层阶级的劳动妇女。④ 署名巨全的文章强调妇女运动者要接近劳动妇女，注意她们的生活，提携和指导她们的思想、需要及组织。⑤ 也有文章指出，将来的妇运有两条大道，第一是由城市走向乡村，第二是由智识阶级走向无智识阶级。⑥

第三，攻击女性自身的缺点，如依赖性和虚荣心。《申报》曾刊文号召女同胞们要获得经济独立和学识能力，才不会依赖男子、仰给男子。⑦ 在《由妇女节说到当前的妇女运动》一文中，作者提及一首名为《新女性》的竹枝词："短发蓬蓬压宝钿，遍身罗绮艳若仙。分明安乐由依赖，偏向人前说女权。"并进而指出女性只有废除依赖的劣根性，才能获得"人"的资格。⑧

第四，对政府在法律上、政治上主动给予妇女平等权利有着清醒认识。比如，1935年史良在《纪念"三八"》一文中感慨现在妇女所取得的权利地位，是国民党竭力提倡男女平等的结果，并不是由女同胞们奋斗努力的结果。⑨ 如果忽略党派意识，欧美妇女是通过自身努力获得平等地位，而我国妇女却是不劳而获的观点⑩，在很大程度上为许多女性所共享，早在几年前，据称是五年级学生的宋淑云已经刊文表达类似认识。⑪

---

① 陈碧：《一九三六年的"三八"节》，《女声》第2卷第2期，1936年，第3页。
② 凯女士：《妇女应当自身起来奋斗》，上海《民国日报》1930年3月8日，第4版。
③ 《纪念"三八"国际妇女节宣言》，《申报》1931年3月8日，(增刊13)。
④ 《三八妇女节》，《申报》1930年3月9日，(4·13)。
⑤ 巨全：《怎样纪念三八节》，《三八特刊》，1933年，第18页。
⑥ 凤兮：《两条平坦的大道》，《女声》第3卷第22期，1935年3月，第8—10页；秉英：《纪念三八节应发动真正的妇女运动》，《新闻报》1937年3月8日，(4·15)。
⑦ 沈振超：《妇女们不要误认了自己的地位》，《申报》1931年3月8日，(增刊13)；张戴粹娴：《贡献给"三八"妇女节》，《新闻报》1936年3月8日，(4·14)。
⑧ 佛言：《由妇女节说到当前的妇女运动》《国光杂志》第16期，1936年，第81页。
⑨ 史良：《纪念"三八"》，《女声》第3卷第22期，1935年3月，第6页。
⑩ 《三八妇女节》，《工学院半月刊》第20期，1936年，第48页。
⑪ 宋淑云：《从三八节谈到中国女子的地位和责任》，《妇女共鸣》第44期，1931年，第16—17页。

第五，对家庭生活的重视。陈德徵认为过去妇女运动的弱点包括只重视社会活动，而忽略了家庭内部活动。① 也有人从家庭是社会最需要的组织的认识出发，认为应当努力维持。② 国民党党媒也宣称保持家庭整齐清洁，注意子女教育是最为迫切的。③ 不过对此，妇女节内部并未达成一致。墨索里尼提出的"女子应回家庭去"的口号，是妇女运动者所极力反对的。如民众教育家俞庆棠即认为妇女与男子同样属于国民，决不能放弃对国家的责任而回归家庭。④ 江蕙若也明确表示反对女子回家庭去。⑤

在近代中国妇女文盲率高的情况下，以上相关讨论自然只能在小范围内流传，不能深入到广大妇女中。阅读这些宣传、回顾展望文字所关注的问题，明显可以感觉，与纪念活动一样，它们是构成妇女节所必需的环节。作为政治、社会性事业的妇女运动，正是在每年一度的特殊时间点上被庆祝、纪念、提醒、推进。虽然妇女运动者强调的重点不一样，但对当前情况表示不满却是共同的。至于不满的原因，除了一项事业总是不断推演这样的内在理由外，也可从社会对妇女运动纪念日的反应窥探出一二。下面我们将视角从节日纪念活动本身移开，对节日的社会反响进行考察。

三 妇女节活动的社会反响

上文讨论的是妇女节的传播过程，那么传播的效果即一般妇女阶层的反应如何呢？由于相关材料过少，笔者只有从参与者、旁观者的观点和休闲文化商业文化三个方面进行探讨。

首先考察参与者对妇女节社会影响的认识。1930 年，上海《民国日报》"闲话"一栏编辑，同时也是国民党党员的苏凤在参加完纪念活动后，发表了《三八节的教训》一文：

---

① 《三八妇女节》，《申报》1931 年 3 月 8 日，(4·13)。
② 《由妇女节说到当前的妇女运动》，《国光杂志》1936 年第 16 期，第 80 页。
③ 《妇女节在中国之义意》，《中央时事周报》第 4 卷第 9 期，1935 年，第 3 页。
④ 《访俞庆棠先生》，《申报》1935 年 3 月 10 日，(5·18)；《把对家庭负责的精神扩展到社会》，《新闻报》1936 年 3 月 8 日，(4·15)。
⑤ 江蕙若：《近年来中国妇女运动之检讨及今后应趋之途径》，《申报》1937 年 3 月 8 日，(4·15)。

> 在三月八日的早上,我经过方斜路等处,果然看见许多红绿纸的标语,私心欣幸,但愿有一天中国社会里的可怜的妇女,都能接受到这几百张标语的影响,而跳出了惨苦的火炕。然而我毕竟笑不出而叹息起来了,在一带满贴标语的竹篱对面,有一家卖烧饼油条的商店,商店里一个女人在掩面而泣,一个很粗暴的男子在大声地斥骂那个妇人,说:"只会吃饭不管事,可没有这许多钱给你化用。""别神气活现吧,人家嫁个男子享享男子的福,我嫁了你,说享什么福哩,连新衣裳也没穿上身过。"这样的一瞬,总算在西门的路上一切红的绿的闪动中消灭。①

这篇评论主要是攻击女性自身的依赖性等缺点,但也暴露出国民党妇女会举行的纪念活动与当时社会大众相脱离。纪念活动尽管也采取广播、游行、宣传等形式,但主要还是在封闭的场馆里开会。从上文可看出会场里的人一阵呼口号,而外面的人生活依旧如故,散会后参会人员津津乐道的也是游艺节目。这些都使得作者对三八节纪念活动的影响产生怀疑:

> (散会后)听得许多来宾在评论:戏唱的不错!今天怎么没有影戏?……这一个纪念会究竟能给予社会以多少影响,我又怀疑而感叹起来。但愿妇协诸同志,依照她们所写的标语,所喊的口号,所提出的决议案,而做些真实的工作来吧!否则,年年三八节,是不为"唱戏先生"出风头之机会也无疑。

妇女协会成员亦清在回复苏凤的批评时,也无意中透露纪念活动对社会的影响比较小。她提到:"平心而论,哪几个纪念会给予了社会多少影响?哪几个纪念会又没有给社会多少影响?真实的工作基于真实工作的条件而来的,譬如我们要出版一个定期刊物和作一种妇女生活的调查运动,但多是因为限于经费而没有办到。"此外经费还限制了协会成员人数,导致在举办纪念活动时人手不够,不得不找男性党员帮忙。② 不只上海,南京妇女协会情况也差不多,如1931年,南京妇女协会呈请党部批200元

---

① 苏凤:《三八节的教训》,上海《民国日报》1930年3月11日,(4·1)。
② 亦清:《三八节后教训之教训》,上海《民国日报》1930年3月15日,(4·2)。

作为举行妇女节纪念活动的经费,结果到手的只有100元。① 京沪地区尚且如此,国统区的其他地方也就可想而知。三八节的纪念活动主要由妇女协会发起,而该组织的力量又是如此薄弱,这让人不得不怀疑三八节对社会的影响力。

妇女节的社会影响有限这一问题也引起了妇运参与者的关注和重视。三八节的纪念口号和规划设想基本上年年都会呼吁关注一般妇女阶层。妇女运动者通常认为她们是解放者,一般劳动妇女是被解放者,正处于水深火热之中,等待着她们的帮助。1930年暨南大学女生王瑛就认为,"仍有极多数的可怜虫在忍气吞声中,受社会上重重又重重的压迫,过着那非人的生活,而不敢稍加一些儿的挣扎和反抗,好像在那里静候着智识界中的女救星和觉悟者,为可怜虫的她们,设法救出火坑"。② 1933年,《三八节告妇女同胞书》中呼吁知识妇女关心重视尚未获得平等权利的劳动妇女。③ 过了两年,《女声》杂志中也出现类似言论。④ 一年后,《申报》的一篇文章中提到:"大多数的乡村妇女和都市中没有受过教育的妇女,对于妇女解放,简直莫名其妙。"⑤ 1937年,同样发表于《申报》的文章也号召先知先觉的妇女去觉醒安于黑暗生活的大多数妇女。⑥

这些频繁出现的先觉者要解救后觉者的言论实际上透露妇女运动效果有限。我们还可从以下材料看出:"最可叹者还有一部分愚昧无知的妇女,她们为旧道德及因袭观念所熏染所以处于这种悲惨暗淡的非人生活里,积久成习,已不感其痛苦了,反以妇女解放为多事,这是给热心妇女运动的人多么的痛心,妇女运动的前途多么的黑暗和打击。"⑦ 既然一般妇女阶层以妇运为多事,自然就不会明了作为妇女运动纪念日的三八节,该节日的社会影响也就不大。

其次探讨旁观者的态度。1935年3月8日,当上海各妇女团体分别举行三个盛大的纪念会时,著名影星阮玲玉却因不堪前男友张达民的敲诈

---

① 《京市妇女筹备三八妇女节》,《妇女共鸣》第43期,1931年,第48页。
② 王瑛:《暨南女同学举行三八妇女节纪念》,《申报》1930年3月8日,(增刊9)。
③ 《为"三八"节告南京市妇女书》《三八特刊》1933年,第39页。
④ 碧遥:《今后的"三八"》,《女声》第3卷第22期,1935年,第10页。
⑤ 《一九三六年的"三八"节》,《女声》第2卷第2期,1936年,第3页。
⑥ 梁戴仪:《三八节感言》,《申报》1937年3月8日,(4·15)。
⑦ 《妇女应当自身起来奋斗》,上海《民国日报》1930年3月8日,(4·1)。

和社会舆论的指责，服用大量安眠药自杀身亡。此事引起媒体反思妇女节的社会影响。

《申报》就此刊文评论道："1935年，当上海各妇女团体正在某某大厅花香衣影欢谈清唱以盛大纪念'三八'国际妇女节时，而影坛最负盛名的大明星阮玲玉女士，却服用了安眠药，呻吟喘息于医院，这是多么的不和谐！"① 另一篇则指出："我们相信杀害阮玲玉的真凶乃是万恶的社会。那末不能反抗社会的恶势力，反而成为社会的被牺牲者，正是弱者的表现。……三八节的意义，对于中国妇女的影响，又是何等薄弱啊！"② 这样不仅参与者，连旁观者也觉察到妇女节的社会影响有限。

此外，材料显示一些知名人士竟然弄错妇女节的日期，如陈果夫在其专门讨论节日的文集里将妇女节安排在每年的三月十七日举行，③ 而茅盾先生把三八节写成"四八"，此举还引起益世报记者的嘲讽。④ 这一现象也间接说明妇女节在当时社会上并不流行。

最后，三八节的主要功能还受到商业文化休闲文化侵蚀。前文曾提到，1926年，申报就将三八节纪念活动称之为"女界同乐会"。1934年，上海国货公司、中国国货公司、市商会国货商场三家公司联合举行妇女节大减价活动。1935年3月8日，东方化学工业社特意在《申报》上做广告，称自从举行买一赠一活动以来，顾客异常拥挤，而女客经常被人挤出，没有享受到好处。为此，特于三八节举行庆祝活动，专门招待女客。⑤ 除了东方化学工业社，世界书局、商务印书馆等书店也在这一天推销妇女类书籍。⑥ 对于视妇女运动为多事的社会大众，这种促销打折信息似乎较有吸引力。

---

① 《吊阮玲玉》，《申报》1935年3月10日，(5·18)。
② 《悼阮玲玉女士》，《申报》1935年3月10日，(增刊13)。
③ 陈果夫：《陈果夫先生全集》第三册《礼俗上》，台北：近代中国出版社1991年版，第101页。
④ 《妇女节果是"四八"》，《益世报》1933年12月27日，(3·10)。
⑤ 《申报》1935年3月8日，(增刊3)。
⑥ 《申报》1935年3月8日，(1·2)。

四　结论

　　妇女节传入中国后,上海的纪念发起者和纪念活动都多种多样。虽然它号称是全体妇女的节日,但发起者之间,发起者和一般妇女大众对它的看法并不一致。在发起者中,国民党的妇女组织重点在宣传政府的政策纲领;高校女学生及女青年励志社强调的是知识阶层在妇女运动中的领导作用,女学生还表现出一种理想主义情绪。在发起者和一般妇女大众之间,前者将三八节视为妇女们团结起来谋求解放的纪念日,并带有一种优越感,认为一般劳动妇女正处于水深火热之中,等待着她们的帮助;而后者却习惯了"水深火热"的生活,反以妇女运动为多事。相应的,纪念活动所包含的休闲娱乐因素,如游乐节目、公映电影、促销信息等,对一般妇女阶层来说似乎更有吸引力。三八节的多样性让我们反思它真的是全体妇女的节日吗?从一开始它就不仅与妇女相关,还包含浓厚的政治因素。另外它的社会影响有限,一般妇女阶层并没有主动参与进来。所以在当时的历史情境下,妇女节不应称为全体妇女的节日。

20世纪二三十年代天津贫民婚嫁状况初探*

付燕鸿

(河南大学历史文化学院暨近代中国研究所)

婚嫁是人生大事,自古有"男大当婚,女大当嫁"之说。同时,婚嫁作为社会生活的一个重要方面,随着近代城市社会的急遽变迁,社会各阶层的婚嫁形式和观念也在悄然发生着变化。天津作为近代华北的通商巨埠,又是一个移民城市,华洋杂处,各省人民侨居天津者日多,故社会风俗难免有改进变异之处,婚嫁自不例外。当然,研究风俗史、婚姻史的学者,对近代天津的婚嫁状况已有涉及。[①] 但已有的成果多是关注社会上层或一般市民的婚嫁状况及其习俗的变革,而对于底层社会的婚嫁研究凤毛麟角,其中最重要的一个原因是资料的限制。笔者在充分搜集当时报纸杂志、官方及社团调查资料的基础上,对20世纪二三十年代天津贫民婚嫁状况进行梳理,以呈现这一时期贫民婚嫁的基本面相,并在一定程度上揭示天津现代化的广度和深度。

---

* 本文系河南省教育厅人文社会科学研究项目(项目批号:2013 - QN - 285)和河南大学人文社会科学研究项目(项目批号:2012YBRW012)的阶段性成果。

① 专著方面如余华林《女性的"重塑"——民国城市妇女婚姻问题研究》,商务印书馆2009年版;左玉河:《婚丧嫁娶》,中国文史出版社2005年版;马之骕:《中国的婚俗》,岳麓书社1988年版等。论文方面,张玮、徐娟:《20世纪20年代的天津离婚问题研究——以〈大公报·妇女与家庭〉为中心的分析》,《中北大学学报》2011年第3期;王印焕:《试论民国时期京津两市婚姻自由的实施进度》,《北京社会科学》2006年第6期;陈蕴茜:《论民国时期城市家庭制度的变迁》,《近代史研究》1997年第2期等。

一

1860年天津开埠通商之后，社会发生了前所未有的变化，经济、政治、文化、风俗等各个领域均有明显体现。尤其20世纪二三十年代正处于"革命告成，建设伊始"的过渡时期，民族工商业的发展，新思想、新观念的传播及新婚姻法的颁行，传统的以夫权为中心的婚嫁制度开始向以男女平权为原则的婚嫁制度转变。这时期，天津贫民的婚嫁状况也在悄然发生变化，呈现出异于传统时代的诸多特征。

（一）婚嫁礼仪简单，崇尚节俭

最直接体现城市婚嫁变化的莫过于婚礼仪式的变迁。中国传统的旧式婚礼仪式烦琐复杂，且费用相当昂贵。正因为如此，自清末民初开始，旧式婚姻就受到新式知识分子的猛烈抨击。与此同时，一种有别于传统，简洁明了的西式婚礼——"文明结婚"，开始在沿海一些大中城市流行，并逐渐蔓延到全国各大城市。近代天津的婚嫁虽有所谓的"新式结婚"，然多数人仍延用旧式，礼仪烦琐。大致有提亲、换帖、送日子、过嫁妆、娶新娘，以及婚后的回门、住家等。[①]此种风俗流传已久，虽小有改进，然大体相袭。其中，相差最显著之处则是富户与穷人之别，"富户极尽铺张扬厉之致，而穷人则萎缩不堪"[②]。当然，这"张扬"和"萎缩"的背后，说到底还是"大洋"的问题。

借媒妁之言而"提亲"，又叫"小媒"。贫苦人家女方大都要向男家索要"财礼"，也叫"睬礼"。其数目有十元至数百元不等，较好一点的还要索要"首饰"，"四大金"和四季的衣服。"四大金"系指金手镯、金耳环、金头簪、金戒指。二三十年代女子盛行剪发，金头簪改为金手表。[③]四季的衣服在"过礼"时由男方置好提前送到女方家去，到迎娶那天再带回男方家，叫作"求外装场好看"。

在结婚的前一日，男方要将女子结婚当天佩戴的凤冠、首饰、袍裙、

---

① 梦白：《天津之婚嫁风俗》，《社会杂志》第1卷第6期，1931年，第9—12页。
② 同上书，第9页。
③ 木节：《天津的婚嫁风俗》，《方舟》第36期，1937年，第50页。

玉带,以及喜饼、菜脯、鱼肉、鸡鸭等物,分别装在饰盒、食盒内,送往女方家中,即为聘礼,俗称"催妆礼"。女方在收到男方"催妆礼"的前一天或当天,要将所置备的陪嫁的东西,送往男方家,叫作"过嫁妆"①。中等人家约为二十抬至三十抬;富户人家有多到百十抬,较寒苦者,则常是十二抬至十六抬。再次则仅备新娘平日所用的若干物品数件而已,可以不必遣人抬送。至于陪嫁之物,富者有半副嫁妆,全副嫁妆。②贫户无论贫穷程度如何,亦必须有"一桶一灯"之说。③婚后还有"回门大典",富者行之,一般贫寒之家,则多从省。

就迎娶时所用的花轿,是富户与穷人婚嫁时相差最为显著的地方,"富户多赁用新开剪之绣花彩轿,每次多至三百元,而穷人即赁旧花轿,亦难担负,有时仅仅絮红彩之马车一辆,尚属勉强"。④在迎亲的仪仗队方面,贫富差别也很大,"富户仪仗多崭新,穷人的仪仗俱敝旧"⑤。对于婚礼仪仗人数,差别也很大。30年代天津市政府专门制定了《天津市征收婚丧仪仗慈善捐办法》,规定凡仪仗队人数超过50人者要征收慈善捐,50—80人者,纳4元;80—120人者,纳8元;120—160人者,纳16元;160—200人者,纳32元;超过200人以上者,纳64元。⑥政府企图通过征收仪仗慈善捐的方式,已达到"限制婚丧仪仗队,而崇节约"之目的。⑦透过仪仗的人数,可以窥见贫富婚礼差别之大。

从结婚的整个仪式来看,穷人家之婚嫁,以"能省则省"为宗旨,仪式简单,而富户则极为铺张,仪式烦琐。而具有封建性的"童养媳""买卖婚姻"的陋俗在下层中依然存在,这是一种变相的商品交易,造成了广大妇女被压迫和受歧视的局面,也在一定程度上加重了男子的经济负担。

---

① "过嫁妆"以两人抬一个小方桌为一抬,东西都浮摆在桌面上,很有炫耀的意味。
② 所谓"全副嫁妆",就是新娘嫁后,各项用具,几乎无所不备。
③ 一桶指一马桶,一灯指旧式油灯。
④ 梦白:《天津之婚嫁风俗》,《社会杂志》第1卷第6期,1931年,第9页。
⑤ 同上书,第9页。
⑥ 《天津市征收婚丧仪仗慈善捐办法》,《天津市政府公报》,"法规",第77期,1935年6月,第102页。
⑦ 《呈(第51号)》,《天津市政府公报》,"呈",第83期,1935年12月,第13页。

(二) 婚嫁率偏低，初婚年龄推迟

一般而言，成年男女的婚嫁情况往往与个人的经济实力及社会政治经济的变化密切相关，贫民阶层尤为如此。通常社会政治经济稳定的情况下，成年男女的婚嫁率一般较高。反之，若社会政局动荡不安，人口的婚嫁率则相对较低。

首先，受经济条件的制约，近代天津下层贫民婚嫁率低情况十分凸显。据1929年南开大学经济学院对天津市地毯业中354工人的调查显示，年龄最低者为15岁，最高者为44岁，其中17—29岁的工人，有332人，占工人总数的94%。当时中国的结婚年龄一般在16岁或18岁，工人可提高至20岁。照此标准，已达结婚年龄的地毯工人为297人，而事实上已婚者，仅有119人，约占工人总数的40%。其余178人未婚，占60%。他们之所以未婚，"率因其能力薄弱，不能完婚之故也"①。工人婚嫁率之低由此可见。

又如，1929年天津市社会局对天津六大纱厂工人的婚嫁情况进行了调查，计已婚嫁男女工人共有5788人，占工人总数的34.25%；未婚男女工人共有1.111万人，占工人总数的65.75%（详见下表）。②但是，仅从这些数字并不足以真实反映工人的婚嫁情况，因为在这总计的1.6898万名工人中，还有2350名童工，除去这2350名童工，已婚嫁成年男女工人约占成年工人总数仅40%。③即使如此，成年工人的婚嫁率仍然不高。

1929年天津市六大纱厂工人婚嫁统计④

性别	已婚嫁		未婚嫁		共计	
	人数	百分比	人数	百分比	人数	百分比
男	4834	32.97	9328	67.03	14662	100.00
女	954	42.67	1282	57.33	2236	100.00
总计	5788	34.25	11110	65.75	16898	100.00

---

① 方显廷：《天津地毯工业》，南开大学经济学院1930年版，第60页。
② 吴瓯：《天津市纺纱业调查报告》，天津市社会局1931年版，第49页。
③ 5788/16898 − 2350 = 39.79%。
④ 吴瓯：《天津市纺纱业调查报告》，天津市社会局1931年版，第49页。

由此观之，成年男女婚嫁率低，在天津各行业较为普遍。导致城市贫民阶层婚嫁率低的原因是多方面，但最主要的原因是贫民生活贫困及动荡不安的社会现实。此外，近代娼妓业的兴盛，导致许多婚龄女子大量流向娼妓业，再加上事实上的一夫多妻制和涉外婚姻的存在，不仅腐败了社会风气，而且使原本已十分严峻的性比例失调雪上加霜，加剧了适婚男性难觅佳偶，进而造成了整个社会婚嫁率低下的恶性循环。

成年男女不仅婚嫁率低，而且初婚年龄较大。近代我国农村男女结婚年龄一般在 15—19 岁，当然，农村还可能存在着童婚陋俗，甚有 14 岁以下结婚的现象，但是城市中男女成婚年龄一般较大。以 1929 年对天津针织业工人的调查为例，20 岁以下结婚人的很少，在调查的 113 人中，仅有 12 人，只占调查工人总数的 10.6%；结婚年龄集中在 22—25 岁，共计有 76 人，占调查工人总数的 67.3%；在 25 岁以上结婚的有 19 人，占调查工人总数的 16.8%；此外，还有 6 人在 25 岁以上仍未结婚。① 当然，我们应该看到，这种"晚婚"现象的存在，与我们当下社会所提倡的"晚婚"不可等同视之，此种现象的存在完全是因为生活压迫所致。

（三）共妻、姘靠、租妻为娼、逼妻为娼等性失范现象严重

1．"姘靠"、"共妻"之风与"一夫一妻制"的新挑战

近代城市中人口性比例失衡严重，且是中国各大城市一个较为普遍的现象。性比例失衡，不单纯是人口问题，同时也一个严重的社会问题。就对婚姻的影响而言，由于男女性比例失衡严重，致使婚姻竞争十分激烈，这不仅为买卖婚姻的恶性发展起了推波助澜的作用，同时，由于适婚女性较少，而男性较多，致使彩礼提高，结婚费用增加，加重了男方的经济负担。尤其对于贫苦的下层民众而言，结婚会使他们背上沉重的债务锁链，这势必导致未婚成年单身男性增多的现象。这些适婚的单身男性，为了解决其身体上的需要，除了去妓院嫖娼发泄性的需要外，另外一些单身男性困于生计，便发生与人"共妻""姘靠"之事。

个案 1：

王殿武，新城县人，其妻李氏，生有二女一子。因在新城无法谋

---

① 方显廷：《天津针织工业》，南开大学经济学院 1931 年版，第 62 页。

生,于数年前携眷来津。来津后因经济无着,生活困难,遂由李氏商得王殿武的同意,与族兄王桂芬姘度,俾活一家,于是二男一妇,与子女等遂同居一室。不料王桂芬收入甚微,实难养此全家,遂王桂芬经人介绍,将王殿武17岁的长女,以150大洋,押入娼寮为妓。此事后被人在地方法院告发。①

个案 2:

西头杨庄子,住有黄王氏,有女徐黄氏,年19岁,嫁于英租界马场道墙子河住户徐荣涛为妻。新婚之夜,伉俪恩爱非常,翌日晚间,夫妇安眠,至夜半,徐某声称外出小便,去有多时。于黑暗之间,忽又归来,复向徐黄氏要求续欢,妇心大疑,乃摸索其身,发现其夫大异,乃竭力反抗。燃灯视之,发现不相识之男子。徐氏大呼,徐某由外奔入,并谓该人名杨实林,二人因贫寒,双方言名,共同出资娶一妇人。徐氏以此事有违人道,遂向法院提出离异。②

个案 3:

西广开瑞茂里徐文彩负苦为生。其妻张氏,两人感情颇洽。徐有友人刘凤岐,时来其家。徐某生活极为困难,乃商诸其妻同意,令其与刘姘靠,由刘补助日用,刘某亦颇同意。由是徐刘轮流值宿,初相安无事。继则刘某生厌,对于日用竟不供给。因此,三人发生口角,而后动武,结果刘某头部受伤。经该管警察赶到,将三人一并带回第二分局讯办。③

个案 4:

木匠周德山因其子周富贵患肺病无钱医治,遂异想天开,将其子

---

① 《困于衣食,一妇两夫》,《大公报》1935年4月13日,第6版。
② 《两穷措大,合资娶妻》,《大公报》1935年11月19日,第6版。
③ 《经济压迫下,租妻恶风!》,《大公报》1935年12月23日,第5版。

童养媳高氏典押给张家胡同的张世华"为临时之妻",得洋80元。言明待其子病愈后,以原价赎回。无奈周富贵病愈后,又苦不能,勉强凑足大洋40元。遂向张世华要求,愿付洋40元,与其子共同妻。商定高氏费用由双方共同负担,乃实行其"共妻主义"。①

"共妻""姘靠"现象的出现,不仅有悖于传统的"夫为妻纲""男女之防"的传统道德,也有悖于民国时期婚姻法"一夫一妻"的法律规定。这一现象在近代天津,尤其在贫民中却相习成风,其中原因是多方面的。其一,近代天津畸形的人口构成,男女性别比例失衡严重,是导致"共妻""姘靠"之风盛行的客观条件。其二,城市贫民收入微薄,不足以养家糊口,通过"共妻",与男人"姘靠",以减轻生活负担,解决衣食问题。上述几个案例多属于此类情况。其三,受近代社会开化及商业风气的浸染,人们传统的男女之防的伦理观念日益淡薄,对于"共妻""姘靠"等有违传统的行为,人们渐渐习以为常,在社会上形成了一种较为宽松,甚至是默许其存在的社会环境,这是滋生此类现象的社会温床。

2."逼妻为娼""租妻为娼"之恶风盛行

在男权社会中,女子作为丈夫的私有物,可以任意处置。近代随着商品经济的发展,社会日益商品化,女子甚至可以被丈夫当作商品来买卖,社会上兴起一股了"逼妻为娼""租妻为娼"的恶风。

个案1:

香河县人党义三将其发妻党刘氏,租与他人,改名当顺喜,在河北普乐大街土娼寮内为娼,孰料党义三贪得无厌,拟将其妻再行出租,借以牟利,事为该氏知悉,以致发生争殴,被带往中三区警察厅询办。②

个案2:

本埠小刘庄居民吕老,年21岁,天津人,向作械器匠糊口,嗣

---

① 《典押养媳为子医病》,《大公报》1929年7月22日,第9版。
② 《恶夫租发妻》,《大公报》1927年7月26日,第7版。

因事被辞,赋闲家居,家有老父继母寡嫂幼弟各一人,月间聘娶同村人袁氏为妻,因与继母不睦,携妻迁至东楼独居,并作小本营生糊口,因所入有限,不敷用度,遂异想天开,欲将其妻卖入谦德庄为暗娼,劝诱威逼,其妻终以良家妇女,不肯堕落。吕袁氏既狠丈夫薄情,又恐其乘机变卖,不堪同居,并暗求其父在法院控告,要求离异。①

个案3:

  谦德庄庆和里,住有泥水匠王再发,其妻李氏,年21岁。王因天气严寒,停工已久,日无进项,生活难以维持,为谋衣食温饱,异想天开,欲促其妻操神女生涯。李氏不允,乘机潜逃,欲投河自尽,幸被路人劝阻。②

  此种"租妻为娼""逼妻为娼"之风的兴起,其原因是多方面的。一方面与近代商品经济的发展密切相关,"不仅男子之劳力等于商品之供给,即女性亦成为商品矣,女子再为男子所支配,女子既失其支配自身之能力,社会又不能充分收容女子为相当之服务,其结果遂流于卖性"。③另一方面,也与妇女爱慕虚荣、贪图享受以及夫妻感情不和等有关,但贫困显然是最重要的诱因。在天津妇女协会1928—1929年接受的妇女请求协助离婚的97人当中,丈夫逼娼者的占了近22.5%。④ 这部分男子中无职业者占35%,其他也多为工匠、仆役等。丈夫无正当职业,家庭入不敷出,在经济困难情势之下,女性常成为家庭的牺牲品,被丈夫或公婆逼迫卖淫为娼。

(四) 婚嫁观的悄然变化

  随着近代城市工商业的发展,吸引着一批妇女走出家庭,走向社会,

---

① 《贫民的悲哀,无力谋生逼妻为娼》,《大公报》1928年1月18日,第7版。
② 《经济压迫逼妻为娼》,《大公报》1934年12月31日,第6版。
③ 《天津最近三年离婚案件之统计》,《大公报》1929年2月10日,第9版。
④ 《天津妇协救济科一年来的工作》,《大公报》1929年9月12日,第13版。

成为职业女性。"女子的地位常随着经济的变化为转移,女子也是人,就当为生产者。"① 妇女走向社会后,从事各种各样的职业,获得了相对独立的经济地位,女性开始为争取自己的幸福平等权利而进行斗争,家庭关系也在发生变化,追求自由恋爱、婚姻家庭中男女关系平等,开始成为近代中国城市中的新气象。

天津作为近代北方的重要城市,开埠通商后,受西方文化风气的浸染,人们的婚嫁观呈现出传统与近代并存的二元状态。城市贫民受时代习气的熏染,婚嫁观也在悄然发生变化,开始对传统的"父母之命,媒妁之言"提出挑战。案例1:一名叫崔三的少女,年18岁,津市人,住西头石桥南常家胡同,父母均年过50,家中除崔三一女外,还有二子,长子已过而立,次子已逾弱冠,因家贫,皆未授室。崔三自幼许配与人,行婚不久,崔家因婿家贫穷,多方刁难,乃行离婚。此后,其父多方诱惑,欲将其女卖为人妾,俾得巨额彩礼,该女为了自己的终身幸福反抗,虽遭父母辱骂,含恨投河自尽,幸被人发现,适得获救。② 案例2:河东大王庄大英烟草公司女工王惠贞,原籍静海县人,因农村破产,入都市做佣工。在惠贞13岁时,经媒以54元之财礼,说与独流镇人李李氏之子为妻,李氏之子在原籍务农,王惠贞自来天津充女工后,因受环境熏陶,见闻焕然一新,都市繁华,为之沉醉,惠贞年事虽长,尚未字人,而惠贞婚约,因男方为一乡愚,遂蓄悔婚之心,李李氏方面以子年已26岁,婚事解决,不容再缓,故托人屡次要求定期迎娶,女方因订婚时用有财礼洋54元,如公然表示拒绝结婚,又因财礼关系,不免有所纠葛,遂以推延手段,意图展缓,李李氏急不可耐……以是发生争执,双方多趋极端,扭打一团,经该管五区二所长警,将一干人等带所,经讯转送法院讯办。③ 这两个案例均是底层女性对抗传统"父母之命,媒妁之言"而做出的抗争,也昭示着女性在婚嫁中为追求个人幸福所做出的艰辛努力。

此外,从近代离婚案件中也可以体现底层女性婚嫁观念的变化。传统中国社会离婚并不多见,且离婚权由男子单方面操控,"夫有出妻之理,妻无去夫之条",女子离婚为人所不齿,难以再嫁,故女子不敢离婚,遇

---

① 李鹤鸣:《女子解放论》,《解放与改造》第1卷第3期,1919年10月,第29页。
② 《月光皎洁之下一少女含忿投河》,《大公报》1934年5月29日,第10版。
③ 《醉心都市繁华,女工有意悔婚》,《大公报》1934年1月26日,第10版。

人不淑,惟自叹命薄。近代城市社会各层面的现代化,给城市婚嫁变革提供了有利的社会环境,"男女平等""婚恋自由"等观念随之勃兴,最惹人争议的带有"破坏性"的离婚事件显著增多,中国传统女子"从一而终"的婚姻观念正在发生动摇。

在天津,"近来法庭诉讼,男女之请求离婚者,实繁有徒,此皆前此所未有,而亦社会所不乐为者也"。① 到二三十年代,离婚案之普遍已成为一大社会问题。据天津市社会局统计1928—1930年的离婚案件中,1928年天津市有离婚案件33件;1929年增加到83件,是1928年的一倍有余;1930年又增加到133起。② 在20年代,"翻开社会新闻一看,只要涉及男女的问题,不是夫妻要闹离婚,就是两性都另有所恋。像这种事实的发生,简直可以说充满了全社会"。③ 由此可见当时天津离婚问题的普遍性。

当然,想从这些离婚案件中剥离出来那些属于城市贫民类型,显然并不现实。但就离婚的原因而言,排在第一位的是虐待(59起),第二位为意见不合(48起),第三位为逼娼(40起),此三类原因占总数的65.9%。④ 在这三类中,第一、二类不排除有属于贫民的,而第三类逼妻为娼离婚的40起则无疑多是属于城市贫民。因为下层社会在面临生存危机时,无奈会做出种种不顾廉耻的事情,其中重要的一项就是利用女性的身体来作为赚钱或养家糊口的手段,由此导致众多"逼妻为娼"事件的发生,并成为近代天津离婚案发生的重要原因之一。

这些离婚案件也可从一个侧面反映出底层社会婚嫁观的变化,表明底层女性也开始运用法律武器,对传统的"夫权"提出挑战,追求婚姻中的平等自由。这不仅体现了社会婚嫁观的变化,也是近代天津社会文明进步的重要标志。

---

① 《闲评二》,《大公报》1913年9月15日,第2张第1版。
② 吴瓯主编:《天津市社会局统计汇刊》(社会病态),"天津市最近三年离婚案件发生原因比较",天津社会局1931年版。
③ 心冷:《结婚与调查妓女》,《大公报》1928年11月6日,第11版。
④ 吴瓯主编:《天津市社会局统计汇刊》(社会病态),"天津市最近三年离婚案件发生原因比较",天津社会局1931年版。

二

20世纪二三十年天津贫民婚嫁中异变现象的发生，有社会、经济、思想、制度等方面的致因，主要可分如下几个方面。

（一）近代动荡不安的社会现实所致

近代华北天灾人祸频繁，广大乡村社会危机重重。据统计，1912—1948年全国共发生水灾7408次，而华北的河北、山东、河南和山西四省的水灾次数达到2250次，占30%；旱灾全国共发生5935次，华北各省共发生1993次，占33%；虫灾全国共发生1719次，华北各省共发生757次，占44%。[①] 可见华北灾害发生频率之高，几乎是"无年不灾"，成为"饥荒的中国"的一个重要区域。

除了遭受自然灾害的侵袭外，也时常发生战事及相关的兵灾。第二次鸦片战争以后，华北经历了清末的义和团运动、八国联军侵华战争，民国时期的军阀混战，以及1937年的日本侵华和1945年以后的国民党发动的内战等诸多战事。尤其是20世纪20年代后华北还是军阀混战的主战场，战事异常频仍，如1920年的直皖战争、1922年和1924年的两次直奉战争、1930年的中原大战，无不以华北作为战场。

灾荒和战乱迫使大量民众颠沛流离，背井离乡，河北、山东及河南等省大批破产的农民，以及大量的灾民、难民等不断涌入天津。这些入城的农民、灾民中，不少是来自农村的青壮年劳力者，他们的文化构成一般比较低下，多靠出卖自己的劳动力为生，从事一些卑贱低微的职业，生活常处于朝不保夕的状态。因生活上的贫困，成年男性往往无力结婚，"力钱既少，纵蓄积之，而迎妻娶妻甚难"[②]，由此导致城市贫民适婚男女婚嫁率低以及婚嫁年龄推迟的事实，此种现象在低收入行业尤为突出。如1930年对天津粮食业及磨房业中83名磨夫所进行的调查，20岁以下的4人，无一人结婚；20岁以上的79人，在79人中，结婚的仅有41人，占

---

① 夏明方：《民国时期自然灾害与乡村社会》表1—3，中华书局2000年版，第34页。河北包括京兆、察哈尔、热河等，山西包括绥远。

② 罗澍伟主编：《天津近代城市史》，中国社会科学出版社1993年版，第287页。

52%；在这 41 名已婚磨夫中，有 38 人是 30 岁以上结婚的，占 93%。甚至有 3 人是 50 岁以上结的婚。"不克结婚之原因，半由于收入低微，半由于生活习惯之不良。"①

对这些入城谋生的城市贫民而言，首要之事是在城市谋取一份能获得报酬的工作，这是其在城市中安身立命之本。但是，近代中国社会政局动荡不稳，城市工商业发展步履维艰，城市的容纳力十分有限，不仅在城市中寻找工作困难重重，即便是找到了工作，也随时有失业之虞。所以，在维持自身生计的前提下，再娶妻生子，养家糊口，是那些从农村迁入城市的移民短期内难以做到的，就是城市本身的一些市民在短期内也难以实现，生计尚成问题，成年男女的婚嫁率自然要低了。

此外，因为经济上的脆弱性，一旦他们面临丧葬、疾病以及失业等突发情况时，生活常常很快陷入绝境。当生存发生危机时，或因好逸恶劳、贪图物质享受而企图获得更好的生活时，道德、贞操之类在他们看来华而不实的东西便会被无情地抛弃，"他马上就会异想天开的做出种种不顾廉耻的事来，这就是所谓'小人穷斯滥矣'"②。因此，20 世纪二三十年代，天津中下层社会特别是贫民当中之所以大量出现抛弃传统封建贞操观念及性行为失范的现象，如上述"租妻""姘靠""逼妻为娼"等现象的发生，与这时期城市贫民所面临的生存现实密不可分。

（二）城市工商业的发展与女性地位的提升

随着近代城市工商业的发展，促使一些青年纷纷走向社会谋求职业。农村中许多人将城市作为自己的安身立命之所，许多妇女也跟随丈夫或兄弟到城市做工，女子职业有了较大发展。

天津作为北方商业重镇，工商业较为发达，社会开放程度较高，为女子提供了更多抛头露面和实现自身价值的机会。许多妇女自愿或被迫走出家门，从事各种职业，那些有学识的女性，可以从事教员、牧师、医生、护士、编辑、公务员等。对于底层社会的女子，为了维持生计只能从事各

---

① 《天津之粮食业及磨房业》，（南开大学）《经济统计季刊》第 2 卷 4 期，1933 年 12 月，第 986 页。

② 天津市社会局：《天津市妓户妓女调查报告》，李文海主编：《民国时期社会调查丛编·底边社会卷》下，福建教育出版社 2005 年版，第 549 页。

种各样低贱的工作，类别复杂，范围广泛，除女工外，还有做女佣、女招待、舞女，还有缝补、绕线、捡羊毛、捡花生米、糊火柴盒、纺麻线、做军装、剪纸牌等，甚至有不少沦为娼妓。1930年据《大公报》记者蒋逸宵于1930年在该报所载《津市职业的妇女生活》，介绍了55种职业妇女的调查，说明当时天津妇女在社会很多领域都有所作为。

随着女性经济地位的提升，在婚嫁问题上有了自己的发言权，在选择对象时，一些女性开始对传统的"父母之命"提出挑战，即便是结了婚，一些女性也开始对"夫权"提出质疑。如在天津市社会局统计离婚案件中，从离婚主动方性别来看，1929年的83起离婚案件中，女子主动提出的有63起，男子主动提出的有20起；1930年的133起离婚案件中，女子主动提出的有93起，男子主动提出的有40起。两年216起中女子主动提出的有156起，占总数的72%。[1] 这一方面说明广大妇女为争取自己幸福权益，改变自己在家庭中受压迫的地位而进行的斗争。另一方面也说明由于女子经济生活自立能力的提高，女子自我意识日益觉醒，同时在一定程度上彰显出女子在婚姻家庭中的主动性。"遇人不淑"，她们有勇气走出家庭，"我现在不怕他，希望在法庭上提起诉讼，干脆脱离了关系，倒也是一件可心的事！"这是一位饱受公婆和丈夫虐待并被丈夫逼着去做娼妓而逃到救济院的佣妇对记者所说的话。另一位被调查对象则称"如男子仍不上进就离婚"[2]。由此可见，当时经济独立的妇女已对自身幸福和解放做出了积极反应，这其中不乏有一些生活在社会底层的女性。

就总体而言，女子职业地位低下，就业群体所占比例较小。如1930年天津市公安局调查的29.78万名妇女中，其中有职业妇女为8.7897万人，而工业妇女有4508人，仅占调查数的1.55%；其他行业有8.3389万人，占调查数的28.75%。无职业妇女有2.2181万人，占调查数的69.70%。[3] 大多数妇女从事轻工业生产或家庭手工业或到别人家帮佣，她们大多集中于纺织、火柴、卷烟等行业，从事简单的、不需要多少技术的工作。此外，有限的就业机会，不可能为众多的下层女性提供充分的就业机会，因此，还有众多的女性需要依赖家庭和丈夫，因经济上的不独

---

[1] 吴瓯主编：《天津市社会局统计汇刊》（社会病态），天津社会局1931年版。
[2] 《津市职业的妇女生活》，"序言"，《大公报》1930年2月11日，第9版。
[3] 慧茜：《天津市工业上的妇女》，《妇女杂志》第16卷第5号，1930年，第16页。

立,也就不可能实现真正的解放,"女子欲谋解放,非先谋经济独立不可。"①

(三)人们思想和观念的变迁

鸦片战争后,中国的近代化历程开始启动。辛亥革命结束了封建帝制,受西化潮流的影响,许多关于压抑女性的陈旧观念受到强烈冲击。时人对此描述说"昔日女子多缠足,今日女子多天足,昔日女子能文者少,今日女子入学堂者多……"。② 新文化运动是一场更为猛烈的反对传统意识的运动,提出的"婚姻革命",主张"建立起平等、自由,以恋爱为基础的男女结合,使男女当事人成为婚姻的主体"。③

与此同时,一些报纸、杂志纷纷开辟专栏,讨论妇女与家庭问题,如天津《大公报》从1927年2月11日至1930年9月停刊(1933年9月复刊,1934年12月再度停刊)设立专业副刊《妇女与家庭》,对各种家庭问题、妇女解放问题、婚姻问题以及与这些问题相联系的诸如男女社交问题、女子参政问题、女子经济独立问题、性道德问题、离婚问题等进行报道和分析。20世纪二三十年代前后,先后出现了一批专门讨论妇女问题的刊物,如《妇女杂志》《妇女评论》《妇女共鸣》《妇女声》《新女性》等,这些刊物发表和翻译介绍了大量关于妇女解放和婚姻自由的文章,大力宣传妇女解放和人格独立。在这些报纸杂志的导引下,不少激进人士从民主和自由观点出发,对中国传统婚嫁观进行了深刻批判,旗帜鲜明地提出妇女解放的主张。

社会精英不遗余力的宣传,再加上媒体的推波助澜,新性道德、男女平等与婚恋自由等思想得以传播和实践,同时旧的贞操观、婚恋观受到深刻的冲击和批判,这在一定程度上重新形塑着了人们特别是市民的性观念,以及婚姻观念等。在天津,这一时期传统的"父母之命""从一而终"的传统封建贞操观、婚姻观遭到了知识女性在理论层面的口诛笔伐。另一方面,在现实生活中,这些传统的婚姻观也遭到了背弃和颠覆,如下层女性对抗传统"父母之命",以及主动提出离婚等事件的发生,即是底

---

① 怀仁:《女子解放的障碍物》,《大公报》1927年9月28日,第5版。
② 匹志:《今昔女子观》,《申报》1912年2月1日,第2版。
③ 邓伟志:《近代中国家庭的变革》,上海人民出版社1994年版,第84页。

层民众观念变化的具体见证。

在传统贞操观念被颠覆的同时，性失范和异化行为也成为一个突出的社会问题。天津贫民中众多的租妻、共妻、姘靠、逼妻为娼的发生，与人们传统的贞操观、道德观的变迁不无关系。这一时期，妇女"自愿为娼"与丈夫"逼妻为娼"一样司空见惯，有的妇女为了达到从娼的目的，或私自离家出走托人代为推荐，甚或以死威胁丈夫。① 一些良家妇女暗中卖淫者大有人在。据天津市社会局统计，截止1930年5月份，当时天津华界共有各等妓女2910人，其中因贫困等原因自愿为娼者多达846人，占总数的29.1%。而已婚的1177人中，由丈夫促成其为娼的占了近47%。② 此种社会现象的发生，除了经济上的压迫之外，与这些妇女本身往往缺乏道德的自律性不无关系。因为众多的农村人口在涌入城市后，失去原来乡村聚族而居的道德监督机制和舆论约束氛围，道德行为的失范随之大增。"在乡村里，地方较小，人数较少，所有住户，并不常在迁移，凡是同村的人，彼此都很熟识，每个人的一举一动，常被旁人监察及批评，因此道德上的约束，非常之严……（而大城市）它的居民众多，阶级显分，除在同一阶级之外，彼此很少直接往来，要使彼此相识，当属不可能。在一个觉无相识的环境里，人们对于道德上的责任心，便要减轻许多。"③

（四）法制的完善与社团的推助

在古代父权制社会中，婚姻关系的解除，绝大多数情况下是男子的专利，所谓"夫有出妻之理"，而"妻无弃夫之条"。时值晚清，中国传统的婚姻观念受到西方的冲击，但女性在婚姻问题上仍受到严格的限制。④ 在婚姻中完全受支配的地位依然没有改变。直到民国以后，这一局面才有所改观。

---

① 《轻薄桃花逐水流丈夫也拗不过她得主意》，《大公报》1928年11月27日，第6版；《十载相守一旦失踪》，《大公报》1929年3月5日，第9版。

② 天津市社会局：《天津市妓户妓女调查报告》，李文海主编：《民国时期社会调查丛编·底边社会卷》下，福建教育出版社2005年版，第553—554页。

③ 徐蕙芳、刘清于：《上海女性犯的社会分析》，李文海主编：《民国时期社会调查丛编·底边社会卷》上，福建教育出版社2005年版，第341页。

④ 如清律中规定："妇人义当从夫，夫可出妻，妻不得自绝于夫。若背弃其夫而逃走出外者杖一百，从夫嫁卖；因在逃而辄自改嫁者，绞。"姚雨原著、胡仰山增辑：《大清律例会通新纂》，第1086页，载《近代中国史料丛刊》第3编卷9，文海出版社1987年版。

民国肇始，即开始着手制订一套新的资产阶级性质的政治法律制度，包括男女平等、婚姻自由等。北京政府于1915年颁布《民法草案》，规定：有配偶者不得重婚，夫妻不相和谐、俩人愿离婚者可以离婚，重婚、妻子与人通奸、夫妻一方生死不明超过3年以上、夫妻一方恶意遗弃对方或受虐待或受重大侮辱即可提出离婚诉讼。① 1924年1月，《中国国民党第一次全国代表大会宣言》提出："于法律上、经济上、教育上、社会上确立男女平等之原则，助进女权之发展。"② 这是中国历史上第一次以文字形式对男女平等原则做出纲领性宣言。1926年1月，国民党第二次全国代表大会又通过《妇女运动决议案》，规定：制定男女平等的法律，实行男女教育平等、职业平等、工资平等；规定女子有财产权和继承权；严禁买卖人口，保护妇女和儿童；反对多妻制和童养媳；根据结婚、离婚绝对自由的原则，制定婚姻法，保护被压迫而逃婚的妇女，对再婚的妇女不得蔑视，反对司法机关对于男女不平等的判决；根据同工同酬，保护女性及儿童的原则，制定妇女劳动法。③

南京国民政府建立后，成立了"民法起草委员会"，先后完成民法典各编草案的编撰。1930年12月26日，民法《亲属编》和《继承编》颁布，次年5月施行。《中华民国民法亲属编》中的婚姻章，对中国传统的结婚和离婚制度进行了较为深刻的变革，是一部具有现代婚姻观念的婚姻法案。其中关于离婚问题，除了"两愿离婚者得自行离婚"外，第1052条赋予妇女离婚权利，夫妻之一方有下列情形之一者可向法院请求离婚："一、重婚者；二、妻与人通奸者；三、夫妻之一方受他方不堪同居之虐待者；四、妻对于夫之直系尊亲属为虐待，或受夫之直系尊亲属之虐待，致不堪为共同生活者；五、夫妻之一方，以恶意遗弃他方在继续状态中者；六、夫妻之一方，意图杀害他方者；七、有不治之恶疾者；八、有重大不治之精神病者；九、生死不明者；十、被判处三年以上之徒刑，或犯不名誉之罪被处徒刑者。"④ 尽管国民政府制定的《中华民国民法亲属编》具有相当的局限性，并对妇女离婚请求权也加上了一些不尽合理的限制。

---

① 赵清：《社会问题的历史考察》，成都出版社1992年版，第168页。
② 戴伟：《中国婚姻性爱史稿》，东方出版社1992年版，第380页。
③ 孟昭华、王明寰、吴建英：《中国婚姻与婚姻管理史》，中国社会出版社1992年版，第238页。
④ 同上书，第242页。

但从总体来看，该法规顺应时代潮流，明确规定一夫一妻、婚姻自由、男女平等，体现了婚姻自由的精神。

上述法律法规的颁布实施，无疑赋予女性在婚姻上一定的自主权利，当时部分女性很快将之付诸实践。在天津社会，贫民由于生活窘迫，妻子被丈夫或公婆逼做娼妓赚钱之事时有发生，一旦女子不从，就会遭到打骂，这时部分女子开始利用法律武器，向男方提出离异。此类现象《大公报》时有报道。案例1：本埠小刘庄居民吕老，年21岁，天津人，向做械器匠糊口，嗣因事被辞，赋闲家居，家有老父继母寡嫂幼弟各一人，月间聘娶同村人袁氏为妻，因与继母不睦，携妻迁至东楼独居，并作小本营生糊口，因所有限，不敷用度，遂异想天开，欲将其妻卖入谦德庄为暗娼，劝诱威逼，其妻终以良家妇女，不肯堕落。吕袁氏既恨丈夫薄情，又恐其乘机变卖，不堪同居，在法院控告，要求离异。① 案例2：有女张金玲，年29岁，嫁于张步云为妻，张家甚穷，以卖花洋布花带子为生，素日吃喝嫖赌，逼妻为娼，不从则打，其妻遂向法院提出离异。② 案例3：有妇王香者，五年前嫁于冯振亭为妻。因冯氏父子不务正业，以致家产荡然，债台高筑。彼等异想天开，时欲逼该氏为娼，以冀得意外财源。该氏坚不应允，于是日将该氏打骂，以致伤痕遍体，甚且断绝供给衣食，使彼备受折磨。1928年7月间，冯等又逼该氏为娼，而该氏仍坚不应允，冯及冯父母于是将该氏殴打且用菜刀砍伤头部，并将该氏锁闭幽室，以杜声息。为免将来再受虐待，特向法院提出离婚。③ 这些案例体现了部分下层妇女法律意识的觉醒，并开始利用法律武器维护其婚姻中的权利。

此外，20世纪二三十年代天津婚嫁变革在很大程度上还得益于社会团体的号召与推助。这一时期，天津关于保护女性的社会团体有女权请愿团、女青年会、妇女救济院、妇女协会等。妇女协会不仅帮助受压迫想离婚的妇女尽量找到合适的解决方法，而且积极创办妇女补习学校。据统计，到1928年11月，天津妇女协会创办补习学校有21所。④ 同时，天津近代社会教育的发展，女子教育水平的提高，也利于女子获得经济上的独

---

① 《贫民的悲哀，无力谋生逼妻为娼》，《大公报》1928年1月18日，第7版。
② 《没出息的汉子，逼妻子卖淫谋生》，《大公报》1928年9月30日，第6版。
③ 《三重压迫下的妇女，逼令卖淫恩断义绝》，《大公报》1928年12月9日，第6版。
④ 《市立妇女补习学校调查》，《大公报》1929年1月31日，第5版。

立和社会地位的提升，这无疑对于改变女子在婚嫁中的地位发挥着不可忽略的作用。

三

近代天津婚嫁在传统社会缓慢发展的基础上，形成了一套较为固定的社会规约，并多仿行古制。结婚是一种家族行为，要遵循"父母之命"，父母尊长对子女的婚姻具有决定权；婚姻之目的是为生儿育女、传宗接代；女子婚后要做到"从一而终""坚守贞节"等。另一方面，伴随着近代城市社会的发展，在历经清末维新、五四运动、辛亥革命到民国成立等长期艰难的现代化嬗变后，儒家学说的正统地位不断遭到质疑，传统的婚嫁习俗也受到强烈冲击。至20世纪二三十年代，在天津婚嫁中"男女平等""婚姻自由"已渐成时尚，不仅激进的妇女解放者积极追求，部分贫民也勇于践行，致使其婚嫁呈现出异于传统的诸多变化：贫富婚嫁悬殊，贫民婚嫁仪式简单；婚嫁率低，婚龄推迟；共妻、姘靠、租妻为娼、逼妻为娼，性失范现象严重；婚嫁观的悄然变化等。

这种变化的出现，一方面源于动荡不安的现实，另一方面与近代天津城市工商业的发展、女性地位的提升有关。此外，新思想、新观念的冲击，法制的不断完善，以及社团的推助等，都积极促成了下层婚嫁领域的变化。

同时应该指出，理想和现实、观念和实践之间往往存在巨大的落差，社会虽然表面上向女性敞开大门，呼唤女性走出家庭，实现自立，但实际又障碍重重，仍有大部分的女性困守家中，要依靠家人和丈夫生活。女子没有经济上的独立，也就不可能实现真正意义上的男女平等，婚嫁自由也只能是一种奢望。此外，由于传统婚嫁观在数千年的历史发展中形成，并早已渗透进社会生活的各个层面，并具有强大的韧性，要彻底改变绝非易事，贫民婚嫁的变革更是壁垒重重。因此，这一时期天津仍有不少女子成为旧式婚嫁的牺牲者，他们的婚姻仍屈从于"父母之命"，婚后虽与丈夫感情不睦，却不敢选择离婚，即使是那些有勇气离婚的妇女，也有不少因生活陷入困境不得已又堕入风尘，"离了婚的，与丈夫暂别的或摒弃了的妇人和寡妇，普通多有经济状况不好的趋势……以为经济需要的程度，正是做娼的直接原因"①。也即是说，因为自身经济条件或社会方面的压力，许多妇女在婚嫁中仍处于被动地位，两性平等、恋爱自由、离婚自由依旧是个艰辛而漫长的历程。

从总体来看，20世纪二三十年代天津城市贫民婚嫁制度、婚嫁习俗发生了重大变化，呈现出异于传统时代的诸多特征，对旧式婚嫁习俗和观念形成了巨大冲击，并在一定程度上促进着天津的现代化进程。

---

① 《怎样救济过渡期间的妇女》，《大公报》1928年8月23日，第10版。

从离婚诉讼案看民国时期婚姻观念的演进

朱汉国

(北京师范大学历史学院)

近代以来,随着欧风东来,国民习俗丕变。步入民国,在婚姻变革的高歌声中,婚姻自由、一夫一妻、男女平等等新式的婚姻观念,不只流于口头文字上的提倡、法律文本中的体现,而且践行于现实婚姻生活中。本文试图通过民国年间的离婚诉讼案,透视民众婚姻观念的演进。

一 离婚诉讼案纷起与离婚自由观念

民国以降,各地离婚诉讼案纷起。据《大公报》1913年9月15日报道:"近来法庭诉讼,男女之请求离婚,实繁有徒,此皆前此未有。"[①]

曾有人对北京地方法院的离婚档案进行统计后,汇总出了1917—1928年间北京离婚概况。见表1[②]

表1　　　　　　　　1917—1928年间北京离婚案

年份	讼离案件数	讼离率(每10万居民之诉离人数)
1917	28	4.48
1918	26	4.23

---

① 无妄:《闲评二》,《大公报》1913年9月15日第2版。
② 吴至信:《最近十六年之北平离婚案》,李文海主编:《民国时期社会调查丛编·婚姻家庭卷》,福建教育出版社2005年版,第383页。

续表

年份	讼离案件数	讼离率（每10万居民之诉离人数）
1919	22	3.51
1920	44	6.88
1921	38	5.87
1922	35	5.51
1923	48	7.52
1924	54	8.29
1925	51	8.06
1926	63	10.30
1927	62	9.35
1928	64	9.55

天津作为北方都市，离婚率与北京大体相似。据天津市社会局统计，1928—1930年天津市三年间离婚案件分别为38起、78起和112起，呈现出较强的上升势头。[①]

据上海社会局统计，上海1928年8月至12月有离婚数共370件，1929年上升为645件，1930年为853件。[②]

地处西部的成都，自1937年3月至1938年11月，经成都地方法院判决的离婚案件也有70起。[③]

与京津相邻的河北省，自1929—1935年经省高等法院第一分院受理的离婚案例共346起。[④]

即使在农村，提出离婚诉讼的案件，也不时发生。如北京郊区自1925年至1932年经法院判决的离婚诉讼案件有180起。且呈上升趋势，

[①] 《天津市最近三年离婚案件发生原因比较》，天津市社会局编印：《天津市社会局统计汇刊》1931年8月，社会病态·离婚案件统计。

[②] 沈登杰、陈文杰：《中国离婚问题之研究》，《东方杂志》1935年32期，第13页。

[③] 萧鼎瑛：《成都离婚案之分析》，李文海主编《民国时期社会调查丛编·婚姻家庭卷》，福建教育出版社2005年版，第411页。

[④] 李晋霄：《民国年间婚姻关系解除探究——以20世纪30年代河北省高法案例为中心》，硕士学位论文，河北师范大学，2012年，第13页。

1925年有10起，1932年达55起。①

　　频仍的民国离婚诉讼案，呈现了与传统社会迥异的社会生活场景。在中国传统社会里，虽也有解除婚姻的现象，但在夫权至上的社会里，离婚只是男人的专利。在传统婚姻中，妇女一直恪守"从一而终"的法规，婚姻几乎是其全部生命，她们的名节与生存都赖此维系。遇到不幸的婚姻，社会也没有为她们规定出路，她们自己也宁愿屈服认命。因此，在中国传统社会里，很少见因离婚提起诉讼的。

　　民国离婚诉讼案的涌现，是对传统婚姻制度的革命，体现了婚姻自主、结婚自由、离婚自由等观念在民国的滥觞。这种新婚姻观念的出现及付诸实践，有其深厚的社会文化背景，可以说是各种社会文化合理推动的结果。

　　第一，得益于社会知识精英多年的呼吁与努力。

　　早在20世纪初年，一些有识之士受近代民主思想的影响，开始抨击中国传统的婚姻制度，呼吁婚姻革命，主张婚姻自由。陈独秀即撰文怒斥旧式婚姻制度，主张婚姻自由。陈独秀讥讽包办婚姻："开店的人请个伙计，还要两下里情投意合，才能相安。漫说是夫妇相处几十年的大事，就好不问青红皂白，硬将两不相识、毫无爱情的人配为夫妇吗？"②在主张结婚自由的同时，陈独秀还提出了离婚自由的主张。他指出："结婚的事，无论是自己择选，或是父兄替他尽心择配，断没有个个都择得合式，不走一眼。若是配定就不能再退，那不是有误终身么。"既然婚姻不能勉强，离婚也就是合乎情理的事了。但根据当时中国的律例，男子对女子有七出的权利，而女子对男子却没有离婚的权利。对此，陈独秀猛烈抨击道："天生男女都是一样，怎么男子可以退女人，女人就不可以退男人呢？岂是女子天生的下贱，应该受男子糟蹋吗？"③

　　至五四时期，一些激进的知识精英纷纷加入到呼吁婚姻自由和妇女解放的阵营中。许多人把争取婚姻自由与争取民主权利联系起来。陆秋心在

---

①　吴至信：《最近十六年之北平离婚案》，李文海主编：《民国时期社会调查丛编·婚姻家庭卷》，福建教育出版社2005年版，第396页。

②　陈独秀：《恶俗篇》，《陈独秀著作选》（第1卷），上海人民出版社1984年版，第40—45页。

③　同上。

《新妇女》上发表《婚姻自由和德莫克拉西》，指出："我相信婚姻自由和德莫克拉西是在一条线上的，在德莫克拉西下面的婚制一定是完全自由的"；"要做民国国民，一定要婚姻自由，要拥护德莫克拉西，一定要拥护婚姻自由"。① 周建人也指出："今日的离婚问题，可以说不是婚姻问题，而是自由平等问题。"②

更值得一提的是，在五四新文化运动中，一批知识精英开展了妇女贞操问题的讨论，严厉抨击了罩在中国妇女身上数千年的封建的清规戒律，为妇女的婚姻自由，尤其是离婚自由解除了最后一道藩篱。

第二，得益于社会舆论的导向与大力传播。

在社会知识精英的倡导下，新闻媒体的舆论导向对婚姻自由观念的传播也起了很重要的作用。在民国年间，一些有影响的报刊，如《大公报》《申报》《民国日报》《东方杂志》《新青年》等刊载了大量有关婚姻自主的文章，他们倡导恋爱自由、结婚自由、离婚自由。《妇女杂志》还在1922年4月推出了"离婚问题"专刊。

不仅如此，新闻媒体还炒作一些案例，宣传婚姻自主，倡导文明离婚。如1930年12月《大公报》关于影星蝴蝶与林雪怀离婚诉讼案的报道。

第三，得益于婚姻法制的进步与法制观念的宣传。

在社会进步文化的推动下，民国的婚姻法制也在不断的改革和进步中。民国成立后，北洋时期的婚姻立法基本沿袭清时的《大清现行刑律》的亲属编内容。1928年，国民政府立法院成立后，开始起草民法典。1930年12月26日颁布了《中华民国民法·亲属编》。《中华民国民法·亲属编》分七章，自第967条到第1137条，共171条。第二章婚姻，分5节，共64条，自第971条到第1058条，其5节为：（1）婚约；（2）结婚；（3）婚姻之普遍效力；（4）夫妻财产制；（5）离婚。这可以说是第一部近代意义上的婚姻法。民法第972条规定"婚约，应由男女当事人自行订定。""父母为子女订定之婚约，对于子女不生效力。"民法第1052条规定：夫妻之一方，以他方有下列情形之一者为限，得向法院请求离婚：重婚者；与人通奸者；夫妻之一方，受他方不堪同居之虐待者；妻对

---

① 陆秋心：《婚姻自由与德莫克拉西》，《新妇女》第2卷第6号。
② 周建人：《离婚问题释疑》，《妇女杂志》第8卷第4号。

于夫之直系尊亲属为虐待,或受夫之直系尊亲属之虐待,致不堪为共同生活者;夫妻之一方以恶意遗弃他方在继续状态中有不治之恶疾者;夫妻之一方以意图杀害他方者;有重大不治之精神病者;生死不明已逾三年者;被处三年以上之徒刑或因犯不名誉之罪被处徒刑者。①

由此可见,国民政府颁布的民法亲属编从法律层面上赋予了女子与男子同等的离婚权利。据报载,南京国民政府成立后对新婚姻法的宣传,促使了各地离婚案的上升。北平市1929年10月至1930年9月,经地方法院受理的离婚案件高达974件,其中判决离婚的有611件。②据上海社会局统计,上海1928年8月至12月离婚370件,1929年上升为645件,1930年为853件。③1931年广西妇女的离婚案件达627件。④

二 女子离婚诉讼与男女平等观念

在夫权至上的传统社会里,离婚只是男人的专利。在古代中国的法律中,专门制定了针对休妻的"七出"条款⑤。七出之条完全凸显了男子在婚姻中的主导地位。

进入民国后,男子专权婚姻的局面遭到挑战。尤其经过五四新文化运动的洗礼,男女平等思想得到了极大张扬。这一点明显地体现在各地的婚姻诉讼案件中,女子作为主动方的比重越来越高。

据山西省政府统计处统计,20世纪20年代的山西省离婚案中,女子作为主动方已占相当的比例。见表2:

---

① 中国第二历史档案馆编:《中华民国档案资料汇编》第五辑第一篇政治卷(一),江苏古籍出版社1991年版,第429页。
② 沈登杰、陈文杰:《中国离婚问题之研究》,《东方杂志》1935年第32期,第13页。
③ 同上。
④ 冰莹:《广西的农村妇女》,《妇女生活》第二卷第1期。
⑤ 也称七去,或七弃。规定夫妻离婚时所要具备的七种条件,当妻子符合其中一种条件时,丈夫及其家族便可以要求休妻(即离婚)。休妻的七个条件为:不顺父母,为其逆德也;无子,为其绝世也;淫,为其乱族也;妒,为其乱家也;有恶疾,为其不可与共粢盛也;口多言,为其离亲也;窃盗,为其反义也。

表2　　　　　　　1921—1925年山西省离婚情况调查①　　　（单位：件）

	协议离婚			审判离婚		
	男方提出	女方提出	双方提出	男方起诉	女方起诉	双方起诉
1921年	447	191	1390	17	18	21
1922年	253	110	940	13	12	14
1923年	146	78	699	13	7	9
1924年	141	61	833	3	10	14
1925	108	58	799	6	7	12

表3是1928—1938年广州、成都、上海离婚主动方性别统计。②

表3　　　　　1928—1938年广州、成都、上海离婚主动方性别统计

地点 主动者	上海	广州	成都
男方	15.63%	8.6%	15.7%
女方	14.14%	77.2%	82.9%
双方	70.18%	14.2%	1.4%
合计	100.0%	100.0%	100.0%

表4是1917—1934年北京、天津离婚案件的主动方性别统计。③

---

① 山西省政府统计处编：《山西省第七次社会统计·离婚》，1929年刊行，第17—18页。
② 1933年上海市统计；萧鼎瑛：《成都离婚案件之分析》，李文海主编：《民国时期社会调查丛编·婚姻家庭卷》，福建教育出版社2005年版，第420—421页。
③ 表中各处统计数据内涵有所差异，北京2、天津3的数据为北平地方法院和天津地方法院的当年婚姻关系案件，其中也包括了解除婚约、请求同居等事项。

表 4　　　　1917—1934 年北京、天津离婚案件的主动方性别统计

地别	年份	男方提起		女方提起		双方提起	
		件数	百分比	件数	百分比	件数	百分比
北京 1	1917—1918	24	44.4%	30	55.5%		
	1919—1920	27	40.9%	39	59.1%		
	1921—1922	25	34.2%	46	63.0%	2	2.8%
	1923—1924	39	38.2%	55	53.9%	8	7.9%
	1925—1926	41	36.0%	72	63.2%	1	0.8%
	1927—1928	42	33.3%	84	66.7%		
	1929—1930	49	24.0%	150	76.0%		
	1931—1932	58	15.5%	304	81.0%	13	3.5%
北京 2	1933	44	24.6%	135	75.4%		
	1934	57	25%	171	75%		
天津 1	1926	7	29.2%	7	29.2%	10	41.6%
	1927	2	6.25%	20	62.5%	10	31.3%
	1928	16	13.9%	22	62.8%	10	23.3%
天津 2	1929	18	23.1%	60	76.9%		
	1930	30	26.8%	82	73.2%		
天津 3	1933	25	29.4%	60	70.6%		
	1934	23	30.7%	52	69.3%		

由各地离婚案件的统计可见，女子已成为离婚案件中的主动方。特别是北京、天津各组数据表明，离婚案件中由女方提起诉讼的比例要高于男方。这无疑反映了这样一个事实：随着男女平等意识的逐渐增强，女子开始行使婚姻自由的权利，包括离婚的基本权利。

在这一点上，发生在天津的两起离婚案件也可以说明女子在离婚案件中的自主意识。

案例 1：1928 年 6 月，天津发生了一例女方主动提出离婚并取得成功的案件。事情的起因是丈夫剑如在一次舞会上，当着自己妻子孙慧若的面，跪下给他的一名舞伴穿鞋，孙慧若看到后对丈夫的做法十分不满，认为他对自己不忠，见异思迁，遂提出与他离婚。22 日、23 日，《大公报》原文刊登了这对离婚夫妇的通信。女方在信中向男方提出要求，希望他善

待归于男方抚养的女儿,希望女儿能"受到高等些的教育,使他能够自立"。男方剑如的回信向女方解释了其中的"疑云",指出妻子不满他在舞会上与其他女性交往并替对方穿上鞋子,实际上那只是"欧美的社交场合"中常有的事。这两封信,在社会上引起强烈反响,各方见仁见智,纷纷发表评论。① 这场沸沸扬扬的讨论,体现出民国时期离婚自由已慢慢渗透到婚俗中,并已经得到法律的保障和部分民众的认可。

案例2:1931年天津各大报纸的头版中,纷纷报道了末代皇妃文绣和清逊帝溥仪的离婚事件。文绣嫁给溥仪后,一直受到溥仪的冷落和皇后的虐待,几次自杀,但都失败了。之后,文绣受到婚姻自由思潮和亲戚的鼓舞,决定向溥仪提出离婚。1931年8月25日,文绣借机逃出静园后,便聘请三位律师起诉与溥仪离婚。溥仪获知后大怒,急忙派人寻觅文绣,欲要与其达成和解,但却遭到拒绝。经过双方律师的磋商和调解,最终达成协议离婚。1931年10月22日,双方在天津律师事务所签订了离婚协议。② 文绣身为皇妃,敢于提出离婚,脱离皇家樊笼,是需要很大勇气的,也是那个时代中国女性挣脱封建皇权与夫权思想、追求婚姻自由的集中反映。因而,此事在当时轰动全国,成为民国社会的一大新闻。

随着男女平等理念的渗透和部分妇女地迈向社会,一向处于婚姻关系中弱势地位的妻子开始有了新的需求,不再甘居人下、忍受屈辱。她们敢于挑战夫权,摆脱困境,这无疑是民国年间男女平等思想在婚姻生活中的体现。

三 从诉离原因看婚姻观念的变化

在古代中国,导致夫妻离婚的原因全都归咎于女方。自古来,只有"休妻",没有"休夫"。进入民国后,从各地离婚诉讼案件来看,导致离婚的责任方有女方的,也有男方的,还有男女双方共同的。其原因有自然性的(如生理、性格等),也有法律性的(如重婚、虐待等)。有人曾对

---

① 周俊旗主编:《民国天津社会生活史》,天津社会科学院出版社2002年版,第185页。
② 傅嫱:《末代皇妃文绣的一生》,《天津文史资料选辑》第35辑,天津人民出版社1986年版,第65页。

1917—1932 年间北京离婚原因进行了归纳分析，见表 5：①

表 5　　　　　　　　　1917—1932 年间北京离婚原因

行为人	主因分类表现	关于性格的		关于经济的		关于亲属的		关于生理的		主因难定的	
		数量	百分比	数量	百分比	数量	百分比	数量	百分比	数量	百分比
总计		337	100%	227	100%	256	100%	107	100%	182	100%
夫妻	争吵	194	57.6%	89	39.2%	140	54.7%	59	55.1%	66	36.3%
夫	共计	87		110		44		18		81	
	逼娼或卖妻	3	0.9%	81	35.7%	1	0.4%	3	2.8%	22	11.7%
	遗弃	16	4.7%	13	5.9%	19	7.4%	6	5.6%	27	14.8%
	虐待	45	13.3%	14	6.1%	21	8.2%	3	2.8%	17	9.3%
	重婚	12	3.5%			1	0.4%	1	0.9%	12	6.9%
	纳妾	4	1.2%			1	0.4%	5	4.7%	3	1.6%
	奸情	5	1.5%	1	0.5%						
	虐辱妻亲			1	0.5%	1	0.4%				
	迷信休妻	2	0.6%								
妻	共计	53		22		38		30		35	
	虐辱翁姑	4	1.2%			6	2.3%	2	1.8%	17	9.3%
	遗弃	21	6.2%	12	5.2%	28	10.9%	8	7.5%	1	0.6%
	虐辱丈夫	4	1.2%			1	0.4%	2	1.8%	15	8.3%
	奸情	19	5.6%	5	2.2%	1	0.4%	18	16.9%	1	0.6%
	再嫁	2	0.6%	4	1.8%	2	0.8%			1	0.6%
	怀异志	1	0.3%	1	0.5%						
	不满中国生活	2	0.6%								
他人	共计	3		6		34					
	夫亲属虐妻	2	0.6%	6	2.6%	33	12.9%				
	姊弟婚人非议	1	0.3%								
	父母指令休妻					1	0.4%				

由表 5 可见，北京 16 年间 1109 个离婚案例中，双方因性格不合、经

---

① 吴至信：《最近十六年之北平离婚案》，李文海主编：《民国时期社会调查丛编·婚姻家庭卷》，福建教育出版社 2005 年版，第 404 页。

常争吵而导致离婚者，占了总数的49.4%。在这将近半数的夫妻失睦中，虽然不能显示争吵的责任方，联系前述离婚的提起者主要为女方可以推测，至少是妻子更加无法忍受婚姻生活所带来的苦恼。其他三种有明确主因的案例，可以更清晰地梳理出妻子们的处境。如果把逼娼、卖妻、遗弃、重婚、纳妾都纳入到广义上的虐待的话，妻子因遭受虐待而提起离婚的比例为35.8%，在有明确责任方的占总数50.6%的案例中，占70.3%。

冀察调查统计处的数据，印证了类似的情况。在1933—1934年间，京津两个地方法院所判处的179个离婚案例的离婚主因中，受对方虐待者为62例（34.6%），受亲属虐待者为44例（24.6%），重婚者为31例（17.3%）①，三者比例共计为总数的76.5%。

另据天津市社会局统计，1926年至1928年，天津的92件离婚案中，原因为逼娼者最多，达27例（31%），其次是受虐待者，共21例（24%），重婚或骗婚者7例（8%）②，三项比例共计是63%。1928—1930年天津市223例离婚案件的离婚主因中，虐待者59例（26.5%），逼娼者40例（17.9%），遗弃者16例（7.2%）③，三项比例在总数中共计为51.6%。如果单从女方来看，这种因受虐待或丈夫重婚而离婚的比例将会更高。

同一时期，中国其他都市的离婚原因也大体类似，见表6：

表6   1930年代广州、天津、成都、上海离婚原因统计   （%）

原因＼地点	广州	天津	成都	上海
虐待与侮辱	32.1	42.9	28.6	2.11
行为不端	17.1	10.7	10.0	14.53
意见不合	12.8	14.3	8.6	73.39
遗弃	11.4	3.6	7.2	1.87
重婚骗婚	7.4	0	14.3	0

---

① 《冀察调查统计丛刊》第2卷第6期，1937年6月15日，第29—30页。
② 谭纫就：《中国的离婚研究》，中华基督教女青年会全国协会1932年版，第58—61页。
③ 《天津市最近三年离婚案件发生原因比较》，天津市社会局编印：《天津市社会局统计汇刊》1931年8月。

续表

原因＼地点	广州	天津	成都	上海
疾病	4.3	10.7	4.3	0.59
被诬陷	3.6	0	0	0
经济压迫	2.6	3.6	5.7	0.82
逃亡	2.8	0	0	0
包办婚姻	0	7.2	0	1.29
嫌夫丑恶	0	7.2	0	
逼娼	0	0	0	
徒刑	0	0	0	
其他	5.2	0	8.7	4.81
未详	0	0	12.9	0.59
合计	100	100	100	100

注：统计时间，广州1930年，天津1929年，成都1937—1938年，上海1930年。
资料来源：《天津市最近三年离婚案件发生原因比较》，天津市社会局编印：《天津市社会局统计汇刊》1931年8月；萧鼎瑛：《成都离婚案件之分析》，李文海主编：《民国时期社会调查丛编·婚姻家庭卷》，福建教育出版社2005年版，第420—421页。

从各地起诉离婚的原因来看，无论是自然性的，还是法律性的，大体相同。不过，细细看来，有下述几点值得一提，其间深刻地反映了民国年间婚姻新观念。

第一，诉感情不和，以求和谐的夫妻关系。

民国年间，夫妻感情不和，成为诉讼离婚的第一原因。由上述各表可见，北京离婚诉讼案中，由夫妻争吵、感情破裂导致离婚诉讼的占49.4%，几近一半；上海竟占诉离案的73.39%。广州、天津、成都所占比重虽不及北京、上海，但也分别占诉离案的12.8%、14.3%、8.6%。

另据山西省政府统计处统计，在1921—1925年间已知的离婚案件中，夫妻双方感情不和者数量最多。5年间，由于夫妻感情不和导致离婚案件共2826件，占已知离婚案件数的43.8%。[①]

由于感情不和而提出离婚，这在传统社会里不可想象。民国年间把感

---

① 山西省政府统计处编：《山西省第七次社会统计·离婚》（1925年），第9—18页。

情因素作为婚姻中的要素，反映了人们向往和谐夫妻关系的婚姻新理念。

第二，诉丈夫重婚，以求一夫一妻制的落实。

一夫多妻、纳妾制度是中国传统婚姻社会的常态，也是夫权社会的集中体现。进入民国后，政府颁布的婚姻法虽规定一夫一妻制，但对于纳妾一事却采容忍态度。于是，民国社会中就出现了一种奇特现象：法律中明文规定一夫一妻制，但社会上却妻妾制度依然广泛存在，造成了很多事实上的一夫多妻。纳妾者不分老少，也不分新旧，既"有三妻四妾的陈腐老先生"，又有"纵欲娶妾的志士留学生们"①。甚至一些政要还经常携妾频频出现于社交场合，以至形成一种风气。如民国初年国务总理周自齐，以重金纳天津艺人王顺喜为妾，宠擅专房。周在北京供职时，常常携王同赴政府，"各部之有妇女踪迹者，自是始"②。

针对由纳妾导致的实际一夫多妻现象，京津两地的妇女界展开了猛烈的批评。她们把纳妾视为"一种破坏家庭幸福最毒烈的动物"，"这种动物的能力如同毒蛇猛兽"，其毒害"简直超过现在国际公法所共同禁止的毒弹还有余"，"妾者就是一个非法的婚姻结合，不正当的妻"。她们认为纳妾的弊端"恐怕罄竹难书"，中国人要建立文明、合理、幸福的家庭，必须"起来奋争，提倡废妾运动"③。北京的妇女界创立女权运动同盟之后，极力反对纳妾制度，并在其纲领中列出了争取在刑法中加入"纳妾以重婚罪论的"条文。④

随着新婚姻观念的深入，各地妇女纷纷拿起法律武器，以"重婚"诉讼离婚。根据民国年间北京等地的离婚诉讼的统计，可以看到"重婚"一词已成为女子起诉与男子离婚的重要因素。如在 1917—1932 年间北京法院离婚诉讼的统计中，由妻子所提出的针对男子性行不良的 243 件案例中，主要因为"夫原有妻"也称"骗婚"者为 58 例，占了总数的 23.9%，在包括亲属、经济、生理等共计四类原因的 700 件案例中的比例为 8.3%。⑤

---

① 章锡琛：《新性道德是什么》，《妇女杂志》第 11 卷第 1 号，1925 年 1 月。
② 程郁：《纳妾：死而不僵的陋习》，上海古籍出版社 2007 年版，第 107 页。
③ 剑天：《废妾运动》，天津《快乐家庭》第 1 卷第 7 号。
④ 程郁：《纳妾：死而不僵的陋习》，上海古籍出版社 2007 年版，第 99 页。
⑤ 吴至信：《最近十六年之北平离婚案》，李文海主编：《民国时期社会调查丛编·婚姻家庭卷》，福建教育出版社 2005 年版，第 391 页。

另据冀察政府委员会统计，1934年北平地方法院收到离婚案件54起，离婚理由为"重婚"者为12件，在全数中的比例为22.2%。①

天津也是如此，"重婚"一项在离婚原因中频频出现，基本上也都是男子的行为。1926年至1928年，天津共有92件离婚案，"重婚或骗婚"7件，约占总数的8%。②

虽然"重婚"在离婚案件中的比例并不大，但它的提出，具有十分重要的意义。它表达了人们对一夫多妻旧婚制的强烈不满，也体现了对新婚姻法倡导的一夫一妻制的认可与赞赏。

第三，诉家庭暴力，以求平等的夫妻关系。

在各地的离婚诉讼中，因"虐待"而提出诉讼的比例都较高。从前述广州、天津、北京等诉离原因分析中，"虐待与侮辱"，均是各地重要的离婚因素。广州所占比重为32.1%，天津为42.9%，北平为30.6%，成都为28.6%。

所谓"虐待与侮辱"，就是家庭暴力。施暴者既有男方，也有女方。因抗拒受虐待与侮辱而提出离婚，这也体现了人们向往平等夫妻关系的愿望。

四 从离婚诉讼案判决看婚姻新观念实施的无奈

民国年间离婚诉讼案的纷起，体现了婚姻自由、离婚自由等观念的实施。但从讼离结果来看，并不令诉离者十分满意。有相当的诉离案都以失败收场。有人统计了北京1917年至1932年离婚诉讼案判决结果，见表7：③

---

① 《离婚原因统计表（1934年度）》，《冀察调查统计丛刊》第2卷第6期，1937年6月15日，第30页。
② 谭纫就：《中国的离婚研究》，中华基督教女青年会全国协会1932年版，第58—61页。
③ 吴至信：《最近十六年之北平离婚案》，李文海主编：《民国时期社会调查丛编·婚姻家庭卷》，福建教育出版社2005年版，第405—406页。

表7　　　　　　　　1917—1932年离婚诉讼案判决

年份	成功		失败		不明	
	案件数	百分比	案件数	百分比	案件数	百分比
1917	16	57.1%	9	32.2%	3	10.7%
1918	8	30.8%	16	61.5%	2	7.7%
1919	16	52.5%	4	18.2%	2	9.1%
1920	27	61.5%	14	13.8%	3	6.8%
1921	19	44.7%	16	42.1%	5	13.1%
1922	21	60.0%	11	31.4%	3	8.6%
1923	25	52.1%	18	37.5%	5	10.4%
1924	25	46.3%	22	40.7%	7	13.0%
1925	24	47.1%	19	37.3%	8	15.6%
1926	30	47.7%	27	42.2%	6	9.5%
1927	33	53.2%	28	45.2%	1	1.6%
1928	44	68.8%	18	28.1%	2	3.1%
1929	69	70.4%	20	20.4%	9	9.2%
1930	57	56.4%	35	34.7%	9	8.8%
1931	82	42.2%	72	42.4%	16	9.4%
1932	88	42.9%	79	38.5%	38	18.6%
合计	582	52.5%	408	36.7%	119	10.8%

由表7看出，在北京16年间离婚诉讼案中，由法院判决准许离婚的只占52.5%，有36.7%的诉离案都未核准。应该说，婚姻新观念赋予了人们诉讼离婚的权力，但能否诉离成功？既取决于当事人物质经济条件，还取决于人们对法律的认知和社会习俗对离婚的影响。我们不妨举几个案例说明之。

案例1：刘李氏诉丈夫刘琢案。

1914年10月，北京大街上刘琢的两个妻子当街口角，刘李氏喊告巡警，控告丈夫刘琢与其重婚妻刘薛氏串通逼伊为娼。带署传讯之后，事情并非如刘李氏所控。刘琢，滦州人，年27岁，在德胜门外洋行佣工。三年前娶带一个小女孩的刘李氏过来，几年内没有生养，因而续娶薛姑娘为妻。刘李氏自然不愿意丈夫再娶，找到丈夫的外家，自称是拿自己的东西。新娶妇刘薛氏不允,两人拌嘴口角。到了京师警察厅,双方都求息讼。京师警察厅准予免究,但就她们在街口角、违背警章之事,各罚大洋一元。刘琢当堂呈交银洋二元,切具安分过度甘结,将两个妻子领回①。

由此案可见,女子虽意识到丈夫重婚不当,并以此诉讼。但鉴于生活所迫,无奈只能接受现实,继续依仗丈夫而生活。

案例2:阎陈氏诉阎福泰案。

1918年8月,一个一夫多妻家庭吵闹到警察署。40岁的卖瓜人阎福泰娶有两房妻子,原配阎陈氏,34岁,次妻阎贾氏,37岁。阎贾氏虽然过门已经八九年,原配阎陈氏却始终无法接受,并且两人不能共处,必须有一人长期在外佣工,才能保持家里的和平。阎贾氏作为次妻,自然经常成为牺牲。这一次吵闹是因为阎贾氏染病回家调养,丈夫阎福泰给买了一碗馄饨,原配阎陈氏气不过,骂骂咧咧挨了丈夫的打,故而到警署控告,说是丈夫受阎贾氏调唆打她,并将她遗弃不养。事情之缘起无非是妻妾争风,调解起来也很简单,次妻阎贾氏仍然出外佣工,唯生病时阎陈氏应准许回家调养。从阎贾氏所切具的甘结内容,可以窥探到一夫多妻家庭中处于弱势之妻的处境:具甘结人阎贾氏,今在案下结得,窃因我与大妇阎陈氏先后嫁与阎福泰为室,现我在外佣工,因病回家调养,阎陈氏他不愿意,控告到案。蒙讯,仍令我们回家安度。现我情愿回安福胡同刘宅佣工,暂不回家,以后如我再有病时,恳求向阎陈氏说知,容我回家调养,我所挣的工钱除我穿用,余钱仍给我夫及阎陈氏贴补度日,所具甘结是实。②

像这样妻妾不能共处的例子不在少数,1923年7月,在北京东单开铁厂生意的骆俊秀也因妻妾矛盾被告到了警察署。1922年,38岁的骆俊秀将18岁妓女骆李氏赎身作妾,在外赁房租住。第二年回家同度之后,妻妾不和,骆李氏以受虐为名呈控离异。在警署调解下,骆俊秀答应骆李氏的要求,另外租房过度,不再强迫她回家同居。③

---

① 《外右五区表送刘李氏控伊夫刘琢被其重婚妻刘薛氏串通逼伊为娼一案卷》,1914年10月,京师警察厅档案J181-19-5087,北京市档案馆藏。

② 《外右四区警察署关于阎陈氏控他丈夫阎福泰私与贾氏姘居将她遗弃不养等情一案的呈》,1918年8月,京师警察厅档案J181-19-21572,北京市档案馆藏。

③ 《内左一区表送骆李氏喊控伊夫骆俊秀向伊虐请判离异一案卷》,1923年7月,京师警察厅档案J181-19-38963,北京市档案馆藏。

1930年的国民政府新婚姻法规定，男女双方在一夫一妻制下，都可以重婚提起离婚诉讼。不过，从女子的角度看，婚姻毕竟是关系终身名誉与生存的大事。除非自己的婚姻生活已名存实亡或者不堪忍受，否则她们宁愿认命，也不愿提起对丈夫的诉讼。由此可见，民国法律在逐渐体现出夫妻关系中的男女平等，而事实上的男女平等则艰难得多。只要女子仍然在经济上处于从属地位，男子霸权下的不平等现象就无法从社会中根除。离婚现象虽然在民国各地中呈现出增多的趋势，但在离婚问题的背后，依然是大量女性对于夫妻不对等现象的难以接受和无可奈何。

　　妇女要求离婚的案件还常遭到一些地方权势的干涉。在山东曾发生韩复榘乱判诉离案的事件。韩复榘当政山东时好问司法。有阳谷县杨王氏诉与丈夫离婚。告到省府，请求判离。韩复榘平常素恨女子离婚者，不允。令杨氏将其妻领回，并对杨氏说："你妻仍判给你，倘她不老实，打死勿论，我替你做主。"①

　　从另一角度言，即使诉讼成功者，由于社会旧有道德的压迫和离婚后缺乏经济能力，常使离婚者的生活处于困境。民国法律虽规定夫妻离婚后，男方要给女方经济补助。但这限于男方首先提出离婚时，女方才可能获得经济补助。如女方提出离婚，往往难以得到补助。如1937年成都妇女刁玉如诉离案，法院就以男方无财产，只要求男方"斟酌资力"，并没有明确男方应给予刁氏具体生活费。②离婚妇女窘迫的生活境地，常使得一些试图诉离的妇女，处于一种离婚与否的纠结中。

　　此外，在民国时期，全国各地虽频起离婚诉讼案，但人们对离婚，尤其是女子诉讼离婚仍难以接受。在当时的社会，仍有人把离婚的女子视为祸害，经常对离婚的女子进行非难。当时就有人评论："在今日离婚的女子，简直可以看做无上的不幸和不名誉。"人们对于离婚后的妇女，"不但不对他表同情，反充分的污蔑他。……在今日的社会里，一旦离了婚，女子的损失比男子为遥大。也不问事情是怎样？凡是离婚的女子，都受到道德上的犯罪者处分"。③

　　传统的婚姻观念和经济地位仍像两把利剑，严重影响到离婚诉讼案的

---

① 张庆军、孟国祥：《民国司法黑幕》，江苏古籍出版社1997年版，第341页。
② 参见艾晶《离婚的权力与离婚的难局》，《新疆社会科学》2006年第6期。
③ 宛扬：《男子方面的妇女解放》，《妇女杂志》6卷7号，1920年7月。

司法判决中,也迫使一些已醒悟的人们不愿也不敢轻易行使离婚的权利。

综上所述,民国年间频仍的离婚诉讼案,充分体现了自主婚姻已从观念、文本走进了人们日常婚姻生活。但受传统婚姻观念和经济地位的影响,离婚诉讼案的判决结果,仍不尽人意。新婚姻观念与现实生活的落差告诉人们,民国年间新婚制、新观念虽然赋予人们婚姻自由,以及离婚自由的权利,但要实现真正意义上自由婚姻,还有一段漫长的路。

新中国成立前夜的妇女角色定位论争

吕文浩

（中国社会科学院近代史研究所）

引 言

中国近代关于贤妻良母论或与之相近的妇女回家论，从理论上说，其实质是妇女的角色定位问题，即妇女究竟应该安于在家庭中相夫教子还是应该参与社会生产以确立不依附于丈夫的社会地位。从晚清妇女运动发轫以来，将妇女的主要社会角色定位于贤妻良母，始终具有相当大的影响力，这不仅是大部分男性主观上的一厢情愿，也为许多女性甚至新女性自身所认同。[①] 五四新文化运动时期，先进的知识分子提出了女性人格独立、个性解放和个性自由的命题，揭开了妇女运动新的历史篇章。"超于贤妻良母主义的人生观"的广泛传播，以及为追求人格独立而得到推崇的新女性形象"娜拉"的深入人心，这一切都为妇女走出家门，追求经济独立和人格独立奠定了坚实的思想基础。正是在这样的历史前提下，以争取妇女权利为己任的妇运界才有可能和贤妻良母论以及妇女回家论展开两军对垒式的较量。

20世纪30年代是贤妻良母论以及妇女回家论较为流行的时期，妇女界为此打了不少笔墨官司，此后在抗战时期围绕战国策派的妇女论述、福建省主席陈仪的妇女回家言论及其实践，妇运界都展开了一波又一波的激

[①] 在民国时期像刘王立明、冰心、陈衡哲等人，可以说是不忽视传统社会赋予女性职责的新女性代表。

烈论辩。① 这些论辩，使限制、禁用女职员的不合理规定不得不退出历史舞台，也相应地扩大了进步言论的影响力。抗战结束后的几年间，妇女争取自身权益不再成为社会关注的焦点，相关问题的讨论转趋沉寂。但妇女角色定位问题并未因此而获得解决。随着妇女就业而带来的妇女家庭职业双重负担问题、家事荒芜问题以及子女失教问题等依然十分严重。在这样的历史背景下，一贯关注妇女问题且多次引起广泛争议的社会学家潘光旦，在1948年7月和9月，先后在当时颇有地位和影响的南京《世纪评论》周刊和上海《观察》周刊上发表了两篇妇女角色定位的文章。这两篇文章是潘光旦妇女论述的最后结晶，可以代表他成熟时期的基本见解，尽管有明显的妇女回家论倾向，但也力求面面俱到，对妇女的职业权利以及人格独立要求表示相当程度的容纳。即便如此，这两篇文章还是在妇运界引起了强烈的反响，从1948年9月至11月，短短3个月时间，先后有6位作者发表文章与他商榷，9月底《妇女》月刊社还为此举行了一次座谈会加以批驳，在兰州的王法谦女士也主持了一个针对这两篇文章的座谈会，"参加的人数是历次以来所未有的盛况，如大学教授，中学校长，教员，托儿所所长，女记者，女学生，甚至男士参加的也很多"。② 就潘光旦而言，此时的论调和以往的论述有一脉相承之处，在容纳妇运界的新思想上也有新的发展；而妇运界的反击则是既有老调重弹之处，也有左翼思想愈加凸显的新情况。关于新中国成立前夜的这场关于妇女角色定位的论争，其内涵和意蕴，至今学术界还缺乏基本的梳理和分析。③ 本文试图整理论争双方的思想观点，揭示其价值倾向，并揭示其迥然相异的历史命运。

---

① 参见吕美颐《评中国近代关于贤妻良母主义的论争》，《天津社会科学》1995年第5期；余华林：《女性的"重塑"：民国城市妇女婚姻问题研究》第二章"'娜拉精神'或'贤妻良母'：婚后妇女的家庭生活"，商务印书馆2009年版；吕芳上：《抗战时期的女权论辩》，《近代中国妇女史研究》第2期，1994年6月。

② 《兰州妇讯》，《现代妇女》第12卷第6期，1948年12月。关于这次座谈会上讨论的情况，主办方有一篇很长的综述稿，《现代妇女》杂志编者在按语中说明："因原文冗长，篇幅有限，兹摘录要点发表，特请作者原谅。"

③ 吕芳上在《抗战时期的女权论辩》一文中曾注意到抗战时期围绕潘光旦《妇女与儿童》一文展开的论辩，对战后潘光旦两篇妇女文章引起的反响也有提及，但其资料搜集不够全面，对论辩双方的讨论内容和思维逻辑都缺乏具体的分析。

观点回顾

在叙述新中国成立前夜的这场关于妇女角色定位的论争之前，有必要把在此之前约二十年余间潘光旦关于妇女问题的主要观点以及所遭遇的争论作一个简要的回顾。

作为著名的性心理学家、优生学家和社会学家，潘光旦在其学术生涯开始的1922年，就以一篇《冯小青考》深刻地分析了中国传统社会对女性性心理造成的巨大伤害，此后他在优生学和社会学的研究中，也往往将妇女问题作为一个重要组成部分加以论述。囿于优生学的学术视野，潘光旦特别强调妇女在家庭中的地位以及对于种族绵延所负有的重责大任，这样便有意无意地将妇女个性的解放放在一个比较次要的位置。他在关于妇女问题的学术著述以及面向社会读者的时论性文章中，往往将流行的妇女运动作为讥讽和批判的对象，因此引起了妇运界相当强烈的反弹。

20世纪20年代末期的三四年间，潘光旦这样批评妇女运动：妇女有少数和多数之分，即少数女子或情感薄弱不想嫁人，或女性薄弱不想生子，同时她也许不无相当的文学天才或艺术天才，甚至有一些组织和调度的能力，这些不同于普通女子的少数人不希望像普通女子那样出嫁生子，而是一心一意地要寻求一个前程，成就一番事业，她们与有权的男子发生了争取权力的要求[①]；解决问题的办法是，开明的社会应该理解这些少数妇女的苦衷，另外安插她们，"不过要是她们不仅为自己着想，却以为别的女子都有这种苦衷，都用得着同样的待遇，这却大错特错了"。[②] 这就是潘光旦理解中妇女运动领袖们一厢情愿的错误。在他看来，大多数普通妇女，本来是可以在家庭之内安插的，可是一方面受社会生计的驱动，一方面受女权哲学的驱使，大都不了解自己品性的妇女有些厌倦于平日的家庭生活，听见"解放"两字，很容易附和，从而形成一种影

[①] 潘光旦反对抽象的权力观念，在他看来，权不能脱离力而存在，"权便是力"，有力者有权，有力者若无权便会发生众多权力的要求与行动。关于这一观念的详细解说，详见潘光旦《女权：学理上的根据问题》，《潘光旦文集》第8卷，北京大学出版社2000年版。

[②] 潘光旦：《女权：学理上的根据问题》，《潘光旦文集》第8卷，第226页。

响广泛的妇女运动。妇女运动的日益扩大，将会使"家庭所以为社会中坚与道德维系力者，日益消失，而社会问题越发复杂了"。① 另外，潘光旦强调男女生理上的相异之处，则为男女承担不同的社会分工提供了学理上的根据。②

20 世纪 30 年代中期，潘光旦关于妇女经济独立和家庭职务的基本观点是所谓"一种看法"和"两三种办法"。一种看法是，"就健全的女子而论，我们总得承认生育是她们一生最主要的任务，不论为她们自身的健康计，或为种族全般的发展计，这任务都是绝对少不得的。至少就她们说，——不就她们说，又就谁说——职业的活动与经济的生产只得看做一件附属的任务，一件行有余力方才从事的任务"。③ "两三种办法"是：(1) 女子无论将来是否从事职业活动，都应培植经济生产的能力，普通教育、职业训练都应为她们开放，即使那些平时专为男子而设的机会也不应对妇女稍存歧视的态度，"目的是在让她们各就性之所近，有一个选择的自由"。④（2）精力特强的女子，尽可对生育子女、教养子女和职业活动同时兼顾，但以不妨碍子女的养育为限。(3) 不能同时兼顾生养子女和职业活动的普通女子，可以考虑采取分期办法，即将婚姻的最初 10 年或 15 年作为养育子女的时期，此后便是从事职业的时期。如果把后两点并作一个说，可以说婚姻前期养育子女为绝对的主，"后来女子渐长，不妨变作相对的主，到了子女都能进学校以后，职业的活动即作'夺主'的'喧宾'，亦无不可"。⑤

抗战时期潘光旦关于妇女问题比较突出的观点是，强调妇女在子女的生、养、教上发挥主导作用，甚至要自生、自养、自教，为此潘光旦还提出了"新母教"的主张并将其所包含的内容作了系统的论述。⑥

总体上看，潘光旦坚持妇女优先考虑生养子女，同时也为妇女的职业

---

① 潘光旦：《女权：学理上的根据问题》，《潘光旦文集》第 8 卷，第 227 页。
② 参见潘光旦《男女平权》，《潘光旦文集》第 8 卷。
③ 潘光旦：《〈性的道德〉译序》，《潘光旦文集》第 12 卷，北京大学出版社 2000 年版，第 108 页。
④ 《潘光旦文集》第 12 卷，第 108 页。
⑤ 同上书，第 109 页。
⑥ 主要文章有《新母教》《妇女与儿童》以及《关于妇女问题的讨论》，均辑入潘光旦著《优生与抗战》，《潘光旦文集》第 5 卷，北京大学出版社 2000 年版。

活动预留发展的空间。这种带有折中色彩、非刚性的"妇女回家论",因其给予妇女在家庭职务和种族延续以优先地位,所以就与倡导个性解放的时代潮流形成了相当的落差,所以引起了相当多的论争。比较引人注目的论争主要有三次,第一次是 1933 年上半年围绕潘光旦为刘英士译《妇女解放新论》而写的长篇序言展开的,和潘光旦论战的主要是《女声》半月刊的编者和骨干作者,以及由此引起的知识女性陈令仪在《女青年》月刊上的讨论;① 第二次论争是 1939 年 4 月至 11 月围绕潘光旦的《妇女与儿童》一文展开,先后有知识女性张敬、西南联大教授林同济、家庭教育专家陈佩兰先后发表文章商榷,11 月 5 日以潘光旦的总答复《关于妇女问题的讨论》结束了这场持续 7 个月的论辩;② 第三次是 1948 年 7 至 11 月间进行的,本文将要集中加以论述。

两篇文章的出台

1948 年 7 月 17 日潘光旦在南京的《世纪评论》周刊上发表了《家庭・事业・子女》一文。③ 此文的针对对象很明确,就是"已婚而不甘心的智识妇女",她们一面对子女和家庭具有浓厚的兴趣,一面又不甘心退出社会生产,做一个家庭主妇。他认为"问题的症结在如何才可以使她们甘心",解决的办法就是"还她事业,或还她事业心的满足"。总结多年来学者们提出的解决方案,不外三种:一是家庭事业兼筹并顾;二是把子女初期教养移出家庭,就是送到托儿所的办法;三是把一己子女的初期教养根本看作事业的一种。对于第一种办法,家庭事业兼筹并顾,他认为,这在原则上无问题,在实际上却困难甚多,特别是在当时生计拮

---

① 主要文章有:[英]蒲士:《妇女解放新论》,刘英士译,新月书店 1931 年版,"译者序";潘光旦:《再提"妇运"前途——答女声半月刊编者》,《华年》第 2 卷第 3 期,1933 年 1 月 21 日;编者:《答"再提'妇女'前途"》,《女声》第 1 卷第 10 期,1933 年 2 月 15 日;柳眉君:《纠正潘光旦"再提妇运前途"中之谬论》,《女声》第 1 卷第 10 期,1933 年 2 月 15 日;陈令仪:《读华年"再提'妇运'前途"的感想》,《女青年》第 12 卷第 6 期,1933 年 6 月。

② 三篇讨论文章分别是:张敬:《知识界妇女的自白——敬答潘光旦先生》,《今日评论》第 1 卷第 21 期,1939 年 5 月 21 日;林同济:《优生与民族——一个社会科学的观察》,《今日评论》第 1 卷第 23 期,1939 年 6 月 4 日;陈佩兰:《妇女与儿童抑父母与儿童!》,《今日评论》第 2 卷第 15 期,1939 年 10 月 1 日。

③ 此文收入《潘光旦文集》第 10 卷,第 286—292 页。

据、家庭设备难期周到的环境下，基本是十个里面，九个无法兼顾。不过，他也提出，这种办法将来还是有前途的，"社会的局势一经好转，关于衣食住行等基本生活的公共设备一有着落，社会对于已婚妇女的就业如果不再歧视，而在时间上能妥作安排（例如分上下半日之类），则一种两全的局面还是可以形成的"。潘光旦对于第二种办法持部分肯定态度，他认为半日托儿所或日间托儿所一类的机构，在原则上不成问题，但超出此种时限的托儿办法则问题甚多，因为"过于操切和全部托出的托儿办法只替母亲的事业着想，而没有替家庭与子女着想，其为不妥，是很明显的"。潘光旦认为更为可行的是第三种办法。他说："我认为这是最可行而也是最相宜的一条途径。以前的妇女十九便从事于此，她们虽不把它当做事业看，却始终把它当一件事做，根本没有发生过甘心不甘心的问题。"他认为，看法积极的话，就能引起兴趣，激发精神，虽劳而无怨。如果看法消极的话，就难免带三分无聊、七分勉强。只要价值观上的认识转变了，就不存在甘心不甘心的问题。

从潘光旦对三种办法的分析来看，他的思想天平并不平衡，在妇女个人发展和社会、种族需要两方面明显地有所倾斜。他并不去责成社会在公共设施以及工作安排上给予妇女以特殊的照顾，也不去责成社会广泛地办理合格的托儿育婴机构，而是把妇女回家作为最可行也最相宜途径。联系到此前十余年间潘光旦就妇女角色定位问题发表的种种意见，可以说完全是一脉相承的，那种把社会、种族责任置于妇女优先考虑地位的思维仍然是清晰可见的，那种对于妇女自生、自养、自教的青睐依然洋溢在字里行间。说到底，潘光旦还在提倡柔性的妇女回家论，也就是说让妇女回家要回得既"甘心"又"心安理得"。

可能是预料到这篇文章会引起很多反对声音，潘光旦将4年前在昆明版《中央日报》"妇女与儿童"副刊上连载过的一篇《妇女问题的一个总答复》重新拿出来，稍加修订，在9月11日《观察》周刊重新刊发出来。这是潘光旦的一种以前惯用的策略，需要回应妇运界对其思想的保守方面大加抨击时，他总是抬出自己对于妇女问题的全面看法来应对，因为他的全面论述尽可能照顾到问题可能涉及的方方面面，对于传统社会压抑女性的一面他也不惜笔墨加以抨击，对于妇女职业权和经济独立他也留有空间，他希望以自己的全面论述来堵住反对者的嘴巴。1934年他在回应上海工作时期遭遇到的反击时，就有《妇女问题总检讨》一文的发表；①1939年他在回应三篇批评《妇女与儿童》的文章时，也再次提到《妇女问题总检讨》的基本观点来加以辩解。②

《妇女问题的一个总答复》将迄今为止的妇女运动划分为两个时期：抗议时期和解放时期，对其主要贡献和局限加以平衡地论述，从其局限出发，他提出未来可能进入的第三个时期是"位育时期"。这个时期的主要目的是在促进女子的健康。他所展望的这个时期，其具体内容的展开有赖于"女子的自觉与自求多福的努力"，但他已经做出了一些原则上的提示：

> 第一个极单纯的原则是，我们一面对于男重女轻、男外女内一类变本加厉的积习虽应竭力的破除，一面对于上文所再三论到的自然的趋势，包括生物学上两性分化的基本事实在内，却仍宜充分的尊重；横加抹杀，或熟视无睹，是有百弊而无一利的。第二，既承认生物的分化，便不能不承认社会的分工；这分工当然不是绝对的，好比分化原不是绝对的一样。男女同是人，男女都有个性的变异，是虽异而同的一方面；男有男性，女有女性，而个性的变异又往往因性别而互有不同的表现，又是虽同而异的一方面；所谓分化的不绝对在此。如何斟酌于分化的同异之间，从而安排青年男女的教育，分配成年男女在社会上的作业，以及对于家庭子女的责任，孰者宜乎共通，孰者宜乎维持均势，孰者宜乎稍分宾主，孰者宜乎由一方稍专责成——这便是所谓不绝对的社会分工了。③

从这里的原则提示来看，一方面要破除"男重女轻、男外女内一类变本加厉的积习"，另一方面又要尊重男女分化的自然趋势以及在此基础

---

① 潘光旦演讲记录《妇女问题总检讨》，北平《晨报·妇女青年》，1934年12月1日。这篇演讲稿是在北平妇女联合会成立大会上的发言，1934年12月8日的北平《晨报·妇女青年》便有署名"释因"的作者做出回应，对潘光旦所提出的妇女"都具有一身三重的人格"表示赞同之意并从自己的角度加以发挥，详见释因《写在〈妇女问题总检讨〉后》一文。

② 潘光旦：《关于妇女问题的讨论》，《潘光旦文集》第5卷，北京大学出版社2000年版，第155—156页。

③ 潘光旦：《妇女问题的一个总答复》，《观察》第5卷第3期，1948年9月11日。

上的社会分工；一方面坚持男女的基本社会分工，另一方面又不要将分工绝对化，承认分工有置换的可能性。这样一来，《家庭·事业·子女》一文所委婉提出的妇女回家论便立于一个似乎非常坚固的基础上，很难辩驳。

不过，还是应该看到这篇"总答复"的一些措辞上的变化，最突出的是他没有像以往那样强调女性人格中个性、通性和女性三方面的平衡，而是试图纠正妇女解放之后所发生的某些流弊，把"促进女性健康"作为妇运第三阶段的主要目标。这种从女性自身考虑的论说从潘光旦一贯的论述逻辑来看有其必然性，并不是打着这个幌子来掩盖其忽视女性权益的真正目的。不能说潘光旦已经放弃了个性、通性和女性三方面平衡的基本观点，但他对于女性自身健康的考虑，对于现阶段妇运带来的某些流弊的批评也并非毫无道理。

引起妇女界的反击

1948年9月至11月，针对潘光旦这两篇文章的批评集中发表出来，居然有6篇之多。9月29日下午，基督教青年会主办的《妇女》月刊社举办了一次主题为"我们对于妇女问题的意见"的座谈会，除了主席和记录者以外，有9位女士发表了意见，虽然从标题看毫无涉及潘光旦这两篇文章的地方，但从主席引言和各位参与者的发言内容来看，说这是一次围绕潘光旦这两篇文章展开的专题讨论似不为过。① 这几个月里，在兰州也有一次盛况空前的针对潘光旦两篇文章的座谈会。6篇文章，2次座谈会，参加者如此之多，在当时中国国共战事正酣，国家前途命运未卜的时刻，沉寂多时的妇女问题忽然形成一次小小的舆论热点。

这些作者或发言人往往一针见血地将潘光旦归结为提倡妇女回家论者，鉴于他在这些"有地位的杂志报章"发表的言论影响颇大，而且能够代表社会上层相当一部分人的意见，所以不能不站出来加以批判。如一篇商榷文章的作者所言："最近社会上有许多人尤其是属于权威的学者闻

---

① 陆珍记录：《我们对于妇女问题的意见》，《妇女》第3卷第7期，1948年10月。此文收入中华全国妇女联合会妇女研究所、中国第二历史档案馆编《中国妇女运动历史资料（民国政府卷下）》，中国妇女出版社2011年版。

人，都有与潘先生同一的见解，他们觉得妇女被解放后，却发生了新的妇女问题。那新的问题，就是妇女就业所引起的家事荒芜和子女失教，因此大家一致的结论是妇女应该重新回到家庭去。于是新的妇女回到厨房的论调到处发挥着，电影的题材，论文的主题，小说的描写，在在都是。而潘先生是集精华之大成，他根据科学堂堂正正的替妇女回厨论者建立了理论的根据。"① 另一篇商榷文章的作者也说："潘光旦先生写了两篇号召妇女回到家庭去教养孩子的大著，已引起了社会各方面的反响"，"与潘先生同意见的，大约还大有人在"。②

6篇商榷文章中，从所运用的分析理论和措辞风格来看，除了罗季荣的《妇女·事业·家庭》③和黄碧瑶的《读潘光旦先生妇女问题的论文后》④两篇以外，其他4篇都带有明显的左翼知识分子的论述特征。罗季荣和黄碧瑶两文，尽管在分析理论和措辞风格上，不太像左翼知识分子的特征，但其思想倾向也是和其他几篇文章息息相通的。比如罗季荣认为"不宜纯以知识妇女为对象"而忽略了知识水准较低以及未受教育的广大妇女群；又认为经济独立实为男女平等的现实基础；还赞许托儿所一类的教育机构整体上优于母亲亲自教育子女，并不足以影响家庭制度的健全等。可以说，这场围绕女性家庭与职业关系的讨论，主要是潘光旦与左翼知识分子与妇运界的论战。从论争的具体内容来说，无非是走家务职业化道路还是走家务社会化道路⑤，似乎并没有太多的新意。比较值得注意的，则是左翼言论在与潘光旦有关妇女问题的论争中，似乎从没有像现在这样集中和突出。⑥

左翼知识分子首先从思想立场和方法论上批判潘光旦。胡子婴认为："不管潘先生的文章写得多少委婉多么庄严和学院式，又是多么有科学的根据，但写这篇文章的动机，却是非常单纯的，那就是下意识的男子的自

---

① 胡子婴：《正确的认识妇女问题》，《大公报》1948年10月2日，第一张第四版。
② 彭慧：《论妇女解放问题并质潘光旦先生》，《现代妇女》第12卷第5期，1948年11月1日。
③ 罗季荣：《妇女·事业·家庭》，1948年9月12日《大公报》"星期论文"。
④ 《观察》第5卷第8期，1948年10月16日。
⑤ "家务职业化"和"家务社会化"这一对概念是余华林在《女性的"重塑"：民国城市妇女婚姻问题研究》一书中明确提出来并加以详细论述的，见该书第171—189页。
⑥ 此前与潘光旦有关妇女问题的论争中，左翼言论比较明显的是马子华的《蒲士妇女解放论批判》，《女子月刊》第4卷第9期，1936年9月。

私心理在作怪。"她进一步认为，潘光旦延续了士大夫阶级的思想意识，一向享受惯了女子在家里育儿理家，帮助丈夫把生活安排得舒舒服服，对于女子外出就业打破现状感到不习惯，所以会下意识地加以反对。她说："一切进步的士大夫，提出妇女回家庭的新理论，原因即在此。可是自己没有这个自觉，还以为在替妇女解决问题。实际上，只是为自身的保守习惯找护符而已。"彭慧针对潘光旦将近代妇女问题归结为知识女性的"不甘心"，指出："潘先生不是从历史的发展上，不是从经济基础的变动上去寻求它的根源，而是用完全心理出发的看法：仿佛，社会上只要某几个先知先觉想到什么问题，社会就可以发生这个运动来的。妇女解放运动，就只是某几个女人的'不甘心'而发生出来的。"彭慧从唯物史观的"存在决定意识"出发，认为妇女是随着工业生产的发达而被吸收进社会生产的，从此社会的主要财富是男女共同劳动的结果了，随后文化、教育与卫生等社会事业的发展又吸收了大量的妇女进入各种职业部门。"在这样的社会生活之下，妇女为什么还应该甘心从属于男子呢？于是妇女解放问题发生了。于是，他们'不甘心'再被关在家庭小范围了。这个'不甘心'，是有他的可靠的社会根源的，决不是如潘先生所说'看法而消极'看出来的。"李超透过历史背景的回顾，探讨了妇女运动和社会发展的关系，提出："第一，妇女运动始终为整体社会变改运动的一部分，不能孤立，也不能领先。第二，各种社会变改给予妇女运动的影响，只有生产方法的变革予妇女运动有决定性的作用，中国妇女运动始终没有超出中上层社会妇女的范围，是因为中国社会生产方法还没有根本上的变改。"①

　　左翼知识分子普遍认识到经济独立对于提高女性社会地位的重要意义，对于女性所承担的家事与职业的双重负担，她们感同身受，深表同情。她们提出的解决办法是也有类似之处，那就是给予家务社会化以很高的评价，寄予很高的期望。如胡子婴认为："只有将幼儿交给有专门知识的人去管理，才是最合理的。依社会经济而言，让人类半数的妇女束缚在家庭中管几个孩子，服侍一个丈夫也实在太浪费了。"又如彭慧认为潘光旦所忧虑的家庭生活问题、儿童教养问题，在资本主义发达的国家"有了最科学，最合理的解决的先例"，即公共饭堂的设置和托儿事业的兴

---

① 李超：《从妇女运动看妇女问题》，《观察》第 5 卷第 8 期，1948 年 10 月 16 日。

办，而社会主义国家苏联在这方面做得比资本主义国家更认真，更普遍。①

左翼知识分子的论述，往往充满了社会批判精神和理想气质，如丽山已经给现有的资本主义社会宣告了"死刑"，认为其已经到了垂危的关头，"不论它的维护者如何支持它，阻止新社会的来临，但是自然的进步法则是不能违背的。新社会的曙光已在人们的眼前显现，虽然有人告诉她们说：'你们是在作梦'，她们会相信吗？"② 有多位作者在文中热情地推崇妇女运动的苏联经验。这些作者打破旧有社会习惯的束缚，坚决支持妇女走出家庭，参加社会生产，固然它们对妇女运动的进一步发展会有推动作用，但也会有一些一厢情愿的判断。如胡子婴对人种改进和妇女体力改进抱有不切实际的期望，她说："妇女真真解放之后，生理与心理也可以同时得到解放，几代之后，男女在生理与心理上的差异，我相信可以消灭。"又如李超将私有财产制度的消灭和家庭作为经济组织单位消灭作为男女真正平等的条件，其理想色彩未免远远超出了现实的可能性。所有这一切似乎都在向人们预先展示一个新时代意识形态的某些特征。

我们没有看到潘光旦的回应文章。也许不同的话语体系，很难深入讨论下去，越往下讨论则双方秉持的一些价值观上的原则就会越发显露出来，它们几乎是没有办法相互妥协的。

结　语

1949 年前后也是国共政权交替的重要时刻，潘光旦选择了留在中国大陆。选择了留下来就意味着要接受新的一套意识形态的洗礼，而潘光旦有些基本理念与之格格不入。年过半百、思想意识早已定型的潘光旦能适应吗？这是一个很大难度的事情，潘光旦也在努力适应。

---

① 对家务社会化的乐观期待，不仅仅存在于左翼知识分子的言论中，而是在当时颇有影响的一种看法，如自由主义者、社会学家吴景超从20世纪30年代中期到40年代末，就有对家务社会化越来越高的期待，相关论述可参见吴景超的以下三篇文章：《变动中的家庭》，《独立评论》第92号，1934年3月18日；《家庭职务与妇女解放》，《独立评论》第94号，1934年4月1日；《婚姻向何处去？——评费孝通〈生育制度〉》，《新路》第1卷第1期，1948年5月15日。

② 丽山：《娜娜应该到那里去？——读潘光旦先生的"妇女问题的一个总答复"有感》，《现代妇女》第12卷第4期，1948年10月1日。

1952年1月，在知识分子思想改造运动中潘光旦被确定为清华大学校级批判对象。除了清算他的政治立场和政治活动以外，他的妇女论述没有被遗漏，足见这方面在社会上的影响力不容小觑。① 批判文章用了极为严厉的语气攻击潘光旦："廿多年来，潘光旦先生用他的封建法西斯思想，在课堂上、杂志上、书上、讲演中，一贯的侮辱妇女，敌视妇女解放运动。他这种极端反动的言论，已经到了令人不可容忍的地步，我今天以无比愤怒的心情，向他进行控诉。"② 上纲上线式的夸张语气，似乎不会包含什么实质性的内容。但是我们仔细阅读内容，发现作者是仔细阅读过潘光旦的有关文章的，也是走访过一些和潘光旦熟悉的人士的，所引用的几次潘光旦最近的几次"歧视"妇女参加社会生产的言论也都不像捕风捉影之谈。我们再来追溯一下作者清华大学航空学院教授陆士嘉的经历，得知她是一个在事业上极为要强的职业女性，敢于在学术领域挑战一般男性都为之生畏的课题；但同时她似乎对亲自抚养子女没有什么特别的兴趣，在德国留学结束后工作期间，生下了孩子就送给被人寄养，甚至在1953年刚生下孩子28天就交给保姆带，自己就投入工作。③ 我们似乎更相信，这场批判是某些事业心极强的知识女性借助意识形态的大旗，对于潘光旦妇女论述的长期以来压抑的愤怒的一次大喷发。④ 批判代替了交锋，潘光旦不可能再在学理上和批判者展开论辩，现在再来回顾新中国成立前夜的那场关于妇女角色的论争，似乎一切都是水到渠成，不出意料之外的。

　　在这种批判开始的两年多前，潘光旦关于妇女的观点还具有很大的影响力，那个为他的观点作注释的夫妻子女、其乐融融的家庭生活还是许多人羡慕的对象。1949年9月9日唐山工学院来人到清华参观，陆士嘉的

---

① 关于潘光旦在思想改造运动中的表现，目前最详细的研究是杨奎松的《忍不住的"关怀"：1949年前后的书生与政治》（广西师范大学出版社2013年版），此书对潘光旦的妇女论述被批判也略有提及。

② 陆士嘉：《潘光旦先生一贯侮蔑妇女，敌视妇女的解放》，清华大学节约检查委员会宣传组编："三反快报专刊"《批判潘光旦先生的反动思想》，1952年6月。

③ 参见张克群《白玉兰——记我的母亲张维夫人陆士嘉》，周文业、史际平、陶中原等编著《寸草心：清华名师夫人卷（下）》，山东画报出版社2012年版。

④ 早在抗战时期，就有一篇"人物素描"说潘光旦，"他是知识妇女们的'死对头'，我常常听见背地里有人在批评他"（《三腿教授潘光旦先生》，《现代周刊》1945年1月13日第二版）。

丈夫张维教授竟然带客人来潘光旦家参观,"谓家庭生活亦在参观之列云"①。两年多后,陆士嘉以极其愤怒的心情批判潘光旦的论述,此时不知道张维教授做何感想?这个谜,恐怕会永远是一个谜,无从解答了。

---

① 潘光旦日记1949年9月9日条,《潘光旦文集》第11卷,北京大学出版社2000年版,第295页。

宗教与民间信仰

乡绅与庙产
——以湖北碑刻中所见清代庙产纠纷为中心

刘 元　李晓溪

（湖北大学中国思想文化史研究所）

地方社会的寺庙道观，多为地方人士兴修。这类庙观数量庞大，遍布城乡，多有着悠久的历史和稳定的信徒。一直以来，由于地方人士持续不断的捐款，使得很多庙观都拥有数量不菲的财产，包括房产、田产、香火钱及其他附属财产，这些都被称之为庙产。庙产并未因为处于"清静之地"，而与世俗无涉，反而围绕庙产产生了一系列的纠纷。

本文主要着眼于清代寺庙道观的庙产纠纷，希望能弄清楚这样一些问题：庙产从何而来，由谁操纵？为什么会出现纠纷？这种基于信仰而又以纠纷形式出现的相互关系对于清代民间的社会秩序意味着什么？在庙产纠纷的解决过程中，出现了僧、地方人士、官的互动。这三者之间究竟如何互相约束，并影响着庙观产业的处理？

下文中，笔者利用收集到的清代湖北碑刻资料，通过碑刻中记载的庙观产权、纠纷案例来展示三者之间的相互关系，以期通过信仰空间中的经济冲突来展示地方社会中的秩序，并动态地把握国家与社会关系的变迁。

一　清朝地方寺庙的管理结构

中国传统社会中，寺庙是地方社会的重要信仰空间，每个地方都有着为数甚多的寺庙道观。以湖北省沔阳县为例，"卜筮、星相、巫觋颇多。

人民多尊孔，佛教亦颇崇拜。"① 从唐朝开始，佛教就流行于沔阳。"明至清中叶，沔阳佛教处于鼎盛时期，沔城、沔阳、沙湖成为佛教丛林胜地，仅沔城就有四十八古庙。寺庵遍及集镇乡村。"② 这些道观庙宇都是谁修建的？寺庙的财产又是从何而来？归谁所有？谁有权对这些财产进行支配和管理？先从一些例子对这些问题进行认识。

一种类型为施主完全控制了寺庙产业的管理之权。

利川市团堡镇有一座石龙寺，始建于明洪武初年，寺内因天井中有"灵石如龙"得名。石龙寺最初"系冉公如龙者建修"，至雍正二年（1724），"募化合族，扩其基宇，襄厥事者，时则有若岁贡生冉大进及光傅等，并将寺基及前后左右荒熟地，下齐街心，系冉姓一并施入"。③ 至乾隆二十二年（1757），"庙宇渐至□颓，亦且坛殿以毁坏"，冉氏宗族准备再次重修，但感到"当憾一木难以支厦，集腋斯易成裘"。于是冉氏宗族同团堡镇东六七两保一同"解囊重修"④。乾隆三十年（1765），冉氏宗族又有冉体正、周文坤等施入雪照河潜塘陆地一分，并和族众一起补修寺庙。在碑文中，冉氏宗族认为"此山钟灵，上有石龙，前临金字，有关文风。与其秀毓一家，不如荼分众姓"⑤。不管其他姓氏加入进来的原因如何，此时石龙寺的捐修，并非冉氏一族，已出现其他姓氏。为了便于寺庙财产的管理，成立了管理机构，并设有会首。

寺庙管理组织成立之后，石龙寺得到了充分发展。会首由冉氏宗族族长和两保首士担任。为了保证寺庙的正常运转，特规定："三载两设醮筵"，以积少成多，并聚众"以余堆金"。在所集会银积累到一定程度后，冉氏宗族又邀约两保首士商量，"将每年所集会银买置大房门首草池，开作佛山三丘，价钱六十千。其有四至界限，上齐水井，下齐横路，左齐田埂，右齐宅前水沟人行路，四界分明。又买会相荣佛地内所栽杉树壹园，价钱二十千，以补心力资本，冉继傅名下东头下街街基一段，价钱一十六千，东齐张青发墓址，南齐巷子，西至巷子，北抵佛地，为界三地，契界

---

① 湖北省政府民政厅编：《湖北县政概况·沔阳》，湖北省政府民政厅1934年版，第1页。
② 仙桃市地方志编纂委员会编：《沔阳县志》，华中师范大学出版社1989年版，第585页。
③ 王晓宁编著：《恩施自治州碑刻大观》，新华出版社2004年版，第99页。
④ 同上书，第100页。
⑤ 同上书，第99页。

井然。"冉氏宗族此时意气风发，认为可以"永壮千古峥嵘之光"①。

从石龙寺寺庙组织的形成、管理来看，以冉氏宗族为主的地方组织似乎控制了石龙寺的产权。他们有权决定庙会组织的组成成员、组织的运转、组织的活动，甚至开展寺庙活动以盈利，发展寺庙。在石龙寺的创建、发展、组织的过程中，作为寺庙存在的最关键人物——住持和僧人，似乎缺少了他们的存在，至少没有听到过他们的声音。

这种情况在湖北并不少见。位于十堰的独松寺，同样也成立了寺庙组织，由众首人共同经营管理寺庙的财政。

另外一种类型，寺庙的财产由施主捐入，但经营管理之权交给住持和寺僧。

施主捐产有的系个人行为。荆门仙居乡关帝庙存的《施房屋约碑》，有张徐氏因膝下无子，特将"屋宇、园圃通前至后，四界明白，一切界内所有树木、砖瓦等项，一并施入关帝庙"，张徐氏捐产的主要目的是"俟氏百年后，安厝园内，每年春秋二祭，概由庙内支持"。②

荆门桥铎镇火神庙，信士张正孝，也因无子嗣，同其兄将坐落东阳坪河边的田地共施火神庙，以供自己百年后的春秋两祭。

这种类型的捐产，与其说是义举，倒不如说施主与寺庙达成了某种意义上的协议。这两个施约，首先明确了施主施田的原因，主要为自己百年后的春秋两祭着想。其次也以一种明确的方式，规定了施主与寺庙僧侣之间的权利与义务。对施主而言，明确了土地赠予寺庙的事实；对寺庙而言，凭此约可以"耕种纳租，永无异说"，但是必须完成对施主的责任。

以这种协议形式达成捐产的还有宗族组织。黄石的弘化禅寺与詹姓立有一份合约，詹姓的英、茂二分派，在皇堡舒家畈沈家塘下购买水田一连二坵，计种四斗。每年的租谷，用来供奉佛座香灯。所得收入尽由弘化禅寺寺僧收管，詹姓不得过问。寺庙对詹姓的义务是，每年冬天祭拜时，由寺庙供给詹姓香客，"一日出两餐，永无定例"③。

通城县塘湖镇石坪村苦竹岭的南台寺现存的两块碑刻，记载了道光年间刘氏宗族和夏氏宗族的捐产。刘氏宗族购"场田种一斗"施与南台寺，

---

① 王晓宁编著：《恩施自治州碑刻大观》，新华出版社2004年版，第100页。
② 焦知云编著：《荆门碑刻》，中国文史出版社2008年版，第422页。
③ 《弘化禅寺与詹姓合约》，2010年抄录于黄石弘化禅寺。

付僧耕种，每年十月初一，由寺僧供给刘氏宗族酒席。夏氏宗族"置买门首井塥下田种二斗"，众会首决议"付僧耕种，每年至九月二十五日会首庆贺"①，由寺僧供给酒席。

这种与寺庙达成协议的捐款方式在湖北民间比较普遍，多见于捐产比较少的宗族和个人。他们所捐之产，一般任由寺僧处置，寺庙只需对他们履行一定的义务即可。在这里，僧俗之间并不是一种简单的信仰与被信仰的关系，神人之间也不再是简单的精神交流，僧与俗、神与人通过签署的一份合同束缚在一种经济关系中，在这种经济关系中，施主通过其施舍，建立起与神的密切关系，同时也得到了神对其的回报。

还有一些宗族组织或地方组织对寺庙的捐赠具有连续性，且捐款数额较大。位于钟祥客店黄冲村的云居庵，由郭氏宗族修建并置福田。云居庵建于明朝，当时置买水旱民田共六石三斗。清乾隆年间，郭氏宗族"遵祖父未全之公案，敦仁孝报本之乐施。故于去岁天中之朔，合室端秉一心"，商议后决定，"凭中用价一契买到黎处河田四石，坐落芹水河畔，名曰桐树大垅。复将祖置河挡冲水种一石，私挡一口，东至山岭分水为界，西南黎处田界，北至僧置田界。二处水旱共田五石，时价银一百四十两，载粮一斗二升。于河田内摘一石五斗，以补水种，施与云居佛殿，以作燃香庆祝之资。河内二石五斗，施与庵之大士阁，亦为燃香庆贺之费"。在田地的管理上，郭氏宗族强调"粮随田纳，田随庵管"②。

再有天门的余氏宗族，捐赠当地白龙寺的伽蓝殿。伽蓝殿由善士余华山在明代捐赠，此传统由其宗族继承。道光二十四年，其宗族共同捐赠田地，"一田乙石，坐落赵家塝，四斗六丘，草堰灌救敖家充东，三斗四丘，水使敖堰灌救马李家湾门前，二斗五升，水使中堰灌救，载粮八升八合，每年纳租五石三斗五升"。此田捐赠之后，"任凭住持收粮过户管业耕种"③。

但是，这样是否意味着宗族放弃了寺庙的管理权，不再干预寺庙的管理。事实却并非如此，宗族组织不仅没有放弃对财产的监管，而且在对财产的监管过程中，加强了对寺庙的管理。

---

① 《南台寺碑（两块）》，2011 年 7 月抄录于通城县塘湖镇石坪村十二组苦竹岭山腰处。
② 焦知云编著：《荆门碑刻》，中国文史出版社 2008 年版，第 506 页。
③ 《重建伽蓝殿碑记》，2011 年 5 月抄录于天门市皂县白龙寺。

首先，捐产的宗族组织或地方组织将所捐产业的四至位置详细刻在碑刻中，并将捐产人、中人、捐赠时间写明，以作凭据。

清嘉庆二年（1797），钟祥客店云雾寨众首人率众捐田给云雾寺，在碑刻中，将众人所捐之产刻碑明示："领修首人高世昭、邵高氏、子介仁五千。纠首彭席珍、彭喜柱一行四百。众善刁万年三千一百。（共80人姓名及捐资金额略——笔者注）。施田信士高世昭施田一石，坐落西流潭，随载秋粮四升，在台陂九甲册名叶子青。施田信士彭安淳，施田一石，坐落杨树大湾，大小二蚯。河北小旱地一块在内，东齐田脚，南齐田边界，西至叶处界，北齐河心界。随载秋粮二十二合，在台陂五甲，册名□□□。又二升二合，在岁稔六甲，册名田方贤。"①

嘉庆四年（1799），钟祥张集扁寨的修庙捐田碑中也有类似的内容：坐落太和地计种一石五斗，私堰一口灌溉，随田树木在内，东至陈姓田空界，西至姚姓旱地边为界，北至陶姓田头至上田空界，南至李姓田头为界。上有斋公田一丘，西至吴姓田边为界，东至水沟为界，系古沟水灌溉，树木在内。随载秋粮五升，时丰五甲册名姚二林项下开除完纳。②

这种明确四至的方式，一方面是确定了财产的准确方位，以免日后出现财产纠纷。另一方面，也是施主捐产的重要凭证。在前文提到的郭氏宗族捐赠云居庵时，宗族就提议将契以文载石，"一以永箴僧俗亢觊之痼弊，借隙侵蠹之铁案；一以化狂悖而为仁孝，转忘见而为佛心"。③ 同时，载契于石也是一种明确捐赠人和捐款额度的方式，通过这种方式，宣示了施主对寺庙财产的权力。

第二，施主与寺庙之间达成协议、互为约束。

庙产施与寺庙之后，宗族组织会将庙产的管理之权交与寺庙。"各费自付之后，业听房纳粮收租。……永不得复问禅堂。"④

但财产施与之后，施主与寺庙之间也会达成协议。这份协议对双方都具有约束力。一方面，施主要向寺庙表明财产一经施出之后，永不反悔的态度。"自施之后，永无反复异言。"⑤ 另一方面，对于寺僧的财产处置

---

① 焦知云编著：《荆门碑刻》，中国文史出版社2008年版，第586页。
② 同上书，第595页。
③ 同上书，第507页。
④ 《五祖寺禅堂碑记》，2011年12月抄录于黄梅五祖寺。
⑤ 《白云寺碑》碑四，2011年7月抄录于通城县塘湖镇荻田村八组邓家岭白云寺。

权，进行了严格限制。湖北省内各地的很多碑刻都反映了这一点。所捐庙产"只许屡年耕作，为香火之资，毋许僧众变移为谋生之计"①，"坐落土名续家垸名□□田种一斗五升大小二坵载秋四斗，愿一并付僧以作白玉寺观音大士香火之资，其田自施之后，听僧耕种，不准当押"②，"（所捐之产）作庙内香火之资，与寺僧衣食之费，不许吵分田产，私行典卖"③，"（所捐之产）两院住持勿得视为己有"④。

第三，有权决定住持人选。

住持作为寺庙的重要人物，施主往往会将财产的管理之权交与他们。但是，由于施主对寺庙的捐赠，使他们对寺庙具有一种天然的控制力，往往可以决定住持的人选，在很多情况下，住持甚至成为施主管理庙产的雇员。

枣阳资山的观山寺，由地方众姓首士修建。地方组织对寺庙住持人选的干涉从光绪年间的一块碑刻可窥见一斑：

> 今因观山古寺，乃众姓首士仝修。安派僧人照守。从此以后，直新不败。若有和尚后日不守清规，在此败朽，窝藏匪人，同吃洋烟。众首士得知，不准在此久住。一齐触赶。再□观山寺所发在外住持□之僧，能守清规戒法，众首士同卷入庙，照守修同则可。若外小庙之僧，巧言令色，串通地痞强住。老庙首士得知，再一齐同办观山寺。香户前后琬田共计十亩。直许和尚耕种，不许顶发。若有民人讨此庙之田，与和尚串通强种，众首士同戒法道友得知，认凭顷土钱若干。⑤

在这块碑刻的记述中，住持由众首人安派，如若违犯清规，可以驱赶住持。住持对寺庙只有管理之权，没有处分之权。庙产只能由和尚耕种，不许顶发。由此可见，财产由众首人捐资建立，住持只是他们聘请来的经营管理者。

---

① 《白云寺碑》碑四，2011年7月抄录于通城县塘湖镇荻田村八组邓家岭白云寺。
② 《白云寺碑》碑七，2011年7月抄录于通城县塘湖镇荻田村八组邓家岭白云寺。
③ 《草庙旧址碑刻》，2011年5月抄录于随州市广水市郝店镇西冲村四组草庙遗址。
④ 焦知云编著：《荆门碑刻》，中国文史出版社2008年版，第507页。
⑤ 《观山寺碑》，碑存襄阳市枣阳王城资山观山寺。

钟祥张集九华寨上的清虚宫，康熙年间由地方首士捐资置田。嘉庆初年，地方首人"逐不法之僧悟能，招道人罗永一为住持"。并公议条规，令寺僧遵守。"住持宜谨守清规，倘或犯奸、犯赌、酗酒、凶暴诸不法事，众首士急宣屏逐，另拾贤能。"①

在京山杨集镇的磨棋观，同样也由捐产的众首人决定住持人选，"如住持不法，公议应逐"。并通过规约规定住持的行为：

一戒不许酗酒，二戒不许邪淫，三戒不许赌博，四戒不许荤腥。以上四条，犯一有确据，决不宽容。②

这种主要依靠施主捐款建立的寺庙道观，清朝被作为私建寺庙。雍正十三年（1735），《大清律例》就规定"民间有愿创造寺观神祠者"须"呈明该督抚具题，奉旨方许营建。若不俟提请，擅行兴造者，依违制律论"③。未经皇帝同意建造的庙宇被认为是私建庙宇。这种私建庙宇虽没有得到国家的承认，但却以一种默许的状态在民间普遍存在。这种现象在一定程度上反映了清朝时期，地方组织和宗族组织背后的地方士绅这一阶层的崛起，地方士绅成为地方宗教的重要支撑，地方宗教受到他们的干预和管理。清朝时期，随着国家控制的弱化，地方士绅在基层社会中的地位日益增强。对寺庙的管理，就是其中的一个表现，同时通过寺庙的管理，地方士绅也进一步增强了他们的权力。

这种寺庙管理的产权结构以一种民间的、没有受到国家承认的状态存在，依靠的是一种民间约定、习惯法的束缚，这种"软"性的管理必然也将面临许多不稳定的因素。这种不稳定以产权纠纷的形式展现出来。

二 清朝庙产纠纷的解决

虽然施主对庙产的处置有着诸多的约束和规定，但也没能避免庙产侵吞事件的发生。侵吞事件发生之后，必然会引发纠纷，这种纠纷如何解

---

① 焦知云编著：《荆门碑刻》，中国文史出版社2008年版，第565页。
② 同上书，第553页。
③ 薛允升、黄静嘉：《读例存疑重刊本》（二），台北：成文出版社1970年版，第244页。

决,在清前中期和后期也有所不同。

前文提到的石龙寺,由冉氏宗族主要修建,后地方上的众姓加入。在乾隆年间,石龙寺发展到了高潮,盛极一时。

但好景不长,道光年间,由于"厕入者攘削旧碣,一切改观"。寺庙组织中出现有人侵吞财产,"冉姓追忆前功,殊难释怀"。于是报给地方官员解决纠纷。县主出面调解,派局绅黄文学、李均适、朱光学、刘子书等,"核实调息"。又为了保证石龙寺的财务能正常运转,县令特推举正直绅士"李贤书、胡大伦、牟维怀、谭恒兴等"① 接管寺庙组织。

从纠纷解决的方式和结果来看,一方面,体现了地方士绅和地方组织将自己纳入到国家管理之下的自觉。另一方面,也体现了地方官员对这种寺庙产权结构的承认。

与此相类似的还有京山长庆寺乾隆三十八年间的庙产纠纷。"乾隆三十八年癸巳岁院之螟螣脾睨肆出",庙产遭到严重侵犯,这次纠纷的解决"赖府县理明","合邑绅耆襄理之,将所有产业立石大殿,复安堵如故"。② 地方士绅在纠纷的解决过程中起到了一定作用,但仅处于协助的地位。

黄梅的《献琉璃塔灯田碑记》记载:黄梅当地信徒吴汤成、玠玉、连成,邀同合姓人等,"自康熙五十九年置买三渠铺田地一十五亩,以作缸灯之资,每年纳课付房僧显明,□□夜侍灯油"。约在嘉道年间,"显明之孙通彻不力,遂将田地私卖俗家"。玠玉、连成之后裔,遂呈官府,"蒙县宪断结,仍将田地续传,付禅堂收课侍奉"③。并勒碑为据。

这种"送官究办"或由官主理庙产侵吞事件,是清前期解决庙产纠纷较多的方式。但是到了清朝中后期,这种局面逐渐发生变化,庙产纠纷的解决逐渐以地方士绅为主。

其中以钟祥的云台观最为典型。咸丰年间,太平天国运动进入到钟祥境内。有郑公字楚秀,号松山,在云台寨"排队出寨,以计攻贼,毙贼多名。合寨得以保全,归里无不归功感德",郑楚秀进一步在地方确立了威信。同治年间,郑楚秀和地方士绅一起重建云台观。云台观"无香火

---

① 王晓宁编著:《恩施自治州碑刻大观》,新华出版社 2004 年版,第 99 页。
② 焦知云编著:《荆门碑刻》,中国文史出版社 2008 年版,第 445 页。
③ 黄梅五祖寺志编撰委员会编:《五祖寺志》,湖北科学技术出版社 1992 年版,第 196 页。

田，故无僧道住持，庙宇、佛像、寨垣无人照料，无费岁终"。而此时，当地有弥陀寺因寺僧赌荡，地方与寺僧正在争讼。郑楚秀乘机提出要求将弥陀寺寺田"拨分归实用，免遭浪费"，县主对此犹豫未决。同治十年（1871），郑楚秀又连同生员郑楚魁，监生郑楚元，增生陈作梅，生员朱良佐、游奉璋等人上控府宪、学宪，经人斡旋调处，弥陀寺四十亩香火田归云台寺。云台寺旧有香火田七亩，久经事业。郑楚秀细察根究，找到七亩香火田所在地，同地方绅耆傅天保、荀元忠，生员波南先等人令佃户换领字记名云台观，作香火田亩。

在这样一个案例中，地方士绅几乎完全掌握了处置庙产的权力。弥陀寺因庙产发生争讼，一直悬而未决，郑楚秀为免庙产流失，连同绅耆要求将弥陀寺田地转给云台观。在此过程中，地方绅耆至县、府周旋调解，虽然没能完全脱离国家的控制，但是仍然掌握了相当大的主动权。与清前期由地方官员处理调解相比，已经出现了很大的变化。

在清朝晚期的碑刻中，屡屡可见，如住持僧不守清规、侵吞财产，由地方士绅共同解决。这与清前期，倾向于"送官究办"，出现了很大变化。

光绪年间，黄石铁山寺，有山峒属寺业，为守僧盗典。"徐绅映丹、余绅庆期、姜绅大生、潘绅岱"等人逐一查明，将寺产赎回，驱逐寺僧。另招住持僧司香火，"复由局每月捐钱四贯以资之"①。

荆州章华寺光绪四年碑刻，"住持不守旧规，许在庙大众，投鸣绅耆，核实情形，公同逐出"。②

这种寺庙产权的纠纷解决方式从清前中期到后期呈现出来的变化，并没有一个明显的分界线，只是一种渐变的趋势。但是这种趋势，却显示了国家控制的逐步弱化，地方士绅在基层社会治理中地位的逐渐增强。

这种庙产的产权结构和纠纷的解决方式的变化，建立在国家对宗教控制弱化和财产保护能力不足之上。晚清时期，国家开始进行大规模的政权建设，国家控制能力和社会结构的变化必然会对寺庙产权结构产生影响，这种影响是否一定会朝着"国强绅弱"的方向发展，清末的"庙产兴学"

---

① 《重修铁山寺记》，2010年抄录于黄石铁山寺。
② 《章华寺开建丛林源流记》，2011年5月抄录于荆州章华寺。

可以作为一个观察的角度。

三 晚清"庙产兴学"对寺庙产权结构的冲击

光绪二十七年（1901），作为清末新政的举措之一，清政府下诏"将各省所有书院，于省城均改设大学堂，各府及直隶州均改设中学堂，各州县均改设小学堂，并多设蒙养学堂"。① 改革过程中，朝廷制定了以地方之财办地方之事的方针，各地推行"官绅通力合作"的办学模式。但是经过清中期中央对地方财政经费的统一管理和咸丰年间的太平天国战争，湖北社会的地方财政一再萎缩。地方政府在兴建地方公共设施和管理地方公共事务方面，显得力不从心。清政府鼓励各地利用庙产、会产等民间资金，筹办学校。庙产、会产成为各地兴办教育的重要经费来源，被称为"庙产兴学"。伴随着新式学堂的兴起，地方社会的权势集团在此过程中，展现出不同态度及相互间的复杂关系。

为了筹措新学堂的开办，地方政府任命了一批学董。这批学董一般由地方有功名的士绅充任。学董有以下的权利："其一，学董有权在'集众妥协'的情况下，可以把迎神赛会、演戏等款项提为学堂的经费。其二，将适合办学条件的不在官方祀典范围之内的庙宇改建为学堂；其三，对于妨碍学堂办理的地方士绅、塾师向上级提出告诉。"② 由政府任命的学董利用办学堂之机，取得了对庙产的控制，不可避免地与原产权结构中的绅首、民众产生冲突。

前文多次提到的利川团堡的石龙寺，廪生冉有恒被任命为学董，冉有恒虽为冉氏宗族一员，但在任命为学董后，仍将寺庙改为学校。石龙寺对地方民众的生活非常重要，自修建之后，屡屡显灵，"每值岁旱，乡民辄聚祷于前，甘霖立沛，传曰：'此寺有功德于民'"。③ 但现在石龙寺被改作学校，地方绅首和民众对此表示不满，他们两次烧毁石龙寺，后殿化为灰烬。施南知府在屡次调解无效的情况下，"毁义学及书院"，复名石

---

① 朱寿朋编：《光绪朝东华录》（四），中华书局1958年版，总第4719—4720页。
② 徐跃：《清末四川庙产兴学及由此产生的僧俗纠纷》，《近代史研究》2008年第5期，第81页。
③ 《石龙寺碑记》，碑存恩施利川市团堡镇老街北部石龙寺。

龙寺。

为什么会引发如此激烈的冲突？一方面，地方民众的信仰系统遭到了破坏。信仰和祭祀活动，是民众生活中的重要一环。对于生活在乱世的民众，精神的皈依尤为重要，因此，庙产兴学受到他们的激烈反对；另一方面，庙产兴学否认了地方士绅、会首和民众对寺庙的所有权。

施主由于其捐赠，对寺庙拥有所有权，虽然不为国家所承认，却在民间形成了习惯法。将庙产改为学校，同样是地方公共事务，却是国家"化私为公"的举措，将地方上的财产转为国家财产的一部分。在这个过程中，并不是简单的"国进民退"，而是展开了办学士绅、寺庙士绅和政府之间的竞争。

办学士绅依靠国家赋予的合法性，将地方公产转为国家财产，寺庙绅首依靠长久以来地方集聚的力量和威望，捍卫自己的权益。国家通过"庙产兴学"的过程，将原属于地方社会的权势人物纳入国家体制之内，将原属于地方社会的公产纳入到国家财政之内，表明国家试图加强对地方社会的控制，但是到了朝代末期，国家已无力将社会置于掌控之中，反而加剧了地方社会的矛盾，引发了地方权势之间、地方势力与政府之间的竞争。

荆门金泉送子庵的重修也体现了这种竞争。在《重修送子庵》碑中提到，"近世文明大启，各地一切公产大半归并学校，或作事务公所"。在此局面之下，送子庵顶风而上，花重金重修，强调送子庵"创于清初，迄今近三百年矣"，"虽僻处一隅，而实则本地之中心点，非其他之昭题兰若可比"。此次重修"望后之有志者嗣后辑之，俾斯庵之终于不朽也"。送子庵的重修是地方士绅抵抗送子庵化为公产的一种努力，也是地方士绅与政府的一种竞争。

各种势力之间的竞争与互动在这个过程中愈演愈烈，直至清朝灭亡。在围绕庙产的竞争中，财产的纠纷、权力的争夺只是表现出来的一个方面。在社会背后，看到的却是国家变化的趋势。"庙产兴学"本是清末新政的一部分，其目的是图强以自保。但是，这毕竟是一场迟到的改革，在这个过程中，政府与民争利，加强自身的权力。而且于地方而言，并不是主动的改革；在国家试图加强权力的过程中，地方官府仍像以前一样将地方事务交给地方士绅。这无异于让士绅"自改革"以适应当时国家的变化。在这种情况下，地方权势之间、地方与政府的紧张和冲突在所难免。

随着民国代清，这些问题交给了新政权来处理。庙产纠纷亦是观察新政权下国家与社会关系的一个视角。民国时期，庙产纠纷多以诉讼的形式出现。这从民国民事诉讼案件中，庙产诉讼所占比例较大可以看出。这些诉讼又展现出寺庙产权结构呈现一种什么样的变化，国家与社会又呈现出一种怎样的互动。这些有意义的结论还需要进一步的研究，今后当另文探讨。

晚清州县官对教案的处理及其矛盾心理
——以两湖地区为例

刘彦波

（湖北大学历史文化学院）

一 两湖地区教会发展与教案概况

由于基督宗教势力的全面扩张，它与中国的政治、经济、文化、习俗以及各阶层人士产生了剧烈的碰撞与冲突，引发了层出不穷的教案。教案频发逐渐成为中国近代一个严重的社会问题。两湖地区是晚清教案多发地带。

在湖北，"在汉口开埠后（1861年）的半个世纪，西方教会势力已渗入武汉三镇和湖北50余州县，教堂约300个，平均每县4个以上；外国传教士及其家属470余人，平均每县近8人"。[①] 如钟祥县"清光绪初，教民遍及全境。凡建堂地方，教民皆达数百家。其散在四乡者，白口、转斗湾、长寿店、洋梓、新安庙，均有教会公所"。[②] 湖北晚清时期发生的教案，据罗福惠先生统计，1861—1909年间共发生了36起，"其中较大者有7起，即1869年的天门教案、1891年的广济教案和宜昌教案、1892年的襄阳教案、1894年的麻城教案、1898—1899年的宜昌恩施教案、1907年的枣阳教案"。[③] "再从这些教案的分布地区来看，东部有广济、

---

① 罗福惠：《湖北通史·晚清卷》，华中师范大学出版社1999年版，第151页。
② 民国《钟祥县志》卷6，民政·宗教。
③ 罗福惠：《湖北通史·晚清卷》，华中师范大学出版社1999年版，第190页。

黄梅、蕲春、浠水等县，西部有宜昌、施南、利川、长阳、巴东等县，西北有襄阳、枣阳、谷城、光化，中南部有武昌、孝感、天门、京山、蒲圻等处，范围几乎遍及全省各地。"①

湖南"从第二次鸦片战争以来到20世纪初，天主教与耶稣教入湘的教派约有20来个，传教士1500人左右，发展的教民当在4万人上下"。②"宣统年间，湖南全省几乎每一个角落都有了传教士的足迹。"③"从第二次鸦片战争以来，一直到甲午战前，湖南大大小小的教案数十起，在全国居于首位。如长沙、湘潭、衡阳、清泉、永州、岳州、沅江、常德、武陵、龙阳、石门、桃源、临湘、耒阳、邵阳、辰州，都发生过教案。"④有学者统计，1861—1910年五十年间，湖南共发生各类教案五十起。其中较大影响的反教案件有七起，它们分别是：1861—1862年衡州、湘潭教案；1889—1898年周汉反教案；1893—1895年临湘教案；1900年衡州教案；1902年辰州教案；1902年邵阳教案；1910年长沙教案。⑤

由于教案主要冲突双方是中国平民与中国教民，但每次案件几乎都有教士混杂其中，直接将冲突事件禀告其本国公使或法国公使，促使他们以外交途径逼迫清政府及总理衙门去压制地方政府解决，教务教案动辄成为中外纠纷，处理不当即可能招致"中外开衅"。因此，教务教案不但是内政，也是外交，对其处理是否得当，不但影响到一方一地之民教关系，更影响到官员的仕途。

二　两湖州县官处理教案的类型

由于教案冲突中涉及的人员如教民、教士不属于外国的正式外交人员，而且清王朝以华夷观念为主，不太愿意与外国直接进行交涉，因此清政府以总理衙门主管教务教案的交涉与处理，并负责制定相关政策，而把教案处理权下放到地方，认为交涉越地方化越易处理。正如恭亲王曾言：

---

① 萧致治、萧莉：《19世纪的湖北教案》，《武汉大学学报》1998年第3期，第87页。
② 周秋光：《传教士入湘与湖南人民的反教排外》，《湖南党史》1994年第2期，第55页。
③ 张朋园：《湖南现代化的早期进展（1860—1916）》，岳麓书社2002年版，第115页。
④ 周秋光：《传教士入湘与湖南人民的反教排外》，《湖南党史》1994年第2期，第56页。
⑤ 曾耀荣：《湖南巡抚对晚清湖南反洋教活动的态度转变》，《湖南科技学院学报》2005年第1期，第85页。

"传教各案牵涉民人,即系地方官份内应办之事,若提到中央政府,会令该国使臣借兵要挟。倘各国效尤,后患伊于何底"。① 于是地方官员成为教案交涉的主要角色,有教案发生的地方,其管辖则是"地方官之责也"②。因此,1860年之后,晤见教士,处理民教纠纷,成为地方官的一项日常公务,教务教案也渐渐成为地方政务的一部分。同治八年(1869),总理衙门有"教务即在地方,地方正多教务"之语,③这正是洋教进入内地之后的普遍情形。

考察州县官处理教案的类型,可分为三类。

其一,查明根由,持平办理。

一部分州县官在办理教案过程中,能够不偏袒任何一方,较为公正地处理教案。"各该地方官,遇有民教争讼,但论是非,不分民教,持一审断。"④

以孝感教案为例。1876年,英国传教牧师杨格非、医生马根知、教民魏宏炳及萧姓一共四人,坐船从孝感县北泾嘴登岸,欲赴魏家湾传教,行至周家河即被多人围拥,捡取地上土块掷打而受伤。英国公使威妥玛在照会总理衙门文中称"杨格非受重伤二处,一伤在面颊,一伤在脑后,俱破皮出血,其势竟欲打死我两人而后已"。并指出打人者"各村有头目率领",要求从严惩办。⑤ 总理衙门下令江汉关监督李查明此事,李转饬孝感知县蔡炳荣,赶紧查拿为首滋事之张新春等到案,从严惩办。

蔡炳荣首先查明伤情,安慰传教士。他"亲诣英国领事处会晤,问明杨格非寓所,即赴该寓验明,杨格非鼻之左旁边微有去粗皮,一点血结,脑后并无伤痕"。并"好言抚慰"。"该教牧杨格非比即首肯无言。"

回署后,"当即饬差查拿滋事为首之张新春等,务获究惩,一面传到附近周家河一带各湾观成下,会保正周厚升、监生万寿荣、耆民郑和松和隆会武举宋登瀛等到案,饬交滋事首从人等讯明"。查明张新春等三人"各以耕田小贸为生,无充当头目带人欺打洋人之事",但打人之事应

---

① 《筹办夷务始末》(同治朝)卷71,故宫博物院1930年版,第31页。
② 何德刚:《客座偶谈》卷3,上海古籍书店1983年影印本,第12页。
③ 台湾"中央研究院"近代史研究所编:《教务教案档》第2辑,第2册,1975—1981年台湾"中央研究院"近代史研究所(台北)据钞本影印,第1109页。
④ 李纲已:《教务纪略》卷3下,章程,第24页。
⑤ 故宫博物院编:《清季教案史料》,北平故宫博物院1948年铅印,第76页。

"照律笞责",其余围观之人免于追究。

为避免以后此类事件的再次发生,蔡炳荣"严饬保正襟耆人等传谕各村庄居民,务各严加管教子弟,如有外国人入境游历传教,不准聚集多人围观嘈杂,滋生事端。一面遵照奉颁条约出示,遍为张贴各路通衢,务使家喻户晓"。

他分析事件发生的原因在于"孝邑地方为南北各省通衢,各国通商以来,从无英国教牧入境传授耶稣教之人,亦未奉文有英国人来孝游历之事"。"此案肇衅之由,实因正初各处村庄拜年人多,乡民见闻不广,初见外国服饰之人入境,以为稀罕,观者如堵,该教牧遂疑为围拥欺侮,当聚观之时,幼童捡取土块互相抛掷为戏,因而误及该教牧医生,以致杨格非面颊受有微伤,实亦事所难免。"并希望以后"教牧杨格非定于何日赴卑县,由何处入境游历,先期照请行知,以便预派干役至彼处守候保护,益昭稳妥"。①

有些州县官还能抵制教会的无理要求,为受欺压的绅民撑腰。做到"教士干预公事,在州县不过视同地方绅士说事托情,其听与不听、准与不准之权,乃操自官。苟其言之有理,自可虚心听受;如属无理取闹,则当一律拒绝……惟当考求实事,斟酌情理"。②

教会中人强占、强租、盗卖房地产的情况仍然比较普遍,他们能够根据约章,力争不让教会的非份之望得逞。

如湖南桂阳县何新甫私将朱斌元房屋盗卖与刘姓教士开堂传教,桂阳县知县除查明谕禁外,"并详鄂督声明,何新甫系当地痞棍,此次私盗他人房屋出售,如果开堂传教,将来难免不滋事故,应请札饬谕禁等情"。③

又如,1882年,湖南沅江县民人刘超贵所买李相富之房地并非自置,乃系托名,实为教士苏额理起造天主堂之用。沅江县知县徐允文查明实情后,判定"遵查条约,天主堂买产章程,卖业之人须先报明地方官请示酌定,方准照办。……仍遵章载明天主堂公业字样,并由地方官通报各在案。查刘超贵所买李相富房地卖业之人,既未报明地方官,已与条约不

---

① 《照抄江汉关监督李来文》,《清季教案史料》,北平故宫博物院1948年铅印,第76—78页。
② 《湘报》第91号(光绪二十四年五月初二日出版)。
③ 《各省教务汇志》,《东方杂志》第2年第5期,第39页。

符；况又因盗卖构讼，该房地实有关碍。遵照条约，苏额理既不应租；照例办理，刘超贵亦不得擅买。至苏额理所称，嘱刘超贵代租房地，请其追还之处，现查与条约相违，殊多窒碍，应用免追。"①

其二，畏惧洋人洋教，一味迁就教士、教民。

在教案纠纷中，由于洋人干预官员的奖惩任免，部分官员因办理教务教案不力而被斥责、罢免、充军乃至斩首。因此很多州县官在处理教案时，一味迁就教士、教民。

虽然1871年清政府在商办传教章程中载明："遇有教民涉讼，听凭地方官从公审断，传教士不得插身帮讼"。"如习教者行为不法，为地方官访问或被人告发，自当照律拿办，教士皆不得包庇隐匿。如有庇匿不到案者，先将犯法者照例究办，仍将庇匿抗传之教士与罪人一律办理，或教士撤回本国查办。"②

但在还堂、夺产、兴讼等民教纠纷中，由于凡遇民教控案到官，"教士不问是非，曲庇教民，领事亦不问是非，曲庇教士"。③逼迫地方官做出有利于教民的裁定。一些教民依恃教会作奸犯科，欺凌平民百姓，遇有民教诉讼，地方官屈于洋人压力，"扶教抑民"。④"（地方官）遇有交涉之案，但凭教民一诉或教士一言，即印签票传人，纵役勒索；到案又不分曲直，往往抑制良民，希图易结。而教民专得借官吏之势肆其欺凌，良民上诉，亦难申理。"⑤

1893年利川发生教案，处理过程出现反复，就是其中一例。据记载，在19世纪80年代以前，"利川天主教堂教民，即已不少，积案累累，以后民教之嫌隙日深，教民之蔓延日炽，案已断而复翻，仇已解而复结"。⑥

利川教案发生前，时任利川县的孙县令，鉴于过去教案，地方官屡因"办理不善"而遭处罚，故深惧教士教民，平日听任教士购买田产，招教

---

① 《沅江县知县徐允文禀》，王明伦编：《反洋教书文揭帖选》，齐鲁书社1984年版，第273—274页。
② 李纲已：《教务纪略》卷3下，章程，上海书店1986年版，第7—9页。
③ 中国第一历史档案馆、福建师范大学合编：《清末教案》第1册，第920页。
④ 李刚已：《教务纪略》卷3下，上海书店1986年版，第23页。
⑤ 《山东近代史资料选集》第60页，转引自罗福惠主编《中国民族主义思想论稿》，第246页。
⑥ 朱寿朋：《光绪朝东华录》，中华书局1958年版，总第5236页。

民耕佃，期压百姓，对他们的种种罪行不敢过问，致使教士更加肆行无忌。于是桀骜不驯之徒相率入教，以教士为护符，甚至教民自称为"钦命利川县副司铎"，持帖拜谒县令，至为狂妄。教士雇佣的管事教民胡文安更是霸据一方的"土皇帝"，他出入往来，乘坐大轿，并令教民拈香跪接；在南坪、汪家营等处，以建教堂为名，"广置田产，收稞渔利"。长堰塘的不法教民，无理殴伤人命，胡文安被控为主使，由于天主教会的庇护，胡竟敢拒绝出庭，不受审讯。对此，当地群众极为痛恨，民教纠纷一触即发。

时有一位老寡妇倪黎氏房产被教民盗卖给教士，为了生存无奈控告县署。该县金教士得知，即闯入县衙与地方官并坐公案。孙县令畏教士如虎，竟按教士之意将倪黎氏房产判予教士。消息传出，民情极怒。湖广总督张之洞等怕闹出大案，故令精明能干的黄世崇继任利川县令，重新处理此案。黄抵任后力矫其弊，断令照旧管业，追出盗卖者手中的教堂业价墨钱文，并谕饬教堂将红约分关呈缴，领回原价。但教士不服，并积极活动教会出面干预，地方官又派廖县令查清此案。廖县令不查此案之原委，不分情节之轻重，辄以两免深究糊涂结案，当堂将打人凶手教民杨章才交金教士领去；复将黄令通禀有案倪黎氏控不愿卖之屋地，当堂立契交业领价，假其名曰：倪黎氏"其膳业因涉讼亏累，情愿卖与天主堂作公产"。①还将向世安等占据说成为暂借堂屋，将倪黎氏殴伤说成是仅头颅碰伤，如此颠倒黑白，激起了民众更大义愤，反教斗争迅速扩大。张之洞对由于官吏压民屈教的无能作法，导致教案反复，感到十分痛心，他痛斥道："查与黄令迭次所禀情节种种不符，无非为教民开脱罪名，以将顺教士之意，尚复成何事体！且倪黎氏以穷老孀妇被人盗卖膳产而不能保，被人殴伤而官不能究，且身伤产失而其钱归于作讼费，似此种种颠倒，暗无是非，以后良懦小民何以自存，奸民肆行无忌何所底止！该府漫不加察，遽为转请立案，亦属谬误。"②张之洞在总结利川教案和评定前后三位县令在此案中的表现时说："孙前令庸懦畏事，有犯不敢过问，从教日众，恃符抗官，大局不堪设想。黄令守正为民，力矫其弊，虽措置未能尽合机宜，而

---

① 《批施南府禀酌断利川教案》，苑书义等：《张之洞全集》卷164，河北人民出版社1997年版，第4743页。

② 同上书，第4743—4744。

用意实崇大体，应责令将教案一手清厘。廖令恩树往查，当不至苟且迁就了事，故贻后患。"①

又如随州，本是教民争产，竟反诬武生李日三"驱逐教士，抢劫教民"，而且还通过洋教士控告到德安府，致使李日三一再遭到陷害。李愤而到教民家说理，又被诬为"统兵抢劫"，既赔款，又坐牢，沉冤莫伸②。这类事件，各地不时发生，地方官一味迁就了事，百姓有冤莫伸。

在湖南，衡州府城北门外黄沙湾法国天主教总堂，借口扩充教堂，培植果园，企图霸占江东岸一带淤洲。他们纵容地痞流氓，勒令当地农民、船户数百人限期迁徙。该地居民前往教堂交涉，传教士董哲西等竟以"妨碍宣讲，侮渎圣母"的罪名，将居民代表十余人捆送县衙惩治。南门外英国福音堂牧师明德，收罗劣绅彭兰生、王吉仁，充当华教士。彭、王二人为虎作伥，分别在清泉、衡阳两县划区承办教务，狐假虎威，出入州县，干涉政务，包揽词讼，彭自称"南老爷"，王自称"北老爷"。③ 衡、清两县官府屈从传教士的旨意，以严办"伪造上谕之匪"为由，逮捕了江东岸不愿迁徙的居民100余人。群众非常不满，终于导致焚毁教堂、打死传教士3人的衡州教案的发生。

其三，不满教士、教民，保护平民。

有些州县官对于本是大清子民，却偏偏要信西洋"邪教"的教民本来就没有好感。而教民依仗教会势力，不服地方官长约束，又更加激起他们的愤恨。他们在民教冲突中，不满教士、教民的为非作歹，竭力保护平民。

襄阳县令李祖荫对外国教会教堂在当地横行霸道非常疾恨，因而引起了外国教会的仇视。1901年夏，李祖荫因公向省城拍发电报，外国教会竟指使电报局外籍职员与李为难，诡称安陆以下线路损坏，拒绝拍发。李疑有诈，派人赴安陆发报，果电路畅通，遂使襄阳电报局故意刁难的真相大白，双方已有敌意。

适值老河口教区中心天主教堂的不法教民，依仗教堂势力，毒打非教百姓，却反而强迫受害人向凶手赔礼道歉。愤怒的群众包围了天主堂

---

① 《致荆州周道台》，苑书义等：《张之洞全集》卷190，第5780页。
② 《随州教案纪略》，徐家干：《教务辑要》卷4，湖北官书局光绪二十四年刻本。
③ 杨世骥：《辛亥革命前后湖南史事》，湖南人民出版社1982年版，第63—64页。

和福音堂，光化县令派兵保护教堂，驱赶群众。消息传到襄阳，以李祖荫为首，下级官员、地方绅耆和广大群众一起投入了反教会斗争。襄阳县城区群众查抄了天主堂传教士所有的祭服、圣爵和十字架等器物。在县属黄龙垱，群众扒毁了当地天主堂，但各地不曾发生传教士伤亡事件。

事后的议结合同规定：惩办有关地方官员、士绅和为首群众代表。前任襄阳县令李祖荫以"串匪纵差，打抢城内教堂，黄龙垱天主堂相继扒毁土平，违旨蔑约"的罪名"严行参撤，永不准复官襄郧"，其他文武官员也遭撤职；把参加反洋教的士绅革去功名，分别判刑监禁；并将群众领袖多人，分别"永远监禁"或"监禁五年"；并由地方官告示保护教堂、传教士和教民，此后永远不准有反教会事件发生。①

1893年5月麻城宋埠玩龙船会，外国传教士当众戏辱中国妇女，引起与会者的愤慨，斥责传教士。传教士竟以手枪威胁群众，农民李金苟等将两名传教士打死。外国领事馆要100个"凶手"人头偿命，下令湖北总督转令麻城知县张集庆办理。案经县、府湖广总督多次审讯拖了一年多，由于知县张集庆亲受两名案犯口供："只承认佛教与基督教、多神论与一神论教义之争，互不相让，引起斗殴，失手伤人"，并嘱咐"宁死于刑，不死于法"。结果，清政府向外国领事馆赔偿了一批银两，2名案犯被判处"绞监候"，后获释。张集庆带领其县时，县民从县境边到宋埠沿途摆香案迎接。②

1900年7月发生新州五百寺教案，桐梓乡民王先隆、梅理明和乡绅孙端甫率附近300余人到五百寺天主堂，搬走教堂物品，烧毁教堂；并捣毁附近教民房屋财产80余家。驻五百寺天主堂外国教士高维栋、华籍教士高作霖事前听到风声，连夜逃往广济，旋即转到汉口避难。当蕲州五百寺教案发生后，教士诉于州衙，谢绍佐知州迫于清廷对外出服，佯引兵"进剿"，将近目的地，即令鸣枪示意，众闻枪声趋避，一无所获。教士上告，清当局将谢革职。新春民间至今犹有"谢青天"之称。③

---

① 《湖北通志》卷53，经政志11，新政1，上海古籍出版社1990年版，第1438页。
② 麻城市地方志编纂委员会编：《麻城县志》，司法，第327页，红旗出版社1993年版。
③ 《黄冈文史资料》第4辑，2001年版，第131—132页。

三　州县官处理教案的矛盾心理

州县官在处理教案时处于两难境地。

其一，有洋人压力（包括外国公使和教士）、上级压力，甚至还有教民压力。

对于民教冲突，地方官判处为难，于是大致出现这样的过程：某地发生民教冲突的案子，该地方官秉公判处而不利于教民时，洋教士便出头干预，甚至咆哮公堂。该地方官若再坚持，洋教士便"饰词上诉"于领事，领事找该地高级官员，若仍不得逞，便上报公使；也有径由洋教士上报公使的。公使找总理衙门，总理衙门行文该省督抚，督抚压该地方官，必使该洋教堂占上风而后已。"虽和约所载，中国人犯罪，由中国官治以中国之法。而一为教民，遂若非中国之民也者。庸懦之吏，既皆莫敢谁何。贤能之吏，一治教民，则往往获咎以去。"① 地方官处理不好由此罢官者有之，于是相率迁就教会，暂顾目前。这就使得地方官越来越迁就教会，教民越来越仗势欺人。

其二，有绅士和平民的压力。

中国传统文化，无论在观念、信仰，还是生活、习俗各个方面，均与西方教会所奉行的一套大不相同，绅士是统治阶级成员，深受儒学熏陶，他们讲究忠孝节义，对洋教不敬祖先、不拜神佛的一套做法不能容忍，他们要卫圣捍道，驱逐异端。在晚清两湖反洋教运动中，他们常常起着倡导、鼓吹和组织领导的作用。由于绅士在政治、军事、司法、经济生活、精神生活等各个方面，成为国家末端政权统治的补充，绅士在基层社会与州县官之间起着中介和桥梁的作用。绅士成为反洋教的急先锋，使得州县官在处理相关教案时，更难办。

当然，更有平民的不满、委屈和愤懑。尽管教民当中也不乏虔诚的信徒，但是，其中也确实有许多人"以入教为护符，尝闻作奸犯科，讹诈乡愚，欺凌孤弱，占人妻，侵人产，负租项，欠钱粮，包揽官事，击毙平

---

① 中国第一历史档案馆、福建师范大学合编：《清末教案》第1册，中华书局2000年版，第920页。

民，种种妄为，擢发难数"①。所以俗谚有曰："未入教，尚如鼠。既入教，便如虎。"不法教民的活动，自然引起了广大群众的不满。州县官虽然想秉公办理，但由于"教士犹变乱黑白，捏饰虚词，耸动公使，务求必胜而后已。夫以职道滥厕监司之列，较牧令职位为崇，尚不能为良懦一伸冤抑，则寻常牧令等官又何能为力？不过一味强制乡愚忍受凌虐，以敷衍了事而已"。②

在抚民与抚教之间，州县官陷于两难处境，有着矛盾心理。正如广济知县所言："（教民）猖狂若此，卑职如任其所为而不究，则王法不行，流弊不可胜言。究之，又恐别滋事端，事出两难。"③

1869年，御史袁方城密陈教务隐忧时，曾如此描述教务给予地方官员的巨大压力：

> 盖和议既成之后，夷人之所谓教主者，俨然与督抚平行。而头目之分处各郡县者，又有睥睨官长之意。凡从教者皆自称教民，不受地方官管束。或因讼事上堂，立而不跪。即有理曲之处，地方官不敢加刑。甚有作奸犯科之徒，如偷盗者、杀牛者、烧会者，犯上者，自知身犯重罪，恐官查拿，即相率从教。一经入教，官即不敢过问。更有已犯重罪，被官拿获，而其家妇女子媳连夜入教。明日夷人文书到县，命将其犯释放。地方官稍一逡巡，数日之间，上司文书下县饬速释放，毋滋事端。地方官再一逡巡，而署事者捧檄至矣。后任见前任如此，谁不寒心！

袁方城分析上下各级官员办理教案的心态，"地方官非谓夷人也，畏督抚之制压耳。督抚亦非畏夷人也，畏通商衙门之诘责耳。通商衙门亦非畏夷人也，恐一旦失和，肇启兵端，而己将蒙首祸之罪耳"。④

对于州县官官员来说，教会势力的存在给他们带来许多困扰。首先，无论内心对教士存何厌恶和反感，他们都不得不与之打交道。其次，对于

---

① 郑观应：《盛世危言》，中州古籍出版社1998年版，第165页。
② 《教务教案档》第5辑，第3册，第1544页。
③ 《广济县知县德廉禀》，王明伦编《反洋教书文揭帖选》，齐鲁书社1984年版，第349—350页。
④ 中国第一历史档案馆、福建师范大学合编：《清末教案》第1册，第682页。

拥有特殊身份的教民，管理殊为不易，内政动辄成为外交，引起重大交涉。再次，当教务成为重要的地方政务之后，教务教案办理是否妥当，直接影响到官员的仕途。但是，不论官员主观有何感想，客观上却不得不日渐深涉教务。天长日久，其观念和行为也不可能一成不变。大量史实表明，清廷各级官员在此问题上的态度大体上都经历了从最初对教士的反感敌视到后来的愿意交往并尽力保护，对教民从最初的另眼看待（无论殊遇还是歧视），到后来有意无意地疏离甚至放弃管理的变化过程。

早在1861年洋教获准进入内地传教之初，总理衙门即已预见到传教将滋生流弊，并想方设法予以挽救。譬如，规定教士只准传教，不得干预地方公事。总理衙门认为，只要地方官按照条约保护教士教民，而教士不干预地方公事，则民教彼此或可相安。总理衙门一直强调，交涉事件，总以约章为凭，希望各地教士和地方官均依照约章办理教务教案。然而，事与愿违。各地教案频仍，教士诉地方官员歧视虐待教士教民，而地方官则诉教士干预地方公事，教民恃教为非，抗衡官长。教案频仍，也对外引发危机，对内招致怨艾，耗费公帑，丧失民望。总理衙门管不了教士，只能苛责地方官，认为教案的发生"乃地方官漫不经心，以致匪徒肆行，滋扰各国人民之案层见叠出"。[①]

所以，面对多方势力交错、办案压力大的状况，"州县一遇中外交涉之事，茫然无所措其手足。自命理学者，傲睨而不屑与谈。畏葸无能者，敷衍而任之凌肆。是非曲直，从未了然。迨事将决裂，具一禀请示，以塞责上司"。[②] "相率容忍，曲意顺从。苟且目前，偷安旦夕。"[③]

---

① 《清季外交史料》，书目文献出版社1987年影印，第4101页。
② 方浚师：《退一步斋文集》卷4，复陈之敬前辈书，文海出版社，第508页。
③ 中国第一历史档案馆、福建师范大学合编：《清末教案》第1册，第682页。

清末北京士人心中的义和团形象
——以义和团焚烧之术为中心

尹媛萍

(中国社会科学院近代史研究所)

义和团主要采取降神附体及其他法术为灭洋方式。在这些法术当中，最普通、神秘性相对较小的焚烧之术，在义和团进入北京之后，可以说是最惯常使用、波及最广、社会后果最严重的一种。通盘考察义和团在北京周边及北京城内的焚烧纵火行为可以发现，由于这种法术具有容易实施、社会影响大、效果也容易检验的特点，成为影响义和团在民众尤其是士人心中形象之关键。存留下来的北京民间义和团回忆史料，尽管多数作者生平不详，但从行文及观念来看，绝大多数出自官僚士绅之手[1]，因而，本文主要以这些民间士绅的个人记述来还原当时北京士人对于义和团观感之转变经过。

1900年五月二十日（阴历，下同），北京最繁华的闹市——大栅栏被义和团团民一场"往日不延平人，今日不然"[2]的大火焚毁殆尽。义和团"法术"的神奇面纱也在这一天被掀动一角，京师民众，尤其是士人以对

---

[1] 见中国科学院历史研究所第三所编《庚子记事·编辑说明》，科学出版社1959年版，第1页。

[2] 高枬：《高枬日记》，见《庚子记事》，中华书局1978年版，第146页。据1938年补修《泸县志》卷四《宦绩》高枬传与卷七《艺文志》，高枬字城南，1852年与弟楷李生，1876年同举于乡，1889年与兄树同中进士，得庶吉士。散馆，授翰林院编修。旋为山西副考官，河南道监察御史，转山西道掌印兼署江南、浙江、福建、江西各道御史。历任刑兵工三科给事中。1904年卒。义和团运动时作者在北京，所记者半为亲见，半为传闻。

义和团法术的重新认识为起点，重新构建了心目中的义和团形象。

一　从传言到现实

放火焚烧"洋"物，本非义和团的发明，最初也并不以法术面目出现。1860年《北京条约》签订后，清廷被迫准许传教士在各省租买田地、自由建造教堂。次年，贵州、江苏等地即出现焚烧教堂事件。① 焚烧亦是义和团的常用手段，不同的是施以法术外衣，对象一般为铁路、教民房屋及教堂教产。"团民之烧铁路也，分遣多人，预伏各处，掘起枕木，加以易烧之物，同时并举，乃自诩为神术。其烧屋也，亦自言有神术，随手所指，或火从刀出，或屋自发火。……后来相传法术益大，凡焚人房屋，但向东南作三揖，口中念曰烧烧烧，其屋即燃。并云法力大者，揖亦不必作，仅于掌中书一井字，其屋即燃。奉教之家，见火即燃；中有不奉教者，火即绕道烧去，房屋仍完好。"② 他们在各地都采取了放火焚烧铁路、教民房屋、教堂和洋人的各种设施的做法，就连在受到压制的山东，也不例外。③ 随着义和团活动范围向北京趋近，这种法术渐渐蔓延到京郊地带：

1989年冬天，"义和拳……传至直隶，在河间府一带闹教……至二、三月间，又在保定一带闹教"。

"光绪二十六年四月十四日，定兴县与义和团民，起义师，杀天主、耶稣教民，并焚毁教民房屋。至涞水县，焚杀无异。"④

四月二十九日（阳历五月二十七日）占领涿州后，义和团民"烧毁铁路，折断电杆"。⑤

---

① 《清末教案》第六册，中华书局2006年版，第709页。
② 陈捷：《义和团运动史》，《民国丛书》第五编第68册，第23—24页。
③ 陈捷根据当时所见的天主教士和耶稣教士的相关记载，大致统计了各地的烧杀情况。据他的统计，在北京地区被焚烧的有：三十四所西人房屋和西山避暑屋宇、天主教和耶稣教的教堂二十二所、男女学堂二十三所、学生传道学堂四所、施药局十二所、医院八所、印书局三所和瞽目学堂一所。陈捷：《义和团运动史》，第79页。
④ 邱恩谨：《拳民滋事、大沽失守节略》，《盛宣怀档案资料选辑》之七《义和团运动》，陈旭麓、顾廷龙、汪熙主编，上海人民出版社2001年版，第89—90页。
⑤ 《盛宣怀致孙钟祥、张毓树电》（光绪二十六年五月初一，武昌），《盛宣怀档案资料选辑》之七《义和团运动》，第15页。

五月初一日，义和团由西南和东南两路进逼北京外城。芦保铁路北京段以及从天津到通州的电线杆，成为团民拆毁焚烧的对象。

　　"五月初一日，芦保铁路，起琉璃河，至丰台火车站，均被拆烧，共计一百余里。由天津至通州二闸地面，电线杆数处拆毁。烧通州教堂洋房，随教住房亦被烧毁。"①

　　由于"丰台车站……其距北京仅六英里耳"。② 因此，丰台车站被焚震动了北京朝野。

　　与义和团在北京周边地区活跃同时，北京城内谣言四起。关于义和团，尤其是义和团的纵火"法术"，北京和天津的士人都有所耳闻。芦保铁路被烧后，刘以桐听说义和团民手里拿着高粱秆，一边沿着铁路走，一边喊"烧、烧"，火就起来了。③ 时在天津的管鹤也记述了类似传闻："芦保铁路之毁，说者谓：拳民用刀指处，火焰立腾，故铁轨及电杆之焚甚速，非人力所能为也。"值得注意的是，管鹤是非常反对义和团这种焚烧"国家之物"的做法的，他认为义和团民之所以这样做，是因为"上下蔽塞"导致团民以为凡是洋式的东西都是洋人的。④ 这种传闻也传到深宫之中的慈禧太后耳中，"……太后在颐和园闻信大惊，特调兵二营专保颐和园"。⑤ 五月初一日至五月十五日是义和团民在北京近郊最活跃的半个月。"义和拳团民在京外各府州县，及京南黄村、丰台等处，焚拆铁路洋房，拔毁电杆、电线，擒杀教民，抢掠马家堡等处栈房粮米货物。"⑥

　　但义和团毕竟还没有大规模在京城施行"法术"，此时在京津地区所得到的消息里，义和团所焚烧的建筑，除了与人无关的铁路外，都是洋人和教民的建筑，因此这场大火真正蔓延到北京城内时，起初并没有让北京的士人感到特别惊慌。相反，对义和团民的焚烧法术，他们抱有一种以好奇为主的心态。而义和团民这时的焚烧，在周围"观众"的映衬下，似

---

① 刘以桐：《民教相仇都门闻见录》，中国史学会编《义和团》第二册，第183页。
② 朴笛南姆威尔：《庚子使馆被围记》，中国史学会编《义和团》第二册，第207页。
③ 刘以桐：《民教相仇都门闻见录》，中国史学会编《义和团》第二册，第183—184页。
④ 管鹤：《拳匪闻见录》，见中国史学会编《义和团》第一册，第388页。
⑤ 《中国近事·义和团滋事汇志》，《清议报》第48册，庚子年五月二十三日，第9页。
⑥ 仲芳氏：《庚子记事》，《庚子记事》，中华书局1978年版，第11页。

乎也有了一种表演的性质。① 他们在公众面前毫不腼腆，并且有时候还表现出一种不可违抗的权威性。北京的外城是义和团民首先进入的地区。五月中旬，义和团民开始大量涌入北京的外城。十五日，"……义和团纷纷进城"，"十六日，团民自外来者，一日数十起，或二三十人一群，四五十人一群，未及岁童子尤多，俱是乡间业农粗笨之人"。② 五月十六日这一天，北京内外城交界处的三所主要的教堂被焚，分别是：东华门外教堂、顺治门内教堂和海岱门教堂。其中第一个教堂被焚是"义和团入京第一次肇祸"。③ 接下来的三天，每天都有教堂被焚。五月十七日，八面槽、双旗杆等地的教堂被焚；十八日，"顺治门内之大天主堂及城外耶稣堂均为匪所焚毁"，"至十八日晚十一点钟，城内教堂三所被匪焚毁"。④ 部分北京居民甚至目睹了义和团民法术的"灵验"。宣武门外椿树胡同，住着一位出身于"素食布衣，相传勤俭"⑤ 家庭的普通士人，字仲芳。他所居住的地方正好是义和团民活动的地区。在他"逐日记载"的《庚子五月义和团进京逐日见闻记略》里，有一段话非常详细地描写了这个过程：

> 凡焚烧之法，众团民面向东南躬身，口诵咒语四句，立能请神附身，名曰"上法"。登时形色改变，拧眉瞪目，力携千斤，声音喘呼，似忿怒之状，逆手执宝剑或掐剑诀，先向前后左右非奉教之家四面指画，火即不能延及四邻。然后各举点着高香一股，在欲烧之房前跪齐，即旁站看热闹之人亦令下跪，有不遵者即为奉教之人，人故不敢违抗。众团民手举香火，叩头碰地，口中似念咒语，将手中之香向房内抛掷，立时火发，并不许人扑救，容其烧尽自熄，如有救火者，

---

① 周锡瑞在《试论义和团仪式的社会意义》一文中介绍和利用了西方文化人类学关于"仪式"（Ritual）与"表演"（Performance）的理论来分析义和团的仪式，他认为，由于义和团仪式执行时采取的是在公众场合公开进行的方式，因此含有相当大的表演成分。见中国义和团研究会编《义和团与近代中国社会国际学术讨论会论文集》，1992年版，第316—318页。
② 仲芳氏：《庚子记事》，《庚子记事》，第12页。
③ 杨典诰：《庚子大事记》，《庚子记事》，第82页。
④ 佚名：《综论义和团》，中国社会科学院近代史研究所《近代史资料》编辑组编《义和团史料》（上），1982年版，第163页。
⑤ 仲芳氏：《庚子记事》，《庚子记事》，第10页。

即指为奉教之人同党，立即擒捉处死。①

另一位士人杨典诰②自称亲身经历了义和团作法放火的全过程。五月十八日下午四点左右，杨典诰和几个朋友一起去看义和团民放火烧的地点位于宣武门内城根的大教堂。只见"为首者粘黄纸符于门，用红旗一招，口内喊烧，即时火发"，"始知义和团之小有法力也"。③ 同一天，义和团放火焚烧了宣武门大街耶稣教堂、同和当铺、宣武门内天主堂、施医院两处，"连四围群房约有三百余间俱皆烧尽，烧死教民不计其数。又焚烧西城根拴马庄、油房胡同、灯笼胡同、松树胡同教民居住之房数百间，砍杀男妇教民无数。……各处如此大火，所烧全系教民之家，并未延及良民，术亦奇矣"。④ 连着烧了三百多间房屋都是教民的房屋，似乎并不令人信服。这天，东城区也大火熊熊。"午后，东单楼牌路北奉真堂，八面槽路东天主堂，并东城数处教堂，醇亲王府左右教民房二三十家，前后火起，烧毁无算"。无独有偶，所烧的也全都是洋人和教民的房屋，"而邻佑概未殃及一家，诚神异也"。⑤

以受过科学洗礼的现代人的眼光来看，这种法术当然不可能成立。但清末民众甚至士人群体的知识结构及思维方式并不如此。但即使如此，对于当时流传的这种种传闻，士人群体已有反对，清末进士、曾为翰林院庶吉士的郭则沄就认为，拳民根本不会什么"法术"。他所看见的是"拳众每纵火，以刀或枪向其门作指画状，又以指画地上土，群呼曰'着'，立时火起"。这样的景象和前面所述的没有实质区别，只不过是团民"作法"的具体过程稍有不同。但他并不认为这就是事实的真相。他认定有人在背后悄悄地放火，只不过没有被发觉罢了。"其焚教堂，使其党预伏于内，以煤油潜洒之，然后率众往，发枪遥击，枪声甫鸣，烈焰突起。观

---

① 仲芳氏：《庚子记事》，《庚子记事》，第12页。
② 杨典诰履历不详。著有《庚子大事记》，所叙起自庚子二三月，讫七月三十日。文虽简略，但其中许多记载为其他资料所无。
③ 杨典诰：《庚子大事记》，《庚子记事》，第82页。
④ 仲芳氏：《庚子记事》，《庚子记事》，第13页。
⑤ 刘以桐：《民教相仇都门闻见录》，见中国史学会编《义和团》（二），2000年版，第185页。

者堵立，惊以为神，是亦幻戏之技耳。"①

二 神话的破灭："纵火有灵，止火无验"②

义和团在京城内的纵火行动在火烧大栅栏时达到顶峰。大栅栏是当时连接北京内外城最重要的商业区。"凡天下各国，中华各省，金银珠宝、古玩玉器、绸缎估衣、钟表玩物、饭庄饭馆、烟馆戏园无不毕集其中。京师之精华，尽在于此；热闹繁华，亦莫过于此。"③ 5月20日，义和团民放火焚烧大栅栏内的老德记西药房，没想到火势蔓延，酿成严重后果。大栅栏被烧，给时人留下了深刻印象。现存史料中，不论华洋官民，各方记载都说明了此次大火的惨痛。其中，民间的记载尤为详细。仲芳氏住在距离大栅栏很近的椿树胡同，他目睹了整个过程：

> 义和团焚烧前门外大栅栏老德记大药房，不意团民法术无灵，火势猛烈，四面飞腾，延烧甚凶，计由大栅栏庆和园戏楼延及齐家胡同、观音寺、杨梅竹斜街、煤市街、煤市桥、纸巷子、廊房头条、廊房二条、廊房三条、门框胡同、镐家胡同、三府菜园、排子胡同、珠宝市、粮市店、西河沿、前门大街、前门桥头、前门正门箭楼、东荷包巷、西荷包巷、西月墙、西城根。火由城墙飞入城内，延烧东交民巷西口牌楼，并附近铺户数家。自清晨起火，直至次日天晓始止，延烧一日一夜。惟门框胡同、三府菜园两处过街楼上小庙巍然独存；前门洞关帝庙、菩萨庙亦皆无恙，真为灵异。计东面烧至前门大街路西为止，后路以东株连；南面至粮市店、王皮胡同口为止，杨梅竹斜街至万福居为止。按地面官保甲牌，约略延烧铺户一千八百余家，大小房屋七千余间。④

---

① 龙顾山人：《庚子诗鉴》，《义和团史料》上，第34页。龙顾山人即郭则沄，字啸麓，福建闽侯人，清末进士，曾为翰林院庶吉士；民国初年曾任北京政府铨叙局局长、国务院秘书长等职。他的记载很可能是事后的回忆或补记。陈捷亦持此种看法，他说："其实使人先入屋中，潜以洋油烧壁，或积草成堆，怀中出火燃之。"陈捷：《义和团运动史》，第23页。
② 仲芳氏：《庚子记事》，《庚子记事》，第16页。
③ 同上书，第14页。
④ 同上。

造成如此后果，仲芳氏认为义和团事先愚弄民众，保证法术灵验，不会延及无辜，导致附近商户没有提前预防，任由义和团民放火焚烧，才是导致大栅栏大火灾的根源。具体经过他亦有记载：

> 先是义和团在老德记大药房将火点起，令四邻焚香叩首，切勿自生慌扰。既至火势大发，不可挽救，而放火之团民，已趁乱逃遁矣。是以各铺户搬移不及，束手待焚，仅将帐目抢护而已。当时若不听团民愚弄，先将货物抢挪，虽云劫数难逃，究可保留万分之一也。①

对于大栅栏火灾中义和团民"法术无灵"，当时存在各种解释。一种说法则认为可能是有人用污秽之物破坏了义和团民的法术。该记述说，"当火起时"，确实有人想要救火，但更确切地说是一个组织——水会，但是"匪禁水会救火"。于是，又有"德记药房间壁广德楼"的人"用水泼救，匪谓是秽水，是以延烧至此"。这位不具名的作者痛心地说："……被灾各人，不怨匪徒纵火，反恨广德楼救火，有如是之愚者。"② 还有一个类似版本则说："闻有某店以溲泼之，其法既秽，故止之不能烧。"③ 综合来看，事情经过是这样的：当老德记西药房被烧之初，水会和一些平民试图阻拦未果，不料旁边的店铺害怕被灾而自行救火，这种行为破坏了义和团的法术，因此火势蔓延、延及无辜。

另一种解释则认为，火烧大栅栏事件正说明义和团所谓的法术是虚假骗术。杨典诰说："是役也，正可诘责义和团能发不能收之罪，且于此可见其伎俩之尽于此矣。能发而不能收，有法力者如是耶。借曰冲犯神怒，当有一家所犯，而谴及数家千户之理耶。"④ 五月二十五日，仲芳氏看到"义和团焚烧西单牌楼钟表铺，连及四邻铺户被烧一百余家"后，直斥义和"团民纵火有灵，止火无验也"。⑤ 此后几天内，又目睹了许多烧杀之状，难以抑制心中的疑惑："义和团如此凶横，是正耶，是邪耶，殊难揣

---

① 仲芳氏：《庚子记事》，《庚子记事》，第14页。
② 佚名：《综论义和团》，《义和团史料》上，第164页。
③ 高枬：《高枬日记》，第146页。
④ 杨典诰：《庚子大事记》，《庚子记事》第83页。
⑤ 仲芳氏：《庚子记事》，《庚子记事》，中华书局1978年版，第16页。

测。谓系匪徒滋事，借仇教为（名），乘间叛乱。看其连日由各处所来团民不下数万，多似乡愚务农之人，既无为首之人调遣，又无锋利器械；且是自备资斧，所食不过小米饭玉米面而已。既不图名，又不为利，奋不顾身，置性命于战场，不约而同，万众一心；况只仇杀洋人与奉教之人，并不伤害良民；以此而论，似是仗义。若看其请神附体，张势作威，断无聪明正直之神，而附形于肮脏愚蠢之体；更焉有杀人放火之神灵乎；且焚烧大栅栏老德记一处之房，遂致蔓延如此大火，何以法术无灵；以此而论，又似匪徒煽惑扰乱耳"。① 可见，仲芳式对义和团的法术本来心存怀疑，至火烧大栅栏事件后即对其法术乃至义和团运动本身做出了否定性的评价。

在这两位士人的心中，有一个对"神"的形象的定位。首先，神的法力是收放自如的；其次，神是懂得人世的道理的；第三，神必然是"聪明正直"的，而聪明正直的神应该附着于干净华美的躯体。既然如此，义和团所宣扬的降神附体，就与"神"的精神恰好背道而驰；神既不会做杀人放火的事情，更不会借一些乡下农夫的手来做这种事情。更何况，大栅栏的灾难已经说明义和团根本就没有什么法术。所以，以义和团的宗旨和精神来看，确实是一心仇杀洋人和教民，并没有私欲；但从他们做事的方式来看，又与他们所宣称的"替天行道"难以吻合，而与匪徒无异。而且，"灭洋"的宗旨和口号由于没有相匹配的正当做法，而逐渐失去控制，与他们的纵火法术一样，变成无法保证其准确性以致很难保证其正当性的危险行为。过去义和团只是宣称杀洋人、杀教民和烧教堂，但"近日义和团三五为群，红巾黄系，执持刀械，游行街市，杀人放火，无敢顾问"。② 这样一来，士人对义和团的观感恶化，导致对其从方法到目的的怀疑以及否定。

三 焚烧行为的扩大及其失败

大栅栏被焚更严重的后果在于扰乱北京的金融秩序，而金融秩序的混乱又进一步造成治安秩序的失控。金融停顿，市面萧条。"正阳门之灾，

---

① 仲芳氏：《庚子记事》，《庚子记事》，中华书局1978年版，第15页。
② 杨典诰：《庚子大事记》，《庚子记事》，第84页。

金店炉房并烬,银源顿竭。都人所谓四大恒者,曰恒利、恒和、恒源、恒裕,皆钱业巨,同时辍业,群情惶扰。"① 上谕亦承认,"该号等开设有年,素称信实,官民与之交往甚多,一经关闭,贻累殊非浅显"。② 而"米粮昂贵,银钱缺乏"就"难保土匪捕乘机抢劫"。③ "京官中多有确信匪为义民者。"④

人心浮动,富商官员纷纷潜逃出城。仲芳氏、高枬、杨典诰这样的普通士人也感觉到危险正在逼近,无不为自己家庭的安危担忧。他们能做的只能是继续小心地保全自己。但这时的混乱在他们的眼中已有不同。自五月二十日始,四次御前会议后,清廷决定采取安抚义和团的政策。有些士人已经不再相信所谓的圣旨上谕。宫中宣称为勇丁所为之事,他们认定实指的就是义和团民:"京中东单牌楼头条、二条胡同及长安街、王府井,又有匪徒焚劫居民之事,旨中指为勇丁所为,实即义和团也。"⑤

这种兵、民、匪、团不分的局面,主要还是大栅栏被烧留下来的后遗症。前已述及,银钱不能流通,受害最大的不是那些达官贵人,而是平民百姓,尤其是贫民。士兵也是主要受害者。如后来大肆抢掠的武卫中军的饷银 31 万两,当时都存于位于东长安街东头路南的中国通商银行,"该行所存现银,均系国家存款,及京城各存户之款",⑥ 但一把大火令通商银行荡然无存。荣禄无计可施,只得托北京中国通商银行向上海通商银行支取,但上海方面拒绝支付。⑦ 种种困难逼得下层人民无法生存,只能趁乱抢劫。因而出现兵勇假冒义和团、义和团又假冒兵勇、地痞流氓又冒充兵勇团民,各种人等都施以种种诡计以求遮掩身份的现象。如"二十五日,北城广升客店被抢",⑧ 但令人奇怪的是,"掌柜以明火报案,谓铺中除洋油两桶外,皆广货。房非奉教之房,人非奉教之人,从何犯其条禁。且不焚烧而抢劫,何为者"。⑨ 又如"二十九日内城台基厂二条胡同,复

---

① 龙顾山人:《庚子诗鉴》,《义和团史料》上,第 47 页。
② 《上谕》,光绪二十六年五月二十三日,《义和团档案史料》上,第 153 页。
③ 《给事中唐椿森折》,《义和团档案史料》上,第 161 页。
④ 佚名:《庸扰录》,《庚子记事》,第 254 页。
⑤ 同上书,第 256 页。
⑥ 《上谕》,见《义和团档案史料》上,第 204 页。
⑦ 《军机处寄大理寺卿盛宣怀上谕》,《义和团档案史料》上,第 429 页。
⑧ 《廷视中城御史文瑛等片》,《义和团档案史料》上,第 197 页。
⑨ 高枬:《高枬日记》,《庚子记事》,第 149—150 页。

有匪徒冒充营勇，闯入官宅，抢掠一空，枪毙家丁三名。外城商民闻信胆落，市面又为震动"。①

随着甘军、武卫中军等军队围攻东交民巷的日渐激烈，关于义和团民的记载越来越少，取而代之的是描述甘军、武卫中军等兵勇将士如何烧杀抢掠的内容。而被抢之家，除了平民百姓之外，高级官员也不能幸免。五月三十日，御史郑炳麟上书，沉痛而明确地指出："自二十五、六两日，甘勇焚杀抢掠，情同叛逆。附近东郊民巷一带，假挈教民为名，无一不被抢之家。臣寓二条胡同，被抢者二十余家……即臣寓亦被踹门两次，据理与争，幸而得免。"② 五天后，郑炳麟再次上书，陈明王府井典当局被抢等事。由于"未经目睹"，但根据上次的经验，"是勇是匪"还尚未可知。③

自五月十六日始到五月二十二日，"京师城内两翼地面，城外五城地面，所有教堂及教民住户房产等，焚毁殆尽"。④ 但五月二十日后，义和团的焚烧活动并没有停止或减少。二十二日这天，"地安门外烟袋斜街附近各铺户，被团民焚烧四十余家"。⑤ 次日，"义和团焚烧喜鹊胡同电报局"。⑥ 二十四日，"义和团前门内回子营教堂，并杀教民数人。又焚烧中街、手卫、永光寺街、兰面胡同等处奉教之房"。二十五日，"义和团焚烧西单牌楼钟表铺，连及四邻铺户被烧一百余家。……又骡马市大街广升客店因其代卖洋货，团民将欲焚烧，被土匪乘机抢劫一空"。二十六日，"前门内各军与团民纵火焚掠，枪炮震耳，浓烟迷天。…马家堡火车站洋房铁路被京外众团焚拆殆尽"。⑦ 二十七日，《庸扰录》记载："京中东单牌楼头条、二条胡同及长安街、王府井，又有匪徒焚劫居民之事。"⑧ 到六月中旬，有些回忆录干脆略去义和团民的称呼，而笼统地用"兵丁匪徒"来标记那些扰乱京城治安的人。如："京城自六月初十以来，兵丁匪

---

① 《廷视中城御史文璨等片》，《义和团档案史料》上，第197页。
② 《御史郑炳麟折》，《义和团档案史料》上，第188页。
③ 同上书，第244页。
④ 杨典诰：《庚子大事记》，《庚子记事》第83页。
⑤ 仲芳氏：《庚子记事》，《庚子记事》第14页。
⑥ 同上书，第15页。
⑦ 同上书，第15—16页。
⑧ 佚名：《庸扰录》，《庚子记事》第256页。

徒大肆焚掠，市尘宅第大半为墟，尸骸山积，目不忍观。"①

在这种混乱的局面下，义和团的"法术"对北京民众生活的破坏性进一步暴露出来，从而加深了人们的反感。五月中旬以后，除了火烧大栅栏事件外，最引人注目的不外乎围攻东交民巷使馆区和西什库教堂两件事情。在围攻东交民巷使馆区和西什库教堂过程中，纵火焚烧依然是主要手段。而正是这两件事情，让义和团在北京民众心中的形象彻底恶化。从五月十八日起，义和团民开始在东交民巷附近活动。英国报纸驻北京记者辛普森（Bertram Lenox Simpson）详细记述了该天的见闻：辛普森"等数人巡历各使馆……最后至奥使馆台基厂，人人到处闲坐，以懒惰之状，注视当前荒凉之街。忽闻呐喊奔走之声，等候之事来矣。……予等纷杂跑至奥使馆高墙之尽头，以望大街。……捉得一奔跑之中国人而归。其人惊吓几死，言一刻钟前，由哈达门进来，见千万义和团，手执枪刀，身束红布，亦由外城群冲而入，见人即杀，亦不分辨，既受洋人枪弹，遂向北而奔，见有礼拜堂或西式之屋，皆放火烧之。""至八时，予等正匆匆就餐，忽见东北方又有烟焰上腾，彼拳匪今已至弃置之洋房，此等洋房，乃属于税关教会及余人等，彼等见无人阻拦，遂纵火抢劫，延烧甚广，火头共有十余处之多，其光烛天，渐渐烧成一片，约有半里之长，势愈凶猛，在夜黑如墨之中，熊熊之势，殊属伟观。""火烧之处，先距予等东边卫队，至少有三千码之远者，今已逼近一里，拳匪既烧毁总理衙门左近洋房，又向东堂而进；东堂者，乃罗马天主教东礼拜堂，由予等所立之地前去，不过十五分钟可到，彼处住有本地教民数百人，予知彼等见有危险，必群以礼拜堂为藏身之地，其情形可以悬想而知也。""……然彼火光初在礼拜堂之附近者，忽成一大火柱，盖礼拜堂亦烧着矣。"②

应该说，这天的大火并不出人意料。谣言在这之前已经为东交民巷被烧做好了舆论的准备。五月十六日，北京城内三所主要的教堂被焚后，"民间时时谣传，东交民巷火起，日则倾城往观，途为之塞，夜则升屋大呼，闻之可骇"。③《高枬日记》记载说，五月十七日这天，"夜闻烧东江

---

① 佚名：《庸扰录》，《庚子记事》第261页。
② 朴笛南姆威尔：《庚子使馆被围记》，《义和团》（二），第220—222页。辛普森用朴笛南姆威尔（B. L. Putnam weale）一名署名该书。
③ 佚名：《庸扰录》，《庚子记事》第252页。

米巷（东交民巷），坏外人极多"。但等他第二天亲自去查看时，才发现"十七夜所闻全虚"，不由得感叹"谣言幸灾如此"。①

但谣言不久就变成了现实。五月二十二日"二更后，团民初次烧交民巷。知会商民，街上不得泼脏水；焚香；声言'杀鬼子'，众口一音。枪炮不绝者彻夜，改交民巷为切洋鸡鸣街"。② 五月二十四日，"或喊嚷东交民巷洋楼着了。"③《高枬日记》也记载说："拳烧东江（东交民巷）"。④

在这些纵火事件中，有多少次是义和团参与的，我们并不清楚。只能设想，装备同样不够精良的武卫中军和甘军，有时也借鉴义和团的办法。最突出的一个事例是火烧翰林院。由于英使馆地理位置易守难攻，甘军久攻不下，而"翰林院署在玉河桥侧，署后与使馆邻"⑤，因此"引火焚翰林院衙门，冀火之延烧使馆也"。⑥ 放火之人显然拥有丰富的经验：

> 昨日有一放火者，伏行如猫，用其灵巧之手术，将火种抛入翰林院，只一点钟间，众公使居住之英使馆，顿陷于危险之域，众公使大惊……扑灭一处之火，又有一处发生，因中国放火人逃走之时借树及房屋之掩蔽，一面逃走，一面抛弃浇油之火具，亦有且逃且放枪者。⑦

因此杨典诰认为，正是"团民引火焚翰林院衙门"。⑧ 还有一种可能就是官兵把责任推到义和团身上，高枬就曾听说："拳团尚守法，某军不服朝命，所为烂事，皆推之于团。团又不受。"⑨

虽然民众无所谓反洋的方式，但是当这种方式只有破坏而无成效时，方式本身就遭到了彻底地摒弃。使馆区久攻不下，也许义和团并不负主要责任，因为后来部分义和团被派去驻守京师里九外七各城门、皇城各门、

---

① 高枬：《高枬日记》，《庚子记事》，第145页。
② 刘以桐：《民教相仇都门闻见录》，中国史学会编《义和团》（二），第187页。
③ 仲芳氏：《庚子记事》，《庚子记事》第15页。
④ 高枬：《高枬日记》，《庚子记事》，第149页。
⑤ 龙顾山人：《庚子诗鉴》，第48页。
⑥ 杨典诰：《庚子大事记》，第83页。
⑦ 朴笛南姆威尔：《庚子使馆被围记》，《义和团》（二），第256—第258页。
⑧ 杨典诰：《庚子大事记》，《庚子记事》第84页。
⑨ 高枬：《高枬日记》，《庚子记事》，第151页。

王公大臣各府、六部九卿文武大小衙门,力量已经遭到分散。但义和团集中围攻的西什库教堂也迟迟不能攻破,就令民众由疑生变,最终走向了支持义和团的反面。对于不能攻破西什库,义和团民唯一可以拿出的理由就是洋人之"秽物"非常厉害。"义和团焚烧西华门内西什库教堂,迎面大楼未动,烧毁四围群房数十间,并焚抢附近居民数处。或问教堂内大楼何以未烧。团民云楼中有秽物镇压,不能前进,须待红灯照来时方可。"① 数日之后,西什库依然"宝顶宛然,诸事如旧"。由此,"人人皆言义和团不中用,只能烧不坚实之屋,杀懦弱之妇孺,不能攻打"。② 这样的方式自然不仅无用,而且有害。

六月下旬,烧杀渐止。各处开始恢复比较正常的生活秩序。至迟到六月二十八日,"前门外大栅栏一带,与后门西单牌楼被烧火场",已经"有支搭芦棚,暂作生意者,有清理砖瓦,欲起盖房屋者"。③ 但紧接着,外国军队很快就会入京的传言导致了北京居民的大逃亡。七月,"自初一至今(七月初十),官绅商民非车即马,或肩挑背负,神情惨淡,西出彰仪门者,无日无之。至大小铺户或钉固门户,或雇人看守,弃货物而去京者,比比皆是。盖消息日紧也"。④ 在这期间,义和团民继续攻打西什库。但是,尽管"每日换班攻打西什库",也"仅将四围群房烧拆数十间,大楼毫无伤损"。唯一看得见的"成效"就是"附近之铺户居民"被"焚抢无遗"。⑤ 看到这一切后,老百姓与义和团民之间有一场有趣的对话:

> 或问团民,从前事之乍起,焚烧各教堂,擒杀各教民,无往不胜,实可动人听信。西什库教堂虽大,现有团民数十万之众,何以一月有余尚未打破耶。团民云:"此处与别处教堂不同,堂内墙壁,俱用人皮粘贴,人血涂抹,又有无数妇人赤身露体,手执秽物站于墙头,又以孕妇剖腹钉于楼上,故团民请神上体,行至楼前,被邪秽所冲,神即下法,不能前进,是以难以焚烧。又兼教堂有老鬼子在内,专用邪术伤人,故难取胜,反多受伤。"或问黑团与红灯照皆不畏脏

---

① 仲芳氏:《庚子记事》,《庚子记事》,第17页。
② 高枬:《高枬日记》,《庚子记事》,第154页。
③ 仲芳氏:《庚子记事》,《庚子记事》,第26页。
④ 杨典诰:《庚子大事记》,《庚子记事》,第91页。
⑤ 仲芳氏:《庚子记事》,《庚子记事》,第28页。

秽之物，何以亦不能制胜。团民云："黑团虽不畏秽物，奈时日未到，难以成功。俟至日期，老团一到，自然扫荡矣。"

仲芳氏认为，"听其所答，殊多掩饰，恐徒延时日，与事无益，谅当道诸公必有察觉焉"。①

至此，所谓的纵火法术彻底失去其神秘性；人们不再被所谓的仪式所吸引，义和团民的"施法"也褪去表演的性质，变成一种对垒作战的工具。而这种转变一旦完成，法术的喻义就日渐消失，取而代之的是其实用性究竟如何。换句话说，法术作为一种动员群众的"戏剧"资源变成了真正同西方文明相抗衡的中国文明的主要手段时，它的脆弱就不可避免地暴露无遗。而北京士人的观感不仅代表了普通民众的普遍看法，亦可视为统治阶级思想转变之一般背景。

但同时也要看到，在记述这段历史时，并没有哪一个士人表现出"违背世界公法"的担心，也没有人为使馆抱过同情。虽然义和团的法术已经失信于人，但是义和团杀洋人、毁教堂的做法并没有成为被攻击的对象。士人的这种心理，也许可以借用辛普森的反思表白出来："予等外人罗嗦烦琐，贪黄人之利益，颠倒东方生计之平衡，故致如此之狂剧也。"②归根结底，对洋人的痛恨压倒了对方式的疑惑。而勉强被接受的方式失效之后，北京士人对于义和团民所宣扬的"法术"也就彻底失去了信心，从而修正了心目中的义和团形象。义和团当然诞生于中国传统文化的土壤，是在无奈的情形下采取了以恶制恶的手段。但是，这种缺乏组织的带有发泄性质的抵抗，自身在发展演变过程中已经出现令人质疑的问题，纵火这一策略只是其中之一，但亦足以说明这种方式并不是长久之计。从这个意义上说，义和团运动是中国人最后一次以传统的方式反抗西方。③

---

① 仲芳氏：《庚子记事》，《庚子记事》，第28页。
② 朴笛南姆威尔：《庚子使馆被围记》，中国史学会编《义和团》（二），第231页。
③ 罗志田：《从异端走入正统的"子不语"——庚子义和团事件表现出的历史转折》，见《历史教学》2001年第2期，第20页。

太虚的佛教革新与武汉社会

卢文芸

(湖北大学中国思想文化史研究所)

一 太虚与武汉近代佛教

1922年，太虚离开净慈寺，应武汉几位居士的邀请来到武汉。此前，他先后在金山寺、净慈寺有过两次失败的佛教改革尝试，但在武汉，得益于居士们的支持，他得以实现了他的有空想主义之嫌的佛教改革梦想的其中一小部分，如创办佛学院、领导居士组织、建立世界性佛教组织等。而且因此带来的成绩不仅局限于太虚个人，在他的引领作用下，武汉及周边地区的佛教教育、居士团体和佛教刊物都空前兴盛，影响更是广及整个近代中国的佛教发展。直到当代武汉，太虚仍是佛教界公认的导师。宝通寺与莲溪寺20世纪90年代以来重建武昌佛学院（各为男众部与女众部），都自认是太虚的武昌佛学院的延续（宝通寺的佛学院近年已停办）。太虚的舍利子有一部分由武汉弟子李隐尘、钟益亭等人葬于千家街潮音茅蓬（现在武汉第二船舶研究所内）的太虚塔内。清明节时，莲溪寺武昌佛学院女众部的师生专程行脚至此为太虚扫塔。

关于太虚在武汉取得的成绩，研究论文较多，在此不赘述。总而言之，对于在江浙一带也进行过改革实践却屡屡碰壁的太虚来说，在武汉顺利得有些不可思议。为太虚倚重的武汉众多居士之一唐大圆也感叹说，"太虚法师，在武汉间缘化好及，由宿世修行功德所至，不能勉强"。[①] 只

---

① 大圆：《汉口佛教会宣教讲习所毕业训词》，[释]慈忍室主人编辑，太虚审定：《海潮音文库·第3编·佛学足论》，佛学书局1931—1932年版，第147页。

是，是什么原因使太虚在他生活和成长的江浙文化圈未能展开手脚，却成功在武汉嫁接了他的理念之枝，生长开花结果呢？

武汉第二船舶研究所内的太虚塔（本文作者摄）

二 太虚的佛教革新与武汉的社会环境

简言之，随着一代高僧太虚法师20世纪20年代挟佛教改革的理想来到武汉，适逢天时、地利、人和，成就了中国近现代佛教史上重要一页。这里试以汉口佛教会与武昌佛学院的成立时的一些情况为例，分析太虚在武汉的殊胜因缘。

（一）汉口佛教会的成立因缘

太虚与武汉的因缘，起于陈裕时（1878—1940）。

陈裕时法号元白，在近代佛教史上通常称陈元白，湖北省宜昌市人，出身于一个船业家庭，曾入日本振武陆军士官学堂留学。1905年在日本东京加入同盟会，参加过辛亥革命和护国战争。他的儿子陈济博回忆说，他在二次革命失败后短暂逃亡日本时期，因为看到"一战"局势，以及亲历革命挫折，开始对人生的真正意义发生疑问。他因此学习了西洋哲学，也开始接触一些佛教的内容，但最初只是为了寻求一种有益身心的修炼方法。所以当1918年，陈裕时与两个朋友游普陀，遇见了太虚，还对他指责佛教是迷信，和尚是寄生虫。

面对责难，太虚回答他说："各位所说，是没有沾佛教的边，佛教有它的教理。我也想吃肉，也想喝酒，也想讨老婆，之所以不这么干，是因为我相信佛教教理，各位居士如果破了佛教教理，那我就回去吃肉、喝酒、讨老婆好了，用不着再当和尚如果各位破不了，骂我取乐是可以的，请不要再说佛教是迷信了……"①

太虚的话表达了佛教教理对人格方面的影响，正合于陈裕时这类后革命时期的失落的革命党人期望从改变人心寻找出路的思路，"说得三个人心悦诚服，遂皈依佛门"。

这一次旅行使陈裕时下定了学佛的信心。他对黄恺元（在普陀山同见太虚的同伴之一）说，"以前我们两人搞革命，现在发现佛教比搞革命还有意义，现在科学昌明，凡事重实证，我年老，能吃苦，就出家苦修，证明佛教信而有证，你年轻，身体好，又有钱，你去做官来支援我弘扬佛法。如何？"可是黄恺元先去了太虚那里削发出家，陈裕时顿足说，你出了家，我就不能出家了。于是"学佛之志益坚，即以居士身份专搞推广佛教活动"。② 此后回到汉口的陈裕时，成为太虚的宣传者，劝说军政界朋友学佛，并且与他的朋友们一起邀请太虚到武汉来讲经说法。

太虚在武汉的讲经说法吸引了一批得力的信众。1920年冬天，一些听讲的信众共32人发起求受三皈，太虚在自传中记述说，"如李隐尘及王森甫、李时谙、满心如、陈性白、赵南山、皮剑农、萧觉天、杨显卿、孙文楼、刘东青等，皆武汉军政商学界一时名士，学佛风气之盛，为空前

---

① 陈济博：《先君陈裕时学佛的晚年》，宜昌县政协文史资料委员会编：《宜昌县文史资料第3辑》，1988年版，第18页。
② 陈济博：《先君陈裕时生平拾零》，宜昌县政协文史资料委员会编：《宜昌县文史资料第3辑》，第20页。

所未有"。① 皈依之后，他们又发起成立汉口佛教会，推李隐尘为会长。

太虚的这些支持者诚如太虚所言，是政商学一时名士乎？限于篇幅，现仅以太虚自传中提及的这部分人员来分析，除满心如一时未能查找到资料，其他绝大部分人皆有史可查。这些人中，李隐尘、陈性白、赵南山、刘东青、孙文楼、萧觉天、胡子笏皆是辛亥革命的参与者，此时或者退居，或有不小官职。李时谙是省议员，太虚说他似乎还竞选过议长，是极富活动力的政客。② 王森甫、皮剑农、杨显卿皆是富商。杨显卿有记录1931年曾出任武汉棉花出口工会主席，也曾任职于汉口商会。皮剑农是枝江士绅，但在武汉经商。太虚曾住过他的公馆。现可查到他1925年发起创办过鄂西兴业银行股份公司，资本洋五十万元。1924年他还曾与人合作发行"宝积票"用于江口弥陀寺大雄宝殿的维修，是枝江佛教协会的院董。应该还经营有旅馆等产业。萧止因有资料显示他是英商邓禄普橡皮公司沙市分公司的经理，曾经与英商串通滥发市票而被控告。

而王森甫，作为太虚最得力的弟子，值得细说。首先，在佛教方面他贡献卓著，"王主持汉口佛教会务十余年，接引信众数万人，资助武昌佛学院及各正信支会，恢复栖隐寺为女众丛林，重修庐山大林寺，接待印度泰戈尔和美国菩提会会长等佛教人士，推动中外佛教学术交流，是佛教界大护法居士。1934年7月病逝，太虚法师致奠诵经"。③

其次，佛教事务之外，王森甫于各项社会公益亦尤其热情。释东初在《中国佛教近代史》中说：

> 除领导信众共修外，汉口地方如发生火灾，水灾，或其他灾难，必率同多人前往救济，如施粥、施衣、施棺等，广行劝导，不厌其烦。武汉佛教，日益发展，王氏出力最多，诸如赞助各慈善团体，总理卍字会，经修保安会等，无非上体诸佛菩萨以利生之旨，施行种种方便，以期饶益一切有情。④

---

① 太虚：《太虚自传》，《太虚全集》第31卷，宗教文化出版社2004年版，第227页。
② 同上书，第215页。
③ 武汉地方志编纂委员会主编：《武汉市志·人物志》，武汉大学出版社1999年版，第108页。
④ 释东初：《中国佛教近代史》，台北：东初出版社1974年版，第518页。

霍姆斯在《中国佛教的复兴》一书中也描写了王森甫对穷人的热心：

> 由于王很胖，又热心，因此被称为"阿弥陀佛"，可他仍步行而不愿坐车，每当他走上协会门口的台阶，乞丐们就从四面八方聚拢来，喊着："会长先生，会长先生！阿弥陀佛，阿弥陀佛！"进门前他会散尽袋中所有的钱。①

值得注意的是，并不是因为学佛才使王森甫慈悲为怀广行善事。这需要说说他的哥哥王琴甫。在武汉，王森甫原与他兄长王琴甫一起以王氏兄弟闻名。兄弟二人出身于布店学徒，后成为汉口匹头号巨商。获得财富的王琴甫热心社会事业，成为武汉商界的领袖，历任商团会长、红十字会会长、汉口商会会长等职，有很高的声望。《武汉市志》中记述他说：

> 辛亥武昌首义，王协助民军运输军用物资，维持市面秩序，资助军需，救护伤员、保商安民，使汉口战乱损失得以减轻。1916年6月27日，王与刘子敬共同创办中国红十字会汉口分会。刘为会长，捐助经费；王任副会长，主动让出新建的住宅为会所，并主持开办医院，设立战时妇孺救济所。王乐于助人，在任汉口商会商事调解委员期间，常以个人资金周济负债人。……②

令人惋惜的是，王琴甫病逝于1919年。王森甫（1881—1934年）原本一直都紧随兄长，协办各项事务，包括组织商团，与胡子笏等人创办义成消防社，支持民军，协助其兄创办中国红十字会汉口分会，任红十字会的救护队长等等。王琴甫病故后，王森甫便继承了兄长未竟之志，"任汉口红十字分会副会长，负实际责任，曾获北京政府三等嘉禾章奖励"。1920年他皈依太虚，也有了更多理由，来把这些事情做下去：

> 1921年湘鄂战起，在汉设临时医院两处，任两院院长；完成数

---

① 霍姆斯·维慈：《中国佛教的复兴》，上海古籍出版社2006年版，第66页。
② 武汉地方志编纂委员会主编：《武汉市志·人物志》，武汉大学出版社1999年版，第108页。

十处消防设施；10月，汉口红十字分会改选，被推为会长。1923年任汉口总商会会董，时武汉米荒，王3个月平粜3万石米，稳定米价。1928年任总商会执行委员。1929年汉口佛教会改为汉口佛教正信会，任会长，设慈善团致力于慈善事业，曾捐献祖产承启堂基地，建立汉口佛教正信会居士道场。1931年武汉大水灾，任水灾急赈专员。次年钟祥县霍乱流行，率队往救，成绩显著。九一八事变后，致力于抗日救亡运动。①

不过，除了曾任红十字会会长，王森甫还参与过中国红卍字会汉口分会的活动。释东初的《中国佛教近代史》说他曾"总理卍字社"。陶济安《中国红卍字会汉口分会》一文说，1931年，武汉大水，"汉口红卍字会组织巡回医疗救护队，抢救灾民，发放食品，急赈饥荒，搭盖席棚，安置住所；并协同汉口基督教会，将部分灾民迁到黄陂横店，由王森甫负责办理救济事宜，秋尽冬来，发给寒衣，计费资3万余银元"。

中国红卍字会之名缘于佛教的标志，但它并非佛教组织，而是民国年间创始于山东的一种民国新兴宗教②"道院"的附属组织。道院号称"大道之本，五教同源"，以"至圣先天老祖"为最高崇拜，融合儒、道、释、耶、回五种宗教，认为五教都源于至圣先天老祖。道院兼办一些慈善救济事务，因深受"当时国际红十字会，以及在华传教士筹办的慈善救济组织的影响和启示"③，于是设立红卍字会，总会设于北京，其分部扩散到天津、北京、上海、南京、南昌、武汉、长沙、广州、西安、太原等全国各地及海外。其中中国红卍字会汉口分会由汉口总商会会长贺衡夫任会长，会址设在汉口九如巷南京会馆。

道院有自己的宗教体系和参加仪式，其正式成员称为"修方"。据高

---

① 武汉地方志编纂委员会主编：《武汉市志·人物志》，武汉大学出版社1999年版，第208页。

② 关于民国新兴宗教参见钟国发《民国时期新兴宗教扫描》，《当代宗教研究》1997年第4期，第22—25页；民国时期新创的"民国新兴宗教"，这类团体较留意时新事物，较多在城市活动，较顾及合法程序，但在下层民众与地方小传统中的根基，往往相对逊色。主要包括：一心堂、悟善社、道德学社、天德圣教、万国道德会和道院。

③ 李光伟：《民国山东道院暨世界红卍字会史事钩沉》，《山东教育学院学报》2008年第1期。

鹏程等人研究，只有道院成员才能成为红卍字会成员，"规定非修方不能入会之条"。"虽然一直有异议，该条还是始终保持下来。"① 红卍字会成员还要交纳会费，交纳会费数额越高，所获得的成员身份越高。

王森甫是否是经历了复杂加入仪式的道院修方？他交多少会费？他在佛教和道院这两种信仰中又如何立身及分配他的忠诚？本文尚未发现相关资料。我们只知道这似乎没有给他带来什么困扰。而且同时贺衡夫与陈经畬等一些红卍字会的成员，也是太虚的重要支持者。如《武汉市志》所记1932年太虚筹备世界佛学苑图书馆时，"董事新增陈经畬、贺衡夫等商界巨子"②。而陈经畬其实是知名回族商人，竟支持佛教事务，或正是缘于道院五教同源教义。当太虚在庐山设世界佛学联合会时，因为购买土地而与土地的主人一位回民产生了纠纷。当时除了靠钟益亭基于乡谊说和，还有陈经畬出面基于"教谊"相劝，才帮助太虚解决了矛盾。③

也有人认为，红卍字会专注慈善，宗教色彩较淡。据陶济安《中国红卍字会汉口分会》，至少武汉的红卍字会是这样的：

> 奉"至圣先天老祖"神位，早晚焚香顶礼，诵读《太乙经》。以上方式，多属迷信范畴，与当时思潮，不相适应，遂改道院为红卍字会。不仅在名称上与当时由西欧传入的红十字会有所区别；并且实质上在于清除迷信色彩，由独善其身的个人主义，跨入面向社会，溥利群生的境地，是这个组织的一大改革。④

中国红卍字会的主要成员是"商界人员、官吏、地主和军人"，与太虚的支持者成分非常类似。高鹏程认为，"传统意义上的商人组织包括了亲缘组织（宗族）、地缘组织（商帮与会馆）、业缘组织（行会与公所），

---

① 高鹏程：《论红卍字会的会员资格、类型与社会基础》，《苏州科技学院学报》（社会科学版）2009年11月。
② 武汉地方志编纂委员会主编：《武汉市志·社会志》，武汉大学出版社1997年版，第195页。
③ 太虚：《太虚自传》，《太虚全集》第31卷，宗教文化出版社2004年版，第254页。
④ 陶济安：《中国红卍字会汉口分会》，政协武汉市委员会文史学习委员会编：《武汉文史资料文库·第6辑·社会民俗》，武汉出版社1999年版，第139页。

而红卍字会则是民国绅商以道院信仰为纽带，以社会救助为使命的信缘组织。"① 而与亲缘、地缘、业缘相比，信缘可以跨越更多群体。那么，佛教会或许也某种程度上具备类似信缘组织的某些性质。

《大武汉旧影》中的红十字会和红卍字会照片，1938年太古码头避难所

（二）汉口佛教会的建设

再说到新皈依的居士们组建了汉口佛教会，因为没有办公场所，先后租借夏口县农会（慈善堂）和安徽会馆为办事处。这些地方狭窄而不适合开展活动。于是1921年任汉口佛教会副会长的王森甫将其兄琴甫遗产中的一块位于汉口栖隐寺隔壁的地基施舍给会中，又通过募捐建起了佛教会的会所。

对于这个会所的建立过程以及最初的一些会务和活动，"李实岸"（或许即李时谙）撰写了一篇《汉口佛教会创始记》，分两次发表在《佛化新青年》第一卷第四号和第五号，另在1922年又出版了一个单独的小册子，为我们留下了宝贵记录。这篇《创始记》卷首附太虚的序言，感叹"因主持得人，继续从事于建设，乃有今日之结果"。然后叙述创建过

---

① 高鹏程：《论红卍字会的会员资格、类型与社会基础》，《苏州科技学院学报》（社会科学版）2009年11月。

程,特别是提到了建筑经费问题是如何解决的:

> 窘于建筑费,于是一面由各会友分道募捐,一面由森甫、少国、汉臣、毓溥、伸喈、觉天各居士相继垫款……腊月十六七日由李馥庭、李隐尘、汤铸新三公公柬请武汉政商各界之举,当场承各仁者之随喜捐助,约得万金。……汤佩琳(注:胡子笏媳)……乃舍其全部嫁奁以为助,并刺血画像资补随喜功德券赠品之不足……

会友的捐赠和汤女士的特别奉献,包括捐个人嫁奁和刺血画像石印成"功德券"出售,是佛教传统募资方式,比较有时代感的是"李馥庭、李隐尘、汤铸新三公公柬请武汉政商各界"的情形,颇似当代的慈善晚宴模式。霍姆斯在《中国佛教的复兴》一书写到的正信会日常募款的情景,应该也与这种募款情景大致类似:

> 正信会在每年阴历八月十五募集做善事所需的钱。邀请武汉的银行家和商人参加一聚会,他们都知道等着的是什么。在他们互相交谈时,会长捧一功德薄四处走动,问每个客人:"给您写多少?"少则几百元,多的有一两千。聚会结束后,到手的许诺可达十万元。通货膨胀开始后,则以米的形式许诺。①

在叙述创建过程之后,此文列述了佛教会成立以来的事件表,再最后是"自庚申十月成立至壬戌年底止收支报告"。按收支报告所记,这次为修建会所进行的募捐,计收捐户四万七千三百二十五串零二十文,加上汤佩琳个人捐的四千余张功德券出售收入,共计收六万三千二百零五串八百二十文。支出部分很详细列入了各样建筑用工、用料和添置器物费用,细至水泥、灰沙、钉铰等都有记录,最后算明收付两抵还欠八百八十一串文,由王森甫暂时借出。

《佛化新青年》并没有登载捐款人的详细目录,但1922年印行的小册子里附有很长的名单。从中我们可以看到,捐赠数目有几个层次,常常有一批人捐一样的数额,大约是约定或是默契的数字,与我们现在捐款的

---

① 霍姆斯·维慈:《中国佛教的复兴》,上海古籍出版社2006年版,第66页。

情况也类似。有的捐款以洋为单位,也有以铜元串为单位。可能因为只是建会所的专项募捐,单笔钱的数额倒并没有霍姆斯所言几百上千那么多。作为汉口佛教会发起人的那些居士们如李隐尘、陈元白、赵子中等人每人捐的数额是 20 元。其中有大量的各种商号的捐款,XX 号、XX 记等,细查这些商号,有记载的也很多,涉及各种类型的经营门类。例如德懋恒捐的是二十串文,正昌匹头号则是洋三十元,他们都是武汉较大的匹头公司。又如裕源祥、镇昌号等是海味号,各捐了洋十元。还有晋和号等钱庄。余者有十串、五串、二串、一串等不同层次。以洋为单位的,有三十元、二十元、十元、五元、二元、一元。有很多善堂的捐款,如仁和堂、礼义堂、积善堂、笃善堂等,数目是一串文,另有一署名是"钱道人",也是一串文,不知道是否是道士或只是名号。中华懋业银行系中美合资开办的银行,捐了洋一百。江汉关捐了一百八十串。太古渝、招商渝等报关行,捐一元。利通公司是法资,是二串文。汇丰捐了洋一元。这个捐款名录其实也可作为近代武汉经济史的一个史料。

据记载,1918 年粤汉铁路武昌长沙段,普通工人月薪 6 元左右。中国局长高级职员数百元。1920 年,武昌纺织工人平均日工资为 1 角 2 分至 2 角 1 分。一千个铜钱称串文,初发行时一串文值两元,到 1928 年一枚银元兑 3 串 260 文铜元。[①] 对照此数据,可能会对这些捐款的数目更有一些概念。

(三) 武昌佛学院的建立

1922 年,陈裕时、李隐尘商议请太虚到武汉创办一个培养佛教人才的学校。于是 3 月 13 日,李隐尘、王森甫、胡子笏、汤铸新、皮剑农、陈裕时等三十余人在归元寺集会,筹建佛学院。5 月,黎邵平(黎元洪的族叔),以一万五千元低价让出武昌千家街自家院舍作佛学院校址。6 月将包括有详细组织管理制度、学制和课程计划的佛学院章程由湖北省省长公署咨请省内务总长和教育部备案。

署名省长刘承恩的咨请公文,很可以代表武汉政界对佛教的看法。它赞扬了佛学"一心直指,实包孔老诸子之全,万法唯识,又尽哲理科学

---

① 武汉市武昌区地方志编纂委员会:《武昌区志·下卷》,武汉出版社 2008 年版,第 1018 页。

之妙",又以国外佛教不同发展状况作为佛学院创立的依据,"实为慈悲救世为本衷。是故日本以尊信佛教而勃兴,印度以转崇外道而沦灭","欧人士痛枪林弹雨之余,觉舍本逐末之妄,因探哲理,上溯释宗,纽约大开庄严之会,研究佛乘。英美亦遣宏硕之儒,翻译内典"。内务部的回复咨文中,亦称佛教足辅政化,极为赞同:"际兹人心陷溺,正学销沉,倘能黾勉进行,力求深远,牖民觉世,足辅政化之所未固。本部职司所在,极表赞同。"①

在太虚之前,中国佛教界已有人办佛学院,但"武昌佛学院"无疑是当时最具现代性的,最接近现代高等教育模式的佛学院。在霍姆斯的《中国佛教的复兴》一书,就曾将武昌佛学院和当时其他寺院所办的更为保守的佛学院相比较,认为在武昌佛学院更能满足学僧们的求知欲,使用黑板的情况也被专门提及。佛学院的课程参考了日本的佛学院教育,但武昌佛学院的院董中,有著名私立大学中华大学校长陈时,太虚也带领佛学院学僧参观过武汉大学,现代高校模式教育对太虚也必有影响。佛学院开设课程有佛教经论、佛教史,也有中国哲学、印度哲学及汉语、日语、英语等,课程上有世俗大学内容。教员中的居士教员如唐大圆等,原本也是大学教师,同时执教于中华大学、武汉大学。作为一个近现代组织,武昌佛学院还有罗奉僧居士长年做义务律师。

除了与世俗大学的来往,武汉的另一种宗教学校与太虚的佛学院也产生了关联。太虚的弟子李隐尘,在美国基督教圣公会办的教会大学武昌文华大学的毕业典礼上做过演讲。在演讲中,李隐尘赞扬了文华大学学生"和蔼亲睦,具有一种活泼泼地精神",并指出这种精神缘于基督教精神的培养,接着他联系到了自己所信奉的佛教,表示也要以此为式,推动佛教教育事业,以佛教精神寓与教育,用宗教精神救正世界人心。②

一个佛教徒在教会学校演讲或许有一点奇怪,然而这确实发生了。这也可见出武汉精英阶层在救世的更高主旨下的相互兼容并包。向基督教学习,并不是李隐尘一个人的看法。太虚也曾因在报纸上读到,基督

---

① 中国第二历史档案馆编:《中华民国史档案资料汇编·文化》,凤凰出版社1991年版,第753—754页。
② 李隐尘:《武昌文华大学毕业演说》,《海潮音文库》第3编:《佛学足论七·上册》,佛学书局1931—1932年版,第1—4页。

教的传道者获准去参观中国监狱并向犯人布道，犯人受到教化，释放后成为新人的事迹，从而决定让他教导下的武昌佛学院学僧也开始参观监狱。

武昌佛学院成立之前，汉口佛教会已先期成立。武昌佛学院的院董，主要都是汉口佛教会的人员。这相当于在建院之前，已准备好了相关资源。佛学院存在了近三十年，经费也主要由汉口佛教会（后来改称佛教正信会）承担。通过共同的导师太虚，居士组织正信会与佛学院形成一种稳定的结构。正如霍姆斯所说，"太虚与正信会有特殊关系，挂'导师'之衔，每当协会需出家人时，像讲经、节日仪式的主持，或念佛时敲引磬和木鱼，隔江太虚的武昌佛学院就会派人来。作为回报，协会负担了佛学院每年的亏空，数目并不大，因其一年全部预算也不到6000美元。当为我消息提供者接替王（森甫）作会长时，也继承了其佛学院董事之职。可以说两家是连锁管理的"。① 这种相对稳定的支持，也是佛学院长期存在的保证。

以上如此冗长的叙述，不是为了重述已经被叙述过很多遍的太虚的业绩。本文的目的，是欲求从这个过程当中，理出太虚在武汉的佛教复兴事业，与武汉社会的关系。

三 武汉近代佛教与都市佛教

武汉自1861年汉口开埠，武汉三镇也在近代化的过程中形成一个工商业繁荣的大都会。汉口出现很多商业行帮，其中银钱、典当、铜铅、油蜡、绸缎布匹、杂货、药材、纸张是上八行②。外资外企进入武汉也很多，出现很多买办资本家。——太虚的支持者很多就是这些行业的佼佼者。王森甫从事的就是匹头业。贺衡夫是做桐油起家。商业的发展也促进了佛教的发展。汉口寺院近代发展很大，清末增加了因照寺、古德寺，民国以来，又有莲华寺、千佛寺、香山寺、清济寺、广讲寺陆续兴起。武昌

---

① 霍姆斯·维慈：《中国佛教的复兴》，上海古籍出版社2006年版，第66页。
② 皮明庥主编：《近代武汉城市史》，中国社会科学出版社1993年版，第140—141页。

和汉阳发展则不大。① 武汉的商界也本就是佛教的热心支持者。"当时流传归元寺佛事不出门，汉口信众亲自送上门；大法事一开口，八大行就送货上门，一出几百上千石米，一拖香油好几吨。前汉口市总商会负责人贺衡夫等大商家都是归元寺的大护法。"②

不过，商人群体并不仅仅是追求通过成为佛教的供养者而获得福祉。他们已是一支独立的社会力量，有了主体意识和社会责任感。他们需要有某种新的理论来实现他们的主体意识与社会责任。

再则，霍姆斯发现，中国近代华南、华北的佛教皆衰落腐败，但华中地区却相对好得多，这其中有一个原因，是太平天国之乱后，寺院破坏都很严重，然后就有一种反拨的力量，信众重新热情聚集起来，寺院也都重修了。近代武汉也是这种情况，重要的寺院都是太平天国之后重修，或者是这之后新建。而从清末到民国，又不断有寺院兴建、扩建，到1936年三镇已总计大小庙宇共317所，极为可观。这座工商业城市的民俗与佛教也有充分结合。归元寺正月庙会、韦陀殿射钟、罗汉堂数罗汉等民俗都传习已久。总之，佛教的市民基础十分深厚。

霍姆斯认为，道德上的问题，会影响民众的捐献。武汉佛教腐败的情况并不严重，僧侣生活多数清苦自持，较大的寺院亦严谨端正，也是佛教较受社会尊重的原因之一。陈忠岱《回首江汉忆古刹》一文中回忆了民

《大武汉旧影》——在汉口佛教正信会三皈证上的太虚

---

① 康临：《武汉寺庙的起源与变迁》，中国人民政治协商会议武汉市委员会文史资料研究委员会《武汉文史资料》1983年第1辑总第11辑，第112页。

② 昌明：《汉阳佛教的变迁》，《昌明方丈法偈选》，湖北省佛教协会1997年版，第326页。

国时期的归元寺的日常管理和方丈的选举情况，可资明证：

> 此寺经常住有僧侣千人以上，纪律严明……井井有条，丝毫不紊，千余僧侣出进，默默无声，较军队组织尤为严肃。……方丈及八大执事，均每三年改选一次，除方丈任期规定三年不连任外，其他执事均可:连任，但三年为限。凡曾在此寺充当八大执事在三年以上者，均有被选方丈资格，每次选举人，约在数千人以上。……①

武汉是辛亥革命首义之城，革命对这一城市影响很深远。近代武汉进步的佛教界也支持过革命，归元寺曾作为起义军的粮台，宝通寺设过司令部，古德寺众僧进行过战地救护，武汉僧人甚至据报道组织过僧兵参加战斗。萧耀南与夏斗寅两任省督都很支持佛教。据说萧耀南在落魄时，莲溪寺心静方丈曾接济了他，"所以国民党他们都不敢来莲溪寺捣乱"。②夏斗寅支持宝通寺收回寺产，固有与住持的同乡之谊的原因，也与他在辛亥革命时作为革命军司令部的宝通寺的经历有关。作为首义之城，武汉的革命元老也较多，在革命后的失落情绪也较重，在革命中受挫、甚至是吃亏（陈裕时就表示过他吃过大亏）的前革命党们需要寻找精神寄托，要一种新的救世梦想。于是学佛也是这一批人中流行的作法。

近代武汉文教发达，开风气之先，按说教育界较为西化，也较有反迷信的看法，与佛教这一传统宗教应不能相契。然而太虚却得到武汉学界的重视，先后曾在湖北省教育会、中华大学、武昌文公学、湖北省教育院、美术学校讲学或讲演。这个中原因，是"一战"给欧洲带来巨大灾难，在西方和中国都出现了西方物质文明破产，要向东方哲学寻找出路的思潮。我们在梁启超那里也可以看到类似的看法。佛教作为神秘东方文化一部分，应机入选也是一种必然。中华大学校长陈叔澄出席万国教育会归来，在佛学院的一次演讲中就说："欧战以还，怵极大惨杀，根据人道主义，咸欲思一足息此惨杀浩劫，永不复发之绝妙方法。……我国中有举佛

---

① 陈忠岱:《回首江汉忆古刹》，政协武汉市汉阳区委员会文史资料研究委员会编:《汉阳文史资料·第2辑》1988年。

② 慈学:《武汉解放时我与共产党的交往》，《武汉文史资料》2009年11期，第22页。

教为超越各宗教及兼报科哲诸学之长者,别代表亦大致赞同,允推为巨擘。"①

武汉自1961年开埠以来,便有基督教教会学校,到1921年,据教会数字资料反映,武汉基督教学校学生约占当时全市学生总数的三分之一,还不包括天主教东正教的教会学校的学生。② 这对近代佛教是一种巨大的压力,也是一种方向上的启示。李隐尘在文华大学的讲话就体现了这一点。

于是,随着武汉的近代化发展,整个社会的精神需求都为太虚的佛教革新留下了一个巨大空间,也准备了其发展的条件。传统形态佛教仍然状态良好,只是还尚不足以满足新都市社会——特别是其中社会精英阶层的全部需求。当太虚带着他的新学说——后来他总结成"人间佛教"——来到武汉时,正好契合了这个空缺。

霍姆斯曾经描述过太虚的弟子们在四川的一次演讲:

> 他们运用太虚传授的方法,在一开始就承认佛教"在外表上已经存在着许多迷信",许多僧人都懒惰而且无知,等等。如此一来,他们解除了听众的戒备心理,然后就宣扬僧伽的改革,即"按照现代哲学的方法"修改佛教教义,并且利用佛教来"提高人们的道德水平,改善社会条件"。换言之,他们试图告诉人们,佛教同当时席卷中国的新思想是合拍的。他们的行动取得了很大成功,许多从前对宗教没有兴趣的工商业者和专业人员,转而成为他们传教的支持者,并开始每天修习禅定。他们还成立了一个青年佛教联合会。

这个情形虽然发生在四川,可是我们也可以想见在武汉太虚的做法。霍姆斯还强调,对于普通人,太虚会讲净土思想。但"对于知识分子,太虚则谈论佛教与哲学、佛教与科学、佛教与经济学、佛教与社会改革"。③

---

① 圣功记:《陈仇二先生在佛学院讲记》,《海潮音文库》第3编:《佛学足论七·上册》,佛学书局1931—1932年版,第242—243页。
② 武汉市档案馆编:《武汉对外开放史》,武汉出版社2005年版,第440页。
③ 霍姆斯·维慈:《中国佛教的复兴》,上海古籍出版社2006年版,第55—56页。

四 一个时代的结束

为什么太虚在江浙一带屡屡碰壁，而在武汉却受到欢迎？

太虚原本在江浙一带，试图以寺院为基础进行佛教改革，等于从财产权和所有权上剥夺寺僧，自然要受到寺僧的抵制。包括"三大革命"在内很多改革思想，受到旧派僧人持续性的反对。太虚说，先是谛闲反对他，然后"十七年后，似乎谛闲隐退了，由印光与我来对峙；二十年后，似乎印光隐退了，由圆瑛与我来对峙"。①

再则在江浙文化圈，对于层次较高的或思想较新派的信众来说，江南素为文物渊薮，佛学素养超过僧侣的居士甚多，甚至会因觉得僧人迷信、堕落和无学而有轻视之心。欧阳竟无成立的支那内学院，完全是居士主导，以居士为主要培养对象，连太虚都是那里的学生。霍姆斯在《中国佛教的复兴》一书中花了很多笔墨来描写欧阳竟无对出家人的排斥，"有名望的住持从不来内学院，欧阳也从不去他们的寺院。他认为僧人愚昧无知，理解不了法相唯识的教说，没有资格同他谈论佛教。欧阳与他们怎么可能有辩论呢？"② 内学院的法相大学课程以法相宗典籍和义理为重心，"并逐渐扩充，开设了儒学、篆刻、诗词、戏剧等课目"——这可看出与武昌佛学院课程的方向有所不同。霍姆斯还研究了太虚二十四个剃度徒裔中，发现没有一个是江苏人，只有一个是浙江人——似乎也可以说明问题。

也因此我们可以见出武汉社会与文化与江浙文化圈的区别。武汉的居士群体中主体是政客（有些是军人出身）、商人和市民，市俗化倾向更强，学者型居士比例较低，和儒学等民族文化中的大传统部分（借用人类学中大传统和小传统概念）的关系也不如江浙地区紧密。居士们有活动能力和热情，有务实和现世的追求，也有近代化视野，然而他们还需要一个精神导师。

而另一方面，太虚在武汉不再以寺院为基础去实施改革。武汉寺院对太虚也不排斥，相反很乐于学习他的新思想。1922年，太虚应陈元白等

---

① 太虚：《太虚自传》，《太虚全集》第31卷，宗教文化出版社2004年版，第238页。
② 霍姆斯·维慈：《中国佛教的复兴》，上海古籍出版社2006年版，第99页。

人之邀到武汉，筹备建佛学院之时，归元寺就邀请太虚前去讲过圆觉经。讲经的效果很好，有居士，更有归元寺的僧众和周边地区赶来的僧众，获得了这些僧人的赞仰和认同："此一期的讲经，博得川、鄂、湘、赣各省寺院僧众的翕然赞仰，消除了向来不少的隔膜。"① 20世纪40年代武汉寺院形成春节团拜的风习，18家丛林的一年一度春节团拜会，轮流设斋聚会，共聚一堂，实为当时各寺庙的联谊活动形式，"后来汉口正信会和武昌佛学院也应邀参加了团拜会"，相互并无门户之见。这与江浙文化圈中新旧两派敌对的情形差别太大了。

不过，太虚在武汉嫁接他的理想之枝时，也并不是没有问题。霍姆斯说："他充分意识到让有钱有势者担任主办者的重要性。其中一位主办者曾经告诉我，当太虚请他出任一个较大规模的佛教社团的领导时，他成为太虚的在家弟子才仅仅一年，对佛教还没有很好的了解，但他有一个较高的政府职位。如他所言：'太虚认为我出任主席最为合适，因为那时佛教组织需要的是有名望的支持者。我尊敬他，所以接受了。当其他成员得知太虚因我的职位而看中我时，他们都一致投票选了我。'"②

武汉居士群体的力量，是太虚在武汉弘法初期得以成功的重要原因，但对居士经济和社会实力太过依赖，也会有麻烦。关于这一点，要从武汉近代密教的兴起说起。

在20世纪20年代出现了一个密教热潮。太虚对佛教本持有融贯的想法，主张将各语系各宗派佛教进行融贯，因此他也赞同学习密教，还支持弟子大勇赴日学密。这个学密热潮也传到了武汉。先是大勇回国后在武昌佛学院教了一段时间密教。然后是东渡归来的持松，于1924年春天应邀来到了武昌，成为洪山宝通寺住持。于是"每日来山受法者不下百数人，东密入华，盛极于此时"。③ 很多追随太虚的居士都转向了密教。东密之后，武汉又兴起藏传密教，到武汉传法的活佛很多。其中的诺那呼图克图，陈裕时父子都皈依了他，并因此离开了武汉到四川去学密。

太虚没想到的是，这股热潮一度给武昌佛学院带来了危机——因为原

---

① 太虚：《太虚自传》，《太虚全集》第31卷，宗教文化出版社2004年版，第236页。
② 霍姆斯·维慈：《中国佛教的复兴》，上海古籍出版社2006年版，第55页。
③ 陈兵、邓子美：《二十世纪中国佛教》，民族出版社2000年版，第352页。

来追随他的居士群体，大多数转向密教，"信仰异趣，经济亦转用于彼"①。释东初在《中国佛教近代史》中感叹了王森甫的可贵："民国十三年后，李隐尘、陈元白等趋向密宗，对武院稍存异心，惟王氏对大师弘法事业，始终如故。"② 但其实王森甫也皈依了诺那呼图克图。武昌佛学院的弟子们，也因去学密教而流失近半——他们纷纷到北京去读藏文学院（这个学校是大勇办的），还跟随大勇去西藏求学。

转向密教只是一方面，太虚的弟子中还有两个人需要提一下。一个是李时谙，后来出家，法号大愚，"自谓庐山闭关念佛，得见普贤现身，授以心中心咒。好言宿命，以神奇惑众，轰动全国"。而陈元白、王森甫等武汉居士被他迷惑而为之揄扬颇不少。太虚为此在致王森甫、陈冲嵴书中，斥之为"大抵迷信，徒增鬼神之焰，反蔽佛光"。③ 另有一人是张化声，民国十二年（1923）受聘为太虚创办的武昌佛学院教授，担任国文、三论、《摄大乘论》等课，凡6年，还有一年负责编辑太虚所办的《海潮音》月刊，可是后来却转向信奉仙道去了。

与居士们的矛盾还不限于此。1924年太虚意图改革佛学院，只招比丘不招在家众，却因李隐尘的异议未成，只能"曲从诸董事意，一仿过去办法"。此外追随太虚的以《佛化新青年》为中心的一批青年信众太过激进，四处树敌，也给太虚带来了麻烦。于是1924年九月，太虚忽然称病辞职，"颇滋武汉缁素疑讶"。印顺在《太虚年谱》中说，"武汉信众之日见离心，实大师突然离院之因！"④

相比之下，江浙地区也是东密和藏密弘化的重要地区，热度并不异于武汉，然而并没有出现类似的问题。这也应与江浙文化圈儒学传统与文化更为深厚有关。旧派的寺僧和研究学理的新派居士，在密教的流行势头面前中都有自己的坚持。"随着密教的浮滥，不但太虚法师为文辨析密法的隐患，当代高僧大德如印光法师等人对于密教若干说法提出异议，欧阳竟无等人也不表赞同……"⑤

---

① 释印顺：《印顺法师佛学著作系列·太虚大师年谱》，中华书局2011年版，第121页。
② 释东初：《中国佛教近代史》，东初出版社1974年版，第518页。
③ 释印顺：《印顺法师佛学著作系列·太虚大师年谱》，中华书局2011年版，第189页。
④ 同上书，第121页。
⑤ 陈永革：《民初显密关系论述评——以密教弘传浙江及其效应为视角》，台湾《普门学报》2004年第6期。

最后要说的是，密教的热潮影响了武昌佛学院，但只是一时，从长远看，对武汉佛教样态冲击不大。两个月后，武院的董事们又请回了太虚，"恳回武院住持"。只是太虚此后其主要精力已主要放在更大空间而不是武汉一隅，"因各地弘法事忙，席不暇暖，在院的时间就较少了"①。

事实上，武汉佛教只是十分的兼容并包，如《武汉市志》说："武汉佛教……宗派虽有，但界限不明显。……在丛林中，虽有临济、曹洞派别之分，但他们内则'禅、讲、律、净'，外则'经、忏、斋、焰'，各色齐备，混合为一，没有太大的差异。……僧人在这个寺住过再往他寺，退了这家方丈又到那家任职，是常有的事。有的寺庙不仅禅宗内部各派友好相处，而且往往禅净同修，显密共存。"②总之不论是哪一派，"反正都是'经、忏、斋、焰'的过日子吧"。汉口佛教会也是诸派皆有，"东三楼为密坛，密宗信徒每月初十、二十五日会供期在此举行。西三楼供奉阿弥陀佛，供净土牌位。楼下正殿为说法堂，供有缅甸佛教协会赠的5尺高玉佛一尊"③。

此后到民国后期，社会战乱频仍，多灾多难，武汉佛教也受到了制约。武昌佛学院多次损失惨重。1946年太虚回到武汉，武昌佛学院因"日兵去而国军又来；院舍圮落"，信众们"以不忍大师伤心，阻之未过江一行"。另一方面，新一代青年更多受到流行思潮和西化元素以及各类意识形态影响，在战争和政争剧烈的社会背景下，佛教救心救世的看法也显得天真而不合时宜了。太虚在武汉的佛教遗产于是又遇到了这个新的问题。"基督徒、马克思主义者和现代化主义者在政府和教育中占据了更多地盘，而年纪较大的、保守的佛教赞助者却相继逝去。"④武昌佛学院女众部的命运就是一个代表性的写照：武昌佛学院的女众部在鼓架坡，是李隐尘无偿将自己的胜蔓精舍的一部分赠给了佛学女众院当校舍开办，同时，佛学女众院开办之初的所有经费也是他个人慷慨资助的。对门居住的是曾任过湖北省代主席的方本仁，方本仁夫妇对佛学女众院也给予了很多支持。可是到了1948年，"因时局变化，物价飞涨，佛学女众院的经费难

---

① 于凌波：《中国近代佛教人物志》，宗教文化出版社1995年版，第154页。
② 武汉地方志编纂委员会主编：《武汉市志社会志》，武汉大学出版社1997年版，第156—157页。
③ 同上书，第193页。
④ 霍姆斯·维慈：《中国佛教的复兴》，上海古籍出版社2006年版，第218页。

以为继,加上此时的太虚法师已圆寂一年了,当初支持该院的老居士护法们也大都作古,因此,这时的监院法澄法师,不得不含泪宣布佛学女众院正式停办"①。

1949年,武昌佛学院也因绅商阶层瓦解,失去资助停办了。一个时代过去了。

---

① 杨朝伟编:《历史文化街区昙华林》,武汉出版社2006年版,第78页。

近代北京的四大门信仰三题

李俊领

（中国社会科学院近代史研究所）

康笑菲在《说狐》一书中讲述了其母对北京民间狐仙信仰的一段记忆：

> 我的母亲回想起，二十世纪四十年代，位于北京郊区的老家后院有间小庙，其中奉祀当地人称之为"仙家"的狐精。她小时候每每避之唯恐不及，不得不经过时，总是拔腿快跑，看都不敢看。她怕如果靠得太近，会触犯神明，使她遭到伤害和灾难。然而，就如同害怕狐仙可能降临的祸害，一般人家认为留着这间小庙可以带来好运和财富。

康氏之母所忆的狐仙，是近代北京民间信仰中具有超常力量的四大门①之一——胡门，其他三门分别为黄门（黄鼠狼）、白门（刺猬）和柳门（也称常门，蛇）。

四大门在北京地区民众的日常生活中扮演着不可忽视的角色。在该地区信仰者的文化观念中，四大门是泰山女神碧霞元君治下带有灵异色彩的四种动物，时常出没于城乡的普通民居中，因而成为参与民众生活的特殊邻居。四大门信仰属于地方性的以自然动物为实体的神灵信仰，在今天北京与天津的某些地方，它至今仍是一种活着的传统。

---

① 按：在近代华北的民间观念中，四大门所指的四种动物不是仙或神，而是处在修仙阶段的精魅，通常被称为"仙家"。华北有的地方在四大门外增加了兔或鼠，将其并称为五大门。

学界对于近代北京的四大门信仰，或认为这是中国北方的一种民俗宗教①；或认为这是一种融合了儒释道三教的北京地方性的民间秘密宗教组织②；或认为这是一种动物崇拜，在"近代北方民间广泛流行"，"人们崇拜的已不再是四种动物的自然属性，而是把它们作为巫教的神来崇拜"③。还有学者从民间的巫与医的角色转换的角度研究认为，民国初年北京郊区的四大门信仰是一种难以明确把握的民间"知识系统"，与民众的地方认同感密切相关。④ 最为引人注目的还是20世纪30年代燕京大学学生李慰祖对北京民间四大门信仰所做的社会调查。⑤ 已有的相关研究侧重于从社会学、民俗学与宗教学的角度揭示近代北京四大门信仰习俗的元素、形态、结构与功能，但并未考察其渊源，更未诠释其对于近代北京民间日常生活的历史意义。

本文将在前人研究的基础上，着重探讨相关的三个问题，即近代北京的四大门与碧霞元君信仰的渊源，四大门"香头"⑥、碧霞元君与北京民众的复杂关联，近代北京四大门信仰习俗的宗教功用及其政治境遇。

一 四大门与碧霞元君信仰的渊源

北京民间的四大门信仰习俗具有自己的专属圣地，并与泰山女神碧霞元君颇有关联。在北京的民众看来，京西的天台山、妙峰山与潭柘寺，京东的丫髻山、二里寺（今通州南门外）与东岳庙都是四大门集中修行的圣地，其中妙峰山与丫髻山共同奉祀的泰山女神碧霞元君则是天下四大门的总管。

碧霞元君总管四大门这一信仰观念的起始时间难以细考，但至少在清初已有小说家注意到民间流传的碧霞元君管理狐仙的说法。清初西周生所

---

① 周星：《四大门——中国北方的一种民俗宗教》，李慰祖著、周星补编：《四大门》，北京大学出版社2011年版，第146页。
② 方彪：《九门红尘：老北京探微述真》，学苑出版社2008年版，第207页。
③ 阴法鲁、许树安：《中国古代文化史》，北京大学出版社1991年版，第430页。
④ 杨念群：《民国初年北京地区"四大门"信仰与"地方感觉"的构造——兼论京郊"巫"与"医"的近代角色之争》，孙江主编《事件·记忆·叙述》，浙江人民出版社2004年版。
⑤ 李慰祖著，周星补编：《四大门》，北京大学出版社2011年版。
⑥ 按：香头，是北京民间对四大门的代理人（即灵媒）的俗称。李慰祖先生将其定义为"一种替仙家服务，以行道来修福的人"。见李慰祖著，周星补编：《四大门》，第38页。

著《醒世姻缘传》提到:"雍山洞内那个狐姬,他修炼了一千多年,也尽成了气候,泰山元君部下,他也第四五个有名的了。"① 袁枚《子不语》辑有如下三则关于碧霞元君主管狐狸修仙的故事。其一,碧霞元君为群狐的主考官。故事说有狐生员向赵大将军之子曰:"群狐蒙太山娘娘考试,每岁一次,取其文理精通者为生员,劣者为野狐。生员可以修仙,野狐不许修仙。"② 其二,碧霞元君可调群狐听差。故事说绍兴陈圣涛与一狐女成夫妇。每月朔,妇告假七日,云:"往泰山娘娘处听差。"③ 其三,碧霞元君执掌对群狐的奖惩权。故事说有妖狐迷糊了一位民女,一日其对民女泣曰:"我与卿缘尽矣,昨泰山娘娘知我蛊惑妇人,罚砌进香御路,永不许出境。"④ 此外,纪昀在《阅微草堂笔记》中记录了其族侄竹汀所讲的一则传闻:(北京)密云县东北部有狐女嫁给文安的一位佣工为妻,侍奉公婆极尽孝心,感动了土地神与东岳大帝,遂提前修得正果,被派到泰山碧霞元君麾下"为女官"。⑤ 这些小说与笔记表明:在清代初期和中期,泰山碧霞元君管理群狐的说法颇为流行,引起了"南袁北纪"的关注。当时华北民众普遍认为泰山女神碧霞元君是天下四大门的总管,在四大门与民众交往的过程中负责维护正义、赏善罚恶。可以说,四大门信仰是碧霞元君信仰的一种延伸,二者组合在一起,在华北民间社会中形成了一种深厚的民间集体无意识。不过,在晚清之前的文献中,尚未见到有关碧霞元君主管黄门、白门和柳门的记载。

从北京妙峰山与丫髻山的神灵谱系看,四大门与碧霞元君的关联始于道光晚期。妙峰山是主祀碧霞元君的神域空间,在道光晚期开始配祀四大门。妙峰山中北道的青龙山朝阳院茶棚建于道光三十年(1850),此处正殿奉碧霞元君、眼光娘娘与子孙娘娘,北角还有用黄条书写的神位,即"奉已故三代宗亲观众都管、柳十大仙静修、黄七大仙静悟、白二真人馨顺、柳四真人长真"。⑥ 其中"柳十大仙静修"与"柳四真人长真"是四大门中的"柳门"(常门),"黄七大仙静悟"是"黄门","白二真人馨

---

① 西周生著,童万周校注:《醒世姻缘传》,中州古籍出版1997年版,第20页。
② 袁枚:《子不语》,河北人民出版社1987年版,第9页。
③ 同上书,第68页。
④ 同上书,第83页。
⑤ 纪昀:《阅微草堂笔记》卷十七《姑妄听之三》,上海古籍出版社1980年版,第415页。
⑥ 金勋编纂,李乐新点校整理:《妙峰山志》,北京燕山出版社2007年版,第270页。

顺"是"白门"。光绪年间修建的"瓜打石玉仙台尊义堂茶棚"的正殿奉碧霞元君，山门内正奉灵官，配以江蟒爷、山神爷、傻大爷与土地爷，其中"江蟒爷"是柳门。①

民国时期，妙峰山的四大门信仰得到了天津商人的支持。1934年，天津的信士张玉亭在妙峰山北道的贵子港独资修建了"玉亭粥茶棚"。其入门处为灵官殿，内为三楹的圣母行宫，中祀碧霞元君像，旁奉王三奶奶。西为大仙堂，祀蟒大爷、老蟒爷、蟒四爷之牌位。蟒大爷牌位上注"五月十五日生，年八百岁，老蟒爷五月十三日生，年一千五百岁，蟒四爷年六月十四日生，年五百岁"。旁配以胡大爷、胡三太太之塑像。② 这里的"蟒大爷、老蟒爷、蟒四爷"属于"柳门"，"胡大爷、胡三太太"属于"狐门"。

近代妙峰山上的四大门之祀一应俱全，且四大门都是作为碧霞元君的配角出现，不可入正殿奉祀。这是道光晚期之前妙峰山上未曾出现过的奉祀景象。直至今天，妙峰山附近乡村的民众还十分信奉四大门。据民俗学者吴效群调查，涧沟村的一般村民至今仍在屋后建有供奉"四大门"（狐狸精、长虫精、刺猬精、柳树精）的神阁。③

要注意的是，四大门在民间享有的称谓总是体现出尊卑有别的伦理色彩。属于"家仙"的四大门称"胡爷""黄爷"等，属于"坛仙"的四大门称"老爷子""大仙爷""二仙爷"等，少数被称为"姑娘"。显然，这是比乡民信众高出一个辈分，二者并不平等。

相对于妙峰上的四大门而言，丫髻山上奉祀着五大门。丫髻山的黄花顶位于金顶西北四华里山巅处，旧有真武庙，供奉北极真武玄天大帝与狐、黄、白、柳、灰五大门仙家。④ 真武庙内的狐仙堂是一座小庙，庙门的对联云："在深山修身养性，出古洞四海扬名"，横批是"有求必应"。20世纪90年代，当地的老人回忆说："旧历三月三是朝拜真武庙的日子。

---

① 金勋编纂，李乐新点校整理：《妙峰山志》，第271页。
② 同上书，第267页。
③ 吴效群：《走进象征的紫禁城——北京妙峰山民间文化考察》，广西人民出版社2007年版，第68页。按：吴效群将"四大门"解释为狐狸精、长虫精、刺猬精和柳树精，其中"柳树精"与通常所说的"四大门"没有关系。
④ 北京市平谷区文化委员会编：《畿东泰岱——丫髻山》，北京燕山出版社2008年版，第124页。按：真武庙始建年代不详，现丫髻山林场大虫峪林区在其原址上建有一座防火瞭望亭。

真武庙原建在丫髻山北面五里之遥的黄花顶上，庙的正殿里供奉着真武帝君，侧殿是狐仙堂，院中有两棵合抱粗的古柏。"① 显然，丫髻山奉祀狐门无疑，但未见有该地奉祀其他三门的记载。黄花顶真武庙奉祀黄、白、柳、灰诸位仙家始于何时，不得而知。依照张友、张国锡两位老人的回忆，至少民国时期已存在这种现象了。这两位老人称，丫髻山的王二奶奶管辖着包括四大门在内的"五大仙"，而王二奶奶是碧霞元君的圣徒。②

有学者认为，"北京在历史上是'四大门'信仰最发育的地区，根据灵力的大小分为五个等级。第一级，是丫髻山'四大门'的仙家灵力最大，是信仰的中心。第二级，是北京城内的东、南、西、北四顶碧霞元君庙，香火在北京的东、西、南、北四城，灵力比丫髻山次一些。第三级，是一些街道、社区的狐仙堂，或者是修建其他庙宇、道观内的狐仙堂，香火在庙宇、道观所在的街道、社区。第四级，是出马仙所建的堂口，因其灵力较小，香火范围也不大。第五级，是各个家庭、家族的保家仙，其灵力仅限于家庭和家族，香火范围也仅限于这个家庭或者家族。"③ 依照近代之前北京民间四大门信仰的情况，这种分类大体适当。如果考虑到近代北京四大门信仰的变迁情况，这一分类就明显不妥了，因为其忽略了五顶中的"中顶"与晚清以来声名超过丫髻山的金顶妙峰山。

妙峰山与丫髻山的四大门信仰与晚清时期出现的碧霞元君信徒王奶奶颇有关联。前文提到，丫髻山的王二奶奶直接管理四大门。更为准确的说法是，王二奶奶是碧霞元君的信徒，死后成为碧霞元君麾下的女神，直接管理四大门。也就是说碧霞元君是王二奶奶的顶头上司。与丫髻山的王二奶奶相似，妙峰山上奉祀的是王三奶奶。有人认为，晚清民国时期王奶奶、王二奶奶、王三奶奶是"一尊神灵，三位分身"。④ 这种看法与民国时期四大门的"香头"所降"王奶奶"之神的"自述"颇不一致。

依照四大门"香头"的陈述，王奶奶、王二奶奶与王三奶奶并非一

---

① 北京市平谷区文化委员会编：《畿东泰岱——丫髻山》，第124页。
② 同上。
③ 同上书，第218—219页。
④ 同上书，第224页。

人。20世纪30年代燕京大学学生李慰祖访谈的李香头说："东大山、妙峰山、天台山三处的娘娘乃是亲生三个姊妹，总管各地的四大门仙家，四大门对于娘娘便等于属员对于上司的身份一样。在圣山上当差的四大门，较在农村中的四大门身份为高。香头乃是供四大门驱使的。"① 李慰祖访谈的北京西直门外大柳树村关香头对此有更细致的说法。② 从"王奶奶"的"自述"看，丫髻山（东山）的王奶奶娘家姓汪，西山（天台山）的王奶奶娘家姓李，妙峰山的王奶奶是另外一个人。前两位有神力，可以附体于香头，瞧香看病，后一位则没有这样的神力。可见，即使是作为局内人的香头们对丫髻山、妙峰山与天台山的王奶奶身份亦没有统一的看法。对比香头降神的自述与相关文献，仍难以确定丫髻山、妙峰山与天台山的三位王奶奶之间的关联，但在在京、津、冀地区信众的观念中，她们都是碧霞元君的圣徒。

在碧霞元君的祖庭——泰山，民间并没有碧霞元君主管四大门的说法。诚然，该地民间信奉四大门的传统由来已久，且泰山之上不乏奉祀四大门的庙宇。清代蒲松龄所著《聊斋志异》中的《胡四姐》《周三》《长亭》等有关"狐仙"的故事就发生在泰山或泰安当地。泰安岱庙北门内的"洞九狐妾玲珑石"所关联的狐仙故事更是令人称奇。至今当地民间的一些接骨先生或有大病的人家还特地在家中设狐仙牌位，称之为"安客"。③ 但迄今为止，尚没有看到这里流传泰山碧霞元君主管天下四大门之说的其他证据。

二　四大门"香头"、碧霞元君 与北京民众的复杂关联

在近代北京的民众日常生活中，碧霞元君主管的四大门及其代言人"香头"是颇为普遍的社区角色。四大门有家仙和坛仙之分，家仙直接住在普通的农户家中，坛仙则住在"香头"的家中。四大门中的每一门都是良莠不齐，有的务本参修（内炼丹元，外修功德，目的是得道成仙），

---

① 李慰祖著，周星补编：《四大门》，第25页。
② 同上书，第64页。
③ 贾运动：《泰山民间的"四仙"信仰》，《民俗研究》2005年第3期。

有的胡作非为。

四大门的所谓"修功德",是帮助乡民发家致富,治病救灾,解难决疑。乡民更喜欢作为"家仙"的"四大门"的生财功能。比如"黄门"会帮全子修家多收几担瓜,"常门"会帮从山东逃荒到肖家庄的王老三迅速发家成一个大庄园。① 还有的"常门"不入户做家仙,也会给民众提供有用的信息。据说民国时期北京德胜门外西侧有一座奉祀白蛇的"大仙爷庙"(建筑年代不详),附近的老住户们对大仙爷的传说十分熟悉。他们说,这条白蛇极大,"头在城墙上,尾可及护城河。老百姓都到庙旁取水喝,因认为大仙爷将尾巴伸入河中,是指引他们在何处能找到清洁的水源"。② 20世纪40年代以前,大仙爷庙中的香火甚旺,每天都有人来此烧香,其中一些人坐洋车从远处赶来。

一旦乡民得罪了四大门,就会遭到财产的损失。清华园南边有位杨姓乡民靠着四大门发家,后来得罪了四大门,家中遂不断发生不幸的事情,像牲口常死、无故走失等等,家道由此败落。更严重的是,四大门还会"拿法"③ 乡民,致其生病或疯癫。有些四大门还会向即将患病的乡民"撒灾",然后再为之治病以修德。也有些黄门不仅不帮助乡民,还会对其造成威胁和灾难。

不是所有的四大门都具有乡民无以对付的法力,有时二者也要商量一下,互利共处。比如,平郊村黄则岑家的财神"白爷"在其豆腐房旁的干草堆中生了五只小"白爷",黄则岑太太便给这些"白爷"供上饮食。几日后,一只小"白爷"咬住了黄家的一只小鸡的脚。黄则岑则祝念道:"我可没有错敬了您,您要是祸害我,我可让您搬家了!"次日,所有的"白爷"自行搬回了黄家的财神楼。④

四大门的法力虽然超人,但并不能支配所有人,它们很怕人间的达官显宦。后者的威力往往超过四大门,而且四大门"虽然道行高深,毕竟属于邪道,所谓邪不侵正,就是这个道理"⑤。另外,还出现了强悍之人杀死常门的事情,如民国初年,北京城内一位很喜欢吃"五毒"的旗人

---

① 李慰祖著,周星补编:《四大门》,第16、17页。
② 董晓萍、吕敏主编:《北京内城寺庙碑刻志》,国家图书馆出版社2011年版,第311页。
③ 拿法:北京方言,即四大门通过某种特殊的手段控制人的意识与身体。
④ 李慰祖著,周星补编:《四大门》,第24页。
⑤ 同上书,第28页。

印某用石头打死了燕京大学东南三里许的保福寺村张家财神楼住的一位"常爷"。

除了直接作为"家仙"和乡民打交道之外,四大门还会成为"坛仙",并从民众中寻找自己的代理人。成为坛仙的四大门会强行选择一些人作为自己的"当差的"香头,这些人被"拿法"之后,即为四大门代言行道(即医病、除祟、禳解、指示吉凶等方术),并负责供奉四大门。香头的确立要经过"认师""安炉""安龛""开顶"一系列的典礼仪式。由于丫髻山是四门仙家的大本营,该处由"王奶奶"直辖统御。而"老娘娘"(即"碧霞元君")又是王奶奶的直辖上司,所以仙门弟子行"开顶"礼必来此山。

从李慰祖的调查看,四大门选择香头为自己顶香完全是一种强迫乡民的行为。被选择的香头开始没有愿意顶香的,只是屈服于四大门的"拿法"而不得不接受。不过,碧霞元君认可四大门的这种强迫行为,而且被选择的香头还要来丫髻山向其报到登记。在香头和其他信众的观念中,碧霞元君直接管理"保家坛"的"仙家"与"香坛"所奉的"仙家",因为他们是在山中修炼而且获得了高深道行的四大门,在碧霞元君的治下具有正式名位。

没有正式名位而又不务正业的四大门时常捉弄乡民,使其不得安宁。20世纪30年代李慰祖对京郊西北区民间四大门信仰的调查中,这样的情况并不少见。香头通常将捉弄乡民的四大门关押到丫髻山上,由王二奶奶直接管制。

四大门与丫髻山碧霞元君、王奶奶的关系很像是"礼治"模式下的民众与官府的关系。香头表达的所谓灵界是常人不能看见的世界,其与人间成为两个并存而又互相联系的世界。这两个世界的善恶尺度与尊卑伦理十分相似,但仙凡有别。

为了保持与碧霞元君的联系,民国北京西北地区的香头们还要定期到圣山进香,即"朝顶"。他们所谓的圣山是北京当地的天台山、东岳庙、丫髻山、妙峰山、二里寺和潭柘山的岫云寺。

对香头而言,"进香朝顶"是一件极重要的事。接受李慰祖访谈的刚秉庙的李香头说,"香头朝顶的目的乃是要引起老娘娘的注意。老娘娘若是知道某某'当差的'进香朝顶来了,只要向该'当差的''坛口'上多看两眼,该'坛口'的'香火'便更要兴旺起来,这乃是'佛光普照'之意"①。从李香头的说法来看,碧霞元君是否对某个"坛口"多看两眼,全凭其一时的兴致,似无规则可言。李香头在这里所用的"佛光普照"一词,不过是个打比方的说法,因为碧霞元君是道教女神,与佛教并无直接关联。

不同派系香头的"朝顶"时间并不完全一样。20世纪30年代,海淀杨家井十九号的张香头是他本门中当时年纪、辈分最高的一位,他说该门各香头每年进香各山寺的日期如下:天台山,三月十五日;东岳庙,三月十七日;丫髻山,三月二十八(小建)、二十九日(大建);妙峰山,四月初六日;二里寺,五月初一日(今通州南门外二十八里);潭柘寺,八月二十日。

"进香朝顶"乃是全社区的活动,而不是香头单独的行动。有的香头在进香日快到时,往往与有关系的人家劝捐。这些人家是香头的亲友,或是经此香头将病治好的人家。各人家捐助时便量力而为,或是助银,或是助大车,或是捐粮食,这都是香头上山时的必需品。

香头各"门"有各家的信众团体,均世代相传。其以"坛口"为团体单位,若干同门的"坛口"组成"香会",例如西直门丁香头结成的"海灯会"(此会朝顶时以香油为主要供品),刚秉庙李香头结成的"蜡会"(其供品以蜡烛为主),不一而足。至于香会的人事、物品、行程安排及其活动场景,学界对此多有描述,此不赘言。

香会进香活动有如下三个特点:

其一,丫髻山上的碧霞元君与四大门有尊卑之别。在丫髻山山顶的庙中,香会抬行的碧霞元君神驾与四大门神位尊卑分明,待遇不等。碧霞元君神驾要请到庙中;某"会"奉的位分大的四大门仙家可以进到"山门"之内、大殿之外的"内庭"(院中);位分小的四大门仙家则不许进庙。

其二,香会在丫髻山进香时依香资确定待遇。香会到丫髻山山顶庙宇中内,由"住持"接待,先到"下院"休息。香头带着香会每次上山都要送给庙中1—3元的香资,否则下次上山时住持不欢迎。若是与庙中住持交往熟悉了,香头可以享受殿内烧香的待遇。对于不付香资的人,住持便令其在殿外的铁香炉烧香,不得入大殿。

其三,朝顶进香是检验香头正当性的手段。朝山进香虽然辛苦,但却

---

① 李慰祖著,周星补编:《四大门》,第77页。

是检验香头身份是否正当的必要手段。每个前往丫髻山朝圣的香头都以此为荣，但不是所有的香头都前往丫髻山拜会碧霞元君，比如蓝旗的汪香头从没有上过山。不过，借四大门行蒙骗之事的假香头并不罕见。

究竟当时北京五顶奉祀的碧霞元君如何与香头交往，尚难以知晓。不过，民俗学专家叶涛对当代山东泰山香社的实地采访可从一个侧面揭示二者之间具有奇异色彩的互动场景。据被采访的山东省邹城市泰山香社的会首刘绪奎说，泰山后石坞元君庙的碧霞元君可以通过他降神附体，不仅能为随行的信众、香客解困答疑，赐福禳灾，而且能举出种种证据，识别出前来供奉的陌生香客中谁是诚心的，谁不是诚心的。① 此外，碧霞元君还能借刘绪奎之口与其信众对话、逗乐。很难解释刘绪奎这种异常的精神状态与活动模式。这里不讨论其超常地获取陌生香客本人及其家庭生活信息的能力。

在四大门的信仰中，香头承担的巫医角色仅是四大门的社区功能的一种表现。或者说，四大门信仰通过香头可以解决普通民众遇到的一些不能通过常规医疗手段救治的特殊病情。在普通民众的经验世界中，香头的这种类似巫术的交流仪式具有一定的实效性。对于普通民众而言，只需要借助四大门解决实际的生活问题，而不需要知道其解决实际生活问题背后的原理，也不需要将四大门当成是人生的皈依者。除了极少数民众不得不接受四大门的差遣并成为其代言人外，绝大多数民众只是把四大门当作可交易、有神力的动物精魅。当然，四大门信仰带有很强的个人化和私密化的倾向。在很大程度上，四大门是"替包括贪念、淫欲、忌妒、病痛、窃盗、贫穷和不安全等各式各样的人性弱点、恶行，以及身体与社会困境辩护"②，"为追求不分是非、个人和地方利益者提供机会，免受官方权力和道德论述的干扰"③。

北京民众自发地形成了四大门信仰，这种信仰契合了地方民间生活的方式，在一定程度上满足地方民众应对生活环境的需要。从四大门在民间生活中的角色、香头的社区功能、香头与信众的朝山礼仪等方面看，这一信仰习俗是近代北京民间生活的有机组成部分，而且在生活方式与文化观

---

① 参见叶涛《泰山香社研究》，上海古籍出版社2009年版，第172—175页。
② 康笑菲：《说狐》，姚政志译，第218页。
③ 同上书，第223页。

念上形成了一种区域性的传统。其以民众的某些特殊经历与神秘体验为基础，通过不断叠加的神话性解释，参与构建了一个和人间既有交流、又有分野的神灵世界。

四大门信仰的基础是精气信仰与"万物有灵"的观念。当然，很少接受正式教育的乡民并不能深刻解释四大门信仰背后的认识方式、思维方式以及世界本相等问题，但他们依靠世代相传的经验和自身的直觉，能妥善处理好自身与四大门的邻居关系，正所谓"百姓日用而不知"①。四大门信仰反映的世界本相与秩序如下：世界有五个层次，即神、仙、人、妖、鬼。神界如碧霞元君，仙界如王三奶奶，人界如黎民百姓，妖界如四大门，鬼界如某些人死后的鬼魂。这五界的能力有高下，地位有尊卑，以神为最高，其下依次为仙、人、妖、鬼。四大门信仰虽与道教的碧霞元君信仰密切相连，但其自身并不能构成一种制度化、组织化的宗教形态，而是从属于民间多神信仰的伦理教化习俗。

简而言之，近代华北民众的四大门信仰是一种借助动物精魅解决某些生活难题或满足某些世俗追求的交易性信仰，而不是寻求生命境界提升与彼岸超越的宗教性信仰。

三 四大门信仰习俗的宗教功用及政治境遇

近代北京的四大门信仰习俗在民众生活中发挥着一定的宗教功用。就中国文化的多神崇拜特征而言，这确是一个典型的案例。

近代北京的四大门未必具有满足民众富贵安康愿望的功力，但针对四大门的信仰习俗却更多地与当地的贫苦民众紧密关联。比如北京西郊各村，无论大小，都有庙宇，当地民众对"对于鬼神有种特别诚心"。② 不过，他们的实际生活颇为困苦，仅能丰年得以保障温饱，凶年不免于死亡，无力支持子女求学的观念。根据民国时期余必达的调查，当时京西农村中8岁到15岁的青少年入学者仅十分之三，女子中的念书者仅十分之一，成年男子念书者不过十分之二。③ 在知识贫乏、生活窘迫的情况下，

---

① 《易经·系辞》。
② 必达：《北京西郊一带农村调查》，《国闻周报》1926年第3卷第9期。
③ 同上。

这些民众难以自行改变处境，总是墨守旧法，在鬼神信仰中寄托微薄的希望。

著名社会学家潘光旦解读了民间鬼神信仰对于民众的心理安慰作用。他在1934年发表的《迷信者不迷》一文中指出："我们可以说这是人自己寻自己的开心，是一种很傻很幽默的行径，不错，生活的一大部分就是这种寻自己的开心的幽默行为所构成的。……理想之于有智识的人，就等于偶像之于无智识的人。理想也就是一种偶像。偶像打不破，打破了就没有生命，对偶像却也不宜太认真，太认真了，生命的痛苦也就从此开始。"① 潘光旦从偶像崇拜的角度揭示出鬼神信仰习俗是民众自寻开心的幽默行为，而民众并没有对其信仰的鬼神太当真。这一看法虽不完全适用于近代北京民间的四大门信仰习俗，但从心理机制上说明了四大门信仰对于民众日常生活的实用性意义。

对于近代北京的民众而言，四大门信仰与碧霞元君信仰密不可分，而且针对二者的行香走会活动也融合在一起。东岳庙、丫髻山、妙峰山、二里寺与潭柘寺的香会进香需要信众集资置备香火灯烛。到了20世纪二三十年代，包括四大门在内的北京民间公共祭神行为渐成为民众的一种负担，这在北京西郊的农村中尤其明显。当时京西村庄里掌管公共祭神事务的"会头"借祭神之际大吃特吃，任意报销，每年花费不下四五十元，而普通的民众则没有机会参与公共祭神活动。据当时京西农村生活的社会调查资料，这些民众生活困窘，并没有组织团体，"不管国家政治，军阀政客任意横征，商人欺骗，地主勒索，无可奈何，只得甘心忍受，背地里垂头丧气"②。

依照传统的祭祀政策，四大门信仰习俗颇有"淫祀"之嫌，不过，从晚清至北洋政府时期，北京民间的四大门信仰习俗并没有遭遇官方的查禁。

晚清朝廷对四大门"香头"的活动偶有干预，但对附着于碧霞元君信仰的四大门信仰习俗并不禁止。这有如下两个主要原因：

其一，清代满、汉旗人有奉祀狐仙的传统。据说努尔哈赤因为胡门对

---

① 潘光旦：《迷信者不迷》，潘光旦著，潘乃谷、潘乃和编：《夔庵随笔》，百花文艺出版社2002年版，第236页。

② 必达：《北京西郊一带农村调查》，《国闻周报》1926年第3卷第9期。

其有救命之恩,向胡门封赠了"二品顶戴",并于辽宁间山望海寺下的大石棚洞内设胡仙堂,岁时供奉。满、汉旗人十分信奉"四大门",将其视为"保家仙"。① 清代四大门信仰已经渗透到了满族的萨满教信仰中。宫廷内的皇室与太监、宫女等人将长虫、狐狸、黄鼠狼和刺猬视为"殿神"。② 因此,清廷对民间的四大门信仰少有干预。

其二,四大门"香头"是"神道设教"的活教材,具有维护儒家伦理与社会秩序的作用。在近代北京民间社会中,四大门"香头"首先担任着巫医的角色。据李慰祖的调查,"香头"确能使一些患"虚病"或被"拿法"的乡民恢复常态。对于香头治"虚病"的解释,超出了本文的讨论范围。但从"神道设教"的角度看,他们无疑是清廷这一政治策略的活教材。此外,香头还是乡土社会关系的关联纽带与礼教秩序的维护者。前已提到,四大门信仰及其习俗活动带有鲜明的尊卑等级色彩。仙家的等级制度与礼教的等级制度一样,注重的是合作,而不是敌对。"每个人各安其位,各尽其所应尽的责任,卑的须要听命于位尊的,这样来使社会得到完整持续的力量。"③ 在举行朝拜碧霞元君的礼仪时,香头将数量不等的社区成员召集一堂。这些成员虽然属于不同的社会阶层,但是朝圣的礼仪活动中暂时消除了阶层的壁垒,平等协作,团结互助,进入一个形式上平等的和谐状态。这无疑有利于消除不同阶层的隔阂,增进社区邻里关系的融洽。因此,以四大门信仰为基础的香头制度确有维持社会秩序的功能。在碧霞元君与四大门信仰活动的神域空间里,民众增进了对礼教和"神道设教"的认同,进而不自觉地增进了对朝廷统治与社会秩序的认同感。④

由于北洋政府秉承了传统的政教理念,北京地区"四大门"的信仰活动仍可公开举行,并未受到明显的干预。

---

① 北京市平谷区文化委员会编:《畿东泰岱——丫髻山》,第220页。
② 溥仪:《我的前半生》(灰皮本),群众出版社2011年版,第118页。
③ 李慰祖著,周星补编:《四大门》,第108页。
④ 按:有学者认为"'四大门'的活动可以说是不带政治色彩,只迎合北京地区下层社会落后民众的心理状态,以神奇、怪诞的愚妄之说宣传迷信内容借以惑众。香头均是下层社会中的'地方人士',政治上无权势,经济上不富有,大多数兼营他业,借以谋生,可谓半职业性的迷信家。充当香头招摇惑众的目的,是为了加强自己'地方人士'的地位。"见方彪《九门红尘:老北京探微述真》,第208页。这与李慰祖对民国时期"香头"的调查情况差距甚大,不知其所据。

对于具有宗教功用的四大门信仰习俗，一些关注社会改造的激进知识分子全然否定，主张将其废除。1927年，一位署名"昆陆"的作者对北京西郊民间的包括四大门信仰在内的祭神习俗进行批判，认为当地民众习惯于社会上通行的行贿办事规则，并将这种规则转用在祭神的仪式上，将神看成是喜欢受贿的一种人；在提倡农民教育、发展乡村文化之前，要先革除这种迷信行为。① 依照这位作者的看法，北京民间的四大门信仰习俗就是一种"迷信"。② 显然，他没有注意到在农民的政治地位与经济生活根本性改善之前，鬼神信仰习俗对于农民具有不可替代的心理安慰作用。20世纪二三十年代，知识界将鬼神信仰视为迷信、极力主张将其打倒的舆论颇为流行。

　　在南京国民政府破除迷信的运动中，北京地区"四大门"的信仰习俗被严厉禁止。20世纪30年代，南京国民政府在政治革命与科学启蒙的名义下，将四大门定位成"迷信"，而且要强制改造这种信仰习俗。因此，北京地方政府对四大门"香头"多有干预。北平西柳村的王香头因为害怕警察干预，有不少被治好病的人在她"坛口"上许的布匾都不能挂在外面。南长街土地庙的王香头对前来查抄的警察说，她自己并不愿"当香差"，但身不由己。警察命她当场表演。她引香之后，所设的几个"扑扑灯"自动大响。警察对此折服，便不再抄她。③ 四大门的"香头"受到地方警察的威胁与查抄，其降神驱邪的行为多数成了地下活动。由于南京国民政府对四大门"香头"活动严加取缔，北京的四大门信仰习俗逐渐潜隐。

　　日军占领北京后，四大门信仰习俗的政治境遇更为恶化。据当时在北

---

① 昆陆：《北京西郊习俗之调查——祭神》，《农民》1927年第2卷第36期。

② 按：对于北京民间四大门信仰是不是迷信的问题，杨念群先生已经做了细致的考虑。他注意到"民间世界之所以区别于上层精英，可能恰恰就在于其存在着难以用上层精英的知识加以把握的感觉世界，乡民们往往凭借从'感觉世界'提炼的原则安排日常生活"。北京民间"四大门"信仰就是在日常生活中积累起来的一种感觉经验，而不是一种可以明确把握的"知识系统"。因此，民间信仰活动的行动和思维逻辑往往不能用"知识"分析的方法加以解读。如果研究者动用自身教育所获得的科学知识斥其为"迷信"和"非理性"，不免出现对民间日常生活世界缺少同情之了解的臆断。见杨念群《民国初年北京地区"四大门"信仰与"地方感觉"的构造——兼论京郊"巫"与"医"的近代角色之争》，孙江主编《事件·记忆·叙述》，浙江人民出版社2004年版。

③ 李慰祖著，周星补编：《四大门》，第81页。

京进行考察的日本学者石桥丑雄观察,20世纪40年代初,北京四大门的"香头"大为减少,"城内几乎全无,但城外多少尚有遗存"[①]。四大门"香头"的活动大多潜隐,以私密的方式延续着,正如本文一开始提到的康笑菲之母的家人在京郊老家后院的小庙里悄悄地奉祀狐仙,期待着好运的降临。

在整个南京国民政府时期,由于政治形势急剧变化,四大门信仰及其习俗的正当性问题在文化制度与学理研究上始终悬而未决。不过,知识精英与南京国民政府以"迷信"的名义反对、甚至强行取缔四大门信仰的做法,可以说是崇尚政府万能与科学万能的另一种"迷信"行为。

---

① [日]石桥丑雄:《论"巫觋"》,李慰祖著,周星补编:《四大门》附录三,第134页。

海关报告社会类史料的内容、特点与价值探析

张 宁

(湖北大学历史文化学院)

从 1859 年开始，外籍总税务司管理的中国海关逐步建立了一套贸易统计和报告制度，历年编制的海关报告卷帙浩繁，"是近百年社会经济史研究中一项最为完整、系统的统计数据和文字资料"。[①] 就其内容而言，可分为几类：一为统计报表，汇集了详细的贸易数据；二为（文字形式为主的）各关年度贸易报告及十年报告，不仅有进出口贸易的总结回顾，还包含通商口岸及附近地区的工业、金融、物价、社会、文化教育、人口、宗教、城市建设、市政、交通、邮政、医疗卫生、政治、军事等各领域的丰富史料；三为专题报告及出版物。[②]

以往对海关史料的利用，集中于贸易史和区域经济史领域。[③] 海关年

---

① 吴松弟、方书生：《一座尚未充分利用的近代史资料宝库——中国旧海关系列出版物评述》，《史学月刊》2005 年第 3 期，第 83 页。
② 参见张存武《中国海关出版品简介 (189—1949)》，《"中央研究院"近代史研究所集刊》1980 年第 9 期；吴松弟：《中国旧海关出版物评述——以美国哈佛燕京图书馆收藏为中心》，《史学月刊》2011 年第 12 期。
③ 宏观研究的代表作如《中国国际贸易与工业发展——史实的综合分析 (1840—1948)》（郑友揆 1956 年英文版，上海社会科学院出版社 1984 年中译本）、《中国近代经济史研究——清末海关财政与通商口岸市场圈》（[日] 滨下武志著，高淑娟、孙彬译，1989 年日文版，江苏人民出版社 2006 年中译本）及《中国近代港口贸易网络的空间结构——基于旧海关对外一埠际贸易数据的分析 (1877—1947)》（王哲、吴松弟，《地理学报》2010 年第 10 期），区域研究的代表作如《茶、糖、樟脑业与台湾之社会经济变迁》（林满红著，（台北）联经出版社 1997 年版）和《中国海关与贸易统计 (1859—1948)》（[美] 莱昂斯著，毛立坤、方书生、姜修宪译，2003 年英文版，浙江大学出版社 2009 年中译本。参见该书第 2 编《福建的茶叶贸易》）。《中国旧海关史料》出版后，先后有多篇学位论文利用海关数据分析重庆、汉口、厦门、烟台、九江等口岸的贸易发展。

度贸易报告和十年报告的史料发掘工作，仍处于初始阶段。20世纪80年代以来，某些重要海关的文字报告相继翻译出版（或内部发行）①，学者得以一窥其真容。2001年《中国旧海关史料》出版后②，海关报告不再稀见，但部分由于语言原因（年度报告1889年才有中文版，十年报告前四期皆为英文，1922—1931年第五期有中文版），迄今用者寥寥。

近年来，已有对近代海关年度贸易报告和十年报告的研究问世③，介绍其编制出版的过程，不涉及报告的具体内容，略有隔靴搔痒之憾。本文立足于报告的文本，分析其中社会类史料的内容、特点与史料价值，以期进一步引起学界的重视。

一 海关年度贸易报告中的社会类史料

总税务司罗伯特·赫德1865年第3号通令要求各地海关编写年度贸易报告。"在内容方面，1882年以前总税务司要求写明本口贸易总体情况、贸易值、进口、出口、内地转口贸易、航运、税收以及所在地社会政

---

① 徐雪筠：《上海近代社会经济发展概况——海关十年报告译编（1882—1931）》，上海社会科学院出版社1985年版；厦门市志编纂委员会、《厦门海关志》编委会：《近代厦门社会经济概况》（年度贸易报告截至1881年，厦门关十年报告有第六期，1932—1941年），鹭江出版社1990年版；池贤仁、陈家环：《近代福州及闽东地区社会经济概况（1865—1931）》（包括闽海关和福海关的年度报告与十年报告），华艺出版社1992年版；广州市地方志编纂委员会办公室：《近代广州口岸经济社会概况——粤海关报告汇编》，暨南大学出版社1996年版；杭州海关：《近代浙江通商口岸经济社会概况——浙海关、瓯海关、杭州关贸易报告集成》，浙江人民出版社2002年版；汕头海关：《潮海关史料汇编》（有潮海关十年报告），1988年内部出版；陆允昌：《苏州洋关史料》，南京大学出版社1991年版；周勇、刘景修：《近代重庆经济与社会发展》，四川大学出版社1987年版；许逸凡：《天津海关十年报告书（1892—1931）》，《天津历史资料》第4、5、13期，内部出版；吴弘明：《津海关贸易年报（1865—1946）》，天津社会科学院出版社2006年版；穆德和等：《近代武汉经济与社会——海关十年报告（江汉关1882—1931）》，香港天马图书有限公司1993年版；莫世祥、虞和平、陈奕平：《近代拱北海关报告汇编（1887—1946）》，澳门基金会1998年版；青岛市档案馆：《帝国主义与胶海关》（十年报告全，年度报告自1912年起），档案出版社1986年版；曾兆祥：《湖北近代经济贸易史料选辑（1840—1949）》第5辑（内有宜昌关年度贸易报告节译），内部出版1984年版。

② 中国第二历史档案馆、中国海关总署办公厅：《中国旧海关史料（1859—1948）》，京华出版社2001年版。但该书仅收录1882—1919年的年度贸易报告。此外，2009年中国海关出版社又专门出版了各埠十年报告（刘辉等：《五十年各埠海关报告（1882~1931）》）。

③ 詹庆华：《中国近代海关贸易报告述论》，《中国社会经济史研究》2003年第2期。梁庆欢：《〈中国旧海关史料（1859—1948）〉文本解读》，硕士学位论文，厦门大学，2007年。

治经济等方面内容，篇幅没有作严格限制。……从 1882 年开始，总税务司要求年报内容重点放在与进出口贸易有关的事务方面，篇幅限在 4 页纸之内"。各关并不完全遵守篇幅限制，报告仍长短不齐。到 1890 年，进一步要求 1889 年各关年报"依次写明本口贸易情形概况、税收、外洋贸易、沿海贸易、内地税则、船只、旅客、金银、药土（洋药、土药）、杂论等十项内容"。① 从 1920 年起，年度贸易报告不再由海关总署统一出版，改由各关自行编印。直到 1929 年或 1930 年，各关年报文字部分的内容体系大体沿袭了 1890 年制定的规范，此后都缩减为简单的介绍。②

与十年报告相比，年度报告因内容限制较多，历来不受重视。但翻阅历年各关报告，除进出口贸易、海关业务、港务和关税之外，还有大量的工业、货币金融、交通、邮政、人口、租界、城市建设、市政和社会变迁情形的记载。其中的社会类史料大致有如下几类：

（晚清时期）民变与匪患：凡对口岸及附近地区有影响者，大体有闻必录，多记载于年报末尾"杂论"，亦有置于第一部分概况。无论抗捐抗税、私盐贩运、反洋教、会党闹事、宗族械斗以及海盗河匪，多能详述始末。其内容往往为其他史料所未载或语焉不详。

教育：1898 年以后，一些分关年报的"杂论"加入此项内容，本地新式学校的兴办及数量、教师来源、教学内容方法、教育管理以至运动会等大型活动，择要言之。

人口和移民：年报中有各口岸所在地区晚清时人口数据，皆从当地官方获得。移民方面，广州、厦门、福州、潮海关年报有很多华工出洋以及与香港南洋之间人员往来的资料。另外，各关年报有时会详载本口岸居住的外国侨民人数、国别及工作生活状况，也是独家数据。

烟毒：作为重要的进出口项目，晚清时期的年报将鸦片专列一项，保留了大量的贸易、价格、种植和消费史料。有些海关年报还提供了当地吸食鸦片的统计数据，如 1870 年厦门及附近地区城镇、乡村吸食鸦片者占成年人口比例及吸食量统计，1881 年厦门烟店、成年人吸食人数、妇女吸食人数、鸦片消费的详细统计；1870—1871 年宁波吸食鸦片状况；1880 年温州烟店数量和烟民每日吸食量统计；1908 年禁烟前后苏州烟店

---

① 詹庆华：《中国近代海关贸易报告述论》，《中国社会经济史研究》2003 年第 2 期，第 66 页。
② 重庆等个别分关的年报早在 1920 年已缩减为本埠贸易和经济社会情况的简略回顾。

数量变化；1907—1908 年重庆烟民和烟店统计，等等。①

社会类史料也见于其他方面的记载，年报系统记录了各通商口岸历年发生的灾害（自然灾害、火灾）、疫病及救灾活动，旁及相关的社会组织和禳灾祈福的风俗。密切追踪（道路、排水、自来水、电灯、电话等）市政建设的进步，牵涉到由此带来的生活习惯和社会观念的改变。介绍各种进出口商品和本地物产，也会提及生活方式和消费风气的变化。

在年度报告中，各种零散的社会史料亦较为可观。如 1871—1872 宁波年报分析最重要的出口产品——绿茶时，提及当地茶叶烘烤、分拣业的工人数目（约 9450 人）、来源地（男工来自安徽，女工来自绍兴）、劳资纠纷及政府的调解管理方式，有助于深化对当时工业组织、外地移民和社会管理的认识。②再如 1881 年厦门年报介绍当地育婴堂的资金来源和运行，对晚清慈善组织的研究有一定价值。③仔细翻阅年报，不难挖掘到此类稀见史料。

年度报告内容广泛，晚清时期年报的史料价值尤为突出，缺点也很明显。因年报重点在贸易和海关事务，其他内容的多寡取决于撰写人（主要是各关税务司）的兴趣和能力，导致篇幅和质量严重参差不齐，不能反映通商口岸社会经济变迁的全貌。为弥补年报的不足，十年报告问世。

二　海关十年报告中的社会类史料

1890 年，总税务司赫德发布第 524 号通令，要求各关税务司定期编制"十年报告"（Decennial Reports）。海关十年报告从第一期（1882—1891 年）到第五期（1922—1931 年），覆盖了半个世纪的历史。④

十年报告是通商口岸经济社会变迁的全景式记录。第 524 号通令确定了 26 个标题性项目，"内容涉及十年间本省本口岸发生的重大事件、贸

---

① 《近代厦门社会经济概况》，第 45 页，第 241—242 页；《近代浙江通商口岸经济社会概况》，第 499 页；《苏州洋关史料》，第 208 页，第 213 页；《近代重庆经济与社会发展》，第 301—302 页，第 310 页。

② 《近代浙江通商口岸经济社会概况》，第 142 页。

③ 《近代厦门社会经济概况》，第 254—255 页。

④ 前四期只有英文本，第五期另出中文本（《最近十年各埠海关报告》）。此外，厦门海关有第六期十年报告（1932—1941 年）。参见詹庆华《中国近代海关贸易报告述论》，《中国社会经济史研究》2003 年第 2 期。

易发展情况、税收增减、鸦片贸易与种植情况、货币金融及物价升降、进出口货值、[人口变化]、[市政建设（如道路警察路灯等设施）]、港口交通及助航设施、[气候自然灾害及人为事故的防范措施]、[名人到访与官员升迁]、[特殊文化事业（如图书馆建设、文学俱乐部、文学奖励等）]、[秀才举人数及受教育比例（如妇女教育情况）]、[本省特产及工业和交通工具]、[民船经营及担保]、[本地钱庄及其运作模式]、[本地邮政运作情况]、海关章程及职员情况、毗邻地区的军事、工业、金融、行政情况、[宗教与信徒]、[会馆及其章程]、[本地著名官员]、[本地名著]、地方历史及未来前景展望等等"。1892年，赫德的561号令降低标准，以上 [ ] 内的项目不作要求。1910年第三期十年报告撰写时，总税务司安格联发布第1737号通令，"要求笔墨放在各地物质和道德的进步方面，一切无关紧要的内容和表格尽量少费笔墨，因此报告项目减到21项，即贸易与航运、税收、鸦片、货币与金融、人口、港口设施、灯塔航标、邮政电报、各省行政和省议会、司法、农业、矿山与矿物、制造业、铁路公路、教育、卫生改善和博物馆、移民、物价与工资、饥荒水灾霍乱及传染病、陆海军、当地报刊等"。1920年总税务司的3082号令要求第四期报告另外增加对辛亥革命和清朝退位、欧战对地方的影响、银价空前的涨落、贸易的衰退和繁荣、抵制日货、国内纷争、部分收回治外法权以及十年来国内工业的成长等问题的关注。第五期十年报告又据统计科税务司华善（Percy R. Walsham）的建议做了调整，分17个栏目，"即贸易、航业、关税、金融、农业、矿业、交通、航行设施、地方行政、司法与公安、军事、卫生、教育、文化、人口、治安"。① 需要注意的是，各海关在编制十年报告时，可根据本地情形增减条目，故各关报告的条目存在一定差异。

包罗万象的要求有利亦有弊，十年报告各项内容良莠不齐，如农业、矿业乏善可陈，往往拼凑字数完成；地方行政、军事、司法等项多为简单史实，无特别之处；名人来访、本地进士之类更无价值可言。十年报告的精华主要在经济（贸易、金融、工业）、交通（航运、铁路、公路）和当地社会变迁。其中的社会类史料大致如下：

---

① 詹庆华：《中国近代海关贸易报告述论》，《中国社会经济史研究》2003年第2期，第66—67页；吴松弟、方书生：《一座尚未充分利用的近代史资料宝库——中国旧海关系列出版物评述》，《史学月刊》2005年第3期，第89—90页。

教育：见于一、二期十年报告的"本地文化活动"、"关于人口、教育的估计"，后三期报告的"教育"，个别还见于（一、二期的）大事记，如苏州（1896—1901），以及教会部分。有价值的内容包括：（1）一、二期报告中的各地书院设立、运行、资金来源的资料；（2）一、二期对各地教育普及程度的估计；（3）教会学校及其他外国人开办学校的详细情况；（4）戊戌变法后新式教育的发展。

传教活动：一、二期条目，有本地或本省各个基督教会传教现状的统计数字，以及教会开办学校、医院的状况。

会馆：会馆及其章程是一、二期十年报告的规定内容。各关报告详略不一①，一般是列举本地的会馆和本地人在外省开设的会馆，略为概述本地会馆的职责、活动、行业，偶尔载有个别会馆的章程，列出供奉的神明。②

报刊媒体：广州第一期、上海第二期已专门介绍当地报纸，从第三期开始，各关报告皆有本地报纸一项，第五期并入"文化"。其中，对二、三流通商口岸报刊的记述特别有价值。

医疗卫生：前三期报告与年度贸易报告类似，灾与疫并述，还单列条目。从第三期开始介绍通商口岸新式医院的发展（此前在传教活动条目中涉及教会医院）。三、四期与市政、环境卫生共一条目，第五期为公共卫生管理和医院专辟一条目。③

市政管理：警务、消防、街道管理（道路维护清扫、店铺和摊贩管理、垃圾倾倒等）等日常的市政管理工作是通商口岸向近代城市转型的重要指标，需要政府机构、民众和各种社会组织之间经常性地博弈和沟通，毋庸讳言，各地的租界发挥了表率作用。这是十年报告的"道路"

---

① 少数海关的十年报告无此项，如广州一、二期，上海一期。
② 本项内容涉及会馆和公所，有些报告明确将两者区分开来，如重庆第二期、上海第二期。至于章程，亦有记载，如宜昌关报告第一期载有汉阳商人在宜昌会馆的会章，潮海关第一期报告载有万年丰（外国人称为"汕头公会"）的"海阳—澄海—饶平"部分的规章，闽海关一、二期载有福州的广东会馆章程，但不多见。
③ 旧海关对医疗卫生问题颇为关注，在海关出版物的特种系列（Special Series）中，有1871—1910年前后共计80期的 Medical Reports（参见吴松弟《中国旧海关出版物评述——以美国哈佛燕京图书馆收藏为中心》一文）。

"市政""警察""租界"等条目密切关注的内容。①

人口与移民：有当地人口、外侨、（某些地区）向外国移民或通商口岸外地人的数据。

社会类史料也见于其他条目，如工业部分涉及工会发展和（与女工增加有关的）性别文化；回顾物价变动时，分析各社会阶层消费习惯和生活压力的差异，以及相关的社会心理变化。

各海关的十年报告，堪称一部当地的近代社会经济史，有无可替代的价值。

三 海关报告社会类史料的价值分析

海关报告在总结报告期内的贸易活动和海关业务之外，将视野延伸到通商口岸及附近地区经济社会的各个角落，用意有二：记载当地发生的大事，记录"物质和道德的进步"。报告编制期间，一直对外赠送发行，当时已获得盛誉。究其原因，一方面是海关贸易数据的魅力，另一方面在于报告的作者们在本职业务范围之外做了大量调查研究，提供了内容广泛且高质量的信息。在晚清时期的政治和资讯环境下，这一工作尤为困难。那些海关数据之外的资料，到民国时还有其他记载可作参考，晚清时多为独家消息。取得这一成就，有赖于报告编制的两个特点。

一是选材的区域性和多元化。阅读海关报告的一个鲜明感受是对政治、军事等大事着墨很少，除非它在本地激起了直接反响。十年报告特地加入相关内容，以求内容的平衡，但收效一般。报告聚焦于通商口岸为中心的区域社会，努力将触角探入各个方面，取材标准迥异于中国传统的地方志。一场灾疫的发生，一家新式企业、学校或医院的开办，一种新式生活用品的流行，都被视为大事。那些与民众生活密切相关，反映经济发展水平和社会文明程度的现象，更是受到作者们的青睐。即使琐碎小事，只

---

① 租界管理的史料，有时也见于其他条目。如宁波第一期报告"市政、警察"以很长的篇幅介绍中国官员、租界警察部队和民众之间的合作与信任，当地居民甚至经常要求警察处理家庭纠纷。还提到租界市政委员会的组成与运作（《近代浙江通商口岸经济社会概况》，第24—27页）。再如上海第四期报告"市政与卫生的改进、博物馆、医院"条目比较租界和上海县城的市政管理，回顾了租界的影响如何使上海放弃传统上由绅商和民众捐款支持、各商店年青店员兼职的义务消防体制，最终建立财政负责的专职消防队，"这是同旧上海的历史传统和感情的一次极为明显的决裂"（《上海近代社会经济发展概况》，第225—226页）。

要能折射社会的进步，也值得记述，如苏州1908年报告中提及工艺局专收十六岁以上无业贫民教以技能，以及"城内之菜场，已设四区，拟将沿路设摊之菜佣，谕令入场交易"，认为"事虽属细微，然考其现象，已足为国民开化之凭证"。① 中西文化差异也影响着报告的取材，无论1887年宁波霍乱大流行期间持续数日的拜送瘟神的大游行，② 或是厦门穷人杀害初生女婴的残忍方式（"用刀子猛地捅入口中直达脑袋"），③ 一些中国人司空见惯的风俗小事也被当作奇风异俗记录下来。在很大程度上，海关报告作者们的眼光与今天的研究者颇为接近。

二是科学严谨的写作态度。对于年度报告和十年报告的撰写，总税务司要求数据准确，辅以图表。报告的作者是受过现代科学训练的各海关税务司等洋员，总体上贯彻了这一要求。

比较而言，经济贸易类内容的精确分析总结相对容易，涉及社会变迁的内容就会面临搜集和处理素材的诸多困难。在绝大多数情况下，各关税务司充分利用官方渠道和私人关系进行调查。如果缺少有效信息，宁可相关内容从略。在处理各种素材时，力求描述准确，尽量提供数字。如一、二期十年报告中受教育比例一项，"获得有关教育统计资料如同人口统计一样困难，在回答'多少人可以阅读'这一问题时，见解的不同几乎达到荒谬可笑的地步"。④ 报告的作者们在处理这一难题时，仔细区分了接受教育的各个层次，用简单识字、能读布告、能写信、能处理一般的商务到能阅读文献等多种标准进行衡量，给出了一系列虽不完全准确但非常有价值的数据，足见其严谨。同样的地方性事件，如果海关报告和中文文献都有记载，海关报告"一般比中国文献的记载详细，且有数量的记载，还有一定的分析。因此，在近代史研究时，凡海关文献有所记载的，一般都应该阅读并利用"。⑤

当然，海关报告亦有不足之处。各关税务司多来自欧美发达国家，难免用西方标准居高临下地观察中国社会。但也不必过于强调其偏见，毕竟海关报告的"述"远大于"论"，主要内容是数据统计分析和实证阐述，

---

① 《苏州洋关史料》，第209页。
② 《近代浙江通商口岸经济社会概况》，第28页。
③ 《1881年厦门海关贸易报告》，《近代厦门社会经济概况》，第254页。
④ 《近代厦门社会经济概况》，第282页。
⑤ 吴松弟：《中国旧海关出版物评述——以美国哈佛燕京图书馆收藏为中心》，《史学月刊》2011年第12期，第61页。

即使其中的社会类史料，也力求记述的精确和数据化，而且报告的作者们大都对中国持有善意，乐于看到进步的迹象。真正的问题在于海关洋员们与中国社会文化的隔阂，致使从报告编制标准的制定到具体取材略有表面化的缺点，集中于洋员们直接接触和感受到的事件与变化，对于制度变迁、社会组织运行和文化习俗等社会深层面的认识终究有限，更无从探究其所以然。

瑕不掩瑜。如果海关史料局限于进出口和海关业务，充其量只是重要的贸易数据汇编，不会有问世以来的美誉。精心整理的贸易数据是海关史料的第一块价值基石，海关报告对社会经济变迁的记录，是海关史料的第二块价值基石。近二三十年来翻译出版的海关报告的命名，如"社会经济概况""经济社会概况""社会经济发展概况""经济与社会发展"之类，充分反映了这一特点。然而，学界对海关报告的了解和利用非常有限，与其史料价值极不相称。改变这一状况，当务之急是加强海关报告的整理工作，全部翻译英文部分，并将各关的年度贸易报告和十年报告整理合并出版，以方便学者的翻阅和引用。

构建"本土化"的中国社会文化史

——第五届中国近代社会史国际学术研讨会综述

雷 平

（湖北大学中国思想文化史研究所）

2013年8月24—26日，"中国社会科学论坛"——第五届中国近代社会史国际学术研讨会在湖北襄阳召开。本次研讨会以"社会文化与近代中国社会转型"为主题，由中国社会科学院近代史研究所与湖北大学中国思想文化史研究所联合主办，首都师范大学协办。会议共收到76篇论文，来自中、日、意等国的近百位学者从宏观与微观的角度共同探讨社会文化与近代中国社会转型的多个方面，对20多年来新兴的社会文化史进行总结、反省与展望。会议论文选题丰富，涉及面广，涵盖了社会文化史理论与方法、新概念与学科建设以及中国近代社会文化史多个专门研究领域，中外学者就社会文化史的本土化理论建设、学科定位以及新的学术增长点等热点问题展开了热烈讨论与交锋。

一 建构社会文化史本土化理论与寻求学科定位

自20世纪80年代以来，国内学界兴起了对社会文化史的理论探讨和现实性研究，形成一股史学新思潮。但在社会文化史基础理论研究等方面，至今仍存在重大分歧，本次会议对社会文化史的本土化理论建设和学科定位进行了新的探讨。

中国社会科学院近代史研究所研究员刘志琴先生多年来一直致力于社

会文化史的理论建设与实践研究，是国内社会文化史研究最早的倡导者之一。她在《从本土资源建树社会文化史理论》一文中指出，西方新社会史、大文化史等理论和方法的引进，对正在发展的中国社会文化史研究起了积极作用。但基于西方文化背景形成的学术话语，未必完全适合中国国情。社会文化史既以生活为本，理应责无旁贷地从社会生活建构中国文化观念的系统，建立自己的学科理论，而这一研究成果必将推动社会文化史走向人文社科前沿。中国社会文化史学者应该注重从日常生活中提升中国理念，从"礼俗"观、"道器"观等形成于中国社会土壤的概念入手构筑中国特色的社会文化史理论体系。

学界关于社会文化史的学科定位问题一直未能达成共识。湖北大学郭莹教授在《社会文化史的学科定位》中提出可以从三种不同的角度去破解这一理论瓶颈，即从历史的途径、经验的途径和分析的途径去加以理论分析。所谓"历史的途径"，即从史学发展的角度看，社会文化史倡导"自下而上看历史"，是对主张"眼光向下"的"新史学"的修正与发展，同时也建立在对"泛科学主义"的反思基础上；所谓"经验的途径"，是从社会文化史本土化的角度审视，国内的社会文化史学者一直致力于沟通社会史研究与文化史研究，并在实践性探索研究上做出了很好的成绩，这也提出了"中国需要怎样的社会文化史"这一现实问题；所谓"分析的途径"，是指将社会文化史纳入到与相邻学科，如社会史、文化史、历史人类学、后现代史学的比较中审视，以此来寻找社会文化史自身的学科定位。郭莹教授认为社会文化史的学科定位是：20世纪西方"新史学"——社会史发展的新阶段；是以大众文化为内涵的新文化史；是与历史人类学紧密结合的后现代史学。她还指出，中国的社会文化史应该走自己的路，这实际上也呼应了刘志琴先生所提出的"撰写具有本土特色的社会文化史"的主张。

新概念的提出是社会文化史发展的重要表征，也是学科发展的重要动力。首都师范大学梁景和教授的《生活质量：社会文化史研究的新概念》提出，"生活质量"研究是社会文化史研究的新方法、新视阈和新亮点，并阐释了生活质量研究的理论意义、学术意义和现实意义，探讨了生活质量研究的方法和现实可行性。梁景和教授认为，研究生活质量是当今史学研究的一项重要任务，特别是社会文化史研究的一个重要视阈。因为探索生活质量在不同历史阶段的基本概念或界定，对于了解不同时代、不同人群对生活质量理解和判断的合理性、差异性与谬误性，以及提出造成这些现象的历史、文化和社会的原理具有重要意义。

从社会文化史概念提出到研究实践的展开,迄今已有20多年的发展史,反省和回顾这一学术发展历程,把握学科发展脉络,诊断症结与瓶颈,对于社会文化史学科的深入推进具有十分重要的意义。中国社会科学院近代史所李长莉研究员和左玉河研究员分别对20多年来相关研究进行了回顾与展望。李长莉的《中国社会文化史:25年回顾与展望》将社会文化史分为三个阶段,即"兴起奠基期"(20世纪80年代末—90年代),在这一时期正式出现了"社会文化史"的概念,并形成了基本理论与方法,出现了一批具有学科色彩的基础性研究论著;"发展兴起期"(21世纪最初十年),这一时期自觉运用社会文化史交叉视角进行研究的专题论著增多,并出现了学科特色的热点领域和新概念群,同时积极开展同西方社会文化史的交流;"深化扩散期"(2009年以来),主要表现是热点研究领域成果出现系列化、规模化与国际化发展态势,具有学科特点的热点研究论题推动一些新研究路向的发展,学科影响呈弥散性扩展。同时,李长莉也指出社会文化史面临一些问题与瓶颈,如"非学科"的争议、"碎片化""描述性"与"无意义"的质疑。但她认为不必偏执于学科名目之有无,更应该注重视角与方法的有效性,同时也要警惕"碎片化"。左玉河的《突出成绩与发展瓶颈:20年来的中国近代社会文化史研究》则认为20年来的中国近代社会文化史研究一方面是成绩突出,如在市民社会与公共空间、文化心态史、民众社会观念史以及新词语研究方面出现了较为丰硕的研究成果;另一方面也存在着瓶颈,主要是资料分散、学科理论与方法不够成熟以及缺乏深入专精的高水平著作。他呼吁应该尽快摸索出中国社会文化史研究独特的理论与方法,也期待尽早出现中国社会文化史的典范之作。

社会文化史的理论建设是关系学科发展的重大问题,理论的不成熟造成众说纷纭和理解上的歧义。如,山西大学张俊峰副教授《社会史与新文化史关系刍议》认为大陆学者在称谓上有"社会文化史""新文化史""新史学"的区别,这导致了新文化史的两种不同路向:一是以中国社会科学院刘志琴、李长莉等为代表的社会文化史研究,一是杨念群、孙江、黄兴涛等人倡导的"新史学""新社会史"研究。复旦大学刘平教授则对此观点予以反对,认为这一划分法是对发端于西方的"新文化史"概念的误读。这一学术交锋实际上是由于认识角度与学术背景差异造成的。究竟是"社会文化史",还是"新文化史"?其相互关系如何?"名"与

"实"如何契合？这些问题都有待研究者思考和回应，也表明了探索社会文化史理论建设和学科定位问题的必要性。

二 解析近代社会转型中的观念变迁、城乡变迁

"近代中国社会转型"是本次会议的重要主题。所谓近代转型，是从农业的、乡村的、封闭半封闭的传统型社会向工业的、城镇的、开放的现代型社会转型。这一转型促使思想界、社会大众的观念也随之发生变迁。本次研讨会有多篇论文从不同角度解析了近代社会转型中的观念变迁、城乡变迁。

关于中国社会近代转型的起始时间，海内外学界有不同的观点：一种观点认为开始于晚清时期，另一些学者则认为晚明社会发生的转变已经开启了中国社会近代转型的进程。意大利那不勒斯东方大学中国历史学教授史华罗提交的论文《文人新解——晚期中华帝国的社会变化》显然主张第二种观点。他重点探讨文人士大夫对明末清初社会变革的反应和态度。文章指出，城市化、白银流入、交流以及人员流动的加速，向新儒家的规则和正统观点提出了新的挑战。在哲学（阳明学派）、文学（公安派和自传体著作的繁荣）、世界观和人生观（"情教"即对情的崇拜，新自我观）以及政治学（顾炎武、黄宗羲和王夫之）诸领域都出现了新的动向。史华罗教授重点分析了两组例证，其一是冯梦龙（1574—1646）编辑的通俗民歌戏曲集如《山歌》中所采用的"新情感语言"，歌曲主要涉及百姓生活，如女性（娼妓居多）、船夫、农民、猎人、渔民和划手等，其语言往往是庸俗的，充满粗俗用语或隐讳的双重含义，并包含较多性欲以及色情的影射，其精神是远离正统的道德。它不仅表达了一种新的爱情话语和概念，也表明"日常生活可能远离正统"。其二是明清文学作品中对"愚蠢"和"疯狂"行为的褒扬（如《红楼梦》对宝玉的描写），体现一种总体趋势即从使用固定的贬义表达到以新自我评价为标志的新感性：疯狂与愚蠢成为一种审美区别的符号，显示出士林对正统道德体系的不满，以及他们试图超越既定的惯例和新儒家的正统观念去寻找新的个性元素，通过将疯狂愚蠢与智慧相提并论，去寻找新价值、新美学。史华罗教授的研究具体而微，从观念层面深刻揭示了"晚期中华帝国的社会变化"。

北京师范大学朱汉国教授《离婚诉讼法与民国婚姻观念的演进》通过解读民国年间的离婚诉讼案，指出自主婚姻已从观念、文本走进了人们

日常婚姻生活。各地离婚诉讼案的纷起,反映了民众婚姻自由观念的滥觞。其间,女性诉讼案频出、离婚诉讼、反虐待诉讼深刻反映了男女平等、一夫一妻观念在民众生活中的影响。但诉讼案件的判决结果则无奈地告诉人们:新的婚姻观念与现实生活仍有落差。河北大学肖红松教授和陈娜娜《20世纪二三十年代北平交际舞的散播与社会风尚嬗变》探讨了20世纪二三十年代北平交际舞的散播与社会风尚嬗变,通过解读"交际舞"这一来自西方的外来事物在文化底蕴深厚的北平遭遇的阻力以及引发的社会舆论和风尚转变,探讨了"西方文化习俗"遭遇"中国地方社会"时引发的观念冲突与变迁。

近代中国社会转型中城市与乡村的嬗变,学者们也给予较多的关注。南京邮电大学李沛霖和暨南大学李淑苹分别以南京和广州为对象考察了民国时期政府当局在城市管理与制度建设方面的作为。李沛霖的《1927—1937年"首都"城市公共交通的管理辨析》对当时作为"首都"的南京城市公共交通的管理进行了辨析,指出当局对城市公共交通的法规建设、登记检验、价目制定、运营车辆等系统化管理,实现了公共交通管理的"有法可依、违法必究",由此形成了较为先进的交通管理模式。李淑苹的《民国时期城市住宅改良的尝试——以20世纪二三十年代广州模范住宅区为例》则考察了广州市政府的模范住宅区计划,认为这一举措改善了广州城市居住条件,改变了广州城市布局与市容市貌。日本早稻田大学熊远报教授的《八大胡同与北京城的空间结构——以清代民国时期的北京妓院为中心》探究了清代民国时期八大胡同与北京城的空间结构。湖北大学卢文芸副教授的《太虚的佛教革新与武汉社会》从城市史与文化史结合的角度探讨了太虚的佛教改革与武汉社会的关系及其在武汉获得支持的社会文化原因。福建师范大学杨齐福教授则以沪宁杭城市人力车夫为切入点考察了民国时期城市的苦力问题。

南开大学王先明教授的《革命与建设的变奏——乡建思想的历史转折与时代诉求》探讨了乡村建设的历史转折与时代诉求,指出乡村建设思想的主导方向在于整体的社会建设,是建立在对近代尤其是民国以来现代建设路径选择教训总结基础上的。湖北大学雷平副教授的《焦虑与彷徨:乡村士子朱峙三在晚清民初的求职心路》,以《朱峙三日记》为线索,考察了乡村士子朱峙三在晚清民初的求职心路,关注的是近代转型中乡村下层士子的社会角色调整与身份适应问题。郭莹、周积明教授所撰《鄂东南农村宗族复兴与乡土秩序调研报告》,采用田野考察与文献研究相结合的方法,对当代鄂东南农村宗族复兴与乡土秩序的关系进行了深入探讨,这一研究在方法论上的示范意义也非常显著。

城乡社会关系是城市与乡村研究的重要方面。天津社会科学院任吉东在《近代城市与"环城圈"村镇——以天津为例》一文中分析了近代城市与"环城圈"村镇的关系,通过考察天津城市发展对周边村镇的农业商品化以及村镇工商副业发展的影响,揭示了大城市与周边地区之间特有的互动促进以及某种程度上的"虹吸效应",并与江南城乡关系做了初步对比。

三 重视事件"路径"与制度过程研究

事件史是传统史学研究中比较成熟、积累丰富的领域,近年来在社会文化史研究理论与方法的影响下,事件史研究把事件作为透视社会结构的研究路径和视角,有研究者称之为从事件史到"事件路径"的转向。[①] 这一转向使事件史研究呈现出新的面貌。

湖北大学周积明教授在《光绪三十四年汉口摊贩骚乱事件述评》中探讨了光绪三十四年(1908)的汉口摊贩骚乱事件,在对事件原委进行详细考辨的基础上,尤其关注社会舆论对于该事件的评述。文章指出:报刊关于这一事件的报道,既有其客观真实的一面,也必然会有"虚构的真实"。只有深入到"虚构的真实"层次,关于事件的解读才可能真正地进入社会文化史的层面。作者对史料本身的叙述立场有自觉警醒,认为"无法听到下层摊民的声音"是一大缺憾,这其实也是所有下层民众研究中面临的共同问题。

首都师范大学秦方的《受伤的身体、复杂的现代性——以1906年吕美荪电车事故为个案的分析》探讨了1906年天津公立女学堂教习吕美荪电车事故,以这一事件为切入点,深入探讨了晚清现代性在中国/西方、传统/现代两大历史脉络缠绕盘旋中所展示出来的复杂面向。在这一事件中,现代性首先表现为天津当地士人对以电车为象征的西方殖民形象的隐晦抗拒与挑战;其次,现代性展示出近代女性以女学为契机进行身份建构所遭遇的矛盾和机遇。但是,在当事人后来的回忆录中,却既没有对电车的控诉,也没有宣扬女性文学,本应该是"最新的人"却将之归结为个

---

① 李里峰:《从"事件史"到"事件路径"的历史》,《历史研究》2003年第4期。

人的历劫命运，表现出传统性的特征。秦方的研究揭示了晚清中国现代性与传统性的张力。

中山大学胡雪莲的《从反对纳妾到反对虐妾——民国广州王文舒杀妾分尸案的新闻表达》对民国广州王文舒杀妾分尸案的新闻表达进行了探讨，充分揭示了法律既未禁止纳妾而又消除妻妾身份差序导致的严重后果，通过分析事件报道者矛盾的情感倾向论证了一般民众在不受政治权威干预的条件下，并无废除妻妾制、实现男女平等的愿望。这一结论提醒研究者对于话语背后的文化信息应给予充分的重视。华中师范大学付海晏教授的《晚清贻谷垦务案研究》旨在通过梳理晚清贻谷垦务案案件的复杂历史，探讨背后的社会反应，由此重建辛亥革命前后晚清社会的复杂面相。苏州大学朱从兵在《晚清铁路产权争议中的社会、企业与政府——以株昭铁路的筹建和建设为例》中，以晚清株昭铁路的筹建和建设为例，探讨了作为社会力量的乡绅、作为企业代表的盛宣怀与作为政府主管机关的邮传部三者之间的互动，展示了近代社会力量成长并参与社会事务的一面。北京师范大学李崴《1950年代北京地区单位的劳动竞赛》关注1950年代北京地区单位开展的劳动竞赛，提出了"劳动竞赛—典型推广—道德规范"的认识模型，将事件史研究置于广阔的政治文化背景中予以考察。湖北大学刘彦波副教授的《晚清州县官对教案的处理及其矛盾心理——以两湖地区为例》对晚清湖北州县处理教案的策略及矛盾心态进行了类型分析，从具体行为的研究转向心态的考察，显示了事件史研究向事件路径研究转向的广阔空间。

新的制度史也非常注重制度的形成过程与各方力量的互动。社会文化史的研究视野使制度史研究"活"起来，极大地开阔了研究视野、拓展了研究内涵。

华中师范大学魏文享教授在《国家税政的民间参与——1936年所得税开征前后的民意表达》中考察了1936年所得税开征前后的民意表达。在政府颁发所得税暂行条例草案及修正条例之后，商人、自由职业者等在职业团体的统筹下，对所得税的条款进行研习，同时还通过报刊舆论、上书请愿、团体呼吁等方式表达意愿，希望对修订税法施加影响。各职业团体的税政表达体现了民间税收意识的增强，但并未被纳入决策程序之中。政府与民间就所得税展开的种种交涉与互动，展示了制度的社会机制与决策过程。天津社会科学院张利民的《近代中国城市税收的初立：兼论国家权力的下移》试图通过城市税收的初立探讨近代国家权力下移这一重要主题。中国社会科学院近代史所唐仕春在《司法独立与设官分职：北洋时期基层司法与行政的分离》中探讨了北洋时期基层司法与行政的分离问题，从社会史的角度探讨了法律文化、司法制度在北洋时期的变迁。日本大学小滨正子教授一直关注中国的计划生育制度。她在前期的研究中曾指出，中国的计划生育最早的普及时间是在1950年代后半期到1960年代的上海。在本次会议提交的论文《中国农村计划生育的普及——围绕生殖的技术与权力》中，小滨正子教授以辽宁大连地区的Q村为例，通过对Q村妇女采访的分析，探讨1970年代中国农村是如何普及计划生育的。她认为，农村妇女和其家庭既是政策实施的对象，也是生育行为的主体，她们是在什么样的条件下选择生还是不生，应该予以关注，出生率的减少也可以说是农村妇女主体性决断的结果。

四 聚焦婚姻、家庭与女性史书写

近代中国社会的制度转型与观念变迁对国人的婚姻、家庭所造成巨大的冲击，传统的婚姻观念、家庭结构所发生的历史性变迁，仍然为不少学者关注。

河南大学付燕鸿的《20世纪二三十年代天津贫民婚嫁状况初探》探讨了20世纪二三十年代天津贫民婚嫁状况，指出随着近代天津城市社会的变迁，人们的婚嫁行为也在悄然发生变化：婚嫁年龄增大；传统的"父母之命、媒妁之言""从一而终"的观念受到挑战；离婚案不断上升，在离婚主动权上由传统的男子"单意离婚"向男女平等的"离婚自由"过渡；"共妻""姘靠""租妻为娼""逼妻为娼"等失范性现象严重。造成这种现象的原因主要是城市化进程中的动荡、女性地位的提升、人们观念的影响以及法制的不完善等因素。湖北大学何晓明教授与姚珺的《二十世纪二十年代上海女性的婚恋观——以1920—1929年〈申报〉为中心》探讨了20世纪20年代上海女性的婚恋观，指出妇女在择偶观念、婚姻形式上均发生了较大的变化。中央党校高中华与刘雪的《妇女解放视野下的军人婚姻稳定问题——以中国共产党军人离婚法为中心的探讨》认为，在新民主主义革命时期，中国共产党为了推动妇女解放运动并有效解决军人婚姻纠纷，颁布了一系列婚姻条例，这是边区社会建设的一大特色。南开大学李金铮教授《从冀中定县看近代华北平原乡村的家庭规模及其成因》认为：近代仍然有少数"大家庭"在延续，但是5口左右的小家庭居于绝对的优势，且处于减少的状态。北方农村的家庭人口规模比南方略大；家庭类型也呈简化之势，多是三代以下的核心家庭和直系家庭，并以核心家庭为最多。这一现象是传统与近代因素合力造成的，近代农村经济困境和城镇工商业的发展吸引农民离村入城，也促使了大家庭的解体与小家庭的增加。

女性问题也是本次会议中受到关注较多的话题。聊城大学罗衍军和复旦大学刘平教授的《拯救与抵制——1930年代的杭州废娼与社会反应》聚焦1930年代的杭州废娼与社会反应，指出妇女协会、商人团体、妓院业主、警察等相关各方，反应不一，社会舆论在相当程度上对娼妓多有歧视，而娼妓自身的意识却往往隐而不彰。通过这一分析，文章揭示了娼妓治理的困境所在。苏州大学小田教授《论江南乡村女巫的近代境遇》指出，江南乡村女巫在近代时常引起知识阶层的评骘而多被否定，不断遭遇政权的取缔又总是屡禁不止；但与此同时，普通民众尤其江南村妇狂热地崇奉女巫，女巫又由此获得了不同于在权力—知识阶层那里的境遇。这种差别源自传统小世界与文明大世界的逻辑各异，只有厘清两个世界之间的逻辑差异，近代女巫的零乱境遇才会显示出清晰的轨迹，进而，女巫—村妇的"怪异性"才能得到合理的解释。上海师范大学邵雍教授与上海大学刘长林教授则探讨了女性死亡这一沉重的话题，邵雍的《20世纪二三十年代女性自杀问题初探》着重探讨民国女性自杀问题，刘长林的《中国近代女子殉夫现象探析》着力于近代女子殉夫现象。

学者们还讨论了女性史书写的有关问题。首都师范大学余华林在《声音与文本：民国北平妇女的离婚理由与自我形象的塑造（1930—1940s）》中分析民国北平妇女的离婚自述，指出这些主动提出离婚要求的妇女在陈述中，一面将自己塑造为在家庭中受到虐待、受供养的弱者形象和恪守传统道德的守旧者形象，另一面又打着"女权""人权"的旗号，以现代法律武器寻求摆脱旧有婚姻，从而实现自我形象的双重构造。中国社会科学院近代史所吕文浩探讨了潘光旦的妇女论述及其争议，中国社会科学院研究生院李巧敏分析了清末天津《大公报》的"兴女学"话语。安徽大学王天根教授《社会文化史框架下近世女性研究及其书写之省思》则对近世女性研究与书写提出反省：近世文化转型语境中的女性研究涉及女性才貌及其社会资本的文化分析；还涉及诗文互证、性别话语分析及其社会文化意义的解读。女性史学研究的书写有相当的难度，既关联着书写者的思想，也涉及论证的材料，唯有处理好研究者主体性与研究对象客观性的关系,女性史书写才能在前人基础上有所前进。

五 关注日常生活的多层面

民间日常生活的研究,一直受到社会史学界的重视,本次研讨会依然是关注点之一。

西安曲江艺术博物馆馆长周天游教授在《中国古代壁画中的社会生活》中指出,过去的研究过于注重文本研究,不重视壁画资料的解读,在历代壁画中蕴含着丰富的社会史料,比如秦汉之际出现于壁画中的飞马形象、鱼人形象属于外来西方文化的体现,反映出古人的迁徙远远超出现代人的想象。古代壁画中有不少生活器物的图案,是历史发展特定阶段物质生活的反映。他的研究从图像解读古代社会生活,启示研究者在史料的发掘上应重视各种图像资料的运用。

日常生活中的消费与娱乐是学者们关注的重点之一。东北大学秦皇岛分校卢忠民《身份与花费:从一本〈薪金账〉看近代旅京冀州五金商人的日常生活花费》从《薪金账》探讨近代旅京冀州五金商人的日常生活花费,对他们的交际、穿戴、捎家养家进行了细致探讨,丰富了对这一社会群体的历史认知。复旦大学姜进教授的《为中华塑造爱:女子越剧与〈红楼梦〉之再造》指出,女子越剧在《红楼梦》成为大众读物、红楼故事进入通俗演艺领域的过程中起到了至关重要的作用。湖北大学郑维维《"灯前幻影认成真,热了当场看戏人"——民国时期汉口汉剧观众研究》对近代汉口汉剧观众的构成、平民化的观戏消费、观戏生活样态进行了细致描绘,为研究近代汉口城市社会大众娱乐提供了新颖的视角。南昌大学谢薇的《清末上海日系娱乐业研究——以报纸中日本娱乐业广告为中心》探讨了清末上海日系娱乐业在甲午战争前后的变化:甲午战前,由于上海民众的娱乐交往模式比较单一,日系娱乐业也主要以戏班、茶馆等传统娱乐项目为主;战后则呈多样化发展趋势,出现文明戏、马戏、电影院、酒吧、歌舞厅等现代娱乐项目。日系娱乐传入上海后经历了从不被认同到逐渐成为时尚的过程。中国社会科学院近代史所张忠在《戏院还是戏园——民国北京传统公共娱乐空间的更新》以设问的方式切入民国时期北京公共娱乐空间的更新问题,指出民国时期北京以戏园、戏院为代表的传统娱乐空间在更新过程中表现出与时代、社会发展的节奏不符合的特点。

革命根据地的社会生活与习俗研究是近年的热点之一。山西大学韩晓莉的《革命与节日——抗战时期山西革命根据地的节日文化生活》揭示了节日娱乐与社会动员的关系;河北省社会科学院把增强的《厉行节约:抗战时期中共对浪费习俗之改造——以1940年代初期的华北抗日根据地为考察中心》为认识早期中共地方政权对民众社会生活的参与和引导提供了有益的参照。

日常生活中的习俗研究方面,中国社会科学院近代史所李俊领所著《近代北京四大门信仰三题》认为四大门信仰在近代北京当地居民的生活中扮演了区域化神灵的角色,具有极鲜明的伦理教化特性,但在近代中国变动的政治境遇中也产生了"四大门信仰"的合法性问题。

疾病与医疗是民众日常生活中的重要内容。本次研讨会中有3篇论文讨论这一主题。天津社会科学院丁芮《京师内、外城官医院——从医疗慈善角度的探讨》从以往被忽视的官方医疗慈善的角度出发,探讨了官医院设立对民众产生的影响。河北大学范铁权教授的《近代医疗卫生社团与中国公共卫生观念变迁》探讨了近代医疗卫生社团与中国近代卫生观念变迁。贵州师范大学欧阳恩良教授的《民国时期的贵州民俗医疗》将民俗研究与医疗社会史相结合,对近代贵州社会的民俗医疗观念、医疗方式、民俗医生、民间药市进行了探讨,认为近代偏远的乡村社会依然远离近代医疗,民众治病也主要依赖较为熟悉和易得的民俗医疗。

六 探讨近代社会群体与社会组织

社会群体研究是社会史研究的重要领域之一,本次研讨会也有不少研究成果涉及这一主题。

日本爱知大学武井义和教授所撰《1930年代到1940年代初期在上海朝鲜人团体的考察》探讨1930年代到1940年代初期在上海的朝鲜人团体,对这一团体的组织、活动、职业分布进行了较为细致的梳理。上海社会科学院历史所王健研究员对近代上海犹太人社会的居住、婚姻与丧亡进行了探讨。上海师范大学高红霞探讨了近代上海移民团体与城市多元文化传播问题。

在地方绅士群体的研究上,湖北大学刘元和李晓溪分别以碑刻资料为基础,对乡绅群体参与庙产纠纷、宗教事务的行为进行考察,展示了清代士绅参与基层社会事务的积极面;而河北省委党校刘建军则分析了直隶新士绅在民初改元后遭遇强势行政权力时出现的劣变,揭示了绅士群体在社会转型中消极面。湖北大学李灵玢《羊楼洞雷氏家族与羊楼洞茶叶社会》从地方社会的文化脉络中解析了羊楼洞茶商雷氏家族的地位与影响。

在知识分子的研究方面,浙江大学张立程考察了黄炎培的学人交往网络,中国社会科学院李君分析了郑孝胥在上海的遗老生活及其社会交往,两人的研究以小见大,旨在通过个体人际关系网络的考察来更好地认识知识分子在近代社会文化生活中的角色和作用。河北社会科学院张瑞静在社会转型的视野下考察知识分子群体初步形成的历程。

此外,中国社会科学院近代史所尹媛萍借助北京士人的眼睛透视义和团的群体现象,贵州师范大学彭法对20世纪初年国人联日敌俄的群体心态进行了原因考论,河南大学翁有为教授通过对社会舆论关于军阀成因、特性的分析,探讨了五四前后社会舆论对军阀群体的认识。内蒙古大学田宓从1936年的"百灵庙事件"引出"蒙古青年"这一特定的群体概念,在蒙古近代社会转型的大背景下追溯了这一群体出现的社会文化背景。

在社会组织研究方面,日本爱知大学马场毅教授的《辛亥革命与东亚同文会》探讨了东亚同文会与辛亥革命的关系。日本中央大学土田哲夫教授所撰《抗战时期中国的民间团体和国际关系——"世界和平联合"中国分会的事例研究》考察了"世界和平联合"中国分会的成立过程及活动情况,以此为例来说明抗战时期中国的民间团体与国家的动态性关系。河北大学杨学新教授与史佳《论保定商会的职能与性质》论述了1907年成立的保定商会的职能与性质,认为保定商会起到了稳定金融市场、繁荣地方经济、维护市场秩序以及资助贫困人群等作用,有力地促进了清末保定社会的发展。

除上述之外,日本关西大学松浦章教授关于清代上海土布庄与沙船运输的研究、岑玲关于清代漂流到中国的琉球民间船航运活动的研究、王竹敏关于20世纪前叶泰国华文报所见华文教育的研究,湖北大学张宁关于海关报告社会史料的内容、特点与价值的探析,山东师范大学杨蕾对记录20世纪40年代日本对华北农村调查活动的文献《中国农村惯行调查》的解读,也都富于新意,有所启示。

七　结语

　　值得提出的是，本届研讨会力作甚多，不少与会学者表示本届会议的论文整体水平有较大幅度提升。但是会议中也反映出一些值得大家共同关注的问题。一是致力于学科理论探讨与体系建设的文章较少，特别是青年一代学者中从事理论研究者凤毛麟角，这种状况如不能得到改进，必将会制约社会文化史未来的可持续发展和研究梯队的形成。二是在对社会文化史的核心概念理解上仍然存在分歧，学者之间在如何定位社会文化史的属性、如何区分社会文化史、新文化史学、新史学上意见纷呈，有待进一步深化研究。三是学界近年反复提出的社会史研究中的"碎片化"问题，在本次研讨会上也引起讨论。有学者提出要警惕"碎片化"现象，而中国社会科学院近代史研究所所长王建朗研究员则认为，"碎片化"现象并不可怕，从一定意义上也可以说是社会史研究走向深化与繁荣的反映。四是如何处理好继承与创新的关系，在研究领域与方法上推陈出新，仍然是一个需要认真思考的问题。如，"国家—社会"理论在 20 年前是非常前沿的解释模型，但是发展到了现在如何寻找突破？又该如何构建新的理论模型？需要研究者深入思考。有学者指出，未来的近代社会史研究既要在不违背政治底线的前提下突破僵化的意识形态框架，营造良好的学术生态，又要打破简单的"洋为中用"思维，学会在继承和比较中发出中国学者自己的声音。我们相信，顺着这一思路，坚持批判、反省的学风和活跃的思辨，注重不同方法、视野之间的相互交叉与吸收，社会文化史在未来必将能持续健康的发展，不断向前推进。